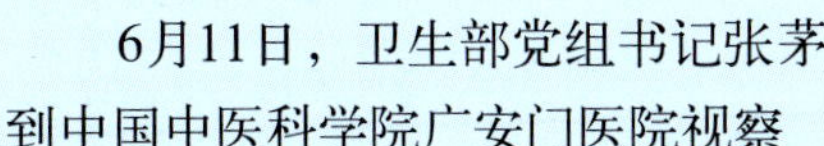

6月11日，卫生部党组书记张茅到中国中医科学院广安门医院视察

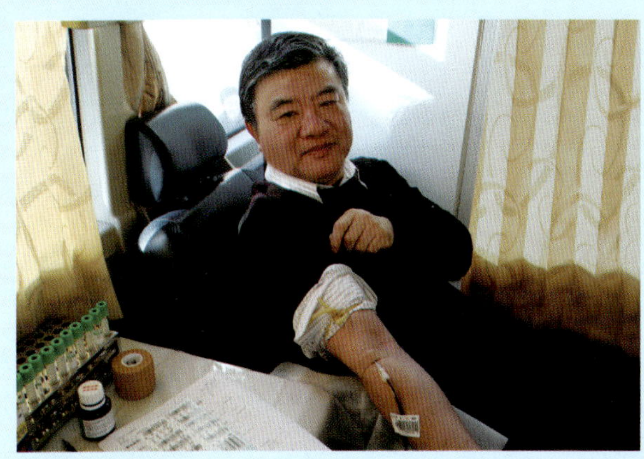

10月29日，卫生部部长陈竺参加北京无偿献血

4月16日，卫生部副部长兼国家中医药管理局局长王国强参加北京市与内蒙古中医药对口支援工作签约仪式

2月22～23日，卫生部副部长刘谦调研北京市基层卫生工作

9月19日，卫生部副部长尹力到北京口腔医院检查爱牙日义诊咨询宣传工作

5月14日，市长郭金龙出席北京首届健康促进大会，并为健康形象大使濮存昕颁发聘书

2月13日，副市长丁向阳慰问节日期间工作在一线的医护人员

8月1日，北京市卫生局局长方来英出席首都军地共建综合医院中医药工作示范单位创建活动启动仪式，并为军地共建示范单位颁发铜牌

7月20日，北京市卫生局党组副书记、巡视员张秀芳为北京市对口支援四川省什邡市第九批医疗队送行

11月24～25日，北京市卫生局副局长郭积勇、毛羽出席第十四届京港经济合作研讨洽谈会卫生专场活动

6月8日，北京市卫生局副局长赵春惠出席北京市结核病防治工作会

3月16日，北京市卫生局副局长邓小虹出席北京市卫生信息化大会，并为先进单位颁奖

5月9日，北京市卫生局副局长于鲁明与法国卫生青年体育和社团生活部部长巴切罗女士为北京中法急救医学培训中心揭牌

4月16日，北京市中医管理局局长赵静与内蒙古自治区蒙中医药管理局局长乌兰签订对口支援协议

12月30日，北京市卫生局副局长雷海潮到首都儿科研究所调研

9月6日，北京市卫生局副巡视员赵涛接待墨西哥城卫生局局长阿尔曼多·阿乌艾德一行

3月28日，北京市卫生局原局长金大鹏当选“感动中华”2009年度十大风云人物

11月12日，北京大学医学部郭应禄院士荣获第十一届“吴阶平医学研究奖−保罗·杨森药学研究奖”特殊贡献奖

10月15日，北京佑安医院护士长福燕荣获2010年度英国贝利·马丁基金会艾滋病防治突出贡献奖

1月21日，北京市突发公共卫生事件应急指挥部、北京市卫生局、北京市中医管理局联合召开首都中医药防治甲型H1N1流感科技攻关奖励大会，表彰在首都防治甲流工作中做出突出贡献的中医专家

陈敏华

马玙

赵爱民

梅雪

12月7日，经过宣传、推荐、初评、公示、终评等5个阶段，第三届首都十大健康卫士揭晓。他们是：攻克医学难关、用中国标准征服世界的肿瘤专家，北京肿瘤医院主任医师陈敏华；战“痨”50多年、至今活跃在一线的结核病防治专家、北京胸科医院主任医师马玙；克服千难万险圆满完成援非任务的医疗队员、北京世纪坛医院副主任医师赵爱民；奋战临床一线抢救群众生命的急救医师、北京朝阳医院副主任医师梅雪；围产保健学科带头人、母婴健康的守护神、北京妇产医院主任医师黄醒华；被誉为我国“乙肝疫苗之母”的肝病专家，北京大学人民医院主任医师陶其敏；多次参加抗震救灾的创伤骨科专家，北京积水潭医院主任医师蒋协远；常年默默为农民看病、守护一方的房山区张坊村卫生室乡村医生王金海；长期战斗在防治领域一线、每遇突发疫情冲锋在前的传染病专家，北京地坛医院主任医师李兴旺；贴心为社区居民服务的社区健康守门人，丰台区卢沟桥社区卫生服务中心“片医”杨若濒。

黄醒华

陶其敏

蒋协远

王金海

李兴旺

杨若濒

出发

送血

捐款

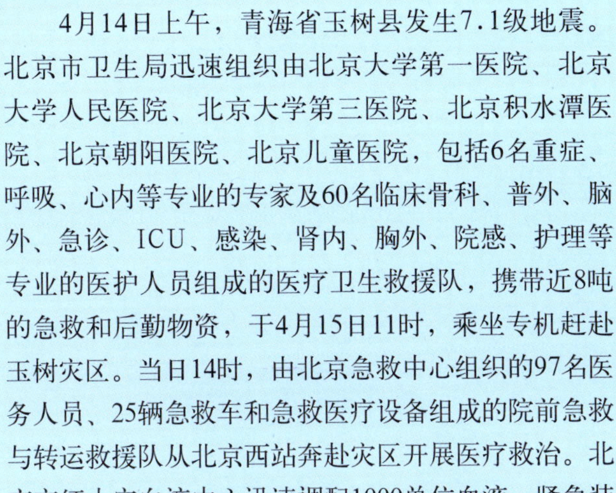

4月14日上午，青海省玉树县发生7.1级地震。北京市卫生局迅速组织由北京大学第一医院、北京大学人民医院、北京大学第三医院、北京积水潭医院、北京朝阳医院、北京儿童医院，包括6名重症、呼吸、心内等专业的专家及60名临床骨科、普外、脑外、急诊、ICU、感染、肾内、胸外、院感、护理等专业的医护人员组成的医疗卫生救援队，携带近8吨的急救和后勤物资，于4月15日11时，乘坐专机赶赴玉树灾区。当日14时，由北京急救中心组织的97名医务人员、25辆急救车和急救医疗设备组成的院前急救与转运救援队从北京西站奔赴灾区开展医疗救治。北京市红十字血液中心迅速调配1000单位血液，紧急装箱后于4月15日11时空运灾区。救援队在灾区工作14天，于4月29日圆满完成任务返回北京。

救助

凯旋

抢救

启程

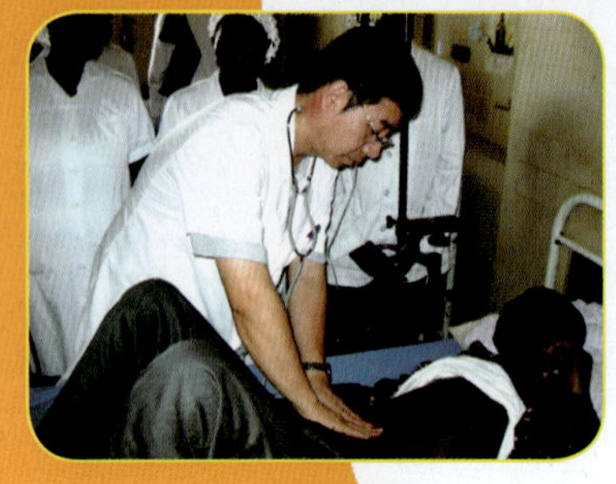
检查

2月23日～3月4日，北京市卫生局组织北京日报、北京电视台、北京人民广播电台记者赴非洲采访北京市第二十一批援几内亚医疗队工作情况。医疗队队员们克服当地政局动荡、传染病肆虐以及医疗条件落后等重重困难，发扬国际人道主义精神，为当地人民诊治疾病，普及医疗知识，促进了受援国健康事业的发展，同时也为我国使馆、中资机构工作人员和华人、华侨提供了良好的健康服务。援外医疗队的工作获得了几内亚政府、几内亚人民、卫生部和中资机构的热情赞扬和高度评价。

受卫生部委托，由北京市卫生局组建、北京天坛医院主派的第二十二批援几内亚医疗队于8月19日从北京启程。8月29日，第二十一批援几内亚医疗队15名队员在圆满完成两年的援外医疗任务后，返回北京。

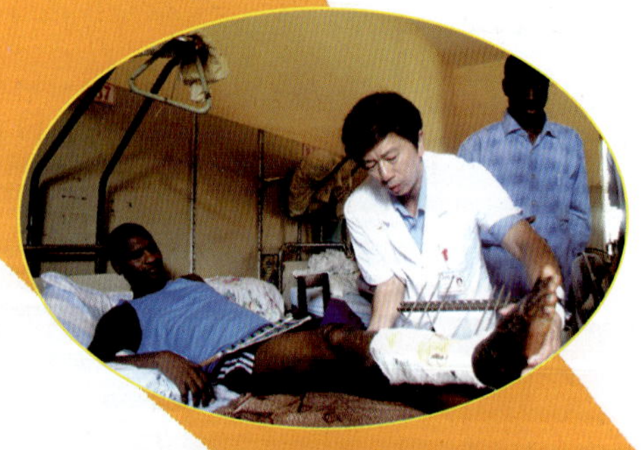
治疗

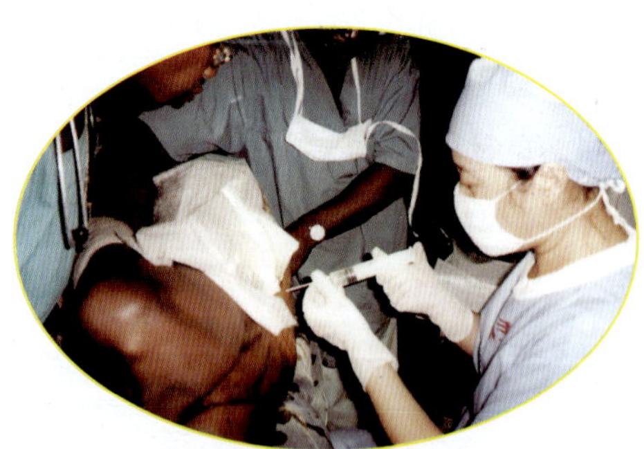
手术

成功

惜别

5月5日，美国健康教育协会会长托马斯教授一行5人到北京健康教育协会考察交流

6月21～22日，美国密歇根大学医学院代表团访问北京大学医学部并签署合作协议

9月10日，加拿大卫生部部长阿卢卡克女士一行到中国康复研究中心参观访问

6月28日，全球基金组织执行主任米歇尔·卡察契金访问北京结核病控制研究所

11月24日，韩国防痨协会代表团到北京结核病控制研究所考察交流

2月9日，2010年“中法中学生急救培训项目”合作书续签仪式在北京急救医疗培训中心举行

5月5日，朝鲜康复技术人员培训班在中国康复研究中心开课

8月23日，“2010台湾医护专业学生夏令营”在北京大学医学部开营

10月16～17日，国际中医药防治艾滋病大会在北京国际饭店召开

11月29日，《世界卫生报告（2010）》发布暨卫生筹资政策研讨会在北京大学医学部举办

11月19日，中国中医科学院主办2010国际中医药发展论坛暨中医药国际联盟成立大会

4月27日，北京大学医学部举行中国卫生发展中心成立仪式

6月1日，中国中医科学院西苑医院及北京中医药大学东方医院“北京中医儿科诊疗中心”揭牌

10月17日，在中国中医科学院广安门医院肿瘤科基础上成立中国中医科学院肿瘤研究所

4月17～18日，首届全国大学生基础医学创新论坛暨实验设计大赛在北京大学医学部举办

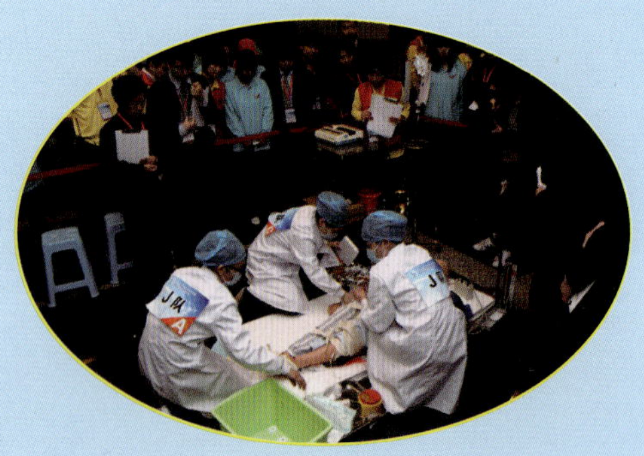

4月24～25日，第一届全国高等医学院校大学生临床技能竞赛在北京大学人民医院举行

8月25日，举行北京市职工职业技能大赛卫生系统营养治疗技能比赛决赛

9月20日，举行第二届社区健康风采大赛暨居民健康素养知识竞赛决赛

11月30日，2010年北京市百个优秀防艾创意大赛总结展示活动在蓝天剧院举行

12月18～19日，“健康歌曲大家唱”健康北京人主题歌曲歌咏大赛在中央民族大学音乐厅举办

9月3日，举行中国中医科学院对口支援新疆维吾尔自治区维吾尔医医院合作项目启动仪式暨“中国中医科学院新疆维吾尔医药研究基地”揭牌仪式

8月19日，北京大学第一医院定点支援乌兰浩特市人民医院正式挂牌

10月26日，北京华信医院与蒙古第二医院签署合作协议

3月17日，首都儿科研究所与密云县卫生局签订医疗、科研合作协议

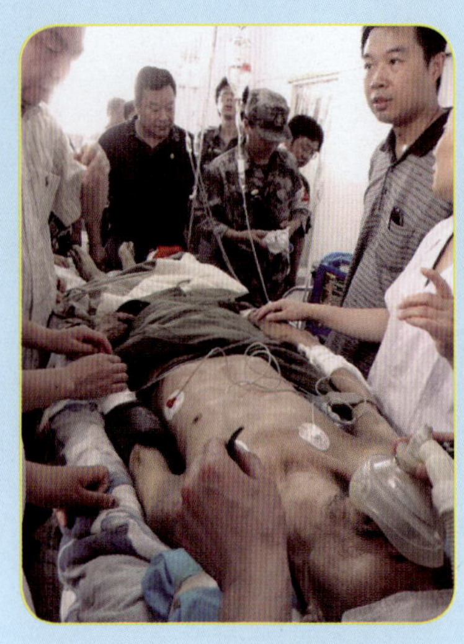

8月8日，甘肃省舟曲县因强降雨引发特大泥石流灾害，北京市卫生局紧急选派精干专家组成医疗组，昼夜兼程奔赴灾区，全力救治伤员

9月11日，慈善家李春平向北京市红十字会999急救中心捐赠20辆急救车

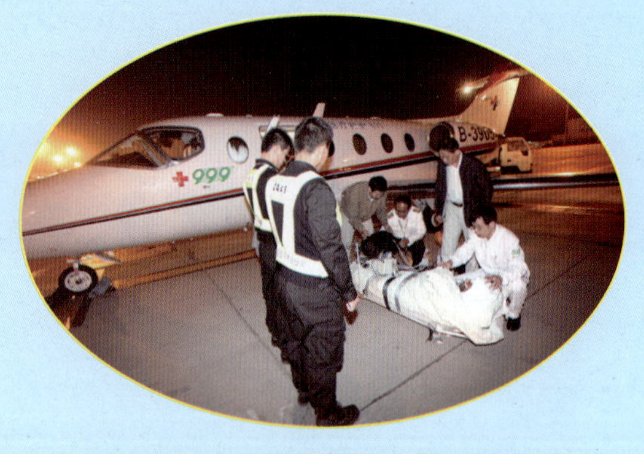

9月19日，北京市红十字会999空中急救转运业务启动。首例转运病人为伊春空难烧伤患者

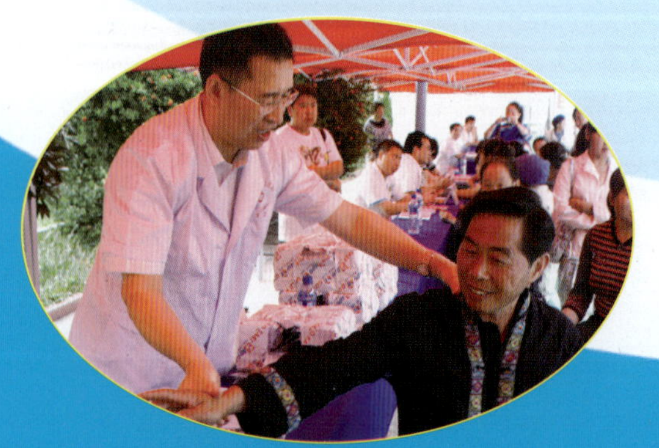

7月13日，北京华信医院医务人员赴贵州息烽县进行义诊

7月22～26日，首都儿科研究所参加“情系青海西部行”活动

3月20日，北京市卫生局在北京大学举行世界防治结核病日宣传活动校园启动仪式

“六一”儿童节到来之即，北京市卫生局、市牙防办举办健康北京人——保护牙齿行动暨口腔科普流动展厅启动仪式，为北京市民的口腔健康撑起一把“保护伞”

6月6日，第十五个全国爱眼日，市卫生局联合市防盲办公室开展义诊咨询活动，并为60岁以上老年人提供免费视力检查及眼病筛查

6月12日，北京市举办庆祝2010年第七个世界献血日暨西单献血屋启动仪式

9月1日，全民健康生活方式日活动

9月9日，第十一个世界急救日，北京市红十字会和市公安局消防总队承办以模拟地震灾害救援为主要内容的群众性应急演练

8月21日，举行首都医科大学附属北京胸科医院挂牌仪式暨建院55周年庆典

10月23日，首都医科大学举行建校50周年庆典

8月2日，中国中医科学院举行中医药科学研究基地科研综合楼奠基仪式

12月17日，中国中医科学院广安门医院举行扩建门诊楼工程奠基仪式

北 京 卫 生 年 鉴
2011

北京市卫生局·《北京卫生年鉴》编辑委员会　编

北京科学技术出版社

图书在版编目（CIP）数据

2011 北京卫生年鉴/《北京卫生年鉴》编辑委员会编.
—北京：北京科学技术出版社，2012.2

ISBN 978 - 7 - 5304 - 5706 - 1

Ⅰ.①2… Ⅱ.①北… Ⅲ.①卫生工作-北京市-2011-年鉴 Ⅳ.①R199.2-54

中国版本图书馆 CIP 数据核字（2012）第 000543 号

2011 北京卫生年鉴

作　　者：北京市卫生局·《北京卫生年鉴》编辑委员会
责任编辑：张晓雪
责任校对：党建军　余　胜
责任印制：焦志炜
封面设计：樊润琴
出 版 人：张敬德
出版发行：北京科学技术出版社
社　　址：北京西直门南大街 16 号
邮政编码：100035
电话传真：0086 - 10 - 66161951（总编室）
0086 - 10 - 66113227（发行部）　0086 - 10 - 66161952（发行部）
电子信箱：bjkjpress@163.com
网　　址：www.bkjpress.com
经　　销：新华书店
印　　刷：三河国新印装有限公司
开　　本：787mm × 1092mm　1/16
字　　数：1100 千
印　　张：30.25
插　　页：16 页
版　　次：2012 年 2 月第 1 版
印　　次：2012 年 2 月第 1 次印刷
ISBN 978 - 7 - 5304 - 5706 - 1/R · 1473

定　价：160.00 元

编辑说明

一、《北京卫生年鉴》是一部逐年记载北京卫生工作的资料性工具书，其内容主要综合反映北京卫生工作各方面的基本情况、进展和成就。自1991年起每年编辑出版一部。

二、《北京卫生年鉴》2011卷主要反映截止到2010年底的资料。在以往年鉴框架的基础上，2011卷对年鉴内容进行了适当调整。全书共分15个部类：1. 概况；2. 特载；3. 重要会议报告；4. 文件和法规；5. 工作进展；6. 军队卫生工作；7. 区县卫生工作；8. 三级医院工作；9. 医学科研与教育机构工作；10. 公共卫生及其他卫生机构工作；11. 医学学术团体和群众团体工作；12. 卫生工作纪事；13. 卫生统计；14. 附录；15. 索引。

三、本年鉴按条目式纲目编纂，设置部类、分目、条目三个层次。

四、为便于读者检索，除卷首目录外，对刊载内容编制了《索引》附于书末，按汉语拼音字母依次排列。

五、本版年鉴统计数字均以卫生统计年报的数字为准。

《北京卫生年鉴》编辑部

2011年10月

目　　录

概　况

特　载

重要会议报告

文件和法规

工作进展

军队卫生工作

区县卫生工作

三级医院工作

医学科研与教育机构工作

公共卫生及其他卫生机构工作

医学学术团体和群众团体工作

卫生工作纪事

卫生统计

附　录

索　引

概　　况

2010年北京市卫生工作概况

基本情况　2010年，全市有各级各类卫生机构6539个（不含部队卫生机构和村卫生室），比上年减少64个，其中医疗机构6377个，包括医院550个，医院比上年增加28个。各医疗机构编制床位总数94581张，比上年增加619张，其中医院床位85396张，比上年增加1925张。卫生人员总数219762人，比上年增加11606人，其中卫生技术人员171093人，比上年增加10658人；卫生技术人员占卫生人员总数的77.85%。乡村医生和卫生员3697人，比上年增加27人。执业（助理）医师总数65954人，注册护士总数67308人。全市每千常住人口拥有医疗机构编制床位4.82张、执业（助理）医师3.36人、注册护士3.43人。全市医疗机构诊疗总量1.46亿人次，比上年（1.35亿人次）增加0.11亿人次，增幅8.15%。

2010年，全市人均期望寿命80.81岁，比上年增加0.34岁。孕产妇死亡率12.14/10万，较上年下降16.6%；婴儿死亡率3.29‰，较上年下降5.7%。

医药卫生管理体制改革　2010年10月27日，成立了首都医药卫生协调委员会（简称首医委）。首医委为北京市政府议事协调机构，成员包括首都地区所有医疗卫生机构的区县局级以上的主管部门及与卫生管理有关的部门和单位。其主要职责是统筹协调首都医药卫生事业发展中的相关重大议题和重要工作，推动首都医药卫生事业全面持续健康快速发展。为了从市级层面上加强和完善对市属公立医院的管理，本市医改实施方案明确规定，按照政事分开、管办分开的要求，设立由市卫生局管理的市医院管理机构，负责市属公立医院国有资产管理和监督、医院主要负责人的聘任，指导所属医院管理体制和运行机制改革，建立协调、统一、高效的公立医院管理制度。到年底，已完成组建市医院管理机构的工作方案，待市委、市政府审议通过后正式实施。

基础设施建设　2010年，全市卫生系统安排基本建设投资13.26亿元，涉及28个建设项目，建设面积约74万平方米。其中市属（管）单位建设项目11个（其中医疗项目10个），安排投资6.01亿元，建设面积约23万平方米；区县卫生项目17个（其中区域医疗中心项目8个、中医项目1个），安排政府投资7.25亿元，建设面积约51万平方米。完善基本建设项目管理制度，制订并实施了卫生系统基本建设项目管理指南。卫生系统房屋建筑抗震节能综合改造工作开始实施。开展了工程建设领域突出问题专项治理。启动了北京区域卫生规划编制工作。

医政管理与公立医院改革试点　强化医疗机构和医疗技术准入管理。印发并实施了《北京市医疗机构审批管理办法》和《北京市首批第二类医疗技术目录》。制订了《手术分级标准目录》和《北京市医疗机构手术分级管理办法》。医疗质量管理进一步加强，在已有16个相关医学领域质控中心的基础上，成立了北京市急诊抢救质量控制和改进中心、重症医学质量控制和改进中心。开展“医疗质量万里行”活动督查、对部分三甲医院进行巡查等医院医疗质量督导检查活动，以及医院医疗质量绩效评价工作。加强对人体器官移植的管理，对有关医院和项目进行了专项监督检查，进一步规范人体器官移植诊疗活动。扎实推进医院信息化建设，规范医院门急诊信息采集，实施针对非医保人员就医信息采集的医联码工程。启动了《北京市区域医疗机构设置规划》编制工作。

创新和完善医疗服务模式。深入推进预约挂号诊疗工作。截至年底，本市49家三级医院就诊患者的预约就诊比例达20.13%（预约总量中，初诊预约占18.69%，复诊预约占81.15%，社区转诊预约占0.17%）。复诊预约比例40.57%，出院病人复诊预约比例60%，产科复诊预约比例90.34%，口腔科复诊预约比例93.56%。在26家三级医院试点实施双休日全天开设门诊，法定节假日根据患者就诊需求，动态调整门诊时间的措施。区域内远程会诊试点稳步推进。开展“规范护理服务，争创优质护理服务示范标兵”工作，全市已有47家三级医院、60家二级医院启动了优质护理服务。对3025名护理员进行免费培训。开展康复医院、护理院试点工作，完成相关出入院、转诊、服务及评价等标准的制订，并在4家试点单位运行实施。进一步完善学科建设，儿科、精神科、康复科等学科得到进一步加强。积极推进临床路径试点工作，9家三级医院、2家二级医院参加了试点工作。截至年底，11家试点医院共有20个专业、99个病种进入临床路径管理。累计有15163例病例进入临床路径，其中完成路径管理13727例。进一步加强院前急救与血液管理工作。对口支援远郊区县11家区域医疗中心工作和卫生支农工作继续稳步推进。完成对新疆和田地区、西藏拉萨市、内蒙古自治区、四川什邡市的医疗卫生对口支援年度任务。

推进实施医疗机构职工素质教育工程和院务公开工作。以“精准膳食，呵护健康”为主题，举办了新中国成立以来规模最大的北京卫生系统营养治疗技能大赛。深入开展创建职工创新工作室、职工创新工作成果展等各具特色的工作，建立了以多名知名专家命名的创新工作团队。深入推进院务公开民主管理，开展了院务公开自查互查工作。

启动了探索公立医院分类改革和建立医院法人治理结构的调研和方案制订工作。完善公立医院投入机制工作有了新进展，从2010年起，北京市财政对符合国家政策规定的市卫生局直属医疗卫生单位退休人员费用实行财政全额保障。在公立医院试行总会计师制度的工作稳步推进，已初步完成市卫生局直属医疗单位实施总会计师制度的工作方案。继续推进公立医院项目成本核算，在朝阳医院前两年进行试点并取得重要成果的基础上，在8家综合医院及3家专科医院开展此项工作。不断完善多方参与的公立医院监管机制，已在公立医院推行实施了信息公开制度，进一步加强对市属公立医院建设规模、人员配备标准、贷款投资行为和大型医用设备配置的管理。进一步加强对公立医院的审计监督，制订并实施《北京市卫生局财务收支审计管理办法》和《北京市卫生局直属单位财务收支审计操作指南（试行）》。正式启动了医师定期考核工作。探索医师多点执业工作取得进展，对相关工作进行了动员部署。在朝阳医院、同仁医院、天坛医院和胸科医院等4家医院开展以公益性为核心的公立医院绩效考核试点工作。

基层卫生 推进基层医疗卫生机构工作机制和服务模式创新。进一步完善社区卫生服务绩效考核机制，编写了《社区卫生服务岗位绩效考核手册》。强化社区卫生服务功能，转变社区卫生服务模式，在东城区、西城区、丰台区开展了家庭医生式服务试点。拓展社区卫生服务领域，在东城区、西城区、海淀区、丰台区试点开展了功能社区卫生服务，在东城区、西城区、顺义区、朝阳区开展了社区卫生诊断试点。开展了延长社区卫生服务时间试点，将城六区社区卫生服务中心门诊服务时间延至晚8时；社区卫生服务团队通过“健康通”手机24小时提供健康指导与咨询，24个社区卫生服务中心提供24小时医疗应急处置服务。探索建立分级诊疗和双向转诊制度，启动了社区转诊预约工作。从7月开始试点到年底，在13个区县搭建了基层医疗机构与二三级医院之间的转诊预约服务工作平台，转诊预约累计1220人次，成功转诊1217人次。加强社区慢性病综合管理，修订了《北京市慢性病管理规范》，为慢性病家庭培养家庭保健员2.5万人。截至年底，全市社区管理的高血压、糖尿病、脑卒中、冠心病等慢性病人达165万。加强社区卫生服务基础工作，截至年底，为城乡常住居民建立健康档案1404万份，其中电子健康档案485万份；居民健康档案建档率80%，电子健康档案占健康档案总数的34.5%。加强社区卫生服务宣传，在全市10个区县组织开展了“社区卫生工作一日体验”活动，邀请近200名居民代表分别进入41个社区卫生服务中心的71个岗位进行一天工作体验，进一步增进了社区卫生服务机构与居民进行双向沟通，有效促进了社区卫生服务的发展。开展了《北京市社区卫生服务条例》立法调研。

完善新型农村合作医疗制度。2010年，本市参合人员278.53万人，参合率96.7%；人均筹资520元，全市筹资标准内总额14.86亿元，其中市、区县、乡镇三级政府筹资比例达87%。新农合政策范围内住院费用报销60.02%，门诊报销41.05%。拟定了提高农村儿童重大疾病医疗保障水平的具体工作方案。指导各区县进一步规范了新农合基金监管措施。

疾病预防控制 开展对来京务工人员甲型H1N1流感疫苗预防接种工作，在全市421家一级以上医院开展流感样病例监测。继续对60周岁及以上老年人和在校中小学生免费提供流感疫苗接种工作，累计接种162万人，无严重异常反应。为8月龄至14周岁的适龄儿童全面开展麻疹疫苗强化免疫接种，共接种

160 万人，报告接种率 96.0%。开展 15 岁以下儿童乙肝疫苗补种工作。对本市外来务工人员进行流脑、麻疹疫苗接种，在 4275 家集中用工单位接种 14 万人。进一步加强重点传染病防控，相关传染性疾病和疫情得到有效控制。地方病防治继续稳步推进。《健康北京人——全民健康促进十年行动规划》得到有效贯彻落实，首次编制出版了《北京市年度（2009 年）卫生与人群健康状况报告》（白皮书）。加强慢病防治管理，为 1526 名贫困白内障患者免费开展复明手术。实施“镶上牙齿，摘下眼镜，稳定血压，减轻体重”4 项健康促进措施；对全市适龄儿童开展窝沟封闭，共有 159425 名儿童接受了免费服务，封闭牙齿 246232 颗，比上年增加 7.39%。全市甲乙类传染病发病率 268.99/10 万，丙类传染病发病率 559.46/10 万。

卫生应急　强化专业卫生应急处置能力建设，市突发公共卫生事件应急指挥部相继成立了由传染病防控、预测预警、中毒处置、灾害事故与医疗救治、核与辐射损伤处置、健康教育与心理危机干预共 6 个专业组 62 人组成的市级突发公共卫生及卫生应急专家咨询委员会。加强医疗卫生应急救援队伍标准化、规范化、制度化建设，组建了医疗救援、传染病控制、核与辐射处置、心理干预处置、中毒与化学污染处置、水及食源性污染处置共 6 大类 242 人的市级医疗卫生应急救援队伍。进一步加强卫生应急装备、储备建设，建立健全卫生应急预案体系，改进应急指挥系统，完善应急指挥平台。加强卫生应急法律法规培训和应急演习演练，加强国际国内交流合作，提高应对重大突发公共卫生事件的实战能力。完成全国两会、市两会以及世界武搏会期间的卫生应急保障，以及对青海玉树地震灾区、甘肃舟曲泥石流灾区和黑龙江伊春飞机失事事故的医疗卫生应急救援任务。

卫生执法监督　以贯彻落实《食品安全法》等有关法律法规为重点，全面加强餐饮服务、公共场所、生活饮用水、职业（放射）卫生、医疗服务等方面的监督管理，深入开展餐饮服务食品安全整治、黑诊所专项整治和打击违法发布医疗广告专项整治工作，公共卫生相关领域和医疗安全得到进一步保障。2010 年，全市对公共卫生、医疗卫生共监督 177484 户次，合格率 99.22%。立案 3153 件，进行行政处罚 2787 件，罚款 381.1 万元。加强集中空调通风系统卫生管理，市政府常务会议审议通过了由市卫生局起草的《北京市集中空调通风系统卫生管理办法》。

妇幼和精神卫生　孕产妇死亡率和婴儿死亡率得到有效控制。出生缺陷三级预防、计划生育技术管理和托幼园所卫生保健等基础性工作得到进一步加强。妇幼重大和基本公共卫生项目得到有效实施。全年为适龄妇女免费开展乳腺癌检查 1.2 万例、宫颈癌检查 3.1 万例，为城乡生育妇女免费增补叶酸 3.4 万人。实施住院分娩补助，农村孕产妇住院分娩率达到 99%。为 9.3 万名新生儿免费开展先天性疾病筛查、为 46 万名 0～6 岁学前儿童免费开展健康检查。开展预防艾滋病母婴传播工作和母婴健康行动项目并取得较好成效。

精神卫生工作得到加强。研究制订了本市精神卫生服务体系建设规划。完成重性精神病人排查工作。加强对重性精神疾病患者免费服药管理，重性精神疾病管理治疗工作进一步完善。精神卫生健康教育工作稳步推进，在北京回龙观医院开设了北京市心理援助热线。开展精神卫生流行病学调查。

爱国卫生工作　启动了 2010～2012 年全市城乡环境卫生整洁行动。控烟工作得到进一步加强并取得成效。落实病媒生物各项防控，开展了春季灭鼠、病媒生物防制工作检查、夏季灭蚊蝇等专项活动。继续开展全市家庭集中灭蟑三年（2008～2010）活动并取得成效，经抽样监测显示，全市居民家庭蟑螂侵害率 2010 年比 2008 年下降 64.3%，蟑螂密度比 2008 年下降 85.7%。以此为基础，建立了全市居民家庭有害生物监测体系和适用于城市大规模病媒生物控制的工作体系。创建国家卫生区和北京市卫生镇、卫生村取得新进展，年内有 3 个镇成为市卫生镇、135 个村成为市卫生村。群众健康促进活动和健康细胞工程建设稳步推进。继续推进农村改水改厕工作，全年完成无害化户厕改造 17.4 万户，改水项目 181 个。

药品保障体系建设　积极推进药品集中采购。建立北京市医疗机构药品和医用耗材集中采购领导小组及办公室，以及政府全额拨款的药品集中采购工作机构，搭建了非营利性的政府药品集中采购平台，全面实行政府主导、以市为单位的网上药品集中采购工作。按照统一管理、药品同城同价，坚持质量优先、降低药品价格，严格监督检查、确保公平公正，采取有力措施、严格后期监管等四大原则，确保全市所有非营利性医疗机构、医疗保险定点医疗机构所用药品集中采购的顺利实施。通过集中招标，有 26292 个药品中标成交，药品中标价格大幅下降，相同药品较现行市场平均价格下降 16%，全年可减轻百姓用药负担 36 亿元，超出了集中采购初期制订的 26 亿元的目标。

实施国家基本药物制度。对于本市零差率药品未能覆盖到的 191 种国家基本药物目录中的药物，通过集中招标采购进行了补充。2010 年 2 月底，本市率先在全国完成了基本药物的集中采购，顺利实现了从“社区零差率药品”到实施国家基本药物制度的转变。

本市基层社区卫生服务机构使用的国家基本药物及本市补充药品共计519个品种1500余个规格，中标价格在国家基本药物最高限价的基础上降低了30%以上，并全部实行统一配送、零差率销售，预计每年可减轻百姓用药负担4.56亿元。对社区卫生服务机构相关医务人员进行了《基本药物临床应用指南》和《基本药物处方集》的培训。

加强医疗机构药事和医疗器械管理。成立北京市医疗机构药事管理专家委员会和医疗器械专家委员会，积极开展合理用药的宣传、监督和管理，规范大型医疗器械合理配置和安全使用。

药品监督管理 贯彻“严格准入、科学监管、依法查处、辖区责任”的监管方针，“消费放心、用药安全”的良好环境得到进一步巩固。启动实施了对本市生产的基本药物进行全品种电子监管。建立华北五省（区、市）药品监督稽查执法联防协作区。实施“百万家庭安全用药行动计划”。开展对非法买卖含麻黄碱类复方制剂行为的专项整治。加强对“黑诊所、黑药店”的治理，全市治理覆盖率达到100%。探索药品、医疗器械、保健食品广告监测综合监管模式。开展非药品冒充药品和“网络售药”专项整治行动。侦破“北京普益堂中医药研究院制售假药案”等一批大案要案。落实药品再注册工作，启动了医疗机构制剂再注册和标准整顿工作。开展急救、冷僻药品储备工作。

中医药工作 深入开展公立中医医院特色回归年建设。加强大型医院的中医药服务，在全市68家二级及以上公立综合医院设置中医临床科室和中药房。基层医疗卫生服务机构提供中医服务的工作得到进一步完善。在二级以上中医医院恢复中医儿科的工作得到落实。以北京中医医院为试点，推广中医适宜技术的应用，启动“小膏药”等中药传统制剂。开展首都军地共建综合医院中医药工作示范单位创建活动。

加强中医药继承、创新和人才队伍建设，深入落实“51510科技工程”，深入开展“薪火传承3+3工程”，加强中医药人才梯队建设。推广“产学研用”一体化中药科技创新模式，加快“金花清感”新药的研发，启动“十病十方”中药研发项目。经国家中医药管理局批准，东城区正式成为国家中医药发展综合改革试验区。扩大首都中医药对外交流与合作，举办首届北京中医药国际论坛。开展一系列中医药文化宣传推广活动。

卫生科教、人才和人事工作 进一步加强实验室生物安全管理，组织实验室生物安全市级师资培训班，对全市各相关单位的实验室生物安全管理骨干近200人进行了强化培训。首发基金资助各类项目447项，资助总金额达6114.86万元。制订市属医疗卫生科研院所公益性科技发展规划。加强重点学科建设，启动“北京市朝阳区艾滋病和病毒性肝炎等重大传染病综合防治示范区建设研究”国家重大专项研究项目。

培养基层卫生人员。全年有128名在基层卫生机构全科医生岗位上工作的人员参加了全科医生转岗培训，完成基层卫生人员在岗培训9412人，社区卫生人员岗位培训4550人，乡村医生培训4862人，124名区县级医院的专业骨干在三级医院接受培训。

进一步完善住院医师规范化培训制度。建立属地化管理和统一培训模式。成立北京市毕业后医学教育委员会，整合以北京大学、协和医学院和首都医科大学等为代表的多种培训体系（军队系统也参与培训工作）。实现“应培尽培”的阶段目标。2010年，本市所有新分配的1300名医学本科及以上毕业生均参加了住院医师规范化培训。全市住院医师规范化培训基地达235个，在培住院医师总数3300人。加强全科医师规范化培训，对在培的全科住院医师进行了2期集中理论知识培训，共培训学员210人，新招收全科规范化培训住院医师65人。

自2009年起采取定向招生、定向培养、定向就业的方式，依托首都医科大学为房山、平谷、密云等7个远郊区县培养卫生人才，2010年招生69人。全面开展社区卫生人员康复等7个专业骨干培训，开展国家及继续医学教育项目874项，市级继续医学教育项目595项，全市二级以上机构和乡镇卫生院开展继续医学教育覆盖率100%，继续医学教育项目学科覆盖率100%，卫生技术人员继续医学达标率超过97%。针对手足口病、麻疹、鼠疫和禽流感防控等开展了全员培训。

实施市卫生系统“215”高层次人才工程取得进展。北京市卫生局与第一批入选高层次人才培养计划的99名专家（其中13名领军人才、18名学科带头人、68名学科骨干）及所在单位签订了北京市卫生系统高层次卫生技术人才培养计划任务书，开始为期3年的培养资助。落实培养资助经费保障，第一批培养专项经费1926万元已经下拨到培养对象所在单位。完善配套政策，初步建立了北京卫生系统高层次人才遴选工作机制和评价指标体系。同时，启动第二批高层次人才的遴选。

推动医疗卫生单位进一步实施和完善能进能出的人员聘用制。加强公立医院人员配备，研究测算医院的人员编制需求，为解决医疗卫生单位人员编制不足问题奠定了基础。全年接收998名大学毕业生到基层医疗卫生单位工作。积极推进公共卫生和基层医疗卫生机构实施绩效工资，初步拟定了北京市公共卫生与基层医疗卫生事业单位实施绩效工资的意见和实施办法，并组织直属公共卫生事业单位开始实施。

精神文明、行风建设和安全生产 在全系统深入开展了创先争优活动。对全国劳模张俊廷、王克荣和市劳模吴玉梅、贾立群，第二届“首都十大健康卫士”——北京大学第三医院马庆军教授，以及援外、援边和援灾区医疗队等的先进事迹进行了宣传；开展第三届“首都十大健康卫士”、第七届首都卫生系统文明单位评选和“善行天下、温暖患儿——首都医务工作者慈善捐款月”活动。深入开展党风廉政建设和反腐败及行风建设。与市检察院合作，建立北京市医药卫生系统与市检察院预防职务犯罪联席会议制度。以落实“三重一大”制度和廉政风险防范管理制度、开展“小金库”专项治理、狠抓厉行节约、开展专题立项效能监察等为重点，强化对领导班子和领导干部的监督管理。

进一步加强安全生产和维护稳定基层基础工作，着力强化消防安全、后勤保障和安全生产。强化医疗废物监管，确保医疗废物规范和安全处置。

编制卫生事业“十二五”规划 市卫生局组织编制的《北京市“十二五”时期卫生事业发展改革规划》，于2010年底基本完成规划的编制。

（谢 辉）

特 载

北京市2010年度卫生与人群健康状况

一、人口基本情况

（一）常住人口

2010年底，本市常住人口1961.2万人，比2009年增加206.2万人，增长率11.7%。在京居住半年以上的非京籍外来人口704.5万人，增加195.3万人，增长率38.4%。在京居住半年以上的非京籍外来人口占常住人口的比例从2009年的29.0%上升到2010年的35.9%。

2010年，北京市60岁及以上人口246万人，占常住人口的12.5%，与2005年第五次全国人口普查相比，增加75.9万人，比重没有变化。65岁及以上人口170.9万人，占常住人口的8.7%。

（二）户籍人口

1. 人口数量　2010年，本市户籍人口1257.8万人，其中男性632.8万人、女性625.0万人；非农业人口989.5万人，农业人口268.3万人；总人口比2009年约增加12万人。60岁及以上老年人口221.8万人，占户籍人口的17.6%；65岁及以上老年人口为172.6万人，占户籍人口的13.7%。

2. 出生情况　2010年，北京市户籍出生人口90583人，其中男婴46868人、女婴43714人、性别不明1人。男女出生性别比为107∶100。出生人数比2009年增加1230人。本市户籍人口出生率7.2‰，其中男性7.4‰、女性7.0‰。与2009年相比，出生率上升2.8‰。

3. 死亡情况　2010年，北京市户籍人口死亡77738人，总死亡率6.2‰，比2009年增长5.1%。其中男性死亡率6.9‰、女性死亡率5.5‰。采用标准人口对总死亡率进行标化，本市居民标化死亡率3.1‰，其中男性3.4‰、女性2.8‰，比2009年下降12.6%。北京市户籍人口婴儿死亡率3.29‰，孕产妇死亡率12.1/10万。在全部死亡人数中，15岁以下儿童死亡人数占总死亡人数的0.8%，15~64岁组人群占23.3%，65岁及以上老年人口占75.9%。

4. 主要死因分析　2010年，北京市居民的主要死亡原因为慢性非传染性疾病，前三位死因分别为恶性肿瘤、心脏病和脑血管病，占全部死亡人数的73.8%。与“十一五”初期（2005）相比，除泌尿、生殖系统疾病，损伤和中毒，内分泌、营养和代谢及免疫疾病死亡率有所下降外，其他疾病都有所上升，上升幅度较大的是神经系统疾病、恶性肿瘤和传染病，分别上升了67.8%、41.1%和39.3%。

（1）恶性肿瘤：2010年，北京市户籍居民恶性肿瘤死亡率158.7/10万。自2007年开始，恶性肿瘤已连续4年成为本市的首位死因，恶性肿瘤死亡占总死亡的比例由2005年的20.7%上升至2010年的25.6%，上升了23.4%。2010年肺癌、肝癌、结直肠癌和肛门癌列为恶性肿瘤死亡的前三位，分别占恶性肿瘤死亡的30.8%、11.3%和9.2%。男性恶性肿瘤死亡率187.2/10万，女性129.8/10万。男性恶性肿瘤死亡前三位是肺癌、肝癌和胃癌，共占男性恶性肿瘤死亡的55.2%；女性前三位是肺癌、结直肠和肛门癌、乳腺癌，共占女性恶性肿瘤死亡的47.3%。

（2）心脏病：2010年，北京市户籍居民心脏病死亡率157.0/10万，占总死亡的25.3%，较2005年（24.6%）上升了2.7%。急性心肌梗死和其他冠心病死亡人数占心脏病死亡的87.5%。2010年，男性心脏病死亡率166.2/10万、女性147.6/10万。男性心脏病死亡人数中急性心肌梗死占心脏病死亡的46.7%，其他冠心病占40.9%；女性心脏病死亡人数中其他冠心病死亡占心脏病死亡的44.7%，急性心肌梗死占42.9%。

（3）脑血管病：2010年，北京市户籍居民脑血管病死亡率142.3/10万，占总死亡的22.9%，较2005年（24.5%）下降了6.41%。脑血管病死亡以脑血管病后遗症、脑梗死、脑出血为主，占脑血管病死亡的96.5%。2010年，男性脑血管病死亡率158.1/10万、女性126.2/10万。男性脑血管病前三位死因是脑血管病后遗症（35.2%）、脑梗死（31.3%）和脑出血（30.3%），女性脑血管病前三位死因与男性相同，分别占女性脑血管病死亡的35.6%、30.6%和30.1%。

（4）传染病：2010年，北京市户籍居民传染病死亡率5.4/10万，其中男性7.5/10万、女性3.2/10万。传染病死亡占总死亡的比例由2005年的0.7%上升到2010年的0.9%，上升21.1%，位次由第十位上升到第九位。传染病死亡主要以病毒性肝炎和肺结核为主，占传染病死亡的74.6%。

5. 自然增长情况　2010年，北京市人口自然增长率1.03‰，男性和女性自然增长率分别为0.54‰和1.5‰。

6. 期望寿命　2010年，北京市户籍居民期望寿命80.8岁，比2009年上升了0.3岁，其中男性79.1岁、女性82.6岁。

二、慢性非传染性疾病及相关危险因素

（一）恶性肿瘤

1. 总体概况　2009年，北京市户籍人口报告恶性肿瘤新发病例36765例，发病率297.04/10万，比2008年（280.56/10万）上升5.9%。2009年，男性恶性肿瘤新发病例中肺癌发病居第一位，其次是结直肠癌、肝癌、胃癌和食管癌；女性中乳腺癌发病居第一位，其次为肺癌、结直肠癌、子宫体癌和卵巢癌。2009年的恶性肿瘤新发病例中，男性18902例，发病率303.08/10万；女性17863例，发病率290.91/10万。恶性肿瘤新发病例男女比例为106∶100。

儿童组（0～14岁）报告病例191例，占恶性肿瘤总发病人数的0.52%，其中白血病比例最高，占男性儿童恶性肿瘤的31.2%，占女性儿童恶性肿瘤的36.6%。青壮年组（15～44岁）报告病例3674例，占总发病人数的10.0%，其中肝癌（构成比15.5%）和乳腺癌（构成比35.0%）分居该组男、女性发病的第一位。中年组（45～64岁）报告病例13893例，占总发病人数的37.8%，其中肺癌（构成比21.8%）和乳腺癌（构成比32.5%）分居该组男、女性发病的第一位。老年组（65岁及以上）报告病例19007例，占总发病人数的51.7%，无论男女，肺癌的发病率均居第一位，在两组中所占的比例分别为28.8%和24.1%。

2. 常见恶性肿瘤

（1）肺癌：2009年，北京市报告肺癌新发病例7507例，占所有恶性肿瘤总数的20.4%，其中男性4716例，发病率75.62/10万；女性2791例，发病率45.45/10万；男女比例172∶100。2000～2009年，肺癌发病率由38.79/10万上升至60.65/10万，年平均增长2.4%。

（2）乳腺癌：2009年，北京市报告女性乳腺癌新发病例4198例，占女性恶性肿瘤的23.5%，居女性恶性肿瘤发病第一位，发病率由2000年的29.99/10万上升至2009年的68.37/10万，增长128.0%，年平均增长8.3%。

（3）结直肠癌：2009年，北京市报告结直肠癌新发病例3994例，占恶性肿瘤发病的10.9%，其中男性2163例，发病率34.68/10万；女性1831例，发病率29.82/10万；从55岁开始，男性结直肠癌发病率高于女性。2000～2009年，结直肠癌发病率从16.34/10万增长到32.27/10万，年平均增长5.6%。

（4）肝癌：2009年，北京市报告肝癌新发病例2645例，占所有恶性肿瘤总数的7.2%，其中男性1958例，发病率31.40/10万；女性687例，发病率11.19/10万；男女比例为2.85∶1。肝癌发病率由2000年的16.43/10万升至2009年21.37/10万，发病率增长30.1%，年平均增长1.5%。

（5）胃癌：2009年，北京市报告胃癌新发病例2351例，占所有恶性肿瘤总数的6.4%，其中男性1587例，发病率25.45/10万；女性764例，发病率12.44/10万；男女比例208∶100。2000～2009年，胃癌发病率从15.07/10万升至19.00/10万，发病率增长26.1%，年平均增长0.6%。

（6）前列腺癌：2009年，北京市报告前列腺癌新发病例948例，占男性恶性肿瘤的5.0%。2000～2009年，前列腺癌发病率从4.82/10万升至15.20/10万，增长215.4%，年平均增长9.8%，在男性肿瘤发病顺位中由2000年的第十一位升至2009年的第六位。

（7）宫颈癌：2009年，北京市报告宫颈癌新发病例567例，占女性恶性肿瘤的3.2%，发病率9.23/10万。2000～2009年，宫颈癌发病率从3.28/10万升至9.23/10万，增长181.8%，年平均增长12.1%，

成为女性增长速度最快的恶性肿瘤，发病顺位由2000年的第十三位升至2009年的第九位。

（8）白血病：2009年，北京市报告白血病新发病例933例，发病率7.54/10万，其中男性531例，发病率8.51/10万；女性402例，发病率6.55/10万；男女比例为132∶100。白血病发病率在低年龄组和高年龄组呈现两个高峰。

（二）脑血管病

2009年本市二级及以上医院脑血管病住院病例中北京户籍病例79016例，其中脑梗死49855例、短暂性脑缺血发作20170例、脑出血7687例、蛛网膜下腔出血1304例。脑血管病患者平均年龄65.8岁，其中脑梗死67.2岁、短暂性脑缺血发作64.6岁、脑出血61.3岁、蛛网膜下腔出血57.7岁。脑血管病住院病死率3.1%，其中脑梗死2.6%、脑出血12.5%、蛛网膜下腔出血10.5%、短暂性脑缺血发作0.1%。

（三）代谢综合征

北京市18～79岁常住居民代谢综合征患病率22.5%。男性代谢综合征患病率24.3%，女性20.7%，男性高于女性。代谢综合征患病率随着年龄的增长而升高。

（四）慢性非传染性疾病相关指标及危险因素

1. 血压　本市18～79岁常住人口收缩压平均值130mmHg、舒张压平均值82mmHg。男性收缩压平均值134mmHg，女性127mmHg；男性舒张压平均值84mmHg，女性80mmHg。收缩压水平随着年龄的增长而升高，60岁以下男性水平高于女性，60岁以上女性水平高于男性。舒张压水平随着年龄的增长先升高后下降。

2. 空腹血糖　北京市18～79岁常住居民空腹血糖平均值5.3mmol/L。男性空腹血糖平均值5.4mmol/L，女性5.2mmol/L。空腹血糖水平随着年龄的增长而升高。

3. 血脂　北京市18～79岁常住居民总胆固醇平均值5.40mmol/L。男性总胆固醇平均值5.34mmol/L、女性5.46mmol/L。总胆固醇水平随着年龄的增长先升高后下降。40岁以下男性水平略高于女性，40岁以上女性水平高于男性。城区居民总胆固醇平均值5.72mmol/L，郊区居民4.81mmol/L。北京市18～79岁常住居民甘油三酯平均值1.66 mmol/L，其中男性甘油三酯平均值1.92mmol/L、女性1.45mmol/L。北京市18～79岁常住居民高密度脂蛋白胆固醇平均值1.50mmol/L，其中男性高密度脂蛋白胆固醇平均值1.39mmol/L、女性1.59mmol/L。北京市18～79岁常住居民低密度脂蛋白胆固醇平均值3.19mmol/L，其中男性低密度脂蛋白胆固醇平均值3.22mmol/L、女性为3.16mmol/L。

4. 腰围　北京市18～79岁常住居民腰围平均值83.2cm。男性腰围87.8cm、女性79.7cm。腰围水平随着年龄的增长而升高。

5. 颈动脉狭窄　北京市45岁及以上户籍居民颈动脉狭窄检出率12.0%，其中男性颈动脉狭窄检出率15.6%、女性10.1%。颈动脉狭窄的检出率随着年龄的增长而升高，65岁及以上颈动脉狭窄检出率达21.9%。颈动脉狭窄者中75.8%为轻度狭窄，8.0%为重度狭窄或完全闭塞。

6. 食盐摄入量　2010年，北京市城区18～79岁常住居民平均每标准人日钠摄入量5562.30mg，相当于14.15g氯化钠，其中8.98g来源于食盐，占63.5%；1.88g来源于酱油，占13.3%；0.63g来源于味精和鸡精，占4.4%。城区18～79岁常住居民每日食盐实际摄入量小于6g者占46.8%，6～9g者占31.0%，10g及以上者占22.2%。

7. 油脂摄入量　2010年，北京市城区18～79岁常住居民食用油每标准人日平均摄入量35.16g。

8. 体育锻炼情况　北京市居民中经常参加体育锻炼者的比例为49.1%，其中男性居民中经常参加体育锻炼者的比例45.5%、女性54.5%。北京市机关企事业单位职工开展工间（工前）操活动的覆盖率56.7%，其中机关事业单位195.3%、国有企业55.5%、非公有制企业36.7%。

（五）口腔疾病

本市5岁儿童乳牙患龋率65.5%，龋均3.26颗，较2005年（58.59%，2.57颗）有所上升。乳牙患龋率随着年龄的增长逐年增加，8岁患龋率最高，为71.0%。12岁人群恒牙患龋率29.2%，龋均0.54颗。35～44岁中年人群恒牙患龋率60.2%，龋均1.88颗。65～74岁老年人群恒牙患龋率68.7%，龋均2.85颗。

35～44岁人群中牙石检出率80.2%，牙龈出血检出率58.7%；65～74岁人群中牙石检出率76.8%，牙龈出血检出率55.1%；具有咀嚼功能的牙齿不足20颗的占42.3%，全口无牙的占5.5%。

三、传染病发病情况

（一）总体发病水平

2010年，北京市报告甲、乙、丙类法定传染病26种145393例，报告发病率828.5/10万，比2009年上升1.8%。其中甲、乙类传染病19种47208例，报告发病率269.0/10万，比2009年下降20.9%。报告发病数居前十位的病种依次为：细菌性痢疾、肺结核、病毒性肝炎、梅毒、麻疹、猩红热、淋病、甲型

H1N1 流感、艾滋病和疟疾，占甲、乙类总发病数的99.76%；与2009年相比，报告发病率上升的病种为艾滋病、麻疹、出血热等。

（二）常见传染病

1. 病毒性肝炎　2010年，本市报告病毒性肝炎5376例，发病率30.6/10万，比2009年下降14.2%。甲肝127例，占2.4%；乙肝3172例，占59.0%；丙肝1514例，占8.2%；戊肝437例，占8.1%；未分型肝炎126例，占2.3%。北京市5岁及以下儿童乙肝表面抗原阳性率已经降至1%以下。

2. 艾滋病　2010年，北京市新报告艾滋病病毒感染者及病人1408例，较2009年增加128例，其中本市户籍269例、非本市户籍1139例。艾滋病病毒感染者1148例，其中本市户籍207例、非本市户籍941例，非本市户籍占82.0%；艾滋病病人260例，其中本市户籍62例、非本市户籍198例，非本市户籍占76.2%。2010年，新增艾滋病监测哨点31家，比2009年增加34.1%，共监测42248人，监测人数比2009年增加49.9%，总体阳性检出率0.57‰，略高于2009年的0.55‰。北京市报告的艾滋病病毒感染者及艾滋病病人中，经性传播1231例，其中北京市户籍252例、非北京市户籍979例；经注射吸毒传播103例，其中北京市户籍9例、非北京市户籍94例；经母婴传播4例，均为非北京市户籍病例；其他70例，其中北京市户籍8例、非北京市户籍62例。

3. 肺结核　2010年，北京市户籍人口新登记肺结核患者（包括结核性胸膜炎）4874人，比2009年增加41例，活动性肺结核新登记率22.1/10万。其中北京市户籍2755例、非北京市户籍2119例。在新登记的肺结核患者中，男性占66.3%，女性占33.7%；15～34岁的患者占60.5%。北京市DOTS策略覆盖率100%，新涂阳肺结核患者发现率94.7%，新登记活动性肺结核患者的家庭密切接触者筛查率94.6%，2009年新登记活动性肺结核患者的治疗成功率89.2%，新涂阳肺结核患者治疗成功率86.9%。

4. 流感　2010年9月1日至2011年4月31日（流感流行季），北京市144家二级以上医院监测门、急诊就诊19282377人，流感样病例393689例，流感样病例率2.04%，低于2009～2010年同期水平（3.60%）。

5. 麻疹　2010年，北京市报告麻疹2488例，较2009年（1105例）上升125.2%。麻疹发病率14.2/10万，较2009年（6.5/10万）上升118.2%。冬春季为麻疹发病高峰，5月后病例数逐渐下降；0岁组婴儿和20～34岁成人为本市常住人口的两个主要发病人群；病例以流动人口为主，其发病率是北京市户籍人口的4.6倍。

6. 手足口病　2010年，北京市常住人口报告手足口病45409例，死亡18例，发病率258.74/10万，较2009年增加85.50%。男性27372例、女性18037例，5岁以下幼儿占发病数的85.3%。本市手足口病发病时间以夏季为主，4月份发病人数开始上升，6月份达到高峰。

7. 水痘　2010年，北京市报告水痘病例18343例，报告发病率104.5/10万，发病率较2009年（96.63/10万）上升了8.2%。

8. 细菌性痢疾　2010年，北京市报告痢疾病例23231例，死亡1例，占甲、乙类传染病报告总病例数的49.21%，发病率132.37/10万，比2009年下降7.43%。痢疾发病的季节分布明显，病例从5月份开始快速上升，8月份达到顶峰，9月份开始下降，其中8月份发病4860例，占全年病例数的20.92%。

9. 梅毒　2010年，北京市报告梅毒病例4476例，比2009年增加332例，其中男性2356例、女性2120例，男女比例为1.1∶1。梅毒报告发病率25.5/10万，比2009年增加4.3%，其中男性报告发病率26.7/10万、女性报告发病率24.3/10万。

四、残疾人口状况

据2006年第二次全国残疾人抽样调查结果显示，北京市有各类残疾人99.9万人。2010年办证的残疾人362763人。

（一）类别分布

持证残疾人口中，肢体残疾占比例最高，为55.6%；智力残疾12.2%；精神残疾10.7%；视力残疾10.7%；听力残疾6.3%；多重残疾3.9%。

（二）性别分布

持证残疾人口中，男性占58.4%、女性占41.6%。

（三）年龄构成

持证残疾人口中，0～15岁者占1.4%、劳动年龄段者占54.6%、残疾老年人占44.0%。

五、精神疾病

（一）总体情况

2010年，本市社区新登记建档重性精神疾病患者4851例，累计登记在档患者55781例。北京市开展精神疾病诊疗业务的医疗机构共上报重性精神疾病7456例，其中新诊断4995例、复发患者2461例，北京市户籍患者4471例、非北京市户籍患者2985例。

（二）不同病种新发、复发情况

开展精神疾病诊疗业务的医疗机构上报的重性精神疾病中，精神分裂症新诊断、复发人数最多，占全部病例的62.60%，其次是双相情感障碍和复发性抑郁障碍（伴有持续和严重社会功能损害），分别占22.21%和2.35%。

新诊断和复发的重性精神疾病患者在21～30岁年龄段高发，处于该年龄段的精神分裂症患者占24.48%、双相情感障碍患者占30.27%。

新诊断和复发的精神分裂症患者中，男性2348例、女性2340例；在双相情感障碍中，男性597例、女性1066例，女性多于男性。

六、儿童及青少年健康状况

（一）学龄前儿童

1. 出生缺陷　2010年，北京市户籍人口围产儿出生缺陷发生率16.03‰，较2009年（17.58‰）下降8.82%。围产儿出生缺陷发生率位居前三位的是先天性心脏病、外耳其他畸形和多指。神经管畸形、腹裂和总唇裂等严重出生缺陷均已不在前十位之内。

2. 早产儿和低出生体重儿　2010年，北京市户籍人口早产儿发生率5.64%，较2009年（4.67%）增加20.8%。低出生体重儿发生率3.47%，较2009年（3.07%）增加13.1%。

3. 母乳喂养　2010年，北京市户籍人口新生儿母乳喂养率95.1%，其中纯母乳喂养率70.5%。6个月以内婴儿母乳喂养率91.4%，其中纯母乳喂养率65.4%。

4. 与营养有关的常见疾病　2010年，北京市户籍人口0～6岁儿童与营养有关的常见疾病主要为贫血、佝偻病和营养不良。贫血患病率：0～2岁儿童6.11%，3～6岁儿童1.13%。佝偻病患病率：0～2岁儿童0.07%。营养不良患病率：5岁以下儿童低体重患病率0.19%，生长迟缓患病率0.16%，消瘦患病率0.13%。

（二）中小学生健康状况

1. 生长发育水平

（1）身高：2010年，北京市17岁年龄组男生平均身高174.5cm，女生平均身高161.9cm。9岁之前，男生平均身高高于女生。女生在9岁年龄组时先于男生进入第二次生长发育突增，开始加速生长，10岁时身高平均水平超过男生。男生在11岁年龄组进入第二次生长发育突增，开始加速生长，12岁时身高平均水平赶上并超过女生。12岁以后，女生身高增长趋缓，男女生身高差异逐渐加大。17岁男生平均身高比女生高12.6cm。与2005年体质调研数据相比，本市7～17岁男、女生身高平均增长0.33cm和0.30cm。男生身高17岁组比6岁组高52.1cm，每增长1岁，身高平均增加4.7cm。其中11～13岁是身高增长最快的年龄，3年分别增加了5.8cm、7.3cm、6.8cm。16岁以后男生身高增长逐渐趋于平缓。女生身高17岁组比6岁组高40.8cm，每增长1岁，身高平均增加3.7cm。其中9～11岁是身高增长最快的年龄，3年分别增加了5.9cm、6.3cm、6.5cm。14岁以后女生身高增长逐渐趋于平缓。

（2）体重：2010年，北京市17岁年龄组男生平均体重70.6kg，女生平均体重56.9kg。各年龄组男生的平均体重均高于女生，12岁以后男、女生体重差距加大，17岁男生平均体重超出女生13.7kg。与2005年体质调研数据相比，本市7～17岁男、女生体重平均增加2.7kg和2.0kg，其中男生差距最大值5.8kg（17岁组）、女生差距最大值3.3kg（16岁组）。男生体重17岁组比6岁组增加45.4kg，每增长1岁，体重平均增加4.1kg，其中12～13岁是体重增加幅度最大的年龄，2年分别增加6.5kg和5.8kg。女生体重17岁组比6岁组增加33.4kg，每增长1岁，体重平均增加3.0kg，其中11～12岁是体重增加幅度最大的年龄，2年分别增加5.4kg和5.3kg。

（3）肺活量水平：2010年，北京市17岁年龄组男生平均肺活量4085.0ml，女生平均肺活量2751.2ml。各年龄组男生的平均肺活量均高于女生，12岁以后男、女生肺活量差距加大，17岁男生平均肺活量超出女生1333.8ml。与2005年体质调研数据相比，本市7～17岁男生肺活量平均下降9.6ml，女生肺活量平均增长25.7ml。男生肺活量17岁组比6岁组增加3049.9ml，每增长1岁，肺活量平均增加277.3ml，其中12～15岁是肺活量增长幅度最大的年龄，4年分别增加328.4ml、388.8ml、406.2ml、305.1ml。女生肺活量17岁组比6岁组增加1797.3ml，每增长1岁，肺活量平均增加163.4ml，其中9～12岁是肺活量增长幅度最大的年龄，4年分别增加216.6ml、228.3ml、254.8ml、206.6ml。

2. 学生常见病

（1）沙眼：2009～2010学年度，北京市中小学生沙眼检出率0.46%，较2008～2009学年度下降37.0%。男生沙眼检出率0.44%、女生0.47%。各年级学生沙眼检出率有所波动，但均低于5%。

（2）缺铁性贫血：2009～2010学年度，北京市中小学生缺铁性贫血检出率2.3%，较2008～2009学年度下降54.0%。男生缺铁性贫血检出率1.6%、女生缺铁性贫血检出率3.1%，女生检出率高于男生。

学生缺铁性贫血检出率在小学阶段随年龄的增加而减少，中学阶段随年龄的增加而增加，初三女生缺铁性贫血检出率5.3%，此后趋于平缓。本市城区学生缺铁性贫血检出率1.6%，郊区学生检出率3.2%。

（3）视力不良：2009～2010学年度，北京市中小学生视力不良检出率59.96%，比2008～2009学年度上升0.89%。男生视力不良检出率55.7%，女生视力不良检出率64.6%，女生高于男生。小学生视力不良检出率46.9%，初中生71.0%，高中生84.8%。小学阶段：2009年9月新入学的小学一年级新生视力不良检出率36.4%，视力不良检出率随年级的增加而增加，小学六年级达到63.4%。初中阶段：视力不良检出率继续随年级的升高而上升，初中一年级66.4%，初中三年级75.6%。高中阶段：普通高中学生视力不良检出率增长趋于平缓，高中一年级学生83.8%，高中三年级学生86.0%。城区学生视力不良检出率64.9%，郊区学生视力不良检出率52.8%。

（4）肥胖：2010年，北京市中小学生肥胖检出率20.3%，比2009年上升4.0%。男生肥胖率24.4%、女生肥胖率15.8%，男生高于女生。小学生肥胖检出率20.7%，中学生肥胖检出率19.8%，小学高于中学。小学阶段：肥胖检出率随年龄增高而增高，小学五、六年级学生肥胖检出率最高，六年级学生达到25.6%。初中阶段：男、女生肥胖检出率整体呈现下降趋势，男生的下降幅度高于女生。高中阶段：女生的肥胖检出率进一步下降，在高中三年级时出现小幅回升，男生的肥胖检出率在高中阶段呈上升趋势。男生在小学六年级肥胖检出率最高，为30.7%；女生在初中一年级肥胖检出率最高，为20.9%。城区学生肥胖率20.0%，郊区学生肥胖率20.8%。

3. 健康相关危险行为

（1）尝试吸烟率：2010年，北京市中学生尝试吸烟报告率24.7%。中学男、女生尝试吸烟率分别为35.3%和15.3%，男生高于女生。初中、高中和职高男生的尝试吸烟率分别为21.6%、32.6%和70.9%。初中、高中和职高女生的尝试吸烟率分别为10.3%、14.8%和28.0%。

（2）体力活动情况：2010年，北京市学生每天体育锻炼时间超过1小时的占24.3%，每周有4～6天体育锻炼时间能达到1小时的占26.1%，每周有1～3天锻炼时间能达到1小时的占35.9%，几乎每天的锻炼时间均未达到1小时的占13.7%。初中学生（30.7%）每天体育锻炼达到1小时的比率高于高中学生（19.5%），初三学生最高。高中学生报告率随年级的增加而下降。普通初中学生每天参加体育锻炼达到1小时的比率（32.2%）高于重点初中（29.3%），职业高中（21.4%）高于普通高中（20.1%）和重点高中（17.6%）。

（3）网络成瘾情况：2010年，北京市中学生网络成瘾占3.8%，其中男生网络成瘾报告率4.8%、女生2.9%，男生高于女生。男生网络成瘾报告率初一、初二和初三分别为4.5%、5.4%和4.5%；高一、高二和高三分别为5.1%、4.8%和4.0%。女生初一、初二和初三分别为2.2%、3.0%、1.7%；高一、高二和高三分别为3.8%、2.9%和2.3%。

4. 环境因素：2010年，北京市中小学校教室课桌面平均照度合格率60.3%，黑板平均照度合格率22.9%；教室课桌、课椅分配符合率合格的学校分别为49.4%和50.2%；教室噪声合格率82.6%；教室二氧化碳浓度合格率76.0%；教室人均面积合格率95.4%；学校医务室消毒合格率96.4%，其中手、消毒剂、紫外线和一次性医疗用品合格率100%，污水污物消毒合格率69.2%。托幼机构消毒合格率92.5%，其中空气消毒合格率91.8%、餐饮具消毒合格率94.8%、手消毒合格率85.9%、物体表面消毒合格率94.5%。

七、医疗卫生服务

（一）经费投入

2010年，市财政为医疗服务拨款684383.45万元，比2009年（616903.47万元）增加67479.98万元。基层医疗卫生机构财政拨款177534.70万元，比2009年（177380.45万元）增加154.26万元。公共卫生拨款173921.11万元，比2009年（150479.32万元）增加23441.80万元。

（二）机构及人员数量

2010年，本市有医疗卫生机构6539家，其中医疗机构6377家、疾病预防控制机构31家、卫生监督所（中心）20家、医学科研机构28家、采供血机构7家、医学在职培训机构8家、其他卫生机构68家。卫生人员219762人，其中卫生技术人员171093人，每千户籍人口拥有执业（助理）医师5.24人、注册护士5.35人。医院人员155172人，其中卫生技术人员121424人，占78.25%，比2009年增长7.11%。北京市疾病预防控制机构现有人员3755人，其中卫生技术人员2838人，占75.58%，比2009年增长0.97%。北京市社区卫生服务机构人员24912人，其中卫生技术人员20518人，占82.36%，比2009年增长51.81%。

（三）诊疗服务

1. 诊疗情况　北京市医疗机构编制床位94581

张，比2009年增加619张，增长0.66%；实有床位92871张，比2009年增加2771张，增长3.08%。其中社区卫生服务中心编制床位5831张，比2009年增加2160张，增加58.84%；实有床位4238张，比2009年增加2037张，增加92.55%。每千户籍人口医疗机构编制床位由2009年的7.54张减少到2010年7.52张，每千户籍人口医疗机构实有床位由2009年的7.23张增加到2010年的7.38张，每千户籍人口医院编制床位由2009年的6.70张增加到2010年的6.79张，每千户籍人口医院实有床位由2009年的6.62张增加到2010年的6.83张。2010年，北京市医疗机构（含诊所、医务室和村卫生室）诊疗14605.9万人次，出院182.8万人次。与2009年比较，诊疗人次增加1081万人次，增长7.99%；出院人数增加11.87万人次，增长6.94%。2010年，北京市医疗机构编制床位使用率77.53%（实有床位使用率82.21%），其中医院编制床位使用率81.92%（实有床位使用率84.49%）、社区卫生服务中心编制床位使用率23.0%（实有床位使用率35.26%）。与2009年相比，医疗机构编制床位使用率提高3.1%（实有床位使用率提高0.07%），医院编制床位使用率提高2.14%（实有床位使用率减少0.07%）。2010年，北京市医疗机构平均住院日13.70天，比2009年缩短0.23天。医院平均住院日14.00天，比2009年缩短0.52天；社区卫生服务中心平均住院日11.20天，比2009年的15.10天缩短3.90天。

2. 平均医疗花费　2010年，公立综合医院门诊病人人均医疗费用333.5元、住院病人人均医疗费用14623.3元。

3. 急救　2010年，北京市120网络和北京市红十字会急诊抢救中心出车541903次，其中急救危重病人65889人次、普通病人443928人次。

（四）公共卫生服务

1. 疫苗接种　2010年，北京市免疫规划疫苗16种，其中12种用于常规接种（包括卡介苗、乙肝疫苗、甲肝疫苗、脊髓灰质炎疫苗、无细胞百白破三联疫苗、白破二联疫苗、麻疹风疹二联疫苗、麻腮风三联疫苗、麻疹疫苗、乙脑减毒活疫苗、A群流脑疫苗和A+C群流脑疫苗），4种用于应急接种（水痘疫苗、流行性出血热疫苗、炭疽疫苗和钩端螺旋体疫苗），可预防疾病16种。全年本市常规免疫接种约452万人次，与2009年相比，各种疫苗接种率和接种数量均持平。本市接种季节性流感疫苗1664414人，集中接种麻疹疫苗强化免疫1624998人。

2. 癌症筛查　2008～2009年，北京市筛查728704人，检出癌前病变及宫颈癌602例，检出率82.61/10万，其中宫颈癌89例，检出率12.21/10万。同时，检出子宫内膜癌、卵巢癌、外阴癌等其他妇科恶性肿瘤18例。宫颈癌早诊率91.85%。妇科炎症检出率11.55%，子宫肌瘤检出率3.36%，其他妇科良性疾病8.39%。乳腺癌筛查568000人，检出乳腺癌266例，检出率46.83/10万，早诊率30.5%。乳腺增生检出率24.84%，乳腺纤维瘤检出率6.95%。大肠癌筛查5207人，其中便潜血阳性211人，阳性率4.05%；肠镜检查可疑高危人群461例，发现确诊结肠癌6例。

3. 颈动脉筛查　2010年，北京市共筛查45岁及以上的户籍人口20284人，其中颈动脉狭窄1882人(9.3%)。本市45岁及以上户籍人口颈动脉狭窄的前三个危险因素依次为：高血压、吸烟和血脂异常，暴露率分别为67.5%、28.6%和28.0%。

4. 口腔卫生服务　截止到2010年底，本市为670711名7～9岁适龄儿童进行了免费窝沟封闭防龋工作，封闭牙齿1225211颗，完好率92.63%。2009年，经社区卫生服务中心筛查的3493名老人中，1198名低保老人符合免费镶牙政策，1060名低保贫困老人免费戴上全口义齿。

5. 白内障复明工程　2010年，本市为1526名55岁以上、矫正视力低于0.3的北京市户籍贫困白内障患者实施了免费复明手术，人工晶体置入率98.5%，术后两周裸眼视力≥0.3的百分比为92.6%。

八、健康环境状况

（一）饮用水

2010年，北京市集中式饮用水水源地全年水质达标率在99%以上。市政自来水厂出厂水抽检合格率100%；末梢水水样抽检合格率95.51%，不合格指标主要为总硬度、浑浊度。北京市二次供水水样抽检合格率94.34%，不合格指标主要为总硬度。

（二）食品卫生

2010年，本市有36794个餐饮单位进行了量化评级，其中A级单位2762个、B级单位16289个、C级单位17738个、D级单位5个。抽检食品28大类6008件，合格5693件，总体合格率94.76%。北京市确定发生在餐饮服务环节和家庭的食品安全事故25起，发病396人（无死亡病例），其中细菌性中毒占总起数的48.0%。

（三）烟草使用与控制情况

2010年，北京市卷烟零售44206801百支，比2009年增加7.1%。本市对122422个公共场所/单位进行了控烟监督检查，对1057个单位进行处罚，劝阻吸烟8141人次。截至年底，无烟餐饮单位1076个，达到国家无烟医疗机构标准的单位94.5%。

（四）病媒生物密度

1. 蚊密度　2010年，北京市平均蚊密度值为1.18，比2009年（1.28）下降7.81%，其中8月中旬蚊密度值达到最高峰（2.63）。在不同环境中，公园绿地蚊密度值1.45，居民区1.16，旅游景点0.70。本市主要蚊种为淡色库蚊，占蚊总数的94.2%；白纹伊蚊居第二位，占蚊总数的5.6%；三带喙库蚊居第三位，占蚊总数的0.18%。

2. 蝇密度　2010年，北京市平均蝇密度值6.75，比2009年（7.00）下降了3.6%，其中7月下旬蝇密度最高（13.65）。在不同环境中，公园绿地密度值11.26，居民区5.85，医院4.07。本市主要蝇种为麻蝇和丝光绿蝇，麻蝇占蝇总数的51.0%；丝光绿蝇居第二位，占14.2%；家蝇居第三位，占10.8%。

3. 蟑螂密度　2010年，北京市平均蟑螂密度值0.12，比2009年（0.17）降低29.41%，12月蟑螂密度最高（0.22）。不同环境中，农贸市场蟑螂密度最高（0.34），主要种类为德国小蠊。2008～2010年，本市居民家庭蟑螂侵害率和密度均呈现逐年递减的趋势，2010年侵害率（16.84%）比2008年（47.18%）下降64.3%，密度（0.32）比2008年（2.24）下降85.7%。

4. 鼠密度　2010年，北京市鼠密度0.70%，比2009年（0.61%）升高14.75%，其中3月份鼠密度最高（1.31%）。不同环境中，畜牧场鼠密度最高（1.38%），主要鼠种为褐家鼠和小家鼠。

（五）职业危害

2010年，北京市报告新发职业病1320人，死亡133人。发病前三位为尘肺（1246人）、职业性耳鼻喉口腔疾病（27人）和职业性眼病（25人）。主要职业危害因素为粉尘、物理因素和化学因素，未涉及生物因素。

2010年，北京市产生职业危害的生产经营单位11897家，其中产生粉尘危害因素的生产经营单位6911家次、产生化学危害因素的生产经营单位6389家次、产生物理危害因素的生产经营单位7871家次；有职业危害作业场所24780个，实际作业人员840950人，接触职业危害的作业人员360635人。

（六）农村改水改厕

2010年，本市完成181个农村改水项目，农村自来水普及率99.4%。完成17.4万户无害化户厕的改造，农村卫生厕所覆盖率96.6%，无害化厕所覆盖率90.0%。

（摘自北京市人民政府《北京市2010年度卫生与人群健康状况报告》）

“十一五”卫生事业发展成就

“十一五”时期，全面展开新一轮深化医药卫生体制改革，覆盖城乡的医药卫生服务体系逐步完善，疾病预防控制和医疗救治能力日益增强，基本医疗保障制度加快发展，政府财政对卫生的投入逐年增加，人民群众健康水平逐步提高，卫生事业发展成绩显著。

居民健康指标达到发达国家水平　“十一五”期间，本市居民健康水平进一步提高。2010年，平均期望寿命达到80.81岁，比2005年增长0.72岁；孕产妇死亡率从2005年的15.91/10万下降到2010年的12.14/10万；婴儿死亡率从2005年的4.35‰下降到2010年的3.29‰。本市居民主要健康指标和纽约、伦敦、巴黎等国际大都市水平相当。

卫生资源总量显著增加　2010年底，全市卫生机构6539家（不含部队卫生机构及2972个村卫生室），较2005年增加35.7%。全市卫生技术人员17.1万人，较2005年增长42.7%。全市执业（助理）医师6.6万人、注册护士6.7万人，分别较2005年增加30.3%和56.9%。全市医疗机构实有床位92871张，较2005年增长17.5%。

全面启动深化医药卫生体制改革　组建市医改领导小组及办公室，制订《北京市2010—2011年深化医药卫生体制改革实施方案》，围绕“推进发展、提高效率、减轻负担、促进健康”的总体目标，落实国家5项重点改革任务，出台一批惠民政策，各项医改工作稳步推进。成立首都医药卫生协调委员会，积极筹建北京市公立医院管理机构，市药品监督管理局改革成为市卫生局的部门管理局，卫生事业统筹协调力度明显加大。

公共卫生服务水平明显提高　建立起以突发公共卫生应急机制、疾病预防控制体系、医疗救治体系、卫生执法监督体系和公共卫生信息系统等“一个机制、四个体系”为核心的较为完善的首都公共卫生体系，公共卫生突发事件处置、应急救治和大型活动保障能力显著提高。积极推进基本公共卫生服务逐步均等化，重点实施了为0～6岁户籍儿童免费进行健康检查、为60岁以上老年人和在校中小学生免费注射流感疫苗、为适龄妇女免费开展宫颈癌和乳腺癌筛查等10类42项基本公共卫生服务项目和11项重大公共卫生项目。开展卫生监督执法，有效保障了全市公共卫生和医疗安全。开展“健康奥运，健康北京”全民健康活动，实施《健康北京人——全民健康促进十年行动规划（2009—2018）》，首次发布了北京市年度卫生与人群健康状况报告。完成农村无害化户厕改造67.8万户，无害化卫生厕所普及率90.9%，创建一批国家和北京市的卫生区、卫生镇、卫生村，全市城乡居民生活工作环境得到进一步改善。

医疗服务能力日益增强 2010年全市诊疗1.46亿人次，较2005年增长51.1%；出院182.8万人次，较2005年增长了51.2%。全市医疗机构出院者平均住院日13.7天，较2005年缩短了1.9天；医疗机构实有病床使用率82.2%，较2005年提高了6.7个百分点。健全无偿献血服务网络，自愿无偿献血占临床用血的比例达到100%。完成北京地坛医院迁建、北京佑安医院改扩建一期、北京朝阳医院改扩建一期等重大医疗基础设施建设。基层医疗卫生服务体系快速发展，市、区县两级财政投资约30亿元，进行基层医疗卫生服务机构标准化建设和基本设备配置，形成了覆盖城乡的基层卫生服务网络。2010年，社区卫生服务中心（站）、乡镇卫生院和村卫生室3类基层医疗卫生机构共诊疗3476万人次（占当年全部诊疗总次数的23.8%），较2005年的1597.2万人次（占当年全部诊疗总次数的16.5%）增长117.6%。

医疗保障制度更加健全 建立健全了城镇职工基本医疗保险、城镇居民基本医疗保险和新型农村合作医疗等基本医疗保障制度，实现医疗保障制度覆盖全人群，医疗保障水平逐步提高，医疗保障管理服务水平显著提高。2010年，城镇职工参保率94%，新型农村合作医疗参合率96.74%，城镇居民参保率90%。职工在社区就医门诊医疗费报销比例由70%提高到90%，职工医保最高支付限额由17万元提高到30万元左右，“一老”和无业居民医保最高支付限额由7万元提高到15万元。全面实施医保卡工程，在所有定点医疗机构实行职工和居民参保人员“持卡就医、即时结算”。新型农村合作医疗保障水平大幅提高，统一试行乡镇卫生院“零起付”补偿政策，统一住院补偿“封顶线”18万元，统一推行“出院即报和随诊随报”，2010年人均筹资520元，政策范围内住院费用报销比例达到60%。为全市符合条件的城乡低保对象和农村五保对象集中办理了医疗保险手续，医疗救助比例由50%提高到60%，住院救助报销额度由1万元提高到3万元。

进一步完善药品供应保障体系 在政府举办的基层医疗卫生机构全部实施国家基本药物制度，基本药物实现了政府集中采购、统一配送、零差率销售。搭建了全市统一的政府药品集中采购平台，对全市所有非营利性医疗机构和医疗保险定点医疗机构使用的除国家特殊管理药品、中药饮片、疫苗外的所有药品实行药品集中采购，实现了“同城同价”。药品安全监测网络覆盖到生产企业、经营企业、医疗机构以及公众用药等各领域，全市药品抽验合格率保持在97%以上。

开创中医药事业新局面 制订了《北京市人民政府关于促进首都中医药事业发展的意见》，实现了中医药事业促进和扶持政策的重大突破。中医药事业发展规模进一步扩大，在全市二级及以上综合医院100%建立了中医科，社区卫生服务中心100%建立了中医科。

中医医院补偿机制得到实施。全市中医医院建立了新的财政补偿机制和有利于发挥中医药特色优势的鼓励考核制度，通过对中医医院特色进行绩效考核，中医医院基本工资和国家规定的津贴全部由政府支付，扶持中医医院积极开展中医诊疗技术项目和非药物中医治疗方法，开发使用中药制剂和中药饮片，提高中医药诊治技术水平。新政策的实施，使本市中医医疗机构中草药使用比率由2007年的4.47%增加到17.22%，中成药使用比率由2007年的13.56%增加到43.84%，重点专科开展的特色疗法由绩效考核前的137项增加到172项。

中医药服务能力显著提升。“十一五”末，全市卫生机构提供中医类服务的达到3980家，中医药人员14193人，万人口中医执业（助理）医师6人、中医床位7张，100%的社区卫生服务中心、80%的乡镇卫生院应用中医药技术和方法预防传染病、防治慢性病。中医类别执业医师占全市执业医师的8%，提供的医疗服务占全市总量的23%。服务总量比“十五”末提高了9个百分点。中医药在服务奥运、参与重大疾病防控、应对甲流、抗震救灾等方面发挥了重要作用。

不断提升中医药科技与传承实力。实施“十一五”中医药科技51510工程，通过重点学科、重点研究室、重点实验室等科研平台建设，完善中医药科研支撑条件，提高科技创新能力。成功开发“金花清感方”制剂，启动“十病十药”研发工程，创新中医药“产学研用”一体化的科研模式。通过表彰12名首都国医名师、重奖40名老中医药专家学术传承指导老师，建立中医药传承与人才成长的激励机制。

加强中医药文化传播。通过建设国家中医药发展综合改革试验区、举办地坛中医药文化节、完善北京中医药数字博物馆、建立中医药传统文化青少年教育基地、试点推广青少年中医药文化知识读本（小学版）、中医健康大课堂、编印中医药科普知识读本、举办中医药国际论坛等活动，扩大了中医药文化在国内外的传播范围。

完成重大活动保障和重大突发事件的应对处置 完成北京奥运会、残奥会和新中国成立60周年庆典活动的医疗卫生保障任务，有效应对手足口病、三聚氰胺污染奶粉、甲型H1N1流感等多起突发公共卫生事件，及时对汶川和青海玉树地震灾区开展医疗卫生救援工作。

总结“十一五”卫生事业成绩主要有以下基本经验：一是坚持科学发展的理念，遵循卫生事业发展规律，与时俱进调整卫生政策是卫生事业发展的根本要求；二是政府在卫生工作中的投入力度直接决定了卫生工作的成效，强大的财政投入是卫生事业发展取得巨大成就的重要保障；三是卫生工作是一个社会性的综合工作，需要全社会各个方面力量的支持和配合，各部门协同配合、充分发动群众是促进卫生事业加速发展的强大动力。

（北京市卫生局发展计划处）

建立首都医药卫生新的体制机制和服务模式

2010年6月，《北京市2010—2011年深化医药卫生体制改革实施方案》正式出台。从首都医药卫生事业发展的实际出发，坚持“防病与治疗一起抓、改革与管理一起抓、医院与社区一起抓”的基本思路，努力实现“推动发展，提高效率，减轻负担，促进健康”的目标，把解决人民群众最关心的“看病难、看病贵”问题与体制机制创新、推动长远发展结合起来，坚持“保基本、强基层、建机制”的基本原则，坚持充分发挥医务人员医改主力军作用，以“惠民、利民、便民”为主旋律，取得良好进展。

颁布医改实施方案和年度工作安排 6月4日，市委、市政府出台了《北京市2010—2011年深化医药卫生体制改革实施方案》，以后陆续出台了多项配套文件，对本市医药卫生体制改革进行了部署安排。

4月6日，市卫生局成立医改领导小组，由局党组成员和局领导班子成员及相关处室负责人组成，全面负责本市医疗卫生系统医改工作。设立医改办公室，抽调专人负责日常管理工作。

5月21日，卫生部与北京市卫生局签订了《2010年深化医药卫生体制改革责任状》。

6月12日，召开北京市深化医药卫生体制改革工作大会，副市长丁向阳部署医改工作，市长郭金龙发表重要讲话。

为确保医改各项任务按期保质完成，制订《北京市卫生局2010年医改工作重点任务分解方案（医改折子工程）》，对每项工作逐一落实牵头领导、牵头处室，细化工作落实的时间节点及拟采取的措施。

8月19～20日，市医改领导小组办公室和市委组织部联合举办区县局级领导干部医改培训及责任书签订仪式。此后，市卫生局又与区县卫生局签订了卫生医改责任书。

建立和完善首都医药卫生管理体制 10月27日，成立首都医药卫生协调委员会，由市委、市政府、国务院有关部委办局、军队、武警等有关部门和区、县政府54个单位组成，统筹研究首都医药卫生发展中的重大事项，协调、推进首都医药卫生事业发展，逐步落实属地化和全行业管理。

12月16日，召开首医委第二次全体会议，审议通过了《首都医药卫生协调委员会工作规则》和北京市“十二五”时期卫生事业发展改革规划基本思路和主要框架，通报了本市医药卫生体制改革进展、医疗保险管理和医院电子病历系统等信息化建设情况。

完成由市卫生局管理的市医院管理机构的组建方案和准备工作。按照“管办分开、政事分开、医药分开、营利性与非营利性分开”的原则，进行市医院管理局成立的前期筹备工作。主要管理模式以资产管理为纽带，对市属22家大医院实行人财物和运行的统一规范管理，向现代医院管理制度迈进。

医改5项重点任务取得显著成效 截至12月底，全市98项医改任务全部完成，其中卫生医改任务77项（约占80%）。国务院3年医改实施方案重点任务完成80%以上。

进一步完善基本医疗保障制度，保障水平走在全国前列。按照“低水平、全覆盖、先保险、再救助、逐步提高”的思路，市政府出台了一系列完善基本医疗保障的政策措施，为“一老一小”、无业居民、残疾人和300万农民建立医保及新农合制度，在全国率先实现了医保制度的城乡人群全覆盖，全市居民个人平均报付率70%以上。本市各类基本医疗参保（合）率平均93%以上，提前完成国家下达的3年目标。在实现医保制度全覆盖的基础上，将“一老一小”与无业居民整合为城镇居民医疗保险制度。不断完善医保政策，扩大报销范围，提高报销标准，其中新农合筹资标准达到人均520元，门诊报销比例40%以上，住院报销比例60%以上；城镇居民由无保障到住院医疗费用报销60%左右；参保企业职工和退休人员个人负担比例下降到20%左右。通过这些政策措施，一年内减轻患者就医负担约31亿元。针对群众看病报销难、垫付负担重、社保基金安全管理存在隐患等问题，推进“社保卡”工程建设，全市已发放“社保卡”850万余张，70%市民实现了持卡就医。参保职工和居民可以在1700家定点医院实现“持卡就医、即时结算”，每年为群众减少个人垫付资金92亿元。

实施国家基本药物制度，药品集中招标采购。3月16日，市卫生局等10个委办局印发了《关于北京市贯彻落实国家基本药物制度的实施意见》，在政府举办的3956个基层医疗卫生机构100%实施基本药物制度，并将国家基本药物全部纳入医疗保险和新农合报销范围。在全市范围内实行药品集中采购，实现了辖区内所有二级以上医院统一药品价格，全市医疗机构药品同城同价。药品价格与当时市场价相比平均降低16%，药品平均费用降幅达30.45%，减轻医保支出和群众负担36亿元。

推进医疗卫生服务体系建设。根据首都地区人口及经济社会发展变化，按照属地化和全行业管理的原则，启动首都区域卫生规划的编制工作，初步制订了医疗机构设置规划，促进优质医疗资源合理分布。北京大学第一医院、北京大学人民医院、北京积水潭医院等在郊区办分院；北京天坛医院、北京口腔医院等优质三级医院资源整体迁址到城南地区；正在建设11个区域医疗中心；首都核心区以外的三级医院（包括分院）将逐步达25家，优质医疗资源逐步向远郊区县、南城和新城转移。9月24日，印发《北京市卫生局关于加强综合医院儿科建设工作的通知》，明确各医疗机构承担公立医院的职责，将儿科建设发展纳入医院整体发展规划之中，全市二级以上综合医院均设置儿科。采取多种举措缓解百姓“看病难”问题。一是在三级医院推行双休日全天门诊：市卫生局印发了《北京市卫生局关于试点开展双休日全天门诊服务的通知》，在一定程度上分流了日常门诊的就诊压力，逐步满足居民休息日就诊的需求。二是探索建立有序转诊服务模式：在13个试点区县建立基层医疗机构与二三级医院之间的转诊服务平台，实现了社区与二三级医院之间的预约转诊，转诊预约成功率近100%。同时，推动复诊预约服务，49家三级医院复诊预约率平均40%。三是推进对口支援工作：修订《北京市城乡医院对口支援工作实施方案》，印发《北京市卫生局 北京市中医局关于统筹医疗资源进一步做好各项对口支援工作的通知》，在本市区域内对远郊区县区域医疗中心实施对口支援。11家大型三级甲等医院与10个远郊区县11个区域医疗中心形成了稳定的对口支援关系。四是深入开展优质护理服务。启动“优质护理服务示范工程”，出台了护理员培训考核标准，完成3000名护理员培训和考核上岗的医改目标。通过以上措施，大医院就诊服务能力提高了25%以上。开展社区“24小时全天候服务”。市卫生局联合市财政局和市人力资源与劳动社会保障局出台《关于试点开展城八区社区卫生服务中心24小时服务的通知》；组建社区卫生服务团队，提供“健康通”手机24小时健康指导与咨询服务，使社区卫生服务机构门（急）诊量占全市门（急）诊量的比例由原来的5%提高到25%；有效分流了大医院患者。逐步推行家庭医生式服务等新型模式。市卫生局联合市社会建设工作办公室印发《关于进一步强化社区卫生服务工作的通知》。12月23日，市卫生局等8个委办局联合下发《关于进一步推进社区卫生改革与管理工作的意见》，对加强社区卫生服务网络、完善社区卫生服务运行机制、开展家庭医生式服务工作进行了部署。通过实施政府主导、城乡统筹、机制创新、政策协同、功能完善“5个强化”，使社区卫生服务的功能实现公共卫生服务功能、居民就医、公益性质“3个回归”，促进全市基本公共卫生服务均等化。对本市户籍、年满60岁的老年人实行优先就诊和优先出诊服务，实行收支两条线的社区卫生服务机构，对老年人就诊免收普通门诊挂号费。修订《北京市社区慢性病管理手册（修订版）》，在社区实施高血压、糖尿病、冠心病、脑卒中和健康知己管理等防治工作。社区慢病管理166.1万人，培养家庭保健员25000人。继续加强村卫生室建设。加强人才培养，实施“四个一批”人才工程，使基层卫生人才得到了有效补充。全年社区卫生服务机构总诊疗3041万人次，比上年增长7.34%。

完善公共卫生服务体系，促进基本公共卫生服务均等化。协调北京市编委、市发改委、市财政局等19

个委办局，制订《关于加强北京市精神卫生服务体系建设和发展工作的指导意见（2011—2015）》。同时，在北京大学人民医院、北京同仁医院、北京朝阳医院、北京胸科医院和北京地坛医院等三级综合医院、传染病医院试点开设精神科；修订《北京市重性精神疾病信息报告管理办法》，完善北京市精神卫生信息管理系统，并在2011年3月1日正式投入使用。下发并组织实施《北京市<重性精神疾病管理治疗工作规范>指导意见》。与市财政局、市民政局等委办局制订了《北京市重性精神疾病免费服药工作规范》，进一步完善重性精神疾病患者免费服药制度。整合优化120和999急救资源，实行统一规划布局、统一服务规范，建立健全全市统一的急救指挥调度平台。将院前急救工作纳入急诊急救质控中心综合管理。在国家规定的公共卫生服务项目基础上，新增5项基本公共卫生服务项目和6项重大公共卫生服务项目。截止到年底，累计为常住人口免费建立健康档案1404.9万份，城乡建档率80.05%。

创新公立医院服务模式，探索公立医院改革试点，探索建立公立医院总会计师制度。在市卫生局直属的8家综合医院及3家专科医院开展项目成本核算，为适当扩大公立医院财政补偿机制改革试点范围打下了良好的基础。在北京朝阳医院、北京天坛医院、北京同仁医院和北京胸科医院试点，从运行与效率、社会效能、医疗质量与内部流程管理、科研与教学等4个维度，选择了与医院绩效关联度较高的42个关键指标，建立和完善以公益性为核心的政府对医院的绩效考核体系。12月13日，召开北京市卫生系统医师多点执业启动工作会，下发《北京市医师多点执业管理办法（试行）》，积极探索执业医师注册制度、医师管理和医院人事制度的重大变革。印发《财务收支审计管理办法》、《财务收支审计操作指南（试行）》和《北京市医疗机构审批管理办法》，加强对医疗机构的监管，建立严格准入和退出机制。

创新性做法和经验 加强政府领导、部门协调合作是前提。中央关于深化卫生体制改革的意见和3年医改任务下达后，本市成立了由常务副市长吉林任组长、有关部委、驻京部队和市有关部门参加的市医改领导小组，设立了领导小组办公室，组建了医改专家咨询委员会。各区县也相应成立了医改领导小组。通过各部门各区县通力合作，明确任务，落实责任，保证了医改工作的顺利推进。

树立大卫生理念，建立新的医疗卫生服务体系是目标。随着社会经济的快速发展，疾病谱发生了明显变化，心脑血管病、老年病、传染病等五大病种成为影响健康的主要因素。必须把“预防为主”作为人人享有基本医疗卫生服务的首选策略，将卫生工作重心由重后端治疗向重前端公共卫生和预防转移，医疗服务重心由大医院向基层社区转移。市政府推进《健康北京人——全民健康十年行动规划》，编制健康北京“十二五”专项规划，着眼于健康城市发展理念，建立政府、社会、个人共同参与的健康促进机制。

坚持体制机制创新与制度建设是基础。在管理体制上，组建首都医药卫生协调委员会，研究制订统一区域卫生规划和医疗机构设置规划，首都医疗资源统筹协调机制逐步完善；设立市医院管理局，逐步实行管办分开、政事分开、医药分开。在制度建设上，提高医疗保障水平，建立新农合筹资增长机制，建立“一老一小”医保制度，全面实施“社保卡”工程；城乡基层医疗机构全部实施基本药物制度，建立全市药品集中采购平台，统一药品价格；推进全市公立医院信息化建设。

坚持惠民及调动医护人员积极性是抓手。通过医疗保险制度人群全覆盖、社保卡工程、基本药物制度、建设无假日医院、社区24小时全天候服务、预约挂号、双向转诊、优质护理服务示范工程等一系列惠民政策措施，使百姓“看病难、看病贵”得到了缓解。同时，注重保护和调动医务人员的积极性，充分体现医改主力军的劳动价值和工作绩效，通过多种措施在全社会倡导尊重医学、尊重患者、尊重医务工作者的良好风气，逐步完善医疗风险防范机制、医疗责任保险制度和医疗纠纷第三方处理机制。

加大政府财政投入是保障。在北京市医改方案中明确了对公立医院基本建设、大型设备购置、重点学科发展、符合国家规定的离退休人员费用和政策性亏损补偿等政府投入和补偿机制。市政府在2010年和2011年增加财政投入337亿元，用于推进医药卫生改革。

（撰稿：吴 建 高 星 审稿：吕一平 郭积勇）

重要会议报告

回归中医本色 锐意改革创新 全面推进首都中医药工作科学发展

——在2010年北京市中医药工作会议上的工作报告

北京市中医管理局局长 赵 静

(2010年3月26日)

同志们:

2010年北京市中医药工作会议的主要任务是:深入贯彻党的十七大、十七届三中、四中全会和全国卫生工作会议、全国中医药工作会议精神，以深化医药卫生体制改革为中心，全面贯彻落实《国务院关于扶持和促进中医药事业发展的若干意见》和《北京市人民政府关于促进首都中医药事业发展的意见》(以下分别简称《国务院若干意见》和《市政府意见》)，总结回顾2009年的工作，部署2010年的重点任务。

一、2009年首都中医药工作回顾

2009年，在市委、市政府的领导下，北京市中医药行业深入学习实践科学发展观，围绕全市卫生工作的大局，贯彻落实《国务院若干意见》和《市政府意见》，在落实扶持政策、健全管理体制、改革机制、创新模式上取得多点突破，在健全中医药服务体系，提高基层中医药服务能力，推进中医药继承创新，提升中医药人才队伍建设水平，充分发挥中医药在防治甲型H1N1流感中的优势和作用，加强中医药文化建设等方面，形成了首都中医药医疗、保健、科研、教育、产业和文化协调发展的新局面，取得了可喜的成绩。

(一) 贯彻《市政府意见》，落实扶持政策取得了新突破

2009年1月6日，在首都中医药发展史上第一次以北京市政府名义召开的首都中医药发展大会具有里程碑的意义。郭金龙市长、王国强副部长、丁向阳副市长等领导出席大会，并对贯彻落实《市政府意见》，促进首都中医药事业发展，为首都市民健康服务，在全国中医药行业发挥引领和示范作用等方面提出了明确要求。大会极大地振奋了首都中医药工作者的精神，有力地推动了首都中医药的改革与发展。

落实《市政府意见》先后出台6个配套文件，在扶持中医药事业发展的政策上取得了创新和突破。一是会同北京市财政局、北京市卫生局联合制定并下发了《北京市中医、中西医结合医院绩效考核管理办法》《北京市中医、中西医结合医院绩效考核指标》和《北京市中医、中西医结合医院绩效考核实施细则》，从2009年起实现对全市政府举办的中医、中西医结合医院绩效考核与财政补偿挂钩，改革公立中医医院运行机制，为突出中医药特色、保持公立中医医院的公益性提供了保障。

二是为扶持发展中医药特色服务，协调市人保局下发了《关于将中药门诊煎药费等纳入基本医疗保险报销范围的通知》，将中药门诊煎药费、中药配方颗粒剂等纳入了基本医疗保险报销范围。

三是为鼓励中药制剂研发、使用，协调市药监局制定下发了《关于扶持医疗机构中药制剂有关问题的通知》，在制剂申报注册、调剂使用、配置生产等环节落实了一系列扶持政策。

四是会同市卫生局、市人事局建立了对学有所成、业绩突出的首都中医药人才的表彰激励机制，首次评选了首都国医名师，颁布了《关于授予方和谦等12名同志首都国医名师荣誉称号的决定》，并在首都中医药发展大会上表彰了首批12名“首都国医名师”，同时对完成第三批国家级师承工作的40名指导老师给予每人10万元的奖励，对11名市级师承工作指导老师给予每人6万元奖励。

五是创新中医执业医师注册管理模式，我局制定下发了《关于中医类别执业医师多地点执业有关问题的通知》。允许公立医院经验丰富、水平高、群众欢迎的名中医师到执业注册地点以外的社区、农村多地点行医，充分挖掘和释放优质服务资源潜力到农村、社区贴近百姓服务。

六是为全面加强中医药服务网底建设，我局制定下发了《关于北京市综合医院、社区卫生服务中心、乡镇卫生院设置中医科室的通知》。按照卫生部和国家中医药管理局关于综合医院中医科建设标准及社区卫生服务的中医药设置要求，提出到2010年底，全市所有的综合医院都应设置达标的中医临床科室和中药房，到2011年底城乡社区卫生服务中心、乡镇卫生院都要设置中医科和中药房。

中医药管理体制和管理职能得到进一步健全和强化。在北京市政府机构改革工作中，不仅增加了市中医管理局内设机构和行政编制，而且强化了统筹协调本市中医药资源配置，拟订中医药发展总体规划和目标，参与拟订中药产业促进政策的管理职能，有利于实现中医、中药统一协调管理。全市各区县政府也在机构改革工作中，不断积极健全本地区的中医管理机构、强化管理职能。目前已有门头沟、昌平等区县卫生局加挂了中医管理局牌子，房山、西城、东城等区县卫生局成立了中医管理科。中医药管理体制和管理职能的进一步健全和强化，为首都中医药事业发展提供了可靠的组织保证。

（二）全面参与甲型H1N1流感防治，推动中医药自主创新

甲型H1N1流感疫情暴发后，在国家应对甲型H1N1流感联防联控工作机制指导下，在国家中医药管理局和北京市委、市政府的领导和支持下，首都中医药从科研到临床，从预防到治疗，全面参与科学防控甲型H1N1流感，最大限度地延缓了疫情在首都的蔓延，为应对疫情的暴发和加剧赢得了时间；同时在防治疫情的初期就坚持“科技先行”，率先开展中医药防治甲型H1N1流感科技攻关，并取得了令人鼓舞的阶段性成果。不仅推进了首都中医药科技自主创新，也为甲型H1N1流感的防治提供了中医药的治疗手段，为形成符合我国国情的、具有中国医学特色的中西医结合防治措施作出了贡献。

中医药第一时间科学、规范参与防治工作。我局在4月底就成立了北京地区中医药防控甲型H1N1流感领导小组，按照卫生部、国家中医药管理局和北京市委、市政府甲型H1N1流感防控工作的各项部署，整合、协调首都中医药各方力量，充分发挥首都中医药临床、科研人才优势，组建由院士领衔的17名中医药专家组成的专家委员会，依靠专家的技术支撑和指导作用，先后制定了防治工作方案和系列技术方案，指导全市中医药行业科学、规范地参与防治工作。

中医药防治甲型H1N1流感工作效果显著，赢得了首都市民的信赖和欢迎。组织中医药专家委员会从生活起居、饮食调节、药物预防以及特殊人群预防等四个方面制订了中医药防控的策略和措施，先后编印和免费发放了《甲型H1N1流感中医药防治常识》《北京市民预防甲型H1N1流感中医药指南》《首都市民居家防治流感中医药手册》等宣传册近200万册，并通过电视、电台、报纸、网络等公共媒介向广大群众进行宣传，普及中医药防治知识；先后向社会发布了不同季节，针对成年人、老年人或体虚者、孕妇、儿童等不同易感人群的中药预防处方，并组织全市中医医疗机构设立中药预防处方专台，为市民选用中药预防药物提供方便和保障；根据中医药熏法防治疫病的成功经验，中医药专家从古方中筛选出常用中药制成“防疫香囊”，为首都海关边检一线和地坛医院、佑安医院以及实施医学观察的定点机构的工作人员，为参加国庆游行排练的人员等重要岗位、重点人群的有效预防作出了特殊贡献。中医药在防控甲型H1N1流感中起到了重要的支撑作用，赢得了首都市民的信赖和欢迎。

在全国率先开展中医药防治甲型H1N1流感科技攻关项目，成功优选首个针对甲型H1N1流感治疗的有效中药方剂“金花清感方”。争取市政府专项经费1000万元，与市科委协调，在全国率先组织开展“防治甲型H1N1流感有效中药筛选及评价研究”和“甲型H1N1流感中西医对照抗病毒治疗的多中心、随机、对照研究”两个中医药科技攻关专项。取得的阶段性成果初步证实：中医药防治甲型H1N1流感是安全、有效的，为政府应用中医药应对流感大流行提供了科学依据。

针对缺乏甲型H1N1流感有效预防和治疗手段这一关键问题，在国家卫生部、国家食品药品监督管理局、国家中医药管理局指导下，经过6个多月的不懈努力，优选首个专门针对甲型H1N1流感治疗的有效方剂金花清感方。目前金花清感颗粒医院制剂已在全市医疗机构中使用，同时启动国内与国际专利的保护，境内外专利申请已被国家知识产权局受理，利用市场机制进行知识产权转让，并对组方专家给予每人10万元的奖励。

科技攻关为做好中医医院中药储备工作提供决策依据。按照科研初步结果和甲型H1N1流感中医药预防方案、治疗方案中涉及的中药饮片、中成药的品种，并开展了中医医院制剂室煎药能力和药品储备量的调查，提出了防治甲型H1N1流感中成药储备品种的建议，为市政府决策提供了科学依据。制订了《建立"院企合作储供机制"开展中药饮片储备工作方案（试行）》，调整了我市中药储备品种目录，在全市中医医院做好了中药饮片储备工作。

（三）典型带动、试点引路，多措并举提升基层中医药服务能力

国家级、市级中医药特色卫生服务示范区（县）创建工作取得新进展。2009年我市又有2个区（县）被批准为国家级中医药特色卫生服务示范区、3个区（县）通过了市级示范区验收。截至目前，全市已有7个国家级示范区，10个市级示范区，创建了3个全国农村中医工作先进区县和3个市级农村中医工作先进区县，使全市60%的农村区县成为农村中医工作先进区县。持续开展的中医药特色社区卫生服务示范区创建工作，提高了中医药在社区卫生服务中的作用，为全市社区中医药服务工作起到了典范引领作用。

开展建设社区中医慢病防治试点单位建设工作。在社区卫生服务站建立了150个社区中医慢性病防治试点单位。采用新的服务模式，开展慢性病中西医结合防治一体化服务，运用中医辨证论治处理社区常见病、多发病等慢性病。为构建有中医特色的预防保健服务体系，把中医药服务从单纯的医疗服务转向医疗、预防、保健、健康教育、康复和计划生育指导"六位一体"社区卫生服务的各个领域中进行了探索。

加强社区卫生服务中心和乡镇卫生院中医特色建设。为了充分发挥各区县辖区内中医资源，发挥"名院、名科、名医"的优势，2009年批准了20个中医特色诊区建设单位和10个乡镇卫生院示范中医科，将辖区中医机构、综合医院中医科与社区卫生机构、乡镇卫生院在中医药技术支持上形成共同体，形成了一批以治疗高血压、糖尿病、中风、风湿病、脾胃病等不同专科的特色诊区，大大提高了基层的中医药服务能力。

启动第二轮"携手网络工程"建设工作。全市二三级中医医院的55个国家级、21个市级重点专科（专病）与远郊区县中医医院、社区卫生服务中心携手，已建立61个携手工程网点。2009年进一步将社区中医药服务纳入"携手网络工程"，以社区卫生服务中心为帮扶对象，建立中医专科专病网点。把国家级和市级重点专科专病的优势辐射到全市各区县中医医院和基层社区。

建立中医专家对口支援社区的巡诊制度。2009年全市各区县建立了巡诊中医专家库，每周定期安排中医专家到社区巡诊、会诊、查房、讲课等，不仅把中医专家的服务送到群众身边，而且依靠专家的传帮带，提高基层中医药技术人员服务能力和水平。

（四）以强化中医药特色为主题，加强公立中医医疗机构质量管理

结合2009年绩效考核工作，深入开展医院管理年活动。按照卫生部、国家中医药管理局《2009年"以病人为中心，以发挥中医药特色优势为主题"的中医医院管理年活动方案》和评估细则，结合《北京市中医、中西医结合医院绩效考核管理办法》，制定了《北京地区中医医院管理年督导检查方案》，完成了本市二三级中医医院医院管理年和绩效考核督查、考核工作。参加此次考核的19家医疗机构不仅取得了100%合格的好成绩，还获得了市各级财政给予的人员基本工资和津贴的财政补偿。

中医"治未病"工作深入开展，加快推进中医预防保健服务。总结中医"治未病"试点单位经验，组织编写了《北京地区中医"治未病"经验汇编》，批准了北京市西城区为首个中医治未病预防保健示范区、北京世纪坛医院为首个综合医院北京市中医治未病中心，扩大了中医"治未病"试点范围。

综合医院中医药工作继续得到加强，扩大了中医药服务的覆盖面。按照北京市综合医院示范中医工作建设标准，继续开展第三批北京市综合医院示范中医工作建设，完成了第三批综合医院示范中医工作本年度的建设评估。

不断完善中医医疗质量监测，加强行业管理。定期收集北京地区二三级中医医院医疗质量信息和资料，及时对我市中医医院服务状况、运行效率、病种管理等进行全面分析，提出中医医院发展中存在的问题和改进建议，为进一步修改完善医院管理及标准化评价提供了可靠的依据。

（五）创新人才培养模式，加强中医药人才梯队

建设

启动北京市社区中医药人才培养“回归扎根”工程，加强基层中医药人才培养。组织开展了中医类别全科医师岗位培训管理系统的开发和中医类别全科医师岗位培训的题库建设。完成了首批120名中医类别全科医师岗位培训工作。组织开展了北京市社区中医药服务科技支撑项目的申报工作，申报课题66项；优选了10种中医适宜技术，完成了两期400名社区中医药适宜技术师资培训。

启动首批基层老中医传承工作室建设工作，为基层培养优秀的中医传承人才提供了平台。确定了北京市中医药薪火传承“3+3”工程首批基层老中医传承工作室建设单位33个，将名老中医学术经验继承工作延伸到基层。继续实施北京中医药薪火传承“3+3”工程，按照《室站建设标准》，增补了9个名老中医传承工作室站，组织了对在建室站的年度评估工作。开展了北京中医药薪火传承“3+3”工程名医大讲堂，为全市各中医医院安装并开通了协作与培训网络平台。继续做好第四批全国老中医药专家学术经验继承工作，落实了师承教育与临床医学专业学位挂钩的考核与教学工作，开始为期3年的老中医药专家学术经验继承工作学术继承人攻读临床学位的组织和管理工作。

启动了“燕京医学”研究建设项目，开通首都中医药实训网。启动了北京中医药科技创新“51510”工程项目燕京学派研究专项，为四大名医分别建立了研究室。宫廷学派研究已经对明清宫廷医案进行了系统整理和分析，师承和民间医派的口述史研究也在顺利进行之中，燕京学派的构架体系已基本形成。开通了首都中医药实训网，加强中医从业人员基本功底的培训。

（六）中医药文化传播和中医药对外交流取得了新进展

以庆祝新中国成立60周年为契机，成功举办首都中医药60年发展成就展。以首都中医药发展历程、国医文化、医界精华、辉煌盛誉为主线，充分展示了祖国医学的博大精深、首都中医药界的人才济济以及60年来中医药的发展成就。有近万名群众观看了成就展，扩大了中医药宣传。

东城区成功申报国家级中医药综合发展试验区。北京市卫生局和东城区政府共同开展的国家级中医药综合发展试验区申报工作被列为市政府重点改革任务。2009年底申报工作取得国家中医药管理局的批准，使东城区成为全国首批两个国家级中医药综合发展试验区之一。

成功举办第二届北京中医药文化宣传周暨首届地坛中医药健康文化节。发布了《地坛中医药健康文化节宣言》，推荐了7种优秀中医药科普书籍，推出了《青少年中医药文化知识普及读本（小学版）》，成立了首都中医药志愿者服务团队，组织开展的“中医养生与中医文化”系列讲座、中医现代诊疗技术和中医针灸推拿等传统技法的展示和体验、中医药精品图书和老字号展示、中医健身园、中医药文化长廊展示等丰富多彩的宣传活动，深受群众欢迎。

中医医院文化建设初见成效。制订了落实国家中医药管理局《关于加强中医医院中医药文化建设的指导意见》的实施方案，把中医药文化建设纳入中医医院管理年督导检查内容。北京市已有4家中医医院成为中医药文化建设试点单位。

中医药对外交流与合作取得新进展。成立了北京中医药国际论坛组织委员会，着手打造首都中医药对外交流的品牌。与农工党北京市委、中国社会科学院等单位举办了中医影响世界论坛，在会上首次向社会各界提出关于制定《中医药人文社会科学发展规划》的倡议。成功举办了多伦多—北京中医药学术研讨会，参与了2009北京——坎帕尼亚科技经贸周各项中医药交流活动，参加国家中医药管理局港澳台交流中心举办的海峡两岸中医药交流，应国务院台办的要求组织50名中医专家赴台开展中医药学术交流。

二、2010年工作要点

2010年是首都中医药工作围绕深化医药卫生体制改革，贯彻落实《北京市人民政府关于促进首都中医药事业发展的意见》的关键一年，也是北京中医药“十一五”规划时期的最后一年，做好这一年的中医药工作，对于推进首都中医药事业科学发展，切实在医改中发挥中医药作用，完成“十一五”规划目标，谋划好“十二五”规划至关重要。2010年中医药工作的总体要求是：以科学发展观为指导，全面贯彻落实深化医改和《意见》提出的任务和要求，围绕全市卫生工作的总体部署，以“政策落实年”和“特色回归年”为主题，以国家中医药综合发展试验区建设为抓手，积极探索体制机制的改革和模式创新，突出抓好加强基层中医药医疗服务能力建设，建立首都中医药预防保健体系，强化公立中医医院特色优势的发挥，推进中医药人才培养和科技创新体系建设，繁荣发展首都中医药文化等重点工作，解放思想，抓住机遇，努力开创首都中医药事业科学发展的新局面。

（一）围绕深化医改中心工作，强化中医药服务特色

深化医药卫生体制改革是今年卫生工作的中心，我市中医药工作要按照卫生部、国家中医药管理局的

要求，结合我市医改工作方案，积极参与中医医改相关政策的制定与落实，努力做好以下几方面的工作。一是在北京市贯彻落实国家基本药物制度相关工作中，做好中药基本药物的配备，并按照基本药物管理规定，组织中药增补品种的遴选工作和中药应用情况的监测和评估，总结西医执业医师合理规范使用中成药的经验，进一步加强国家基本药物中的中成药临床应用培训。二是进一步推动中医药诊疗服务在基本医疗保险和新农合中的报销范围和比例，引导市民广泛应用中医药适宜技术，减轻群众医疗负担。三是在促进基本公共卫生服务逐步均等化中，协调落实将中医药预防保健的内容纳入我市基本公共卫生服务项目中。四是积极鼓励和吸引社会资本举办中医医疗保健服务机构，努力创造与公立中医医疗机构平等发展的政策环境，更好地满足群众对中医药服务的需求。

在2010年深化医改工作中，要重点完成以下三项具体工作。一是协调发改委等相关部门，进一步调整中医药特色诊疗服务价格，鼓励医疗机构积极开展中医药诊疗服务项目，扩大中医药服务范围。二是进一步完善中医药特色服务绩效考核办法和考核指标，协调市各级财政部门全面落实财政补偿，并与医院管理年督导检查工作有机结合起来，促进公立中医医院转变运行机制，更好地保持中医药服务的公益性，充分发挥中医药服务的特色优势。三是根据《卫生部关于多点执业有关问题的通知》，进一步完善北京市中医医师多地点执业的管理办法，在严格标准、强化管理的基础上允许中医医师多地点执业，稳步推动中医医师的合理流动，重点是鼓励中医医师到基层多点执业，引导优质中医药服务资源向基层转移，提高中医药服务的可及性。

（二）完善中医药法制建设，谋划中医药长远发展

为了更好地贯彻《国务院关于扶持和促进中医药事业发展的若干意见》精神，全面深入地落实《北京市人民政府关于促进首都中医药事业发展的意见》，2010年将在深入调研的基础上，总结近年来北京市及全国各省市促进中医药事业发展的扶持政策、有效措施，学习和吸取国家中医药管理局以及全国各省市制定和完善中医药法律、法规的成功经验，着手修订《北京市发展中医条例》，将促进中医药事业健康发展的各项政策、措施纳入地方法规，为首都中医药事业长期保持健康发展提供有力的法律保障。

以首都中医药事业实现医疗、教育、科研、保健、文化、产业六位一体的全面、协调、可持续发展为着眼点，围绕“绿色北京、人文北京、科技北京”的建设目标，结合世界城市建设和首都功能区规划布局，科学编制首都中医药事业发展“十二五”规划。一是加强对“十一五”工作的总结和“十二五规划”编制的前期研究，做好北京中医医疗机构配置标准和区域规划的制定工作，加强对中医医疗资源配置的宏观指导。二是对各区县中医药事业发展规划实行分类指导，推动区域中医药特色优势的错位发展，各区县应结合区域发展功能定位，整合区域内中医药资源，提出中医药事业发展的目标定位。三是注重中医中药结合，将中医药产业化发展列为首都中医药事业发展的重点任务，推进产学研一体化发展。

（三）强化基层中医药服务能力，提高中医药服务可及性

加强基层中医药服务网络建设，实现城乡一体化全覆盖。一是落实《国家基本公共卫生服务规范（2009版）》的中医药工作相关要求，完善社区居民健康档案的中医药内容，实现中医体质辨识内容填写率100%，慢病防控中医药服务覆盖率100%，重点推广的中医适宜技术覆盖率100%。二是落实国家中医药管理局关于乡镇卫生院中医科的建设标准，力争1年内实现各区县乡镇卫生院（社区卫生服务中心）中医科设置率达100%；分别发挥区县中医院和乡镇卫生院的区域“龙头”作用和骨干作用，带动辐射辖区中医药工作，实现区县中医院对乡镇卫生院中医药服务指导率达100%，乡镇卫生院对辖区村卫生室中医药服务指导率达100%。三是落实二级以上中医医院对口支援社区专家巡诊制，每个社区卫生服务中心每周至少两次由副主任医师以上专家挂牌应诊，各“治未病”试点单位至少联系2～3个社区卫生服务中心提供“治未病”服务。

采取多项举措强化能力，提升基层中医药服务水平。一是实施区县中医医院特色品牌建设计划，推进中医医院特色专科服务能力建设，使群众在区域内享受优质中医特色品牌服务。二是建立3～5个中医药适宜技术推广培训基地，培养100名中医适宜技术推广员，提高中医药适宜技术基层推广应用能力，为群众提供简便验廉的中医技术服务。三是规范全市社区中医药服务模式和内容，落实《北京市中医药社区卫生服务指南》。四是启动区县中医院学科带头人培养计划，推行全市基层中医药人员研修制度，区县级中医院学科带头人每年至少1个月脱产学习中医药理论和创新技术，乡镇卫生院中医药人员要安排适当时间到区县中医院进修。五是加强基层中医医院中药房、急诊急救能力建设，实现重点专科、专病专家、专科制剂三下基层，提高基层中医药应用和应急能力。

落实各级中医药基层建设项目，推进基层中医药服务工作。一是强化国家和北京市中医药特色社区卫

生服务示范区建设，创建2个国家级、2个市级社区卫生服务先进区县，建立20个社区特色诊区，评选50个中医社区慢病防治试点单位。二是落实国家中医药管理局“全国基层（农村）中医药工作先进单位”创建工作，创建3个全国农村中医工作先进区，实现北京市“全国基层中医工作先进单位”建设全覆盖的目标。三是继续加强北京市“全国农村中医重点专科专病”建设，发挥重点专科专病建设单位的示范作用。四是建立“携手网络工程”绩效考核激励机制，对参加“携手网络工程”建设的单位实行量化考核和以奖代补制度。五是推进“回归扎根”工程，完成700名基层中医执业医师的全科培训，推出中医全科医师培训优秀导师团队、社区中医全科优秀服务团队，提高社区中医全科医师培训质量，促进基层中医药服务特色回归。

扩大“治未病”工程实施范围，探索中医药预防保健模式。一是进一步扩大中医“治未病”试点范围，继续做好“中医药预防保健服务示范区”的试点工作，探索中医“治未病”预防保健服务途径、模式、办法，构建特色明显、技术适宜、形式多样、服务规范的中医预防保健服务体系。二是开展中医药“治未病”预防保健社区试点单位建设工作，在社区卫生服务机构建立20个中医预防保健服务指导室，探索社区中医药服务（预防、养生、保健、康复、教育、治未病）六位一体的模式。三是对第一批中医“治未病”中心试点情况进行督导，加强对“治未病”服务的效果评价和总结工作。

（四）加快首都公共卫生体系中医药服务平台建设，完善中医药参与突发公共卫生事件应急机制

一是进一步完善首都中医药网络视频指挥中心建设，开展中医药防治传染病网络视频会诊，优化网络办公、网络会议、网络决策方案。二是启动基础性数据库建设，为中医药在防治传染病和急诊急救等方面发挥作用提供平台。三是建立传染病医院与三级中医医院合作的“疫病研究平台”，开展甲型H1N1流感、手足口病、禽流感、肝炎、艾滋病等重大传染病防治方案的联合攻关、培训指导及宣传教育，为中医药防治传染病提供科技支持。四是继续做好中医药治疗艾滋病试点项目工作。五是编印《首都市民中医健康指南2010版》《四季流感中医药防治知识手册》等中医药防治传染病宣传册，在群众中广泛普及中医药防治传染病的知识和方法。

（五）强化中医特色回归，规范中医医疗管理

以“质量、服务、安全、特色”为主题，开展公立中医医院特色回归年建设。一是在开展中医医院等级评审工作中，强化中医特色指标，实现中医医院特色回归。二是建立中医师“经典、方剂、中药”三基考核机制，强化中医基本功回归。三是强化“中医特色专科品牌”建设工程，开展国家级、市级重点专科与二级中医医院建立专科协作体的试点工作，促进二级中医医院形成专科特色品牌，实现专科品牌的回归。四是积极推进“规范中医护理服务，争创优质护理服务示范标兵”活动，完成《北京市中医医院护理工作标准》的制定，并组织培训，实现中医辨证施护特色回归。五是推进中医医院现代诊疗技术利用的规范与创新，促进中医医院在中医理论指导下充分利用现代科技和诊疗设备，丰富和完善中医诊疗方法和手段，不断提升检验中医临床疗效的技术和水平，实现现代科技服务中医特色的技术回归。六是开展特色中药房建设，与药监部门协调，规范调剂标准和饮片质量管理标准，推进中医院传统制剂的开发与利用，让群众喜爱的简便验廉的传统制剂重现中医院，实现中医药特色制剂的回归。

加强中医全行业管理，规范中医医疗服务秩序。一是建立中医医疗服务监管的常态化机制，加强病案质量、医疗质量、护理质量、药剂和重症五个质量控制中心的建设，完善医疗质量监测体系，健全医疗服务监管制度。二是继续开展名优大型药业集团连锁药店举办中医坐堂医诊所试点工作，落实《中医坐堂医诊所管理办法》《中医坐堂医诊所基本标准》，探索药品零售企业举办中医坐堂医诊所工作的新模式，满足群众对中医药服务的需求。三是会同有关部门，进一步加强医疗广告的监督管理，严厉惩处中医医疗机构的违法行为。

（六）加强综合医院中医药工作，增强民族医药服务能力

深化综合医院中医药示范工作，推进中西医结合建设。一是贯彻落实国家中医药管理局《关于切实加强综合医院中医药工作的意见》，开展第二批全国综合医院中医药工作示范单位的评选、申报和评估工作。二是继续创建第四批北京市综合医院示范中医工作，启动首都军地共建示范中医工作，扩大中医药服务覆盖面。三是举办北京地区综合医院中医药工作院长论坛，全面提高综合医院中医药服务能力。四是开办西医学习中医高级研修班，培育中西医结合高级人才。五是加强首都医科大学中西医结合学系建设，开展10个综合医院中西医结合重点学科建设工作绩效考核，整合综合医院中西医结合资源，推进中西医结合工作。六是继续实施西医师合理规范使用中成药培训项目，在2008年大规模培训的基础上强化城8区培训，并完成10个郊区县的培训。

加强民族医药工作，提升民族医药服务水平。一

是举办首都民族医文化周活动，打造首都民族医文化品牌，促进民族医文化的宣传与普及。二是开展国家级民族医院重点建设单位和北京民族医临床培训基地建设，促进民族医人才培养、学科发展及医院建设。

（七）加快中医药继承与科技创新，加大中医药人才队伍建设

启动“十病十方”中药研发项目，建立产学研一体研发机制。一是落实《首都十大危险疾病科技攻关与管理实施方案》，制定并完善“十病十方”中药研发工作方案，建立集产学研用于一体的中医药研发创新机制。二是针对首都十大危险疾病中医药防治具有相对优势的病种，建立征集、筛选、攻关、认定、研发、转让、产业化的中药新药创制工作路径。三是建立“十病十方”的专业筛选和综合论证专家委员会，筛选并确定一批有效方剂、一批院内制剂进行集中研发。四是整合首都中医药的产学研资源，组织首都中西医药科研机构联合建立攻关团队，并积极引导企业早期介入，按照新药研发标准开展“十病十方”科技攻关。五是动员多渠道力量，通过专家推荐、媒体报道的形式开展“十病十方”的宣传和推广，吸引全社会共同关注和支持“十病十方”中药研发。六是协调政府多部门给予政策扶持，优化首都中医药产业的创新和发展环境。七是发挥行业协会的桥梁作用，探索建立2~3个产学研联盟试点并给予政府扶持，促进中医药科技成果的转让和产业化，带动首都中医药产业发展。

深入落实“51510”科技工程，确保“十一五”科技工作落实。一是梳理“51510”工程立项课题，针对专项任务完成的关键环节实施年度课题立项工作。二是总结“51510”工程实施进度，开展立项课题的验收。三是围绕“51510”工程5个主题计划和15项专项任务，推出10个在科技创新方面突出的示范项目，在全市进行经验交流和技术推广。四是梳理分析首都的57个国家级中医药重点学科、19个市级重点学科、27个重点研究室、56个三级实验室等科研平台，实现科研平台的全开放，面向首都中医药机构开展科研合作，培养中医药研究型人才。五是发起建立10个链条式科研联盟，将学术特色相关的学科、研究室、实验室的资源整合，形成共同承担国家级、省部级科技攻关任务的整体。

继续开展“3+3”工程，深化名医传承和人才培养。一是加快“3+3”工程名医传承室站的立项（争取达到100个），特别是针对目前健在的名老中医的工作室（站）建设，力争为本市70岁以上的所有名老中医都建立工作室（站）。二是对名老中医资源丰富的机构，开展群体传承工作站建设，力争在中国中医科学院、北京中医药大学、首都医科大学附属北京中医医院建立3个试点，开展群体传承的探索研究。三是加强33个基层老中医工作室建设。四是以中医经典学习为核心继续办好《名医大讲堂》。

整合首都中医药资源，培养中医药梯度人才。一是联合首都医科大学共建首都名医研修院，加快燕京医学体系的内涵和外延研究，培养新一代中医药领军人才。二是加强第四批老中医药专家学术经验继承工作，向全市中医医院开放在建的72个传承室站，培养中医药传承人才。三是启动北京市中医药人才（“125”）第三期培养计划，培养中医药骨干人才。四是继续探索中医住院医师规范化培训的新模式和新方法，启动东城区中医住院医师规范化培训试点工作，提高中医住院医师规范化培训水平，培养中医药基础人才。五是完善首都中医药实训网建设，完成课件的编写制作，使其在首都中医药继续教育、人才培养等方面发挥更大的作用。六是举办第二届“群众喜爱的首都中青年名中医”社会公开评选活动，促进中医药人才的成长。

（八）开展多途径宣传交流活动，提升首都中医药辐射影响力

丰富中医药文化宣传方式，提高中医药知识普及度。一是推进东城区国家中医药综合发展试验区建设，探索六位一体中医药全面发展的模式。二是继续办好中医药文化宣传周和地坛中医药健康文化节，使之成为首都中医药文化传播活动的品牌。三是开通集健康教育、指导和管理于一身的青少年近视中医药防治网，形成青少年视力保护平台和管理平台。四是全面推进中医文化进校园活动，开展《中医药知识普及读本（小学版）》进入小学课堂的试点工作。五是推进中医医院名医文化、中药文化和养生文化建设，强化中医医院的中医药文化氛围。六是积极推进中医药世界非物质文化遗产的申报，协助故宫博物馆完成清宫御医的申遗工作。六是协调文化、宣传部门，推进首都中医药文化创意产业发展。

发挥地域优势和人才优势，扩大首都中医药对外交流与合作。在国家中医药管理局和北京市卫生局的支持下，今年我局将举办首届北京中医药国际论坛，并按照市政府要求，今后将定期举办论坛的交流活动，尽快把论坛建设成为世界各国和地区政府组织、中医药行业协会与学术团体定期开展学术交流与合作的平台，打造首都中医药对外交流的品牌。扶持和协助有条件“走出去”的中药企业、医疗机构、科研院所、高等院校开展中医药服务贸易与合作。

利用首都中医药丰富资源，实施对内蒙古、河北的中医援助工作。一是根据卫生部、总后卫生部、国

家中医药管理局城市间对口支援工作的要求，结合北京市对口支援内蒙古的总体安排，继续做好三级甲等中医医院对中蒙医院的对口支援，开展北京中医药重点专科专病与内蒙古的技术交流与协作，提高当地的中医药医疗水平。同时引入蒙医药文化，为首都群众服务。二是树立“大北京”意识，发挥首都中医药资源优势，加强对河北省对口支援工作，选派名院名医带教河北省入选全国优秀中医临床研修项目的优秀人才，加强与河北省联合申报国家中医药科技相关计划的合作，共同提升科研水平。

同志们，2010年是首都中医药事业发展的改革与创新年、中医药特色的回归年，首都中医药全体同仁要认真学习实践科学发展观，在国家中医药管理局，北京市委、市政府的坚强领导下，在北京市卫生局党组的统一指挥下，坚持中西医并重的卫生工作方针，解放思想，振奋精神，开拓进取，扎实工作，全面贯彻落实医改的各项措施和要求，促进首都中医药事业的健康发展，开创首都中医药事业的新局面。

深化医药卫生体制改革　促进公共卫生服务均等化 为更好地保障妇女儿童健康贡献力量

——在2010年北京市妇幼卫生工作会议上的报告

北京市卫生局副局长　邓小虹

(2010年4月16日)

同志们：

这次全市妇幼卫生工作会议是在进入卫生事业发展“十一五”目标收官之年召开的会议。召开本次会议的目的是：认真学习和贯彻2010年全国妇幼卫生工作会议精神，总结2009年全市妇幼卫生工作情况，对照妇女儿童发展纲要“十一五”目标，寻找差距和不足，有针对性地部署2010年重点工作。下面，我代表北京市卫生局向大会报告工作。

一、2009年工作回顾

众所周知，妇幼卫生工作是关系保障妇女儿童健康权益的重大民生工程，是卫生工作的重要组成部分。由于妇女儿童健康水平可以反映政府对公共卫生的重视程度，反映国家与地区基本医疗服务的整体水平，因此，孕产妇死亡率、婴儿死亡率及其人均期望寿命被作为重要的健康指标。2009年，本市妇幼卫生工作受到各区县政府普遍重视，同时得到市妇幼卫生单位的积极响应和大力支持，圆满完成妇女两癌筛查、免费为新生儿进行先天性疾病筛查、为0～6岁儿童进行健康体检等市政府折子工程与为民办实事项目，正在赢得人民群众的更多信任。

(一) 2009年市政府折子工程和实事完成情况

2009年，市政府折子工程和为民办实事项目涉及妇幼卫生工作的有3项，全部如期完成，并取得成效。

1. 适龄妇女两癌筛查项目　2009年市政府资助两癌筛查项目投入7000多万元，全市共完成两癌筛查1217451例，其中自愿接受宫颈癌筛查人数699483人，确诊宫颈癌57人，诊断宫颈癌前病变749人；自愿接受乳腺癌筛查人数517968人，检出乳腺癌176人，其他妇科恶性肿瘤23人。主要采取五项质控措施：一是全市范围确定236个医疗机构承担两癌筛查项目，同时指定42个业务能力强的医疗机构承担两癌筛出病例的后续诊疗工作。二是组建355人规模的专项筛查工作指导组，负责流行病学、妇科、乳腺外科、超声、病理、钼靶等专业质量把关。三是全市统一方案设计、统一技术标准、统一信息口径，统一数据分析等技术环节。四是按两癌筛查项目开展进度，采取分组、对口培训操作人员，技术培训与考核同步完成。五是宣传动员与健康知识普及同步，编发《给姐妹们的一封信》《宫颈癌、乳腺癌防治宣传手册》及宣传海报、两癌防治知识问卷等宣传资料200多万份。两癌筛查项目监管工作力求做到专项经费、定点机构、专业队伍、方案设计、技术指导及宣传动员等六到位。

2. 新生儿先天性疾病筛查和0～6岁儿童健康体检项目　2009年，全市免费筛查新生儿59342人，筛查率97.15%。确诊甲状腺功能低下（CH）病例18人，确诊苯丙酮尿症（PKU）病例14人，并确保确诊患儿得到及时治疗。全年本市户籍儿童享受免费健康体检人数403012人，体检覆盖率达到94.8%。检出各类营养不良儿童2387人，贫血患病儿童10097人，肥胖儿童12747人，3～6岁患龋儿童67139人，4～6岁视力低常儿童8901人，0～6岁听力异常儿童230人。本市0～6岁儿童健康体检工作覆盖了集体和散居两部分儿童，通过电视台、广播电台、网站、公交车站设立公益广告牌等形式，向市民公布儿童体检单位、普及健康知识，社会反响良好。

3. 农村孕产妇住院分娩享受定额补助项目　自2009年12月15日起，各区县按市卫生局、财政局、民政局共同制定的《关于加强北京市农村孕产妇住院分娩工作的实施意见》，实施了农村孕产妇住院分娩每人享受政府定额补助600元的惠民政策，进一步减轻了农村孕产妇家庭住院分娩的经济负担。

（二）2009年妇幼卫生重点项目及管理工作情况

1. 控制孕产妇死亡率实现目标　2009年全市孕产妇死亡13例，孕产妇死亡率14.55/10万，比2008年有所下降，实现孕产妇死亡率15/10万以内的控制目标。近5年，上海、天津市孕产妇死亡率一直低于15/10万，而且连续4年控制在10/10万以下，我市孕产妇死亡率与兄弟省市相比尚有较大差距。具体控制措施包括：一是完善制度、确保孕产妇转会诊规范有序。二是加强督导，确保各项制度落实。三是加强病例评审，促进服务质量不断提高，并加强培训，提高产科助产技术水平及危重孕产妇抢救能力。

2. 儿童健康服务质量提升　2009年全市婴儿死亡率3.49‰，较2008年3.7‰有所下降。主要工作包括：改进儿童死亡评审工作质量，制定《儿童死亡评审工作补充要求》和《北京市5岁以下儿童死亡评审规范》；在18个区县对儿童死亡统计及生命监测工作实行市区两级质控措施；完善儿童先心病和听力筛查网络建设；举办城乡基层医疗机构儿童保健医师先心病筛查知识与技能大赛；认真组织对儿童先心病转诊与追访问题的调查研究；规范儿童听力筛查工具与工作流程，启动本市儿童听力筛查网络诊断中心的专家集中会诊机制。对部分区县托幼园所开展儿童听力筛查工作，加强专项质控。

3. 出生缺陷三级预防机制形成　2009年全市出生缺陷发生率17.58‰，较2008年无明显增加，但先天性心脏病、唐氏综合征等重点疾病筛查确诊符合率显著提高。全市各级医疗机构更加重视出生缺陷三级预防工作。一是应对强制婚检政策调整，抓紧研究出生缺陷一级预防措施和方法。二是强化出生缺陷二级预防，实施产前筛查与产前诊断技术全程质量管理。三是拓展出生缺陷三级预防，建立新生儿出生缺陷诊疗快捷通道。完善出生缺陷登记报告制度，实施《北京市出生缺陷监测工作规范》，加强出生缺陷监测工作质量管理。

4. 计划生育技术管理力度加强　围绕减少计划生育手术并发症、提高妇女生殖健康水平，加强了计划生育技术管理。一是制定了检查督导方案和评估标准，对7个区县的7所不同级别的计划生育手术单位的技术管理和机构审批情况、服务能力和服务质量等进行了抽查督导，促进计划生育手术技术与管理更加规范。二是加强病例评审，组织计划生育手术并发症市级评审会，对具有典型意义的计划生育手术并发症病例进行了市级评审，针对评审中发现的瘢痕子宫妊娠诊断处理中存在的问题，组织了全市范围内的培训，促进服务质量不断提高。三是继续组织全市新上岗计划生育技术人员岗前培训。四是组织完成计划生育医疗文书的修订。

5. 预防艾滋病母婴传播项目稳步实施　制定了督导方案，组织专家对全市发现过HIV感染孕产妇的7个区县的7家助产机构进行现场检查督导。对国家下发的儿童用药进行分配及用药指导，为北京市急诊临产孕妇申请成人预防性用药。及时收集、核实孕产期HIV检测相关数据及阳性个案病例，完成信息录入和网上直报工作。

6. 行业管理工作有序开展　开展了爱婴医院工作督查及培训。加强托幼园所卫生保健工作管理，托幼园所防控手足口病、甲型H1N1工作积极有效。配合教委进行了市级示范幼儿园验收、幼儿园早教示范基地验收、分级分类验收，组织北京市托幼机构卫生保健观摩活动。儿童体质监测、儿童发育迟缓监测等制度化工作得到落实。

7. 妇幼卫生信息和项目管理工作积极推进　按照卫生部要求，完成了全市妇幼保健信息的收集、整理、上报、分析、质控工作。修改年报表应用系统，保障系统正常运行。印发了《北京市妇幼保健信息管理指南·统计报表分册》《北京市妇幼信息工作规范指南》。完成了《妇幼信息系统二期开发需求调研及报告》的撰写，积极推进全市妇幼卫生信息化建设。区县承担的联合国儿基会、联合国人口基金会等国际项目积极推进。

2009年，在大家的不懈努力下，我市妇幼卫生工作取得一定成绩。但是，我们也必须清醒地认识到：全市妇幼卫生工作面对卫生改革的新形势以及党和政府的新要求，仍存在着亟待解决的问题和不足之处。

一是我市孕产妇死亡率控制工作面临很大压力。

在“十一五”开局之年的2006年，我市户籍孕产妇死亡率仅为7.9/10万，然而，2007年、2008年北京市孕产妇死亡率均超出了“十一五”期间孕产妇死亡率控制线，分别为16.7/10万、18.5/10万，2009年略有下降，为14.6/10万。2010年是“十一五”终期评估年。截至目前，户籍孕产妇死亡已有4例，流动人口孕产妇7例，市级定点抢救医院上报尚未度过危险期的极危重孕产妇有4例。今年控制孕产妇死亡率的形势非常严峻。近5年孕产妇死亡市级评审结果，北京市有2/3孕产妇死亡可避免或创造条件可避免。其中可避免死亡52%发生在二级医院，32%发生在三级医院。而且“十一五”期间已有40多家医院发生了可避免死亡或创造条件可避免死亡。以上表明医疗服务质量和管理工作水平还亟待提高。

此外，我市近年来剖宫产率居高不下。八十年代初我市剖宫产率只有8.8%，30年来，剖宫产率逐渐上升，2009年达到52%。近10年来农村剖宫产率上升速度很快，2009年排前2位的都为远郊区县。2009年城市剖宫产率为51.86%，农村为52.75%，城市与农村的剖宫产率已经没有差距。剖宫产率上升的主要原因：符合医学指征的占1/3，产妇心理因素占1/3，社会因素（如选择吉年吉日、现行的独生子女政策使医院为了增大保险系数以避免纠纷、利益驱动等）占1/3，社会因素是剖宫产率上升的主要原因。由于剖宫产率的不断上升，难产处理技术在很多医院退化，高年资主治医不会使用产钳助产是普遍现象，严重影响了学科发展。

二是妇幼卫生事业发展与人民群众日益增长的服务需求不相适应。由于对妇幼保健机构职能定位认识不一致，甚至出现偏差，因此，存在着不同程度的“重临床、轻保健，重有偿服务、轻公共服务”的现象；一些区县因妇幼保健工作用房不足，而影响妇幼保健项目开展；有的区县妇幼保健机构的实验室不符合市质控中心标准，难以保证工作质量；妇幼保健专业人员匮乏、流动性过大，严重影响保健工作正常开展。市区妇幼保健机构在落实基本服务项目、完善基本服务网络、标化基本服务设备、配齐基本服务队伍、提高基本保障水平、提升基本管理能力、规范基本考核指标、理顺基本责任范围等方面还需要不断努力，切实维护妇女儿童健康权益。

三是落实医疗卫生体制改革要求，妇幼卫生工作任重道远。《北京市深化医药卫生体制改革实施方案》即将出台。方案将为0~36个月婴幼儿建立儿童保健手册，开展新生儿访视及儿童保健系统管理，进行体格检查和生长发育监测及评价，开展心理行为发育、母乳喂养、辅食添加、意外伤害预防、常见疾病防治等健康指导，为新生儿免费进行先天性疾病筛查，为0~6岁儿童免费进行健康体检；为孕产妇建立保健手册，开展至少5次孕期保健服务和2次产后访视，进行一般体格检查及孕期营养、心理等健康指导，了解产后恢复情况并对产后常见问题进行指导等内容列入本市基本公共卫生服务项目内容。将农村妇女乳腺癌、宫颈癌检查，农村妇女增补叶酸预防神经管缺陷，农村孕产妇住院分娩补助列入本市重大公共卫生服务项目。要实现妇幼保健水平进一步提升，使公共卫生服务项目覆盖城乡居民，基本公共卫生服务项目全部免费向城乡居民提供的重点任务，我们还需进一步开拓思路，创新方法，提高服务水平和能力。

二、2010年工作要点

（一）实施公共卫生项目，促进基本公共卫生服务均等化

认真组织实施农村妇女两癌筛查、农村孕产妇住院分娩补助、增补叶酸预防神经管缺陷等国家重大公共卫生项目。顺义、延庆、昌平等区县继续开展北京市两癌筛查工作，进行相关培训、考核和质控，规范筛查及管理技术流程。开展两癌筛查效果和卫生经济学评价工作，完善工作方案，研究科学、有效的工作模式和机制。探索建立本市医改方案确定的妇幼保健服务项目评价指标体系，持续缩小城乡妇女儿童健康差距，促进社会和谐稳定。

（二）开展全面督查，加快“十一五”妇女儿童发展规划实施成果转化

全面督查18个区县“十一五”妇女儿童发展规划健康指标落实情况，结合制定“十二五”妇幼卫生工作规划，力求推广一批经验、转化一批成果，积极改善妇女儿童健康状况。

（三）加强妇幼保健体系建设，推动妇幼保健机构健康、持续、规范发展

中央深化医药卫生体制改革意见明确提出妇幼保健机构属于公共卫生机构。各级妇幼保健机构应坚持“以保健为中心，实行保健与临床相结合，面向群体，面向基层和预防为主”的方针。进一步明确职能，坚持正确的发展方向，拿出更多精力开展公共卫生服务，发挥好“管天下”的职能。要继续深入贯彻落实卫生部下发的《关于进一步加强妇幼卫生工作的指导意见》《妇幼保健机构管理办法》和《关于进一步完善北京市妇幼保健体系的指导意见》，加强妇幼保健体系建设，做到机构、人员、经费、责任四到位，推动妇幼保健机构健康、持续、规范发展。完善绩效考核和质量控制评价指标体系。结合卫生部《县（市、

区）级妇幼工作考核评估标准》，修订《北京市妇幼保健机构评审标准》，开展妇幼保健机构考核评估工作，提高妇幼卫生管理水平和服务能力。

（四）采取综合措施有效控制孕产妇死亡率，保障母婴安全

一是明确市区两级控制孕产妇死亡率的管理责任，实行孕产妇死亡控制的领导责任承诺，强化区域管理。二是强化产科门诊及孕产妇系统保健质量管理。三是优化高危孕产妇转诊、会诊及抢救工作流程，加强高危孕产妇转、会诊管理及抢救质量控制。四是落实高危孕产妇病例评审制度。五是做好全市助产机构校验审核工作。六是实施妇产科技术人员培训计划，有效干预可避免死亡和创造条件可避免死亡病例，确保孕产妇死亡率控制在15/10万以内。

（五）实施儿童保健工程，提高儿童健康水平

一是根据卫生部《新生儿死亡评审规范》修订《北京市5岁以下儿童死亡评审规范》，落实本市5岁以下儿童死亡评审制度与工作规范。二是加强儿童生命监测与健康信息年报的质量控制工作。三是修订《北京市散居儿童保健工作常规》和《北京市托儿所、幼儿园卫生保健工作常规》，配合市教委完成北京市示范园指导验收、托幼园所分级分类和农村中心幼儿园达标验收工作。四是完成托幼园所新上岗卫生保健人员业务培训、考核、发证工作。五是配合即将开始的全国第三次国民体质调查，认真完成北京市幼儿体质监测调查工作。六是规范儿童常见疾病预防管理工作。加强全市儿童先心病、髋关节脱位、听力筛查网络建设。围绕《0~6岁儿童神经心理发育监测实施方案》，修订《北京市高危新生儿智力监测常规》。七是对基层儿童保健医生的筛查技术和儿童常见疾病防治技术进行专题培训。八是完善新生儿疾病筛查信息系统。

（六）健全出生缺陷三级预防机制，提高出生人口素质

一是推动孕前保健项目的开展。广泛开展出生缺陷一级预防和增补叶酸预防神经管缺陷知识的宣教，提高人群对出生缺陷的认识和防治意识。做好全市婚前保健机构的重新审核换证工作。完成《婚前保健咨询手册》编写。二是继续做好产前筛查、产前诊断技术的依法管理。修改《北京市〈产前诊断技术管理办法〉实施细则》《北京市产前筛查技术管理办法》和《北京市产前诊断与产前筛查工作规范》。组织全市二级以上医疗保健机构人员产前咨询和产前超声筛查技术的培训与考核。建立产前筛查与产前诊断转诊网络。对6家产前诊断机构的服务与管理质量进行依法监督检查。三是做好出生缺陷监测，不断提高监测质量。继续对全市出生缺陷监测医院进行监测质量抽查。

（七）继续做好全市计划生育技术管理工作，提高行业管理和服务水平

一是针对近几年计划生育技术出现的瘢痕子宫再孕增加，导致诊断处理不当发生并发症或孕产妇死亡等问题，组织专家进行专项技术检查与督导。二是组织做好市级计划生育手术并发症评审工作。三是开展流产后服务现状与需求调研，为改善计划生育服务、减少非意愿妊娠提供依据。四是继续开展计划生育新上岗人员的岗前培训和全市计划生育专业技术人员的继续教育培训。

（八）加强产科管理，降低剖宫产率，促进母乳喂养

要加强产科管理，从多方面入手降低剖宫产率。各级卫生行政部门要对产科医院加强监管，将产科剖宫产率纳入医疗质量评价指标，并要求医院为实施产时保健新模式创造条件；要加强助产技术培训及产科队伍建设；加强健康教育，动员全社会宣传、提倡自然分娩。

根据《爱婴医院监督管理指南》，切实加强对爱婴医院的监督管理，开展督导检查。利用世界母乳喂养周宣传母乳喂养知识，营造全社会关心支持母乳喂养的氛围，提高6个月内婴儿纯母乳喂养率。认真落实《母乳代用品销售管理办法》。

（九）继续做好全市妇幼信息管理和项目合作工作，提高服务效率和能力

整合妇幼卫生专家资源，成立妇幼卫生专家委员会。做好北京市妇幼保健信息的收集、整理、上报、分析、质控工作。做好北京市妇幼保健网络信息系统的运行维护和妇幼信息系统二期项目开发工作。推进全市妇幼保健信息的规范化管理。继续做好全市出生医学证明的发放和数据管理。

同志们，2010年全市妇幼卫生工作目标和任务已经明确，我们要进一步统一思想、坚定信心、扎实工作，为不断开创首都妇幼卫生事业科学发展的新局面，更好地保障妇女儿童健康作出新的、更大的贡献！

在2010年北京市医政暨物价工作会议上的讲话

北京市卫生局副局长　邓小虹

（2010年4月23日）

同志们：

大家下午好！今天我们召开2010年北京市医政暨物价工作会议，首先我代表北京市卫生局向全市在医疗、血液、物价管理第一线辛勤工作的同志们和广大医务人员表示崇高的敬意，对大家一年来共同努力取得良好的工作成绩，特别是在甲型H1N1流感防治和60年国庆医疗保障工作中所取得的优异成绩表示衷心感谢！

这次会议的主要内容是紧紧围绕落实科学发展观和深化医药卫生体制改革，贯彻落实2010年全国卫生工作会议精神、全国医政工作、医管工作会议精神，总结2009年北京市医政暨物价工作情况，分析全市医疗管理和医疗服务综合运行情况。同时，研究部署2010年的医政工作任务。

一、全市医疗资源和工作量现状

（一）全市医疗资源现状

截止到2009年底，全市拥有医疗机构6450家（不含村卫生室），医疗机构编制床位93900多张，卫生人员16万多人，其中执业医师6.2万多人，注册护士6.1万多人。每千人口拥有3.55个执业医师，高于上海、天津、重庆，也远远高于中国每千人口1.62个医生的平均水平，甚至高过了中国香港、英国、丹麦、加拿大等发达国家和地区。但是，每千人口3.51个注册护士，在全国虽然是名列榜首，但远远低于中国香港、英国、丹麦、加拿大这些国家和地区，他们的医生和护士的比例是1∶3，甚至1∶5，而我们现在护士甚至比医生还要少。每千人口的医院床位是5.13张，稍低于上海，但是也远远高于中国的平均水平3.2张，也高于中国香港、美国、英国、丹麦、加拿大等。说明北京的医疗资源是非常丰富的。

（二）工作量情况

全市门急诊工作量从2005年到2009年逐年递增，2009年达到1891万人次。这些年来国家一直提倡大力加强社区和基层医疗卫生机构的服务，让市民能够首诊在社区。我们加强了基层医疗机构的建设，所以门急诊工作量上升最多的是郊区的二级医疗机构；增长率相比2008、2009年增长了14%；其次是郊区一级医疗机构，增长了10.57%；三级医院和城区二级医院的诊疗量上升才百分之四点几。出院工作也是呈现逐年攀升，2009年出院达到1709000多人次。

（三）医疗资源利用情况

医疗资源利用情况，即资源使用效率情况。这些年来全市编制床位的使用效率逐年提高，从2005年的床位使用率66%，到2009年达到了74%。平均住院日逐年下降，从2005年15.65天降到2009年的13.9天。但是总的来讲还是属于效率比较低下的。值得提出的有两点，一个是郊区的区县医疗机构目前在全市各级各类医疗机构里属于效率最高的，甚至超负荷工作，床位使用效率2009年达到103%，平均住院日是全市最短，13.1天。其次是三级医疗机构，床位使用率在86.75%，平均住院日缩短到13.7天。其他的城区二级医疗机构以及所有的一级医疗机构床位使用效率较低下。把床位使用率和平均住院日、每张床周转的次数整合起来分析，可以看出，床位使用效率最高的是专科医院，第二是三级医院。

二、医院管理指标监测情况

（一）医院感染管理指标

根据全市医院感染质控中心监测到的数据，从2007、2008、2009年三组数据看，医院感染发生率逐年下降，三级医院感染发生率高于二级医院。从医院感染病例的病死率看，总的趋势2008年比2007年有明显下降，但是2009年又有所回升，达9.01%，二级医院感染病死率比三级医院高，说明二级医院的抢救能力有待提高。

分析医院感染病死率导致的不良结果，2009年住院感染患者平均住院日是39.58天，比2008年47.8天有了明显的下降，其中三级医院感染患者平均住院日38.56天，显著低于二级医院的41.23天；和正常出院患者相比，平均每一个医院感染病例都会延长住院时间25.68天，费用增加27300多元。所以，积极控制医院感染病例的发生，也可以提高医院的床位使用效率，降低病人的疾病负担。

（二）医疗费用、工作效率和医疗质量评价

选择各个医院的医疗费用、工作效率和医疗质量来做评价，可以比较不同医院、不同科室之间具体的指标。首先是三级医院时间效率和费用的比较，在47家三级医院里，只有不到20%的三级医院的时间和费用的控制是理想的，其他的医院还需要继续努力。其次是二级医院的时间效率和费用效率，在98所二级医院里有27.55%的医院的时间和费用的控制是理想的，说明多数的二级医院的时间和费用效率控制得比三级医院好。

（三）医疗纠纷

现在全市很多医院加入了医疗责任保险，2009年医疗责任保险共受理了2119件医疗纠纷，其中调解1748件，均高于2008年，但还是有371个案例到法院进行诉讼。2009年因医疗纠纷共赔付9142万元。从全行业来看，每年赔付的责任保险还是相当高的，现在已经赔付3500多万元，每个案子平均是31600元。另外还提取了5500多万元的准备金，所以应该努力控制医疗纠纷。2009年医学会受理了160件医疗事故鉴定，2007和2008年都是逐年递减，2009年尽管受理的医疗事故鉴定比前两年增加，但是鉴定的医疗事故只有29例，占14%，是历年来最低的。从事故的分布看，三级医疗机构占41%，二级医疗机构占55%。

三、2009年工作回顾

2009年，北京市医政工作紧紧围绕着落实科学发展观和深化医药卫生体制改革，紧扣解决突出问题和创新体制机制，在解决看病难、看病贵，提高医疗服务质量、保障医疗安全等方面稳步推进各项工作，基本达到了预期结果。

（一）甲型流感防治工作

5月16日，我国报告了首例输入性甲型流感病例，6月11日，世界卫生组织把流感大流行预警级别提升到第六级。按照国家卫生部和北京市委市政府的工作精神，市卫生局成立了甲型H1N1流感救治工作组，积极稳妥地开展了甲型流感防治工作，前后下发工作文件15个，转发卫生部文件13个，包括诊疗方案、工作预案，根据疫情的变化随时调整工作方案。在北京市还没有出现报告病例的时候，首先在全市先开展了模拟演练，部署全市甲型流感筛查工作；出现确诊病例时，组织医疗机构开展发热病例的排查、筛查以及定点医院的收治；在甲型流感发展的高峰阶段，重点强调了重症和危重症病例的医疗救治，提高救治水平。特别是10月下旬，儿童医院患儿爆满，我们紧急在媒体上向社会通报北京市有儿科的103家二级医疗机构，动员家长带着孩子就近诊疗，不要聚集在儿童专科医院。在发生危重症时，加强了重症病例的救治，在全市配置38辆急救车，统一指挥调度，专门运送重症和危重症病例，实现了分区转运。同时，按照卫生部的统一部署，还承担了对河南、内蒙古、新疆建设兵团甲流的省际对口支援。截止到2010年4月11日零点，全市累计报告甲型H1N1流感确诊病例1.1万多人，死亡病例82人。

（二）国庆医疗卫生安全保障

为了确保国庆系列活动医疗卫生安全，全市卫生系统统筹协调，建立了医疗保障组织工作运行体系和运行保障体系。游行时，自建国门到复兴门共设立了11个医疗站点，同时在各个国庆庆典的区域也设置了流动医疗点。据不完全统计，在60年国庆系列庆典活动期间，共出动了1929人次，救护车321车次，救助病人1120人次，其中转院118人，出色完成了60年国庆系列庆典活动的医疗保障任务。

（三）以制定医疗机构规划为抓手，完善组织管理

卫生部要求各省（自治区、直辖市）制定本辖区医疗机构的设置规划，在今年2月下发的《公立医院改革方案》里，五大任务的第一项就是完善区域医疗机构的设计规划，医政部门在去年完成了区域医疗机构设置规划的送审稿，报送卫生部医政司审核，这为完善北京市医疗机构合理配置、分类管理和依法审批、有效满足医疗服务需求奠定了基础。今年在全国医政工作会议上，北京市作了发言，获得了与会者的好评。

以规划为抓手，完善统筹管理，一是制定完成了北京市医疗机构手术分级的管理办法，规定不同级别的医院收费标准不一样，医疗技术开展的准入标准不一样，级别越高，开展的技术难度越大、风险越高，而普通的一级医疗机构是不允许开展高风险医疗救助行为的。二是建立了医疗技术准入评估专家登记备案制度，同时完成了北京市医疗机构审批管理暂行办法。另外，根据卫生部的要求，这些年来北京市共成立了16个质量控制和改进中心，依托这些质控中心完善管理评价机制，2009年出台了考核评价标准和实施细则，对40所三级医院进行了督导检查和考核评价，其中有10家三级医院同时接受了卫生部医疗质

量万里行专家组的现场督导检查，检查的效果较好。

（四）进一步健全质控管理体系

2009年完成全市质控体系的工作方案评估，各个临床质控中心程度不等地开展了全行业督导管理检查工作，组办各种培训34次。质控工作不仅使病人的负担大大减轻，更重要的是临床医院的诊疗水平得到了提高。院感质控中心制定了医院感染暴发控制方案，建立了医院感染不良事件上报工作平台。所有的医疗机构都要通过这个平台，及时并真实地报告医院的院感事件，才能通过这个平台对全市院感事件及时进行监测，并且对关口前移进行控制。从2009年10月到2010年2月，共监测医院感染不良事件3起，而且及时控制。病案制度，从2007年开始，连续3年对二级医疗机构的病案审阅质量进行督导检查，这也给下一步进行第二批付费机制改革奠定了基础。

（五）实现以病人为中心的服务理念，大力推动医疗便民服务措施，全面推进预约挂号

从9月1日开始在全市三级医院实施预约挂号服务，工作的重点是复诊医院和社区转诊医院。截止到2010年3月底，北京市有49所三级医院都开展了电话和现场人工预约服务，其中36所医院还开展了网络预约服务，约有70%的二级医院开展了不同形式的预约诊疗服务。部分三级医院还开展了复诊预约、社区转诊预约和电话挂号预约等。截止到2010年3月底，全市49家三级医院，实际预约就诊挂号只占就诊人数的13%，其中普通号占39%，专家号占60%。所以还要强调复诊预约，而目前复诊预约只占22%，产科只到13%，口腔科是82%。因此，2009年预约挂号的目标并没有按期实现，今年还要继续推动这项工作。

（六）开展和医改相配合的试点工作

一是开展康复医院和护理院的试点，建立康复和护理效果的评估体系，制定了康复医院和护理医院的出院标准，开展了付费机制的评估。

二是启动护理员规范管理工作，希望所有的护工接受规范化护理员的培训，持证上岗。今年北京市有一个免费为农民工培训，使其能够上岗就业的政策，我们和劳动人事部门共同制定了一个试点工作方案，培训3000名护理员，并在以后逐步扩大培训规模，逐步实现护理员持证上岗，医疗机构可以按照比例来配置护理员，减少无证护工在医院中的比例。这项工作已经启动，希望得到各个区县各家医疗机构的配合。

三是加强郊区县区域医疗卫生体系的建设，卫生改革提的是城乡卫生统筹发展，特别是向远郊区县医疗技术水平相对落后的地方倾斜，现在有11家医院确定为区域医疗中心，指定11家三级大医院对他们进行对口帮扶，这个工作已经开展了7年。近两三年内，工作的重点要从组织医生下乡完成工作日和帮扶项目建设、培养学科人才转变到重点帮扶心脑血管意外、创伤和急重症抢救的学科和人才队伍能力建设方面。现在远郊区县的心脑血管病发病率和猝死率比城区高，所以，近两三年要重点对这些区域的急重症抢救能力进行评估，根据水平的提高来配发财政补助。

四是启动了综合医院和传染病医院精神科和儿科的工作，建立了对口支援关系，签订了协议。重点是解决传染病、精神病患者就医问题，现在北京市有很好的精神病病例报告确诊规则。2009年精神病死亡人数近900人，远远高于甲型H1N1流感死亡人数。要加快综合医院精神科、传染病医院精神科的建设，让更多的病人得到及时救治。把一些轻型的精神心理疾病在综合医院解决，避免精神病人的病情拖重。另外，儿童医院和儿研所也对口支援传染病院，希望今后在遇到儿童传染病群体暴发的时候可以有比较强的收治能力。截止到2009年底，对口支援的三家综合医院，做得最好的是北京朝阳医院，目前已经设置了精神科，有高、中、初级精神科医生，每周六、周日都有门诊，月门诊1200次左右。同时，精神科医生也对其他科目诊疗医生做了全面技术培训，使他们掌握了精神心理疾病的常见症状，避免误诊。在支援医院的支持下，其他两所医院的门诊会诊培训时间以及医师队伍都在组建和培养中。另外，北京地坛医院、佑安医院、北京胸科医院精神科建立工作也在逐步推进。

五是北京市23所三级综合医院对口支援16家内蒙古自治区的旗县医院，通过3年工作，力争使受援医院整体上达到二级医院的标准。目前，已经有17家支援医院向内蒙古受援旗县医院派出了242人次医疗队伍，接受受援医院进修人员138人次，确定重点建设学科87个；在受援医院开展手术127台次，疑难病例会诊和抢救349人次，开展新技术、新业务21项，专题讲座121次，教学查房151次，手术试教79次，业务培训2900多人次，义诊患者4900多人次。大部分支援医院已经真正落实了对口支援旗县医院的工作。

（七）血液工作

2002～2009年，全市临床血液需求每年以10%以上的速率递增。2006年以前，采供点很少鼓励有偿献血，1998年出台的《中华人民共和国献血法》明确了中国要停止有偿献血，全部采用自愿无偿献血。北京市采供血机构这些年给各个单位下发了指标，同时开动了采血车到街头，在献血淡季冬季、夏季招募

团体自愿献血。2007年全市的血液百分之百来自自愿献血，2009年全市用血达到136吨。

下一步重点解决医疗机构如何科学合理用血。现在北京市人口老龄化比重越来越大，未来符合献血条件的人员也会逐步减少，所以如果不能科学合理用血，血液供给会非常困难。目前，全国医疗机构大约有50%的用血是不合理的。北京市刚刚召开了无输血外科手术研讨会，希望把无输血手术的概念和工作真正落实到行动中。北京市部队医院用血量占到全市用血量的21%，而且增长速度非常快；地方医院用血量占到全市用血量35.6%，也是用血大户。

在血液工作方面，一是加强血液规范化管理，起草临床用血配送管理办法，制定采血车标准，制定血站实验室管理规范。另外，全市有4家采血机构，采血中心、通州血站、密云和延庆血站，还有一家是脐带血，已经对他们进行了两次督导。组织开展了临床输血、疑难配血核酸检测、配血安全等专项培训12次。同时开展了大量无偿献血的社会宣传，对献血招募人员也进行了培训。

（八）物价工作

1997~2009年，北京实施总量控制结构调整，当时说的是把所有医院的药品费用控制在总医疗费用的55%，但是并没有说总的医疗费用控制在什么情况。参加总控的452个医疗机构的医疗费用从1997年93亿元，逐年递增，到2009年增长为517.8亿元。虽然药品的比例从1997年的58.09%到2009年基本上是在51.48%，但实际上药品的绝对值已经从1997年54亿元翻身到266亿元，说明实际上总量控制这个政策是根本控制不了医疗费用上涨的。下一步如何来控制费用同样是政府的政策部门要积极研究的一件事。

门诊费用，2005年次均门诊费用241元，2009年上涨到316元。全市平均住院费用，从2005年的12580元上涨到14805元，其中三级医院人均费用最高，是18300多元。如何控制医疗费用不合理增长，还是需要政府和医院管理者来共同完成的。

（九）护理管理工作

首先是规范护士管理。因为国务院修改了护士管理条例，要求护士全都到省级卫生行政部门注册，7万新老护士都要换证和发新证，工作量非常大。

第二是树立行业形象。制作了护士礼仪的光盘，帮助护士了解和认识护理实践中存在的问题和解决方法，规范临床护理行为。

第三是成立了护理工作者协会。现在很多医院大量使用合同制，合同制护士和编制内护士同工不同酬，甚至合同制护士工作非常辛苦。去年，在市级卫生行政部门注册的护士和市公共卫生信息中心统计的数字差了1万多，信息中心经过调研，发现问题出在合同制护士上。信息中心收集的数字是由各医院人事部门上报的，人事部门只报编制内的，而大量合同制护士是在后勤部门管理，甚至在护理部管理，上报数据时没有报。要求全市所有医疗机构重新报后，全市每千人口的护士数一下就上来了。下一步护理工作者协会要承担全市护士人力资源管理以及医院护理人员管理等等。

第四是加强护理质量评价体系建设。依托质控中心制定了2009年护理质量安全管理考核评价标准，开展护理质量的专项督导检查。目前大概有70%的三级医院普通病房已经按照卫生部原来发布的最低标准，达到了每张床0.4个护士的配置标准达到了。大概有63%的医院ICU达到了1∶2.5的配置标准。95%以上的三级医院建立了护理不良事件报告和管理制度，各项核心制度的落实情况保持在80%以上，监护病房的基础护理落实好于普通病房，保持在90%以上。同时还开展了急诊、糖尿病、手术室、肿瘤等专业护士培训工作，建立了监督和评价机制。

（十）抗震救灾情况

4月14日，青海玉树县发生地震，造成重大的人员伤亡和财产损失。为了支援地震灾区做好医疗救治工作，保障灾区人民群众的生命安全，按照国家卫生部和北京市政府的指示，连夜紧急筹备，4月15日中午12点，北京大学第三医院、积水潭医院、朝阳医院和北京急救中心组成的抗震救灾专家组，以及由北大医院、人民医院组建的抗震救灾医疗队，携带了近8吨急救物资和生活用品，乘坐专机赶赴玉树灾区。另外6名重症、呼吸、心内专家随卫生部工作人员同机抵达。当天下午，北京急救中心25辆急救车和急救设备也从北京西客站奔赴灾区开展救治工作。4月16~18日，又先后派出ICU、骨科和胸外专家去开展救治工作，到目前为止共派出了169人，圆满完成了工作任务。

四、2010年工作要点

2010年，北京医政工作将继续结合深化医药卫生体制改革的工作任务，进一步开拓思想，研究探索完善医疗服务体系建设，提升医院管理水平和方便群众就医的措施。

（一）以试点为先导，积极探索实现医药卫生体制改革的具体措施

卫生局刚刚组织了全市医疗卫生系统领导学习医药卫生体制改革，北京市马上要出台改革的初步意见

和2010年的工作部署，挂在网上广泛征求社会意见。很多同志对医药卫生体制改革到底改什么并不十分清楚，其实并不是说从制度上、性质上进行改革，更重要的是要改变现在的就医形式，让医疗服务系统改变现有的服务模式。在过去几年国家投入大量的资金建社区卫生体系，建农村乡镇卫生院和村镇卫生室，一再提出让病人首诊到社区，转诊到医院，康复再回社区。因为全世界没有哪一个国家和地区，像中国这样在公立的大医院里既看大病又看小病，既看急病又看慢病，而且既给穷人看病，又给有钱人看病，这样使得社区没有发展余地，使慢病收治机构没有发展空间，使民间的盈利性机构也没有发展空间。所有的病人都挤在大医院，人满为患，但是还有很多的医疗机构在闲置。所以我们现在最重要的是探索分级有序的医疗服务模式，提高现有政府对卫生服务资源的使用效率。

一是继续完善北京市区域医疗机构设置规划，优化调整医疗机构的区域布局和结构。北京的医疗资源在全国都是领先的，比发达国家不少，特别是在城区，大医院林立。下一步是要向医疗资源不足的地方补充医疗资源，鼓励城区中优质资源过度密集的机构向外迁出，这需要院长的理解。

二是结合区域医疗机构的设置规划合理确定区域医疗服务中心覆盖的社区卫生服务机构的范围，建立合作机制，推动分级就诊。要让民营医疗机构向大医院转诊，到目前为止只有不到0.5%是社区转诊。因为社区并没有和大医院建立非常紧密的合作关系，所以今年将在条件合适的区域实现大医院全面覆盖社区。比如说民营医院能够腾出来400张床为属地的居民提供医疗服务。要让老百姓首诊到社区，社区医生认为需要转诊，再预约大医院的专家、看病的时间，推动居民逐步养成首诊到社区的习惯。

三是继续完善康复医院和护理院的试点工作。有很多区里一些效率非常低下的二级、一级医院一天也来不了几个病人，它最好的出路是向中间型的服务机构转制，做护理、做康复，主要是康复师和护理人员。现在，北京在快速地老龄化，民政部门每年要求全市18个区县建出1.5万张床，满足机构养老。所以，没有明确发展方向和好资源的医院应及时调转船头。

四是推进民营医疗机构健康发展。公立医院不应该开展太多的特需服务，特需服务应该由社会上高端的医疗机构来举办，所以应该在全行业把民营医疗机构的管理纳入全行业管理，在机构、人员、技术准入以及医疗质量、服务监管方面一视同仁，来促进民营医疗机构的健康发展。

五是要继续完善以病人为中心的医疗服务措施，拓展服务内涵，方便群众就医。继续以复诊预约和社区转诊预约为重点，全面推进社区诊疗服务。今年在市政府的折子里又把这个写上了，复诊预约希望达到50%，其中产科预约和口腔预约希望达到100%，希望大家能够积极配合和落实这项工作，使这项工作真正达到目标。预约挂号有些医院做得非常好，但还有些医院的预约挂号并不是分时段预约，这不叫预约挂号，预约挂号一定是让病人今天把下次的时间预约好，下次直接来看病不用等。宣武医院的层级就诊模式很好，初诊就是普通号，普通号该做的检查、会诊做完了，需要专家的时候再预约专家门诊，这样可以避免专家资源的浪费。另外，要指导医院合理调配人力资源，动态调整医务人员的轮休。北京还有大量的流动人口，我们想在这些流动人口聚居地推动民间办的医务室的建设，方便农民工就医。

六是统筹资源，做好对口支援工作，推动基层医疗机构的发展。现在对口支援非常多，有援疆、援藏、援非洲，有四川什邡，有青海玉树地区，还有新疆和田地区。今后的对口支援工作任务是非常繁重的。除了外地的对口支援，北京市也有一些岗位需要医务人员轮岗和支持，一个是社区，一个是远郊区县，再一个是院前急救。院前急救这么多年老是在想增加编制，给了编制又招不来人。院前急救看来也不是招固定工作人员的地方，恰恰在奥运会那年，北京市各大医院支援启动了65个急救站，非常好地完成了院前急救工作任务，这些医务人员也受到了院前急救的规范培训，会心肺复苏、气管插管和除颤了。所以我们想将来让中青年的医生、护士轮岗到院前急救，这些都要统一纳入到对口支援工作范畴，把这些工作和职称晋升、两年考核、财政的对口支援挂钩，实现支援工作的效率和效益的最大化。现在有很多医院也承担着下乡镇卫生院的工作，高年资的医生到乡镇医院做健康宣教。

七是加强新城区医疗机构的建设。要继续加强考核，迅速提高医疗水平。另外，要探索建立大医院和郊区县医院病例远程会诊的模式，提高重症、疑难病的会诊能力。

八是大力推行综合医院和传染病医院精神科、儿科建设。去年不是所有医院进展都非常好，比如综合医院建精神科，除了朝阳医院进展非常好，其他两家综合医院目前还不是非常理想，所以今年还要继续推进这项工作。

九是北京和内蒙古省际对口支援工作。支援人员去了以后首先是帮助受援医院结合当地的人口和疾病特点，帮助他们制定切合实际的发展规划。那儿有多少人口就应该有多少床位、多少医生；那儿的高发病是什么，这个科室就一定作为重点来发展，来满足基本医疗服务项目。不要所有的都去上高精尖挣钱的项目，没有病人，同样发展不下去。

（二）强化医院管理长效机制

一是深入开展医院质量万里行和管理年活动。其实对口检查是各大医院之间非常好的交流学习的机会，让大家有机会能够互相视察和学习。另外，进一步完善医疗质控体系。血液管理方面，血液中心有采供血中心，医院输血科也有临床抽血处置中心，但合理科学用血不是输血科一个科能够做到的，关键是分管院长负起责，医务科牵起头，因为牵扯到手术科、麻醉科、ICU 等等，要各个科室参与合作，今年要把临床输血中心重新改革，建立以医院医务处为指导，手术、麻醉、ICU 都参与的输血管理中心。今年临床检验质控中心有一项重要的工作，去年湖北省检查北京的时候提出在三级大医院还有大量的小实验室，没有归纳到临床检验系统，存在着质量安全隐患，今年要坚决要求这些三级医院小实验室统统纳入全院的临床检验管理，同时要完善专业规范。

二是探索建立医疗纠纷调解机制。最近司法部和卫生部联合下发文件，要求建立医疗纠纷调解机制，我们也到外地进行了考察，希望配合司法局争取尽快出台关于医患纠纷第三方调解的文件，有效制止医疗纠纷扰乱医疗服务秩序的困扰。

三是医师管理。2008 年卫生部下达了关于医师资格考核的工作，这项工作原来交给科教部门负责，希望把考核制度完善起来，但是一直没有出台，所以今年我们和医师协会制定了医师考核的管理制度，按照城乡一体化的原则，从今年开始要开展医师两年的考核工作。另外，我们也给卫生部上报了开展医生多点执业的申请，医政部门一旦批准了，也是要由北京医师协会主管开展北京市的医师多点执业的工作。所谓医师多点执业，不包括政府指令性的任务，比如协和医院对口支援平谷，医生在平谷医院出诊不叫多点执业；再比如北京安贞医院和煤炭总医院开展心血管介入的联合工作，如果没有在医政部门注册，也不叫医生多点执业，如果不申请注册第二执业地点，就是违规行医。所以，一定得对医生多地点执业有个正确认识。

四是继续探索建立医院评价的客观指标体系。加强医院管理，清理违法违规的医疗机构。制定出台首批第二类医疗技术管理规范，以后什么级别的医院开展什么级别的技术。关于医疗急救，卫生部在改革意见中明确院前急救属于公共卫生服务，公共卫生服务应该是财政全力支持的。关于它的运行模式，我们觉得管理、指挥、调度人员可以由公共财政支持，但是在院前急救车上的医护人员恐怕不适合固定行医，今年我们研究让 45 岁以下医师到院前急救轮岗，提高临床医师的急救技术能力。

（三）血液管理

今年的重点在临床科学合理用血。对用血大户要调查为什么用那么多血，特别是像器官移植、体外循环心脏手术等。我们发现这些技术的开展和手术人员的熟练程度是有关系的，有人做这个手术很少出血，有人就出血很多，将来再有这种情况应该做检讨，如果技术力量弱、医疗质量没有保证、用血又多，就应该不让做。

（四）护理工作

落实国务院护理工作管理条例。原来总说北京的医院专科医生太多、全科医生太少，比例严重失调，实际上这也是规划的问题。规划了 500 张床，就不能随便扩充到 1000 张床，因为人员编制不能擅自扩张，结果护士远远不达标。医院院长都说护士对医院贡献不大，护理收入在医院总收入里占了不到三分之一，实际上护理工作对提高医疗质量、减少医疗纠纷是非常重要的。为什么不能按照标准配够护理人员？原因还是对护理工作不重视，甚至大量的护理人员是合同制的，同工不同酬。说明要想提高护理的人员编制、提高护理质量，关键在于院长的理念。所以今年在护理工作会上，卫生部特别提出要从改善医疗服务质量的高度来深刻理解加强护理工作的重要意义。在护理工作方面以前走了一些弯路，比如说让护士都写护理病历，结果大量的时间都花费在书写上。今年卫生部提出新的标准，简化护理病历，按表单化去填写，打勾就可以了。提出的口号是“将时间还给护士，把护士还给病人”。今后要通过竞争上岗等改革加大对一线护士的投入，以后要求护士 95% 在临床一线。另外，今后的考核晋升不是和外语、论文挂钩，而是和在护理岗位上的工作时间挂钩。因为护理工作科技含量并不很高，一是认真负责，二是尽职尽责，这些都是今后要注意和加强的。

开展护理员培训，目标是今年培训 3000 人。随着这项工作的逐步拓展，减少病人家属和护工的陪护比例，今年争取试点医院陪护率达到 10% 以上。计划到年底在全国范围内创建 100 所优质护理服务示范区，300 个优质护理服务示范病床和 600 名优质护理服务先进个人，来全面提高临床护理工作水平。北京已经全面部署了这项工作，并制定了督导计划，各医院都要充分认识这项工作的重要意义，真正从维护人民群众健康权益和深化卫生体制改革的高度来加强医院的护理服务，提高护理质量。

今年是医药卫生体制改革全面深入推进的一年，希望大家继续解放思想、实事求是，结合深化医药卫生体制改革和医疗卫生工作的任务，来进一步研究探索完善医疗服务体系建设，提升医院管理水平和方便群众就医的措施，不断强化医院管理，提高医疗服务质量，让人民群众切实感受到医药卫生体制改革的成果。

谢谢各位！

顺势谋事　深化改革　聚力项目　创新发展　开创北京市疾病控制工作新局面

——在2010年北京市疾病控制工作会议上的工作报告

北京市卫生局副局长　赵春惠

（2010年5月20日）

各位领导、同志们：

这次会议的主要任务是：以建设中国特色社会主义理论为指导，认真学习贯彻党的十七届四中全会、全国疾病控制工作会议精神，深入学习实践科学发展观，全面总结2009年全市疾病预防控制工作，部署2010年重点工作任务，推动我市疾病预防控制工作深入开展。下面，我向大会作疾病控制工作报告。

一、2009年全市疾病控制工作取得显著成效

2009年是极不平凡的一年，我市先后经历了人感染禽流感、甲型H1N1流感等重大疫情的严峻考验。在市委、市政府的坚强和正确领导下，全市疾控部门深入实践科学发展观，认真贯彻落实全国疾控会议和全市卫生工作会议精神，解放思想，开拓创新，及时有效地控制重大传染病疫情，着力加强疾病预防控制机构能力建设和管理，进一步做好免疫规划和重大疾病预防控制工作，努力推进慢病防治和健康促进工作，全力保障新中国成立60周年庆典活动顺利进行，各项工作都取得了显著成绩，确保了全市疾病预防控制工作全面、可持续发展。

2009年全市疫情平稳。全年报告法定传染病甲乙丙三类27种137923例，报告死亡数271人。其中甲乙类报告发病率为339.89/10万，除甲型H1N1流感外，较2008年下降了11.85%；丙类传染病报告发病率为473.81/10万，较2008年上升了6.77%。甲乙丙三类传染病报告发病数居前五位的病种为其他感染性腹泻、手足口病、痢疾、甲型H1N1流感和肺结核，共占总发病数的82.87%。2009年新增传染病甲型H1N1流感1种，全年报告发病数10844例（含港澳台及外籍），报告死亡数69例。

2009年甲乙类肠道传染病、自然疫源及虫媒疾病和血源及性传播疾病报告发病率较2008年分别下降6.71%、19.91%和9.61%，呼吸道传染病与2008年比，除甲型H1N1流感外，报告发病率下降了23.97%。

2009年全市共报告突发公共卫生事件18起，发病268人，死亡4人。与2008年相比，报告事件数增加2起，发病人数减少64人，死亡人数减少6人。以传染病突发公共卫生事件报告为主，占突发公共卫生事件报告总起数的94.44%。

（一）疾病控制体系不断完善

2009年我市进一步加强疾病预防控制体系建设力度，提高疾病预防控制能力，以适应人民群众与社会对疾病预防控制等公共卫生服务的需求。一是落实医改方案中提出的加强对专业公共卫生机构绩效考核、提高服务效率和服务质量的要求，在全国率先启动了疾病预防控制绩效考核工作。二是积极推进精神卫生体系建设，进一步完善了精神疾病防治多部门合作机制，在市级和各区县均建立了精神卫生工作联席会议制度。三是疾病预防控制工作信息化建设又上新台阶，传染病报告质量进一步提高，预防接种信息报告管理系统初具规模。我市所有预防接种门诊计算机终

端机实现了与国家预防接种信息平台的对接。北京市免疫规划信息管理系统获得中共北京市委宣传部、北京市经济和信息化委员会、北京市科学技术委员会联合颁发的“2009 信息北京十大应用成果奖”。四是专业公共卫生机构与医疗机构、基层卫生机构在疾病预防控制中的合作更加密切。医疗机构、社区卫生服务中心和乡镇卫生院在传染病疫情报告、疾病监测、落实免疫规划等方面发挥了重要作用，公共服务职能和意识得到了显著提高。

（二）重大传染病得到有效控制

1. 及时有效地控制了人禽流感疫情　2009 年 1 月 6 日，北京市首次确诊 1 例人感染高致病性禽流感病例。市卫生局连夜组织疾控部门及医疗机构迅速行动，市级专家组及时会诊，连夜检测，针对不明原因肺炎病例进行了排查，明确诊断，迅速采取隔离及有效防控措施，真正实现了早发现、早诊断、早隔离、早治疗，从而及时有效地控制了疫情，维护了社会安定，保障了广大群众的身体健康。

2. 甲型 H1N1 流感防控工作取得重大胜利　2009 年 4 月 23 日，墨西哥首次发现甲型 H1N1 流感（以下简称“甲流”）并迅速传播蔓延。4 月 25 日，市委市政府及时启动了首都公共卫生应急机制，拉开了首都防控甲流序幕。在市委市政府“严防严控，严把入境关，突出对重点部门、学校、医院、社区等重点地区”的防控策略领导下，我市迅速组建了 55 人的队伍，24 小时进行信息录入，并在 24 小时内将信息传到社区，确保对所有来京旅客及时有效进行健康监测。适时启动了区县集中医学观察点并进行了大量的专业指导和培训，提高识别能力。市政府投资 7000 万，为 55 家甲型流感检测实验室配备了检测设备，全市从仅市 CDC 一家发展到 55 家医疗卫生机构具备甲流检测能力和水平，实验室检测能力明显增强。疾控人员深入社区，针对确诊病例和密接人员开展大量流调工作，对密接人员实施追踪管理，争取时间，控制传染源，切断传播途径，为有效处置突发公共卫生事件储备了宝贵的资源。针对暑假期间学校聚集性发病增多，我们加强晨午检，及时发现，及时报告，及时采取防控措施，有效处理了航天大学等甲流聚集疫情近 90 起。特别是市政府提出了落实属地、部门、单位、个人四方责任这一公共卫生管理的创新理念，对甲流防控起到了至关重要的作用，最大限度地减缓了疫情在我市的传播。为切实保障国庆 60 周年庆典成功举行，我市在全市 49 家三级甲等医院内组建了 500 人的接种队伍，进行了专门培训，从 9 月 21 日到 24 日，短短 4 天时间，为参加国庆活动及重点保障人员近 10 万人集中接种，不仅在全国，更在全球范围内第一次接种甲流疫苗，确保了国庆保障相关人员没有发生聚集性疫情，保障了国庆游行阅兵的成功，为 60 周年大庆作出了重要贡献，同时为使季节性流感与甲型 H1N1 流感两种流感疫苗接种不互相影响，我们周密组织，科学制定了接种方案，提前启动了季节性流感疫苗接种工作，2009 年全市共接种甲流疫苗近 240 万人份，不良反应发生率 7‰，未接到严重异常反应和死亡病例的报告，在全社会构筑了甲流防控生物屏障和社会屏障，延缓了聚集性疫情出现的时间，保持了社会稳定。

在甲流防控全过程中，充分利用电视、广播、报纸等媒体，以开展知识竞赛等多种宣传方式使甲流防治知识广泛传播，真正形成了“政府主导、多部门合作、责任明确、社会广泛参与”的工作格局。

3. 艾滋病得到了有效遏制　一是进一步强化艾滋病监测网络建设。在 18 个区县建立了艾滋病监测哨点 94 家，艾滋病初筛实验室 190 家，确证实验室 2 家，确证中心实验室 1 家，建立了 63 个艾滋病免费咨询、检测点。国家“四免一关怀”政策得到进一步落实。二是全面落实艾滋病干预“三项措施”。全市星级饭店和社会旅馆的客房卫生间内安全套摆放率达到 100%，进一步扩大美沙酮维持治疗工作覆盖面，针具交换人群不断增加，高危人群干预措施不断加大。三是艾滋病防治志愿者队伍得到进一步完善。2009 年在全市重点抓艾滋病防治志愿者队伍建设。在市教委、团市委、红十字会大力支持下，建立了大学生艾滋病防治知识宣传志愿者组织机构和领导小组，在首都 73 所高校成立了“青春红丝带”社团，大学生防艾志愿者达到 16000 人。同时以高校预防艾滋病宣传志愿者队伍为依托，2009 年在全市范围内开展了首都预防艾滋病宣传志愿者“1 + 1”十进行动。防艾志愿者足迹遍布全市，在百姓中深受欢迎，通过进医院、影院、车站、学校、社区、公园、工地、宾馆、商场、企事业单位，首都防艾志愿者与区县防艾队伍有机结合，短短一年时间里，首都防艾志愿者队伍由最初的不到 2000 人发展到 52911 人。我市以第 22 个艾滋病宣传日为契机，在国家会议中心举办了为期一周的“遏制艾滋，履行承诺”主题展览。活动期间，中共中央总书记、国家主席、中央军委主席胡锦涛同志来到活动现场，视察北京市艾滋病防治工作。总书记对全国防艾志愿者的工作给予了充分肯定并提出了殷切希望，他指出：“这些年来，首都的艾滋病防治工作取得了明显成效，这和我们广大志愿者卓有成效的工作是分不开的。希望志愿者进一步发扬红丝带精神，要更多地、更好地关爱艾滋病患者和感染者，我相信，通过社会各方面的共同努力，我国的防治艾滋病事业一定会取得更好的成效。”总书记的期望将永远激励着我们充分发挥志愿者的作用，在全社会形成更好的宣传氛围。

我市艾滋病防治工作深入开展，艾滋病防治初见成效，全市艾滋病快速上升的势头有所减缓。有效控制了艾滋病新发感染，降低了患者病死率，其生活质量得到提升。

4. 鼠疫防治工作稳步推进　鼠疫作为我国重点防控的甲类传染病，市委市政府始终给予高度重视，将鼠疫防控工作作为传染病防控工作重中之重。近年来，随着城市建设的发展，特别是农村乡镇建设及农田改造，很大程度上改变了适合野鼠栖息的生态环境，北京市设置的现有鼠疫监测点已不能完全反映出动物间鼠疫感染情况。为了摸清我市鼠疫动物种群分布情况，2009 年，在总结以往鼠疫防控工作的基础之上，我市积极开展鼠疫监测，对鼠疫自然疫源进行调查，以真正实现关口前移和早发现、早隔离、早诊断、早治疗目标。为使医务人员能及早发现患者，2009 年在对全市医务人员广泛培训的基础上，特别有针对性地对发热门诊的全市医务人员进行了专业技术培训，2009 年市卫生局组织疾控、临床等方面的专家对医疗机构进行了检查和督导暗访。同时在 9 月 1 日晚，我局组织进行了全市 18 个区县参加的鼠疫防控应急拉练，对各区县疾控系统鼠疫疫情应急响应速度、装备物品和携带齐备程度、现场流行病学调查能力、现场采样和样品转运、病例转运等方面进行了考核，进一步提高了全市疾控系统应急反应能力。

5. 结核病防治水平进一步提升　结核病防治工作首都北京始终走在全国前列。为了更好地对肺结核患者，特别是对外来流动人员进行规范化管理，使结核病控制工作实现标准化、规范化、科学化，进一步提升首都结核病控制工作水平，2009 年我市重点对肺结核 DOTS 管理进行了规范，尤其是对社区结核病人的全程督导管理工作进行了督导。针对我市及国内防治中的问题和特点，我局进一步组织制定了《北京市肺结核患者手册》《北京市社区医务人员结核病防治工作手册》以及《北京市肺结核患者抗结核治疗家庭督导员手册》，进一步提高了全市结核病控制工作水平。同时，2009 年我市启动了结核病防控信息化系统建设工程，为实现肺结核患者发现、治疗管理情况的实时监测，及时掌握肺结核病人在社区的治疗情况奠定了基础。与市教委联合下发了《北京市学校结核病控制工作规范》和《北京市学校肺结核疫情处置预案》，进一步规范了学校结核病防控工作。

2009 年全市实施肺结核免费检查 15000 人次，肺结核患者系统管理率 100%，结核病人的发现率 104.5%（国家要求 70%），2008 年新登记肺结核患者治疗成功率 87.4%（国家标准 85%），均位于全国的前列。

6. 手足口病疫情得到有效控制　各级各类医疗卫生机构严格实行“一把手”负责制；加强了手足口病的病原学监测、检测和宣传，针对手足口病 5 岁以下多发的特点，我市举办了全市 2500 所托幼园所园长和校医手足口病防治培训班。特别加强了与教育、爱国卫生、宣传、城管等相关部门的协作，2009 年全年全市报告手足口病 24483 例，报告发病率为 144.44/10 万。

（三）健康促进和慢性疾病综合防治工作全面推进

《健康北京人——全民健康促进十年行动规划（2009—2018）》，经市政府会议讨论通过后于 2009 年 5 月 27 日正式发布实施，同时成立了北京市健康促进工作委员会。按照规划要求，2009 年启动了以“镶上牙齿、摘下眼镜、控制血压、调整体重”为主题的健康运动，实施健康知识普及、合理膳食、控烟、健身、保护牙齿、保护视力、知己健康、恶性肿瘤防治、母婴健康等九大行动。

1. 向学校派遣 1000 名医务工作者，增强校医室工作能力，推进健康促进学校工作　为全面落实北京市政府 2009 年实事工程中“社区医生进学校服务”的工作要求，更好地弥补我市中小学校校医、保健教师力量不足，我局与市教委联合下发《关于向全市中小学校派遣医务人员协助开展预防保健工作的通知》，向学校派遣 1000 名医务工作者，提升了社区医生开展学校卫生工作的能力。

2. 继续在 18 区县试点社区进行慢病及其行为危险因素的综合干预和慢病病人及高危人群的管理和干预效果评价，推行高血压、糖尿病等管理规范　组织开展慢性病及高危人群的监测，在全市 18 个区县试点社区中的病人和高危人群实施了干预和规范化管理；举办了“健康北京人”主题歌歌词征集大赛活动；同时组织开展世界无烟日主题宣传活动，向全市中小学校发放《北京市中小学校控烟教育指导用书》8925 套，在全市中小学校推选出 2 万余名控烟义务监督员。

3. 在社区、学校、机关、企业、乡镇，启动眼病、口腔疾病、高血压等慢病管理和初级保健工作　设计完成了家庭护眼按摩操，并已制作 66 万份图解和配套培训手册，发放至全市小学生及家长手中；对全市 65 岁以上老年人开展了免费眼病筛查试点工作，2009 年免费筛查老年人 50777 人；为全市 60 岁以上全口无牙低保老年人免费镶牙 1062 人；向全市小学生发放60万个腰围尺，开展为家人测量腰围的活动，从而使广大市民关注和控制自己的腰围和体重，控制相关慢性病的发生和发展。

4. 继续开展7～9岁儿童免费窝沟封闭防龋工作 2009年实施免费窝沟封闭预防龋齿项目。市卫生局和市牙防办指定了108家医疗机构，为163358名适龄儿童提供了免费窝沟封闭服务。

（四）免疫规划工作再上新台阶

1. 规范免疫预防门诊建设，全面落实扩大免疫规划各项措施 全市继续保持无脊髓灰质炎状态。消除麻疹行动计划有序开展，2009年我市常规免疫疫苗接种率始终保持在95%以上的较高水平，位于全国前列。制定下发了《北京市规范化免疫预防门诊基本标准》，使我市及时实现免疫接种服务规范化、标准化。按标准在全市18区县进行了评估考核，截至2009年年底，全市已有568家接种门诊达到了规范化免疫预防门诊标准，达标率为98.95%。

2. 加强流动儿童预防接种工作，提高接种率，消灭免疫空白 一是对全市适龄流动儿童接种情况开展了摸底，掌控了全市364063名学龄前流动儿童信息。二是对学龄前流动儿童全部建立了接种档案。三是为30276名学龄前流动儿童补种了脊灰疫苗、麻风疫苗、麻风腮疫苗、流脑疫苗等7种疫苗，消灭免疫空白。

3. 建立疫苗接种异常反应处置、调查诊断与应急体系，制定北京市预防接种异常反应调查诊断实施细则 按照国家《预防接种异常反应鉴定办法》相关要求，建立了市级、区县级预防接种异常反应调查诊断专家组，在免疫规划接种中开展了大量工作，特别是在甲型H1N1流感预防接种工作中发挥了重要作用。完成了《北京市预防接种异常反应调查诊断、鉴定和补偿暂行办法（讨论稿）》，疑似预防接种异常反应（AEFI）监测和调查处理工作逐步走入正轨。

4. 做好乙肝疫苗初中学生纳入计划免疫接种工作 2009年北京市将初中学生乙肝疫苗接种纳入计划免疫，市区县卫生、教育部门密切配合，积极推进初中一年级学生乙肝疫苗接种工作。2009年全市接种90636人次，接种率为96.03%。

（五）强化关口前移，全面实施监测，传染病防控取得新进展

1. 在全市所有一级医院、社区卫生服务中心、乡镇卫生院开展发热、腹泻、皮疹、黄疸、结膜红肿五种症状监测和报告制度，加强传染病监测与预警 建立北京地区疾病预防预警分析报告体系，适时发布预警信息。2009年在全市实行二级以上医疗机构症状监测的基础上又进一步关口前移，在全市各级各类医疗机构（包括社区卫生服务中心、乡镇卫生院）建立了发热、腹泻、黄疸、皮疹和结膜红肿等五种传染病症状监测报告制度，同时，在市疾病预防控制中心建立了北京地区疾病预防预警分析报告体系，包括年度、季度疾病预防趋势，及预警信息和传染病疫情的动态发布，定期向市政府及有关领导上报疫情及疫情形势分析。

2. 以流感样病例和病原学监测为重点，加强呼吸道传染病防控工作 流感样病例监测点覆盖全市二级以上综合医院。我市流感样病例监测网络不仅已覆盖到全市所有二级以上医院，并于2009年12月开始，扩展到全市421家一级以上医疗机构（包括社区卫生服务中心、卫生院）。同时，将监测时间由过去的10月1日至次年4月30日，调整为全年常规监测。

3. 进一步强化肠道门诊监测与症状监测 在全市医疗机构中，开展《细菌性痢疾诊断标准》和《感染性腹泻诊断标准》的培训和推广。2009年我市进一步强化了肠道门诊监测与症状监测系统，3月份市卫生局下发了《关于做好2009年医疗机构肠道门诊开诊工作的通知》，要求4月1日至10月31日期间全市各医疗机构肠道门诊必须24小时开诊，对肠道门诊患者做到“逢泻必检”（筛查霍乱病例）。并对全市335家医院肠道门诊场所、通风排风、人员配备、设施配置、药品、卫生等工作提出了明确要求。同时，在全市医疗机构实施了《细菌性痢疾诊断标准》和《感染性腹泻诊断标准》。

4. 继续实施每日会商制度 通过视频会议方式，每日了解全球、全国及全市传染病疫情及突发公共卫生事件信息，及时采取措施，真正实现实时了解、及时预警的效果。

（六）地方病防治工作成绩显著

加强碘缺乏病防控工作，碘盐合格率、碘盐覆盖率和合格碘盐食用率连续3年达90%以上，实现了持续消除碘缺乏病的阶段目标。通过改水等措施，目前水质监测表明大兴区高碘地区饮用水碘含量符合国家饮用水标准。燃煤型氟中毒和大骨节病历史病区目前致病因素已经消除，病情得到有效控制，已低于国家病区划分标准。

（七）职业卫生防治工作不断加强

依据《职业病防治法》及其配套管理办法、《行政许可法》等，按照《北京市职业病防治专业技术机构资质审定标准》，对开展职业病诊断、职业健康检查、职业病危害因素检测与评价、建设项目职业病危害评价的机构进行了规范和梳理。开展了职业病防治专业知识普及、推广，全面提升全市，尤其是基层职业病防治专业队伍的技术服务能力和水平。2009年，

共完成建设项目预评价和控制效果评价报告50项；为4558家用人单位提供职业健康检查服务，职业健康检查162527人；为1180家用人单位提供职业病危害因素检测与评价服务，为320家用人单位提供职业病诊断服务。以六类职业病防治技术体系为核心的首都职业病防治体系建设进一步完善。

（八）精神卫生工作体系日益完善，工作力度不断加大

2009年我市深入贯彻《北京市精神卫生条例》，推进精神疾病防治工作。一是完善了精神疾病防治多部门合作机制，在市级和各区县均建立了精神卫生工作联席会议制度。进一步确定了卫生、公安、财政、民政、教育、司法、残联等各个部门在精神卫生工作中应承担的职责。二是启动了北京市精神疾病流行病学调查。三是启用了新的《北京市社区精神卫生个人健康档案》，扩大了社区精神卫生服务范围和精神疾病预防控制工作内容，为实行计算机网络化系统管理提供了基础。

在过去的一年，全市疾控系统所取得的这些成绩，是市委、市政府高度重视和各级党委、政府、有关部门以及社会各界大力支持的结果，是全市疾控系统广大员工无私奉献和共同努力的结果。事实说明，我市疾控队伍是一支作风过硬、技术精湛、可信可敬可靠的队伍，是一支关键时刻能拉得出去、能打硬仗、能打胜仗的队伍。在此，我代表市卫生局向各部门、各单位战斗在疾病预防控制工作战线上的同志们致以崇高的敬意和衷心的感谢！

二、认清形势，坚定信心，推动疾病预防控制事业科学发展

首都北京的疾病控制工作经过大家共同努力取得了显著成绩，疾病预防控制体系逐步建立健全，疾病预防控制能力得到了明显提升，但是我们深知与当前传染病防治形势和人民群众日益增长的健康和公共卫生服务需求、政府对我们的要求还有差距，疾病预防控制工作所面临的形势依然严峻。许多原已存在的传染病，由于病原体变异危害加大；鼠疫、霍乱等烈性传染病防控任务依然艰巨；SARS、人感染高致病性禽流感等新的传染病不断出现；性病、狂犬病等原已控制的传染病明显回升；微生物的耐药性不断增加，特别是多重耐药的结核菌及艾滋病病毒等，已成为威胁人类健康的公共卫生问题。慢性非传染病死亡占城乡居民死亡原因构成的80%以上，环境污染、老龄化、营养不平衡、缺乏体力活动、压力增加等影响人群健康的危害因素增多，慢病相关危险因素水平持续上升。作为国际化大都市，首都北京的流动人口规模与日俱增，其健康状况、职业保护、卫生服务等都已将成为新的公共卫生问题。全球化、城市化、现代化使疾病传播更加迅速与便捷。气候变暖，带来传染病流行规律的改变和流行区域的变化。疾病形势依然严峻，防控任务十分繁重。

针对这些问题，我们必须高度重视，认真研究解决。要以深化医改、促进基本公共卫生服务均等化为契机，创新工作方法，健全工作机制，不断提升服务能力和技术水平。各级卫生行政部门和疾病预防控制机构的同志们要切实加强学习，全面提高贯彻执行党的方针政策能力，提高科学管理、依法行政和统筹协调发展卫生事业的能力。要加强政策研究开发，积极主动与当地政府及有关部门沟通协调，全面做好疾病预防控制工作。

三、深化改革，突出重点，认真做好2010年疾病防控工作

2010年是落实“十一五”规划承上启下的一年，北京市疾控工作将继续全面贯彻落实科学发展观，落实全国卫生工作会议和全国疾控工作会议精神，围绕深化医药卫生体制改革和全市卫生工作总体部署，按照“夯实基础、突出重点、提高能力、强化内涵、规范管理、建设和发展队伍”的工作思路，从“抓示范，带全面；抓建设，强内涵；抓素质，升品位；抓管理，上水平”入手，进一步完善疾病预防控制体系建设，提高公共卫生综合服务能力，大力推进公共卫生均等化，实施基本公共卫生服务和重大公共卫生项目，规划“十二五”疾病预防控制发展战略和重点措施，为保障人民群众身体健康、促进社会经济健康发展、加快世界城市建设服务。

（一）积极推进体系建设，提高疾病预防控制能力和服务水平

1. 紧紧围绕绩效考评工作，进一步明确各级疾病预防控制、医疗和基层卫生服务机构承担疾病预防控制工作的职责和任务　以深化医改、推进基本公共卫生服务均等化为切入点，强化各级疾病预防控制机构及科室的职能，严格落实责任制，推动疾病预防控制工作科学化、规范化、标准化建设，提高疾病预防控制工作能力和管理效能，推进绩效管理制度建设及公共卫生服务和疾病综合防控能力的提高。

2. 转变观念、防治结合，强化医疗机构的公共卫生职能，形成防治结合的有效机制　医疗机构在传

染病防治工作中承担着重要职责和任务，尤其是在传染病“早发现、早报告、早诊断、早治疗”中发挥着关键的作用。2010年要进一步加强对医疗机构疾病控制处（科）能力建设。各级医疗机构要按照《传染病防治法》中的相关规定依法加强对传染病报告管理，做好传染病疫情、疾病监测信息、突发公共卫生事件信息及其他监测信息的报告任务，大力加强健康教育与健康促进工作，认真落实传染病防治措施，严格执行相关法规和操作规范，预防控制传染病在医院内的传播。按照卫生部2010年疾病控制工作要求，将承担疾病预防控制工作任务的各级各类医疗卫生机构有机地整合，充分调动各方面的积极性；加强对医务人员传染病防治知识培训，切实提高传染病早发现、早诊断的能力和报告水平。

各级疾病控制机构要依法履行职责，进一步加强对医疗机构的技术指导和考核。完善疾病监测和流行病调查的工作机制，建立健全医疗机构疾病预防控制工作考核评估标准，不断规范我市医疗机构传染病防治工作。

（二）预防为主、防治结合、关口前移、重心下移，全面做好传染病防控工作

1. 继续加强鼠疫、肝炎、艾滋病、结核病等重大传染病防控工作

（1）加强鼠间疫情监测，继续在门头沟、顺义、怀柔、延庆和密云5个区县7个监测点开展鼠疫自然疫源性调查并开展中期评估。继续加大对临床医务人员鼠疫防治知识培训，强化鼠疫防控意识。对医疗机构门诊进行督导及暗访。加强部门合作和省际间、区域间应急机制和联防联控，提高现场处置能力。

（2）充分利用艾滋病、肝炎综合防治示范区建设和首都十大疾病防控攻关与管理等，继续做好重大传染病防控工作。

（3）继续加强艾滋病防治工作，遏制艾滋病疫情蔓延。2010年全面完成《中国遏制与防治艾滋病行动计划（2006—2010）》中的各项指标，积极落实“四免一关怀”政策，全面实施“三大工程”。进一步加强艾滋病监测网络建设，强化疫情监测及报告制度。继续提高群众艾滋病知识水平，2010年15～49岁城市居民艾滋病知识知晓率达到90%，农村居民、流动人口和高危年人群达到85%。医务人员的艾滋病知识知晓率达到95%以上。继续加大高危人群行为干预力度，加强艾滋病感染者的发现、报告、流调与随访管理，个案完成流调率达到90%，常住人口HIV/AIDS随访干预比例达到70%。进一步推进美沙酮门诊工作，扩大覆盖面，创新管理模式，提高门诊量和维持率。加强对西城区、海淀区、丰台区、大兴区创建艾滋病综合防治示范区工作指导，落实国家艾滋病综合防治示范区各项指标。加强性病门诊规范化服务建设。

（4）紧紧抓住结核病患者发现、治疗和管理三个关键环节，进一步规范结核病防治工作，落实国家肺结核患者免费诊断、治疗管理等各项政策措施。重点提高疑似病人的转诊率、肺结核病人的系统管理率；实现专防结合，将专科医院门诊、住院病人有效纳入我市结核病人管理体系，进一步提高DOTS管理质量；加强流动人口、耐多药结核病、结核菌/艾滋病病毒双重感染的防治工作，创新工作模式，提高防治效果。加强对全市临床医务人员、社区及结防人员培训与督导，确保《北京市结核病防治工作规范》有效落实；做好宣武区、东城区全国第五次结核病流行病学抽样调查及我市第一个结核病防治十年规划的终期评估工作。

2. 全面加强传染病疫情监测

（1）继续在全市所有一级医院、社区卫生服务中心、乡镇卫生院开展发热、腹泻、皮疹、黄疸、结膜红肿五种症状监测和报告制度，加强传染病监测与预警。

（2）继续在全市一级以上医疗机构全年开展流感样病例监测工作。各级疾控和医疗机构要加强流感/人禽流感、甲型H1N1流感流行病学监测和流感样病例上呼吸道标本采集工作，规范开展流感、流感样病例及甲型H1N1流感暴发的现场流行病学调查和处理，重点控制聚集性发病。

（3）加大手足口病等肠道传染病防控力度，认真贯彻执行《手足口病预防控制指南》（2009版），重点开展手足口病流行病学监测、样本的采集及暴发疫情的处置工作，做好重症病例监测工作，全面落实以环境卫生整治和健康教育为重点的综合防治措施，严防在托幼机构发生暴发流行。

（4）加强霍乱、痢疾等肠道传染病的监测，把握霍乱疫情动态，做好外环境和重点人群疫源检索；强化肠道门诊早期监测预警工作，规范肠道门诊诊治与报告，及时对可疑疫情信息进行科学分析，做好疫情的预测预报。

3. 提高疫情信息的分析和质量管理，推进疾病预防控制工作信息化建设。各级卫生行政部门进一步加强传染病疫情、突发公共卫生事件、死亡登记报告以及职业病报告信息的管理工作，组织开展网络直报质量督导检查，提高疫情报告和突发公共卫生事件及相关信息报告的及时率和准确率。

各级疾控机构加强对传染病网络直报系统传染病信息实时监控，对出现的疫情异常变化及时进行调查和处置。做好疫情监测信息和疾病监测信息的分析利

用，加强国内外重大传染病疫情检索，提高传染病防控的及时性、敏感性和预测预警能力。

（三）继续做好免疫规划工作

认真组织实施扩大国家免疫规划，强化对流动儿童的预防接种管理，保证预防接种安全，维持无脊髓灰质炎状态。开展我市儿童入托、入学查验预防接种证与疫苗补种工作。2010 年 10 月底前完成对 2010 年 9 月新入学的初中一年级学生乙肝疫苗加强免疫接种工作。认真落实《2006—2012 年全国消除麻疹行动计划》，围绕 2012 年消除麻疹的目标，大力推进并加强麻疹疫苗接种工作，对全市 8 月龄 ~14 岁儿童开展消除麻疹强化免疫活动，降低麻疹发病率。继续加强对全市免疫接种门诊的规范化建设，更新和规范冷链系统，提高免疫服务质量和水平。积极研究出台预防接种异常反应补偿办法。

（四）巩固地方病防治成果

认真贯彻地方病防治规划，落实食盐加碘防治碘缺乏病主导措施，保持 100% 碘盐监测覆盖率，确保居民合格碘盐食用率达到 90% 以上。组织开展《全国重点地方病防治规划（2004—2010）》终期评估及消除碘缺乏病目标评估工作。加强人群碘营养状况监测，定期进行水质卫生监测，掌握水氟动态变化。严格控制我市地方性氟中毒、大骨节病、碘缺乏病发病水平。

（五）针对影响健康的主要危险因素，加大慢性病防治干预工作力度

充分发挥和加强对北京市心防办、脑防办、糖防办、牙防办、肿瘤防办、防盲办等各慢病防治办公室的指导和管理，充分发挥其在慢性病防治中的重要作用。围绕《健康北京人——全民健康促进十年规划》，进一步开展对高血压、糖尿病、肥胖等疾病的控制和干预工作，完成《全国健康教育与健康促进工作规划纲要（2005—2010）》终期评估。

继续开展北京市适龄儿童口腔健康教育及免费口腔健康检查和窝沟封闭治疗工作。推进和完成贫困及低收入白内障患者复明工程项目。推进公共卫生服务均等化服务，启动北京市社区脑卒中筛查及防控项目。逐步建立和完善心脑血管病的监测网络，实施综合性慢病干预。完善糖尿病前期及糖尿病风险评估和预警。开展北京市肺癌流行病学调查，继续做好肿瘤发病登记工作。

（六）大力开展健康教育和健康促进活动，提高公众健康素养

继续加强健康教育专业机构和人员能力建设，提高健康教育人员社会动员、倡导、传播与教育等基本技能。传染病防控离不开社会广泛参与，要充分利用媒体、网站等多种形式开展健康教育与健康促进活动，充分利用社区及基层人员，积极开展健康教育大课堂，使百姓掌握更多的健康知识，促进全民健康素质提高。

加强健康促进学校工作，开展舆情监测等媒体信息监测。研究建立健康促进十年行动规划效果评价指标体系，逐步开展十年规划监测评价工作。

（七）加强健康相关危害因素监测，提高防范危害健康的公共卫生事件的能力

强化各级疾控机构公共卫生监测职能，重点做好环境卫生及食源性疾患重大公共卫生事件现场处置人员及技术储备，开展食物中毒和食品安全事故调查处置卫生学调查和流行病学调查处置的业务培训。进一步完善北京市食品污染物监测体系，在 10 个区县疾控中心二级监测站的基础上再增加 1 ~ 2 个监测站，将北京市食源性致病菌监测扩大到全市 18 个区县。继续开展生活饮用水污染物监测和农村饮水监测工作、公共场所集中空调通风系统卫生监测与卫生学评价工作及全市公共场所卫生质量监测工作。继续做好学校卫生防病工作，2010 年重点开展全市《“十一五”学校卫生防病工作规划》终期考评工作。开展有毒有害行业职业病危害调研、监测和评估工作，完成全市职业卫生技术服务资源与需求调查和北京地区职业病诊断治疗医师的培训工作。做好全市医疗机构放射工作人员的职业健康监护。各区县根据辖区内用人单位存在职业病危害因素实际情况，加强职业病防治专业队伍的建设，规范职业卫生技术服务机构行为，提升技术服务能力。

（八）充分进行调查研究，积极组织制定我市“十二五”疾病预防控制工作规划

坚持以人为本，围绕深化医药卫生体制改革提出的目标，积极推进公共卫生服务均等化，切实提高城乡居民健康水平，促进健康公平，为实现保增长、保民生、保稳定目标提供坚强保证；科学评估我市面临的主要公共卫生问题，提出适应我市社会经济发展水平、满足人民群众基本公共卫生服务需求的疾病预防控制工作重点和策略措施，提出我市下一个五年疾病控制工作“十二五”目标。

（九）强化中央及市级项目监督管理，确保项目顺利实施

认真组织实施中央转移支付及市级疾病预防控制项目。强化对项目实施过程和实施进度的管理，加强督导检查和质量管理，做好项目实施的科学化、规范化、制度化建设。切实加强资金的使用和全程监管，对项目执行效果进行绩效评价，充分发挥项目效益。

（十）加大与国内外学术交流和合作

进一步加强与国内外专业研究机构、高校等在科研、人才培训和项目管理等方面的交流与合作，促进我市疾病预防控制工作又好又快发展。

同志们，疾病预防控制工作任务艰巨，使命光荣。我们要保持和发扬优良传统，抓住机遇，迎难而上，不断探索发展疾病预防控制事业的新途径、新方法，为实现人人享有基本卫生保健服务的目标，进一步提高人民群众的健康水平作出新的更大的贡献！

努力开创首都社区卫生工作新局面

——在北京市社区卫生改革与管理工作会议上的工作报告

北京市卫生局党组书记、局长　方来英

（2010年12月23日）

同志们：

今天市政府召开全市社区卫生改革与管理工作会议，主要任务是，总结近年来本市社区卫生改革和发展情况，部署今后一个时期推进本市社区卫生改革与管理的重点任务。下面，我向会议作工作报告。

一、我市社区卫生工作回顾

近年来，在市委、市政府的高度重视和坚强领导下，按照中央有关要求和部署，我市在全面推进首都卫生事业健康发展的同时，将社区卫生工作作为重要的民生工程予以大力支持和发展，社区卫生服务水平不断提高。坚持以政府为主导，坚持城乡统筹、体制机制创新和部门协同，使社区卫生服务得到快速发展，促进了社区公共卫生服务功能、公益性和居民就医的回归，促进实现人人享有基本医疗卫生服务，人民群众健康水平进一步提高。

（一）强化居民健康管理，促进社区公共卫生服务功能回归

通过实施社区卫生服务运行机制改革和医保付费机制改革，重点突破，社区卫生服务机构积极转变坐堂行医的服务模式，围绕促进居民身心健康，主动开展服务。一是建立了2860个社区卫生服务团队，为社区居民主动开展健康管理服务，通过“健康通”手机提供24小时健康指导与咨询。近3年来，累计开展社区健康教育活动9.2万次，直接受益居民396.9万人次；健康咨询626.3万人次；计划免疫接种1160.4万人次，开展传染病及精神病患者访视、孕产妇及儿童保健等服务259.8万人次。二是重点加强社区慢性病综合防治。通过多种途径为城乡居民建立健康档案并逐步向规范管理、强化利用和信息化过渡。培养了3200名社区慢性病管理骨干，按照《北京市慢性病管理规范》，对高血压病、糖尿病、脑卒中、冠心病四种社区常见慢性病进行规范管理；培训社区慢性病防治的家庭保健员10余万人，协助社区医生做好慢性病患者及家庭成员的健康管理；在社区推行“知己健康签约管理”，加强慢性病的非药物防治及居民个性化健康指导。目前，全市社区慢性病管理人数达到166.1万人。三是充分发挥公共卫生突发事件社区处置平台的作用。在有效应对各类突发公共卫生事件中，社区卫生服务机构承担了大量的病人筛查、入户访视、健康教育等工作任务。2009年，在甲型H1N1流感防控中，社区卫生服务人员随访166万余次，32万余人；接种甲型H1N1流感疫苗167.3万人，约占全市接种总人数的70%。通过社区卫生服务这一平台，基本医疗服务、健康教育、预防保健、应急事件处置等各项措施得到有效落实，初步实现了公平、可及、人人享有的目标。

（二）提升社区卫生服务能力，促进居民就医回归

健康是人类全面发展的基础。加快发展全市社区卫生事业，是市委、市政府根据中央的精神和工作部署做出的一项重要决策。为大力发展社区卫生这一全局性、重大民生工程，全市各级党委、政府和有关部门充分发挥政府主导作用，密切配合，在社区卫生机构建设、设施配置和人才队伍建设等方面协力推进，改善了社区居民就诊环境，提高了社区卫生服务能力。一是市、区县两级财政共同投资约30亿元，用

于全市社区卫生机构基础设施建设；街道和乡镇无偿提供土地和房屋等，使我市实现了城镇、远郊平原和山区居民分别出行15、20、30分钟内可及社区卫生服务的目标。同时，筹资8.2亿元，用于全市社区卫生服务中心、站的标准化设备配置。二是投入2000余万元，建设新型社区卫生综合管理信息系统，2011年将在全市推广实施。三是创造性地实施“四个一批”人才建设工程，改善社区卫生人才结构。通过“下来一批”，公立医院每年有1万多人次下到社区卫生机构提供服务。落实“回来一批”，市级财政出资返聘975名中高级退休医学专家到社区卫生服务机构提供出诊、带教等服务。落实“进来一批”，三年共招收3300余名医学毕业生到社区卫生服务机构工作；面向山区、半山区免费定向培养医学生240人。落实“出来一批”，以岗位培训为基础，以全科医师规范化培训、骨干培训、继续教育为重点，全面开展社区卫生技术人员培训、岗位练兵每年达3000人以上。四是积极推动人事制度改革。把握形势，结合社区卫生实际，分别制定城镇和农村地区全科医师、社区护士和预防保健人员配置标准。社区卫生服务人员实行公开招聘、合同聘用、岗位管理。在全国率先建立全科医师职称系列，配套出台全科医学专业技术资格考试与评审暂行办法，提升社区卫生专业队伍的素质。五是建立了二三级医院对口支援社区卫生工作机制。全市范围内93家二三级医院与社区卫生服务机构建立服务协作及双向转诊机制。在此基础上今年又启动了二三级医院与社区卫生服务机构转诊预约试点和城区社区卫生服务中心24小时服务试点，极大地方便了居民基本医疗和应急处置服务需求。

经过几年的努力，我市社区卫生15~30分钟服务圈基本形成并初见成效，据抽样调查显示：在实现30分钟可及的同时，有65.5%的居民到达社区卫生服务机构所需时间小于15分钟；76%的居民认为到社区看病比较方便。全市社区卫生服务机构接诊患者数量快速增长。社区卫生改革实施前的三年间，全市社区卫生服务机构门急诊量增长33.6%，实施后的三年间上升了204.9%。2010年1~10月，社区卫生服务机构门急诊总量为2651.8万人次，同比增长11.9%，占全市门急诊总量的23.4%。

（三）完善运行机制，促进社区卫生公益性回归

通过体制机制创新，我市社区卫生服务运行机制逐步完善，保障了社区卫生服务的顺利推进。一是对政府举办的社区卫生服务机构全部实行了收支两条线管理，彻底切断业务收入与个人分配的关系，杜绝趋利行为，保障社区卫生服务的公益性质。据调查显示：实行收支两条线管理的机构对医药费用的控制明显优于其他机构。在居民医药费负担方面，2009年社区卫生服务机构门诊次均费用为110.79元，与我市三级医院相比不到三分之一，惠民效果充分显现。二是建立了社区常用药品政府集中采购、统一配送、零差率销售机制。2006年，312种、923个品规的药品实施零差率销售，深受居民欢迎。2008年调整到328品种、1024个品规，2010年3月配合国家基本药物制度的实施，进一步扩大到519种、1500个品规。据统计，自2006年12月到2009年12月，社区药品零差率销售政策的实施，减轻群众药品负担约10亿元。三是建立政府购买服务机制。为了让社会力量举办的社区卫生服务机构同样为百姓提供公共卫生服务和零差率药品服务，对政府委托其开展的公共卫生服务和药品零差率销售工作予以补助。四是调整医疗保险政策，促进社区卫生发展。主要包括：提高参保人员到社区卫生服务机构就医报销比例；将社区慢性病管理干预治疗费用、对口支援机构间双向转诊所发生的费用纳入报销范围；公费医疗的退休人员到社区卫生机构看病予以报销；实行部分医保人群门诊医疗的社区首诊制。五是强化绩效考核，推动社区卫生工作的开展。在实施三级绩效考核的基础上强化第三方评估机制。2009年委托清华大学对全市各个区县社区卫生服务使用、满意度情况进行调查，并就调查结果召开了新闻发布会，强化群众参与评价意识。为规范和细化对个人绩效考核方法，今年制定了《社区卫生服务岗位绩效考核指导方案》和《绩效考核手册》，已在全市推广使用。

为让广大市民更好地了解社区卫生服务、支持和参与社区卫生服务，我们不断加大宣传力度。今年开展“社区卫生一日体验”活动，引起很大反响。在市民自愿报名的基础上，邀请200名居民到41个社区卫生服务机构71个岗位进行实地体验，既有城区也有偏远山区，通过实地体验社区卫生服务开展情况，加深了居民对社区卫生和社区医务人员的理解与支持。

社区卫生服务改革取得了一系列成效，为本市深化医药卫生体制改革积累了宝贵经验、奠定了重要基础。这些成绩的取得，是卫生部等中央部委给予关注和指导、市委市政府高度重视和大力投入、社会各界及有关部门积极支持与配合、社区卫生工作者认真贯彻落实和勇于奉献的结果。在此，我谨代表北京市卫生局向支持我们工作的卫生部等中央有关部委，向北京市各区县和各兄弟部门，向社会各界，向首都卫生界的所有干部职工表示衷心的感谢和崇高的敬意！

二、我市社区卫生工作面临的问题与不足

通过社区卫生改革的实践，我们深深感到：发展好社区卫生服务是形成首都有序就医新格局的重要前提；社区卫生工作要持续健康发展，必须紧密围绕卫生全局和全市中心工作、服务首都发展大局；政府主导并强化区县主体责任是我市社区卫生改革取得成效的关键。与此同时，我们也清醒地认识到我市社区卫生工作还面临着一些问题与不足。集中体现在以下几个方面：一是社区卫生服务能力和水平与群众的就医需求还有一定差距。二是缺乏激励基层卫生工作者的政策设计和制度，吸引优秀人才到基层的工作机制尚未建立。如何解决基层人力资源缺乏问题，创新力度不够、解决途径有待进一步拓展。三是由于评价体系不完善，特别是区域评价体系尚未完全建立起来。各区县创造性地开展社区卫生工作的主观能动性还有待提高，区域发展特色尚不明显。

造成以上问题的原因，一方面是对基层卫生工作重要性的认识不足。国家医改首推的五项重点改革，其鲜明特征就是强化基层，以基层为着力点、夯实基础、保障基本。我们必须把思想认识提高到这个层面，并在实际工作中把李克强副总理强调的“基层医疗卫生机构是基本医疗和公共卫生服务的重要载体，要突出强基层，把更多的财力、物力投向基层，把更多的人才、技术引向基层，切实增强基层的服务能力”的要求落到实处。另一方面，是对社区卫生工作的规律我们还没有研究透彻。社区、区县、市和国家等各级医疗机构有序合作格局尚未形成。如何更充分地发挥社区卫生服务的功能，整合首都医疗卫生资源，理顺各级医疗机构服务功能、明确职责范围，使他们在维护居民健康的工作中各尽其责，有效改善首都就医秩序等还需深入研究。

针对发展中出现的问题，我们要保持清醒的头脑，切实以科学发展观为指导，结合首都卫生工作实际，加大创新力度，推进社区卫生改革与管理工作，把存在的难点问题在“十二五”期间予以破解，进一步提升本市社区卫生服务水平，使改革成果惠及全体市民。

三、今后一个时期我市社区卫生工作的几项重点工作

随着本市医药卫生体制改革的深入开展，首都卫生事业进入一个全新的、加速发展的时期，社区卫生工作是一个重要的组成部分。综合分析目前形势和各方面因素，今后一个时期，进一步加强和促进我市社区卫生工作的总体任务是：按照国家医改关于“保基本、强基层、建机制”的要求，进一步深化社区卫生改革，突出管理机制创新，促进社区卫生立法；转变服务模式，推行家庭医生式服务，坚持中西医并重，实现北京社区卫生服务由体系建设为主向健康管理为主的内涵建设转变，由全市统一推进为主向注重区县乃至社区的个性化发展转变。促进分级诊疗和有序就医，为居民提供安全、有效、方便、经济、公平的基本医疗和公共卫生服务，为推进“人文北京、科技北京、绿色北京”和建设世界城市服务。

为给社区居民提供更好的社区卫生服务，通过本次会议的召开，要创新社区卫生服务模式。本着自愿签约的原则开展家庭医生式服务；强化社区慢性病管理效果，增强居民自我管理意识；扩大社区卫生慢性病用药目录，基本满足慢性病患者用药需求；强化农村地区社区卫生服务机构的基本医疗职能；逐步试行功能社区卫生服务，使更多的人群享有可及的健康管理服务；开展社区卫生诊断，为制定卫生政策和卫生服务提供依据；推行社区与医院的转诊预约，使群众便捷享有二三级医院的诊疗服务。同时，为确保社区卫生服务的顺利开展，要进一步创新管理方式，实现本市社区卫生工作的新发展，提升全市居民的健康水平。

具体工作任务是：

（一）以健康管理为核心，为居民提供贴心服务

1. 着力推进家庭医生式服务，让居民享受更为便捷的社区卫生服务　为进一步发挥社区医生贴近百姓的优势，在社区医生与居民间建立相对稳定的自愿服务关系，要以社区卫生服务团队为核心，按照自愿的原则，以签约的形式，为居民提供主动、连续、综合的健康责任制管理。使居民拥有全面了解自己健康状况和时刻呵护自己身体健康的健康卫士。

对于签约的居民实施“点对点”管理服务。居民患病或有健康问题时可以随时拨打社区医生的电话得到及时指导。社区医生及时将健康教育材料发放到签约居民手中，将健康活动信息和季节性、突发性公共卫生事件信息适时告知签约居民。对社区首诊患者提供二三级医院的转诊预约服务。定期主动电话了解居民的健康状况、疾病治疗或康复情况；针对有特别需要的老年人，提供入户保健咨询服务。针对签约居民，在实施分类指导的同时，开展个性化的健康评估和规划，使居民对自己的健康了如指掌。通过上述措施，来进一步提高社区居民对社区卫生服务机构的信任度，引导居民常见病、多发病到社区就诊。各区县

要结合东城区、西城区和丰台区开展试点的经验，按照家庭医生式服务模式和内容，2011 年全面实施，2012 年底覆盖全市有意愿接受服务的居民家庭。

2. 实现慢性病管理关口前移，增强居民自我管理意识　针对慢性病逐年上升的趋势，为提高患病居民自我管理意识，增强社区慢性病管理效果，启动一系列健康管理工程。一是配合实施健康北京人——全民健康促进十年行动规划，在社区卫生服务机构广泛开展视力保护、牙齿保护、稳定血压、控制体重等一系列健康促进行动，通过普及健康知识、推广健康生活方式、动员市民参与健康行动，促进市民健康水平的提高。二是按照我市慢性病管理规范，做好高血压病、糖尿病、冠心病、脑卒中患者管理。加大对全市社区慢性病管理工作的指导、培训和科研管理，培养一批社区慢性病管理专家。三是为社区卫生服务机构配备自助健康监测设备，为居民提供心电监测、血压等自助测量服务。使居民和社区医生更为全面地了解居民的健康状况，更好地实施管理。四是继续按照每年 2 万名的标准，为慢性病患者的家庭免费培养家庭保健员，让慢性病患者拥有一位 24 小时陪伴在身边的健康管理员，来协助医生监督、指导，帮助患者进行慢性病康复。通过以上举措，在社区初步建立起群专结合的慢性病综合管理模式。

3. 合理调整社区药品目录，满足居民用药需求　在全面落实国家基本药物制度基础上，以合理满足社区居民用药需求和保证用药安全、有效为原则，在目前社区用药目录基础上，增加 29 种社区慢性病管理常用药。建立包括日常用药信息监测、统计分析、专家评估、部门协调、政策调整等在内的基层医疗机构药品使用目录的调整机制，最大程度地方便居民社区用药，进一步降低居民医药费用负担。同时，严格监管，保证社区卫生服务机构药品质量和及时供应。

4. 稳步实施转诊预约，让居民便捷享有二三级医院的诊疗服务　在提供常见病、多发病诊疗服务的基础上，大力推进社区卫生服务机构与二三级医院的转诊预约工作。结合家庭医生式服务的开展，对于在社区卫生机构就诊后需要到二三级医院进一步诊治的患者，应根据病情预约到指定转诊的医院。相关的二三级医院要设立专门机构负责社区转诊服务，确保在规定时限内安排患者分时就诊，使转诊患者可以在约定时间直接到医院预约窗口接洽就诊事宜，免除星夜排队挂号、路途奔波之苦并免收预约挂号服务费。优化流程、周密设计，通过社区转诊预约确保让患者便捷地享受到二三级医院的诊疗服务。同时，通过医院和社区卫生机构逐步建立稳定、密切的合作关系，实现对转诊患者健康管理服务的连续性。

5. 因地制宜明确农村地区社区卫生服务机构功能定位，满足群众常见病诊治需求　农村地区的社区卫生服务机构应根据当地居民需求和机构服务能力，在全面履行六位一体功能基础上，进一步加强基本医疗职能。经区县卫生行政部门批准，可在农村地区社区卫生服务中心增设治疗床位和外科、妇科、儿科等一级临床诊疗科目，使当地居民得到更为方便、专业的基本医疗服务。政府举办的社区卫生服务机构增设床位、专科的业务支出及收入等严格按照收支两条线相关政策执行。同时，按照农村居民步行 20～30 分钟可及的标准，将村卫生室等基层卫生服务机构的设置、功能和服务提供与社区卫生服务机构进行统筹规划和管理，确保农村居民就近享受到规范的医疗卫生服务。

6. 开展功能社区卫生服务和社区卫生诊断，让更多人群享有社区卫生服务　在总结东城区、西城区、海淀区、丰台区开展功能社区卫生服务试点经验的基础上，在其他区县逐步推行。这是继实行 24 小时服务措施后，又一增强居民在地域、时间的可及性上享受社区卫生服务的新举措。社区卫生服务机构根据辖区党政机关、学校、商业楼宇等功能社区的需求和自身服务能力，因地制宜地开展健康管理服务，使功能社区人员在上班时间也可享受到社区卫生的呵护。对于功能社区内部设有卫生机构的，要加强沟通协调，共同做好相关工作。

逐步开展社区卫生诊断，全面了解社区人群的健康状况和卫生需求。依据科学合理的评价标准，深入开展摸底调查，明确社区居民卫生服务需求与利用，提出本社区优先解决的卫生问题，为制定卫生政策和卫生服务提供依据。

7. 弘扬中医药文化，让居民享受简便验廉的服务　充分发挥中医药在社区基本医疗、治未病、不同人群健康生活习惯养成等方面的作用，推动适宜技术进机构、四季养生进家庭、专家指导进社区。第一，是落实人员。通过开展基层实用型人才培养、为农村地区定向免费培养中医专业毕业生和为城市社区引进中医人才等途径，进一步充实社区卫生服务中心和社区卫生服务站中医技术人员，中医人员占医师总数的比例分别达到 25%、15%。第二，是开展服务。在所有社区卫生服务中心开展中医药“治未病”健康指导，中医药养生保健四季服务全覆盖。持续开展四季防流感、夏季防暑、冬季防寒、夏季三伏贴、秋冬膏方滋补等四季养生保健服务，倡导以中医药文化为导向的健康生活方式。第三，是推广技术。建立 5 个中医药适宜技术推广培训基地，力求每个社区服务中心能开展至少 20 项中医适宜技术，每个社区卫生服务站至少能开展5项适宜技术。在居民健康档案维护、家庭成员技能培训等工作中，充分体现中医药服务特色。城乡社区卫生服务中心要100%设立中医科，中药房100%达到标准化建设指标，从而实现中医药社区卫生服务模式全覆盖的目标。

（二）以优化人才队伍为切入点，进一步提升社区卫生服务能力

为满足社区卫生服务快速发展，尤其是开展家庭医生式服务等工作的需要，要通过加大力度补充适宜人才，完善社区卫生人才激励机制等举措，切实提高社区卫生服务人员配置水平、综合素质和服务能力。

1. 增强编制管理的科学性，为补充社区卫生人员提供保障　按照开展家庭医生式服务对工作人员的配置要求，完善社区卫生服务机构编制配备标准，为补充人员提供有力支持。同时，进一步增强人员编制管理的科学性，建立动态调整机制。在编制配置上，既要保证机构的正常运转，也要综合考虑服务人口、服务半径、服务功能、服务地域类型等因素对人员配置的不同要求，切实满足医疗卫生业务开展的需要。

2. 拓展补充渠道，加快社区卫生服务人员配置　继续实施“四个一批”工程，制定优惠政策，加大社区卫生人才引进和培养力度、加快短缺人员补充速度。各个区县乃至社区要创新工作机制，结合本区县、本社区的实际情况创造性地开展工作。酌情增加返聘医学专家数量，扩大人员范围；创新人事管理政策，拓宽社区卫生服务机构人才聘用途径，利用医师多地点执业等政策，整合各级医疗机构人员到社区卫生服务岗位工作。力争经过几年的努力，使社区卫生人员配置基本满足家庭医生式服务等业务工作的需要。同时，进一步完善全科医生培养各项制度，加大人才培养力度，提高队伍整体素质。

3. 实施好绩效工资制度，稳定基层卫生队伍　根据全市的统一规定和具体要求，各区县要充分发挥绩效工资分配的激励导向作用，按照不同岗位的特点，实施分类考核。充分体现多劳多得，优绩优酬；向关键岗位、业务骨干和工作突出的人员倾斜；向环境恶劣的岗位倾斜；向临床一线岗位倾斜。确保逐步提高社区卫生服务机构人员尤其是农村地区社区卫生服务机构人员的收入水平。同时，研究探讨在职称晋升和业务发展等方面的管理机制，创造有利条件，确保基层卫生人才队伍的稳定。

（三）完善创新管理运行机制，激发社区卫生发展活力

1. 加快社区卫生立法进程，促进事业健康持续发展　市委、市人大常委会、市政府高度重视社区卫生立法，在前期开展立法调研的基础上，《北京市社区卫生服务条例》已列为市人大常委会2011年起草项目。在基本具备立法政策基础、工作基础、经济基础、群众和实践基础之上，我们要认真做好条例的调研、起草工作。同时，也希望各区县、各有关部门对社区卫生立法工作予以大力支持和帮助，共同努力，完成这部社区卫生的地方性法规，确保我市社区卫生工作的健康、可持续发展。

2. 加大统筹协调力度，创新社区卫生服务决策机制　一是建立社区卫生改革与管理工作联席会议制度。市和区县卫生行政部门领导牵头，发展改革、民政、财政、编制、人力社保、规划、建设、教育、残联、农委、社会办、经信委、计生等部门为成员，定期召开会议，及时沟通协调和研究解决社区卫生服务发展中的重大问题，共同参与社区卫生工作的监督管理。二是充分发挥市、区县两级社区卫生服务管理机构的作用，并从有利于稳定队伍、增强组织和协调能力出发，进一步加强社区卫生服务管理机构建设。三是探索实行社区卫生服务中心理事会制度。为进一步提高社区卫生服务中心工作的科学性，使社区卫生服务中心开展工作更加适合本社区实际需求，由各街道（地区）办事处、乡镇政府统筹协调，探索成立由社区居民、有关专家和社区卫生服务机构、区县社区卫生服务管理中心、街道（地区）办事处或乡镇政府人员组成的社区卫生服务中心理事会。负责辖区社区卫生服务工作的统筹协调、宣传发动、服务内容和措施的确定及效果评价。逐步建立以居民满意为导向，区域内多方参与、共同决策、协作执行的社区卫生服务决策机制，全面提升社区卫生服务及管理水平。

3. 完善收支两条线管理政策，确保社区卫生机构顺利运行　继续坚持政府举办机构的收支两条线管理政策，保证社区卫生服务的公益性和公平性。规范社区卫生服务机构公用经费项目及标准，保障机构正常运转和业务工作的顺利开展。对家庭医生式服务等新开展的重点工作和突发事件处置工作的经费予以保障。鼓励社会力量举办社区卫生服务机构，并依据所承担和完成政府指派任务情况，合理确定对其提供服务的补助标准。同时，进一步提高社区卫生服务的效率，建立以服务任务和质量为核心、以岗位绩效为基础的考核激励机制。

4. 完善绩效考核机制，探索建立区域评价指标体系　根据医改各项政策的实施，调整完善全市社区卫生绩效考核指标，加大考核力度，更好地发挥激励导向作用。体现向改革力度大、承担试点任务多的地区倾斜，向条件艰苦、工作效果提高显著的地区倾斜。逐步改进考核方式，日常考核和年终考核相结合，突出社区卫生专家的作用，强化考核的客观公正。各层

级的绩效考核都要强化第三方评价机制，真正让群众参与到社区卫生的监督、评价中来，真实反映实际工作效果，切实推动突出问题的发现和解决。在此基础上，逐步探索建立社区卫生区域评价指标体系，促使各个区县把社区卫生工作抓出成效、抓出特色。

5. 推进信息化建设，为社区卫生快速发展助力

当前，新社区卫生服务综合管理信息系统正在全市范围内推广，各区县要积极创造有利条件，加快推进原有信息系统与新系统的衔接。在使用过程中，不断总结和提出完善功能的意见、建议，确保到2011年底，建立起以健康档案为基础的覆盖全市社区卫生服务和管理机构的信息化管理体系。同时，本着全市一张网的目标，积极研究公共卫生、医疗、医保、药品等信息资源的整合机制，为最终实现全市家庭、社区、医疗机构、公共卫生机构和管理部门间健康档案信息互动和资源共享奠定基础。

同志们，市委、市政府及社会各界和广大城乡居民对社区卫生工作寄予了很高的期望。下一步的工作目标和任务也已明确，尽管我们面对十分艰巨和繁重的任务，也还会遇到各种各样的困难和问题，但是，我们要紧紧抓住我市深化医药卫生体制改革为社区卫生服务发展提供的良好机遇，以科学发展观为指导，勇于创新、大胆实践、创造性开展工作，努力把我市社区卫生工作推向一个新的发展阶段，把推进社区卫生工作从深化医改措施的交汇点变成亮点和创新点，为促进首都科学发展、和谐发展，作出新的更大贡献！

北京市健康体检管理办法

京卫医字〔2010〕12号
（2010年1月18日）

第一章　总　则

第一条　为了加强本市健康体检管理，保障健康体检规范有序，保护和增进人民健康，依据《中华人民共和国执业医师法》《医疗机构管理条例》《护士条例》和卫生部《健康体检管理暂行规定》等有关法律、法规、规章，结合本市实际，制定本办法。

第二条　凡在本市行政区域内开展健康体检的各级各类医疗机构均须遵守本办法。

第三条　北京市卫生行政部门负责全市医疗机构开展健康体检的监督管理；各区县卫生行政部门负责本辖区内医疗机构开展健康体检的监督管理。

第四条　北京市卫生行政部门委托北京市体检质量控制和改进中心等机构负责全市健康体检质量控制与改进工作的组织实施，包括业务培训、指导、评估和检查。

第五条　北京市卫生行政部门定期对医疗机构健康体检质量等情况予以通报。

第二章　执业条件

第六条　医疗机构的健康体检场地应当符合下列条件：

（一）具有相对独立的健康体检场所及候检场所；

（二）健康体检区域布局和流程合理，健康体检人员与就医人员分开，符合医院感染控制要求及医院消毒卫生标准；

（三）健康体检区域建筑总面积不少于400平方米，每个独立的检查室使用面积不少于6平方米。

第七条　开展健康体检的医疗机构登记的诊疗科目应当符合下列规定：

（一）至少设有内科、外科、妇产科（妇科专业）、眼科、耳鼻咽喉科、口腔科、医学影像科和医学检验科；

（二）医学影像科至少含X线诊断专业、心电诊断专业及超声诊断专业；

（三）医学检验科所含专业需满足卫生部《健康体检基本项目目录》的要求。

第八条　从事健康体检的人员应当符合下列要求：

（一）从事健康体检的医师应具有《医师执业证书》，并按照《医师执业证书》规定的执业地点、执业范围和执业类别执业；

（二）至少具有2名内科或外科副主任医师及以上专业技术职务任职资格的执业医师专职从事健康体检主检医师工作；每个临床检查科室至少具有1名中级及以上专业技术职务任职资格的相对固定的执业医师从事健康体检工作；

（三）至少具有10名注册护士；

（四）从事健康体检的医技人员应具有专业技术职务任职资格及相关岗位的任职资格，对国家要求必须持有上岗合格证的岗位，必须持证上岗；

（五）具有满足健康体检需要的其他卫生技术

人员。

第九条　具有符合开展健康体检项目要求的仪器设备。

第三章　执业许可

第十条　医疗机构申请开展健康体检，应向核发其《医疗机构执业许可证》的卫生行政部门（以下简称登记机关）递交《医疗机构健康体检申请书》，办理健康体检执业登记手续。

禁止未取得《医疗机构执业许可证》的机构开展健康体检。

第十一条　登记机关应按本办法第六条、第七条、第八条、第九条规定的条件对申请开展健康体检的医疗机构进行审核和评估，具备条件的允许其开展健康体检，并在《医疗机构执业许可证》副本备注栏中予以登记。

第十二条　医疗机构应根据卫生部《健康体检基本项目目录》制定本单位的《健康体检项目目录》：

（一）医疗机构应按照本单位备案的《健康体检项目目录》开展健康体检服务，《健康体检项目目录》制订应当与其医疗服务能力相适应，不得使用尚无明确临床诊疗指南和技术操作规程的医疗技术；

（二）《健康体检项目目录》应当向其登记机关备案；已备案的《健康体检项目目录》改变前应到登记机关办理变更手续；

（三）《健康体检项目目录》备案中委托其他医疗机构开展或出具相关结论的项目，必须明确列出并详细说明，同时提交外送项目委托协议书、受托医疗机构执业资质情况及其他登记机关要求提供的审核资料。

第四章　执业规则

第十三条　医疗机构开展健康体检要严格执行医疗卫生管理法律、法规、规章及医疗技术规范的有关规定。

第十四条　医疗机构开展健康体检要建立健康体检质量管理组织，并设专人负责健康体检工作的质量管理。

第十五条　医疗机构开展健康体检应有明确的岗位职责和基本制度，工作人员应熟悉本岗位职责和相关规章制度。

第十六条　在健康体检工作中要强化“三基”（基础理论、基本知识、基本技能）、“三严”（严格要求、严密组织、严谨态度）训练，熟练掌握体检基本技术操作，提高专业技能。

第十七条　医疗机构对完成健康体检的受检者，应当按照《健康体检管理暂行规定》的要求出具健康体检报告。健康体检各检查项目的结果应由具有相关岗位资质的人员记录并签名；检验结果应有操作者、审核者双签名；健康体检报告由主检医师负责审核、签署。

第十八条　健康体检医疗器械购置和使用应符合国家相关规定；需要年检设备应按国家相关要求按时进行年度检测，并取得合格证书。

第十九条　医疗机构应当按照《医疗机构临床实验室管理办法》有关规定开展医学检验工作，并符合以下规定：

（一）加强医学检验科管理，制定并落实待检样本管理、检验设备管理、定期校准等制度；

（二）做好医学检验科室内质量控制工作，参加室间质量评价活动；

（三）加强医学检验科生物安全管理；

（四）诊断试剂须符合国家有关规定。

委托其他实验室检验的应符合《委托医学检验管理规范》。

第二十条　医疗机构开展健康体检工作，应当按照《放射诊疗管理规定》开展放射诊疗工作，并符合以下规定：

（一）加强放射诊疗工作的管理，保证健康体检质量和安全，保障放射诊疗工作人员、受检者的健康权益；

（二）放射工作场所和专业设备应符合法律法规和相关专业标准的有关规定，按要求进行年度检测，并取得合格报告；

（三）科学合理使用射线防护用品；

（四）放射工作场所内应设置受检者更衣区。

第二十一条　医疗机构应当按照《医院感染管理规范》加强医院感染的预防与控制，配备专（兼）职人员负责医院感染的管理工作。

第二十二条　医疗机构应当按照《医疗废物管理条例》《医疗卫生机构医疗废物管理办法》和《北京市医疗卫生机构医疗废物管理规定（暂行）》的要求，做好健康体检医疗废物的管理工作。

第二十三条　医疗机构应当按照卫生部《健康体检管理暂行规定》加强对健康体检资料信息的管理，并建立健康体检计算机管理信息系统，设专人管理信息统计工作，按有关规定要求及时、准确地将各种统计报表通过北京市体检信息平台上报到北京市公共卫生信息中心。

第二十四条　医疗机构应当在健康体检公共区域公示下列内容：

（一）开展的健康体检项目及收费标准；

（二）委托其他医疗机构开展的健康体检项目及

受委托医疗机构的基本情况；

（三）投诉电话和信箱。

第二十五条 医疗机构及其健康体检工作人员应当提高服务意识，提升服务能力，为受检者提供健康体检咨询、导检等便民服务措施，接受社会监督，发现问题及时改进。

第五章 外出健康体检

第二十六条 外出健康体检是指具有健康体检执业许可的医疗机构在登记执业地址以外的区域开展健康体检。

第二十七条 医疗机构申请开展外出健康体检需提前至少20个工作日向登记机关备案，并提交以下材料：

（一）《北京市外出健康体检备案表》一式三份；

（二）《医疗机构执业许可证》副本复印件、参加外出健康体检医务人员相关执业资质复印件、外出健康体检所用设备清单及年检合格证复印件；

（三）《北京市外出健康体检合作协议书》；

（四）现场清洁、消毒和检后医疗废物处理方案；

（五）在健康体检现场进行标本采集、运送及有关检验项目检测的，需提供现场标本采集、运送、检测等符合有关条件和要求的书面说明；

（六）开展放射（X射线）检查项目应提供X射线体检车的车牌号、车载X射线机的本年度检测合格报告，属外借X射线检查设备的应注明借出单位。

第六章 监督管理

第二十八条 医疗机构开展健康体检违反有关法律法规规定的，依据《中华人民共和国执业医师法》《医疗机构管理条例》《放射诊疗管理规定》《医院感染管理办法》《医疗机构临床实验室管理办法》等有关法律法规进行处理。

第二十九条 医疗机构取得健康体检执业许可后，未按照健康体检执业条件开展健康体检活动的，由登记机关依法撤销其健康体检资格。

第七章 附 则

第三十条 本办法所称健康体检不包括职业健康检查、从业人员健康体检、入学、入伍、结婚登记等国家规定的专项体检、基本公共卫生服务项目提供的健康体检和使用新型农村合作医疗基金为参加新型农村合作医疗农民开展的健康体检以及专项疾病的筛查和普查等。

第三十一条 主检医师指具有副主任医师及以上专业技术职务任职资格，且经北京市卫生局指定机构培训并考核合格的内科或外科执业医师；其在健康体检活动中，专职负责综合各体检科室结论，出具、审核并签署健康体检报告。

第三十二条 本办法出台前已开展健康体检服务的医疗机构，应当在本文件下发之日起60个工作日内完成健康体检服务登记。

第三十三条 本办法自2010年2月1日起施行，2004年下发的《北京市体检质量控制和改进评估标准》和《北京市医疗机构外出体检工作规范（试行）》（京卫医字〔2004〕138号）同时废止。

北京市医疗机构审批管理暂行办法

京卫医字〔2010〕84号

（2010年4月21日）

第一条 为规范和加强我市医疗机构审批管理工作，依据《医疗机构管理条例》《医疗机构管理条例实施细则》《卫生部关于印发〈卫生部关于医疗机构审批管理的若干规定〉的通知》等有关法规规定，结合本市实际情况，制定本暂行办法。

第二条 本暂行办法适用于本市行政区域内各级各类医疗机构的审批管理工作。

第三条 本市行政区域内各医疗机构设置必须符合本区域《医疗机构设置规划》及卫生部《医疗机构基本标准（试行）》。

社区卫生服务机构的设置按照《北京市人民政府关于统筹城乡卫生事业发展进一步加强社区卫生服务工作的意见》（京政发〔2005〕24 号）和有关文件规定执行；镇（乡）卫生院、村卫生室的设置按照《中共北京市委、北京市人民政府关于推进北京市农村基本医疗卫生制度建设的若干意见》（京发〔2008〕5 号）以及《北京市农村卫生服务体系建设与发展规划》的有关规定执行。

第四条　本市行政区域内医疗机构设置审批权限按照下列规定划分：

（一）100 张床位以上的综合医院、各级各类专科医院、通用名称为“中心”的医疗机构、专科疾病防治院等，由区县卫生局初审合格后，报北京市卫生局审批。

（二）100 张床位以上的中医医院、中西医结合医院、民族医医院，由区县卫生局初审合格后，报北京市中医管理局审批。

（三）中外合资合作医疗机构，由区县卫生局初审合格后，报北京市卫生局审核；北京市卫生局审核合格的，报卫生部审批。

（四）其他医疗机构，由区县卫生局审批，在核发《设置医疗机构批准书》的同时报北京市卫生局备案。其中中医、中西医结合、民族医医疗机构报北京市中医管理局备案。

第五条　实行医疗机构设置批准公示制。卫生行政部门对受理的医疗机构设置申请要进行为期 5 个工作日的公示，公示内容包括拟设置医疗机构的类别、执业地址、诊疗科目、床位（牙椅、观察床），以及设置人和设置申请人名称、符合当地《医疗机构设置规划》情况等。公示期间接到举报或提出异议的，要及时组织查实，未查实前不得批准设置。

第六条　区县人民政府设置的医疗机构和 100 张床位以下的医疗机构（中外合资合作医疗机构除外）由所在区县卫生行政部门办理登记注册和变更登记。

第七条　医疗机构改变设置主体及类别，应按有关规定重新办理设置审批手续。

第八条　各区县卫生局必须严格按照《医疗机构管理条例》《医疗机构管理条例实施细则》《卫生部关于进一步规范医疗机构命名有关问题的通知》（卫医发〔2006〕433 号）《国家中医药管理局关于规范中医医院医院与临床科室名称的通知》（国中医药发〔2008〕12 号）《卫生部关于医疗广告审查中有关问题的批复》（卫医函〔2008〕25 号）《卫生部关于“男子”等词语不能作为医疗机构识别名称的批复》（卫医函〔2008〕231 号）《卫生部关于医疗机构命名有关问题的批复》（卫医政函〔2009〕80 号）《关于印发城市社区卫生服务管理办法（试行）的通知》（卫妇社发〔2006〕239 号）等文件的规定，核定医疗机构的名称。

第九条　各区县卫生局应依据医疗机构经营目的、服务对象、功能定位核定医疗机构的经营性质，并严格管理。

第十条　各级卫生行政部门应严格医疗机构和诊疗科目的审批，确保医疗机构执业范围和服务项目与医疗机构的类别、规模及所承担的功能和任务相适应。对在一级诊疗科目下设置二级学科（专业组），且具备相应设备设施、技术水平和业务能力条件的，应当核准登记二级诊疗科目；门诊部及以下医疗机构（专科医疗机构除外）只设置一级诊疗科目。禁止只登记一级诊疗科目的医疗机构开展技术复杂、风险大、难度大、配套设备设施条件要求高的医疗服务项目。

第十一条　医疗机构增设诊疗科目应向准予登记注册的卫生行政部门提交以下材料：

（一）增设诊疗科目的书面请示；

（二）医疗机构建筑平面图、医疗机构设计平面图（标明新增诊疗科目用房位置）；

（三）拟聘执业人员有关情况（医、护、药、技、院感、质量管理人员名录及《医师资格证书》、《医师执业证书》、《卫生技术职务证书》等相关证件复印件）；

（四）拟开展科目的设备情况；

（五）相关规章制度目录、开展业务情况说明等；

（六）卫生行政部门规定的其他材料。

第十二条　卫生行政部门依据本区域《医疗机构设置规划》和本办法审查和批准医疗机构增设诊疗科目。

第十三条　经卫生行政部门审查同意增设诊疗科目后，医疗机构方可申请办理变更手续。医疗机构设置诊疗科目应满足以下要求：

（一）每设置一个诊疗科目至少要具备一名本专业五年以上相关工作经历的医师，同时按《医疗机构基本标准（试行）》等规定配备相关卫生技术人员；

（二）独立设置开展该诊疗科目的诊室；

（三）应在设施、设备、注册资金等方面满足开展诊疗业务的需求；

（四）新增诊疗科目要符合相关法律法规规定的要求。

第十四条　建立现场审查制度。各级卫生行政部门要组织现场审核专家组对提出执业登记、变更登记（主要指地址、诊疗科目、床位、牙椅等变更事项）的医疗机构进行现场审查。现场审查不合格的，不予批准。

第十五条 医疗机构设置血库、输血科应向核发其医疗机构执业许可证的卫生行政部门提出申请，由核发医疗机构执业许可证的卫生行政部门初审后委托专家组织评价，对通过评价的医疗机构，由核发其医疗机构执业许可证的卫生行政部门在《医疗机构执业许可证》副本备注栏注明。未经卫生行政部门备案同意，不得设置血库、输血科。

第十六条 医疗机构设置《医疗机构诊疗科目名录》以外的其他科室的，应按照相关要求向核发其医疗机构执业许可证的卫生行政部门申请核准备案。

第十七条 各级卫生行政部门应按照《医疗机构管理条例》《医疗机构管理条例实施细则》《医疗机构诊疗科目名录》等的规定，填写和打印《医疗机构执业许可证》及其副本。

第十八条 医疗机构注册资金应不低于设置该医疗机构投资总额的30%。

第十九条 卫生行政部门应及时将新登记注册的医疗机构信息反馈至同级卫生监督所和药品监督管理局，卫生监督所应在医疗机构取得医疗机构执业许可证后3个月内对医疗机构执业情况开展例行监督检查，包括医疗机构名称、地址、法定代表人、主要负责人、经营性质是否与登记内容相符；核对诊疗科目、执业人员及医院感染管理情况与实际开展项目是否相符；医疗广告是否符合要求等。对检查中发现的问题应依法予以处理并及时将结果反馈至登记部门。

第二十条 本办法自2010年6月1日起施行。

北京市医师定期考核管理暂行办法

京卫医字〔2010〕85号

（2010年4月21日）

第一章 总 则

第一条 为了加强北京地区执业医师队伍的建设和管理，提高医师素质，保证医疗质量和医疗安全，根据《中华人民共和国执业医师法》《医师定期考核管理办法》及相关规定，结合本市实际情况，制定本办法。

第二条 本暂行办法所称医师定期考核是指受卫生行政部门委托的机构或组织按照医师执业标准对医师的职业道德、工作成绩和业务水平进行的考核。

第三条 本市行政区域内依法取得执业医师或执业助理医师资格，经注册在医疗、预防、保健机构中执业的医师的定期考核工作适用本办法。

第四条 医师定期考核应当坚持客观、科学、公平、公正、公开原则。

第五条 医师定期考核分为执业医师考核和执业助理医师考核。考核类别分为临床、中医（包括中医、民族医、中西医结合）、口腔和公共卫生。

医师定期考核每两年为一个周期，其中第二年为考核年度。考核工作应在本考核年度内完成。

第六条 北京市卫生行政部门负责制订本市行政区域内医师定期考核管理工作办法。

市、区县卫生行政部门负责其注册的医师定期考核。

第七条 北京市卫生行政部门成立北京市医师定期考核领导小组，负责本市医师定期考核的日常监督管理工作。领导小组下设办公室，办公室设在北京医师协会，负责本市医师定期考核组织实施工作，对北京市医师定期考核机构的考核结果进行抽查核实，并上报领导小组。

第二章 考核机构

第八条 卫生行政部门可以委托符合下列条件之一的医疗、预防、保健机构或者医疗卫生行业、学术组织（以下统称考核机构）承担医师定期考核工作：

（一）设有100张以上床位的医疗机构；

（二）医师人数在50人以上的预防、保健机构；

（三）具有健全组织机构的医疗卫生行业、学术组织。

符合上述条件的医疗、预防、保健机构应当承担并接受区县卫生行政部门委托承担相应范围的医师考核工作。

第九条 接受委托承担医师考核任务的医疗卫生行业、学术组织，应向卫生行政部门提交以下材料：

（一）社会团体法人登记证书副本复印件；

（二）医师考核委员会组成人员名单；

（三）医师考核工作制度；

（四）市、区县卫生行政部门规定的其它相关材料。

第十条 考核机构负责医师定期考核的组织、实施和结果评定并在规定时间内向委托其承担考核任务的卫生行政部门报告考核工作情况及医师考核结果。

考核机构应当成立专门的考核委员会，负责拟定医师考核工作制度，制定详细的考核方案，对医师定期考核工作进行检查、指导和考核结果的评定，保证考核工作规范进行。考核委员会下设办公室，负责医师定期考核的组织和实施。

第十一条 各级卫生行政部门应当监督考核机构的医师定期考核工作进行，并对考核结果进行抽查核实。

第三章 考核方式及管理

第十二条 医师定期考核包括职业道德评定、工作成绩和业务水平测评。

职业道德和工作成绩由医师执业注册所在机构进行考核，在北京市住院医师/专科医师培训基地培训的住院医师的职业道德和工作成绩由培训机构负责进行考核，考核机构对职业道德、工作成绩考核情况进行复核；业务水平测评由考核机构负责。

第十三条 考核机构应当于定期考核日前60日通知需要接受定期考核的医师，也可委托医师所在的医疗、预防、保健机构通知医师。

第十四条 各级各类医疗、预防、保健机构应当按要求对执业注册地点在本机构的医师进行职业道德评定和工作业绩考核，在《医师定期考核表》上签署评定意见，并于业务水平测评日前30日将评定意见报考核机构。

第十五条 医师职业道德考核的基本内容应当包括：医师执业中坚持救死扶伤，以病人为中心，以及医德医风、医患关系、团结协作、依法执业状况等。

医疗、预防、保健机构应当按规定建立健全医德考评制度，作为对本机构医师进行职业道德评定的依据。

第十六条 医师工作成绩考核的基本内容应当包括：医师执业过程中，遵守有关规定和要求，考核周期内完成工作量和服从卫生行政部门的调遣和本机构的安排，及时完成相关任务的情况。

按北京市卫生行政部门规定参加住院医师/专科医师培训的住院医师，工作成绩的考核按照住院医师/专科医师培训有关要求执行，未按规定完成培训的住院医师，工作成绩考核不合格。

第十七条 业务水平包括医师掌握医疗卫生管理相关法律、法规、部门规章和应用本专业的基本理论、基础知识、基本技能解决实际问题的能力以及学习和掌握新理论、新知识、新技术和新方法的能力。各级医疗机构按临床医师的专业、级别考核实际工作能力与水平。

医师在考核周期内按北京市卫生行政部门规定完成继续医学教育的情况作为业务水平测评的基本要求。

第十八条 考核机构综合医疗、预防、保健机构的评定意见及业务水平测评结果对医师做出考核结论，在《医师定期考核表》上签署意见，并于下一考核周期第一年的1月底前将医师考核结果报委托的卫生行政部门备案，同时将考核结果书面通知被考核医师及其所在机构。

第十九条 医师认为医师定期考核机构的考核人员与其有利害关系，可能影响考核客观公正的，可以在考核前向医师定期考核机构申请回避。理由正当的，考核机构应当予以同意。

考核机构的考核人员与接受考核的医师有利害关系的，应当主动回避。

第二十条 各级卫生行政部门、北京市医疗事故技术鉴定办公室与承担医疗纠纷调解工作的机构应当于每年12月底前向医师定期考核办公室提供参加考核医师当年内行政处罚、医疗纠纷、医疗事故的处理情况。

第二十一条 医师所在医疗、预防、保健机构要实行医师行为记录制度。医师行为记录分为良好行为记录和不良行为记录。

良好行为记录应当包括医师在执业过程中受到的奖励、表彰、完成政府指令性任务、取得的技术成果等；不良行为记录应当包括因违反医疗卫生管理法规和诊疗规范常规受到的行政处罚、处分，以及发生的医疗事故等。

医师行为记录作为医师考核的依据之一。

第二十二条 在考核周期内，拟变更执业地点的或者有执业医师法第三十七条所列情形之一但未被吊销执业证书的医师，应当提前进行考核。需提前或推迟进行考核的医师，由其执业注册所在机构向考核机构报告。

第四章 考核结果

第二十三条 考核结果分为合格和不合格。职业道德、工作成绩和业务水平中任何一项不能通过评定或测评的，即为不合格。

第二十四条　医师在考核周期内按规定通过住院医师/专科医师培训考试考核或通过晋升上一级专业技术职务考试，可视为业务水平测评合格，考核时仅考核工作成绩和职业道德。

第二十五条　被考核医师对考核结果有异议的，可以在收到考核结果之日起30日内，向考核机构提出复核申请。考核机构应当在接到复核申请之日起30日内对医师考核结果进行复核，并将复核意见书面通知医师本人。

被考核医师对复核意见有异议的，自收到复核意见之日起30日内，向北京市医师协会申请复审。北京市医师协会自接到复审申请之日起30日内对医师考核结果进行复审并将复审意见书面通知医师本人。

第二十六条　卫生行政部门应当将考核机构的考核结果记入《医师执业证书》的“执业记录”栏，录入医师执业注册信息库，并依据《执业医师法》对医师的考核结果进行检查。

第二十七条　对考核不合格的医师，卫生行政部门可以责令其暂停独立执业活动3个月至6个月，并在卫生行政部门指定的机构接受培训和继续医学教育；暂停执业活动期满，由考核机构再次进行考核。对考核合格者，允许其继续执业，但该医师在本考核周期内不得评优和晋升；对考核不合格的，由卫生行政部门注销注册，收回医师执业证书。

第二十八条　医师在考核周期内有本办法规定的不合格情形，及下列情形之一的，考核机构应当直接认定为考核不合格，并在《医师定期考核表》上说明：

（一）在发生的医疗事故中负有完全或主要责任的；

（二）未经所在机构或者卫生行政部门批准，擅自在注册地点以外的医疗、预防、保健机构进行执业活动的，但紧急情况下，为抢救垂危患者生命，实施紧急医学措施的除外；

（三）跨执业类别进行执业活动的，但紧急情况下，为抢救垂危患者生命，实施紧急医学措施的除外；

（四）代他人参加医师资格考试的；

（五）在医疗卫生服务活动中索要患者及其亲友财物或者牟取其他不正当利益的；

（六）索要或者收受医疗器械、药品、试剂等生产、销售企业或其工作人员给予的回扣、提成或者谋取其他不正当利益的；

（七）通过介绍病人到其他单位检查、治疗或者购买药品、医疗器械等收取回扣或者提成的；

（八）出具虚假医学证明文件，参与虚假医疗广告宣传和药品医疗器械促销的；

（九）未按照规定执行医院感染控制任务，未有效实施消毒或者无害化处置，造成疾病传播、流行的；

（十）故意泄漏传染病人、病原携带者、疑似传染病病人、密切接触者涉及个人隐私的有关信息、资料的；

（十一）疾病预防控制机构的医师未依法履行传染病监测、报告、调查、处理职责，造成严重后果的；

（十二）考核周期内，有一次以上医德考评结果为医德较差的；

（十三）无正当理由不参加考核，或者扰乱考核秩序的；

（十四）违反《执业医师法》有关规定，被行政处罚的。

第五章　监督管理

第二十九条　卫生行政部门要对本辖区的医师考核工作进行监督和管理。医疗、预防、保健机构不按照本办法对执业注册地点在本机构的医师进行工作成绩、职业道德评定或者弄虚作假，以及不配合医师定期考核的，卫生行政部门应当责令改正。经责令仍不改正的，对该机构及其主要责任人和有关责任人予以通报批评。

第三十条　考核机构有下列情形之一的，卫生行政部门应当责令改正；情节严重的，取消其两个考核周期以上的考核机构资格和医院等级评审资格。

（一）不履行考核职责或者未按规定履行职责的；

（二）在考核工作中有弄虚作假、徇私舞弊行为的；

（三）在考核过程中显失公平的；

（四）考核人员索要或者收受被考核医师及其所在机构财物的；

（五）拒绝接受卫生行政部门监督或者抽查核实的；

（六）经卫生行政部门监督抽查，考核程序和考核结果评定等存在问题，责令整改后检查仍不合格的；

（七）北京市卫生行政部门规定的其他情形。

第三十一条　考核机构工作人员违反有关规定，弄虚作假、玩忽职守、滥用职权、徇私舞弊的，依法给予行政处分；构成犯罪的，依法追究刑事责任。

第三十二条　医师以贿赂或欺骗手段取得考核结

果的，应当取消其考核结果，并判定为该考核周期考核不合格。

第六章 附 则

第三十三条 中医类别医师的定期考核工作由北京市中医管理局参照本办法组织实施。

第三十四条 对从事母婴保健工作医师的考核还应包括《中华人民共和国母婴保健法》及其实施办法规定的考核内容。

第三十五条 本暂行办法自2010年7月1日起实施。

北京市2010～2011年深化医药卫生体制改革实施方案

京发〔2010〕8号

（2010年6月4日）

根据《中共中央国务院关于深化医药卫生体制改革的意见》（中发〔2009〕6号）和《国务院关于印发医药卫生体制改革近期重点实施方案（2009－2011）的通知》（国发〔2009〕12号）精神，本市狠抓医药卫生体制改革工作，全面完成了国家确定的2009年度任务。现结合实际，制定本市2010—2011年深化医药卫生体制改革实施方案。

一、工作目标

2010～2011年，继续积极稳妥地推进改革工作，力争率先完成国家深化医药卫生体制改革的各项任务，使医药卫生体制改革成果惠及全体市民。

1. 推进发展 优质医疗资源供求矛盾有效缓解，基层医疗卫生服务能力显著提高，城乡医疗卫生服务均等化水平明显提升，首都医疗卫生事业、医学教育与科研事业、医药产业继续保持在全国的领先地位，为建立适应国际化大都市要求的公共卫生服务体系和医疗服务体系打下基础。

2. 提高效率 医疗卫生资源布局更趋合理，医疗卫生服务质量和效率明显提升，“分级就诊、双向转诊、康复在社区”的医疗服务格局逐步形成，平均住院日、挂号取药和候诊排队时间、院前急救到达现场的时间合理缩短，急救呼叫满足率明显提高，群众就医更加便捷。

3. 减轻负担 基本医疗保障和医疗救助水平显著提高，看病就医实时报销，医疗服务行为进一步规范，药品价格总水平进一步下降，群众就医平均个人负担比例显著降低。

4. 促进健康 健康理念、健康知识广泛普及，疾病预防控制能力和突发公共卫生事件应急处置能力进一步增强，慢性病治疗和管理水平明显提高，妇幼保健水平进一步提升，公共卫生服务惠及全部常住人口，全民健康水平不断提高，为塑造“健康北京人”、使北京人群主要健康指标居全国领先水平打下良好基础。

二、重点任务

（一）改革医药卫生管理体制

1. 建立首都医药卫生管理协调机制 按照属地化和全行业管理的要求，建立首都医药卫生管理协调机制，统一规划北京地区医药卫生事业发展，优化医疗卫生资源配置，加强信息沟通和资源共享，提高突发公共卫生事件应急处理和重大突发事件紧急救援能力，协调推进北京地区医药卫生体制改革。

2. 设立市医院管理机构 按照政事分开、管办分开的要求，设立由市卫生局管理的市医院管理机构，负责市属公立医院国有资产管理和监督、医院主要负责人的聘任，指导所属医院管理体制和运行机制改革，建立协调、统一、高效的公立医院管理制度。

（二）完善医药卫生四大体系

1. 完善基本医疗保险为主体的医疗保障体系 提高基本医疗保险参保率。2010年，进一步提高城镇居民医疗保险参保率，力争提前实现国家确定的职工基本医疗保险、新型农村合作医疗、城镇居民医疗保险参保率都达到90%以上的目标。

提高基本医疗保障水平。2010年，提高基本医疗保险年度报销限额，职工基本医疗保险由17万元提高到30万元，城镇无医疗保障老年人大病医疗保险

（以下简称“一老”保险）和无业居民医疗保险由7万元提高到15万元；提高在职职工门诊费用报销比例；将学生和学龄前儿童大病医疗保险（以下简称“一小”保险）和无业居民人员门诊费用纳入医保范围；调整本市基本医疗保险药品报销目录，将国家基本药物纳入基本医疗保险报销目录，进一步扩大基本医疗保险用药范围。

整合基本医疗保障制度体系。逐步建立全市统筹的城乡居民医疗保障制度，2010年，启动城乡一体化的居民医疗保障制度建设工作；2011年，初步完成新型农村合作医疗、无业居民医疗保险、“一老一小”医疗保险等制度的整合。推进公费医疗制度改革，2010年，将所有区县公费医疗人员纳入职工基本医疗保险体系；2011年，启动市级公费医疗人员参加职工基本医疗保险的准备工作。

建立医药费用控制机制。积极探索按病种付费、按人头付费、总额预付等多种基本医疗保险付费方式，抑制医药费用不合理上涨。2010年，在2家三级医院启动按疾病诊断相关分组付费制度改革试点；2011年，在总结试点经验的基础上，逐步向全市三级医院推广。

提高医疗保障管理服务水平。全面推进社会保障卡工程，2010年，全市所有医保定点医疗机构全部开通使用社保卡，参保人员持卡就医，即时结算；逐步增加社保卡的健康档案、电子病历和实时监控门诊费用等功能。坚持以收定支、收支平衡、略有节余的原则，规范和改进基本医疗保险基金管理，建立基本医疗保险基金风险调剂金制度，合理控制基金结余率，基金收支情况每年向社会公布。

完善城乡医疗救助制度。增加政府投入，多渠道筹措资金，逐步提高医疗救助水平。提高医疗救助的报销比例，取消住院救助报销起付线，提高最高救助额度，减轻城乡低保家庭和其他经济困难家庭成员的看病就医负担。探索设立政府引导、接受社会慈善捐助的医疗救助基金，完善社会救助机制。

加快发展商业健康保险。鼓励商业保险机构开发健康保险产品，简化理赔手续，提高服务质量。鼓励企业和个人通过参加商业保险及多种形式的补充保险，解决基本医疗保障之外的需求。积极探索商业保险参与基本医疗保险服务的方式、运行机制、承保范围和结算形式。

2. 健全公平可及的公共卫生服务体系　完善公共卫生服务体系。继续完善突发公共卫生事件应急机制、医疗救治体系、疾病预防控制体系、卫生执法监督体系、公共卫生信息体系，健全精神卫生、妇幼卫生、老年卫生、计划生育等服务网络。分批改造未达标的区县疾病预防控制中心，提高全市疾病综合防控能力。在三级综合医院设立精神心理科，改善区县精神病专科医院服务条件，强化社区卫生机构精神卫生服务功能，促进精神病专科医院和社区精神康复服务有效衔接。

改革和完善院前急救体系。整合优化“120”和“999”急救资源，统一规划布局、统一服务规范，探索建立统一的指挥调度平台；探索建立院前急救与公安交通管理、消防系统间的资源共享和协调联动机制；完善院前急救与院内救治的有效衔接；健全覆盖城乡的急救网络，提高急救速度、效率、水平和服务质量。

公共卫生服务项目覆盖城乡居民。在全面实施国家基本和重大公共卫生服务项目的基础上，根据本市经济发展水平和突出的公共卫生问题，在儿童保健、老年人保健等方面增加11项公共卫生服务项目。基本公共卫生服务项目全部免费向城乡居民提供。

实施健康促进战略。开展健康知识普及行动、合理膳食行动、控烟行动、全民健身行动、保护视力行动、保护牙齿行动、知己健康行动、恶性肿瘤防治行动、母婴健康行动等9项健康促进行动。针对不同性别、不同年龄、不同身体状况人群，采取不同的健康干预对策，帮助市民形成健康文明的生活方式；建立集健康教育与健康促进的业务管理、专业指导、技术服务、大众传播、科研教学为一体的健康促进中心和健康教育馆，健康教育馆免费向市民开放。

3. 建设运行高效的医疗服务体系　编制首都区域卫生规划和医疗机构设置规划。2010年，完成规划编制工作，按照属地化和全行业管理的原则，统筹规划首都地区医疗机构数量、规模、布局和功能。逐步调整医疗服务体系结构，合理配置医疗资源，建立起区域医疗中心（医学中心）、专科医院、康复医院和护理院以及基层医疗卫生机构分工合作的医疗服务体系。新建医疗机构，特别是区域医疗中心重点向新城、城市南部等地区布局。

推进医疗资源优化配置。通过对口支援、土地置换、资源重组、办分院、整体搬迁或合作建设区域医疗中心等方式，继续推进城区优质医疗资源向郊区县扩展。根据具体情况，将部分二级医院转为区域医疗中心、特色专科医院、老年病医院、康复医院、社区卫生服务中心或划归三级医院。加强二级以上综合医院儿科设置，加快儿童医疗机构建设，有效缓解儿童看病就医实际困难。

强化基层医疗卫生机构服务功能。推行家庭医生式服务、山区巡诊服务等新型模式，加强慢性病、常见病及家庭病床服务管理，使基层医疗卫生机构逐步承担起健康“守门人”职责。制定分级诊疗标准，开展社区首诊试点，完善双向转诊与预约挂号制度，引导居民分级就诊、有序就医。扩大社区药品报销范围，提高社区医疗费用报销比例。鼓励各类医院通过技术支持、人员培训、协作托管等多种方式，带动提高基层医疗卫生机构的服务水平。2010 年，参加职工基本医疗保险的人员到社区就诊，医疗费用报销比例提高到90%；开展社区“24 小时全天候服务”试点工作，方便群众就医。

大力发展中医中药。加强中医临床研究基地和中医院建设；积极推进中医药科技成果转化和中药自主创新产业发展；推进东城区国家中医药综合改革试验区建设；加快老中医药专家验方、专家技术的研究；引导社会各方力量赞助和捐赠，支持设立北京中医药事业发展基金。2010 年，政府举办的二级以上综合医院都要设立中医临床科室和中药房；2011 年，社区卫生服务中心和乡镇卫生院都要设立中医科和中药房，形成覆盖城乡的中医药服务网络。

推进医药卫生信息化建设。建设医药卫生信息综合服务平台，提供就医指南、复诊预约挂号、医保和医药价格政策、健康促进、疾病防控等服务。利用网络信息技术，试点发展远程会诊。加强信息化标准建设，统一规范医院信息系统数据接口和信息采集，逐步推进公共卫生、医疗、医保、药品、财务监管等信息系统互联互通。

4. 完善安全规范的药品供应保障体系　贯彻落实国家基本药物制度。2010 年，在所有政府举办的基层医疗卫生机构实施基本药物制度，基本药物全部实行全市集中招标采购，统一配送，零差率销售，全部纳入基本医疗保险报销范围，报销比例明显高于非基本药物；2011 年，其他各类医疗机构也要将基本药物作为首选药物，并达到一定使用比例，具体使用比例根据国家相关规定确定。

完善药品生产供应保障体系。发展大型医药物流企业，促进药品零售连锁经营，推进物流中心的信息化建设，形成城乡一体、规范统一、集约高效的药品配送、零售网络。鼓励企业生产疗效突出、价格低廉的品种，支持急救、冷僻药品生产储备，保障日常和应急供应。将检验试剂、低值医用耗材纳入政府集中采购范围，积极研究探索高值医用耗材政府集中采购办法；科学确定采购原则、操作办法、运行机制等，保证医疗机构采购到质优价廉的产品，减轻社会医药费用负担。

（三）健全医药卫生运行机制

1. 建立政府主导的多元卫生投入机制　明确政府、社会和个人的卫生投入责任。公共卫生服务主要通过政府筹资，向城乡居民均等化提供；基本医疗服务由政府、医保和个人合理分担费用；特需医疗服务由个人承担或通过商业健康保险支付。按照分级负担的原则，市政府主要承担国家和市级免疫规划、重大传染病预防控制等公共卫生、市政府举办的专业公共卫生机构和公立医院补助等支出；区县政府按照市与区县分税制财政管理体制的要求，做好本级医疗保障、公共卫生及医疗服务等经费保障工作。

建立可持续的政府卫生投入机制。政府卫生投入增长幅度要高于经常性财政支出的增长幅度，占经常性财政支出的比重逐步提高，占卫生总费用的比重逐步提高，并与经济社会发展阶段相适应，保持合理的比重。政府卫生投入兼顾需方和供方，重点支持基本公共卫生服务、基本医疗服务、基本医疗保障和药品供应保障体系建设。

完善专业公共卫生机构经费保障机制。专业公共卫生机构所需人员、公用和业务经费，由政府预算全额安排；所需发展建设支出，由政府根据公共卫生事业发展需要足额安排；服务性收入上缴财政。

完善基层医疗卫生机构财政投入机制。规范公用经费项目与补助办法，进一步完善政府举办的社区卫生服务中心（站）“收支两条线”和绩效考核制度。有效运用财政手段，鼓励和引导优质医疗资源向基层流动，切实提高基层医疗卫生机构服务能力和医疗水平。

完善公立医院投入机制。政府投入重点对公立医院的基本建设、设备购置、重点学科发展、符合国家规定的离退休人员费用、政策性亏损、承担公共卫生任务等给予补助，保障政府指定的紧急救治、援外、支农、支边等公共服务经费，对传染病、精神病、中医等医院在投入政策上予以倾斜。

2. 建立科学合理的医药价格形成机制　改革医疗服务价格形成机制。有升有降地调整医疗服务价格结构，逐步提高体现医务人员技术和劳务价值的医疗服务价格，合理降低大型医用设备检查和治疗价格；逐步扩大分级定价范围，合理制定不同级别医疗机构和医生的服务价格，拉开价格差距，引导患者合理分流；控制医疗服务价格项目外单独收费的医疗器械范围，对单独收费的品种进行目录管理；规范医疗服务价格项目。

改革药品价格形成机制。2010 年，对实行政府指导价的药品，探索进行销售价格差别差率管理试点，在不突破15%的前提下，低价药品差价率从高，高价药品差价率从低；2011 年，在总结试点经验的基础上，逐步推进药品价格的差别差率政策。

3. 推进公立医院改革试点　探索公立医院分类

改革。按照公益性、准公益性和经营性三个方向，实行不同的人事制度、投入机制、运行模式和考核评价制度。

建立医院法人治理结构。明晰公立医院的所有权和管理权，科学界定所有者和管理者的责任和权利，探索建立决策、执行、监督相互制衡的管理机制。制定公立医院院长任职资格、选拔任用等方面的管理制度，探索推进院长专业化、职业化。

改革医院补偿机制和运行机制。探索通过调整医疗服务价格、完善基本医疗保险基金支付方式、落实财政补助政策等多种有效途径，推进医药分开，逐步解决“以药养医”问题。加强公立医院财务管理，在大型公立医院探索试行总会计师制度；推进项目成本核算与医院全成本核算。建立以医疗质量、费用控制、就医秩序和患者满意度等为重要指标的评价体系，实施以公益性为核心的公立医院绩效考核制度，推进实施以服务质量和岗位工作量为主的综合绩效考核和岗位绩效工资制度。探索医师多点执业，建立有效的激励约束机制，加强医师队伍行业管理，引导更多的医务人员到基层医疗机构服务。

构建健康和谐的医患关系。在全社会倡导尊重医学、尊重患者、尊重医务工作者的良好风气，努力改善医务人员执业环境和条件。逐步建立全市统一的医生评价监督体系；逐步完善医疗风险防范机制和强制性医疗责任保险制度。建立医疗纠纷第三方处理机制，探索非政府组织参与医疗纠纷调解，增进医患沟通，保障双方合法权益。

建立多方参与的监管机制。完善医院信息公开制度，强化社会监督，发挥医疗保障经办机构对医疗服务的监督制约作用。严格控制公立医院建设规模、人员配备标准和贷款投资行为，加强大型医用设备配置管理。建立健全公立医院审计监督机制。

鼓励和引导社会资本发展医疗卫生事业。鼓励社会资本举办各级各类医疗机构，参与公立医疗机构重组改制。对社会资本举办的医疗机构，在服务准入、医保定点、人才引进、职称评定、科研立项、监督管理等方面与公立医疗机构一视同仁，对符合规定的医疗服务收入免征营业税，并按照国家及本市有关规定享受土地、税收等其他方面的优惠政策。对社会办医疗机构提供的公共卫生等服务，政府采取购买服务的方式予以补偿。充分利用信息公开等形式，为社会资本举办医疗机构提供政策信息。

4. 完善可持续发展的科技创新和人才培养机制

加强重点学科建设。根据首都市民健康需求和疾病谱的变化，把高血压、糖尿病等“十大危险疾病”列入科技攻关项目，确定优先发展、重点支持的学科领域，加强临床教学基地和医学研究机构建设，加强急救专业学科建设。支持医药卫生科技创新。

改进人力资源管理。加强人力资源配置，逐步解决医疗卫生机构缺编问题。积极探索专业化、社会化的人力资源管理制度。研究制定与住院医师培训相关的人事管理、资金筹措等配套政策，完善住院医师规范化培训制度。改革医护人员职称评审制度，对基层医疗卫生机构专业技术人员及院前急救人员给予政策倾斜。建立基层医疗卫生机构人员薪酬和乡村医生岗位补贴稳步增长机制。

实施绩效工资制度。2010 年，在专业公共卫生机构和基层医疗卫生事业单位实施绩效工资制度。贯彻国务院关于其他事业单位实施绩效工资“分类指导、分步实施、因地制宜、稳慎推进”的方针，在其他医疗卫生机构推进绩效工资的实施，进一步调动卫生事业单位工作人员的积极性。

加强人才培养。实施“215”工程（到 2020 年，选拔和引进 20 名领军人才、100 名学科带头人、500 名学科骨干，建立 20 个以重点学科为依托，以培养两院院士等拔尖创新人才为核心的创新平台），大力培养领军人才和学科带头人。以全科医学人才为重点，加快基层医疗卫生人才的培养，免费定向培养农村适宜人才。探索建立大医院支持培养基层医疗机构人才的有效模式。加强预防医学、精神卫生、妇幼保健、院前急救、护理和药学技术人员等公共卫生专业人才的培养。加强基层中医医师力量；加大中医传承、中西医结合等人才培养力度，加快中药炮制等职业技术人才和基层中医药实用型人才培养。

5. 健全严格有效的医药卫生监管机制　强化政府监管职责。健全卫生、药品监督执法体系，加强对公共场所、生活饮用水安全、传染病和放射、职业危害防治、食品药品安全等公共卫生的监管，严厉打击各种危害人民群众身体健康和生命安全的违法行为。实施药品广告动态监测，加大对非法药品及冒充药品广告的打击力度，开展打击非药品冒充药品专项行动，打击“网络售药”违法行为。加强对医疗卫生机构及药品生产、配送、销售机构的监管，建立严格的准入和退出机制。对基本药物实行全覆盖的质量抽验。探索建立上市药品再评价体系。

完善地方卫生法规政策体系。加强地方卫生立法，积极推进公共卫生、社区卫生、院前急救、中医药、医疗纠纷处置、公共建筑空调卫生管理等立法调研与制定工作，逐步健全卫生法律制度和标准体系，为促进本市医药卫生事业健康发展提供法制保障。

三、保障措施

（一）提高认识，加强领导

深化医药卫生体制改革，是全民关注的重大民生工程，是解决发展中的矛盾和问题、促进医药卫生事业又快又好发展的重要举措，对适应首都发展新阶段新特征，促进城乡发展一体化、公共服务均等化，建设“人文北京、科技北京、绿色北京”，具有重要而深远的意义。各区县、各部门、各单位要充分认识深化医药卫生体制改革的重要性、紧迫性和艰巨性，把深化医药卫生体制改革作为全局性工作摆上重要议事日程。为进一步加强组织领导，成立北京市深化医药卫生体制改革领导小组，负责统筹组织、协调推进和督查考核全市医药卫生体制改革工作。各区县也要成立相应工作机构，统筹协调，加大投入，确保各项任务落到实处。

（二）密切配合，形成合力

深化医药卫生体制改革是一项复杂的社会系统工程。各区县、各部门、各单位要在市委、市政府的统一领导下，明确分工，加强沟通，协调联动，共同推进改革。市有关部门要按照统一部署，抓紧制定并认真组织实施相关配套政策措施和试点方案。

（三）试点先行，稳步推进

深化医药卫生体制改革涉及面广、政策性强。对于重点领域和关键环节的一些重大改革，要先行试点，总结经验后再稳步推进。鼓励各区县开展多种形式的试点，积极探索有效的改革路径。

（四）加强宣传，正确引导

深化医药卫生体制改革涉及每一个人的切身利益，需要包括广大医务工作者和新闻媒体在内的社会各界的理解、支持和参与。要坚持正确的舆论导向，广泛宣传改革的重大意义和各项政策措施，引导社会合理预期，为这项惠民利民的重大改革营造良好的社会舆论环境。

附：1. 本市基本公共卫生服务项目

2. 本市重大公共卫生服务项目

附1：本市基本公共卫生服务项目

项目类别	序号	项目内容
（一）建立居民健康档案	1 2	为辖区常住人口重点人群自愿建立统一、规范的居民健康档案及时更新健康档案，并逐步试行计算机管理
（二）健康教育	3	提供健康教育宣传信息
	4	提供健康教育咨询服务
	5	设置健康教育宣传专栏
	6	开展健康知识讲座
（三）预防接种	7	接种乙肝疫苗
	8	接种卡介苗
	9	接种脊灰疫苗
	10	接种百白破疫苗
	11	接种白破疫苗
	12	接种麻疹疫苗
	13	接种甲肝疫苗
	14	接种流脑疫苗
	15	接种乙脑疫苗
	16	接种麻腮风疫苗
	17	接种不良反应处理
（四）传染病防治	18	疫情监测
	19	现场疫点处理
	20	开展结核病、艾滋病等传染病防治知识宣传和咨询服务
	21	对非住院结核病人、艾滋病病人进行治疗管理

续表

项目类别	序号	项目内容
（五）儿童保健	22	为0~36个月婴幼儿建立儿童保健手册
	23	开展新生儿访视及儿童保健系统管理
	24	进行体格检查和生长发育监测及评价
	25	开展心理行为发育、母乳喂养、辅食添加、意外伤害预防、常见疾病防治等健康指导
	26 *	为新生儿免费进行先天性疾病筛查
	27 *	为0~6岁儿童免费进行健康体检
（六）孕产妇保健	28	为孕产妇建立保健手册
	29	开展至少5次孕期保健服务和2次产后访视
	30	进行一般体格检查及孕期营养、心理等健康指导
	31	了解产后恢复情况并对产后常见问题进行指导
（七）老年人保健	32	对辖区65岁及以上老年人进行登记管理
	33	进行健康危险因素调查和一般体格检查
	34	提供疾病预防、自我保健及伤害预防、自救等健康指导
	35 *	在社区卫生服务机构为本市老年人提供优先就诊和出诊服务
	36 *	为无社会保障的老年人提供一次免费体检服务
（八）慢性病管理	37	对高血压、糖尿病等慢性病高危人群进行指导
	38	对35岁以上人群实行门诊首诊测血压
	39	对确诊高血压和糖尿病患者进行登记管理，定期进行随访，每次随访要询问病情、进行体格检查及用药、饮食、运动、心理等健康指导
（九）重性精神疾病管理	40	对辖区重性精神疾病患者进行登记管理
	41	对在家居住的重性精神疾病患者进行治疗随访和康复指导
（十）妇女保健与生殖健康	42 *	为本市农村42万名采用长效避孕措施的育龄公民免费健康检查

注：带 * 的项目为本市新增项目。

附2：本市重大公共卫生服务项目内容

序号	项目内容
1	5岁以下人群补种乙肝疫苗
2 *	妇女乳腺癌、宫颈癌检查
3 *	妇女增补叶酸预防神经管缺陷
4	为贫困白内障患者免费开展复明手术
5	实施农村改水改厕
6	农村孕产妇住院分娩补贴
7	国家免疫规划项目
8 *	艾滋病、结核病、病毒性肝炎等重大疾病防控
9 *	实施“镶上牙齿，摘下眼镜，稳定血压，减轻体重”四项健康促进措施，对全市适龄儿童开展龋齿筛查并实施窝沟封闭；在中小学校开展视力普查；推行低钠盐，实施高血压患者的干预和规范化用药指导
10 *	在社区、学校、机关、企业、乡镇启动眼病、口腔疾病、高血压等疾病的初级保健和慢性病管理工作，为全市慢性病家庭培养家庭保健员，对高危人群开展脑卒中筛查及干预项目
11 *	为本市60岁及以上老年人和在校中小学生提供流感疫苗免费接种服务

注：带 * 的项目为本市新增项目。

北京市医师多点执业管理办法（试行）

京卫医字〔2010〕281号

（2010年12月13日）

第一章　总　则

第一条　为规范本市医师多点执业行为，保障医疗质量和安全，根据《中华人民共和国执业医师法》《医师执业注册暂行办法》的规定和《中共中央国务院关于深化医药卫生体制改革的意见》的精神，结合本市实际情况，制定本办法。

第二条　本办法所称医师多点执业是指符合办法第五条规定条件的执业医师，经注册在本市行政区域内2至3个医疗机构依法开展诊疗活动的行为。

第三条　拟在医疗机构多点执业的医师，应当向批准该机构执业的卫生行政部门申请注册。

第四条　各级卫生行政部门按照各自职责负责医师多点执业的注册及监督管理工作。

北京医师协会负责医师执业信息档案的建立和维护工作。

第二章　执业注册

第五条　医师申请多点执业应当符合以下条件：

（一）取得医师执业证书，且具有中级及以上专业技术职务任职资格；

（二）能够完成已注册执业地点的医疗机构的工作，并取得已注册医疗机构的书面同意；

（三）身体健康，能够胜任多点执业工作；

（四）不担任医疗机构法定代表人或主要负责人；

（五）执业类别和执业范围在拟聘用申请人的医疗机构的诊疗科目范围内；

（六）医师定期考核合格。

第六条　拟申请多点执业的医师，应当向批准该机构执业的卫生行政部门申请注册，并提交下列材料：

（一）北京市医师多点执业注册申请审核表；

（二）申请人身份证明原件及复印件；

（三）申请人的《医师资格证书》《医师执业证书》及《专业技术职务任职资格证书》原件及复印件；

（四）申请人有效的医师定期考核合格证明；

（五）由已注册执业地点的医疗机构出具的同意申请人在其他医疗机构执业的证明；

（六）申请增加为注册执业地点的医疗机构的《医疗机构执业许可证》（副本）原件及复印件；

（七）申请人与申请增加为注册执业地点的医疗机构之间的书面协议；

（八）申请人本人医疗责任保险凭证。

医疗机构可以为本机构中的医师集体办理注册手续。

第七条　申请取消多点执业地点的医师应当到原注册的卫生行政部门申请取消该执业地点，并提交以下材料：

（一）北京市医师取消多点执业注册申请审核表；

（二）申请人身份证明原件及复印件；

（三）申请人《医师执业证书》原件及复印件。

第八条　医师变更已注册的执业地点的执业类别或者执业范围的，应当按照《医师执业注册暂行办法》的规定办理，变更后其多点执业注册同时失效。

变更后需要继续开展多点执业的，医师应当按照办法第六条的规定重新申请多点执业。

第九条　卫生行政部门应自收材料之日起20个工作日内，对申请人提交的材料进行审核。审核合格的，予以登记。对不符合条件的，应当自收到申请之日起20个工作日内，书面通知申请人，并说明理由。

第三章　监督管理

第十条　医疗机构应当按照有关法律法规和聘用合同、劳动合同或有关书面协议，规范医师执业行为，做好医师考核工作，确保医疗安全和医疗质量。

第十一条　开展多点执业的医师在诊疗活动中应当依法执业，严格遵守执业规则，并按照卫生行政部门核定的执业地点、范围和类别开展诊疗活动。

第十二条 多点执业医师发生医疗争议事件的，由发生争议的医疗机构按照相关规定处理。

第十三条 开展多点执业的医师发生违法行为的，由违法行为发生地的区县级以上卫生行政部门依法予以处罚，并由做出行政处罚的卫生行政部门在10个工作日内书面通知为其注册的其他相关卫生行政部门。

医师依法被处以暂停执业活动的，应当同时停止在其他所有地点的执业活动。

第四章 附 则

第十四条 医师执行政府指令任务，如卫生支农、支援社区和急救中心（站）、医疗机构对口支援，由所在医疗机构批准的会诊、进修、学术交流、义诊，急救出诊、对病人实施现场急救者，不适用本管理办法。

中医类别医师多点执业实施办法由市中医行政管理部门依据本办法的原则制定。

医技、护理人员多点执业实施办法依据本办法的原则另行制定。

军队医师执业或者非军队医师在军队医疗机构多点执业不适用本办法。

第十五条 本办法自2011年3月1日起实施。

北京市卫生局关于公布2010年第一批废止的行政规范性文件的通知

京卫法监字〔2010〕207号

各区县卫生局、海淀区公共委，市卫生监督所，各医疗卫生机构：

按照《北京市人民政府办公厅关于开展本市规章清理工作的通知》（京政办发〔2010〕20号）要求，我局在开展规章清理工作的同时，对行政规范性文件进行了清理。现将2010年第一批废止的行政规范性文件予以公布，自2010年11月9日起废止。

附件：2010年第一批废止的行政规范性文件清理目录

二〇一〇年十一月八日

附件：

2010年第一批废止的行政规范性文件清理目录

序号	文件号	发布日期	制定单位	文件标题	清理意见
1	京卫医字〔1996〕56号	1996-5-16	北京市卫生局	关于印发《北京市灾害事故突发事件医疗救援工作实施细则》的通知	废止
2	京卫医字〔1996〕6号	1996-1-19	北京市卫生局	关于印发《北京地区戒毒医疗机构暂行管理规定》的通知	废止
3	京卫医字〔1998〕5号	1998-5-14	北京市卫生局	关于加强节约用血工作的通知	废止
4	京卫医字〔1998〕12号	1998-9-28	北京市卫生局	关于启用新无偿献血证管理办法的通知	废止
5	京卫医字〔1998〕16号	1998-10-23	北京市卫生局	关于建立无偿献血室的通知	废止
6	京卫医字〔1999〕9号	1999-7-29	北京市卫生局	关于重新办理医疗机构用血登记的通知	废止
7	京卫医字〔1999〕13号	1999-12-21	北京市卫生局	关于对《北京市公民献血用血管理办法》第十五条规定解释的通知	废止
8	京卫医字〔2000〕5号	2000-2-28	北京市卫生局	关于加强医疗机构临床用血管理的通知	废止
9	京卫医字〔2000〕14号	2000-8-8	北京市卫生局	关于用血互助金的收取、结算及使用规定	废止

续表

序号	文件号	发布日期	制定单位	文件标题	清理意见
10	京卫医字〔2000〕15号	2000-7-28	北京市卫生局	关于严格控制献血补贴的通知	废止
11	京卫医字〔2002〕101号	2002-9-17	北京市卫生局	关于北京市医疗机构护理文件书写的指导意见	废止
12	京卫医字〔2005〕139号	2005-9-26	北京市卫生局	关于印发《北京市医疗事故行政处罚暂行办法》的通知	废止
13	京卫医字〔2007〕78号	2007-5-8	北京市卫生局	关于印发《北京市用血互助金收取及使用管理规定》的通知	废止
14	京卫医字〔2008〕116号	2008-5-8	北京市卫生局	关于印发《手足口病诊疗方案》的通知	废止
15	京卫医字〔2008〕166号	2008-6-27	北京市卫生局	关于印发《护士执业证书换发工作方案》的通知	废止
16	京卫疾控字〔2001〕5号	2001-1-17	北京市卫生局	关于在本市医院药房中出售无碘食盐的通知	废止
17	京卫疾控字〔2003〕245号	2003-12-15	北京市卫生局	关于印发北京市学校及托幼园所群体发热处理技术规范的通知	废止
18	京卫妇幼字〔1992〕7号	1992-7-4	北京市卫生局	关于实行《妇科常见疾病防治技术标准化管理规定(试行)》的通知	废止
19	京卫妇字〔1996〕23号	1996-10-30	北京市卫生局	关于加强托儿所、幼儿园卫生保健工作检查的通知	废止
20	京卫妇字〔1997〕19号	1997-12-31	北京市卫生局	关于印发“北京市0-4岁儿童死亡评审制度”的通知	废止
21	京卫妇字〔2002〕3号	2002-3-20	北京市卫生局	关于下发《北京市医疗机构计划生育技术服务管理办法》的通知	废止

工作进展

疾病控制

【概述】 2010年，全市报告法定传染病26种145393例，报告发病率828.45/10万，比上年(813.71/10万)上升1.81%，其中甲乙类传染病19种47208例，死亡237例，报告发病率268.99/10万，比上年下降20.85%；丙类7种98185例，死亡19例，报告发病率559.46/10万，比上年上升18.08%。

（徐 征）

疾病控制综合管理

【召开全市疾病控制工作会】 2月4～5日，召开全市疾病预防控制工作会，部署了全市疾病控制要点。市卫生局副局长赵春惠提出6点建议：第一，要加强领导，落实四方责任；第二，要严格履行岗位职责，落实责任制；第三，要加强监测工作，提高监测质量；第四，要加强应急处置能力；第五，要加强信息沟通，有情况按照程序及时报告；第六，要继续做好健康宣教工作。与会同志对全市疾病预防控制工作提出了建设性的意见和建议。 （杜 红）

【启动全市疾控绩效考核】 10月12日，召开本市疾病预防控制绩效考核工作启动会，全市16个区县卫生局相关领导出席。会议通报了2009年度全市区县区域指标绩效考核自评结果，反馈存在的问题；对绩效考核指标体系和卫生部绩效考核管理软件和实际操作进行了讲解和培训。12月13日，召开区县绩效考核现场考评及调研情况总结会。专家逐一反馈现场考核结果，并针对部分指标理解存在偏差、涉及多科（所）的综合性指标评价较混乱等问题提出了意见和建议，并对下一步工作进行部署。

（杜 红 杨 扬）

【在学校开展专项检查】 10月28～29日，市卫生局、市教委对全市16个区县学校的传染病防控与突发公共卫生事件应对工作进行了督导检查。每个区县抽查督导4所学校，分别检查学校传染病防控制度的建立与执行，免疫预防工作的开展，晨午检、因病缺勤登记、传染病报告、追踪、登记、消毒等的落实，食品、饮用水的卫生管理，洗手设施的配备，突发公共卫生事件应急预案和应急演练等情况。专家组反馈了检查过程中发现的问题，并提出整改意见。

（赵丽杰）

计划免疫

【本市免疫接种473万人次】 本市免疫规划疫苗共16种，其中12种用于常规接种（卡介苗、乙肝疫苗、甲肝疫苗、脊灰疫苗、无细胞百白破疫苗、白破疫苗、麻风疫苗、麻风腮疫苗、麻疹疫苗、乙脑减毒活疫苗、A群流脑疫苗和A+C群流脑疫苗），4种用于应急接种（水痘疫苗、流行性出血热疫苗、炭疽疫苗和钩端螺旋体疫苗），可以预防16种疾病。本市全年常规免疫接种4731937人次，常住儿童乙肝疫苗接种率99.87%、脊灰疫苗接种率99.97%、百白破疫苗接种率99.96%、白破疫苗接种率99.68%、麻风二联疫苗接种率99.90%、麻风腮疫苗接种率99.95%、麻疹疫苗接种率99.99%、A流脑疫苗接种率99.93%、A+C流脑疫苗接种率99.82%、乙脑疫苗接种率99.90%、甲肝疫苗接种率99.85%。此外，全市接种季节性流感疫苗1664414人，接种麻疹疫苗强化免疫1624998人。 （王艳春）

【接受疫苗类生物制品监管的督导检查】 7月

15～16 日，国家食品药品监督管理局、卫生部组成联合专项督导检查组对本市疫苗类生物制品监管工作进行督导检查，分为现场检查和座谈汇报。国家药监局安监司、稽查局和药品认证中心，中国生物制品检定所，中国疾控中心免疫规划中心等部门领导和专家分成两组分别到市疾控中心、和平里医院、北京科兴生物制品有限公司、北京科园信海医药经营有限公司、国药控股北京有限公司、北京天坛生物制品股份有限公司、朝阳区疾控中心、朝阳区三间房社区卫生服务中心等疫苗生产流通企业和疫苗管理、预防接种单位进行现场检查。检查组听取了市卫生局、市药监局的汇报。市卫生局副局长赵春惠、市药监局副局长袁林迎接检查。检查组组长、国家药监局稽查局副局长邢勇反馈了督导检查结果，对本市的工作给予肯定，同时，检查组也提出了建议，希望各级管理部门要细化验收索证程序，督促企业使用好电子监管码。

（王艳春）

【部署 2012 年消除麻疹工作】 8 月 6 日，召开贯彻落实国家 2012 年消除麻疹工作会议，对本市消除麻疹工作进行安排。各区县卫生局主管局长，市卫生局农村卫生处和宣传中心负责人，市、区县疾控中心主任参加了会议。会议由市卫生局副局长赵春惠主持。市疾控中心主任邓瑛介绍了全市麻疹发病情况和周边防病形势；赵春惠对下一步全市消除麻疹工作提出 7 个方面的要求：加强领导，充分认识消除麻疹强化接种工作的重要性；精心组织，周密安排，做好消除麻疹集中接种疫苗的各项准备工作；做好不良反应的报告、监测与应急处置；做好各个环节的跟踪督导评估；保证接种工作的信息报告畅通快捷；广泛深入宣传动员；建立长效机制。（王艳春）

【部署麻疹疫苗强化免疫工作】 8 月 23 日，召开北京市麻疹疫苗强化免疫工作动员部署会。参加会议的有各区县政府主管区县长，市委宣传部、市发改委、市财政局、市教委、市流管办、市药监局负责人，各区县卫生局局长及市卫生局有关处室，市疾控中心、市监督所、12320、急救中心等单位和部门负责人。本市于 9 月 11～20 日，集中 10 天对在本市行政区域内的 8 月龄～14 岁（1995 年 10 月 1 日～2009 年 12 月 31 日出生）的中国籍儿童进行集中接种。根据本市常规监测，初步掌握目标儿童大约 200 万人。市卫生局制订全市麻疹疫苗强化免疫接种工作方案、应急预案、异常反应监测处置方案及接种工作督导方案等 9 个工作和技术方案；对全市近 1000 名疾控中心和各区县医疗卫生机构及接种单位的业务骨干进行培训；确定各区县 535 家预防接种单位和 178 家医疗机构的紧急救治绿色通道以及临时接种场所；落实疫苗和注射器的供应与调配；成立市级消除麻疹专家技术指导组和各级疑似预防接种异常反应技术指导专家组，指导消除麻疹工作的实施；制订麻疹疫苗强化免疫活动宣传方案等。（王艳春）

【启动流感疫苗接种工作】 10 月 20 日，全市 491 个流感疫苗接种点开始免费为北京户籍 60 岁以上老人和在校中小学生接种流感疫苗。市卫生局副局长赵春惠带队到西城区展览路社区卫生服务中心接种门诊及北京八中对流感疫苗接种进行了督导。

（杨　扬）

传染病防治

【加强秋季学校、托幼机构传染病防控】 9 月，市卫生局推出 8 项措施，加强秋季开学后学校、托幼机构的传染病防控：第一，加强领导，健全管理；第二，加强人员培训，提高防控能力；第三，加强对重点单位和薄弱地区的督导检查；第四，广泛开展健康教育工作；第五，加强管理，减少人员集中；第六，进一步做好校园内外环境卫生的整治；第七，加强学校传染病疫情监测和报告工作；第八，做好疫苗接种的准备工作。（徐　征）

【传染病网络直报培训】 11 月 24 日，市卫生局召开传染病网络直报工作业务培训会，各区县卫生局防保科、疾控中心、168 家二级以上医院主管传染病网络直报工作的主管领导及相关人员共 400 余人参加。会上，市疾控中心通报了全市传染病疫情，明确了下一步本市疫情防控工作重点。市卫生局疾控处副处长杜红要求各区县卫生局、疾控中心及各医院加强领导，明确职责，切实做好传染病网络直报工作。

（杨　扬）

【举办第三届麻风病诊断技术培训班】 11 月 25 日，市卫生局委托北京热带医学研究所举办了第三届麻风病诊断技术培训班，来自全市各医院的 120 名皮肤科医生参加了培训。北京热带医学研究所李桓英教授、翁小满研究员、温艳副主任技师等分别针对麻风病流行病学、诊断与鉴别诊断、早期诊断、个案报告及实验室检查技术，本市麻风病新动态等进行了分析和讲解。（杨　扬）

艾滋病防治

【志愿者“1＋1”十进行动总结表彰会】 1 月 12 日，市防治艾滋病工作委员会、市卫生局召开“遏制艾滋，我们都是志愿者”——首都预防艾滋病宣传志愿者“1＋1”十进行动总结表彰会。会上，揭晓了十佳志愿者、优秀志愿者、媒体协作奖和优秀组织奖。同时，致力于艾滋病防治事业的南非宪法法院法官埃德温·卡梅伦先生以亲身经历呼吁正确认识艾滋病。市防治艾滋病工作委员会办公室主任、市卫生局副局长赵春惠宣读了首都防艾志愿者志愿服务的“六个一”。（徐　征）

【启动北京市全球基金艾滋病项目】　4月22日，市卫生局召开北京市全球基金艾滋病项目启动会，18个区县卫生局、疾控中心，市疾控中心，市性艾协会，地坛医院，佑安医院，协和医院等单位领导近90人参加。会上，市卫生局副局长赵春惠代表项目监管部门与本市项目执行部门签订了委托协议书，市疾控中心主任邓瑛代表市级项目执行机构与区县项目执行机构签订了协议书。国艾办主任助理、中国疾控中心性艾中心书记韩孟杰出席会议，并介绍我国全球基金艾滋病项目的开展情况，对本市艾滋病防治工作提出了更高的要求。赵春惠从高度重视，提高认识，加强领导；按项目职责，责任到人，建立责任制；整合资源，统筹管理，提高效率，专款专用；建立健全组织管理机构；充分发挥社会组织的作用；加强督导与技术指导；加强信息沟通，加强宣传等7个方面提出了具体要求。（徐　征）

【召开艾滋病防控工作会】　6月22日，召开北京市艾滋病防控工作会议，涉及全市33个委办局及18个区县政府。会议邀请联合国艾滋病规划署驻华办、世界卫生组织驻华办等国际合作组织出席。市防艾委主任、副市长丁向阳出席，并从保护普通人群、防控高危人群、救治患病人群3个方面对本市下一步艾滋病防控工作重点作了部署及具体要求。

（徐　征）

【百个防艾宣传创意选拔大赛】　7月，市防治艾滋病工作委员会、市卫生局启动“落实爱的责任，阻止艾的脚步”——北京市百个防艾优秀创意选拔大赛。通过层层筛选，大赛评委会评选出百个防艾优秀创意，入选创意涉及原创、设计、主题活动、竞赛、关爱交流和媒体互动六大类。在两个月的创意实施期内，70余所首都高校青春红丝带社团、社区以及专业疾控人员在内的3万余名首都防艾志愿者，穿梭于高校、社区、公园、高危场所、旅游景区、交通枢纽等百余个场所开展防艾宣传，参与人员涉及各行各业，宣传地点遍布京城各个角落，活动覆盖全市16个区县，宣传受众涉及公务员、中学生、大学生、社区居民、部队官兵、感染者等不同人群，覆盖人群15万人。（徐　征）

【预防艾滋病宣传教育“进工厂，进工地”】　12月21日，市防艾委与国务院防治艾滋病工作委员会办公室、卫生部、全国工商联共同主办了全国农民工预防艾滋病宣传教育“进工厂，进工地”活动启动仪式，国务院防治艾滋病工作委员会办公室副主任、卫生部疾控局副局长郝阳，全国工商联扶贫与社会服务部副巡视员郑克俭，北京市防治艾滋病工作委员会办公室主任、市卫生局副局长赵春惠出席。

（徐　征）

结核病防治

【启动第五次全国结核病流行病学抽样调查】　3月25日，市卫生局召开全国第五次结核病流行病学抽样调查（北京地区）启动暨培训会，启动第五次全国结核病流行病学调查工作，东城区和宣武区为调查点，在每个调查点随机抽取1500名受检对象进行问卷调查和结核病检查。（杨　扬）

【世界防治结核病日主题宣传活动】　3月24日是第十五个世界防治结核病日，主题是“遏制结核，健康和谐”。3月20日，市卫生局在北京大学举办世界防治结核病日宣传活动校园启动仪式。卫生部疾病预防控制局副局长肖东楼、市卫生局副巡视员赵涛、市教委副主任郑萼、中国健康教育中心胡俊峰、世界卫生组织结核病项目官员施南等出席。赵涛、肖东楼分别讲话。本市成为全国结核病疫情最低的地区，户籍人口传染性肺结核患病率12/10万，结核病控制水平与发达国家的大城市相当。但是，本市结核病防治工作面临流动人口、耐多药肺结核和结核菌/艾滋病病毒双重感染等新的挑战。近几年，本市督导下的标准化短程治疗（DOTS）覆盖率继续维持在100%，新涂阳肺结核病人的发现率97.0%，新涂阳肺结核病人的治愈率93.4%，高质量地实现了世界卫生组织结核病控制三大目标。北京市在学校肺结核疫情的监测与处置、耐多药结核病控制、流动人口结核病防治等方面正在进行探索，并积累了一定的经验，尤其是实施了全国首个由地方财政支持的耐多药结核病控制项目，通过对耐多药疑似患者进行药物敏感性检测，及时发现耐多药结核病患者，根据药敏结果制订化疗方案，并进行严格的督导治疗等管理措施，阻断耐药结核菌在人群中的传播，为全国结核病防治提供了借鉴。（杨　扬）

【卫生部督导本市结核病防治工作】　4月26～29日，卫生部结核病规划督导组对本市结核病防控工作进行督导，市卫生局副局长赵春惠参加了汇报会。督导组的总体评价为：“组织领导有力，政府投入到位；部门密切配合，防治网络健全；人员尽职尽

责，工作扎扎实实；规划进展顺利，各项指标达标。”（杨　扬）

【举办学校结核病控制培训班】 10月22、29日，市卫生局、市教委举办中专、中小学校结核病控制工作培训班。北京结核病控制研究所专家对全市中专及中小学校相关人员、区县结防所防治业务骨干120余人进行了培训。培训内容为新生入学体检、入学后肺结核患者常规发现、报告、转诊、治疗管理、密切接触者筛查、疫情处置、健康教育、培训等，是本市首次针对中等专业学校及中小学校开展的结核病控制工作规范化培训。（杨　扬）

【开展建筑工地外来务工人员结核病筛查】 3～11月，本市对昌平区12个建筑工地的4011名外来务工人员实施免费胸部X片筛查，检出活动性肺结核41人，活动性肺结核患病率1022/10万。筛查结果表明，与户籍人口相比，建筑工地外来务工人员属于结核病高发人群。该项工作对于早期发现肺结核患者、阻断结核病在建筑工地的传播、保护外来务工人员身体健康发挥了重要作用。（杨　扬）

肠道传染病防治

【召开手足口病和麻疹疫情分析会】 5月5日，市卫生局副局长赵春惠主持召开手足口病和麻疹疫情分析会，与相关机构负责人共同分析本市近期传染病疫情发展态势。赵春惠要求健康教育机构要充分利用电视、报纸和互联网等媒体，深入宣传卫生知识，告诉市民在春夏交替之际做好自身防护；疾病控制机构要协同相关部门，加强行业管理与督导检查，做好流动人口聚集地、托幼机构、小学和散居儿童的防病管理以及外来务工人员的疫苗接种工作；医疗机构要严格执行传染病预检分诊制度，防止交叉感染，同时要加强医务人员培训，减少重症和死亡病例的发生。

（杨　扬）

【举办“预防手足口，保护婴幼儿”健康咨询活动】 6月16日，本市在顺义区南法信镇举办“预防手足口，保护婴幼儿”大型健康咨询活动。市疾控中心的流行病专家向市民讲解如何预防手足口病的知识，消毒专家演示正确洗手步骤并介绍儿童玩具及日常用品的消毒方法，北京儿童医院临床专家就手足口病的临床表现及患儿的护理知识等进行现场咨询。在活动现场发放了手足口病防治宣传折页和《预防手足口，保护婴幼儿——致家长的一封信》宣传彩页及消毒湿巾等。同时，科普宣传车播放了《预防手足口》《正确洗手六步法》电视片。（杨　扬）

【举办“预防手足口病，送健康知识下乡”宣传活动】 6月25日，在丰台区花乡开展了“预防手足口病，送健康知识下乡”大型宣传活动。市卫生局副局长赵春惠、丰台区副区长李丽萍、花乡副乡长王平等领导参加。活动现场发放了手足口病防治的宣传折页和《预防手足口，保护婴幼儿——致家长的一封信》《健康少年画报》《健康》杂志及消毒湿巾等。“预防手足口病，送健康知识下乡”大型健康宣传活动是从6月中旬开始至7月中下旬，奔赴手足口病发病数较高的10个乡镇，开展送健康知识下乡的系列宣讲活动，在流动人口和外来务工人员聚集地区进行夏季防病知识宣传，提高自我保健意识。

（郭　欣）

【举办霍乱防控演练】 8月25日，本市举办了霍乱防控演练，9个区县疾控中心和卫生监督单位参加。此次演练目的是检验各区县对肠道传染病疫情的应急处置能力，规范采样、检验、消毒等具体操作程序，提高流调水平。（杨　扬）

病毒性肝炎防治

【15岁以下人群补种乙肝疫苗】 本市自2009年10月开始了15岁以下人群补种乙肝疫苗的工作，截至2010年12月31日，全市累计完成接种74288人，超额完成目标任务（107%）。（郭　欣）

甲流防治

【开展来京务工人员甲流疫苗预防接种】 市卫生局、市住房和城乡建设委员会、市流动人口和出租房屋管理委员会办公室、市突发公共卫生事件应急指挥部办公室联合下发《关于对外来务工人员开展甲型H1N1流感疫苗接种工作的通知》，3月5～31日，对全市建筑工地、生产企业、建材市场、批发市场、集贸市场、宾馆、商场、娱乐场所、家政服务、餐饮企业、医疗机构、交通运输等单位的来京务工人员开展甲型H1N1流感疫苗接种工作。医护人员上门提供接种服务，市疾控中心负责全市疫苗供应、接种安排和接种数据的统计，市和区县卫生、建设、流动人口管理等部门对接种工作进行全程督导检查。

（杨　扬）

地方病防治

【赴青海考察鼠疫防控工作】 7月19～21日，市卫生局副局长赵春惠率领局疾控处、科教处、人事处、财务处负责人，佑安、地坛医院领导以及北方八省鼠疫联防办有关人员赴青海省考察鼠疫防控工作。考察团听取了青海省卫生厅、青海省地方病预防控制所对青海省鼠疫防控工作的经验介绍，了解2009年青海省海南州发生一起肺鼠疫疫情的处理过程，并参观标本室和旱獭养殖基地。同时，考察团赴海北州野外鼠疫监测点现场了解鼠疫防控监测情况。

（杨　扬）

【赴内蒙古考察鼠疫防控工作】　8月17～19日，市卫生局副局长赵春惠率领局疾控处、应急办、爱卫办、宣教中心、财务处负责人，国家疾控中心，北京佑安医院，市疾控中心及北方八省鼠疫联防办有关人员赴内蒙古自治区二连浩特市考察鼠疫防控工作。考察团听取了内蒙古自治区鼠疫防控工作汇报及2004年内蒙古地区发生一起人间鼠疫的处理过程、锡林郭勒盟卫生局鼠疫防治工作及二连浩特市鼠疫防控工作，并参观二连浩特市疾控中心、口岸出入境检验检疫局及流动和固定鼠疫监测点。（赵丽杰）

【举办北方八省鼠疫防治培训班】　10月10～14日，北方八省（区、市）鼠疫联防办委托黑龙江省卫生厅举办了北方八省（区、市）鼠疫防治培训班。来自北京、天津、河北、山西、内蒙古、辽宁、吉林、黑龙江8个省（区、市）鼠疫疫源地从事鼠疫防治工作的疾病控制和医疗机构的骨干与新人近百名学员参加培训。国家疾控中心鼠布基地、内蒙古地方病防治中心的鼠防专家分别就中国鼠疫疫情分析、鼠疫疫区处理、鼠疫诊断及治疗、鼠疫应急处置中的现场流行病学调查、国家鼠疫控制应急预案和鼠疫实验室生物安全等进行讲解，并就内蒙古动物间鼠疫疫情及甘肃、青海、西藏发生的3起人间鼠疫疫情及防治对策进行介绍。（赵丽杰）

学校卫生

【开展“5·20”学生营养日健康教育活动】为减少学生肥胖，控制慢性病，市卫生局和市教委联合发文，要求全市中小学校在5月20日前后安排一堂以“远离肥胖、预防慢性病”为主题的健康教育课，由市疾控中心提供统一课件，由市政府折子工程“千名医务人员进学校”的社区医生承担讲课任务。

（郭　欣）

慢性非传染性疾病防治

【启动贫困白内障患者复明工程】　7月13日，本市召开贫困白内障患者复明工程项目启动会，确定为1500例55岁以上贫困白内障患者免费实施复明手术。会上，市卫生局对项目的实施进行部署，宣布23家定点医疗机构，并举行定点医院的授牌仪式；市残联对白内障患者的摸底排查提出了要求。各区县卫生局切实加强对项目实施情况的监督和管理，确保项目高质量完成。启动会后，由北京同仁眼科中心白内障专家对全市参加项目的定点医院中具有白内障手术资质的医生进行专业培训。全年完成1526例白内障患者复明手术。（郭　欣）

【开展居民营养与健康状况入户调查】　8月2日，召开北京市居民营养与健康监测工作启动会暨技术培训会，相关区卫生局、疾控中心、社区卫生服务机构的80余名工作人员参会，并接受国家疾控中心和北京市疾控中心专家的技术培训。此次居民营养与健康状况入户抽样调查工作在西城区、崇文区、海淀区、丰台区开展。每个城区随机抽取6个居委会进行为期3个月的调查，总计1560户近5000名居民。调查主要包括询问调查、医学体检、实验室检测和膳食调查4个部分。现场工作于8月20日正式开展，在4个城区共完成1604户5118人的询问和膳食调查，完成一般体检、血红蛋白、血糖和血脂检测3531人。

（郭　欣）

【开展口腔健康流行病学抽样调查】　为了解本市居民口腔健康状况及其口腔卫生保健的知识、态度和行为特点，市卫生局于8月至2011年3月在全市开展口腔健康流行病学调查。调查面对城乡常住人口，11万余人参加抽样调查，调查内容包括口腔健康检查和问卷调查。（郭　欣）

【开展社区脑卒中筛查和防控项目】　7月底，市卫生局和市财政局联合下发了《关于实施北京市社区脑卒中筛查和防控项目的通知》，对2万名45岁及以上本市户籍人口开展脑卒中筛查。全市各区县将遴选55家社区卫生服务机构参与。9月13日、18日，全市98名基层彩超医生分两组参加培训，由天坛医院和宣武医院共同承担培训任务，培训分理论授课和操作实习两部分，参训人员经考核合格后方可参与项目工作。至年底，全市筛查20279人，发现颈动脉狭窄1881人，检出率9.3%。（郭　欣）

【体重、腰围超标者综合干预及健康膳食推广试点】　6月，市健康促进工作委员会办公室在崇文区开展人民健康管理家园活动的基础上，与崇文区卫生局联合开展体重及腰围超标者综合干预和健康膳食推广试点项目。选取金兴楼餐饮有限公司和北京华油陶然商贸中心的职工食堂为试点，开展健康教育与健康干预，通过在餐厅设立宣传栏、开展健康知识讲座、向用餐者发放宣传材料等方式，倡导和传播健康的膳食理念。同时，在试点单位推广使用低钠盐，开展油、盐使用情况监测，每天记录餐厅油、盐使用情况，逐步减少菜品中油、盐的使用量。7月28日~8月30日，体重、腰围超标者综合干预项目在7个街道办事处进行基线调查，完成体检、问卷调查731人，其中干预组415人、对照组316人。同时，制作和发放支持性工具：温馨提示卡800份，展板7种28块，海报6种80套，宣传卡片、宣传折页3种3000份，《健康体重管理手册》460份，《平衡膳食知识手册》500册，毽子470个。开展讲座7次372人次，知识竞赛2次162人次，各种比赛（乒乓球、踢毽、工间操）3次100人次，健身活动（健步走、工间操、健骨操）3次204人次，爬香山活动70人。

（刘　英）

【口腔科普知识演讲比赛】　9月14日，市卫生局委托市牙病防治办公室举办了“做称职的口腔健康传播者”——口腔科普知识演讲比赛，来自各区县口腔卫生工作基层的13名选手参赛。海淀区牙防所王娜获一等奖，朝阳区南磨房社区卫生服务中心郭丽莉、门头沟区牙防所王明获二等奖，密云县牙防所张宝刚、丰台区牙防所雷萌、西城区金融街社区卫生服务中心刘丽娟获三等奖。（郭　欣）

【糖尿病日宣传和义诊咨询】　11月14日是第四个联合国糖尿病日，主题是“糖尿病教育与预防”，口号是“控制糖尿病，刻不容缓”。由市卫生局主办，市疾控中心承办，市糖尿病防治办公室、怀柔区卫生局协办的糖尿病大型宣传和义诊咨询活动在怀柔区万米公园举行。号召全社会积极行动起来，合理膳食，加强运动；要求医务人员尤其是基层卫生医疗和疾病控制专业人员能够切实有效地提高糖尿病患者和高危人群的规范化管理率，延缓首都糖尿病的发展速度。

（郭　欣）

职业（放射）卫生

【职业病防治专业技术机构资质管理】　2010年，对开展职业病诊断、职业健康检查、职业病危害因素检测与评价、建设项目职业病危害评价的机构进行了规范和梳理，建立起由5个职业病诊断机构、31个职业健康检查、27个职业病危害因素检测与评价、10个（乙级5个、丙级5个）建设项目职业病危害评价机构、4个（乙级1个、丙级3个）建设项目职业病危害评价（放射防护）机构、6个职业病危害因素检测与评价（放射防护）机构共同组成的北京职业病防治技术支撑体系。同时，完成对38家职业卫生技术机构78个资质和5家职业卫生技术（放射防护）机构8个资质的年检，覆盖率100%。（王艳春）

【开展职业病防治专项技术服务】　2010年，全市44家各类职业病防治专业技术机构开展了职业健康检查、职业病危害因素检测、建设项目职业病危害评价（含放射防护）、职业病诊断等职业病防治专项技术服务。完成4986家从事职业危害作业单位211640人的体检，其中岗前体检30137人、岗中定期体检135983人、离岗体检6880人，查出职业禁忌证2613人、疑似职业病2176人。职业病危害因素检测1315个单位，检测样品49328个，超标3102个。完成建设项目职业病危害预评价和控制效果评价161个，其中市卫生局审批项目36个、区县卫生局审批项目58个、其他省市67个。全市有4301人申请职业病诊断，受理4298人，诊断职业病1818例。

（王艳春）

健康教育与健康促进

【召开首届健康促进大会】　5月14日，市政府召开首届北京健康促进大会，市委副书记、市长郭金龙，副市长丁向阳，卫生部副部长刘谦、妇社司司长杨青，市人大副主任吴世雄，市政协副主席赵文芝，中国医药卫生事业发展基金会理事长王彦峰，总后卫生部防疫局局长主皓，武警卫生部计生办主任丁建华，世界卫生组织驻华代表处副代表司徒农等出席。副市长丁向阳作工作报告，总结本市近年来开展的健康促进工作，指出市民中存在的主要健康问题，并对各委办局下一步开展全市健康促进工作提出了任务和要求。市卫生局局长方来英介绍了2009年本市居民健康状况及卫生事业发展的情况。市长郭金龙对各区县政府提出了要求。会上，郭金龙、刘谦为北京市健康大使濮存昕和春妮颁发了聘书。本市逐步进入老龄化社会，传染性疾病得到有效控制，慢性疾病成为居民主要健康问题，不良生活方式是重要影响因素，恶性肿瘤和心脑血管疾病等慢性疾病成为居民死亡的首要原因。口腔健康问题值得关注，青少年整体健康状况不断提高，视力不良和肥胖成为主要健康问题。进一步推动《健康北京人——全民健康促进十年行动规划》的全面贯彻落实，力争将北京打造成拥有“健康环境，健康人群，健康服务”的现代化国际健康大都市。（刘　英）

【健康促进公益宣传咨询活动】　6月5~6日，由中国医药卫生事业发展基金会、市委宣传部、首都文明办、市卫生局和北京日报报业集团联合主办的“健康北京，健康生活，健康北京人”——全民健康促进十年行动大型公益宣传咨询活动在地坛公园举行。市卫生局组织全市25家三级甲等医院和市疾控中心百余名专家、医生为市民提供义诊咨询，涉及领域包括高血压、糖尿病、肝病、骨病、精神疾病、心理卫生以及其他常见慢性病防治。中国疾控中心首席流行病专家曾光教授、中华医学会糖尿病学会分会原主任委员杨文英教授、北京协和医院糖尿病中心主任向红丁教授、北京市科学健身专家讲师团秘书长赵之心等在现场讲解防病知识，宣传推广保健技能。市卫生局副局长赵春惠来到活动现场，慰问参与义诊服务的专家。有数十万市民分别参与了健康科普知识讲座和咨询义诊活动。（刘　英）

【关注贫困人口眼健康】 6月6日是第十五个全国爱眼日，主题是“关注贫困人口眼健康，百万工程送光明”。市卫生局联合市防盲办公室在房山区北潞河小区开展眼健康现场咨询活动。卫生部、市残联、房山区政府负责人到场，呼吁营造爱护眼睛的良好社会氛围。20名三级医院的眼科专家为居民提供了眼健康咨询，帮助掌握眼保健知识，培养科学的用眼习惯，提高眼健康水平。同仁医院将验光车和眼病筛查车开到现场，为60岁以上老年人提供免费视力检查、眼病筛查。同时，发放爱目护眼宣传材料6000余份。（郭　欣）

【全国爱牙日主题活动】 9月19日是全国爱牙日，主题是“窝沟封闭，保护牙齿”。卫生部联合北京市健康促进工作委员会举办了宣传活动，卫生部副部长尹力、北京市健康促进工作委员会副组长方来英出席活动并讲话。卫生部及本市有关领导、教师代表、口腔医师、学生和家长代表300余人参加活动。多年来，本市坚持“预防为主，防治结合”方针，重视口腔卫生保健工作，实施综合防治策略，各项工作取得了进展。（郭　欣）

【召开第三届中国健康教育与健康促进大会】 9月18日，由中国健康教育中心、中国医药卫生事业发展基金会、河北省唐山市人民政府等主办的第三届中国健康教育与健康促进大会在河北省唐山市召开，主题是“城市化与健康”。卫生部领导、有关城市领导、专家学者、企业代表、媒体代表等300多人参会。会上，北京市卫生局局长方来英介绍了“健康奥运，健康北京”全民健康活动的工作和成就，重点解读了《健康北京人——全民健康促进十年行动规划》的主要目标和具体内容，通过实施健康知识普及、合理膳食、控烟等九大行动，全面提升市民的健康素质，使北京市民的11项主要健康指标得到明显改善。（刘　英）

【首届职工健身健康博览会】 10月15～18日，由市总工会、市卫生局、市体育局主办的首届北京市职工健身健康博览会在北京地坛公园举办。全国总工会宣教部部长李守镇、副巡视员包常春，卫生部疾控局副局长孔灵芝应邀出席开幕式。市体育局副局长李丽莉为徐春妮、张健、张国政颁发了形象大使证书。博览会期间，市卫生局组织首都20家三甲医院及卫生机构200余位专家参加了健康知识宣传和义诊咨询服务，同时开设健康大讲堂和广播操比赛。（刘　英）

【培训送学教唱行动志愿者】 11月7日，市健促办举办了“健康歌曲大家唱”健康北京人主题歌曲歌咏大赛送学教唱行动志愿者培训班。中央音乐学院、中国音乐学院、北京师范大学艺术与传媒学院、首都师范大学音乐学院、北京现代音乐学院等5所院校的141名志愿者参加培训。（刘　英）

【“健康北京人”主题作品征集大赛】 11月10日，召开2010“健康北京人”主题作品（海报、Flash）征集大赛终评会。来自中国医药卫生事业发展基金会、北京印刷学院、北京城市学院、市疾控中心、市健康教育所、市公共卫生信息中心、北京晚报及专业设计机构的9名专家对初评入围的150副海报作品和14部Flash作品进行多轮投票，确定了各类奖项。大赛自6月5日启动至9月17日截稿，共收到海报有效作品1655幅、Flash有效作品55部，其中歌曲类8件、公益广告类47件。本次大赛呈现5个特点：一是覆盖面广，参赛作者覆盖30个省、直辖市和澳门特别行政区；二是报送形式多样；三是尝试Flash征集；四是健康主题歌曲公开亮相；五是网络征集新颖，搜狐健康频道开辟了大赛专区，大赛专区浏览量达1040万人，平均每日点击量79390次。（刘　英）

烟草控制

【推进无烟医疗卫生系统的创建】 本市作为卫生部2009年中央补助地方烟草控制项目省市之一，拟在40家医疗卫生机构开展创建无烟医疗卫生系统培训指导基地工作，其中包括23家市属三级医院、10个远郊区县医院、2个妇幼保健院和5个疾病预防控制中心。3月24日，市卫生局、市爱卫会和市疾控中心召开烟草控制项目启动及培训会，介绍了国际上成功的控烟经验，部署了本市项目实施方案。（刘　英）

【召开“无烟社区，健康北京”项目总结会】 12月24日，召开“无烟社区，健康北京”项目总结会，中国疾控中心控烟办公室副主任姜垣、市爱卫会办公室主任刘泽军等领导和专家列席，市疾控中心，大兴、朝阳、石景山区卫生局、疾控中心，亦庄管委会，望京街道和社区卫生服务中心相关负责人参会。会上，市卫生局疾控处副处长杜红对首都社区居民烟草使用状况调查及创建无烟示范社区的情况进行总结通报，姜垣和刘泽军分别就社区控烟现状、北京市控烟政策与执行讲话。（于　灵）

卫生监督

【概述】 全年中环大厅卫生行政许可总咨询受理52167件，其中咨询31503件、受理20664件，许可及发证18890件。对全市公共卫生、医疗卫生等有证单位监督123715户251217次，合格率99.27%。立案4401件，其中行政处罚3737件，罚款5312343元。全市共接到疑似食物中毒报告56起，发生食物中毒25起；接报生活饮用水污染事件4起；与上年相比均有降低。完成60项重大活动卫生监督保障任务。印发《北京市卫生监督机构档案管理规范》和《北京市卫生监督机构卫生监督稽查信息和档案工作管理制度》，全市开展现场稽查201次，出动稽查人员738人次，对697个部门（科室）开展稽查，制订稽查工作方案74个，制作卫生监督稽查文书102份。开展书面稽查210次。卫生监督员资格培训91人，全部取得卫生监督员资格；举办《餐饮服务许可管理办法》和《餐饮服务食品安全监督管理办法》培训班、消毒产品卫生监督员执法培训班、食品安全事故应急处置培训班、行政管理能力培训班等。为全市93家医院安装“北京市卫生监督宣传栏”。开展《职业病防治法》《食品安全法》知识竞赛，我最喜爱的A级餐厅评选活动等。（刘宗美）

公共卫生

日常监督检查

【餐饮服务单位量化分级管理】 本市对36794户餐饮单位进行了量化评级，量化比例92.1%。其中A级单位2762户（占7.51%），B级单位16289户（占44.27%），C级单位17738户（占48.21%），D级单位5户（占0.01%）。（刘宗美）

【管理集中空调通风系统】 全市对清洗2年以上的公共场所空调系统进行了监督检查，同时，开展调研，推进集中空调通风系统的卫生立法工作。（刘宗美）

【公共场所量化分级管理】 2010年，完成东城区、西城区大型商场、超市量化分级管理的试点，同时，对全市各区县公共场所量化分级管理工作进行督查和指导。（刘宗美）

【地铁新城线生活饮用水设计审查及竣工验收】 市卫生监督所对有关区县卫生监督所进行了生活饮用水预防性卫生审查培训，并以5条地铁新城线给排水施工图纸及相关资料作为实例，开展设计卫生审查。地铁新城线工程完工后，又组织有关区县卫生监督所及市疾病预防控制中心工作人员，多次深入工程现场，对各条地铁的典型车站、车辆段、停车场进行生活饮用水供水系统卫生抽查验收，并根据各车站供水水源的不同，开展生活饮用水末梢水水质的抽检。同时，完成对区县卫生监督员生活饮用水预防性卫生审查的培训。（吴　杰）

【生活饮用水卫生监督】 2010年，召开生活饮用水监测工作研讨会，确定了各类供水设施的水质采样点位置、检验项目和监测频率。开展全市生活饮用水预防性卫生审查和验收培训。（刘宗美）

【完成国家基本职业卫生服务试点工作】 2010年，通过了对海淀区基本职业卫生服务试点工作的现场评估检查。经过3年的试点探索，基本完成试点工作任务和目标。（刘宗美）

【培训放射工作人员】 2010年，举办了全市医疗机构放射工作人员放射卫生法律法规及防护知识培训，1317人考试合格，获得合格证书。（刘宗美）

专项监督检查

【春节餐饮服务食品安全专项监督检查】 1月11日起，市卫生局在全市开展春节餐饮服务食品安全专项监督检查。两节期间，全市共出动监督人员6605人次、监督车辆2045车次，监督检查餐饮服务单位15490户次，其中供应年夜饭的餐饮单位1751户次，节前就餐人数较为集中的酒楼、饭店、度假村、会议中心4610户次，举办聚餐活动的集体食堂

491户次，庙会、游园会、滑雪场4753户次，城乡结合部等重点区域餐饮服务提供者773户次，其他餐饮单位3112户次。行政处罚24户次，其中警告5户次、取缔1户次、罚款16户次42900元，销毁变质过期食品75公斤。（刘宗美）

【餐饮服务单位专项整治】 全年对842户餐饮服务单位提出责令整改要求，对1062户进行了行政处罚，其中警告285起、罚款750起、没收违法所得291起，罚没金额222.5万元。（刘宗美）

【严防地沟油、一次性餐具】 年内，开展了餐饮服务环节一次性筷子、餐盒和食用油采购、使用情况的专项监督检查和监督抽检。对59户索证不全的餐馆给予警告，同时，对抽检不合格的单位进行查处。（刘宗美）

【学校食堂及校园周边餐饮食品安全专项整治】 5月，以中小学校周边200米范围内的餐饮单位和小型餐馆为重点场所，开展中小学校周边餐饮服务食品安全专项整治，落实食品安全管理责任，规范加工制作行为，防范集体性食物中毒的发生，消除学校食品安全隐患。截止到10月31日，全市共出动卫生监督检查人员8635人次，出动车辆2953车次，监督检查校园周边餐饮服务单位13327户次。对违反《食品安全法》的餐饮服务单位进行行政处罚116户，其中警告51户，罚款65户1.55万元，没收违法物品7户次，查封工具15件，没收销毁食品23公斤，另立案4起。此外，对部分学校周边餐饮单位进行了食品制作场所表面清洁度（ATP）现场快速检测50件，检测结果全部合格。（陈晓媛）

【建立无证餐饮服务单位台账】 9月中旬，对全市无证餐饮服务单位进行摸排，共有无证餐饮服务单位3707户，其中无证无照的餐饮服务单位3558户、无证有照的餐饮服务单位149户，卫生监督机构采取措施，开展清理整治工作。（刘宗美）

【学校生活饮用水专项检查】 5~10月，全市卫生监督机构共检查大、中、小各类学校1654所，对682所使用市政供水的学校末梢水进行现场或实验室水质检测，对239所学校内采用直饮水供水的环境进行了卫生监督检查。绝大多数学校饮用水卫生管理和设施设备符合卫生要求，对个别学校存在的不了解饮用水管理规定、管理意识薄弱等问题进行法规的宣传，对发现的违法行为做出行政处罚并责令改正。

（刘宗美）

【职业卫生专项监督检查】 全年共监督检查存在粉尘与有毒有害化学品企业2702家，其中重点监督企业796家，对238家存在违法行为的企业给予了行政警告处罚，19家违法企业罚款25.9万元。在监督检查的2702家企业中，接触有害作业的从业人员体检率90%以上。各区县对有规模的38家建筑装饰装修公司进行了监督检查及职业卫生现状调研，督促企业建立职业病防治责任制、职业健康监护档案，依法开展职业健康监护工作。对4家建筑装饰装修公司的违法行为给予行政警告处罚，罚款1家。（刘宗美）

抽　检

【餐饮服务食品安全抽检】 全市共抽检食品样品14类3876件，合格3634件，合格率93.76%，较上年有所下降。其中熟肉制品、鲜榨果蔬汁、月饼、银耳合格率100%，蔬菜合格率98.67%，餐饮具合格率94.97%，盒饭合格率87.5%，沙拉合格率86%，生食水产品合格率88.13%，淡水（海水）鱼虾合格率76.67%，大米合格率95.71%。非发酵性豆制品及凉拌菜合格率较低，分别为79.01%和75%。（刘宗美）

【生活饮用水卫生监督抽检】 抽检市政供水末梢水190件，合格183件，合格率96.3%；二次供水抽检194户（采样送检208件），合格193户，合格率99.5%；市政供水出厂水抽检28件，合格率100%；抽检涉水产品管材样品6件，水质处理器5件，2件不合格。自备供水企事业单位抽检67家，合格61家，合格率91.04%。农村地区自备井供水单位抽检628户，合格398户，合格率63.38%。（刘宗美）

【公共场所卫生监督抽检】 全市共抽检洗浴场所77家，合格71家，合格率92.21%；抽检住宿场所113家，其中B级57家，合格53家，合格率92.98%；C级56家，合格54家，合格率96.43%。抽检游泳场所606户，合格348户，合格率57.43%。抽检集中空调通风系统卫生状况160户，合格117户，合格率73.13%；抽检大型商场超市室内空气质量70户，合格55户，合格率78.57%。（刘宗美）

医疗卫生监督

日常监督检查

【开展医学临床检验监督培训】 9月，市卫生监督所开展了医学临床检验监督工作的培训。医学临床检验所业务主管和负责人、部分医疗机构检验科业务主管及负责人、各级卫生监督机构业务主管及监督员骨干120多人参加。（刘宗美）

【开展消毒产品生产企业法规培训】 9月，市卫生监督所开展了消毒产品生产企业法规培训，200

余名消毒产品生产企业的负责人参加。（刘宗美）

专项监督检查

【专项整治违法发布医疗广告】 全市卫生监督机构共出动卫生监督员3634人次、执法车辆1321车次，对医疗机构警告39户次，累计不良执业行为积分156分。集中向社会曝光违规发布医疗广告的医疗机构名单及违规广告内容24期。市卫生监督所抽查市售主流报刊、杂志20余份16380个版面，发现涉嫌违规医疗广告218条，其中抽查监测发现163条、国家中医药管理局监测转办39条、投诉举报16条，全部进行了查处。下半年违法广告案件的数量较上半年有明显下降。（刘宗美）

【实验室生物安全专项监督检查】 1月，对中国医学科学院实验动物研究所等8家单位进行了专项监督检查，检查内容包括实验室生物安全制度的建设、日常管理及元旦、春节期间实验室生物安全的保障等。针对发现的问题，监督员制作了《现场检查笔录》和《卫生监督意见书》，并要求立即整改。（刘宗美）

【医疗机构血液透析专项检查】 2月，全市卫生监督机构开展了医疗机构血液透析活动专项检查，并委托市疾控中心对医务人员手和物体表面涂抹样品进行了抽检。重点检查医疗机构血液透析室（中心）的规章制度、人员、分区、消毒隔离、透析用水管理、血液透析器的复用管理情况等。共出动卫生监督人员237人次，检查医疗机构113户次，下达《卫生监督意见书》53份，查看病历565份，现场医务人员手涂抹样品抽检25份。针对发现的问题，卫生监督员均责令医疗机构立即整改，并由属地卫生监督机构进行了复查。（刘宗美）

【医疗机构医疗废物专项检查】 1～10月，全市卫生监督机构对部分医疗机构医疗废物管理进行了专项检查。随机选取各级各类医疗机构（包括农村地区医疗废物自行处置的医疗机构）累计检查5788户次，重点检查废物和非医疗废物一次性输液瓶（袋）转交处置情况，医疗废物专用包装、容器、设备、设施质量，病区临时存放点和医疗机构固定暂存处的情况，医疗废物收集管理、人员防护和容器、设备、设施的清洁消毒情况，农村地区医疗废物自行处置规范情况。检查发现：医疗废物集中处置单位对医疗废物产生量较少的医疗机构不能做到48小时内回收，市场供应的医疗废物专用包装物质量参差不齐，个别医疗机构医疗废物交接记录内容不规范齐全，非医疗废物（一次性塑料）输液瓶（袋）出口尚未完全到位。对54家医疗机构未将医疗废物按类别分置于专用包装物内、未建立医疗废物管理制度、未进行登记和储存设备不合格等违法行为，分别给予警告和罚款的行政处罚，共计罚款4.25万元。（刘宗美）

【春季传染病防控监督】 4月，18个区县卫生监督所、医院感染专家对区县疾控中心及部分医院的传染病防控、疫苗接种、医疗废物管理情况进行了监督检查。共检查36家单位，出动监督员54人次，制作监督笔录和意见书72份。对检查中发现的问题，卫生监督员下达了《卫生监督意见书》，并要求整改。5月，区县卫生监督所对存在问题的单位进行复查，大部分单位整改到位，对于少数长期存在资金、场地、房屋等问题的单位，报告有关部门督促其整改。（刘宗美）

【人体器官移植专项检查】 5月，对协和医院、阜外医院、中日友好医院、朝阳医院、佑安医院、安贞医院、北京大学第一医院、友谊医院、北京大学人民医院和北京大学第三医院等10家医疗机构开展人体器官移植的情况进行了监督检查。结果显示整体情况良好。针对检查发现的问题，卫生监督员下达了《卫生监督意见书》，并责令改正。（刘宗美）

【人类精子库和辅助生殖技术专项检查】 5月，对本市9家开展人类辅助生殖技术诊疗活动的医疗机构和1家人类精子库开展了人类精子库和人类辅助生殖技术专项执法检查，未发现明显违法行为。（刘宗美）

【消毒产品生产企业专项检查和督导】 6～11月，全市卫生监督机构开展了消毒产品生产企业专项监督检查。共监督253户次，覆盖率100%，出动卫生监督员620人次、卫生监督车辆220车次，下达《责令改正通知书》7份。针对检查中发现的问题，属地卫生监督机构均下达了《责令改正通知书》和《卫生监督意见书》，并对其整改落实情况进行复查。市卫生监督所对9家消毒产品生产企业进行抽查，针对督导检查中发现的问题，卫生监督员提出了改进建议，下达了《卫生监督意见书》。（刘宗美）

抽　检

【完成消毒产品抽检】 年内，抽检10种消毒产品，其中1种产品的标签说明书标注的内容不符合要求；抽检20个品牌的20种湿巾产品，全部合格；抽检17个品牌的20种纸巾、纸质餐饮具产品，全部合格；抽检血液300份，全部合格；抽检卫生巾、卫生护垫15种，全部合格；医护人员手消毒抽检45件，全部合格。对在卫生监督抽检工作中发现的不合格单位依法进行了查处。（刘宗美）

大型活动卫生保障

【完成大型活动卫生保障 60 项】 全年卫生监督机构完成 60 项重大活动卫生监督保障任务，保障了北京两会、全国两会、北京首届世界武搏运动会、暑期北戴河保障、第二十九届世界音乐教育大会、政协第十一届全国委员会常委会第十次会议等重大活动。

（刘宗美）

行政审批

【全年许可及发证 18890 件】 卫生许可受理审核中心承担的工作事项共计 17 类 123 项，包括医疗卫生 7 类 48 项、公共卫生 8 类 68 项、中医 2 类 7 项，全程办事代理（非许可类事项）20 项。全年中环大厅咨询受理 52167 件，其中咨询 31503 件、受理 20664 件，许可及发证 18890 件。（刘宗美）

投诉举报和突发事件处理

【投诉举报略有上升】 2010 年，全市卫生监督机构共受理公共卫生投诉举报事项 10546 件，比上年增加 9.4%。已经处理 10475 件，占受理总数的 99.3%；已办结 10469 件，办结率 99.9%。处罚 962 件，占结案数的 9.2%，其中警告处理 193 件、罚没款 336 件 794746 元、停止生产经营及执业活动 152 件、没收处理 107 件、销毁处理 155 件、取缔处理 19 件。（吴晓钟）

【突发事件大幅下降】 全年接到 56 起疑似食物中毒报告，与上年相比下降 46.7%；发生食物中毒 25 起，比上年降低 44.4%；发病 396 人，比上年减少 30.5%。第三季度食物中毒发生率明显高于其他季度，发生起数占全年总起数的 72%，发病人数占全年总发病数的 77.8%。细菌性食物中毒呈上升趋势，发生起数占全年的 48%，发病人数占全年的 49%，主要以副溶血性弧菌、金黄色葡萄球菌和变形杆菌为主。集体食堂和餐饮单位是主要发生食物中毒的责任单位。接报生活饮用水污染事件 4 起，比上年减少 12 起，影响人数减少 20700 余人，发病人数减少 409 人。全市食物中毒、生活饮用水污染事件呈明显下降趋势。（王立华）

医疗服务

【概述】 全年本市门急诊比上年增长 10.57%；出院 182.8 万人次，比上年增长 11.87%；编制床位使用率 77.53%，较上年提高 3.1%；平均住院日 13.7 天，较上年缩短 0.23 天。发生医院感染 22880 例，医院感染率 1.73%，低于上年的 1.85%。2 家医责险承保公司委托的医疗纠纷调解机构共受理医疗事故争议案件 1694 件，比上年的 2119 件减少 20%，其中调解 1391 件，占 82.1%；诉讼 303 件，占 17.9%。通过医责险支付赔款 6846.23 万元，其中已决赔款 3743.07 万元（案均赔款 4.17 万元），提存准备金 1982.26 万元（包括未决赔款准备金、未到期责任准备金）。

2010 年，紧扣解决突出问题和创新体制机制，在完善基本医疗服务体系建设、提高医疗质量、改善医疗服务等方面推进各项工作，基本取得预期效果。印发《北京市医疗机构审批管理办法》和《北京市首批第二类医疗技术目录》，开展《北京市区域医疗机构设置规划》的修订。加强郊区县区域医疗中心的建设，探索建立有序转诊的服务模式。开展康复医院护理院试点，探索发展中间性医疗服务机构。进一步完善基本医疗学科（儿科、精神科等）的建设。持续开展卫生支农、对口支援社区卫生工作，推进京蒙省际医疗对口支援工作。启动医师多地点执业试点、医师定期考核、电子病历试点等工作。对北京市麻醉、重症质控中心进行改选，成立北京市重症医学和急诊急救 2 个质控中心。积极推进临床路径。加强人体器官移植的管理。开展医院医疗质量督导检查。推动预约诊疗工作。深入开展优质护理服务。推动建立医疗纠纷人民调解制度。完成对全市院前急救机构考核评估，包括 120、999 的 193 个急救站。新增设街头采血屋 1 处、采血点 4 个。（刘　艳）

医政综合管理

【春节期间烟花爆竹致伤 485 人】 市卫生局对

元旦、春节期间全市燃放烟花爆竹致伤的医疗救治、信息统计和医疗服务保障等工作进行了部署，307家医疗机构和18个区县卫生局作为网络直报单位，将就诊伤员的信息实时上报。1月28日，市卫生局召开春节期间医疗救治和烟花爆竹致伤人员信息统计工作会议。2010年除夕24时到正月十六早6时，本市收治燃放烟花爆竹致伤就诊485人，其中眼外伤99人、外伤（头面、躯干、四肢）115人、烧伤3人、复合伤268人。摘眼球1人，无截肢（指）、重度烧伤和死亡人员。受伤人员的燃放地点在五环路内323人、五环路外162人，致伤人员燃放地点分布如下：东城区64人、西城区34人、崇文区11人、宣武区39人、朝阳区88人、海淀区77人、丰台区57人、石景山区13人、房山区19人、门头沟区2人、大兴区20人、通州区13人、昌平区12人、顺义区11人、怀柔区3人、平谷区2人、密云县17人以及延庆县3人。在外埠燃放来京就诊93人，其中眼外伤25人、外伤19人、复合伤48人、烧伤1人。截肢（指）3人（截拇指2人、截其余手指1人），重度烧伤1人，无摘眼球和死亡人员。（龚文涛）

【召开医政工作会】 4月23日，市卫生局召开2010年北京市医政暨物价工作会议。市卫生局副局长邓小虹、市中医管理局副局长屠志涛，卫生部医管司、总后卫生部医疗局、武警总部后勤部卫生部、北京大学医学部、中国医学科学院、首都医科大学的领导，以及市卫生局、市中医局相关处室领导出席会议。各区县卫生局、本市各二三级医疗机构、驻京部队和武警部队医院的领导，市献血办、各采供血机构、市卫生局所属各质控中心的负责人等530余人参会。会上，邓小虹作工作报告，总结了2009年医政暨物价管理工作进展，从医疗质量、医疗安全、医疗服务、医疗效率等角度对本市医疗资源分布、医院管理和医疗服务综合运行状况进行了分析，并结合医药卫生体制改革的要求部署了2010年医政工作的重点任务。北京大学护理学院、北京大学第三医院、北京英智眼科医院分别就护理院试点工作、“优质护理服务示范工程”实施经验和民营医院发展经验等进行了交流。市卫生局对2009年病历质量评比获奖单位和个人、2010年北京市优秀护士、2009年北京市医院感染管理先进单位进行了表彰。向受聘的北京市护理质量督导员代表和北京市外国医师在京短期行医资格考试中心考评专家代表颁发了聘书，并举行了北京市外国医师在京短期行医资格考试中心和北京市急诊、重症医学2个质控中心的授牌仪式，与急诊、重症医学2个质控中心主任委员单位签订了目标管理责任书。（刘　艳）

【召开门急诊信息采集工作会】 9月19日，市卫生局召开北京市门急诊信息采集工作会，18个区县卫生局、50家三级医院以及11家远郊区县中心医院的主管医疗、信息化和统计的领导及相关人员参加。市卫生局副局长邓小虹出席会议并作总结讲话。会上介绍了建立门急诊信息报告制度的总体框架，要求各区县卫生局和相关医院按照《市卫生局关于建立北京地区医疗机构门急诊信息报告制度的通知》要求，做好门急诊信息采集的准备工作。北京市公共卫生信息中心就《医联码系统实施情况及北京地区门急诊信息系统功能规范》和《北京地区门急诊信息采集工作要求及采集规范》作了专题介绍，对各医院门急诊信息系统建设的规范和数据上报标准提出了要求。会议要求自2011年1月起，在三级医院和11家郊区县区域医疗中心启动门急诊信息报告工作。

（龚文涛）

【全程办事代理事项】 全年完成互联网前置审核受理326件次，做出审核意见130个；医疗广告前置审查受理461件次，审批通过221件次；救护车受理66件，批准44件。（刘　艳）

准入管理

机构准入

【机构审批191件】 全年市卫生局医政处办理医疗机构许可191件，其中医疗机构设置审批13件、医疗机构申请执业登记注册8件、医疗机构变更98件、医疗机构校验58件、其他14件。（刘　艳）

【出台《北京市医疗机构审批管理暂行办法》】 为进一步规范和加强本市医疗机构审批管理工作，市卫生局制订下发了《北京市医疗机构审批管理暂行办法》，自6月1日起执行。（张　涛）

【医疗机构健康体检现场审核】 2010年，市卫生局对本市医疗机构开展健康体检工作的申报、审核等程序进行了统一的布置和安排。截至8月底，专家组完成全市申报健康体检的183家医疗机构的184个体检中心/科的初步现场审核，其中市卫生局主管审批医疗机构47家（48个体检中心/科）、区县卫生行政部门主管审批医疗机构136家；三级医疗机构36家（共办健康体检点39个），二级医疗机构36家，其他为一级及以下医疗机构；非政府办的医疗机构63家，占34%。经研究，同意北京协和医院等167家医疗机构开展健康体检服务，对于已申请但未达到开展健康体检服务条件的医疗机构，要尽快整改，整改合格后重新申报。未取得开展健康体检服务资格的医疗

机构，不得开展健康体检服务。（齐士明）

人员准入

【医师、护士执业注册】 全年受理执业医师注册3119件，许可3046件；执业护士注册14605件，许可13853件；受理外国、港澳台医师注册260件，许可228件。（刘 艳）

【医师定期考核】 6月23日，市卫生局召开北京市医师定期考核启动工作会。医师定期考核工作自7月1日起正式启动。9月25日，市卫生局召开北京市医师定期考核阶段工作会。会上，北京医师定期考核领导小组办公室副主任、北京医师协会副会长吕鹏对前一阶段工作进行了小结，并部署了业务水平考核工作；顺义区医院副院长赵跃华介绍了本院医师定期考核试点工作的开展情况；市中医局医政处调研员赵建宏介绍了中医机构与中医师考核情况；市卫生局副局长邓小虹对下一步北京市医师定期考核工作提出了要求。（陆 珊）

【医师多点执业】 市卫生局在调研和征求意见的基础上，制订了《北京市医师多点执业管理办法（试行）》，将于2011年3月1日起实施。12月13日，市卫生局召开北京市卫生系统医师多点执业启动工作会。本市二级以上医疗机构的主管院长及医务处负责人，部分社区卫生服务中心及民营医院代表，北京医师协会、医学会、医院协会、护理学会负责人以及市卫生局各有关处室负责人300余人参会。市卫生局局长方来英发表讲话。《管理办法》实施后，符合条件的具有中级及以上职称的执业医师经注册可在本市行政区域内2～3个医疗机构依法开展诊疗活动。卫生行政部门鼓励医师到基层医疗卫生机构多点执业，鼓励精神卫生、儿科、康复等专业医师到综合医院和传染病医院多点执业。（陆 珊）

技术准入

【四级妇科内镜技术准入】 6月25日，市卫生局医政处组织各单位申报并经专家评审后，向卫生部报送了《北京市四级妇科内镜技术准入医疗机构名单》，有北京协和医院、北京医院、中日友好医院、北京大学第一医院、北京大学第三医院、北京大学人民医院、北京安贞医院、北京妇产医院、北京朝阳医院、北京天坛医院、复兴医院等11家医院和开展四级腔镜的医师名单。推荐北京协和医院、北京大学第三医院、北京妇产医院为卫生部四级妇科内镜手术培训基地。（张 涛）

【新技术准入449项】 2010年，市卫生局委托北京医学会对申请医疗技术临床应用的医疗机构从硬件、人员、质量控制、伦理委员会的情况等进行了审核。全年共接受100余家二三级医疗机构的778项医疗技术临床应用申请，办结449项。（张 涛）

医疗质量与安全管理

【医疗质量万里行和大型医院巡查】 9月10日，市卫生局召开巡查工作标准讨论会，局机关14个处室及直属单位18名领导参会。10月21日，市卫生局召开北京市2010年医疗质量万里行活动和大型医院巡查工作动员会。副局长邓小虹就此项工作进行解说并提出了要求。医政处副处长路明部署了医疗质量万里行活动和大型医院巡查工作。11月上旬，市卫生局组织专家对5家三级综合医院、5家专科医院、5家民营医院和16个区县直属的1家公立医院进行督查。10月26日～11月19日，由医政（门诊、急诊、临床、院感、护理、输血）、疾控、科教、药械、安保、应急、法监、财务、人事、监察、宣传、审计、工会、信息统计等19个专家组对友谊医院和朝阳医院进行巡查。11月3日，市卫生局医政处副处长陈静、路明和副处级调研员齐士明分别率领3组专家，对中日友好医院、北京大学第一医院和航天中心医院进行实地督查。每组专家15人，分为医疗（门诊、急诊、临床）、医技（药学、检验、输血）、护理、院感、院务公开、安全生产等10个专业组开展工作。11月4日，督查组对北京市第六医院、海淀医院和北京妇产医院进行实地督查。督查医疗质量万里行活动出动专家538人次，被查医院90%以上超过800分。大型医院巡查出动专家203人次。巡查以坚持公立医院公益性、医院建设与发展、医疗服务、医院安全、经济管理和行业作风建设6个方面的内容为重点，发挥“以查促改，以查促建，查建结合，重在改进”的功能，帮助医院查找出许多薄弱环节并给予专业指导。（杨培蔚）

质控中心管理

【成立急诊质量控制和改进中心】 1月20日，市卫生局医政处组织专家对参评医院“北京市急诊质量控制和改进中心”的申报文书、急诊科主任的陈述进行了评估，并对参报医院急诊科进行实地检查。北京协和医院以总分第一被确定为北京市急诊质量控制和改进中心主任委员单位。（齐士明）

【公布第二批血铅检测达标实验室】 2010年，

市卫生局委托北京市医学检验质量控制和改进中心对本市开展血铅检测的医学实验室进行现场检查，公布了8家合格实验室和限期整改及不合格实验室的名单。市医学检验质控中心对限期整改的16家实验室和2家新申报开展血铅检测的实验室进行现场审核评估，其中13家实验室合格并向社会公布。截至年底，本市有21家医疗机构具有血铅检测能力。

（齐士明）

【成立重症医学质量控制和改进中心】 4月22日，北京市重症医学质量控制和改进中心主任委员单位评选结果揭晓，北京友谊医院以总分第一的成绩成为北京市重症医学质量控制和改进中心主任委员单位。（齐士明）

【重新评选临床麻醉质控中心和病理质控中心】 6月22～25日，市卫生局医政处组织9名病理及管理专家，对申报北京市病理质控中心的北京协和医院、北京大学第三医院、北京同仁医院、北京佑安医院、北京医院等5家医院的申报材料进行审阅，对病理科室建设进行了现场检查，并听取拟承担质控中心主任的陈述。同时，9名麻醉及管理专家对申报北京市临床麻醉质控中心的北京医院、北京大学人民医院、北京大学第三医院、北京天坛医院、北京友谊医院、北京朝阳医院等6家医院的申报材料进行审阅，对麻醉科室建设情况进行了现场检查，并听取拟承担质控中心主任的陈述。北京协和医院以总分第一被确定为北京市病理质控中心主任委员单位，北京友谊医院以总分第一被确定为北京市临床麻醉质控中心主任委员单位。（齐士明）

【诊断相关分组（DRGs）】 6月17日，市卫生局召开DRGs与医院管理研讨会。市卫生局、市人力资源和社会保障局、市财政局、市发改委相关处室负责人及北京DRGs－PPS研究项目组负责人参加。市卫生局副局长邓小虹、市人力资源和社会保障局副局长孙彦出席会议。会上，德国从事DRGs研究及应用的专家托马斯曼斯基博士作了《德国DRG体系面面观——策略方针与体会》的报告，介绍了DRGs在德国应用及推广的经验，并解答参会人员的问题。12月中旬，卫生部启动临床重点专科评价工作，市卫生局使用BJ－DRGs作为评价方法评判不同机构间相同临床专科能力。应用医院实际服务的产出和病人治疗的结果作为数据基础进行定量分析，测量本市各个医疗服务机构儿科、眼科、麻醉科、重症医学科等25个专科的临床服务能力。本次评估使用了产能、效率和质量3个维度。从比较的结果看，这两种方法的测评结果基本一致。（陈　静）

【临床路径管理】 3月15日，市卫生局召开北京市临床路径管理试点医院主管院长联席会。市卫生局医政处处长邱大龙、各试点医院主管院长等15人参会。会上，讨论了本市临床路径管理试点工作的问题，交流了前期开展临床路径管理工作中的问题和处理意见等。4月8～9日，卫生部临床路径管理试点督导专家组对本市临床路径管理试点工作进行了督导检查。督导组听取了汇报，并分3组对11家医院进行现场督导。7月19～20日，市卫生局组织专家对北京大学人民医院、北京大学第一医院、北京协和医院和大兴区仁和医院的临床路径管理实施情况进行督导。8月4日，市卫生局召开了临床路径管理试点医院第二次院长联席会。11月5～12日，市卫生局抽调12名专家，组成2个评估专家组，对11家临床路径试点医院进行中期评估。实施临床路径管理以来，11家试点医院实施临床路径的病例未发生医疗纠纷和差错事故，平均住院日、术前平均住院日比实施前有明显下降，医院感染发生率均能控制在较低水平，前三位常见并发症及其发生率、手术病人非计划重返手术室发生率均为零，群众对实施临床路径满意度95%以上。截止到12月31日，11家试点医院有20个专业、99个病种的15163例病例进入临床路径管理，完成路径管理13727例，2067例病例发生变异，1436例病例退出路径管理，变异并退出路径率9.47%。从卫生经济学指标看，单病种次均费用、日均费用、耗材费用、检查费用、抗菌药物费用显示不同程度的变化。从行政管理指标看，通过实施临床路径管理，较好地规范了实施病种的诊疗流程，降低了不同医师在治疗中的差异，减少了医师的随意性；使医务部门对医疗质量管理有较为科学的控制和管理，成为临床训练的教学指引，也使护理人员由临床路径预知了对病人应提供的护理服务，缩短住院日，减轻了病人医疗负担，预知治疗进程，提高了对护理服务的满意度。（齐士明）

【参加医疗责任保险单位占56.2%】 3月16日，市卫生局召开北京市医疗责任保险工作会。卫生部医管司副司长周军、市卫生局副局长邓小虹、中国保监会北京监管局副局长刘跃林，北京大学医学部、中国医学科学院、总后卫生部医疗局、武警总部卫生部和首都医科大学的领导，以及市卫生局、市中医局的相关处室领导出席。各区县卫生局主管局长、医政科长，本市三级医院主管院长、医务处处长和医患办主任，承保医责险的人保财险北京分公司、太平保险北京分公司以及北京卫生法研究会和医学教育协会医疗纠纷调解中心的有关领导和负责人约180人参会。会议由邓小虹主持。会上，邱大龙就2009年北京市医疗责任保险工作进行总结，分析了目前医责险工作中存在的问题，对2010年医责险工作进行了部署。

北京卫生法研究会医疗纠纷调解中心就医责险工作开展5年来医疗纠纷调解情况进行分析和总结。2010年，全市应参保医疗机构771家（含427家社区卫生服务中心（站）），实际参保医疗机构433家，占56.2%。全市医疗责任保险共收取保费6436.63万元，比上年增加1641.82万元；支出6846.23万元，利润-409.6万元。两家医责险承保公司委托的医疗纠纷调解机构受理医疗事故争议案件1694件，比上年受理的2119件减少20%。（龚文涛）

【病历管理】 5月19日，市卫生局举办了病历书写基本规范专题培训班，就卫生部《病历书写基本规范》和《电子病历基本规范（试行）》进行培训。各区、县卫生局医政科病案管理分管人员，二三级医院病案质控医师和2009年病历质量评比获奖个人等294人参加。10月19～22日，市卫生局在本市各级医疗机构开展了病历质量评比活动。对23家三级综合医院和18家三级专科医院推荐的105份病历进行市级评审，评出三级综合医院优秀病历15份、三级专科医院优秀病历5份，并推荐2份内科病历（协和医院、友谊医院）、1份外科病历（宣武医院）和1份死亡病历（北京大学第一医院）参加全国病历质量评比。本市有9家二三级医院参加了卫生部电子病历试点工作，除北京大学人民医院、北京天坛医院、北京同仁医院、北京大学第三医院为卫生部指定三级医院外，市卫生局另推荐3家三级医院和2家二级医院，分别是北京医院、中日友好医院、中国医学科学院阜外心血管病医院、顺义区医院、大兴区人民医院。（路　明）

医疗服务管理

【推行双休日门诊】 5月5日，市卫生局召开双休日门诊研讨会，研讨双休日门诊的开展、患者满意度评价和预约挂号等工作，20余家三级医院门诊部主任参加。5月，本市率先在中日友好医院、积水潭医院、朝阳医院试点推行双休日全天门诊。11月15日，又有22家三级医院开展双休日全天门诊试点。同时，市卫生局要求各区县卫生局组织辖区二级医院开展双休日全天门诊的试点工作。12月4日，副市长丁向阳到北京儿童医院和北京积水潭医院调研双休日全天门诊工作，市卫生局党组书记、局长方来英，副局长雷海潮，市医改办主任韩晓芳，市人力社保局副巡视员张大发以及市发改委、市财政局、市卫生局等有关负责人参加调研。丁向阳走访北京儿童医院和北京积水潭医院的门诊大厅挂号处、咨询处、门诊检验科、输液室，了解医院双休日门诊工作的人员部署、就诊秩序疏导和服务管理情况，询问患者挂号和就诊情况，并听取汇报。（龚文涛）

【预约挂号与双向转诊】 5月18日，市卫生局召开预约挂号工作沟通会，向13名预约挂号社会监督员汇报了本市预约挂号工作的开展情况，并进行交流。市卫生局医政处、基层卫生处、市社区卫生服务管理中心、市公共卫生信息中心领导以及北京协和医院、中日友好医院、友谊医院、宣武医院、朝阳医院、同仁医院的门诊部主任和有关负责人参会。近年来，为提高基层医疗机构服务水平，市卫生局组织全市152家二三级医院对口支援322家社区卫生服务中心，以解决基层医务人员人力不足、水平和信誉度不高的问题，并建立双向转诊机制。7月20日，市卫生局召开社区转诊预约试点工作启动会，率先在宣武区启动区域内大型医院与基层卫生医疗机构定向转诊预约的试点工作。9月底，检验质控中心在盲检和现场检查后，确认宣武区内血尿便常规检查可以实现互认。9月25日，市卫生局召开社区转诊与预约挂号工作会。会议介绍了一年来本市开展预约挂号的情况，宣武区介绍了开展社区转诊的试点情况，启动第二批大型医院与基层医疗卫生机构转诊预约试点工作。11月2～4日，市卫生局和市纠风办对预约挂号信息指标分析情况和预约挂号社会监督员反馈情况进行集中检查。西医医院组检查了友谊医院、中日友好医院、妇产医院、宣武医院、同仁医院、协和医院，中医医院组检查了北京中医医院、北京中医药大学东直门医院、中国中医科学院西苑医院。力争做到数字清、情况明、特殊问题特殊解决。预约挂号有效分流了大型医院门诊的人流和压力，并且在培育新的就诊模式方面起到了巨大作用。（龚文涛　刘　艳）

健康体检

【召开机动车驾驶员体检工作会】 4月30日，市卫生局召开北京市机动车驾驶员体检工作会，各区县卫生局医政科负责人、本市申请承担机动车驾驶员体检工作的二三级医院体检工作负责人150余人参加。会上，软件公司人员对将安装的“北京市机动车驾驶员体检管理信息系统”进行了培训。本市机动车驾驶员体检将全部取消纸质体检表，由网上提交《机动车驾驶人身体条件证明》，实现机动车驾驶员体检、年审一站式服务。（齐士明）

【培训医疗机构健康体检主检医师】 5月14～16日，市卫生局、北京健康管理协会、北京市体检质量控制和改进中心共同举办了医疗机构健康体检主检医师培训班，本市一、二、三级医院108家医疗机构

的200名主检医师参加培训和考核，考核通过率98%。（齐士明）

突发公共卫生事件医疗救治

【支援青海省玉树县地震灾区】 4月14日，青海省玉树县发生地震。15日，由北京大学第三医院、积水潭医院、朝阳医院、儿童医院和北京急救中心组成的抗震救灾专家队，及由北京大学第一医院、北京大学人民医院组建的抗震救灾医疗队组建完成，包括临床骨科、普外、脑外、急诊、ICU、感染、肾内、胸外、院感、护理等专业的60名医护人员，携带近8吨的急救物资和生活用品，乘坐军用专机赶赴玉树灾区。另有6名重症、呼吸、心内等专业的专家同机前往。市红十字血液中心紧急调配1000单位血液同机运往地震灾区。下午2时，由北京急救中心97名医务人员、25辆急救车和急救医疗设备组成的院前急救与转运救援队从北京西站奔赴灾区开展救治工作。本市赴青海灾区医疗卫生救援队在青海分别组建成西宁、格尔木及玉树3个医疗分队开展救援工作。转运伤员408人，救治伤员3203人，抢救危重伤员252人，完成急诊手术50例，巡诊30余次，发放药品2000人次，深入到10余个街村进行疾病防控宣传和开展消杀灭工作。4月25～29日，本市赴青海地震灾区医疗救援队完成任务陆续返京。（刘　艳）

【专家组赴飞机失事地协助医疗救治】 8月24日21时36分，一架由哈尔滨飞往伊春的E190型飞机在抵达伊春机场降落时失事。8月25日凌晨，本市连夜组织胸外、普外、重症、烧伤、骨科等5个专业的专家赴伊春协助医疗救治工作，他们分别是协和医院胸外科主任医师崔玉尚、普外科主任医师陈曙光、ICU主任医师隆云，北京积水潭医院烧伤科主任医师张国安、创伤骨科主任医师曹奇勇。（刘　艳）

【北京专家医疗组赴甘肃省舟曲县救治伤员】 甘肃舟曲发生特大泥石流后，市卫生局从北京积水潭医院、北京天坛医院、北京朝阳医院、北京胸科医院和北京回龙观医院等5家医院抽调出胸外科、创伤骨科、神经外科和重症监护专业的7名医学专家，于当日乘飞机前往甘肃省参加救治工作。（刘　艳）

护理管理

【优质护理服务示范工程】 2010年，市卫生局推荐北京协和医院、北京医院、中日友好医院、北京大学第一医院、北京大学第三医院、北京大学人民医院、北京友谊医院、北京宣武医院、北京朝阳医院、北京天坛医院、北京肿瘤医院等11家医院作为卫生部“优质护理服务示范工程”重点联系医院。市卫生局印发了《北京市“规范护理服务，争创优质护理服务示范标兵”工作方案》，各医院组织了试点病区的申报。截至12月底，有107家医院（三级医院47家，一、二级医院60家）申报试点病区674个。7月7日，市卫生局召开了优质护理服务示范工程阶段总结会。市卫生局副局长邓小虹总结了各试点医院在加强医院管理、提供满意服务方面取得的成绩，分析试点过程中存在的问题，对试点的进一步推广做出部署。9月3日，市卫生局召开优质护理服务示范工程重点联系医院试点病区工作交流会。21家重点联系医院的护理部主任、科护士长、试点病区护士长、北京市护理质量督导专家组220余人参加会议。通过4月、8月开展的护理质量督导及第三方评价的结果反映，重点联系医院96%的试点病区已公示护理服务项目，73%的试点病区护理人力配置达到1∶0.5，各项基础护理服务到位率明显提高，试点病区陪住率下降30%～50%，患者自聘护工减少，患者满意度96.6%，护士职业成就感及自豪感提升，试点工作取得实效。10月12日，副市长丁向阳在市卫生局党组书记、局长方来英，市发改委、市财政局、市人保局等有关领导的陪同下调研了北京协和医院、北京友谊医院试点病房的护理工作。12月中旬，市卫生局对3月份申报试点的38家三级医院、27家二级医院进行了第三轮评价。通过实地检查、问卷调查等方式，重点评价各试点医院护理工作的服务效果和服务质量。第三轮评价结束，向卫生部推荐5个全国先进单位、20个先进病房、40名先进个人，并评选出本市15家示范工程先进单位。（杨　琴）

【护理员培训】 5月，本市护理员培训工作正式启动。5月4日，北京卫生学校第一期培训班开班，培训学员93人；5月12日，北京医药卫生职业技能培训学校第一期培训班开班，培训学员110人。9月初，市卫生局印发《关于开展“黑护工”排查整治及相关工作的通知》，要求各医院开展排查整治工作。此外，各医院在此次排查工作中均完善了患者陪住、探视及护工管理制度，“黑护工”排查将作为医院常规工作定期开展。8月10～16日，市卫生局对西城区、宣武区、丰台区3个试点区内重点医院进行护理员持证上岗情况专项督导。3个试点区有1000余名在岗护工参加了护理员免费培训，其中6家受检医院共培训393人，占应培训人数的52%。培训合格的护理员由医院或家属聘请持证上岗，其中由医院聘用的护理员占培训人数的21.1%。大部分医院优质护理服务示范病区中护理员均完成了规范培训。5月起，先后

在西城、丰台、朝阳及通州等区开展了护理员培训试点。截至12月底，免费培训在岗护理员（护工）3025人。（杨　琴）

血液管理

【参加世界血友病日宣传活动】　4月17日是第二十一个世界血友病日，主题是“共同努力实现人人享有治疗”。市卫生局派员参加了世界血友病日暨北京地区血友病联谊活动。北京地区的血友病病友向市卫生局赠送了锦旗，感谢多年来市卫生局对血友病病友的关心以及在提高血友病患者生活质量方面所做的努力。（杨培蔚）

【启用首个街头固定献血屋】　6月15日，设在西单文化广场西北角的本市首个街头固定献血屋正式启用。献血屋可同时容纳7人献血，其中3个采血位还可以采集血小板成分。街头固定献血屋弥补了流动采血车内无法采集成分血和造血干细胞的不足。

（杨培蔚）

【大力宣传无偿献血】　冬季，全国多个城市出现血液供应紧张的局面，本市血液库存也存在下降趋势。市卫生局采取多种形式加大力度宣传无偿献血，并采取以下措施：区县献血办公室启动国家机关、大专院校、企事业单位应急献血队伍参加应急献血，增设街头采血点、延长采血点工作时间，提前启动“温暖冬季”无偿献血活动，设立校园流动采血车，启用献血者数据库，加强志愿者服务。（杨培蔚）

急救体系建设

【开展院前急救机构考核评价工作】　5月18日~6月3日，市卫生局开展了本市院前急救服务机构质量考核评价工作。考核评价范围包括北京急救中心、北京红十字紧急救援中心及所有急救站，并首次对本市急救网络进行综合评价。通过考核评价，加强了两个急救体系及各区县间的沟通理解，对本市院前急救体系建设目标达成共识；初步建立了统一的考核评价体系；发现了本市院前急救体系的薄弱环节，为医改工作奠定了基础。（杨　琴）

【召开院前急救与院内救治衔接培训工作会】　12月7日，市卫生局召开院前急救与院内救治衔接培训工作会，各三级医院、区县区域医疗中心、北京急救中心（120）、北京红十字急救中心（999）的200余人参加了培训。截至12月底，北京地区有55家医院急诊科建立了急救专线，急救专线于2011年1月1日正式启用。（杨　琴）

大型活动医疗保障

【北京国际自盟场地自行车世界杯赛保障】　1月22~24日，2009~2010北京国际自盟场地自行车世界杯赛在石景山老山自行车馆举行。市卫生局派出医疗组17人，承担比赛期间各国运动员、教练员、竞赛官员及场内观众的医疗服务工作。至比赛结束，医疗组接诊中外患者12人，以外伤为主，其中2人锁骨骨折。（齐士明）

【天安门地区国庆期间医疗急救保障】　市卫生局指定北京急救中心担负国庆期间天安门广场医疗保障任务，北京同仁医院为后备指定医院，遇有突发事件时，北京友谊医院、北京天坛医院也作为接收伤员的后备医院。国庆期间，北京急救中心共派出急救车18台次、医务人员52人次，接诊患者99人，其中现场处置75人、送医院24人，医疗咨询390人次。

（齐士明）

【中国网球公开赛医疗急救保障】　9月25日~10月11日，中国网球公开赛期间，市卫生局组建了观众医疗站和运动员医疗站，医疗急救呼叫系统与各医疗站、FOP团队、定点医院、120指挥调度中心联络通畅，2个医疗站有20名急救医务人员和运动医学专家及2辆急救车参与医疗保障服务。接诊144人，其中运动员58人、观众38人、工作人员36人和志愿者12人，其中转送医院就诊5人，均为运动员。

（齐士明）

【北京马拉松赛医疗急救保障】　马拉松比赛期间，市卫生局共安排北京急救中心（120）、北京红十字急救中心（999）、北京协和医院（西院）、北京大学人民医院、海淀医院等5个单位在比赛线路沿途设立23个医疗急救站、4个跟跑急救站，共派出29辆救护车、6辆急救摩托车，约160名医务人员。北京同仁医院、北京积水潭医院、北京协和医院（西院）、北京大学人民医院、北京大学第一医院、北京大学第三医院、航空工业中心医院、306医院、北京安贞医院、世纪坛医院、北京市第二医院、海淀医院、中关村医院等为赛事后备指定医院，并配备了500余名急救志愿者，协助医务人员为活动提供医疗急救保障。本次赛事共救治各类伤病员208人次（主要是肌肉拉伤、关节扭伤、肌肉痉挛、皮外擦伤等），其中送医院治疗2人（女性1人，为脑供血不足昏迷，送安贞医院治疗后病情稳定；男性1人，因寒冷出现抽搐症状，送306医院），无运动员死亡；救助退出比赛的运动员633人。（齐士明）

【世界单板滑雪北京赛医疗急救保障】　市卫生

局安排北京急救中心在赛场设立医疗站，为训练与比赛期间的运动员、工作人员与观众提供医疗急救保障服务。训练期间，1名瑞典运动员眼外伤与左手撕脱骨折，1名挪威运动员前臂尺桡骨骨折，均转院救治。12月4日，医疗站接诊1名中央电视台记者与1名加拿大教练。（齐士明）

对口支援工作

【城市卫生支援农村卫生】 1月15日，市卫生局召开北京市城市卫生支援农村卫生工作新闻发布会。市卫生局副局长邓小虹发布了本市对口支援工作情况，北京协和医院副院长王以鹏介绍了对口支援平谷区医院的情况，平谷区医院院长金大庆介绍了受援情况和医院发展成果。5月10～17日，市卫生局医政处走访远郊区县115家二级及以下医院（其中二级综合医院11家，妇幼保健院11家，二级中医院10家，山区、半山区卫生院83家），对本市10个远郊区县接受卫生对口支援情况进行调研。9月26日，延庆县召开北京大学第三医院对口支援延庆县医院10年总结大会，并签订新一轮对口支援协议。10年来，北京大学第三医院派出专家2120人次，接诊患者53600人次，开展各种手术1000余例，帮助县医院制订和完善各种诊疗常规、医疗流程和规章制度600余项；延庆县医院每年选派职能部门管理人员到北京大学第三医院进行3个月的短期学习，科主任和学科带头人每两周到北京大学第三医院相关科室观摩学习，参与查房和病历讨论。在北京大学第三医院的帮扶下，延庆县医院心血管内科独立开展心血管介入治疗900余例，腹腔镜手术600余例，腹腔镜下胆囊切除、阑尾切除、直肠癌根治、十二指肠镜逆行胰胆管造影等手术600余例，还开展多种复杂手术、疑难手术。

（齐士明）

【北京市支援内蒙古自治区】 7月21日，市卫生局、内蒙古自治区卫生厅赴内蒙古兴安盟和通辽市对京蒙对口支援项目开展情况进行实地督导和调研。工作组走访了兴安盟科右前旗医院、通辽市扎鲁特旗医院和库伦旗医院，对支援计划的制订、派出人员落实情况、支援计划执行情况进行督导调研，并察看了支援医务人员的工作和生活环境。全年本市26家支援医院向内蒙古受援旗县医院派出医疗队141批次815人次，接收受援医院进修384人次，确定重点建设学科138个，在受援医院开展手术1919例，疑难病例会诊和抢救2405人次，开展新技术新业务328项，专题讲座1220次，教学查房2340次，手术示教1208次，健康教育362课次，义诊13210人次，捐款捐物153万元。（龚文涛）

【大医院支援社区卫生工作】 2010年，全市有160家二三级医院（含部队医院）对口支援326家社区卫生服务中心，每家支援医院都与至少1家社区卫生服务中心建立了一对一的双向转诊、技术扶持、管理辐射、人员双向交流和大医院医生定期下社区服务的对口支援制度。截至12月底，全市有4493名中高级医务人员18366人次到受援的社区卫生服务中心（站）开展对口支援工作，其中正高级职称1169人次、副高级职称4873人次、中级职称12324人次。共接诊297352人次，会诊5413人次，带教培训8842人次，健康教育1266场次，专业讲座1362场次，健康咨询、义诊60967人次，双向转诊10894人次。

（龚文涛）

平安医院建设

【建设平安医院和平安示范医院】 对创建平安医院实行两级考核制，一是平安医院的考核认定工作由区县卫生局组织实施，二是各区县卫生局将本辖区创建工作优秀的平安医院向市卫生局推荐，参加首都综治办平安系列评选工作中“首都平安示范医院”的评选。4月，本市19家医院被评为首都平安示范医院、101家医院被评为平安医院，至此平安医院达到334家、首都平安示范医院62家。12月，各区县卫生局进行平安医院的考核验收和往年确定为平安医院及首都平安示范医院的复核验收。2010年，市卫生局办理群众医疗纠纷来信209件次；接待群众医疗纠纷来访503批次。2家医疗纠纷调解机构受理医疗事故争议案件1694件，比上年的2119件减少20%，其中调解1391件，占82.1%；诉讼303件，占17.9%。

（杨培蔚）

卫生应急

【概述】　2010年，成立市级突发公共卫生事件及卫生应急专家咨询委员会；成立市级卫生应急救援队伍，扎实推进卫生应急体系建设；逐步完善卫生应急装备、储备建设，建立健全卫生应急预案体系；进一步改进卫生应急指挥系统；高度重视突发公共卫生事件风险管理，适时进行公共卫生安全形势分析，全面开展卫生应急法律法规的培训，狠抓卫生应急演习演练，完成青海玉树地震灾害应急救援工作，并不断加强国际国内交流合作等。（高　燕）

卫生应急体系建设

【成立卫生应急专家咨询委员会和救援队】　2010年，成立市级突发公共卫生事件及卫生应急专家咨询委员会，由传染病防控、预测预警、中毒处置、灾害事故与医疗救治、核与辐射损伤处置、健康教育与心理危机干预6个专业组62人组成；市级卫生应急救援队包括医疗救援、传染病控制、核与辐射处置、心理干预处置、中毒与化学污染处置、水及食源性污染处置共6大类242人。（高　燕）

【推进卫生应急体系建设】　8月，对市、区卫生行政部门、疾控中心、卫生监督所和二级以上医疗机构的卫生应急机构设置、队伍组建、培训演练、装备储备和经费等进行摸底调查，并撰写调研报告，为制订本市卫生应急体系发展规划打下了基础。同时，调整本市突发公共卫生事件药品储备的品种和规模，理顺应急用医药物资的调用程序，完成北京市卫生应急队伍携行装备建设方案及卫生应急装备目录的制订。（高　燕）

【改进卫生应急指挥系统】　2010年，完成应急指挥平台信息展示部分的需求调研、功能设计，并制订实施计划，包括120、999、12320、疾病控制、卫生监督、血液情况、应急知识库、专家库、医疗机构基础信息等8个重点展示单元。完成“物联网”项目的初级阶段调研，确定重点实施的项目，并进入具体需求调研、功能设计阶段。（高　燕）

【重视突发公共卫生事件风险管理】　5月，由市卫生局牵头承担了市级重点专项——“北京市传染病疫情风险管理体系”和市级示范项目——“北京市实验室生物安全风险管理”。为此，成立市卫生局公共卫生安全风险管理工作领导小组，制订《北京市卫生局关于公共卫生安全风险管理重点工作（2010—2011）实施方案》，并组织专家对相关处室进行风险管理的培训。（高　燕）

【开展卫生应急法律法规培训】　6月，市卫生局组织全市卫生系统职工开展了《应对法》和《实施办法》的全员考试。参加考试的单位包括各区县卫生局、三级医疗机构、直属单位（非医疗机构类）及北京市红十字会紧急救援中心1533家，参考职工149104人，参考率97.98%，合格率100%。（高　燕）

【开展卫生应急实战演练】　5月12日是第二个全国防灾减灾日。市卫生局应急办开展了全市性“突发不明原因的群体性食物中毒”卫生应急实战演练。此次演练检验相关医疗卫生机构卫生应急工作的准备情况以及卫生应急组织、指挥协调能力，进一步提高相关医疗卫生机构和人员对突发公共卫生事件应急反应能力。8月11日，由市卫生局应急办牵头，市疾控中心、市卫生监督所承办，举行全市突发公共卫生事件应急处置演练，历时3天。从全市16个区县卫生局中随机抽取8个区县卫生局参演，演练以实际操作为主，模拟群体性不明原因腹泻事件。重点检验参演单位应对突发公共卫生事件的现场处置能力，以及相关部门在应急响应、统一指挥、部门协作等方面的快速反应和应急管理水平，强化全市突发公共卫生事件应急响应协作机制。（高　燕）

【赴周边省市开展卫生应急调研和交流】　6月8日，市卫生局副巡视员赵涛与应急办人员到天津市卫生局进行卫生应急工作调研和交流，并参观了天津市紧急医疗救援中心。此次调研的重点是天津市卫生局的一案三制、应急专家队伍建设、应急物资装备储备、重大传染病监测体系与信息系统建设、应急指挥平台系统培训和演练等。6月10日，市卫生局副巡视员赵涛带领应急办工作人员到河北省卫生厅进行卫生应急工作的调研和交流。此次调研了解了河北省卫生系统的一案三制、应急专家队伍建设、应急物资装备及储备、重大传染病监测体系与信息系统建设、应急指挥平台系统培训和演练等，并对有关热点问题进行了研讨。（高　燕）

【卫生部考察门头沟区卫生应急工作】　9月20日，卫生部卫生应急办公室主任梁万年一行10余人来到门头沟区调研基层卫生应急工作，并考察了乡村卫生院的卫生应急设施设备。门头沟区卫生局局长赵国章汇报了区内卫生应急工作情况，卫生部卫生应急办公室各处处长就相关问题进行了询问和了解，梁万年对本市基层卫生应急工作给予了肯定。（高　燕）

【紧急灾害医学救援培训】　10月18日，市卫生局委托中国医学救援协会在CERT紧急救援训练中心对35名来自市、区疾控中心的卫生应急人员进行为期4天的紧急灾害医学救援技能培训。本次培训课程采用国际城市搜索救援（USAR）标准，从减灾预防、搜索与救援、医疗救助、灾害现场危险评估、野外生存技能等方面开展培训，重点强化实战技能。（高　燕）

突发事件处置

【赴玉树灾区实施救援】　4月14日，青海省玉树县发生7.1级地震后，市卫生局迅速组织医疗卫生救援队携带应急救援物资赶赴灾区救援。救援队在灾区工作14天，于4月29日完成任务返回北京。（高　燕）

【怀柔水岸山吧食物中毒事件的应急处置】　4月24日，怀柔区北京水岸山吧餐饮有限责任公司出现一起食物中毒事件。事件发生后，怀柔区委区政府、区卫生局相关主要领导立即赶赴怀柔区第一医院指挥抢救工作。接报后，市卫生局连夜组织专家进行实验室核实，并将中毒患者转运至解放军307医院做进一步救治。最后，经实验室鉴定，为一起突发可乐定中毒事件，由公安机关介入做进一步处理。（高　燕）

妇幼卫生

【概述】　本年度，完成农村妇女两癌筛查、增补叶酸预防神经管缺陷、农村孕产妇住院分娩补助，完成包括新生儿免费进行先天性疾病筛查和为0～6岁儿童免费进行健康体检2项政府基本公共卫生服务项目。以户籍人口计，孕产妇死亡率12.14/10万，婴儿死亡率3.29‰，出生缺陷发生率16.03‰。全年活产婴儿173801人。（陈　云）

【清理妇幼卫生文件】　2010年，对全市11项妇幼卫生许可和备案的行政审批事项进行梳理，对1990～2010年间的94件妇幼卫生规范性文件的有效性进行清理，并统计了2008～2010年妇幼卫生的发文目录。（陈　云）

【完成行政许可，加强母婴三证管理】　全年完成行政许可工作195件，包括《母婴保健技术服务执业许可证》《母婴保健技术考核合格证书》和《出生医学证明》在内的母婴三证。印发《关于进一步加强出生医学证明管理的通知》，编印《北京市出生医学证明规范化管理文件汇编》，对1995～2010年有关《出生医学证明》的所有规范性文件进行法条拆分，明确了各有关部门的法定职责。针对群众来电来访的常见问题，市卫生局组织专家前往12320热线，就《出生医学证明》的办理进行培训。（陈　云）

【完成助产机构市级评估】　根据修订后的《开展助产技术服务的医疗保健机构的基本条件》，市卫生局对本市16个区县的20家助产机构进行了抽查评估。本市助产技术服务和管理水平有了明显提高。针对问题，专家组提出了意见和建议。助产机构市级评估报告和各家助产机构的评分结果以书面形式下发至全市。（陈　云）

【进一步完善妇幼卫生信息系统建设】　年内，配合市统计局完成“妇幼保健宏观指标库”的建设。依据信息管理规范，撰写并提交了《北京市妇女保健年报分析报告》等3篇业务工作报告。进一步理顺妇幼保健各类信息报表上报流程，对出生医学证明个案

信息严格管理，组织软件开发公司完成出生医学证明管理软件的改版升级和应用。（郗淑艳）

【完成“十二五”妇幼卫生发展规划】 按照市妇儿工委和市卫生局发展计划处的安排，多次组织专家研讨，完成《北京市“十二五”妇女发展规划》和《北京市“十二五”儿童发展规划》的指标修订及《北京市“十二五”妇幼卫生发展规划》框架的起草工作。（郗淑艳）

【对重大公共卫生项目进行督导评估】 8月，市卫生局印发《国家重大公共卫生服务项目妇幼卫生项目北京市督导评估方案》。9月7～17日，联合市财政局、市人口计生委、市妇联、市妇儿工委等部门对朝阳、海淀等7个区县重大项目的落实情况进行督导评估。督导评估组对各区县落实重大公共卫生项目中的经验、问题和建议进行了反馈，还就需要市级层面研究解决、沟通协调的问题进行研究。

（郗淑艳）

【开展妇幼卫生重大公共卫生项目网络直报】 根据卫生部及全国妇幼卫生监测办公室的要求，北京地区于11月正式启动重大公共卫生项目妇幼卫生项目网络直报工作，全市正式对农村孕产妇住院分娩补助项目、增补叶酸预防神经管缺陷项目、农村妇女宫颈癌检查项目等3个重大公共卫生项目的进展情况实行月度、季度的网络直报，13个区县妇幼保健机构均按期网上直报并审核相关信息。（郗淑艳）

妇女保健

【继续开展农村妇女两癌筛查】 本市继续在怀柔区、顺义区、海淀区、朝阳区、平谷区、延庆县开展农村妇女乳腺癌检查项目，同时在怀柔、顺义开展农村妇女宫颈癌检查项目。全年完成宫颈癌检查31133人，诊断宫颈癌前病变33人，宫颈癌3人；乳腺检查12085人，诊断乳腺癌6人。市卫生局对参加项目检查的妇科、宫颈细胞学、乳腺临床、乳腺超声、乳腺X线摄影等医疗技术人员进行分类培训、操作考核，组织市级专家从工作开展情况、组织管理、环境、仪器、操作流程、服务能力、检查结果等方面对项目进行质量控制，确保项目的落实。

（郗淑艳）

【增补叶酸预防神经管缺陷】 全面落实卫生部《增补叶酸预防神经管缺陷项目管理方案》，与市计生委以往开展的北京市增补叶酸预防神经管缺陷项目工作做好衔接。起草《北京市增补叶酸预防神经管缺陷项目实施方案（试行）》，拟从2011年开始将增补叶酸覆盖范围从农村妇女扩大到16个区县本市户籍人口。（郗淑艳）

【推进农村孕产妇住院分娩补助项目】 针对本市农村孕产妇项目执行过程中出现的问题，对原有政策进行了修订，与财政局联合下发了《北京市卫生局、北京市财政局关于印发<北京市农村孕产妇住院分娩补助项目管理方案>的通知》，进一步扩大项目补助范围，包括一年内已参加本市新型农村合作医疗的本市非农业户籍孕产妇、外嫁京孕产妇、因医学原因异地或跨区分娩孕产妇，简化补助流程，切实可行地落实该项惠民政策。（郗淑艳）

【控制孕产妇死亡率】 全年本市孕产妇死亡率12.14/10万，较上年有所下降。一是组织召开全市加强孕产妇死亡率控制工作专题会议；二是坚持全市产科主任工作例会制度；三是落实助产技术人员培训；四是规范孕产妇死亡评审和危重孕产妇抢救病例评审，建立孕产妇死亡通报各区县卫生局制度，并抄送区县政府；五是协调解决危重孕产妇、高危儿转诊难的问题，成功协调解决5例基层危重孕产妇转诊、急救，使孕产妇转危为安；六是开展产科对口支援，指定北京妇产医院、北京大学第一医院、北京大学人民医院、北京协和医院对口支援产科力量比较薄弱的4家三级综合医院，向受援医院定期派驻产科学科带头人，通过帮管理、传技术，实现带人才、扶学科的目标。（郗淑艳）

【降低出生缺陷发生率】 本市出生缺陷发生率16.03‰，较上年无明显增加，户籍人口中围产儿出生缺陷前五位及构成比分别是：先天性心脏病（39.1%）、外耳其他畸形（13.6%）、多指趾（10.9%）、并指趾（4.8%）、尿道下裂（4.6%）。通过继续强化产前筛查和产前诊断专业人员的培训与考核，组织对产前诊断机构人员的现场考核与机构资质的现场检查审核，保证了出生缺陷监测机构的质量控制。（郗淑艳）

【预防艾滋病母婴传播】 年内，市卫生局与市疾控中心对全市158名预防艾滋病母婴传播的主管医生、妇产科人员就工作新进展进行了培训。同时，在全国预防艾滋病母婴传播工作会上进行了经验交流。对发现HIV阳性孕产妇的3个区县进行了预防艾滋病母婴传播工作的督导检查。（郗淑艳）

【抽查爱婴医院】 世界母乳喂养周期间，市卫生局依照《爱婴医院监督管理指南》，对北京世纪坛医院等11家医院进行了没有预先通知的抽查。通过现场观摩、访谈、问卷及考核，总体上本市爱婴医院的管理及相关知识技能水平符合要求，医务人员及产妇对母乳喂养、母婴同室的知识掌握基本合格。

（郗淑艳）

【启动产后抑郁研究】 9月25日，市卫生局召开“基于产科医生、社区医生、孕产妇家庭的产后抑郁实用管理指南”项目研讨会。卫生部妇社司、世界卫生组织有关负责人和相关专家参加会议。会议就项目目标、实施内容、进度安排等进行讨论，并对下一步开展研究项目提出意见和建议。（郗淑艳）

【加强计划生育技术服务管理】 年内，完成对本市18家二级以上医疗机构计划生育技术服务的专项检查与督导；开展专业技术培训；组织计划生育手术并发症市级评审会，对2009年发生的8例具有一定代表性的节育手术并发症进行评审，寻找管理和技术上存在的问题与隐患；完成全市计划生育、产科医师职业暴露状况的调查。（吕 播）

【推进健康北京人——母婴健康行动】 年初，市卫生局引入社会资金，在16个区县相继启动健康北京人——母婴健康行动。发挥北京优生优育协会、北京妇幼保健院、首都儿科研究所等相关单位儿童保健、妇女保健专家的资源优势，计划用3年时间达到妇幼卫生专业人员和社区居民两项健康教育工作规范化和普及化的目标。组织项目区县研究制订实施方案，筛选建立市级妇幼保健专家讲师团和社区居民科普讲师团，初步实现统一师资标准、统一健教要点、统一课件模板、统一课时安排。（吕 播）

儿童保健

【控制婴儿及5岁以下儿童死亡率】 全市婴儿死亡298例，死亡率3.29‰。5岁以下儿童死亡377例，死亡率4.16‰。5岁以下儿童死因顺位前五位及其构成比分别是：早产低体重（14.85%）、先天性心脏病（13.53%）、出生窒息（9.28%）、肺炎（7.96%）、意外窒息（5.04%）。（郗淑艳）

【新生儿先天性疾病筛查和儿童健康体检】 继续免费为新生儿进行先天性疾病筛查和对0~6岁学前儿童进行健康检查的项目。新生儿先天性疾病筛查包括听力、心脏病、髋关节脱位、先天性甲状腺功能减低症和苯丙酮尿症。全年筛查新生儿听力87432人，确诊异常160人；筛查心脏病74568人，确诊异常270人；筛查髋关节脱位74568人，确诊异常17人；筛查先天性甲状腺功能减低症165975人，确诊异常66人；筛查苯丙酮尿症165975人，确诊异常23人。为0~6岁户籍儿童免费体检459725人，查出低体重患病率0.18%，发育迟缓0.14%，消瘦0.14%，肥胖3.82%，贫血3.33%。本市户籍0~2岁儿童佝偻病患病率0.07%。（郗淑艳）

【加强托幼园所卫生保健】 一是协助教委做好托幼园所业务指导与检查评估。全年完成24个园所早教基地的验收，促进亲子班卫生保健制度的完善和落实；完成19个卫生保健示范园视导工作；完成18个园所的分级分类验收，进一步规范托幼园所的办园行为，提升工作质量。二是以点带面，促进工作质量不断提高。组织了主题为“托幼园所卫生保健信息资料的收集、分析和应用”的观摩活动。三是加强对基层的培训和反馈，有的放矢开展工作。对各区县妇幼保健院负责托幼园所儿童保健的业务指导与管理人员开展培训。四是做好全市儿童体质监测，完成45个幼儿园5828名儿童的现场测试及质量控制工作。（郗淑艳）

【建立先天性心脏病筛查、治疗和监测网络】 7月，市卫生局召开专家审核会，对委托北京安贞医院组织实施的“建立北京市先天性心脏病筛查、治疗和监测网络科研项目”进行审核。2007~2009年，对15000名孕妇进行了先心病产前筛查和相关新生儿的随访追踪。海淀区、丰台区、大兴区、门头沟区、昌平区妇幼保健院及大兴区人民医院等6家单位参与了科研项目。先心病三级管理网络模式，以自行研发的母婴数据平台为具体操作方式，实现先心病实时网络上报，为政府和基层妇幼机构动态监控、管理先心病发病和治疗状况提供了科学手段。（郗淑艳）

基层卫生

【概述】 2010年，基层卫生工作以落实本市医药卫生体制改革对基层卫生工作的要求和全局重点工作为主线，以强化基层卫生服务功能和内涵建设为核心，以让广大居民享受便捷、优质的服务为落脚点，完善工作机制，加大工作创新力度，如开展家庭医生式服务试点、延长社区卫生服务时间、开展功能社区和社区诊断试点、老同志集中居住区开展社区卫生服务、转诊预约等。同时，以强化管理为依托开展社区卫生工作绩效考核、满意度调查，使社区卫生服务评价机制更为科学、合理。（李志敬）

社区卫生

【基层卫生服务网络】 全市已有社区卫生服务中心 323 个、社区卫生服务站 2484 个，基本实现满足城镇、远郊平原、山区居民分别出行 15、20、30 分钟可及社区卫生服务的目标。

推进老同志居住区社区卫生工作。第一批居住区主要涉及翠微西里、复兴门外大街 24 号、南沙沟等 4 个小区。完善相关居住区社区卫生服务站建设，根据需求配置医疗设备和办公设施，及时派驻卫生技术人员，协调三级医院提供专家服务和建立转诊渠道。12 月 1 日，相关社区卫生服务站正式运行，根据不同居住区老同志的需求提供不同形式的社区卫生服务。

开展功能社区建设。在东城、西城、丰台、海淀 4 个区分别开展了功能社区卫生服务工作，确定市委市政府办公区、卫生部、中环办公楼、中国银行软件公司、市审计局和丰台区财政局、北京交通大学等功能社区开展社区卫生服务。已经开展的工作包括健康需求和状况调查、安放健康宣传栏、定期发放宣传材料、团队巡诊、健康大课堂讲座、中医保健、心理健康促进等。（李志敬）

【基层卫生服务模式】 截至年底，全市已建立健康档案 1404 万份，建档率 80%。

开展家庭医生式服务试点。在东城、西城、丰台 3 个区开展家庭医生式服务试点。以社区卫生服务团队为核心，以居民健康管理为主要内容，社区卫生服务团队通过与居民建立相对稳定的自愿服务关系，为居民提供主动、连续、综合的健康责任制管理。3 个试点区共组建社区卫生服务团队 671 个，累计签约 125611 户 263181 人，平均每个团队签约家庭 187 户，居民 392 人。印制家庭医生服务团队联系卡、《致居民一封信》、宣传海报等 192 万份，覆盖辖区所有村、居委会。

启动社区转诊预约工作。7 月起，在原宣武区开始实施大型医院与基层卫生医疗机构转诊预约试点工作。9 月 25 日，启动第二批大型医院与基层医疗卫生机构转诊预约工作，涉及西城、石景山、丰台、海淀、房山、大兴、顺义、通州、昌平、平谷、怀柔、延庆、密云等区县的部分医疗机构。印发《致居民朋友的一封信》40 万份。截至 12 月 31 日，范围内社区卫生服务机构实施转诊预约 1220 人次，成功转诊 1217 人次，成功率 99.75%。

开展延长服务时间试点。7 月 1 日，在城区社区卫生服务中心开展延长服务时间试点。印制宣传折页 11 万份。各社区卫生服务中心克服人员少等困难，延长门诊服务时间至晚 8 时，提供全科诊疗、药房、化验等诊疗服务，社区卫生服务团队通过“健康通”手机 24 小时提供健康指导与咨询，24 个社区卫生服务中心提供 24 小时医疗应急处置服务。

（李志敬）

【基层卫生服务能力】 加强社区慢性病综合管理。在不断完善居民健康档案的同时，充分利用健康档案开展社区慢病综合管理。修订了《北京市慢性病管理规范》，涉及高血压、糖尿病、冠心病、脑卒中、慢性肾病、慢性肝病和健康知己管理。全年慢性病规范化管理骨干培训 1292 人。

开展家庭保健员培训。对慢性病患者家庭中一名成员进行慢性病防治知识与技能的培训，使其掌握一般常见慢性病的防治知识与技能，并与社区医务人员建立沟通机制，协助开展慢病患者健康管理。全年完成 2.5 万名家庭保健员的培训。

开展社区卫生诊断试点。在东城、西城、顺义、朝阳 4 个区开展社区卫生诊断试点。完成现场调查、数据录入 76116 户。西城区在先期完成社区卫生诊断的基础上，加强对社区卫生诊断结果的利用，开展有针对性的健康促进活动，加大社区综合干预力度，维护居民健康。

诊疗人次稳步上升。本市社区卫生服务机构全年诊疗 3044.4 万人次，占全市医疗卫生机构诊疗总人次的 21%。慢性病管理 171.7 万人，比上年增加 14.39 万人，增幅 9%。（李志敬）

【基层卫生人才队伍建设】 委托北京市社区卫生协会继续对社区卫生服务机构新任管理者和慢性病管理人员进行岗位培训。课程设置突出相关政策的实效性和专业技术知识的实用性，以提高管理者水平和慢性病管理的效果为原则，全年培训社区卫生管理干部和慢性病管理专业技术人员近 1000 人。

继续落实人才队伍建设“四个一批”工程。“下来一批”，即大医院与社区卫生服务机构开展对口支援，全年大医院有 18364 人次到社区卫生服务机构开展对口支援。“回来一批”，即返聘大医院退休医学专家到社区卫生服务机构提供服务，全市有 975 名退休专家到 323 个社区卫生服务中心、1700 余个社区卫生服务站提供出诊、带教等服务。“进来一批”，即引进医学院校毕业生到社区卫生服务机构工作，全年招收 995 名医科大学毕业生到社区工作。“出来一批”，即对现有社区医务人员开展岗位培训，全年有 1000 余

名社区医生参加康复、检验、B超等专业的岗位培训。对新招收的大学及以上毕业生开展3年全科医生规范化培训。 （李志敬）

【召开社区卫生改革与管理工作会】 12月23日，召开全市社区卫生改革与管理工作会。副市长丁向阳出席会议并讲话，市卫生局局长方来英作了题为《深化改革，创新服务，努力开创首都社区卫生工作新局面》的工作报告，市政府相关部门及卫生部、国家中医药管理局、总后卫生部、武警总部卫生部等有关部门领导出席会议，各区县政府、卫生局及相关部门负责人、新闻媒体等近1000人参会。会议总结了近年来本市社区卫生改革与发展情况，部署今后社区卫生工作的重点任务，特别是对本市即将全面推行的家庭医生式服务的宣传和启动。 （李志敬）

【开展社区卫生绩效考核】 3月15～17日，由市卫生局、财政局、人力社保局、发改委、民政局、药监局、监察局、中医局等有关人员及相关专家组成的社区卫生服务绩效考核组40余人对各区县政府2009年社区卫生工作进行绩效考核。考核分6个小组，每组考核3个区，每区考核1天，针对各区县社区卫生服务政策落实、网络建设、人才队伍建设、慢病管理、公共卫生服务、满意度评价等进行现场考核。通过现场考核打分、考核组之间横向评估，结合市级各公共卫生管理部门（疾病预防控制中心、妇幼保健院、精神病防治所等）对各区县日常相关工作的考核结果，评出各区县在考核中的最终成绩，并落实考核经费2000万元。 （李志敬）

【推广社区卫生服务岗位绩效考核手册】 2010年，本市继续完善《社区卫生服务岗位考核手册》的内容，并向全市社区卫生服务机构推广使用。《考核手册》共包括9类16个岗位的绩效考核标准，如社区医疗岗（包括全科医疗、中医、康复、口腔等）、社区护理岗、预防保健岗、医技岗（检验、心电图、医学影像）、药剂岗、药械岗、管理岗（包括中心主任、副主任、职能部门人员）等。 （李志敬）

【落实老年优待各项工作】 本市社区卫生服务机构继续开展老年优待各项服务。为813万老年人次免收普通门诊挂号费，优先出诊22.2万人次，优先建立家庭病床961张，免费查床4290次，为符合老年优待政策的老年人免费体检30.2万余人。

（李志敬）

【开展社区老年保健适宜技术培训】 市卫生局委托北京老年医院组织老年医学专家针对社区医务人员开展老年保健适宜技术培训，以老年常见健康问题为主要培训内容，如老年跌倒、痴呆、抑郁、失眠、尿失禁、褥疮、便秘、营养不良等老年综合征的治疗和护理，以及老年人综合健康评估等。全市有243名基层医务人员接受为期3天的培训并取得相应学分。

（李志敬）

农村卫生

【新型农村合作医疗】 2010年，全市278.53万人参加了新型农村合作医疗，参合率96.7%，人均筹资最低520元，筹资总额154696.59万元，市、区县、乡镇三级政府筹资比例达85.62%。新农合政策范围内患者住院费用报销比例60.02%，比上年（47.59%）提高12.43个百分点；门诊政策范围内报销41.05%，比上年（34.19%）提高6.86个百分点。出台《北京市卫生局关于做好新型农村合作医疗支持手足口病防治工作的通知》：一是要扩大报销范围、保障重症患者的救治，二是要规范诊疗、合理救治，三是要加强服务、及时结算。 （宗保国）

【农村儿童重大疾病医疗保障方案】 探索减轻农民重大疾病负担的有效途径，努力提高本市农村学生、儿童重大疾病医疗保障水平，结合本市新农合与医疗救助工作的实际，从扩大试点范围、扩大保障人群、提高保障水平、改革支付方式几个方面出发，拟订《提高农村学生、儿童重大疾病医疗保障水平试点工作实施方案》，并报市政府。该方案优先选择几种危及儿童生命健康、医疗费用高、经积极治疗预后较好的重大疾病开展试点，通过新农合制度和医疗救助制度紧密结合，探索有效的补偿和支付办法，提高对重大疾病的医疗保障水平。

（宗保国）

【开展新农合基金稽查】 为规范新农合基金监管措施，确保各级财政补助资金及时、足额到位，同时健全监管机制，加强对基金运行情况的分析和监控，确保专项基金安全运行，12月，对区县新农合工作进行了督导检查。通过检查发现新农合整体运行情况良好，各区县新农合资金能够足额到位，审计制度落实到位，基金收缴规范，落实了定期公示制度，加强了定点医疗机构的监管。对检查中发现的问题及时给予纠正。 （宗保国）

【农村基本医疗卫生综合评估】 11～12月，在13个涉农区县开展农村基本医疗卫生工作综合评估。市卫生局制发《北京市农村基本医疗卫生工作综合评估的通知》，明确评估目的、评估范围、组织实施、时间安排和工作要求。同时，聘请北京大学公共卫生学院教授王志锋对有关指标进行讲解和培训，相关区县卫生局主管局长、医政科长、爱卫办主任等参加培训。通过近1个月的自查自评、填报数据、总结分析，上报了北京市农村基本医疗卫生工作综合评估报告和延庆县、密云县农村卫生工作的相关数据。

（李志敬）

【免费赠送《健康报——村医导刊》】 2010年，继续开展向乡村医生免费赠送《健康报——村医导刊》工作。该报刊由健康报社每周发行一期，试点省市卫生厅局承担报纸发行费用，免费向辖区乡村医生赠阅。该报刊内容涵盖卫生政策、法律法规等信息解读，医疗、公共卫生、预防保健、康复、用药等方面的基层适宜技术及传统医药、保健养生等知识的传播。本市订阅6000份，通过北京邮政系统向全市乡村医生免费发放。

（李志敬）

【评选全国优秀乡村医生】 卫生部决定继续在全国范围内开展全国优秀乡村医生评选表彰活动。经过各区评选、逐级推荐、专家审核、党组通过等程序，本市的全国优秀乡村医生候选人分别为丰台区王佐镇南岗洼村卫生室乡村医生付振生和顺义区张镇乡良山村卫生室乡村医生王少明，付振生作为本市乡村医生代表参加了卫生部全国优秀乡村医生表彰大会。

（李志敬）

爱国卫生

城市清洁日、爱国卫生月活动

【世界卫生日纪念活动】 4月7日世界卫生日，主题是“城市化与健康”。全年以“千个城市，千人故事”为主题，在全世界1000个城市开展活动。由卫生部、全国爱卫办和市政府联合主办，中国健康教育中心、市爱卫会、市卫生局和朝阳区政府共同承办的世界卫生日纪念活动的启动仪式在北京奥运景观大道举行。卫生部副部长黄洁夫、世界卫生组织驻华代表蓝睿明博士和市卫生局局长方来英等领导出席，并观看了朝阳区居民的太极扇、太极剑等群众健康促进活动。启动仪式后，与会领导和嘉宾参加了健步走活动，并在“千个城市，千个故事”宣传条幅上签名。4月7～11日，本市各区县也开展了世界卫生日宣传活动。区县政府领导在世界卫生日活动倡议书上签名，作出“为实现改善城市环境、保护人民健康的共同愿望，为促进和谐社会建设而努力奋斗”的承诺和倡议。各区县开展了健康知识、中医药卫生、环保、节能减排、机动车限行一天等多种形式的健康宣传活动。

（张　冲）

【启动城乡环境卫生整洁行动】 为落实《2010—2012年全国城乡环境卫生整洁行动方案》，市爱卫会制订并下发北京市行动方案和行动目标，并于7月在全市正式启动。本市3年行动方案确定10项行动目标和8项行动内容，总体目标是：通过认真组织、积极协调、广泛宣传、全民参与，全面推进北京市城乡环境整洁行动，着力解决城乡环境中存在的“脏、乱、差”问题，进一步加强环境卫生基础设施建设，完善城乡环境卫生综合管理的长效机制，大力开展健康知识普及，进一步提高本市居民卫生意识、环保意识和文明素质，努力建设一个整洁、良好、健康的城乡环境，为建设世界城市奠定环境卫生基础。具体行动目标是：城区生活垃圾无害化处理率达到99%；郊区生活垃圾无害化处理率达到99%；城区污水处理率达到95%；农村生活污水处理率在2009年的基础上提高10%；城区未达到管理规范标准的农贸市场减少一半；巩固全市3955个行政村环境整治成果，完成50个城中村城市化改造；农村生活饮用水水质合格率提高15%；农村卫生厕所普及率达到95%以上；城市生活垃圾产生量增长率下降到5%，生活垃圾分类达标率达到50%；铁路、主要公路等交通沿线环境卫生整洁率控制在95%以上。各区县结合每月一主题的城市清洁日活动，发动社区单位群众，清除卫生死角，消除病媒生物孳生地，宣传健康知识，清洁工作和生活环境，做到责任区域、责任单位、责任人的“三落实”。

（张　冲）

病媒生物控制

【“健康北京灭蟑行动”取得成效】 2008年12月6日，启动连续3年的冬季“健康北京灭蟑行动”。截至2010年12月31日，累计完成246万户家庭的灭蟑工作，本市公共环境和居民家庭蟑螂侵害率及密度都维持在一个较低水平。监测结果显示：2008～2010年期间，全市居民家庭蟑螂侵害率和密度均呈现逐年递减的趋势，其中本年度侵害率比2008年下降64.3%，密度比2008年下降85.7%。“健康北京灭蟑行动”采取专业人员上门入户服务的方式，同时发放灭蟑知识宣传单，讲解灭蟑药械使用方法，解答居民疑难问题，受到居民好评。居民灭蟑知识知晓率、群众满意率、家庭蟑螂密度降低率均超过80%。

（张　冲）

【开展春季灭鼠活动】　此项活动重点为建设外环境长效灭鼠设施，共建成室外灭鼠毒饵站约12万个，实现全市外环境灭鼠无散撒鼠药的目标，保证灭鼠环保、安全、高效。在全市开展的病媒生物防制工作检查中，共抽检535个单位，检查结果为：鼠密度阳性率0.12%，蟑螂密度阳性率0.78%，均低于国家标准，防鼠设施符合国家规定，并达到绿色环保要求。（张　冲）

【夏季灭蚊蝇取得成效】　8月16～22日，市爱卫会组织全市灭蚊蝇活动，并在18日开展以清除蚊蝇孳生地、杀灭蚊蝇为重点的高潮日活动。全市18个区县爱卫会及西客站、燕山和天安门地区爱卫会动员辖区内各街乡、社区、单位和广大居民参加了夏季集中统一灭蚊蝇活动。本次灭蚊蝇活动重点是治本清源。结合环境卫生整治，重点加强对垃圾、粪便、水体及废弃物等蚊蝇孳生地的清理，发动群众翻盆倒罐、清理废旧轮胎、花盆等各类型存水容器，疏通排水系统，集中力量对建筑工地、农贸市场、污水沟渠、环卫设施、街巷绿地、单位与居民院落等处的垃圾污物进行整治。各区县爱卫会通过张贴宣传画、悬挂宣传横幅、布置宣传展板、利用媒体讲座和报道以及开展夏季灭蚊蝇专题日活动等多种形式宣传灭蚊蝇防病知识。市爱卫办委托市疾控中心对全市10个区县不同类型场所进行灭蚊效果现场监测和评估。监测结果显示，全市蚊密度明显下降，主要街道社区蚊蝇孳生地明显减少，单位防蚊蝇设施进一步完善，蚊蝇密度得到有效控制。（张　冲）

农村改水改厕工作

【落实改厕计划】　2010年，本市农村需完成17.4万户无害化户厕的改造任务。在农村户厕改造过程中，始终坚持立项审批制度、签订农村无害化户厕改造责任书制度、改厕技术培训制度、改厕工作督导督查和工程竣工验收制度、改厕进度月报制度等，明确分工，落实责任，做好改厕工作的组织协调、技术培训、工程检查督导和竣工验收等项工作，提前完成全年农村户厕改造任务，完成的数量和质量一直居于全国前列，并委托专业机构完成《北京市农村户厕改造调查报告》，涉及全市农村改厕的12个区县159个农业乡镇3457个村，为今后改厕工作的开展提供基础资料。截至年底，全市农村卫生厕所覆盖率达到96.59%，无害化厕所覆盖率达到90%。

（张　冲）

【超额完成农村改水计划】　2010年，本市计划完成农村联村水厂、更新改造工程、扶贫工程、水处理工程和扩村工程171个。截止到年底，全市完成改水项目181个，超额完成全年农村改水计划。农村地区安装消毒设备50台，完成农民饮水水质试点工程35个。（张　冲）

控烟工作

【监督检查控烟工作】　全年本市共对122422个公共场所进行控烟监督检查，其中119794个单位能认真落实公共场所禁止吸烟有关规定的要求，合格率97.9%。（张　冲）

【推动公共场所禁止吸烟工作】　在第二十三个世界无烟日，本市举办以“性别与烟草——抵制针对女性的市场营销”为主题的系列宣传活动，联合市教委在全市中小学校开展“我要健康成长，我爱无烟环境”绘画征集和“拒吸第一支烟，做不吸烟的新一代”签名系列活动，巩固加强了青少年的控烟工作。

（张　冲）

【全面建设无烟医疗卫生机构】　2010年，在全市开展建设无烟医疗卫生机构工作的培训和督导检查，并选定40家医疗卫生机构作为示范单位。全市近300家医疗卫生单位负责人参加培训，并先后3次对全市医疗卫生单位的无烟环境建设工作进行基线调查、中期督导和评估检查。在年底检查评估中，共抽查172家医疗卫生单位，有95%以上的单位达到无烟机构的标准。（张　冲）

【市卫生局机关率先禁止吸烟】　2010年，市卫生局印发《无烟机关管理规定》。该规定明确市卫生局、药监局、中医局机关的室内公共区域、办公区域全面禁止吸烟，机关禁烟工作实施处室负责人负责制，号召职工从我做起，争当控烟表率，鼓励和帮助吸烟职工戒烟；处室一年内发现摆放烟具或超过3人次在办公区域内吸烟，取消当年优秀处室评选资格，市卫生局办公室组织有关处室开展巡查和督导，促进无烟机关工作的落实。2月和8月，市、区县爱卫办对辖区内医疗卫生单位进行督导检查2次，11月中旬～12月上旬，各区县爱卫办组织了评估检查。12月中旬，市爱卫办组织了抽查。（张　冲）

创卫工作

【创建国家卫生区】　2010年，平谷区和通州区正式进入全国爱卫会的考核命名程序，5月，通过了全国爱卫会暗访调研，并于9月通过了全国爱卫会的技术评估。顺义区和密云县接受全国爱卫办的复审，紧密结合地区实际，落实国家卫生区县标准，查找薄弱环节，通过了全国暗访。（张　冲）

【建设北京市卫生村】　2010年共有11个区县申报6个北京市卫生镇和137个北京市卫生村。经过市爱卫会考核检查，135个村通过北京市卫生村考核。延庆县八达岭镇通过全国爱卫会检查验收，成为国家级卫生镇。截至“十一五”末，全市共创建国家卫生区（县、地区）13个、国家卫生镇12个、北京市卫生镇51个、北京市卫生村1558个。（张　冲）

爱国卫生健康细胞工程建设

【第二届社区健康风采大赛】　9月20日，本市举办第二届社区健康风采大赛决赛，主题为“居民健康素养知识竞赛”。大赛启动以来，各区县纷纷以社区为单位学习卫生部编写的《居民健康素养66条》，并组织了初赛。经过初赛，共有17支代表队参加了复赛笔试，海淀、门头沟等6支代表队进入全市总决赛。门头沟区代表队获得竞赛一等奖，昌平区和石景山区获二等奖，朝阳区、海淀区和延庆县获三等奖。参加本次决赛的主要领导有卫生部原副部长、全国政协教科文卫体委员会副主任孙隆椿，中国健康教育中心传播部主任马昱，市爱卫会副主任、市卫生局局长方来英，副局长赵春惠，市委社会工委委员、市社区建设办公室副主任陈建领等。（张　冲）

【健康细胞工程建设】　年内，为了推动健康细胞工程的开展，全市召开了健康细胞工程经验交流会、观摩会，各单位和社区开展了健康创建活动，北京铁路局爱卫会在北京列车段、天津列车段和石家庄列车段开展了爱国卫生红旗列车创建活动，全市共创建健康社区160个、健康促进示范村111个、爱国卫生红旗单位（红旗列车）24个。“十一五”期间，全市健康社区总数达到1049个、健康促进示范村667个、爱国卫生红旗单位432个。（张　冲）

【农村健康教育大课堂】　为了提高农村健康大课堂质量，市爱卫会推广不同的教学方式，对全市18个区县近百名教师进行了健康大课堂师资培训。在全市开展工作督导，对各区县日常工作的开展、资料档案整理等进行了指导。在全市开展了农民健康状况及健康需求评估调查，调查结果显示，农村健康教育效果明显，本市农村居民对高血压、糖尿病等疾病认知率和传染病预防措施等均有不同程度提高。11月下旬，开展了健康大课堂优秀教师评选活动，共评出3个一等奖、6个二等奖和18个三等奖。截止到年底，全市农村大课堂授课1349场，69686人次参加。

（张　冲）

中医工作

【概述】　2010年，实施“十病十药”研发工程，将首批遴选的12个项目与中医医疗机构数百个院内制剂向中药企业推荐，达成合作意向33项；完成甲型H1N1流感中医药防治的科技攻关成果“金花清感颗粒”的临床前研究，并获得国家食品药品监督管理局的许可进入临床研究阶段；提高中医药服务的可及性，全市68家二级及以上公立综合医院全部设置了达标的中医临床科室和中药房；设置3个儿科诊疗中心，每个中心对口支援3个区县中医院儿科，形成全市的中医儿科特色诊疗服务网络；完善公立医院补偿机制，使群众在中医医院享受更优质的中医药特色服务；完成19家公立中医医院中医药特色服务绩效考核，并督促市各级财政部门落实财政补偿；启动小膏药重现工程，推进中药传统制剂重现临床，首批公布30个重现临床的小膏药制剂品种，设置小膏药专台，开展东城区小膏药社区服务点的试点，在二级以上中医医院设立中药调配室恢复中药临方制剂传统；统筹城乡中医药协调发展，引导优势资源重心下移服务基层，启动平谷区和延庆县中医医院的改扩建；继续完善中医执业医师注册管理模式，允许公立医院的中医类别执业医师到社区、农村基层多点执业，引导优秀服务人才向基层转移；推进东城区国家中医药发展综合改革试验区建设，探索中医药发展新机制；开展院内制剂在区域内社区卫生服务机构流通模式的探索；确定中医药产业发展示范基地，开发了中医药健康保健产品。

突出特色，加强中医药服务管理。深入开展公立中医医院特色回归年建设，进一步完善发挥中医药特色的长效机制；制订《特色回归年建设工作方案》；确定中医药文化、专科特色品牌、基本功、传承模式及中医医护药结合学术回归等5项任务26条措施，纳入医院管理年检查和中医特色绩效考核工作中；完成医院管理年检查评估，并通过国家中医药管理局的检查复核和整改的督导检查评估；加强综合医院示范中医和民族医药工作，完成本市第三批综合医院示范中医的验收，启动第四批综合医院示范中医工作；开展首都军地共建综合医院中医药工作示范单位创建活动；制订《中医医院开展现代技术管理办法》；组织《北京市中医医院护理工作标准》的全员培训和考核；修订《北京市中药调剂规程》，制订中药调剂标准和饮片质量管理标准；开展“回回医学”研究，建立临床科研基地，举办首届“回回医学”论坛；举办首届首都民族医文化论坛。

强化基层，推进中医药健康服务。制订《北京中医药社区卫生服务的内涵建设“2345”计划实施方案》；新创建1个国家级、2个市级社区卫生服务先进区县，创建20个社区特色诊区，评选50个中医社区慢病防治试点单位，创建20个农村医疗机构针灸理疗康复特色专科；创建乡镇卫生院示范中医科10个；创建全国农村中医工作先进区2个。达到全国基层中医工作先进单位的申报条件，基本实现基层中医药服务全覆盖；继续做好三级中医医院对口支援农村工作，实施好城区三级中医医院对口支援郊区中医医院的携手网络工程和大型中医医院专家到农村、社区服务的中医专家社区巡诊制；开展中医对口支援内蒙古、河北的工作，组织本市中医医疗机构的重点专科（专病）对口支援内蒙古56家医院的60个学科，选派北京地区的名院名医支援河北省优秀中医临床研修项目优秀人才的带教工作；继续开展社区中医药人才培养回归扎根工程；举办北京市西学中高级研修班；完成3个中医类别全科医师岗位培训基地的初步建设和近150名带教老师的培训。

科技创新，促进中医药协调发展。继续实施“51510”科技工程，完成对162项北京市中医药科技引经据典和项目的集中验收，梳理出“51510”工程实施的10个具有创新意义的示范项目；继续实施北京中医药薪火传承“3+3”工程，新增加7个室站，室站总数达到82个，对在建的室站进行绩效考核；加强科研平台的整合，促进中医药科技资源的共享；启动北京地区科研实验室网络合作平台的建设；完成对本市19个中医药重点学科的绩效考核；对3个国家中医药管理局重点研究室进行了年度评估；完成第二批全国“优秀中医临床人才研修项目”的阶段考核、年度考核及日常管理；制订《北京中医住院/全科医师规范化培训改革试点实施方案》。

弘扬文化，提升首都中医药影响。建设中医药文化宣传平台，打造地坛中医药文化节品牌，举办第三届北京中医药文化宣传周暨第二届地坛中医药健康文化节；开展中医药“五进”活动；参与“中医中药中国行”的总结展演；参与中医药非遗的申报和保护；举办北京中医药国际论坛；加强对台中医药合作与交流，2批87名北京市中医专家赴台开展中医药学术交流；推进北京中医药数字博物馆英文馆的建设。

完成北京地区中医基本现状调查，启动《北京市发展中医条例》的修订，科学编制《中医药发展“十二五”规划》。（高　彬）

医政管理

【王国强视察北京医院中医科建设】　3月1日，卫生部副部长兼国家中医药管理局局长王国强带领国家中医药管理局医政司等部门的领导到北京医院第二病区视察中医科建设，听取医院领导和中医科主任的汇报，并给予肯定，他希望北京医院在第二住院部建设中探索医院本部与分部有机融合、各有特色、优势互补的运行模式，真正把医院的优势放大；在中医科病房建设中，要探索综合医院中医科病房把中医的四诊与西医的诊查手段有机结合，把中医内服药物与针灸、推拿、理疗等中医特色治疗有机结合的运作模式；要确立中医特色优势病种，形成重点中医专科专病特色。（赵建宏）

【中医药对口支援工作】　本市12家拥有国家中医药管理局和北京市重点专科（专病）的中医医疗机构对口支援内蒙古56家医院的60个学科，在为期3年的支援工作中根据受援地区和单位的需要，支援医院要对受援单位采取直接驻点、办培训班、教学查房、现场观摩、手术演示、远程会诊等多种形式，搞好传帮带，加强受援医院卫生人员实践技能的培训，促使内蒙古不断提高中医药防病治病能力，满足人们日益增长的防治疾病需求。（赵建宏）

【成立北京中医儿科诊疗中心】　市中医局批准中国中医科学院西苑医院、北京中医药大学东方医院成立北京中医儿科诊疗中心，同时批准北京中医医院为北京中医儿科诊疗中心的建设单位。北京中医儿科诊疗中心的建立，将满足城北和城南人口密集区儿科患者的需求。中心将全面提升人员素质，逐步完善诊疗设备，重点加强特色医疗，积极参与公共卫生服务，年门诊量达到10万人次，在儿童呼吸、消化等常见病、多发病和儿科急症等方面形成独特的中医儿科诊疗服务特色。（李　军）

【医院管理年绩效考核检查评估】 医院管理年检查评估工作将中医药文化建设成效与财政拨款绩效考核紧密结合，探索公立中医医院运行机制改革，完善中医药服务补偿政策，建立长效机制，解决突出问题。全年完成19家公立中医医院中医药特色服务的绩效考核，并督促本市各级财政部门全面落实财政补偿。 （赵建宏）

【完成北京地区中医基本现状调查】 年内，市卫生局、市中医局开展了北京地区中医基本现状调查工作。调查范围上至三级甲等医院下至村卫生室、社区卫生服务站，共有7094家各级各类医疗机构，占全市医疗机构清查总数的99%，取得较丰富的调查数据。在对调查数据准确性进行的5%随机抽样核查中，抽查371家机构，数据填报准确率97%，为科学决策提供可靠的依据。 （王会玲）

【开展“冬病夏治”社区统一行动】 “三伏贴”期间，市中医局在全市25家中医医院和113个具有中医药服务能力的社区卫生服务站点开展全市“冬病夏治”社区统一行动。此前，由6家三级甲等中医医院给参与本次工作的社区卫生服务站点进行了统一价格、统一病种、统一穴位、统一培训，既缓解了大医院的医疗压力，也让老百姓在社区就能享有跟大医院一样的医疗服务。 （赵建宏）

【中医类别医师资格实践技能考试】 7月，全市有1899人报名参加中医类别医师资格实践技能考试，通过审核，1790人参加考试，考试合格1250人，通过率69.83%。 （赵建宏）

【传统医学医术确有专长人员考核】 4月，完成本市105名传统医学医术确有专长人员的考试考核，实际考核99人，合格69人，通过率69.7%。 （赵建宏）

【创建军地共建综合医院中医药工作示范单位】 市中医局与解放军总后勤部卫生部医疗管理局启动了首都军地共建综合医院中医药工作示范单位的创建活动。解放军总医院、空军总医院、302医院和武警总医院成为首批示范单位，北京军区总医院、261医院、海军总医院、空军载人离心机医学训练基地（466医院）、第二炮兵总医院、305医院、309医院、306医院为示范建设单位。本次军地联姻模式，扩大了中医药服务领域，群众在驻京部队医院也能享受到中医、中西医结合特色服务。 （赵建宏）

【规范中医药传统疗法】 中药泡洗、足底反射疗法等中医药传统疗法是在明确诊断和中医辨证的基础上，依据患者病情不同所采取的个体化中医药外治疗法，有系统的理论基础和临床治疗规范。市中医局规范了中药泡洗、足底反射疗法等中医药传统疗法，并明确要求在此类诊疗过程中要严格按照中医诊疗常规辨证论治开展诊疗活动，严格遵守医疗项目和医保政策的相关规定，为广大群众提供确有实效的中医药服务。 （赵建宏）

【赴舟曲慰问救援队员】 8月20日，由市中医局带队，携带北京中医医院、中国中医科学院广安门医院、北京中医药大学东直门医院、御生堂等单位捐赠的复方黄连膏、复方化毒膏、湿疹膏、除湿丸、健脾舒肝丸以及市中医局的新药制剂金花清感冲剂等药品1500余盒，前往灾区慰问。 （赵建宏）

【验收综合医院示范中医工作】 11月，市中医局组织专家对本市10家第三批综合医院示范中医工作建设单位进行了验收。专家从医疗、教学、科研、人才培养以及中医特色等方面对3年的建设工作进行评估，北京同仁医院等9家医院的中医科（中西医结合科）被命名为北京市综合医院示范中医科。

（赵建宏）

【创建基层中医药先进单位】 2010年，平谷区和延庆县被评为北京市农村中医工作先进单位，石景山区被评为北京市社区中医工作先进单位、全国社区中医工作先进单位，顺义区、大兴区等12个区级中医医院和区医院被定为全国基层（农村）医疗机构针灸、理疗、康复特色专科专病建设单位。

（王和天）

【创建综合医院中医药工作示范单位】 本市开展了全国综合医院中医药工作示范单位的创建活动。经过创建单位自评、省级评估推荐、专家审核、社会公示等程序，北京医院、中日友好医院、北京地坛医院、北京佑安医院、回民医院等5家单位被命名为全国综合医院中医药工作示范单位。 （赵建宏）

科教工作

【举办首届中医药养生膏方节】 10月31日，市中医局在地坛公园中医文化养生园举办首届中医药养生膏方节，主题是“传统中医膏方，健康养生新尚”，活动内容为膏方节启动仪式现场活动、膏方媒体宣传周、医院和药店提供膏方养生保健服务。本市公布了首批有提供中医药膏方养生保健服务能力并获得许可的机构：西苑医院、北京中医医院、东直门医院、广安门医院、东方医院；具有膏方加工服务能力的单位有：同仁堂参茸有限责任公司、鹤年堂养元健康科技发展有限责任公司、金象复兴医药股份有限公司、百姓阳光大药房有限公司。 （赵玉海）

【举办中医药文化宣传周暨地坛中医药健康文化节】 5月1～3日，市中医局、东城区政府在地坛公园举办第三届北京中医药文化宣传周暨第二届地坛中医药健康文化节。活动以绿色中医、健康生活、贴近百姓、时尚养生为主题，通过中医文化展示体验区、养生保健操互动坛、中医药养生文化园、百姓养生大讲堂、中医药文化长廊、中医药博览大道等六大主题区域的活动，向社会展示中医药健康文化的魅力。活动期间，有近6万名观众参与中医药文化节的各项活动。22个国家级重点中医专科及其网络携手单位、24家综合医院示范中医科的156名中医专家进行了现场义诊咨询，共义诊咨询2万人次；发放宣传品14万份；系列中医养生大讲堂8讲，1520人次参加；为9000余人提供中医体质测评、义诊咨询、自助按摩体验等服务；发放健康宣传材料2.4万份。中医药博览大道涵盖名人故里传统文化展示及50家国内知名厂商、87个中医药产品展位，共发放材料4万余份，咨询2万余人次。（赵玉海）

【推进“十病十药”研发】 年内，市中医局、市科委、市发改委、经信委、财政局、人力资源与社会保障局、知识产权局、市卫生局、药监局、工商局、金融局、市政府新闻办12个委办局联合推进“十病十药”项目的研发工作。建立征集（解决来源）、筛选（解决品质）、研发（解决质量）、评估（解决价值）、交易（解决转让）、转化（解决应用）的中药研发新路径，形成政府多部门力量集成、政策集成和资金集成的8项支持措施和鼓励创新、转化和产业化的12条突破政策的创新保障体系。首批确定12项入选支持项目，其中已获新药临床许可支持临床试验研究的3项，支持新药临床前研究的5项，支持院内制剂调剂并规范使用研究的1项，支持开发院内制剂3项。第二批入选的22项正在接受市科委、市经信委等部门的审查。（赵玉海）

【举办首届北京中医药学术交流周】 12月19日，市中医局、北京中医药学会举办北京中医药学会成立60周年纪念暨首届北京中医药学术交流周活动。市中医局局长、北京中医药学会会长赵静作题为《团结奋斗、继往开来，开创北京中医药学会工作新局面》的主题报告；授予在首都中医药工作中作出突出贡献的马在山等36位老中医药专家“北京中医药工作60年特殊贡献奖”，北京中医医院等20个团体会员单位被评为先进团体会员单位，肺系等10个专业委员会被评为优秀专业委员会，科普等12个专业委员会获最佳活动奖，心血管病等12个专业委员会获组织奖。编制了《首都中医药辉煌60年》画册及纪录片等宣传资料。（赵玉海）

【开展中医药三下乡活动】 1月23日，市中医局、市科协在平谷区和房山区开展“送健康、促科技、传文化”——2010年北京市中医药三下乡活动。北京中医医院等11家三级甲等医院中医、中西医结合专家组成的团队到两个区县的人民医院、中医医院和卫生院开展中医科普大讲堂、名医乡医共义诊、针灸诊箱送村医、中西专家解疑难、优秀读物进乡村、实用针法送基层等活动，并深入基层慰问乡村医生和贫困户，送去慰问金。（赵玉海）

【防治甲型H1N1流感科技攻关】 1月21日，市突发公共卫生事件应急指挥部、市卫生局、市中医局联合召开首都中医药防治甲型H1N1流感科技攻关奖励大会，表彰在首都防治甲型H1N1流感工作中作出突出贡献的6位中医专家，并给予每位专家10万元的奖励。会议宣布中医药科技攻关成果——金花清感颗粒制剂的启用，同时以1亿元的价格实现成果转让。（赵玉海）

【培训中医类别全科医师】 本市中医类别全科医师岗位培训开班，全市300余名在社区卫生服务岗位工作的中医执业医师分别到北京中医药大学、中国中医科学院、首都医科大学等3个培训基地接受为期3个月的全脱产培训。通过理论、临床和社区实践3个阶段的培训，提升中医全科服务的能力，更好地为群众提供中医药全方位的服务。（刘　娟）

【中医住院医师规范化培训临床考核】 此次考核方案在总结前几年临床考核经验的基础上进行修改，采用新的考核方式和评分标准，以考核评估住院医师临床实际操作能力、中医辨证施治能力和名医临床经验分析应用能力为主。全年完成908名中医住院医师规范化培训和考核。（刘　娟）

【建设中西医结合神经内分泌免疫重点学科】 2010年，市中医局组织专家对北京世纪坛医院提交的中西医结合内分泌免疫重点学科建设的申请进行评估论证。专家组从建设基础、学术基础和学术队伍3个方面对该学科的立项条件进行评估，并就学科研究方向的凝练、学科建设依托单位的支撑条件、学科建设的内涵外延等世纪坛医院的领导及学科建设组成员进行交流，对该学科的发展提出意见和建议。根据专家意见，经市中医局研究，决定对北京市中西医结合神经内分泌免疫重点学科进行立项建设，这是本市第二十个中医药（中西医结合）重点学科建设项目。

（赵玉海）

【启动薪火传承“3+3”工程大讲堂】 10月27日，市中医局继伤寒论后启动新一轮北京中医药薪火传承“3+3”工程温病学名医大讲堂，并利用全市29个市中医局协作与培训网络平台进行直播。温病学名医大讲堂共15讲，每周三下午在网络平台进行直播与互动。市中医局组织本市知名温病专家编写了《北京中医药薪火

传承“3+3”工程名医大讲堂温病经典必读》口袋书，全市中医药人员人手一册。（刘　娟）

【薪火传承工程新增7个室站建设项目】 11月，市中医局完成北京中医药薪火传承“3+3”工程室站建设项目的申报和初审工作，并进入项目评审论证阶段。11月16日，专家组对5个单位的7个申报项目进行了评审。经评审论证，市中医局决定对申请立项的胡希恕名家研究室、宗修英名老中医工作室、许心如名老中医工作室、孔嗣伯名医传承工作站、蔡瑞康名医传承工作站、魏执真名医传承工作站、黄丽娟名医传承工作站进行立项建设并下拨经费。至此，全市共建成室站82个。（刘　娟）

中医国际交流与合作

【北京中医药国际论坛】 10月16日，召开北京中医药国际论坛。论坛围绕“开放的北京，发展的中医”主题，从中医药在公共卫生体系中的作用、中医药的国际教育、针灸临床研究新进展和糖尿病及其并发症的中医药治疗等4个角度进行讨论。来自美国、法国、日本等14个国家和地区的中医药政府官员，临床、科研及教学人员出席会议。副市长丁向阳、国家中医药管理局副局长于文明、市卫生局局长方来英、市中医局局长赵静、世界卫生组织（WHO）驻华代表处官员萨拉·巴伯尔到会并发表讲话。

（高　彬）

【北京—坎帕尼亚科技经贸周】 11月，北京—坎帕尼亚科技经贸周在意大利坎帕尼亚大区那不勒斯科学城举行。此次活动是由北京市商务委员会、北京市科协与意大利坎帕尼亚大区政府共同举办的科技经贸交流活动，活动中明确了对方的合作需求和合作意向，为促成日后的合作奠定基础。（高　彬）

医学科研与教育

科研管理

科研项目管理

【首都医学发展科研基金447项】 2010年，完成122家医疗单位报送的926个上年度首都医学发展科研基金项目（包括指南项目、招标项目、常规项目和青年项目）的评审和立项工作。根据第一轮专家函评结果，对192项联合攻关、重点支持和招标项目进行会评。最终确定资助各类项目447项，资助总金额6114.86万元，中标单位95%以上。对2005年度、2007年度首发基金项目分别进行结题和中期验收，其中53项课题延期、2项终止。（宋　玫）

【市卫生局青年科学研究项目立项96项】 2010年，完成39家局直属单位申报的96项局青年科学研究项目的评审，立项47项，资助经费总额94万元。

（宋　玫）

科研规划

【制发市属医疗卫生科研院所科技发展规划】 结合本市医疗卫生和科技发展规划目标，在对市属现有的16所科研机构进行调研的基础上，制发《北京市属医学科研院所“十二五”公益性科技发展规划（2011—2015)》。该规划以满足社会和政府需求为导向，根据本市疾病谱现状，结合各所的基本状况和研究实力，确定了北京市医疗卫生科研院所11个重点学科建设方向和55个主要研究领域。

（宋　玫）

【制发本市临床医学重点学科建设管理文件】 年内，市卫生局制发《北京市临床医学重点学科建设管理办法（试行)》《北京市市属医院临床医学重点学科建设经费管理办法（试行)》。对本市临床医学重点学科建设的总体思路、工作目标、管理举措、经费保障等提出明确要求。（宋　玫）

科技奖励和成果推广

【获生物医药领域国家科学技术奖9项】 在本年度国家科学技术奖励公布的项目中，生物医药领域有35项获奖，其中北京地区获奖9项：国家自然科学奖二等奖1项——北京大学舒红兵等的“细胞凋亡与抗病毒反应的信号转导研究”，国家技术发明奖二等奖1项——军事医学科学院毒物药物研究所李松等的“用于2型糖尿病防治的专利新药——太罗”，国家科学技术进步奖二等奖7项——北京安贞医院马长生等的“心房颤动导管消融的临床研究与推广应用”、解放军总医院陈香美等的“衰老的分子调控机制及个体化衰老评价的创建和应用”、北京中医药大学唐启盛等的“抑郁症中医证候学规律的研究”、北京中医药大学王庆国的“经方现代应用的临床与基础研究”、北京口腔医院王松灵等的“口腔颌面组织修复及功能重建技术的研究及应用”、中国医学科学院阜外心血管病医院胡盛寿等的“重症冠心病临床评估体系和外科治疗关键技术的建立与应用”、武警总医院沈中阳等的“肝移植的临床研究及应用”。（宋　玫）

【医疗卫生适宜技术推广项目立项10项】 根据各区县基层医疗卫生机构的需求及行业专家函评，遴选10项技术作为本年度重点推广项目分别在全市142家基层医院推广，推广形式包括培训、进修、查房、技术帮带等。（司雪峰）

实验室生物安全管理

【加强全市实验室生物安全管理】 配合上海世博会、广州亚运会外围安全管理工作，继续深入做好本市实验室生物安全管理。制订《全市实验室生物安全管理文件》，对世博会、亚运会期间定期实验室生物安全管理工作提出要求，并对重点涉源单位生物安全管理工作进行专项督查。（司雪峰）

【实验室生物安全师资培训】 5月26日~6月1日，举办市级实验室生物安全师资培训班2期，全市各三级医院（部队系统除外）、各区县卫生局、各实验室生物安全管理重点单位及部分二级医院实验室生物安全管理骨干近200人参加。通过模拟操作，对参训人员进行了实验室操作中生物安全关键点及防护要点的培训。参训人员作为市级实验室生物安全师资，对全市各病原微生物实验室人员进行年度培训。（司雪峰）

医学教育

毕业后医学教育

【住院医师规范化培训1342人】 9~12月，完成住院医师规范化培训招录工作，1342名住院医师进入47家医院的235个培训基地进行培训。（石菁菁）

【全科医师规范化培训】 全市31个全科医师规范化培训基地招收60名来自社区卫生服务机构的本科毕业生进行全科医师规范化培训。（石菁菁）

【住院医师理论培训和临床技能考核】 2010年，完成20个学科（23个专业）1433名住院医师的理论考试，以及23个专业1375名住院医师规范化培训第一阶段临床技能考核和36个专业858名住院医师第二阶段临床技能考核。675名住院医师获得《北京地区专科医师培训（普通专科）合格证书》，408名医师获得《北京市住院医师规范化培训第一阶段合格证书》，581名住院医师获得《卫生部住院医师规范化培训合格证书》。（石菁菁）

【编制住院医师规范化培训师资带教基本功规范】 2010年，市卫生局组织北京地区3所医学高等院校的专家编制《住院医师规范化培训师资带教基本功培训系列教材》，已经完成的有《带教查房》和《体格检查》。（石菁菁）

继续医学教育

【改选继续医学教育委员会】 9月19日，第三届继续医学教育委员会进行改选，并成立第四届继续医学教育委员会，共31人。召开第一次工作会议，审议认可了由各单位234人组成的专家学科组。（石菁菁）

【继续医学教育项目和学分管理】 全年完成国家级和市级继续医学教育项目实地督察118项。通过网上申报和评审，本年度认可的国家级项目874个、市级项目595个。对18个区县部分一、二级医院和46家三级医疗卫生单位的5134名护师及中级职称和以上卫生技术人员获取的Ⅰ类和Ⅱ类学分进行网上审验，合格率95.7%。（石菁菁）

【继续医学教育信息化建设】 全市基本完成继续医学教育管理硬件系统的更新换代，由接触式升级为非接触式IC卡，开发了区级继续医学教育项目申报和管理系统。（石菁菁）

【编制继续医学教育项目指南】 年内，启动《继续医学教育项目指南》的编制，此项工作由北京医学会、北京护理学会、北京药学会和北京医学教育协会共同承担。（石菁菁）

【急诊急救医疗人才培养】 依托北京市中法急救医学培训中心完成对全市二级以上医院1000名医生的高级模拟人训练及急救技能等专项知识的培训。市卫生局委托北京护理学会完成对全市二级以上医疗机构急诊科护士急诊急救9项知识的技能培训和考核，有126家医院的3116名急诊科护士参加了市级操作考核，合格3060人，对56名未合格人员进行专项辅导后补考，确保培训合格率100%。（叶　纯）

【卫生专业技术人员传染病培训】 全年完成全

市700余人手足口病、麻疹、禽流感、鼠疫防治知识的师资培训，在此基础上，要求各单位、各区县完成本单位、本区域的全员培训。（叶　纯）

【建设学习型城市】 在全市医疗卫生单位开展“首都学习之星”推荐评选工作，8人获得“首都学习之星”，其中4人来自市属单位、1人来自社区卫生单位、3人来自中医单位。11月，市卫生局开展终身学习活动周活动。（石菁菁）

基层卫生人才培养

【培养农村卫生人才】 2010年，继续开展乡村医生岗位培训，内容包括传染病防治知识、急诊急救理论与技能以及相关症状诊疗知识等。全市共设立教学点181个，培训乡村医生4862人。完成针对村卫生室进行技术支持的10项急救技术（心脏呼吸骤停、眼外伤、开放性腹腔脏器损伤、脊柱脊髓损伤、四肢骨折、淹溺、中暑、急性有机磷杀虫剂中毒、急性呼吸道梗阻、急性酒精中毒）应用项目的208名师资的培训。（叶　纯）

【培养全科医学人才】 岗位培训——开展全科医师、社区护士、防保医师、康复、口腔、药学、检验、心电图、X线、B超、管理等11个专业岗位的培训及考试考核，3362人通过了理论考试和技能考核，取得岗位培训合格证书。全科医生转岗培训——10月，启动本市第四期全科医生骨干暨全科医生转岗培训班，16个区县社区卫生服务机构在全科医生岗位工作的91名医师按照新的培训方案参加了14个月的脱产转岗培训。本市尚有37名社区全科医生正在参加为期16个月的骨干培训，卫生部同意视其为转岗培训。本市全年安排128人参加全科医生转岗培训。骨干培训——在开展社区卫生服务康复、口腔、超声诊断以及放射、防保医师等专业的骨干培训的基础上增加药学、检验和心电图等7个专业的骨干培训，对156名来自社区卫生服务机构的社区卫生人员进行以技能操作为主、脱产与半脱产相结合的骨干培训。继续医学教育必修课程——以“模块式培训包”的形式培训全市社区卫生专业技术人员，完成3个模块包99个模块642学时课程的设计、制作与安排。利用本市继续医学教育（ICME）计算机信息系统开发社区卫生继续教育必修课程模块网上公示、学员网上点击报名、自动分班、逐级审核以及统计、查询、学分录入等功能。全科医学研究生课程教育——市卫生局委托首都医科大学公共卫生与家庭医学学院为本市全科医师规范化培训基地的带教师资和社区卫生服务机构的全科医师开设全科医学研究生课程进修班。课程包括卫生统计学、医学科研方法、社区慢病管理、社区医学服务与全科医学概论等，特别是注重加强社区卫生工作人员科研及临床分析处理能力的培养。本年度录取25人。（叶　纯）

【区县级医院学科骨干培养】 全年有16个区县124名学科骨干和学科带头人参加为期一年的导师制“一对一”临床、科研和教学等方面的强化培训。培养什邡市、巴东学科带头人及骨干99人，河北省石家庄市卫生系统中青年学科骨干16人。

（叶　纯）

药械管理

【概述】 贯彻落实了307种国家基本药物及212种省级增补品种在全市政府办医疗机构实行集中采购、统一配送、零差率销售，预计每年为社会让利4.56亿元；组织社区卫生服务机构医务人员开展《基本药物临床应用指南》和《基本药物处方集》的培训，培训800余人次；开展全市二级及以上非营利性医疗机构除国家特殊管理药品外的其他所有用药的集中采购，通过公开招标、集中议价等过程，药品价格较原市场价格平均降低16%，预计每年可向患者让利36亿元；成立北京市医疗机构药事管理专家委员会，开展细菌耐药监测、临床合理用药监测、医疗机构处方点评等工作；成立医疗器械专家委员会，组织医用氧舱从业人员上岗资格培训，对46家在用氧舱开展安全巡查；根据卫生部《医疗器械临床使用安全管理规范（试行）》，开展医疗器械安全使用专项检查，加强医疗器械安全使用的监管。（房　薇）

医疗机构药事管理

【成立医疗机构药事管理专家委员会】 9月，成立北京市医疗机构药事管理专家委员会，由各级各类医疗机构药学专家组成。通过专家委员会，制订各项技术标准，收集整理医疗机构药品使用监测数据，为政策的制订提供科学依据。力争实现对全市医疗机构药事工作的统一指导、监督、考核和评估，增强医疗机构药事管理工作的相互交流，促进医院药学学科建设和发展，提高合理用药水平。在专家委员会的基础上，成立抗菌药物使用管理、细菌耐药监测、临床合理用药监测、基本药物临床使用等6个工作组。在全市初步建立覆盖53家医疗机构的细菌耐药监测网，在卫生部监测工作的基础上本市增设2家超级细菌监测哨点医院；开展了医疗机构合理使用抗菌药物宣传板报评比；对20家二级以上医疗机构开展处方集中点评；对16个区县的18个社管中心的基本药物使用情况进行了专项评价。已形成按标准取样、按规范评价、定时报送数据、定期反馈信息的工作机制，为各医疗机构质量管理和用药干预提供参考。

（房　薇）

【培训药学专业人员】　年内，对全市医疗机构持有《麻醉药品和第一类精神药品购用印鉴卡》的1080人开展特殊药品的管理和临床合理应用的培训，分4批对1160名医院管理和医务人员开展抗菌药物临床合理使用的师资培训。（房　薇）

医疗器械管理

【落实《医疗器械临床使用安全管理规范》】根据卫生部《医疗器械临床使用安全管理规范（试行）》，市卫生局药械处与卫生部医管司对本市3家三级医院、2家二级医院进行了医疗器械临床合理使用与安全管理的专项检查。受检医院均建立了三级组织及专业委员会，制订了各项设备的操作规程，并建立安全管理制度，未发现有一次性耗材重复使用等违规现象，得到卫生部的认可。年内，重点加强对高风险产品使用的监督管理。开展医用氧舱从业人员上岗资格的培训，对46家在用氧舱进行安全巡查，对检查发现问题的1家医疗机构氧舱采取停用并责令整改的措施。（房　薇）

【乙类大型设备配置评审】　按季度召开大型医用设备专家评审会，按照配置规划及配置指标等综合因素，完成PET－CT、手术机器人等4种甲类大型医用设备计8台的初审；审核批准55家医疗机构60台新增和32台更新乙类大型医用设备的配置，合理控制了医疗机构的配置数量及区域分布。（房　薇）

药品及医疗器械集中采购

【落实国家基本药物制度】　年内，制发《关于贯彻落实国家基本药物制度的实施意见》。按照“先补充、后规范”的原则，通过集中招标采购，对本市零差率药品未能覆盖到的191种国家基本药物目录中的药物进行补充，中标结果实行一品规、一企业，即单一货源承诺。3月，本市率先在全国完成基本药物的集中采购工作，实现从“社区零差率药品”到实施国家基本药物制度的转变。通过药品集中采购，为全市公立基层医疗卫生机构配备国家基本药物，对未成交的16个品种的基本药物实施政府储备，并建立供应保障机制。国家基本药物及本市补充药品共计519个品种1500余个规格，中标价格在国家基本药物最高限价的基础上降低30%以上，并全部实行统一配送、零差率销售，预计每年为社会让利4.56亿元。同时，为引导临床首先和合理使用基本药物，分期分批开展社区卫生服务机构医务人员《基本药物临床应用指南》和《基本药物处方集》的培训，培训共计800余人次。（房　薇）

【医疗机构药品集中采购】　2010年，本市组建由副市长丁向阳任组长，卫生、纠风、发改委、财政、药监等10个部门组成的北京市药品和医疗器械集中采购领导小组。建立政府全额拨款的药品集中采购工作机构，全面实行政府主导、以市为单位的网上药品集中采购工作。全市所有二级及以上非营利性医疗机构、医疗保险定点医疗机构全部参加药品集中采购。采购范围包括医疗机构使用的所有药品（除中药饮片等国家实行特殊管理的药品）。集中采购目录按照临床使用情况分为《公开招标目录》、《集中议价目录》《短缺药品目录》和《低价药品目录》。通过“六组归一、统一管理，质量优先、价格合理，扶优扶强、良性发展，全程监管、风险防控”等措施，完成本市药品集中采购工作，首次实现药品军地联动、同城同价，基本实现“三转变、四统一、五体系”的总体目标。“三转变”即由6组各自采购向全市集中采购的转变、由中介机构组织实施向政府主导实施的转变、由使用不同中介机构的营利性平台向政府建立的非营利性平台转变；“四统一”即统一组织、统一平台、统一价格、统一监管；“五体系”即药品安全、质量准入评价体系，现代化物流配送体系，购销服务和信用体系，医疗机构用药监控体系，集中采购监督管理体系。集中采购结果自12月1日正式执行，采购周期为2年，首次实现全市医疗机构药品网上采购，药品中标价格较原市场平均价格下降16%，预计每年可为社会让利36亿元。（房　薇）

规划与建设

【“十二五”卫生事业发展规划】 年初，制订《北京市卫生事业发展改革“十二五”规划工作方案》，通过公开征集确定中国人民大学医改研究中心和首都医科大学卫生管理与教育学院2个课题组平行开展规划研究。共召开座谈会16次、实地考察21次、现场问卷调查14次、访谈19次；在首都之窗和北京卫生信息网上公开征求建议，共征集到486名市民的2000余条意见和建议。在2个高校规划课题组研究成果和卫生各专项规划成果的基础上，于11月完成《北京市卫生事业发展改革“十二五”规划》（初稿）。12月，经过进一步修改，形成《北京市卫生事业发展改革“十二五”规划（征求意见稿）》。

（樊世民）

【启动区域卫生规划编制】 7月，市卫生局向多家研究单位发出邀请，征集区域卫生规划研究工作方案。8月底，北京大学医学部公共卫生学院、卫生部卫生发展研究中心向本局递交了方案。经过对比研究，确定委托北京大学医学部公共卫生学院副院长吴明教授领衔的课题组承担本市区域卫生规划的研究。截至12月，课题组已启动区域卫生规划研究，正在进行调研、资料收集、数据分析等工作。（马小荧）

【安排基本建设资金13亿元】 2010年，中央和本市安排市、区（县）两级卫生系统基本建设资金132587万元（其中中央投资10000万元），涉及建设项目28个，建设面积74万平方米，其中市卫生局直属（管）单位基建项目11个，建设面积23万平方米，安排投资60089万元（含中央投资10000万元）；区（县）卫生基建项目17个，其中区域医疗中心项目8个，妇幼卫生项目2个，疾控、监督项目2个，中医项目1个，其他卫生项目4个，建设面积51万平方米，安排投资72498万元。（马小荧）

【市属（管）单位基本建设进展顺利】 2010年，市属（管）单位重大基建项目中，安贞医院门诊综合楼工程已进入竣工验收阶段；积水潭医院回龙观院区建设工程完成投资概算的调整，进入室内设备安装及精装修施工阶段；安定医院门急诊病房楼及附属用房工程、北京肿瘤医院地下车库及放射用房工程均为新开工项目，处于基础工程施工阶段；儿童血液肿瘤中心工程完成居民拆迁总量的50%，完成附属工程污水处理站的施工总包及监理单位的招标；宣武医院改扩建一期工程完成居民拆迁总量的50%，基本完成施工图设计；市卫生监督所业务用房装修改造工程施工图正在审查中，并开始施工总包、监理单位的招标工作；天坛医院迁建、北京老年医院医疗综合楼、北京回龙观医院门急诊综合楼、北京积水潭医院门诊楼扩建及地下车库、北京口腔医院王府井部门诊楼、北京朝阳医院京西院区改扩建等6项工程已批复立项，其中天坛医院征地拆迁已委托丰台区政府并于年内启动。此外，市卫生局向市发改委报送了北京同仁医院经济开发区院区扩建、北京胸科医院改扩建、北京佑安医院儿科门诊和传染病筛查中心楼等建设项目的立项申请。（马小荧）

【区县重大卫生建设项目建设进展情况】 截至年底，作为区域医疗中心的房山区良乡医院门急诊综合楼工程竣工并投入使用；门头沟区医院急诊综合楼、平谷区医院新建病房楼、通州区潞河医院手术病房楼、顺义区医院急诊病房综合楼、昌平区医院综合病房楼及配套设施等5项工程主体结构封顶，进入维护结构砌筑和内外装修施工；怀柔医院征地拆迁进入尾声，开始进行施工、监理招标；延庆县医院改扩建工程开工建设；密云县医院因改为异地迁建重新申报项目建议书，正在进行立项评审。区县妇幼保健体系建设项目中的房山区妇幼保健院门诊病房楼工程完成结构封顶；大兴区妇幼保健院建设工程的外装修基本完成，内部装修完成工程量的50%；东城区妇幼保健院改扩建工程进入结构施工。在区县疾病预防控制和卫生监督体系的9个建设项目中，怀柔区卫生监督所建成使用，正进行竣工决算；大兴区疾控中心和卫生监督所建设工程、延庆县疾控中心建设工程进入装修施工阶段；宣武区公共卫生大厦初步设计概算正在评审中；昌平区、房山区的疾控中心和卫生监督所建设工程，怀柔区疾控中心建设工程完成立项评审；通州区公共卫生大厦建设项目处于前期规划调研阶段；顺义区公共卫生业务综合楼项目建设方案已报区政府。

（马小荧）

【工程建设领域突出问题专项治理】 市卫生局组织西城区、宣武区、朝阳区、海淀区卫生局和海淀区工委完成对西城区48个社区卫生服务站标准化建设项目、宣武区社区卫生服务中心（站）规划设置与标准化建设工程、朝阳区奥运村社区卫生服务中心标准化建设工程、海淀区卫生室标准化建设项目和海淀区社区卫生标准化建设配套资金等5个项目的检查，完成本局18个基建项目信用信息的归集报送和项目信息公开属性的审查。在中央扩大内需促进经济增长政策落实暨治理工程建设领域突出问题检查组赴本市检查期间，听取了本局开展治理工程建设领域突出问题工作的情况汇报，未发现建设项目存在违法违规问题。11月1日，中央检查组赴北京儿童医院现场检查儿童血液肿瘤中心项目建设情况。（马小荧）

【卫生系统房屋建筑抗震节能综合改造】 组织全市一级以上医疗机构和公共卫生机构对本单位建筑物进行普查登记，完成全市一级以上市、区（县）所属医疗机构2000年前竣工建筑物的统计。统计结果显示，市、区（县）卫生系统将有超过300万平方米的既有建筑纳入抗震性能检测鉴定范围。起草《北京市卫生系统建筑物抗震加固和节能综合改造工作方案（征求意见稿）》。配合市建委选定积水潭医院和妇产医院东院作为试点单位进行综合改造工程。

（马小荧）

【强化医疗废物管理】 市、区两级卫生行政管理部门印发《医疗废物管理文件汇编》9000余册、宣传品12万余份，制发医疗废物暂存处警示牌2000块。卫生行政部门和医疗卫生机构对专职人员进行法律法规和业务知识的培训，全市从事医疗废物收集、运送人员的培训率为91%。市卫生局聘请医疗废物巡查员36人，对医疗卫生机构巡查417次，反馈信息1612条；市、区（县）两级卫生行政部门对1010家医疗卫生机构进行检查，市卫生局还组织区（县）卫生局和三级医院开展医疗废物管理的互查；市、区（县）两级卫生监督所对5788家医疗卫生机构进行执法监督，针对发现的问题，要求有关单位按照制度规范进行整改，对其中问题较严重的54家医疗机构进行行政处罚。（马小荧）

财务与价格管理

【概述】 2010年，以“提高科学理财能力，服务卫生发展大局”为原则，围绕本市深化医药卫生体制改革工作中确定的各项任务，在绩效管理、总费用核算、总会计师制度建设、财务工作等级评审、补偿政策落实等方面均取得新的进展和突破。

（袁　毅）

【健全社区卫生服务补偿机制】 在上一年全面开展社区运行状况及公用经费定额标准调研的基础上，市卫生局会同北京中医药大学公共卫生管理学院、市财政局联合制订社区公用经费财政补助定额标准，解决了本市社区卫生服务机构自实行收支两条线管理以来，一直没有制订统一规范的公用经费定额标准问题。（袁　毅）

【完成医改工作任务】 年内，完成补偿渠道和方式的研讨，撰写了《医药分开对北京市公立医院经济运行的影响及建议》的调研报告，初步形成医药分开对医院的运行影响和政策建议，为解决“以药养医”问题奠定了基础。

市卫生局制订《北京市卫生局总会计师管理办法（试行）》和《实施方案》，并在直属医疗机构中实施。在8家综合医院及3家专科医院继续开展项目成本核算及朝阳医院补偿机制改革试点的基础上，对财政补偿方案进一步优化和调整，将试点单位扩大至朝阳医院、宣武医院和天坛医院，相关经费已列入2011年预算。同时，对符合国家政策规定的退休人员费用实行财政全额保障，全年追加预算4000余万元，缓解了医疗卫生单位的经济负担。

启动公立医院绩效考评体系建设，设立了政府对医院绩效管理的一级考评指标体系。考评体系从医院的运行与效率、社会效能、医疗质量与内部流程管理、科研与教学等4个维度，选择与医院绩效关联度较高的42个关键指标，实施对医院和院长的业绩评价。此外，考评体系中设立了针对医院各部门及全员的二级乃至三级考核指标300余项。引导医院完成政府既定工作任务和实现医院总体发展战略目标。

市卫生局完成建立大型医用设备审批与补助联动机制的建设，完善大型医疗设备预算的管理。在直属单位开展对国有资产出租、出借、对外投资及担保事项的梳理和规范。（袁　毅）

【启动卫生总费用研究】 卫生总费用是反映卫生事业发展的重要指标，其核算结果是制订卫生政策、评估卫生系统绩效的重要信息。年内，完成

2007~2009年两种方法的北京市卫生总费用测算报告，探索卫生总费用为卫生事业发展服务的模式。

（袁　毅）

【完成自主创新产品的政府采购】　按照市政府下达市卫生局的自主创新产品政府采购任务，市卫生局机关全年采购中关村自主创新产品5531万元，其中包括第一类疫苗和流感疫苗等。市卫生局被评为政府采购中关村自主创新产品优秀采购单位。

（袁　毅）

【推进财务信息化建设】　年内，市卫生局向直属20家医疗机构发放了《北京市医疗机构预算管理系统院长培训手册》《北京市医疗机构预算管理系统财务人员培训手册》《北京市医疗机构预算管理系统科室预算员操作指南》和《北京市医疗机构预算管理系统财务人员操作指南》等培训教材。在完成基层端实施工作的基础上，完善局端预算管理系统，达到预算管理系统基层端与局端数据交互平衡验证、功能上下联动、提升预算管理水平的目的。同时，完成卫生经济指标平台的建设。软件的财务管理部分在全市16个区县的300余家社区医疗卫生机构推广使用。

（袁　毅）

【加强高额自有资金的使用和管理】　年内，市卫生局审批5家直属单位6个高额资金申请使用项目，涉及资金13467.23万元。经审核，批准4家单位的4个采购、建设项目，共计金额9263.33万元。

（袁　毅）

【加强预算管理】　全年市卫生局系统实现经费总收入213.09亿元（不含基本建设收入），与上年同口径相比增加18.79亿元，增长12.3%。年初，财政补助收入中预算安排22.52亿元，争取追加各类财政拨款预算13亿元，主要用于医疗卫生单位退休人员退休费、医疗设备购置、事业单位增资款及住房补贴款、公立医院改革补偿、信息系统建设及房屋修缮等项目。从全年实现的收入、支出及事业结余情况看，预算执行情况总体良好，其中收入完成预算的124.27%，支出完成预算的120.9%。全年实现事业结余5.77亿元（不含项目经费结余）。（袁　毅）

【“小金库”和假发票专项治理】　2010年，市卫生局在系统内继续开展“小金库”和假发票的专项治理工作。清查范围覆盖市卫生局系统所有登记的事业单位、社会团体和国有及国有控股企业115家单位，对2008年之后所有的经济业务往来发票进行全面自查。经过自查自纠，各企业和社会团体均未发现“小金库”现象；发现191个开具假发票的供应单位，假发票532张，涉及金额721万元。（袁　毅）

【开展全行业物价管理】　2010年，开展了全市卫生系统医药价格管理的互查。18个区县、65家三级医院抽调近百名物价管理专家，分6个互查组，重点抽查90家医疗机构。检查内容包括：健全、完善医院内部医药价格管理机制，确保医药价格计算机管理系统信息准确，完善医药收费复核制度，全面落实价格公示制度，提高收费透明度，严格执行国家医药价格政策，规范医疗服务收费行为。

新增医疗服务项目的价格由市卫生局、市发改委共同管理。截至12月底，共受理新增医疗服务价格项目立项申请26项，包括3家卫生部驻京医院的9个项目、2家部队医院的5个项目、6家市属单位的12个项目。市卫生局组织专家进行评议，并在批准立项后将26项报市发改委审批。受理的备案事项1614项次，其中新增医疗服务价格项目备案360项次、新建改建病床价格备案16项次（类）1115张床、特需部及整形美容医疗项目备案152项次、价格放开医院项目备案1086项次。备案项目中涉及17家卫生部驻京医院855项次、6家部队医院20项次、8个基层医疗机构521项次、7家中央部委在京企业医院77项次、18家市属单位141项次。（袁　毅）

审计与监督

审计监督

【概述】　全年完成27家市卫生局直属单位领导干部经济责任审计；对6家直属单位2009年经济责任审计报告和财务收支审计报告中披露问题的整改情况进行后续审计；根据市审计局的安排，组织市卫生局所属57个直属单位按照预算执行情况对10个方面的自查内容进行全面自查；制订《北京市卫生局财务收支审计管理办法》《北京市卫生局直属单位财务收支审计操作指南（试行）》两个管理办法；培训内审人员236人次。

（高小佳）

【领导干部经济责任审计】　年内，市卫生局对27家直属单位的法定代表人进行经济责任审计，提出问题296条、审计建议143条；对其中17家单位法定代表人进行任内经济责任审计，实现审计关口前移；受局组织处委托，对朝阳医院、地坛医院、社管中心和体检中心等10家单位离任领导进行经济责任审计，从经济管理工作的合法性、合规性等方面进行评价，指出存在的问题，并提出了整改建议。

（高小佳）

【后续审计】　6月12～16日，对友谊医院、积水潭医院、肿瘤医院、宣武医院、佑安医院、儿童医院等6个直属单位2009年经济责任审计报告和财务收支审计报告中披露问题的整改情况进行后续审计。从审计情况来看，大多数单位都专门召开办公会对审计报告中提出的问题和建议进行讨论研究，并组织人员限期落实整改。除少数历史遗留问题多的单位确因客观原因难以及时整改外，其他问题基本得到整改，整改率90%以上。（高小佳）

【自查预算执行情况】　1～3月，根据市审计局的安排，组织市卫生局所属57个单位按照预算执行情况对10个方面的自查内容进行全面自查，并认真整改。自查结束后，对各单位的自查情况进行分析汇总，形成了全局2009年预算执行情况自查报告并报市审计局。通过预算执行情况自查，总结了经验，完善了预算管理措施，强化了预算管理和财务监督检查工作。（高小佳）

【制度建设】　全年共组织6次60余人次开展研讨和起草，7次修改，参阅近10个法规和管理性文件，用8个多月的时间，制订《北京市卫生局财务收支审计管理办法》《北京市卫生局直属单位财务收支审计操作指南（试行）》。这两个管理办法明确了从财务收支审计的开始到报告的提出、实施后续审计、对发现问题的整改等，是完整的、操作性强的管理办法。（高小佳）

【审计人员培训】　6月21～22日，市卫生局举办工程全过程跟踪审计培训班；10月12～13日，举办以“合同审计相关法律问题”、“新医院会计制度解读与衔接”为内容的全市卫生系统内部审计人员业务培训班，16个区县卫生局和市直属36家医疗卫生单位内审人员236人次参加培训。（高小佳）

【理论研讨】　组织全体审计人员就“政府审计、内部审计或社会审计成果在部门和单位的利用”和“风险导向审计实务探索”两个课题分别开展理论研讨，共征集论文20余篇，其中10篇分获中国内审协会卫生分会、北京市内审协会二、三等奖。

（高小佳）

【审计信息】　2010年，开展了审计信息报送工作，要求区县卫生局和市卫生局直属单位将审计工作的新思路、新经验、新举措和典型事例等及时报送，收集提炼编辑后下发全系统，收到良好的效果。编辑的信息多次被卫生部规财司采用，得到肯定和好评。

（高小佳）

政风行风监督

【加强对重大决策部署落实情况的监督检查】　一是召开全市卫生系统纪检监察和纠风工作会。市卫生局党组书记、局长方来英就进一步做好纪检监察和纠风工作、保障和推进卫生事业改革发展发表讲话，局党组成员、市纪委驻市卫生局纪检组组长何群总结了2009年纪检监察和纠风工作经验，对2010年纪检监察和纠风工作进行了部署。二是对市卫生局牵头的“加强医疗机构管理，推动便民措施落实，医德医风建设”等6项工作，督促协调相关单位拟订计划，制订措施，按照时间节点完成。市委和卫生部检查组对本局推进惩防体系建设的完成情况给予高度评价。三是召开“小金库”专项治理工作动员部署大会，局党组书记、局长方来英提出了明确要求。组织对各直属单位是否存在“小金库”问题开展进一步的清理，完善了制度措施。四是为加强对权力运行的科学化管理，开展行政监察现代化工程建设，成立领导小组，由工作协调组和技术组负责相关工作的开展。五是开展工程建设领域突出问题的专项整治。组建卫生项目工程建设领域突出问题专项治理工作小组，确定18个重点排查项目，重点查找在工程进度、质量、资金、安全监管等方面存在的问题。通过自查，18个建设项目均符合相关要求。（潘贞庆）

【加强行风建设和纠风工作】　一是按照“谁主管、谁负责”和“管行业必须管行风”的原则，坚持把行风建设和纠风工作作为局党组的重要工作来抓，调整行业作风建设和纠正行业不正之风领导小组及办公室人员，明确人员构成、职责分工和相关要求。二是聘请市人大代表、政协委员、民主党派人士、专家、教授为行风评议员，制订工作计划，明确工作任务，进行明查暗访，督导检查。三是开展民主评议基层站所工作。制订《北京市卫生局2010年民主评议基层站所计划》，对民主评议的指导思想、工作重点和工作环节作了明确规定和安排，选聘15名评议代表，负责对市卫生系统行风建设进行督导检查，定期汇报情况，协助纠正行风建设中存在的问题。四是建立《医院职业道德建设综合评价指标体系》等规范，将医德情况与“医院管理年考核评价”

活动一并考评，考评结果与医务人员的晋职晋级、评先评优、绩效考核直接挂钩。（潘贞庆）

【强化党风廉政建设和预防腐败】 一是加强党风廉政教育。把廉政教育纳入中心组学习内容，请专家学者作廉政教育专题报告，在基层单位开展廉政专题讲座40余场。组织观看《警钟长鸣》系列片，参观反腐倡廉教育基地，旁听法庭审判，取得较好的教育效果。二是落实党风廉政建设责任制。制发《北京市卫生局2010年党风廉政建设和反腐败工作任务分工方案》，明确7个方面的内容、31项具体工作任务，重点突出了党风廉政建设和惩防体系建设、领导干部作风建设和廉洁自律、对权力运行的监督检查、查办案件和自身建设等，每项工作都明确牵头领导和责任处室。市检查组对本局落实党风廉政建设责任制情况给予充分肯定。三是建立预防职务犯罪联席会议制度。年内，建立市医药卫生系统与市检察院预防职务犯罪联席会议制度，成立领导小组，设立办公室，明确联席会议制度的组织形式、工作任务，重点在开展预防犯罪、警示教育、案件协查和移送、专题调研、检察建议、法律咨询服务、情况通报和信息交流等方面进行交流和沟通。四是狠抓“三重一大”制度的落实。制订市卫生局系统落实“三重一大”制度的实施细则，把决策管理纳入重点监控范围，对“三重一大”事项坚持“集体领导、民主集中、个别酝酿、会议决定”的基本制度，关口前移，预防在先，做到风险底数不清不决策、风险预防职责不清不决策、风险防范措施不成熟不决策。五是不断深入开展领导干部廉洁自律工作。配发相关学习资料，组织相关知识测试，要求党员干部严格遵守《廉政准则》“八个禁止”、“五十二个不准”。局党组成员、驻局纪检组组长何群与新任领导干部进行集体廉政谈话，要求领导干部带头勤政廉政，营造廉洁和谐氛围。

（潘贞庆）

【廉政风险防范管理“两个延伸”】 一是开展廉政风险防范管理向上延伸的试点工作。确定郭积勇、赵春惠、毛羽3名局领导为试点对象，通过自己找、领导提、群众帮、集体定等形式，分析查找在思想道德、岗位职责和外部环境等方面的风险内容及表现形式，确定行政权力50个，查找出廉政风险点60个，分出A级权力6个、B级权力18个、C级权力26个，制订防控措施32条。分别填报《局级领导干部廉政风险识别防控表》《局级领导干部廉政风险防控重点项目表》《局级领导干部廉政承诺表》。二是狠抓廉政风险防范管理向下延伸工作。选定局机关医政处、药械处、基层卫生处以及朝阳医院、胸科医院、市卫生监督所、市疾控中心、市红十字血液中心、市药品集中采购服务中心、市社区卫生服务管理中心等10个单位和处室作为试点重点指导单位，把每个单位和处室权力最集中、廉政风险最大的岗位作为重点防范和指导的内容。组织各单位和处室制订落实方案，梳理出可能或容易出现风险的具体内容，有针对性地建章立制，完善措施，研究对策，进一步规范权力运行。三是加强廉政风险防范管理考核。以制订下发的《廉政风险防范管理考核办法》和《廉政风险防范管理工作考核标准》为依据，把各直属单位、各区县卫生局划分为6个片组，开展“自查、互查、抽查”活动，评价结果作为单位评先评优和个人绩效考核、晋职晋级的重要条件。市纪委在对卫生系统廉政风险防范管理工作的调研中给予充分肯定。

（潘贞庆）

【专题立项效能监察】 一是制订效能监察实施方案，明确效能监察依据目标、对象、内容、实施方法及措施、检查时间与步骤安排等，成立由驻局监察处牵头、社会监督员协助、有关职能部门参与的立项效能监察工作小组。二是开展药品集中采购专题立项效能监察，采取听专题汇报，查看工作计划、方案和制度等形式，提出指导性意见，对药品集中采购实施全程监控，坚持每周两次现场监督，每天都把相关数据刻成光盘备查。对评审专家开展廉政风险教育，签署《评审专家承诺书》，组织采购人员签署《履职承诺书》，在公开招标现场采用现代化安检系统封闭评标环境，将手机、相机、U盘等通讯、存储设备统一管理，确保评标工作公平、公正进行。没有发现违规违纪问题，受到中央纪委驻卫生部纪检组和国务院纠风办领导的肯定。三是开展社区卫生服务专题立项效能监察，组织人员到房山区周口店社区卫生服务中心、东城区大栅栏社区卫生服务中心检查调研，查看各项制度措施，与住院患者座谈，走访就诊患者，就调研中发现的问题提出改进意见和建议。

（潘贞庆）

【排查纪检监察信访案件】 一是全年受理纪检监察信访142件次，其中来信139件次、来访3次。从反映问题的性质看，反映贪污贿赂的3件，反映违反财经纪律的23件，反映违反组织人事纪律的11件；从单位类别看，反映直属单位的57件，反映区县卫生局的20件，反映市卫生局机关的33件。多数纪检监察信访件按照管理权限和有关规定转交相关单位查处，部分进行了直接排查，没有发现明显的违法违纪问题。二是配合市检察院调查处理某三级医院医务人员收受药品回扣问题，追回案款230余万元。

（潘贞庆）

【加强纪检监察队伍自身建设】 一是全年多批

次组织本系统纪检工作人员参加中纪委、卫生部纪检组、市纪委组织的业务培训。二是编写《纪检监察人员简明实务手册》，并开展学习与培训。三是多批次抽调本系统纪检工作人员以干代训，参与市卫生局纪检监察信访案件的调查和纠风工作。（潘贞庆）

卫生信息化

【概述】 9月，首批市公共卫生信息中心与首都医科大学卫生管理与教育学院合作统招的7名研究生入学。继续做好卫生信息化项目的前置审核评审等工作，通过统一评审和归口管理，做到统筹管理，减少资源浪费。推进重点应用系统建设，新社区卫生信息系统在全市全面推广应用，建立电子健康档案485万份。启动卫生人力资源信息系统建设和北京市实名就诊卡完善（医联码系统）项目。依托首发基金课题，探索远程影像和远程病历会诊的有关技术标准规范，并试点开展远程会诊。以固化奥运和国庆信息安全保障成果为卫生行业信息安全重点工作，开展卫生行业信息安全检查，出台《医疗卫生信息安全等级保护实施指南》，并开展信息安全员信息安全保障知识的培训。3月，启动北京市公共卫生综合服务平台的建设，对现有的北京卫生信息网进行改版并正式上线。北京市新社区卫生服务综合管理信息系统获中国信息化建设项目成就奖，北京市卫生局免疫规划信息系统获2009年信息北京十大应用成果奖。

（周　丹）

规划管理

【编制“十二五”卫生信息化规划】 年内，市公共卫生信息中心制订《北京市“十二五”卫生信息化专项规划编制实施方案》，成立卫生信息化专项规划编制工作小组及专家组。在规划编制过程中组织区县卫生局、直属医院、市卫生局机关处室等单位进行专题研讨会4次，并征求局机关处室、区县卫生局、直属单位和直属医院信息化规划的意见，形成《北京市“十二五”卫生信息化规划》初稿。

（张世红）

【规范药品分类与代码】 由于目前我国药品种类繁多，名称复杂，没有统一编码，缺乏统一标准，已成为医药行业信息资源共享和交换的瓶颈。为规范药品相关信息系统建设，加强药品的监督管理，促进医药行业信息化建设，实现药品信息资源共享与交流，市公共卫生信息中心组织有关单位制订《北京市药品分类与代码规范》初稿，并征求了二级以上医院、区县卫生局的意见，准备作为地方标准发布。

（张世红）

【规范医院门急诊信息系统】 为加快医院门急诊医生工作站的建设，进一步加强北京地区医院门急诊信息系统规范管理，满足区域协同医疗对医院门急诊信息系统的需求，便于卫生行政管理部门对门急诊信息的采集，9月19日，制订了《北京地区医院门急诊信息系统基本功能规范及数据采集规范》，发至全市49家三级医院及11家远郊区县医院，作为医院门急诊信息系统改造以及数据采集的规范依据正式试行。（张世红）

【首届卫生信息专业研究生入学】 9月6日，首都医科大学卫生与医学信息管理学系首届研究生入学。市卫生局副局长邓小虹作为导师介绍了院系成立情况、招生情况、副导师情况以及主要研究方向，并希望研究生在今后的学习和科研中充分利用学院资源和学科优势，做到学有所成。市公共卫生信息中心副主任王晖、谢学勤，北京急救中心副主任范达，市妇幼保健院副院长赵娟，市卫生监督所一科主任马朝晖任副导师。入学的7名卫生信息专业方向研究生是建系以来招收的首批硕士研究生，标志着本市卫生信息化高级人才培养走上良性、持续发展的轨道。

（董伊晖）

项目建设

【启动医联码发放及门急诊信息采集工作】 北京市实名就诊卡完善（医联码系统）项目是市卫生局根据新医改要求，针对目前管理及应用需求对原北京市实名就诊卡完善项目进行变更后重新启动的项目。该项目于年初启动，在全市三级医院及11家区级中心医院实施，将为非医保患者建立统一条码，通过此条码采集门急诊就诊信息。截至12月底，全市已有32家医院完成接口改造，其中21家医院发放了医联

码并上传病人基本信息。（单既桢）

【启动电子病历试点工作】 年内，根据《卫生部关于开展电子病历试点工作的通知》，本市9家医院启动了电子病历试点工作。根据市政府要求，将从2011年起，用5年时间完成电子病历的建设，为方便百姓就医、提高医疗工作效率、保障医疗质量、合理利用医疗资源提供便利。（单既桢）

【完成手术中冰冻的远程会诊试验】 依托首都医学发展基金项目，由市公共卫生信息中心牵头，远程影像会诊、远程病理会诊2个课题组根据任务分工开展了相关工作。12月21日，市卫生局向远程会诊试点医院下发《北京地区远程医学影像会诊和远程病理会诊试点工作管理规范》及《北京地区远程医学影像会诊和远程病理会诊试点工作技术方案》。至年底，远程影像会诊完成X线摄影及CT影像质控标准草案的拟订和专家二审，宣武医院初步完成远程会诊平台的搭建，网络、硬件及软件调试完毕，规划与怀柔区医院进行试点连接。远程病理会诊协作单位平谷区医院购买了满足远程会诊必须的硬件设备，北京协和医院购置并应用了远程会诊平台高分辨视频系统，截至12月18日，协和医院对平谷区医院申请的14例患者进行了手术中冰冻的远程会诊试验。（单既桢）

【卫生人力资源管理信息系统】 卫生人力资源管理信息系统是为整合现有的医疗卫生人力资源信息，建立医师、护士等医疗技术人员的全执业周期信息库，实现医师定期考核、退休人员工资管理，为领导和业务部门提供决策支持和综合查询的管理信息系统。3月，由市公共卫生信息中心组织项目启动会，撰写项目启动文件，明确相关用户及各方责任。8月，项目组完成硬件到货验收，并搭建系统运行环境。3～12月，项目组进行了需求调研、系统设计、代码开发等工作。（史　森）

【新社区卫生服务综合管理信息系统】 2月5日，北京市新社区卫生服务综合管理信息系统通过初步验收；9月20日，通过最终验收。截至年底，共建立社区居民电子健康档案485万份。在全市推广过程中，强化技术支持服务和系统功能完善。新社区卫生服务综合管理信息系统可以为居民建立动态连续的电子健康档案，方便社区医生提供健康服务，辅助居民开展健康自我管理，同时可以实现社区与大医院之间的双向转诊，并在西城区南区进行试点。7月，北京市新社区卫生服务综合管理信息系统完善推广项目正式启动。截至年底，在原崇文区、西城区、原宣武区、朝阳区、海淀区、顺义区共实施46个卫生服务中心、172个卫生服务站。（顾晓晖）

【支援青海省示范乡镇卫生院信息化建设项目】 市卫生局承担为青海省建立1～2个信息技术应用示范乡镇卫生院的任务，通过开展支援乡镇卫生院等基层单位的信息化建设，实现方便农民看病、报销的目标，实现医改“强基层、保基本、建机制”的目标。2009年12月25日，签订了《支援青海省示范乡镇卫生信息化建设的协议》。2010年，完成项目的立项。（张世红）

网站建设

【完善网站评测考核体系】 本市开展了医疗卫生系统网站考核评议工作，以评促建，加强对行业网站的指导。共测评区县卫生局、医疗机构等三大类77家单位网站，其中区县卫生局网站平均得分62.8分、市卫生局直属单位及卫生学校类网站平均得分70.1分、医疗机构类网站平均得分63.3分。

（姜　冰）

【网站前置审批及监管】 全年前置审核提供医疗保健信息网站300家。同时，持续进行网站日常监测工作，每两周整理一次违法网站监测报告。

（姜　冰）

【公共卫生综合服务平台建设】 年内，为了新医改工作的要求，同时满足日益提高的公众获取卫生信息的需求，启动了北京市公共卫生综合服务平台的建设。该项目实现了市卫生局行政许可事项网上填报、网上复诊预约挂号、北京卫生信息网无线版等网上服务项目。（姜　冰）

【改版北京卫生信息网】 年底，北京卫生信息网改版并上线运行。此次改版进一步增强了网上服务功能，并开通了北京卫生信息网无线官方网站，满足百姓求医问药、了解京城各大医院医疗特色的需求。

（姜　冰）

信息安全

【卫生行业信息安全检查】 7～11月，分4个阶段对本市卫生行业的重点网络和信息系统进行安全检查，即自查、抽查、整改和复查。从信息安全组织落实、等级保护、风险排查、应急预案、应急演练、安全制度、信息上报、应急资源准备和备份措施等8个方面进行自查，并上报自查报告。在此基础上，联合检查组进行了远程技术检查，并对8家卫生机构进行了现场检查，对各单位信息安全工作存在的问题提出整改意见，并以书面形式进行反馈，要求各单位根据检查结果进行整改。各单位对检查中发现的安全隐患、漏洞等风险制订了技术整改和管理措施。

（郑　攀）

【卫生系统信息安全人员准入培训】　自4月下旬开始，举办为期2个月共8期的北京市卫生信息安全管理员准入培训班。市公安局文保处、市网络安全测评中心、市数字证书认证中心、市公共卫生信息中心和卫生行业信息安全专家从信息安全管理及相关政策法规、医疗卫生行业信息系统安全等级保护实施、电子签名在医疗卫生信息系统中的应用、信息安全等级保护在医院的实施和应用效果等方面进行培训。市属三级医疗机构和疾控中心、急救中心、卫生监督所等公共卫生部门的技术骨干参加培训，经考试合格后，颁发培训证书。　（郑　攀）

卫生法制建设

立法

【颁布集中空调通风系统卫生管理法规】　10月19日，市人民政府第七十五次常务会议审议通过市卫生局起草的《北京市集中空调通风系统卫生管理办法》，于2011年4月1日起施行。与之前的管理规定相比，《办法》进一步扩大管理范围，明确管理责任单位是第一责任人以及政府、行业和社会的责任，完善管理措施，强化日常卫生管理的重要性，在一定程度上加大了处罚力度。同时，为确保集中空调的设置符合卫生管理标准，《办法》规定对集中空调通风系统进行新建、改建、扩建的，应当按照卫生管理标准进行设计和施工。此外，《办法》还规定在传染病暴发流行期间，政府依法具有采取强制措施的权力。

（赵　婧）

【社区卫生服务立法立项】　市卫生局继续开展社区卫生服务立法的前期调研工作。9月16日，在调研的基础上，起草了立项报告，向市政府申请地方性法规立法立项。11月25日，市人大常委会第七十四次主任会议讨论并同意《北京市社区卫生服务条例》立项，将条例列入2011年立法起草计划。市人大常委会法制办公室对条例的起草制订提出了要求。

（赵　婧）

【加强医疗纠纷的人民调解】　市卫生局会同市司法局、市财政局、市公安局、市高级人民法院和北京保监局共同起草《关于加强医疗纠纷人民调解工作意见》，明确本市建立医疗纠纷人民调解工作机制。根据《意见》，本市将成立医疗纠纷处理协调指导委员会，负责协调各部门职责，指导医疗纠纷人民调解工作。同时，还将在本市现有医疗纠纷专业调解的基础上整合资源，组建医疗纠纷人民调解委员会，免费开展医疗纠纷的人民调解工作。　（赵　婧）

清理法规

【清理法规6件】　年内，对由市卫生局起草的6件现行地方性法规进行清理。建议修改2件，分别是1995年12月21日市十届人大常委会第二十三次会议审议通过、1996年5月15日施行的《北京市公共场所禁止吸烟的规定》，1996年5月30日市人大常委会第二十七次会议通过、1996年5月30日施行的《北京市实施〈中华人民共和国食品卫生法〉办法》；建议保留1997年4月16日市第十届人大常委会第三十六次会议通过、1997年7月16日施行的《北京市生活饮用水卫生监督管理条例》，2006年12月8日市十二届人大常委会第三十三次会议通过、2007年3月1日起施行的《北京市精神卫生条例》；建议待处理2件，1995年4月14日市第十届人大常委会第十六次会议通过、1995年6月1日施行的《北京市实施〈中华人民共和国母婴保健法〉办法》，2001年6月28日市第十一届人大常委会第二十七次会议通过、2001年10月1日施行的《北京市发展中医条例》，即暂不废止，待条件成熟报请修订。　（赵　婧）

【清理地方政府规章6件】　8月，市卫生局对6件现行有效的政府规章进行清理。建议保留2008年3月24日制订的《北京市公共场所禁止吸烟范围若干规定》和2009年8月27日制订的《北京市献血管理办法》，建议修改1999年8月17日制订的《北京市除四害工作管理规定》、1996年6月5日制订的《北京市实施〈食盐加碘消除碘缺乏危害管理条例〉办法》、1995年8月10日制订的《北京市实行婚前医学检查管理规定》等3件，建议废止1995年3月30日的《北京市养犬卫生防疫管理办法》。市政府决定，废止《北京市养犬卫生防疫管理办法》，并对《北京市实行婚前医学检查管理规定》的部分条款进行修

订。　　（赵　婧）

制发行政规范性文件

【制订行政规范性文件5件】　2010年，市卫生局共制订行政规范性文件5件，主要集中在医疗卫生领域，分别是：《北京市健康体检管理办法》《北京市卫生局关于调整从业人员预防性健康检查工作的通知》《北京市医疗机构审批管理暂行办法》《北京市医师定期考核管理暂行办法》《北京市医师多点执业管理办法（试行）》。此外，还开展了规范性文件的清理工作，并公布了第一批废止的23件文件的目录。

（赵　婧）

行政诉讼与复议

【行政诉讼与复议19件】　全年办理行政诉讼10件、行政复议9件。案件呈现以下特点：一是案件的种类主要集中在管理相对人等不服对信访和医疗纠纷的处理结果，而因行政处罚引起的案件大幅下降的态势；二是在案件种类上，行政复议案件数量有所上升；三是在案件参加人员上，律师等法律专业人事参与的案件数量增加；四是希望通过复议或诉讼结论为民事争议或行政赔偿等提供依据成为相对人等申请行政复议或提起行政诉讼的动力。

（赵　婧　彭天雅）

评查行政处罚案卷

【评查卫生行政处罚案卷】　年内，对全市2009年11月1日～2010年10月31日已经结案的卫生行政处罚案卷进行评查。评查发现，本市行政处罚案卷主要存在法律适用错误等基本要素问题和处罚决定书涂改等一般规范性问题。此外，行政处罚案件还存在数量减少和处罚力度下降的现象。　（彭天雅）

普法

【普法验收总结】　通过自查、抽查等方式对《北京市卫生系统开展法制宣传教育工作的第五个五年规划（2006—2010）》的实施情况进行总结和验收。通过学法普法宣传，本市卫生系统各级领导干部、卫生行政执法人员及医务人员的法律意识普遍有所提高，法制观念明显增强。　（彭天雅　赵　婧）

组织宣传和群众工作

组织建设

党建工作

【评选“为群众健康服务的党员之星”】　4月30日，市卫生局召开会议，部署“为群众健康服务的党员之星”评选活动。局党组副书记张秀芳到会讲话，各直属单位党委书记或副书记近40人参加会议。活动分成基层推荐、公示评选、命名表彰、广泛宣传4个阶段，评选出30名理想信念坚定、发挥作用明显、群众广泛称赞的“为群众健康服务的党员之星”。6月29日，召开纪念建党89周年暨“为群众健康服务的党员之星”事迹报告会。卫生部直属机关党委常务副书记姚晓曦，市卫生局党组书记、局长方来英，党组副书记张秀芳，副局长郭积勇、毛羽，市药品监督管理局党组书记、局长丛骆骆等出席。

（袁兆龙）

【中组部调研创先争优活动】　7月2日，中共中央政治局委员、中央书记处书记、中央组织部部长、中央创先争优活动领导小组组长李源潮到北京友谊医院调研创先争优活动。全国医药卫生系统创先争优活动指导小组组长、卫生部党组书记、副部长张茅，市卫生局党组书记、局长方来英，北京友谊医院党委书记魏玫等陪同调研。市卫生局党组书记、局长方来英围绕医改、群众健康、人才建设和典型推进介绍了本市卫生系统开展创先争优活动的情况；北京友谊医院党委书记魏玫介绍了该院开展创先争优活动的主要做法和成效，医生代表刘占东、护士代表冀琨、医技人员代表苏建荣、后勤工人代表管爱民、统战代表贾继东分别发言。李源潮对北京友谊医院创先争优活动给予高度评价。　（袁兆龙）

【以点带面，推进创先争优深入开展】　11月11～12日，召开市卫生系统基层党组织负责人实务培训班暨开展创先争优活动点评会。积水潭医院等9家综合医院党委汇报创先争优活动进展情况，市卫生系统创先争优活动领导小组对各单位创先争优工作进行点评。友谊医院、首都儿科研究所、朝阳医院等3个基层党建创新试点单位分别介绍了“学习型党组织”、“推进党内民主”、“开展主题党日活动”的试点工作经验。会议还对各直属单位党委书记、副书记、党办主任进行了党务工作实务培训。局党组副书记、巡视员张秀芳对开展创先争优活动、学习型党组织建设和基层党内民主建设等工作提出具体要求。卫生部机关党委常务副书记姚晓曦、组织处处长鹿文媛，市委组织部党员教育管理处副处长曾佳佳等领导出席点评会。（袁兆龙）

干部工作

【加大竞争性选拔干部力度】 4月20日，市卫生局首次面向社会公开选拔4个正处级职位。有148名应试者通过网络报名，70人通过资格初审参加笔试，18人参加面试，并对9名较优秀的应试者进行组织考察，最终选拔3人担任正处级领导职务。

（王昊旻）

【加大干部交流力度】 全年交流领导干部26人，其中提拔交流12人、平职交流16人。有4名机关干部到事业单位交流任职，其中3人为交流提拔；有6名事业单位或系统外干部交流到机关任职，其中2人为交流提拔。（王昊旻）

【干部挂职锻炼】 5~11月，有30名干部参加第四批挂职锻炼，其中局机关到基层单位挂职8人、基层单位到局机关挂职18人、基层单位到基层单位横向挂职4人。此次挂职锻炼采取定期考核和轮岗锻炼等措施，强化了挂职效果，已有10名挂职干部走上领导岗位。（王昊旻）

【举办新任干部和后备干部培训班】 6月21~27日，市卫生局、市医院协会举办新任干部和后备干部培训班。市卫生局党组书记、局长方来英讲话，党组副书记、巡视员张秀芳作开班动员和结业讲话，市纪委驻市卫生局纪检组组长何群对学员进行党风廉政建设教育。培训中还开展公开选拔领导干部面试模拟演练和新闻发布会模拟演练。（张建国）

【召开中、高级政工职称评审、推荐会】 6月2日，召开中、高级政工职称评审、推荐会。评审小组向中评委汇报了32名申报人员评价基本部分得分情况和评审小组初步意见，中评委对每名申报人员进行筛查，最终确定推荐直属单位8人、机关2人申报高级政工师，16人申报中级政工师，3人申报助理政工师。8月，经市委宣传部和市直机关工委评审，确定向市委组织部推荐直属单位7人和机关2人参加高级政工师评审。11月，9人全部通过市委组织部评审，获得高级政工师任职资格。（徐　佳）

对口支援工作

【完成对口支援什邡卫生智力援建计划】 2月25日，向市对口支援指挥部人力资源办公室上报了本年度对口支援什邡卫生智力援建计划。市卫生局计划选派医疗卫生、疾病预防控制和卫生监督技术人员3批75人到什邡市，帮助当地医疗卫生机构开展正常的医疗卫生服务，每批3个月；派知名专家、教授2批6~16人赴什邡授课，讲授最新医药卫生进展、新技术应用和医药卫生专业知识，每批1~2天；并在京分2批为什邡培养卫生管理干部、学科带头人、学科骨干、公共卫生人才179人培训，每批3~6个月。

9月28日，最后一批援助什邡医疗卫生服务队完成任务返回北京。至此，本市卫生系统承担的对口支援什邡卫生智力援助任务全部完成。2008年6月到2010年9月，本市卫生系统共派出9批389名医疗卫生技术人员赴什邡开展工作。援助期间，接诊105400次，手术988例，下乡巡诊24189人次，体检11925人次，检索疫情485次，查阅门诊登记18090次，入户巡查监测6869户15863人次，健康教育52684人次。举办京什医疗卫生管理高端论坛等培训200余次，专业技术指导19004人次。派出4名医疗卫生管理干部到什邡市卫生局及什邡市人民医院等单位挂职。组织4批卫生管理和专业技术人员288人来京培训，其中医疗186人（学科带头人31人、学科骨干155人）、公共卫生28人、卫生管理干部挂职锻炼19人、卫生管理干部考察学习55人，培训时间3个月~1年，培训内容基本覆盖了什邡市医疗和公共卫生的技术和管理的各个方面。（张建国）

【启动对口支援什邡市卫生人才培训】 3月30日，第一批北京市对口支援什邡市卫生人才培训启动。市卫生局巡视员、党组副书记张秀芳到会讲话，北京大学医学部副主任王宪出席。第一批什邡来京培训的干部109人，其中卫生管理干部挂职5人、学习交流20人，学科带头人、学科骨干76人，公共卫生人才8人。本市31个单位承担培训任务。

6月18日，启动第二批对口支援什邡市卫生人才培训。本次什邡来京培训的干部43人，其中卫生管理干部挂职4人、学习交流21人，学科带头人、学科骨干15人，公共卫生人才3人。由15个单位承担培训任务。（张建国）

【第五批卫生援藏干部返京】 7月12日，第五批卫生援藏干部完成任务返京。市卫生局党组书记、局长方来英，党组副书记、巡视员张秀芳，市卫生局党组成员、市药监局党组书记、局长丛骆骆及各选派单位领导到机场迎接。第五批卫生援藏干部在当地开展陈旧性骨折骨外露带蒂皮瓣移植手术、以色列式剖腹产手术等20余项新技术，填补了当地医疗技术的空白；开展专业技术培训2000余人次；申请“西藏高原地区高血压普查及简化治疗研究”和“拉萨市城乡居民高血压患病情况和影响因素调查”科研课题。同时，争取110余万元资金和物品用于改善当地的医疗卫生条件。第五批卫生援藏干部共24人，世纪坛医院、药监局、疾控中心的路明、段志永、张永援藏3年，其他专业技术干部来自友谊医院、中医医院、妇产医院、老年医院等10家医院，援藏1年。这次返京的援藏干部共10人。（张建国）

【签订“十二五”援藏意向协议】 9月27～30日，市卫生局副局长于鲁明等4人参加在拉萨市召开的第五次全国卫生援藏工作座谈会。会上，卫生部对“十一五”期间卫生援藏的先进集体和个人进行表彰，北京市第五批援藏医疗队被评为全国卫生援藏工作先进集体，北京世纪坛医院副院长路明和北京市疾控中心职业卫生所副所长张永被评为全国卫生援藏工作先进个人。会议期间，北京市卫生局就“十二五”期间援藏与拉萨市卫生局达成意向协议。一是选派卫生管理和专业技术干部到拉萨市部分直属医疗卫生机构及三县医疗机构工作，指导受援单位进一步完善医疗卫生发展规划，开展技术援助和人才培养；二是安排拉萨市部分直属医疗卫生机构及三县医疗机构人员到北京市有关医疗机构进修学习；三是加大对口支援拉萨市部分医疗卫生基础设施及设备的援助力度。

（张建国）

【第六批援疆干部完成任务返京】 11月23日，市卫生局系统第六批援疆干部圆满完成任务返回北京。市卫生局党组副书记、巡视员张秀芳，组织处处长武凤玉及各选派单位领导到机场迎接。第六批援疆干部于2008年8月21日进疆工作，开展巨大颅底肿瘤切除术、腹腔镜子宫切除术等38项新技术，填补了和田地区医疗卫生史上的空白。抢救危重病人上百人，开展各类手术上千例；举办培训班90余次，培训3500余人次，撰写调研报告30多篇；为当地医疗卫生系统争取资金、医疗器材40余万元，为当地贫困群众捐款3.6万元。第六批援疆干部共21人，其中行政干部1人，在疆2年3个月；专业技术干部每年10人共20人。（张建国）

【召开第七批卫生援疆干部工作会】 12月17日，市卫生局召开第七批卫生援疆干部工作会，局党组副书记、巡视员张秀芳出席会议并讲话。第七批卫生援疆干部的主要特点一是人数最多，共53人，分别来自43个单位，其中市属医疗单位19人、区县医疗单位34人；二是政治素质较好；三是专业层次较高，全部是中级以上职称，其中高级职称30人，占56.6%；四是年富力强。（张建国）

人才工作

【市委组织部调研海外高层次人才引进工作】 4月28日，市委组织部副部长张志伟一行5人到市卫生局进行海外高层次人才引进工作调研。市卫生局党组书记、局长方来英主持会议并讲话，局党组副书记、巡视员张秀芳就卫生局系统实施“海聚工程”的情况作了专题汇报，副局长于鲁明到会并讲话。世纪坛、天坛、佑安等3家医院汇报了本单位引进海外高层次人才的情况。市委组织部副部长张志伟充分肯定卫生局系统在实施“海聚工程”中取得的成效。5月12日，市卫生局在北京卫生信息网和卫生人才网发布《北京市卫生局系统2010年引进海外高层次人才计划》，来自世纪坛和友谊医院等18家医院、研究所和公共卫生机构共有岗位31个。（智利平）

【召开高层次卫生人才遴选工作部署会】 9月29日，市卫生局召开贯彻全市人才工作会议精神暨2010年高层次卫生人才遴选工作部署会。党组书记、局长方来英，党组副书记、巡视员张秀芳出席会议并讲话，会议由市中医局局长赵静主持。各区县卫生局、各直属单位党政主要领导及负责人才工作的同志，市卫生局、市中医局机关有关处室领导近200人参加了会议。方来英提出3点希望：一是要认清形势、明确任务，使卫生系统人才工作再上一个台阶。二是要科学规划，以人才促进卫生事业科学发展。三是要建立领导责任制，人才工作要见实效。

（智利平）

宣传工作

【评选第三届首都十大健康卫士】 5～12月，市卫生局、首都卫生系统精神文明建设协调委员会在首都卫生系统中开展第三届首都十大健康卫士的评选活动。评选活动经过宣传、推荐、初评、公示、终评等5个阶段，采取群众推荐、业内评选、网上投票等多方式进行。截至10月31日，中央、部队、厂矿企业、高校以及市、区卫生局所属医疗卫生机构共推荐67名候选人参加全市评选。11月9日，召开第三届首都十大健康卫士初评会，选出30名作为十大健康卫士候选人。综合专家评选和网上评选，12月7日，确定当选第三届首都十大健康卫士的名单。他们是：北京肿瘤医院主任医师陈敏华，北京胸科医院主任医师马玙，北京世纪坛医院副主任医师赵爱民，北京朝阳医院副主任医师梅雪，北京妇产医院主任医师黄醒华，北京大学人民医院主任医师陶其敏，北京积水潭医院主任医师蒋协远，房山区张坊村卫生室乡村医生王金海，北京地坛医院主任医师李兴旺，丰台区卢沟桥社区卫生服务中心“片医”杨若濒。

（彭英姿）

【开展学习宣传马庆军活动】 7月17日，第二届首都十大健康卫士马庆军去世。8月11日，市卫生局下发《关于在首都卫生系统开展向马庆军学习活动的通知》，号召全系统各级医疗卫生机构组织开展向马庆军学习的活动。9月28日，市委宣传部、市卫生局、北京大学医学部和首都卫生系统精神文明建设协调委员会联合召开马庆军先进事迹报告会。卫生部副部长尹力、市卫生局党组书记方来英到会并讲话，市委宣传部常务副部长陈启刚及相关领导出席了报告会。11月，卫生部授予马庆军“人民健康好卫士”荣誉称号，并号召全国医疗卫生工作者深入开展向马庆军学习的活动。（彭英姿）

【开展先进事迹报告宣讲活动】 在本市卫生系统开展“为群众健康服务的党员之星”评选活动的基础上，组建市卫生局系统为群众健康服务的党员之星事迹报告团，北京地坛医院感染中心主任李兴旺、北京天坛医院乳腺科副主任王丕琳、北京急救中心医师李贝、北京安定医院抑郁症治疗中心副主任王刚、北京疾控中心免疫预防所所长吴疆等作了事迹报告；由于北京友谊医院急诊科副主任王宇挂职援助什邡未归，其事迹由其同事报告；北京朝阳医院退休干部司堃范、首都儿科研究所外科副主任李龙、北京同仁医院眼科中心主任医师庞秀琴、北京妇产医院妇科微创中心主任段华等党员之星的事迹作为会议材料进行书面交流和宣传。（彭英姿）

【宣传北京医疗队事迹】 2～9月，市卫生局宣传处派出3批新闻记者和宣传干部，前往几内亚、西藏、什邡等采访、拍摄北京医疗队为当地群众诊疗服务、开展公共卫生防疫工作、推动当地卫生事业发展等事迹，并编辑成专题片，其中有反映北京世纪坛医院为主的第二十一批中国援助几内亚医疗队的事迹《爱在几内亚》、反映北京医疗队援藏情景的《活跃在西藏的北京“门巴”》、反映北京卫生3年援建什邡事迹的《什邡历练，浴火重生》。（彭英姿）

【开展社区卫生工作一日体验活动】 7～8月，市卫生局在东城、西城、延庆、房山等10个区县开展了“社区卫生工作一日体验”活动。体验活动于7月30日开始，到8月25日结束，参加体验的居民200人，先后进入上述区县41个社区卫生服务机构的71个岗位，进行为期一天的工作体验，体验时间合计约1250小时。年龄最小的18岁、最大的72岁。既有本市户籍的居民，也有海外留学回国的学生，还有外地退休常住本市的职工。85%的体验者具有大专以上学历。活动中，市民跟随社区医生、护士等医务人员一日工作的全过程，了解到社区医务人员主要工作内容、工作性质、社区卫生服务特色和专长甚至劳动强度，增强了对社区卫生服务工作者的理解、信任和支持。同时，社区医务人员通过这次活动，进一步了解社区居民的需求，发现工作中的不足，对体验者的意见和建议进行整改，促进社区卫生事业的发展。

（彭英姿）

【开展救死扶伤纪念坛揭牌暨祭扫活动】 4月2日，市卫生局、首都卫生系统精神文明建设协调委员会举行北京市爱国主义教育基地救死扶伤纪念坛揭牌暨祭扫活动，由市卫生局党组副书记张秀芳主持。首都卫生系统精神文明建设协调委员、市卫生局领导及市卫生系统34家直属单位医务人员代表、烈士所在单位领导和同事、局聘请的社会监督员、区县卫生局负责人以及各大媒体记者参加。卫生部直属机关党委副书记窦熙照，市卫生局党组书记、局长方来英为北京市爱国主义教育基地救死扶伤纪念坛揭牌；北京积水潭医院手外科青年医师、人民的好医生韦加宁的学生陈山林代表青年医务工作者发言和倡议，方来英发表讲话。（彭英姿）

【编写创先争优活动情况简报】 6月，市卫生局成立了创先争优活动领导小组。自7月9日起，编写创先争优活动情况简报，在北京卫生信息网专栏刊发，同时上报市委和卫生部创先争优活动领导小组办公室。截止到12月31日，共刊发简报84期，发挥了较好的宣传作用。（张正尤）

【突出宣传典型和医改报道】 9月1日，健康报网北京频道正式上线开通。该频道由健康报社北京记者站（设在市卫生局宣传处）负责组织、编辑、发布稿件。北京频道着力于北京地区卫生系统医药卫生体制改革、创先争优活动、工作动态和先进典型宣传等工作，截止到12月31日，发布稿件800余篇，为全国卫生宣传作了贡献。（张正尤）

【成立北京医药卫生文化协会】 5月29日，召开北京医药卫生文化协会成立大会暨第一届会员大会。国家食品药品监督管理局副局长张伟、卫生部人事司副司长张闽元、北京市文化局局长降巩民等领导及会员单位代表180人出席。全国政协副主席、台盟中央主席林文漪与市政府副秘书长马林共同为协会揭牌。会议通过了协会筹备工作报告和协会章程；选举出第一届理事会常务理事、会长、副会长、秘书长，监事会监事长、监事会成员；史炳忠当选首任会长。

（张正尤）

【举办卫生文化建设实践与创新经验交流会】 7月27日，北京医药卫生文化协会召开卫生文化建设实践与创新经验交流会，全市各级医药卫生管理者80多人参加。北京大学人民医院党委副书记陈红松、北京同仁医院党委副书记朱惠芳、北京佑安医院院长李宁、解放军第309医院政治委员高小燕、北京中医医院院长王莒生分别从人文文化、传承文化、服务文化、生态文化、传统文化等5个方面介绍了医院文化建设经验。本次会议收到征文32篇，并在北京卫生信息网上刊登。（钟蝶飞）

【举办临床药学文化建设机遇与挑战论坛】 11月16日和18日，北京医药卫生文化协会、北京天坛医院和北京科园信海医药经营有限公司共同举办临床药学文化建设机遇与挑战论坛。北京医药卫生文化协会会长、原市人大教科文卫体主任史炳忠，北京市药监局副局长袁林，北京人民广播电台主任播音员季燕及药学专家代表李玉珍等担任演讲比赛评委。来自全市卫生系统21个单位的23名选手参赛，评出一等奖1人、二等奖2人、三等奖3人、优秀奖6人。北京天坛医院刘腾获一等奖，解放军261医院项露、北京大学人民医院谭昀杜熙获二等奖，北京世纪坛医院谢铮铮、解放军261医院曹文强、北京大学第三医院应颖秋获三等奖。来自中央、市、区县、部队、院校、厂矿医院和医药企业的40余个单位的70多名领导和药学专家参加了论坛。北京老年医院、北京天坛医院、中日友好医院、北京世纪坛医院、解放军总医院分别从临床药学发展的模式探讨、药剂科发展的战略管理与思考、药学文化建设的机遇与挑战、药师执业培训的发展及现状、建设培养优秀的临床药师团队等方面介绍了临床药学工作的实践、思考与展望。

（钟蝶飞）

【参加“百姓爱心故事”宣讲评选活动】 5～11月，市卫生局参加由市委宣传部、首都文明办和市委讲师团等部门联合举办的全市“百姓爱心故事”评选及宣讲活动。市卫生局征集反映首都医务人员无私奉献的爱心故事209篇，其中12篇进入中评。天坛医院的《灯光》，积水潭医院的《中国手外科事业的奠基者》《田伟精诚精艺精心》，回龙观医院的《生命线》《情系夕阳》《思念》等6篇获提名奖；世纪坛医院的《爱在几内亚》、地坛医院的《做艾滋病患者的知心大姐》获爱心故事奖；《做艾滋病患者的知心大姐》的主人公王克荣被评为10个百姓爱心明星之一，市卫生局获“百姓爱心故事”评选及宣讲活动优秀组织奖，地坛医院的王克荣、世纪坛医院的廉东波参加了全市的巡回宣讲活动。（孙庆瑞）

【加强理论武装推进卫生改革】 年内，市卫生局通过举办中心组报告会、召开局党组集体学习会和对局系统院、处级领导干部脱产培训，加强了理论武装。在本市医改方案出台前后，举办医改培训班2期，对全市50家三级医院、市卫生局直属单位和区县卫生局近300名院处级领导进行培训。10～11月，举办培训班，市卫生局、药监局、中医局和直属单位的院处级干部280人听取中央政策研究室经济局副局长白津夫、中央党校教授曹鹏飞、国家行政学院经济学部主任王建等专家的辅导。全年举办中心组报告会12场、培训班4期，召开中心组集体学习会1次。在全市“宣讲家杯”优秀党课（报告）评选中，市卫生局选送的37部党课（报告）中有20部获奖，宣传处获优秀组织奖。（孙庆瑞）

【新闻宣传工作成效显著】 2010年是北京医改政策发布之年，也是信息发布数量最大、组织记者采访报道次数最多的一年。全年组织各类重要会议、大型活动的新闻采访报道203次，向市民介绍各项卫生政策、卫生工作动态、卫生科普知识；召开新闻发布会31次，内容涉及卫生工作的各个领域；组织记者集中系列采访5次：1月11～29日，北京市两会前，组织记者集体采访2009年市政府为民办实事的落实情况，内容包括开展预约挂号、老年优抚、新农合、农村改水改厕等；2月23日～3月4日，组织北京日报、北京电视台、北京人民广播电台记者赴非洲采访本市第二十一批援几内亚医疗队工作情况，卫生宣传中心还摄制电视专题片《爱在非洲》；6月11～23日，组织“医改走一线”系列集体采访活动8次，内容包括三级医院双休日门诊、社区延长门诊时间、房山区流动中医大篷车、平谷区区域医疗中心建设等；6月，组织北京电视台、《健康报》《北京晚报》记者奔赴西藏，采访第五批15名援藏干部的工作情况，宣传中心制作了电视纪录片《北京“门巴”在西藏》；12月24～30日，为配合本市社区卫生服务改革与管理会议的召开，组织系列采访活动，邀请十几家新闻媒体，到东城、西城、朝阳、丰台、房山区的6个社区卫生服务中心，对家庭医生式服务、社区双向转诊、健康自测小屋、首家中医心理咨询等服务内容进行现场采访。（马彦明）

【开展宣传干部培训】 全年开展宣传干部培训6次，分别邀请中国纪录片委员会副会长冷冶夫、中国传媒大学电视学院院长高晓虹讲授电视人物片创作艺术，人民大学新闻学院张征教授和彭兰教授、《健康报》摄影记者王燕松等分别讲授新闻写作、微博应用、卫生新闻摄影等，每次培训约有150人参加。卫生宣传中心还组织卫生新闻、摄影摄像基础知识宣讲团，为基层单位普及新闻报道、摄影、摄像技术。

（琚文胜）

【举办首届卫生系统电视片创作现场经验交流会】 11月11日，市卫生局举办首届北京市卫生系统电视片创作现场经验交流会，协和医院、北京医院、中日友好医院、北京大学第三医院、朝阳医院等30多家医疗机构的宣传干部、声像工作者70余人参加。回龙观医院、血液中心、安定医院等7个单位分别就电视片创作在医院各项工作和医德医风教育中的作用以及“杏林杯”电视片汇映在树立卫生行业良好职业形象和构建和谐医患关系方面所取得的效果等进行交流。

（马彦明）

【继续开办《健康播报》栏目】 全年制作播出《健康播报》节目47期，平均收视率1.84，比上年上升0.60个百分点。最高一期《打击不合格消毒产品》收视率达2.56，进入北京电视台收视率前50名。

（马彦明）

【举办第十九届“杏林杯”电视片汇映评比】 12月10日，市卫生局举办以“聚焦医患情”为主题的卫生系统第十九届“杏林杯”电视片汇映，有自创、合作、短篇3个类别的101部电视作品参加汇映。北京大学第三医院的《大爱人生无终点》、北京儿童医院的DV作品《为祖国放歌》荣获“自创类”一等奖，北京天坛医院的《生命的托付》、北京口腔医院的《让无牙老人绽开笑容》、北京大学第一医院的《善医若水》、北京回龙观医院的《舞者之心》等12部作品获二、三等奖；北京肿瘤医院和北京电视台拍摄的《决战生死线》、积水潭医院和上海电视台拍摄的《急诊室的故事》、北京儿童医院和沈阳电视台拍摄的《童叟之间》等3部作品获“聚焦医患情”异地采访活动“合作类”一等奖；北京朝阳医院的《急诊先锋——梅雪》、北京回龙观医院的《心灵卫士——王翠玲》获短篇类一等奖。（马彦明）

【举办卫生新闻摄影比赛】 本届卫生新闻摄影比赛以“健康北京人，健康北京城”为主题，共收到56家单位报送的650件摄影作品，其中单幅509件、组照141件。最后评选出一等奖6人、二等奖13人、三等奖21人、优秀奖43人，同时有10家单位获组织奖。总的获奖比例约为参赛作品总数的八分之一。

（琚文胜）

【举办卫生好新闻评选】 卫生好新闻评选收到36家单位报送的作品155篇，其中新闻类作品65篇、科普类作品90篇。经过初评、综合计分、终评，共评出一等奖5人、二等奖11人、三等奖22人、优秀奖41人、组织奖10人。总的获奖比例约占报送作品总数的二分之一。（琚文胜）

【制作画册《精准膳食、呵护健康》】 7~8月，市卫生局在全市三级医院范围内举办卫生系统医院营养治疗技能比赛，39家三级医院的117名选手参加比赛。制作了画册《精准膳食、呵护健康——北京卫生系统营养治疗技能比赛纪实》，收录了中国医药发展基金会、市总工会等部门领导以及营养治疗方面专家评委对本次比赛的评价、比赛照片、获奖名单、获奖作品，以及新闻媒体报道等。（琚文胜）

统战工作

【开展健康咨询活动】 为配合北京社会公益活动周系列活动，4月21日，市卫生局与市侨联联合在地坛公园举办了健康咨询活动。同仁医院派出老年病、糖尿病、妇科、中医等4名专家参加活动，受到广大市民的欢迎。（张秀芬）

【召开党外人士通报会】 8月6日，市卫生局召开党外人士通报会，市卫生局系统党外政协委员、人大代表、基层民主党派支部负责人、无党派人士40余人参加。党组副书记张秀芳主持会议，党组成员、副局长郭积勇向与会者通报了北京医药卫生体制改革进展情况。与会人员就人才培养、公立医院的改革、药品零差价、乡村医生等有关问题进行交流和咨询。党组副书记张秀芳提出两点要求，一是希望大家要进一步增强责任感，围绕当前医药卫生体制改革积极建言献策、参政议政；二是希望进一步增强紧迫感，医药卫生体制改革工作时间紧，任务重，要统一思想，为进一步推动首都医药卫生体制改革作出贡献。

（张秀芬）

【庆中秋、迎国庆劳模茶话会】 9月17日，市卫生局党组召开庆中秋、迎国庆劳模代表茶话会及慰问演出，慰问为首都卫生事业作出突出贡献的劳模、统战代表人士。全国总工会、市总工会、市委统战部、市卫生局领导与劳模、专家、党外高知、民主党派成员等医务工作者代表400余人参加。茶话会后，领导与代表们一同观看了慰问演出——京戏谭派名剧《定军山·阳平关》。（张秀芬）

【组织专家到密云县太师屯镇义诊】 10月20~22日，市卫生局与市侨办、市农委联合举办“侨爱工程——送温暖送健康”活动。选派朝阳医院内、外、妇、中医科等副主任医师以上、具有归侨侨眷身份及海外留学经历的5名专家到密云县太师屯镇社区卫生服务中心为当地百姓进行义诊、卫生宣教、查房、答疑等活动，市侨办拨付1.5万元资助密云县太师屯镇社区卫生服务中心。（张秀芬）

离退休干部工作

【举办老干部兴趣学习班】 4～6月，市卫生局老干部处开设了声乐、书法、绘画等兴趣学习班，聘请具有专业特长并热心为老干部服务的资深教师授课，累计80课时，130余人次参加学习。

（刘星梅）

【开展创先争优活动】 5月以来，在市卫生系统离退休干部中开展了以创建“五好”党支部和争当“三好老干部”为主要内容的活动。宣传推出北京朝阳医院退休干部司堃范、安贞医院退休干部刘淑媛、世纪坛医院离休干部沈明等先进典型。（刘星梅）

【举办健身文化节】 5月26日，市卫生局系统离退休干部“健身心乐晚年”文化节在前门建国饭店梨园剧场举行开幕式演出。卫生部离退休干部局、市老干部局、市直系统各委办局离退休干部处、市卫生局及直属单位党政领导出席。1000余名离退休干部欢聚一堂，260余名老同志登台演出。市卫生局党组副书记张秀芳致辞；编辑制作光盘、展板。6～10月，市卫生局直属单位开展征文、书画摄影作品展、文艺汇演等活动。（刘星梅）

【落实离退休干部工作领导责任制】 5～7月，市卫生系统就贯彻落实《北京市离退休干部工作领导责任制》情况进行自查。从自查情况看，各单位领导对离退休干部工作高度重视，普遍结合实际制订了具体措施，老同志普遍满意。通过自查，总结出离退休干部服务管理中的经验和存在的问题。9月2日，市直机关工委对友谊医院进行抽查，对其离退休干部工作给予肯定。（刘星梅）

【开展敬老月活动】 10月，市卫生局在全系统开展以“情系银龄、关爱老人”为主题的敬老月活动。通过开展宣传、走访慰问、组织志愿者等活动以及老年文体活动，为老年人解决生活中的实际困难，进一步营造良好的爱老助老社会氛围。（刘星梅）

【组织局机关离退休人员学习】 年内，市卫生局组织局机关20名离休干部参观游览了北京国际鲜花港。结合在全市离退休干部中开展的“学先进创五好，健身心乐晚年”主题活动，年初，组织局机关离退休干部参观国家大剧院并观看了大型音乐舞蹈史诗《复兴之路》；参观游览了七彩蝶园、中国科技馆新馆。8月10日，组织局机关离退休党支部学习市委组织部、市老干部局《关于在全市离退休干部党支部和党员中开展创先争优活动的通知》文件精神。

（刘星梅）

【开展“三进两促”活动】 结合创先争优活动，市卫生局离退休干部处开展党性教育活动和调查研究，到海淀区羊坊店街道铁路医院社区和北京小汤山医院，通过召开座谈会、走访慰问离退休干部、个别访谈，对离退休干部社区“四就近”服务管理情况、离退休干部党支部和党员开展创先争优活动的情况及“双高期”离休干部的需求进行调研，总结好的经验和做法，并对存在的困难提出对策和建议。

（刘星梅）

【离退休干部工作交流研讨会】 年内，市卫生局举办8次离退休干部工作交流研讨会，就离退休干部政治、生活待遇方面的政策、文件精神，关于在全市离退休干部中开展“学先进创五好，健身心乐晚年”主题活动，在离退休干部党支部和党员中开展创先争优活动情况，关于《进一步加强新形势下离退休干部工作的意见》贯彻落实情况，开展敬老月活动情况进行交流和讨论。11月，市卫生局离退休干部处分别组织系统内综合医院及专科医院离退办主任召开离退休干部工作研讨会，听取各单位工作汇报，研究讨论2011年工作重点，并针对离休干部整体进入“双高期”的特殊情况，对在开展学习活动和看病就诊方面存在的困难和问题提出解决办法。

（刘星梅）

【培训离退休干部工作人员】 年内，市卫生局离退休干部处举办工作人员摄影、交谊舞、信息、离休干部数据库培训班4期，有120余人次参加。选派工作人员参加市老干部局、市直机关工委举办的培训班。（刘星梅）

工会工作

【评选推荐先进工作者】 按照市政府《关于劳模推荐评选工作通知》的要求，经推荐申报，北京友谊医院重症医学科、北京中医医院针灸中心荣获北京市模范集体；北京天坛医院张俊廷、北京地坛医院王克荣被评为全国先进工作者；北京地坛医院王克荣，市卫生局邱大龙，北京安贞医院张兆光、刘淑媛，北京积水潭医院田伟，市疾控中心邓瑛，北京佑安医院李宁，北京老年医院陈峥，北京同仁医院秦明照、魏文斌，北京儿童医院云桂芳、贾立群，北京妇产医院吴玉梅，北京世纪坛医院于方，北京友谊医院郑一宁，北京回龙观医院王昕，北京朝阳医院张海泳被评为北京市先进工作者。（张　宇）

【宣传劳模事迹】 五一前夕，召开北京卫生系统劳模事迹报告会。张俊廷、王克荣、贾立群、吴玉梅、祖春荣分别以《生命禁区里的追求》《做艾滋病患者的知心大姐》《为患儿炼就火眼金睛》《为了母亲的微笑》《爱在几内亚》等为题作报告。全国总工会、市总、市卫生局领导以及卫生系统干部职工近600人出席报告会。（张　宇）

【北京卫生系统营养治疗技能大赛】 8月，为贯彻落实《健康北京人——全民健康促进十年行动规划》，针对北京地区高发的5种慢性病（糖尿病、肾病、肥胖、痛风和高血脂），市卫生局、市总工会、北京医学会联合举办以“精准膳食，呵护健康”为主题的北京卫生系统营养治疗技能大赛。来自全市39家三级医院的117名选手参加了比赛，北京协和医院刘鹏举，中日友好医院武体旺、范自珍分获营养师、厨师红案、厨师白案组第一名；北京大学人民医院获得团体总分第一名。（张　宇）

共青团工作

【引导团员青年积极参与医改】 为了引导和帮助青年正确认识医改，积极投身医改，主动参与医改，8月，局团委举办团干部培训班，邀请市卫生局副局长、医改领导小组副组长郭积勇为市属30家医疗卫生机构50余名团组织负责人和团干部作题为《本市深化医药卫生体制改革工作进展情况》的专题讲座。讲座使团干部更加近距离、系统清晰地认识了医改。（刘　念）

【《“人文北京、科技北京、绿色北京”卫生青年行动计划》】 根据市委关于建设“人文北京、科技北京、绿色北京”的战略目标，5月，市卫生局团委发布《“人文北京、科技北京、绿色北京”卫生青年行动计划（2010—2012年）》，旨在结合行业特色，从创建“青年文明号”和“青年岗位能手”、心理减压、义诊咨询、无偿献血、艾滋病防控、网络宣教和禁烟控烟等方面发挥生力军和突击队作用，积极参与“三个北京”建设。（刘　念）

【加强团组织建设】 本年度市属医疗卫生机构有团组织30个、团员13406人。4月27日，局团委召开2009年度五四红旗团委考核评比工作会。市卫生局党组成员、纪检组长何群出席会议并讲话，直属单位主管共青团工作的党委领导、团委（总支、支部）负责人和团员青年代表等80余人参加会议。局团委授予基层五四红旗团委5个、五四红旗团支部30个，优秀共青团员100人、优秀团干部30人。各单位党团组织不断加强卫生系统团组织建设，进一步完善推优入党工作的各项制度，全年推优入党155人。局团委完成对北京安贞医院、积水潭医院、血液中心和卫生监督所共青团换届改选的指导工作。（刘　念）

【加强团员青年思想政治教育】 各级团组织通过形势宣讲、理论学习、主题社会实践等形式，组织团干部培训班、纪念抗战胜利65周年、学习马庆军先进事迹、祭奠救死扶伤纪念坛并重温入团誓词等活动，着力培养团员青年热爱祖国、热爱事业、热爱人民的高尚品德，为做好新时期新形势下的共青团工作和青年工作打下思想基础。（刘　念）

【服务青年】 两节期间，局团委慰问了生活困难的15名团员青年。7月，局团委联合市民政局、市妇联、北京卫戍区政治部，在中国人民解放军三军仪仗大队举办“白衣天使，相约军营，牵手情缘”交友联谊活动，近200名单身女医生、护士和驻京部队单身男青年军官参加。同时，促成北京儿童医院与国家广电总局、首儿所与中海油、天坛医院与保监会、中医院与中建三局等单位的交流共建，帮助团员青年开阔眼界，丰富文化生活。（刘　念）

【探索青年工作新途径】 9月，局团委联合市网管办、搜狐健康、局宣传处、宣传中心、信息中心等共同举办“让青春在卫生改革与发展中闪光”首都卫生青年原创博文大赛。大赛收到156家医疗卫生机构报送的科普类、人文类博文1481篇，评选出一、二、三等奖各20篇，每周博文之星16篇。截至2011年1月19日12时，大赛官方指定博客访问量突破12万次，参赛博文被搜狐网推荐百余篇，优秀博文编辑成册，作为宣传卫生系统先进典型事迹和科普健康知识读本发放。本次大赛荣获北京青少年主题教育实践活动优秀活动项目奖。（刘　念）

【志愿者行动】 11月，首都医疗卫生专业志愿者队伍成为首批被北京市志愿者联合会认定的10家专业志愿者队伍之一，并在第七届北京青年学习节上进行了专业技能展示和义诊咨询志愿服务。同时，局团委与局应急办、北京市志愿者联合会探索和加强卫生应急志愿者队伍的建设。连续8年开展北京青年健康使者火炬行动，全市近百家医疗卫生机构与各区县团委、卫生局团委合作，组织5000余名青年医务志愿者分赴远郊区县和城区困难家庭开展义务诊疗、科普宣传、扶贫济困等卫生志愿服务活动，全年累计服务70426小时，义诊咨询64826人次，发放科普宣传材料90438册，捐赠药品和日常用品总价值75万余元。开展心理减压与拓展志愿服务活动，为市民测量“情绪血压”，有针对性地提出调整心态、减少压力的健康管理处方。开展首都无偿献血志愿服务活动，6月14日，世界无偿献血者日，组织各医疗卫生机构团员青年配合市血液中心，分赴市区主要街头采血点开展无偿献血志愿服务活动，献血量是平日的1.6倍。开展“青春红丝带”艾滋病防控活动，对市属医疗卫生机构志愿者进行艾滋病反歧视培训，为患者提供更加人文的治疗环境和志愿服务。开展禁烟控烟主题实践活动，在世界无烟日，组织团员青年以义诊咨询、健康科普宣传等多种形式为近千名市民提供志愿服务，以实际行动践行“绿色北京”理念。

（刘　念）

【获得荣誉】　2010年，市卫生系统青团获得以下荣誉：中国第二十一批援几内亚医疗队拉贝医疗点点长、北京世纪坛医院普外科副主任医师赵爱民荣获市人事局、团市委授予的北京青年最高荣誉——第二十四届北京市青年五四奖章；北京朝阳医院、北京友谊医院被评为北京市五四红旗团委，北京地坛医院中西医结合中心团支部为北京市五四红旗团支部，北京安贞医院团委书记吴兴海和首儿所杨学静荣获北京市优秀团干部和优秀团员称号。（刘　念）

境外交流与合作

【概述】　本年度，市卫生局系统国际合作与交流工作为全市卫生系统的重点工作和医改大局服务；着力本局国际活动和高端要素，为推进中国特色世界城市建设贡献力量；深化国际及港澳务实合作，服务卫生事业发展；服务中央总体外交，强化首都医疗卫生职能；继续强化宏观指导和归口管理，形成有力抓手；坚持做好援外医疗工作，开创援外工作新局面。

（鲍　华）

境外政府间合作项目

【中英合作项目】　1月5日，市卫生局局长方来英、副局长于鲁明会见英国卫生部国际司全球卫生事务副司长尼克巴纳瓦那，并就北京市医疗卫生体制的现状、医改进程以及中英医疗卫生领域的进一步合作进行了交流。5月13日，举办中英社区卫生人才培训班，邀请英国社区卫生领域专家教授开展讲座，介绍英国社区卫生服务的运行机制、服务模式和绩效考核等经验，探讨北京社区卫生发展模式与服务特色。8月，市卫生局组团赴英国伯明翰大学参加为期21天的培训，了解英国社区卫生服务的运行机制、双向转诊服务模式等，提升全科医生临床诊治技能。（高　路）

【中法合作项目】　中法急救合作项目自2003年启动以来，合作领域不断深化。1月15日，市卫生局、法国驻华使馆、法国道达尔集团共同举办北京中法急救医学培训中心管理委员会会议。5月，北京中法急救医学培训中心正式揭牌。年内，中法急救医学培训中心法方专家开展7个专题培训，其中理论培训224课时、技能培训144课时；中方专家开展7个急诊培训专题14轮的培训，其中理论培训190课时、技能培训312课时。此外，还有2次针对高级模拟人进行综合病情处理的师资培训。累计培训700余人次。9月10日，法国急救医学专家赴北京市红十字会999急救中心考察，并就紧急救护组织以及两国急救医疗体系建设等方面进行交流。

努力拓宽中法合作领域，包括深化北京回龙观医院与法国巴黎百瑞—弗律克思医院在精神卫生管理、精神疾病的治疗与康复模式等领域的合作；北京妇产医院与法国亚眠医院继续深化在妇科肿瘤、妇科微创等领域的合作；法国国家卫生监测研究所公共卫生专家到北京市疾病预防控制中心就慢病防控、健康教育等工作进行交流。（高　路）

【加强政府间交流】　年内，市卫生局副局长于鲁明率团赴埃及、希腊、土耳其考察，介绍中国中医中药临床应用现状、北京中医特色医疗等，并邀请外籍专家参加第一届北京中医药国际论坛。局工会主席白宏率团赴俄罗斯、波兰就医疗体制改革进行考察交流。副巡视员赵涛率团赴日本、韩国就突发公共卫生事件应急体系和机制、医院应急医疗救治及传染病防控等进行考察，提出了利用现代数字视频等技术监控危险因素和危险源等建议。继续开展与泰国卫生部在精神卫生领域的技术交流，组团参加泰国精神卫生国际研讨会，选派医师赴泰参加由泰方出资的社区卫生培训项目。（高　路）

与香港特区政府间合作项目

【高层互访深化务实合作】　5月，市卫生局局长方来英率团赴港参加香港医院管理局研讨大会，并发表《北京社区卫生策略》演讲，介绍了本市社区卫生策略的背景、实施、评价以及展望，表达了进一步强化京港两地医疗卫生领域的交流与合作的意愿。8月，副市长丁向阳率领由市发改委、市卫生局等各职能委办局领导组成的代表团，赴香港访问了解香港医改经验，并就香港医疗卫生管理体制和运行机制等进行交流。11月，副局长于鲁明出席香港医院管理局成立20周年纪念活动，考察了解医院管理局职能定位及服务范围等，为本市成立医院管理机构提供借鉴与参考。（鲍　华）

【举办京港洽谈会卫生专场】 11月，市卫生局副局长郭积勇、毛羽率团出席第十四届京港洽谈会。市卫生局与香港卫生署、香港医院管理局共同举办以“卫生与公众沟通，构建和谐医疗卫生环境”为主题的京港卫生合作研讨会以及以“沟通关爱理解，社区和谐健康”为主题的京港社区卫生服务专题交流，并考察了香港公立、私立和社区医疗卫生机构。（高　路）

国际组织合作项目

【双年度项目入选数量居全国首位】 继续加强与世界卫生组织的合作，充分吸纳和利用国际资源，学习和借鉴国外先进经验和理念。市卫生局系统有9个合作项目入选中国/世界卫生组织（WHO）2010～2011年度合作项目，获得近百万美元的支持，位居全国之首。

申请单位	项目名称
世界卫生组织囊虫病控制合作中心	在中国西部地区对高危人群实施囊虫病综合防治干预措施
世界卫生组织艾滋病治疗关怀综合管理合作中心	艾滋病治疗和关怀综合管理模式探讨和应用
世界卫生组织神经科学研究培训合作中心	脑卒中患者社区自我管理方案制定与实施
世界卫生组织自杀预防研究与培训合作中心	提高北京地区各级综合医院对心理问题及自杀的识别与处理水平
北京安定医院	认知行为治疗在中国社区精神障碍康复中的应用
世界卫生组织儿童健康合作中心	提高中国农村地区实施儿童疾病综合管理（IMCI）覆盖率的研究
世界卫生组织母婴和妇女保健研究及培训合作中心	工业化过程育龄青年职业环境对生殖健康影响的流行病学调查
世界卫生组织烟草健康合作中心	中国临床戒烟指南的应用和传播
世界卫生组织防聋合作中心	中国耳疾病和听力障碍病学调查方案

（高　路）

【在京的世界卫生组织合作中心成绩斐然】 北京有29家世界卫生组织合作中心，位居全国首位。年内，设在首都儿科研究所的世界卫生组织儿童卫生合作中心承担了联合国儿童基金会和世界卫生组织的国际合作课题8项，经费200余万元；设在北京地坛医院的艾滋病治疗和关怀管理合作中心依据世界卫生组织艾滋病综合疾病教程IMAI（成人和青少年疾病的综合治疗）改编完善了《中国艾滋病治疗与关怀综合管理培训教程》（含5个分册），与英国牛津大学签署了培养协议，选派人员赴牛津大学进行博士生培养等。（高　路）

【与世界卫生组织合作编印专著】 市有关单位和部门与世界卫生组织合作，开展建设“健康城市”项目的各项筹备工作。国际合作处承担了相关工作的联络、协调，并组织翻译编印世界卫生组织《城市Heart——城市健康公平评估和应对工具》专著，对世界其他大型城市建设健康城市的活动进行分析与研究，探讨本市建设健康城市的重点领域和战略步骤等。（鲍　华）

民间合作项目

【民间合作项目资金400万美元】 各单位学习国际先进项目管理模式和方法，大力培育发展精品项目及合作基地，推动成果应用和推广，项目累计利用资金400余万美元。合作基地：科技部国际科技合作基地（设在北京安贞医院）。合作项目：北京友谊医院与丹麦临床与基础研究中心的“骨质疏松药物临床研究”；北京世纪坛医院与澳大利亚新南威尔士州威尔士王子医学研究所的合作项目；北京佑安医院与英国牛津大学MRC分子生物学研究所的HIV/AIDS病人免疫学特征与临床相关性研究、艾滋基础与临床诊疗、HIV—1Nef的免疫应答及免疫保护机制的研究，与美国匹兹堡大学公共卫生学院“不同形式HIV DNA与AIDS患者疾病进展的关系研究”；北京市神经外科研究所、北京天坛医院和德国巴斯德研究所的

“显微外科技术集合基因治疗方法修复颅运动神经损伤”，北京市神经外科研究所与香港中文大学“中国农村地区癫痫遗传学研究”；北京安定医院与挪威精神分析协会“中挪动力性心理治疗”培训项目，与德国海德堡医学院奥地利因斯布鲁克医学院的“操作化动力性诊断与治疗”；北京儿童医院与意大利梅耶儿童医院捐赠造血干细胞实验室的合作项目，与美国摩根士丹利银行捐助合作项目，与俄罗斯圣彼得堡俄国实验医学研究所链球菌中心的合作项目，与俄罗斯巴斯德研究所分子微生物研究室合作项目，与澳大利亚Westmead儿童医院的合作项目，与德国Brauchsweig霍尔姆兹感染疾病中心的合作项目，与美国亚历山大健康科学中心的合作项目，与美国田纳西州纳什维尔市范德堡大学医学中心合作项目等。（高　路）

因公出入境管理

【因公出访情况】　2010年的总体要求是“统筹协调、量化管理、突出重点、分类指导、注重实效”。一是统筹协调。因公出国（境）工作优先安排保障重点领域和重要项目。邀请各国及境外专家来华交流，提升了本市相关专业的技术水平，并签署了一批国际合作协议。二是量化管理。采取严控双跨团组等有效措施，全年党政机关（含参公人员）出访团组20个36人次，实现年度出国团组数和人数零增长及党政机关人员压缩10%的要求，并确保涉及医改、社区卫生服务等重点团组占团组总数的50%以上。三是突出重点。为专家、学者出国（境）参加国际学术会议、进修培训等重点合作交流活动提供优质高效服务，全年局系统因公出访295批481人次，在团组数和人次数上分别上升23%和39%。专业科技人员参加国际高水平学术会议的比例56%。四是注重实效。中英开展关于社区卫生人才培养和政策研究的双向交流，使本市与英国相关机构建立了长期合作培养机制，为北京市社区卫生事业输送人才的计划被纳入北京市基层卫生“十二五”整体规划。1月10～11日，市卫生局召开首都卫生国际合作领域成果交流会。19家医疗机构代表分别汇报了本单位近年来国际合作与交流的成果转化，以及今后国际合作与交流的思路。

（高　路）

建设中国特色世界城市

【开展医学重点学科国际合作项目工程】　为进一步促进本市医疗服务水平与国际接轨，加强医疗人才队伍建设，实施了北京市卫生局系统医学重点学科国际合作项目工程，包括健康城市医疗卫生标准、北京市卫生局系统重点学科国际合作项目需求、推进重点学科国际合作卫生项目实施方案、医疗卫生领域世界领先机构及专家名录、世界卫生组织在京合作中心等5个部分。（鲍　华）

【医疗卫生系统外语培训】　根据市政府外事办公室《2010年首都窗口行业外语服务创优活动方案》，市卫生局与北京外国语大学合作，继续为各医疗卫生机构窗口涉外服务人员、急诊急救人员或应急值守人员和外事干部举办外语培训班。为北京急救中心和北京市红十字会999急诊抢救中心开办了急救专业人员基本口语培训，为北京12320公共卫生服务热线、北京友谊医院等10余家医疗机构开办涉外窗口人员基本口语培训班，为各单位外事工作人员、项目管理人员以及高端医学外语人才开办高端提高培训等，累计培训800余人次。市卫生局选送的北京儿童医院的英语音乐小品《守护天使》在首都窗口行业及外事干部外语服务展示赛中荣获一等奖。

（鲍　华）

【融入本市多语言电话应急服务系统】　为进一步提升本市医疗应急呼叫服务水平，加快医疗应急服务国际化进程，与市政府外办、北京外国语大学等单位合作，由200余名外语专业志愿者进行电话值守，并通过三方通话形式为120、999应急电话提供从早8点到晚6点每天10小时英、法、西、德、俄、阿、日、韩等8种语言的应急电话翻译服务。经过1年运行，共接听外语求助电话600余次，所有来电均得到有效处理，医疗应急外语服务水平显著提高。

（鲍　华）

【优化涉外就医环境】　年内，市卫生局进一步优化本市外籍人员在京就医流程；与外方（使馆等部门）沟通协调形成成熟工作模式，并建立长效机制；持续开展医疗卫生服务场所英语标志规范工作，新增标准译法70余条。（高　路）

服务中央驻京单位及外事管理

【拓展交流合作和对外宣传的国际空间】　全年市卫生局系统接待中央单位党宾国宾来访219批1657人次，其中部级以上贵宾7批41人次，展示了我国和首都卫生事业发展的成就，为与境外医疗卫生管理部门和相关机构的交流与合作提供了平台。接待重要团组包括：法国卫生青年体育和社团生活部部长代表团、土耳其外交部长代表团、加拿大卫生部长代表团等。（高　路）

【增强涉外风险防范能力】　全年处置涉外突发

事件10件，类型涉及涉外医疗救治与转运、救护车捐赠、境外中方人员的紧急救治和照会质询等。

（鲍 华）

外事干部队伍建设

【开展外事专办员证书培训】 年内，市政府外办首次单独为市卫生局系统外事专办员举办培训班，80余人参加。经培训后考核，有21人成为北京市外事专办员。（鲍 华）

【开展国际科技合作项目培训】 继续举办首都卫生系统国际科技合作项目培训班，直属单位和18个区县卫生局主管外事工作的负责人70余人参加培训。培训从国际合作项目管理理论以及管理实践与案例两方面进行解析，具有极强的实用性。

（鲍 华）

援外医疗队工作

【立体宣传报道援几内亚医疗队】 2月，市卫生局党组副书记张秀芳率团赴几内亚就援外医疗队在新医院的工作机制进行调研，同时率宣传处和宣传中心及媒体代表团赴几内亚开展援外医疗队宣传报道工作。代表团全面了解了医疗队员的生活和工作情况，采访了驻几使馆大使等，挖掘许多感人至深的故事，拍摄照片1千多张，录像资料近20个小时，还编辑一部时长15分钟的《中国援外医疗队在非洲》电视专题片。（鲍 华）

【扩大合作领域】 9月，市卫生局与几内亚卫生部秘书长巴洛、几内亚驻华大使马马迪以及几内亚科纳克里药品局局长一行就援外医疗领域的合作进行了会谈。进一步拓展双方在公共卫生、医院管理等领域的合作，并商讨通过医疗合作，促进医药、器械的商贸合作，还就公共卫生领域的人员合作等进行交流。（鲍 华）

【提高援外医疗队行前培训质量】 第二十二批援几内亚医疗队由北京天坛医院主派，辅以山西省卫生厅选派的队员，共计16人。市卫生局继续在北京语言大学为他们开展为期7个月的全脱产法语培训。进一步创新援外医疗队行前培训模式，强化我国外交方针与政策、援外医疗工作规章制度等相关知识的培训。（鲍 华）

【援外医疗工作成果丰硕】 8月29日，第二十一批援几内亚医疗队15名队员在完成2年的援外医疗任务后返回北京。共诊治患者52600余人，其中急诊289例、抢救38例、手术1100例、出诊315人次。队长于方被评为北京市先进工作者，拉贝点点长赵爱民荣获北京市五四青年奖章。同时，第二十二批援几内亚医疗队开始工作。驻地门诊每天开放，急诊全天开放。开放诊室为内科、外科、针灸、输液、手术室和药房。自9月以来，门急诊724人次，手术16例。

（鲍 华）

【探索援外医疗工作新模式】 第二十二批援几内亚医疗队的工作地点是中几友好医院，该院是我国援建非洲30家医院中第一家竣工的医院。根据天坛医院主派的第二十二批医疗队特点，摸索建立中国医院新型医疗合作平台，如建立中几神经外科治疗中心、在几内亚开展巡诊等，力争创出援外医疗队品牌，探索建立援外医疗工作的新模式和长效机制。

（鲍 华）

人事与专业技术干部

【概述】 2010年，完成为基层医疗卫生机构引进和定向招收医学院校毕业生工作；实行能进能出的人员聘用制；加强公立医院人员配备；积极推进公共卫生和基层医疗卫生机构实施绩效工资；完成直属公共卫生事业单位绩效考核办法的制订工作；完成其他事业单位实施绩效工资及增加离退休补贴工作；牵头研究起草了以全科医生为重点的基层医疗卫生队伍建设规划；完成直属单位退休费数据库的建设，实现财政对退休费实行全额保障；研究双休日全天门诊服务核定加班补助办法；完成卫生管理研究专业职称评定试点工作；完成卫生专业技术资格考试、高级职称评审工作；积极推进卫生事业单位人事制度改革等。

（王 宗）

卫生人才队伍建设

【为基层引进和定向招收医学院校毕业生】 全年接收998名毕业生到基层医疗卫生机构工作，协调首都医科大学为延庆、密云、怀柔、门头沟、昌平等5个远郊区县定向招收临床医学专科毕业生69人。

（陆美霞）

【完成卫生管理研究专业职称评定试点】 年内，在市卫生局直属三级医院试点卫生管理研究专业各级职称的考试与评审工作。15名长期从事卫生管理研究工作且业绩突出者破格申报中高级职称。全年有482人申报卫生管理研究专业职称，其中正高35人、副高122人、中级157人、初级168人。经过全市统一考试，有292人取得卫生管理研究专业考试合格证书（有效期3年），其中正高32人、副高52人、中级118人、初级90人。经单位推荐、全市答辩、评审等，149人取得本市首批卫生管理研究专业职称，其中研究员13人、副研究员15人、助理研究员34人、实习研究员87人。 （王　宗）

【完成卫生专业技术资格考试和高级职称评审】5月，全国统一进行了卫生专业技术资格考试。北京考区33776人，涉及116个专业，是近10年来参加考试人数最多的一年。5月22日上午，卫生部人事司司长徐科、人力资源和社会保障部专技司司长孙建立、卫生部人才交流服务中心主任刘金峰等巡视了北京大学医学部的人机对话考试和北京联合大学文理学院的纸笔考试。市卫生局党组副书记张秀芳、市人力资源和社会保障局副局长宋丰景等陪同。孙建立对考务工作给予了肯定。5月29日，市卫生局副局长于鲁明带队对首都铁路卫生学校人机对话考试进行巡视检查。共有1616人申报卫生系统高级职称，其中正高398人、副高1218人，分成45个专业评议组、7个高级评委会完成答辩评审工作。经答辩评审，1275人取得卫生系统高级职称（通过率79%），其中正高338人、副高937人。 （王　宗）

【技术工人职业技能鉴定申报】 根据岗位设置和聘用情况，市卫生局组织直属单位完成500名技术工人申报职业技能鉴定工作，并报市人力社保局审批。 （王存亮）

【人才推荐和选拔】 年内，完成留学人员科技活动择优资助工作，推选北京佑安医院张永宏等25人为候选人，入选14人；推荐北京肿瘤医院解云涛等15人为新世纪“百千万人才工程”市级人选，入选10人；推荐北京大学第一医院杜军保等12人为卫生部有突出贡献专家候选人。完成市卫生局“十百千”卫生人才选拔，推选出“十”层次人选11人、百层次人选40人。 （陆美霞）

事业单位人事制度和工资制度改革

【推进基层能进能出聘用制】 为推进基层医疗卫生机构人事制度改革，召开区县卫生局和直属单位人员聘用和岗位管理工作交流座谈会，开展专题调研，总结主要做法、典型经验以及工作中创新的方式方法，分析遇到的突出问题，提出进一步完善管理的意见建议和对策措施。截至年底，16个区县513个事业单位中有508个单位推行了人员聘用制度，占99%，71019人与单位签订了聘用合同。16个区县453个单位完成岗位设置以及岗位聘用工作，占单位总数的88%。 （王　宗）

【实施绩效工资】 市卫生局配合市人力社保局，完成《关于公共卫生与基层医疗卫生事业单位实施绩效工资的意见》的撰写。通过召开座谈会、调研等方式，加强对区县卫生局和直属公共卫生事业单位实施绩效工资工作的指导，印发《北京市卫生局直属公共卫生事业单位绩效工资工作实施办法》，并组织直属公共卫生事业单位实施。在保持直属公共卫生事业单位现有收入水平的基础上，按人均每月100元的标准核增绩效工资总量并调剂分配。实施绩效工资后，原收入水平较低的公共卫生单位人均绩效工资额度增长15800元，缩小了各公共卫生单位之间的收入差距。

（王存亮）

【人事制度改革初见成效】 年内，通过深化卫生事业单位人事制度改革，推行了聘用制度和岗位管理制度。各单位通过签订聘用合同，确定聘用关系，明确双方权利和义务，保证职工的参与权、知情权和监督权；转变用人机制，实现由身份管理向岗位管理的转化，困扰用人单位多年的“人员能上不能下、待遇能高不能低”的问题得到解决，并推进卫生事业单位收入分配制度改革的实施。市卫生局印发《关于进一步规范岗位聘用工作的通知》（京卫人字［2010］44号），以规范岗位设置日常管理和动态管理，建立竞争择优的激励机制。 （王　宗）

【退休人员退休费财政全额保障】 从2010年开始，对符合国家政策规定的市卫生局直属医疗卫生单位退休人员退休费用实行财政全额保障。截止到2009年底，市属医疗卫生单位有退休人员10292人，2010年退休费在年初已安排预算的基础上，再追加财政补助4560万元。 （王存亮）

【双休日全天门诊服务加班补助办法】 为保障双休日全天门诊服务工作，拟定了双休日全天门诊服务核定加班补助办法，同意为试点开展双休日全天门诊服务的医疗机构工作人员发放加班费和双休日门诊服务奖

励，补助总额度每人每天580元。（王存亮）

【召开北京卫生系统人事工作会】 4月20日，市卫生局召开北京卫生系统人事工作会。卫生部人事司副司长张闽元、市卫生局副局长于鲁明、市机构编制委员会办公室一处处长张利军、市人力资源和社会保障局专业技术人员管理处处长全国利出席会议并讲话。驻京中央、部属（厂矿）三级医院，驻京部队（武警）医院人事部门负责人以及区县卫生局、市卫生局直属单位主管领导和人事部门负责人150余人参加会议。会议总结了2009年卫生人事工作，布置了2010年卫生人事工作；表彰了2009年度北京市卫生局系统人事工作先进集体、先进个人；介绍了事业单位人事制度改革、岗位设置、公开招聘等几项工作，并对下一步工作提出了要求。（孟　雪）

【人保部领导调研北京肿瘤医院】 3月2日，国家人力资源和社会保障部事业单位管理司司长魏卓等一行赴北京肿瘤医院调研非在编人员管理情况。北京肿瘤医院介绍了本单位非在编人员的现状、管理经验以及存在的问题，其管理工作受到人力资源和社会保障部的肯定。（王　宗）

【市人保局领导到天坛医院调研】 10月27日，市人力社保局副局长宋丰景一行3人在市卫生局副局长于鲁明陪同下，到北京天坛医院调研职称工作以及事业单位人事制度改革情况。在查看了医院门急诊、病房以及手术室的超负荷运转情况之后，与医院领导、管理人员以及专业技术人员进行座谈。天坛医院领导汇报了医院的概况、人才队伍建设以及人事制度改革的情况，医院部分临床科室主任、职能管理处室的中层干部反映了人员紧缺、待遇偏低、职称结构比例偏低、职称评价导向、高级技工匮乏等急需解决的问题。宋丰景、于鲁明肯定了天坛医院的成绩，表示将给予医院人事政策方面的支持和保障。（王　宗）

【人力资源基础调研】 “北京市卫生人力资源现状、问题及对策研究”以及“北京市卫生事业单位工作人员工作、生活和健康状况调查”两项课题，为核增市属三级医院人员编制、制订“十二五”期间基层医疗卫生机构人员编制标准提供了政策依据。（王存亮）

机构编制管理

【加强公立医院人员配备】 年内，开展了本市三级医院人力资源现状、问题及对策的研究，结合“医改”提出的双休日全天门诊，研究测算医院的人员编制需求，并向市编办报送《关于为市属21家三级医院增加人员编制的函》（京卫人字［2010］45号），建议市编办深入21家市属三级医院，逐一进行实地调研，尽快解决市属医院人员编制紧缺问题。（王　宗）

【加强基层医疗卫生机构人员编制的研究】 年内，对全市基层医疗卫生机构人员编制进行调研。调研后，市编办印发《关于抓紧核定下达社区卫生服务机构人员编制的通知》（京编办发［2010］16号），要求各区县编办综合考虑基层医疗机构的职责任务、服务人口、服务半径等因素，于9月15日前将基层医疗机构的人员编制全部核定下达。为进一步提升本市基层医疗卫生机构服务能力和水平，就“十二五”期间本市基层医疗卫生机构人员编制标准与市编办进行沟通，并提出初步意见。（王　宗）

【调研市属卫生机构行政级别、人员编制】 年内，对14家市级研究所（保健院）行政级别、人员编制、拨款形式、所与院的关系等进行梳理、调研，协调市编办为中医研究所变更核定全额拨款编制51人；将呼吸研究所变更为市属科研院所，核定全额拨款编制48人；将肝炎研究所更名为北京市肝病研究所，同时变更为市属科研院所，核定全额拨款编制33人。（王　宗）

【加强直属机构名称管理】 年内，印发《北京市卫生局关于加强直属单位机构名称管理的通知》，明确有关分工、机构名称管理的原则、范围和程序，并加强监督管理。（王　宗）

卫生系统杰出人物

马庆军

马庆军，男，1954年12月生于山东临朐，2010年7月17日因病在北京逝世，享年56岁。马庆军于1978年毕业于山东潍坊医学院后分配至山东临朐县医院，1988年山东医科大学硕士毕业，1990年在原北京医科大学攻读博士，师从著名骨科专家党耕町教授，1993年获博士学位后一直在北京大学第三医院骨科工作，历任住院总医师、主治医师、副主任医师、主任医师，骨科副主任，2001年晋升为教授并被聘为博士生导师。多年来，他主持和参与了多项国家及省、市、校级科研项目，多次获得国家及省市级科研成果奖励，参与了卫生部“脊柱疾病的微创治疗”、“颈椎病的微创外科治疗”和“脊柱肿瘤的外科治疗与研究”等重大课题，参与了国家“985”攻关研究，作为项目负责人承担多项国家自然科学基金。他一生挚爱医学，始终以病人为本，用仁爱之心对待所有患者，深受患者爱戴；他从不计较个人得失，从来都是有求必应，用精湛的医术服务患者，体现了医德高尚、大爱无疆的医者情怀；他始终以悬壶济世、救死扶伤为已任，兢兢业业、勤勤恳恳工作在临床一线，从医三十年如一日，全心全意为人民无私奉献，体现了共产党员的优秀风范。作为中华医学会骨科学分会基础学组副组长、中国老年学会脊柱关节疾病委员会副主任委员、中华医学会骨科学分会骨肿瘤学组副组长、《中华骨科杂志》编委，为推动我国骨科基础研究的学术交流发挥了重要作用。2009 年获第二届首都十大健康卫士称号。2010 年 8 月 11 日，北京市卫生局下发《关于在首都卫生系统开展向马庆军学习活动的通知》，号召全系统各级医疗卫生机构组织开展向马庆军学习宣传的活动。同年 11 月，卫生部授予马庆军“人民健康好卫士”荣誉称号，并号召全国医疗卫生工作者开展向马庆军学习的活动。

（北京市公共卫生信息中心整理）

北京市卫生局党政领导名单

局　长　方来英
副局长　郭积勇
赵春惠
邓小虹
于鲁明
毛　羽
雷海潮

党组书记　方来英
副 书 记　张秀芳
纪检组长　何　群

北京市中医管理局党政领导名单

局　长　赵　静
副局长　屠志涛

军队卫生工作

中国人民解放军总医院

医疗工作　全年院本部门急诊306.77万人次，地方病人比上年增长10.09%；住院10.70万人次，比上年增长19.12%；手术5.79万例，比上年增长12.99%。304医院临床部门急诊81.54万人次，比上年增长12.9%；住院2.95万人次，比上年增长15.7%；手术1.37万例，比上年增长15.3%。胸外科二病区被推荐为全军优质护理服务示范病房；医疗纠纷比上年下降30%，住院病人满意率97.38%。

为军服务。承办了全军师级以上医院管理创新研讨会；在全军率先放开使用药品耗材目录，补贴军人医疗费2亿余元，师以下官兵实现了“零待床”；通过了总后军事斗争卫勤准备检验评估；组派专家顾问团对军队“和平方舟”号医院船进行业务指导，派出专家分赴青海玉树抗震救灾前线和四川甘孜火灾现场，成功救治25例危重病人，受到总部和军区首长的赞扬。

医疗保健。新增800名抗日战争时期师职干部收容、保健任务，组织多位首长和刘义权等典型人物的医疗救治和保健，组派43批247人次保健组，完成全国两会等重大会议、重要活动的保健任务，完成2批北戴河夏休保健、1446人次军以上干部和驻外武官的体检任务，西院首长满意率保持100%，受到军委、总后首长的肯定。

医院管理　医院出台了院党委1－5号文件，对医务工作流程、聘用人员管理、超额劳务补贴分配、机关基层职能权限、全员核岗定编等进行规范，开展了制度月学习活动，在职能部门独立成立了制度督察、物财监管、外出批假等8个专项工作办公室，在管理上不妥协、不弹性、不变通，在全院初步形成依靠制度管人、管事、管权的良好局面。

规范医疗管理。医院坚持以“差距观”落实科学发展观，进一步更新发展理念，注重内涵建设、效益提升。先后推行了1306个病种临床路径管理，编印了37册《医疗技术操作规范》，院本部平均住院日降到10天以内，药费比控制在40%以内，毛收入38.29亿元，比上年增加5.31亿元，增幅16.67%，收益率从上年底的8%增长到14%。304临床部毛收入8.6亿元，比上年增加1.5亿元，增幅21.50%。

深化研究型医院建设。制订了医院“十二五”建设发展规划，提出“好”字当头、“准”字为先的优质发展战略，明确了现代化、标准化、信息化、规范化、低碳化、人性化的“六化”建设内容，确立以“聚势效应”和“品质效应”取胜的建设路径，制订了推进研究型医院向纵深发展的12个具体目标。

作风年活动。进行以“五风”为主要内容的作风纪律整顿，重点开展门急诊秩序、医疗质量安全、医德医风等专项整顿。开设院长信箱、开通机关服务基层直通车、实行机关处长面对面现场办公制度，解决137个基层集中反映的问题。对私自外出会诊手术、泄露用药信息、预约检查收受好处等21名违规违纪的人和事进行查处。

开展创建学习型党组织和创先争优活动。举办科主任党务工作能力培训班，举办总医院首届文化艺术节，组织南楼精神巡回宣讲，成立井冈山小井红军医院教育基地，建成内外科大楼和中心花园。王岩被中央军委记一等功、被评为全国抗震救灾模范和全军优秀共产党员，陈香美、杨明会、姚咏明被评为全国优秀科技工作者，倪冰被评为全国先进工作者，院纪委被评为全军纪检监察先进单位，医院被评为全国百家2010改革创新医院。

召开全院基层建设工作会，进一步加强两个经常性工作，对重点人、重要部位、重点环节定期进行检查和帮带，组织10次行政安全大检查和保密纪律大检查，及时消除安全隐患。联合驻地执法部门关闭7家冒名假网站，抓获不法药商、医托98人。连续7年被评为首都精神文明建设标兵单位，连续18年实现医院安全无事故。

科研与人才 获省部级以上科研课题124项，资助经费1.56亿元。获省部级二等奖以上成果30项，其中国家科技进步二等奖2项，军队科技进步一等奖1项、二等奖8项，军队医疗成果一等奖1项、二等奖11项。全面启动与深圳华大、清华博奥、军事医学科学院的战略合作，举办了首届科技成果转化与合作洽谈会，与19家国内外企业签订27个合作协议，签约金额近3亿元。

完成66个任期届满科室主任的考核竞聘，对8个学科进行整合，成立医院急救部，肿瘤中心独立运行；新增1个博士、2个硕士学位授权点，8个全军重点实验室，肿瘤中心实验室被国家教育部列入重点建设计划；遴选首批“百项优势、百病秘诀”128项、第二批研究型科室17个。获军队杰出专业技术人才奖2人，何梁何利奖1人，求是奖1人，7人被评为总后科技银星、新星，1人被评为总后一代名师，1人获伯乐奖；3人被评为全军、总后优秀参谋；3个单位被评为全军医学科技先进单位，7人被评为全军医学科技先进个人，12人当选第九届全军医学科委会常委，22人当选为全军医学科委会各专业委员会主任委员，受奖比例和当选委员数均居全军首位。

基础建设 稳步推进海南分院的建设。正师级编制得到军委批准，完成领导班子的组建，34万平方米主体结构全部封顶，进入内部装修和环境治理阶段。

完成内科大楼、教学楼的工程建设，建筑面积12.6万平方米1200张床位的内科大楼和2.3万平方米的教学楼投入使用。玉泉新城2000套经济适用房安居工程建设签约落地，涿州和内蒙古2个大型副食品基地开始运营，医院工作人员生活条件进一步改善。

信息化集成建设。编制100多个标准化数据字典，全面核查各类库房30个。12月31日前，完成全院编制岗位、人员薪酬、物资财产等信息核对，开发完成人财物信息化管理系统平台，并全线运行。

（解放军总医院）

中国人民解放军第三〇二医院

医疗工作 门诊42.43万人次，住院2.19万人次。北京医保门诊4.99万人次，住院2029人次。手术404例。组织肝癌多科室会诊177例。日均占床767.78人次，比上年增长11.97%；床位周转31.35次，增长11.45%；平均住院日18.58天；治愈好转率85.15%。全年未发生医疗事故，地方病人服务满意率97%。

年内，出台了《新技术新业务管理规定》《临床路径试点工作实施方案》《抗菌药物临床应用制度汇编》《手术分级管理规定》《手术分级管理工作实施方案》《关于加强特殊身份病人收治管理的通知》《医疗知情同意管理办法》等13个医疗行为规范化文件。注重流程改造，启动挂号实名制和预约挂号，运行简易门诊，取消手写处方，改进专家出诊模式，医技科室实行弹性工作制，建立中西医结合诊区和中医专家门诊，日门诊量增加120～170人次。注重感染控制，建立感染控制分片管理目标责任制，全年无医院感染的暴发及流行。利用周末和节假日开展“健康社区行，服务为人民”等大型便民义诊活动18次，举办科普讲座5场，义诊群众1.5万余人次。启动丰台区首家医保持卡实时结算，全年医保门诊无拒付。新增协作医院5家，对口支援医院1家，组织26批次67人次专家到协作医院开展会诊、查房、学术讲座，录制专访节目5期。

科训工作 成功申报国家、军队科研课题共19项，获经费1700万元。投入院长创新基金120万元，遴选院内临床应用课题21项。深入开展科研会诊，邀请院内外知名专家深入各中心把脉问诊，指导开展临床科学研究。引入学位论文学术不端行为检测系统，开展课题中期检查、结题100余项次。组建了各专业临床病例资料库与各类临床标本库。申报科研成果奖10项，其中获省部级一等奖3项、二等奖2项，实现中华医学会科技进步一等奖零的突破。3个全军医学专科中心通过了全军考核评估。连任传染病专业委员会主任委员单位。举办全军传染病学专业委员会、中美肝病峰会、中国科协青年科学家论坛等大型学术会议6次。承办39批次108名专家赴23个国家（地区）学术交流、考察的外事任务，开展前沿论坛等学术活动14期，行政领导岗位培训6期，邀请国内外知名专家30余人来院讲学。举办“育才杯”中青年教学讲课比赛。牵头组织学科调整前后全方位调研2次，对学科科学设置发挥了参谋作用，对学科成立后的建设发挥了指导、促进作用。首次对全院160余名医务人员进行上机考核。组织科级继续教育活动60余期。申报全军继续教育委员会一类项目7项。完善“三生”管理规范，开通“三生”网站。招收进修生60人，组织进修生系列讲座12期。完成《全军传染病防治技术临床培训基地建设规划》和科训楼基地建设布局与内装修设计方案。举办全军第二期传染病防治技术临床培训班。启动化药1类新药免疫7肽临床批件申报工作，完成新药临床前研究2项。制订《医院自制制剂研发暂行管理办法》，完成“肝得宁水蜜丸”等15项自制制剂的审核及立项管理，获得临床研究批件1个，配制批件2个。开展药物临床试验项目38项，完成15项；器械临床试验项目21项，完成8项。

信息化建设 与浙江大学签署共建数字化传染病医院的协议，探索数字化医院新思路。举办医院首届信息化论坛，实现军综网接入各中心。全年组织信息化领导小组会议4次，办公室会议13次，信息化查房11次，解决22个信息有关问题。实现医用耗材的在线管理。 （三〇二医院）

中国人民解放军第三〇六医院

医疗工作 门急诊95.2万人次，比上年增加13.1万人次；单日门急诊量突破4000人，日均门急诊较上年提高16%。住院24049人次，比上年增长19.69%。手术7619例，较上年增加21.13%。床位使用率91.8%，较上年提高8%；平均住院日14.2天，较上年减少1.1天。全年收入6.96亿元，比上年增加1.77亿元。

为部队服务。全年收治军队患者2728人次，占11.34%；军队门急诊患者19.4万人次，占比20.38%；为军队患者窗口计价7985万元，比上年增加近1300万元，实际补贴4152万元，其中药品补贴1881万元、耗材补贴1402万元。派出2支医疗队31名专家分赴31、32基地，共诊治患者503人次，健康咨询近1000人次，为团以上干部体检450余人。组织3支医疗队赴体系单位进行专科体检600人次，TCT检查391例，B超461例，为驻京小、远、散单位近600多名新兵和1100名干部体检，共计投入经费30万元。安装总队2名战士在20基地发射塔架施工时坠落重伤后，院长邹德威带领专家连夜赶往基地组织抢救，将其中1名全身多处骨折的伤员通过飞机转运回本院抢救成功。新增加26个单位1413名老干部的医疗收治任务。落实总部实行“一卡通”和“双体系”保障的要求，接诊第二体系师职离休干部7354人次，完成总装驻京47个单位3349名师职干部的体检，住院治疗8人次，发现恶性肿瘤3例。

医疗质量显著提升。围绕“依法严格规范管理、不断提高医疗质量”的活动主题，开展医疗质量管理年活动。制订《医疗查房管理规定》《会诊管理规定》《军队合理医疗药品管理办法》《手术分级制度和手术分级目录》，落实住院总医师例会制度、三级医师查房制度、术前讨论制度等医疗核心制度，全年组织夜查房10余次，协调组织院外会诊45人次，疑难病例会诊30人次，多学科合作成功抢救急性心梗致呼吸心跳骤停的著名音乐教育家金铁霖教授、重症甲型H1N1流感感染产妇等。

学科建设。全军脊柱外科中心、全军口腔疾病诊治中心和全军糖尿病中心在学科建设方面再接再厉，通过了“十一五”末军队医学专科中心的评估考核，3个中心申报的“新型微创体内聚合型人工髓核研制和临床应用”、“牙缺损快速仿真修复体系的研究与应用”、“富血小板凝胶技术在糖尿病足慢性难愈性溃疡中应用研究”等首次获得全军临床高新技术重大项目，共获专项研究经费150万元，填补了医院和总装卫生系统的空白。生殖医学中心试运行以来，与妇产科、泌尿外科等科室合作，指导怀孕25例，实现人工授精10例，成功受孕2例；解冻移植受孕1例双胎；完成试管婴儿6个生殖周期，成功受孕2例。放疗中心在学科建设的基础上，展开病床27张，形成更加完善的肿瘤放射治疗护理体系，多次接待国内外业界人士参观学习。妇产科3年来未发生高危孕产妇死亡，43%的剖宫产率明显低于北京市及朝阳区平均水平。儿科完成新生儿病房的改造，展开新生儿监护床位14张，独立配备呼吸机2台、CPAP机1台、暖箱10台和新生儿辐射台3张，全年新生儿住院治疗380人次。

教学工作 从北京大学医学部、军医进修学院、第四军医大学、安徽医科大学等院校招收研究生40余人，接收各院校实习生120余人、进修生80余人。有计划、有步骤地开展学术活动，邀请国内外知名专家来院讲课10余次。申报国家卫生部专科医师培训基地，急诊科、检验科通过了初审。完成北京大学医学部32名八年制基础医学专业博士生的临床见习教学任务。

科研工作 全年发表论文200余篇。获国家自然基金课题3项、国家“863”军口课题2项、首都医学发展基金课题6项、首都特色临床应用发展项目1项、总后卫生部专项课题1项、总装后勤科研课题7项，确立院级课题20项，课题经费资助总额500万元。病理实验科主任张建中主研的“蛋白指纹图谱技术在肿瘤诊断中的应用研究”获军队科研成果二等奖，获军队科研成果三等奖9项。院长邹德威在全军“十二五”医学科技大会上当选为全军健康管理专业委员会主任委员。《总装备部医学学报》在全军第五届医学期刊评比中，被评为全军编辑质量优秀期刊。

医德医风 全年收到表扬信325封、锦旗127面，拒收红包63万元，综合满意度达93.67%。在体系单位及周边地方干休所等单位聘请10名院外医德医风监督员，在临床科室成立医德医风监督小组，设立以科主任、协理员、护士长为代表的52名院内医德医风监督员，形成体系完备的医德医风监督网络。全年发放病人满意度调查问卷5780份，回收有效问卷5300份。

对外交流 全年出国（境）参加各类学术会议、短期进修、学术访问及交流等32项次66人次，与美国、英国、加拿大、俄罗斯、日本、葡萄牙、澳大利亚、新加坡等14个国家和地区的专家、学者和学术组织进行了学术交流。政委白学平带领10人团队赴香港广华医院就医院管理、行风建设、学科建设、目标经济管理等进行了交流。

大型会议医疗保障 医院组派医疗专家小组携带上百种药品和器材完成全国两会、院士大会、泛亚太军事医学大会和总装“两成两力”建设工作会议1500余人的驻会医疗保障任务，得到上级机关及与会代表的好评。

对口帮扶工作 派出7名专家组成医疗队赴泾源县医院开展对口帮扶工作，共接诊500余人，手术5例，胃肠镜检查40例，超声检查近70人，接收泾源县医院进修4人。承担了为期5年的对口支援西藏那曲地区索县医院的任务，8月6日～9月10日，派出首批医疗队，完成为期35天的对口帮扶任务，共接诊1000余人次，成功抢救了子宫破裂大出血休克的产妇。

属地管理工作 改善硬件设施，更换标志牌，增加感应式龙头，使发热门诊及肠道门诊建设基本达标。完善疫情上报系统的管理，规范各传染病病种相关监测科室及药房的传染病登记制度，优化了传染病登记、统计、报告及上报流程。通过了环保部、北京市和朝阳区三级环保和公安部门的10余次辐射安全现场检查，规范开展个人剂量检测和放射性药品转让工作，全年未发生辐射安全事故和误照射事件。接受北京市卫生局赋予的任务。通过了朝阳区卫生局及妇幼保健中心对本院三网监测、产前筛查、新生儿疾病筛查等工作的区级质控检查和助产工作验收。急诊科、神经内科和特种病科被纳入朝阳区卫生急救网络。

（张轶杰）

中国人民解放军第三〇七医院

医疗工作 全年门诊47.5万人次，较上年增加21.3%，其中地方病人占89.1%；医保门诊118612人次，较上年增长134%。积极拓展对外合作，与河北兴隆县人民医院、涿州地区医院、河南中原石油医院、周口中医医院等25家地方医院签订技术帮带协议。全年收治28486人次，较上年增加33.7%，其中医保收治4542人次，较上年增长45%，医保人均住院费用较上年增长37.5%。床位利用率比上年提高14.3%，床位周转23.6次，诊断符合率99.9%。

开展医疗质量管理年活动。修订和制订《病历书写基本规范》《电子病历基本规范》《人体器官移植伦理学工作手册》《抗菌药物临床应用基本原则》等28项系列医疗规章，确保医疗行为科学合法规范。落实三级医疗质量控制体系，严格基础和环节质量监控。开展病历、处方展览，合理用药考评和住院患者医疗服务回访工作，医疗质量明显进步。全年甲级病案率99.9%，病历返修率由上年的11.3%下降至7.1%。医疗投诉、医疗纠纷稳步下降。

推进医疗信息化项目建设，实施运行PACS系统，覆盖了全部临床科室及病理、影像诊断科室，提高了诊疗效率；实施手术麻醉及ICU重症监护医疗护理流程改造，实现诊疗数据实时采集，医疗信息化手段不断丰富。进一步规范诊疗流程，完成门诊病案流通管理系统，放射科、超声科、儿科排队叫号系统，LIS系统双向传输，输血系统数据上报，优化了诊疗环节。提前完成门诊医保持卡结算系统的改造，通过了北京市、丰台区两级现场验收。完成医院军事综合信息网和全军远程医学网的建设联通，医疗管理效能逐步提高。加强信息安全组织管理与日常核查，完成了计算机保密安全工作，在总后和医科院安全检查中多次获得好评。

学科建设 开展特色学科创新技术研究和应用。放射病中心开展血液病微移植和非清髓移植264例，临床和研究结果在该专业国际顶级杂志*Blood*上发表。开展间充质干细胞治疗急性放射损伤获得总后卫生部的批准。中毒救治中心全年诊治中毒病例3000余例，完成怀柔“4·23”群体中毒事件的救治任务。放射病中心和中毒中心联合申报获批本院首个全军重点实验室。骨髓移植中心造血干细胞移植及其相关技术不断进步，全年完成移植232例次。肿瘤中心全年收治11938例次，较上年增加34%，占全院收治总数的42%。

健全临床学科体系，新组建神经内科，学科总数37个，基本完成由专科医院向综合医院的学科调整。继续加强常规内外科建设，全年完成内科常见病诊治5500例次，较上年增加37%；手术6104例，较上年增加27.8%。常规内外科收治占全院总收治的42.6%。开展支气管镜介入诊疗、心血管介入诊疗、心电射频消融、气管镜和胃肠内窥镜微创治疗、脑血管病支架置入治疗、脑功能疾病的立体定向治疗等新技术。神经外科申报了全军烟雾病专病中心。

改善辅助诊疗设备条件，全年引进系列电子内窥镜、全自动生化仪等诊断治疗设备733台（件），价值3959万元，拓宽了诊断治疗技术的服务范围。检验科、放射科、放疗科、核医学科全年诊断工作量较上年增幅均超过40%，其中核磁诊断和放疗人次较上年增长90%以上。加强转化医学研究平台的建设。免疫学实验室与企业合作引资3000万元，开展免疫相关疾病诊断治疗研究；药理学实验室研发了临床试验电子化信息管理系统，与消化道肿瘤科共同建立个体化药物评价中心；肿瘤学研究室引资2000万元建立转化医学研究中心，开展肿瘤诊治新技术和干细胞基础研究，医院转化医学研究方向初步形成。

科研工作 全年申报国家、北京市自然基金等各类课题127项，获批21项，科研经费743万元。其中国家自然基金课题10项，经费283万元；国家新药创制重大专项课题、首都特色医疗技术项目各1项，高等级课题中标率明显提高。在研课题43项。

全年发表学术论文250篇，其中SCI论文13篇，累计影响因子25分，为医院发表SCI论文最多的一年，在统计源期刊发表215篇，发表高等级论文比例达90.8%。

医学教育 举办第五届全国非清髓异基因造血干细胞移植学术会议、全军血液学年会暨中华放射与防护分会辐射血液学会议等全国性学术会议4次。举办院内学术讲座30余次，其中院士博学讲坛2次；参加院外学习班270余人次，外送进修学习7人次，出国参加学术交流73人次，聘请孙燕、丁健院士等专家16人为客座教授，接收5所院校9个专业57名实习生。

招收博士后2人、安徽医科大学联合培养研究生10人。完成2008级研究生中期考核26人，其中博士3人、硕士23人，考核优秀5人。研究生科研行为规范化程度有了较大进步。内科学、肿瘤学专业19名硕士生毕业。在读博士14人、硕士78人。获批医科院博士生导师2人、硕士生导师5人，安徽医科大学硕士生导师5人，其中10人纳入招生计划。

应急战备 年内，制订了上海世博安保和广州亚运会安保支援方案、“三防”医学救援院内收容方案，抽调13名专家、10名技术人员，完成世博及亚运会院前急救分队和临床救治单元队保障任务，总计筹措装备药品1006万元。完成重大事件医学救援任务，抽调2名队员参加青海玉树抗震救灾医疗保障任务，完成怀柔“4·23”群体中毒事件、河北河间群体吸入性气体中毒事件、北京大兴油漆稀料群体中毒事件、山东东营广饶县“7·8”铱129辐射源轻度泄露辐射事故等4起突发群体公共卫生事件的医疗救援工作，赢得当地政府和北京市疾控部门的赞誉。

开展国家核生化救援基地建设，完成医疗救援机动平台、野战伤员洗消车、三防医学救援大队平战时管理系统等系列方案的讨论制订与装备配备。制订《急救分队队员调整方案》，重新抽调急救队员，制订《日遗化武三级救治机构建设方案》，完成重症伤员救治病区的规划建设，配属医疗救援装备300万元，启动核化损伤救治关键技术的专项研究。

（三〇七医院）

中国人民解放军第三〇九医院

基本情况 2009年6月，医院转隶总参领导，又称总参谋部总医院。占地74.7万平方米，其中国家一级森林山地48万平方米、建筑面积25余万平方米、医疗用房14万平方米。拥有320排CT、1.5T核磁共振、64排PET-CT、图像引导直线加速器、伽玛刀、数字平板造影等设备8000余台（件），总价值约4.5亿元。展开病床1700张，设置55个专业学科，其中国家和军队重点学科2个；工作人员2100人，其中高级职称180余人，博士和硕士生导师43人，各类学术组织任职160余人。是中国医科大学和第四军医大学等20余所院校的教学医院。

为北京市首批医保定点医院，国家和北京市工伤医疗与康复定点医院，海淀区物价、计量信得过单位，首都精神文明单位，为部队服务先进单位；玉树抗震救灾医疗队被党中央、国务院、中央军委表彰为全国抗震救灾英雄群体。

医疗工作 门急诊103.7万人次，比上年增加18.4%；住院3.5万人次，比上年增加13.5%；手术2.4万例，比上年增加23.1%；开展新业务、新技术55项；急危重症抢救成功率72.5%；伤病员服务满意率98%；在院病人最高达1733人，日最高门急诊突破4473人次。

不断深化为部队服务，医疗保障水平有明显提高。年初，制订《师以上干部医疗保健工作管理规定》《为部队办好十件实事》等一系列措施，包括加强军人和高干门诊力量，推进老干部“双体系”和“一卡通”就医改革，军人住院做到了“零待床”，门诊部、体检中心、防治队、干部病房、口腔科、康复理疗科、消化内科、急诊科、儿科和超声科等就诊窗口专设军人诊疗室。组织总部中标药品和医用耗材的选定引进，制订《药品处方集》和《医用耗材使用目录》及管理办法。机关和体检中心组织总参系统和体系单位近万名师职干部和老干部健康体检。同时，发放保健药盒和《合理用药手册》18000余盒（册），为体检对象及工作人员提供免费早餐13000人次。同时，完成全国两会、北戴河夏休等医疗保障。组织了总参首批49名文职护理人员的培训。全年接诊军队伤病员138484人次，住院2881人次，健康查体13900余人次，补贴医药费6800万元。医院组成医疗队，赴新疆察布尔县实施医疗技术帮带。

进一步加强科学管理，医护质量稳步提升。年初，制订《主诊医师负责制实施方案》，全院首批推出87个主诊组，通过明确责、权、利及核算办法，调动了广大医务人员的积极性。按照全军质量管理年活动精神，突出加强医疗制度落实、医疗服务满意度、医疗安全检查、优质护理服务等，成功实施了全国年龄最大（75岁）患者同种异体原位肺移植手术，病理科病理检测报告质量连续3年居北京市同行第一名。营养科深入科室，配合临床指导患者合理营养、合理膳食。坚持医疗护理查房，严格各项操作规程，开展临床病例讨论，修订《病历书写规范》，加大节假日和危重病人安全管理，推进优质护理服务示范医院的建设，展开20个护理单元试点，规范了57项常用护理技术，促进了医护质量和医疗安全。坚持临床药师制度，加强合理用药和医保政策宣传，改进监控手段，药费比例、次均费用等主要指标基本达到上级规定。推进全成本核算管理，不断规范医疗合作，完善配套措施，实施成本效益评估，有效提升了合作综合效益，四总部对外有偿服务联合检查组对本院工作予以肯定。病案及感控科通过深入科室，使病案质量明显提升，医院感染管理在全军检查中受到通报表彰。

积极改善医疗保障条件，综合服务保障能力不断增强。年内，筹资近亿元引进了320排螺旋CT、脉冲血管激光治疗仪、射频紧肤系统、移动DR等一批先进仪器设备。放射科、放射治疗科、核医学科开发检查、治疗新项目，满足了病人的诊治需求。坚持设备效益分析和流程效能评估，设备利用率和单机效益明显提高。迎接全军卫生装备质量控制监督复查，受到总部的好评。医学工程科做好医疗器械及各类物资的保障，实行器材条码化管理和耗材“零库存”。

积极开展医疗服务工作，取得明显社会效益。世界骨质疏松日、世界抗癌日，组织专家赴河北廊坊、内蒙古包头市、山西省大同市及颐和园等周边社区开展健康知识讲座50余次、义诊咨询活动40余次，近2万人次咨询。组织院内外大型活动，构筑医患交流平台，实现医患真实互动。与国际关系学院、北京体育大学等10余家单位签订了社区对口支持协议，根据不同需求提供有针对性的特色医疗服务。主动与医院周边5个军休所建立服务关系，为近4000名老干部办理就医优先卡，开通绿色就医通道。同时，主动与珙县人民医院、都江堰人民医院、鄂尔多斯市东胜区医院、包头市第三人民医院等7家外省医院建立协作关系，提供进修、会诊等医疗服务。设立电话咨询与出院患者随访中心，每日受理医疗咨询100余人次，并实现出院患者的病情及治疗情况的实时跟踪随访，全年随访2.1万人次，占出院人数的76.68%，及时将患者提出的意见和建议反馈科室和有关部门，加强服务改进，为患者和医院间建立了一个畅通有效的服务平台。

科研工作 注重学科人才建设，核心竞争能力有新的增强。与清华大学、美国约翰·霍普金斯医院、韩国延世大学等10余家知名单位建立科研合作关系。年内，新任研究生导师28人，成功申报全军博士后工作站。结核病研究所和器官移植中心通过了总部的周期评审，结核病研究所被评为全军“十一五”医学科技先进单位，石炳毅教授被评为全军“十一五”医学科技先进个人。组建整形美容烧伤修复中心，形成了皮肤、整形、烧伤修复3个学科结合、诊疗、住院及实验室一体化的学科群发展建设模式。承办全军重症医学大会等学术会议10余次。肝胆外科邹一平等获全军医疗成果二等奖，结核病研究所、急救部、内分泌科、病理科分获军队医疗成果三等奖，结核病研究所、移植研究室、急救部、信息科等单位获批各类课题17项。发表统计源论文624篇、SCI论文41篇，其中眼科博士王静波的SCI单篇影响因子达到28.049。

信息化建设 快速推进信息化建设。与中国移动通信集团北京公司签署了战略合作框架协议，推进移动技术在医疗信息化领域的应用与发展，搭建移动医疗健康信息平台。合作进行“移动医疗系统”的研发建设，开展无线移动临床诊疗信息管理、病人实时心电生理监护和其他诊疗数据收集传输，提高临床诊疗和科研信息化管理水平。启动了PACS系统二期工程、病理信息系统和超声信息系统建设，提高了医学信息服务保障能力。

其他工作 积极改善医疗环境。启动全军首家生态医院二期工程建设。加快门急诊楼改扩建工程进度，计划新建干部医疗保健大楼和结核病研究所大楼，预计新增医疗用房总面积8万平方米。进一步完善伤病员饮食、超市等生活服务保障。

（三〇九医院）

中国人民解放军海军总医院

医疗工作 门急诊101万人次；住院2.57万人，比上年增长19.1%；手术8800例。展开床位1200张，床位使用率89.51%，床位周转22.68次，平均住院日14.34天。门诊与出院诊断符合率99.51%，入院诊断与出院诊断符合率99.72%，术前诊断与术后诊断符合率99.92%，临床诊断与病理诊断符合率99.72%，放射诊断与术后诊断符合率99.53%，入院三日确诊率96.38%。院内感染率0.94%，无菌手术切口感染率0。甲级病案率达到总后质控标准。

以开展学科建设年活动为主题，务实创新抓建设。医疗毛收入突破8亿元，比上年增长40%；设备总值超过3亿元。医院发展模式初步实现由数量规模型向质量内涵型转变，管理手段初步实现由粗放型经验管理向信息化智能化科学管理转变，为部队服务工作和军事医学研究初步实现由关注防病治病具体任务的完成向追求人文关怀和提升军事作业的能力转变。

继续按照医院跨越式发展“三步走”的战略部署，巩固深化质量管理年活动成果，抓住基础、环节、准入、监控4个环节，加强医疗质量与安全的管理。一是建立健全质量控制及质量管理组织。充分发挥专家督导组的质量检查及指导作用，调整充实质量管理科、感染控制科等的力量，严格执行住院总医师会议制度，召开住院总医师会议20次。二是坚持医疗规章制度的日常检查。对科室医疗安全形势进行摸底排查，协助科室及时解决可能存在的隐患；定期对核心医疗规章制度的落实情况进行检查或抽查；继续跟踪检查部分科室科主任查房制度的落实情况并进行反馈；抓好重大节假日的医疗安全节前教育及节假日期间的监督管理，未发生节假日期间医疗安全事件；对高危孕产妇等特殊病人，加强危重、特殊病人的管理，降低高危病人风险发生率。三是强化合理用药。规范医疗服务行为，保障用药安全，减少不合理用药，达到了加大临床用药监管力度、强化医师合理用药意识的目的，根据医院处方点评制度的具体要求，督促药剂科开展处方点评相关工作，全年点评军地处方800余张。

不断提升护理工作水平。着力推行优质护理服务示范工程。投入300余万元，用于增加护理人员编制、改善护理人员待遇，加强护理人员培训，更新护理仪器设备。选取神经疾病护理示范基地、干部病房心内科等8个病区进行试点改革，取得明显成效，受到总部检查组的高度评价。加强护理教学与科研，举办了第二届全军神经疾病专科护士培训班及第七届海军护理专业委员会会议，为全军17家医院培养专科护士20人。推行护理专家出专科护理门诊制度。深入开展诚信服务及护理技术大比武活动，评选表彰了十佳护士、护理技术能手和优质护理服务示范工程先进科室及个人。

加快医院信息化建设步伐，与浙江大学合作启动数字化医院的建设，研发海军总医院医疗一卡通应用系统，推广使用电子病历。制订《医院绩效考核指标体系》，不断完善合理的分配政策和激励机制。着眼理顺院、科两级核算关系，完善成本核算信息化支持平台建设，努力提高医院经济运行效益。加大装备建设力度，投入经费3000余万元，购置了256层CT、血管造影机、图像引导直线加速器等大型设备。

保健工作　完成大院门诊部内二科、海司老干部服务处卫生所的转隶接收工作，调整充实保健干部队伍，改进服务保障方式，实现保健工作体制调整的平稳过渡。投入170万元，对各医疗点的功能布局和就诊环境进行改造，形成“一院三点、兼顾两所”的海军机关军职以上首长保健工作新模式。继续推行军师职分类体检，年度师干体检率96.4%，首次达到总部规定的标准。完成全国两会等重大活动保健任务20余次。

教学与科研　建立“三基”训练与考核常态化机制，深入开展全员岗位练兵及技能比武活动。完成全国及全军继续医学教育项目9项，出国进修、考察32人次，参加各类学习班和学术会议238人次，接收进修生193人。临床医学院完成授课720学时。拓展军事医学科研平台，成立海军军事医学临床研究协作中心，不断深化海空勤特种疾病的预防与救治技术的研究。总结医院“十一五”科研工作经验，进一步规范科研过程管理，实施医院、科室、课题负责人三级责任制。全院在研课题98项，科研经费总额1800余万元。获军队科技进步奖及医疗成果奖11项，其中二等奖4项。开展新技术、新业务28项。发表论文453篇，其中SCI收录14篇。心脏中心被评为“十一五”全军医学科技先进单位，副院长阮狄克被评为全军医学科技先进个人，副院长田增民当选首都健康卫士，老专家王燮荣当选世界中医学会针刀专业委员会主任委员。

学科人才建设　以整合学科力量、形成特色技术为目标，开展学科建设年活动。采取同行评议与科室自评相结合、院内与院外专家评议相结合、专家评估与组织评价相结合方式，对医院学科建设情况进行分析评估，制订《医院学科建设3年支持计划》。依据学科评估结果，整合成立心脏中心、脊柱脊髓损伤综合治疗中心；按照疾病链分类，开设门诊神经疾病诊区及心脏疾病诊区。完成4个全军专科中心和3个全军专病中心的“十二五”评估，推动神经外科申报全军脑肿瘤微创治疗研究所。

启动以培养后备人才为目标的“云梯计划”，完善人才库培养实施办法，促进业务骨干选拔的制度化和规范化。推行首席专家制，10名高年资主任医师被聘为首批首席专家。加强中层领导干部队伍的建设，修订《中层领导干部年度考评细则》，举办中层领导管理培训班。进一步规范人力资源的管理，突出抓好文职人员和聘用制人员的管理、教育与培训，医院被总政表彰为全军文职人员工作先进单位。

为兵服务与卫勤保障工作　主动延伸为军服务保障范围，派出3支冯理达专家医疗服务队和12支医疗小分队共170余人次赴边防海岛部队、重大国防工程建设工地和体系单位送医送药，巡诊官兵及家属9500余人次，赠送药品总价值50余万元，受到部队好评。建成新远程会诊中心，全天候为西南沙守礁部队、866医院船、海军护航及远航舰艇编队提供远程医学技术保障，完成“乐从号”、“金福号”等遇袭商船的远程会诊任务。开展卫生防疫服务保障，对海军驻京、津地区46个直属部队进行了卫生监督检查，对纳入全军综合整治的106家海军部队水源水质情况进行了抽样检测。落实特勤医疗保障的规定，组织飞行员改装体检和舰载机飞行员医学选拔7批次100余人，招飞体检入校合格率99.3%。全年门急诊接诊军队伤病员23.63万人次，住院军人4355人次，补贴军人医疗费用9559.97万元。

在医院船医疗队的基础上，筹备组建水系灾害应急救援医疗队。牵头筹组并举办中国医学救援协会水系灾害分会暨学术研讨会，探索构建海上医学立体救援体系，有效拓展医院船医疗队的使命功能。成立应急医疗救援队，完善战备制度，配齐携行装备。随舰（船）远赴亚非五国、大洋洲五国，完成“和谐使命—2010”、海军“八一”舰出访、亚丁湾护航等重大卫勤保障任务。

医院文化建设　年内，组织中层以上领导赴革命老区河北唐县进行白求恩精神寻根之旅，举办“冯理达杯”趣味运动会和“红色经典、蓝色情怀”群众性歌咏活动等，使核心价值观培育融入医院文化。建成冯理达事迹陈列馆，举办王文珍先进事迹报告会。

建立“三位一体”的医德医风教育、管理和监督机制。开展优质服务、人文医学和廉洁行医等经常性教育活动，通过定期开展教育讲评，设立“医患心桥”沟通平台，聘请军内外医德医风监督员等，把医德医风建设和个人职级调整、评先创优相挂钩，取得明显成效。全年发放军内外调查问卷9000余份，收到表扬信716封，有13个科室被评为优质服务科室，60名医务人员被评为优质服务之星，问卷调查显示，患者总体满意率97.1%。

其他工作 持续深化质量管理年活动，通过检查督导医疗管理制度执行力，加强环节质量监控，实施月度质量绩效考评等，形成较完善的质量监控和评估体系。加大军人合理用药的监管力度，推行药品分级保障，开展合理规范使用抗菌药物主题宣传月活动。突出抓好放射防护管理，通过了各级组织的仪器辐射安全评估检查。加强医保政策宣传及岗位培训，医院被评为全国医保管理先进单位。 （海军总医院）

中国人民解放军空军总医院

医疗工作 门急诊1387046人次，住院2.45万人次，手术18871例，比上年分别增长6.64%、7.41%和5.36%。

为部队服务。以总部为部队服务调研检查为牵引，改进服务措施，强化服务意识，提高服务水平，确保为部队服务工作取得实效。制订《进一步加强为部队服务十项工作》，增设军人诊区专家门诊、改善军人诊区诊疗环境、为偏远地区体系部队官兵邮寄检验、检查结果等27项措施落实到位。开展医疗专家部队行活动，组织20多批医疗队分赴重点任务部队和边远艰苦部队开展巡回医疗服务，巡诊5000余人次，累计赠送药品5万余元。向敦煌市人民医院赠送价值17万元的血液透析机1台，组织医疗队赴海拔3800米的西藏左贡县开展医疗帮带。医院专门开辟体检区域，专门抽调体检力量，配备体检设备，高质量完成体系单位所有师以上干部的健康体检任务，满意率达99%以上。新干部病房大楼投入使用，医院将体系内所有师以上干部全部纳入到干部病房收治范围，军以上首长全部实现一诊室独立就诊，有效改善了干部保健条件。

以医疗质量管理年活动为载体，坚持一线跟踪、一线参与、一线服务，不断提高医疗服务水平，在总部组织的全军感染控制检查中医院取得小组第一。修订了《门诊管理规定》《急诊管理规定》《关于进一步落实临床三级查房制度的通知》《进一步加强医师值班制度的通知》《关于进一步加强医疗凭证管理的通知》等一系列规章制度，不断规范医疗行为。加大病历检查力度，加强门诊、值班等环节质量查房，落实疑难病例讨论，启动临床路径试点工作，建立手术分级管理制度，配备标准预防应急箱、医疗废物分类车和医院感染监测盒等感控装备，规范发热门诊和肠道门诊工作，下发《进一步加强周末入院病人辅诊检查的通知》，开展门诊医疗服务质量问卷调查。组织优质护理服务示范工程活动，开展以“携手绿色健康”为主题的健康教育和“优质护理服务单元”、“微笑天使”、“十佳健康教育护士”等评比表彰活动，护理质量内涵得到明显提升。

学科建设 坚持把临床航空医学建设作为重中之重，以树立品牌形成特色为引领，以浓厚氛围搭建平台为目标，以空勤办公室成立为契机，全面推进临床航空医学建设。一是加强顶层设计。制订《关于大力加强临床航空医学建设的决定》，成立临床航空医学研究所及专职空勤办公室，起草《“十二五”临床航空医学建设发展规划》，召开临床航空医学专家组第一次会议暨临床航空医学建设与发展座谈会。二是加快建设步伐。完成全军心理卫生指导中心的评审、《临床航空医学进展（2010）》和《中华医学百科全书·临床航空医学分卷》的编撰、飞行人员康复训练中心启用、建立空勤病员整体诊疗模式、诊鉴分开制度创新、临床航空医学中心专科评审等多项临床航空医学建设的具体任务。

以全面落实医院学科技术建设发展3年规划为目标，围绕学科建设主线，科学构建学科技术快速可持续发展机制，着力提升学科建设内涵质量。一是不断提升学科实力。在全军医学专科中心评估会上，1个全军医学研究所、2个全军医学专科中心、3个全军医学专病中心通过评审验收，全军优生优育技术指导中心通过了全军组织的检查验收，老年病科被空军认定为空军老年医学研究所，心理科被确定为全军心理技术指导中心。二是不断提升科研实力。医院首次获得国家自然科学基金重点项目支持，2个项目首次列入全军后勤科研5年重大计划，争取上级经费1000余万元，国家级课题经费总额跃升到军区、军兵种总医院第二名。获军队科技进步和医疗成果二等奖4项。全年在统计源期刊发表论文342篇。三是不断提高教学实力。制订《进一步加强临床教学工作的若干规定》，举办医院首届教学工作会议，评选一批优秀课件，推动教学工作健康快速发展。接收研究生140余人、进修生130人，举办一系列国际、国内培训班和研讨会，2000余人次参加。

信息化建设 以建设数字化医院为目标，逐步形成与医院发展相适应、智能高效的医院信息化系统。一是明确建设目标。制订医院信息化建设3年规划，按照“突出卫勤、服务临床，强化管理，方便患者”的原则，提出27个建设项目，明确全面建设数字化医院的路线图和时间表，分步有序地推进医院信息化建设进程。二是提升使用深度。完成新版门诊医生工作站的研发，组织合理用药（PASS）系统、图片存档及通信（PACS）系统建设和条码双向LIS系统建设的研发方案，提升了基础临床信息化建设水平。

（空军总医院）

中国人民解放军第二炮兵总医院

医疗工作 门急诊598154人次，比上年增长16.45%，军队病人占门诊总数的11%。住院18420人次，比上年增长11%，其中军队病人占收治总数的8%。手术6353例，比上年增加1012例。床位使用率94.70%，床位周转23.97次，平均住院日14.29天。医疗毛收入66840.38万元，效益16158万元。

按照“精细筹备、稳妥推进、确保成效”的要求，启动了主诊医师负责制试点工作，制订《主诊医师负责制试行方案》和管理配套制度。

4月14日，青海省玉树县发生强烈地震灾害，医院完成31人医疗队的抽组、医疗设备和药材的筹备，完成玉树抗震救灾任务。

5月22日，医院门急诊综合楼正式启用。该大楼同时承担北京市公共应急医疗任务。

10月中旬，医院全军肝胆胃肠病专科中心、全军肛肠病专病中心、全军核辐射损伤医学监测与防治研究中心参加并通过全军专科中心“十一五”末评审。

科研工作 2010年，是“十一五”医学科研项目结题年，医院共有39项课题面临结题验收，大部分课题按照计划进度完成研究。获国家、军队和北京市科研基金资助4项，获资助经费近100万元。获军队医疗成果二等奖1项、三等奖15项，二炮医药卫生成果一等奖9项、二等奖3项。全年在各类医学刊物发表学术论文303篇，其中统计源期刊192篇。主编论著3部、参编论著10部。（二炮总医院）

北京军区总医院

医疗工作 门诊135万人次，比上年增长4.53%；出院4.8万人次，比上年增长4.39%；手术1.5万例，比上年增长11.36%；对外医疗毛收入11.46亿元，比上年增长18.51%。平均住院日比上年缩短0.14天，术前住院日比上年缩短0.85天，床位使用率98.98%。

召开首届门急诊工作大会，健全组织，完善制度，狠抓门急诊服务质量，有针对性地提出了改进意见和奖惩措施，门急诊工作进一步规范，服务质量显著提高。建立科主任查房质量评价工作长效机制，完成全院6个全军中心、11个军区中心共23个病区的科主任查房质量评价工作，进一步促进规章制度的落实，提高病历内涵质量。制订医疗质量管理年活动方案，通过加强重点部门、核心制度和关键环节的检查，真正做到以查促建、以查促改。每季度召开医疗和卫生经济质量分析会，及时通报情况、指出问题，为全院各科室完成年度任务、改进医疗质量起到指导和推动作用。

修订和完善绩效奖励分配方案，取消科室经济目标。按时间节点，高标准、高质量地完成门诊医保病人持卡就医的工作，被北京市评为门诊持卡就医服务管理先进单位。门诊医保病人就诊量和收入持续增长，门诊量比上年增长38.5%，收入比上年增长21.4%。开展新业务、新技术25项，其中24项纳入北京市医保目录报销范围。

以全军医院感染控制专项检查为契机，落实感染管理制度，为重点科室和部位增添了防控设施，开展全院范围的业务培训，医院感染管理工作取得长足进步。

由36人组成第十批赴利比里亚维和医疗分队完成物资筹备和适应性训练。再次组织老专家赴内蒙古阿拉善、呼伦贝尔军分区边防部队巡诊。

学科建设 一是成功申报军区神经外科研究所，并在此基础上，申请成立北京军区总医院附属八一脑科医院。二是召开创伤外科中心建设论证会，邀请王正国、盛志勇、卢世璧、王忠诚等院士论证创伤外科中心成立事宜，并聘请4名院士作为终身技术顾问。三是组织全军研究所、全军专科中心参加总部的评审，1个研究所、5个全军中心完成答辩，保持现有的学科地位。四是拟申报全军专科中心的科室进行了评审和预答辩，确定儿科、皮肤科为晋升全军研究所科室，神经内科、神经外科为晋升全军中心科室。五是申报全军心理卫生指导中心，并正式挂牌成立。

科研与教学 全年中标国家、军队各类课题31项，获得资助943万元。获军队医疗成果一等奖1项，军地科技（医疗）成果二等奖3项、三等奖7项。全年发表论文1010篇，其中SCI论文34篇、统计源期刊976篇。医院被评为全军“十一五”医学科技工作先进单位，有3人被确定为全军专业委员会主任委员。成立国家二级协会3个：中国神经科学学会神经损伤与修复学分会、中国女医师协会皮肤科专家委员会、中国医师协会新生儿专业委员会。在军区基础训练比武竞赛中，本院获后方医院医疗分队第一名，后方医院野战外科手术第一名，后方医院医疗专业个人全能第一名，军需专业炊事员刀工技法第一名，后方医院护理分队第二名，后方医院医疗专业个人全能两个并列第二名。有研究生导师67人，其中博士生导师17人，带教专业27个，在读研究生253人。全年带教实习学员95人，接收进修195人，被第二军医大学授予A级优秀教员1人、优秀先进集体1个、教学先进个人8人。

信息化建设 完成核心交换机双机热备，数据库升级到10G，所有主干传输升级到万兆。门诊自动LIS取单柜、门诊和住院大厅触摸屏查询系统投入使用。在全院划分了虚网，有效提高网络的安全性和稳定性。率先在军区医院全面启动网络信息安全系统，使全院所有联网计算机都在有效监控之内。完成病案数字化系统的安装，完成1.5万份出院病历的扫描和存储，临床医生可通过工作站调阅扫描完成的病历资料，初步建立数字化病案管理模式。安装医院感染实时监测预警系统，加强主动监测监管，提高医院感染管理的效率和质量。（北京军区总医院）

北京卫戍区

战备工作 研究探索赴朱日和驻训部（分）队卫勤保障的特点和规律，认真分析论证，摸索和尝试优化全区卫勤力量，整合不同建制单位卫生资源，在朱日和基地板房村组建了野营村中心医院和野营村病房，调配诊疗仪器、设备10余台（件），常用药品150余种，防疫药品10余种，急救药品20余种。制订完善各项诊疗工作制度，做到全体卫生人员定岗定位定责，基本实现了血、尿、便常规和B超、心电图、X线检查不出村，清创、缝合等简单外科手术能够独立完成。三季度，承办第一届泛亚太军事医学大会迎外卫勤综合演练现场观摩任务，共接待34个国家及3个国际组织和全军各大单位的来宾260余人，展示了信息化条件下伤员战场急救，师救护所全员、全装、全要素机动、展开及伤员立体后送等科目表演。

爱国卫生 围绕创建文明卫生军营活动，深入开展了爱国卫生运动。各单位利用重大活动、重大节日和爱国卫生月等时机，组织部队开展了以净化、绿化、美化营区环境为目的的综合整治活动。全区医疗卫生机构开展了禁烟活动，按照《全军医疗卫生系统禁烟考评标准》，建立和完善管理、考评、奖惩等相关制度，采取多种形式和手段，大力开展宣传教育，努力营造全面禁烟的声势和氛围。66329部队、66477部队投入100余万元，对营区宿舍、道路和食堂等设施进行改造。66322部队被四总部评为“十一五”爱国卫生工作先进单位，66329部队被北京军区评为创建文明卫生军营先进单位，卫戍区教导大队被北京军区命名为文明卫生军营，卫戍区后勤部卫生处处长杨雪峰被四总部评为“十一五”爱国卫生工作先进个人，66055部队卫生科助理员张宇翔被北京军区评为创建文明卫生军营先进个人。

卫生防病 年内，5次下发传真电报，及时对季节性卫生防病工作进行部署，并多次组织专业人员进行巡回检查督导。完成入伍新兵体格复查、终级鉴定、免疫接种、健康教育、心理测评等工作，新兵健康教育覆盖率100%，体格复查率100%，甲型H1N1流感、流脑、破伤风、乙肝疫苗适宜人群接种率100%，在规定时限内对全区19名终级鉴定身体不合格新兵办理了退兵手续。3次组成检查组，深入部队营区、执勤连队、驻训点，对部队食品卫生安全进行督导检查，集中组织了2000余名饮食服务人员健康检查，对体检合格人员核发了健康证，对营区内实施社会化保障的公共服务单位卫生资质进行集中整顿核查，严格落实卫生许可证制度，全区部队无传染病暴发流行、无集体食物中毒发生。

机构建设 对机关门诊部进行重点帮建，配发了生化分析仪、血球分析仪、牙科综合治疗机等价值10万元的卫生装备。在全区开展了药品安全管理清查活动，集中收缴销毁过期毒麻药品片剂9种9211片，针剂9种1687支。同时，邀请总后、军区药检所专家，到部队巡修卫生装备60余台（件），使卫生装备的完好率始终保持在98%以上。坚持把卫生信息系统应用情况纳入到卫生机构达标考核中，先后10余次组织技术人员深入部队进行系统维护和技术指导，完成卫生信息系统的功能拓展，增加电子病历和病案首页、传染病网络直报、动态收据打印、挂号等功能，全区部队卫生信息系统运行平稳，能够较好地完成日报、月报、年报的数据生成和上报，数据的漏报率、错误率均比上年下降0.5%，日报落实情况、日报数据质量、日报数据时效均排名军区第一。

医疗保健 组织各级医疗单位开展以“学法规、学制度、学典型、强服务”和“全心全意奉献基层、争作华益慰式服务标兵”为主题的医疗作风纪律教育，查找在服务意识、服务态度和服务水平方面存在的差距和不足，制订相应的整改措施，基层官兵服务满意率达90%以上。全年完成各类体检14000余人次，巡回医疗20余批次，邀请专家进行防病和心理专题讲座13场，健康教育近10000人次。对66400部队部分执勤连队卫勤保障情况进行专题调研，对官兵反映的困难问题及时进行梳理，研究制订解决办法。对全区伤病残情况进行了摸底调查，为80名符合条件的复转士兵办理评残手续。深化“两个工程”建设，完成干部体检2000余人次，集中组织130户老干部和20名在职团职干部赴北戴河集体疗养，为7名患癌症老干部核销“康寿基金”24万元。大力开展健康知识宣传，提倡健康生活方式，深入推行“8－1＞8”的工作保健模式，提高广大干部的自我保健能力。

专业训练 全区各级卫生机构开展卫生专业岗位练兵活动，邀请后勤指挥学院、军区总医院、军区疾病预防控制中心，第251、261医院和沈阳军区卫生干部培训中心等单位的9名专家、教授现场指导，在军区组织的基础训练比武竞赛中，取得卫生专业4个项目三金两银一铜的成绩。举办卫生信息管理骨干培训班，培训技术骨干40余人。组织全区17名药剂、检验、放射及B超专业卫生士官的实习复训，完成180名新训卫生员的教学培训任务。

献血工作 协调采供血机构到部队开展“部队献血日”活动，并与军务、作训部门配合，完成年度指导计划的106.2%，其中一次献血量＞200毫升的比例超过80%，卫戍区连续第七次荣获全国无偿献血工作先进部队奖，并代表军队在颁奖大会主会场领奖。

（撰稿：殷宏刚　审核：杨雪峰）

中国人民武装警察部队总医院

医疗工作 门诊701510人次，比上年增长7.3%，其中武警82483人次、地方619027人次。住院29710人次，比上年增长18.3%，其中武警2096人次、地方27614人次。手术12273例，比上年增长6.7%。总收入10.1亿元，比上年增长29.5%，其中对外医疗收入8.7亿元、计价收入1.28亿元、公益补贴0.12亿元。

在全院范围内申报优质护理服务示范工程的基础上，确定24个护理单元作为试点病房，将创优活动分成3个阶段展开，护理部和专业委员会深入现场督查、指导、落实，按阶段组织考核验收，及时进行汇总分析，适时组织阶段总结暨经验交流会。期间，还分别组织了试点病房护士长、护士代表座谈会以及试点病房护士长与院务保障座谈会，举办主题为“用真心服务患者，用专业创造价值”的优秀护士演讲报告会。

科研工作 全年申报课题34项，其中国家自然科学基金17项、北京市自然科学基金17项。武警部队科研立项5项，中标5项，获得经费资助25万元。在研课题160项，结题49项。获奖课题21项，其中国家科技进步二等奖1项，武警科技进步二等奖7项、三等奖6项，军队医疗成果一等奖2项、二等奖5项。全年发表科技论文412篇，SCI收录论文6篇，最高影响因子3.399，平均影响因子2.226。出版著作5部。

医学教育 承担新乡医学院、河北医科大学、安徽医科大学、第二军医大学、第四军医大学、军事医学科学院等院校的研究生培养工作，本年度录取硕士研究生72人、接收进修生135人。获国家级继续医学教育项目2项、北京市继续医学教育项目3项、武警部队继续医学教育项目3项。全年承办大型学术会议26次。

加强护理专业委员会建设，通过长效管理机制，不仅促进了质量建设的全面发展，同时也培养一批专业领域内的护理专家，成为医院护理管理的新亮点。全面推开优质护理服务示范工程，通过深化专业服务内涵，形成了新的服务特色。完善护理部集体查房、助理员跟班作业和护士长夜间巡查制度。开展“一科一专”标准化岗位练兵，组织护士进行专科基础训练。实行护士长一对一跟班学习、护理文职人员院内轮转制度，规范各类护理人员的培养和工作，护理服务水平明显提升。有32家医疗机构来院参观学习，16名护理骨干应邀外出授课。

信息化建设 全年组织和完成军地远程会诊1000例，总例数达到3000例。拓展远程医疗市场，加强军地远程医疗合作，60余家地方县级医院参观本院远程医学工作。年内，为临床科室开发制作专科网站50个，建成包括1800余万篇全文和10万册图书的数字图书馆，新开通因特网接入点40个。通过远程教学点播系统和武警总医院特色资源库系统的建设和维护，医生可在任何一台外网电脑访问特色资源库系统，收看国家及全军优秀教学资源，随时获取武警总医院的特色资源，包括宣传视频、宣传图片、学术文献、专家著作、工具软件等。完成全军远程医学信息网视频会议系统的高清升级（分辨率720P），在门诊楼新建一间12平方米的远程会诊室，建立与山西朔州20家地方医院的高清宽带远程会诊网络，为开展高质量的远程医学业务和拓展远程医学应用提供硬件保障。

后勤管理 部党委围绕开展“建设学习型党委机关”专题教育，结合担负武警部队后勤保障社会化改革试点工作，组织科长以上人员到京内外10余家大医院参观考察，多次下医疗科室调研和征求意见，召开部党委会，就如何转变服务理念提高院务保障能力达成共识，在主动服务、提高质量方面出台一系列措施办法，形成了围绕“3个服务”（服务医疗、服务科室、服务患者），抓好“3个转变”（由管理型机关向服务型机关转变、由被动保障向主动服务转变、由单一性保障向集约性服务转变），实现“3个到位”（服务到位、保障到位、管理到位）。特别是在加强后勤保障社会化方面做了大量工作，充分借鉴其他单位的做法和经验，结合本院后勤保障实际，针对存在的重点和难点，从车辆、饮食、保洁、卫生被服等方面，研究制订了保障办法和措施，进一步推动后勤保障社会化。

（高重阳）

中国人民武装警察部队北京市总队

卫勤保障 着眼遂行多样化任务卫勤应急保障"拉得出，用得上，求得下"的目标，结合俄罗斯地铁爆炸案、青海玉树地震等突发事件应急保障措施，深化理论研究，制订地震抢险、轨道交通事故救援、生化袭击、核辐射防护等课题，围绕卫勤保障组织指挥、力量梯次配置、物资器材储备、伤病员后送渠道等关键环节完善了预案，为遇事争取主动奠定基础。狠抓力量体系建设和卫勤战备工作的落实，支队5～7人卫勤伴随保障组，3家医院10人机动救治组、25人救护所、60（48）人救援队的保障分队四线卫勤保障力量配置到位，战备敏感期齐装满员、全时在位。总队医院长期担负卫勤战备值班任务，通过多次无预先号令的实战实装拉动演练，提高了处置能力。对4个机动支队遂行突发事件卫勤战备器材配置标准进行调研，补充更新4套88件价值近30万元的卫勤战备器材。

卫生防病 始终贯彻预防为主的方针，部队昼夜发病率降为0.4‰，传染病发病率0.5‰，无食物中毒和烈性传染病发生。在思想认识上，把握"三个确保，一个展示"目标的内涵，把卫生防病工作提到重要议事日程，保健康就是保安全稳定、保部队战斗力的理念进一步巩固。在管理形式上，逐步实现了从应急处置到常态管理的转变、从卫生部门孤军奋战到部门联动群管群防的转变、从官兵被动防到主动防的转变。在组织领导上，及时调整疫情防控领导小组、爱国卫生运动委员会、保健领导小组等人员，健全机构，加强组织领导。在宣传教育上，严格落实健康教育制度，开展《军队传染病防治条例》等卫生法规教育，采取专家讲座、印发宣传折页、板报橱窗设置专栏等方法，普及卫生防病知识，官兵自我保健能力明显增强。在日常防护上，以季节性疾病预防为重点，依托文明卫生警营、爱国卫生运动等活动载体，指导基层部队严格落实防控措施。按照年度新训计划，组织体系医院完成新兵复检9850人，终极鉴定退兵37人，为658人建立《士兵健康档案》，按时开展甲型H1N1流感疫苗、流脑、麻疹、白破、乙脑疫苗接种，下发400套《新兵基础健康教育系列光盘》指导新训卫生防疫工作。组织专题调研，对照标准逐项实施清查，医疗有偿服务清理整顿活动深入扎实。指导各级公开选拔259名卫生员，下拨卫训专项经费9万元，定期组织交叉检查，卫生员培训工作组织严密。依据总部关于警种部队纳入内卫部队医疗保障体系整体规划，完成4个警种驻京部队纳入总队医疗保障体系的工作。

医疗服务 以提高官兵满意度为准绳，坚持"面向基层、服务官兵"，围绕满足官兵日益增长的健康需求，开展巡诊治疗到一线、药材保障到一线、知识宣传到一线、技术服务到一线活动，受到广大官兵的好评。狠抓医德医风建设，在卫生体系深入开展"争创优质医疗服务机构、争当先进医疗服务个人"活动，进一步增强为兵服务的积极性。实施基层官兵到体系医院无障碍就诊，提出大病特病人员"先救治、后统筹经费"的原则，进一步畅通就医诊治渠道。各体系医院加大经费投入，惜医惜药现象明显改善，一些高科技的合作医疗技术免费为官兵服务，官兵看病就医得到实惠。建立了健康咨询、就医指南、体检诊断、定期疗养、分类保障等机制，医疗保健工作逐步规范。紧盯"提高上站体检率、保证诊断准确率、实现诊治痊愈率"3个环节，完成4000余名干部年度健康体检。总队投资10万元为团以上干部印制5年份的《干部健康检查簿》，购买发放了《不可忽视的身体369个信号》《从头到脚说健康》等宣传书籍。全年3家体系医院、各卫生队下基层巡诊上百组次，诊治普通疾病近5000人次，发放药品价值20余万元。此外，开展心理咨询下基层活动，全年筛查发现心理疾患17人次，实施紧急心理干预，确保了官兵心理健康。召开总队伤病残鉴定工作电视会议，围绕认清"三个意义"、严把"四道关口"、正确处理"四对关系"深入动员部署，选拔体系医院综合素质过硬的医生成立伤病残鉴定专家库，采取交叉鉴定、集体评审、录像监督、网上公示等方法严密组织实施，伤病残鉴定工作公开透明、顺利完成。会同武警总医院联合启动了"反恐特战队员心理素质选拔标准及预防心理问题方案的研究"，指导十九支队完成了"支队（团）咨询站建设样板"的录像拍摄任务，组织102名基层官兵通过了国家三级心理咨询师资格考试。依据北京市献血工作年度安排，科学计划，合理统筹，严密组织，超额完成义务献血3000人份。

自身建设 按照"践行当代革命军人核心价值观主题教育"的要求，狠抓卫生机构政治思想、人才队伍、素质能力和工作作风建设，卫勤服务保障综合能力明显提高。围绕完成日益繁重的卫勤保障任务，着眼"胜任本职、精通专业、全面发展"的目标，积极拓宽人才培养渠道，通过个人自学、入学培训、代职锻炼、交叉任职和岗位练兵等方式，提高了医疗人才队伍的整体素质。10月，开展卫生科（队）长业务培训，着力研讨解决当前制约卫生工作健康发展的难点棘手问题，解难题、促发展的工作思路得以体现。落实《武警部队基层卫生机构建设和工作标准》，加大经费投入，加强管理力度，提高了基层卫生机构的服务保障能力；按照"院有重点、科有特色"的目标，指导3家体系医院大力加强内涵建设，及时总结总队医院、第二医院争创三甲医院的成功经验，指导第三医院通过了三乙医院的考评验收，体系医院服务保障水平全面提升。

计划生育 依据目标管理责任制，逐级签订本年度人口和计划生育目标管理责任书。3月底，召开人口计生工作三级电视会议，总结工作，表彰先进，部署年度任务。5月，组织"双无"家属生殖健康检查，开展生殖健康知识进警营和计生优质服务活动，赢得官兵好评。7月，采取演讲比赛、知识竞赛、图片展览、网络报道等形式，开展世界人口日宣传活动，取得良好效果。8月，联合北京市人口计生委召开警地共建人口计生工作座谈会，组织官兵参加市计生委的主题宣传活动，警民共建成果进一步深化。11月，依据《"十一五"期间人口计生工作达标考核实施细则》，制订《量化管理实施细则》，建立健全人口计生工作长效管理机制。抽调九大单位计生干部组成联合工作组，对部队"十一五"期间人口计生达标情况进行检查验收，促进基层人口计生工作的有效落实。通过组织春、秋两季孕情普查，全部队没有发生计划外生育问题。总队被北京市评为人口计生工作红旗单位，实现"二十八连冠"。（彭启华）

区县卫生工作

东城区

概况 8月6日，原东城区与原崇文区宣布合并。8月13日，通报新东城区卫生局领导班子成员分工。行政区划调整后，新东城区设街道办事处17个、居委会205个，常住人口91.9万人。区内卫生机构484个，其中医疗机构458个。卫生技术人员（不含诊所、医务室）21529人，其中执业（助理）医师8487人、注册护士8404人。实有床位10106张。每千常住人口拥有卫技人员23.43人、执业（助理）医师9.24人、注册护士9.14人、床位11.00张。

生命统计。出生6130人，出生率6.4‰；死亡6346人，死亡率6.63‰；人口自然增长率-0.23%。死因顺位前五位依次为：恶性肿瘤，心脏病，脑血管病，呼吸系统疾病，内分泌、营养及代谢疾病。人均期望寿命北片84.98岁（男83.15岁、女86.77岁），南片83.70岁（男性81.85岁、女性85.62岁）。

卫生改革 年内，编制完成《东城区“十二五”期间卫生事业发展规划》。结合《北京市深化医药卫生体制改革实施方案》，对全区医药卫生资源进行了调研。草拟了《深化医药卫生体制改革实施方案》等文件，对年内主要卫生工作进行任务分解并督办落实。委托中国中医科学院编制了《“国家中医药发展综合改革试验区”中长期发展规划》。

做好区划调整的相关工作，完成东城区卫生局（东城区动物卫生监督管理办公室）主要职责、内设机构和人员编制规定（三定方案）工作；制订了公共卫生与基层医疗卫生事业单位实施绩效工资方案；完成事业单位岗位设置管理工作。

应急救治能力建设 年初，召开突发公共卫生事件应急指挥部工作会，部署工作任务，完善组织机构。制订突发公共卫生事件应急指挥系统管理制度、应急值守制度、信息报告制度、信息发布和通报制度、应急队伍管理制度、装备储备工作制度、卫生应急反应终止和善后处理等7项管理制度。修订了《东城区突发公共卫生事件应急预案》和《东城区重大动物疫病应急处置预案》。开展了突发公共卫生事件应急处置桌面推演。在市卫生局组织的全市突发事件卫生应急处置演练中得到好评。

年内，对重大动物疫病应急预备队人员进行了业务培训和演练。分别对东城区突发公共卫生事件应急处置和重大动物疫病防控能力进行了分析与评估，通过查找问题，进一步明确了发展方向和工作重点。完成辖区二级及以下医疗卫生机构医务人员4521人的《突发事件应对法》的学习、培训、考核，参考率100%。建立公共卫生应急储备库，做到了物资定项、定类、定量保管，实行24小时值班，专人管理。定时检查，及时补充，保障了应急物资的正常使用。

新建和平里医院、隆福医院两个急救站点。完成永外急救站与市120的交接。对辖区4个急救站进行了检查，使急救站能够更好地提供院前急救服务。

疾病控制 传染病防治。全区甲乙类传染病报告发病率225.93/10万，无聚集发病。加强呼吸道传染病的防控，制订重点呼吸道传染病防治工作规划，开展监测、督导和疫情处理。完成对流动人口、高危人群禽流感常规监测，未发现异常。加强以霍乱、手足口病为主的肠道传染病的防控，开展肠道门诊检查指导，及时发现问题并提出改进意见。加强鼠疫、出血热等自然疫源性疾病的防控，有效处理了国务院新闻办公室出血热疫情。加大艾滋病防控工作力度，继续做好艾滋病哨点监测、以3项工程为主的高危人群干预、大众宣传和培训等工作。继续实施现代结核病控制策略，全区涂阳病人 DOTS 覆盖率 100%。加强学校结核病的预防控制，做好新生儿卡介苗的接种。完成全国第五次结核病流调工作。

计划免疫。全面落实扩大免疫规划的实施方案，免疫接种率保持在 99% 以上。完成 304 个单位外来务工人员流脑 A + C 疫苗 5784 针次、麻疹 5895 针次的接种；加强计划免疫相关疾病流行病学监测，寻访率 100%，未发现迟漏报；完成计划免疫相关疾病的疫情处理，无续发。对 8649 名外来儿童进行强化查漏补种调查，未发现漏管儿童。开展了 8 月龄 ~ 14 岁人群麻疹疫苗强化免疫，共接种 75154 人，无严重异常反应发生。继续加强免疫规划宣传、免疫预防门诊规范化信息化建设等。对辖区免疫门诊、学校、托幼园所督导 430 次。

慢病防治。全区 166 个团队与居民签订《家庭医生健康管理协议书》15 万人，通过向居民发放工作联系卡，并按照健康、未病、已病、重病的全生命周期，针对不同人群实行分类健康管理。全年团队提供基本医疗服务 95.88 万人次，诊疗高血压、糖尿病 13.41 万人次，其中高血压患者管理率 80.39%，规范管理率 31.3%，规范管理率中的控制率 87.58%；糖尿病管理率 80.62%，规范管理率 33.99%。累计建档 89.01 万份。培养家庭保健员 8147 人。

精神卫生。有精神病人 5167 人。精神病防治医生对居住在辖区中小学校周边的在册精神病人进行摸排，发现问题及时解决，并建立了精神卫生工作周报制度。启动中央补助地方重性精神疾病管理治疗项目，并对相关人员进行了专业培训。全区排查出危险性评估 3 级以上的病人 35 人，既往有肇事肇祸史的病人 135 人，新发现病人 304 人，为新发现的病人建立了健康档案。开展了“沟通理解爱心，心理和谐健康”为主题的宣传活动。完成 1232 人精神卫生流行病学调查。对 605 名精神病人进行了免费投药。

学校卫生。北片中小学应体检 66429 人，实检 61520 人，体检率 92.61%。在 10 个监测学校中，视力不良 78.39%；龋齿患病率 25.58%，充填率 24.09%；贫血患病率 0.99%；营养不良：轻度 8.5%，中度 4.69%，重度 0.3%；超重 11.32%，肥胖 21.43%。南片中小学生应体检 31445 人（包括职业高中），体检率 100%。其中患龋率 15.66%，充填率 56.33%；视力不良 75.90%；贫血 0.79%；肥胖 22.28%；超重 12.76%；营养不良 12.57%。针对学生常见病检出情况，在辖区开展防治工作，覆盖率 100%。

职业卫生。北片涉及职业危害的单位 62 个，职工 24742 人，其中接触毒害 3244 人。检出职业禁忌证 1 人，调离 1 人。日常监督 68 户次，监督覆盖率 100%。管辖放射工作单位 66 个，其中医疗卫生机构 60 个、非医用辐射机构 6 个。日常监督 76 户次，监督率 115%。举办放射工作人员放射法律法规和防护知识培训班 2 期。发放放射工作人员证 174 个。尘肺 8 例，1 个晋级病例、1 个职业性皮肤病，对 9 例新病例进行了访视。南片接触毒害物质单位 22 个，职工 5236 人。全年监督 22 户，职工应体检 407 人，实体检 407 人；尘肺确诊 4 例，疑似 1 例；农药中毒 2 例。开展了职业卫生知识巡回展，举办了医疗机构放射工作人员放射防护知识培训班。有放射卫生单位 38 个，监督 44 户，放射人员应体检 264 人，实检 264 人。

健康教育与健康促进。全面启动“做健康北京人，创人民健康管理家园”活动。开展了社区健康管理实验基地建设，永定门外社区卫生服务中心、龙潭社区卫生服务中心、体育馆路社区卫生服务中心、天坛社区卫生服务中心均通过了验收，成为中华医学会健康管理学分会社区健康管理实验基地。开展了以瘦腰行动为主线的“小手拉大手，全家关注腰围”、“区长杯”长跑比赛、工作场所第八套广播体操推广等系列全民健康促进行动。继续扩大健康生活方式行动范围，加强心脑血管病、糖尿病的综合防治，开展了“超重及肥胖综合干预”和“健康膳食推广”试点项目。开展社区卫生诊断，完成 16035 户家庭的入户调查。有 9 家医院被评为健康促进医院，14 家医院被评为无烟医院。

卫生监督　全年完成公共卫生、医疗卫生日常监督 16809 户次，其中餐饮服务 11328 户次，公共场所 2953 户次，二次供水 1215 户次，职业卫生 87 户次，放射卫生 92 户次，传染病、消毒 751 户次，医疗机构 383 户次。卫生行政处罚 170 户次，其中警告 44 户次，罚款 119 户次 141740 元。对区内 42 家一级以上医疗机构的控烟情况进行专项检查 3 次。

完成公共场所量化分级管理，其中旅店、游泳场所完成率 100%，洗浴业完成率 96.3%。向 45 家旅店和 28 家游泳场馆发放了量化分级管理 A 级牌匾。

完成十一届全国人大、政协三次会议、全国劳动模范和先进工作者表彰大会、首都军政座谈会、科博会、中医药文化节、创意点亮北京、首届王府井品牌节等 23 次大型会议（活动）的公共卫生保障工作，完成中央领导北戴河暑期保障。

开展节假日、涉嫌宣称药品功能的消毒产品、学校安全、一次性餐具、食用油、烤鸭油、打击非法行医和非法医疗广告、餐饮服务食品安全、血液透析、人用狂犬疫苗接种门诊、麻疹疫苗强化免疫接种等 19 次专项整治和检查。联合工商、城管、公安等部门不定期地进行联合整治，重点对鼓楼东大街、南锣鼓巷、苏州胡同以及和平里地区进行了综合治理，取缔无证现制现售门店3个，对5家餐饮单位给予了卫生行政处罚。

全年接到投诉举报440件，做到了件件有登记、件件有处理、件件有回复，处理率、满意率100%。

加强重大动物疫病防控和动物卫生监督管理。区防治重大动物疫病指挥部与相关成员单位签订动物防疫工作责任书，开展了辖区兽药经营规范年行动，加强犬狂犬病免疫。年内，动物卫生与畜牧管理三大体系建设工作全面启动。

医疗工作 门诊3310907人次，急诊14.93万人次，留观44143人次。床位1917张，入院27609人次，出院27715人次，床位使用率85.45%，平均住院日20.33天，出入院诊断符合率99.84%，治愈率46.17%，死亡率4.80%。急诊抢救危重病人5466人次，抢救成功率89.8%；病房抢救成功率76.8%。无菌手术感染率0.48%，住院手术12387例。

继续开展医院管理年活动。健全医疗、护理评价指标体系，进一步加强对医疗机构在医院管理、医疗质量、医疗服务等方面的监督检查和考核评价。总结医院管理年工作经验，加强医疗质量安全管理控制，加强核心制度落实，优化医疗服务流程，实现医院管理的持续改进。第六医院代表东城区接受了北京市质量万里行工作的检查。

深化医疗机构量化分级管理，规范医疗机构各项准入工作。对各级各类医疗机构的名称、医务人员资质、基础设施设备条件、技术项目准入、院感控制和医疗废物处置进行了拉网式检查，加强对医疗机构的监管和整顿。规范医疗技术服务行为，严格执行医疗技术服务法规和规范，加强对医疗技术的准入管理。完成妇科内窥镜技术准入工作。

启动医师定期考核工作。年内，修订了《医师定期考核工作实施方案》。针对不同的医疗机构多次开展培训，完成医师定期考核3845人。

加强药械管理，进一步规范大型设备招标采购，推进药品招标网上采购，建立临床药师制度，促进合理用药，落实处方管理办法，制订药品用量动态监测、超常预警制度。进一步加强对医疗机构麻醉和精神药品的监管力度，防止药品流入非法渠道。

护理工作。持续开展以“三基三严”为主要内容的岗位技术练兵。加强临床护理工作和医院感染管理，落实基础护理服务工作规范、常用临床护理技术服务规范等。局属二级医院开展了优质护理服务示范工程专项工作；完成本区“黑护工”排查整治工作及《护理服务机构总体情况调查表》的汇总；参与了东直门社区卫生服务中心基建图纸院感专家的论证；完成医院感染监控网报和督导局属医院院感防控工作；开展东城区口腔专业质量管理与口腔专业护士培训，以及东城区妇产科医师医院感染管理的培训。

10月，区卫生局成立了中医管理科。对和平里医院、区第一人民医院建设中西医结合医院进行了调研，举办了西学中培训班。探索院内中药制剂辖区流通先试先行的思路，拟订了《东城行政区域内中药院内制剂流通初步方案》。以风险小、易应用、社区急需为原则，在区内二级和三级中医医院的院内中药制剂中选择部分品种，对在中医药特色社区卫生服务机构内试行先行流通的可行性进行论证，并遴选出部分制剂品种，初步确定了社区卫生服务机构名单。邀请东直门医院、北京中医医院急诊专家对鼓楼中医医院急诊室进行了审核，医院急诊科于12月15日开诊。

4月19日，国家中医药管理局向东城区颁发了“国家中医药发展综合改革试验区”的牌匾。区政府分别与中国中医科学院、北京中医药大学、市中医局等7家单位签订了战略合作框架协议书。自4月19日地坛中医药养生文化园开园以来，举办了北京中医药文化宣传周、地坛中医药健康文化节、北京首届中医膏方节等活动。5月起，鼓楼中医医院在园区坚持开展中医健康咨询及义诊宣传活动，截至12月底，共接待咨询9000余人次，参观团20个，大型义诊咨询活动9次，健康讲座9场，应诊医务人员290人次(其中专家140人次)，免费发放节气香囊700个、中医养生保健茶1500余人份，发放宣传材料1.1万份。完成“北京市中医健康档案模式研究”的申报并通过了市中医局的审批，完成20个健康之家和10个中医药特色社区的建设。实现了社区卫生机构配备中医执业医师或中医适宜技术培训合格的医师、社区卫生机构提供中医药服务、中医专家社区卫生机构巡诊的3个100%“全覆盖”。组建了中医药科普知识专家宣讲团，开展中医药科普知识进社区、进机关、进学校、进工地、进家庭、进军营的六进活动。全区开展中医药健康讲座400余场，编写了《体质养生健康教育处方》、《冬病夏治穴位敷贴宣传单》等中医养生读本和宣传材料，深受群众欢迎。

血液管理。无偿献血150484人次，其中街头无偿献血147680人次、单位团体无偿献血2804人次。医疗用血71315单位，无偿献血超出辖区医疗用血量的111.0%。定期举办5次大型无偿献血宣传活动，发放各类献血宣传资料15万份，张贴无偿献血宣传画1万余套，悬挂宣传横幅85条。

对口支援。辖区二级以上医院与对口支援单位签订了支援协议。各支援医院发挥自身优势，深入到对口支援单位开展出诊、讲座等活动。

社区卫生 全区完善变更健康档案563499份，其中新建个人健康档案30795份。40个社区卫生服务站开展了中医养生系列、中医药预防甲流、中医颈椎调筋术、中医八段锦等以中医、中西医结合为特色的讲座137场次，覆盖115个社区，12778名居民受益。年内，区家庭医生服务团队还推出了慢病精细化管理服务，纳入精细化管理1.15万人，占全区慢病人群的30%。为1122名60岁以上无社会养老保障的老年人进行免费体检，实现了“一老”的社区首诊。为40名患者提供远程视频会诊服务，热线咨询2658人次。完成王家园社区卫生服务中心报批手续和奠基典礼。40个社区卫生服务站全年门急诊7.8万人次，其中持卡就诊541483人次，免挂号费、诊疗费162.44万元，优惠药费81.53万元。对口支援医院的专家下社区接诊20304人次，会诊320人次，义诊咨询6369人次，开展讲座185场，上转病人1217人次，下转病人1134人次，预约挂号432人次。举办社区业务讲座61次，带教培训1000余人次。

妇幼保健 年内，对辖区从事助产技术服务的医疗机构和人员进行了实地验收和评估，对考核合格的7家机构和263名助产技术服务人员分别颁发了母婴保健技术执业许可证和技术合格证。对区内开展计划生育技术服务的机构定期进行技术指导和检查，对新取证、变更的医务人员从法律法规、基本理论和基本操作三方面进行考核，确保做到持证上岗。对在辖区医院分娩的57例围产儿死亡进行了区级评审，将评审中发现的问题汇总整理，制订了干预措施。

继续做好社区妇幼卫生服务。制订了《孕期追访记录卡》，加强对高危因素的追访，确保孕产妇的孕期安全。完善儿童免费体检及新生儿疾病免费筛查工作规范。为社区各保健科配备了儿童体检仪器及新生儿访视设备。在区妇幼保健院成立了儿童生长发育学校，为社区家庭提供一系列的儿童早教课程及咨询指导。完成3~6岁幼儿体质监测的现场测试。全区妇女免费筛查宫颈癌4827人、乳腺癌4485人，无患病。

儿童保健。全区7岁以下儿童保健覆盖率99.22%，7岁以下儿童系统管理率93.82%。进一步规范儿童智力筛查、先心病筛查和听力筛查，确保筛查工作质量，并对筛查出的问题儿童按照流程及时转诊，做到早发现、早治疗。完成全区托幼园所卫生保健合格证验收换发工作。

计划生育技术管理。全年计划生育手术30271例，手术并发症1例，发生率0.33/万。

科研与教育 完成市、区级科研立项20项。完成东城区科技计划立项的评审，向区科委推荐9个项目，征集辖区各医疗单位中医药科技项目47项，确立国家中医药发展综合改革试验区科研项目8项。10项课题获首都医学发展科研基金资助，资助金额42.9万元。在市级及以上期刊发表论文200余篇。

加强社区卫生服务人员的岗位培训，岗前培训率100%。强化中医服务人员素质教育，确定北京中医药大学东方医院为本区社区中医药医师培训基地，实施社区中医药人员轮训计划。

招聘应届毕业生89人，其中研究生以上学历33人、本科及以下56人。选送优秀学员到三甲医院进修学习，选送业务骨干参加住院医师等各类规范化培训。开展区级继续医学教育认可项目246项，继续医学教育、护理市级认可项目和区级认可项目讲座189讲，47522人次参加。完成继续医学教育管理系统的升级。

精神文明建设 开展职业道德教育，牢固树立“以病人为中心”的理念，全面推行医德档案规范化管理。年内，东城区卫生局获全国结核病流行病学抽样调查（北京地区）优秀组织奖、北京市国民体质监测工作优秀组织奖、北京市无偿献血先进单位、北京市动物防疫工作先进集体等，区卫生局机关等6家单位被评为首都文明单位，隆福医院当选首都文明标兵。

财务管理 年内，调整了委派会计的执行方式；全年固定资产总额76445.16万元。专用基金增加15070.28万元，年末结余20245.99万元。事业收入135835.70万元，支出总额（不含财政补助收入支出额）141642.76万元。

基本建设 在12个建设项目中，竣工项目3个：天坛东里社区卫生服务站、法华寺社区卫生服务站和东花市社区卫生服务中心以购代建项目；正在施工项目3个：东城区妇幼保健院新建、鼓楼中医医院改造和建国门医院改造；办理完成手续项目4个：普仁医院医技综合楼新建、普仁医院分院（东花市社区卫生服务中心）装修改造、原崇文区口腔医院装修改造、东直门社区卫生服务中心新建项目；正在落实前期手续的2个：区六院门诊楼改造、和平里医院中西医结合病房楼建设项目。

（撰稿：蒋 枫 审核：李亚兰）

东城区卫生局领导名单

党委书记 张 明
副 书 记 张家惠
局　　长 李亚兰
副 局 长 张 明 孙振革 徐工学 林 刚
吴礼九 刘清华 林 杉（赴内蒙古挂职）

西城区

概况 8月17日，原西城区卫生局与原宣武区卫生局合并，成立新西城区卫生局。

设街道办事处15个、居委会255个，常住人口124.3万人。有医疗机构589个，其中营利性191个、非营利性398个。卫技人员29015人，其中执业（助理）医师9940人、注册护士12025人。实有床位13819张。平均每千常住人口拥有卫技人员23.34人、执业（助理）医师8.00人、注册护士9.67人、床位11.12张。

生命统计。出生8852人，出生率6.60‰；死亡9442人，死亡率7.04‰；自然增长率－0.44‰。因病死亡8974人，占死亡总数的95.04%。死因顺位前十位依次为：恶性肿瘤，心脏病，脑血管病，呼吸系统疾病，消化系统疾病，内分泌、营养和代谢疾病，损伤和中毒，神经系统疾病，传染病，泌尿、生殖系统疾病。

获奖情况。获北京市社区卫生服务工作绩效考核第一名、北京市家庭保健员培养工作优秀组织奖，被评为北京市老龄工作先进单位、北京市计划生育工作先进集体、北京市献血先进单位，边宝生、安学军、刘劲松、刘文秀、赵玉琴、张显杰被评为北京市优秀献血工作者。

卫生改革 提出了建设“三横四纵两平台”新型医疗卫生服务体系发展格局，即发展健全医疗服务、公共卫生服务和社区卫生服务3个专业系统，统筹、平衡全区卫生资源；在此基础上，努力建设适应西城区区位要求，满足群众需求的特色医疗、康复护理与老年医学、急诊急救和民营医疗服务4个体系；通过建设区域卫生信息化和卫生机构服务2个平台，协调不同所有制、不同隶属关系的各级各类医疗卫生机构，发挥合力。为保证新型医疗卫生服务体系建设实施，制订了“1+9+9”工作实施体系，即“突发公共卫生事件应急预案”和“十二五卫生事业发展规划”、“人才队伍建设规划”、“资源整合与发展规划”、“区域经济与重点人群健康服务规划”等9个规划以及“深化医药卫生体制改革实施方案”、“社区卫生综合配套改革方案”、“康复护理体系建设方案”、“卫生行政许可工作改革实施方案”等9个工作实施方案。医药卫生体制改革有序推进，制订了《西城区卫生系统资源整合与发展工作规划》。完善基本医疗保障制度，开展特困人员医疗救助，已启动2家医院作为特困人员定点医院。减免住院押金和出院即时结算，方便特困人员就医。实施国家基本药物制度，规范药物采购和配送制度，社区常用药品政府集中采购、统一配送、统一结算、零差率销售。规范基层用药和医疗行为，组织开展抗菌药物临床应用专项督导检查。完善分配激励机制，全面落实绩效工资。完成公共卫生与基层医疗卫生事业单位实施绩效工资的前期准备工作，确定7家公共卫生事业单位、14家基层医疗卫生事业单位纳入此次绩效工资实施范围，涉及正式工作人员1956人、退休人员1533人。实施社区卫生综合配套改革，社区卫生工作稳步推进。开展卫生行政审批“一站式”服务试点工作，整合全局行政许可事项，实现行政许可事项统一受理、统一办理、统一送达。探索公立医院改革，选择区属公立医院启动了康复护理病区试点工作，对3家政府举办的中医医疗机构实行中医特色服务年度绩效考核制度，并与财政补偿挂钩。加强公立医院内部管理，开展构建和谐医患关系专项活动，建立第三方调解机制和医疗纠纷处置长效机制，建立以预防为主的医疗监管模式。

社区卫生 行政区划调整后，共运行15个社区卫生服务中心和78个社区卫生服务站，完成9个中心、72个站的标准化建设，6个社区卫生服务站正在建设中。

全年为60岁以上老年人提供“三优先”服务772710人次，免挂号费598814人次，金额29.9万元；家庭病床免费查床931人次；为无社会保障老人免费体检3002人；为65岁以上老人免费进行眼底疾病筛查2212人；管理慢性病患者184297人，其中医保慢性病管理试点7个社区卫生服务中心、50个社区卫生服务站，共签约管理慢性病病人9709人；开展慢性病非药物综合干预，共管理7381人；培养家庭保健员10400人；开展社区与大医院对口支援，22家三级综合或专科医院的专家定期到社区卫生服务机构坐诊，参与巡诊、带教和专题讲座；完善医疗卫生服务共同体工程，利用医疗信息应用整合与共享技术平台实现了北京大学人民医院与社区卫生服务机构之间的双向转诊，通过网络实现疑难重症的会诊；友谊医院、宣武医院、北京大学第一医院、复兴医院、北京大学人民医院、积水潭医院与15个社区卫生服务中心开展了转诊预约工作；在辖区51个功能社区开展健康服务试点；实现了社区中医药服务全覆盖，11个社区卫生服务中心设有中医特色诊区，23个社区卫生服务站被批准为中医慢病示范站。

全年社区门诊1732749人次，社区公共卫生服务370555人次（包括疫苗接种、儿童保健服务、妇女保健服务、牙防普查普治）。

疾病控制 报告法定传染病11144例，发病率681.82/10万。其中甲类传染病3例，均为霍乱；乙类传染病3888例，甲乙类传染病发病率238.06/10万；丙类传染病7253例，发病率443.76/10万。处理手足口病聚集性疫情77起、暴发疫情3起。

性病艾滋病防治。性病发病731例，发病率44.72/10万；HIV/AIDS发病80例，发病率4.89/10万。各医疗机构艾滋病抗体检测336735份，其中确诊阳性167人；各艾滋病自愿咨询检测门诊开展咨询2254人次、检测2194人。

结核病防治。肺结核报告发病649人，DOTS覆盖率100%。新登记肺结核病人252人，其中本市154人、外地98人。医疗机构病人报告率99.77%，转诊率100%，追踪总体到位率92.21%，病人系统管理率99.61%，病人家属筛查率97.03%。

地方病防治。随机抽取、监测600户居民，采集、检测食用盐标本600件，其中合格碘盐579件，非碘盐8件，不合格碘盐13件。碘盐覆盖率98.67%。对4家送餐公司、10个宾馆饭店、22个饭馆及40所小学、幼儿园等重点单位的食堂用盐情况进行了监测，食盐碘含量均合格。

精神卫生。全区在册精神病人6562人，实际在区内居住4418人（人户分离1171人），其中疾病期823人、波动期2人、慢衰期390人、缓解期3203人。免费服药633人，住院治疗827人。精神病发病率0.0017‰，患病率5.43‰。建立家庭病床10张，精神疾病及智力评残2066人，其中一级748人、二级702人、三级358人、四级257人、边缘状态1人。

学校卫生。2009～2010年度，中小学生应体检106595人，实体检99207人，体检率93.07%。其中营养不良率15.61%，肥胖率17.79%，沙眼检出率0.99%，贫血2.68%，视力不良率70.26%，恒牙患龋率27.64%、充填率60.83%。

慢性非传染性疾病防治与管理。以社区卫生服务为载体、健康促进为手段，针对不同人群开展慢病及生活方式干预，在全区各街道设立监测点，共管理高血压795人、高危人群367人，糖尿病1006人、高危人群257人。

计划免疫。全年常规免疫接种129714人次，一类疫苗接种率100%。本市儿童、外来儿童建卡建证率100%。继续加强狂犬病免疫预防门诊工作，全年未发生狂犬病病例。

职业卫生监测与评价。全区有接触毒害物质单位61家，接触职业危害因素职工633人。采集检测样品832件，不合格样品69件，均为噪声、粉尘样品。收到职业病报告25例，其中尘肺23例，职业中毒、农药中毒各1例。对77家用工单位的170余人开展了防治职业病知识培训。

健康教育与健康促进。全年开展健康大课堂1981场，受众79906人次。结合各种卫生日，举办宣传活动30余次。组织人员参加了“争做健康北京人——北京市民健康知识与健康技能竞赛”活动及北京市健康歌曲歌咏大赛。举办了“健康你我同行——2010年北京科技周”健康传播科普活动、西城区社区健康风采大赛等。

卫生监督 全年完成餐饮业、公共场所、生活饮用水、放射（职业）卫生、医疗机构、传染病等日常性卫生监督15830户次，监督覆盖率100%；实施卫生行政处罚35起，罚款35000元，没收违法所得16650元。

公共卫生专项检查。已对3231户餐饮单位完成量化分级，其中A级524户，占总数的16.22%；B级1267户，占39.21%；C级1440户，占44.57%。开展了打击违法添加非食用物质和滥用食品添加剂、餐饮服务食品安全整顿、问题奶粉、“地沟油”、一次性筷子集中治理、中小学校园周边餐饮服务食品安全、学校食堂食品安全、建筑工地食堂食品安全、大排档食品安全等专项整治和检查工作。对428家旅店、28家游泳馆、12家洗浴场所进行了量化分级管理。以西单商业街和金融街为试点，开展了大型商场公共场所卫生监督量化分级管理。完成“城市饮用水性疾病监测网”数据的审核，共审核水质监测数据1680个。开展了地下空间中小旅馆、集中空调通风系统专项监督检查，并对集中空调通风系统进行积尘、细菌、真菌等项目的采样抽检工作。

医疗卫生专项检查。开展了针对发布违法医疗广告、医疗机构建设无烟环境、规范入学和就业体检项目维护乙肝表面抗原携带者入学和就业权利、血液安全、整治非药品冒充药品、打击非法行医等专项整治行动，以及医疗机构血液透析、医疗废弃物、肠道门诊、临床实验室、消毒产品生产企业、麻疹疫苗强化免疫接种和涉嫌宣称药品功能的消毒产品等专项监督检查。

公共卫生投诉举报。全年受理群众投诉举报211件，现场处理率100%，答复率100%。其中食品卫生投诉占受理总数的81%，公共场所卫生、生活饮用水、医政、传染病与消毒投诉占19%。

大型活动卫生保障。完成全国两会、全国劳模表彰会等7次大型活动公共卫生保障任务。

卫生监督人员培训。全年举办各类培训19期，培训2226人次，内容包括《食品安全法》处罚的法律适用、餐饮业中的食品安全管理体系、《职业病防治法》、卫生微生物检验样本的采集和无菌采样技术、食物中毒事故的调查与处理等。

妇幼保健 孕产妇管理8581人，孕产妇系统管理率98.14%；孕产妇死亡1人，孕产妇死亡率8.30/10万；新生儿死亡率2.60‰；婴儿死亡率3.50‰。6个月内母乳喂养率87.87%。0～6岁儿童37477人，儿童保健管理37354人，儿童保健覆盖率99.67%；系统管理35840人，系统管理率95.63%。计划生育手术29700例，手术并发症2例。妇女病普查96555人，患病61776人，患病率63.98%，其中阴道炎3052人、宫颈炎5187人、宫颈癌2人、乳腺癌6人、卵巢癌1人。婚前检查2945人，婚检率8.80%；检出疾病664人，疾病检出率22.55%。

医疗工作 门诊19840921人次，急诊1427769人次，留观278850人次，住院危重症抢救14662人次，急诊抢救111696人次，入院344295人次，出院343459人次，病床使用率90.96%，治愈率54.82%，好转率41.44%，病死率1.44%，出入院诊断符合率99.52%，住院手术161227例。年内，完成各类医疗保障任务137次，出动救护车126车次、救护人员410人次。

医疗质量管理。推进和完善医疗质量控制与持续改进体系的建设。开展临床路径管理，推行医疗质量安全告诫谈话制度，谈话10家机构。将日常监督与专项检查的结果融入到医疗机构不良积分管理当中。完善医疗纠纷处理机制，初步讨论了医疗纠纷处置相关制度的建立。筹备开展构建和谐医患关系的专项活动。

医院感染管理。13家医院应用医院感染监控管理系统进行监测，全年监测住院病例233350例，其中发生医院感染3561例，感染发生率1.53%；感染死亡病例189例，感染病死率5.31%。信息系统的有效利用使医院感染管理更加科学规范、及时高效。对辖区一级及以下医疗机构开展了医院感染管理基础知识讲座。

病历质控。年内，开展了二级医院病历质量评比活动，并纳入2010年西城区“医疗质量万里行”活动中，评选出一等奖3名、二等奖6名、三等奖9名。

护理工作。组织6家医院申报开展争创优质护理服务示范工程活动，2家中医院申报中医护理示范岗活动。在辖区13家二级以上医院启动护理员培训工作，完成培训1205人。完成辖区各级各类医疗机构护龄30年人员的统计上报及颁发荣誉证书、证章工作，共310人。在区属7家医院推进护理不良事件报告，推广使用统一格式的《护士长管理手册》。

对口支援。局属15家医院继续与门头沟区和延庆县开展医疗对口支援，共派出兼职、挂职医务人员120人次，优先、减免费用接收受援单位进修56人，组织义诊专家47人次，捐款、捐药、捐设备总价值94万元，讲授健康教育课62次，咨询、诊治7143人次。接收什邡市进修人员2批。

血液管理。全年街头无偿献血166721人次（200毫升/人次），占全市街头献血量的28%，居全市各区县之首。全区医疗用血157638单位。

麻醉药品、第一类精神药品购用印鉴卡管理。西城区有32家医疗机构持有麻醉药品、第一类精神药品印鉴卡。年内，组织专家对相关机构进行督导检查40余次，未发生麻醉药品丢失现象。

医疗设备。区属医院万元以上设备总价值48847万元。

医学教育 年内，开展了社区10个岗位的取证培训，共培训91人。派3名医师参加由市卫生局组织的区县级医院骨干人员到三级医院进修学习，派5名社区招收的毕业生参加全科医师规范化培训，选派13名基层医疗卫生机构在岗人员进行全科医生转岗培训。全年参加全科医师骨干培训班13人、预防保健骨干培训班6人。社区卫生专业技术人员接受继续教育合格率100%。参加社区卫生岗位培训的社区卫生专业技术人员共391人，取得合格证231人。

科研工作 全年开展地方科技项目50项，涉及经费216.35万元。获得科技奖励2项。发表论著61篇，出版专著9部。

财务管理 全年卫生系统总收入250931万元，其中财政拨款65506万元、医疗卫生财政拨款49151万元；业务收入183207万元，其中预算外收入22554万元。总支出251143万元，其中财政拨款支出65393万元、医疗卫生财政拨款支出49225万元。

基本建设 牛街公共卫生大厦（22705平方米）、家庭健康保健中心（40899平方米）、平安医院第二住院部（2800平方米）、肛肠医院新址（26800平方米）等一批基础设施建设项目顺利开展。7月，宣武中医医院装修改造工程（8787.81平方米）开工建设。11月，立项标准化建设社区卫生服务站6个，建筑总面积2084.89平方米。

精神文明建设 开展了“做文明有礼的北京人”、“颂祖国、学先进、岗位立新功”演讲比赛等主题宣传教育活动。3篇文章入选“百姓爱心故事”并获提名奖。卫生系统34个单位被评为区级文明单位。开展了廉政文化进医院、进社区、进家庭活动。代表首都卫生系统接受了中纪委驻卫生部纪检组对卫生系统推进惩治和预防腐败体系建设工作的检查和西城区党风廉政建设情况的检查。

“十一五”回顾 “十一五”时期，辖区医疗卫生资源不断优化整合，布局更加合理。政府加大卫生投入，医疗卫生机构基础设施得以改进，群众就医环境和医疗卫生条件不断提高，医疗卫生服务能力和效率显著提升。“一个机制、四个体系”的建设不断完善，公共卫生管理效能明显提高。社区卫生服务体系不断健全。截至2010年底，医院开设床位比“十一五”规划初期增加了7.64%，卫生技术人员增加23.35%，每千人口床位数增加1.50%。居民健康状况得到改善。居民平均期望寿命达到83.11岁，孕产妇系统管理率96.93%，7岁以下儿童系统管理率96.71%。全区医疗机构门急诊人次比“十一五”初期增加21.96%。全区社区卫生服务机构药品零差率销售4.59亿元，430余万人次受益，占社区门诊患者的74.2%。实施老年优抚工作，为60岁以上老年人提供“三优先”服务累计75万人次，免挂号费57万元。 （撰稿：张亚兰 审核：刘同利）

西城区卫生局领导名单

工委书记 边宝生
副 书 记 安学军 徐建明 安 梅
局　　长 安学军
副 局 长 陈 新 刘劲松 蒋景春 宋 青 董杰昌

朝阳区

概况 设街道办事处23个、居委会200个、地区办事处20个、行政村155个，常住人口354.5万人。卫生机构1185个，其中营利性机构559个、非营利性机构626个，科研、教学、防疫机构19个，区属卫生机构55个。卫生技术人员32502人，其中执业（助理）医师12723人、注册护士13351人。实有床位15709张。每千常住人口平均拥有卫技人员9.17人、执业（助理）医师3.59人、注册护士3.77人、床位4.43张。

生命统计。出生14251人，出生率7.62‰；死亡11419人，死亡率6.11‰；自然增长率1.51‰。因病死亡11092人，占死亡总数的97.14%。死因前十位依次为：恶性肿瘤，心脏病，脑血管病，呼吸系统疾病，内分泌、营养和代谢性疾病，损伤和中毒，消化系统疾病，神经系统疾病，传染病，泌尿、生殖系统疾病。平均期望寿命80.01岁，其中男性78.25岁、女性81.88岁。

获奖情况。被评为市卫生局日常报表先进单位，被国家中医药管理局评为中医中药中国行优秀组织奖，获市中医局、市中医协会北京地区中医、中西医结合、民族医医疗机构医疗服务信息网工作一等奖。亚运村社区卫生服务中心代表本市参加全国第一届社区健康杯社区医生高血压防治知识大赛，获一等奖。

卫生改革 注重机制建设，保障基层卫生发展。一是建立财政和人事政策保障机制。2007～2010年，区财政对社区卫生机构投入逐年增加，累计投入6.65亿元，年平均增长14%。一次性核定人员编制3756人，新增的1260名正式编制和640名外聘编制全部到位。二是建立全区公共卫生共管机制。“政府领导、卫生主管、部门配合、街乡统筹、网底运行”的工作模式基本形成。三是建立公共卫生职能与社区卫生网底相结合的工作机制，将公共卫生职能全部下沉到社区，形成“五网合一”的工作模式。

实施社区卫生机构运行改革，提升服务能力。实施社区卫生服务机构收支两条线管理和政府购买服务2种管理模式。政府保证投入，使社区卫生服务中心解除了后顾之忧。市区两级财政投入近6亿元，完成37个社区卫生服务中心、204个卫生服务站的标准化建设以及设备的标准化配置。建立急救站点19个、预防接种点65个、狂犬疫苗接种点12个、结核病监化站11个、公共卫生应急工作站5个，基本形成出行15分钟的社区卫生服务圈。

保质保量完成公共卫生项目。一是在全面实施居民健康档案、健康教育、免疫规划、传染病防治、儿童保健、孕产妇保健、老年人保健、慢性病管理、重性精神疾病患者管理等9类国家基本公共卫生服务项目的基础上，做好新增基本公共卫生服务项目。为新生儿免费进行先天性疾病筛查、0~6岁儿童免费体检、在社区卫生服务机构为本市老年人提供优先就诊和出诊服务。二是实施重大公共卫生服务项目。对15岁以下的人群补种乙肝疫苗，完成96例贫困白内障患者的复明手术。完成孕妇艾滋病筛查，实施艾滋病母婴传播阻断10例。完成适龄妇女乳腺癌检查，农村孕产妇住院分娩补助100人。加强传染病监测能力，形成了肠道、发热、艾滋病、肺结核疫情监测网络全覆盖，成为“十一五”国家艾滋病、病毒性肝炎综合防治示范区。实施“镶上牙齿，摘下眼镜，稳定血压，减轻体重”4项健康促进措施。

社区卫生 年内，制订了“十二五”社区卫生发展规划。全区运行237个社区卫生服务机构，其中社区卫生服务中心42个、社区卫生服务站195个。家庭健康档案电子化率76.64%；居民个人健康档案电子化率65.61%；高血压管理136674人，其中规范管理31505人；糖尿病管理56179人，其中规范管理16004人；冠心病管理47150人；脑卒中管理19994人。开展慢病知己工作站点207个，新增建档1375人。新入选1000余名家庭保健员。建立社区卫生服务团队450个，覆盖481个居（村）委会1137620户3386356人。社区卫生服务团队保证“社区健康通”手机24小时畅通。劲松、亚运村、东坝、崔各庄4个卫生服务中心开展24小时应急服务，42个社区卫生服务中心在周一到周五延长门诊时间至20时。39个社区卫生服务中心参与冬病夏治三伏贴工作，服务46625人次。42个社区卫生服务中心为居民提供防暑降温清热饮共56000余人次。启动社区卫生服务“3+1”绩效考核，对42个社区卫生服务中心、13个独立运行的社区站、6个承担预防保健工作的单位进行了考核。

农村卫生 年内，运行4个村卫生室，实行乡村医疗机构管理一体化。乡村医生考核合格85人，享受财政补贴17人，补助标准为每人每年800元。

新型农村合作医疗。年内，人均筹资720元，共筹集资金9503万元，其中大病统筹筹集资金5259万元、基本医疗筹集资金4244万元。参加新农合125209人，参合率99.2%。新增朝阳医院京西院区、英智眼科医院为新农合定点医疗机构。孙河医院、小红门医院率先开展了新农合即时结报。7086人次享受大病统筹报销，住院报付率60.47%，人均住院报销7200元，报销人次、报销金额与上年相比分别增长19%和40%。有146万人次享受到基本医疗报销，支付资金5386万元，占筹资总金额的126%，报销人次和报销金额比上年分别增长56%和9%。

疾病控制 报告甲乙类传染病8422例，发病率288.76/10万。病毒性肝炎919例，发病率31.51/10万；痢疾3992例，发病率136.87/10万；麻疹433例，发病率14.85/10万；无流行性出血热、急性肠道感染及野毒株引起的麻痹病例。

结核病防治。属地肺结核网报1396例（涂阳415例）。登记管理443例，其中肺结核442例、结核性胸膜炎1例。442例肺结核病人（涂阳204人）中，本市114人（涂阳43人）、外地328人（涂阳161人）；初治429人（涂阳192人）、复治13人（涂阳12人）。上年本市新发涂阳肺结核77例中治愈63例，治愈率81.82%。新生儿卡介苗接种22381人，接种率90.88%；监测5050人，成功接种4973人，成功率98.48%。大学生PPD监测18709例，其中强阳性1607例。

性病防治。报告性病2930例，其中淋病430例、尖锐湿疣643例、梅毒1566例、生殖道沙眼衣原体感染166例、生殖器疱疹125例。艾滋病毒感染者410例，其中艾滋病64例。

精神卫生。在册管理重性精神疾病患者11019人，检出率5.95‰。其中有效管理9073人，管理率82.34%；显好7692人，显好率84.78%；参与社会6861人，参与率75.62%；精神分裂症5647人，治疗率71.8%。全年社区新发现并建册管理精神疾病患者910人；享受门诊精神科治疗费用补助1583人，享受精神科住院费用补助163人；社区精神卫生防治网络为社区精神障碍患者提供服务32985人次。区第三医院设病床418张，全年收治精神病人911人次。

学校卫生。学生发育评价分析：身高受检120226人，其中上等30754人，占25.58%；中等85374人，占71.01%；下等4098人，占3.41%。体重受检120193人，其中上等41779人，占34.76%；中等75744人，占63.02%；下等2670人，占2.22%。学生营养评价分析：受检115623人，轻度营养不良17104人，占14.79%；中度营养不良2256人，占1.95%；重度营养不良105人，占0.09%；极重度营养不良 42 人，占 0.04%；超重 15766 人，占 13.64%；肥胖 15631 人，占 13.52%。学生疾病监测：视力受检 121280 人，视力不良 71123 人，占 58.64%；贫血受检 121214 人，贫血患病 2654 人，占 2.19%；龋齿受检 120802 人，龋齿患者 30062 人，患病率 24.89%。

慢性非传染性疾病防治与管理。建立了三级慢性病防治工作网络。开展健康管理师培养，培训社区医生 100 人。举办慢性病防治培训班 6 期，450 余人次参加培训。开展了中央补助地方慢病综合干预控制项目暨卫生部"维持健康体重和血压管理关键技术"社区试行及应用项目。建立了"社区脑卒中预防与适宜技术研究"工作试点和朝阳区健康管理中心及分中心试点。在小学生中开展了慢性病防治教育活动。开展了慢性病及危险因素监测、新发高血压病人监测等。制订《朝阳区慢性病防治工作考核标准》，对社区卫生服务中心（站）进行了考核评估。

计划免疫。0～6 岁常住儿童 129156 人，抽样调查 210 人，五苗全程合格接种率 97.62%，四苗全程及时接种率 96.67%。完成 75353 名外来儿童的强化免疫，12 个重点地区一次性通过了市级评估。对 734 所学校、托幼园所进行儿童预防接种证查验和疫苗补种，查验 56613 人。外来务工人员接种麻疹疫苗 34938 人次、流脑疫苗 34568 人次。

公共卫生监测与评价。年内，有 178 家单位的 3249 人进行了职业健康检查，受检企业 14.1%，职业健康监护率 12.1%。职业病危害因素检测 123 家单位，检测样品 3560 件，其中不合格样品 28 件。完成建设项目职业病危害评价报告 4 份。开展了粉尘与高毒物品危害治理专项行动。现场检测与评价放射防护单位 143 家，检测仪器 196 台，其中状态检测 156 台、验收检测 27 台、复测 13 台。完成建设项目职业病危害评价（放射防护）报告 15 份、控制效果评价 16 份。更换个人剂量计 188 家单位 2787 人次。

健康教育与健康促进。发放宣传品 20 类 98 种 236.4 万份，其中市级宣传材料 44.1 万份、区级自制宣传材料 192.3 万份。健康科普讲师团发展至 396 人，完成健康教育知识讲座 1691 场。完成 11 家创建中的北京市健康促进医院的中期评估及督导。自 2006 年起，共创建北京市健康社区 30 个、北京市健康促进示范村 19 个。继续创建健康促进学校，完成 132 所学校的朝阳区验收，115 所学校通过了北京市健康促进学校的验收。

卫生监督 食品卫生。全区有餐饮服务单位 12725 个，监督检查 32631 户次，合格率 99.74%。处罚 239 户 735934 元。有餐饮经营单位 9252 个，其中 A 级 507 个、B 级 2779 个、C 级 4074 个、D 级 2 个。开展餐饮具、生食水产品、凉拌菜、沙拉、酸奶、乳酸菌饮料、淡水海水鱼虾、碘盐、小麦粉、大米、蘑菇罐头 11 类 584 件的监督抽检。开展朝阳区建筑工地食堂食品安全专项整治及轨道交通工地食品安全专项整治，共出动监督人员 251 人次，监督检查建筑工地食堂 459 户次；培训 119 次，食堂负责人 351 人参加，食堂从业人员 384 人参加。对 46 个工地食堂进行行政处罚，罚款 107000 元。开展中小学校园周边餐饮服务单位食品安全专项整治，共出动监督员 420 人次、162 车次，检查 528 个餐饮单位。对 9 家餐饮具集中消毒单位的消毒餐饮具进行了监督抽样。

传染病与消毒。传染病防治监督检查 5461 户次，其中医疗机构 666 户次、区疾控中心 4 户次、病原微生物实验室 31 户次、采供血机构 31 户次、其他 4729 户次。处罚 13 家医疗机构，罚款 27000 元，没收违法所得 1132 元。消毒产品生产经营单位监督检查 43 户次，其中消毒产品生产企业 25 户次、消毒产品经营单位 17 户次。

公共场所卫生。公共场所监督检查 13777 户次，其中旅店业 2574 户次，文化娱乐场所 395 户次，公共浴池 526 户次，理发店、美容店 8844 户次，游泳场（馆）492 户次，体育场（馆）11 户次，展览馆、博物馆、美术馆、图书馆 15 户次，商场（店）、书店 206 户次，其他 714 户次。处罚 445 户 209774 元。

生活饮用水卫生。监督检查 4045 户次，其中自备水源供水 150 户次、二次供水 3895 户次。处罚 148 户 274950 元。

学校卫生。区内有学校 853 所，其中大学 31 所、职业高中 26 所、中学 103 所、小学 174 所、幼儿园 206 所，国际办学 9 所，打工子弟学校、幼儿园 304 所。全年监督 1706 户次。

医疗卫生专项检查。职业卫生监管单位 508 个，全年监督 339 户次，合格率 92%。有职业卫生技术服务机构 5 家，检查 5 户次，合格率 100%。实施行政处罚 3 起，其中罚款 2 起 22000 元。开展以石材加工、印刷、家具等行业为重点的专项监督执法，共检查石材企业 20 家，家具、印刷企业 150 家。放射卫生监管单位 326 个，监督 348 户次，合格率 89%。实施行政处罚 30 起，其中罚款 7 起 9000 元。

医政执法。医疗机构卫生监督检查 1529 户次，其中一级医院 550 户次、二级医院 63 户次、三级医院 28

户次、其他888户次。处罚各级各类医疗卫生机构38家46户次，罚款73000元，没收违法所得1736元。开展打击非法行医联合执法行动94次，出动执法人员972人次、执法车辆210辆次，取缔非法行医黑诊所417户次，没收药品器械290包，价值6.9万元，罚没53101元。对区内开展临床用血的28家医疗机构和5辆流动采血车进行了血液安全专项检查。

公共卫生投诉举报。全年受理包括卫生监督平台、投诉电话、信访以及政民互动系统举报案件共3545件，其中食品卫生2491件、医政701件、公共场所205件、生活饮用水140件、传染病与消毒8件。

大型活动卫生保障。完成节日及全国两会、世界城市建设国际论坛、第十届世界旅游旅行大会、世界音乐教育大会、武博会、北京国际商务节等33项国内外重大活动卫生保障任务，对全区的游园公园、餐饮单位、饮用水供水单位和公共场所经营单位进行了监督检查。

卫生监督人员培训。全年参加市卫生局、市卫生监督所等上级单位组织的各类培训23次，其中食品卫生类培训1次、医政卫生类培训6次、生活饮用水卫生类培训6次、综合类培训5次。举办内部培训9次，其中全员培训4次。

妇幼保健 孕产妇14105人，建册13999人，建册率99.25%。孕产妇系统管理13994人，系统管理率99.21%。围产儿死亡68人，死亡率4.76‰；产妇死亡2人，孕产妇死亡率14.03/10万。0~6个月母乳喂养率91.72%。24家医院开展出生缺陷监测，监测围产儿37268例，出生缺陷发生675例，发生率18.11‰。建立女工保健三级网，妇女病普查率81.79%。

儿童保健。活产儿14251人，新生儿访视13800人，访视率96.84%。0~6岁在册儿童140222人，儿童保健覆盖率98.38%。系统管理130208人，系统管理率92.86%。大体检132531人，体检率94.53%。管理托幼园所417个，入托儿童67278人。有290个园所发生传染病，发病1881例，以手足口病、水痘为主。传染病暴发215例，全部为手足口病。11545名保教人员体检，体检率99.04%。

计划生育技术管理。开展计划生育技术服务单位97个，专业人员476人。计划生育手术57173例，无并发症。

生殖保健。婚前医学检查2953人，婚检率7.12%。检出疾病164人，疾病检出率5.55%。

医疗工作 全年诊疗25988064人次，其中门诊23625316人次、急诊1984368人次、家庭卫生服务102529人次，急诊观察379609人次。区级医院诊疗7455423人次，其中门诊6644146人次、急诊532283人次、家庭卫生服务60327人次，急诊观察1308人次，住院危重症抢救841人次，急诊抢救成功率98.12%，病房抢救成功率72.18%，住院29365人次，出院29062人次。区级医院病床使用率72.17%，病床周转15.73次，治愈率47.18%，好转率29.74%，病死率2.35%。出入院诊断符合率99.80%，临床与病理诊断符合率94.90%，手术前后诊断符合率99.84%，无菌手术化脓率0，院内感染发生率1.27%。住院手术15678例。

医疗质量万里行。成立质量控制与改进中心11个，重点开展对手术室、血液透析室、重症监护室、新生儿病房、消毒供应室的管理和监督检查。组建由62人组成的专家督查组，对辖区113家除中医类别的一二级医院和综合门诊部进行了实地督导检查。

推进二级医院建设。年内，本区东坝医院、双桥医院按二级医院管理。自12月1日起，在二级以上非营利性医院就诊的药品实行同城同价，药品集中采购由政府统一组织、统一采购平台、统一药品价格。

医师定期考核。年内，对辖区1081个医疗卫生机构中的7728名执业医师进行了定期考核，其中区内考核6532人，合格6531人，合格率99.98%；委托考核1196人，合格1191人，合格率99.58%，不合格的5人为口腔专业。

院内感染管理。年内，开展了医疗废物规范化管理、医院消毒供应中心管理规范等6项行业标准，产房、母婴室、新生儿病房规范管理，手足口病医疗救治和院感防控，朝阳区医院感染管理基础理论系列课等培训，3600余人次参加。督导检查：8家开设儿科门急诊、儿科病房、新生儿病房的二级及以下医疗卫生机构，15家设有血透室的医疗机构，14家医疗卫生机构的重点科室，4家医院及16个社区卫生服务中心的肠道门诊，160余家一级以上医院、社区卫生服务中心的医疗废物管理，63家医疗美容机构。

病历质控。对辖区一二级23家医院推荐的63份病历进行评比，评出综合医院优秀病历9份、专科医院优秀病历3份。组织专家对中医医院及区第二医院开展了针对性病历培训，对区内一二级医院和有病床的社区卫生服务中心及美容医疗机构108家共计163人进行了《病历书写基本规范》的解读及《侵权责任法》相关知识的培训。

中医工作。年内，开展了朝阳区中医现状调查，启动了朝阳中西医结合医院裴玉环基层老中医传承工作室和朝阳区中医医院李书义基层老中医传承工作室的建设。加强垂杨柳医院和朝阳区二院中医科建设，达到了公立综合医院中医科建设标准。

护理工作。开展优质护理服务示范工程，373 人次参加了培训，辖区二级医疗机构的护理管理人员分别到 6 家卫生部和北京市试点医院进行了经验交流和观摩学习，有 12 家医院的 23 个病区开展了优质护理示范工程。举办各类护理培训班 5 次，1300 余人次参加。开展护理教学查房，举办了护理感动服务演讲比赛和护理志愿者进社区活动。对 11 家二级医院、33 家一级医院、10 个社区卫生服务中心开展了护理质量管理督查。对 9 家二级医院、16 家一级医院开展了《护士条例》落实情况的专项检查。

对口支援。年内，向外省区派遣医疗监督、公共卫生和医疗专家 23 人，其中西藏 3 人、新疆 3 人、内蒙古 17 人。协调驻区三级医院免费接收内蒙古、山西省、青海省和本市延庆县受援单位医务人员进修 51 人，免进修费 22.95 万元、房租费 47 万元。为内蒙古乌海市大型活动提供卫生应急保障预案和 4 名专家支援，外派急救专家 3 人，为内蒙古突泉县免费培训 200 人次。派出急诊专家 4 人驻内蒙古兴安盟突泉县中医院 3 个月，开展新手术 6 例，培训 800 余人次。全年捐赠物品折合人民币 173 万元，其中向内蒙古兴安盟突泉县中医医院捐助医疗设备和物品价值 114.96 万元，向西藏堆龙德庆县医院捐赠医疗设备价值 58 万元。

血液管理。全年自愿无偿献血 93772 单位，比上年提高 11.28%。其中街头无偿献血 86253 单位，比上年提高 11.86%；单位团体无偿献血 7519 单位，比上年提高 14.36%。驻区 36 家医疗机构用血 137045 单位，比上年下降 1.66%。市公安医院、朝阳区和平医院、北京天伦不孕不育医院、北京美华医院、北京美联臣医疗美容医院通过了血库验收。完善无偿献血应急志愿者队伍建设，招募志愿者 7000 余人。

区内持有麻醉和精神药品印鉴卡的医疗机构 95 家，其中新办 2 家，26 家医疗机构进行了印鉴卡的变更。对 10 家三级医院、10 家二级医院、47 家一级医院、13 个社区卫生服务中心、4 家其他医疗机构共 84 家涉及毒麻药品的医疗机构进行了实地督导检查。

医疗设备总资产 517096 万元。对辖区医疗机构大型医用设备进行摸底调查，共调查 133 家，其中三级 7 家、二级 12 家、社区 38 家、厂矿一级医院 27 家、民营一级医院 49 家。

全年受理申请医疗事故鉴定 51 例。鉴定为非医疗事故 48 例，医疗事故 3 例（一级甲等医疗事故、医院负次要责任 1 例，一级甲等医疗事故、医院负主要责任 1 例，一级乙等医疗事故、医院负完全责任 1 例）。

医学教育 年内，参加继续医学教育 4010 人，达标 4006 人，其中区属继续医学教育 2121 人，达标 2118 人；年度继续医学教育学分达标率 97.6%。30 个继续教育基地承担区级项目 500 项，培训 63541 人次。举办各种类型培训班 54 期，培训 4125 人次。卫技人员完成继续教育学分 4337 人，占在岗卫技人员总数的 99.4%。全年医学教育经费支出 372 万元。区中医医院承担了 3 个国家 21 名外国留学生的实习。区医学会组织学术讲座 94 场，9960 人次参加。

科研工作 开展科研课题 33 项，其中地方科技项目 20 项、其他科技项目 13 项。二级及以下医疗单位承担科研项目 17 项，其中国家级 5 项、部级 8 项、市级 4 项，批准经费 7297 万元。科研成果获奖 4 项。发表论文 85 篇，其中 SCI 收录 2 篇、中国科技论文与引文数据库（CSPTCD）收集 83 篇。出版著作 12 部。

财务管理 全年收入 222242.41 万元，其中财政拨款 57672.74 万元、行政单位预算外资金收入 5 万元、事业收入 156093.03 万元、经营收入 37.21 万元、其他收入 8434.42 万元。支出 216593.18 万元，其中基本支出和项目支出 216555.97 万元、经营支出 37.21 万元。

“十一五”回顾 “政府主导，属地负责，行业司职，社会参与”的“四位一体”公共卫生工作机制持续强化。财政投入持续增长，5 年间，全区卫生总支出 49.9 亿元，是“十五”时期的 3.85 倍；财政用于卫生事业投入 22.9 亿元，是“十五”时期的 3.81 倍。公共卫生经费每位服务人口达到 35 元。投入近 6 亿元完成社区卫生服务中心（站）的标准化建设和设备配置，投入 6600 余万元完成区精神病院新址改建、传染病后备医院和 85 家医院的传染病用房等建设。充实人员队伍，区疾控中心、妇保中心、精防中心、紧急医疗救援中心率先在全市全部转为全额事业单位，增加全额编制 227 人；区卫生监督所 220 人全部转为公务员管理；政府举办社区卫生服务机构实施收支两条线管理，社区卫生服务中心增编 960 人。形成以 5 家公共卫生单位为龙头、社区卫生服务机构为网底的健康管理链。

投入 4243 万元，扩建东坝、双桥医院病房楼共 10523 平方米。投入 5600 万元改善朝阳区二院和朝阳区中医医院门诊和住院楼条件。通过规划引导，优势互补，发挥功能，民营机构逐步形成点、片、面相结合的布局。

通过“条抓块统、网格管理”，健全公共卫生监督体系，通过卫生监督工作专业化、制度化、标准化建设，实现利用数字化、信息化开展卫生监督执法工作，公共卫生监督体系逐步健全。

公共卫生体系建设创造了许多“朝阳特色”：艾滋病和结核病防控的朝阳特色工作模式，已在全国推广。成为国家“十一五”重大专项“艾滋病、病毒性肝炎等重大传染病综合防治示范区建设研究”全国5个示范区之一。危重孕产妇及高危围产儿救治网络的工作模式为全市首创。精神卫生全程服务工作模式获2010年度国家精神分裂症回归社会杰出贡献奖，医疗紧急救援社区化工作模式为全市首创。获全国社区卫生和中医药特色服务2个示范区称号。3个国家级实验室、9所大学的教学科研基地先后落户朝阳，盖茨基金会等11个国内外科研机构与朝阳区建立了合作关系。（撰稿：姚　雯　审核：杨　桦）

朝阳区卫生局领导名单

党委书记　牟燕东
副 书 记　师　伟　刘元春
局　　长　师　伟
副 局 长　牟燕东　罗　晓　杜连生　陈开红　曹亦农

海淀区

概况　有2个乡、5个镇、22个街道办事处、591个社区居民委员会、84个村民委员会；常住人口328.1万人，其中外省市来京125.6万人；户籍人口219.6万人，其中农业人口9.0万人。有卫生机构914个，其中医疗机构907个，包括非营利性504个、营利性403个。卫生技术人员2.4万人，其中执业医师8880人、执业助理医师401人、注册护士9692人。实有床位9832张。每千常住人口拥有卫技人员7.27人、执业（助理）医师2.83人、护士2.95人、床位3.00张。

生命统计。出生14227人，其中男性7329人、女性6898人，出生率6.53‰；死亡9397人，其中男性5229人、女性4168人，死亡率4.32‰；自然增长率2.21‰。因病死亡9052人，占死亡总数的96.33%。死因顺位前十位疾病依次为：恶性肿瘤，心脏病，脑血管病，呼吸系统疾病，消化系统疾病，损伤和中毒，内分泌、营养和代谢性疾病，神经系统疾病，传染性疾病，泌尿、生殖系统疾病。本区人口期望寿命81.75岁，其中男性80.03岁、女性83.46岁。

获奖情况。年内，被评为政府为百姓办实事先进集体、首都文明单位、疫苗接种优秀单位、结核病防治工作优秀单位、卫生监督执法考核先进集体、北京市免疫规划工作先进集体、健康促进学校工作优秀单位、慢病能力调查工作先进集体、无偿献血工作中做出突出贡献先进单位。在2010全国社区医生糖尿病防治知识大奖赛中获北京赛区城市赛领队第一名，在“争做健康北京人”北京市民健康知识与健康技能竞赛中获优秀组织奖，北京市卫生系统网站评议优秀网站奖，北京市百个优秀防艾创意大赛优秀组织奖，社区慢性病规范管理知识竞赛组织奖。

社区卫生　年内，成立了基层卫生科。完成基层卫生科/社管中心办公地点的搬迁，与新型农村合作医疗管理中心共同组建了海淀区基层卫生办公区。全区设置50个社区卫生服务中心、178个社区卫生服务站，其中政府办社区卫生服务中心29个、社区卫生服务站131个。由政府办的6个社区卫生服务机构实行院办院管的运行模式，其余政府办社区卫生服务机构实行收支两条线管理。区财政补助按编制内实有人员每人每年经费6.7万元，机构公用经费共下拨5000万元。

培养家庭保健员1250人、校园健康使者600余人，在全市率先启动了家庭保健员工作站。建立和完善社区卫生服务团队404支，覆盖所有村（居）委会。年内，共1309名专家参与对口支援社区卫生服务工作；支援社区机构门诊28318人次，双向转诊上转病人6382人次、下转病人2444人次。全区零差率药品采购总额4.797亿元，比上年的3.9亿元增长22.5%。返聘退休医学专家109人，其中高级职称99人。

创新建立了区社管中心、督导巡视组、第三方评价机构和社区卫生服务机构四位一体、条块结合的绩效考核制度。社管中心对重点工作实施专项督导，确保落实到位；成立海淀区社区卫生服务督导巡视组，定期督导；引入第三方评价机制，客观公正评价社区卫生服务机构工作情况；在各社区卫生服务机构推行岗位绩效考核，形成机构领导—科室—个人有序的考核机制。

信息化建设。年内，推广实施了新的社区卫生服务综合管理信息系统。利用物联网技术开展社区慢病患者远程监护试点。正式启动 WeHealth 无线健康监测慢病监护项目，在9个社区卫生服务机构进行高血压健康监护试点。

中医药工作。遴选18个社区卫生服务机构作为第一批中医药特色示范中心（站），完成中医科室风格装饰，统一了标志设置。全面推进“七个一”工程建设：为社区卫生服务中心（站）配发中医诊疗包，为社区医务人员配发社区中医药服务手册，为社区居民配发中医保健手册，培养65名中医养生八段锦师资，建立了健康教育讲师团，打造一批中医药骨干人才，开展了大型社区中医药服务推广展示活动。

人才培养与继续教育。对辖区内各医疗机构6920人进行了继续医学教育学分审核。开展社区卫生岗位理论和技能操作考试，考试平均合格率86.2%，技能操作考试平均合格率93%。

农村卫生　有村级医疗机构60个，覆盖率100%。卫生技术人员466人，其中乡村医生423人。区财政投入228万元，对18个村卫生室进行标准化建设，硬件设施条件大为改善。区财政投入72万元，对18个村卫生室进行标准化设备配备。建立了以四季青和温泉社区卫生服务中心为中心的乡村医生培训基地，301名乡村医生参加了技能培训和技能考试，技能考核一次通过率94%。

新型农村合作医疗。有84970人参加新型农村合作医疗，参合率98.9%。新农合人均筹资标准907元，其中市、区两级财政补助550元，乡镇财政平均出资237元，个人和村集体出资120元。一二级医院住院报销比例由55%提高到60%，三级医院报销比例由50%提高到55%，住院补偿封顶线由7万元提高至18万元，增加了住院分娩报销政策。全年新农合总筹资77068637元，住院资金5268.14万元，其中市、区两级财政补助4248.5万元，个人和村集体出资996.59万元，区民政和残联共资助23.05万元；门诊资金2438.72万元。全年累计住院补偿6540人次，住院基金总支出4689.66万元；门诊补偿207949人次2124.92万元。

疾病控制　全年甲乙类传染病发病6903例，发病率253.51/10万，比上年下降了27.56%。其中痢疾3357例（48.63%）、肺结核1149例（16.64%）、梅毒592例（8.58%）。丙类传染病发病12776例，发病率比上年上升24.28%，其中手足口病6280例（49.15%）、感染性腹泻5772例（45.18%）、流行性腮腺炎358例（2.8%）。突发公共卫生事件1起（O1小川型霍乱病例1例），暴发疫情15起（水痘2起、麻疹4起、流腮1起、手足口病8起），疫情调查处理率100%，及时报告率100%。

性病、艾滋病防治。开展哨点监测，监测6000人。为1650人提供了咨询和HIV免费检测。美沙酮替代门诊为201名吸毒成瘾者提供了替代治疗。对高危人群开展干预38475人。新发艾滋病感染者121例、患者58例，累计报告艾滋病感染者490例、患者151例。全年流调190人，随访364人415人次；CD4检测177人212人次；抗病毒治疗102人。

结核病防控。新登记管理的肺结核病人821人，比上年上升12.5%，占全市肺结核病人的16.9%，居16个区县之首。非结核病防治机构疑似肺结核报告2306人，比上年上升8.6%；综合医疗机构肺结核报告率和转诊率分别是100%和99.2%；高校登记肺结核病人系统管理率100%。为11243名本地新生儿和15121名外地新生儿接种了卡介苗，新生儿卡介苗接种和补种率95.2%。启动第八轮中国全球基金结核病项目，对非户籍人口肺结核患者开展免费服务，全年共为107名纳入社区管理的流动人口结核病患者发放生活补助103406.95元，人均966.42元。

预防接种。设立113家免疫接种门诊，其中AAA级2家、AA级7家、A级28家，85家实现了信息化网络化管理。全年免费接种疫苗1643452人次，接报疑似预防接种反应84例，组织区级专家鉴定会2次，对4例接种疫苗后出现过敏性紫癜的病例进行了区级诊断。

公共卫生监测和预防性健康检查。完成传染病7840件、地方病909件样品的收集和检测。对44家各级各类医疗机构、11家托幼机构进行消毒灭菌监测，共监测1063件。开展食品、公共场所、生活饮用水、职业病危害因素、放射卫生等常规监测，累计监测18311件，完成微生物检验212485项次、理化检验29439项次。对98440名食品、公共场所、化妆品、生活饮用水从业人员进行了健康检查。对385户约1000人开展了居民营养与健康状况监测，对其中的30户进行了总膳食调查研究。开展北京市农村饮用水安全工程水质卫生监测，对5个乡镇及2个地区的208口自备井开展水质监测，水质合格率84.6%，对不合格自备井进行了复检。

慢性非传染性疾病防治与管理。建立全区慢病防控网络，统一了慢病防治标准，全年管理慢病患者17.7万人，其中高血压7.2万人，规范管理3.7万人，规范管理率51%；糖尿病管理2.7万人，规范管理1.3万人，规范管理率48%；冠心病管理2.2万人；脑卒中管理0.9万人。建立个人健康档案210.7万份，其中居民个人健康档案172.3万份（电子健康档案115.1万份）、其他个人健康档案38.4万份。

职业病防治。监测122户次1039件，不合格项目主要包括噪声、粉尘、高温等。开展职业健康检查697人次，查出职业禁忌23人次，可疑职业病25人次。完成建设项目职业病危害评价报告11份。完成放射设备影像质量及防护检测126台次、建设项目评价报告15份。开展个人剂量监测3230人，比上年提高8.9%。接报各类职业病报告16例，均及时进行了访视、审核、反馈与上报。

学校卫生。对8所监测点校6136名学生进行了生长发育和常见病监测。对全区所有学校开展了物质环境检测。开展“健康动动动，快乐十分钟”暨“阳光体育运动”，以及肥胖干预活动。在全区116所小学和30所中学的适龄学生中免费开展浅龋充填，共治疗5280人，充填12652颗牙齿。

地方病防控。开展了碘缺乏病防治项目终期评估。抽取居民使用的食盐进行定量监测，相关指标达到规划要求。开展了对重点单位、学龄前儿童碘缺乏病、孕妇尿碘的监测。对高水氟地区枯水期、丰水期饮用水氟进行监测，监测覆盖率100%。

精神卫生。社区精防人员43人，其中精神科主治医师5人，主治医师8人，临床医学硕士4人，心理学博士1人、硕士1人。审批的免费服药精神病人2195人。区精神卫生防治院为本区精神残疾人康复教学基地，成立了12个社区康复站。精神防治康复经费增加到人均0.8元，审批的免费服药精神病人每人每年享受免费服药费用816元。区精防院与意大利合作，建立了精神病人社区居住之家——玫瑰园，有16名精神残疾人在玫瑰园生活康复；与北京大学第六医院、八里庄社区卫生服务中心、玉渊潭社区卫生服务中心联手建立了海淀区第一家意大利模式的社区精神卫生分中心，为精神病人提供全程精神卫生服务。对重性精神病6000余人进行梳理，重点排查6类重性精神病1843人，排查曾经肇事肇祸精神病人212人，有鉴定2人，被评为三级精神病人206人，拒访508人，新发现915人，死亡89人。通过排查，评估为可能肇事肇祸精神病人10人。

健康教育与健康促进。制订本区健康促进十年行动规划，健全组织机构，开展多项健康促进行动。一是开展健康北京人主题歌曲歌咏大赛，二是开展健康知识与健康技能竞赛，三是推进全民健康生活方式行动，四是开展健康促进学校和健康促进医院的创建，五是开展健康宣传活动。全年创建健康促进学校29所，全区累计165所，占总数的97.63%；启动3家医院的创建，全区达到健康促进医院标准的有11家。

卫生监督　公共卫生专项检查。全区有食品生产经营单位19153个，其中集体食堂1323个、饮食服务业5779个、集体用餐配送单位32个。经常性卫生监督检查23814户次，合格23597户次，累计监督覆盖率100%。审批卫生许可证3820个。食物中毒8起82人，发病率3.74/10万。全区餐饮单位量化分级管理，其中A级387个、B级2985个、C级2105个。执行结案卫生行政处罚189户次，其中警告78起，没收违法所得24起9401.7元，罚款109起344000元。有宾馆饭店960个，经常性监督覆盖率100%。有各类公共场所3740个，其中年内审批开业2066个，经常性监督检查6520户次，监督覆盖率100%。有自备井249个，复验办证监测68户，经常性监测523户次。高层建筑生活饮用水新办证监测131户，复验办证监测481户，经常性监测2707户次。发生生活饮用水污染事故3起。

医疗卫生专项检查。出动监督人员2116人次，检查744个单位，发现违法行为34个单位，均责令改正并进行了处罚。取缔非法行医点380个，罚款160500元。组织各种监督检查2761户次，合格2727户次，合格率98.77%。行政处罚34户次30500元。对辖区医疗机构监督2761户次，其中三级医院9家25户次、二级医院10家17户次、一级医院36家263户次、无级别医疗机构689家2456户次。对16家违反《医疗废物管理条例》的医疗机构进行了处罚，共罚款14500元。全年卫生投诉举报2411起，受理2289起，结案2289起，结案率100%。

大型活动卫生保障。全年完成14项大型活动卫生保障任务，其中驻会保障8次。全年保障8933人次；出动监督员1659人次，监督1560户次，培训从业人员660人次；处罚3户次，罚款6000元；监测349件，合格329件，合格率94.27%；快速检测4414件，合格4384件，合格率99.32%。

卫生监督人员内部培训10次，1300人次参加，涉及食品卫生、公共场所卫生、生活饮用水卫生等法律法规及快速检测等。

爱国卫生　首次将健康社区理念引入农村地区，共申报创建健康社区50个（含农村地区社区10个）、健康促进示范村6个和卫生村5个，全部纳入区政府为民办实事项目。累计创建健康社区221个，占全区社区的44.4%；创建健康促进示范村25个，占全区行政村的29.8%；创建卫生村47个，占全区行政村的56%。

截至年底，累计改造户厕14453座，实现农村户厕全部无害化。大力推进农村健康大课堂百场讲座活动。开展城市清洁日活动12次，1.46万人次参加。清理蚊蝇孳生地134处、垃圾247吨，清理污水沟及公厕环境78处。建立2.3万个固定鼠站，发放鼠药11.4吨、粘鼠板2.5万张。进行统一投药和喷洒消杀灭蚊蝇活动3次。建立居民家庭蟑螂密度监测机制，全年对22个街道的44个社区4400户居民家庭进行了检测。发放家庭灭蟑药品套餐10.4万套，并对126个单位的灭蟑情况进行了抽查督导。

妇幼保健 孕产妇系统管理率97.29%，0～6岁儿童系统管理率92.49%，节育手术并发症发生率1.44/万，新生儿疾病筛查率99.8%，高危儿智力监测覆盖率93.75%，0～6岁儿童听力筛查率85.9%。为204名符合条件住院分娩的农村孕产妇补贴122400元，免费发放叶酸781人。无孕产妇死亡，婴儿死亡率3.3‰，5岁以下儿童死亡率3.8‰。完成3年1次的助产机构及人员考核评估和重新审批。对辖区17家助产机构进行现场考核评估，11家成绩优秀。截至年底，区内有资质开展助产技术服务的医疗机构17家，助产技术人员581人；有资质的计划生育技术服务医疗机构74家，计划生育技术人员555人。完善危重孕产妇、围产儿转诊、抢救绿色通道，区财政设立危重症孕产妇抢救补贴专项经费40万元。17家助产机构共抢救危重孕产妇197例，有122名危重孕产妇转入北京大学第三医院住院治疗，392名高危孕妇转入北京大学第三医院门诊进行孕期系统管理。

开展出生缺陷三级预防。一是做好婚前保健服务管理，共对5502人进行婚前医学检查，婚检率10.22%，其中3851人享受免费婚检，区财政共投入510705.68元。二是做好孕期生殖保健宣传。三是加强出生缺陷监测管理，进一步提高产前筛查和产前诊断技术水平。四是开展新生儿疾病筛查，区内17家产科医院开展了免费为新生儿进行先天性疾病筛查工作，使有先天性残疾的儿童得到早期诊断和治疗。五是继续推进预防艾滋病母婴传播，为婚前保健人群和孕产妇进行艾滋病免费检测4154人。

0～6岁儿童免费体检111179人次，新生儿免费听力筛查17971人次。北京市幼儿体质测试海淀点的测试工作，完成700名3～6岁儿童的体质测试任务。

医疗工作 门诊1782万人次，急诊116万人次，急诊抢救14426人次，其中抢救成功14020人次。入院240343人次，出院240675人次，病床使用率84.94%，治愈率63.29%，好转率33.31%，病死率1.37%，出入院诊断符合率98.78%。住院手术88400例。

全年办理行政许可相关事项1126项。设置批准55项，执业登记49项，校验780项；变更166项，注销78项，停业8项，现场勘验210余次。处理医疗纠纷30余起，答复信访16件。完成医师变更执业注册883人次，首次注册331人次。全区1000余人报名参加执业医师资格考试，387人获得医师执业证书。

医疗质量管理。落实本年度医疗质量万里行活动方案，以病人为中心，提高医疗服务质量，开展各项质量管理活动。成立海淀区医疗质量管理委员会，对辖区医疗机构的医疗质量控制和改进工作进行指导。对开展健康体检的医疗机构进行统计备案，制作统一备案程序，受理了19家医疗机构的备案申请材料。8月，进行现场审核，对开展健康体检情况进行了摸底及质量控制。

药械管理。对辖区医疗机构执业医师约160人进行了麻醉药品处方权的培训。完成医疗机构过期麻醉药品、精神药品销毁的统计上报。

血液管理。全年无偿献血80077单位，其中街头献血67221单位，比上年增长13.37%；团体无偿献血12856单位，是市献血办下达的需求数的145%，其中全血10502单位、成分血2354单位；无偿献血率达到100%。开展了临床用血工作专项督导检查，从检查结果看，整体情况良好。开展对辖区医疗机构血液透析专项监督检查，重点检查了医疗机构血液透析室（中心）的规章制度、人员、分区、消毒隔离、透析用水管理、血液透析器的复用管理等。

科研工作 开展高校社区卫生服务机构管理体制和运行机制的研究，完成18所高校社区卫生服务中心的现场调查和报告撰写。与宣武医院合作，开展国家“十一五”科技支撑重点项目——基层医疗卫生机构基本药物使用监测的分析研究。

精神文明建设 年内，以“保障人民健康安全，服务奉献核心区建设”为主要内容，开展“做文明有礼的北京人”活动，组织了优质服务年活动。举办了创新管理思维高级研修班、入职人员轮岗教育培训班，“岗位练兵、服务民生”职业技能大赛。制订了《党风廉政建设任务分解表》，重点将廉政风险防范管理工作向处级和科级决策环节延伸，向基层每个拥有公共权力的部门和岗位延伸，实现全覆盖的目标。以构建“勤政、务实、便民、高效”的机关为目标，开展了机关作风建设年活动。开展“民营医院惠百姓”活动，引导民营医院诚信经营，健康发展。

医学教育 区内有继续教育基地15个，继续护理学教育基地11个。开展区级继续教育学分认可项目352项、其他类型继续教育培训33次，共培训3000余人次。对7200余名卫生技术人员进行了学分审核，达标率95%。培训全科医生、社区护士380人次。开展市级继续教育项目49讲，3000余人次参加。

财务管理 财政拨款4420.47万元，预算外资金收入49.14万元，非本级财政拨款103.50万元，全年收入4573.10万元，医疗卫生支出4662.10万元，支出5066.81万元（以上数字不含公共委部分）。

“十一五”回顾 居民健康水平逐步提高。人均期望寿命较“十五”末期增长1.91岁，高出本市0.94岁。卫生资源总量不断丰富。全区卫生机构较“十五”末期增加5%，卫生人员增加89.5%，卫生技术人员增长46.7%，执业（助理）医师、注册护士分别增加27.2%和68.9%，编制床位增长25.9%。全区公共卫生机构基本齐备，有疾控中心、妇幼保健院、精神卫生防治院、医学救援中心、卫生监督所等专业公共卫生机构各1个，卫生监督派出机构增加到13个。覆盖城乡的医疗服务体系逐步完善。以非营利性医疗机构为主体、营利性医疗机构为补充，公立医疗机构为主导、非公立医疗机构共同发展的办医格局基本形成。以社区卫生服务中心、社区卫生服务站、村卫生室为基础的城乡医疗卫生服务体系快速发展。城市医院与基层医疗卫生服务机构的分工协作机制初步建立。健全突发公共卫生事件应急机制，完善疾病预防控制体系、卫生监督执法体系、医疗救治体系以及公共卫生信息网络体系等“一个机制、四个体系”，完善了妇幼保健、精神病防治、结核病防治、健康教育等专业公共卫生服务体系，公共卫生服务格局走向成熟。覆盖城乡的多元化基层医疗卫生服务体系基本形成。实现了基层医疗卫生机构的全覆盖，居民可在家门口享受到基本医疗服务。基本公共卫生服务项目覆盖城乡居民，公共卫生服务能力明显提高，主要传染病及慢性病得到有效控制，城乡间公共卫生服务基本实现均等化，新型农村合作医疗保障水平进一步提升。卫生应急与保障能力显著增强。突发公共卫生事件应急机制逐步健全，成立了海淀区突发公共卫生事件应急指挥部，建立了应急指挥系统、专家委员会和专业技术队伍，有效应对了手足口病疫情、三聚氰胺污染奶粉事件、甲型H1N1流感等多起突发公共卫生事件。中医事业发展开创新局面。海淀区中医医疗机构达到167家，占全区医疗机构的17.5%，中医卫生人员1421人，年诊疗4985511人次。2007年，成为北京市中医药特色社区卫生服务示范区，并完成全国中医药特色社区卫生服务示范区专家组的复核评估。

存在的主要问题：①“大卫生”格局尚未有效形成。医疗机构属地化全行业管理难度大，突发公共卫生事件处理需要建立协调机制，动员全社会参与；海淀区行政管理体制有待进一步深化。②医疗卫生发展不均衡。医疗资源配置、利用不均衡；社会办医疗机构不能满足本区居民多层次、多样化的医疗需求，尤其是高端需求、特需需求。③卫生发展模式亟待转变。“以疾病为中心”的医学模式尚未完全改变；新的健康和卫生发展理念要求医疗卫生发展方向和模式进行根本性转变，从“以疾病为中心”转变到“以健康为中心”。④卫生信息化水平不高。卫生信息化发展滞后，不能满足卫生服务模式转变的需求；技术标准不统一，信息化管理系统很难整合；数据共享困难。

（撰稿：张　炜　审核：张　寰）

海淀区卫生局领导名单

党组书记　张希俊
局　　长　潘苏彦
副 局 长　黄春明　刘永泉　王艳萍　杨军昌
程　薇（挂职）

丰台区

概况 有16个街道办事处、271个居委会、5个乡镇、68个村委会，常住人口211.2万人。有卫生机构482个，其中医疗机构478个（营利性126个、非营利性352个），其他卫生机构4个。卫技人员12658人，其中执业（助理）医师4823人、注册护士5150人。实有床位7876张。全区平均每千常住人口拥有卫技人员5.99人、执业（助理）医师2.28人、注册护士2.44人、床位3.73张。

生命统计。出生6298人，出生率5.96‰；死亡6999人，死亡率6.62‰；人口自然增长率-0.66‰。死因顺位前十位依次为：恶性肿瘤，心脏病，脑血管病，呼吸系统疾病，内分泌、营养和代谢性疾病，消化系统疾病，损伤和中毒，泌尿、生殖系统疾病，神经系统疾病，传染病与寄生虫病。

获奖情况。年内，被评为全国中医药特色社区卫生服务示范区，首都文明单位，北京市五四红旗团委，北京市医疗机构监督管理先进单位，北京市免疫规划工作先进集体，北京市无偿献血先进单位，北京市人口和计划生育工作先进集体，北京市敬老爱老为老服务先进单位，北京市安全保卫工作集体三等功，北京市卫生统计工作先进单位二等奖，北京地区中医、中西医结合、民族医医疗机构医疗服务信息网工作三等奖，北京市病历质量评比区县组织奖。

卫生改革 制订了《2010—2011 年深化医药卫生体制改革工作实施方案》和《深化医药卫生体制改革 2010 年主要工作任务》，完成 57 项重点任务，完成率 100%。完善 8 家二级以上综合医院的儿科设置，在 5 家区属医院推行双休日和节假日门诊，在 12 家二级以上医院推行临床检验结果互认；初步确定区内急救分中心和 11 个急救站的人员编制。在 14 个公立基层医疗卫生机构实行基本药物制度，在 9 个非公立基层医疗卫生机构推行基本药物制度。23 个社区卫生服务中心全部提供 24 小时医疗应急处置服务，提供全天候健康咨询服务；落实市政府确定的 42 项基本公共卫生服务项目和 11 项重大公共卫生服务项目；基本公共卫生服务项目全部免费向城乡居民提供；实施健康促进战略，开展健康知识普及行动、合理膳食行动等 9 项健康促进行动。

社区卫生 有社区卫生服务中心 23 个、社区卫生服务站 131 个；社区卫生工作人员 2710 人，其中全科医生、社区护士和防保医师分别为 467 人、621 人和 147 人，分别占社区卫生服务工作人员总数的 17.23%、22.92% 和 5.42%。社区卫生服务机构全年门诊 369 万人次，比上年增长 15.31%；医疗总收入 1.69 亿元，比上年增长 9%。社区卫生服务机构和农村卫生所共销售零差率药品 3.33 亿元，占全部药品金额的 56%。为老年人提供“三优先”服务 665680 人次；免收挂号费服务 872715 人次，减免 436357.50 元；为无社会养老保障老年人 10317 人提供免费体检，减免 1031430 元。

全年发放健康教育宣传材料 60.18 万份、健康处方 39.68 万份，开展健康教育讲座 1652 次 6.9 万人次，健康咨询 19.72 万人次。开展手足口病防控知识健康教育 83 场，访视手足口病患儿 5000 余例，向社区居民发放宣传材料 12.4 万份。投资 37.9 万元，印制以宣传家庭医生服务理念和服务内容、服务形式为主题的《致社区居民一封信》50 万份，家庭医生联系卡 9.3 万份，家庭医生式服务协议书 10 万份，增设家庭医生式服务公示栏 127 块。

年内，选派专家支援社区卫生服务中心 1024 人次，门诊诊治患者 73127 人次，疑难病会诊 1051 人次，带教 567 人次，开展健康大课堂讲座 114 场次。

卢沟桥国医、二七北社区卫生服务中心被列入本市第二批大型医院与基层医疗机构转诊预约试点单位，与北京世纪坛医院建立了预约转诊关系。大红门、新村社区卫生服务中心等单位作为北京市社区中医药特色诊区成为建设单位。

7 月 1 日起，23 个社区卫生服务中心全部延长门诊工作时间至 20 时，在延长的门诊时间内至少提供全科医疗、药房、化验等诊疗服务项目；卢沟桥等 7 个社区卫生服务中心提供 24 小时医疗应急处置服务。7～12 月，在延长的门诊服务时间内共投入工作人员 21190 人次，诊治门诊病人 51440 人次，免费测量血压 10484 人次。

8 月 21～22 日，与中国中医科学院广安门医院、中国全科医学杂志社共同举办了第一届全国社区心理健康促进工作高峰论坛。

农村卫生 注册乡村医生 380 人，其中 334 名在岗乡村医生全部参加了岗位培训，219 人参加了理论考试，324 人参加了技能考核。

新型农村合作医疗。参合 128355 人，参合率 97.8%。筹资 6674.46 万元。报销补偿 131261 人次，支出 8215.18 万元，其中住院（含特病）补偿 10059 人次 5504.67 万元、门诊补偿 121202 人次 2710.51 万元。

疾病控制 全区报告传染病 25 种 23133 例，发病率 1327.10/10 万，比上年上升 5.73%；报告死亡 37 例，报告死亡率 2.12/10 万，比上年下降 14.84%。甲乙类传染病 18 种 6547 例，发病率 375.59/10 万，比上年下降 19.25%；死亡 36 例，死亡率 2.07/10 万，比上年下降 12.66%；丙类传染病 7 种 16586 例，发病率 951.51/10 万，比上年上升 20.43%。4 月 1 日～10 月 31 日，17 个肠道门诊共开诊 214 天；自 11 月 1 日起，保留东方医院和电力医院继续监测，门诊 18961 人次，比上年提高 3.44%。

结核病防治。新登记管理肺结核 300 例，其中菌阳 97 例，占 32.3%；本区户籍 101 例（33.7%），外区 11 例（3.7%），外地 188 例（62.7%）。本区新登记患者全部免费监化治疗和管理。新生儿接种卡介苗 12119 人。

性病防治。全区报告 HIV/AIDS 234 例。5 种性病 1183 例，其中梅毒 472 例、淋病 213 例、尖锐湿疣 365 例、生殖器疱疹 38 例、生殖道沙眼衣原体感染 95 例。艾滋病流调 317 次。完成高危人群 773 例的性病检查，查出性传播疾病47例。

狂犬病管理。无本地狂犬病病例。报告输入病例6例，均为河北来京就诊病例。人狂犬病免疫预防门诊7家，狂犬病疫苗接种17390人次，比上年降低15.21%。

手足口病防控。报告手足口病7217例，发病率414.03/10万，占丙类传染病总数的43.51%，死亡1例。患儿以1~4岁为主，占82.33%；散居儿童、托幼儿童及学生7151例，占99%。完成全区医疗机构及190个托幼园所工作人员手足口病防控知识的培训，对发病居前六位的街乡开展防控工作督导检查，向非法幼儿园免费发放含氯消毒液79桶、健康宣传品10万份。

地方病防治。对长辛店中心小学200名8~10岁儿童进行甲状腺触诊和尿碘水平监测，其中甲状腺肿大3人，肿大率1.5%；尿碘检查422人，尿碘中位数147.75μg/L。孕妇与育龄妇女尿碘监测425人份，其中孕妇279份，尿碘中位数180.25μg/L；育龄妇女146份，尿碘中位数169.5μg/L。居民碘盐监测288户，非碘盐率4.51%，碘盐覆盖率95.49%，碘盐合格率95.64%，居民合格碘盐食用率91.32%。对38名养殖行业从业人员进行血清布氏杆菌抗体检测，无阳性病例，发生布氏杆菌病4例。

精神卫生。精神病人3577人，患病率3.77‰，四期管理率96.7%，为337名贫困精神病人免费投药23500瓶，配合公安机关强制住院治疗134人次。

学校卫生。对10所监测点校6257名学生体检，其中营养不良23.59%、肥胖14.85%、视力不良67.67%、沙眼0.56%、贫血0.32%。检出龋牙、失牙、补牙共6374颗，龋均1.2。完成90所学校课桌、课椅分配符合率的抽查，课桌椅配套符合率≥80% 15所，占16.7%；50%~80% 35所，占38.9%；20%~50% 21所，占23.3%；20%以下19所，占21.1%。在中小学校开展新版眼保健操评比活动，发放了《我的爱眼日记》、口腔健康教育光盘。加强对学校物质环境的监测和管理，培训督导学校对课桌椅配套的管理。

慢性非传染性疾病管理。管理高血压11.4万人，其中规范管理6.7万人，规范管理率58.8%；管理糖尿病4.65万人，其中规范管理3.4万人，规范管理率73.12%；冠心病规范管理4.06万人，脑卒中规范管理1.87万人。上传电子健康档案54万份。6月30日，召开了丰台区“快乐生活俱乐部”慢病管理新模式成果推广会。9月，澳大利亚莫纳什大学心理学、社会学教授等专家到西罗园及方庄社区卫生服务中心对如何推进快乐生活俱乐部健康管理工作进行了交流。

计划免疫。抽查连续居住半年以上儿童210人，建卡率100%，建证率100%，卡证符合率100%，五苗全程合格接种率93.3%。完成基础免疫接种408274人次、加强免疫接种189095人次。本市户籍和外省户籍基础免疫与加强免疫接种率均99%以上。

公共卫生监测与评价。接触职业病危害因素单位203个，职工39578人，其中接触职业病危害因素6489人。对5家单位委托的9个项目开展了职业病危害评价。完成33家单位的职业病危害因素检测，累计采集作业点333个、样品1958件，超标点数31点，超标率9.31%。对108家单位3802人进行职业健康检查，检出职业禁忌证180人、疑似职业病7人，需要有职业健康检查资质机构复查148人，需要到医疗机构复查以确认其是否患有目标疾病139人，其他异常1431人，总异常1921人，总异常率50.53%。有放射工作单位110家，其中医用诊断X射线应用单位101家（X射线机211台）、工业探伤9家（探伤设备21台）；放射工作人员733人，其中医疗卫生机构651人、工业探伤82人。全年检测医用X射线机34家57台，放射工作人员个人剂量监测4次，完成监测440户次2278人次，完成2家单位共2人的大剂量核查。

健康教育与健康促进。年内，开展了手足口病预防、麻疹强化免疫、流感预防等重点传染病的健康教育宣传工作，开展丰台区第二届社区健康风采大赛、丰台区“健康北京人”健康知识及健康技能大赛、丰台区“健康北京人”健康歌曲大家唱、健康促进沙龙、血糖免费筛查、脑卒中早期筛查等多项惠民工程。创建健康社区149个、健康促进示范村40个、健康促进学校68个、健康促进医院11个、健康促进工作场所2个。

卫生监督　有各类餐饮服务单位5757个，其中餐饮业4500个、集体食堂1234个、集体用餐配送单位23个。餐饮业监督检查8977户次，合格率99.08%；集体食堂监督检查2358户次，合格率99.55%；集体用餐配送单位监督检查140户次，合格率98.54%。应参加餐饮单位卫生量化分级管理评定3187户，完成2992户，占93.88%，其中A级128户，占4.28%；B级1209户，占40.41%；C级1655户，占55.31%。

公共场所卫生。有公共场所3834家，监督4483户次，监督覆盖率92.43%，合格率98.7%。完成辖区100%的旅店业、80%以上洗浴场所的卫生监督量化分级。对38家游泳场馆进行日常监督并量化分级，已量化36家，占94.74%，其中A级5家、B级10

家、C级4家、不予评级17家。完成21家单位的空调验收。

饮用水卫生。完成719户次有证监督；对50家无证供水单位的58套设施进行监督检查，其中36套转为有证。对11家生产销售企业的349台水机进行了备案。

医疗卫生专项检查。取缔“黑诊所”241户次，出动507人次、执法车辆137台次，没收药品112箱、医疗器械16件，立案查处3起罚款9000元；联合执法33次；受理群众举报179件；印发《打非协办单》241份。对15家医院、3辆采血车进行临床用血专项检查，覆盖率100%，临床用血安全情况较好。对191户次医疗机构进行医疗废物监督检查，出动执法车辆150余台次、执法人员400余人次。

公共卫生投诉举报。受理电话投诉1072件，接待来访10余人，来信20余封，受理投诉案件230件，办结率95%。

大型活动卫生保障。完成全国两会、中国民营企业总部发展论坛、第八届北京市民族传统体育运动会、第十八届北京种子大会等9项大型活动的食品安全保障任务。

卫生监督人员培训。开展规范行政许可行为、提高监督执法能力等方面的培训17次1921人次。

妇幼保健 本区户籍活产6298人，孕产妇6235人，孕产妇系统管理率99.73%，高危妊娠管理率100%，住院分娩率100%，本区户籍孕产妇死亡2例，死亡率31.76/10万。围产儿死亡14例，死亡率2.22‰。全区产科产妇11900人，剖宫产率49.35%。活产11968人。

儿童保健。新生儿6298人，访视7924人（含代访），管理率99.43%。听力筛查率98.35%，母乳喂养率95.00%，高危儿合格管理率99.51%，疾病筛查率99.21%，婴儿死亡率3.18‰。管理0~6岁户籍儿童49430人，系统管理率97.24%。0~6个月母乳喂养率94.05%。监测围产儿12013例，出生缺陷儿195例，出生缺陷发生率162.3/万，出生缺陷前三位为：多指（趾）、外耳畸形、先天性心脏病。

计划生育。全年节育手术25303例，并发症1例，并发症发生率0.4/万。婚前检查及孕前检查2537对，婚孕检率21.72%；检出疾病824人，检出率17.10%。

妇女保健。妇女病普查21017人，普查率93.65%，患病率79.63%。

医疗工作 门诊7845287人次，急诊933140人次，留观382121人次，危重症抢救（门诊、病房）5469人次，入院119139人次，出院118716人次，病床使用率82.58%，治愈率50.97%，好转率43.67%，死亡率2.95%，出入院诊断符合率99.77%。住院手术37273例。

院内感染管理。成立了丰台区医院感染管理质量控制工作领导小组，对院感办主任及院感工作负责人进行了法律法规、医院感染管理规范和标准、专业技术知识的培训，并将医院感染管理纳入年终医疗质量评估。完成对区内62家一级以上医院重点科室院感的监督检查，调查并处理了丰台医院院感事件。完成区内400余家医疗机构的医疗废物管理工作的监督检查。

病历质控。组织区内一二级医院进行优秀病历质量评比活动，完成23家一二级医院68份病历质量评比，铁营医院和七三一医院的抽选病历被评为2009年北京市优秀病历。

护理工作。4家三级医院、8家二级医院和3家一级医院参加了优质护理服务示范工程的创建，一二级医院12个病区参与争创优质护理服务示范工程。对3家医疗机构进行现场督查，完成140余人的护理员培训，约120人取得《北京市职业技能培训合格证书》。

对口支援。8家二三级医院的88名医务人员参加对口支援，为农民义诊252人次，健康咨询556人次，发放宣传材料10484份。捐赠书籍、药品、器械价值33240元。为特困家庭送去爱心捐款2600元。

血液管理。组织全区210家单位献血110场次，完成应急献血4315单位，比上年增长19%。4个街头献血点累计献血50541单位。临床用血22585单位，其中全血146单位；成分输血22439单位，成分输血率99%。自体输血2506单位，自体输血率11%。对19家医疗机构临床用血工作进行督导检查，全部达标。

完成麻醉药品、第一类精神药品购用印鉴卡许可43项，医师麻醉药品处方权资格备案1335人。

全区万元以上医疗设备总资产132113万元，门诊部以上医疗机构新增万元以上设备977台。

医学教育 全区继续医学教育区级认可项目在14个继续医学教育基地举办，区级认可项目中医疗部分246项、护理部分173项，医院自管项目637项。11629名卫生技术人员中有11149人参加继续医学教育培训，达标10844人，参加率95.87%，达标率97.3%。65名农村卫技人员到二级医院及社区卫生服务中心参加临床轮训学习，334名乡村医生完成60学时的理论学习和15学时的实践技能培训。完成65名全科医师及143名社区护士理论和技能操作培训，考试平均通过率85%。

科研工作 获科研立项171项，资助资金1900.4万元。其中国家级课题14项，获资金1003.9万元；市级课题48项，获资金448.2万元；区、局级课题109项，资助资金448.3万元。科研成果获奖17项。

精神文明建设 签订党风廉政责任书和保证书67份，设立了群众监督举报箱和举报热线，完成11名处级领导干部的收入申报，27名处级干部、33名科级干部的述职述廉，对14名新任领导干部开展了任前廉政谈话。共接访124件，办结率95%。7月中旬，对直属单位的财务和重点科室治理小金库情况进行了检查。

财务管理 全年卫生事业专用基金收入6980.89万元，支出7935.8万元。业务收入116931.34万元，总支出146029.32万元。对16家单位62项基建工程进行审计，完成52项，报送金额8786300.16元，审计金额8042979.05元，审减金额743321.13元，审减比例8.5%。

基本建设 投资100万元，对王佐镇、南苑乡10个村级医疗机构进行标准化改造，总面积1702平方米。

其他工作 启动丰台区名医评选活动，16家医院申报丰台区名医141人。开展医师定期考核，完成全区479家医疗机构4000余名注册执业医师的定期考核。

“十一五”回顾 居民健康状况显著提高，人均期望寿命由78岁提高到81岁；婴儿死亡率从6.7‰下降到3.2‰。城乡居民就诊环境不断改善。19个社区卫生服务中心、98个社区卫生服务站完成标准化改造，长辛店医院门诊、病房楼，丰台医院妇幼保健中心楼投入使用。南苑医院整体翻扩建工程即将完工。

医疗服务网络逐步完善。形成了以14家二三级医院为医疗服务中心，23个社区卫生服务中心、127个社区卫生服务站为服务网底的城市医疗卫生服务体系；构建由258个“片儿医”团队组成的社区卫生服务网络，覆盖辖区内超过90%以上的人群，提高了区域医疗服务可及性；中医、心理、康复、健康管理四大社区卫生服务品牌创建工作蓬勃发展，获得全国中医药特色社区卫生服务示范区称号。

公共卫生服务能力明显提高。各类法定报告传染病发病数逐年降低，甲乙类传染病发病率由“十五”期末的759/10万下降到376/10万。手足口病、结核病、人感染高致病性禽流感、艾滋病防控等重大、重点传染病防控力度不断增强，建立了新型艾滋病防治途径与工作模式，被评为全国艾滋病综合防治示范区。突发公共卫生事件应急机制逐步健全，形成了社会工作体系和疾病预防控制体系相结合的联防联控工作机制。医疗急救网络日趋完善，急救处置半径保持在3~5公里，急救呼叫满足率保持在90%以上。

医疗服务品质进一步上升。持续加大无偿献血宣传力度，组建了卫生系统无偿献血应急队伍。开展“平安医院”、“医疗质量万里行”、“质量管理年”活动，提高医疗服务质量。通过优化诊疗流程，缩短患者就诊等待时间，推广医疗机构间检验结果互认，降低患者诊疗费用，全面提升了区域医疗服务品质。

医疗和科研实力大幅度提升。积极开展科研科教工作，累计获得各级各类科研立项711项，科研资金支持1.8亿元，分别为“十五”时期的8.3倍和3.2倍。培养学科带头人、技术骨干2264人次，1304名社区全科医生取得北京市社区卫生服务岗位培训合格证书；引进学科带头人16人，接收应届毕业生428人（其中研究生以上学历占60%）。同时，通过落实乡医待遇，不断稳定乡医队伍；采取双薪制，引导城市优质人才支援农村卫生事业，缓解农村卫生人力资源不足的困难，提升总体医疗水平。

（撰稿：吕媛媛　审核：于晓莉）

丰台区卫生局领导名单

党委书记　张　杨
副 书 记　李　梅
局　　长　张　杨
副 局 长　金跃文　赵　勇　厉将斌（至6月21日）

石景山区

概况 设8个街道办事处、1个街道级社区行政事务中心、139个居委会，常住人口61.6万人。有卫生机构193个（含矿山医院），其中医疗机构188个，包括营利性67个、非营利性121个。卫生技术人员6183人，其中执业（助理）医师2400人、注册护士2716人。实有床位3985张。平均每千常住人口拥有卫技人员8.90人、执业（助理）医师3.54人、注册护士3.79人、床位5.73张。

生命统计。出生2279人，出生率6.32‰；死亡2328人，死亡率6.45‰；自然增长率-0.13‰。死因顺位前十位依次为：恶性肿瘤，心脏病，脑血管病，呼吸系统疾病，内分泌、营养和代谢性免疫疾病，消化系统疾病，损伤和中毒，精神障碍，传染病，神经系统疾病。人均期望寿命83.13岁，其中女性84.23岁、男性82.10岁。

获奖情况。被市中医局评为社区中医药工作先进单位，被国家中医药管理局评为全国社区中医药工作先进单位。

卫生改革 8月20日，召开全区深化医药卫生体制改革工作大会，印发了《2010—2011年医改实施方案》和《医改2010年主要工作安排》，成立了以区长为组长、常务副区长和主管卫生工作副区长为副组长的医改领导小组。至年底，《医改责任书》中6个方面的22项重点工作任务基本完成。

年内，政府办的八角、五里坨、广宁3个社区卫生服务中心及其下属站全部实行收支两条线管理，其中广宁社区卫生服务中心于9月从原主办单位石景山医院剥离，实施独立法人收支两条线管理。对社区卫生服务机构的绩效考核进行了改革创新，政府办收支两条线机构重在考核评价服务工作数量、质量和群众满意度；对非政府办机构以购买卫生服务的形式，重点加强项目考核，彻底打破了过去按照地区服务人口考核的大锅饭形式，调动了社区卫生服务机构的积极性。建立对医疗机构公共卫生绩效考核机制，组建了专家组；制发了《医疗机构公共卫生工作绩效考核标准》（2010年版）；采取以考核成绩评定奖励额度、以奖励经费实现对医院公共卫生服务进行补贴的以奖代补方式。11月29日~12月6日，对石景山医院、首钢医院等15家医院的公共卫生工作进行了绩效考核。

社区卫生 门急诊881975人次，其中门诊819237人次、急诊44883人次；出诊5009人次；急诊抢救50人次；观察病人199418人次；双向转诊5215人次，其中执单转诊4369人次。法定传染病报告1271例，传染病家访2004人次。免疫接种143535人次，其中麻疹疫苗强化接种36489人，儿童免疫预防接种率98%以上；孕产妇保健9861人次，儿童保健25657人次。精神疾病患者建立健康档案2362人，为精神病人免费投药639人次，访视精神病患者9399人次。4种慢性病规范化管理：高血压17543人，糖尿病6498人，冠心病8110人，脑卒中5935人。区内9个社区卫生服务中心和22个社区卫生服务站实行药品零差率销售，销售总额10385万元，占全部药品销售总额的59.10%。

疾病控制 报告法定传染病16种4834例，发病率786.9/10万；报告死亡7例，其中艾滋病1例、乙肝4例、甲型H1N1流感2例，死亡率1.14/10万，病死率0.14%。甲类传染病1种1例（霍乱），发病率0.16/10万，无死亡。乙类传染病10种1630例，发病率265.3/10万。丙类传染病5种3203例，发病率521.4/10万，无死亡。监测禽流感高危人群24820人次、流动人口73000人次。流感样病例监测门急诊就诊病例932309人次，流感样病例30843人次。全年无脊灰野病毒病例发生，接报处理AFP病例5例。

性病、艾滋病防控。调整了针对性病、艾滋病重点人群和高危人群的干预策略，尝试将娱乐场所服务人员及流动人口等人群的外展干预工作延伸至社区卫生服务中心开展；制订了《防治艾滋病工作委员会成员单位防治艾滋病工作职责》。10月9日，组织200余名防艾志愿者在八大处公园开展了爱心登山活动，并获市防艾委、市卫生局“北京市百个优秀防艾创意大赛”优秀组织奖。

计划免疫。儿童基础免疫接种49793人次，接种率99.99%；加强免疫接种25899人次，接种率99.34%。学校、托幼园所补种疫苗9种5491人次，补种率90%以上。9~10月，8月龄~14岁儿童接种麻疹疫苗45314人，接种率99.87%。为60岁以上老年人和学生免费接种流感疫苗36501支。

结核病防治。门诊1985人次，其中初诊372人次。免费查痰1039人次，培养658人次，菌阳60人，菌阳监化率100%。传染病报卡52张，监化47人，其中本市19人、外地28人，共投药9322人次，DOTS覆盖率100%。对3所大学新生5139人进行结核菌素监测，并对强阳性者进行筛查，胸片检查289人次。新生儿卡介苗接种604人，接种率100%；PPD监测4226人次，DOTS覆盖率100%。

精神疾病防治。登记在册精神病人2356人，其中享受免费服药的贫困病人285人，重性精神病人645人。制订了《精神卫生管理工作方案》，对医疗机构精神病人管理情况进行了督导检查。在重大活动和节日前，对重点（贫困）精神病人进行入户免费投药和送温暖活动，共计入户1500余户次。6月18日，开通石景山区精神卫生心理干预咨询热线，至年底，共接听咨询电话并进行心理疏导300余人次。10月

10日，开展了主题为“沟通理解关爱、心理和谐健康”的宣传活动。

慢病管理。在7312厂社区和区疾控中心使用慢病信息管理系统对一般人群、慢病患者及高危人群开展健康管理，共管理200人，随访6次，开展干预活动6次。在八宝山社区卫生服务中心开展糖尿病及高血压干预项目，干预204人，定期进行患者随访16次。完成区疾控中心及9个社区卫生服务中心关于全国慢病防治机构预防控制能力调查项目的问卷调查。

公共卫生监测与评价。有156家厂矿企业。检测职业危害场所16家，检测样品312件，合格297件，合格率95.2%。为117名高温作业、73名苯（甲苯、二甲苯）作业人员进行职业健康体检，发现8例职业禁忌证和6例疑似职业病患者，并将疑似职业病病例进行职业病网报。网络直报尘肺病、职业病、疑似职业病和农药中毒44例。对区内具有职业病网络直报能力的30家医院的直报人员开展2次培训，对部分医院开展3次职业病网络直报绩效考核。对27家医疗单位的射线装置和机房防护进行影像质量检测和场所防护检测，检测109台，合格105台，合格率96.3%。对3家单位的工业X线探伤机专用探伤室进行全方位防护检测，合格率100%。对1家企业的5台非医用射线装置进行防护检测，合格率100%。放射工作人员外照射个人剂量应检单位44个278人，全部监测到位，共监测864人次，检出大剂量照射1人，检出率0.4%。完成食品委托检测470件；食品现场抽检150件；餐具现场抽检1070件，合格1000件，合格率93.5%。对489户公共场所进行办证和审证的监测，监测15346件，合格15209件，合格率99.11%。检测自备井水和二次供水404件，合格356件，合格率88.12%。检测末梢水120件，合格106件，合格率88.3%。检测地下水18件，合格7件，合格率38.9%。食品从业人员体检39866人，公共场所从业人员体检14469人。

学校卫生。年内，对中小学校医进行了二级培训；发放折页、手册、挂图、光盘等宣传品共3万余份；发放学生常见病预防光盘，进一步推广新版眼保健操，开展了“我的爱眼日记”活动；向全区小学生及初一新生发放《家庭护眼按摩操》图册和爱眼卫生宣传手册2.9万套；针对学生视力低下和青少年肥胖问题开展了系列防治措施进行干预；对全区中小学教学环境、健康教育、传染病管理、食品及饮用水卫生进行检查指导；对49所中小学校教学物资进行环境检测，检测覆盖率100%。在全市青少年健康危险行为监测项目中，随机抽取初中、高中、职高6所学校1232名学生，完成现场问卷调查，并撰写了调查报告和论文。

健康教育与健康促进。6月初，全面启动健康知识普及、合理膳食、控烟、健身、保护牙齿、保护视力、知己健康、恶性肿瘤防治以及母婴健康等九大健康行动。至年底，全区大多数医疗卫生机构无烟环境建设基本符合标准。继续创建健康促进学校，完善管理、考核、评估标准，逐步规范学校的硬件设施，治理整顿学校周边环境，有38所中小学校达到了北京市健康促进学校标准，占全区中小学校总数的76%。12月初，全区学校卫生防病工作规划的执行情况通过了北京市考核组的终期考评。全年开展各类卫生日主题宣传活动15次，发放宣传材料5.8万份、宣传礼品1.3万份。进行居民健康教育424场16923人次。

卫生监督　公共卫生专项检查。有餐饮单位1159个，其中餐馆655个、食堂316个、现场制售69个、小吃店52个、饮品店32个、快餐店26个、集体用餐配送单位7个、临时许可证2个。餐饮单位建档率100%。监督检查餐饮服务单位4245户次，合格率97.86%；处罚91户次。对718个餐饮单位实施量化分级管理，其中A级107个、B级290个、C级321个。有公共场所648个，监督检查1226户次，合格率97.88%。对105个公共场所进行量化分级管理，其中住宿行业80个，包括A级21个、B级30个、C级25个，量化分级完成率95%；游泳场所12个，包括A级6个、B级4个、C级1个，量化分级完成率91.67%。有供水单位179个，其中集中式供水19个、二次供水159个、其他供水方式1个。监督检查供水单位428户次，合格率91.82%。自备井监督覆盖率100%以上，市政供水、二次供水监督覆盖率200%以上。

医疗卫生专项检查。检查医疗机构3061户次，合格2872户次，合格率93.83%。行政处罚9户次、警告4户次，罚款17000元。联合打击非法行医70户次，收缴药品97袋、器械278件、广告牌19块。对区内开展血液透析的6家医院进行了专项监督；对7家医疗机构临床用血安全进行监督检查，对存在问题的机构进行了复查，共监督检查15户次；对区内流动采血点现场监督2户次。对辖区医疗机构开展医疗废物管理监督检查409户次。

公共卫生举报投诉。全年受理投诉举报102起，其中食品卫生类66起、生活饮用水类4起、公共场所6起、医政26起。

大型活动卫生保障。全年完成节日、全国两会及北京国际自盟场地自行车世界杯赛等大型活动卫生保障。出动监督员236人次、监督车124车次，共监督检查营养餐配送单位3户次、餐饮服务单位742户次、庙会摊点780户次、公共场所单位25户次、生活饮用水14户次、医疗机构70户次，取缔无证餐馆5户。制作现场检查笔录74份，出具卫生监督意见书26份，现场快速检测370件，均合格。

年内，开展有针对性的全员系统培训、监督员培训20项内容17次，包括食品安全法，大型活动保障，学校、托幼机构传染病防控监督要点，医疗机构监督、突发事件处置等法律法规及专业培训。

妇幼保健 产妇分娩4411人，活产4394人，围产儿死亡17例，死亡率3.85‰。监测围产儿4411人，其中本市户口2352人；出生缺陷40例，包括本市户口24例，本市户籍出生缺陷发生率10.20‰。本区户籍出生2285人，产妇2259人，活产2279人；无孕产妇死亡；孕产妇系统管理2230人，孕产妇系统管理率98.72%。

儿童保健。婴儿死亡率4.39‰，5岁以下儿童死亡率5.7‰。新生儿管理率95.09%，新生儿访视3235人。新生儿免费疾病筛查2305例，筛查率99.49%。4个月内婴儿母乳喂养率93.12%，儿童保健系统管理率96.54%，0～6岁儿童听力筛查率89.51%，高危儿智力监测覆盖率100%。0～6岁儿童免费定期体检15734人，智力筛查2877人，听力筛查8092人，视力筛查379人，血常规检查7899人，口腔检查3072人，儿童体质监测128人，为集体儿童氟泡沫防龋9293人次。

计划生育技术管理。全区计划生育手术7539例，其中本市户口3046例、外地户口4493例，无手术并发症。婚前检查881人，其中男性459人、女性422人，疾病检出率9.31%。

妇女保健。妇女病普查11700人，普查率82.48%；患妇女病4633人，患病率39.60%，恶性肿瘤发病率8.55/10万。

医疗工作 全年诊疗4227506人次，健康检查144449人次，其中门诊3906129人次、急诊309658人次。急诊危重症抢救3629人次，抢救成功率97.30%；住院危重症抢救1103人次，抢救成功率76.16%。入院71961人次，出院71808人次，病床使用率81.08%，病床周转19.03次，平均住院日15.15天，治愈率39.35%，好转率42.21%，病死率2.11%，临床与病理诊断符合率58.78%，手术前后诊断符合率99.92%。住院手术32102例。

全年办理医疗机构许可230件，审批医疗机构20个，其中医院2个、门诊部3个、社区卫生服务机构8个、诊所6个、卫生所1个；医疗机构变更登记30家37项；换发一级以下医疗机构执业许可证169个，注销3个，停业6个，年检不合格暂缓校验5个；办理执业医师注册76人次、变更245人次。完成188人次医师资格报考。接待医疗纠纷来信、来访、来电223人次，受理鉴定9起。

医疗质量管理。继续发挥区医院感染管理、护理、急诊医学等16个医疗质量控制和改进办公室的作用，加强对各医疗机构的质量督导；实行医疗机构不良执业行为积分管理；聘任行风监督员；发挥管理机构对医疗服务的监督制约作用。各医疗机构对本单位医疗质量和医疗安全进行了自查。11～12月，成立专项督查组，对辖区一二级医院及社区卫生服务中心进行了检查与评价。

院感工作。年内，对5家设有感染性疾病科的医院的接诊流程、预检筛查、医务人员防护、消毒隔离制度落实情况等进行了检查。对41家有口腔科的医疗机构的感染控制进行了现场评估检查。医院感染率1.66%。

病历质控和处方管理。开展中医病历书写基本规范的培训，80人参加。12月，对70家医疗机构的处方质量进行了评比，包括23家一级以上医院、32家社区医疗机构、15家西医或中西医诊所，对评比结果给予了通报。

护理工作。年内，成立优质护理服务示范工程领导小组，制订了实施方案。4月、11月，举办了护理管理培训班。7月，对设置病床的医疗机构进行了现场检查与指导。至12月底，首钢医院、石景山医院等12家医院创建了优质护理服务示范病房。

对口支援。年内，首钢医院、朝阳医院京西院区、石景山医院与9家社区卫生服务中心签订了转诊协议。全年社区卫生服务机构专家门诊5197人次，健康咨询807人次，会诊50人次，带教培训90人次，居民健康讲座54场次2252人次。选派2名医务人员到新疆和田县进行医疗支援。

新增麻醉药品、第一类精神药品购用印鉴卡的医疗机构2个，共计14个。每月按时汇总麻精药品使用情况网报并上报纸质报表。

全区有万元以上大型医疗设备4373台（套），设备总价值60298万元。

血液管理。全年无偿献血5332单位，其中团体无偿献血2014单位、街头献血3154单位、成分献血164单位。医疗用血10151单位，其中成分用血10147单位，成分输血率99.96%；自体血694单位，自体血输血率达到6.84%；血浆5176单位。

继续教育 年内，审批区级继续医学教育296项，申报2011年市级继续医学教育13项。4月、7月，市继续医学教育办公室督导组分别对石景山医院举办的北京西部骨科国际会议和医院管理中心举办的社区医师合理安全用药与药品不良反应2个市级项目进行督导检查，并给予肯定。10月，制订了《继续医学教育质量控制和改进细则》。12月，市继续医学教育办公室抽检石景山医院、泰康医院和长庚医院共100人的学分，学时和学分达标率均100%。全区继续医学教育学分达标率97.52%，局属医疗卫生机构继续医学教育学分达标率98.9%。

年内，选送2人参加市卫生局学科骨干和学科带头人的强化培训。急诊专家10人参加中法急救培训中心举办的急救理论学习与技能培训，急诊专家1人参加市卫生局召开的急诊医学国际学术研讨会。选送3名西医专家参加北京首届西学中高级研究班。9月，选送7名住院医参加市住院医师规范化培训，42人参加市全科医师培训，4人参加全科医师转岗培训。

科研与科普工作 年内，申报市中医药科技发展资金项目6项。开展了名医进社区活动、三级医院专家进矿区活动、区卫生系统科研知识普及、社区常见慢性疾病的早期预防和科学治疗、卫生系统普及法律法规与医疗纠纷防范等活动。编辑出版了《石景山医药卫生》科技专刊，刊载论文40余篇；组织了市、区科技周大型科普活动。

精神文明建设 年内，开展了学习型党组织、学习型领导班子创建活动，“管理教育两手抓，素质能力双提升”主题教育活动，“爱首都，讲文明，树新风——我参与，我奉献，我快乐”主题活动，群众性健身活动，“健康北京人”健康知识宣传活动，创先争优活动，“创建先进集体，争当优秀职工”评比活动，百名优秀护士评选活动，群众心目中的好党员评选活动等。区卫生局、卫生监督所、妇幼保健院、疾控中心被评为首都文明单位。

财务管理 全年总收入78586.8万元，其中财政拨款10614.3万元、上级补助10万元、事业收入59555.3万元、其他收入8407.2万元；总支出76274.3万元，收支结余5665.7万元。基本建设拨款6200万元。

基本建设 石景山医院病房楼主体工程封顶，部分楼层开始内部装修；区结核病防治所开工建设；完成社区卫生服务中心7个、社区卫生服务站22个的标准化建设。辖区内新建、改建居住区涉及的9个社区卫生服务站进行配套建设。

“十一五”回顾 “十一五”末，辖区居民平均期望寿命比“十五”期末增加6.82岁。甲乙类传染病发病率265.5/10万。卡介苗、脊髓灰质炎疫苗、百白破、麻疹和乙肝疫苗接种率98%以上。全区医疗机构门急诊和出院人次分别比“十五”期末增加122.51%和62.77%。出院患者平均住院日、开放床位使用率、床位周转次数分别比“十五”期末减少0.6天、增加6.93%和3.55次。

夯实卫生基础设施建设。疾病预防控制中心大楼投入使用，中医医院、妇幼保健院完成改扩建工程并投入使用，精神病医院住院楼建成。驻区医疗机构中，首钢医院吴阶平泌尿医学中心大楼建成使用，玉泉医院住院楼列入重点工程即将开工。社区卫生服务机构基本完成基础设施标准化建设和基础设备配置，卫生信息化基础设施建设初具规模。

深化机构改革，提升卫生管理水平。成立16个医疗质量控制办公室，开展了中医医院、社区卫生服务机构绩效考核评价，建立经费补偿机制，持续改进医疗卫生服务质量。

基层卫生体系框架基本形成。加大投入力度，健全了与街道、社区相匹配的9个社区卫生服务中心和29个站点，形成了15分钟社区卫生服务圈。收支两条线管理、药品零差价销售、建立居民健康档案、家庭团队服务、慢病管理和社区中医药服务等工作规范开展。

卫生保障能力明显增强。坚持平战结合的原则，建立健全突发公共卫生事件应急预案并加强演练，有效应对了手足口病疫情、三聚氰胺污染奶粉事件、甲型H1N1流感等。“十一五”期间，未发生重大食物中毒、生活饮用水污染、放射污染等事件。

疾病防控能力得到提高。院前急救能力、院内救治水平和危重患者救治的联动机制得到加强。紧急医疗救治组织指挥、站点分布、人员配备、基础装备和保障措施更趋完善。建立院前急救站点11个，紧急医疗呼救反应时间实现了在15分钟之内的目标。二级以上医疗机构开放急诊绿色通道，建立了院内紧急救治、会诊专家队伍。不断完善疾病预防控制三级网络，重视预防、监测、控制3个环节工作的落实，构筑了传染病预防、监测、控制三大防御体系。重点加强医院感染管理科和感染性疾病科建设。

加强卫生监督执法队伍建设，实现了卫生综合执法，成立5个卫生监督站，提高了卫生监督执法的覆盖率。持续开展餐饮业量化分级管理、职业卫生、放射卫生、学校卫生、公共场所卫生和重大节日、重要活动的专项整治行动。加强卫生信息中心基础设施和基本设备配置，卫生系统信息平台建设初具规模。完善应急指挥中心、中心机房基本建设，实现了卫生办公自动化（OA）。各级各类医疗卫生机构信息化建设取得进展，二级以上医院信息管理系统（HIS）、实验室管理系统（LIS）、门诊与病房工作站比较完善。

实施卫生科教人才战略，加强重点学科、重要专业人才的引进。卫生系统承担国家自然基金课题12项、首都医学发展基金课题60项、区级科技发展计划课题79项。

存在的主要矛盾和问题。卫生事业发展中长期积存的深层次的体制性、机制性、结构性矛盾和问题仍未消除，卫生事业与人民群众日益增长的医疗卫生需求、与区域经济社会发展的要求还有差距，公共卫生和基本医疗服务发展面临着区域人口总量持续增长、外来人口快速增加、人口老龄化加快、突发公共卫生事件和重大传染病的挑战。卫生资源配置的欠均衡性仍较明显，公共卫生体系和能力建设有待加强，人才队伍建设和科技创新更显紧迫，医疗卫生服务能力和服务效率尚需进一步提升，医疗卫生服务的有效性、公平性、可及性和逐步均等化进程需要加快推进。

（撰稿：赵超英　审核：徐晓光）

石景山区卫生局领导名单

党委书记　李俊岭
副 书 记　葛　强　朱昌领
局　　长　葛　强
副 局 长　王颖玲　刘　鹏　李凤芹

门头沟区

概况　有街道办事处4个、居委会99个，镇9个、行政村178个，常住人口29.0万人。有医疗卫生机构101个（不含村卫生室），其中营利性27个、非营利性74个。卫技人员2858人，其中执业（助理）医师1040人、注册护士1151人。实有床位2651张。平均每千常住人口拥有卫技人员9.86人、执业（助理）医师3.59人、注册护士3.97人、实有床位9.14张。

生命统计。出生1139人，出生率4.64‰；死亡1874人，死亡率7.63‰；自然增长率-2.99‰。因病死亡1795人，占死亡总数的95.78%。死因顺位前十位依次为：心脏病，恶性肿瘤，脑血管病，呼吸系统疾病，损伤和中毒等外部原因，消化系统疾病，内分泌、代谢性疾病，传染病，神经系统疾病，泌尿、生殖系统疾病。

获奖情况。连续第五次被评为首都文明单位标兵，北京市人口和计划生育工作先进集体，北京市医疗机构监督管理先进单位，北京市疫苗接种优秀单位，“争做健康北京人”北京市民健康知识与健康技能竞赛优秀组织奖，日常报表工作先进单位，北京市公共场所控烟工作、健康教育工作、城乡环境整洁行动和农村改厕工作优秀组织奖等。

卫生改革　4月，成立了医改领导小组，制订了《2010—2011年深化医药卫生体制改革实施方案》。加快推进基本医疗保障制度建设、初步建立国家基本药物制度、健全基层医疗卫生服务体系、促进基本公共卫生服务逐步均等化和推进公立医院改革试点等5项重点改革，支出总额27634万元；城镇居民、城镇职工和新型农村合作医疗等3项基本医疗保险参加人数25.5万人，参加率92.9%，并实现了持卡就医、实时结算；新农合人均年筹资520元，并提高了补偿比例。完成各项医改任务，全区11个社区卫生服务中心、35个社区卫生服务站和143个村卫生室全部实施国家基本药物制度；向城乡居民免费提供预防接种、健康教育、妇女儿童保健等10项基本公共卫生服务项目。

区医院作为全市公立医院改革试点，在科学界定管理权、所有权的基础上，引进先进的管理理念、管理机制，引入发展资金，引进优质医疗资源和先进管理资源，采取政府购买医院管理服务的方式，重点改革医院的决策机制、管理运行机制、绩效考核机制、投入补偿机制、监管评价机制，建立现代医院管理制度。7月30日，区政府与凤凰医院管理有限公司签署了《关于合作开展门头沟区医院改革的协议》等配套文件。8月13日，召开区医院改革启动大会，组建医院理事会、监事会和院长团队，并开展工作。

社区卫生　有社区卫生服务中心11个、社区卫生服务站34个。完善社区卫生服务机构和人员绩效考核机制，下发医疗、护理、预防保健等9个岗位绩效考核手册456册，对11个社区卫生服务中心及门城地区15个社区卫生服务站进行绩效考核。完成低保老人健康体检11145人次；开展“知血糖、促健康”活动，免费为6200名糖尿病人监测血糖；培养家庭保健员2000人，建立社区卫生服务团队58个，覆盖113859户302658人。

农村卫生　有标准化村卫生室150个，全部为集体全资非营利性医疗机构，覆盖率84.75%；注册乡村医生221人。全区聘用乡村医生178人。开展乡村医生10项急诊急救技术的培训，完成乡村医生岗位培训5年计划的全部课程。各教学点组织理论培训70场次2513人次，171人参加康复、护理技能培训并通过了考试。完善农村120急救站的建设，考核评价120和999急救机构院前急救工作，调配部分社区卫生服务机构救护车辆到120分中心和急救站，提高了院前急救综合能力。

新型农村合作医疗。人均筹资520元，筹资总额2867.96万元。参合55153人，参合率98.51%。共支出合作医疗资金2028.89万元，比上年增长57.40%。住院报销3828人次，补偿1870.11万元，比上年的1239.12万元增长50.92%，报销人数增长17.64%。门诊继续实行定额补偿政策，全年封顶线为200元，10657人次享受门诊报销，共补偿158.78万元，比上年的49.85万元增长218.52%。

疾病控制 计划免疫。有学龄前儿童18477人（本市10207人、外省8270人），建卡率100%。四苗接种率：卡介苗96.44%、糖丸100%、百白破100%、麻疹100%。四苗覆盖率100%。I类疫苗报告接种率100%。AFP、麻疹、新生儿破伤风监测率均100%。完成学龄前流动儿童强化查漏补种、外来务工人员流脑、麻疹疫苗接种、麻疹疫苗强化免疫和季节性流感疫苗接种，为60岁以上老年人免费接种流感疫苗14449人份。

传染病防治。进一步健全应急预案，完善传染病疫情信息监测、报告网络，确保疾病监测、突发公共卫生事件、重大传染病防治等信息的动态统计和分析报告质量。全年报告法定传染病17种2173例，发病率611.58/10万，比上年上升8.14%。其中乙类传染病11种836例，比上年下降26.85%；丙类传染病6种1337例，比上年上升54.30%。肠道门诊2427人次，年报告率100%。痢疾发病率97.94/10万；肝炎发病率48.97/10万，访视率35.06%。

地方病防治。联合区商务局对9个乡镇办事处进行居民户食盐碘含量采样监测，共采盐样288件，其中合格碘盐265件、不合格碘盐7件、非碘盐16件，碘盐覆盖率94.44%，碘盐合格率97.43%，合格碘盐食用率92.01%，非碘盐率5.56%。完成碘缺乏病市级评估，在全区随机抽取5所小学150名五年级学生进行了碘缺乏病相关知识的问卷调查。

精神卫生。全区有精神病人1910人，监护1680人，监护率87.96%；显好1300人，显好率68.1%；参与社会1238人，社会参与率64.8%。4037人次实行免费服药，投药金额21.74万元。开展重性精神病人排查及精神病院开放日活动，参加了市卫生局举办的首届精神障碍患者职业康复技能大赛，配合市精保所开展了精神疾病流行病学调查。

学校卫生。中小学生应体检23406人，实体检19927人。沙眼检出率0.04%；患龋率27.75%，充填率7.30%；视力不良患病率49.01%，新发率23.45%；营养不良患病率14.71%；肥胖患病率14.08%。

慢性非传染性疾病防治与管理。构建了以社区为平台、以政策舆论为导向、以市疾控慢病所为技术支撑的慢病干预格局；形成了以医生帮患者、患者找医生，以个体影响群体、群体影响群体的慢病干预方式。在全区11个社区卫生服务中心开展了高血压、糖尿病及肥胖干预等5个社区慢病干预项目。开展了健身走、糖尿病病友联欢会、医患一家亲联谊会等慢病干预宣传活动。举办了“健康北京人——全民健康生活方式日”慢病干预大型文艺汇演，开展了“健康体重，健康血压”全国高血压日主题宣传活动、“糖尿病教育与预防——控制糖尿病，刻不容缓”世界糖尿病日宣传活动、“无论是谁，无论在哪里——全球携手预防自杀”世界预防自杀日宣传活动等。

公共卫生监测与评价。审核尘肺757例，其中疑似4例、确诊753例；包括新病例625例、晋级病例37例、死亡病例95例。农药中毒9例（均为自服），死亡3例。联合区安监局对易发生急性职业中毒的企业进行了职业中毒检查，指导作业现场存在的职业危害隐患等。完成21个单位150人600人次放射卫生剂量计换发，检测率99%；处理大剂量核查2起。

健康教育与健康促进。继续开展工作场所健康促进试点以及健康社区和健康促进示范村的创建。开展争做健康北京人活动，在北京市健康歌曲大家唱主题歌曲歌咏比赛和健康知识与健康技能竞赛活动中，获优秀表演奖、市级三等奖和优秀组织奖。制作《相约健康》电视片24期，《相约健康》报3期6万份，宣传材料3种12万份。开展进工地、进超市、进学校、进社区等大型宣传活动10次。深入社区开展健康教育讲座263场，受众9958人次。

卫生监督 全年共监督4498户次，处罚109户次，其中罚款29户次42650元，没收违法所得1000元。

食品卫生。全年监督2345户次，比上年减少48.33%；卫生行政处罚22户次，其中罚款18户次28350元，没收违法所得1000元，没收食品原料66公斤、违法经营工具61件。集中开展问题奶粉彻查，食品安全百日整顿，一次性筷子和地沟油集中治理，民俗接待户食品安全，学校、托幼机构食堂及周边餐饮单位等26个专项检查，累计出动2409人次815车次，监督检查各类餐饮单位1209户次。

公共场所卫生。完成公共场所卫生监督549户次，比上年增长37.94%。卫生行政处罚7户次，其中罚款7户次1800元。继续开展公共场所卫生监督量化分级管理，共有住宿、游泳和洗浴场所78户，已评定60户，完成住宿和游泳场所100%、洗浴场所20%的量化指标。

生活饮用水卫生。生活饮用水卫生监督259户次，比上年增长10.21%。卫生行政处罚71户次，其中警告70户次，立案处理1起，罚款500元。开展现场制售饮水机、学校生活饮用水等专项检查。加强农村安全饮水办证及整改工作，全区120个自备水源（农村简易自来水）办证率38.71%。

职业卫生与放射卫生。全年监督183户次，比上年增长59.13%。其中职业卫生处罚3户次，均为警告；放射卫生处罚3户次，罚款6000元。完成对73家粉尘与高毒物品重点企业的监督检查；开展了非法用工、打击违法犯罪及建筑装饰装修行业的专项检查；办理《放射工作人员证》156份。

医疗卫生专项检查。医疗卫生监督930户次，监督检查25家幼儿园和29所学校的传染病防控工作。加大非法行医打击力度，联合药监、公安、城管等部门巡查三家店、永定等重点地区。全年出动监督员206人次、执法车辆61车次，取缔黑诊所1家、非法摊点3个。

公共卫生投诉举报。受理群众投诉举报17件，处理率100%。

大型活动卫生保障。完成区人大、政协会议，现代杯首届北京国际山地徒步大会，北京京浪音乐节等10余次重大活动的公共卫生保障。共进行现场快速检测536件，完成77餐次2.60万人次的公共卫生保障任务。

卫生监督人员培训。组织监督员法律法规培训及业务培训10次320人次，内容涉及突发食源性疾患和生活饮用水污染事故的调查处理、卫生监督应急指挥平台的使用、卫生监督执法文书制作等。

爱国卫生 爱国卫生月、城市清洁日，组织镇、街道办事处的村（居）民开展环境卫生大扫除，共发动干部群众4万人次，出动各类车辆200台次，清除卫生死角200余处，清理各类小广告1000余条，清运垃圾渣土1500余吨。世界卫生日，开展“城市化与健康”主题宣传活动，发放了卫生、健康、环保和节能减排等宣传资料。会同区环境办、农委、社会办，每月对镇、街道办事处的市容环境卫生进行随机抽查，并按统一标准打分排名。

大力开展病媒生物防制工作，加强宣传，发放宣传折页2000份，张贴宣传画300张。动员社区居民和社会单位清洁环境，清除各类积水，全面治理病媒生物孳生地。4月，开展了春季统一灭鼠活动；6～8月，开展夏秋季灭蚊蝇统一消杀活动，投放各类灭蚊蝇药剂1吨；12月，开展冬季统一灭蟑活动，3000余户家庭参与。

农村改厕。全年完成农村户厕改造1700户，累计完成农村户厕改造2.44万户，无害化厕所普及率95.16%。

控烟。世界无烟日，举办了公共场所禁止吸烟大型宣传咨询活动。联合区教委开展了“拒吸第一支烟，做不吸烟的新一代”主题签名活动，倡导师生远离烟草、保护健康。会同相关部门分4次对全区医疗机构控烟工作进行了专项检查。

妇幼保健 全区7家开展妇女病普查的单位共普查25169人，普查率63.67%；其中患病9103人，患病率36.17%；治疗率100%。有孕产妇1252人，系统管理1234人，孕产妇系统管理率98.56%；高危住院分娩率100%；无孕产妇死亡。

全区3家产科医院和16个妇幼保健门诊做到了母婴保健全覆盖。坚持每月例会制度及紧急情况报告制度，避免了孕产妇死亡。通过多种形式进行母乳喂养知识宣传，对3家产科医院进行了督导检查，母乳喂养率90.94%。

儿童保健。新生儿疾病筛查率98.24%，新生儿死亡率2.38‰，婴儿死亡率3.97‰，5岁以下儿童死亡率5.56‰。7岁以下儿童管理率99.28%，儿童系统管理合格率97.02%，0～4个月母乳喂养率87.99%。

计划生育技术管理。全区有5家计划生育技术服务单位，管理率100%。全年计划生育手术6876例，无手术并发症。

全年婚检432人，婚检率8.88%。患病40人，患病率9.26%，治疗率100%。

医疗工作 门诊132万人次，急诊19万人次，留观34303人次，门诊危重症抢救7270人次、病房抢救1039人次。入院19890人次，出院19460人次，病床周转7.9次，病床使用率96.9%，治愈率49.25%，好转率44.48%，死亡率2.95%，出入院诊断符合率99.6%。住院手术4446例。

院内感染管理。举办骨干师资培训27学时，119人参加，103人通过了考核。开展了医院感染管理知识全员培训和理论与技能考核。

护理工作。年内，开展了规范护理服务、争创优质护理服务示范标兵工作。二级医院申报优质护理服务示范病房5个，社区卫生服务机构申报优质护理服务示范岗6个。

对口支援。共接受城市医院支援医务人员99人1292天，接受业务培训135人次，派出医务人员到支援医院进修16人。各支援单位采取出诊、接收进修、举行健康讲座、业务培训等方式为受援单位提供帮助，共计支援工作日410天，提供诊疗服务1375人次。各镇医疗机构定期对无医疗点的村进行巡诊，为村民发放健康宣传材料，提供免费健康咨询和诊疗服务，共巡诊515次，参加巡诊医务人员1661人次，受益11505人次。

血液管理。规范辖区各医疗用血单位的血液管理，开展血库人员专业技术培训，要求各单位做到科学用血、合理用血和安全用血。全年团体无偿献血17次935单位，区医院、京煤集团总医院和妇幼保健院共用血1720单位。

年内，对区内11家持有麻醉药品、第一类精神药品购用印鉴卡的医疗机构进行了专项监督检查。同时，要求各医疗机构开展自查，并书面反馈自查情况，限期整改发现的问题。

医疗卫生机构现有设备总价值25768万元，本年度新增万元以上设备450台。

医学教育 各医疗卫生机构参加继续教育2610人，学分达标2559人，合格率98%。组织区级继续医学教育学习192项。申报市级项目15项19学分，参加培训4393人次。组织基层医疗机构参加市级适宜技术推广项目——脑血管病防治的培训，开展了实验室生物安全培训，推荐5名骨干参加了市级师资培训。医学专业毕业生参加住院医师、全科医师培训，其中住院医师规范化培训报名4人，在教学基地培训的全科医师共10人。聘请法官为1276名医务人员培训《侵权责任法》并考核，平均94.84分。

科研工作 申报区级科技进步奖42项，首发基金自主创新项目中标3项，与宣武医院、儿童医院共同申报的联合攻关项目中标2项。

精神文明建设 以医德医风建设为着力点，构建和谐医患关系。举办医患沟通培训班，推出微笑导医、健康教育进校园、健康使者火炬行动等便民举措，引导医务人员争做“文明有礼的北京人”。参与了全区十大道德模范评选活动。组织卫生下乡、四进社区活动，医务人员深入龙泉、军庄等农村和矿街街西社区开展义诊咨询活动。

财务管理 总收入54273万元，其中财政拨款25220万元、事业收入28819万元、其他收入234万元。支出46942.1万元。

（撰稿：屈雪峰　审核：宋利宁）

门头沟区卫生局领导名单

党委书记　顾　宏
副 书 记　宋利宁
局　　长　赵国章
副 局 长　野京城　王俊义　杨立新　张　斌

房山区

概况 设街道办事处8个、乡镇20个、村民居委会462个、社区居委会120个，常住人口94.5万人。辖区内卫生机构1006个（含村卫生室），其中营利性105个、非营利性901个。卫生技术人员6292人（不含村卫生室757人），其中执业（助理）医师2364人、注册护士2213人。实有床位6077张。平均每千常住人口拥有卫技人员6.66人、执业（助理）医师2.50人、注册护士2.34人、床位6.43张。

生命统计。出生4437人，出生率5.77‰；死亡4726人，死亡率6.15‰；人口自然增长率-0.38‰。因病死亡4412人，占总死亡人数的93.36%。死因顺位前十位依次为：心脏病，脑血管病，恶性肿瘤，呼吸系统疾病，损伤和中毒，内分泌、营养和代谢性疾病，消化系统疾病，泌尿、生殖系统疾病，传染病，神经系统疾病。人均期望寿命78.93岁，其中男76.75岁、女81.24岁。

获奖情况。获北京地区中医、中西医结合、民族医医疗机构医疗服务信息网工作三等奖，2009年度社区返聘退休医学专家管理三等奖。

卫生改革 推进基本公共卫生服务均等化。儿童免费体检4.1万人，新生儿免费先天性疾病筛查4204人次，4种慢病筛查覆盖22个乡镇40万农民，免费供药5.64万人，发放药品517.5万元。计划免疫四苗接种率继续保持99%以上，预防接种21.1万人次。基本完成创建防盲工作先进区各项指标，实施北京市贫困白内障患者免费手术190例。为贫困精神病患者免费投药1777人次。

推进区域性医疗中心建设。北京世纪坛医院与房山区良乡医院、北京友谊医院与房山区第一医院签订了对口支援协议，支持心脑血管意外、外伤和重创、腹腔镜微创技术（普外科与妇产科）、外周介入、神经内科、消化内科、风湿免疫、变态反应科、耳鼻喉科等临床重点科室的建设。

22家社区卫生服务中心与房山医院、良乡医院、房山中医医院、妇幼保健院、北京朝阳医院、电力医院等16家区内外二级以上医院签订了对口支援协议，上级医院和社区卫生服务机构之间实行双向转诊，为危重患者开通了绿色通道。10月15日，正式启动房山区大型医院与基层医疗卫生机构转诊预约工作，区内21个乡镇社区卫生服务中心及燕山地区社区卫生服务中心分别与房山区第一医院、良乡医院、北京燕化医院签订服务协议，转诊病人中预约比例达到30%。

继续实施全科方向的住院医师规范化培训。安排6名基层卫生机构在岗人员进行全科医生转岗培训，安排社区卫生服务机构招收的大学毕业生到培训基地进行专科医师规范化培训43人，安排区级医院骨干到三级医院进修10人。

鼓励和引导医疗卫生人才到基层服务。为基层医疗卫生机构招聘32名大学毕业生。在岗培训基层医疗卫生机构人员1600人次，培训中医类别全科医师71人。

社区卫生 零差率药品销售比例75%。举办社区医生专业技术公益性培训5场，共培训600人次；举办药事管理人员培训班1期、财务人员培训班1期、社区卫生工作信息写作技巧提高班1期、网络监测报表培训班2期。参加北京市社区医务人员岗位练兵活动暨全国社区医生糖尿病防治知识大赛，获全市第三名。

农村卫生 村卫生室546个，乡村医生847人，年内培训2676人次。

新型农村合作医疗。全区参加新农合412510人，参合率100%，筹集资金21467.95万元，支出21011.12万元。全年享受合作医疗补偿121.88万人次，补偿费用20581.03万元，住院报付率60.2%，门诊报付率48.7%。

疾病控制 计划免疫。全区27家免疫规范化门诊均开展了信息化工作，利用接种客户端实现接种信息的快速录入和资源共享，数据上传率100%。门诊常规接种230026人次，其中一类疫苗接种167790人次，接种率分别为：卡介苗99.50%、脊灰疫苗99.89%、百白破疫苗99.87%、麻风疫苗99.85%、流脑A群疫苗99.90%、乙脑疫苗99.86%、麻风腮疫苗99.50%，流脑A+C疫苗99.93%，二类苗接种62236人次。外来务工人员接种麻疹疫苗3435人次、流脑A+C疫苗3736人次。应急接种160次6195人次，其中应急接种麻疹疫苗4次124人次、麻风10次410人次、麻风腮30次785人次、水痘疫苗113次4718人次、流脑A+C疫苗3次158人次。甲型H1N1流感疫苗接种2266人，其中外来务工人员1229人。麻疹疫苗强化免疫接种90715人次，其中学龄前儿童37812人次、小学生35222人次、中学生17681人次。流感疫苗免费接种89916人，其中60岁以上老年人45993人、学生43923人；自费疫苗接种2977人，其中老人86人、其他人群2891人。

传染病防治。报告传染病发病6338例，发病率575.19/10万；死亡11例，死亡率1.00/10万。其中手足口病1916例，发病率173.88/10万。完成法定与非法定传染病主动与被动监测40种。完成1起幼儿园手足口病聚集性疫情、2起猩红热聚集性疫情的应急处理，2起流行性脑脊髓膜炎病例、2例狂犬病病例的调查处理。对布病高危人群进行血清学监测54人，没有无症状感染者。对37个医疗机构100余名医生进行了自然疫源性疾病如肾综合征出血热、鼠疫等防治知识的培训。

艾滋病防治。报告艾滋病感染者及病人7例，其中艾滋病感染者5例、艾滋病病人2例，本地户籍2例、外地户籍5例。完成性病门诊就诊者行为监测263人份，无HIV抗体阳性；梅毒抗体阳性24例，阳性率9.1%；梅毒RPR阳性17例，阳性率6.5%。采集房山区看守所、拘留所、燕山看守所被监管人员血样300份进行HIV抗体检测，其中阳性1例。全区各医院实验室共检测HIV抗体37381人份，阳性13份，阳性率0.35‰。提供免费自愿咨询643人，接受HIV抗体检测619人。完成暗娼人群监测100人份，无HIV抗体阳性，梅毒抗体阳性1例，梅毒RPR阳性2例；吸毒人群行为监测69人份，HIV抗体无阳性，梅毒抗体阳性1例，梅毒RPR阳性1例。

地方病防治。抽取西潞、燕山、史家营、窦店、琉璃河、长阳、闫村、张坊和南窖9个乡镇（街道）288户居民家庭用碘盐进行监测，其中碘盐264份，合格碘盐252份，不合格碘盐12份，非碘盐24份，碘盐中位数28.4mg/kg。碘盐覆盖率91.67%，非碘盐率8.33%，碘盐合格率95.45%，居民合格碘盐食用率87.50%。房山区达到了碘缺乏病消除标准。选择霞云岭、佛子庄2个乡镇8～10岁539人进行甲状腺触诊检查，无甲状腺肿大。为了解房山区煤烟氟情况，调查8～12岁958人，其中轻度氟斑牙24人，患病率2.5%，并对山区629户居民改灶情况进行了解。结果表明：房山区达到消除燃煤污染型地方病氟中毒病区的标准。

学校卫生。中小学生体检6355人，其中营养状况检查5668人，营养不良866人（15.28%），超重728人（12.84%），肥胖1358人（23.96%）；视力体检5958人，视力不良3135人（52.62%），无沙眼患者；检查龋齿5987人，龋患405人（6.76%），龋齿充填率35.64%；贫血体检5958人，贫血91人（1.53%）。

慢性非传染性疾病防治。高血压建档51704人，规范化管理36662人，规范化管理率70.91%；糖尿病建档17155人，规范化管理10933人，规范化管理率63.73%。

公共卫生监测与评价。全区接触有毒有害物质单位982家，职工88086人。全年监测52家，其中合格51家、不合格1家。职工应体检3133人，实检3133人，无职业病发生。培训21家单位93人。

健康教育与健康促进。结合“健康北京人——全民健康促进行动规划”，制订了《房山区健康教育与健康促进十年行动规划》。组建房山区健康教育讲师团96人。开展健教知识培训8场，培训800余人次。全年组织宣传活动20次，覆盖人群10万余人，发放宣传材料60余种18万份。开展健康大课堂139场。在房山电视台《今日卫生》栏目中，播放宣传片7期；在广播电台“养生我知道”栏目播放防病知识2期；在《房山报》进行防病知识宣传26期。利用中国移动平台，向群众发送健康提示等短信20条6万余人次。制作卫生防病宣传展板106块，上街宣传咨询13次，印发卫生防病宣传信息简报30期。

卫生监督 卫生监督检查10325户次，其中检查食品8896户次、公共场所1241户次、生活饮用水188户次，覆盖率98.4%。处罚169户次，罚款33.45万元。

医疗卫生专项检查。检查287户次，取缔非法行医44户次，立案查处1起，罚款3000元，没收医疗器械26件、药品35箱。

公共卫生投诉举报。受理190件（206户），调查处理率100%，回复率100%，结案率96.60%。

大型活动卫生保障。完成大型活动卫生保障25次，保障30800人次，现场快速检测355件样品，实验室检测304件。

妇幼保健 孕产妇系统管理率90.83%，住院分娩率99.95%，高危孕产妇管理率100%，孕产妇死亡率22.54/10万。

儿童保健。0~6岁在册儿童30857人，免费体检35283人次，免费新生儿疾病筛查4512人。儿童氟化泡沫防龋4137人次，儿童窝沟封闭200人，龋齿治疗300人。儿童保健覆盖率97.58%，儿童保健系统管理率94.99%，新生儿疾病筛查率96.14%，出生缺陷监测率100%，出生缺陷发生率16.56%，6个月内母乳喂养率90.60%。围产儿死亡率5.16‰，婴儿死亡率3.16‰，5岁以下儿童死亡率4.73‰。

计划生育技术管理。全年节育手术16920例，节育手术单位管理率100%，节育手术并发症发生率1.18/万。

妇女保健。妇女病普查率65.21%。婚前医学检查617人，婚检率3.47%。

医疗工作 门诊6401858人次，急诊425626人次，留观163441人次，危重症抢救13268人次（门诊、病房），入院93309人次，出院93936人次，病床使用率70.01%，治愈率35.46%，好转率61.16%，死亡率1.29%。住院手术20772例。

院内感染管理。开展了《北京市医疗卫生机构医疗废物管理规定》的宣传和培训，发放宣传画册800张，统一配发医疗废物暂存处标志90块。对辖区5家二级医疗机构进行专项督查，及时发现问题并整改，完成与门头沟区的互查。

病历质控。组织全区16家单位37人参加了病历处方书写规范和医疗纠纷防范培训班。11月，组织全区一级以上医疗机构开展了病历评比活动。

组织32家一级以上医疗单位的35人参加了特殊药品和临床合理应用培训班，严格印签卡的授予。

护理工作。制订了《争创“优质护理服务示范病区”工作方案》，率先在区第一医院、良乡医院和中医医院启动优质护理服务示范病区创建试点工作，落实16项重点任务，规范基础护理工作，夯实护理基础，患者满意率有显著提高。为本区81名护龄满30年的护士颁发了荣誉证书和证章。完成护士首次注册138人、变更注册48人次。

对口支援。1月14日~4月14日，从区内5家二级医院和燕化医院抽调17名医务人员组建北京第七批医疗队，完成对四川省什邡市的医疗援建工作。支援青海省果洛自治州卫生局医疗设备148台（件），价值80.4万元。区内外16家二级以上医院分别与区内4家二级医院和16个乡镇卫生院继续深化对口支援关系。第一医院对长沟中心卫生院、良乡医院对河北中心卫生院开展了首批大型医院与基层医疗单位预约转诊工作。区第一医院对口支援区精神卫生保健院，开展了电抽搐治疗。

血液管理。完成献血2750单位，在良乡医院建立了义务献血登记站。

医学教育 全区社区岗位15个专业240人参加了理论培训。参加市级培训：中医类别全科医师43人、社区7个专业骨干培训12人、全科医师骨干培训4人、社区慢性病管理专家技能培训1人、区县级医院专业骨干培训6人、手足口病和麻疹防治知识师资培训10人、实验室生物安全师资培训6人。医师规范化培训8人。

毕业后教育、继续教育共7320人，其中达标7281人，达标率99.47%。22个社区卫生服务中心有1174人参加岗位培训，达标率99.32%。

乡村医生参加培训838人，达标率100%。

科研工作 全年开展市级科研课题2项、区级6项，完成区级课题5项。

精神文明建设 继续深入开展医院管理年活动。4家二级医院收到锦旗386面、表扬信258封，拒收红包278人次16.57万元。

财务管理 卫生事业费上级拨款71335.4万元，其中专项经费49430万元、中医事业费1765万元、社区卫生服务机构补助费14672万元。卫生事业费总收入229932.8万元，总支出214678.2万元，其中医疗单位业务收入149253万元、业务支出166274.79万元。

基本建设 5月18日，良乡医院门急诊综合楼竣工交付使用，总建筑面积40114.73平方米，地上九层，地下二层，总投资20141.82万元，其中市政府固定资产投资16187万元，征地拆迁补偿费3000万元、地下二层建设费用954.82万元由区内自筹解决。房山区妇幼保健院门诊病房楼总建筑面积19988平方米，地上10层，地下2层，总投资11829万元，建设资金由市政府固定资产投资11529万元，其余300万元由区妇幼保健院自筹，年内完成主体工程建设，正在进行二次结构施工。

（撰稿：张源龙　审核：张进福）

房山区卫生局领导名单

党委书记　吴卫星
副 书 记　张建国　王立平
局　　长　张建国
副 局 长　张淑云　王　东　张金兵　杜国栓
　　　　　　张文艳（自8月）

大兴区

概况 有5个街道办事处、14个镇、119个居民委员会、527个村民委员会，常住人口136.5万人。有卫生机构480家（不含村卫生室），其中非营利性303家、营利性169家、其他8家。卫生人员9130人，其中卫技人员7372人，包括执业（助理）医师2942人、注册护士2639人。实有床位4434张。平均每千常住人口拥有卫技人员5.40人、执业（助理）医师2.16人、注册护士1.93人、实有床位3.25张。

生命统计。出生4232人，出生率7.06‰；死亡3591人，死亡率5.99‰；自然增长率1.07‰。因病死亡3425人，占死亡总数的95.38%。前十位死因顺位依次为：脑血管病，心脏病，恶性肿瘤，呼吸系统疾病，损伤和中毒，内分泌、营养和代谢及免疫疾病，消化系统疾病，泌尿、生殖系统疾病，神经系统疾病，传染病。本区人口期望寿命80.01岁。

获奖情况。被评为首都卫生系统文明单位、政务公开优秀单位、依法行政工作先进单位、综合行政服务工作先进单位、疫苗接种优秀单位、应急管理工作先进单位，获医疗机构医疗服务信息网工作二等奖、北京地区中医医院医疗质量检测工作三等奖。

卫生改革 启动医疗卫生服务共同体试点。区人民医院、亦庄医院、旧宫镇中心卫生院和榆垡镇中心卫生院加入北京大学人民医院医疗卫生服务共同体，借助北京大学人民医院资源优势，提高本区医疗机构的管理水平和服务能力。

加强中医药龙头单位建设，推进广安门医院管理区中医医院进程，建设中医传统治疗区及中华名医墙，对中医医院门诊楼进行了装修改造。落实双向转诊和中医专家巡诊制，提高基层卫生技术人员中医药服务能力。

落实绩效管理政策。以岗位设置管理为基础，22家公共卫生机构和基层医疗卫生单位实行绩效工资，人员待遇大幅提升。完善绩效考核工作机制，加强绩效考核工作力度，在基层医疗卫生单位初步建立起以服务质量、服务数量和群众满意度为核心的绩效考核机制。

社区卫生 完善社区卫生服务网络，对接亦庄开发区3家社区卫生服务站。不断完善社区卫生服务内涵建设，开展社区卫生服务机构与大型医院预约转诊服务，引导社区居民有序就医。规范健康档案管理，提高电子健康档案建档率。开展老年患者优待服务，全年接诊69万人次，免收门诊挂号费36万人次18万元。对1000名居民开展脑卒中筛查及干预。培养慢性病防治家庭保健员2006人，规范慢病管理，管理高血压等4种慢性病4.21万人。

开展岗位培训。全年有182人取得合格证书，其中39人取得全科医师证书、59人取得社区护士证书、14人取得防保医师证书。举办社区全科医生公益性培训5次，共培训553人次。加强社区信息化建设及常规数据监测，组织培训5场142人次。34名社区卫生服务机构人员参加市级社区卫生管理干部培训。落实市级中医药“回归扎根”工程，完成48名中医类别全科医师的培训。

农村卫生 有村卫生室245个，全部为村办。乡村医生269人，诊疗247680人次。为446人（含社区卫生服务站人员）换发了新的《乡村医生执业证书》，对403名在岗执业注册乡村医生进行了考核，乡村医生岗位培训362人次。落实388名承担公共卫生任务乡村医生的岗位待遇。为117名符合条件的乡村医生补办了参保手续。

新型农村合作医疗。参加新型农村合作医疗29.49万人，参合率97%。每人筹资520元，其中个人负担60元、市区两级政府负担460元。8.5万人次报销医药费16613.7万元，报销5000元以上8432人次9730.3万元。住院补偿率64%，与上年基本持平。

疾病控制 报告乙丙类传染病20种9001例，发病率1011.35/10万。其中乙类传染病2041例，发病率229.33/10万；丙类传染病6960例，发病率782.02/10万。报告性病284人，发病率33.18/10万；艾滋病病毒感染者和患者55例，发病率6.43/10万。处理犬咬伤13739人次，接种狂犬疫苗和抗狂犬病血清/球蛋白124549人次。成立传染病疫情处理小分队2支，在区人民医院、北京仁和医院设立了腹泻病监测点，开展多病原监测，采样344件，检出56株痢疾杆菌。开展食品及外环境急性肠道感染的监测，采样1190件。对手足口病疫情进行高频次分析，调查重症病例58例（死亡1例），停班35个，停园6所，未发生手足口病暴发疫情。全年接种流感疫苗103530人。诊断结核病259例；新生儿卡介苗接种13362人，门诊PPD监测试验5824人，大学一年级学生PPD监测11599人。

地方病防治。开展枯水期水氟含量监测，共采样64件，合格62件，合格率97%。丰水期水氟含量监测，共采样64件，合格63件，合格率98%。开展碘盐监测，宾馆饭店、托幼机构、中小学校等监测合格率96%，居民户碘盐监测合格率100%。开展育/孕龄妇女尿碘含量及甲状腺肿大发病情况监测，孕妇尿碘合格率52%，育龄妇女尿碘合格率61%，无甲状腺肿大。

精神卫生。全区有精神病患者2553人，其中重性精神病1883人。全年免费给药458人，访视12276人次。开展全国重性精神疾病管理治疗项目，入组筛查1360人次，随访病人5436人次，应急处置30人次，紧急住院治疗33人。

学校卫生。对77所中小学校开展了学生常见病防治、传染病防控工作指导。对全区学校校医、保健老师开展业务培训2场。开展“小手拉大手，全家关注腰围”的活动，向全区94所小学（包括村小学）发放健康腰围尺4万余个。开展了“我的视力我做主，健康用眼每一天”——《爱眼日记》保护视力活动、“拒吸第一支烟”签名活动和“我要健康成长·我爱无烟环境”主题绘画征集活动及口腔保健宣传活动。学校物质环境卫生学监测，覆盖率100%。开展了大兴区学生健康监测、学校传染病管理监测、青少年健康危险行为监测、学校控烟工作效果评估及中小学生烟草使用行为和相关因素监测。

慢性非传染性疾病防治与管理。继续开展高血压、糖尿病、超重肥胖规范化管理和慢病综合干预项目。开展了全民健康生活方式行动、脑卒中筛查与防控项目。完成全国慢性病预防控制能力问卷调查。

计划免疫。预防接种建卡36522人，建卡率100%。卡介苗接种率98%，脊灰疫苗99.96%，百白破99.98%，麻疹99.93%，乙肝疫苗99.85%，风疹99.93%，流腮疫苗99.91%，乙脑疫苗99.98%，流脑疫苗99.82%。

公共卫生监测与评价。全区接触有毒有害因素单位1875家，接触有毒有害因素人数30796人。对65家单位开展检测，其中检测点数670点，检测件数2649件，合格2333件，合格率88.1%。开展建设项目职业病危害控制效果评价3个。职业健康体检单位241个6259人。接报职业病发病报告51例，尘肺6例（新病例5例）。对60个有毒有害因素单位的284名从业人员进行了培训。

健康教育与健康促进。对健康促进学校、医院、示范村、健康社区进行了督导。申报健康示范村8个、健康社区6个，培训100人次。36所学校通过市级健康促进学校验收，对已挂牌、缓验及新申报学校共66所67个校区开展了健康促进学校工作指导。推进6所二级医院申报市级健康促进医院。区疾控中心和林校路街道办事处被列入工作场所健康教育示范点，开展了控烟工作培训。发放宣传品24种125983张；开展培训6次810人次；区级宣传咨询活动16次，参与2070人次；以基层单位、社区站医生为主要师资开设健康知识讲座193次，参与6999人次。

卫生监督 公共卫生专项检查。全年办理许可1767户，其中新办655户、延续954户、变更158户。开展学校食堂、工地食堂、轨道交通工地食堂、餐具集中消毒、大型商场集中空调专项、农村饮用水、游泳场馆专项等公共卫生专项整治行动30余项。监督餐饮服务单位10158户次，行政处罚226起，罚款46.9万元；评审食品量化分级单位1826个，其中A级89个、B级867个、C级870个。监督公共场所2023户次，行政处罚25起，罚款1.18万元；完成290个公共场所量化分级，其中A级22个、B级151个、C级117个；完成游泳场馆100%、住宿场所100%、沐浴场所20%的量化分级评审。监督生活饮用水442户次。完成食品抽检653件，合格631件，合格率96.63%；公共场所抽检180件，合格179件，合格率99.4%；生活饮用水抽检78件，合格59件，合格率75.64%，不合格指标主要为细菌总数和大肠菌群。现场快速检测180件，合格率100%。

医疗卫生专项检查。开展医疗机构血液透析和临床用血安全、肠道门诊和麻疹疫苗接种、临床试验室、打击违法发布医疗广告、消毒产品等专项检查6次。监督医疗机构1097户次、传染病与消毒614户次、母婴保健26户次、血液管理31户次。实施行政处罚38起，罚款9.82万元。受理非法行医投诉案件153件，结合日常监督取缔非法行医221户次，依法收缴非法药品5000余公斤、医疗器械240余件，立案处罚24户次，已经缴纳罚款11户，罚没款47785元；向公安局移送2起非法行医刑事案件。

公共卫生投诉举报。全年各类投诉举报276件，处理率100%，反馈率100%。

大型活动卫生保障。完成春节、大兴区两会、第二十二届大兴西瓜节、大兴区桑葚节等重大活动卫生监督保障10余项。

卫生监督人员培训。组织突发事件调查处理程序、《餐饮服务监督管理办法》、医疗机构执业规范、非法行医现场处理要点、公共场所量化分级管理要点等培训20余次。

爱国卫生 落实《健康北京人——全民健康促进十年行动规划》。整合健康教育师资队伍，建立了大兴区健康教育师资库，深入农村、社区开展健康教育与促进活动460余场，受众6万人次。新建扩建联村水厂3座，改造单村水厂10座。完成改厕1.62万座。

妇幼保健 孕产妇4686人，产前检查率99.62%，建册率99.51%；高危孕产妇发生率49.81%，管理率100%；住院分娩率100%；产后访视率98.14%；孕产妇系统管理率97.87%；围产儿死亡率5.27‰。强化危重孕产妇管理，制订产科质量管理规定，成立了产科质量管理专家委员会，畅通区内危重孕产妇转会诊绿色通道。推广妇幼保健综合信息系统，管理儿童7708人、孕妇7142人。流动人口妇幼保健服务试点项目已进入终期评估阶段。亦庄医院二级助产机构通过了市级考核验收。为2257名孕妇免费发放了叶酸，农村孕产妇住院分娩补助1579人。

儿童保健。儿童保健覆盖率100%，儿童系统管理26833人，管理率97.38%；体弱儿管理率100%；新生儿疾病筛查率99.44%，访视率97.61%，听力筛查率100%；新生儿母乳喂养率96.83%，6个月内母乳喂养率95.04%，6个月内纯母乳喂养率78.09%。新生儿死亡率1.69‰，婴儿死亡率3.39‰，5岁以下儿童死亡率4.45‰。

计划生育技术管理。完成全区15家助产机构的复验，为1家新申请计划生育技术服务机构颁发了母婴保健技术执业许可证。全年计划生育手术24547例，手术并发症3例，发生率1.2/万。

妇女保健。婚前医学检查690人，检查率4.19%，疾病检出率15.94%。妇女病普查率66.54%，妇女病患病率29.72%。

医疗工作 完善医疗质量管理专家委员会，修订医院医疗质量评价标准，开展两轮医疗质量检查。加强8个区级重点学科建设，周期3年，每学科每年给予8万元资金支持。辖区7家二级医院开通了电话预约挂号服务。

全年诊疗689.59万人次，其中门诊560.69万人次、急诊59.70万人次、留观11.54万例、健康检查33.43万人次。急诊抢救11412人次，住院危重病人抢救859人次。住院81397人次，出院81099人次，病床使用率76.61%，治愈率49.6%，好转率45.01%，病死率1.35%，出入院诊断符合率

99.72%。住院手术30039例，住院手术前后诊断符合率99.76%，病理检查与临床诊断符合率84.85%。

院内感染管理。全年开展检查2次，并将结果及时反馈。开展医疗废物自查、检查和互查，强化各医疗机构安全责任意识，提高医疗废物、医院感染管理整体水平。

病历质控。全年培训150人次。开展病历质量评比活动，评选出二级医院获奖病历28份、一级医院获奖病历16份。

护理工作。重点开展以夯实基础护理、提供满意服务为主题的优质护理示范工程创建活动。简化护理文件书写内容，推行表格式护理文书。举办护理管理培训班，培训护理骨干150余人。

对口支援。将到基层医疗机构服务情况作为职称晋升、岗位晋级的基本条件，二级医院、疾控中心等单位1068名中级以上职称医务人员累计支援基层医疗机构2.29万天，抢救危重病人184人次，帮助基层单位开展新业务7项，门诊诊疗2.95万人次。

血液管理。重新核定应急无偿献血志愿者队伍成员信息，建立3269人的应急队伍。加大对区内用血医疗机构、街头采血点的监督检查力度。全年街头自愿无偿献血23255单位、团体无偿献血1866单位。临床用血15598.5单位。

完成麻醉药品、第一类精神药品购用印鉴卡审批2起，办理印鉴卡变更4起，办理项目9项。为127名培训考核合格的医师授予麻醉药品和第一类精神药品医师处方权资格。

医疗设备总资产37756.62万元，本年度新增万元以上设备352台（件）。

医学教育和人才培养　全年送出进修骨干95人，住院（专科）医师培训36人，社区卫生服务康复、口腔等7个专业骨干7人，全科医生转岗培训6人，中医类别全科医师转岗培训48人，培养基层医疗机构临床体格检查骨干师资72人，在岗培训基层医疗卫生机构人员4.66万人次。

科研工作　在研科研项目43项，获批首发基金3项，申报市卫生局适宜技术推广项目3项。

精神文明建设　深入开展创先争优活动，建立定期考察调研基层党建和领导班子成员定点联系基层单位制度、书记例会制度和党员活动日制度。制订基层干部选拔任用意见，完善领导干部选拔任用工作机制。加强后备干部管理，充实后备干部人才库。采取多种形式加强基层管理干部培训，注重提高领导干部整体素质，对各单位党政一把手和局机关科级以上干部开展了集中培训。严格执行党风廉政建设责任制，按照“一岗双责”的要求，各单位领导班子成员坚持既抓业务、又抓党风廉政建设，保证党风廉政和反腐败工作的有效开展。组织30家单位6000余人进行5类风险点查找，明确3种权力和2个领域为卫生系统风险防范的重点，并针对风险点完善有关廉政风险防范管理工作制度340项。

财务管理　卫生事业费上级拨款36993.18万元，支出33519.67万元；业务收入111435.51万元，业务支出107236.61万元。

基本建设　完成卫生三合一工程外装修，改造8家医疗卫生机构的污水处理系统。

“十一五”回顾　以“一个机制、五个体系”为主要框架的公共卫生体系、机制建设有序推进。爱国卫生工作取得长足进展，成功创建了北京市卫生区。

加强卫生基础设施建设，筹资近8亿元实施区人民医院急诊科教楼，中医医院、红星医院病房楼和各社区卫生服务中心等新建改造项目，新建改造面积约16万平方米。投入医疗设备购置资金2亿元。探索与优质资源合作新模式，区人民医院成为首医燕京医学院附属医院，与北京大学人民医院建立了医疗卫生服务共同体。对瀛海、黄村、亦庄、魏善庄4镇卫生资源实施了整合。

落实事业单位岗位设置管理和公共卫生机构、基层医疗卫生机构绩效工资制度。将人才培养纳入政府实事，每年培养学科带头人和业务骨干60名以上。通过加强成熟人才引进力度、积极开展人才资助、参与高层次人才遴选等方式，培养了一批专业人才和学科带头人。

落实收支两条线、岗位设置管理等社区卫生改革措施。“十一五”期间，零差率药品销售累计让利群众3286万元；培养社区慢性病防治家庭保健员5300人。

落实中医医院绩效管理，改革运行机制。加强中医适宜技术师资基地和教学基地建设，中医医院被列为全国中医医院创建中医文化重点建设单位。实行中医药专家巡诊制度，开展疑难病会诊，推广中医适宜技术。中医药在医疗卫生服务中的作用进一步发挥，成功创建了全国农村中医工作先进区。

新农合筹资水平与参合率稳步提高，将新农合资金纳入区社会保障基金财政专户，建立风险调剂资金制度，镇级医疗机构实现住院费用直报。实施参合农民白内障患者复明工程。“十一五”期间，累计补偿28.81万人次4.45亿元，参合农民住院补偿率62%。

加强成本控制意识，降低运营成本。通过联审互查等形式，规范财务管理和会计核算。以强化服务质量为重点，成立大兴区医疗服务质量管理专家委员会，试行大兴卫生首席专家制，举办医疗质量管理论坛，服务能力稳步提高。“十一五”期间，全区总诊疗 2997.56 万人次，健康体检 162.39 万人次，出院 33.16 万人次。

（撰稿：施春杰　审核：刘　华　杨福祥　马燕珠）

大兴区卫生局领导名单

党委书记　李颖华
副 书 记　刘　华　李振新
局　　长　刘　华
副 局 长　杨福祥　焦　昕　马燕珠　李爱芳　牛祥君

通州区

概况　有 11 个乡镇、4 个办事处、480 个自然村，常住人口 118.4 万人。有各类医疗机构 612 个，其中营利性 45 个、非营利性 567 个。三级医疗机构 1 个，二级医疗机构 6 个，一级医疗机构 25 个（含 18 个乡镇卫生院），村卫生室 355 个，门诊部 41 个，诊所、卫生所、医务室 100 个，社区卫生服务站 76 个，其他 8 个。有卫生技术人员 5878 人，其中执业（助理）医师 2381 人、注册护士 2058 人。实有床位 2608 张。平均每千常住人口拥有卫技人员 4.96 人、执业（助理）医师 2.01 人、注册护士 1.74 人、床位 2.20 张。

生命统计。出生 4685 人，出生率 7.06‰；死亡 4500 人，死亡率 6.78‰，人口自然增长率 0.28‰。前十位死因顺位依次为：心脏病，脑血管病，恶性肿瘤，呼吸系统疾病，损伤和中毒等外部原因，内分泌、营养和代谢性疾病，消化系统疾病，泌尿、生殖系统疾病，传染病，神经系统疾病。

卫生改革　年内，成立了由局长任组长的深化医药卫生体制改革领导小组，学习《北京市 2010—2011 年深化医药卫生体制改革实施方案》，制订了《通州区深化医药卫生体制改革方案》。

全年引进副高级以上职称的专业技术人员 14 人，接收应届毕业生 344 人，其中本科以上学历 164 人，占 47.7%。潞河医院依托首都医科大学举办首届研究生班，招收 86 人为首都医科大学硕士班学员，为培养博、专兼顾的复合型科技人才奠定基础。

社区卫生　现有标准化社区卫生服务中心 18 个，经科学整合后社区卫生服务站 135 个。社区卫生服务机构覆盖全区 4 个街道和 11 个乡镇，基本满足远郊平原出行 20 分钟可及社区卫生服务的目标。

试点家庭医生式服务模式，全区 18 个社区卫生服务中心由 480 名医务人员组成 127 个社区卫生服务团队，通过走访宣传、制作社区卫生服务团队公示展板、下发《致居民一封信》、制作家庭医生联系卡等多种形式，让百姓了解家庭医生式服务模式。

为推进大型医院与基层医疗卫生机构建立分级诊疗和双向转诊机制，引导社区居民常见病、多发病在基层医疗机构得到解决，通州区被列为第二批试点区县，开展转诊预约试点工作。10 月 19 日，潞河医院与 18 个社区卫生服务中心签订了转诊预约协议。截止到 12 月 31 日，本区累计转诊预约患者 12 人次，转诊预约成功率 100%。

为加强社区常见病的诊治水平，组织全科医师公益性培训 5 场；11 个岗位资质培训，38 名全科医生、40 名社区护士、28 名防保医师及防保人员、41 名其他岗位人员取得相应的社区岗位资格证；组织社区在岗人员培训 4 场，共 273 人次参加；社区护士岗位培训 61 人，累计 100 学时，经考核 40 人取得市卫生局颁发的合格证书。

农村卫生　年内，完成 496 名乡村医生年度考核、基本待遇的统计及经费分配发放，23 人基本信息的核实和组织趸缴工作；522 人次参加乡村医生规范化培训 60 学时。乡镇卫生院和村卫生室均属非营利性非政府办医疗机构，覆盖率 74.2%。

新型农村合作医疗。参加新农合 335682 人（包括低保人员 7137 人、优抚人员 760 人），参合率 98.6%。人均筹资 520 元，其中市、区级财政每人补助 315 元，乡镇财政每人补助 140 元，农民每人 65 元，筹资总额 17455.46 万元。本年度累计报销 31.95 万人次，发放报销款 17100 万元，其中领到 5000 元以上报销款的 5507 人。

疾病控制　年内，以防治霍乱、手足口病为重点。报告法定传染病2类21种，发病12100例，死亡12例，总发病率1311.10/10万，总死亡率1.03/10万，总病死率0.10%。与上年相比，总发病率上升12.32%，总死亡率下降55.50%，总病死率下降64.73%。痢疾1519例，死亡1例，发病率115.9/10万；手足口病4652例，其中重症52例，死亡2例，发病率355.2/10万。25家流感样病例监测哨点医院共监测病例1499417例，其中流感样病例23142例，流感样病例就诊比例为1.54%。

地方病防治。完成碘盐、水氟含量、儿童氟斑牙情况、人间布氏杆菌感染状况的监测。开展育龄及妊娠妇女碘营养状况调查，共采集孕妇尿样200份，尿碘含量中位数为179.0μg/L；采集育龄妇女尿样202份，育龄妇女尿碘含量中位数为326.0μg/L。开展学龄儿童碘缺乏病现状调查，在区内选择历史上病情较重或碘盐覆盖率较低的乡镇，对200名8～10岁小学生做甲状腺触诊和尿碘检测，其中14人尿碘含量小于100μg/L，占7.0%，1人尿碘含量小于50μg/L。

学校卫生。贯彻落实《学校卫生工作条例》，做好学生常见病的防治，对9所监测点学校的学生开展健康检测，项目包括身高、体重、血压、肺活量、口腔、沙眼、视力、内科、血红蛋白、肝功能（住宿生）等。对13所各类学校开展学校传染病管理现况调查，通过开展学校控烟、青少年健康危险行为因素监测、学校传染病防控督导、爱眼日记、学校教学环境检测、校医岗前培训等活动为大中小学生营造健康的成长环境。

公共卫生监测与评价。全年报告法定职业病44例（9例疑似），其中尘肺28例，包括石棉肺19例，矽肺、煤工尘肺和电焊工尘肺各1例，铸工尘肺2例（1例疑似），其他尘肺4例；其他职业病16例，包括职业性噪声聋4例（2例疑似），职业性苯中毒6例（均为疑似），职业性丙烯酰胺中毒6例。农药中毒46例，死亡8例。接受153个用人单位委托进行粉尘、苯系化合物、盐酸、汽油等34个项目的职业病危害因素现场采样、检测，共检测样品6330件，超标样品663件，超标率10.47%。

慢病管理。制订了高血压、糖尿病、肥胖干预管理，落实全国伤害医院监测、中国慢病监测、北京市脑卒中筛查方案，进一步加强网络建设，深入开展送健康知识进社区活动，结合本区特点，完成3个国家项目、3个北京市疾控项目。

计划免疫。全年接种一类疫苗644062人次、二类疫苗141301人次。常规基础免疫接种率和加强免疫接种率均超过99.80%。接种甲型H1N1流感疫苗121090人次，其中中小学生及教职工54684人次、大学生及教职工12720人次、医务人员5157人次、公共服务人员9139人次、国家公务员3022人次、60岁以上老年人10136人次、其他人群26232人次。为建筑工地、大型建材城等93家集中用工单位接种麻疹疫苗11045人次，接种率93.86%；A+C流脑疫苗10611人次，接种率94.21%。

结核病防治。全年确诊结核病341例，全部进行了登记管理，监化治疗率100%。除4例病人回原籍、4例病人外出未及时返回外，其他病人都得到及时规范的治疗，规范治疗率97.7%。卡介苗门诊完成结核菌素（PPD）监测12545人次，补种卡介苗2810人次，微量元素检查4833人次。完成8所大学及潞河中学新疆班7803名学生PPD强阳性监测，检出感染者1139例，发现活动性肺结核5例，全部进行治疗管理。

精神卫生。全区有重性精神病患者1560人，免费给药360人，完成精神卫生流行病学调查855人。

健康教育与健康促进。健全健康教育网络，有以区委宣传部、安监局、文明办、4个街道办事处及11个乡镇、教委、商务局、卫生局为牵头单位的通州区健康教育二级网络和所属单位的健康教育三级网络。开展了社区、学校、医院、公共场所健康教育和控烟教育活动。利用通州区电视台、广播电台和报纸等开展多渠道、多方面的健康知识宣传，累计播发健康教育类新闻1410余条（次）、专题840组（次）。在社区、广场、公交车站制作宣传橱窗和宣传栏200余个，喷制大型健康教育文化墙800平方米。

卫生监督　有餐饮服务单位3036个，其中餐饮单位1758个、集体食堂757个、集体用餐配送单位11个、现场制售单位510个。监督检查餐饮服务单位3688户次，合格率96.4%。行政处罚132起，停业整顿12户，吊销卫生许可证1户，取缔无证经营32户。

有各类公共场所1692个，其中旅店212个、公共浴池170个、理发美容业1201个、娱乐场所80个、游泳场所12个、商场（店）书店17个。监督检查各类公共场所2224户次，合格2166户次，合格率97.4%。

饮用水卫生。有供水单位262个，其中市政供水2个、乡镇小型水厂18个、二次供水77个、自备水源供水75个、农村改水单位90个。监督检查372户次，合格362户次，合格率97.3%。

医疗卫生专项检查。监督检查各类医疗机构641户次，发现7家医疗机构存在聘用非卫生技术人员、超范围开展诊疗活动等问题，及时进行立案查处，没收违法所得8836.04元，罚款68292.12元。开展医政血液监督641户次，合格634户次，合格率98.9%。取缔非法行医122户次，立案处罚43户次，没收各类器械13件、药品157箱。开展大规模联合执法7次，向公安机关移送案件2件。

公共卫生投诉举报。年内，受理举报投诉咨询271件，其中食品卫生安全157件、公共场所19件、生活饮用水27件、医政65件、传染病消毒3起，处理率100%。

大型活动卫生保障。完成韩国首尔特别市九老区高中生代表团交流、北京轨道交通建设亦庄线通州段等大型活动及会议期间食品安全保障10项，保障2090人次。

卫生监督人员培训。组织各级专业培训20场300人次。

爱国卫生 投资3000万元，完成72条小街小巷、5000个老旧楼门改造，开展7000多个楼门文化建设。聘请3家A级资质的专业消杀公司进行公共场所消杀，200名社区志愿者进行社区楼门、平房统一消杀。完成8个乡镇100个村的户厕改造36819座，经验收均达到标准。

创建国家卫生区。经专家组对健康教育、餐饮卫生、公共场所与生活饮用水、传染病防治等方面的验收考核，本区达到国家卫生区标准，进入国家卫生区行列。

控烟。在4个街道办事处、52个居委会、50余所中小学校、22家医疗机构发放控烟海报1000余张、报刊10000份，制作“性别与烟草”为主题的宣传条幅30余幅，11家医疗机构印制了控烟健康教育处方，利用电视、显示屏等多媒体向患者进行控烟知识宣传。

妇幼保健 妇女病普查应查245603人，实查71869人，普查率29.26%。其中患病28958人，患病率40.29%。乳腺癌9人，宫颈癌2人，全部进行了治疗。全区孕产妇4649人，系统管理4620人，管理率99.38%；高危孕产妇住院分娩率100%；孕产妇死亡2人，死亡率42.69/10万；享受农村孕产妇住院分娩补助454人；为待孕妇女免费发放叶酸增补剂2350人。

儿童保健。围产儿死亡率5.53‰，出生缺陷发生率7.62‰，婴儿死亡率3.84‰，5岁以下儿童死亡率5.34‰，0~6岁儿童保健管理率98.38%，3岁以下儿童系统管理率95.72%，高危儿智力筛查覆盖率100%。

计划生育技术管理。全年计划生育手术22130例，无并发症。婚前检查登记14662人，实检658人，婚检率4.49%；检出疾病189人，检出率28.72%。

医疗工作 门诊4130893人次，急诊689767人次，急诊抢救5461人次，抢救成功5263人次，抢救成功率96.37%。入院63706人次，出院63504人次，住院危重病人抢救2423人次，抢救成功2004人次，抢救成功率82.71%。病床使用率82.34%，治愈率60.01%，好转率34.07%，病死率1.52%。住院手术16823例。

院内感染管理。院感专家组对区内医疗机构督察100余家。完成市血透质控中心专家对潞河医院、中医医院血透室的准入检查。参加手术室医院感染控制培训110人次。医院感染率0.13%。

病历质控。10~12月，组织一二级医院开展病历质量评比活动，通过抽取病历、专家集中评审、打分等环节，在6家二级医院中潞河医院、妇幼保健院并列第一，新华医院第二；18家一级医院中甘棠卫生院第一，永乐店卫生院第二，张家湾卫生院第三；12名医师获得病历评比优秀个人奖。

医疗质量管理。调整、新建了全区临床、护理、院感、医疗文书、药学、检验、影像7个质量控制与指导组。制订了本年度“医疗质量万里行”活动方案，成立了领导小组，组织专家组对区内29家一二级医院“医疗质量万里行”活动进行了督查、评价和指导。

护理工作。区内6家二级医院中5家开展了6个优质护理示范病区，开展优质护理服务率83%；一级卫生院中的梨园卫生院开展了优质护理示范病区。6家二级医院与市护理质量控制中心签署了《护理不良事件上报保密协议书》。有42名护龄满30年的护理工作人员获得荣誉证书、证章。

全年审批新医疗机构7个，其中门诊部3个、内部医务室（卫生站）1个、村卫生室3个。机构变更394家，校验604家。对辖区内医疗机构进行了清理整顿，注销医疗机构14家，规范诊疗科目4家。

对口支援。潞河医院、中医医院、妇幼保健院共接收市级医院支援医师27人，其中副主任医师16人、主治医师11人；接收受援医院进修医师5人；举办学术讲座7次；完成手术32例；举办教学查房386次。

取得麻醉药品、第一类精神药品购用印鉴卡的医疗机构27家，培训医务人员352人，进一步规范了特殊药品的合理应用。

血液管理。全年采血177257单位，比上年增长11.43%；其中全血162459单位，比上年增长8.62%；成分血14798单位，比上年增长12.92%。检验血液标本100365人次，比上年增长10.9%。实现了3个100%：市疾控中心多次组织HIV室间质评检测，结果符合率100%；市卫生监督所抽检合格率100%；卫生部抽检合格率100%。全年制备悬浮红细胞118877单位、洗涤红细胞2288单位、去白悬浮红细胞43098单位、冰冻红细胞219单位、解冻去甘油红细胞239单位、浓缩血小板5608单位、冰冻血浆159823单位。供应各类红细胞156539单位、全血367单位、血浆152713单位、单采血小板14749治疗量、浓缩血小板3654单位。无偿献血者满意度97.95%，用血医院满意度96.57%。

医学教育　全区4089名专业技术人员继续医学教育参与率100%，72学时25学分达标率99.8%。年内，参加3年专科医师规范化培训42人、3年西医全科医师规范化培训6人、中医全科医生转岗培训6人、中医类全科医师规范化培训21人、中医类专科医师规范化培训25人。参加市卫生局组织的中法临床急救骨干培训49人，并取得合格证书。专业技术人员参加学历教育326人，其中大专学历教育172人、本科学历教育154人。

科研工作　申报国家级科研项目1项、省市级17项。潞河医院的“生物清创的实验研究”获北京市科学技术三等奖；申报区级科技奖15项，获科技二等奖7项、三等奖5项。申报区级科研课题10项，取得科研经费20万元。潞河医院的王江宁、杜会山，妇幼保健院的张凤清被评为区级优秀科技带头人。全年发表论文122篇，其中国家级刊物55篇、省市级刊物67篇。

财务管理　年内，财务管理单位32家，其中行政单位2家、卫生单位5家、医疗单位25家。全年总收入204918.79万元，其中财政补助65597.52万元、医疗卫生事业收入136960.06万元、其他2361.20万元。总支出203545.86万元，其中财政补助支出70984.05万元（含上年财政专项结余4944.42万元）、医疗卫生事业支出132561.81万元。

（撰稿：田剑韦　审核：朱立新）

通州区卫生局领导名单

党委书记　马月明
局　　长　白玉光
副 局 长　蒲朝增　田春华　蔡力凯　马春光

昌平区

概况　有15个镇、2个街道办事处、177个社区居委会、303个村民委员会，常住人口166.1万人。医疗机构517个，其中营利性255个、非营利性257个、其他5个。卫生技术人员7818人，其中执业（助理）医师3106人、注册护士3023人。实有床位7457张。平均每千常住人口拥有卫生技术人员4.71人、执业（助理）医师1.87人、注册护士1.82人、床位4.49张。

生命统计。出生3972人，出生率7.52‰；死亡3315人，死亡率6.28‰；自然增长率1.24‰。死因顺位前十位疾病为：脑血管病，心脏病，恶性肿瘤，呼吸系统疾病，损伤和中毒等外部原因，内分泌、营养和代谢性疾病，消化系统疾病，泌尿、生殖系疾病，传染病和寄生虫病，神经系统疾病。

获奖情况。年内，被评为北京市人口和计划生育工作先进集体，在无偿献血工作中考核成绩优秀，被评为疫苗接种优秀单位，获北京市卫生统计工作先进单位二等奖；昌平区妇幼保健院周霞被评为北京市先进工作者。

卫生改革　年内，成立了医改办公室，完成《昌平区2010—2011年深化医药卫生体制改革实施方案》《昌平区深化医药卫生体制改革2010年主要工作安排》等相关文件的起草、制订。完成全年各项医改任务。

积极引进各类卫生人才，改善人才结构。年内，引进3名高级职称专业人才和学科带头人，接收162名北京地区毕业生、83名非北京生源毕业生，其中研究生以上学历55人、本科学历46人。

社区卫生　社区卫生服务中心规划16个，社区卫生服务站规划121个。全年卫生人员培训2083人次，其中社区卫生服务管理干部72人次、社区卫生服务人员岗位培训549人次、社区医务人员慢性病防治知识（高血压、糖尿病等）培训390人次、全科医生公益性培训600人次、全科医学及相关专业培训423人次、中医全科医师培训49人次。

农村卫生　注册村卫生室314个，均为村委会办，分布在227个行政村，覆盖率75%。注册乡村医生383人，参加为期5年的乡村医生岗位培训337人。

新型农村合作医疗。参加新农合19.59万人，占应参合农业人口的98.35%。筹集统筹资金10186.12万元，报销16.9万人次11144.8万元。全区新型农村合作医疗定点的一级医院（社区卫生服务中心）全部实行门诊即时结算，并在昌平区医院、华一医院开展出院即报试点。全年出院即报、随诊随报7万人次，报销审核资金2061.7万元。

疾病控制 全年召开防病工作例会5次，完成基层卫生机构卫生防病专业培训64次4720人次，开展各类督导检查16项32次，对基层医疗机构卫生防病考核2次。

传染病防治。报告乙丙类传染病23种12995例，发病率1678.48/10万，发病率上升前三位的为：麻疹、手足口病、百日咳。传染病死亡11例，死亡率1.42/10万。

结核病防治。疑似肺结核报告1658例，确诊1415例，需追踪核实243例，追踪到位182例，追踪到位率74.90%。入学新生结核病监测6.2万人，发现活动性肺结核80例。全区治疗管理487人，其中涂阳84人，治愈200人。

性病、艾滋病防治。全年发现艾滋病病毒感染者及病例75例，其中59例为新报告病例，报告新发感染率7.62/10万。其中本区检出感染者8例。网络报告率、网络报告及时率及个案流调完成率均100%。完成12个哨点监测人群7类6838人次，其中检出HIV 2例、梅毒（ELISA）56例、梅毒（RPR）29例、HCV 18例。571人自愿进行艾滋病和梅毒免费检测，检出艾滋病病毒阳性7例，阳性率1.23%。完成7821名孕产妇母婴阻断筛查，未发现阳性病例。完成被监管人员艾滋病及梅毒抗体筛查1754人，HIV检出率0.06%（1/1754），梅毒（ELISA）阳性率1.94%（34/1754）例，梅毒（RPR）阳性率0.86%（15/1754）。10家HIV初筛实验室完成HIV初筛检测32739人次，其中检出HIV阳性15例，检出率0.05%。

狂犬病免疫预防。9家狂犬病免疫预防门诊全年接诊动物致伤者17059人次。

19家医疗机构开展禽流感高危人群监测1264594人次，8家医疗机构开展流动人口流感样病例监测978116人次，无流感、禽流感、不明原因肺炎病例报告。22家监测单位共监测流感样病例1122667例，发现流感样病例2352例，流感样病例占就诊总病例的0.21%。

手足口病防治。全年发病5806例，死亡5例。报告手足口病多发及暴发疫情221起，涉及手足口病例893例。

地方病防治。采集居民户碘盐样品323件，碘盐覆盖率99.65%，合格碘盐食用率98.61%。完成育龄妇女、孕妇、哺乳妇女、学龄儿童、婴儿等重点人群碘营养状况监测628人，监测人群尿碘水平均达到国家标准。枯水期和丰水期共采水80件，水氟含量高于正常值的为南口镇四桥村。对小汤山镇马坊小学4个高氟村和后白虎涧小学的学生进行氟斑牙检查，共检查226人，氟斑牙患病率23.45%。

精神卫生。全区有精神病人3526人，患病率3.21‰，治疗1286人，管理率100%。

学校卫生。中小学生健康体检51299人，体检覆盖率100%。体检结果显示，中小学生营养不良、肥胖、超重以及视力不良检出率均呈上升趋势。对21所中小学校的教学环境卫生检测40件，合格率较高的有教室人均面积和环境噪声。

慢性非传染性疾病防治与管理。全年规范化管理糖尿病59人、糖尿病高危人群117人，规范化管理高血压及高危人群161人。对管理人群进行了检测及行为干预。

计划免疫。全区接种一类疫苗485451人次，接种率99.98%。入托、入学儿童接种证查验疫苗补种10925人次，补种率85.12%。麻疹疫苗强化免疫接种131459人，其中本市儿童52208人、流动儿童79251人，全区报告接种率98.89%，各年龄组和镇（街道）报告接种率均在95%以上。调查学龄前流动儿童57525人，其中无卡1060人，无卡率1.84%，补卡率100%；无证107人，无证率0.19%，补证率100%；强化查漏补种1619人次，补种率100%。应急接种11356人次。

公共卫生监测与评价。开展职业病危害因素检测78个单位345个作业点2289件样品，点合格率78.0%，样品合格率88.3%。职业健康检查163个单位7406人，检出职业禁忌证178人、其他异常3443人，未检出疑似职业病人。举办职业卫生培训班1期，84人次参加。完成放射卫生检测33个单位54台设备54个场所，其中状态检测41台，一次合格率95%；验收检测13台，一次合格率77%；场所检测54个，一次合格率100%。完成67个单位1029人次的个人剂量检测。完成各类生活饮用水检测977户，检测样品1538件，合格1090件，合格率70.87%。公共场所卫生检测13976件，合格13429件，合格率96.09%。食源性致病菌监测样品127件，检出食源性致病菌15件，检出率11.81%。

化学污染物监测样品155件，其中金属污染物监测样品95件中13件超标；60件监测农药残留样品中18件检出农药残留成分，检出率30%。粉丝（条）中铝的污染状况调查，采集样品128件（粉丝59件、粉条69件），合格72件，合格率56.25%。全年接收卫生行政抽检样品13类567件，合格462件，合格率81.48%。餐（饮）具消毒样品采集1608件，合格1545件，合格率96.08%。采集冷荤食品186件，合格162件，合格率87.10%。

健康教育与健康促进。开展健康大课堂324场，11765人次参加。开展大型健康教育宣传咨询活动4次，咨询群众1000余人次。在《昌平周刊》刊登卫生防病宣传稿件93篇，在昌平电视台安排结核病预防、手足口病预防、流感疫苗接种等专题访谈12次。印制、发放《预防手足口病》读本及“食用加碘盐，健康全家人”环保袋等宣传品15种33.88万份，发放市级宣传品10种2.56万份。

应急处置。报告暴发疫情221起893例，均为手足口病疫情。疫情调查处理率100%，及时报告率100%，突发公共卫生事件、传染病暴发疫情规范处置率100%。

卫生监督 开展经常性监督执法检查18208户次，其中食品生产经营单位10705户次，公共场所2609户次，生活饮用水供水单位664户次，传染病防治监督2208户次，消毒生产企业及经营企业监督64户次，医疗卫生服务监督1297户次，血液监督13户次，母婴保健监督35户次，学校卫生133户次，存在职业危害单位400户次，放射卫生单位80户次。取缔非法行医193户次。实施行政处罚338起，罚没款942021.5元。简易程序行政处罚82起，罚款4668元；取缔各类非法经营500余起；没收食品工具、设备、医疗器械等物品838件，没收食品、药品5000千克，全部上缴国库。对527个住宿场所、游泳场馆、公共浴室经营单位进行量化评级，住宿场所379个，A级62个、B级135个、C级169个、未予评级13个；游泳场馆71个，A级31个、B级34个、C级6个；公共浴室77个，A级9个、B级36个、C级32个。食品餐饮业量化分级，A级153个、B级1278个、C级1735个。

公共卫生投诉举报。全年受理各类投诉举报505件，结案489件，结案率96.83%，其中食品卫生353件、医疗卫生服务119件、饮用水15件、公共场所15件、母婴保健2件、学校卫生1件。对违法事实清楚的单位和个人给予行政处罚36户，罚款127397元。

大型活动卫生保障。年内，完成全国两会食品供应，昌平区两会、北京国际铁人3项洲际杯赛暨全国冠军杯系列赛、京津“友谊杯”网球赛、泛亚太国际军事医学大会、中国商业飞机有限公司昌平研发基地奠基仪式、亚运会火种采集仪式等大型活动公共卫生保障任务，出动监督员764人次、车辆248台次，监督检查873户次，抽检样品60件，快速检测样品282件次，留样食品296件。

卫生监督人员全年参加各类培训150余人次。

爱国卫生 创建北京市卫生村5个，北京市健康促进示范村3个、健康社区2个。组织城市清洁日活动12次、大型卫生日活动2次，近1万人次干部职工、志愿者和社区居民参与环境治理活动。开展了春冬季灭鼠、夏秋季灭蚊蝇活动。健康北京灭蟑行动中，配送灭蟑套餐6500份。完成农村改厕6500户。对1248个社会单位的公共场所禁止吸烟进行了监督和执法检查，其中1187个单位（占检查总数的95%）合格，有61个单位（占5%）仍有违规现象。

妇幼保健 有北京户籍孕产妇3927人，住院分娩率99.97%；活产3972人；孕产妇建卡3920人，建卡率99.82%；产前检查3923人，产检率99.90%；孕早期检查3923人，早检率99.90%；高危孕产妇953人，高危筛出率24.27%，高危管理929人，合格管理率97.48%；产后访视3782人，访视率96.31%；系统管理3781人，系统管理率96.28%。新生儿期母乳喂养5795人，母乳喂养率93.62%；6个月内母乳喂养率86.92%。孕产妇死亡率25.18/10万；围产儿死亡13例，死亡率3.27‰；新生儿死亡率2.27‰；婴儿死亡率3.78‰。

儿童保健。新生儿访视3814人，访视率96.02%；新生儿访视、代管共6219人，检出高危新生儿1059人，高危新生儿发生率17.03%，合格管理773人，合格管理率72.99%。0~6岁在册儿童53185人，接受一次及以上体检48935人，儿童保健覆盖率92.01%；3岁以下儿童系统管理率60.38%；0~6岁儿童听力筛查率72.89%，口腔检查率82.21%，龋齿患病率27.73%、矫治率31.87%，发育迟缓患病率0.24%，低体重0.18%，消瘦0.17%，肥胖5.43%，贫血5.26%。4~6岁儿童视力检查率96.84%，视力低下患病率10.34%。

计划生育技术管理。全年计划生育手术21170例，其中本地9029例、外地12141例。无痛人流手术并发症1例。

妇女保健。农村妇女普查应查72467人，实查

46494人；宫颈涂片34105张，涂片率73.35%；检出妇科疾病24878人，疾病检出率53.51%；四病治疗率100%。婚检1242人，婚检率9.26%，其中男性患病率7%、女性患病率13.65%。

医疗工作 门诊552.12万人次，急诊45.66万人次，留观13.70万人次，危重症抢救4850人次(门诊3639人次、病房1211人次)，住院6.31万人次，出院6.20万人次，病床使用率75.69%，治愈率47.36%，好转率48.3%，死亡率1.46%，出入院诊断符合率99.39%。住院手术14528例。

院内感染管理。医院感染率1.1%，无菌手术切口感染率0.25%，医疗器械消毒灭菌合格率100%。

病历质控。医院甲级病案率86%。

护理工作。注册护士3023人。危重患者护理合格率93%。

医疗卫生对口支援。返聘退休医学专家32人，累计下社区733人次，门诊14391人次，开展健康教育31场，1541人次参加，健康咨询1197人次，上转病人846人，下转病人139人。昌平区抽调19名医疗卫生骨干组建北京市第八批支援什邡医疗卫生服务队，开展3个月的对口支援工作。选派3名医疗技术骨干赴西藏执行医疗卫生援助。抽调1名医疗卫生骨干赴新疆支援工作。

血液管理。无偿献血5881单位，其中全血5483单位、成分血398单位。全年用血4658单位，其中全血8单位、成分血4650单位。对区内8个血库进行市、区级督查2次，全区用血管理规范，采供血统一，用血科学合理。

16家单位有麻醉药品、第一类精神药品购用印鉴卡。

医疗设备总资产63457.62万元，本年度新增万元以上设备价值7152万元。

医学教育 全年参加继续教育3011人。参加为期5年的乡村医生岗位培训337人。医务人员进修180人，培训21904人次。

精神文明建设 大力推进社会公德、职业道德建设，开展了“共铸诚信”教育实践活动，以建设“人文北京、绿色北京、科技北京”为目标，以“诚实守信、共建和谐”为主题，不断增强诚信意识，完善各项规范化服务制度，进一步深化卫生系统“冠军团队训练营”、“百日无争议”、“温馨服务月”建设成果，进一步打造全区卫生系统文明单位和文明单位标兵。开展了以“文明礼仪深化行动、诚信建设承诺行动、规范优质服务行动”为主要内容的“争当优秀共产党员、人民满意的健康卫士”“树窗口行业新风”活动，同时结合“双百”评选，开展爱国主义教育主题实践活动。

深入开展党风廉政建设，完善廉政反腐工作网络和层层监督负责的工作机制，围绕“三重一大”事项，继续查找在决策程序、权力监督制衡等制度机制方面的廉政风险点，召开“加强党风廉政建设，预防职务犯罪”专题讲座和专题会议，加强了制度建设。

财务管理 卫生事业经费35829.04万元，专项资金15258.75万元。总收入154106.54万元，其中财政拨款39479.92万元；总支出146843.23万元，其中财政拨款支出37944.74万元。专项拨款19264.5万元，其中基本建设资金8797.92万元。财政专项支出18080.78万元，其中基本建设资金6510.68万元。

基本建设 百善、北七家、南口社区卫生服务中心正式投入使用。完成东关南里社区卫生服务站建设。区医院综合病房楼、北郊医院门诊楼正在建设中。

“十一五”回顾 居民健康水平不断提高。人口平均期望寿命达到79.33岁，孕产妇死亡率22.70/10万，婴儿死亡率3.86‰，5岁以下儿童死亡率4.77‰。卫生资源配置不断优化。各级各类医疗卫生机构839个，共引进硕士生107人、本科生265人、大专生（高职生）208人、中专生436人，增加和更新了CT、核磁共振、数字X光机、直线加速器等一批医疗设备。卫生服务体系建设成效显著。建成昌平区医院17000平方米的外妇手术楼、昌平区妇幼保健院21020平方米的门诊病房楼以及北京王府中西医结合医院，完成16个社区卫生服务中心和130个社区卫生服务站的规范化建设。建立完善突发公共卫生事件应急组织机构，有效处置各类突发公共卫生事件。法定传染病发病率得到有效控制，未发生甲类传染病的暴发和流行。结核病防治的“五率”全部达到卫生部要求。各项妇幼保健指标全部符合国家标准。重性精神病人管理和贫困精神病人免费治疗工作不断规范。形成二级医院、社区医疗机构与院前急救机构相结合的公共卫生应急医疗救治体系。成立了卫生监督所长陵镇、兴寿镇、北七家镇、回龙观镇、东小口镇分所。加强公共卫生信息体系建设，成立了卫生局信息中心。全面开展“创建人民满意医院”和“医疗质量万里行”活动，与北京大学人民医院建立了医疗服务共同体。基本实现了社区卫生服务网络全覆盖的工作目标。实施收支两条线管理和绩效考核，社区卫生服务“六位一体”功能不断完善。全面实行药品零差率销售。新型农村合作医疗体系不断完善，报销起付线降至

200元，报销封顶线提高到18万元。中医药事业不断发展，在区卫生局内设中医管理局。爱国卫生取得新成效，居民健康知识知晓率达到60.85%，2008年，本区通过了全国爱卫会“国家卫生区”考核评估，完成农村改厕3.65万户。

存在的主要问题：疾病预防控制中心、卫生监督所、结核病防治所等公共卫生机构业务用房面积不足；疾控中心实验设备、卫生监督机构车辆及监督执法设备、结核病防治所的设施条件难以满足日常工作的需要；按照常住人口配置公共卫生资源，导致公共卫生服务人员短缺，造成为流动人口提供公共卫生服务的资源严重不足。优质人力资源短缺，人员学历、年龄、职称结构不合理，人员素质亟待提高。 （撰稿：杨　明　审核：谭光剑）

昌平区卫生局领导名单

党委书记　杨群群
副 书 记　杜高潮　王勤昌（至11月）
局　　长　杜高潮
副 局 长　刘保坚　左　晨　李富和　刘慧勤

顺义区

概况　有19个镇、6个街道办事处、426个行政村，常住人口87.7万人。有医疗机构468个，其中营利性122个、非营利性346个。卫技人员4964人，其中执业（助理）医师2107人、注册护士1726人。实有床位3149张。平均每千常住人口拥有卫技人员5.66人、执业（助理）医师2.40人、注册护士1.97人、床位3.59张。

生命统计。出生4045人，出生率6.97‰；死亡4089人，死亡率7.05‰；人口自然增长率-0.08‰。因病死亡3896人，占总死亡人数的95.28%；死因顺位前十位依次为：脑血管病，心脏病，恶性肿瘤，呼吸系统疾病，损伤和中毒，内分泌、营养和代谢性疾病，消化系统疾病，泌尿、生殖系统疾病，神经系统疾病，传染病。

农村卫生　有村卫生室203个（上年村卫生室415个中包括社区卫生服务站212个），其中126个村卫生室施行零差率药品销售，由镇政府牵头对实施情况进行监管和考核，并与乡村医生基本待遇补助金的发放挂钩。

新型农村合作医疗。参加新农合313359人，参合率99.7%。筹集资金19559.59万元，其中农民个人缴纳资金1846.16万元、村集体扶持资金112.27万元、镇财政补助资金3607.49万元、区财政补助资金8479.66万元、市财政补助资金5483.78万元、利息收入30.23万元。全年补偿住院及特殊病门诊21493人次，支出10709.42万元；补偿普通门诊46.24万人次，支出7309.86万元。

社区卫生　有社区卫生服务中心25家、社区卫生服务站212个，核定社区卫生服务人员编制1619人，实有1358人，编制到位率83.9%。继续实行收支两条线和药品零差率销售，全年社区上缴收入20368万元，比上年增长21.23%；财政拨付人员经费8842万元，比上年增长4.83%；拨付公用经费5734万元，比上年增长37.11%；拨付农民体检等专项经费769万元。在328种零差率药品的基础上，增补了169种国家基本药物，达到497种。全年采购销售基本药物7338万元，比上年6070万元增长20.89%。3月，顺义区被国家中医药管理局命名为全国中医药特色社区卫生服务示范区。

疾病控制　报告乙丙类传染病6208例，发病率720.60/10万。其中乙类传染病13种1621例，发病率188.16/10万，死亡13人，死亡率1.51/10万，病死率0.80%；丙类传染病6种4587例，发病率532.44/10万，死亡3人，死亡率0.35/10万，病死率0.07%。细菌性痢疾发病率85.66/10万，比上年下降16.7%，无多发暴发疫情。麻疹123例，发病率14.68/10万。病毒性肝炎发病率15.90/10万，无多发暴发疫情。风疹256例，发病率30.72/10万，发生风疹暴发疫情1起，在顺义三中，累计报告风疹9例；发生风疹突发公共卫生事件1起，在顺义八中，累计报告风疹28例。流行性腮腺炎142例，发病率16.87/10万。水痘932例，发病率137.06/10万，出现6起暴发疫情，无突发公共卫生事件报告。狂犬病病例1例，发病率0.12/10万。报告AIDS 5例，死亡1例；HIV 18例，无死亡。布氏杆菌病4例、流行性出血热1例。手足口病2234例，发病率260.71/10

万，比上年上升96.85%，其中重症病例40例、死亡3例。全年新登治疗管理肺结核295例（本地199例、外地96例），其中涂阳95例（本地66例、外地29例），涂阴165例（本地103例、外地62例）；胸膜炎35例（本地26例、外地9例）。选择后沙峪、南法信、马坡、俸伯、杨镇、李桥6个乡镇为监测点，开展了鼠疫疫源调查监测，鼠疫耶尔森菌血清学检测均为阴性。人群甲型H1N1流感血清学调查，共采集血清标本2360例，其中1月采集797份，甲流抗体阳性率34.6%；3月采集804份，甲流抗体阳性率43.53%；9月采集759份，甲流抗体阳性率27.67%。开展全区肠道门诊医生培训，并督导检查2次。

地方病防治。开展县级实现消除碘缺乏病目标考核评估，结果显示，全区居民户合格碘盐食用率96.76%；8～10岁儿童尿碘含量中位数为201.7μg/L。4月、8月，分别对69个村高氟改水井进行枯水期和丰水期水氟含量监测，合格率100%。

精神卫生。有精神病人3240人，发病率0.017‰，治疗率50%，管理率100%。

学校卫生。监测点校的中小学生应体检5326人，实检4964人，体检率93.20%。其中超重585人，患病率11.78%；肥胖592人，患病率11.93%；视力不良2500人，患病率50.36%；沙眼4人，患病率0.08%；龋齿382人，患病率7.70%。

慢性非传染性疾病防治与管理。在李桥、后沙峪等社区实施高血压及高危人群、糖尿病及高危人群、超重及肥胖人群的干预，共管理390人。在板桥卫生院推广慢病管理软件，纳入管理109人。在北石槽、张喜庄实施国家“十一五”科技支撑课题“重要慢性病风险评估体系与干预适宜技术研究及应用”项目，基线调查2009人，经过7个月干预，终末调查1624人。在3个示范点启动了顺义区全民健康生活方式行动。作为市医改的重大项目，在后沙峪、杨镇、天竺实施1000人的脑卒中筛查及高危人群管理。

计划免疫。北京户籍儿童建卡、建证率100%，流动儿童建卡、建证率95%以上，未出现接种安全事故。乙肝疫苗接种29461人次，接种率99.91%；脊髓灰质炎疫苗29961人次，接种率99.92%；百白破30043人次，接种率99.88%；白破疫苗531人次，接种率97.79%；麻疹疫苗10949人次，接种率99.93%；A群流脑疫苗22334人次，接种率99.93%；乙脑疫苗10459人次，接种率99.85%；甲肝疫苗8637人次，接种率99.95%。新生儿卡介苗接种6607人，接种率96.1%。卡介苗阳转监测4642人，阳转4612人，阳转率99.35%。

公共卫生监测与评价。有毒有害单位1338家，从业人员16.7万人，其中接触职业危害3.6万人。有83家单位委托进行职业健康监护，体检3766人，发现职业禁忌证6人。51家单位委托进行职业病危害因素检测与评价，检测样品2369件，合格1993件，合格率84.1%；检测各类放射设备21台，合格19台，合格率90.5%；对105家单位291人进行了职业病防护知识培训。接报职业病及农药中毒24例，其中尘肺病6例、疑似职业性听力损失3例、农药中毒15例（均为非生产性中毒）。

健康教育与健康促进。举办社区健康教育大课堂400余场，受众10000余人次；培训社区健康教育专兼职人员120余人次、业务指导8次。培训医院健康教育专兼职人员160余人次、业务指导5次；通过医院发放宣传材料23种26万份。培训学校健康教育专兼职人员80余人次、业务指导2次；举办中学生艾滋病与肝炎防控知识竞赛、健康歌曲大家唱等活动3次，覆盖学生4万余人次。完成最后一批29所健康促进学校创建的培训指导。制作专题节目、专题报道50余期次；在《顺义时讯》《潮白天地》报纸开设健康科普专栏，累计刊出30期；在顺义广播电台设立健康快车栏目，共播出75期次。开展大型现场宣传咨询活动12次，受众4000余人次；组织全民健康知识与技能大赛、居民营养与膳食知识大赛等5次，覆盖人群8万余人次。针对手足口病、艾滋病、高血压、糖尿病、中小学生常见病以及居民健康素养66条等制作扑克牌、宣传折页、海报、健康教育处方、展板及影音宣传材料32种60万份，通过健康教育网络发放到居民手中。推进国税局健康促进工作场所的试点工作，开展健康促进活动3次，覆盖400余人次；发放健康知识宣传材料、健康干预工具5种800余份。

卫生监督 食品卫生。全区有餐饮服务单位3058个，监督8862户次，监督覆盖率100%（不含摊贩），合格8679户次，合格率97.94%。抽检餐饮具、冷荤凉菜等746件，合格696件，合格率93.3%。发放食品卫生许可证1767个。实施食品卫生行政处罚148起，罚款18.1万元。未发生食物中毒。

公共场所卫生。有公共场所1847个，监督2083户次，监督覆盖率100%，合格率98.85%。抽检公共用品、用具30件，合格率100%；检测游泳池水93件，合格80件，合格率86.02%；检测沐浴场所水质20件，合格率100%。发放公共场所卫生许可证573个。公共场所行政处罚76起、警告20起、罚款56起12640元。

生活饮用水卫生。生活饮用水供水单位630个，监督997户次。对10个城镇供水单位末梢水、10个二次供水水箱水、50个乡镇自备水源供水及5个自建集中供水单位进行抽检，合格率57.30%。发放生活饮用水卫生许可证36个。实施生活饮用水卫生行政处罚3起、警告3起。未发生生活饮用水污染事故。

医疗卫生专项检查。全区传染病消毒医政单位679个，医疗保健机构传染病防控监督率200%，监督覆盖率100%。对医疗、妇幼、血液机构，消毒产品生产单位监督覆盖率100%。实施非法行医行政处罚6起，罚没款1.25万元。

公共卫生投诉举报。受理各类投诉507件，其中接报453件、市所转入54件，包括食品卫生395件、生活饮用水卫生15件、公共场所卫生18件、职业卫生6件、医政73件。处理率100%，办结率100%。

大型活动卫生保障。参与了第十一届北京国际汽车展、北京郁金香文化节、北京国际赛艇挑战赛、顺义第七届农业博览会暨第五届旅游文化节、超级联盟方程式汽车大奖赛等公共卫生保障。

卫生监督人员培训。全年培训20次1176人次。

爱国卫生 开展病媒生物控制工作，共使用粘鼠板403箱、防水蜡块4.9吨、水乳杀虫剂0.18吨、灭蟑粉3箱、原粮鼠药5.53吨、卫害净6.72吨、烈喜镇0.1吨、安倍0.32吨，总投入310.4万元，四害密度基本控制在国家规定的标准。完成13个镇105个行政村35732户三格化粪池式户厕改造，总投资6074.44万元。开展世界卫生日及爱国卫生月活动，发放卫生防病、禁控烟、环境保护、病媒生物防控等宣传材料9000余份，清运垃圾945.8吨，清除卫生死角118个，清除小广告4653处，捡拾白色污染物245.5公斤，清理绿地81580平方米。加大公共场所、机关、企事业单位禁控烟检查力度，全区增设北京市禁止吸烟检查员500人，发放各种禁止吸烟标志2万个、宣传材料2.5万张。完成29个村改水工程，总投资1441.72万元，受益人口46250人。

妇幼保健 孕产妇4015人，系统管理3870人，系统管理率96.39%，其中高危孕产妇1402人，高危孕产妇管理率100%；住院分娩率100%，产后访视率97.30%，0~6月母乳喂养率90.34%，孕产妇健康教育普及率100%。

儿童保健。系统管理6771人，系统管理率96.51%；婴儿死亡14人，婴儿死亡率3.46‰；5岁以下儿童死亡21人，死亡率5.19‰。婚前医学检查率14.60%；出生缺陷监测覆盖率100%，出生缺陷发生率12.10‰；儿童保健覆盖率99.51%；新生儿疾病筛查率100.21%；0~6岁儿童听力筛查率94.10%；高危儿智力监测覆盖率100%。

实施节育手术12951人次，手术并发症1例，发生率0.77/万。节育手术单位管理率100%。妇女病普查71903人，普查率70.8%。

医疗卫生 门诊4568753人次，急诊355761人次，留观203412人次，危重症抢救（门诊、病房）7192人次，入院51568人次，出院51443人次，病床使用率77.79%，治愈率56.31%，好转率39.15%，死亡率1.15%，出入院诊断符合率99.85%，住院手术16083例。

院内感染管理。组织二级医院参加卫生部举办的产NDM-1泛耐药肠杆菌科细菌感染诊疗指南视频培训会，并对诊断、治疗、监测、防控等提出了要求。各单位成立了以医院主管领导为组长，医疗、药剂、院感、培训等部门组成的超级细菌应对工作领导小组，负责本单位超级细菌的应对处置工作，及时制订应对预案。采取多种宣传培训形式，提高临床一线医务人员对超级细菌感染病例识别的敏感性，加强对重点患者的检测和监测。医院感染率0.82%。

护理工作。护士首次注册75人次、变更注册7人次。年内，开展了护理工作先进个人和优秀护理组的评选，对103名护理工作先进个人和20个优秀护理组予以表彰。

血液管理。全年采血21506单位，比上年增加74.79%。其中街头自愿无偿献血20263单位，比上年增加68.15%；团体无偿献血1243单位，比上年增加389.37%。临床用悬浮红细胞7977单位、血小板405个治疗量、血浆5505单位。

麻醉药品、第一类精神药品购用印鉴卡管理。年内，对提出申请的11家医疗机构进行了人员资质、规章制度、管理档案的核查及现场验收，区内34家一级及以上医疗机构全部具备了毒麻药品印鉴卡资质。

120急救分中心常备急救物资能同时满足30人次所需急救物品。全年出车13794车次，抢救外伤病人2929人次、心血管病人1585人次、脑血管病人1611人次、中毒病人623人次，参与重大社会活动医疗保障78车次。

医学教育 全年选送47人到市级认可的培训基地参加住院医师规范化培训，11人到市级认可的全科医师培训基地参加培训，学科带头人及骨干9人到三级医院参加一对一培养。区内有卫技人员4918人参加继续医学教育，达标4769人，达标率96.97%。区卫校进行了社区护士、全科医师、康复、心电图4个专业的岗位培训，共培训247人。

科研工作 全年发表论文443篇，其中在核心期刊发表193篇。

精神文明建设 以深入开展创先争优活动为契

机，以创建区级和首都卫生系统文明单位为载体，将精神文明创建活动纳入医风建设和医疗服务体系建设，不断提高医疗卫生人员的职业道德素质。深入宣传普及礼仪知识，引导医疗卫生人员讲文明、懂礼仪、守秩序。开展岗位练兵、“三基”知识竞赛和职业道德竞赛，树立职工正确的医疗服务价值观，提升医疗卫生人员人文医学知识技能和服务水平。

将医德考评与医师定期考核紧密结合，将考核结果与医务人员晋职晋级、岗位聘任、绩效奖和评先评优等直接挂钩。加强对领导干部和重点岗位人员行为规范，组织领导干部和重点岗位人员开展廉政风险点的排查，并制订防控措施；重点科室、重点岗位制订工作流程图，明确风险点。开展了创建卫生服务品牌活动。治理“小金库”，与局属各单位签订了清查“小金库”承诺书。以“树先进、扬正气”为主题，组织先进事迹报告团，进行巡回宣讲。成立行政投诉中心，公布举报电话，畅通了投诉渠道，认真对待并妥善解决群众反映的问题。聘请专家对全系统党员干部进行法律法规培训，建立医药卫生系统预防职务犯罪联席会议制度。

财务管理 全年财政投入34998.59万元，其中中医2035.19万元；业务收入106716.82万元，业务支出119171.97万元。固定资产总值66761.93万元，其中房屋17630.13万元、专用设备36608.94万元。

（撰稿：王凤忠 审核：高士伟）

顺义区卫生局领导名单

党组书记 单德智
副 书 记 高金龙
局 长 单德智
副 局 长 高金龙 万学志 黄建江 潘军华

平谷区

概况 有2个街道办事处、29个居委会、14个镇、2个乡、273个行政村，常住人口41.6万人。区内卫生机构319个，其中营利性3个、非营利性316个；卫技人员3116人，其中执业（助理）医师1316人、注册护士1104人；床位1900张。平均每千常住人口拥有卫技人员7.49人、执业（助理）医师3.16人、注册护士2.65人、床位4.57张。

生命统计。出生2507人，出生率6.34‰；死亡3032人，死亡率7.67‰；自然增长率－1.33‰。死因顺位前十位依次为：脑血管病，心脏病，恶性肿瘤，损伤和中毒，呼吸系统疾病，内分泌、营养和代谢及免疫疾病，消化系统疾病，神经系统疾病，精神障碍疾病，泌尿、生殖系统疾病。人均期望寿命77.72岁，其中男性75.11岁、女性80.66岁。

获奖情况。年内，卫生局、妇幼保健院被评为首都文明单位；卫生局获北京市内保安全工作集体三等功，北京市绿化美化先进单位，在“争做健康北京人”市民健康知识与健康技能竞赛中获优秀组织奖，在北京市贫困白内障患者复明工程项目总结暨表彰会上获特别贡献奖。区医院院长金大庆被评为全国劳动模范，区医院党委书记张宝军、中医医院院长张久田、妇幼保健院院长王保起被评为北京市劳动模范。

卫生改革 稳步推进平谷区公共卫生与基层医疗卫生事业单位绩效工资改革。完成卫生系统事业单位岗位设置。医药卫生体制改革取得实效。完成医改责任目标书中工作任务20项；完善了公立医院投入机制，明确政府卫生投入的原则、范围及方式，全年区财政总投入40614万元，超过计划19%；制订了《平谷区医院与基层卫生医疗机构转诊预约工作方案》，完成预约转诊30%；发挥区中医医院龙头作用，新发展2个国家级中医重点专科、2个市级中医重点专科；完成全区各医疗机构中医药适宜技术培训，落实社区卫生中医药服务全覆盖的市政府折子工程；9月，通过了市中医局专家组对本区创建北京市农村中医工作先进区的验收。在全市率先完成农村社区卫生资源共享示范工程，2家二级医院、18个社区卫生服务中心和38个社区卫生服务站实现了医疗资源共享（“一卡通”便民服务）。

社区卫生 年内，30名退休医学专家和20名退休中级医学人才在16个社区卫生服务中心、站开展门诊、会诊、帮扶带教、健康咨询、健康教育、健康指导等，共计门诊92412人次、会诊630人次、帮扶带教2025人次、健康咨询11124人次、健康教育2102人次、健康指导7011人次。全年常用零差率药品进药3125.63万元，销售3102.14万元，让利于民465万元。完成全区1.8万名无社会养老保障的老年人免费体检。出台了《平谷区双向转诊管理办法》，18个社区卫生服务中心共上转病人1488人次，执单转诊1253人次，无下转病人。为方便居民就医和健康咨询，二级医院下社区对口支援612人次7641天，门诊15723人次，健康讲座20场545人次。10月起，区社管中心在马昌营和峪口2个社区卫生服务中心进行慢病管理试点。深入开展北京市家庭保健员计划，培养家庭保健员2003人，考试合格率100%。建立了103个家庭医生责任制服务团队，覆盖村委会273个，覆盖率100%，上门服务5029人次。

农村卫生 村卫生室210个，覆盖率64%，全部为非营利性医疗机构。乡村医生270人，在岗培训率100%。

新型农村合作医疗。参加新农合229476人，参合率99.6%；人均筹资520元，筹资总额1.19亿元。全年报销补偿170156人1487027人次，参合人员受益率74%。新农合基金补偿支出1.4582亿元，补偿率43.24%，其中普通门诊补偿1462117人次0.583亿元，补偿率34.93%；住院补偿22088人次0.841亿元，补偿率50.98%；门诊特殊病补偿2822人次0.0342亿元，补偿率63.87%。

疾病控制 传染病防治。报告乙丙类传染病20种2922例，发病率550.07/10万，其中乙类传染病14种893例，发病率168.11/10万；丙类传染病6种2029例，发病率381.96/10万。全年流感监测623102人次，发现流感样病例2865人次；高暴露人群禽流感监测637290人次，未发现可疑病例。

结核病防治。登记管理肺结核102例，其中菌阳48例、菌阴54例，全部实行监化管理。新生儿卡介苗阳转监测2273例。

性病、艾滋病防治。新增HIV阳性报告3例，其中艾滋病2例、HIV感染1例，按要求进行了规范管理。共监测HIV 27613份，其中术前检测22122份，查出HIV感染2例。艾滋病咨询检测444人，未发现阳性样本。对1803名暗娼进行行为干预，完成暗娼HIV检测100人，HIV全部阴性，梅毒检测阳性4例；羁押人员筛查215人，HIV全部阴性。完成流动人口宣传、外来流动人员干预10790人次，发放安全套10100只，发放宣传品10600人份。

地方病防治。对9个乡镇36个村288户居民食用碘盐，220名育龄妇女、204名妊娠妇女及217名8~10岁儿童的尿碘含量，25名高危人群布氏杆菌病血清学监测，枯水期高氟水村16件样品的水氟等开展监测。居民食用碘盐率99.65%，其中碘盐合格率99.30%，不合格碘盐率0.70%；布氏杆菌血清学监测均为阴性；水氟检测均合格。

精神疾病防治。全区有精神病人2020人，管理1960人，管理率97%。年内，本区将所有精神病人信息资料录入到计算机，全市进行联网管理。同时，免费投药1755人次。

学校卫生。对区内各学校学生沙眼、视力不良、口腔健康、营养不良、肥胖等常见病干预措施覆盖率均100%，食品卫生督导、饮用水卫生监督指导覆盖率100%。学校卫生工作指导率100%，学生健康档案信息化管理率100%。学生沙眼检出率1.13%，受治率100%；视力不良检出率57.31%，呈上升趋势；恒牙龋齿患病率19.8%；营养不良干预学校覆盖率100%，检出率10.58%；蛔虫感染率0，肥胖检出率14.37%。

慢性非传染性疾病防治与管理。在王辛庄、夏各庄社区卫生服务中心对600名45岁以上人群开展了颈动脉彩超、调查问卷、体格检查等筛查，筛出颈动脉狭窄11人，社区慢病防治人员将对其进行随访等系统管理。

计划免疫。18个免疫预防规范化门诊全年接种一类疫苗72353人次、水痘等二类疫苗37181人次，没有发生差错事故。7个狂犬病免疫预防门诊共处理犬咬伤患者5023人，接种疫苗25115针次。应种流脑A+C疫苗2107人次，实际接种2063人次，接种率97.9%；麻疹疫苗应种2106人次，实际接种2060人次，接种率97.82%。发现学龄前流动儿童2650人，其中无卡76人、无证23人，补种各种疫苗197人次，补卡、补证、接种或预约率均100%。全区设18个免疫预防规范化门诊为固定接种点、95个临时接种点，共接种麻疹疫苗38586人次，接种率97.27%；学龄前儿童及学生接种率均达95%以上。流感疫苗接种，60周岁以上老年人接种32336人，学生接种25418人，自费接种630人，未发现疑似接种不良反应。

公共卫生监测与评价。对26个放射工作单位中从事放射工作的人员进行个人剂量监测693人次，包括22个医用放射工作单位151人、4个工业企业25人，发现不合格2人；体检142人，合格率100%。全区接触毒害物质单位360个6700人，检测6个单位308件，检测有害因素5项，其中噪声168件，合格147件，合格率87.5%；苯60件，合格率100%；甲苯及二甲苯各36件，合格率100%；粉尘8件，合格率100%。对392名岗前及在岗人员进行体检，合格率100%。全年共报告职业病病例6例，均为尘肺。

健康教育与健康促进。全年开展健康大课堂132场次，7000余人次参加，群众健康知识知晓率91%。在平谷电视台开办卫生专题栏目，制作节目52期。

以创建国家卫生区为平台，进行传染病防控、健康生活方式、食品卫生、生活饮用水卫生知识宣传，提高居民健康知识知晓率。进一步改善全区居民主要健康指标，全面提升居民健康素质。10月22日，召开健康平谷人——全民健康促进十年行动规划工作会，部署了《健康平谷人——全民健康促进十年行动规划》。

卫生监督 食品卫生。有餐饮服务单位1976个，其中餐饮单位789个、现制现售154个、集体食堂326个（包括学校、托幼机构食堂70个，单位职工食堂206个，建筑工地食堂21个，小饭桌29个）、民俗接待户707个。监督检查3284户次，监督覆盖率100%。对622个单位（A级27个、B级237个、C级358个）进行量化分级管理，新评A级5个、B级36个、C级60个。全年未发生食物中毒事件。结合创建国家卫生区工作，举办管理相对人培训班16期，对餐饮单位、集体食堂、公共场所、生活饮用水、职业卫生等单位的1585名负责人进行了培训。

公共场所卫生。有公共场所601个，其中住宿业83个，文化娱乐场所14个，公共浴室36个，理发店、美容店445个，游泳场馆6个，体育馆1个，商场、书店12个，候诊室4个。公共场所经营单位建档率100%，监督覆盖率100%。取得卫生许可证的住宿单位83个、游泳场馆6个、洗浴34个，进行公共场所住宿单位量化评级78个，有5个未营业、未评级，其中A级9个、B级21个、C级48个。

饮用水卫生。全区有卫生许可证的供水单位152个，其中市政供水7个、二次供水20个、农村简易自来水17个、单位自备水源108个。生活饮用水经营单位建档率100%，监督检查供水单位102户次，均合格，未发生生活饮用水污染事件。

卫生行政许可。行政许可窗口接待咨询6000人次，受理卫生行政许可申请1099件，准予行政许可714件，其中食品404件、公共场所246件、生活饮用水64件，不予行政许可385件。受理民俗旅游接待户申请700个，发放许可证448个；完成16家医院的放射诊疗许可校验工作。受理投诉、举报案件121起，均进行了及时有效处理，结案率100%，群众满意率100%。行政处罚2起，均为医政处罚，罚款1.7万元，没收违法所得0.5万元，无撤案销案和行政复议及诉讼等情况。

大型活动保障。进行了桃花节、丫髻山庙会、两会等公共卫生保障工作，并加强了卫生监督和公共卫生监测。

爱国卫生 5月、8月和9月，本区创卫工作分别通过了全国爱卫会的暗访调研、北京市爱卫会专家组的技术评估及全国爱卫会的考核鉴定。清理街巷198条、卫生死角210多处、院落315个，清除楼道堆物1882处，清理绿地近35万平方米；拆除违章建筑、私搭乱建、乱堆乱放物410余处，清理小广告15000余处，全区环境卫生面貌明显改善。开展吸烟有害健康和禁控烟知识的宣传普及，发放各种宣传资料8种近万份，在中小学校开展“拒吸第一支烟，做不吸烟的新一代”的宣传和联合签名活动，3000余名师生在倡导禁烟横幅签名。创建完成北京市卫生镇1个、北京市卫生村4个、北京市健康示范村4个、北京市健康社区2个。完成16个乡镇、1个街道办、66个行政村户厕改造9000座，完成率100%。完成农村改水项目14个村，受益人口12380人，工程总造价1568.14万元。

妇幼保健 产妇2492人，住院分娩率100%；系统管理2352人，系统管理率94%；高危产妇855例，高危管理率100%；剖宫产率53.5%。围产儿死亡19例，死亡率9.34‰；新生儿死亡10例，死亡率3.99‰；婴儿死亡14例，死亡率5.58‰。活产2507人，访视2415人，新生儿访视率96.33%；出生缺陷监测率100%；新生儿疾病筛查率98.90%。847名农村孕产妇住院分娩补贴共计50.82万元。

儿童保健。0～6岁儿童11103人，管理11011人，儿童保健管理率99.17%；系统管理10726人，儿童系统管理率96.6%；5岁以下儿童死亡22人，死亡率8.78‰。0～6岁儿童检查贫血8666人，贫血患病率4.44%；检查口腔6830人，口腔保健覆盖率63.15%，患龋齿727人，患龋率10.64%，患龋颗数2322颗，矫治218人，矫治率29.99%。视力检查：4～6岁在册2125人，实查2082人，眼保健覆盖率97.98%，视力低常97人，低常患病率4.66%。为1620名适龄儿童进行了窝沟封闭治疗，填充牙齿2934颗。

计划生育技术管理。15家定点医疗机构完成计划生育手术7629例，无手术并发症。

妇女保健。妇女病应查84861人，实查27807人，普查率32.77%；妇科病患病率24.66%，细胞学检查率30.93%。

婚前检查。本区婚姻登记8626人，实际体检1490人，婚检率17.27%；检出疾病403人，疾病检出率27.05%。

医疗工作 门诊2158112人次，急诊144350人次，急观73279人次，住院危重症抢救891人次，抢救成功率85.52%。住院43858人次，出院43860人次，病床使用率84.63%，治愈率49.79%，好转率46.28%，死亡率0.6%，出入院诊断符合率99.32%。住院手术11646例。

病历质控。全年甲级病历率95%以上。

护理工作。为护理部、科护士长、护士长三级管理，护理人员实行责任护士、辅助护士、预备护士分层管理。护士全部参加了市级及区、县级继续教育培训。全年护士首次注册468人。

医疗卫生对口支援。市及区级医院等对口支援本区共166人次3042天，接收平谷区进修39人，捐款、捐物价值78417元，诊疗10048人次，义诊539人次，业务培训1572人，手术98例，学术讲座27讲。

血液管理。全年采血1130单位，其中街头采血420单位、团体采血710单位。用全血12单位、悬浮红细胞5943单位、机采血小板373单位、手工采血小板5单位、血浆4156单位。

全区有21家医疗机构拥有麻醉药品、第一类精神药品购用印鉴卡，因病需长期带药的病人网上均建有病历，具有医师以上职称的医生每年参加麻醉药品的培训，麻醉医生网上均有备案，麻醉药品购用情况都能按时网上月报。

医疗废物管理。全区产生医疗垃圾148.24吨。城区10家医疗机构及其所属社区站的医疗废物、6家中心卫生院的损伤性废物由区环卫处每隔一天统一收集，集中转运到金州安洁废物处理有限公司焚烧处理，边远山区卫生院按照《北京市医疗卫生机构医疗废物管理规定》的要求自行焚烧，有焚烧记录。

医疗设备总资产25624.21万元，其中新增万元以上专用设备112件，投资4200万元。

医学教育　全年参加继续教育2197人，其中完成72学时和25学分2159人，占98.27%。参加专科住院医师规范化培训7人。在岗乡村医生269人，培训率100%。参加技能考核和理论考试的乡村医生158人，考核合格率100%；有111名超退休年龄的乡村医生只参加培训，不参加技能考核及理论考试。

科研工作　全年开展科研课题7项，其中国家级课题1项、市级课题4项、区级课题2项。

精神文明建设　年内，开展了“爱首都，讲文明，树新风”活动。在卫生系统为老服务先进单位和孝星活动推荐及评选中，中医院被评为市级为老服务先进单位，王春来、刘福伶被评为市级孝星，王景华、席连荣、王会林被评为区级孝星；区疾控中心张立芹获北京市三八红旗奖章。深入开展创先争优活动，以“促进健康保民生，科学发展上水平”为主题，成立党员志愿服务队，组织了“三送、三爱、三进”（即送医、送药、送健康知识，关爱弱势群体、关爱特困病人、献爱心送温暖，医疗卫生服务进村、进社区、进家庭）医药卫生惠民活动，服务17000余人次，服务对象健康知识知晓率90%，爱心捐款30720元。与药监局、检察院共建医药卫生系统预防职务犯罪联席会议制度，聘请7名社会监督员组成评议组，对区医院、中医院、大华山、妇幼保健院、东高村、马坊、马昌营、峪口、金海湖等9家医疗单位的行风建设情况进行评议。对本系统独立核算的31个单位进行了“小金库”专项清理，未发现私设“小金库”现象。

计划财务　全年收入99629.48万元，其中业务收入64630.95万元；支出94941.04万元。

基本建设　投资2.4亿元，完成区医院新建病房楼5.2万平方米。投资1.2亿元，新建中医、老年病综合楼。投资1.3亿元，新建疾控综合楼、精神病院，均在做立项前期的准备工作。

（撰稿：王静宇　审核：王红艳）

平谷区卫生局领导名单

党委书记　王如生
副 书 记　张顺华
局　　长　王红艳
副 局 长　徐福利　张　友　赵义德　赵海燕

怀柔区

概况　有5个街道办事处、31个居委会、2个乡、9个镇、284个行政村，常住人口37.3万人。区属医疗机构172个，其中营利性64个、非营利性108个。卫技人员2719人，其中执业（助理）医师1158人、注册护士867人。实有床位1377张。平均每千常住人口拥有卫技人员7.29人、执业（助理）医师3.10人、注册护士2.32人、床位3.69张。

生命统计。出生2036人，出生率7.36‰；死亡1857人，死亡率6.72‰；人口自然增长率0.64‰。死因顺位前十位依次为：脑血管病，心脏病，恶性肿瘤，呼吸系统疾病，损伤和中毒等外部原因，消化系统疾病，内分泌、营养和代谢性疾病，泌尿、生殖系统疾病，神经系统疾病，血液、造血器官及免疫疾病。

获奖情况。年内，被评为疾病预防控制工作先进集体、北京市卫生系统纪检监察工作先进单位、日常报表工作先进单位，获市无偿献血工作突出贡献奖，被市爱卫会评为红旗单位。

卫生改革 年内，接收毕业生194人，其中引进54人，包括研究生27人、本科生27人；本地生140人，包括研究生2人、本科生45人、专科生50人、中专生43人。选派16名工作人员到山区服务，推荐29名优秀专业技术人员参加了优秀人才资助工作。

12月1日，怀柔区被国家中医药管理局批准为全国农村中医工作先进区创建单位。

12月23日，怀柔医院新院址举行奠基仪式。怀柔医院是一家具有三级规模的综合性医院，总规划用地208966.129平方米，其中建设用地99334.025平方米，总建筑面积81215平方米；设置病床650张，预留150张床位发展空间；总投资71277万元，其中工程建设投资46277万元由市政府固定资产投资全额安排。

社区卫生 门诊544266人次，急诊22886人次，家庭卫生服务4873人次，留观24898人次，住院1321人次。双向转诊上转1502人、下转217人，家庭病床42张。为14个镇乡农民体检146126人次，占应检人数的90.9%。销售药品总额4500万元，其中零差率药品2900万元，占64.4%。村卫生室门诊总量14.6万人次，销售药品250万元，其中零差率药品110万元，占44%。

完善绩效考核管理办法，重新修订了《社区卫生服务工作绩效考核暂行管理办法》和实施细则，将经济指标完成情况纳入考核。10月，通过验收审批，合格中医特色诊区1个、中医慢病防治站2个、社区治未病预防保健指导室1个、示范中医科室1个。举办社区卫生服务机构全科医生专业技术公益性培训班5期，436人参加；手足口病、颈腰椎病、高血压常见病例分析培训，共294人次参加。

农村卫生 有村卫生室278个，其中村办271个、私人办1个、乡卫生院设点1个、其他5个，覆盖率100%。乡村医生313人。

新型农村合作医疗。全区在册农业人口159280人，参合159264人（含非农业户口4876人），参合率99.99%（去除非农户参合率96.93%）。人均筹资520元，筹资总额8281.7万元，其中市级财政人均补助135元，总额2150.1万元；区级财政人均补助201元，总额3201.2万元；镇乡级财政人均补助134元，总额2134.1万元；农民个人出资50元，总额745.3万元；区精简退职和低保人员共10203人的个人缴费51万元全部由区民政出资。全年936095人次享受医药费用补偿，总金额8442.63万元，其中普通住院和门诊特殊病14160人次，补偿6303.18万元；普通门诊补偿921935人次2139.45万元；达到600元封顶线的10612人。

疾病控制 报告乙丙类传染病18种2822例，发病率742.12/10万，比上年下降15.86%。其中乙类传染病12种627例，发病率164.89/10万，比上年下降35.09%；丙类传染病6种2195例，发病率555.81/10万，比上年下降12.08%。传染病死亡6例（乙肝3例、戊肝1例、肺结核1例、艾滋病1例），死亡率1.58/10万，比上年下降40.00%，病死率0.21%，比上年下降28.51%。

结核病防治。全年登记管理肺结核91例，用药合格89人，用药合格率97.80%。结核病人报告率、转诊率、系统管理率均100%，结核病人追踪到位率94.1%，肺结核病人密切接触者筛查率95.3%。

性病、艾滋病防治及管理。监测14730人次，检出艾滋病感染者6例、梅毒抗体阳性114例、现症感染梅毒病人85例。管理区内居住艾滋病感染者及病人14例，随访30人次，CD4细胞送检18人次。歌厅、洗浴、足底按摩、羁押场所等高危人群以及男男同性恋者宣传干预5144人次，发放宣传材料6369份、安全套18535个。开展大型宣传活动200次，发放宣传材料13种5万份，覆盖4万人。开展了规范化性病门诊建设、艾滋病防治示范社区（庙城镇）阶段性评估、艾滋病人救助、安全套进星级宾馆的督导检查等。

人畜共患疾病防治及管理。5月1日，区疾控中心犬咬伤门诊停诊，在区第一医院、区中医医院设置犬咬伤门诊。为4016名犬咬伤者接种了狂犬疫苗，无病例发生。开展托幼机构手足口病疫情指导400次，与疫情单位建立病例信息反馈机制，联合托幼机构召开儿童家长会，形成家园联防联控工作局面，有效控制了手足口病的疫情。开展鼠间出血热监测，共采集鼠心、肺标本38件，检出出血热病毒抗体、抗原双阳性标本3件，抗体单阳标本1件；完成1例流行性出血热病例流行病学调查处理，开展疫点应急接种51人，接种率100%。

地方病防治。居民碘盐监测288件，碘盐覆盖率100%，碘盐合格率97.22%，合格碘盐食用率97.22%。氟斑牙患者4人，患病率1.93%。无大骨节病。

精神卫生。精神病人档案1347人。为415名精神病患者办理了免费服药手续，共投入药品资金5.12万元。对全区6类重性精神病1216例进行排查，根据排查结果，会同公安部门对重点精神病人加强管控。

学校卫生。体检4119人，其中营养不良810人，发病率19.66%；肥胖511人，发病率12.41%；视力不良2358人，发病率57.25%；沙眼8人，发病率0.19%；龋齿611人，发病率14.83%。

慢性非传染性疾病防治与管理。管理高血压11993人，规范化管理率64.13%；糖尿病2761人，规范管理率58.42%。

计划免疫。一类疫苗应接种94277人次，实接种93928人次，接种率99.63%；二类疫苗接种27721人次；应急接种麻风腮、麻风、进口百白破、水痘疫苗共5111人次。麻疹疫苗强化免疫接种37179人次，报告疑似不良反应8例。接种流感疫苗40267人次，其中60岁以上接种19907人次，接种率52.90%；学生接种20360人次，接种率71.65%。对1994～2001年出生儿童乙肝疫苗补种3304人次，接种率100%。开展学龄前外来儿童疫苗查缺补漏，调查4737人，其中无卡412人、无证15人，补卡、补证率均100%。流动人口接种A＋C流脑疫苗65个单位1348人次、麻疹疫苗1313人次。

公共卫生监测与评价。接受119家用人单位的委托，进行职业病危害因素检测与评价，共检测样品3196件，比上年增加70家773件，样品增长率31.90%。接受227家单位的委托，对6238名接触职业病危害因素的职工进行职业健康检查，发现疑似职业病1人、职业禁忌证279人，采取了相应的措施。为劳动局特种工作业工人体检1325人。为公共卫生从业人员体检32789人，合格32179人，合格率98.14%；发放健康证31999人，发证率97.59%。

健康教育与健康促进。有健康促进社区（农村）、示范单位88个，举办公民健康素养大课堂352场次；利用《安全在线》《安全播报》《健康有约》等专题栏目，加大健康知识宣传力度。全年录制播出20期电视专题节目、52期《健康伴你行》节目。向《怀柔报》和《卫生与健康》投稿30篇，向卫生局信息中心（网站）投稿30篇。举办大型宣传咨询活动20场次，发放宣传材料30种30万份，与区广电中心《安全在线》栏目合作的“艾滋病防控”节目荣获北京市百个防艾优秀创意最佳创意奖。

卫生监督　发放各类许可证2578户，其中餐饮服务1549户、公共场所482户、生活饮用水34户、医疗许可证513户。

公共卫生专项检查。监督检查各类网点7991户次，其中餐饮服务5163户次，合格4884户次，合格率94.6%；公共场所1140户次，合格1117户次，合格率98%；生活饮用水592户次，除农村地区饮用水源外，合格率100%；职业放射卫生249户次，合格230户次，合格率92.4%；放射卫生24户次，合格23户次，合格率95.8%；医政传染病823户次，合格813户次，合格率98.8%。公共场所控烟监督检查2623户次，合格2413户次，合格率92%。

医疗卫生专项检查。监督检查医院、卫生院、社区卫生服务中心243户次，区疾控中心2户次，托幼机构85户次，个体诊所、社区站、厂矿医务室144户次，村卫生室177户次，血液安全15户次，医疗废物监督检查各级各类医疗机构101家。行政处罚3户，警告1户，罚款2户8095.73元。取缔非法行医4起，收缴镶牙用物品4.5公斤、听诊器1件、血压表1件、血糖仪1件。对6家医疗机构进行不良执业行为积分，共积12分。

公共卫生投诉举报。受理举报投诉150件，其中食品卫生129件、医政10件、生活饮用水1件、公共卫生10件，对举报完全属实、部分属实的经营单位均给予了相应的行政处罚。

大型活动卫生保障。全年承担大型活动食品安全保障11次，其中市级保障4次、区级保障7次。

卫生监督人员培训。定期开展各项业务培训12期，培训400人次。聘请市级、国家级师资举办培训班2期，对区内113名放射工作人员进行培训。

爱国卫生　爱国卫生月、卫生周期间，在辖区主要街道、小街小巷、居民（村民）院落开展了清扫垃圾、清除蚊蝇孳生地、清除小广告等环境整治活动。设立宣传站20个，发放《倡议书》《控烟手册》《环保小手册》《生活垃圾分类管理》《根除陋习拒绝疾病》等宣传材料2.4万份，灭蟑饵剂500余袋，环保手提袋600个，手帕400包，灭蟑家庭套餐100套，痰袋500个。

年内，有200家单位参加环境整治活动，群众参与3万人次，清理卫生死角800处，清理垃圾、建筑渣土和杂物120吨，清除小广告1.3万处（张），粉刷城市牛皮癣1.4万张，捡拾白色垃圾1800公斤，治理居民小区9个。投放灭蚊蝇水乳剂900公斤，在居民小区、绿地安装灭蚊蝇灯箱100块。夏季，爱卫会聘请专业消杀队伍对南华市场、商业街东口垃圾站、康馨家园、万米公园、馥郁苑社区等处的垃圾站（桶）及污水沟、洼地进行了统一消杀。投放鼠药17吨、粘鼠板4750张。投放灭蟑颗粒剂2643袋、粘蟑纸3508张、胶饵458支、灭蟑套餐615套。完成三格式无害化户厕15605座，新建和改造无害化户厕

75266座，普及率95%。对797家单位进行了控烟监督检查，查出不合格单位17家。对全区118个单位的控烟工作进行了专项检查。

妇幼保健 孕产妇系统管理率95.37%。无孕产妇死亡，婴儿死亡率3.93‰，新生儿死亡率2.46‰，5岁以下儿童死亡率4.91‰。儿童系统管理率97.54%。妇幼保健院向各乡镇发放叶酸1015人份3045盒，735人已领取。

儿童保健。开展新生儿先天性疾病免费筛查和0~6岁儿童体检，新生儿先天性甲状腺功能低下（CH）和苯丙酮尿症（PKU）免费筛查1767人次，先天性听力异常免费筛查1732人次。0~6岁儿童免费健康体检17941人次，免费访视3285人次。对区内32个托儿所、幼儿园的4724名儿童进行了定期体检，体检率99.10%。儿童体格发育异常358人，患病率7.56%。异常儿童中，肥胖319人，患病率6.74%，低体重患病率0.40%，消瘦患病率0.27%，发育迟缓患病率0.14%。

计划生育技术管理。计划生育手术12235例。无严重并发症发生。

妇女保健。宫颈癌检查15608人次，确诊2例；患妇科病12277例，患病率78.66%。乳腺癌检查2055人次，未发现乳腺癌患者，乳腺患病759例，患病率36.93%。结婚登记6032人，婚前检查980人，婚检率16.25%。

医疗工作 门诊1586641人次，急诊147050人次，留观111470人次，危重症抢救6667人次，住院27354人次，出院27369人次，病床使用率79.40%，治愈率45.09%，好转率51.24%，死亡率1.38%，出入院诊断符合率99.49%，住院手术7035例。

院内感染管理。采取日常检查、阶段性抽查及区县互查等形式进行督导，对辖区455家医疗卫生机构进行了督导检查。对区内3家有血液透析室的医疗机构进行督导检查，针对检查中发现的问题，医疗机构进行了整改。

病历质控。住院病历检查率100%。甲级病历率100%。

护理工作。护士注册965人。区内二级医院开设了优质护理服务示范病区，取得了初步成效。

医疗卫生对口支援。年内，有146名拟晋升中级以上职称的医务人员到社区卫生服务中心服务。

血液管理。全年团体无偿献血1006人次，比上年增加192人次；街头无偿献血220单位。4家医疗机构临床用血2036单位，比上年减少用血397单位。开展无偿献血宣传活动4次，发放宣传材料2万份。对具备临床用血资质的医疗机构监督检查2次。

有19家医疗机构持有麻醉药品和第一类精神药品印鉴卡。对长期使用麻醉药品和第一类精神药品的患者建立大病历并进行了网上登记。

万元以上设备总价值29617万元，新增万元以上设备204台。

医学教育 继续全面推行网络继续教育，为医务人员统一办理了学分卡及IC卡，共审批区级继续医学教育项目97项。选送33名住院医师、5名全科医师到北京市住院医师规范化培训基地脱产学习3年，12名学科带头人和技术骨干到市卫生局指定的培训基地脱产学习1年。206名乡医参加规范化培训并进行了技能和理论两个项目的考试。

科研工作 年内，获区级科学技术奖一等奖2项、二等奖6项、三等奖9项。

精神文明建设 年内，举办卫生系统预防职务犯罪专题培训班，为150名科级干部、重点岗位人员进行了讲解。开展党员志愿者先锋服务队深入社区乡村活动231次，进行卫生政策法规宣传101次，义诊咨询130次1.5万人次，免费测血糖1800人次，免费体检6.5万人次。为群众发放宣传材料30种20万份。举办健康知识讲座60场，参加志愿服务的志愿者共2700人次。

财务管理 全年总收入82149万元，其中财政补助25968万元、上级补助13万元、业务收入/事业收入55527万元。总支出73571万元，其中业务支出/事业支出62868万元、财政专项支出8409万元，总支出中人员支出20747万元。

基本建设 批准基建项目8个，年内房屋竣工面积149平方米。完成安佳医院过渡房屋建设；完成怀北社区卫生服务中心H1N1后备医院的改造；为泉河、龙山两个社区卫生服务中心更换了暖气上水回水管路，泉河社区卫生服务中心消防管路接入市政消防水。

“十一五”回顾 公共卫生体系建设成效显著。疾病预防控制体系逐步完善，建立并完善了区、镇乡（街道）、村（居委会）三级健康促进网络，加强了对法定和新发传染病的监测。截至2010年，除卡介苗全程接种率99.59%外，其余计划免疫全程接种率均100%，重点流行病调查访视率98%以上。

卫生监督工作走上法制化轨道，通过实施综合执法分片管理、有奖举报、食品卫生量化分级管理、餐具集中消毒以及卫生许可预审批制度，极大地提升了卫生监督质量和效率。

建立了以妇幼保健院为龙头、社区卫生服务中心为枢纽、村卫生室为网点的妇幼保健三级网络。截至2010年，孕产妇系统管理率96.45%，0~2岁儿童系统管理率96.73%。

初步建立了突发公共卫生事件应急机制和紧急医疗救治体系。2007 年，成立突发公共卫生事件应急指挥部，逐步实现了突发公共卫生事件网络直报；2008 年，区 120 急救分中心、7 个急救站全面启用。

2007 年，怀柔区被全国爱卫会授予国家卫生区称号，截至 2010 年底，怀柔区建成国家级卫生镇 4 个，创建率 29%；市级卫生镇 7 个，创建率 50%；市级卫生村 153 个，创建率 54%；区级卫生村 150 个，创建率 53%。

医疗体系建设基本形成 1 家二级甲等综合医院、2 家二级甲等专科医院、1 家精神专科医院、16 个社区卫生服务中心、88 个社区卫生服务站、208 个村卫生室的新格局。

成立医疗质量管理委员会，建立医疗质量责任追究制，对医疗质量实行全程控制。通过引进高水平人才，开展了肿瘤介入治疗、心脑血管介入治疗等新的医疗技术。

成立社区卫生服务管理中心，负责社区卫生服务的日常管理。截止到 2010 年，社区卫生服务机构对 497 个品种 2082 个品规的常用药品实行零差率销售，并在中心及所属服务站全部实行收支两条线管理。通过增加编制和开展业务培训，初步解决了人员不足的问题，2006 年以来，共接收基层卫生专业技术人员 194 人。2008 年，为全区户籍人口和居住半年以上的流动人口建立了个人和家庭健康档案。

农村卫生实现规范化建设和管理。2008 年初，明确了政府公共卫生管理责任和卫生院、村卫生室的性质及职能，初步建立政府购买卫生服务与乡村医生绩效考核相挂钩的管理制度。同时，重点对村卫生室进行经常性的监督检查，并加大对乡村医生的规范化培训，定向培养山区、半山区临床专业医学生 180 人。

新型农村合作医疗人均筹资水平和补偿比例大幅提高。2010 年，农民住院补偿比例提高到 60%，住院补偿封顶线提高到 18 万元，门诊补偿比例提高到 40%，封顶线每人每年 600 元，提高了农民抵御大病风险的能力。

中医药事业持续健康发展。目前，基本形成以区中医院为龙头，社区卫生服务中心中医科为枢纽，社区卫生服务站、村卫生室、中医诊所为补充的三级中医医疗服务网络，并着重加强重点科室建设，2007 年，心血管病专科被国家中医药管理局批准为国家级心血管病专科建设单位。

存在的主要问题。①公共卫生体系建设仍需加强。预防和健康促进工作重视程度还不够，尤其是精神疾病和慢性病防控仍需加强；紧急救治能力仍需进一步提高，宝山镇等北部地区紧急救治体系仍存在盲区；妇幼保健工作中的婚检率仍需进一步提升，孕产妇死亡率仍高于“十一五”期间规划 15/10 万的目标。②医疗服务体系仍需进一步完善。城乡医疗二元结构特征尚未根本改变，城区医疗卫生服务资源相对集中，北部山区医疗资源较为薄弱，导致城区三家二级医院业务用房紧张问题凸显；对口支援政策落实缺乏有效的监督考核机制，导致无法切实开展；医疗卫生人才缺乏，不仅高水平高素质人才缺乏，而且普通适用人才也存在缺口；医务人员主动服务意识相对薄弱，医疗安全隐患仍旧存在，医疗质量仍需要进一步提高；医疗体系布局调整工作尚未完成，怀柔医院建设项目需加快推进。③基层医疗卫生网络薄弱。镇村两级医疗技术水平偏低、基本医疗服务能力较弱，难以吸引群众就近就医，无法发挥基层医疗卫生网底作用；基层卫生人力资源缺乏、分布不均、能力不强的问题突出，人员兼职岗位现象较为普遍；乡村医生年龄老化、具备执业（助理）医师资格的比例偏低，乡村医生后续补充机制需进一步健全；基层卫生机构人员专业培训内容和形式有待改进，工作评价考核机制还需完善。（撰稿：王利东　审核：田秋香）

怀柔区卫生局领导名单

党委书记　金亚平
副 书 记　王丽娟
局　　长　高永革
副 局 长　杜秉利

密云县

概况　有 18 个乡镇、2 个街道办事处、334 个行政村、65 个居委会，常住人口 46.8 万人。县属医疗卫生单位 31 家，民营医院 5 家。卫生技术人员 3142 人，其中执业（助理）医师 1286 人、注册护士 956

人。实有床位 1270 张。平均每千常住人口拥有卫生技术人员 6.71 人、执业（助理）医师 2.75 人、注册护士 2.04 人、实有床位 2.71 张。

生命统计。出生 2691 人，出生率 6.26‰；死亡 2686 人，死亡率 6.25‰；自然增长率 0.01‰。死因顺位前十位依次为：脑血管病，恶性肿瘤，心脏病，呼吸系统疾病，损伤和中毒，内分泌、营养和代谢及免疫疾病，消化系统疾病，泌尿、生殖系统疾病，神经系统疾病，传染病和寄生虫病。户籍人口期望寿命 78.15 岁。

卫生改革　加强管理工作的监督检查力度。坚持每年对基层单位全面系统地检查，检查结果打分排队。与基层医疗卫生单位党政一把手签订责任书，明确医疗安全等 5 个方面的职责任务，实行单项否决。

提高镇村医疗服务能力，创新服务模式，为群众提供便捷服务。逐步完善社区卫生服务中心内、外、妇、儿、中医科、病房等科室的建设。发挥村卫生室作用，完成乡村医生的聘任。政府购买服务的村卫生室全部实行药品统一配送、统一管理、药品零差率销售及新农合报销。在县医院开展“医患连心，预约住院”活动，共预约择期手术 286 例。中医院推行了市级专家号电话预约。妇幼保健院开展后医疗服务，建立医院随访平台，随访的 1066 名患者中满意率 98.6%。社区卫生服务中心积极探索家庭医生服务模式，累计建立家庭病床 702 张。县城内社区卫生服务中心实行 24 小时全天候服务，服务站门诊服务提前上班错后下班，共上门服务 2443 人次。乡镇社区卫生服务中心落实巡诊制度，全年巡诊 2494 次，服务患者 4 万人次。

完善药品供应保障体系的建设，落实同城同价药品采购政策，公立医疗机构全部配备使用国家基本药物目录内的药品，并列入新农合报销目录。实现药品购销微机化管理，各社区卫生服务中心零差率药品在 300 种以上、非零差率药品在 400 种以上。

编制完成密云县卫生事业“十二五”发展规划、医疗机构设置规划和卫生技术人员编制规划，完成医改 25 项。落实了公共卫生单位和基层卫生院的绩效工资。

社区卫生　有社区卫生服务中心 19 个、筹建 1 个，社区卫生服务站 30 个，正式职工 1266 人，其中卫生技术人员 951 人。截至年底，社区卫生服务中心累计药品销售 7357.84 万元，其中零差率药品销售 4448.71 万元，占药品总收入的 60.46%。卫生室销售药品 416.78 万元，其中零差率药品销售 320.76 万元，占销售药品总额的 76.96%。

农村卫生　村卫生室 479 个，其中村办卫生室 303 个、私人办 176 个，乡村医生 658 人，其中 279 名乡医与村委会签订了聘任协议，承担公共卫生、基本医疗、药品零差价销售、新农合报销等职能。

新型农村合作医疗。参加新农合 271074 人，参合率 98.69%。除在二级医院实行出院直报外，将村卫生室纳入新农合报销体系，247 个政府购买服务的村卫生室纳入新农合定点医疗机构。年内，投资 15 万元，启动卫生院门诊收费系统，进一步缩短了患者就诊时间。全年报销 927803 人次，报销金额 1.28 亿元。

疾病控制　报告乙丙类传染病 17 种 2738 例，报告发病率 491.01/10 万。其中乙类传染病 11 种 747 例，报告发病率 133.96/10 万；丙类传染病 6 种 1991 例，报告发病率 357.05/10 万。15 岁以下人群补种乙肝疫苗 1917 人。

地方病防治。完成穆家峪等 9 个乡镇食盐碘含量监测，共检测居民户食盐样品 288 份，有碘盐样品 284 份，碘盐覆盖率 98.61%；合格碘盐食用率 97.57%；非碘盐 4 份，非碘盐率 1.39%。对重点单位（幼儿园、医院等）食用盐检测 87 份，合格碘盐食用率 100%。采集孕妇和育龄妇女尿碘标本 1177 件，其中孕妇 1102 件，合格 1001 件，合格率 90.83%；育龄妇女检测 75 件，合格 61 件，合格率 81.33%。按要求开展了布病、水氟、鼠疫的监测。

性病、艾滋病防治。检测 HIV 抗体 26599 份，其中阳性 6 份，检出率 0.23‰。开展高危人群干预 31521 人次，发放宣传折页 5 种 5000 余份。

精神卫生。建档管理重性精神病人 1300 人，其中疾病期 11 人、波动期 13 人、缓解期 566 人、慢衰期 472 人，拒访或失防患者 238 人。档案管理率 100%。对 371 名患者进行免费投药，两会期间，对 112 名贫困患者采取随时免费领药措施。

学校卫生。全年监测学生 6978 人，其中营养不良 789 人，营养不良率 11.31%；肥胖 1244 人，肥胖率 17.83%；视力不良 3050 人，视力不良率 43.71%；沙眼 36 人，沙眼患病率 0.52%。贫血检查 6011 人，其中阳性 166 人，阳性率 2.76%。在 36 所小学筛查适龄学生 7441 人，窝沟封闭 2974 人，封闭第一恒磨牙 7750 颗；在 20 所中学筛查适龄学生 7839 人，窝沟封闭 4871 人，封闭第二恒磨牙 13444 颗。

慢性非传染性疾病防治与管理。在册 4 种慢性病 2.2 万人，其中高血压、糖尿病 1.9 万人，规范管理

1.2万人，规范管理率63.16%。各社区医疗机构通过门诊、巡诊等方式对慢性病人进行规范管理，并定期开展干预活动，累计开展400场，1万余人次参加。

计划免疫。年内，对12个免疫预防门诊进行复验，均达到标准。全年接种266925人次，其中常规接种103045人次、外来务工人员接种7395人次、应急接种3381人次、第二类疫苗接种40441人次、甲型H1N1流感疫苗接种4599人次、免费季节性流感疫苗接种58063人次、麻疹疫苗强化免疫接种50001人次。查漏补种共调查809村次，村覆盖率100%；501140户次，户覆盖率97.91%；调查适龄儿童56450人次，其中流动儿童14747人次。本地儿童未发现漏卡、漏证及漏种情况；流动儿童发现无卡14人、无证2人，补卡补证率100%。

公共卫生监测与评价。有28家单位委托检测，开展检测项目14项，样品1024件，合格716件，合格率69.9%。全年接到职业病网报111例，其中职业病和尘肺病23例，确诊3例，晋级1例，疑似19例。对11家单位21台医用X线机的性能和防护进行检测，合格率100%；完成452人次的个人计量检测，检测率100%，均无大剂量照射。

全年对辖区食品生产、加工、销售、饮食服务等行业开展卫生学评价428户。完成公共场所委托现场评价复验460户次。开展食品安全行政抽检，检测385件，合格376件，合格率97.66%。对末梢水、二次供水、自备水、农村水、水务局及行政抽检的生活饮用水进行水质检测，共取样1346件，合格1010件，合格率75.04%。

健康教育与健康促进。在社区、学校等启动了眼病、口腔疾病、高血压等的初级保健和慢性病规范管理，为慢性病家庭培养家庭保健员2000人。县科普讲师团在社区（村）开展健康大课堂知识讲座187场，受众12360人次。发放宣传资料5万份。通过上门入户、门诊看病等方式获取健康档案基本信息，全年建立健康档案41万份，建档率89.5%。同时，将慢性病规范管理与健康档案相结合，将2.2万名慢性病人体检结果录入健康档案，建立起慢性病群体防控与个体干预治疗的管理模式。

卫生监督　日常监督。监督检查7220户次，合格6998户次，合格率96.93%。其中食品卫生4956户次，合格4807户次，合格率96.99%；公共场所946户次，合格936户次，合格率98.94%；生活饮用水68户次，合格66户次，合格率97.06%；职业卫生317户次，合格292户次，合格率92.11%；学校卫生68户次，合格率100%；传染病与消毒486户次，合格480户次，合格率98.77%；放射卫生23户次，合格22户次，合格率95.65%；医疗卫生352户次，合格323户次，合格率91.76%；血液管理4户次，合格率100%。

量化分级管理。对区内1323家餐饮服务单位予以评级，完成1267家，其中A级50家、B级435家、C级782家。对707家公共场所进行分级，完成412家，其中A级21家、B级85家、C级302家、不予评级4家。

卫生行政许可与举报投诉。全年发放卫生许可证1354件，其中餐饮服务931件、公共场所389件、生活饮用水19件、放射卫生15件。不予许可354件。注销许可证795件，补办许可证7件。行政处罚225起，其中警告118起、罚款107起265250元；没收非法财物5769元、违法所得24512.5元。

大型活动卫生保障。完成节日和重大活动的食品卫生、公共场所、生活饮用水卫生保障，全年未发生食物中毒和水污染事件。

卫生监督员培训。年内，开展公共场所量化分级管理、公共场所和学校卫生、食品添加剂、《食品安全法》等法律法规和卫生标准培训15期。为辖区餐饮、厂矿等单位相关工作人员举办培训班31期，培训5465人次。发放宣传材料1.8万份。

妇幼保健　妇女保健。活产2691人，婴儿死亡率3.34‰。孕产妇系统管理率94.72%，高危孕产妇住院分娩率100%，无孕产妇死亡。农村孕产妇住院分娩补助1400人，为农村孕产妇免费增补叶酸713人。在农村适龄妇女中开展免费宫颈癌和乳腺癌检查，共筛查93338人次，确诊32例，均得到治疗。

儿童保健。0~6岁儿童系统管理率94.21%，5岁以下儿童死亡率4.09‰。新生儿疾病免费筛查4839人次，0~6岁儿童健康体检25607人次。

计划生育技术管理。全年计划生育手术11562例，手术并发症1例，发生率0.86/万。

医疗工作　门诊2435899人次，急诊222018人次，留观97951例。急诊危重症抢救12094人次，成功率99.54%；住院危重症抢救330人次，成功率61.21%。入院24616人次，出院24462人次，病床使用率74.93%，平均住院日12.00天，治愈好转率82.83%，死亡率1.59%，出入院诊断符合率99.33%。住院手术6995例。为贫困白内障患者免费开展复明手术136例。

全年审批许可新医疗机构33家，受理医疗机构变更登记申请80家，医疗机构校验563家，注销医疗机构22家，医师执业注册、变更358人次。

医院感染管理。聘请市疾控中心专家对96名院感兼职人员进行了培训，选派4名二级医院院感专职人员参加了院感质控中心的培训。调查出院病历21642份，其中感染病例383份，感染率1.77%。

病历质控。全年检查住院病历148份，合格率95%；门诊处方3600张，合格率98%。

护理工作。受理护士注册12人次。开展5项护理技能操作培训和考核350人，合格率98.30%。引进市三级医院护理继续教育项目10项，2000余人次参加培训。在县医院外二病区开设优质护理服务示范区，使该病区家属陪护与聘请护工比例降低。县卫生局为各医疗机构统一制作了输液治疗卡，并规范其使用标准。

对口支援。全县23家医疗机构与海淀区37家医院确立了对口支援关系，支援医师105人，诊治病人16421人次，手术219例；捐赠仪器设备等价值72.81万元；接收进修18人。

血液管理。全年采血18320单位，未发生血源性疾患和输血反应。年内，中心血站接受了卫生部质量监督检查。

年内，销毁过期失效麻醉、精神药品共计针剂273支、片剂140片。42名药剂人员参加了培训。

万元以上医疗设备总值18856.97万元，万元以上医疗设备2292台。年内，购置大中型医疗设备20台（件）。

医学教育 开展县级继续教育医疗项目113项、护理项目57项，2652人参加，合格2564人，合格率96.68%。选送专业骨干7人参加为期一年的进修培训。在岗乡医岗位培训611人，595人参加考试，合格率100%。

人才培养。全年引进外埠毕业生53人，招录本地毕业生70人，其中硕士研究生17人、本科生61人。加强人才培养力度，安排乡镇卫生院55人到县级医院进修、县级医院31人到市级医院进修。与市级医院建立合作关系并形成长效机制，定期开展人员培训和技术指导。实施全科方向的住院医师规范化培训，继续教育、专业技能培训6000人次。从城内以及平原、半山区医疗单位抽调92名医务人员到山区医院开展定期支援工作。

科研工作 申报首都医学发展基金，获得青年项目2项，市级资金支持8万元。申报县级科学技术奖14项，获科技进步奖6项，其中一等奖1项、二等奖2项、三等奖3项。与天坛医院、同仁医院、朝阳医院、北京大学第一医院签订了适宜技术推广协议。

精神文明建设 年内，开展党建创新活动，确立创新项目36项。制订了《2010年民主评议政风行风工作方案》等，不断改进工作作风和服务态度，各单位群众满意率98%以上。组织卫生系统职工爱心捐款19万元。

财务管理 完成对各单位财务工作的监督检查，内审率100%。全年财政补助收入24224.30万元，上级补助收入1443.40万元，医疗单位业务收入57414.47万元，业务支出82715万元。

基本建设 完成冯家峪镇社区卫生服务中心的改造，建筑面积3500平方米，投资1350万元；完成高岭镇社区卫生服务中心改造工程，建筑面积4032平方米；完成密云县第二人民医院病房楼装修改造及附属工程。完成鼓楼社区卫生服务中心等10个单位的节能改造。（撰稿：邢　颖　审核：王　桦）

密云县卫生局领导名单

党委书记　肖兴起
副 书 记　任向宏　宋连启
局　　长　任向宏
副 局 长　朱立志　肖兴起　王文平　毛久成

延庆县

概况 有15个乡镇、376个行政村，常住人口31.7万人。有各级各类卫生机构271个，其中村卫生室182个，个体诊所37个，一二级医院20家，医务室23个，门诊部1个。营利性37个、非营利性233

个、非政府办非营利性1个。卫生技术人员1724人，其中执业（助理）医师708人、注册护士594人。实有床位1006张。平均每千常住人口拥有卫技人员5.95人、执业（助理）医师2.58人、注册护士1.95人、床位3.40张。

生命统计。出生1775人，出生率6.36‰；死亡1737人，死亡率6.23‰；人口自然增长率0.13‰。因病死亡1621人，占总死亡人数的93.32%。死因顺位前十位疾病为：脑血管病，恶性肿瘤，心脏病，呼吸系统疾病，损伤和中毒，内分泌、营养和代谢等疾病，消化系统疾病，传染病，神经系统疾病，泌尿、生殖系统疾病。人均期望寿命80.06岁，其中男性78.20岁、女性82.15岁。

获奖情况。年内，被评为首都文明单位、卫生部决算工作先进单位、北京市交通安全先进单位，获北京市医疗卫生单位行业网站考核优秀网站奖。

社区卫生 全县社区卫生服务机构销售零差率药品350种600个品规，占全部药品的72%；零差率药品收入3091.15万元，占药品总收入的71.63%；让利群众803.7万元。完成业务收入5065万元，比上年增加46.56%；门急诊61.9万人次，比上年增加14.63%。

年内，继续推广家庭保健员工作，共培养家庭保健员2014人，组织各种培训110余次，考试合格并颁发证书2012人。

农村卫生 有农村社区卫生服务站52个、村卫生室183个，均为非营利性集体所有制。注册乡村医生300人。

新型农村合作医疗。有16.6万农民参加新农合，参合率99.45%。为60084人次报销医药费用9528万元。各定点医院为207626名农民减免96万元，下乡巡诊835次，派出医务人员2730人次，服务群众18618人次，为9994人进行免费健康体检，建立健康档案1096份。

疾病控制 报告法定传染病16种1423例，发病率394.18/10万。其中乙类传染病10种554例，发病率153.46/10万；丙类传染病6种869例，发病率240.72/10万。无暴发疫情和重大传染病疫情发生。

结核病防治。新发现结核病人86人，监化督导率100%，治愈率90.8%；新生儿卡介苗接种率100%；大中小学PPD监测12089人，结核菌感染1850人，结核菌感染率15.3%，查出肺结核11人，全部免费治疗。

地方病防治。无鼠疫、地方性氟中毒、碘缺乏病新发病例。布氏杆菌病新发2例，已经及时调查处理。

精神卫生。有精神病人2187人，其中重性精神病人1214人，包括系统治疗263人、间断治疗398人、未治疗553人。

学校卫生。中小学生体检4189人，合格率41.79%。其中营养不良601人、肥胖492人、视力不良2354人、患龋712人、贫血144人、沙眼1人。以健康教育为主要手段，向学生传授常见病防治知识，培养良好的卫生习惯，提倡户外活动和合理膳食。

慢性非传染性疾病防治与管理。年内，管理高血压患者710人、糖尿病患者309人、肥胖50人。

计划免疫。应接种脊髓灰质炎、白百破、麻疹、风疹、流行性腮腺炎、乙脑疫苗39568人次，实种39531人次，接种率99.91%。脊髓灰质炎监测152705人次，麻疹监测177470人次。本区60岁以上老人应免费接种流感疫苗40960人次，实接种16416人次，接种率40.08%；高中及以下在校学生应免费接种流感疫苗25963人次，实接种14910人次，接种率57.43%。

公共卫生监测与评价。全县接触有毒有害物质单位108个，职工4530人，接触职业危害因素职工2262人，职业健康监护建档率100%。监督检查158户次，合格率87.97%；实施行政处罚19起，其中罚款1起2万元。辖区内粉尘与高毒物品专项行动涉及单位36个，应做预防性监督12个，控制效果评价12个，完成控制效果评价7个，剩余5个完成监测，评价工作正在进行中。专项复查工作完成职业健康检查34个，另外2个单位——北京富佳工艺品厂、北京长城广昊腐殖酸厂停产；应体检1565人，实体检1564人。各单位均按规定建立了职业健康监护档案。

健康教育与健康促进。全年开展健康知识大课堂134场、宣传咨询活动14次，发放宣传品1.2万份。

卫生监督 食品卫生监督。全县有食品生产经营单位1926个，从业人员6852人。监督检查6492户次，合格5518户次，合格率85%。实施行政处罚36户次，其中罚款6户次13500元，没收并销毁违法加工食品及原料174.8公斤。无食物中毒事件发生。有各类公共场所393个，监督检查491户次，合格474户次，合格率96.54%。有卫生许可证的供水单位30个，监督44户次，合格40户次，合格率90.91%；监测各类水质73件，合格率53.42%。

医疗卫生专项检查。全年出动卫生监督员261人次、87车次，取缔非法行医7家，没收医疗器械14

件，价值4050元。

公共卫生投诉举报。全年接到群众投诉举报33件，其中食品类21件、医政类12件，处理率96.97%。

大型活动卫生保障。完成重大活动食品卫生监督保障任务28次，出动监督员256人次，车辆96车次。

量化分级。对737个餐饮单位持续进行动态量化分级，其中A级43个，占5.83%；B级360个，占48.85%；C级334个，无D级单位，A、B级占54.68%。

爱国卫生 开展春季爱国卫生月和城市清洁日活动，2.3万人次参加，擦拭小广告300余条，清洁广告牌70余块，清理卫生死角200余处，清运垃圾污物35吨，清理整治绿地40余万平方米。灭鼠活动期间，用鼠药0.29吨、腊块1.45吨、鼠盒528个，发放宣传材料4万余份，灭鼠投药到位率100%，投药覆盖率100%，城市鼠密度降到0.26%。检查5417个食堂、餐饮单位，无蝇无蟑达标率90%以上。

改厕改水。完成农村户厕改造16100套，完成改水21个村，更新改造项目村18个，完成水处理村3个，总受益人口1.7万人。

控烟。年内，监督检查区内312个单位，劝阻公共场所吸烟行为80人次。发放各种宣传材料3万份，制作展板10块，悬挂横幅8条，设立宣传咨询站（点）6个，张贴标志牌5000块。

妇幼保健 产妇1760人，建卡1758人，建卡率99.89%；产前检查1759人，产前检查率99.94%；早孕检查1746人，早孕检查率99.20%；产后访视1750人，访视率99.43%；孕产妇系统管理1733人，系统管理率98.47%。孕产妇住院分娩1774人，住院分娩率99.94%，6个月婴儿母乳喂养率84.25%。高危产妇421人，高危产妇管理率100%，高危产妇住院分娩率100%。危重孕产妇抢救13例，死亡1例，为羊水栓塞，市级评审为不可避免死亡。活产1775人，管理1722人，管理率97.01%；筛出高危新生儿158例。围产儿1816人，出生缺陷儿10例，出生缺陷发生率5.51‰。围产儿死亡7例，死亡率3.93‰。出生低体重儿70例，发生率3.94%。新生儿死亡5例，死亡率2.82‰；婴儿死亡6例，死亡率3.38‰。

儿童保健。0~6岁儿童7648人，保健管理7611人，保健管理率99.52%。纯母乳喂养634人，母乳喂养率84.25%。贫血检查7611人，患病306例，其中中重度贫血11例，贫血患病率4.02%。0~4岁儿童死亡6例，死亡率3.38‰。

女工保健。妇女病普查应查85801人，实查38683人，普查率45.08%；患病率15.45%；治疗率100%。婚前检查236人，婚检率4.16%。

全年计划生育手术7543例，无并发症。

医疗工作 门诊1389199人次，急诊94288人次，留观69707人次。住院危重症抢救252人次，入院20734人次，出院20111人次，病床使用率73.49%，治愈率38.5%，好转率55.3%，病死率1%，出入院诊断符合率99%。住院手术5481例。

院内感染管理。年内，共抽查重点科室空气培养1092份，合格率96.9%；手培养195份，合格率97.7%；无菌物品268份，合格率100%；物体表面193份，合格率99%。医院感染率0.34%。

病历质控。在全县各级各类医院开展“以病人为中心，以提高医疗服务质量”为主题的医院管理年活动。建立健全医院管理的长效机制，不断提高本县各医院的管理水平，做到“向管理要质量，向管理要秩序，向管理要人才，向管理要纪律，向管理要效率，向管理要效益”。甲级病历率98%。

护理工作。落实“三基三严”计划，加强对年轻护士的培训，按照计划对工作1年的护士每月进行1次理论考试，2年护士每2个月1次考试，3年护士每季度1次考试；县医院开展了优质护理服务。护士执业首次注册32人。

血液管理。年内，县血站开展机采血小板工作，并成为全市保留的4个血站之一。自愿无偿献血2171人2989单位，其中团体无偿献血286人364单位、街头自愿无偿献血1146人1329单位、机采血小板739人1296单位。医疗用血悬浮红细胞2048单位、血小板67单位、血浆1036单位。

对口支援。年内，有11家医疗单位与城区医院建立了对口支援关系，支援单位派出兼职、挂职医务人员138人，优先减免费用接收受援单位进修28人，到受援单位义诊的专家40人，咨询诊治9237人次，学术讲座108次，义诊2056人次，捐款捐药捐设备总价值48.9万元。

全县麻醉药品、精神药品购用印鉴卡持卡医疗单位19家，有麻醉药品和一类精神药品处方权的备案医师146人。使用麻醉药品10种，采购368914.9元；一类精神药品3种，采购6716.51元；二类精神药品13种，采购217694.62元；医用毒性药品5种，采购11288.01元。

年内，要求各医院完善医疗设备档案，合理使用，合理检查，合理治疗。对大型设备购置有严格准入规定，全年新增万元以上设备 13 件。医疗设备总资产 1.26 亿元。

医学教育 年内，参加全科医师培训 10 人、社区护士岗位培训 20 人、防保医师培训 2 人、检验专业培训 2 人、口腔专业培训 1 人、药学专业培训 6 人、B 超专业培训 1 人、X 线专业培训 1 人，并全部取得岗位培训合格证书。1843 名专业技术人员参加好医生网上学习，达标率 94.92%。按照市卫生局要求开展了乡村医生培训，以 10 项急救技术、基础护理操作、中医针灸拔罐、传染病防治、急腹症、康复等为主要内容，培训乡村医生 300 人 70 学时。

科研工作 全年在国内核心期刊发表论文 77 篇。

精神文明建设 继续开展治理医药购销领域商业贿赂工作，从机制和制度积极探索治理商业贿赂的新方法。全面规范药品采购、基建工程招标等各个环节的管理。继续严格执行医务人员“五不准”，不断提高医务人员医德医风素质。聘请行风社会监督员 100 余人，定期召开座谈会征求意见。

计划财务 卫生事业财政拨款 40619 万元，其中专项拨款 18202 万元、基本建设拨款 12900 万元。卫生事业收入 38556 万元，其他收入 159 万元。卫生事业支出 77752 万元，其中专项支出 18153 万元、基本建设支出 12900 万元。

（撰稿：周宝平　审核：刘凤云）

延庆县卫生局领导名单

党委书记 郑世华
副 书 记 杨东海
局　　长 郑世华
副 局 长 王丽敏　尹文强　鲁金芳

三级医院工作

卫生部北京医院

（东城区东单大华路1号）
邮编：100730　电话：85132266（总机）
网址：www.bjhmoh.cn

基本情况　职工2650人，其中医生636人，护士996人，医技人员376人，其他技术人员157人，行政、后勤人员485人。卫生技术人员2008人，包括正高级职称167人、副高级职称198人、中级职称720人、初级师759人、初级士164人。

医疗设备总值117248万元。本年度新增医疗设备总值7616.5万元，其中10万元以上设备60台、100万元以上设备16台。

获奖情况。医院被评为中央国家机关文明单位标兵、首都文明单位标兵五连冠、全国卫生系统卫生文化建设先进单位、北京市卫生统计工作先进单位（二等奖）。

机构设置　3月，成立了第二住院部管理处；6月，撤销审计监察处（纪检办公室），成立了审计处和监察处（纪检办公室）。

改革与管理　年内，进行了就医环境的改造和医疗布局的调整。与市公安局签署医疗合作协议，利用原北京公安医院旧址，成立了第二住院部，新增床位200余张。

制订并完善医疗工作管理制度，细化了对医疗工作环节质量的检查和控制，进一步加大对病历质量、处方质量、查房制度、会诊制度等抽查和讲评的力度。对缩短平均住院日、提高床位使用率和抢救成功率、控制院内感染率、规范抗生素使用、规范患者投诉处理程序等进行了专题研究，并制订了改进措施。召开临床科室与医技科室座谈会，进一步理顺了工作流程。利用医疗质量专项奖励基金鼓励先进科室，基础医疗质量稳步提升。

落实床位动态管理，坚持住院处24小时值班，保证了急诊住院病人及时办理住院手续。制订《关于加强空床管理的规定》，协调床位近千人次，提高了床位使用率。

完善“统一领导，集中管理”的财务管理模式。在预算管理制度中，修订预算管理流程，实现了预算动态管理。进一步规范了物价管理，严格执行医疗收费价格。

完善医院内控制度，落实合同管理办法。执行院领导安全查房及带班制度，落实后勤保障制度。

医疗工作　门诊1344535人次，日均门诊4761人次；急诊78657人次，抢救成功率97.5%。床位1015张。入院21724人次，出院21674人次，床位周转25.8次，床位使用率95.5%，平均住院日13.1天，七日确诊率97.5%，出入院诊断符合率99.4%，治愈率64.9%，好转率31.2%，死亡率2.5%，手术前后诊断符合率99.9%，病房抢救成功率75.1%。住院手术14734例。

重新修订了《医疗纠纷防范与处理办法》。继续推动《病历书写基本规范》和《手术安全核查制度》的落实。起草了《对外支持援助工作实施办法（暂行）》。

组织新技术、新疗法、新项目准入3次。经过评审，16项中的12项应用于临床。执行《手术资格准入规定》和《手术及有创操作分级管理规范》，为3名医师的6项操作进行了审核、备案。5个科室就新技术开展情况在医院学术周进行了专题讲座。

病历质量管理。检查出院病历18275份，检查环节病历175科次、病历1332份。全年甲级病历率98.2%。印发《手术安全核查表》，并进行了督导、检查。印制《住院病历书写要求（续）》，并进行了《病历书写基本规范》的培训。

全年院内联合会诊162人次、院内请院外会诊105人次、院外请院内会诊46人次。

年内，分析抢救不成功病例110余份，查找原因，并进行了反馈。就如何预防造影剂引起肾衰竭召开研讨会，制订了《预防造影剂肾病的注意事项》。检查了病房临床一线值班医师的在岗情况及医师资质、临床二线值班医师在岗情况，组织了急救演练。规范了门急诊输血流程。启动了住院病历处方的点评。进一步规范了急诊检验申请。

加强医疗质量指标的反馈。每季度出版一期《医疗质量简报》，对平均住院费用、药品比例、平均住院日、床位使用率、危重病人抢救情况、治疗效果、院内感染及围手术期抗生素使用监测、临床用药及退药等情况进行总结、分析。

加强门诊医生出诊的管理，监测专家门诊出诊时间，设立特需专家门诊，完成知名专家评审工作。改善门诊就诊环境，设置流动导诊。开展预约挂号，方便患者就医。同时，增加专家出诊时间，满足患者的需求，并实施错峰出诊制度。门诊、临床科室总体满意度94.4%，医疗服务总体满意度95.2%，处方合格率94.7%，医保中心联审互查处方合格率98.5%。

加强医疗质量及医疗安全知识的培训。其中对新入院职工进行医疗规章制度、住院病历书写要求等培训。举办放射防护知识培训2期、辐射安全与防护培训2期，共318人次参加。

医院感染管理。共监测20815例，其中前瞻性监测2319例。开展了ICU静脉置管患者相关性血流感染监测、住院患者抗菌药物临床应用监测与干预。完成手术部位感染监测107例。处理5次医院感染突发事件。本年度医院感染现患率2.09%。医院感染知识培训13场1160余人次。

医疗支援。派出医生173人次赴平谷区中医医院支农，其中会诊手术54人次；接收进修27人次。派出医生103人次，在大方、内务部街支援社区卫生工作。组织7人医疗队支援江西省横峰县人民医院。2批医疗队支援内蒙古自治区莫旗人民医院，并免费接收15人进修。眼科专家参加了健康快车行动。派出医疗保障7次10人次。

完成电子病历试点工作。启动了临床路径试点。临床检验中心、临床护理专业申报成功并成为国家临床重点专科。完成医师定期考核工作。

医保工作。医疗保险门诊501028人次，占门诊总数的37.26%；医疗保险住院9058人次，占住院总数的41.7%。医保住院总费用184931705.13元，人均费用20416元。

护理工作 医院把优质护理服务示范工程作为全年工作的重点。经过一年的努力，全院所有病房均为优质护理服务示范病房，开展率100%。首先，完善和修订各项护理管理制度，如《分级护理服务标准》《护理文件书写规范》《护理记录质量评价标准》《基础护理质量评价标准》《专科护理质量评价标准》《专科护理常规》《护理工作满意度调查表》等。其次，完善和细化护理岗位职责62项，明确各岗工作职责、工作要求和任职资格。采用责任制整体护理制度。强调按需弹性排班，同时兼顾护士的利益。编制了《北京医院护理管理手册》，收集整理护理工作制度39项、护理岗位职责62项、综合质量评价标准9项、专科护理质量评价标准32项、满意度调查表5项、意外事件处理规定6项、护理安全工作指南5项、护理意外事件应急预案10项、护理关键流程18项。第三，注重护士的培训。调整新护士岗前培训内容，与优质护理服务示范工程活动相结合，培养新护士服务理念，规范基础护理操作。开展护理安全周活动，护理安全培训1000余人次。第四，提供有力保障。加大对示范病房的资金投入，设立了优质护理服务奖励基金。合理调配人力，保障试点病房护理人力充足、结构合理，建立了人力调配库。第五，加强护理服务内涵和外延建设。开设外周置入中心静脉导管（PICC）换药门诊，解决了PICC置管者出院后换药难、PICC管路使用不便的问题。第六，利用各种宣传渠道进行宣传。在院内网站开设“优质护理服务示范工程”专栏，定期出版专栏简报。拍摄DV短片《与生命同行》，向卫生部、健康报投稿多篇，并获得好评。开展优质护理服务示范工程活动以来，病人满意度提高，示范病房出院病人满意度调查显示，病人满意度100%。全院基础护理质量合格率98.31%。在市卫生局阶段检查中，医院示范病房工作获得好评。D09病房获全国卫生系统优质护理服务先进病房，C03病房护士长杨曼被评为全国卫生系统优质护理服务先进个人。

全年发表论文12篇，其中中华类4篇。按计划完成国家级、区级和院级继续教育项目。共组织全院继续教育讲课14次5131人次。组织网上继续教育讲课5次、护士学习汇报会1次。接收北京大学医学部、首都医科大学、北京中医药大学的护理生产实习生、见习生189人。派出5名护士参加了北京护理学会及中华护理学会专科护士培训班。邀请院外专家对全院带教老师培训1次，外派带教老师5名参加协和护理学院的师资培训。

科研工作 获院外科研经费1192万元，在研课题115个，结题128个。

全年在统计源期刊发表论文413篇。开展药物临床试验19项、医疗器械临床试验5项、体外诊断试剂临床试验24项、伦理审查71项。

医学教育 年内，承担北京大学医学部八年制临床专业2005级、2006级、2007级3个班及八年制口腔专业2006级共97名学生的教学任务，此外，加强了对硕士生、博士生导师的培训。住院医师规范化考试合格率高于北京大学医学部的平均水平。

录取研究生40人，其中硕士28人、博士研究生12人，接收进修142人。招收本院住院医师30人，非培训基地人员18人。22名住院医师参加北京市住院医师第一阶段考试，其中本院住院医师14人、非培训基地住院医师4人，考试成绩全部合格。

在职员工全部参加了继续教育学习，学分审理通过率100%。举办国家级继续教育学习班20个，招收国内外学员6000余人次。举办区级继续教育项目42个、院级继续教育项目162个。与人力资源与社会保障部联合举办了面向西部的老年神经病学高级研讨班，学员372人。

学术交流与合作 全年派出学习、交流277人次，其中长期出国进修14人次，短期访问考察、出席学术会议263人次。接待外国和港澳台地区来访76人次，其中医院对口交流团组9个。申请到外国专家局引进国外专家项目4项，本年度出国项目2项，获得项目经费48万元。组织院内学术报告会10场。

后勤与基建 年内，完成感染门诊和美容门诊的改造、门诊二层医技楼放射科的改造、大佛寺院区外装修及翻建新房屋改造、北楼B座全部外装修和部分内部装修的工程。年底，完成PET－CT设备更新的装修改造和空调更新工程。

信息化建设 年内，开通网络化图书馆，实现了图书馆与全院联网。加强医院网站建设，丰富了网站的内容。 （撰稿：马　燕　审核：叶　鹏）

领导名单

党委书记 王建业
副 书 记 刘秀琴
院　　长 林嘉滨
副 院 长 王建业　韩绥生　汪　耀　田家政　王　辰

卫生部中日友好医院

（朝阳区樱花园东街）
邮编：100029　电话：84205566（总机）
网址：www.zryhyy.com.cn

基本情况 职工（含合同制）3160人，其中卫生技术人员2354人，包括正高级职称209人、副高级职称225人、中级职称744人、初级师695人、初级士281人、无职级200人。

医疗设备总价值63361万元。本年度购置设备总值15325万元，其中10万元以上设备244台（件）、100万元以上设备29台（件）。

获奖情况。医院被评为中央国家机关文明单位、全国百姓放心示范医院、医院改革创新百家获奖医院、北京市医疗卫生行业优秀网站、首都文明单位、首都卫生系统文明单位、促进中医药事业发展贡献奖、卫生部直属机关巾帼建功先进集体、全国青年文明号、中国青年志愿者优秀组织奖、北京青年健康使者火炬行动组织贡献奖、北京市病历质量评比医院团体奖，4个中医药薪火传承“3+3”工程室站获北京中医药薪火传承贡献奖。

机构设置 4月，成立普通外科，下设肝胆外科、胃肠外科、乳腺甲状腺外科，不再保留普外一科和普外二科。成立了肿瘤内科（西医）。将放射肿瘤科更名为放射治疗科。全国中西医结合心血管病中心下设心脏内科、中西医结合心脏内科、心脏血管外科·电化疗科，原全国中西医结合心血管中心一、二病区划归心脏内科，将原全国中西医结合心血管中心三、四病区划归中西医结合心脏内科，将原全国中西医结合心血管病中心五病区和电化疗科合并成立心脏血管外科·电化疗科。骨科下设骨关节外科（骨坏死与关节重建中心）、脊柱外科、创伤骨科。中医肿瘤科更名为中西医结合肿瘤内科。重症监护室更名为重症医学科。成立口腔医学中心，下设口腔内科、口腔外科、口腔修复科、口腔正畸科、口腔综合科，不再保留口腔科设置。3月，整合医疗保险办公室与医疗发展办公室有关职责，组建医疗保险与发展办公室。成立了疾病预防控制办公室。

改革与管理　9月26～27日，召开发展规划研讨会，对医院未来5年事业发展规划和10年基建发展规划进行了研讨，并从10个方面部署：全力以赴迎接国家新一轮三级综合医院评审；做坚持公立医院公益性的表率；继续夯实基础，狠抓质量安全，持续改进医疗服务；明确方向，点面结合，努力打造国家重点专科及品牌学科；不断提高人员素质，优化人员结构，大力加强人才队伍建设；调整机制，不断提升医院精细化、科学化管理水平；提高装备水平，合理扩大空间规模，提升医院硬件实力；加快干部保健工作步伐；进一步加强党的建设、行风及医德医风建设、医院文化建设；充分调动职工积极性。进一步完善医院质量管理体系，构建以个人（岗位）为基础的医院质量管理体系，完善行政、后勤部门综合目标考核体系。做好对口支援工作。筹建国家应急队伍。继续优化服务流程，提高服务质量，加强诚信服务体系建设。

年内，通过多种调查方式完成全院62个科室的满意度调查，包括临床有病房科室43个、医技科室及护理单元15个、门诊科室及门诊护士（站）4个，共约7200个样本。8月1～7日，开展为期7天的患者问卷调查，共调查出院患者634人。开展了面向全院行政、后勤部门上半年和下半年的满意度测评。

医疗工作　门诊1648086人次，急诊232452人次，急诊危重症抢救6420人次，抢救成功率96.54%。床位1291张。住院38444人次，出院38429人次，床位周转30次，床位使用率98.34%，平均住院日11.9天，七日确诊率99.92%，出入院诊断符合率98.99%，治愈率45.99%，好转率50.66%，死亡率1.50%。住院手术20034例。无孕产妇死亡，新生儿死亡率3.8‰，围产儿死亡率4.43‰。

全年上报市卫生局备案新项目14项，涉及放射肿瘤科、胸外科、心脏血管外科、病理科、泌尿外科等9个科室。

病案管理。重点在运行病历的内涵质量，同时三级临床医师共同参与病历质量监控，考评结果是医院医疗质量考核的重要内容之一。印制《病历书写基本规范手册》，开展了多种形式的培训。甲级病历率99.97%，2名医师在北京市病历质量评比活动中获优秀奖。

医院感染管理。8月，医务处与团委合作，举办了院感知识竞赛，50余人参加。协助儿科加强了防治手足口病的宣教工作，协助预防保健科完成朝阳区社区卫生服务绩效考核（突发公共事件卫生应急管理部分）。多次组织医院感染管理的专项检查，对重点部门、重点环节进行了联合检查，对检查中发现的问题限期整改。修订了《突发重大医院感染事件应急处置预案》。

医保工作。医保出院13306人次，总费用21892.13万元，次均费用16453元。4月1日，实施医保门诊持卡就医、实时结算。强化服务意识，优化流程，加大医保目录库维护监管，实现医保A类定点医疗机构的指标管理。

医疗支援。年内，组织8人医疗队到青海省卫生厅支援1个月，麻醉科和妇产科医师2人到内蒙古自治区海拉尔医院支援1个月，9人赴内蒙古自治区呼伦贝尔市海拉尔区人民医院和鄂温克旗人民医院对口支援。完成对顺义区人民医院、中医院及妇幼保健院的对口支援任务，为朝阳区3个社区（亚运村医院、安华社区和东坝社区）提供技术支持并协助工作。为顺义区开通“顺、孕、绿色通道号”及“顺朝、孕、绿色急备床”，简化了顺义区高危孕产妇绿色通道。接收内蒙古自治区海拉尔区医院和鄂温克旗医院进修55人、内蒙古自治区突泉医院进修5人，青海省卫生厅进修5人，亚运村医院进修4人。

护理工作　年内，编制了《试点病房护理工作手册》《危重病护理常规》等，明确岗位职责，规范临床执业行为，保障护理安全。护理文件书写合格率99.7%，护理病历书写合格率99.7%，基础护理合格率100%，特级护理合格率100%，一级护理合格率100%，急救物品完好率99.4%。

申报并实施与中华护理学会、世界卫生组织、国际护士会及卫生部合作课题4项，院级课题10项。实施国家级继续教育项目1项、市级继续教育项目7项、区级继续教育项目15项、院级继续教育项目14项，组织各类讲课37次，听课13464人次。血液净化中心通过了中华护理学会专家组专科护士培训基地的评审。招收华中科技大学附属同济学院、中南大学、北京中医药大学、北京大学护理学院、中国医科大学护理学院、吉林大学护理学院等6所院校的实习生197人、见习生30人，接收37家医院的进修护士74人，完成顺义区医院、顺义区中医医院、内蒙古自治区呼伦贝尔市海拉尔区人民医院、呼伦贝尔市鄂温克旗人民医院共29名护理管理人员的培训。

完成卫生部组织编写的《临床护理实践指南》，全年在统计源期刊上发表论文34篇。

科研工作 年内，成立肺癌中心、乳腺肿瘤中心、胃肠肿瘤中心。获得卫生部特色医学学科建设项目资助2000万元，并于年内将预算落实。获国家级、省部级以上课题立项48项，获得院外科研经费5470.6万元。院级科研课题立项131项（525万元），其中重点课题13项（108万元），面上课题60项（248万元），青年课题33项（105万元），管理课题14项（32万元），护理课题10项（22万元），人才引进启动课题1项（10万元）。卫生部部属部管医院临床学科重点项目3个：内分泌代谢病中心、骨科、神经内科。国家中医药管理局重点学科3个：中医肿瘤病学、中医肺病学、中西医结合临床。国家中医药管理局传染病重点研究室1项。

中医呼吸科晁恩祥、张洪春申报的“风哮、风咳理论及其临床应用”获2009年北京市科学技术奖三等奖以及中华中医药学会科学技术奖一等奖；李平等人获2010年度中华中医药学会学术著作奖一等奖，阎小萍等人获三等奖；贾立群等人荣获2010年度中华中医药学会科学技术奖二等奖。

全年在核心期刊发表论文842篇，其中SCI 18篇，总影响因子86.739。

医学教育 在培住院医师281人，其中本院144人、基地代培137人。新招本院住院医师43人，接收北京市基地代培住院医师70人，完成基地代培住院医师培训28人。药学部培养临床药师4人。物理康复科、药学部、疼痛科共完成443人的培训，并接收基层医院短期进修45人。内分泌科举办培训5期，来自全国各地的12名糖尿病教育师资接受了培训。

完成国家级继续医学教育项目15项、国家十年百项重点推荐项目1项、国际级中医药继续医学教育项目3项、市级继教项目9项；承担市中医局继教项目4项、中华医学会继教项目3项、中华口腔医学会继教项目1项、院级继教项目93项。完成甲型H1N1流感防治等传染病及相关法律法规培训20余场次，全院8000余人次参加培训并考核。加大对行政工勤人员的培训力度，共组织培训10余场次，涉及处（科）室8个。

中医肿瘤学科、中医风湿病学科获准成为国家中医药管理局中医药优势学科继续医学教育基地。

全年举办大科学术讲座20次、大科临床病例讨论13次，护理专业培训23场次。派出32人参加专业上岗证书培训，涉及10个专业。

接收北京大学医学部、北京中医药大学等院校的663名本科生（含长学制学生）实习见习，完成338人次的临床实习和324人次的临床见习，以及4649学时的授课任务。统招研究生49人，其中博士生13人、硕士生36人。新增硕士生导师9人。

国际交流与合作 全年举办各类国际学术会议22次，1700余人次参加。接待各类国际访问团组52个316人，聘请名誉教授11人，邀请7个国家14所大学19家医院的36名专家来院讲学。派出328人次前往28个国家的医院或医学院交流学习，其中中医医技247人次、护士46人次、行政人员35人次。与日本国际协力机构（JICA）签约，举办中日合作卫生技术人员培训的第三个五年计划项目。利用JICA资金，赴地震灾区和内蒙古自治区举办中日合作卫生技术人员培训班2期，培训全国省、市、自治区感染专业技术人员100人，培训中西部地区30名院长参加项目循环管理（PCM），并且派专家赴地震灾区、内蒙古自治区等地义诊。

信息化建设 完成全院HIS整体上线，完成PACS系统建设、手术楼信息系统建设及中央保健基地信息系统规划，在信息系统不断完善的基础上试点推广电子病历。更新安装计算机580余台、打印机500余台，新建万兆光缆链接8条、信息接口1500余个，完成住院大楼、新手术楼、门诊挂号大厅等15项网络布线任务；开发上线HIS、PACS、电子病历等各类系统45个，完成医保、检验、病理、放射、HIS等各类接口开发10余个，处理各类系统问题9600余件；累计培训4000余人次，编写操作培训材料15种。完成对门诊非医保患者实行北京市统一的医联码工程。完成新版上报数据（XML）程序的开发。完成图书馆服务器和存储两套的更换和调试，完成规财处服务器一套的安装，完成各种测试服务器等的安装6套。

图书馆实现了IP通远程访问，完成电子阅览室和书刊阅览室服务器的更换与数据库的转移分配，采取了新旧服务器并行的方式。

基本建设 新手术楼竣工并投入使用，面积10846平方米，包括24间手术室、病理科及中心供应室。完成讲学厅改造工程的国拨资金申报，并由设计单位根据医院功能需求完成设计工作，面积658平方米。完成门诊楼改造的立项、方案论证、图纸设计、施工监理招标，面积6527.3平方米。完成10千伏2#分配电室土建改造工程，并安装了相应配电设备及发电机组。

年内，在中央保健委员会和卫生部保健局的领导下，医院进一步健全项目管理组织机构，严格执行政策法规，确保项目建设质量。通过公开招标选定了项目初步设计单位。完成项目初步设计和投资概算方案，并先后通过了院内专家征求意见会、卫生部专家论证会和国家发改委评审中心组织的专家评审会，进入了国家发改委审批程序。

（撰稿：李　宁　审核：田献氢）

领导名单

党委书记　李　宁
副 书 记　许树强　顾玉芝
院　　长　许树强
副 院 长　李　宁　姚树坤　王云亭　高海鹏
彭明强

中国医学科学院北京协和医院

（东城区帅府园1号）
邮编：100730　电话：65296114
网址：www.pumch.cn

基本情况　职工4030人，其中专业技术人员3619人，包括卫生类专业技术人员3397人、非卫生类专业技术人员222人，正高级职称220人、副高级职称338人、中级职称1164人、初级职称1897人。院士4人、卫生部有突出贡献专家17人（其中在职11人）、享受政府特殊津贴专家150人（其中在职28人）、“百千万人才”国家级人选5人。

获奖情况。医院被评为全国卫生援藏工作先进集体、新中国60年企业精神60佳和2010改革创新医院。1人被评为全国卫生援藏工作先进个人，1人当选北京市第三届首都健康卫士，1人当选北京市教育工会先进工作者，1人被评为北京市优秀护士，1人被市卫生局授予首都学习之星，3人分别获得2009年度北京市卫生科普文章二等奖、2009年度北京市卫生好新闻一等奖、三等奖。在北京卫生系统医院营养治疗技能大赛中，营养科获得个人单项冠军和团体季军。

机构设置　将27个党政职能处室优化重组为18个。

改革与管理　开展“整顿医疗秩序，维护患者利益”专项行动，取消纸质预约条，推行诊间电子预约，做好疏导解释，共同打击号贩子。深入开展“节能减排”教育实践宣传年活动，以“绿色协和，低碳医院；资源有限，节约无限”为主题，形成了“从小事做起、自觉节约”的良好氛围。深入开展创先争优活动，评选出群众心目中的好党员51人。

坚持院务公开。院长信箱、书记信箱运行良好，成为职工与院领导直接沟通的新渠道，全年收到职工来信150封。全年督办院长办公会、院行政办公会决议181项。坚持科主任管理例会制度，形成“民主管理、专家治院”的良好机制，全年召开主题例会8次。

8月中旬~11月初，完成总护士长、护士长、职能部门和科主任的换届。其中总护士长平均年龄比上届降低0.8岁，全部为大专以上学历，副主任护师占77.8%；护士长平均年龄比上届降低2.9岁，大专以上学历者占96.9%，主管护师以上职称者占75.3%；教学老师平均年龄比上届降低4.2岁，全部为大专以上学历、护师以上职称。职能处室正处级干部补充及调换岗位达50%，副处级干部补充及调换岗位达60%。聘任科室主任52人、副主任79人。修订了《绩效考核办法》，实行成本核算及专项费用测算。利用医院外网开辟“人才招聘”专栏，向社会广募人才。继续推行管理实习生招用、实习、考核、遴选、录用制度。

完成预算执行任务，预算执行进度95%以上，受到卫生部表扬。健全相关内控制度。组织新会计制度模拟测试，做好全院物价管理工作。继续做好保健基地、北区工程、学术报告厅、院内修缮等工程的全过程跟踪审计及医疗设备购置审计监督工作。

加强院区综合治理，提供有效服务和安全保障。构建安全网络，细化管控范围，加大宣传力度，普及防火知识。邀请北京市火灾防治中心主任郑智斌教官作了主题为“关爱生命，共享平安”的防火安全培训，全院职工及外包单位负责人参加了培训。

全方位做好“帅府壹号”试运行前的各项准备工作，解决了大量流程、环节难题，梳理、确定了临床需求，完成保健基地人员招聘、培训、政审、调配、定岗定编和建章立制等工作，做好门诊、住院收费和结算人员的培训和储备，完成 HIS 系统的开发及功能测试，引入专业后勤保障团队。

通过了 ISO 9001 质量管理系统认证。

医疗工作 门诊 2119800 人次，急诊 144933 人次，急诊危重症抢救 3846 人次，抢救成功率 91.7%。床位 1865 张。住院 63253 人次，出院 63177 人次，床位使用率 93.3%，平均住院日 10 天，七日确诊率 100%，出入院诊断符合率 99.9%，治愈好转率 89.3%，死亡率 1.1%。住院手术 31872 例。外宾就诊 74740 人次。甲级病案率 97.67%。药品收入占业务收入的 41.05%。

加强门诊服务，全面启用叫号系统，新增了导医岗位；对治疗室进行整体改造，早高峰抽血拥堵状况大为改观；安装了抽血叫号系统、自动打印条码机和贴管机，基本实现坐等抽血；新装检验结果自助打印机 8 台，有效缩短患者排队等候取结果时间；门诊窗口实行弹性工作制，延长了有效服务时间，缓解了早高峰的压力。加大绩效考核力度，将普通门诊量、医师出诊率（停诊率）、门诊投诉量纳入综合绩效考核，与上年相比，普通门诊量、医师出诊率逐步上升，绩效考核的激励作用充分显现。5 月 11 日，北京协和医院特需疑难病会诊中心挂牌运行；胰腺疾病、肺部疾病会诊中心运行顺畅，深受患者欢迎。开设了由麻醉科、心内科、呼吸内科等科室共同参与的术前会诊门诊，会诊科室每天下午确保至少一名主治医师出诊，并同时完成术前会诊工作。鼓励专科开设专病门诊，年内增开专病门诊 10 个。

西院区进一步增加医疗空间，优化功能布局。新增病案库 1 个；改造扩大门诊二层病人候诊区域，增加了等候座椅；将门诊检验与临床大检验合并后集中管理；将输血科由中楼迁到北楼，缩短了与手术室的距离，确保及时用血；在北楼西侧新建了手术病人家属等候区。外勤服务社会化管理，专业的外勤服务公司替代外勤队，扩大了服务半径，规范了服务流程，减轻了护士负担。

年内，制订了《关于实施医师定期考核工作制度》和《关于实施医师定期考核工作细则》《形（音）似药品管理规定》《预防深静脉血栓和肺栓塞的暂行管理规定》《新生儿转运交接流程规定》《输血差错的防范措施》《手术预约和安排规定》《手术安全核对实施条例》《西院区危重病人转运管理规定》《西院区夜间加班手术管理暂行规定》，修订了《门诊工作制度》。

完成全院 159 种急诊手术情形的手术分级、2575 个术式的手术分级，撰写了肺栓塞病人识别和预防的院内指南。完成 10 个专科 18 个病种的临床路径试点中期工作，参与了中国医学科学院组织的 112 个临床路径释义的编写。

医疗运行监管。通过延长医师上机时间、增加周末上班人次和平日加班等缩短放射科、超声诊断科检查预约时间，将全院平均住院日由 10.4 天下降到 10 天。通过落实《医疗机构临床用血管理办法》和《临床输血技术规范》，实施自体血回输考评制度和超计划用血病例讨论制度，建立临床用血监督机制，加强科室合理用血绩效考核，杜绝“人情血”、“安慰血”和“营养血”，纠正输血或输浆可以促进伤口愈合的错误观念，在出院人数较上年上升 7.92%、手术次数上升 6%、门急诊总量上升 8.3% 的情况下，临床用血量不升反降，其中红细胞下降 0.95%、血小板下降 3.98%。严格执行用血申请核对制度，及时纠正血型填报错误，保障了患者安全。继续开展“关爱生命，合理用血”宣传周活动。7 月，聘请老专家对病历内涵进行了质控。探索解决急诊病人的“出口”问题，与隆福医院试行双向转诊新模式。强化手术核对管理，建立围手术期管理月报制度，每日检查第一台手术医师上台时间及手术核对表的填写，每月统计手术出勤率、核对率，每季将手术核对纳入科室绩效考核。全年未发生孕产妇死亡病例。完成重点科室急救设备的配置。严格执行放射装置的环评与年检，组织了放射工作人员体检。

医疗风险与病人安全管理。着眼系统查找医疗纠纷形成原因，建立医疗安全监督评价机制，组织医疗安全评价监督会议 4 次。构建院科两级病人安全管理体系，收集和处理不良事件与病人安全隐患。

医院感染管理。对重点部位医院感染及耐药菌感染情况进行持续监测，及时干预。继续对 NICU 院感情况进行全面监测。按要求对神经外科、基本外科、心外科、肝外科4个病区的手术部位感染进行持续监测。参照国际监测项目，开展了导管相关性血流感染监测（CRBSI）。5月26日，在全院进行了医院感染现患率横断面调查，达到了国家规定医院感染现患率≤10%的标准。强化抗菌药物使用管理，进行了合理使用抗菌药物的宣传，分季度对特殊抗菌药物使用申请单填报率进行统计，并将结果纳入绩效考核。全年收集并完成网络直报传染病，对HIV、梅毒、淋病、克雅病进行了重点监控。采取多种形式开展了院感防控知识培训。细化职业暴露防护管理。制订了《血源性职业暴露后处理流程》和《流感接触暴露后预防性用药流程》，并落实到位。

医保工作。稳步推进社保卡结算工作。建立门诊医保费用拒付告知机制，将拒付情况按月反馈科室和人力资源处。加强自费比例、次均费用、单病种超支等重点数据的监测，并向北京市医保中心谏言献策。制订了医保年度奖励方案，在全院首次进行了医保工作优秀奖的评选。举办了第三届全国医疗保险政策研讨班。

医疗支援。继续支援平谷区医院，共派出各级医师23人，诊治病人229人次，会诊45人次，手术20例，疑难病例讨论42次，举办专题讲座30次，培训380人次，示教手术26例，示教查房16次。接收医护人员进修11人。在本院的指导下，平谷区医院眼科开展了眼底视网膜裂孔激光治疗新技术。完成5个社区医疗人员的派遣，全年派出87名主治医师及以上人员到社区开展医疗工作，诊治病人1401人次，专题讲座36次，健康讲座25次，带教330人次，会诊368人次，转诊32人。支援木樨地社区卫生工作受到了卫生部、北京市领导的表扬。5名医护人员赴西藏自治区人民医院开展为期3个月的医疗工作，3名医师赴重庆万州三峡中心医院开展为期1个月的医疗工作。组建援蒙医疗队，目标是3年内促进托克托、和林2家二乙县医院达到二甲水平，首批派遣8名专家开展为期5个月的医疗工作。由本院医护人员组成的第三列健康快车，在河南省三门峡、焦作和广西壮族自治区柳州开展为期一年的复明工作，完成白内障复明手术3000余例，2名手术医师在11月2日用9个小时成功实施81例白内障手术，刷新了健康快车运行13年来单日手术量的最高纪录。受卫生部指派，派遣16名医护专家参加了抗旱、矿难、地震等多项救治工作。

国际医疗部作为医院的综合医疗平台，根据各专科特点探索适宜的专科管理模式。修订完善了《国际医疗部门诊管理办法（试行）》《商业医疗保险工作程序及注意事项》《国际医疗部门诊预约挂号流程》《主诊专科负责制实施流程》等一系列制度和流程，积极推进市场开发和客户服务，实现了社会效益和经济效益的双增。

健康医学部建立高危登记及追踪制度，满足多元化、多层次医疗服务需求，普通体检和VIP体检收入显著增加；利用体检淡季，完成2000余名本院职工的健康体检。

护理工作　稳步推进优质护理服务试点病房工作，先后4批共确定52个优质服务试点病房，占全院普通病房的100%。全院增加72名护理员协助护士进行生活护理；提高试点病房护理人员的待遇；为各试点病房安装门禁，并配备了保安；设置配药送药岗位，安排5名护理人员对试点病房进行药品集中配送；简化护理记录书写，入院评估单和多个专科护理记录单设计为表格式。开展优质护理服务工作后，病人家属陪住率和自聘护工率均下降50%以上，试点病房病人满意度超过98%，表扬信和锦旗同比增加15%。

编制《护理部工作手册》，修订了《护理工作手册》、临床体温计监测记录表、毒麻药登记表、护理不良事件上报表格、《微波炉使用规定》。更新抢救车，并对抢救车物品摆放进行了统一规范。细化标本运送与管理流程，规范标本转运容器，制订标本丢失应急预案，建立标本追溯机制，将标本送检责任落实到人。设计了各种管路识别标签，在临床试用效果良好。制订并落实了住院患者佩戴腕带工作制度及流程，确保病人身份核对安全。实施了手术患者护理交接制度。年底，成立全院伤口及皮肤护理小组，初步建立起皮肤护理管理体系，制订了详细的培训计划。规范全院物品清洁、消毒及灭菌工作流程。

全年组织护理大查房3次、新护士培训22次、全院护士业务季度考试4次。申报中华护理学会血液净化专科护士资格认证临床教学基地并通过了认证。分别成功申报国家级和市级继续医学教育项目2项、7项。举办国家级、市级继续教育项目4项，全院护士继续教育讲座39次。举办了第二届临床护理教学授课大赛。强化护理队伍急救技能（CPR）培训及考核。接收护理实习生1532人次、进修护士及专科培训学员602人，接待国内其他医院护理同行1153人来院参观。选派50名护理骨干赴国内外进行学术交流。

全年发表论文322篇，其中核心期刊占99%。召开护理科研开题报告会，申报课题61项，通过初筛34项。编写了《争创“优质护理服务示范医院”临床护理辅导手册》和《争创优质护理服务示范医院简报》。申报国家临床重点专科——专科护理专业项目，在护理专业组评审中获得总成绩第一名。设计启用了护理电子排班系统。与协和护理学院举办了国际护理学术大会。

科研工作　获省部级科技奖6项。在国内核心期刊发表论文1556篇，SCI收录197篇。评审院内青年基金252项、青年医师科研成果14项。

加强科研诚信建设和管理，统一科研记录本，规范科研记录并组织了自查和抽查。探索科研绩效考核方案。

创建协和转化医学中心，协办中美临床与转化医学国际高层论坛，举办协和转化医学国际论坛圆桌会议，探索转化医学新模式。

I期研究室的生物样品分析实验室通过了中国国家认证认可监督委员会（CMA）和中国合格评定国家认可委员会（CNAS）的二合一复审评。

有中华医学会各专业现任正副主任委员/名誉主任委员31人、各专业核心期刊杂志现任正副主编（总编）80余人。

医学教育　有在职博士生导师84人、硕士生导师200人，博士点14个、硕士点21个。有6个国家级继续医学教育基地、14个二级学科住院医师培养基地、14个三级学科专科医师培养基地。在院学习八年制医学生332人（共5个年级，含“七转八”学生），研究生416人。继续强化研究生培养过程管理，注重临床能力考核，实行中期考核分流。严格学位授予管理工作，实现审批流程电子化。组织研究生毕业论文答辩145人次。

本科生教育。协和医学院临床实习生和见习生入科前教育常态化、规范化。配合诊断学教学和考试，做好标准化病人的管理及培训。组织专家教授参加了首届全国医学生临床技能比赛的裁判和督导工作。成立了本科教学督导组。

住院医师教育。建立了住院医师电子档案。组织196名本院住院医师参加北京市3次阶段考核，平均通过率97.4%。完成医院新招住院医师63人的培训。招收市卫生局派遣基地住院医师40人。作为考点承担了急诊科专业56人、内科专业24人的北京市第一阶段临床技能考核和整形外科专业4人的北京市第二阶段临床技能考核。

申报、备案国家级继续医学教育项目90项，其中继续医学教育新项目29项、备案项目28项，基地备案项目33项。举办国家级继续教育项目70项，其中普通国家级继续教育项目46项、基地备案项目24项。举办院级继续教育讲座98次、科室继续医学教育活动1113次。医技人员学分达标考核1978人，达标率100%。完成继续医学教育管理系统软硬件的升级改造。尝试午餐会和网上视频等继续教育项目的授课新形式。招收进修医师749人，进修医师结业682人，接收包括澳门镜湖医院及各受援医院的特培生42人。创建了临床模拟中心。

学术交流与合作　出国考察、参加国际学术会议806人次。执行“百人计划”青年人才培养重点项目，继续做好与澳门仁伯爵医院合作等多项交流合作项目。

信息化建设　制订了《信息管理处职责范围》和《信息管理办法》，人员重新整合，完成职能的平稳转换。更新医院官方网站，完成手机替代BP机的改造项目，完成自动化办公系统的技术交流和招投标工作，启动北区HIS的选型工作，进一步加强信息系统灾备建设，梳理了现有基础设施及应用系统存在的安全隐患，制订了机房空调清洗和巡视制度，完成东西两院区的机房及网络更新改造工程。承担了保健基地信息系统的建设。继续推进与微软公司合作项目——医疗数据集成与应用整合平台（UIS）信息系统的建设，病房已取消检验项目的手工开单，全部实现电子化，试点病房医生工作站可浏览患者CT、MRI等影像资料。

基本建设　10月28日，“帅府壹号”工程通过了由建设方、设计方、监理方和施工总包方四方联合参加的竣工验收，北京市建设工程质量监督总站全程监督；12月27日，“帅府壹号”试运行。4月，门急诊及手术科室楼工程（北区工程）一期结构封顶；8月，二期结构封顶。

（撰稿：常　青　审核：马　进）

领导名单

党委书记　姜玉新
副 书 记　陈　杰
院　　长　赵玉沛
副 院 长　于晓初　王以朋　柴建军

北京协和医学院阜外心血管病医院
中国医学科学院心血管病研究所
卫生部心血管病防治研究中心

（西城区北礼士路167号）
邮编：100037　电话：88398866
网址：www.fuwaihospital.org

基本情况　职工2400人（含合同制），其中卫生技术人员1925人，包括正高级职称117人、副高级职称141人、中级职称509人、初级师539人、初级士385人、其他人员234人。

医疗设备总价值67435万元。年内购置医疗设备总值11146万元，其中10万元以上设备181台、100万元以上设备19台。

改革与管理　建设国家心血管病中心的根本性问题取得新进展，整体发展规划获得上级认可。经过规划、征地、立项、设计、拆迁等，临床医学部破土动工。预防研究部在门头沟区永定镇冯村奠基。

改革传统的心血管病专科诊治模式，对学科进行战略性规划与部署，成立了内分泌与心血管病诊治中心和血脂异常与心血管病诊治中心，全面建设“大专科、小综合”新诊疗体系。

保持适度规模发展，进一步满足心血管病患者就医需求。成立医院北楼，设有心内科19、22、23、25病区及心内科重症监护室，心外科26、27病区及术后恢复室、特需门诊，有现代化手术室3间、导管室3间，包括综合导管室1间，配备放射科、超声科、检验科、功能检测中心等检查诊断科室，床位258张，可以开展各种心血管病外科手术和各种心血管病介入治疗，缓解了本部住院压力。

加强住院流程的管理与监控，注重环节质量。完成33个卫生部临床路径的编写任务，开展9种疾病的临床路径管理，纳入病例8000余例。

有院科二级医疗质量控制机构，重点对死亡、严重并发症病例督导检查，并对抗生素使用、院内感染控制等进行严格管理；采用病房医疗质量月报等形式，强化医疗质量的控制；建立病房与各级医师技术档案，年终各病房评比硬指标；坚持处方点评制度和医疗核心制度督查，进一步强化了医院终末质量监控与安全。

开展优质护理服务示范工程，完善与持续改进临床护理质量管理。建立了3批试点病房，开展优质护理服务的病房24个，占70.5%；实现新的护理管理模式（绩效）——半垂直管理模式和扁平管理模式；探讨心血管专业特色的护士责任包干制；完善健康教育流程，传递“星语·心愿”卡。试点病房护理工作满意度100%。

严格制订病人复诊预约流程，采取电话预约、窗口预约、诊间预约、层级预约、随访预约、社区转诊预约、出院病人复诊预约、专科体检预约及简易门诊等多种措施，使门诊复诊的挂号比例达40%以上，出院患者门诊复诊预约率60%以上，并在患者就诊高峰时开设晚间门诊，均由副主任医师职称以上专家出诊，不限号，随来随诊。

加强党风廉政和政风行风建设。构建反腐倡廉制度体系和党风廉政责任监督保证体系，引入廉政风险防范管理方法，调整和确定部分职能部门廉政风险等级，制订了整改措施，完善和修订各项规章制度，加强风险的管理和控制。继续完善和执行科学的物流管理和物价管理体系，建立“治贿”长效机制，并且加强监管力度，督导整改落实。

加强成本核算和财务预算管理机制，制订涵盖医教研管的综合绩效考核方案，进一步完善综合绩效考核体系，分月度、半年度两个不同的考核体系对医疗、科研和职能部门进行考核评估，体现了先进的KPI目标管理思想和360度全方位考核理念。

医疗工作　门诊435787人次，急诊23877人次，急诊危重症抢救13590人次，抢救成功率99.20%。床位950张。入院33784人次，出院33638人次，床位周转40.40次，床位使用率100.10%，平均住院日9.0天，七日确诊率97.30%，出入院诊断符合率

99.90%，治愈好转率99.00%，死亡率0.40%。介入治疗24029例，住院外科手术9384例。甲级病历率95.16%，其中内科甲级病历率96.12%、外科甲级病历率93.48%。

医疗新技术取得重大突破。12月9日，国内首次成功实施经导管主动脉瓣植入术2例。17日，两名患者愈后出院。全年心脏移植60例，术后3年生存率90%以上，成为全国心脏移植量最大、最安全的国家级心脏移植中心。

全年接待美国、法国、朝鲜、蒙古、孟加拉、日本、韩国等外宾就诊200人，其中门诊196人、住院4人。

医院感染管理。医院感染率0.90%。实施医院感染监测控制，实现了消毒灭菌的中心化管理。建立耐药菌感染预警、治疗、控制联动机制，严密防控耐药菌感染的暴发流行。应用医院感染病例预警筛查系统，实现了临床感染病例诊断、防控的规范化，杜绝了感染病例漏报的情况。全年完成物品、空气、手的培养分别为489、1254、125人次，合格率分别为98.36%、99.28%、99.20%。感染病例的细菌培养505株。

医保工作。加强医保政策培训，完善门诊持卡结算，实时上传，严格住院管理体制与细化住院管理程序，完善医保管理规定与奖惩细则，强化医保费用结算管理，建立医保患者出院后与结算前的结算审核制度及加大信息管理力度。全年医保出院4988人次，总费用19392.91万元，次均费用38879元。

全年红细胞用量2.3万单位，其中RH阴性血液203单位，血浆2.4万袋，血小板1802治疗量。通过采取术前筛查输血高危病人、提高血液保护措施等级、严格执行输血指征、预防应用药物减少失血、术中与术后控制性降压、血液回收机使用、及时诊断和治疗凝血异常等血液保护措施，使心外科手术量增加6.6%的前提下，红细胞用量实际减少12.4%（平均减少17.7%），血浆用量实际减少13.4%（平均减少18.9%）。

医疗支援。派出1人支援新疆医疗卫生工作，派出2人支援西藏自治区人民医院工作，派出2人参加卫生部澳门工作委员会医疗工作。心血管培训中心新增14个成员单位。派出专家300余人次，完成各类心脏手术1000余例。继续规范管理社区对口支援，全年出诊186人次，接诊1942人次，会诊66人次，转诊260人次。

护理工作 以优质护理服务示范工程活动为契机，不断改革护理管理体制，完善和落实临床护理工作各项规章制度，全面提高医院护理质量，实现提升患者满意度、促进和谐医患关系的目标。年内，修订了《一般护理记录》《危重症护理记录使用规范》《手术清点记录》《手术安全核查记录》《物资管理制度》《心血管病护理常规》等，制订了《护理技术操作及专科技能培训考核标准》《心血管专科优质护理服务考核标准》。强化心血管专科技能及理论的培训及考核，全员护理技术操作考核达标率99.60%，全员护理理论知识达标率94%，全员心肺复苏理论及操作考核合格率100%。

年内，获专项科研基金支持的护理科研项目11项。发表论文24篇，其中护理核心期刊22篇。举办了2010中国心脏大会护理专题分会和第二十届亚洲胸心外科医师协会年会（ATCSA 2010）、中华医学会心胸外科分会护理分会场会议。建立全员培训的护理新流程，完成科室总带教老师聘任和第五批科室总带教老师资格认证工作，修订了《临床带教老师工作手册》及《临床科室总带教老师年终绩效考核指标》，制作了16项常用护理技术操作的视频。完成国家级继续教育项目2项、市级6项、区级57项的授课。完成北京护理学会、中华护理学会ICU护士资格认证学员29人次、32人次的临床培训，完成各高校193名护生的生产实习和高等教育自学考试学生2人的临床培训。接收进修护士232人。

科研工作 全年申报各类课题178项，中标课题75项，其中“973”计划2项，科研经费594万元；国家自然科学基金25项，经费704万元；北京市自然科学基金3项，34万元；高校博士点基金项目6项，31.20万元；首都医学发展科研基金11项，320万元；协和青年基金4项，28万元；中央级公益性科研院所基本科研业务费项目24项，118.80万元。科研经费到位10929.22万元。在研课题155项，结题78项。获科研成果奖8项，其中国家科技进步二等奖2项、中华医学奖二等奖4项、教育部科技进步一等奖和二等奖各1项。获专利3项，其中国家发明专利1项、实用新型专利2项。

全年主编学术著作19部。发表论文425篇，其中SCI论文115篇，最高影响因子14.816，影响因子大于5的11篇，平均影响因子2.78。在中国科技信息研究所公布的2009年国际论文被引用篇数和表现不俗的论文中，本院排名第五和第二。

加强国家心血管病防治和研究平台建设，主导了国家“十二五”心血管病防治研究项目，国家心血管重点实验室的申请取得进展。

医学教育 接收进修生503人，为进修生讲课88次264学时。完成医科院、市卫生局、卫生部、人力资源与社会保障部等单位分派的9名少数民族特培生的培养工作。

申报、审核国家级继续医学教育基地项目35项，实际完成30项；申报、审核、举办继续医学教育单位自管项目28项，参加1033人次，授予学分104.5分。有602人参加继续教育，参与率98.91%，达标率85.95%。

承担北京协和医学院八年制学生和研究生的教育工作。招收研究生87人，其中硕士生39人、博士生48人。完成14名推荐优秀应届本科毕业生免试攻读研究生学位的工作。组织北京协和医学院研究生院创新基金的申报和答辩，本院有4人获得资助。

举办短期学习班35次，参加14065人次；为职工举办学习班116次，参加1300人次；7人脱产学习和到院外进修。

国际交流与合作 全年接待国外来访20余次135人，国外专家学者来院参观讲学44人次。5人出国进修、学习，316人出国考察和参加国际学术会议。建立了长、短期出国人员数据库。举办了2010中国心脏大会暨北京国际心血管病论坛、第二十届亚洲胸心外科医师协会年会等。

信息化建设 继续完善具有自主知识产权的医院信息系统。医疗服务监督与评价前移，加大源头质量的电子化监控。实施内、外科术前重点项目核查和手术前红灯提示、危急值管理预警、填写麻醉知情同意书等制度。建立了手术室麻醉信息系统、检查申请单规范系统、外科手术术前评分系统。所有病房和科室上线PACS系统，实现电子病历和影像浏览，保证了源头医疗质量与安全。建立了抗生素用药管理、三级药品开写权限电子管理系统。开发外周血管手术记录系统，实现了外周血管手术记录报告的电子化。

后勤与基建 完成住院部北楼15000平方米的装修。实施卫生部心血管病防治研究中心及阜外心血管病医院扩建工程。

阜外心血管病医院扩建工程新建地下锅炉房591平方米，完成70%的基坑护坡工程、470根护坡桩以及50%土方支护工程，完成职工食堂楼2984平方米、旧锅炉房270平方米的拆除。

西山阜外心血管病医院心血管医学研究中心建设工程中，完成环境与地质灾害危险性和水土保持3项评估，平整场地、项目立项、设计与勘察招标、奠基仪式、人防审核批复、方案设计、初步设计与概算等工程建设的前期工作。

其他工作 开展全国高血压社区规范化管理，与26个省（直辖市、自治区）的48个县区级单位签署了协议，扩大管理患者300万人；打造心血管疾病咨询平台，探索社区防治的转诊模式。

开展医院文化活动，建设和谐医院。开展了纪念吴英恺教授诞辰100周年学习座谈会、系列拓展教育等活动。关心职工身心健康，坚持开展防癌普查、健康休养和健康知识讲座；坚持慰问病困职工，向职工发放生日礼物和年节慰问品；组织了第五届职工趣味运动会、首届“心语杯”职工歌曲大赛、第二届“健康杯”羽毛球赛、乒乓球赛，组织职工休养、女教授开展社会实践活动等。

（撰稿：胡　洋　审核：万　雷）

领导名单

党委书记　曲永忠
副书记　丑承璋
院（所）长　胡盛寿
副院（所）长　杨跃进　王希振　李惠君　顾东风

中国医学科学院肿瘤医院
中国医学科学院肿瘤研究所

（朝阳区潘家园南里17号）
邮编：100021　电话：67781331
网址：www. cicams. ac. cn

基本情况 职工1797人（含合同制），其中卫生技术人员1246人，包括正高级职称100人、副高级职称112人、中级职称407人、初级职称627人。

医疗设备总价值50693.7万元。本年度购置医疗设备总值7635万元，其中10万元以上设备95台，价值2819万元；100万元以上设备12台，价值2852万元。

获奖情况。年内，医院荣获院校精神文明建设先进单位、北京市社会保障卡工程建设医院信息系统对接成果奖。李晔雄导师当选北京市师德先进个人。

改革与管理 优化就诊流程，方便患者就医。加强预约诊疗，与114合作，全部普通号和部分专家号均可电话预约；增加专家出诊，普通门诊、特需门诊专家共增加744人次，节假日门诊接诊1000余人次；9月1日，增设淋巴瘤普通门诊；10月20日，启用新放射治疗中心和旋转调强放疗系统（VMAT）；门诊设立了自助挂号机、化验单自助打印系统。

6月29日，卫生部党组书记张茅莅临视察指导工作，提出4点希望：一是继续坚持以患者为中心，为患者提供优质的医疗服务，进一步缓解看病难、看病贵的问题；二是发挥优势，进一步服务好基层；三是不断探索和研究癌症的早期发现和诊疗方法；四是不断加强医院管理，实行激励机制，调动医务人员的积极性，强化总会计师制度等。

承担公立医院改革重点任务。担任临床路径全国肿瘤组组长单位，参与制订《卫生部医政司首批常见肿瘤临床路径》；担任地市级医院肿瘤规范化诊治指南专家委员会主任委员兼秘书长，承担卫生部医管司全国市、县级医院《8种常见肿瘤规范化诊治指南》的制订，此标准经卫生部下发至14个医改试点省市的23家医院实施，其中宫颈癌、乳腺癌、食管癌、肺癌及结直肠癌5个病种的试点调研工作已启动；参与制订《卫生部医政司肺癌诊断标准》，承担制订《卫生部政法司肿瘤外科手术分级标准》；担任肿瘤专科医院等级评审组组长单位，完成《三级肿瘤医院评审标准》的制订，已进入试评及调研阶段；担任淮河流域肝癌、胃癌、食管癌早诊早治领导组组长单位。

完善人才战略计划。本年度招聘正式职工43人、合同制职工53人，其中引进归国留学人员6人。1人获得协和特聘教授称号，1人获得协和新星称号。加强干部管理，所有中层干部和新任干部均进行满意度测评；公开选拔放射治疗科、中华肿瘤编辑部副主任；严格按照相关政策贯彻执行津贴福利待遇管理、社保管理和考勤管理等，确保职工基本利益。

加强民主管理。召开行政事务管理委员会会议4次、轮值主席会议1次，审议议题54项，其中申报类21项、通报类30项、评议类3项，4人担任轮值主席；重新修订《行政事务管理委员会工作条例》，建立委员轮换制度，完成第二届委员的轮换工作。

加强医德医风建设。年内，召开党风廉政建设暨纠风工作会议；开展副高以上和各级干部拉网式廉政谈话活动；全体在职职工填写《岗位廉政风险表》；接受卫生部、医科院对小金库专项治理和财务的重点检查；推进廉政文化教育，设计了《廉政文化宣传教育调查问卷》。坚持党风廉政建设及纠风专项治理考核制度，满意度调查4087人，整体满意度96.35%，临床工作满意度99.17%；收到表扬信、锦旗以及退款950件，共表扬2413人次，其中293人次退款，包括592700元人民币、500美元等。

医疗工作 门诊531958人次，急诊6232人次，急诊危重症抢救110人次，抢救成功率80%。入院39725人次（含合作医院），出院39730人次，病床周转29.85次，病床使用率94.68%，平均住院日11.29天。出入院诊断符合率99.95%，临床与病理诊断符合率99.4%，手术前后诊断符合率99.93%，治愈率61.28%，好转率29.83%，死亡率1.39%。住院手术13062例。

完善病案管理。召开门诊病案管理工作协调会，通过了建立纸质病案、电子影像病案相结合的全新病案供应模式的方案。以现有病案信息管理平台为基础，引入病案数字化拍照单机工作站系统。建立了快速查阅复印病案流程。全年共有质控病案35685份，甲级病案34794份，甲级病案率97.5%。

医院感染管理。年初，开始对重点部门的环境进行动态和静态双重监测，监测29652人次，报告感染357例。无菌手术感染率监测5000余例。完善医疗器械不良反应监测体系，成立了医疗器械不良反应监测领导小组和专家库。医院感染率1.06%。

医保工作。全年医保出院8222人次；住院总费用16456万元，次均费用20014.6元。召开医疗保险管理委员会会议2次，实现北京医保患者门诊特殊病和普通门诊的全门诊划卡实时结算，通过了市医保中心的医保联审互查，举办了医保知识及政策的培训。

医疗支援。派出专业组7个、医生18人，支援青海省第五人民医院、西藏自治区人民医院等7家医院，接受了卫生部医管司帮扶徐州肿瘤医院、青海肿瘤医院达到三级肿瘤医院的任务；接收西部之光访问学者4人，为访问学者开办了管理课程培训；宣立学、高树庚支援新疆医疗工作，受到当地的表扬和嘉奖。

护理工作 护理文件书写合格率99.3%，基础护理合格率97.5%，特级、一级护理合格率99.8%，技术操作合格率97.7%，急救物品完好率99.8%，护士行为合格率99.4%，药物管理合格率98.7%，重症护理合格率99.8%，消毒隔离合格率98.3%。

年内，开展创建优质护理服务示范工程，成为本市重点联系医院，内科1病房、妇科3病房、腹部外科1病房成为试点病房。市卫生局对试点病房进行了调查评价：护理服务满意度99.3%，基础护理服务实施满意度100%，25项基础护理指标均合格。

继续教育学分合格率 99.26%。举办了全国肿瘤内科大会首届护理专家研讨会、首届乳腺肿瘤专业护理培训班等。护理在研课题 10 项，其中新立项 4 项。在护理杂志刊登论文 10 篇，全国护理学术大会交流 4 篇，获朝阳医学会第九届护理学术年会论文三等奖 1 篇。

科研工作 申报重大科学研究计划、“973”课题、国家自然科学基金、北京市自然科学基金等项目 170 项，中标 60 项；在研课题 132 项。到位经费 9383.26 万元，其中外拨经费 2950.94 万元；基本科研业务费共获资助 165 万元，全部用于探索课题；院内临床研究课题资助经费 179.5 万元。签订科技开发协议 10 项，合同金额 211.8 万元，开发收入 301.36 万元。

年底，召开第一届国家癌症中心学术年会，来自 10 个单位的 300 名专家学者出席。共征集 2010 年发表的论文 83 篇，评选出特等奖 1 篇、一等奖 7 篇、二等奖 12 篇、三等奖 16 篇。全年发表论文 423 篇，其中 SCI 论文 61 篇，总影响因子 235.845。著作 9 部，其中主编 6 部、合著 3 部。

放射治疗科谷铣之教授获北京医学会医学成就奖。内科主治医师马飞的论文“EGFR 酪氨酸激酶抑制剂治疗非小细胞肺癌的药物遗传学研究”和内科研究员韩晓红的论文“应用 FISH 和 IHC 技术检测中国乳腺癌患者 HER－2 基因状态及蛋白表达的前瞻性多中心研究”分别获卫生部第十届医药卫生青年科技论坛临床领域二等奖和三等奖，分子肿瘤学国家重点实验室副研究员宋咏梅的论文“Migfilin 介导 cyclin B_1 促进食管癌侵袭转移中 EMT 的作用机制研究”获基础领域三等奖。

医学教育 申报国家级继续医学教育项目 21 项，完成 19 项，25600 人次参加；院级继续教育讲座 34 场，授课 108 学时，听课 2870 人次。完成肿瘤学“211 工程”三期重点学科建设项目申报书。

招收研究生 102 人；毕业 53 人，均获得学位；在校生 225 人；毕业班发表第一作者论文 73 篇，其中 SCI 论文 22 篇；获北京市优秀博士学位论文奖 1 篇、北京协和医学院优秀博士学位论文 2 篇，获《北京地区高等学校毕业生支援西部地区荣誉证书》1 人。接收进修生 246 人，224 人结业；外派医师进修 6 人，短期学习 89 人次。

国际交流与合作 全年接待美国、加拿大、德国等 16 批外宾来访，包括美国卫生部副部长、加拿大国际高级医疗服务机构专家、美国 JCI 医院管理体系认证国际联合会委员、格鲁吉亚、亚美尼亚等东欧国家癌症中心代表团、国际原子能机构（IAEA）总干事等；办理出国手续 205 人次。

年内，举办了中德医院管理高峰论坛，与韩国 NCC 签署了合作协议，邀请日本国家癌症专家参加了学术会议。承担亚洲癌症中心联盟（ANCCA）总部的秘书处工作，编写并出版了第三届亚洲癌症中心联盟会议的宣传册。

信息化建设 完成整体住院信息系统、病理科信息系统、核医学信息系统、办公自动化系统、系统集成等软件的建设与上线；完成电子病历系统、手术麻醉系统、合理用药系统、科研教育系统应用软件的调研；院所网站增加了控烟、伦理委员会、淋巴瘤诊疗中心、卫生信息公开栏目，以及预约挂号、在线调查功能等。

后勤与基建 完成放射治疗Ⅰ期改造工程并交付使用，Ⅱ期开工建设；完成临床实验中心改造工程主要施工内容；完成综合楼施工的 90%；完成 2 间手术室改造并交付使用；完成回旋加速器机房建设工程；完成连接廊工程规划要点审批，并将其可行性研究报告上报卫生部；完成内科、放射治疗科综合病房楼工程的环境评估，进入规划要点审批程序；完成旧病房楼、科研楼集中空调、消防改造工程外线施工及旧病房楼Ⅰ段集中空调消防改造施工等。

安全生产。共承接处理保修 10778 件，巡检、维保 8835 次，后勤服务满意度 90% 以上。以“消防四个能力建设”为主线，开展了安全教育和培训工作。以打击“号贩子、医托”为主要对象的“晨锋行动”取得阶段性胜利。

医院文化及精神文明建设 创建无烟医院。制订了《建筑内严禁吸烟条例》，通过张贴控烟海报和禁烟标志、签名仪式和调查问卷、设立控烟监督员等多种形式进行创建无烟医院的宣传和教育。每月进行控烟效果监测，研究控烟相关问题。年底，通过了北京市无烟医疗卫生机构的初步评估。

4 月 17 日，举办“科学防治癌症，引领健康生活”——2010 年肿瘤防治宣传周暨无烟医院启动仪式。组织了百名专家义诊、防癌健康体检、健康大讲堂、专家访谈、抗癌明星经验交流等互动活动，1500 余人现场咨询，防癌健康查体 223 人，340 余人参加 2 场健康科普讲座，150 余人进行了肿瘤高危人群高危因素的登记和咨询。

9 月 18 日，举办“希望征程，与爱同行”第十二届北京希望马拉松——为癌症防治研究募捐义跑活动。多位体育健儿、演艺嘉宾及 6000 名社会各界爱心人士参与。本届活动募捐善款 200 余万元，首次设立了癌症早诊早治患者扶助专项基金，用于扶助癌症筛查发现的早期癌症贫困患者。

年内，4 名专家参加中央电视台经济频道科普节目，12 名专家参加北京人民广播电台《爱家广播》科普讲座节目；与搜狐健康、39 健康网开展了专家访谈、在线答疑等，接待媒体来访 20 余次；报纸、杂志报道 91 篇、电视台节目报道 21 期、广播节目报道 19 期、网络报道 29 次（原创），出版《院所报》12 期、《纪检之窗》4 期。

开展志愿服务在医院活动。举办了送温暖送知识进病房、子宫颈癌和乳腺癌筛查等大型公益活动，召开了志愿者工作 2 周年总结会，北京抗癌乐园癌症康复者为就诊患者和家属提供了康复交流和心理咨询服务。截至年底，有 782 人报名志愿者，277 人经培训合格后上岗，志愿服务满意度 100%。

（撰稿：高　菲　审核：付凤环）

领导名单

党委书记　董碧莎
副 书 记　付凤环
院（所）长　赵　平
副院（所）长　石远凯　赫　捷　王明荣　马玉林

中国医学科学院整形外科医院 整形外科研究所

（石景山区八大处路 33 号）
邮编：100144　电话：88964826
网址：www.zhengxing.com.cn

基本情况　职工 623 人，其中在编职工 446 人、派遣制员工 144 人、合同制临时工 33 人。卫生技术人员 473 人（含派遣制员工 90 人），包括正高级职称 31 人、副高级职称 54 人、中级职称 185 人、初级师 103 人、初级士 90 人、未转正 10 人。

医疗设备总价值 4387.65 万元。新购医疗设备 524.54 万元，其中 10 万元以上设备 13 件。

获奖情况。医院被评为首都卫生系统精神文明单位。刘元波、庄洪兴被北京协和医学院评为优秀教师，徐路被评为优秀辅导员；胡志红、张婕分别获国家医学教育发展中心全国临床护理多媒体教学课件三等奖；石蕾书写的病历获市卫生局病历质量评比优秀奖。

机构设置　成立了体表肿瘤诊疗中心、注射美容中心。

改革与管理　年内，开展了“以病人为中心、以提高医疗质量”为主题的医院管理年活动和医疗质量万里行及卫生部大型医院巡查活动。制订了《关于执行新的手术安全核查制度的通知》及《医师定期考核实施方案》等 8 项制度，及时叫停部分时机不当、准备不足或风险较大的择期手术。组织院内危重、疑难等病例讨论 23 人次，专业委员会会议及各类培训 14 次，科主任专题讨论会 3 次，医师定期考核专家小组工作会 2 次。对重大手术组织全院和院际会诊，对病案、院感、床位使用率、床位周转率等重要医疗指标定期考核。是北京市第一家创立首问责任的三甲医院。对科室人员梯队培养有明确要求。

对美容手术进行调研，对院所 634 项手术项目进行价格调整并完成新旧价格收费过渡的组织与实施，分 9 批次对 112 项医疗手术项目进行结构调整。核查并监督医疗收费，完成卫生部近 600 项整形手术高值耗材名称的规范与细化，完成特需手术、新建科室奖金数据库的建立。

建设文明医院。年内，成立了创先争优领导小组，制订了实施方案，加强党风廉政建设，自觉接受群众监督。采用多种形式组织理论学习和实践活动，并将全体党员承诺书公布在 OA 系统上接受职工监督。评选出 10 名“群众心目中的好党员”，并推荐 2 人获得院校“群众心目中的好党员”称号。研究生团支部在北京协和医学院“两红两优”活动中被评为红旗团支部。加强党员领导干部党性修养和作风建设，提高廉洁自律和自觉接受监督的意识，党委发放满意度调查表 60 张。纪委对 170 名住院病人进行了问卷调查，综合满意度 95%，其中对医生技术水平平均满意度 100%、护士技术水平平均满意度 99.3%、医生服务态度平均满意度 99.3%、医护人员术前沟通情况满意度92.3%、医技科室工作平均满意度99%、院所卫生环境满意度87.6%、食堂平均满意度87.6%。

医疗工作 门急诊74677人次，比上年增长15.19%；住院9969人次，比上年增长12.16%；床位使用率85.04%，平均住院日9.52天；门诊手术19428例，比上年增长23.68%；住院手术9512人次，比上年增长10.42%。七日确诊率100%，出入院诊断符合率100%，治愈率74.68%，好转率25.32%，死亡率0。

病案管理。制订了《摄影底片归档制度》。全年出院病历9975份，甲级病案率100%。

医院感染管理。定期开展院感质量检查，医院感染率、无菌切口感染率等逐年下降。修订和完善规章制度5项，监测出院病历9825份，病历抽检率98.49%。医院感染率0.34%，无菌手术切口感染率0.20%，无菌手术切口甲级愈合率99.95%，医院感染漏报率2.94%。对病房、手术室进行无菌物品和环境微生物监测，合格率100%。细菌培养送检57件次，阳性菌种66种。院感与疾控培训考核2629人次，合格率100%。

医疗支援。派遣1名医师参加医科院医疗队，赴三峡中心医院开展为期1个月的医疗支援。与门头沟妙峰山镇社区卫生服务中心初步达成协议，帮助其开展口腔科业务，并资助1万元左右的医疗设备。选派8名医务人员组成麻疹疫苗注射小分队，完成石景山区中、小学生群体麻疹疫苗的接种任务。收治市民政局资助“明天计划”患儿6人。与中华少年救助基金会天使妈妈基金开展了“爱耳义动”公益项目。为贫困家庭的20名先天小耳畸形患者进行了手术治疗。

护理工作 年内，制订了《优质护理服务示范工程活动方案》，确定主题为“夯实基础护理，提供满意服务”，通过开展优质护理服务试点病房、召开经验总结推广会的方式，在全院开展优质护理示范工程活动，安全护理合格率99%。每月召开护理学习讨论会及护理质量检查，加强了护理缺陷管理制度，改进不适宜的运行机制与工作流程。主持监考技术操作1000余人次，技术操作合格率100%；理论笔试420余人，合格率90%。发表护理论文13篇，其中1篇为SCI论文。

科教工作 申报课题65项，中标22项，获科研经费657万元。其中国家自然科学基金项目5项、市科委重大项目1项、市科委首都特色基金3项、首发基金7项、高校博士点基金2项、教育部留学回国人员科研启动基金1项、人事部留学人员科技活动项目择优资助经费1项、北京协和青年基金2项。申报国家科技体制改革经费和公益科研业务专项经费，共获经费112万元。完成北京市自然科学基金项目1项、首都医学发展基金2项。获得专利13项，其中发明专利3项、实用专利7项、外观专利1项、著作版权2项。

发表科技论文194篇，其中在核心期刊发表116篇、SCI收录论文71篇，出版译著1部。申请国家级继续医学教育项目31项。

研究生教育。要求临床型博士研究生必须发表1篇SCI研究论文才能申请学位，且博士论文全部实行双盲评阅。申请学位率100%。招收硕士生28人、博士生10人；毕业答辩12人。

为职工举办科普讲座4次，438人次参加。完成对在院注册执业医师的职业道德评定、工作业绩考核和业务水平测试，组织96名医师以《执业医师法律法规手册》规定的范围进行笔试，分别对不同级别的医师进行专业技能操作及理论笔试，对住院医师的心肺复苏技术操作和主治医师的换药技术操作规范进行了考核。接收全国72名医师来院进修。

国际交流与合作 举办了第二届北京国际整形美容外科学术研讨会，中国、美国等近300名医师参加，12名专家专题演讲。派出33人代表团参加在台湾林口长庚医院举行的第二届全球华裔整形外科医师大会。举办第一届亚太地区乳房美容整形外科技术培训班，来自韩国、中国台湾、新加坡、越南等亚太地区的7名整形外科医生参加培训并进行了手术观摩。接待参观、来医院访问外宾13批34人次，办理出国参加学术会议和进修56人次。获外国文教专家项目5项，49万元。申报2011年度外国文教专家材料6份。

信息化建设 运行全成本核算信息系统，启动单病种成本核算信息系统，成本核算表及分析表通过OA平台发至科室。完成对药品处方分级、美容手术项目调价、门诊叫号系统、耗材成本核算、病历首页打印等软件系统的安装，完成门诊LED屏、身份证读卡器及各类应用服务器等硬件的调试与安装。

后勤与基建 年内，编制了《改扩建工程交通评估报告书》《改扩建项目环境影响报告书》及《改扩建工程可行性研究报告（代项目建议书）》，并通过相关部门的审批。申报2011年医院消防设施更新改造项目，争取到1200万元的财政支持。完成配电室增容改造工程。完成污水管线及污水处理系统更新改造工程的招投标。对部分病区、医技科室及招待所的房屋进行了维修和改造。

其他工作 为700余名员工开展了消防安全"四个能力"的培训，组织消防安全大检查5次，发放整改通知书18份。制作了《病房夜间突发火灾事件处置流程图》和《安全手册》。

（撰稿：郝亚利 审核：王建国）

领导名单

党委书记 王建国

院　　长 曹洫林

副 院 长 吴　念　赵振民　赵唯萍

中国中医科学院西苑医院

（海淀区西苑操场1号）

邮编：100091　电话：62875599

网址：www. xyhospital. com

基本情况 职工1301人，其中卫生技术人员982人，包括正高级职称60人、副高级职称115人、中级职称298人、初级师195人、初级士264人、其他人员50人。

年内，新增医疗设备价值2415.6万元，其中10万元以上设备48台、100万元以上设备3台。

改革与管理 继续开展治理医药购销领域商业贿赂的专项工作，纠正损害群众利益的不正之风，加强党员领导干部廉洁自律的教育和监督，规范各项制度程序的运行。深入开展宣传教育工作，提高反腐倡廉思想认识；加强监督，规范医院招标采购工作程序；严格执行药品采购，加强药事管理；各部门协调配合，开展医德医风考评工作；严格执行国家财经法规，监督强化财务管理。

加强医疗费用的财务结算，做好住院费用实时结算的实施；深化财务成本核算；继续加强财务预算、财政专项执行以及基本建设资金的核算和督导；进一步完善财务的规范化管理和内部控制，配套进行相关信息化软件的开发与使用。做好全院固定资产的清查登记，使资产登记完整、账实、账账相符；做好医院医疗耗材、化学试剂、办公用品等采购的审计监督。

加强科学化规范化管理，推进医改与绩效考核。进行临床科室综合目标考核指标体系的新一轮修订工作，制订了职能处室考核方案。做好效益工资分配、调整的调研，进一步完善激励机制。完善员工手册的制订，做好院歌等医院理念的宣传；进行职能处室、业务科室负责人的考核、换届与聘任；继续加强中层干部管理知识和技能的培训。进行中级临床医师的急诊轮转培训，推进紧缺专业高级人才的培养与引进。

加强整体规划，做到科学统筹，细化并落实改扩建工程总体设计，进一步完善具有中医文化特色相关设计的策划；推进改扩建新门诊医技楼的建设，确保医疗综合楼施工的质量与安全；加强工程监理与审计；策划家属区搬迁的前期准备工作。

医疗工作 门急诊1323838人次，急诊危重症抢救650人次，抢救成功率96.56%。床位554张。住院12553人次，出院12553人次，床位周转22.6次，床位使用率112.1%，平均住院日18天，三日确诊率99.5%，出入院诊断符合率99.48%，治愈率18.4%，好转率77.1%，死亡率2.9%。住院手术2272例。

优化中医诊疗方案，充实中医内容：深化优势病种研究与专病门诊建设相结合、突出中医特色的工作模式，进一步完善专题专病门诊与健康教育相结合的服务流程。组织名老中医、临床科室主任、业务骨干对常见病及中医优势病种中医诊疗方案进行分析、总结、完善，撰写年度评价报告，补充中医内容，优化诊疗方案。

开展中医特色诊疗技术：进一步发挥中医传统优势，开展中医特色诊疗技术的开发整理，加强中医特色诊疗技术推广应用的管理，明确要求，重点专科至少开展3项特色诊疗技术，普通临床科室至少开展2项特色诊疗技术，做到技术操作规范，应用登记，文件资料齐全，明确技术项目的责任人，纳入医院综合目标考核。医院开展的中医特色诊疗技术共97项。

病历质控。住院病历终末质控率100%，甲级病历率100%，全院中治率（含手术）76%。

医院感染管理。加强医院感染管理，严格执行《医院感染管理办法》，医院感染率4.21%，漏报率0。

医保工作。全年医保病人门诊6406人次，住院

2272 人次，医疗费用 4932 万元。

医疗支援。根据社区需要提供继续教育讲课、健康讲座、会诊、转诊，全年开展继教讲座 6 次、健康宣教 9 次。医院组织有关科室开展养生保健系列宣教活动，其中健康宣教 15 次、学术讲座 6 次。在国际妇女节、世界红十字日、肾病日、高血压日、重阳节等开展妇科常见病、心血管疾病、肾病咨询及讲座活动 15 次。进入社区、企业、大学开展科普宣传活动，4 月，在青龙桥街道开展焦虑障碍防治的健康讲座；10 月，计生委、安全部等的中医养生讲座。5 月 13 日，心血管科、老年病科、血液科、消化科 10 余名专家参加了第二届地坛中医药健康文化节义诊咨询活动。举办西苑医院 2010 膏方论坛及首届膏方养生文化节，免费进行健康评估及膏方咨询 200 余人次。

护理工作 基础护理合格率 99.6%，重症、一级护理到位率 100%，文件书写合格率 100%，技术操作合格率 94.1%，急救物品合格率 100%，消毒隔离合格率 100%，健康教育合格率 99.2%，住院病人满意度 99.5%。

推进管理队伍的建设，加强管理能力的培训，举办了“沟通合作，学习提高”主题培训活动，完成护士长管理课程班的培训项目。加强安全管理，强化护士执业自律和质量控制督导，加强护士晨会工作讲评和安全教育制度的执行落实，坚持护理缺陷讨论警示会，月护理工作质量综合考核情况的通报。深入开展中医药特色护理的建设。继续开展专科专病护理咨询指导日，完成咨询 20 次，接待咨询千人以上，发放健康宣教材料 2000 余份，发放专病护理指导调查问卷近 200 份。

科研工作 年内，获国家科技进步奖 1 项、中华中医药学会科技技术奖 3 项、中国中西医结合学会科技进步奖 1 项。中标国家自然科学基金项目 13 项、科技部国际合作项目 2 项、北京市自然科学基金项目 1 项、市中医局项目 1 项。纵向科研经费新增合同额 4390 万元，到位经费 4180.6 万元；横向经费新增合同额 453 万元，到位经费 396 万元。

全年发表论文 220 篇，其中 SCI 收录 17 篇。出版专著 8 部。

教育工作 对 30 名临床型博硕士研究生进行了临床技能考核，通过考核后毕业答辩。完成硕士研究生 30 人（其中本院职工获得临床硕士学位 3 人）、博士研究生 14 人（其中本院职工获得临床医学博士学位 1 人）以及 35 名北京中医药大学七年制硕士研究生的毕业论文答辩，其中 3 名博士分获“中健行”优秀博士论文奖，4 名硕士获“中健行”优秀硕士论文奖，2 名外籍硕士获裴元植优秀论文奖。1 名研究生获中国中医科学院完美奖学金，1 名研究生获优秀研究生奖学金，2 名研究生获中国中医科学院完美助学金资助，1 名硕士研究生获北京中医药大学仲景助学金。组织硕士研究生开题 20 人次、博士生开题 4 人次。招收中国中医科学院硕士研究生 27 人（含外籍硕士 1 人）、博士研究生 13 人，录取北京中医药大学硕士研究生 25 人（含外籍硕士 1 人）、博士研究生 4 人。

年内，举办各类学术讲座 13 次，1500 余人次参加。派出医技人员专科专病短期学习或专科进修共 31 人次，其中临床医师外出专科进修学习 15 人。

参加住院医师规范化培训 28 人，按培训要求有计划有步骤地进行科室和阶段性考核，并分阶段参加北京市组织的住院医师规范化培训的认证考核科目。医院有 17 人参加中国中医科学院临床专业学位基础及专业课程的学习，临床专业硕士毕业生 3 人、博士毕业生 1 人。

完成 04 级七年制医管班 34 名研究生第一阶段的临床实习，进入选导师进行跟师学习的第二阶段；06 级完成理论课学习进入第一阶段的临床实习。北京中医药大学七年制留学生 04 级 21 人进入跟师学习阶段，05 级七年制留学生 20 人进入临床实习阶段，06 级七年制留学生 10 人完成部分理论课的学习。同时，完成 49 人的临床见习。

全年接收全国多个省市的进修 73 人，经过岗前培训后，分配到相应科室学习。第十四期西学中班学员按教学计划完成第二年度的临床实习，即将进入毕业考核阶段。同时，第十五期西学中班开始招生。

学术交流与合作 与香港医管局合作了访问学者计划，高、初级专科进修计划。开办长、短期国际班 7 个。接收香港、意大利、德国、加拿大、越南以及非洲发展中国家的学员 73 人次。接待英国、菲律宾、澳大利亚、法国、越南等外宾 221 人次参观考察。日本、泰国、香港、瑞士、新西兰、捷克、斯洛伐克 27 人次来院访问交流，其中包括泰国卫生部代表团、新西兰卫生部医疗首席顾问代表团以及原捷克卫生部部长等。

承办了由商务部主办的发展中国家中医药技术官员研修班，接待以非洲为主的发展中国家政府的医药官员，以及蒙古、孟加拉、越南等国家的学员共 38 人。

信息化建设 不断整合临床与科研信息系统，铺设临床试验网络管理平台，设置数据管理系统及质量控制系统，实现临床试验数据的远程采集、试验数据的在线管理和风险控制及统计分析功能。对医疗综合楼进行合理化设计，满足信息化建设的需要。

后勤与基建 完成医疗综合楼的装修装饰，设计、总包、监理、质监在内的四方工程验收和消防验收，配套工程建设和其他房屋的改建装修以及道路硬化工程。

年内，全力推进装修周转楼、旧门诊楼搬家、拆除旧门诊楼、平整场地等系统配套工程。完成门诊医技、4个病房、行政及辅助科室等的搬迁。不断完善二期新门诊医技楼的设计，完成医院水电管网的改造，旧门诊楼、报告厅等的拆迁，完成三通一平工作。

开展全院性消防安全大检查10次、部位检查100余次，查出隐患20余条，下发隐患整改通知书10份，对学生公寓、实验楼、职工食堂等人员密集场所的消防设施设备、器材进行了维修保养和更新。

（撰稿：陈　晋　审核：夏海萍）

领导名单

党委书记　曹　云
院　　长　唐旭东
副 院 长　黄晓州　刘建勋　史大卓　何　军

中国中医科学院广安门医院
中国中医科学院第二临床医药研究所

（宣武区北线阁5号）
邮编：100053　电话：63013311
网址：www.gamh.com.cn

基本情况　职工1290人，其中卫生技术人员1130人，包括正高级职称88人、副高级职称159人、中级职称409人、初级师338人、初级士136人。

医疗设备总价值1.786亿元。年内新购置323台（件），价值1512万元，其中10万元以上42台（件）。报废CT 1台。

获奖情况。年内，被评为全国医院医保管理先进单位、全国中医医院信息化示范单位、第二届全国医院健康教育处方三等奖、北京市社会保障卡工程建设定点医疗机构优秀奖，被市卫生局评为健康促进医院，获第二届“上工杯”学术演讲比赛单位组织奖。

改革与管理　医院以“促进科学发展，服务人民群众，和谐医患关系，加强基层组织”为主题，以“创先争优做表率，和谐医患当先锋”为口号，全面开展创先争优活动。成立了创先争优领导小组和工作机构，制订了实施方案，得到上级领导的重视与肯定。6月11日，卫生部党组书记张茅来本院视察，国家中医药管理局副局长马建中、中国中医科学院党委书记李怀荣、北京市中医管理局局长赵静等陪同视察。

8月20日，落实医改“保基本、强基层、建机制”政策，开展医院服务进农村、进家庭、进机关工作，广安门医院驻审计署门诊部开诊，受到欢迎和好评。继续做好医院驻中纪委监察部门诊部工作，得到了中纪委监察部职工的好评。9月17日，举行了医院驻中纪委门诊部一周年纪念活动。

评选出第二届医院十佳中青年临床医师10人和优秀中青年临床医师9人。举办了“广安杯”方剂知识竞赛。

医院成立了中国中医科学院肿瘤研究所，重点进行中医、中西医结合防治肿瘤的方法学研究，促进中医临床研究基地的建设。成立了由本院担任组长单位的糖尿病临床研究联盟，提高中医药防治糖尿病临床疗效和科研水平，构建临床研究支撑体系，促进科技成果转化。

推进医院文化建设。完成院训征集和院歌创作，特别设置了文化建设专项课题。举办了文化建设培训交流会。为青海省玉树地震灾区捐款40万元，为西南旱灾和贫困母亲救助捐款7万余元，为甘肃省舟曲县特大泥石流灾害捐款10万元。

加强药事管理。开展小包装中药饮片调剂工作，全年调剂小包装饮片200198张，1905312剂，占门诊饮片处方的42%。完善药房布局，将495平方米的会议室改造成小包装饮片调剂中心，缩短了患者候药时间；扩大煎药室规模，日均煎药1000人份。

医疗工作　门诊2058378人次，急诊45724人次。住院14712人次，出院14680人次，病床周转24.1次，病床使用率105.8%，平均住院日16天，中药处方比例72.44%。急诊危重症抢救891人次，抢救成功率90.5%。三日确诊率95.7%，出入院诊断符合率99.77%，治愈率26.4%，好转率66.4%，死亡率2.9%。住院手术4311例。门诊和住院患者满意率98.6%。

内涵建设与质量管理。继续推行手写病历制度，强化“三基、三严”，进一步规范医疗行为；强化中医基本功训练，规范门诊处方、住院病历的书写。甲级病历率100%。

开展治未病工程。“消喘膏”走出医院深入社区，医院冬病夏治集中穴位贴敷28807人份，并为38家社区卫生服务机构的121名卫生人员开展了贴敷培训，提供贴敷3582人份。穴位贴敷治疗向多专科推广发展。突出剂型特色，开设了“膏方”门诊。根据患者病情特点，制作个性化制剂。

中医临床研究基地建设。坚持基本条件建设和能力建设，为重点病种防治研究的突破提供支持与保障，确定中医临床研究基地建设的短期目标与中长期目标，逐步构建符合中医药发展规律的临床研究基地；开展优势病种临床研究，加强重点专科建设，促进示范型临床研究基地建设，促进业务全面发展；确定重点病种，撰写了《中医临床研究基地业务建设方案》。

医院感染管理。重点防控医院感染的暴发流行，采取多环节管理，促进临床合理应用抗菌药物；加强医院感染监测及预警机制；完成医院感染现患率调查。医院感染发病率3.69%。

医保工作。门诊医保就医人次较上年增加21.67%，出院医保病人增加13.64%，平均住院日由18.3天降为16.9天，药费比例下降了0.28%。开通了门急诊持卡实时结算系统。

医疗支援。为大兴区中医院、门头沟区中医院、延庆县中医院、平谷区中医院培养人才6人次，为河北省培养中医骨干人才85人次，培养中医优秀临床人才16人，为新疆自治区“特培”少数民族中青年科技骨干1人。为宣武区2个社区卫生服务中心提供中医药诊疗服务，接诊2000余人次；派针灸科专家赴门头沟区中医院查房、讲座；选派医生赴新疆自治区开展中医药诊疗服务。与内蒙古自治区签订3年对口支援协议，免费接收培养该地区进修医师4人次。启动了对中国中医科学院眼科医院的医疗帮扶计划。

护理工作　4月19日，医院优质护理服务示范工程正式启动。全年完成中医专科护理检查374人次，合格率100%；级别护理检查893人次，合格率99.55%；文件书写共检查过程病历1459份、终末病历306份，合格率99.32%；护理技术操作共考核10项494人次，合格率99.60%；无压疮发生。

强化中医专科护理，发挥整体护理与中医专科护理特色。护理人员外出参加培训21人、学术交流6人、学术会议21人，专科护士培养5人，举办国家级、市级、院级护理继续教育讲座32项。组织护理技能竞赛，评选出12名护理操作能手。

落实基础护理，探索“无陪护病房”质量管理。骨科和急诊科病房作为试点病房，完善了护理人员工作职责与流程、每日工作重点以及试点病房护理质量检查标准，建立了试点病房护理质量检查流程，得到患者好评。启动了“星语·心愿”卡活动，共回收心愿卡323张，满意度100%。

利用护士移动工作系统，建立移动查房。推行住院患者佩戴条码腕带工作，保证了患者住院期间的医疗、护理安全，保障护理服务和技术操作过程行为的规范性、时效性与客观性。更新临床移动工作站（PDA）模块，增加了检查执行单模块和分级护理巡视单模块。

“24名护士长管理现状调查结果的启示”等9篇护理论文在核心期刊发表。

教学工作。护理实习生理论讲课9次43人次；理论考试3次，合格率95%；技术操作考试10项次，考核43人次，合格率100%。组织护理教学经验交流会1次、护理教学查房2次。

培训工作。举办了国家级继续教育项目——医院护理信息化应用与管理研讨班。承办市级继续教育6次。院级继续教育讲座25次，1782人次参加。护理病历讨论5次，237人次参加。中西医护理技术操作培训与考核8项，408人次全部合格。21名护理骨干参加了各级护理学会培训班，6名护理骨干参加了护理学术交流，21人参加护理学术会议，培养专科护士5人。1名护士参加了手术室专科护士培训。15名护士参加首都急诊急救护理专项技能培训的考试，成绩优异。2名护理带教老师参加了临床护理教学师资培训班。组织新职工培训19次。接收进修12人。

科研工作　投标19类127项课题，中标43项，其中“十一五”国家科技支撑计划重点项目1项、重大新药创制专项“十一五”计划“中药医院制剂新药研发”项目2项、国家重点基础研究发展计划1项、重大新药创制大平台子课题5项、中国与欧洲国家政府间科技合作项目1项、科技部国际科技合作与交流专项1项、国家中医药管理局中医药行业科研专项1项、国家自然科学基金15项、国家中医药管理局课题2项、市科委首都特色临床医学应用发展1项、首都医学发展基金5项、市自然科学基金2项、市中医局课题1项、市科技新星1项、卫生部医药卫生科技发展研究中心课题1项、中国中西医结合学会—金港榄香烯中医药肿瘤研究基金2项、北京市十病十方征集1项，批准经费4127.28万元。

在研各级各类课题302项，其中国家级课题71项（包括科技重大专项2项、“973”计划6项、国家科技支撑计划17项、国家自然科学基金38项、科技部国际合作5项、公益性行业科研专项1项、国家新药基金2项），省部级40项，地市级22项，院所级课题169项，经费1.69亿元。

24项课题通过了结题鉴定，其中国家自然科学基金9项、“十一五”国家科技支撑计划名老中医临床经验学术思想传承研究项目2项、国家中医药管理局中医药留学回国人员2项、市自然科学基金2项、首都医学发展基金6项、市中医药科技发展基金2项、国家科技部“973”计划1项。

科技成果获奖11项，其中中国中西医结合学会科学技术奖一等奖1项、中国针灸学会科学技术二等奖1项、中国中医科学院中医药科学技术进步奖三等奖2项、2009年北京市科学技术奖2项，联合申报获国家科技进步二等奖1项、中国人民解放军总后勤部二等奖1项、中国中西医结合学会科学技术奖二等奖1项、2009年北京市科学技术奖1项、中国抗癌协会科技三等奖1项。

年内，新药基金立项1项，申报新药基金1项。申报技术专利6项，取得技术专利3项。转让2项科研成果，转让经费到位120万元。签订技术服务合同26项。获新药临床试验服务经费315万元；在研科技部国际合作项目5项，经费195万元。

发表学术论文514篇，其中国家核心期刊423篇、SCI收录17篇、EI 3篇、Medline收录31篇；出版学术著作20部。最高影响因子10.689，平均影响因子1.48。

8月21~22日，广安门医院、丰台区社区卫生服务管理中心、中国全科医学杂志社共同主办了首届全国社区心理健康促进工作高峰论坛。中国中医药管理局副局长马建中、中国中医科学院副院长范吉平、卫生部疾控局精神卫生处处长严俊、北京市中医管理局副局长屠志涛、丰台区宣传部部长李明圣、中国中医药报社副社长濮传闻、中国全科医学杂志社副社长徐焰、丰台区卫生局局长张杨等参加了开幕式，副院长汪卫东接受了“北京市中医心理临床诊疗中心”的牌匾。

医学教育 接收住院医师规范化培训31人。在职临床医学专业7名博士研究生、4名硕士研究生完成论文答辩获得相应学位，在职攻读同等学力的10名硕士研究生获得硕士学位。10月，7名医、药、技人员参加了中国中医科学院研究生院硕士学位课学习，5名临床医师参加了博士学位课学习。全院继续教育达标率95%以上。承担北京中医药大学、北京卫生学校、泰山医学院以及其他医学院校医、药、技等专业实习生235人。录取硕士研究生55人、博士研究生15人（含外籍1人、港澳台2人），录取7名免推硕士研究生；招聘12名博士后进站工作。承接北京中医药学会学术讲座13次，组织全院学术讲座17次。组织肛肠科、肿瘤科、心身医学科等申报国家级继续教育项目4项，并按期完成。办理中华医学会继续教育注册290人、中医药学会继续教育注册228人。派出专科进修学习11人次，派出7名青年医师赴美国梅奥医学中心进修学习。

国际交流与合作 全年接待卫生部长级代表团4个：奥地利卫生部长斯多格先生、阿尔巴尼亚卫生部长佩特里特·瓦西利先生、马其顿卫生部长布亚尔·奥斯马尼先生和密克罗尼西亚维塔·富塔琳娜·斯基林女士；国外政府代表团5个：泰国卫生部代表团、墨西哥城卫生局局长、加拿大议员先生、瑞士卫生部副局长及法国巴黎公立医院集团管理局中医代表团。接待外国医学专业团体20多个674人，其他途径联系来本院参观考察159人，全年累计接待833人次。

短期中医培训外国学员63人，分别来自美国、日本、新加坡、澳大利亚、以色列以及克罗地亚等国。全年公派出国13人，其中交流访问4人、参加国际学术会议6人、国外义诊2人、团中央交流访问1人；派2名医师分别赴马来西亚同善医院和新加坡义安诊所工作1年。出国进修学习10人。

7月，美国新英格兰医学杂志副主编Mary Beth Hamel女士来医院作了“如何撰写科研论文”的主题演讲。9月，美国亚利桑那整合医学中心主任安得鲁·威尔博士来医院作了“美国及西方世界整合医学的现状”的演讲。

11月18日，与以色列特拉沙米尔席巴医疗中心签署了国际合作备忘录，中以双方将在临床医疗新方法、创新科研和教育培训三方面合作，为中外肿瘤患者提供更好的中西医结合的医疗服务。

信息化建设 对批准上网的计算机部署了准入身份认证系统（EPS），完成HIS、网站和财务系统安全等级保护定级报告、备案申报。全面升级护士使用的移动终端PDA，在部分临床科室配备了平板电脑，实现了移动门诊处方的功能；检验科搜集病区血液标本使用无线移动标本采集车。建立消毒供应中心质量追溯系统，启用医疗废物信息管理系统，建设协同办公系统；将全院PACS升级为3层架构，支持新购医疗设备与系统的连接和影像传输；启动院长决策支持一期工程建设；统一信息管理平台，统一用户认证平台，完成页面和流程的设计。

基本建设 提高医院内部图像监控覆盖水平，实现监控系统覆盖全院的重点部位。启用血透废水二次回收利用系统。更换了节能灯具和感应水龙头。扩建门诊楼工程完成消防、人防等多项报批手续，完成监理及施工单位的资格预审，12月17日，举行了扩建门诊楼工程奠基仪式。中央保健专科病房（内装修）项目已经确定调整方案，新的样板间施工即将开始。

（撰稿：尹　璐　关　玲　审核：陈振酉）

领导名单

党委书记 王　阶
副 书 记 殷海波
院　　长 王　阶
副 院 长 汪卫东　仝小林　花宝金　王映辉

中国中医科学院望京医院

（朝阳区花家地街）
邮编：100102　电话：84739114
网址：www. wjhospital. com. cn

基本情况 职工843人，其中卫生技术人员755人，包括主任医师（含相应职称，下同）53人、副主任医师94人、主治医师187人、医师137人、护士284人；行政人员69人；工勤人员20人。

医疗设备总值10578万元。本年度新增医疗设备总值931万元，其中10万元以上设备19台、100万元以上设备1台。

获奖情况。年内，医院被评为首都文明单位、中央国家机关文明单位、首都公共卫生文明单位、朝阳区社会领域和谐建设先进单位，获市卫生局国庆最佳服务保障奖、北京地区中医医疗服务监测工作一等奖。朱立国被中共中央、国务院、中央军委评为全国抗震救灾模范。

机构设置 7月，开设了营养科，配备专职人员1人，为患者提供及时有效的营养指导和营养治疗。

改革与管理 调整了临时工勤人员的工资标准，普通工勤人员由每日42元调至55元，技术工勤人员由每日44元调至57元。

加强对重点部门（设备处、药剂科、物资科、基建办）、重点岗位（物资采购、财务处、物价办、房管科等）、重点环节（工程招标、材料设备供应、项目洽商、工程承包等）的监督管理，针对重点岗位检查2次，发现问题并提出了整改意见。纪检监察部门参加院内各项招标会5次，并与科主任、护士长签订了廉洁行医承诺书。向院领导、各职能部门、各支部书记、重点岗位、重点部门的58人发放了《廉政准则》《党风廉政建设知识答卷》等学习资料。

医疗工作 门急诊979353人次，日均门急诊3791人次；急诊抢救1441人次；门诊手术3090例，住院手术5737例。床位610张。入院12901人次，出院12870人次，床位周转21.1次，床位使用率96.7%，平均住院日16.8天，治愈好转率96%，七日确诊率99.4%，死亡率2.0%，院内感染率0.5%。

加强科室管理与内涵建设。医务部门建立了定期召开医疗质量评价工作会议制度，对各科室有关医疗质量指标的检查方案、评价方法、量化体系提出了明确要求，细化、规范了评价制度。

年内，进行病历书写基本规范的培训，邀请知名律师为医务人员进行了法律讲座。

加强优势病种临床课题的管理，加强与合作单位的沟通与交流，组织部分第二、三批优势病种课题负责人赴密云县中医院检查督导课题进展情况。

综合急救能力不断增强。8月30日，新华人寿保险公司员工在某度假村用餐后突发群发性腹泻事件，本院急诊与肠道门诊紧急抢救、妥善处置60余名患者。

对口支援工作。为提高受援医院专科医疗水平，发挥本院骨伤、肾病重点专科，颈椎病、风湿病重点专病的医疗特色，制订了以进修培养为主，以疑难病例会诊、义诊、临床指导、讲座等方式为辅的对口支援计划。8月，与赤峰市克什克腾旗中蒙医院就对口支援的具体方案进行协商并签订了协议书。根据协议，本院派出1名急诊科副主任医师到该院进行了为期10天的专家门诊、讲座、带教查房等。年内，院领导及骨科、急诊科、心血管科、妇科等科室主任、专家赴鄂尔多斯中医院举行了对口支援挂牌仪式，并开展为期3天的义诊、会诊、带教等工作，共诊治病人150人次。

承担市中医局住院医师（包括3年和5年住院医师）规范化培训的临床考核任务，全年组织内科、骨科、外科专家30余人对全市111名中医住院医师进行了考核。本院作为中医类别全科医师岗位培训基地，接收昌平、朝阳等区48名社区医务人员在本院进行为期80天的全科医师岗位培训，并全部通过了考核。

抗震救灾。医院选派骨科、外科、手术麻醉科、急诊科技术骨干共11人组成国家中医药管理局首批抗震救灾医疗专家组，调配了所需药品、医疗器械，于4月17日奔赴青海省地震灾区。接诊110余人次，做各种疑难手术8例，运用小夹板为30余名患者进行了治疗，为危重病人会诊16人次。

医保工作。全年医保出院8566人次，出院医保病人总费用144015045元，次均费用16812元。完成医院和骨伤医疗中心门诊患者持社保卡就医实时结算工作。急诊留观按住院标准结算，医保办对全院医护人员进行了培训。

护理工作　加强护理人力资源管理，保证临床护士基本配置，招聘新护士29人。完善护理不良事件报告与管理制度，针对隐患、缺陷、差错等不良事件及时进行分析与改进，保证了护理质量的提高。制订危急值报告制度及流程、口服给药流程（包括临时给药、常规给药、毒麻给药等）；修改并完善护士长手册8项；落实手术患者安全交接工作，制订了《手术患者交接制度》。投入540万元，改造供应室，实现了清洗、消毒、灭菌一体化，完善消毒隔离质量标准，使临床工作有章可循。组建门诊输液室，建立健全各项规章制度，制订了应急预案。

加强护理专业技能培训，派出急诊、ICU、CCU、手术室护士各1人进行护理专科认证的培训。中级以上护士外出学习培训67人次。完成西医院校毕业护士100学时的中医理论培训。年内，举办了护士节读书报告会、第四届护理论文交流会及朝阳区医学会第九届护理学术年会。

科研工作　申报院级以上课题58项，其中国家自然科学基金24项、北京市自然科学基金26项、中医药行业科研专项3项、市科委首都特色临床医学应用发展基金2项、北京市“十病十方”科技攻关项目3项。获科研资助课题6项，经费144.9万元。完成4项国家自然科学基金课题——“利用引经药促进骨髓干细胞定向归巢治疗股骨头坏死的研究”、“旋转手法治疗神经根型颈椎病的作用机理研究”、“肾性骨病中医征候学特征与血PTH水平及血淋巴细胞PTH受体基因表达相关性的研究”、“益气活血药促进恒河猴损伤脊髓修复再生的研究”的结题、验收。申报中华中医药学会科学技术奖2项、中国中医科学院科技进步奖1项。获中国中医科学院科技进步三等奖1项、中国中西医结合学会科学技术奖三等奖1项。全年在各类学术期刊发表论文147篇，出版学术专著5部。加强、规范对临床课题伦理论证过程的管理，完成11项科研课题的伦理论证。制订了院级科研课题结题验收工作计划及结题规范，完成19项院级科研课题的结题验收，评选出6项优秀课题。

年内，组织中医骨伤科学学科人员从科研课题和科研成果申报、基础条件建设、管理制度完善等方面开展重点学科的建设，并组织重点学科建设人员完成该学科的“十二五”规划。加强中药药理（骨伤）和生物力学2个国家中医药管理局三级实验室的基础建设，计划更新实验室仪器设备，改善实验场所，完善人才梯队建设。

成立药品临床药理基地办公室，配备专职人员1人。成立临床药理基地筹备工作组，并组织相关人员参加了培训。经市卫生局、市药品监督管理局审批，同意本院申请国家药物临床试验机构资格，并计划向国家食品药品监督管理局申报。

年内，在北京、郑州、广州举办了北京中医药学会骨伤专业委员会、中华中医药学会骨伤专业委员会、世界中医药联合会骨伤专业委员会学术交流大会。

医学教育　年内，招收硕士研究生10人、博士研究生5人。在院研究生共57人，其中硕士生41人、博士生16人；在站博士后7人。医院有科学学位博士生导师10人、硕士生导师18人，临床学位博士生导师3人、硕士生导师12人。承担了中医药大学七年制学生235人的教学及实习任务。

中标国家级继续教育项目9项。参加了市中医局组织的《首都中医药实训与综合评估》第二阶段项目的申报，本院4人申报中医急诊（内科）共5项病证的课件制作。12月，15名骨干进行了第一年度考核。第四批师承人员的培养工作完成开题及阶段考核。在市中医局主办的第二届“上工杯”中医药学术演讲比赛中，张清获得第三名。肿瘤科成立中华中医药学会肿瘤专业“健康俱乐部”以来，开展肿瘤健康宣教活动30余次，肿瘤科主任冯利获全国中医药科学普及金话筒奖。选派3人到西苑医院参加西学中研究生班学习。

与市中医局共同举行了中医药薪火传承“3+3”工程孙树椿名老中医工作室暨名医传承工作站揭牌仪式，孙树椿名老中医工作室正式投入使用。

全年接收进修生72人，免费5人，其中河北省卫生厅“农村医疗机构中医、民族医特色专科（病）建设项目”进修医师25人。

国际交流与合作 申报中国—东盟合作基金项目3项：“旋提手法治疗神经根型颈椎病的疗效评价及应用推广研究”、“中医药预防激素性股骨头坏死的规范和推广”、“中泰传统医学中手法共性技术研究”。

年内，组织专家赴马来西亚义诊。完成外交部下达的为文莱外交和贸易部第二部长诊疗的任务。全年办理因公出国（境）7人次。接收14个国家的学员116人635人次。

信息化建设 医院和骨伤医疗中心实施了门诊医生工作站系统，更新医院服务器配置并实现了双机热备自动切换，更新升级了医保服务器、前端挂号、收费、划价发药客户端、读卡器。

后勤与基建 投资220万元，在庭院的绿地中进行了中医药杏林园和文化长廊的建设，年底，园林工程主体工程完工。完成急诊部、住院处的改造，完成供应室整体改造工程。

（撰稿：姜韫霞 审核：王军平）

领导名单

党委书记 程爱华
副 书 记 赵秋玲
院　　长 陈珞珈
副 院 长 周 卫 朱立国 俞东青

中国中医科学院眼科医院

（石景山区鲁谷路33号）
邮编：100040 电话：68688877（总机）
网址：www.ykhospital.com.cn

基本情况 职工293人，其中卫生技术人员212人，包括正高级职称10人、副高级职称24人、中级职称46人、初级师81人、初级士51人。

医疗设备总价值4885万元。新购置医疗设备总值642万元，其中10万元以上设备14台（套）、100万元以上设备1台。

获奖情况。名誉院长唐由之获北京“同仁堂杯”中医药特别贡献奖。医院被评为北京市消防工作先进单位，财务处获北京地区中医、中西医结合、民族医疗机构医疗服务信息网工作三等奖，护理部被评为第二届全国中医护理先进集体，工会获国家中医药管理局第五届保龄球比赛三等奖、中国中医科学院职工游泳比赛团体第五名。

机构设置 在“大专科、小综合”的总体建院方针指导下，平衡发展。新增整形美容中心，并购置了13台电针仪、10台熏蒸器、10台腿浴器等配套设施，进一步开发中医眼科诊疗方法。积极推动治未病工作，北京市青少年健康管理平台在东城区启动并试运行一年。

改革与管理 《眼科医院“十二五”中长期规划（草案）》经过专家论证，上报科学院。进一步规范处室管理，院务会议、院周会的召开和内容通报流程，确保24小时印发会议纪要并及时将会议内容向职工通报。修订完善《管理制度汇编》，印发了《应急预案管理汇编》。理顺财务管理体制，进一步规范资金支付工作流程；加强预算项目的执行，确保预算项目完成；建立资产管理长效机制，开展资产清查盘点工作；开展“小金库”的治理，建立长效机制，堵塞财务漏洞；按照成本核算原则，继续加强各级预算管理；完成门诊医保实时结算工作。

继续开展文明优质服务活动，坚持从加强医务人员职业道德教育入手，大力倡导“尊重患者，关爱患者，方便患者，服务患者”的人文服务理念，进一步提高医务人员主动服务患者的意识。进一步加强医德医风教育，弘扬大医精诚理念，以大力推行语言、仪表、行为、秩序、环境5种规范为标准，进一步开展全程医疗服务和文明优质服务活动，增进医患沟通，拉近医患距离，使医患关系更加和谐，患者满意率保持在90%以上。全院共收到锦旗36面、表扬信58封，拒收钱物百余次。6名医务人员报名参加了国家中医药发展综合改革试验区专家讲师团的活动。开展了为贫困母亲捐款和“善行天下，温暖患儿”等募捐活动，各项捐款累计近10万元。

反商业贿赂。年内，制订了《关于加强廉政及预防腐败体系建设的实施方案》《关于在基建工程建设中加强廉政建设的规定》《关于落实北京医药卫生系统预防职务犯罪联席会议制度的实施办法》《医德考评实施方案》等。请律师进行了招投标及政府采购法律法规的培训，请国家审计署丁玎教授进行了《内部审计规范》专题讲座等，使治理商业贿赂工作切实做到有部署、有落实、有检查、有考核。利用院周会、院长办公会、简报、公示栏、短信平台等形式及时通报“三重一大”及院务会决议。

医疗工作 门诊145870人次，急诊3188人次。床位204张。入院3134人次，出院3132人次，床位周转15.35次，床位使用率74.73%，平均住院日17.38天，三日确诊率99.9%，出入院诊断符合率98.5%，治愈率52.6%，好转率45%，死亡率0。住院手术5206例。

病案管理。年内，5个病区共查运行病历2087份，甲级病历率100%。

医院感染管理。共监测病人3111人，发生医院感染7人，感染率0.23%。年内，补充并完善了医院感染各项制度；坚持每周1~2次深入病房，对医院感染病例进行前瞻性监测，坚持临床医师主动报告和专职人员主动寻访相结合，及时发现、有效控制医院感染暴发事件；每月对全院门诊及病房的消毒隔离工作逐项检查落实，加强医院感染的考核力度；加强各类人员培训，全年培训3次，156人次参加。

医保工作。全年医保出院1632人次，总费用1474.64万元，次均费用9035.78元。12月，完成城镇居民（无业人员、“一老一小”人员）、离休人员及部分公费医疗人员持卡就医工作。自10月开始，建立了每月一期的《眼科医院医保通讯》，及时发布上级有关部门新增文件及院内医保工作检查情况等信息。

医疗支援。派出眼科医师2人外出进修，分别学习玻璃体切割手术、眼部整形手术、眼科适宜技术等。杨永升医师担任援疆医疗工作半年，眼科副主任医师1人在新疆自治区中医院支援工作。每周派专业技术人员到门头沟区中医医院眼科工作1天。

护理工作 年内，制订《护理部目标管理考核标准》《月护理质量检查表》等10余项，建立和修订多项护理制度，并以新制度的质量标准对临床进行考核、检查、打分。调整护理质量管理小组，主管护理的院领导参加护理质量管理，设6个护理质量管理组：基础护理、护理安全、护理操作、文件书写、教学、继续教育。重新修订了手术双重识别制度和双重识别卡，严格防止手术患者、手术部位及术式发生错误。对护理质量检查过程中经常发生的突出问题，护理部每月召开护理质控及护理安全会议进行分析，提出整改措施。护理部对住院病人进行护理满意度调查并实施护理绩效奖励工资。眼科四病区开展了优质护理服务示范工程活动，并将服务项目公示。

年内，采用新的表格书写，减少了临床护士书写病历的时间。护理文书合格率95%，基础护理合格率90%，一级护理符合率95%，技术操作合格率95%，急救物品完好率100%。

全年接收护理实习生10人。重新制订了《实习生管理制度》《实习护士教学计划与方案》，并组织带教老师、护士长为护理实习生讲课。安排专人负责教学，管理各级护士的培训工作，制订了《护士技术档案》。

以提高安全认知、建立安全文化为主题，总结分析医院近10年30余起护理不良事件，并邀请中华护理学会副理事长、中华中医药学会护理分会主任委员郑萍讲“规避风险强化责任，加强患者护理安全管理”。医院首次召开了医护论坛、中华护理学会糖尿病视网膜病变护理病例讨论。邀请国际护理专家开展英文讲座，了解国际前沿的最新动态。

加强医院安全管理，制订了火灾逃生预案，以展板方式对病人进行安全宣教，并对病区安全设施、防火设备展开安全大巡查。

科研工作 申报课题28项，中标课题7项，其中国家自然科学基金3项，北京市首发基金3项、留学回国人员专项基金1项。另有科研合作课题4项，市中医局十病十方项目1项、博士后基金1项。在研课题22项，结题1项。

科研课题获奖3项：唐由之课题组获中华中医药学会科学技术三等奖，高健生课题组获中国中医科学院科学技术二等奖，唐由之获“同仁堂杯”中医药特别贡献奖。另外获北京市科技进步三等奖2项（公示中）。发表科技论文53篇，主编、参编著作5部。

教学工作 举办国家级继续教育学习班9次，1500余人次参加。举办院内培训65次，专业技术人员继续教育学分合格率100%。录取硕士研究生2人。接收实习生15人，进修医师11人次，到院外西学中进修2人次。

国际交流与合作 全年公派出国（境）3人次，其中出国考察1人次、参加国际会议2人次。接待5

个团组39人次参观。接收美国纽约针灸中医康复中心12名学生见习针灸治疗眼病，完成以色列学员2个月学习中医治疗眼病的带教工作。接收住院境外患者10人次，诊治门诊境外患者50余人次。

信息化建设 市卫生局专家对医院信息化建设以及“十二五”信息化规划进行了论证，根据专家的建议进行了的修正。

完成对医保门诊收费数据格式的改造，5月1日，使用了新格式的医保门诊收据。更换服务器2台、交换机16台、终端机100余台。门诊医生工作站系统和挂号收费系统升级，并组织10余次培训和3次业务考核。

基本建设 完成《眼科医院基本建设总体规划》的编写，并报国家中医药管理局。对原院感办、医保收费处、杂志社等用房进行了装修与改造。对院内房屋进行了抗震排查。在西院安装太阳能热水器，保障了五病区、洗衣房、公共澡堂的热水供应。本年度用于电力设施第一期改造的150万元已完成自备电源改造工程论证、招标、合同签订、付款工作。

其他工作 《中国中医眼科杂志》全年收到稿件321篇，比上年增长80%。建立了《中国中医眼科杂志》网站。（撰稿：杨 丹 审核：李 静）

领导名单

党委书记 张菊敏

院 长 刘成源

副 院 长 康建平

北京大学第一医院

（西城区西什库大街8号）

邮编：100034 电话：83572211

网址：www.bddyyy.com.cn

基本情况 职工3016人，其中卫生技术人员2556人，包括正高级职称191人、副高级职称302人、中级职称886人、初级师781人、初级士396人。工程院院士1人（郭应禄）。

医疗设备总价值52575.6万元。年内新购置医疗设备总价值4595.8万元，其中10万元以上设备92台（件）、100万元以上设备8台（件）。

获奖情况。被市人力资源和社会保障局、市财政局评为“持卡就医，实时结算”先进单位、2009年医疗保险管理一等奖，被市人力资源和社会保障局评为北京市社会保障卡工程建设试点医院特殊贡献奖。

医疗工作 门诊1616900人次，日均门诊6467.60人次；急诊148911人次，日均急诊407.98人次；急诊危重抢救7240人次，抢救成功率96.77%。床位1506张。住院45726人次，出院45638人次，病床周转30.28次，床位使用率91.83%，平均住院日11.05天，出入院诊断符合率99.70%，治愈率47.71%，好转率45.08%。住院手术19615例。

提高干部体检的质量和效率，优化体检流程，加强院士健康管理，研发并投入使用了新的院士体检软件系统。根据院士体检结果，发现问题及时安排住院治疗；制订《干部保健对象医疗服务流程》；建立了“院士就诊—住院绿色通道”。全年安排卫生部保健局组织的医疗保健任务8次，派出医生、护士33人次，服务34天，安排专家参加卫生部保健局为中央保健对象组织的会诊54次。

全年会诊32983例次；外派医疗服务10批35人次；外派专家参加医学会组织的各级鉴定63人次；组织全院医务人员法律法规学习9次，6000人次参加。接收“明天计划”孤残患儿住院30人次，涉及神经外科、小儿外科、骨科、心脏外科、耳鼻咽喉—头颈外科、眼科等。

加强依法执业管理。增加诊疗科目1项——老年病专业。办理执业医师注册及变更75人次。修订完善了各项医疗质量管理制度。开展临床路径管理，完成医院临床路径管理组织架构的建设，开展全员培训3次。参加卫生部制订16个（泌尿外科10个、肾脏内科6个）病种的临床路径工作。

全年检查运行病历12676份，部分科室（病房）

运行病历甲级病历率100%。在本市三级综合医院病历评比中，获优秀奖，并被市卫生局推荐参加卫生部的全国病历巡展。开展病历质量反馈和培训会议7次。

医院感染管理。共监测出院44295人，其中775人发生医院感染，感染发病率1.7%。发生感染例次923人，例次发病率2.1%。

医保工作。全年医保病人出院11714人次，总费用23508.87万元，次均费用20069元。开办了《医保简报》，每季度发布一次，收到非常好的效果。

对口支援。全年派驻德胜社区、什刹海社区专家28人，专家在社区出诊366次。向密云县医院和密云县妇幼保健院派出高级职称医师14人、中级职称医师24人，门诊诊治1380人次，教学250人次，手术158例，讲课117次，听课855人次，转诊危重孕产妇4例，向两院派出会诊18人次。8月19日，医院举行了定点支援乌兰浩特市人民医院的挂牌赠书仪式。对口支援乌兰浩特人民医院医疗队31人，支援天津第五中心医院22人。

3月28日，医院派出专家团随卫生部赶赴山西省王家岭煤矿，救治矿难伤员。4月2日，医护志愿医疗队奔赴贵州省黔西南兴仁县旱区进行医疗支援。4月14日，由15名医务人员组成的抗震医疗应急救援队奔赴青海省玉树地震灾区参加救治。8月15日，医院派人赴甘肃省舟曲参与特大泥石流灾区的皮肤病防治工作。9月10日，医院派人赴河南省商城县调研处理蜱虫叮咬致人死亡事件。

护理工作 年内，整理修订护理规章制度45大项，6.8万字。在上年制作的11项《临床基础护理技术操作规程》光盘的基础上，编写操作规程13项。

1月，卫生部正式启动优质护理服务示范工程（136示范工程），医院结合实际制订了“分步过渡，阶段推进”的工作策略，并结合3年来开展“五心工程”的成果，创造性地提出北大医院特色的优质护理服务链，即18字诀“责任到”——“热心接、耐心讲、细心观、诚心帮、温馨送、爱心访”，让每一个环节都能凝聚护士的责任心。截至年底，共有46个病房开展了优质护理服务，占医院病房总数的80.70%。同时，在12月进行的国家重点临床专科评审中，护理专科被评为国家级临床重点专科。

全年发表护理论文66篇，其中核心期刊56篇。申报护理科研基金23项，获批3项。参加学术会议373人次、专科培训86人次。通过在职护士继续教育、新护士岗前培训、护士阶段考核（毕业第一年新护士和毕业3年护士）、晋升护士考核、全院护士基础护理理论考试、代理护士长代理前和转正前考核等多种形式，对护士进行了技术考核。理论及操作考核12次，2707人次参加，总平均分93.47分，合格率98.52%。参加继续教育1290人，参与率99.7%，达标率100%。

培养大专生见习404人、本科101人，实习大专生555人、本科132人。

科研工作 申报各级课题282项，获批77项，合作25项，待批68项，获批经费6833.75万元。横向课题立项57项，经费1059万元。院级各类基金申报48项，其中归国人员启动基金8项、青年基金30项、管理基金3项以及护理科研基金7项。在研课题146项，结题121项，其中国家、部委、市级在研和结题课题共232项。申报成果14项，获奖3项、待批7项；申报专利3项（公开期），2项授权（往年申报）。

在2009年国际论文中，被引用篇数位居全国第三；被引用次数位列全国第一；2000~2009年SCI收录论文累计被引用篇数排名全国第五，被引用次数位居全国第三；2009年论文排名全国第三；2009年国内论文被引用次数排名全国第六。全年发表论文1120篇，其中国内期刊954篇、国外期刊166篇。被SCI收录论文164篇，其中Article 119篇；中文期刊（国内统计源及非统计源期刊）发表论文887篇，其中论著425篇。出版书籍38部，其中专著24部。参加国内外学术会议862人次，其中参加国际学术会议295人次。主办各种学术会议46次，其中国际学术会议13次。

医学教育 继续完善“以器官系统为主线教学框架下PBL带教”教学模式体系，完善并扩大应用临床模拟技能训练及OSCE中心，增加麻醉、外科、妇科临床技能模型近10件套，更新模型配件数件，完成本科生常规临床技能培训和考试、资格考试和能力竞赛前培训近1700人次，研究生和住院医师技能培训和考试约600人次。加强学生学习过程管理和学生素质教育建设，结合医学生素质教育基地，以基层卫生实践为切入点，应用小组合作的多视野、多选题的调研形式，取得很好的素质教育效果。

共获北京大学校级讲课比赛一等奖1人、二等奖2人，校级优秀教师和桃李奖2人，北京市及国家级精品课程和实验示范中心3项，发表及被教学大会接收的教学文章12篇。

学术交流与合作 因公长期出国13人次，短期出国407人次，主办国际会议13次。全年接待各类来访外宾7批54人次，其中日本龟田医疗中心理事长及夫人一行4人来院访问，探讨今后合作前景，加强姐妹医院的合作关系；7月，4名护士长赴台进行长达2个月的访问，实地学习交流护理经验。

基本建设 完成新门诊楼工程主体结构的施工，开始了二次结构砌筑、屋面防水施工、机电管线设备的安装等。6月，基本完成地下通道二次衬砼的浇筑；7~12月，进行地下通道工程的内墙抹灰、地面石材铺设、电缆桥架的铺设、风机采购安装、风管铺设、消防水管的安装、消火栓的安装等。完成科研楼工程隔墙砌筑、玻璃隔断的安装，内外窗、吊顶、墙面、VRV空调的安装，地面、墙面瓷砖的施工。

（撰稿：张惺惺 审核：张 静）

领导名单

党委书记 刘新民
副 书 记 杨 柳 刘玉和
院 长 刘玉村
副 院 长 丁 洁 李敬伟 潘义生 李海潮 金克荣

北京大学人民医院

（西城区西直门南大街11号）
邮编：100044 电话：88326666（总机）
网址：www.pkuph.cn 或 www.pkuph.com.cn 或 www.phbjmu.edu.cn

基本情况 职工2374人（编制人员），院士1人，有专业技术人员2186人，包括正高级职称184人、副高级职称304人、中级职称839人、初级师741人、初级士113人，未聘5人；管理和工人等其他人员188人。

医疗设备总价值86348.1万元。本年度购置医疗设备总值6672.5万元，其中10万元以上设备162台、100万元以上设备16台（套）。

获奖情况。医院被评为首都文明单位标兵，再次蝉联全国最受欢迎三甲医院，并被评为北京十佳三甲医院、全国百家2010改革创新公立医院之一、首都平安示范医院、北京市社会保障卡工程建设试点医院特殊贡献奖、第三届全国医院（卫生）文化建设优秀成果奖、医院文化建设先进集体，再次当选全国卫生系统青年文明号。

机构设置 新增宣传处，医务社会工作部更名为医务社会工作暨志愿服务工作部。

改革与管理 在上年承担卫生部6项试点工作后，又承担了包括临床路径管理、对口支援云南省西双版纳州人民医院、DRGs、健康新时空——临床医生科普试点活动、临床路径电子化管理示范项目、电子签名建设、对口支援新疆卫生事业跨越式发展等7项试点工作。

创建整合型医疗服务体系，促进医疗资源有效配置。除了让北京百姓看病不再难，医院又将服务延伸到山西、湖南、云南西双版纳，甚至延伸到新疆，开创了卫生系统援疆新模式。共同体已开通功能社区55家，其中机关单位24家、医疗单位31家，新增共同体成员32家。

依托HRP项目，开展医院医疗资源精细化管理。启用医院资源规划系统（HRP），初步实现医院前台、后台业务一体化，对全院门诊、住院、财务、物资、药品、高值耗材、体外诊断试剂、固定资产、人力资源等实施全方位、全流程、信息化管理，并建立包括院内感染预警系统、合理用药监测系统、医院管理预测辅助系统等在内的集中风险管控体系与机制，提升医院科学决策水平，取得良好的实践效果。

临床路径电子化管理模式突破临床路径实施瓶颈。医院自主研发拥有完整四大模块的临床路径系统，本系统共更新21个版本，有12781人次使用本系统进入临床路径，涉及33个科室，涵盖了卫生部规定的24种疾病临床路径，共涉及1034个诊断名称，多达521个路径。在11月卫生部外科专业临床路径培训班上，卫生部向全国推广了本院的经验。

推进优质护理，提供满意服务。从1月开始，在乳腺外科、神经外科进行了试点。从更新护理管理理念、强化护理服务意识和责任感、明确临床护理分工、护士排班、实施“包床到护”责任护理小组工作模式等开始，探索并推进优质护理服务，提升护理安全和服务质量的模式。示范病区30个，占全院病房总数的63.8%。国外团队43人次、全国各兄弟医院的护理同行790人次来院参观交流。

探索并推行“先诊疗，后结算”的新型付费方式。于上年12月底开始试运行，通过5个多月的试行，建立了比较完善的系统模式，取得良好的效果。此新型付费模式在一定程度上实现了优化医疗服务系统与流程、合理配置和利用医疗资源、减少患者在就诊过程中因多次交费产生的等候时间。办理23711张预付费就诊卡，使用21718人，使用预付费就诊卡挂号和结算78619人次，持卡就医190363人次。

中国医务社会工作及志愿者工作模式的研究与实践。上年4月2日，在医院范围内开展14项志愿服务工作。注册志愿者1206人，服务6541人次，志愿服务时间累计13932小时49分钟。医院以“中国医务社会工作模式的研究与实践”为题申请了美国中华医学基金会（即CMB）的基金。志愿者医院服务模式架起医患沟通的桥梁，为病患提供多元的社会服务，拓展医院的服务领域；同时医生和医学生通过服务，以第三方的视角与患者体验充分融合，使医生职业精神培训、医学生素质教育有了实践性的落脚点。

以电子病历为中心，融合其他临床系统，实现互连互通。医院电子病历已覆盖所有病区，系统中记录的病历达10万份。电子病历系统集成病人入院期间的所有诊疗数据，医生可以通过电子病历实时查看检验报告、检查影像等。同时，电子病历保存各个临床诊疗数据，为后期针对科研需求提供数据支持。

反商业贿赂。强化领导干部廉洁自律意识，以科学发展观指导反腐倡廉建设；扎实推进廉政风险防范管理，创新预防腐败工作的长效机制，使预防腐败工作做到有的放矢；多措并举，开展经常性廉政教育，传播廉政知识，弘扬廉政精神；做好医德医风考评，认真受理来信来访，加强纪检监察队伍建设，进一步提高整体履职能力和水平。

医疗工作　门诊1764362人次，急诊154124人次，急诊危重症抢救3404人次，抢救成功率91.1%。入院47390人次，出院47278人次，床位周转31次，床位使用率93.7%，平均住院日11天，七日确诊率92.3%，治愈率52.3%，好转率44.3%，死亡率1.3%。住院手术30663例。孕产妇死亡率0，新生儿死亡率0.13%，围产儿死亡率1.13%。

病案管理。医生工作站全面覆盖，逐步建立网上审核病历的信息系统，实时监控运行病历情况。全年抽查终末病历3696份，合格率93.43%，甲级病历率47.76%。修订了《知情同意书》，由卫生部医政司向全国推荐。

医院感染管理。建立《病原体感染信息报告及处理》流程，通过流行病学调查、召开现场工作会、实施有效防控措施，控制医院感染。加强医务人员手消毒的检查，剔除安全隐患。出院病人手术切口感染率0.13%，其中一级手术切口感染率0.1%。

医保工作。全年门诊持卡结算1167767笔；医保出院14448人次，自费部分占9.3%，次均费用20806元；审核公费医疗单位费用105家45756人次；推进网上住院病历的审核，为住院实时结算作准备；整理获批医保项目58项。

医疗支援。全年医院派出医疗队7批次34人，其中昌平区医院15人、昌平区妇幼保健院4人、内蒙古自治区霍林郭勒市人民医院6人、新疆自治区乌鲁木齐市友谊医院4人、云南省西双版纳州人民医院5人，共诊治病人7281人次，手术209例，开展适宜新技术18项，建立规章制度13项。医院受卫生部委托承担对西双版纳州人民医院和乌鲁木齐市友谊医院各为期5年的对口支援项目，通过医疗卫生服务共同体平台对受援医院开展医、教、研、管理全方位支援，探索符合新医改形势的对口支援模式。同时，医院接收来自西部12个省、自治区、直辖市和生产建设兵团23家医院45名学员深入27个学科开展为期半年的学习。全年支援社区工作：门诊1220人次；会诊11人次；健康大课堂54次，听课3489人次；咨询1300人。与社区联合建立6个慢病团队（其中糖尿病组、哮喘病组已建立多年的联系），使患者得到系统化教育及最优质、方便、快捷的服务。

护理工作　作为卫生部开展优质护理服务示范工程的首批6家试点医院之一，创建优质护理示范病房30个，通过改变护士排班方式、落实责任制护理模式、调动护士积极性，患者和护士的满意度不断提升，3次在全国会议上介绍经验，护理部被评为国家级护理专科。全年优化和再造护理工作流程120条。

全年发表论文44篇，获批人民医院研究与发展基金4项。组织护理科研系列讲座7次。

全年完成护生生产实习164人；修订“订单班”生产实习教学计划，增加生活护理技能部分；增加了护士职业精神的培训，举办主题班会6次、专题讲座9次；修订护理专科学生生产实习手册、在职护士继续教育学分管理制度和护士在职培训手册等；新上岗护士岗前培训102人；举办多种形式的院内培训，参加培训1351人次。

科研工作　申报院外科研基金161项，其中国家科技重大专项2项、“973”计划1项、国家科技支撑计划1项、国家自然科学基金18项、北京市自然科学基金7项、教育部高等学校博士学科点专项科研基金12项、教育部留学回国人员科研启动基金1项、北京市科技计划5项、北京市科技新星2项，共获经费10040万元。在研课题（省部级及以上）147项，结题（省部级及以上）17项。

年内，获中华医学科技奖三等奖4项、中华预防医学会科技奖三等奖1项、高等学校科学研究优秀成果奖（科学技术）科技进步奖二等奖1项，眼科黎晓新教授获得第四届宋庆龄儿科医学奖。授权发明专利5项。

全年在统计源期刊发表论文516篇，其中SCI收录91篇（论著84篇，最高影响因子8.917）。出版学术专著7部。

医学教育　全年培训临床八年制、统招研究生、护理、检验、药学、口腔、成人夜大学、订单培养和进修学习等各类学员2519人。拥有专科医师基地14个、亚专科医师基地10个，北京市专科医师培训考核基地，卫生部内镜诊疗技术培训基地和心血管介入诊疗培训基地。招收全日制研究生118人，其中硕士研究生63人、博士研究生55人。

本年度参加继续教育912人，接收进修917人，完成各类国内访问学者培养49人。举办短期学习班30次，9514人次参加。举办本院职工讲座133讲，9716人次参加。到院外进修3人。举办国家级继续医学教育项目25项，7245人次参加；市级继续医学教育项目5项，2269人次参加。

年内，成立了教育部医学教育临床教学研究中心、中国医师协会临床医师职业精神研究中心。举办了全国高等医学院校第一届大学生临床技能竞赛。

学术交流与合作　共接待58批次外宾、国内200余家医疗机构来访。医院建立培养基金3项，派遣7人出国进行临床或基础研究的学习。

信息化建设　加强基础设施建设，采用3层网络架构，SAN、集群、F5负载均衡技术等服务器攻略，高效的终端桌面安全管理体系。医院信息系统在病人就诊的整个过程及各个临床科室都发挥着巨大的作用，涉及病人就诊的各个环节，并记录着病人诊疗过程中的各种临床信息。信息系统实现了不同系统之间的数据交互与共享，有效地杜绝了信息孤岛，为医护人员、医技及管理人员提供了有力的信息技术支持。此外，一些其他医院较少涉及的应用系统也在细节之处发挥着作用，如处方点评系统、患者自助查询设备、住院门禁系统、院前急救系统、文明缺陷管理系统、邮件服务系统、志愿者预约系统。同时，设置越来越多的自助设备，如检验报告自助打印、预付费卡自助查询、收费明细自助补打等。

后勤与基建　本年度后勤工作的关键词是细化与落实，规范工作程序，将后勤管理干部分管的工作每项都制订出工作流程，制订各种工作流程165个。加强综合治理，制订维护医院安全稳定处置流程、内部矛盾纠纷处理网络、敏感期工作方案、重点人员管理措施、二级巡逻防控方案等，并对重点人员每月排查一次；在国家重大活动、重要会议前以支部为单位随时排查，确保安全。签订安全责任书明确责任、完善制度加强管理、加强特种设备管理、规范用电操作等。医院被评为首都平安示范医院。引入后勤管理新思路，建立三级查房，加强探视、电梯、物资供应的管理。建立健全管理干部周例会制度，转变后勤工作的模式，规范管理。

全年竣工基建项目44项，改造面积4800平方米；在建项目14项，改造面积3740平方米。

（撰稿：钟艳宇　审核：陈红松）

领导名单

党委书记　陈　红
副 书 记　赵　越　陈红松
院　　长　王　杉
副 院 长　陈　红　黎晓新　刘玉兰　毛　汛
　　　　　　魏　来

北京大学第三医院

（海淀区花园北路49号）
邮编：100191　电话：82266699
网址：www.bysy.edu.cn

基本情况　在编职工2331人，合同制及派遣员工1184人。在编专业技术人员2233人，其中正高级职称176人、副高级职称283人、中级职称909人、初级师692人、初级士173人；工勤人员94人；其他人员4人。

医疗设备总值86416.9万元。年内购置医疗设备5509.3万元，其中10万元以上设备107台、100万元以上设备1台。

获奖情况。在卫生部第一批国家临床重点专科评估中，医院9个申报专科获得入选资格，临床药学总排名第一、职业病科综合医院排名第二，骨科第三、病理科第四、专科护理第四、检验科第五、消化科第八、妇科第十、产科第十五。在市卫生局组织的临床路径试点管理中期评估中获得第二名。被中华全国总工会授予模范职工之家称号，被评为全国卫生文化建设先进单位、全国医药卫生系统先进集体。被市卫生局推荐为全国优质护理服务示范工程先进单位；马庆军被评为人民健康好卫士；赵鸣武当选首都健康卫士；乔杰被评为科技部“973”首席科学家，并入选国家级新世纪“百千万”人才工程。

改革与管理 年内，新增诊间预约、出院复诊预约和转诊预约等。同时，加强门诊医师出诊管理，弹性安排门诊时间，开放周末门诊，解决群众看病难的问题。充分利用网络、触摸屏、手机短信等方式为患者提供方便快捷的查询服务。推行医保患者持卡结算新模式，改善患者入、出院流程，为患者提供全天候24小时医疗服务。

志愿者服务活动。设立专门机构，安排专人负责，建立管理制度，确定工作内涵，形成了具有本院特色的志愿者服务新模式。开展了以“凝聚你我，与爱同行，志愿服务在三院”为主题的志愿服务活动，正式注册志愿者1280人，志愿服务时间累计1667小时。

医疗工作 门诊2432010人次，急诊236137人次，急诊抢救5235人次，抢救成功率94.7%。入院67415人次，出院67343人次，病床周转52.87次，病床使用率95.73%，平均住院日6.57天，三日确诊率98.9%，出入院诊断符合率99.67%，治愈率59.64%，好转率38.05%，死亡率0.72%。住院手术31438例。无孕产妇死亡，新生儿死亡7人，围产儿死亡17人。

医院党校院区增设了多个专家及专业门诊。全年门诊74886人次，比上年增长29.6%；出院2508人次，比上年增长28.5%。制订了党校社区卫生服务工作计划，并与神经科合作开展党校社区脑卒中的分层管理，探索社区医疗卫生及慢病管理新模式。

第二门诊部全年门诊突破25万人次，年收入比上年增长8%，并在教学、科研、社区服务等方面做了大量工作，受到医学部领导和当地居民的赞扬。

病案管理。住院电子病历应用已覆盖全院所有病房，并成为卫生部电子病历试点医院。甲级病历率99%。

医院感染管理。医院感染率1.05%。修订了《医院感染暴发报告及处置管理规定》《消毒与灭菌效果及环境卫生学监测的规定》《感染性手术管理规定》，并针对监督员及重点部门进行了专题培训和督导落实。实现了动态监控门诊传染病人的就诊信息、传染病院内网络实时报告、医院感染院内网络实时报告。坚持临床科室医院感染与传染病管理月考核，以各科医院感染监督员为核心，开展重点手术的目标监测，增加医院感染报告的及时性，降低漏报率。全年完成传染病及医院感染相关培训24次，其中全员培训2次、书面考核2次。报告法定传染病3620例，其中筛查HIV感染阳性及可疑阳性74例，经市疾控中心复检证实HIV阳性17例、可疑阳性9例，配合疾控中心做流行病调查14人。监测肺结核385例，其中涂阳53例、涂阴133例、未痰检124例、培阳4例、结核性胸膜炎71例，转诊357人次，漏报1例。传染病症状监测11起。监测并报告手足口病670例，无重症病例。监测流感样病例4952人次，均进行了专网报告。每旬与海淀区疾控中心对重点科室进行脊髓灰质炎及麻疹的主动检测，共检出麻疹43人、脊髓灰质炎1人。

医保工作。医院参与了多个国家级重大项目和课题的研究，成果被政府相应管理部门采纳。由本院牵头的“建立科学的医院预算管理体系，提高医院管理水平”荣获首届中国医院协会医院创新科技三等奖，本院参与的价格管理研究课题、CT、MRI阶梯配置研究课题获中国卫生经济学会第十批招标课题研究一等奖，由胡牧主任牵头的诊断相关分类（DRGs）项目为北京市实施支付方式改革提供了重要依据。

医疗支援。医院承担了5家县级医院和1家三级医院的对口支援任务，分别是本市延庆县医院、延庆县妇幼保健院，陕西省子长县医院，内蒙古自治区乌拉特前旗医院、五原县医院及青海大学附属医院。全年派出巡回专家医疗团7次61人次，进行讲座、义诊、手术示教、帮扶管理等工作。派23名医师到对口支援医院开展医疗帮扶，手术/有创操作875例，讲座152次，教学查房462次，门急诊7256人次。免费接收进修30人次，承接卫生部任务举办为期半年的西部人才培训班1期45人。与延庆县医院签署了“十二五”规划合作协议和放射科合作协议，与四川省绵阳市中心医院就进一步帮扶达成了意向。加强与社区卫生服务的合作，与5个社区签订了双向转诊协议。医院在玉树地震、伊春空难、云南抗旱等国家重大突发事件中以及其他各项医疗保障任务中均完成了任务。

医院管理 在原有科室和部门考核方案的基础上，进一步强化医疗安全和质量的管理，对各科室出院患者疾病谱等进行调研，制订了符合医院特点的科室收治患者疾病疑难程度的评估办法，将CMI值作为疑难程度指标纳入考核标准，激励各个学科在疑难重症的诊治研究上不断提高水平。同时，完善并细化科室和部门综合的绩效考核办法，更多地采用量化指标，从医疗、教学、科研和患者服务等多方位进行考核，并首次进行了公开奖励。进一步从患者转运、手术安全、动力运行、感染控制以及材料使用等多角度加强对手术室的集中管理，实现了手术室安全管理下的高效运转新模式，多年来没有发生一例手术失误。全年完成手术例数位居北京市第一，各项运行指标控制良好。在北京大学医学部对附属6家医院手术室的检查中，本院“洁净手术室密封性检测”和“手术器械清洗效果检测”100%合格。

进一步完善薪酬体系建设，制订了《岗位津贴标准及管理办法（暂行）》，设置了11个级别的岗位津贴标准。同时，制订了加班贡献奖考核和分配机制，激励员工的工作积极性。合理增加夜班费和重点岗位补贴，实现了收入分配向临床一线倾斜、向高风险重点岗位倾斜。

医院首次采用全体中层干部正职述职答辩、民主测评、考察访谈的方式，完成对71名职能处室和临床医技科室正职的360°考评。从德、能、勤、绩、廉5个方面进一步细化各项指标，完善考核体系，注重考查实绩，使考核结果更加客观、公平与公正。进一步扩大公开选聘干部的范围，在自荐、推荐的基础上，完成职能处室新增干部、科级干部及大科护士长的公开答辩、测评、考察、公示及任命。

为进一步提高管理水平，倡导以研究的思路解决管理工作中存在的实际问题。在管理项目优秀奖和医院服务创新奖评选活动中，通过现场答辩，有多个临床科室和职能部门开展的管理项目获得专家的高度认可，为医院不同层面的管理改进提供了重要的借鉴和依据。全年共发表管理类论文54篇，其中44篇在核心期刊发表。

作为卫生部临床路径管理的试点医院，有9个专业10个科室参加了试点工作，有46个病种实施了临床路径管理。截止到12月底，实施CP管理病例3022例，其中完成路径2813例。大多数适合路径指征的患者基本进入路径，与病案管理的检出基本一致。11月，在市卫生局组织的临床路径试点管理的中期评估中获第二名。

护理工作 2月，作为卫生部第一批试点医院，开展了优质护理示范工程。至12月底，已有43个病房开展此项工作，占全院病房总数的93.5%。制订了《优质护理服务示范工程方案》、临床基础护理工作按时间模块化管理方案，细化了工作内容。为此，调整了试点病房护士岗位薪酬，通过增加岗位补贴和夜班费等激励护理人员。优质护理服务的实施，有效提高了护理质量，患者陪住率明显下降，出院患者满意度98%，医生对护理工作满意度90.14%，护士对排班满意度89.6%。医院被市卫生局推荐为全国优质护理服务示范工程先进单位，黄萍等3名护士被评为优质护理服务先进个人。

科研工作 妇产科乔杰作为项目首席科学家主持的“雌性生育力维持调节机制研究及生殖资源库建立”入选国家“973”计划，获资助2450万元。获国家自然科学基金支持1261万元，其中神经内科樊东升主持的“肌萎缩侧索硬化损伤的研究”和心血管内科张幼怡主持的“腺苷酸—活化蛋白激酶信号通路在高血压心脏重塑中保护作用及机制的研究”获国家自然科学基金重点项目，分别资助210万元和250万元；妇产科赵扬玉、乔杰主持的“胎儿疾病多学科诊治体系构建”、神经内科樊东升主持的“缺血性卒中/短暂性脑缺血发作综合防控体系的建立与推广”、运动医学研究所敖英芳主持的“膝关节韧带损伤与运动功能学变化的临床研究”获得卫生部部属（管）医院2010~2012年度临床学科重点项目，分别获得200万元资金支持；骨科陈仲强牵头的“骨科常见疾病诊疗规范及康复技术研究”获市科技计划项目，资金1154万元。辅助生殖实验室获教育部重点实验室。

全年发表论文728篇，其中SCI收录论文150篇、Medline收录论文59篇。申报科技成果奖15项；申请发明专利3项，获2项授权；出版专著12部、译著1部。

医学教育 医院承担了7个专业1001名医学生的教学任务，在校研究生316人，博士后7人，在培本院住院医师204人，北京市住院医师171人。接收进修医师900余人，举办国家级继续教育项目学习班42个，接收全国各地学员3000余名。

进一步加强临床技能培训中心的建设，新投入了高级模拟器，为规范体系内人员的临床培训和各项考核奠定了基础。同时，各临床科室对高级模拟设备进行软件开发和利用，建立了模拟临床病例库。进一步完善考核平台，规范了全院统一管理的出科考核，承担着国家级、市级和校级的多项考试任务。医院建立了一整套临床技能培训课程，完善了培训过程。培训对象涉及医学部住院医师、八年制医学生（含留学生）、临床型研究生和北京市专科医师。本院在培医师参加国家执业医师资格技能考试的通过率99.2%。针对新入学研究生增开了分子生物学理论和实验课程，填补了研究生公共课程的空白。

进一步加强对教师的遴选、培训和评估，对教师进行全过程质量管理，从制度上保障教师队伍的高素质、高水平，实现教师队伍的可持续发展。在北京大学医学部组织的青年教师授课比赛中，本院以2个一等奖、1个二等奖的成绩连续第三次获得团体总分第一，在医学部第二届医学生临床技能比赛中再获团体冠军。

国际交流与合作 接待国外来访21次220人次，其中泰国诗琳通公主、使馆大使等30人访问运动医学科；美国密歇根大学医学院5名专家与呼吸内科进行了学术交流，并洽谈合作项目；比利时东弗兰德省圣—列文学院护理学教授一行4人参观了中医科、理疗科、康复科、外科楼，并进行了学术交流；亚美尼亚卫生部长来医院参观交流。医院肿瘤医学科主办了国际放射性粒子治疗肿瘤学术大会。短期出国考察、培训、开会、合作研究共547人次，长期出国学习培训21人次。

信息化建设 实现了门诊传染病报告卡填写和传送的电子化；完善并实施了手术室安全运行监控系统，确保了医疗安全；建立远程会诊中心，实现了与延庆县医院及陕西省子长县医院的同步视频会诊；完成医保病人门诊费用实时结算系统的改造，并通过了现场验收和真人真卡的系统验证；建立门诊患者自助服务系统，向病人提供了检验结果查询及医保病人门诊费用明细单打印功能。

全年累计培训161场1667人次，其中门诊医生工作站80场790人次、住院电子病历42场400人次、医嘱33场373人次、基础知识2场48人次、感染监控1场29人次、检验1场1人次、分诊2场26人次。

基本建设 加强内部管理和培训，提高职工整体技术水平和应急保障能力。完成感染疾病科的装修改造和发电机房及周转用房的改造工程。在建的门急诊楼、运动医学楼工程完成总工程量的90%。完成构建社会“防火墙”工程、社会单位消防安全“四个能力”建设第一阶段的基础建设和平安医院、无烟医院的建设。（撰稿：齐　红　审核：王　鹏）

领导名单

党委书记 贺　蓓
副 书 记 乔　杰　李树强
院　　长 陈仲强
副 院 长 刘晓光　王　薇　樊东升　金昌晓　王　军

北京大学第六医院
北京大学精神卫生研究所
北京大学精神卫生学院

（海淀区花园北路51号）
邮编：100191　电话：82801984（咨询）
网址：www.pkuh6.cn

基本情况 职工356人，其中在编271人、合同制85人，具有正高级职称25人、副高级职称31人、中级职称102人、初级职称150人。

获奖情况。医院被评为首都文明单位，王玉凤被评为全国医药卫生系统先进个人，柳学华被评为北京市优秀护士。

改革与管理 预约挂号方式较为灵活，患者可通过预约网站、预约电话提前2个工作日进行预约挂号，也可通过医生开具的诊后预约条进行窗口预约。预约专家号占门诊专家号的68.36%，特需专家门诊预约号占特需专家门诊号的80.54%，门诊普通号预约号占门诊普通号的33.33%。

重新修订《合同管理制度》，制订了《差旅费、会议费有关伙食和公杂费报销的规定》《基本经费收支管理规定》。修订和完善了会计岗位责任制及工作流程。同时，推行门诊收费处按工作量分配效益奖金方案，制订《门诊收费员管理办法》，修订《离退休人员返聘规定》，制发了《职工短期出国在职证明办理规定》《关于进一步加强值班管理的规定》。

8月6日，召开“小金库”治理工作动员会，为各科室发放了“小金库”自查自纠表。9月9日，卫生部“小金库”专项治理检查组结束了对医院“小金库”治理工作的检查，没有发现“小金库”现象。

11月17日，市卫生局对医院进行了“医疗质量万里行”检查，主要涉及医疗、护理、医技、药学、医院感染防控、院务公开、安全生产等7个方面，并给予肯定和表扬。

8月11日，召开规范医药代表行为会议，22家医药企业主管参加，副院长王向群、党委副书记董问天、医务处处长周沬和门诊部主任孔庆梅参加会议并讲话。全年医务处未接到关于商业贿赂的投诉。

全年门诊病人平均满意度89%，比上年提高0.5个百分点（问卷随机发放）；住院病人平均满意度96.5%，比上年提高0.1个百分点。

医疗工作 门诊172482人次，其中普通门诊98948人次、专家门诊52824人次、特需门诊20710人次，日平均门诊647人次。入院1311人次，出院1421人次，平均住院日49.32天，床位使用率75.36%，床位周转6.05次。出入院诊断符合率99.20%，陪护率38.44%，治愈率26.70%，好转率67.25%。

病案管理。坚持设专人定期检查运行病历和终末病历，严格执行病历分级奖罚细则，对病历中的问题每月在主任会上提出整改要求，对病历质量常抓不懈。甲级病案率98%。

医院感染管理。修订了消毒隔离质控标准，使其与控制感染的要求一致。采取措施，持续改进，安排感控办人员参加医院感染管理知识培训，完善一次性医疗用品监测中相关审核记录并定期进行检查。9月，医院感染管理办公室及后勤办公室对医疗废弃物的管理工作进行自查，并与回龙观医院完成了互查。11月23日，接受海淀区疾控中心和卫生监督所的检查，抽查了特诊科、儿童病房，对治疗室、病房紫外线照射消毒后的效果进行了监测。院内感染率9.85%。

医保工作。2月，成为海淀区门诊持卡第一批通过系统认证的医院，并获市人力资源和社会保障局颁发的获奖证书和奖杯。制订《持卡结算管理制度》《应急议案》等9项，修订《代垫医疗费用管理》《转诊转院制度》等4项。全年医保出院386人，总费用560万元，人均费用1.45万元。

对口支援。派出9人赴朝阳区精防控制中心、海淀区精防控制中心（八里庄分中心）、青海省第三人民医院、华一医院（原北郊医院），开展查房、授课和科研合作等。为基层医院培训5人。协调与胸科医院、人民医院、青龙桥医院、大兴区精神病院的对口支援，派3名医生到大兴区精神病院锻炼，加强与上述医院临床联络会诊的合作和科研、学习等多方面交流。选派副主任医师原岩波挂职青海省第三人民医院，并与大连市第七人民医院建立了合作关系。

护理工作 年内，对护士进行了分层培训。护理部创建优质护理服务示范工程，建立了试点病房。加强护理业务技能训练，同时，提高护理管理意识，保障患者安全。全年患者满意度96.5%，病房管理合格率98.2%，护理文件书写合格率98%，理论考试合格率88.5%，技术操作合格率89.5%，安全护理合格率97.5%。

完成北京大学医学部学生授课87学时，护理本科实习42人，大专生实习180人，网络见习340人次，培训进修护士34人。发表护理论文4篇，获得首发基金资助课题1项。

医院鼓励护士通过不同形式参加培训，提高学历，大专及以上学历达85%。外出学习进修29人次。

科研工作 年内，获批国家自然科学基金资助8项，其中面上项目4项、青年科学基金3项、国际（地区）合作与交流项目1项，共资助202.5万元。科技部中加合作项目1项，资助269万元。“973”项目1项，资助288万元。国家科技支撑计划子课题1项，资助167万元。张岱获卫生部临床学科重点项目资助200万元；黄悦勤获市科委项目资助120万元；其他省部级项目2项，资助60万元。于欣和阎浩分别获高等学校博士学科点专项科研基金的博导类基金及新教师类基金，资助9.6万元。本院有5项获得首都医学发展科研基金资助，总计44万元，其中重点支持项目3项、自主创新与普及推广项目2项。

张岱申请的“精神分裂症易感基因检测方法及易感基因和用途”获国家发明专利。

全年发表学术论文108篇，其中英文20篇；SCI收录16篇，其中影响因子在3以上的有4篇。主编、主译或参加编写著作11部，其中主编了《创伤后应激障碍防治指南》、《中国精神疾病防治指南（实用版）》、《进食障碍的咨询与治疗》，翻译了《心身医学》、《睡眠医学理论与实践》。

医学教育 完成本科生八年制教学大课120学时、问题为基础的教学（PBL）见实习120学时，五年制教学大课78学时、见习48学时，共计学生243名（不包括护理学院学生）。

招收研究生31人，其中硕士生15人、博士生12人、八年制博士生2人、在职博士生1人、博士后1人。申报国家级继续医学教育项目12项，实际举办11项，13个班次，培训664人。接收北京大学医学部国内访问学者3人、西部骨干1人、市卫生局基层骨干1人、石家庄骨干1人。精神卫生专项研修班招收学员34人。

全年举办单位自管项目93次280学时，2244人次参加；举办北京大学医学部校级项目12项36学时，1060人次参加；举办区县级护理认可项目18项61学时，1201人次参加；举办市级项目1项78学时，29人次参加。全院参加培训221人（护理109人，医疗、医技、管理共计112人）。在培六院住院医师8人，接收肿瘤医院委托培养精神病学住院医师1人，在培市专科医师17人。

教育处与医务处合作，开展了院内主治医师督导。其中医务处完成病房督导31次，教育处完成公开督导27次，共700多人次参加。

学术交流与合作 年内，医院与美国哈佛大学、密歇根大学、加州大学、罗彻斯特大学、杜克大学、夏威夷大学，英国伦敦国王学院，澳大利亚悉尼大学、墨尔本大学，香港大学、香港中文大学，日本神户大学等合作，并与世界卫生组织总部和西太区办公室、美国精神病协会、世界精神病协会、美国国立卫生研究院等国际组织和机构保持密切的联系，开展多领域的合作研究和学术活动。新立国际合作项目8项，经费175.9万元人民币。

医院派专家参加了世界精神病学协会国际大会暨中华医学会精神病学分会学术会议、第十九届国际儿童青少年精神医学及相关学科协会国际会议暨第六届亚洲儿童青少年精神医学及相关学科协会会议、美国精神病学年会、国际酒滥用协会年会、世界儿童青少年精神病年会、美国儿童青少年精神病年会、国际精神卫生会议、中华医学会精神病学年会、海峡两岸儿童青少年精神病年会、世界精神病学协会会议、亚太地区国际自杀预防研讨会、香港国际AD治疗进展研讨会、国际AD及相关障碍研究大会、精神病学及社区康复会议、老年痴呆项目协作工作会议、精神障碍经济学评价方法培训等。此外，本院专家还参加了中华医学会精神病学分会学术会议、中国心理卫生协会年会、中国文化和心理治疗、中国睡眠协会第五届全国学术会议、全国疾控系统慢病预防控制工作会议、中华医学会全科医学分会第六届学术年会、全国精神科护理学术交流会、儿童孤独症东方论坛、全科医师社区精神卫生服务技能培训班等。

本院参与了卫生部—联合国人口基金会（UNFPA）汶川震后社会心理支持项目、卫生部—联合国开发计划署（MOH—UNDP）灾后恢复重建暨灾害风险管理项目等，同时，荷兰乌德勒支大学附属医院精神科主任Rene Kahn教授，哈佛大学儿童精神病学教授Myron Belfer，澳大利亚西悉尼大学流行病学专家Kingsley Agho，世界精神病学协会副主席Helen Herrman教授和亚奥精神卫生协会主席Julia Fraser女士，挪威医学会Eline Thorleifsson和Bjorn Hoftvedt等来访，参加精神康复相关会议及项目。

信息化建设 年内，重新规划院内网络结构，并进行网络布局，配备了路由器，更新了重要节点的交换机。同时，给每台计算机配置了安全管理软件，对入网计算机进行身份认证。

新购入2台磁盘存储，各拥有8T存储空间，使用与域用户联动的方式，按科室分配一定的空间，既保证了工作文档的安全性，也实现了科室内的资源共享。利用虚拟机的技术结合Windows sever 2008的特性实现了部分服务器用虚拟机替代，其中包括锐捷安全管理软件、外网域服务器、DNS服务器、科研管理系统等。基于网络的管理平台和科研信息数据中心建立了科研管理系统。通过软件进行安全控制，解决了财务内外网安全问题。部分部门实现门卡管理，包括行政科室和病房。

基建工作 完成门诊部和病房的装修。

公共卫生服务 年内，开展中央补助地方重性精神疾病管理治疗项目（“686”项目）第VI期，配合卫生部疾控局对《中国精神卫生工作工作规划（2002—2010）》的实施情况进行了梳理总结，完成《精神卫生政策培训教材》的编写，在全国开展了《重性精神疾病管理治疗工作规范》的培训。举办了重性精神疾病管理治疗工作规范培训班、中国—挪威精神卫生法宣传骨干Ⅱ期和Ⅲ期培训班等。

医院承担了卫生部—联合国开发援助署（MOH—UNDP）灾后恢复重建暨灾难风险管理项目，多次赴青海省进行玉树地震后的干预与培训，完成了一系列富有开创性的工作。

10月10日，第十九个世界精神卫生日，举办了“和谐社会，阳光儿童，科学引领，快乐成长”的主题活动，以儿童青少年为目标人群，关注他们在成长过程中的心理和情绪问题。

所庆 2010年，北京大学精神卫生研究所建所30周年，举办了系列庆典活动。12月27日，北京大学医学部、各附属医院的领导以及为精研所30年的发展作出重要贡献的老领导、老专家出席了庆典仪式。（撰稿：胡 瑜 审核：张 霞）

领导名单

党委书记 黄悦勤
副 书 记 董问天
院　　长 于 欣
副 院 长 黄悦勤 王向群 唐宏宇 董问天

北京大学口腔医院

（海淀区中关村南大街22号）
邮编：100081 电话：62179977
网址：ss. bjmu. edu. cn

基本情况 事业编制820人，自筹编制100人。实际在岗1766人，其中编内员工741人；人才派遣制员工511人；合同制聘用人员：总院20人、第一门诊部145人、第二门诊部166人、第三门诊部79人；总院临时聘用86人，借调1人，返聘17人。正高级职称96人、副高级职称109人、中级职称318人、初级职称150人、未定职7人。

医疗设备总价值2.2亿元。本年度购置医疗设备总值2000万元，其中10万元以上设备70余台、100万元以上设备10余台。

获奖情况。获微笑列车唇腭修复慈善项目——优秀合作医院奖、北京市社会保障卡工程建设医院信息系统对接成果奖（医保）、医疗事故技术鉴定组织工作成绩突出奖。胡凯、康晓伟获市卫生局医务人员手部卫生工作突出成绩，钱海虹被评为北京市优秀护士，口腔医学课程建设教学团队（负责人郭传瑸）被评为国家级教学团队，儿童口腔医学（负责人葛立宏）被评为国家精品课程，口腔医学课程建设教学团队（负责人郭传瑸）被评为市级教学团队，林野获中华医学科技奖二等奖，俞光岩获2009年度中国抗癌协会科技奖一等奖，葛立宏获2009年度北京市科学进步奖三等奖，王伟被授予市公安局三等功。

机构设置 党委办公室、院长办公室合署办公，名称为党委院长办公室。教学办公室更名为教育处。后勤保障处更名为后勤综合协调处。科研处下设研究生办公室，隶属教育处。外事办公室隶属党委院长办公室。成立中心实验室，隶属科研处。成立中国牙医学研究杂志（英文版）(Chinese Journal of Dental Research）编辑部，隶属科研处。成立细胞生物学实验室、分子生物学实验室、微生物学实验室、硬组织与形态学实验室、实验动物室，隶属中心实验室。成立统计室（科级），隶属党委院长办公室。撤销紫竹院义齿加工中心（原北太平庄义齿加工中心），成立义齿加工中心二部，原总院义齿加工中心更名为义齿加工中心一部。

改革与管理 年初，提出宏观发展的设想和计划：2010～2015年重在理顺机制，完善制度，培养人才，建立团队；2016～2020年在走上正规的基础上，迅速发展，扩大综合实力，向世界一流前进。

6月，党委和纪委换届。11月，25个党支部进行支委换届，成立3个新党支部。管理干部培训2次。

临床路径作为我国新一轮医疗体制改革重点推行的措施之一，医院开展了试点工作，进行了相关培训和学习研讨，修订、完善并健全医疗质量和安全管理相关制度、流程等近10项。构建医疗不良事件上报系统，开展医疗纠纷讲座，加强医疗纠纷管理，召开以医疗安全、防范医疗纠纷为主题的研讨会，探讨如何更好地预防医疗纠纷，保障医疗安全。成立医疗资源拓展小组，负责开发拓展医疗资源。

成立分支机构管理委员会，从组织体系上理顺对分支机构的归口管理。在此基础上，调研各部门科室机构组织框架及岗位设置，并编制岗位说明书，以明确机构层级关系，明确岗位职责，保证医院政策有效执行。

为缓解职业倦怠，提升生活质量并增强工作幸福感，邀请心理咨询督导师做心理疏导系列讲座。

完成八年制学制改革及招生规模的调整。制订《长学制本科生早期参加科研工作的管理办法（试行)》，完成住院医师规范化培训转型后的统一规划。

将满意度调查从科室层面推进到医师层面，满意度投票与传统文明服务调查问卷相结合，更客观地反映患者满意度。继续开展社会监督员暗访，病房实行优质护理示范工程以来，护理的服务满意度明显提高。12月，一年一度的医德医风讲评，院长徐韬通过年度主要医疗工作指标、满意度调查及表扬情况就医德医风建设成果进行了通报。

修订了《党风廉政建设责任制主要任务分工》，把党风廉政建设的任务细化到每个部门和每个负责领导，做到分工不分家，相互支持，相互监督，认真履行“一岗双责”。完成《职工对院领导班子满意度问卷调查》，听取职工对院党政领导的建议，如实反馈给本人，并通报民主生活会情况。医院还对进修生、研究生、进入临床实习的长学制学生和新上岗职工开展行风和岗位廉洁教育，强化廉洁行医意识。建立医师考评档案，开展医师医德考评，参与医院规范化服务绩效考核。

医疗工作　门诊921378人次，日均门诊3108人次，较上年增加10.2%，最高日均门诊3406人次。急诊64074人次，比上年增长10.1%，日均急诊176人次，最高日急诊278人次。入院4241人次，出院4227人次，手术3880例。床位使用率100.6%，平均住院日10.3天，床位周转35.2次。协调各类会诊及手术2086例次，其中请外院会诊及手术1934例次、派出会诊及手术152例次，非纠纷性质的跨学科疑难病例会诊2例次。来院参观学习85人次，出具有关司法及费用证明34件次。承接党和国家领导人及其他重要人员会诊手术333人次，首长保健病例讨论9例次。

新技术、新疗法。5月，完成2008年度临床新技术、新疗法项目终期评审，项目完成率100%。资助39个项目，经费34.3万元，其中重点项目21项23.1万元、普通项目18项11.2万元。完成2009年度40个项目的阶段检查，所有项目均正常运行。完成本年度立项40项，其中重点项目20项、普通项目20项。12月，召开第四届新技术新疗法临床应用成果病例汇报会，12个科室的15名医师分别就临床新技术新疗法项目成果及其应用情况进行专题报告。

病案管理。各种病历检查3935份，甲级病历率99.9%，乙级病历率0.1%。其中检查出院病历215份次，甲级病历率99.6%；检查在院手术病历及24小时入院病历8份次，甲级病历率75%，丙级病历率25%。重点检查门诊病历3700份次，甲级病历率99.7%；急诊病历240份次，甲级病历率100%。

医院感染管理。医院感染率1.02%。院内检查2次。加强了多重耐药菌防治管理、规范洁净手术部监测。开展了院感培训。承接卫生部《口腔诊疗器械消毒灭菌卫生标准》的制订。9月11日，与海淀区卫生局合作，举办了针对口腔患者医疗安全的第二届卫生监督暨医院感染管理论坛。

医保工作。接诊本市门诊医保169658人次，占门诊总人次的24.8%。接诊外省住院医保647人次，占住院总人次的15.3%；接诊本市住院医保717人次，占住院总人次的17%，共发生费用605万元，人均费用8438元。完成医保住院病历检查574份，最终合格率99.68%。

医疗支援。派17名卫生技术人员赴密云县卫生系统定期工作。

护理工作　定期邀请专家对护理人员进行文明礼仪、院感、防范纠纷等培训。22名护士参加了医院青年教师讲课技能培训。定期召开护理实习生和进修生座谈会，举办护理教学座谈会，护士长、带教老师共同交流教学经验。

口腔颌面外科一病区为本市首批优质护理服务示范病房，口腔颌面外科四病区也被评为北京市优质护理服务示范病房。自开展优质护理服务以来，患者满意度明显提高。

科研工作　获批基金项目47项，经费5344万元，其中国家自然科学基金18项676万元；教育部博士点基金4项21.6万元；卫生部临床学科重点项目3项600万元；教育部留学回国人员启动基金2项6万元；科技部国际合作项目3项730万元；卫生公益性行业科研专项经费1项2800万元；中央保健课题1项8万元；首都医学发展科研基金9项114万元；北京市科技计划4项98.4万元；北大工学院—医学部生物医学工程联合研究基金1项10万元；“985”平台建设经费1项280万元。获省部级以上科技成果奖4项、发明专利2项。

全年发表论文342篇，其中英文论文65篇（SCI收录、第一作者单位为本院的有54篇)，中文论文

277 篇：中华系列 99 篇，北医学报 36 篇，其他杂志 142 篇。出版著作 17 部，其中专著 2 部。

聘请客座教授 2 人、首席科学家 4 人。

医学教育 完成八年制本硕博连读 239 人、五年制海外班 25 人及口腔修复工艺大专班 14 人共 278 名学生的教学任务。出站博士后 2 人，毕业研究生 44 人（博士生 27 人、硕士生 17 人），申请答辩的在职申请学位 9 人（博士学位 1 人、硕士学位 8 人），授予学位 49 人（博士学位 24 人、硕士学位 25 人）；招收进站博士后 1 人，录取研究生 82 人（博士生 23 人、硕士生 59 人），接收在职申请学位 8 人（博士学位 6 人、硕士学位 2 人）。在读研究生 214 人（博士生 60 人、硕士生 154 人），博士后 3 人，在职申请学位在读 22 人（申请博士学位 16 人、申请硕士学位 6 人）。

招收进修生 149 人，其中少数民族 7 人、西部地区 29 人、访问学者及基层骨干学员 6 人。完成国家级继续教育项目 18 项、市级项目 2 项、校级项目 18 项以及院级项目多项。

参加住院医师培养 96 人（含外院 5 人），其中第一阶段培养 39 人（含外院 3 人）、第二阶段培养 57 人（含外院 2 人）。

组织 6 部教材申报普通高等教育“十二五”规划教材，15 个教研室申报人卫版教材主编、编者，共申请 8 部主编教材。结题教改项目 10 项，立项教改项目 10 项。

第二届八年制学生毕业，就业率 100%。

学术交流与合作 全年接待外宾 69 批次 258 人次。与 6 家院校签署了校际交流协议。举办外国专家讲学 60 余场次。短期公派出访 250 人次。接待了日本姊妹校朝日大学第 17 回、明海大学第 16 回海外研修团研修，台湾学生短期研修，泰国久拉龙贡大学牙学院学生短期研修，泰国松卡王子大学牙学院研究生海外调研团等校级交流活动。

9 月，世界牙科联盟年会在巴西举行，院长徐韬成为 FDI 教育委员会委员，是我国第一位担任此职位的口腔医学院校院长。

8 月，举办了由世界卫生组织预防牙医学科研与培训合作中心（WHOCC）主办、本院协办、中国牙病防治基金会支持的口腔公共卫生政策与策略高级研讨班。全国 39 个单位的口腔预防科主任和基层预防医生参加。

信息化建设 年内，设计并实施了临床路径软件系统；为迎接卫生部“小金库”专项治理检查，编制了奖金入卡网上申报软件；帮助 HIS 开发商重新设计和实施物资管理和物流系统，将采购环节修改为院方可控的现代化物资和物流系统；自行研发远程桌面管理系统，将单一的医生工作站提升为信息发布和沟通平台；为 3 个门诊部更换了 HIS 信息系统；修改并完善医院网站功能，继续完善预约挂号网站功能，提高医院信息公开程度；推广开发数个医院短信平台，保证办公网络短消息及时准确发布；完成杭创公司承建的医院信息系统建设项目验收。

基建与后勤 完成科研楼局部改造。拆除旧配电室，改造为绿地。完成 PDI 楼的标志招标、制作及安装。11 月，试运行后勤一站式服务。确定中央首长保健项目设备 42 项，涉及金额 1336 万元。卫生材料集中采购，节约了采购成本。

其他工作 预防工作。幼儿园地段医疗工作涉及 10 余所幼儿园，配备 2 套移动口腔诊疗设备，在幼儿园进行了口腔保健综合干预项目，开展了口腔保健知识宣传、口腔健康检查、涂氟、窝沟封闭及治疗。

12 月 1 ~4 日，中华口腔医学会举办了首届全球华人口腔医学大会，近 14000 人参会，2500 人参观了口腔设备材料展会。中国医院协会口腔医院分会举办全国口腔医疗纠纷与医疗安全管理高级研修班，全国 23 个省、市、自治区及 78 家医疗机构的 150 余人参加；卫生部国际交流与合作中心举办第七届口腔医师执业与医患沟通论坛，参会 300 余人（本院为中国医师协会口腔医师分会挂靠单位，承担主要工作）。完成全国口腔专科医院评价标准的起草修订。

公益活动。在第二十二个全国爱牙日，以“窝沟封闭，保护牙齿”为主题，与北京妇产医院联合举办了“关爱口腔健康，从孕妈妈开始”口腔保健系列活动，包括义诊咨询、专题讲座等。修复科每月 2 次开展老年患者修复咨询义诊日活动，为 60 岁以上老人提供免费的口腔咨询、口腔检查和设计，并提供必要的修复科预约诊疗服务。继续承接市卫生局和民政局组织的“孤残儿童手术康复明天计划”和中华慈善总会的“微笑列车”惠民服务工作。全年完成残疾儿童唇裂、腭裂及唇腭裂手术 31 例，其中“明天计划”3 例，费用 11157.69 元，平均每例 3719.23 元；“微笑列车”接待咨询 103 例，手术 28 例，费用 129461.49 元，平均每例 4623.62 元；总计费用 140619.18 元，平均每例费用 4536.1 元。

（撰稿：李　威　审核：张祖燕）

领导名单

党委书记　李铁军
副 书 记　张祖燕　张汉平
院　　长　徐　韬
副 院 长　李铁军　林　野　郭传瑸　罗　奕

北京大学肿瘤医院
北京大学临床肿瘤学院
北京市肿瘤防治研究所

（海淀区阜成路52号）
邮编：100142　电话：88121122
网址：www.bjcancer.org

基本情况　职工1581人（含合同制591人），其中卫生技术人员1303人，包括正高级职称74人、副高级职称112人、中级职称421人、初级师325人、初级士281人，其他技术人员90人；管理人员88人；工人190人。

医疗设备总价值43098万元。本年度购置医疗设备总值8268万元，其中10万元以上设备41件、100万元以上设备16件。

获奖情况。年内，在市属公益院所改革与发展评价中被评为一档。被评为首都文明单位、北京市医院感染管理监测工作先进单位、北京市节约用水先进单位。获全市卫生统计工作一等奖、北京市定点医疗机构服务保障奖、北京市残疾人就业保障金审核征缴工作诚信单位。获海淀区医学会医疗事故技术鉴定组织工作奖、海淀区绿化先进单位。柯杨被评为北京市有突出贡献的科学、技术、管理人才；陈敏华当选首都十大健康卫士、全国巾帼建功标兵；王洁获全国杰出青年科学基金，并被评为第七届中国青年女科学家；朱军被评为全国医药卫生系统先进个人；邓大君获北京大学方正奖教金；朱军入选北京市“十百千”人才工程“十”层次人选，李明入选“百”层次人选；解云涛当选新世纪百千万人才工程市级人选；安彤同、薛冬获留学人员科技择优资助。

医疗工作　门诊286879人次，日均门诊1147.5人次，比上年增长3.9%；入院24520人次，出院24528人次，比上年增长12%；住院手术6525例，比上年增长9.66%。床位周转34.6次，床位使用率105.7%，平均住院日11.2天，七日确诊率99.6%，手术前后诊断符合率100%，住院抢救成功率28.2%，治愈率41.2%，好转率51.4%，病死率1.8%。

围绕“以病人为中心，提高医疗服务质量”的主题，开展医疗质量和医疗安全建设。制订了《二次手术上报、监控制度》和《血源不足情况下临床用血应急预案》，修订完善了《关于加强手术患者医疗安全的管理规定》《护理不良事件与护理风险上报流程》，全年督导检查46次。建立医师值班工作督导机制，定期夜查房，重点检查值班医师在岗情况和资质。推行《手术安全核查表》，加强麻醉及手术的安全管理，制订并完善了《麻醉术前访视管理制度》《麻醉事件登记及讨论制度》和《关于进一步加强麻醉科值班工作的通知》等。

开展“三基”系列培训，聘请院内外专家授课，全年培训11次1100余人次。制订了《突发事件应急演练方案》，全年组织医疗突发事件应急演练8次，重点考核应急意识、反应速度和急救技能。加强医技科室急救功能建设，组织医学影像科、超声科和核医学科进行急救理论和技能的专项培训及考核。制订了《医技科室基本急救药品及物品目录》，完善医技科室急救药品和物品配备。

年初，制订了《第一类医疗技术目录》。开展腹腔镜、胸腔镜、宫腔镜手术，分别达到483例、287例、25例，较上年增长15.5%、65.4%、25%；前哨淋巴结活检术、隔离肢体热灌注化疗技术分别开展637例和40例，较上年增长5.1%、207.7%。胃癌术中热灌注化疗、腺相关病毒的基因免疫治疗、经支气管壁针吸活检、全身热疗、胶囊内镜、荧光原位杂交等医疗新技术，临床开展情况良好，无新技术相关医疗纠纷的发生。

持续改进门诊流程，提高服务品质。开展网上挂号、电话预约、现场预约等多种预约挂号服务；建立病理会诊、影像会诊门诊，简化会诊流程；实施以信息条码为凭证领取化验结果，增加快速打印化验单系统；全面更新电子叫号系统，实时显示当日挂号就诊信息；合理调配门诊资源，逐步实行按病种设立门诊，共增加各级门诊26个单元，新增8个专业门诊；

加强门诊信息化建设，实现电子处方和电子检查检验单、门诊病历计算机条码出入库管理。

6月起，对未在规定时限内完成的运行病历进行实时监控，在HIS系统中给予自动提示。建立病历内涵质量评审机制，组建院内病历评审专家组，制订具体考核方案和评审标准，运用数字化病案管理系统平台评审病历126份。1月起，分阶段实施出院病历24小时内归档，归档率从一季度的13%上升到四季度的98%。在市卫生局组织的2009年、2010年2次病历质量评比活动中，胸部肿瘤内科和胸外二科的2份病历被评为三级专科医院优秀病历。

控制并降低与院感相关的医疗不安全事件发生，制订了新版《抗菌药物临床应用管理规定》，加强抗菌药物的分级管理，实现抗菌药物的信息化管理。预防用药适应证的把握、种类和使用时机的选择日趋合理，预防用药时间从年初的7.1天减为2.9天。

全年医保患者出院6368人次，总费用1386.16万元，次均费用21767.58元。

护理工作 深入开展优质护理示范工程，围绕单病种诊疗规范，建立护理规范，提升护理质量和服务品质。全院护理人员在“爱心托起生命，微笑洒落人间”的护理理念引导下，在全院范围内开展优质护理示范工程，努力实现“精准、安全、舒适、温馨”的护理目标。年底调查1075名出院患者，护理满意度99.8%。

重新修订《肿瘤护理常规》，根据本院病种特色建立并完善化疗系列护理规范13项；作为中华护理学会、北京护理学会肿瘤专业护士培训基地，接收全国各地20名护士的肿瘤专业临床培训；针对不同层次护士制订培训计划，并落实分层管理；围绕单病种进行专科护士培训；高级护理人才培训纳入医院的“人才攀登计划”，逐步实现人有专长的目标。

实行护理督导检查制度，每月完成预定的护理质量安全检查。坚持护士长24小时带班制度，处理临床中遇到的突发事件，搭建临床与上级管理部门沟通的桥梁，确保医疗安全。鼓励无处罚性护理不良事件上报，在信息部支持下开发网上上报系统，全年科室主动上报不良事件193例，针对不良事件发生的各环节提出整改措施，并通过各种途径反馈给相关科室。

科研工作 全年获资助项目65项，资助金额5511万元，其中申报国家自然科学基金42项，获资助17项（含国家杰出青年科学基金1项）；获科技部重大新药项目、“973”课题及国际合作项目等国家课题12项；科研经费4400余万元。申报北京市自然科学基金、教育部博士学科点专项基金、首都医学发展科研基金等各类项目87项，获资助32项，经费300余万元。获横向课题4项，资助56万元，国际合作项目经费700万元。

全年发表论文230篇。SCI收录论文64篇，总影响因子173.481，其中以医院为第一作者或责任作者单位的SCI论文60篇，总影响因子130.109；影响因子大于3的论文16篇，影响因子大于5的4篇。出版以医院为主编单位的学术专著1部，完成编著待出版的专著5部。申报发明专利3项（含PCT专利申请1项），获发明专利授权2项（含PCT专利申请1项）。

申报国家科技奖、北京市科学技术进步奖、中华医学科技进步奖等8项。获教育部二等奖1项，北京大学医学部优秀论文奖2项、发明专利奖1项。

年内，组织撰写了“985工程”2020年规划。北京大学医学部“985”办公室拨款430万元，用于国家重点学科和重点实验室建设。市科委组织专家对40余家市属社会公益科研院所进行评估，本所被评为一档。修订《论文奖励办法》，制订了《学术道德规范（试行）》。8月，按照专业技术人员科研考核规定，对6个基础科室、24个临床科室和7个医技科室进行了科研中期考核。

学术交流 全院承办各类学术及研讨会15次，其中全国和国际性会议10次，总计参会17000余人次。组织院内学术活动12次，邀请国外专家学术交流10余人。

5月10日，教育部重点实验室“恶性肿瘤发病机制及转化研究”通过了教育部组织的专家验收。11月，召开了北京大学恶性肿瘤发病机制及转化研究教育部重点实验室科研合作需求研讨会。

5月，60余人参加在上海召开的第六届中国肿瘤学术大会暨第九届海峡两岸肿瘤学术会议。7人次主持了分会场报告，游伟程教授和杨仁杰教授在大会发言，16人次在分会场发言。张晓鹏教授的“磁共振功能成像在恶性肿瘤诊断及疗效评价中的应用研究”获中国抗癌协会科学技术奖二等奖，获中青年优秀论文二等奖1篇、三等奖2篇。

9月，医院作为主办方之一，召开中国抗癌协会临床肿瘤学协作专业委员会学术年会。会前组织专家审稿811篇，占总稿件的60%。本院有16名专家在20个专题论坛上作了25个主题报告，占专题论坛主题报告的11%；有12名专家分别担任10个专题论坛的执行主席。全院投稿190篇，38篇论文在17个专题论坛中进行了交流，占专题论坛论文交流总数（137篇）的28%。5篇论文获优秀论文奖。鲁志豪获年会青年医师演讲比赛第三名。

教学工作 招收研究生78人，其中博士生29人、八年制二级学科培养6人、专业学位硕士转博8

人、硕士生35人。研究生毕业48人，其中博士生20人、八年制8人、硕士生20人。获得学位61人，其中博士学位28人、硕士学位33人。在院研究生（包括在职申请学位）225人，其中研究生200人、在职申请学位25人。有72人参加住院医师规范化培训，其中23人为新入院住院医师。7名住院医师通过第一阶段培训获得合格证书，通过率100%。26名住院医师通过住院医师第二阶段培训及考核，获得主治医师任职资格，通过率76.92%。2名博士后完成工作出站。在院博士后1人。接收进修医师120人、国内访问学者13人。新增硕士研究生导师4人、博士研究生导师2人，医院具备博士生导师资格者32人。

年内，开设研究生课程等12门354学时。举办国家级继续教育项目7项144学时，参加学习者院外400人次、院内4000人次。举办校级继续教育学术活动60次180学时，6000人次参加。举办院级学术活动80次240学时，8000人次参加。调整招生思路，采取“走出去”宣传医院、学科、导师，“请进来”为学生举办医院开放日等方法，让学生了解医院，吸引更多优秀学生报考。制订了《科学学位硕士择优选拔攻读博士学位补充规定（讨论稿）》，对在读硕士研究生进行了综合评价，从科学学位硕士生中选拔优秀人才攻读博士学位。通过强化研究生培养过程，规范培养环节，完善学生工作体系，推进学生工作“精致化”等措施，使研究生、住院医师的培养质量有所提高。

医院文化建设　2010年为医院“品牌升华年”，继续深入开展医院文化建设。设计、开发医院形象识别系统，经北京大学批准，医院增名北京大学肿瘤医院；编写科室发展史；举办了科室文化建设朗诵会、医院文化大讲堂等活动；进一步发挥职工代表职能，推动医院民主建设；开展了辩论赛、征文、论坛等活动。

信息化建设　全面加强信息化建设，信息系统覆盖全院各领域。医疗方面：HIS系统与电子病历、手术麻醉、移动护理、PACS、LIS、合理用药、超声、病理等系统进行全面整合，实施历史纸质病历电子化。护理方面：病房、ICU、门诊化疗护理记录系统、患者识别系统、输液条码、血糖监测、不良事件上报和检验科室网上预约陆续完成。医保方面：实现多方面的医保信息智能化提示、查询、流程再造功能。后勤方面：网络化物流管理系统和中心供应管理系统延伸到医院各相关科室，实现网上申请、审批、下送功能。办公方面：全院OA系统启动。管理方面：完成医教研统计分析平台一期工程，实现对医院历史数据、异构数据的集成、查询和分析。

宣传工作　进一步扩大媒体合作平台，与多种媒体建立友好合作关系，主动做好媒体服务工作。全年制作科普电视专题节目50期。

开发了包括新浪网、北大新闻网、北京人民广播电台等多个新平台：全年协助BTV《健康北京》策划和制作专题节目13期，与中央台《健康之路》合作策划制作电视专题节目8期；与北京台生活频道《生活大调查》合作制作电视节目5期，CCTV新闻5期，BTV新闻2期；中央和北京人民广播电台邀请专家制作12期；家庭健康频道为4名专家制作《健康大讲堂》节目8期；新浪为2名专家作专题访谈，与搜狐合作开设了医院官方博客。配合首都十大健康卫士的评选工作，协助中央台《健康之路》、北京台《魅力科学》及人民网、广播电台、报纸、杂志等制作节目和报导13期，宣传本院超声科首席专家陈敏华教授。全年被各类媒体采用文字稿件900篇，各类报刊发表科普稿件218篇。出版《院所通讯》95期、彩报14期。进一步改版医院对外网站，新增“为病人提供在线服务”和“为医生提供在线服务”、“预约挂号”、“院长信箱”和“查询服务”等功能。

后勤与基建　细化预算管理是本年度医院财务管理的突出特点。制订了《预算管理制度》，各项经费全部纳入医院预算体系，实现医院资金运转管控结合，达到预算、实施、监控一体化，实现资金使用效益最大化。

不断完善分配机制。根据不同科室自身的特色和长处，制订适合的奖金分配方案，为科室进一步发展提供帮助。对服务型科室（如药剂科等）重新定位，不再按医院平均奖分配，而是根据自身的特点，通过工作量的考核，调动科室员工的积极性，更好地为临床科室服务。

制订针对职能处室的绩效考核方案，从工作态度、工作能力、工作效率、协作配合等方面评价。

全年完成常规审计项目183项，涉及审计资金21957万元。完成经济效益审计2项、专项审计5项，新建审计制度2项，提交审计建议75项，参加审计会议108次，编写审计报告161项，为医院节约资金465万元。

7月29日，地下车库及放射用房建设工程正式开工。西侧新病房楼工程进行前期准备。

（撰稿：章　玉　审核：薛　枋）

领导名单

党委书记　李萍萍
副书记　严　昆　郭　军
院　长　游伟程
副院长　张晓鹏　顾　晋　寿成超　朱　军

北京大学首钢医院

（石景山区晋元庄路9号）
邮编：100144　电话：57830827
网址：www.sgyy.com.cn

基本情况　职工1643人，在岗职工1595人，其中卫生技术人员1354人，包括正高级职称26人、副高级职称100人、中级职称509人、初级师316人、初级士117人、无职称286人。

医疗设备总值16731万元，其中新购置设备301台（套），总价值2352万元，包括10万元以上设备60台（套）、100万元以上设备1台（套）。

获奖情况。获北京市社会保障卡工程建设试点医院特殊贡献奖；院长那彦群、医保处处长刘薇获市社会保障卡工程建设试点医院突出成绩奖；医院被评为首都文明单位、首都公共卫生文明单位、全国百姓放心示范医院；院长那彦群获北京医学会工作贡献奖；党委书记刘慧琴被评为北京医院协会优秀医院管理干部；副院长王健松主持的科研项目"三级医院与社区服务一体化管理的实践与探索"获北京医院协会优秀医院管理科研成果奖；医院获北京市医疗器械不良事件监测工作进步奖、政府为百姓办实事先进集体奖，被评为北京市医院感染管理监测工作先进单位；肿瘤科主任金斗获政府为百姓办实事先进个人奖。

机构设置　2月2日，成立重症医学中心（ICU），面积约1100平方米，病床22张。4月，成立无线实时心电监护中心。7月，成立矛盾纠纷联合疏导室。8月29日，北京大学吴阶平泌尿外科医学中心落成。9月1日，开设了营养咨询门诊；血管医学科病房正式启用。10月21日，成立血管医学中心，是国内首家针对血管疾病早期监测、血管健康终身管理、血管疾病内外科联合诊疗和康复为一体的综合性血管医学中心。10月25日，启动性与生殖健康国际项目。12月1日，血管医学科开设国内首家血管健康咨询专业门诊。12月2日，成立乳腺疾病科。

改革与管理　制订了医院管理年及医疗质量万里行活动方案，通过整章建制、人员培训、强化管理、持续改进，促进了医院整体建设，提高了医院管理、医疗质量、医疗安全、医院服务的水平。

重新修订各种规章制度及完善各类应急预案，如《医疗总值班制度》《关于做好高温中暑应急工作》《5岁以下儿童死亡评审规范》等。以医疗质量、医疗安全为核心，对临床及辅助科室在制度落实、诊疗行为的规范性等方面进行了监管。加强毒麻药品的管理，通过培训及考试，新增了部分医师的麻醉处方权资格。

制订和完善廉政相关制度：《医师定期考核管理暂行办法》《服务态度投诉考核办法（试行）》《职工过失行为处理暂行办法》等。组织新任有业务处置权的岗位人员参加为期一周的脱产廉政教育培训班；开展新上岗应届高校毕业生"医院廉政建设及医药购销领域商业贿赂防范"的岗前教育；在全院开展"向马庆军教授学习"、"怎样做个好医生、好护士"主题系列活动；制订开展"廉洁从业从我做起"主题教育活动安排，组织全院职工观看《算一算七笔账，常思贪欲之害》，开展主题教育征文活动；在医院局域网上刊登《医务人员医德考评实施细则》；采取逐级谈话方式，在领导干部和有业务处置权岗位人员中开展预防谈话、诫勉谈话、警示谈话。全年医务人员拒收红包58人次67000元，收到表扬信80封、锦旗38面。

医疗工作　门诊529236人次，急诊62900人次，急诊抢救1245人次，成功率97.91%。床位820张。住院18305人次，出院18250人次，住院手术7048例，病床使用率88.06%，病床周转25.11次，平均住院日12.88天，七日确诊率98.37%，出入院诊断符合率99.96%，治愈率37.94%，好转率57.47%，死亡率4.18%。无孕产妇和新生儿死亡，围产儿死亡率3.03‰。普通外科微创保胆手术全年突破600例，在全国继续保持领先地位。

病案管理。以网上病历实时监控的方式对运行病历进行监管，对检查中发现的问题通过网上发帖、电话沟通、下发《医疗质量检查反馈表》等方式及时反馈至科室修改或完善。每月抽查全院终末病历15%～20%，全年检查终末病历2947份，甲级病历率93.49%。

医院感染管理。医院感染发生率2.96%。制订了《非结核分枝杆菌医院感染预防与控制制度》等，并针对制度进行了培训和现场督导、检查。

医保工作。全年医保出院12119人次，总费用17063万元，次均费用14080元。对医保出院病人的费用实施“动态监控、定期公布”；实行数据指导管理，及时调整考核方案，确保指标顺利完成；加强对新进医疗材料、药品的审核，减少无用材料的使用，给出最大最有效的次均费用空间以鼓励新技术的开展。3月12日，门诊医生工作站通过了市医保中心验收并正式使用。7月20日，市基本医疗保险门诊持卡就医实时结算试点工作正式启动。

医疗支援。自5月26日起，医院共派出4支医疗队，包括神经内科、普通外科和超声医学科等12个临床科室的14名队员赴内蒙古丰镇市医院、凉城县医院进行对口支援，一是为期3个月的临床诊疗、教学培训、重点学科建设等技术援助活动；二是为期2天的专题讲座、教学查房、手术示教等科研教学工作。在房山区佛子庄乡和长沟镇社区卫生服务中心开展支农活动，对其进行人员及设备资金的支援，并安排专家前往两地开展专业门诊、专业会诊、带教、专题讲座、健康知识讲座、健康咨询等。4月3日，神经内科二病区主任高伟赴北川参加共铸中国心——首都医务工作者义诊活动。6月，党委书记刘慧琴带领16人组成的医疗小分队前往首钢迁钢公司、首钢京唐公司开展党员专家义诊和健康咨询活动。神经内科主任高伟深入模式口社区，为居民宣传健康知识，讲解与睡眠相关的疾病；普通外科一病区陈建飞博士和风湿科主治医师王秀茹前往河北省邢台地区内邱县为当地同仁开展肝胆疾病及风湿疾病知识讲座。12月25日，泌尿外科主治医师周哲参加市卫生局组织的第七批援疆工作，前往新疆自治区和田地区。定期安排医务人员前往河北省曲阳县第二医院及首钢矿山医院开展医疗支援工作。

社区医疗。全年组织121名医务人员开展各类宣传义诊活动32次，累计受教育11241人次，发放宣传材料6060余份。各科对患者进行健康教育8716次，接受教育18585人次；发放健康教育处方7215张；自制宣传材料4436份；开展健康教育讲座258次，2526人次参加。为医务人员举办健康教育讲座14次，2251人次参加。社区卫生服务共管理63942户206518人，提供家庭病床服务床日1457个，上门医疗健康服务887次。管理高血压2674人、糖尿病777人、冠心病306人、脑血管病243人、精神病1028人、恶性肿瘤32人，建立健康档案102319份。预防接种62237人次，Ⅰ类疫苗接种率100%，新生儿管理覆盖率100%。打造三级医院和社区卫生服务中心人才双向流动的管理机制，进一步完善双向转诊的绿色通道。8月，启动了社区转诊工作。9月11日，医院组建2组临时接种队伍，分赴石景山区妇幼保健院和金顶街地区中小学校临时接种点，为适龄儿童接种麻疹疫苗。全年筛查发热病人12307例，采集咽拭子标本并独立完成甲型H1N1流感咽拭子检测61例，确诊甲型H1N1流感7例。完成流感样病例哨点医院监测与报告。

全年为首钢公司领导干部健康体检285人、女工健康体检4146人次、职工健康体检22918人次。医院流动体检车为迁钢、京唐等首钢职工健康体检13000人次。

护理工作 修订完善护理流程和护理应急处理程序43项。开展优质护理服务示范病区工作，不断探索和创新以病人为中心的护理模式、绩效考核及护士分层管理。护理文件书写合格率98.1%，护理病历书写合格率98.1%，基础护理合格率99%，特级护理合格率100%，一级护理合格率99.02%，技术操作合格率99.16%，急救物品完好率100%。

全年发表护理论文26篇，其中在统计源期刊发表15篇。在研课题3项，其中新申请首发基金2项。完成全院638名护理人员继续教育IC卡的更换，继续教育达标率100%，通过了北京市的抽查。

修订完善实习生管理档案，接收护理实习生300余人，分6批进行岗前培训。对136名试工人员及118名新签合同护士进行了岗前培训。对全院护理人员进行了护理基础理论知识培训考核。对新参加工作1～3年的低年资护士进行了护士必读专科知识的考核，通过率93%。全院护理质量评分97.39分，病人对护理工作满意度98.58%。

科研工作 在研课题（含合作）61项，结题7项（横向4项、纵向3项）。“去胆碱能神经支配后大鼠良性增生前列腺腺上皮细胞渐进性死亡的分子机理”和“药物干扰胆碱能神经支配对大鼠良性前列腺增生的影响”分获国家自然科学基金和北京市自然科学基金资助，获首都医学发展科研基金资助3项。完成首发基金3项，并通过了结题验收。全年发表科技论文103篇，著作4部。

4月，王义主持的“中老年男性生活质量影响因素及临床干预研究”获中国金属学会冶金医学奖三等奖。10月，在北京市病理技术比赛中，王淑芳获北京市“莱卡杯”免疫组织化学质控优秀奖、“京华杯”

石蜡切片质控优胜奖、“益迪杯”石蜡切片质控优胜奖；马淑芳获北京市“莱卡杯”冷冻切片优胜奖。11月，第二届世界（暨第二十届中国）内镜医师大会、第二届澳港外科学术交流会、世界内镜博览会上，那彦群、刘京山获中国内镜杰出领袖奖，刘京山、赵期康、雷福明等8名医师获中国医师协会内镜分会颁发的全国首批免考内镜微创教师资格证书；刘京山主持的“微创保胆手术与胆囊切除术后不良反应多中心联合调查分析”获恩德思医学科技一等奖。12月，心血管内科主任唐强当选为中国医师协会心血管内科分会委员。

3月2日，医院举办第一届京西神经病学沙龙，北京西部地区多家大型医院的神经内、外科主任和业务骨干及医务人员参加。6月1～4日，医院与中国医师协会联合主办全国内镜保胆手术高级研修班，50多人参加。7月24～25日，医院与中国医师协会内镜医师分会共同举办第二届全国内镜微创保胆学术会，来自全国28个省市200余家医院的300人参加。8月26日，呼吸内科主任向平超为慢性阻塞性肺疾病（COPD）患者及家属作了题为“如何让慢性阻塞性肺疾病病人呼吸更轻松”的专题讲座。8月29日，医院举办第七届北京西部医学论坛，近200名医务人员参加，征集稿件62篇，大会交流11篇。9月20日，中国泌尿外科内镜模拟培训中心举办了第一期内镜模拟培训班，全年共举办8期，接收全国学员149人。10月21日，举办北京大学血管医学论坛。10月22日，举办第六届全国良性前列腺增生健康教育工程活动。12月18日，举办了“前列腺癌的诊断和治疗”健康讲座。

医学教育　完成北医2006级生物医学英语专业临床教学564学时，完成北医2007级口腔专业教学374学时，完成2007级辽宁医学院临床教学1537学时。招收外科学硕士研究生7人。

组织各种学术讲座及专业技术培训班91场，6000人次参加。全年派出脱产学习67人。接收进修27人，包括北医口腔留学生4人。参加市卫生局专科医师规范化培训94人，其中8人拿到第二阶段合格证书。完成各类业余学历教育43人，其中取得硕士学位13人、学士学位30人。

学术交流与合作　全年接待国外来访11次20人。外出进修9人，其中赴美国、日本2人。外出参加各种学术交流126人次，其中赴外地参加学术交流28人次，赴美国、德国、日本、中国台湾、中国香港等地参加学术交流24人次。4月2日，医院邀请瑞士Olivier Muller教授和澳大利亚Sidney Lo教授来院进行学术交流。6月18～21日，第二十届欧洲高血压会议在挪威奥斯陆召开，王宏宇应邀担任血管健康和危险控制联合论坛主席。8月17日，心脏病学专家林延龄教授来院进行了专题讲座、教学查房和病例讨论。9月23日，美国加州大学吕福泰教授来访。10月12日，美国哈佛大学麻省总院教授、美国泌尿外科学会候任主席、英国皇家医学会泌尿外科分会主席、巴西泌尿外科学会教授来访。12月23日，奥林巴斯（北京）销售服务有限公司总经理彦坂充洋先生一行来到吴阶平泌尿外科医学中心参观访问。12月27日，日本东邦大学内分泌及代谢专家白井原治教授来院参观并讲学。

信息化建设　为医保病人住院划卡结算工作的顺利进行，完成了住院处结算设备读卡机具安装、调试，医保外挂组件程序安装调试。建立门诊医生工作站系统，分别进行了程序测试、设备调试、现场项目实施、设备安装以及操作人员的培训。安装HIS工作站及打印机115套，实现门诊处方、检查、检验申请单电子化。门诊挂号、收费实施通柜服务，优化了工作流程，实现挂号、收费一体服务，减少患者在挂号和交费过程中的等待时间。

完成HIS系统接口改造、联调测试、设备安装等，实现了医院HIS系统与市卫生局就诊卡系统的网络连接；对医院HIS系统的门急诊信息进行接口改造、系统联调测试及信息采集，实现了医院门急诊患者信息通过“实名就诊信息系统”上报；完成新建科室的综合布线、系统安装、程序调试、设备联网测试及现场安装；根据吴阶平泌尿外科医学中心及学会管理需求，完成互联网设备联网线路测试、入网设备防病毒系统、远程桌面管理系统安装及入网设备安装调试。

后勤与基建　8月，北京大学吴阶平泌尿外科医学中心建成投入使用，地下一层，地上七层，局部八层，占地面积65600平方米，建筑面积52500平方米，一期开设床位209张，具备门诊、住院、临床教学等综合医疗条件。中心分设泌尿生殖系肿瘤、尿路结石、前列腺疾病、肾移植及血液透析、综合5个病房，每个病房设40张床。附属设施包括手术室、超声波检查室、尿动力学检查室、膀胱镜检查室、体外冲击波碎石室。

（撰稿：范爽斐　审核：刘金良）

领导名单

党委书记　刘慧琴
院　　长　那彦群
副 院 长　刘慧琴　刘京山　王健松

北京中医药大学东直门医院

（东城区海运仓5号）
邮编：100700　电话：84013212
网址：www.dzmyy.com

基本情况　职工1132人（含合同制354人），其中卫生技术人员922人，包括主任医师88人、副主任医师99人、主治医师138人、医师31人，副主任护师4人、主管护师112人、初级师40人、初级士246人，副主任药师3人、主管药师43人、药师及药士49人，副主任技师9人、主管技师38人、技师及技士22人；行政及工勤人员210人。引进高级专业技术人才5人，新增享受政府特殊津贴1人。

医疗设备总价值12684.77万元，本年度购置医疗设备总值1516.91万元，其中10万元以上设备31台、100万元以上设备2台。

年内，推出“三个十”工程，即筛选10个优势病种、10个特色处方，每项斥资10万元。

获奖情况。医院被评为北京中医药学会先进团体会员单位、北京市献血工作先进单位、北京市12320公共卫生热线先进工作单位；获北京地区中医、中西医结合、民族医医疗服务信息网工作二等奖。夏书英获北京市定点医疗机构优秀个人奖，脑病科当选北京市优质护理示范病区，血液肿瘤科张翠莲被评为北京市优秀护士，保卫处王京友获中华人民共和国三等功奖章。

改革与管理　开展“以患者为中心，以发挥中医药特色优势”为主题的医院管理年活动，出台《医师定期考核办法》，实行医师定期考核制；制订了《医疗质量考核细则及绩效考核方案》《医疗风险管理办法》；实行节假日全天门诊。全年院长查房1次，业务院长查房7次，医务处参加科室交班、查房等23次；召开医疗例会2次、重点专科会议2次、各种专题会议32次；主持院内会诊16次、院外会诊32次；完成夏季贴敷9745人次。接受国家中医药管理局对本院医院管理年的检查。

开展“以职工为中心，以提高医院管理水平和运行效率”为主题的科学管理年活动，聘请专业管理公司对医院管理现状进行评估与诊断，牢固树立“以病人为中心、以职工为中心”的管理理念，推行后勤社会化改革，行政执行力进一步加强。

创建人民满意医院。实行周末节假日全天门诊；12580预约挂号，部分缓解了挂号难问题。

反商业贿赂。加强领导干部作风建设，制订党委勤政廉政的党内监督制度，开展清查小金库专项审计。拒收红包38个，收到锦旗88面。

医疗工作　门诊1179545人次，急诊39875人次，急诊危重症抢救771人次，抢救成功率96.4%。床位575张。入院12907人次，出院12975人次，床位周转22.6次，床位使用率95.67%，平均住院日15.3天，七日确诊率100%，出入院诊断符合率99.99%，治愈率24.4%，好转率70.9%，死亡率2.9%。住院手术3467例。

新技术、新疗法。建立了体质医学门诊，推行膏方疗法及非药物疗法。

病案管理。对12975份出院病历进行质量控制，复印病历64932张，甲级病历率100%。完成市中医局医疗质量的监测，获北京地区中医医院医疗质量监测工作一等奖。严格执行死亡报卡制度，被评为东城区死因报告管理工作先进单位。

医院感染管理。医院感染率2.17%。认真排查院内感染隐患，切实抓好重点部门、重点部位、重点环节的管理，特别是手术室、消毒供应室、胃镜室、口腔科、ICU等重点科室，制订了重点部位、重点环节防治院内感染的措施。对新入院的职工、实习生、进修生200余人进行了院内感染岗前培训。实行计算机系统实时监测，防止传染病漏报。

医保工作。全年医保出院7930人次，总费用14950.30万元，次均费用18852.8元。实施医保门急诊持卡就医实时结算，完成医疗收费字典库及医保库的维护，控制费用不合理增长，降低人均费用，加强环节管理，缩短审核时间。在全市医保评比中获三等奖。

社区工作。进一步推进“中医药进社区”活动，开展健康大讲堂30余场次，受益2000余人次。开展贴敷技术进社区，三伏贴服务5600人次。宫廷理筋术防治颈椎病，培训居民及家庭保健员近5000人。双向转诊通畅，化验单直通便民惠民，与东城区社管中心联合，建立了社区预防保健体系。

医疗支援。医院与内蒙古、湖北、河南、山东、四川等省（自治区）的18家中医医院签订了协作协议。每年派遣常驻新疆自治区医务人员3人，收到良好的社会效益。开展对平谷区中医医院的支农项目，派出3名高级职称医师坐诊、查房、讲课等，培训业务技术人员2人，诊治病人2705人次。到山东省日照中医医院、包头中医医院等义诊，累计4天，派出13人，诊治病人近200人次。

护理工作　护理质量控制指标合格率分别为：抢救药品99.8%，急救用品100%，消毒隔离99.2%，危重及一级护理98.8%，基础护理99%，护理文件书写97.83%，护理技术操作97.6%。健康教育覆盖率100%，病区服务质量满意率100%。

派出参加ICU专科护士培训1人、糖尿病专科护士培训1人、急诊专科护士培训1人、肿瘤专科护士培训1人、护理管理培训37人。完成本院继续教育项目19项，318人参加，继续教育学分合格率100%。理论考核以护士“三基”知识为主，每月进行一项护理技术操作项目的培训，完成612人次技术操作考核和324人次理论考核。完成51名新护士的上岗培训及考核。接收121人次护理中专、大专和本科生的生产实习，接收北京中医药大学护理系128人临床护理见习。在护理教学工作中举办了查房观摩活动，编写了临床科室实习教材。

医学教育　年内，中医内科学教研室成为国家级优秀教学团队；中医儿科学成为校级精品课程；获市中医局继续教育课题1项，科研经费72.8万元；获北京中医药大学教育课题资助项目4项，科研经费1.9万元。举办了中医高等教育学会临床教育研究会学术研讨会，完成五年制、七年制共22个班1008名学生的课程、实习等临床教学任务。完成新加坡学士班19人的一期临床实习。有41名博士、90名硕士、18名在职申请学位者取得学位。伊朗博士班完成4名博士生的英文毕业答辩。5名研究生赴奥地利参加研修项目。完成第四批师承工作，通过了由国家中医药管理局和市中医局组织的专家组的中期检查和评估。建成薪火传承施汉章名医工作室和郭志强名医工作站。组织各室站传承人参加了北京中医药高层次人才培养论坛、纪念陈彤云从医60周年庆祝大会等活动。引进了万方数据库网络平台。开展了趣味运动会、杏林辩驳辩论赛、“夯实基础，你追我赶”临床技能大赛、“我能·我秀·我青春”北京中医药大学团支部艺术展演，与中国传媒大学合作“关爱之旅”、“亲爱的导师我想对您说”征文活动等。毕业315人，研究生就业率95.95%，本科生就业率86.02%，总就业率93.02%，比上年上升0.29%。

科研工作　获批青年人才临床科研基金项目和“优势病种建设和院内制剂”科研基金建议书。制订了国家中医临床研究基地总体建设方案、医学伦理和动物伦理委员会章程。申报各级课题217项，中标国家级科研项目10项，其中国家重点、重大项目2项，国家自然科学基金项目8项；北京市课题15项；校级课题33项。中标课题经费4294.33万元，较上年增长1915.7万元。完成国家中医药管理局2个三级实验室的验收与换证检查。建立了数据管理和统计分析平台。

信息化建设　建成信息系统二期的多项关键系统，系统上线率99%，实现病历质量控制、会诊、随访、数据导出、数据及时上传等功能。

国际交流与合作　全年接待国外来访5次160人次。出国进修2人。加大国际化办学力度，留学生比例超过26%，德国分院成为国家中医药管理局定点国际合作基地。

基建工作　完成门诊楼五层的加层新建工程，各科诊疗面积扩大；完成门诊挂号室的整体改造，拓宽了门诊楼一层的公共空间；完成门诊二层草药房的装饰改造；将多功能厅改造为推拿按摩科；完成教授餐厅建设，解决了教授吃饭问题；完成东塔楼所有住户暖气改造工程；门急诊地下室改造，抽血室、心血管科改造等。医院改扩建工程立项，并与北京新北方旅游产业发展有限责任公司签订了该建筑租赁合同，筹建医院门诊二部。

其他工作　编写了《东直门医院文化手册》，设立中医药宣传栏，开辟中医药文化长廊，树立名医塑像，种植中药百草园，营造医院文化氛围。

（撰稿：王　红　审核：尹　丹）

领导名单

党委书记　李彭涛
副 书 记　叶永安
院　　长　王耀献
副 院 长　刘清泉　高　颖　田金洲　王成祥

北京中医药大学东方医院

（丰台区方庄芳星园一区6号）
邮编：100078　电话：67618444
网址：www. dongfangyy. com. cn

基本情况　职工1100人（含合同制），其中卫生技术人员863人，包括正高级职称49人、副高级职称98人、中级职称242人、初级职称474人。

医疗设备总值19561万元。新购置医疗设备总值1481万元，其中10万元以上设备28台。

年内，通过了卫生部、国家药监局药物临床试验机构资格认定复核检查；成为本市首批中医药“十病十药”临床研究基地，首都中医药“十病十药”临床研究基地；北京中医药膏方服务定点单位；儿科贴敷指定医院。

获奖情况。在北京市“中国心·知青情——关爱知青健康，共建和谐社会”公益活动中，获突出贡献奖；北京地区中医医院医疗质量监测一等奖；北京市社会保障卡工程定点医疗机构服务保障奖。

成立北京市儿科中医诊疗中心　6月1日，北京市儿科诊疗中心落户东方医院。国家中医药管理局医政司副司长杨龙会和北京中医药大学副校长王庆国为儿科中医诊疗中心揭牌。北京中医儿科诊疗中心将根据儿童特点调整科室设置，周六、日均有专家出诊。针对儿童不爱服药的特点，诊疗中心将重点开展6种以上的中医特色非药物疗法，包括拔罐、中药离子导入、针灸、贴敷、捏积、推拿按摩。

医疗工作　门诊1067707人次，急诊51326人次，急诊危重症抢救1840人次，抢救成功率96.1%。床位695张。出院12068人次，床位周转18.6次，床位使用率94.9%，平均住院日18.5天，治愈率29.70%，好转率62.20%，死亡率5.60%。住院手术4879例。

病案质控。住院病案质控100%，环节检查10%，病案修改率45%。出院病历甲级归档率100%。病历首页数据录入100%，正确率100%，及时性100%。甲级病历率96.50%。

医院感染率控制在3%左右。

医保工作。全年医保出院6767人次，总费用121129300元，次均费用17900元。

医疗支援。承接市中医局“北京—内蒙古”对口支援任务，接待了内蒙古自治区巴彦淖尔市中蒙医院等3家对口支援单位和赤峰市阿鲁科尔沁旗中医院等3家携手单位的领导，双方交流了合作方式方法，制订并上报了对口支援工作方案。对所有对口医院进行考察，制订了对口方案，签署了支援协议。派遣专家授课6人次42学时，派遣专家支援2人次3周，接收学习、进修8人次，接待转诊、会诊2人次。

全年收到患者表扬信、锦旗等近150件，其中拒收红包13人次1.83万元。患者满意度95%以上。

护理工作　护理质量控制指标合格率分别为：抢救用品99.91%，消毒隔离98.75%，危重症及一级护理99.87%，护理文件书写90%，护理技术操作95%。健康教育覆盖率99.90%，病区服务质量满意率100%，护理人员参加各种考试、考核100%。

年内，成立了护理科研小组，定期组织护理科研课题思路的研讨，并制订了护理科研中长远计划。

培训工作。9月14～16日，举办了护士长管理培训班。组建了4个专业护理小组——静脉治疗小组、皮肤护理小组、科研小组、危重病人护理小组。派出手术室专科护士培训2人、糖尿病专科护士培训1人、ICU专科护士培训2人，外出进修血管科专业2人、供应室专业1人。具有专科护士资格证书者20人。西学中1年内参加培训护士52人，第二年参加培训38人，共计完成90人的西学中培训。

教学工作。护理教学共评出心内、CCU、消化、呼吸、脑1、脑2、眼科、ICU等8个科室为优秀带教科室。全年接收实习生90人。加大本科生的教学力度，增加了教学内容，如组织学生护理查房和护理病例讨论、让学生自己找资料用PBL教学模式进行引导。

科研工作　全年完成20类240项科研项目的申报推荐，组织年度检查、中期检查、结题验收百余项。有22项课题立项，包括国家级6项、省部级13项、丰台区3项。

加强学术道德建设，建立了科研诚信制度及科研诚信实施细则。临床研究伦理委员会受理伦理审查项目43项，组织会议审查4次。

申报各级各类科学技术奖13项，获得中华中医药学会科学技术二等奖2项、丰台区科学技术二等奖1项，已公示高等学校科学研究优秀成果二等奖1项，完成中华中医药学会科学技术一等奖答辩1项。

医学教育 成立由主管院长牵头、纪检部门参加的硕士生招生复试领导小组、资格审查小组、专家复试小组11个，考核专家33人次，同时组织了各专业复试命题、笔试、阅卷工作。参加复试考生83人，录取硕士生47人（含台港澳、外籍学生5人）、博士生27人，发放调档函及录取通知书69份。

全年授予硕士学位49人，其中外籍2人、同等学力10人；授予博士学位20人，其中外籍1人、同等学力3人。

继续承接第二期普通班培训，增加了高职班培训，全年完成2期60人的培训。高校青年教师岗前培训24人。

国际交流与合作 派遣访问学者2人，赴新加坡讲学4人，出国参加各类学术会议15人。聘请美国专家到医院举办讲座2次。接待日本、韩国、德国、澳大利亚等学者来医院参观11次164人。

信息化建设 1月29日，完成医保门诊持卡实时结算工程的现场认证；3月16日，正式实行。2～4月，住院医生工作站全面上线。实施了检验科门诊条形码系统、检验项目核收系统，中药配方颗粒系统，中药饮片处方与煎药标签打印。

基本建设 临床教学楼已经过四方验收，准备通电、通气工程。在医疗南楼新建、扩建医疗用房1358.2平方米。

（撰稿：孙银屏　审核：韩振蕴）

领导名单

党委书记 庞　鹤
副 书 记 杨晓晖
院　　长 张允岭
副 院 长 刘金民　林　谦　王　琦　李元文

北京中医药大学第三附属医院

（朝阳区安外小关51号）
邮编：100029　电话：52075369
网址：www.zydsy.com

基本情况 职工565人（含合同制141人），其中卫生技术人员484人，包括正高级职称19人、副高级职称56人、中级职称177人、初级师104人、初级士128人；其他人员81人。

医疗设备总价值5477.2万元。本年度购置医疗设备总值686万元，其中10万元以上设备10台、100万元以上设备2台。

获奖情况。医院荣获北京市社会保障卡工程建设定点医疗机构集体贡献奖、优秀个人奖2人，北京市卫生统计工作先进单位一等奖，北京中医药大学消防先进单位。护理部被中华中医药学会评为全国中医护理先进集体。获市中医局“上工杯”中医学术演讲比赛二等奖1人，北京中医药大学优秀教师1人、师德标兵1人、优秀辅导员1人。

机构设置 7月6日，医院由三级中西医结合医院建设单位变更为三级中西医结合医院。肾病血液科变更为肾病科，肿瘤科变更为肿瘤血液科。成立了大内科、大外科、医院制剂中心，增设了临床技能训练中心。

改革与管理 围绕三级中西医结合医院达标验收和医院管理年工作，狠抓医疗质量，完善各项管理，强化服务意识，拓展医疗市场。修订了《职责与制度汇编》《综合质量目标管理考核奖惩办法》《应急预案汇编》等。重新修订制度60余项、新增10余项。采用党政联席会、党支部书记会、党员职工座谈会、院外监督员会及院周会等畅通沟通的渠道，设立了党委书记、院长每月接待日。制订《经济合同管理办法》，进一步规范了物资采购流程。建立以规范劳动关系、合法用工为目的新型用工制度，实行劳务派遣和签订劳动合同两种形式并存的模式。制订《编制外聘用人员管理的暂行规定》，明确了适用范围、岗位分类设置管理、招聘基本原则和程序、劳动合同形式及签订范围等。全年收到病人表扬信 56 封、锦旗 33 面。

反商业贿赂。成立了以党委书记、院长为组长的党风廉政建设小组。坚持 3 个负责制：一是分级责任制，逐级负责；二是分工责任制，抓好小组成员和分管部门的党风廉政建设；三是分项责任制，按照谁主管、谁负责的原则。加强重要岗位的规范化管理及医德医风建设。

医疗工作 门诊 282024 人次，急诊 7821 人次，急诊危重症抢救 175 人次，抢救成功率 99.43%。床位 315 张。住院 4085 人次，出院 4067 人次，床位周转 12.97 次，床位使用率 82.38%，平均住院日 23.21 天，七日确诊率 97.25%，出入院诊断符合率 99.78%，治愈好转率 88.85%，死亡率 8.89%。住院手术 1059 例。

实行大内科、大外科制管理。加强社区、医院双向转诊。全面开展药事管理，突出中医药特色，购进 13 台常压煎药机（共 24 台）、3 台包装机（共 6 台），引进了中药配方颗粒，已有 33 个院内制剂，其中 8 个品种在临床应用。开展了中医药服务“进社区、进学校、进农村”三进活动、“杏林飘香”党员专家社区义诊、健康大讲堂讲座、支部健康彩虹桥下乡活动等。开展了颅内血肿清除术、硬膜外血肿引流术、经皮椎体成形术、经皮胆道镜保胆取石术、乳腺旋切、膀胱输尿管微创手术、肌骨超声检查等新技术。

每月一次在胜古北社区举办健康讲座，全年听课 421 人次。举办卫生宣传日活动 12 场，义诊咨询 3215 人次，测血压 1278 人次，测血糖 271 人次，红外线乳透 73 人次，按摩 62 人次，耳穴埋豆 174 人次，宣传展板 86 块，发放宣传资料 7742 份。有 8 名硕士研究生成为胜古北社区健康教育义务宣传员。

病案管理。定期召开医院病案管理委员会会议，加强病案环节质控和病案终末质控，医疗处不定期下科室检查病历质量，聘请 1 名副主任医师负责病历终末质控，提高了病历书写质量。实施了新的病案书写格式。有 1 人荣获市卫生局病历抽检评比个人优秀奖。甲级病历率 99%。

医院感染管理。院内感染率 3.71%。对手术切口进行目标性监测，共调查 31 例。高压灭菌设备生物监测每周 1 次。开展医院感染现患率调查 302 例。使用医院感染管理监控系统软件进行录入和上报数据。开展医源性感染管理及再生医疗器械灭菌现状调查，重点检查了手术室、供应室、胃镜室、妇科、口腔科。开展医源性感染管理防控模式研究——职业暴露回顾性调查，调查医务人员 124 人次。出简报 4 次。全年共查病历 3996 份。医院感染培训 5 次 738 人次。

医保工作。全年医保出院 2492 人次，总费用 4227 万元，次均费用 16962 元。完成医保门诊、3 个社区卫生站持卡实时结算工作，加快了医保审核、结算周期。进行 HIS 信息系统改造、门诊收费流程再造，从平均住院日、住院次均费用、临床诊疗规范化、单病种诊疗路径等入手，加强院内三级管理。全年网络审核在院医保病历 2000 余份。

医疗支援。每周四到怀柔区渤海镇卫生院支农，参与体检 2 次。全年派出医护人员 300 人次，诊治患者 1600 人次。年内，增加怀柔区雁栖医院为对口支援单位，以及支援内蒙古自治区呼伦贝尔、鄂尔多斯、扎赉特旗 3 家医院的任务。创伤矫形科 1 名副主任医师赴新疆医科大学附属哈萨克人民医院执行 1 年的援疆任务。接收内蒙古自治区 4 人、西藏自治区 1 人进修。

护理工作 以手足外科为优质护理示范病区，突出中医特色，开展中医护理，在全院 6 个中医科室开展了 9 项中医护理操作项目。修订护理工作规章制度 78 项、职责 42 项，其中新增 7 项。整理编辑《中西医疾病护理常规》215 个病种，其中西医疾病护理常规 120 种、中医疾病护理常规 95 种，编辑《中医护理技术操作规范》29 项，修订护理单元各班流程 26 项。

护理文件书写合格率 98.74%，基础护理合格率 98.85%，特级护理合格率 100%，一级护理合格率 98.85%，护理技术操作合格率 96.66%，急救物品完好率 100%，责任制护理合格率 99.12%，消毒隔离合格率 99.64%。

申报北京中医药大学护理科研课题 3 项，中标 1 项。

接收北京中医药大学研究生、本科生、专科生实习、见习 86 人次，组织带教老师资格考试 1 次、护理教学工作会 2 次。各科室设立教学组长，并印制了《护理实习带教记录手册》，有 4 名护士被评为优秀带教老师。年初，召开护理论文交流会，有 7 篇护理论文在会上交流。

急诊科主管护师 1 人参加了北京市 ICU 专科护士认证培训及考核，37 名护士参加北京市急诊急救专项培训，选派护士参加了朝阳区应急小分队的急诊急救培训考核。全年组织各类考试 19 次 940 人次。组织护理技能比赛及展示2次。完成中医护理基础理论教学40学时。护理人员Ⅰ类继续教育学分达标率100%。

科研工作 申报国家自然科学基金14项，中标1项；北京市自然科学基金7项，未中标；博士点基金4项，未中标；首都科学发展基金6项，中标4项；中标国际科技合作项目1项、北京中医药大学教学重大课题1项；申报北京中医药大学教学普通课题6项，中标2项；北京中医药大学科研课题15项，中标3项；北京中医药大学自主选题（中青年教师资助项目）12项，中标6项；北京中医药大学自主选题（在读研究生项目）21项，中标12项；北京中医药大学研究生综合素质拓展项目4项，中标3项；北京中医药大学党建课题20项，中标一级项目1项、二级项目3项、三级项目16项；申报北京中医药大学特色自编教材1项，中标1项。完成北京中医药大学《中医正骨学》《中医筋伤学》课程的题库建设。申报中医药科技发展项目1项（未出结果）、教育部新世纪优秀人才支撑计划1项（未出结果）。本年度获国家科技进步二等奖1项，教育部科技进步一等奖1项，中华中医药学会科技之星1人。

全年发表论文36篇，其中核心期刊30篇。

医学教育 组织西学中、中级班毕业人员参加中药方剂考试，32人合格，授予一年期中药饮片处方权。完成区级继续教育19次、传染病培训10次、医院自管项目12次。举办研究生学习沙龙4次，参加听课78人，登台讲课15人。继续教育达标率100%。短期进修和参加学习班2人，到外院进修半年以上3人，接收进修3人。派出参加学术会议21人次。医院应急小分队参加区急诊急救的培训、考核4次，医院派出医疗应急小分队及公共卫生应急小分队参加区卫生局举办的急诊急救培训、演练、考核，获卫生应急工作突出贡献奖。

成立了北京中医药大学第三临床医学院学位委员会。有博士生导师6人、硕士生导师31人，具备教师资格证的教师128人。设立了教研室教学秘书、各科室教学秘书，研究生兼职班主任，每学期召开3次教学准备和总结会，承担大学各项教学任务突破2000学时。完成大学的中医、针推、骨伤专业本科、专科、七年制等22门临床课程共2620学时理论课教学任务，完成295名本科生及研究生的临床实习和见习带教任务。招收博士研究生5人、硕士研究生25人。组织教师参加了各种培训。在北京中医药大学教学比赛中，医院教师获二、三等奖各1人。

信息化建设 制订计算机中心岗位职责8个。完成中药配方颗粒制剂的计价收费流程，增加了医技、药库的查询功能和医院制剂、中药配方颗粒制剂的查询统计。医保升级12次。医院网站发表医院新闻动态660页。在线答复患者提问373人次，定期上传保健常识7条。

后勤与基建 8月18日，新门诊教学楼主体结构封顶。完善基础设施建设，对病房楼室外电缆进行了更新改造，更新电缆460余米、塑铜电线23000余米，安装钢质导线管1440余米。完成雨污分流和雨水回收工程，埋设雨水管线520余米，建300立方米雨水池1座、各类雨水井38个。装修改造中药房和中药煎药室120余平方米。粉饰病房和公共楼道2300余平方米，屋面防水维修面积820余平方米。将原库房改造为临床技能训练中心，面积160余平方米。提高了医院职工和患者膳食供应质量，完成膳食供应社会化改革。增配干粉灭火器32具、灭火器箱8只、消防应急灯17只，全院237具灭火器进行了年度换粉、试压维修，每月1次检查消防器材和消防设施。

其他工作 全年出版院刊6期。

5月15日，举办“健康北京人，动感八段锦”健身活动暨中华骨科学会成立30周年专家义诊活动。义诊咨询420人，测血压350人，测血糖227人，耳穴埋豆110人，健康答题与问卷调查99人，发放科普宣传材料3500份。

医院第四次作为学术节的分会场，开展中西医结合为主题的专题讲座，分别是《创新能力培养是研究生教育的主要目的》《中医学“调气疗法”与“基因”关系初探》《晚期非小细胞肺癌的维持治疗和个体化治疗》《音乐之都的医学印象》《漫谈中西医结合人才培养》《北京中医药服务现状与“十二五”期间的科研管理导向》，还组织了中医外治特色疗法和外治技术展演。举办了第三届博士沙龙。医院获北京中医药大学第十二届学术节大会组织二等奖。

（撰稿：张进宏　审核：王凤琴）

领导名单

党委书记　杨晋翔
院　　长　唐启盛
副 院 长　王庆甫　赵海滨　张友林

首都医科大学宣武医院
北京市老年病医疗研究中心

（西城区长椿街45号）
邮编：100053　电话：83198899（总机）
网址：www.xwhosp.com.cn

基本情况　职工2941人，其中正式职工2372人。有卫生技术人员2135人，其中正高级职称125人、副高级职称219人、中级职称569人、初级师879人、初级士343人；后勤、行政人员237人。

北京市老年病医疗研究中心获得全额事业单位编制。

医疗设备总价值71859万元。新购置医疗设备总值5751万元，其中10万元以上设备43台、100万元以上设备15台。

获奖情况。医院被卫生部评为全国医药卫生系统先进集体，被中国医院协会评为第三届全国医院（卫生）文化建设先进单位、医院科技创新三等奖，中国控烟协会的全国无烟医院，特需医疗服务获得英国保柏集团质量认证，神经外科ICU当选国家级青年文明号。

改革与管理　继续提升管理干部理论水平和管理技能，更新管理理念，提高综合素质，组织中层干部赴香港医院参观学习、职能部门年轻干部到医疗管理岗位轮转实习、28个科室的39名科室骨干赴北京现代汽车有限公司进行企业文化培训。全年组织医院管理学术交流会1次、管理经验座谈6次，发表管理论文67篇。

落实医药卫生体制改革，通过一批见效快的惠民便民服务措施，让群众得到公立医院改革的实惠。6~9月，开设夏时门诊，早7:30开诊，比其他季节提前半小时。在原有周六、周日上午半日门诊的基础上，改为全天门诊。搭建门诊志愿服务平台，累计志愿服务681人次1136小时。

全面提高应急管理和反应能力，开设了网上“安全隐患报告”窗口。通过持续修订医院应急管理制度，统一编制医院应急预案，定期组织应急演练、培训测评、量化指标、绩效挂钩，规范医院应急管理，提高了全员对应急工作的综合管理水平和专项反应能力。全年组织院级综合演练2次、部门专项演练5次。

以廉政宣传月活动为重点，加强法制教育。召开风险防范工作制度流程交流会，做好廉政风险防范的管理。进一步完善惩防体系和预防腐败体系建设，做好廉政宣传教育和小金库治理工作。将廉政风险防范管理向领导班子决策环节延伸、向人财物权力部门和岗位延伸。推行政务公开，强化民主管理制度。认真处理来信来访、举报投诉，以案件查处为抓手，建立和完善廉政风险防范的长效机制。稳步推进院务公开，建立信息公开机制，制订相关制度，编写信息公开内容近千条。在医院网站上开设专栏，拓宽信息公开渠道，并在全国卫生系统信息工作会议上作经验交流。

医疗工作　门诊1728995人次，急诊162571人次，急诊危重症抢救7815人次，抢救成功率95.25%。床位1058张。住院36648人次，出院36605人次，病床使用率96.63%，病床周转34.47次，平均住院日10.22天，三日确诊率97.68%，出入院诊断符合率99.57%，治愈率47.83%，好转率47.40%，死亡率1.93%。手术22846例，其中特大手术3157例、大手术7673例、中手术5124例、小手术6892例。开展新业务、新技术2项。

医保工作。全年本市医保出院14074人次，总费用28434.02万元，次均费用20203元。开展了医疗保险持卡结算和门诊医保持卡就诊实时结算工作。全年有12项通过审批纳入医保报销范围。被中国医院协会评为全国医院医保管理先进单位，1人为全国医院医保管理先进个人。

开展临床路径管理，制订了临床路径实施方案。有24个专业28个病种实施临床路径，入径2873例，平均住院日8.31天，20个病种（71%）人均费用下降，其中卫生部临床路径试点专业为神经内科和肾内科2个专业7个病种，入径388例，平均住院日11.05天，人均费用降低9.13%，临床路径管理工作在北京市验收排名第一。

实施全面医疗质量监控管理，开展主治医师查房评比，定期召开医疗质量分析例会，及时通报医疗质量与安全隐患，督促整改，全年医疗规章制度执行合格率96.2%。重视临床重点专科建设，参加国家临床重点专科的评估，重症医学科、药学部（临床药学）被北京市推荐到卫生部参加评审。加强手术安全核查和准时开台的督察，提高了手术效率。确保手术安全，实施手术中药品、器械和耗材的集中管理。进一步降低本市孕产妇死亡率，加强危重疑难孕产妇转会诊和抢救管理，采取多科会诊、共同抢救的方式成功抢救危重孕产妇50例，到外院会诊及协助抢救危重孕产妇10余人次，受到市卫生局的奖励。

病案管理。加强运行与终末病历的监控与管理，修订了《病历书写手册》及《住院病历书写质量评估标准》。推动院内病历电子化，制订了计算机打印病历制度。加强病历内涵建设，开展了住院病历质量评比活动。运行病历总合格率95.4%，甲级病历率92.90%。

医院感染管理。举办临床科室医院感染防控技能大比武，30个临床科室/专业组的130名选手参加了比赛。医院感染率1.65%。

社区卫生服务。与受援医院全科医生建立带教关系，进行门诊、会诊、带教、查房、培训等技术指导。全年参加社区卫生服务355人次，涉及18个科室。定期举办健康咨询服务活动，开展讲座49讲，其中为社区居民举办讲座37讲、为社区医务人员举办讲座12讲。中医专家到社区服务16人次。与广外、广内、牛街、白纸坊等社区卫生服务中心建立转诊预约关系，开通社区转诊预约绿色通道，转诊预约率100%，全年共转诊369人次。配合市、区卫生局完成妇幼保健各项工作，荣获宣武区妇幼信息工作先进集体一等奖、母婴保健免费筛查艾滋病及新生儿疾病先进集体。

对口支援。全年派出11批42人次专家支援内蒙古自治区宁城县医院和喀喇沁旗医院，以神经疾病为重点扶持方向，设立10个重点学科，参加疑难病例会诊及抢救225人次。继续支援门头沟区医院、妇幼保健院，对口支援专家33人。完成一年半的援疆任务及市委组织部的“人才京郊行”选派任务，与密云县医院建立了援助联系。外派4人次，参加青海省玉树地震救援、山西省王家岭矿难事故、福建省南坪砍伤小学生事件、平顶山矿难医疗救助等医疗应急救援工作。

做好干部保健及老年病预防工作。对100余名副市级以上离休老干部进行医疗保健及健康宣教，参加了全国政协保健任务以及院士专家健康咨询，举办了第八届北京市老年医学培训班。

护理工作 坚持以患者为中心，稳步推进优质护理服务示范工程，制订《优质护理服务示范医院实施方案》，规范护理服务，保障护理安全，公示服务项目，实施责任制护理。重新编写《护理规章制度》和《护理技术操作规范》，修订了《护士长手册》和《护理质量评价记录》，规范了《基数药品清点使用记录本》《医嘱查对记录本》等13种相关护理登记。动态调整人力，简化护理文书。实施量化绩效考核，完善激励机制，进行护理核心制度考核，有164人参加口试，平均成绩95.2分。建立示范病房评价体系，制订了《示范病房质量评价标准》。减少管理层级、分层级使用护理人员以及实行弹性排班制度等方式，确保各项措施落实到位。全年有27个病区实施优质护理示范工程，北京市第三方反馈结果显示，示范病房基础护理满意度100%，整体满意度98.2%，基础护理实施率90.6%。护理专科以全国排名第二的成绩，获卫生部“国家临床重点专科建设项目”立项。

作为中华护理学会和北京护理学会专科护士培训基地，为其他医院培养专科护士61人。接收来自全国各地的护士进修95人，带教工作得到学员好评。举办国家级继续教育学习班4项次、市级继续教育学习班3项次，组织管理、法律、专业知识等培训36项次8587人次，达标率99.5%，并通过了市卫生局对30名护士继续教育学分的检查。派出9名护士到外院进修专科护理，106人次参加国内外学习、培训及学术交流。在统计源期刊发表护理论文134篇。获“首都中医药及护理学研究专项”局级课题3项、院级课题11项。

科研工作 推进学科建设。进一步完善评估体系，以评促建，完成46个科室的学科建设评估。加强科技人才培养和科研团队建设、跨学科合作和学科群建设；重视科技进步和自主创新，营造良好的科研氛围，加强基础硬件平台的建设，以及科研项目的申报和管理。年内，医院新增学会任职61人次，成为中国医师协会老年医学分会会长单位和中华预防医学会健康教育与促进分会主任委员单位，卫生部脑卒中筛查及干预基地在本院挂牌。

加强科研项目全程管理，提高科研项目质量。重点对课题实施及完成质量进行跟踪，抓实、抓好在研课题的进展督察；多方式公开科研管理相关工作，提高科研信息知晓度，强化科研意识并取得各科室的配合。科研综合成绩连续9年居首都医科大学临床医院首位。全年申请课题310项，其中国家级104项（科技部19项、卫生部1项、国家自然科学基金84项）、省部级93项、局级107项、其他6项。在获资助课题中，国家自然科学基金20项、科技部课题6项、卫生部卫生行业科研专项1项，省部级课题19项，局级课题55项，其他4项，总获资助率33.8%。获中华医学会、教育部、中国医院协会医院科技创新奖各1项，市科委公示4项，申报成果3项。主编专著15部；获专利授权2项，受理专利2项。

从人才培养入手，建立中青年科研人才库，开展了学术沙龙、人才设计等工作。依托海外人才聚集计划，引进美国新墨西哥大学与佛罗里达大学知名专家2人。荣获北京市突出贡献专家1人、北京市科技新星培养计划2人、北京市“十百千”人才3人、市卫生局“215”高层次人才15人（其中领军人才3人、学术带头人2人、学术骨干10人），市委组织部优秀人才2人、优秀青年知识分子1人，市教委人才强教项目资助2人。

加强论文管理，提高论文发表的数量和质量。增加SCI论文的奖励力度，修改了发表论文的奖励管理规定。组织SCI文章撰写培训，邀请国外知名教授为本院审评和修改SCI文章。据中国科学技术信息研究所统计2009年全国论文发表引用情况显示，本院发表统计源期刊论文859篇，在全国医疗机构排名第22位；发表SCI论文98篇，在全国医疗机构排名第32位，其中有15篇SCI文章入选“表现不俗的中国论文”，在“表现不俗的中国论文”医疗机构排名中列第22位。

加强本市社区老年病防治与规范管理，召开了北京市社区老年病防治及信息化建设沟通会，完善社区老年卫生服务工作网络和信息化建设。完善北京市老年保健体系网站，在原有社区网络的基础上扩建了北京四季青医院、顺义区中医医院、朝阳区小庄医院、平谷区医院、通州区老年病医院。老防中心社区网络已覆盖稳定人口100万。

医学教育 完成临床医学、护理学、生物医学工程和医学影像4个专业23个班级1416名学生6055学时的教学任务。首次承担首都医科大学国际留学生班教学任务，规范了授课、见习、实习和考试等教学环节。牵头修订了首都医科大学临床医学、护理学专业夜大教学大纲。举办医院青年教师教学基本功大赛，承办首都医科大学师资培训班4次。在首都医科大学第五届青年教师授课比赛中，3人获一等奖，1人获二等奖。加快护理师资队伍建设，遴选28名理论授课教师、34名本专科实习带教教师和1名教学干事。举办了教育部第二届高校临床技能教学青年骨干教师高级研修班。外科学被评为国家级精品课程，神经病学被评为国家级双语示范课程，实验诊断学被评为首都医科大学校级精品课程的建设课程，检体诊断学、外科学总论、外科护理学、神经护理学4门精品课程及医学影像学、神经病学2门双语示范课程通过了首都医科大学复审。神经病学教研室当选国家级优秀教学团队，内科学教研室当选首都医科大学优秀教学团队。

加强研究生学位培养点建设。口腔正畸学专业通过了首都医科大学研究生院和口腔科学系的实地评估检查，被批准为口腔正畸学硕士学位培养点。目前，拥有学位培养点31个（博士培养点16个、硕士培养点15个），导师115人（博士生导师31人、硕士生导师84人）。完成199人次的研究生开题考核和临床能力考核。拓宽研究生视野，举办博士生导师讲座5场。放射科和神经内科博士论文分别获得北京市优秀博士论文一等奖和三等奖，连续7年荣获首都医科大学优秀博士论文奖。新增首都医科大学研究生课程《微侵袭神经外科进展》，承担首都医科大学研究生课程总数居各临床医学院之首。

作为北京市全科医学专科医师培训基地，完成对门头沟区医院和丰台医院“手拉手”帮扶任务，并在北京市全科医师教学基本功比赛中，获得“手拉手”帮扶工作第二名。承办北京地区全科医师带教教师查房比赛，获得好评。组织北京市社区全科岗位实践技能培训，接收全科医师4人、全科医师骨干班10人。制订《北京地区住院医师规范化培训——临床教学查房规范》。本院检验技师培训基地通过了市卫生局的书面审核和实地评审。

继续实行住院医师24小时负责制，对新入院医师进行岗前培训和临床技能培训。完成北京地区住院医师第一阶段5个专业和第二阶段8个专业共计468人的统考。全年承担223名住院医师培训任务，其中20名外培住院医师结束3年专科医师的培训。9人获李绩住院医师奖，7名带教教师获第三届杏林医师奖。

承办国家级继续医学教育项目37项，其中神经内科国家级继续医学教育基地项目7项、技能型培训项目8项；完成市级继续教育项目7项；院级培训19项；承担大型手术转播3次。

国际交流与合作 接待奥地利卫生部长、美国布法罗大学、加拿大卡尔加里大学等来访共9批90人次。邀请外国知名专家、教授开展讲座10次，听众695人次；举办国际会议4次，参会1976人次。外派出国考察、学习、进修和参加国际学术会议181批311人次（34个国家和地区）。开设出国留学人员外事博客，开展了门诊窗口人员英语培训。承接国际合作项目3个，交流活动5批65人次。本院特聘专家马克·哈拉特教授荣获北京市外国专家长城友谊奖。

信息化建设 增强服务患者能力和工作效率，逐步开通电子处方、电子检查诊疗申请单、收费项目清单、触摸屏查询等服务项目。

精神文明建设 开展主题系列活动，全面提升医院精神文明建设水平，开展以“合作共赢，争先创优，为宣医发展立新功”为主题的系列活动，举办了中层干部交谊舞培训、2009年度医院十件大事有奖竞猜、第十二届职工艺术节、歌唱与健康知识讲座、登山比赛和乒乓球比赛等活动，增强团队合作精神和文化素养。加大对外宣传力度，通过报刊发稿、媒体采访、电视电台及网络宣传等方式扩大医院影响，树立医院良好形象。成功救治在夜查酒驾中受重伤的宣武交警何宇，取得良好社会反响。

后勤与基建 以不断推进平安医院建设为主线，确保各项后勤保障服务及时到位。提高医院能源利用效率，建立节能减排工作管理组织，建立各项能源消耗台账制度。严格落实岗位安全责任制，加大对消防、治安、生产、交通和食品安全的监管力度。扎实推进科室成本核算，细化预算管理。连续11年获市卫生局颁发的年度财务决算工作一等奖、财务日常报表工作一等奖。

推进改扩建一期工程和院内改造。进行院内调整改造，完成功能神经外科手术室、监护室、病房的改造和装修；完成康复科门诊的装修。

（撰稿：李雪芬　丁秀娟　审核：吴宇彤）

领导名单

党委书记　王香平
副 书 记　张国君
院　　长　张　建
副 院 长　贾建国　王力红　吉训明　孟亚丰

首都医科大学附属北京友谊医院
北京市临床医学研究所

（宣武区永安路95号）
邮编：100050　电话：63014411（总机）
网址：www. BFH. com. cn

基本情况 职工2471人，其中卫生技术人员2017人，包括正高级职称102人、副高级职称210人、中级职称547人、初级师888人、初级士270人。

医疗设备总值63092.30万元。新增医疗设备总值8818.57万元，其中10万元以上设备148台（件）、100万元以上设备18台（件）。

获奖情况。年内，被评为首都国家安全工作先进集体、全国卫生系统文化建设先进单位、全国无烟医院。重症医学科当选北京市“三八”红旗集体和北京市模范集体。骨科医师唐海当选第三届首都健康卫士，护士长金艳鸿被评为北京市优秀护士，郑一宁获北京市“三八”红旗奖章和北京市先进个人称号。

改革与管理 在网络预约的基础上，开通6条24小时人工预约服务，取消了预约服务费用。完成社区转诊预约试点，满足患者就医需求。拓展客服功能，建立随访平台，自10月启动以来随访1300余人次。

加强医院经营管理。引进预算管理软件，探索在当前体制下医院经济形势和经济政策，调整部分经济指标，更好地调动科室经营以及职工的积极性。继续落实对小金库的治理，完善医院工资外收入的分配制度，实现职工现金分配的细化管理。修改与完善重点岗位内部控制制度数十项，对西药、中药、后勤、医工、三产等重点经济活动部门强化事前防范与监督，促进部门管理自律。

创建节约型和环境友好型医院。实施节能减排项目，降低医院运行成本。锅炉进行了集中智能控制的改造，调整了锅炉启用台数及负荷量，减少人工操作造成的水、电、燃气等能源损耗，节能7%～8%；降低供电系统中变压器电能损耗，全院11台变压器全部更换为高效节能产品，节能达10%以上；全院90%以上的白炽灯泡更换为高效节能灯，节能80%以上；全院路灯照明加装了智能控制，节能10%以上；更换15台新型大功率电茶炉，分时段智能控制，节电30%～40%。

开展创先争优活动。确定“以病人为中心，坚持科学发展，提高医疗质量，提升服务水平，创建人民满意医院”的活动目标，提出立足岗位搞争创，扎实开展创先争优活动。7月2日，政治局委员、中央书记处书记、组织部部长、中央创先争优活动领导小组组长李源潮来医院对创先争优活动进行了调研。《开展创建学习型党组织实施对策与长效机制研究》获市卫生局系统党的建设和组织工作优秀调研成果一等奖。通过多种途径进行医患沟通，召开社会监督员会议3次，收集并处理反馈意见；院内信息员收集并处理反馈信息69件；发放满意度调查问卷1900份。

医疗工作 门诊1790792人次，急诊257542人次，急诊危重症抢救2573例，抢救成功率86%。入院31614人次，出院31437人次，床位周转32.01次，床位使用率100.20%，平均住院日13天，七日确诊率98.50%，出入院诊断符合率99.83%，治愈率53.20%，好转率42.50%，死亡率2.20%。手术32210例，其中大手术7570例、中手术5072例。无孕产妇、新生儿、围产儿死亡。

危重病抢救能力及疑难病诊断能力不断提高。院内急救120全年出诊460余次，抢救成功率86%。心血管中心PCI总量723台，较上年增加14%，其中急诊绿色通道PCI占总量的44.4%；多科协作成功抢救1例罕见NMDA受体脑炎疑难病例。肾内科开展长程透析，解决长期血液透析患者失眠、高磷血症、不安腿综合征等影响生活质量的问题，开设慢性肾脏病（CKD）专病门诊和CKD随访系统，通过规范的一体化治疗，患者肾功能的恶化得到减缓。血液科移植病种不断扩大，尝试治疗噬血细胞综合征疗效明显；建立预处理—移植—移植后长期随访特色治疗体系，取得理想的治疗效果。

开展微创、显微外科技术。普外科在国内率先开展腹腔镜、经肛门内镜联合腹壁无切口左侧结肠癌根治术，经脐单孔腹腔镜小肠间质瘤切除，腹腔镜、胆道镜经胆囊管复合技术治疗胆总管结石以及术中三镜联合治疗继发性胆总管结石，腹腔镜下胃手术、肝脏手术。骨科开展了肩关节镜诊断治疗肩袖损伤、髋关节镜检查和治疗。泌尿科开展全腹腔镜下肾癌根治术和肾静脉癌栓/下腔静脉癌栓取出术，二孔腹腔镜肾囊肿开窗术，可拆卸式软性输尿管镜对上尿路占位的诊断，标准通道的经皮肾镜碎石术，成功用腹腔镜经腹切除1例直径17CM巨大肾上腺肿瘤。妇产科开展了腹腔镜下大子宫切除术和较大子宫肌瘤核出术，腹腔镜下盆腔淋巴结取样及清扫术，此技术已列为四级腹腔镜手术。脑外科开展周围神经源性肿瘤的显微外科治疗，获得满意疗效。

年内，确立医疗工作的四大任务：消除医疗隐患、深化临床路径、规范医疗行为、提高医护质量。开展医疗隐患排查，建立了医疗安全隐患台账，利用医疗安全隐患有奖报告、自查与督查和缺陷管理3个渠道，汇集并逐一解析，解决安全隐患。探索实施临床路径的管理，125个病种实施临床路径，其中内科系统59个、外科系统66个；卫生部试点病种99个、本院自有病种26个。加强实施管理，对实施方案有审核有修订，对终末指标有标准有反馈，对变异有监测有干预，对流程的瓶颈环节有改进措施，并实现出入径管理和终末报表等管理环节的信息化，规范医疗行为，抑制了医疗费用的过快增长，提高了工作效率。

门急诊管理。在停诊、退费、退药、危急值报告、基础医疗质量和服务等方面充分发挥管理职能，门诊病历平均达到90分，处方合格率94%；专家停诊率5.2%，退费率0.82%，较上年均有所下降。提倡门诊、急诊、病房三轴联动，拓展急诊纵深，每日督导收治急诊患者，急诊入院率平均提高10%。通过开展医疗隐患排查，增强了员工医疗安全意识，提高了职能部门的服务意识，形成了长效机制。全年收到表扬信及锦旗539件；投诉比上年降低33.7%，报险案例比上年降低17.4%。

强化培训，增强责任意识。召开了医师大会；组织医疗风险沟通技巧、侵权责任法等培训；完成心肺复苏技能、生命支持设备操作技能和法律法规的培训与考核；完善住院医师医疗管理部门培训和内科住院总医师培训；恢复了中断15年的大内科疑难病例讨论；启动了外科住院总医师培训；加强应急医疗队管理，逐步形成医师培训体系。

年内，进行了多个医疗项目的筹备与调整。3～4月，医务部启动了体检中心和美容中心的筹备；4月，建立肿瘤科，并于9月开放了东侧病区；6月，开设了日间病房；9月，肝移植诊疗科目被批准后，完成首例肝移植病例。4月，外科楼全面启用。3～4月，血管外科与心外科合并成心脏血管外科；6～7月，启用了心脏血管外科ICU、心内科导管室和CCU。9月，筹备精神科；10月，完成输血科申报的准备。调整多个科室布局，优化就医流程，改善就医环境。

加强疾病预防控制管理工作，采取有效措施，提高生物安全管理能力。对新建、改建和搬家的科室在布局流程、制度建立及医院感染要求等进行严格监控。对血透、手术室、供应室、导管室等重点科室、重点环节加强管理。对耐药菌感染控制、抗生素合理使用、手卫生、消毒隔离的重点环节加强监控，制订标准，反馈病历检查结果。医院感染417人，医院感染发病率1.59%。定期发布细菌耐药情况，抗生素合理使用率由81.6%提高到93%。

医保工作。全年医保出院14749人次，总费用2.74亿元，次均费用18567元。荣获北京市持卡就医实时结算特殊贡献奖、北京市社会保障卡工程建设医院信息系统对接成果奖。建立规范运行的长效机制，动态监测医保考核指标，完成医保A类考核指标。

对口支援。年内，40余人分2批赴内蒙古自治区旗县根河、牙克什市人民医院，与2家医院确定了重点科室和支援策略，制订3年支援计划，派出2批8名医师赴2家医院支援，接收2家医院进修医生和护士20人。7月，院长刘建率队赴房山区卫生支农。作为北京市高危孕产妇抢救定点医院，接收房山区第一医院和房山区妇幼保健院转诊的高危孕产妇30余人，抢救成功率100%。医务部和病案科主任多次到受援医院指导病案管理工作，通过完善规章制度、病案管理委员会活动流程、加强病案复印的证据保全，使受援医院的病案管理工作取得长足的进步。援藏干部心血管中心姚道阔、妇产科王陶然，援疆干部普外科王今完成为期一年的支援任务，返回北京。第七批援疆干部副院长阴赫宏、血液内科医师黄达勇启程。急诊科副主任王宇援什邡任务期间，主动请战并担任什邡市医疗救援队副总队长赴玉树，出色完成医疗救援任务，受到灾区人民的赞扬和什邡市委市政府的表彰，当选市卫生局“为群众健康服务的党员之星”。

护理工作 作为卫生部第一批优质护理服务示范医院，3月，正式启动优质护理服务示范工程。护理部制订了实施方案，明确了五满意工作目标：患者满意、社会满意、政府满意、医院满意、护士满意。启动3批25个病区成为试点病房。医院从人力资源、分配机制、支持保障系统、管理模式、激励机制等方面出台了一系列改革措施，把护士从过去诸多的非护理工作中解放出来，把时间还给护士，把护士还给病人。实行护理内容公示制、护士工作责任制，有效地提高了为病人服务的水平。患者自聘护工数量下降95%以上；住院患者、医务人员满意率、基本满意率达到100%。护理文件书写合格率、护理病历书写合格率、基础护理合格率、特级和一级护理合格率、技术操作合格率、急救物品完好率全部100%。

全年发表论文76篇，主编、副主编书籍2部。外科护理学通过了首都医科大学精品建设课程的评审。

申报获批17项系列讲座，组织继续教育课程28讲，达标99.37%。接收护士进修50人，其中三级医院占近20%。为全国及本市培养专科护理人员，其中中华护理学会和北京护理学会共培养专科护士65人。

科研工作 全力打造特色学科，出台了《中西医结合学科建设发展五年规划（草案）》。申报各级各类课题239项，上报198项，中标65项，其中国家自然科学基金13项、教育部基金2项、市科委7项、市自然科学基金6项、市卫生局青年基金5项、市中医局青年基金1项、市中医局基金2项、市教委1项、首都医学发展基金8项、市中医局首发2项、首都医科大学13项、吴阶平基金会2项、校长基金3项。启动医院科研基金，为院内37项课题投入经费111万元。此外，给予上年获资助的各级各类课题82项匹配资金282.41万元，奖励课题组56万元。

2项科研成果被评为北京市科技进步三等奖，1项被评为中华医学奖。“鸦胆子油纳米乳在制备胃肠粘膜保护剂中的应用”获发明专利。“人源基质金属蛋白酶-13的激活剂检测试剂盒”向国家知识产权局申请了发明专利。

全年发表科技统计源期刊论文500余篇，SCI论文25篇，最高影响因子7.8，平均影响因子1.75。主编、副主编专著17部。11月，本院主办的《临床和实验医学杂志》入选统计源期刊。

重点加强对4个优势学科的人才支持。引进、调入人才18人，其中海外留学人员4人、高级职称骨干10人、出站博士后3人。同时，制订海外引才专项计划，成立引进海外高层次人才工作领导小组及专家评议组，负责海归人才的引进审核。

发挥李桓英医学基金会作用。加大对35岁以下人才的培养力度，21人入选第六批人才培养基金资助出国留学项目。为期2年的与首都医科大学联合资助基础与临床合作课题，入选10项，其中本院5项。

李桓英获第二届首都杰出人才奖，奖励100万元。8人入选首批“215”高层次卫生技术人才队伍建设工程培养计划：贾继东入选学科领军人才，李虹伟入选学科带头人，张忠涛、苏建荣、尤红、谷俊朝、张拥波、唐海入选学科骨干人才。张忠涛当选卫生部有突出贡献的中青年专家。尤红入选新世纪“百千万”人才工程市级人选。肝病中心黄坚、感染内科王立魁获北京市留学人员回国择优资助项目。骨科郭艾、超声科钱林学、肿瘤科曹邦伟获北京市“十百千”卫生人才经费资助“百”人才资助。医保中心毕铭华、口腔科黄晓峰、妇产科陈瑛入选优秀人才培养资助。

医学教育 进一步优化导师队伍。在任研究生导师80人，其中博士生导师20人、硕士生导师60人。获批开设6门研究生课程，实现了零的突破。本年度录取研究生71人，其中博士研究生53人、硕士研究生18人。成立了友谊医院研究生会。举办首都医科大学英语见习师资培训班和英语理论授课师资认证培训班。选派3名教师参加首都医科大学青年教师英文/中文授课基本功比赛，分获二等奖和三等奖。

加强临床技能中心建设，作为床旁教学的有力补充。教育教学培养与监管网络系统总体框架已见雏形。开展医学生、研究生、住院医师和护理学生等各层次的技能培训，新增了规范技能培训模块。承办首都医科大学首届研究生临床技能大赛和首届医学生临床技能大赛获奖者汇报演示会。神经病学获批校级精品课程，获批校长基金课题5项。模拟教学设备获市财政局和市卫生局资助502万元。

年内，举办国家级继续医学教育项目28项、市级4项。申报与备案2011年国家级继续教育项目35项。举办短期学习班34次，2846人次参加；为本院职工举办学习班12次，36000人次参加；脱产学习506人；到院外进修12人。

学术交流与合作 公派出国22人次，其中参加会议、学术交流4人次，访问、考察3人次，培训2人次，研修、留学13人次。接待8个国家专家、学者、留学生参观、讲学、见习及学术交流以及香港、澳门地区共17批89人次。

参与承办国际会议3次。10月17～18日，召开由首都医科大学和市中医局主办、友谊医院及首都医科大学中西医结合学系等共同承办的首届北京中西医结合国际研讨会，美国、德国、日本、韩国、中国等国内外中西医结合专家300余人参加，17名专家和学者作了大会学术交流和专题讲演。8月23～25日，召开第六次IDEAL麻风病国际学术会，巴西、哥伦比亚、埃塞俄比亚、印度、菲律宾、泰国、印度尼西亚、尼泊尔、英国、美国、日本、韩国、荷兰等13个国家的24名国际麻风病专家参会。6月16～19日，召开世界心脏病大会，心血管中心教授李虹伟作为主席团成员参会，并作为主席主持应激性心肌病论坛。

与丹麦继续开展临床与基础研究中心的合作项目，签署2010～2016年的合作协议，增加了在消化系统疾病、肝纤维化领域的药物临床研究。同时，CCBR高层管理人员也多次访问本院，推动双方在科研领域的合作。

信息化建设 年内，开展桌面应急演练，通过模拟系统瘫痪后的应急措施，对原有应急方案进行了修订和完善。加大投入，进一步完善干部保健楼的信息系统；建立配液中心信息系统；启用住院患者移动护理系统、护理排班系统；超声科、膀胱镜检查安装了医生工作站，改为图文方式的机打报告；增加放射科、B超排队叫号系统，增加检验自助打印机的数量，编制病理报告自助打印程序；建立视频网，实现干部保健楼的手术影像转播。

后勤与基建 全年完成基建项目36项，通过新建、改造、装修等，为医院医疗、科研、教学工作的开展提供了保障。新建供应室，成立静脉用药调配中心，组建的国际医学部包括国际医疗中心、体检中心、医学美容中心；成立肿瘤科，启用日间手术室及病房；调整门诊楼布局，扩建针灸室，设立急诊隔离病房，改造门诊中西药房，增加服务窗口；完成外科住院楼改造、儿童门诊搬迁等。引入市政热力工程。 （撰稿：王志奇 审核：刘 建）

领导名单

党委书记 魏 玫

副 书 记 张仲民

院 长 刘 建

副 院 长 魏 玫 张澍田 严松彪 张 健 谢苗荣 李 昂

首都医科大学附属北京朝阳医院

（本部：朝阳区工体南路8号）　　（京西院区：石景山区京原路5号）
邮编：100020　电话：85231000　邮编：100043　电话：51821114
网址：www. bjcyh. com. cn

基本情况　职工3729人。院本部职工2824人，其中卫生技术人员2340人，包括正高级职称105人、副高级职称208人、中级职称555人、初级师919人、初级士553人。京西院区职工905人，其中卫生技术人员599人，包括正高级职称31人、副高级职称69人、中级职称188人、初级师152人、初级士159人。

医疗设备总价值69768.3万元。本部医疗设备价值59576.59万元，本年度购置医疗设备总值9865.40万元，其中10万元以上设备680台、100万元以上设备30台。京西医疗设备总价值10191.74万元，本年度购置医疗设备总值195.76万元，其中10万元以上2台、100万元以上1台。

获奖情况。获市人力资源和社会保障局颁发的北京市社会保障卡工程建设医院信息系统对接成果奖及优秀个人奖（杨春燕、陶玉长、梁悦），被市教委评为北京市优秀教学团队，获市公安局集体嘉奖，被市防火安全委员会评为消防工作先进单位。张海咏被市政府评为先进工作者。

改革与管理　启动目标责任管理，进一步深化医院综合目标管理工作。购买朝阳区中纺街3号楼（东门外南小楼）并将其改造为国家呼吸病学重点学科实验室暨朝阳医院实验研究中心。

多处设立意见箱、举报电话，接受群众反映问题。共发放住院病人满意度调查问卷95份，满意率97.95%。

反商业贿赂。对器械采购程序进行规范化管理，主管副院长与全体物资器械职工签订了《廉政风险防范承诺书》，对高值耗材及10万元以上的大型仪器设备采购进行审计。

医疗工作　门诊2575371人次，急诊240051人次，急诊危重症抢救10149人次，抢救成功率97.53%。病床1847张。住院55626人次，出院55344人次，病床周转30.24次，病床使用率92.65%，平均住院日11.04天，七日确诊率97.06%，出入院诊断符合率99.29%，治愈率43.65%，好转率49.96%，死亡率2.33%。住院手术20942例。孕产妇死亡率（本部：0，京西：0.12/万），新生儿死亡率（本部：9‰，京西：1.15‰），围产儿死亡率（本部：17.5‰，京西：0）。

医政管理。开展多渠道预约挂号；推进临床路径试点，实施临床路径的专业8个、病种17个；加强医疗质量监督与控制，加强医患纠纷的协调与处理，全年发生医疗纠纷96起，比上年下降4.95%。

病历质控。甲级病历率98.38%。连任市病案质量控制和改进中心主任委员单位。京西院区对近1万份住院病历进行医疗、护理书写质量的控制，降低了风险，明显提高了病历甲级率，杜绝了丙级病历。在市卫生局组织的病历质量评比中，西区投送的病历全部为甲级病历。

医院感染管理。医院感染率3.6%。按要求录入北京市医院感染监控系统并上报医院感染管理质控中心，数据上报合格率100%。参与了国际医院感染控制协会（INICC）开展的ICU介入性操作相关感染监测合作项目。对1305名住院病人进行了医院感染现患率调查，所有数据录入市医院感染监控系统并进行统计分析。成立了抗菌药物合理使用核心专家组，实行例会制度，对医院感染管理科筛选出的使用特殊抗菌药物的病例进行讨论并提出奖惩意见。修订了《多重耐药菌医院感染防控措施》。制作不同传播疾病的各种隔离标志并细化各项隔离措施，制订了隔离标志的使用说明。

医保工作。全年医保出院24002人次，总费用44724.64万元，人均费用18634元。京西院区医保出院6333人次，总费用1.026亿元，人均费用16200元。年内，建立和完善3个管理体系：医保病人费用控制监测分析体系、临床科室考评评价体系、医保管理员考评评价体系。完成4项基本工作：将医保审核工作前移到科室、制订科室医保工作指标、建立和完善激励与惩戒并重的有效约束机制、建立医保信息上传下达制度。京西院区实施门诊医保持卡实时结算工程，及时稳定了门诊参保人员的就诊量；手术治疗疾病单病种费用管理18种，召开相关院级、科室费用分析会，分解政策标准，推进费用成本核算。

对口支援。探索对口支援模式，建立三级医院—二级医院—社区区域性医疗资源一体化急诊转诊模式，涵盖了2个二级医院和6个社区。建立了重症孕产妇对口会诊转诊机制。派出12批具有中、高级职称的医务人员到对口支援社区卫生服务中心以门诊、会诊、健康咨询、健康课堂等形式进行支援。组织35名医师到潞河医院支援，分2批到满洲里市第一人民医院、新巴尔虎左旗人民医院、新巴尔虎右旗人民医院开展对口支援。接收山西省吕梁6人、内蒙古自治区突泉10人进修，包头医学院第二附属医院2批20名科主任短期参观，新疆自治区巴州医院5名院、科级领导短期参观。派遣了赴青海省玉树抗震医疗队、怀柔区山吧中毒医疗队、赴甘肃省舟曲抗泥石流医疗队等。

大型活动卫生保障。完成北京首届世界武博会、市政府驻华使节国庆招待会、全国医学院校校长讨论会等活动的医疗保障。

护理工作　完善护理规章制度、岗位职责、质量标准51项。护理文件合格率97.4%，基础护理合格率98.7%，特级护理合格率99.5%，一级护理合格率99.13%，技术操作合格率95.6%，急救用品完好率98.7%。

全年发表护理论文65篇，其中统计源期刊40篇。

教学工作。接收实习护生135人。完成首都医科大学护理学院第三临床护理学部内、外、妇儿、人文护理教研室的组建及第三学部首届护理高职班的授课。

培训工作。全年参加护理继续教育学习1021人，参与率99.90%。举办国家级项目1项、市级项目3项、区级项目15项、院级项目10项。完成对新毕业护士的规范化培训及考核。加强了护理人员抢救技能、操作能力、专科专业的培训。

科研工作　作为牵头单位申报各类科研项目214项，合作申报27项。作为牵头单位获批各类政府科研基金项目93项，其中国家级课题21项、省部级23项、局级45项、其他4项，经费5974万元。

推荐曹彬医师申报第十三届茅以升北京青年科技奖；“一种常压低氧染毒系统”申报第二届北京市发明专利奖，申报北京市科学技术奖3项；获批专利1项，协助各科室申报专利4项。王辰等申报的“中国吸烟危害健康的流行病学、致病机理及临床研究”获教育部高等学校科学研究优秀成果一等奖，王辰获何梁何利基金科学与技术进步奖，获外观设计发明专利1项。

全年发表SCI论文72篇，最高影响因子：心脏中心的赵运涛16.255。主编、副主编、主译、副主译专著16部。

教学工作　承担首都医科大学的授课与临床实习：五年制2006级66人、2007级52人，七年制2004级34人、2005级34人、2006级35人、2007级34人，卫生法学四年制22人（生化、药学、检验、卫管），实习32人。住院医师培训241人，其中本院104人、基地137人。招收博士生17人、硕士生（含七年制）84人。

获批国家级和市级继续教育项目22项。参加继续教育765人，达标709人，达标率92.7%。举办大内科讲座20次，传染病培训11次，国家级继续医学教育项目21项、市级项目9项，16000人次参加。教学培训7次，409人参加。脱产学习29人次，到外院进修6人。

国际交流与合作　出国参加学术会议、学术交流、考察和研修32人次，邀请外国专家100余人次来院进行学术、手术交流及访问。接待了美国德州大学休斯敦医学健康中心来访、厄立特里亚卫生部部长友好访问等。

信息化建设　完成《医院信息化建设五年规划》，完善了PACS、LIS、薪资管理系统等。完成医保卡实时结算改造系统、预约挂号体系的建设与改造，建立了诊后预约、114电话实时预约、复诊预约标记等。

后勤与基建　完成北京市消防安全“四个能力”建设中第一年的工作。印发了《朝阳医院安全知识手册》和消防安全宣传卡。对医院消防报警系统、排烟系统、气体灭火系统、消防系统等进行了检修。完成4家物业公司合同的签署并加强了监督管理。国天物业朝阳项目获得北京卫生系统首个“三位一体”ISO 900、14000和18000的质量认证，并获北京市物业管理四星级示范管理称号。

医院本部病理实验楼改造工程动工，包括病理科、心脏中心导管室、血液科骨髓移植病房及营养科等，装修改造约2600平方米。完成医院1.5 T核磁机房的装修。京西院区二期工程立项获批，工程总建筑面积6000余平方米，完成功能布局调整设计、土地预审、环境评估及可行性研究编报工作。

其他工作　新闻媒体对医院报道2468次，其中报纸881次、电视828次、网络719次，医院网站更新文章1534篇、图片287幅。出版《朝阳医院院报》24期。医院拍摄的电视片《妙手仁心大医魂——国医大师方和谦》获第十九届“杏林杯”合作类二等奖，《首都十大健康卫士——梅雪》获短片类一等奖。

承办了北京市呼吸和肺循环疾病重点实验室的启动仪式、国医大师方和谦铜像揭幕仪式、京西院区成立5周年庆典。

（撰稿：黄维佳　审核：吴家峰）

领导名单

党委书记　信　彬
副 书 记　陈　勇
院　　长　封国生
副 院 长　侯生才　沈雁英　高　黎　魏永祥
陈　航

首都医科大学附属北京同仁医院

（东城区东交民巷1号）
邮编：100730　电话：58269911（总机）
网址：www. trhos. com

基本情况　职工3262人（含眼科研究所、耳鼻咽喉科研究所），其中卫生技术人员2712人，包括正高级职称164人、副高级职称265人、中级职称941人、初级师930人、初级士287人、见习期125人；其他专业技术人员170人；工勤人员324人；其他56人。

医疗设备总价值70940万元。年内购置医疗设备总值14256万元，其中10万元以上设备187台（件）、100万元以上设备24台（件）。

5月8日，历经6年建设、占地280亩、一期建筑面积7.9万平方米的昆明同仁医院落成。

获奖情况。医院被评为全国卫生文化建设先进单位、北京市卫生行业信息安全工作先进单位，获北京市社会保障卡工程医院信息系统对接成果奖，摄制的专题片《让光明走向永远》获第十四届中国行业电视节日展评专题二等奖，连续第四年被评为市级消防先进单位，医院成为首批获市教委批准的北京高等学校工程中心的单位之一。传统医学科通过了北京市示范中医科的检查，成为北京地区具有示范带头作用的中医特色专科。张罗被评为全国优秀科技工作者和十佳全国优秀科技工作者提名奖，并在国家杰出青年基金评审中获国家杰出青年基金；王宁利获中国医师奖；韩德民获北京市教学名师奖；朱慧芳当选北京高校优秀辅导员；龚家珍、李春福、鲁纯静获北京医学会医学成就奖，韩德民、燕树林获北京医学会工作贡献奖；秦明照和魏文斌被评为北京市先进工作者；郭彦被评为全国医药卫生系统先进个人；董焕英当选北京市优秀护士；何茵获市卫生局“为群众健康服务的党员之星”称号。

改革与管理　继续开展全过程质量管理信息系统建设，按照医政管理、基础质量工作建设、医疗运行过程质量管理、终末质量评估四大板块开展工作，细化各项控制措施，推进各项工作的进程。同时，注重规范，强调落实，平衡医疗工作效率和诊疗安全、医学技术发展和医疗质量之间的关系。完成终末质量管理新建系统与原有卫生统计系统和医生工作站等系统的对接、结合，核对全过程质量管理系统中终末指标值与传统计算法指标值的差异，实现院内统计信息口径统一。年初，涵盖科室常用的27项基本指标的终末质量管理功能模块正式投入使用。在终末质量和过程质量两个模块相对成熟的基础上，重点开展基础质量及医师技术档案信息化工作，以医疗质量控制软件系统建设需求为基础，搭建医师电子档案中人员资质信息管理（包括医师资质和执业注册管理、处方权管理、手术权限管理、专家库管理、其他资格证书管理）、医师工作质量分析、医师医疗行为技术档案几大模块，在试用中逐一明确各个模块的功能、定义指标和数据来源等。制订了《AFP主动监测及报告制度》《手术安全核查制度》《关于尸体解剖工作的相关规定》等。

年初，成为卫生部临床路径管理试点医院之一，耳鼻喉科成为试点专业，耳鼻喉科4个病种（慢性化脓性中耳炎、慢性鼻—鼻窦炎、声带息肉、喉癌）作为指定的试点病种参与此项医疗管理模式的改革。制订了《临床路径管理试点工作制度》《关于临床路径管理试点工作的补充规定》，在病房护士站信息工作平台上新增“临床路径效益指标查询”功能，自9月开始应用临床路径软件（外挂版）。截至12月底，实施临床路径的患者686例，各试点病种的平均住院日和手术病人术前平均住院日均有不同程度缩短。

创建人民满意医院。继续开设暑期屈光专台门诊，加强出诊力量，尽力满足就诊需求。7月17日，试行双休日全日门诊；11月6日，正式实行。继续推动预约挂号工作，开放多种预约手段，继电话和网络预约后，开通了现场预约。与全国门诊预约挂号平台合作，将南区呼叫中心的预约职能逐步转移到全国门诊预约挂号平台，扩大预约号源，开放全院普通号的40%和专家号的30%为预约号源。继续推行“一日病房”诊疗模式，获批实施的病种和诊疗项目达24项，涉及眼科、耳鼻喉科、普外科、血液内科、肾内科、消化内科、风湿免疫科、泌尿外科、神经内科、妇产科、神经外科共11个临床科室。门诊及出院患者满意度均95%以上。

反商业贿赂。对重点科室、重点部门、重点岗位进行权力确认，明确廉政风险部门、风险岗位和风险环节，进行廉政风险分析，制订廉政风险防范措施和流程，修订相关规章制度。在药品、设备、后勤物资采购、工程项目管理及科研项目经费的管理上，建立制度化管理、信息化控制、标准化流程的公开透明的管理机制，并将此项工作与医院行政管理、医疗业务和医院文化建设结合，形成和谐有序的廉政工作格局。

医疗工作 门诊1974942人次，急诊222043人次，急诊危重症抢救3075人次，抢救成功率91.74%。床位1610张。住院44071次，出院44061人次，床位周转27.62次，病床使用率80.47%，平均住院日10.71天，七日确诊率98.86%，出入院诊断符合率99.78%，治愈率76.43%，好转率21.55%，死亡率0.99%。住院手术29183例。4月30日，成立了日间手术部。5月1日，传统医学科病房正式收治患者，设床位11张。

病案管理。继续以运行病历、内涵质量为病历质量管理的关键点，重点监控手术科室运行病历的质量，常态监控终末病历的质量。甲级病历率98.3%。

医院感染管理。全面开展医院感染防控工作，及时控制突发医院感染的情况并采取措施，防止暴发流行。医院感染发病率1.05%。

医保工作。全年医保出院10285人次，总费用15906万元，次均费用15465元。平均住院日12天。完成医保病人门诊持卡就诊实时结算，将医保政策嵌入医院的HIS系统，建立持续有效的医保指标控制体系。

医疗支援。制订了《城乡医院对口支援工作管理制度》及实施方案，调集临床中坚力量，保证外派任务的圆满完成。组织第九批35名中级以上职称医师支援大兴区医院，并与之签订了区域医疗中心建设的具体实施方案。4月、9月，派出2批4支医疗队分赴内蒙古自治区锡林浩特市人民医院和太仆寺旗医院开展对口支援，完成手术示教144例，疑难病例会诊95次，教学查房187次，门诊1806人次；开展专题讲座70次，受训279人次；健康教育讲课10次，到锡盟妇幼保健院和东乌旗开展宫颈癌及乳腺癌筛查8600人次，参加了太旗骆驼峰乡医疗巡诊、正蓝旗医疗巡诊，并到巴彦希勒卫生室和白彦锡勒中心卫生院进行巡回医疗；医疗队帮助完善各项核心制度，以及技术操作规范；在太仆寺旗医院开展了腹腔镜胆囊切除术、无张力疝修补术、妇产科腔镜手术，在锡林浩特市开展了单孔腹腔镜胆囊切除术等，填补了当地医院的技术空白。接收受援医院4人免费进修。

护理工作 实行护理三级目标管理，完善绩效考核评价体系。挑选、培训一流的护理管理者，护士长竞聘上岗。完善激励机制，评选出医院十佳护士。完善护理质量考评标准，强化护理质量控制。坚持护理部质控护士长每天巡视病房制度、每周质量管理委员会护理质量专项检查、每月全院护理质量大检查、护士长值班夜查房制度，开展危重病护理讨论会，坚持护理专家会诊制度。基础护理99.28分，危重病人护理99.47分，消毒隔离99.57分，文件书写99.63分，抢救车、毒麻药管理99.94分，健康宣教99.94分，技术操作99.14分。

以培养护士的科研意识、做好科研思维和科研方法的基础训练、规范科研工作流程为重点，坚持从临床中来、到临床中去的科研路径。每季度召开护理科研小组会，完善科研科室的考核标准。审阅杂志投稿及参会投稿稿件共65篇。全年在核心期刊发表论文110篇，比上年增长27.9%。申报科研立项9项，获批首都医科大学校长基金项目3项。主编书籍2部，参编1部。

护理教学。选派64名护理教师参加教学技能训练营。完成聘任临床护理教师的测评考核，对测评结果进行分析和反馈，保证护理实践教学环节的质量。实行护理本科实习生毕业科研训练导师制，对在院实习的4名本科实习护生的毕业科研训练进行规范带教，3名护生通过了答辩。眼科修订实习计划，增加专科护理操作实习，在教学中突出医院专科特色。全年完成高职45人眼科、耳鼻喉科特色实习，首都医科大学高职班40人的见习，北京护士学校中专班34人、首都医科大学护理高职45人、混合班大专、本科护生19人的实习。中心ICU作为中华护理学会的教学基地，接收中华护理学会专科护士12人实习，北京护理学会专科护士8人实习；急诊科、手术室、内分泌科作为北京护理学会教学基地，共接收北京护理学会专科护士11人实习。接收外院进修护士64人。

完善培训模式。理论培训以专题形式进行，并以继续教育的形式开展；基础护理技能培训以演练和考核的形式进行，由质控委员会护理操作小组实施，每月2项技能操作。全年举办市级继续教育项目54项、区级55项、单位自管1项；申报2011年国家级继续教育项目3项、市级40项。3人担任市级护理继续教育项目授课老师，7人担任国家级护理继续教育项目授课老师。举办眼科护理新进展学习班1期、五官科护理新进展学习班1期。完成全院1231名护士继续教育学分的审核，合格率99.9%。完成申请江苏科技出版社全国高职高专教育医药卫生类专业“十二五”规划教材——高职眼耳鼻咽喉口腔科护理学的编写。

科研工作　申报科研项目245项，获批84项，其中国家级28项、省部级22项、局级34项；共获资助经费5956.5万元，其中单项资助50万元以上14项。

医疗影像中心王振常教授的“血管性搏动性耳鸣病因及发生机制的影像学研究”和眼科研究所徐亮教授的“基于社区卫生的防盲防慢病模式探索”分别获得教育部高等学校科学研究优秀成果科学进步奖一等奖和二等奖。获授权发明专利3项。

省部共建耳鼻咽喉头颈科学教育部重点实验室通过了评审。北京市高等学校耳鼻咽喉生物研究工程中心正式启动。国家眼科诊断与治疗设备工程技术研究中心完成科技部综合评审，待批复。传统医学科通过了北京市示范中医科检查。推荐上报市科委病理和内分泌重点实验室各1个。

全年发表科技论文798篇，其中SCI收录论文143篇，最高影响因子6.718，平均影响因子1.94。参编各类学科著作19部。

医学教育　年内，选拔骨干教师参加了亚太地区PBL教学研讨会及全国医学教育年会，推荐2名骨干教师参加国际交流师资培训项目并获得奖学金。眼科学成为国家级精品课程，首次申报并获批北京市教学名师1人，内科学获批校级建设精品课程，医学影像学获批校优秀教学团队。上半年，在院本科、高职、中专共8个班级251人，临床医学专升本夜大班46人（44人毕业，20人获学士学位）；下半年，在院本科、高职、中专共8个班级261人。上半年，在读统招研究生228人，包括硕士生176人、博士生52人，其中毕业统招博士生10人、统招硕士生37人，毕业在职博士生13人、在职硕士生17人；下半年，在读统招研究生186人，其中硕士生123人、博士生63人。完成眼科学、耳鼻咽喉科学及临床病理学3个专业的硕士生临床技能统考，其中临床病理学为本年度新增统考点。

继续教育。继续教育学分达标率实现100%。全年举办国家级继续教育项目16项、市级27项、院级727项。以“三基三严”培训工作为重点，举办全员培训4项，参训348人次。完成国内访问学者、基层学科带头人和专业骨干培养，四川省什邡市卫生人才培养，手拉手全科医师培训等各类人才培训项目。完成继续医学教育管理系统（ICME）软硬件的升级。

住院医师培训。全年在培本院住院医师381人，完成第一阶段培训119人，合格率93.1%；完成第二阶段培训84人，合格率100%。外院住院医师完成第一阶段培训17人，合格率94.74%。年内，接收外院住院医师培训39人。在培外院住院医师68人。利用同仁医院在线学习与考试系统，对在院培训第一阶段、第二阶段的住院医师进行综合理论及专业英语考核，参考229人，全部通过。完成北京地区住院医师规范化培训基地的评审，妇产科、病理科、药剂科通过了书面评审并完成实地评审。

全年举办短期专业技术培训班10次，348人次参加；举办急诊急救、传染病防治、安全知识等培训135次，10000余人次参加。全年外出培训160人次，其中医师76人次、护理47人次、技术人员30人次、行政6人次、工人1人次。派出参加首医系统师资培训26人次。接收进修医生6批次309人次。

学术交流与合作　接待美国、日本、法国等专家学者18批100人次参观交流讲学。德国慕尼黑海德堡大学眼科学Jost B. Jonas教授5次来眼科研究所指导眼科流行病学调查、眼科动物实验及眼科干细胞研究。8月16日，印度医生代表团一行5人来院参观访问。香港大学教育学院副院长、嗓音研究实验所所长姚文礼教授一行5人来院进行为期3天的学术交流，并确立了嗓音治疗长期合作关系。5月，医院耳科专家在法国专家Prof. Alexis和奥地利专家Prof. Prinzl指导下，为湖南衡阳的覃女士成功实施了国内首例振动声桥植入手术。

全年派出43人次赴美国、德国、希腊、澳大利亚、日本等国家及中国香港和澳门地区参加国际会议，8 人次执行团中央友好访问任务，3 人次赴美国做访问学者。11 月，院长韩德民带领医院考察团对美国排名前十位的大学及科研机构进行为期 10 天的考察，与美国医疗机构在医疗、科研和医院经营管理等方面进行了交流与调研。

信息化建设 推进全过程质量管理信息系统的建设。完成医保患者查询与预警系统、院长决策分析系统的建立，完善医师电子档案系统，科教处业务流程信息化，《住院医师对教师评估反馈表》和《住院医师轮转考勤月报表》上报流程信息化，采购中心采购流程电子化，门诊病案病人信息及相关医疗信息的录入系统及整理归档。对现有应用软件实现互联互通，并建立了数据中心数据集：完成就诊卡及医保收费信息互联互通，病人信息的互联互通，药品信息的互联互通，人员、科室信息互联互通，影像检查信息的互联互通。通过 HIS 及数字化眼科门诊医生站的改造，医生在门诊可实时预约检查并从网上看到检查结果。眼底图像处理中心及阅片中心可提供专业化、规范化的辅助诊断，提高各级医生的诊断水平。完成数据集成平台的论证及测试，完成软硬件系统的招标与采购，完成系统客户化与上线工作及相关功能的修改与完善。完成急诊留观医保患者实时结算系统的一期改造。

后勤与基建 配合供电局完成医院外线电源及高压配电系统的绝缘耐压实验。完成医院高压直流柜的电池、电容的检修。配合地铁 10 号线修建工程，完成医院后勤基地锅炉房拆迁工作及后勤基地围墙的重建。在医院各个部位配备紧急逃生面具 615 具，监控中心备用 80 具。西区院内停车场配备消防器材箱 12 组，监控中心备用 3 组。

公益活动 “同仁先心病万里行”项目先后赴山西、内蒙、安徽、河北、辽宁等先心病高发区，与当地医疗机构合作开展先心病义诊、知识宣讲等，并开展手术，有 200 余名患儿受益。眼科中心的爱眼·I DO 项目为医疗科研收集有价值的第一手数据，实现了社区、百姓、医院和志愿者的多赢局面。耳鼻咽喉头颈外科中心的复聪之路项目、外科健足千里行项目、内科糖尿病流动医院项目、口腔科爱牙路项目、同仁科技开发公司的新视界爱眼阳光行动项目、同仁南区关爱乳房、关爱健康项目等体现了科室专业特长。“微笑北京、微笑同仁”活动以多学科常见病为对象，以青年为主体，依托志愿者队伍，深入社区和郊区开展健康宣教和医疗便民服务，累计服务万余人次。

年内，医院“光明行”赴孟加拉国，新疆自治区喀什，青海省贵德、互助，吉林省白山、洮南，甘肃省夏河等地治疗 1056 人次。中非光明行，赴非洲津巴布韦、马拉维等国家，为 612 名白内障患者免费进行了复明手术。（撰稿：郑 洁 审核：韩德民）

领导名单

党委书记 韩小茜
副 书 记 韩德民 朱慧芳
院 长 韩德民
副 院 长 韩小茜 王宁利 徐 亮 李天佐 黄志刚 张 罗

首都医科大学附属北京天坛医院

（东城区天坛西里 6 号）
邮编：100050 电话：67096611（总机）
网址：www. bjtth. org

基本情况 职工 2124 人（含北京市神经外科研究所），其中专业技术人员 1901 人，包括正高级职称 128 人、副高级职称 263 人、中级职称 565 人、初级师 800 人、初级士 98 人、其他专业人员 47 人；行政人员 52 人，包括副高级职称 1 人、中级职称 6 人、初级职称 4 人、其他人员 41 人；工勤人员 171 人。

医疗设备总值 38008 万元。有万元以上设备 1902 台（件）、100 万元以上设备 55 台（件），其中本年度购置 400 台（件）。

获奖情况。医院被评为全国医药卫生系统先进集体、全国卫生系统文化建设先进单位。患者服务中心收到表扬信214封。

改革与管理 规范干部公开选拔竞聘程序，对100个岗位进行了公开招聘，177人报名，召开公开竞聘会19次，任免干部53人次，提拔干部12人，免职7人。

以创建人民满意医院为目标，以为群众提供安全、有效、方便、价廉的医疗卫生服务为宗旨，努力提高医疗技术和服务水平，推进资源整合、结构调整、流程优化等一系列措施，缩短等候时间，提高效率，有效缓解看病难问题。

深化人事制度改革，优化人才结构。制订了岗位设置方案。作为市卫生局第一批绩效考核试点单位，成立了绩效管理常务委员会，量化具体考核指标，建立奖惩例会制度。加大人才引进和学科骨干的培育力度，建立栋梁工程和汇聚工程。

医疗工作 门诊1053530人次，急诊94158人次，日均门诊4214人次，急诊危重症抢救7629人次，抢救成功率93.80%。编制床位950张，其中神经外科床位402张。入院26680人次，出院26601人次，床位使用率92.70%，床位周转24.86次，平均住院日13.41天，出入院诊断符合率100%，七日确诊率99.97%，治愈率46.84%，好转率46.69%，死亡率1.66%。手术23822例。

神经外科微创神经外科技术获国家科技进步二等奖。全年向13个协作单位派出支援医师150余人次。全年神经外科手术8714例，其中微骨孔入路手术1例、导航手术147例。神经内科通过专业化改革，设立了脑血管病、癫痫、神经变性病、感染免疫病、神经肌肉病等专业门诊，开设特色筛查门诊，提高了门诊效率，门诊量持续上升。脑血管病中心集中重症监护、神经内科、神经外科、神经介入等专业力量，为脑血管病患者提供方便、优质的治疗平台，开创了这一领域的先河。外科与超声科合作完成超声引导下肝转移瘤微波治疗，开展了胃转流术治疗2型糖尿病。乳腺科开展乳腺癌患者心理康复模型的研究，创建具有中国特色的乳腺癌患者团体心理康复模式——“汝康模式”，并举办了首届汝康乳腺癌康复论坛。呼吸内科开展了气管内超声引导穿刺技术。内分泌科建立了神经内分泌康复诊疗体系，并成功申报国家临床药物试验基地（内分泌与代谢专业）。消化内科开展食道测压及pH值检测、肝癌导管栓塞及化疗术、ERCP及胆道取石术等。心内科开展了冠脉造影、PCI等心血管介入，承担国家自然科学基金资助课题2项。妇产科修订了产科各种制度和规范，作为北京市危重孕产妇抢救定点医院及孕产妇合并脑病会诊中心，全年抢救危重孕产妇38例，29例获市卫生局危重孕产妇抢救奖。急诊介入进一步增强造影和血管内治疗的能力，承担国家“基底动脉粥样硬化患者的活体斑块成像研究及监测”等多项重大课题，并开展了国际合作。麻醉科同神经外科、神经影像、神经电生理等科室配合，采用术中唤醒麻醉、神经介入治疗麻醉等特色技术。急诊科通过了急诊住院医师教学基地的评审。

7月24日，实行双休日门诊。

新技术、新疗法。脑深部电刺激（DBS）术中及术后程控、支气管内镜超声引导下穿刺活检、冠状动脉CT检查、脑肿瘤（胶质瘤）的荧光原位杂交（FISH）检测、TORCH 10项检测及术中脑血管荧光造影技术。

病案管理。严格病案库房管理，开展快递病案复印件工作，减轻了病人复印病案的负担。甲级病历率90%。

医院感染管理。组织全院感染控制培训9次、专题及科室培训7次，2200人次参加。首次举办天坛感染控制宣传周，卫生部及市卫生局领导及本院职工1000多人参加。医院感染率3.75%。被评为北京市医院感染监测先进单位。

医保工作。全年医保出院7124人次，总费用12487.85万元，次均费用17529元。

医疗支援。全年派出12个临床科室的22名医师分8批次到对口支援的昌平区长陵镇、十三陵镇卫生院，在完成正常门诊工作外，组织了儿童健康体检、独生子女家庭成员体检、群众健康体检及妇女病普查共19次，受检6900余人；举办健康大课堂45次，受益800余人次；义诊咨询7次，咨询500余人次；培训医务人员44次，300人次参加。继续支援东城区、丰台区社区，共派出726人次到社区医院工作。年内，与内蒙古自治区包头市中心医院、河北省承德市中心医院建立了技术合作关系。全年赴蒙援建2次，共32人，专家门诊669人次，组织专题讲座23次，培训380人次，疑难病例会诊24人次，免费接收进修医生7人。组建了由16名队员13个专业组成的第二十二批援几内亚医疗队。

护理工作 作为卫生部“优质护理服务示范工程”的医院，启动了13个试点病房，根据患者特点，提供个性化护理服务，公示《分级护理服务标准》，定期进行服务调查，并开展了护士长和责任护士竞聘、星级护理单元和星级护士的评选等活动。住院病人家属陪住率下降20%～30%，服务问卷调查患者满意度100%。重新修订《护理部规章制度》和《护理常规》，成立护理科研小组。护理文件书写合格率100%，分级护理合格率98.4%，简易呼吸操作平均94.7分，急救物品完好率99.37%。

全年带教学生140人，其中首都医科大学第五临床医学院护理高职班42人、首都医科大学燕京医学院护理高职班32人、北京护士学校30人、外院助产班实习生36人。带教老师103人。进修59人。接咨询电话98202人次，参加护理本、专科学习260人。发表护理论文39篇。

预防保健 一类疫苗接种8760人次，二类疫苗接种2128人次，其中民工接种958人次、集体单位接种甲流疫苗1323人次。免费为老人接种流感疫苗3632人次、为学生接种926人次，收费流感疫苗526人次，共计5084人次。管理建筑工地2个，巡查12次，宣传培训2次。为民工接种麻疹、流脑、甲型H1N1流感疫苗440针次。

科研工作 年内，获各类科研课题85项，其中主持国家级项目13项、省部级项目16项。对49项科研课题进行了中期或结题检查。"神经内镜微创治疗颅底病变"、"脑深部电刺激作用机制研究及其在锥体外系疾病中的应用"获教育部科技进步奖二等奖。全年发表论文515篇，其中SCI收录49篇，影响因子最高8.172，平均1.603，核心期刊论文466篇。

神经外科举办了神经外科指南和规范推广学习班、第九届全国神经外科大会，来自国内外的2000余名专家参会。神经内科举办了赛诺菲安万特—天坛卒中教育项目、全国言语障碍、吞咽困难培训班、中国卒中中心建设项目培训班、全国神经危重症管理培训班等，574人参加。麻醉科承办了天坛医院神经外科麻醉高级培训班、神经外科麻醉和脑保护进展研讨会和头面部疼痛的组织化医疗进展学习班。妇产科举办了天坛妇科内镜手把手学习班。超声科举办了术中超声与血管超声提高班。检验科举办了体外诊断学进展与教学改革发展论坛、首都医科大学第五期临床检验诊断实习带教教师培训班。呼吸内科举办了全国呼吸内镜介入技术学习班。药剂科举办了第五届临床药学实践与提高培训班。康复疼痛科召开了第六届全国微创疼痛治疗进展研讨会。儿科举办了小儿神经疾病诊疗暨肉毒毒素治疗进展学习班。

教学工作 完成内科教学基地和影像教学基地的复评，申报3个住院医师基地，取得首医系统第一个经中国医师协会认证的中国医师人文医学执业技能培训基地资格。申报并获批研究生课程"神经放射诊断学"和"颅脑肿瘤学"。医院有博士学位授权专业9个，博士生导师27人；硕士学位授权专业17个，硕士生导师78人。在读博士生65人、硕士生152人。本科生153人，其中五年制大学生5人、七年制148人。完成本科、研究生和护校教学任务，有5名博士研究生、50名硕士研究生毕业。继续医学教育达标率99%，参加率99%。

组织、协办国家级继续医学教育学习班16个、市级学习班3个、区县级学习班9个。组织申报2010年国家级继续医学教育项目16个、市级项目3个、区县级项目8个。国家级继续医学教育备案项目9个、市级备案项目2个。接收进修334人。

信息化建设 加快信息化建设，开展医疗管理的精细化、医疗行为规范化、医疗过程的可追踪、医疗成本分析与控制、科室绩效的自动评价以及重大项目执行情况的追踪管理。完成住院病人家属探视、陪床的动态限额监管，药品库房、药房、病房三级无线条形码物流管理，电子住院证系统的推广实施，检查化验样本的条形码管理，临床医疗信息的数字化采集，在神经内科门诊试运行检查预约的网络化管理模式、数字化手术室的改造等一系列措施。

学术交流 全年派出8批11人次分赴美国、英国、韩国、日本等国家和中国香港、澳门地区进行学术交流、培训考察。

后勤与基建 建立后勤行政查房制度、班组安全员制度，制订和完善各项安全管理规章制度94项，完善应急处置预案26项。进行应急演练7次。重新规范医院装修及改扩建项目的工作流程，通过公开招标，引入实力、规模相对较强的施工企业，确保医院基建工程的质量。完成体检中心、门诊检验大厅、ICU、手术室、食堂、宁养院的改造等28项。

新院筹建 2009年5月，市卫生局正式批复同意本院迁建至丰台区，1500张床位的规模。2009年9月，市保健委员会办公室批复在编制床位外增设干部保健床位150张。2010年9月，市发改委同意医院的迁建工程建设。（撰稿：章兰云　审核：宋茂民）

领导名单

党委书记　宋茂民
副 书 记　姚铁男
院　　长　王　晨
副 院 长　宋茂民　王拥军　张力伟　肖淑萍　周建新

首都医科大学附属北京安贞医院 北京市心肺血管疾病研究所

（朝阳区安定门外安贞里安贞路2号）
邮编：100029　电话：64412431（总机）
网址：bjazyy. hos. 999120. net

基本情况　职工2519人，其中专业技术人员2352人，包括正高级职称130人、副高级职称261人、中级职称934人、初级职称953人、未定人员74人；行政人员137人（其中含专业技术人员111人）；工勤人员141人。

医疗设备总价值87995.76万元。年内购置医疗设备总值17478.78万元，其中10万元以上设备305台、100万元以上设备25台。

获奖情况。年内，被评为首都文明单位、北京市人口与计划生育红旗单位、北京市卫生统计工作先进单位一等奖、区卫生局突发公共卫生事件应急处置突出贡献奖、北京科普教育基地导游词和讲解词评选活动一等奖、北京市优秀科普教育基地、市卫生局营养治疗技能比赛优秀表演奖，《火山口的乐趣》获第十四届中国行业电视节目展评专题类二等奖，《明天是中秋》获北京市卫生系统第十九届“杏林杯”电视片汇映暨“聚焦医患情”异地采访活动三等奖，保卫处被评为北京市消防局先进单位。

机构设置　成立了信息公开领导小组及信息公开办公室。

改革与管理　5月，医院被确定为卫生部首批脑卒中筛查及干预基地。修订了《医疗工作制度》《临时医疗工作职责》《主要院级工作委员会工作职责》等。

继续开展医院管理年和创建人民满意医院活动，强化对医疗质量的控制和医疗安全的管理。12月，对部分住院患者进行了满意度调查，共发放问卷300份，各病房满意度平均分比较（满分11分）：十病房10.88分，五病房10.80分，一病房10.75分，十二病房10.66分，七病房10.59分，三病房10.57分，六病房10.57分，八病房10.54分，九病房10.53分，五病房10.51分，二十一病房10.34分，二病房10.32分；患者对各项医疗过程满意度情况（满分11分）：告知疾病的诊断、病情明确、清楚，10.63分；医生仪表形象良好，10.63分；检查操作前充分知情告知，10.63分；入院时医生询问病史耐心、细致，10.60分；医生每日查房及时、耐心、认真，10.57分；尊重并保护患者个人隐私，10.57分；医患沟通热情主动、责任心强，10.55分；使用自费药物充分知情告知，10.52分；医嘱实施或变更能征求患者意见，10.50分。

反商业贿赂。坚持对党政领导干部进行培训及考评。继续推行院务公开，坚持边学习、边整改、边落实，建立了治理商业贿赂的长效机制。

医疗工作　门诊1014828人次，比上年上升10.4%；急诊86846人次，门急诊抢救6904人次，抢救成功率96.52%。入院37125人次，出院37035人次，床位周转38.82次，平均住院日10.68天，七日确诊率97.25%，出入院诊断符合率99.50%，治愈率38.32%，好转率56.47%，死亡率1.24%，孕产妇死亡率1.9‰，新生儿死亡率0，围产儿死亡率7.87‰。住院手术13263例，比上年增加1981例，其中心脏手术6998例（不包括心外科覆膜支架术），比上年增加1217例，心脏手术中冠状动脉搭桥2903例。心血管内科完成冠状动脉造影15833例、PCI 7716例、永久起搏器742例、房颤射频消融685例。

开展的新技术、新项目有：HLA不相容骨髓干细胞移植诱导心脏移植后的免疫耐受临床研究取得重大突破，扩展脓毒症及脓毒症性休克的治疗，胰岛素泵治疗，72小时血糖监测，引入尿红细胞形态显微镜检查，独立实施妇科恶性肿瘤的腹腔镜下淋巴清扫术，单孔腹腔镜手术，保留生育功能的宫颈癌根治术，子宫内膜癌腹腔镜下全子宫＋双附件切除＋盆腔淋巴清扫术，人乳头瘤病毒（HPV）HC2法检测，引入藻酸盐自动搅拌机，改进阻塞性呼吸暂停综合征的治疗，应用软膜矫治器，引进国内首台 Nd：YAG 水激光牙周治疗仪，引进 Leica 公司的全自动免疫组化染色机，引进新型蜡块及切片打号机，应用心脏远程实时移动监护系统，冠脉内旋磨术、OCT 等，实施冠脉血流储备分数测定，实施粪便转铁蛋白测定。

病案管理。结合卫生部新颁布的《病历书写基本规范》，对全院医师进行培训，并修订了病历书写基本规范。重新调整病案管理委员会，并制订了工作章程。将数字化病案网上调阅系统进行升级，实现网上调阅 143863 份次。进修医师、新入职医师、轮转医师病案书写培训 5 期 442 人次。全年再住院病历、死亡讨论、教学等借阅 1327 份，医疗保险、物价、药理基地、教学、输血科、其他上级检查等各种查阅 934 份。特殊病历保管 290 份，封存病历 29 份，解封病历 57 份。出院病历常规复印 21800 人次。甲级病历率 92%。

医院感染管理。继续着力进行重点环节重点监测，及时反馈重要信息。配合小儿心脏科的扩建，提供了医院感染管理的意见和建议。在检验科细菌室的配合下，对新扩建病房和监护室进行了本底监测。完成与北京医院感染质量控制与改进中心监控系统的数据接口，继续研发医院感染实时监控系统。医院感染率 3.45%。

医保工作。全年诊疗 36605 人次，医保患者出院 11664 人次，总费用 3.93 亿元，次均费用 33693 元。市、区医保中心来院来电检查大额费用病历 80 次，审核大额病历 544 份。

医疗支援。安排 82 名医师到大兴区医院、怀柔区妇幼保健院和怀柔区第一医院开展对口支援活动。组织专家到怀柔区妇幼保健院开展专项讲座 3 次，听众 100 人次。3 月，与内蒙古自治区巴彦淖尔市临河区医院建立了对口支援关系，全年组建 7 批医疗队赴临河区医院开展工作，共 12 个科室 23 人次，涉及心内科、神经内科、呼吸科、妇产科、普外科、超声科 6 个专业。11 月，派人赴青海省心脑血管病专科医院和海东地区民和县医院考察，并建立了对口支援关系。全年免费接收对口支援医院进修 22 人次。

护理工作 年初，启动了优质护理服务示范工程。11 月，正式启动护理志愿服务项目，截至年底，有 63 人完成 3 次以上的护理志愿服务。

加强护理流程管理，提高临床护理质量，规范安全用药，完善护理信息化。全院护理质量检查平均分：急救物品药品 99.30 分，病历书写 99.21 分，病房消毒隔离 99.31 分，治疗室无菌技术 98.54 分，病房管理 97.63 分，基础护理 99.01 分，危重病人管理 97.36 分。

新增和修订护理文件 33 个，其中制订操作考核标准 2 个、质控检查标准 4 个，新增护理文件 6 个，修订文件 12 个、质控检查标准 9 个。

新入职护士 102 人，培训合格率 100%。护士岗位培训 409 人，学分达标率 100%。获批市级继续教育项目 4 项、区级 3 项，完成率 100%。全年各级各类培训 1169 人次，培训率 99.92%。

全年论文投稿 45 篇，公开发表 31 篇，其中 65% 发表在核心期刊。

科研工作 申报科研项目 210 项，获批立项资助 99 项，中标率 47.1%。共获科研经费 4185.2 万元，其中国家级 32 项，1740.10 万元；省部级 28 项，2093.30 万元；人才基金 11 项，99 万元；其他 28 项，252.80 万元。

心内科马长生的“心房颤动导管消融的临床研究与推广应用”获国家科技进步二等奖，获教育部科技进步一等奖 1 项、北京发明专利奖 1 项、北京优秀青年工程师 2 项。

全年 SCI 期刊收录论文 68 篇，在全国医疗机构排名第 52 位。

5 月 17 日，北京医疗系统第一家院士专家工作站在本院正式启动。

经过遴选，本院成为首都十大危险疾病科技支撑体系心血管病领域成员单位。

医学教育 招收研究生 138 人，其中博士后 6 人、博士生 41 人、硕士生 84 人、七年制 7 人。毕业研究生 132 人，其中 22 人获博士学位、108 人获硕士学位（另 2 人学位论文尚未完成）。

作为市卫生局执业医师、执业助理医师考试点之一，全年接收 430 人。完成专科医师规范化培训 71 人。市卫生局拨款 16.2 万元。

国际交流与合作 全年接待外宾 143 人次。办理出国手续 439 人次，其中访问、考察、交流 16 人次，参加国际会议 271 人次，长期进修 9 人次，旅游、探亲 143 人次。

1 月 15 日，由市卫生局、法国大使馆、法国道达尔集团合作建立的北京中法急救医学培训中心在本院召开了管理委员会会议。

信息化建设 重视网络安全，严格执行内网安全管理策略。定期更新病毒定义库，全年未发生影响全院的网络瘫痪事故。配液中心完成针式摆药机安装所需的网络环境构建。规划新门诊综合楼内网络，拟订了技术指标。完成门诊检验报告单自助打印机的试用。

完成医保病人门诊及住院刷卡实时结算的HIS改造和实施；完成医联码相关的HIS改造和实施；完成收费项目分类的审核及数据导入导出；继超声心动图后，完成普通B超图文报告系统的实施；完成HIS系统与医院感染上报系统的导入导出功能；完成传染病报告系统的改进4项；完成财务处相关功能的改进12项；完成药房药库相关功能的改进15项；完成病案流通软件的改进6项；完成检验科质控系统与LIS系统的接口；完成升级后的微生物系统、试剂管理系统和血库系统的实施；完成医生护士信息系统培训10次。

对医院网站进行改版，提高了网站的互动性，实现了电子审核功能；在外部网站增加了医院专家查询模块和安贞院报栏目，对体检中心模块进行3次项目及价格更新；建立了“医院信息公开”栏目、“创先争优”党建专栏；与特需门诊合作搜集本院知名专家资料信息。全年内部网站发布消息209篇、外部网站112篇。

1人作为专家参与国家指导性文件和标准《健康信息学》的制订，1人作为北京市代表参加了卫生部《电子病历基本架构与数据标准》及《基于电子病历的医院信息平台建设技术解决方案》的制订。

基本建设 完成老病房楼、集体宿舍楼、洗衣房东楼15254平方米的房屋安全鉴定。进行地下管网勘查，并绘制地下管网图。1号宿舍楼工程完工，新门诊楼工程进入收尾阶段。启动门诊楼改造及医院三期医技病房楼的前期批复工作，并提交了立项申请。扩建了小儿心脏中心病房。

其他工作 全年组织健康大讲堂9次，约960人次参加，发放科普材料1100份。本院专家参加北京人民广播电台《健康在线》节目12次。43名医生报名参加了朝阳区健康教育科普讲师团。组织院内院外义诊咨询活动14次，咨询5240人次，组织科普讲座5次。门诊及病房发放健康教育处方约4万份。病房举办科普讲座260次。

4月28日，召开吴英恺院士诞辰100周年纪念大会，北京各大医院专家教授近300人参会。

（撰稿：许　峰　审核：张兆光）

领导名单

党委书记　伍冀湘
副 书 记　程　军
院　　长　张兆光
副 院 长　伍冀湘　倪　鑫　陈　方　周玉杰
　　　　　　周生来

首都医科大学附属北京世纪坛医院

（海淀区羊坊店铁医路10号）
邮编：100038　电话：63925588
网址：www.bjgrh.com.cn

基本情况 职工2073人，其中卫生技术人员1675人，包括正高级职称71人、副高级职称145人、中级职称419人、初级师723人、初级士217人、见习人员100人。

医疗设备总价值34963.24万元。年内新购置医疗设备总值5129.33万元，其中10万元以上设备42台、100万元以上5台。

获奖情况。获北京市社会保障卡工程建设信息系统对接成果奖、市卫生局优秀网站奖、第二届全国医院药事管理优秀奖。于方被市政府评为先进工作者，赵爱民获北京市青年五四奖章，路明获国家西部大开发突出贡献奖，冯兴中获全国中医药科学普及金话筒奖，姚琦获北京大学青年教师教学演示竞赛医科类二等奖，陈军伟在北京市职工职业技能大赛中获营养厨师（白案）组第三名、黄赐成获营养厨师（红案）组第五名。

机构设置 4月7日，成立了社区卫生服务中心、疾病预防控制处和输血科；6月1日，成立了功能神经外科；12月23日，首都医科大学批准本院成为其附属医院，并建立肿瘤医学院；12月24日，市卫生局同意医院更名为首都医科大学附属北京世纪坛医院。

改革与管理 创建人民满意医院。继续开展感动式服务，强调临床一线人员为病人服务、职能和后勤部门为临床一线服务的理念。导医台全年接待各类咨询154365次、陪诊14694人次、咨询电话13701次、预约和收取报告16399人次，对20215人进行了出院随访，随访率80%。对45283人进行满意度调查，满意度90%以上。

全年拒收红包101人次，金额38800元；拒吃请135次；收到表扬信322封、锦旗140面。发放医德医风问卷42351份，综合满意度94.29%，门诊患者满意度93.2%，住院病人满意度93.56%。对1638名医务人员进行医德考评，其中优秀14.95%、良好85.05%。

医疗工作 门诊1008447人次，急诊38461人次，急诊危重症抢救2660人次，抢救成功率99.25%。入院23699人次，出院23599人次，床位周转26.66次，床位使用率91.28%，平均住院日12.5天，七日确诊率99.99%，出入院诊断符合率99.92%，治愈率40.45%，好转率54.93%，死亡率3.11%。住院手术8533例。

开展新技术、新疗法26项，报市卫生局备案第二类医疗技术18项。

病案管理。完善病案流通示踪系统，实施了病案扫描，优化工作流程，大幅提升了工作效率。甲级病历率99.77%，

医院感染管理。加强对各类传染病的控制，对甲型H1N1流感重症病例进行临床资料调查，排除重症病例2例。对全院人员进行培训1434人次。院内感染率1.70%。

医保工作。全年医保出院8290人次，总费用13185.02万元，次均费用15905元。

医疗支援。加大城乡医院对口支援工作力度，与良乡医院等5家受援单位签订了对口支援协议，并派出4批队员支援良乡医院。选派具有副高级以上职称的12人分2批支援内蒙古自治区库伦旗和奈曼旗医院。副院长路明完成为期3年的援藏任务，被评为国家西部大开发突出贡献先进个人。主要由本院医务人员组建的第二十一批援几内亚医疗队回国。年内，承担了对玉树灾区为期3年的医疗支援任务。

护理工作 护理文件书写合格率98.6%，护理病历书写合格率98.6%，基础护理合格率94.3%，特级、一级护理合格率94.3%，技术操作合格率100%，安全护理合格率96.9%，急救药品完好率100%，病房质量安全管理、消毒隔离管理、分级护理管理均达标，全院护理综合满意度93.62%。成立了护理操作技能小组，活动5次，分组立项18项，就静脉留置针、PICC、深静脉换药、肠内营养等作了调研和检索。接收哈尔滨医科大学、通辽职业技术学校、黔东南大学、北京护士学校、首都医科大学等150名护理专业学生的临床实习。

全年基本理论培训14次、基本技能培训和考核20项。完成161名临床护理带教老师1253人次的测评和36名护士长1456人次护理带教的测评。遴选出44名教师参与教学工作。组织11个科室的21名护士长、教学骨干就教学重点及护理病历的书写进行了培训。完成护理教学382学时，继续教育讲座24次，共7041人次参加。完成765名护理人员的继续教育管理，通过了市卫生局继续教育的审核。

科研工作 获国家级、省部级课题和协作课题12项，立项课题52项（其中国家自然科学基金4项），经费425万元；院级课题37项，经费70万元。

全年发表科技论文249篇，其中SCI收录3篇、核心期刊149篇、统计源期刊95篇。参编著作4部。

医学教育 开展院级继续教育讲座24次。申报2011年国家级继续教育项目6项、市级继续教育项目4项。成为首都医科大学教学基地，承担护理学院4+2大专班临床教学工作。申报北京大学医学部硕士生培养点3个，推荐硕士研究生导师6人。招收研究生33人，其中北京大学医学部20人、首都医科大学13人。

国际交流与合作 选派赴美国、德国、意大利进修学习3人，参加国际学术会议9人次。举办了第二届国际癌症论坛暨第三届院士论坛、国际心血管论坛、第三届血管外科手术与介入治疗并发症的预防与处理等学术会议。全年来院讲学交流10余人次，涉及肿瘤学、急诊和变态反应等。与澳大利亚新南威尔士州威尔士王子医学研究所进行重大国际科研合作，单项经费突破100万元。

信息化建设 完善HIS系统功能，开展医联码、门急诊信息上传系统改造等10余项。进行系统修改升级100余次，新增系统业务用户100余个，最高并发用户800余个。网络工作室开发了“基于web的北京世纪坛医院人才招聘系统”。启动了办公自动化系统建设。

基本建设 完成血液透析室的装修改造、内部停车场的改造，病理科、同位素室的改造，ICU、产房、

新生儿病房的改造，教学楼二层的改造，门诊楼A段玻璃幕墙的改造，内分泌科、眼科手术室、膀胱镜室、办公楼的改造工程，住院部2号楼及教学楼节能改造，放射中心改造工程等，总面积6000平方米。

其他工作 建院95周年，开展了以“知院、爱院、和谐、奉献”为主题的一系列文化活动。参加庆典的社会各界知名人士300余人，全国人大委员长韩启德、副市长丁向阳等领导为本院题词，卫生部部长陈竺、科技部部长万钢、铁道部部长刘志军发来了贺信。

开展扶贫义诊活动。院领导带队赴内蒙古自治区通辽奈曼旗、库伦旗医院开展义诊及学术交流活动，促进了受援医院医疗、服务、管理水平的提高。

（撰稿：肖久庆　审核：李　凯）

领导名单

党委书记　周保利
副 书 记　刘长春
院　　长　封国生（至10月）
副 院 长　徐建立　刘　伟　尹金淑

首都医科大学附属北京中医医院

（东城区美术馆后街23号）
邮编：100010　电话：52176677（总机）
网址：www. bjzhongyi. com

基本情况 职工1302人，其中卫生技术人员1093人，包括正高级职称70人、副高级职称126人、中级职称250人、初级师300人、初级士347人。

医疗设备总价值20893万元。新购置医疗设备总值1524万元，其中10万元以上设备25台。

获奖情况。获第三届全国医院卫生文化建设优秀成果奖、北京市医保一等奖，被评为全国医药卫生系统先进集体、全国中医医院信息化示范单位。针灸中心被评为北京市模范集体，呼吸科病房被评为国家青年文明号，中医本科班获北京高校优秀示范班级。刘存志被评为全国优秀科技工作者，王麟鹏当选北京市为群众健康服务党员之星，张智武被评为2009～2010年度北京高校十佳辅导员，赵国敏被评为北京市优秀护士，王传凤、温荣民分别获国家医学教育发展中心优秀护理教师一、二等奖。《精诚大医赵炳南》专题片获第十四届中国行业电视节目展评三等奖。

机构设置 儿科更名为儿科诊疗中心。

改革与管理 年内，制订整改落实方案20余项，院科两级修订完善规章制度75项，各种便民措施40项。

突出中医特色、优势。制订《中医药“特色回归年”工作实施方案》，对临床科室进行了考核。为第四批全国老中医药专家学术经验继承工作注入保障经费100万元。完成医院团队带团队的新名中医培养项目。开设膏方门诊，将第一批5种小膏药（医院内制剂）推广至全市社区。加强优势病种及中医特色优势病种诊疗规范的管理、考核，以及乳腺病中心、糖尿病足中医诊治单元的建设。医院饮片处方比例32.4%，制剂处方比例9.6%，中医特色处方比例42%，中药处方比例70.6%，中医非药物治疗比例9.1%，门诊中医治疗率53%、中医参与率83%，病房中医治疗率54%、中医参与率98%。以全市第一名的成绩通过了市中医局绩效考核管理检查。

加强质量管理。完成护理质量管理委员会的改组，实施委员会－护理部－科室三级护理管理体系。恢复非手术科室总医师，出台了《非手术科室住院总医师培养办法》。制订《手术分级管理办法》《手术安全核查制度（试行）》，加强对手术人员资质的审核和术前讨论的管理，规范术前讨论的格式及内容。对危重病人管理实行“关口前移”。组织相关法规培训和学习班32期，出版《案例分析》4期。

加强医院应急防控工作。修订《应急预案》，制订了《水灾多发疾病的中医防治方案》《地震灾害后骨科疾病的中医治疗方案》和《突发灾害中医应急救援基地建设方案》。救援队从20人调整到30人，增加骨科、外科、皮科、针灸科队员并实行了年轻化。

8月，医院接到甘肃省舟曲救援任务后3小时完成医疗队组建开赴灾区。

制订了《科室绩效工资二次分配管理监督措施》《招标药品遴选工作规范》。严格落实招投标制度，对招标工作的过程及程序进行全程监督，并与中标单位签订了加强行业廉洁自律约定书。与92名中层干部签订党风廉政建设责任书，与参加招标药品遴选的23名专家签订了招标药品遴选专家廉洁自律承诺书。全年接到举报信4封、投诉意见16件、表扬信7封、建议7条，122人次拒收现金约43000元、礼品60余份、红包及购物卡59个。发放门诊及住院患者满意度调查问卷2863封，对医护人员满意度99.28%，患者对就诊流程、就诊环境满意度96.47%。收到出院患者回复的满意度问卷136张，患者对医疗技术满意度98.5%，对服务态度满意度99.2%，对环境设施满意度99.2%。

医疗工作 门诊1531978人次，急诊29662人次，急诊危重症抢救540人次，抢救成功率98.7%。床位583张。住院11608人次，出院11578人次，床位周转19.03次，床位使用率93.87%，平均住院日18.06天，七日确诊率98.12%，出入院诊断符合率99.19%，治愈率20.48%，好转率75.77%，死亡率1.74%。住院手术2001例。

完善《新技术、新项目管理办法》，举办新技术、新项目论证会，批准了免疫三氧辅助治疗恶性肿瘤、经皮肾造口术等5项新技术。

病案管理。甲级病历率97%。定期召开病案管理委员会会议，适时组织培训。重点掌控病历中间、终末环节，实施专人负责，编码录入，做到名称规范、查找方便。

医院感染管理。院内感染率1.4%。重点宣传手卫生预防医院感染的重要性，组织专家讲课、培训，全年没有发生医院感染暴发。

医保工作。全年医保出院7313人次，总费用10948.77万元，次均费用14972元。继续保持了医保A类医院的荣誉。建立门诊拒付费实时监测机制，颁布《医保奖惩制度》《医保拒付费用处理办法》，编写了《医保常见问题解答》，开辟《为您服务》中的医保专栏，出版了《医保专刊》。

医疗支援。派出兼职、挂职医务人员赴西藏2人、内蒙古自治区21人、青海省2人、甘肃省2人、四川省1人、本市延庆县20人；青年志愿者火炬行动1次；派出5名专家骨干赴青海省玉树地震灾区和甘肃省舟曲泥石流灾区进行医疗援助；优先、减免费用接收受援单位进修27人；建立以名医师带徒为主要形式的对口支援交流模式，做到“派出一支队伍，带好一所医院，服务一方群众，培训一批人才”，确定肛肠科、心血管科、急诊科、肾病科为重点帮扶专科，带动其他科室建设，提高受援医院的整体水平。年内，参加受援单位义诊专家1290人次，讲授健康教育课38次，咨询诊治病人30000余人次，开展适宜新技术21项，建立规章制度41项，捐赠《实用中医手册》等5万余元。

社区医疗。门诊5610人次，中医治疗602人次，西医治疗382人次，免费测血压215人次，发放宣传材料1592份。接收对口支援社区卫生服务站医生来院学习20人次，中医名师带徒15人，专家对口支援54人810人次。家庭保健员培养13人，完成中医辨识调养法对社区5种慢性病的干预研究表150份，冠心病中西医结合干预表60份，中药预防甲型流感观察表76份，伸筋术干预颈椎病观察表60份，体质辨识表330份。健康宣教24次，受益近800人次。中医专家社区讲课：糖尿病知识讲座2次，受益80人次；肛肠病知识问答1次，参加50人；骨关节病疑难解答20次，参加600人次；更年期妇女骨质疏松1次，参加110人；中医经络操2期，参加60人次。

护理工作 修订了《中医辨证施护要点》《2010版质控检查标准》。开展健康宣教。参加院外专科进修5人，培训班56人次，学术会议10人次，取得专科护士资格证书2人，取得急诊急救专项技能资格证书28人。继续加强“三基三严”培训，完成护理技术操作考核8项，参加考试217人，全院护士在OA网上在线理论知识考核2次。

全年检查护理病历228份，合格率95%；基础护理1362人次，合格率95%；危重病护理116人次，合格率95%；毒麻药品、抢救用物6240件次，合格率100%；消毒隔离、无菌物品合格率100%。完成护理论文10篇，学术交流论文6篇。举办院内中医护理查房3次。

年内，接收护理专业实习生67人，举办实习生岗前培训6期。组织护理教学小讲课比赛1场，71份课件参赛。完成“好医生”国家级继续教育项目1项，授课15学时；市级继续教育项目1项15学时；区级继续教育项目3项39学时；院级继续教育96学时。举办援非英语国家护理培训班1期42天，15个国家的31人参加，医院33名护理人员参与授课。

科研工作 全年申报课题76项，纵向课题中标24项，其中国家级3项、省部级4项、局级17项，获科研经费235.7万元。在研课题66项，结题29项。

发表科技论文280篇，其中SCI论文1篇，影响因子5.653。出版著作9部。完成中华中医药学会成果申报3项。

医学教育 完成首都医科大学及北京中医药大学中医药专业186名毕业生的实习。完成首都医科大学中医专业本科理论授课553学时，带教见习228学时。完成06级38名学生授课，共计17门课程。完成05级本科生57名毕业实习和就业工作及06级本科生37名在院毕业实习。完成首都医科大学国际学院07级、08级90名学生临床见习。招收硕士研究生17人。完成07级19名研究生的论文答辩和学位授予，就业率100%。完成在院研究生46人的教育教学及培养工作。

完成继续教育439人，制订了继教管理规章制度，实行专人管理。短期学习班7次396人，举办本院职工学习班25次6500人次。职工脱产学习12人，选送到院外进修24人。

完成北京市“125人才”Ⅰ类人员业绩情况调查及上报工作。完成第三期北京市中医药人才培养计划的上报工作，申报Ⅰ类人才6人、Ⅱ类人才8人、Ⅲ类人才30人。

学术交流与合作 接待外宾参观考察399人次。举办国际培训班7期，涉及39个国家，培训152人次：商务部技术援外项目4期100人，针灸班、中医药培训班3期52人次。接待中国澳门、朝鲜、马来西亚、瑞典、埃及等国家和地区的学员进修6人次。因公出国3人次。

信息化建设 医院信息化建设基本完善，逐渐从医疗业务范畴向医院管理方面扩展。医疗业务方面，增设了门诊自助打印化验单系统、门诊分诊叫号系统、药品及耗材价格公示系统。医疗管理方面，完成超声RIS（报告）系统升级，临床医生可直接在医生工作站调取图文报告。完成合理用药监测系统、手术排班系统、重点患者管理系统、患者过敏管理系统、住院病历质控系统、体检医生工作站系统、门诊医保患者持卡实时结算系统的建设。行政管理方面，完成部门考核管理系统、节日值班管理系统、医院公章使用管理系统、消防巡查记录系统、薪酬管理系统的建设，试运行人力资源管理系统。后勤管理方面，完成总务库房医疗耗材管理系统的上线。科研教学管理方面，完成教育考试系统、中医专家经验继承系统的建设。信息技术方面，完成服务器虚拟化应用，实现节能减排。

后勤与基建 完成中西药房合并（含地下药库）780平方米、门诊内科660平方米、病房楼和门诊楼不锈钢护栏380平方米、手术室380平方米、自管平房980平方米、制剂室楼道360平方米、研究所楼道和门窗460平方米的装修、改造。

其他工作 继续编发《医院信息》和《政工简报》。完成《国医大师贺普仁和他的针灸团队》《服务群众的党员之星王麟鹏》等宣传片的拍摄。完成医院31名专家到中央电视台2台《健康早班车》“100天健康大行动”系列电视节目的录制。编辑发行了《中医养生馆系列》《专家介绍》《中医告诉你得了病怎么办》《北京中医医院服务礼仪与文明用语手册》。

（撰稿：刘　斌　审核：徐春军）

领导名单

党委书记 陈　誩
副 书 记 江宏才
院　　长 王莒生
副 院 长 金　玫　王笑民　王国玮　徐春军

首都医科大学附属北京妇产医院 北京妇幼保健院

（东院区：朝阳区姚家园路251号）　（西院区：东城区骑河楼街17号）
邮编：100026　电话：85976699　邮编：100006　电话：65250731
网址：www. bjogh. com. cn

基本情况 职工1292人（含派遣人员132人），其中卫生技术人员1007人，包括正高级职称42人、副高级职称77人、中级职称252人、初级师372人、初级士264人。

医疗设备总价值25849万元。本年度购置医疗设备总值4147万元，其中心电监护仪、麻醉机、呼吸机等10万元以上设备64台，彩色超声波诊断仪、全自动酶标仪、数字胃肠机等100万元以上设备11台。

获奖情况。医院被评为全国卫生系统卫生文化建设先进单位、首都卫生系统文明单位、消防工作先进单位。电视片《爱洒人间》被国务院妇女儿童工作委员会办公室、中华全国妇联宣传部评为第四届女性风采优秀电视作品。潘迎被评为北京市民主党派年度优秀人物，超声科主任医师陈焰被中国医学影像技术研究会超声分会妇产科超声专业委员会授予终身贡献奖，原产科主任、妇产科教授黄醒华被评为第三届首都健康卫士。

改革与管理 把深入开展医疗质量万里行活动与探索建立医院管理长效机制相结合，促进医疗质量和管理水平的不断提高。按照《医疗质量万里行活动检查标准》进行了自查，并对查出的问题进行了整改。

落实医疗质量和医疗安全制度，加强督导与检查，健全了医疗质量管理委员会、医疗纠纷鉴定委员会等。医疗纠纷鉴定委员会对医疗不良事件进行定性，对责任人提出处理建议，对医疗工作提出整改措施。继续坚持医政查房和教学观摩查房，定期召开全院临床交班会和临床工作会。

严格卫生技术人员准入的管理，90余名医务人员办理了《母婴保健服务考核合格证（助产）》。按诊疗科目执业，全面梳理医疗技术，建立了医疗技术目录。对临床、医技人员进行《侵权责任法》等医疗卫生行业相关法律法规培训3次，补充、修订《手术分级管理目录》，严格手术准入制度，制订了《执行<手术安全核查制度>暂行方案》等，并加强监督落实。建立医疗技术风险预警机制，完善并实施《医疗技术损害处置预案》。进一步落实首诊负责、三级医师查房、疑难病例讨论、危重患者抢救等13项核心制度，保证合理检查、合理用血、合理用药。产科、妇科被卫生部评为国家临床重点专科，并获国家补助资金资助。医院成为第一批卫生部四级妇科内镜手术培训基地。加强“三基”培训，重点放在心肺复苏。坚持住院总医师上岗前培训、心肺复苏操作技能考核，组织全院医技人员进行了输血知识培训。

方便患者就医。门诊挂号、窗口预约及电话预约3种挂号方式相结合，东、西两院区同时开放周末全天门诊，产科增加出诊医生。新增女性尿失禁门诊、青春期保健性早熟门诊、母乳喂养咨询室等。11月，东院区门诊大厅设立警务工作站，每天有民警在挂号高峰时段打击号贩子。门诊患者满意度98.60%。

反商业贿赂。深入开展党风廉政建设和反腐倡廉工作。确定将自筹项目中的服务类采购作为医院的重点工作，将合同到期的所有服务类项目参照公开招标流程在院内进行议标，既降低了采购过程中的廉政风险又降低了项目费用。

医疗工作 门诊878125人次，急诊20354人次，急诊危重症抢救5例，抢救成功率100%。床位504张。入院25451人次，出院25444人次（其中成人24154人次、新生儿1290人次）。分娩11490人次，分娩婴儿11741人。床位周转54.29次，床位使用率96.28%，平均住院日6.35天，七日确诊率99.89%，出入院诊断符合率99.70%，治愈率74.59%，好转率25.01%，死亡率0.04‰。手术76054例，其中住院手术20541例、门诊手术55513例。无孕产妇死亡；新生儿死亡率1.36‰，纠正后0.51‰；围产儿死亡率6.19‰，纠正后2.72‰。

病案管理。各科住院总医师以上人员每月自查出院病历500份，超过出院病历的20%。医务处每月抽查20份运行病历及终末病历。完成手术病人核查，并在病历中增加了《手术安全核查表》。聘请专职终末病历质控专家，每月对全院出院病历进行抽查。定期召开病案委员会会议，讨论病历中的问题，制订对策。全院病历电子化，增加了患者知情同意内容。

医院感染管理。全年对临床科室的空气、物表等生物监测，合格率100%。感染22例，感染率0.09%，无漏报，病原学送检率68%。医疗器械消毒灭菌合格率100%。无Ⅰ类手术切口感染。

医保工作。医保结算7003例，其中基本医疗保险2264例、生育险3509例、单病种1230例。医保出院5371人次，总费用3279.86万元，次均费用6107元。医保门急诊结算186511人次，次均费用297元。1月6日，通过了北京市医保中心验收。1月26日，成为本市第五批门诊持卡就医实时结算的定点医院。

医疗支援。作为本市具备产前诊断资质的5家医疗机构之一，与12家具有产前筛查资格的医疗机构续签产前诊断转会诊协议，规范了产前诊断的转会诊流程。选派医师45人赴内蒙古自治区宁城，本市延庆、房山、顺义、平谷、大兴等区县开展卫生扶贫及支援社区工作。继续与东城、崇文、朝阳、宣武、丰台5个城区签订了对口支援社区协议。产科主治医师王小榕在西藏拉萨市妇幼保健院工作出色，得到好评。12月，产科副主任医师丁新赴新疆自治区和田地区洛浦县人民医院工作。

护理工作 全院护士进行理论考试和护理操作考核，培训了产房、手术室、肿瘤、NICU的5名护士，对急诊室护士进行成人心肺复苏、除颤仪的培训和考核，对产房、NICU、手术室护士进行了新生儿窒息复苏的复训，对全院护士进行了成人简易呼吸器的培训。对产科临床护士开展了母乳喂养理论知识和技能培训，组织护士长在国际母乳喂养周为孕妇和家属提供母乳喂养咨询服务。

开展护理示范病房，妇科三病房、产科一病房将分级护理标准公示，取消家属陪住，降低陪住率，加强基础护理，每月2次征求病房患者的意见。7月29日，开设母乳喂养咨询室，正式接待产妇和家属，是本市唯一的试点单位；10月，开设了母乳喂养小班课程，针对大孕周准妈妈进行母乳喂养技能的培训。

补充与完善护理制度。建立了护理投诉档案、人员档案及护理质控检查的反馈追踪制度。护理文件书写合格率98.2%，护理病历书写合格率96.5%，基础护理合格率98.2%，一级护理合格率98.5%，技术操作合格率97.5%，急救物品完好率100%。患者满意度平均98.60%。护理满意度98.81%，护理优良率98.12%。

全年在统计源期刊发表护理论文24篇，出版了《新生儿护理技术》。接收协和护理学院、北京护士学校助产班、首都铁路卫校、山东省潍坊卫校等120人次的本科、大专、中专的护理临床实习和见习。全院护士继续教育参与率100%，达标514人，合格率99.81%。作为朝阳区继续教育基地，完成基层妇幼保健护理人员240人次的培训和指导。

科研工作　申报各类基金64项，其中国家自然科学基金16项；申报院级课题26项，立项16项，资助16.78万元。局级以上纵向研究课题立项34项，获资助475.96万元，其中国家级3项、部委级3项、市级7项、局级21项。多渠道横向协作资助项目11项。

全年发表论文202篇，SCI收录9篇，最高影响因子4.31，平均影响因子2.00。出版专著1部。出国参加国际学术会议8人次、国内学术会议47人次。

首次与首都医科大学妇产科学系和18个区县妇幼保健院联合举办了学术年会，利用引智项目召开了第二届妇科内分泌国际会议、第五届全国微创诊疗理论与实践论坛、中美高危产科麻醉与分娩镇痛学习班暨首都医科大学—美国西北大学分娩镇痛研讨周。作为牵头单位，举办了市科委重大项目“妇女常见肿瘤——乳腺癌和宫颈癌预防控制和规范性诊疗研究”启动会和年度进展汇报会。

1月18日，启动申请国家药物临床试验认定项目，修订、编纂技术规范、标准操作规程和应急预案381份，规范标准流程8项。组织63人参加了网上药物GCP培训；各科联系人到外院参观学习，并邀请院外专家进行项目培训8次，以及考核督导、资料归档，进行模拟认证2次。9月10～11日，5个专业科室申报国家药物临床试验机构资格认定，通过了国家食品药品监督管理局的现场检查验收，等待卫生部审核批复。

医学教育　培训妇产科学住院医师82人，其中年内接收13人。完成第一阶段临床能力考核106人、第二阶段临床辅助检查考核及临床病例答辩66人。申报国家级继续教育项目5项、市级4项。完成本市区县、河北省石家庄地区及四川省什邡市学科骨干培训4人，湖北省巴东县人民医院学科骨干正在培训中。

年内，招收博士研究生3人、硕士研究生15人，2011级推荐免试生1人、2005级七年制10人。组织研究生开题考核18次、临床能力考核7次。组织学位论文答辩会10场，31人参加并通过答辩获得学位，其中获博士学位4人、硕士学位27人。在读统招博士研究生8人、硕士研究生42人、七年制18人。作为北京护士学校分校，完成助产专业39名学生理论课的学习与考试，进入临床实习。

妇女保健　两癌筛查。完成2009年工作总结及数据分析报告。本次筛查共检出乳腺癌266人，标准化后乳腺癌检出率为44.98/10万。检出宫颈癌及癌前病变（CINII，CII III）602例，标准化后检出率79.02/10万。年内，部分区县继续开展两癌筛查工作，加上用人单位、社区等组织的妇女健康体检，全年妇女病普查950094人，妇女病患病率38.6%（妇科及乳腺良恶性疾病）。根据卫生部《农村妇女“两癌”检查项目管理方案》的部署和要求，2009～2010年，在怀柔、顺义、海淀、朝阳、平谷、延庆6个区县开展国家农村妇女乳腺癌检查项目，在怀柔、顺义同时进行宫颈癌检查项目。2009年1月～2010年12月，完成乳腺癌筛查24266人，检出良性肿瘤499例，确诊乳腺癌13例，其中早期癌3例；宫颈癌筛查31133人，检出宫颈癌2例，癌前病变34例。市卫生局、妇幼保健院对参加项目检查的妇科、宫颈细胞学、乳腺临床、乳腺超声、乳腺X线摄影等医疗技术人员进行分类培训、操作考核，组织市级专家从工作开展情况、组织管理、环境、仪器、操作流程、服务能力、检查结果等方面对项目进行了质量控制，确保项目的落实。

妇女多发病防治。修订《北京市妇女多发病防治工作管理与技术规范》，组织了生殖道感染防治技术培训，并对宣武、海淀共20家医疗保健机构进行了专家现场质控。召开了北京市生殖道感染防治工作观摩会。结合本市肿瘤登记处的数据，完成2000～2008年度宫颈癌、乳腺癌发病率、死亡率变化及各年龄段发病情况趋势分析。

围产保健管理。进一步规范助产技术服务标准，组织助产新上岗人员培训，573 人参加。修订了《开展助产技术服务的医疗保健机构的基本条件》，完成一、二、三级助产机构的助产评估标准和评估方案。8 月 10 日～10 月 25 日，进行助产机构的市级验收，涉及 16 个区县各级助产机构 20 家。召开北京市危重孕产妇抢救病例 973 例评审及市级孕产妇死亡评审会 3 次。协调急危重症孕产妇转诊、会诊及抢救工作。深入基层妇幼保健机构和助产机构进行围产保健管理及业务指导，撰写了北京市近几年剖宫产率现状分析。完成卫生部母乳喂养咨询室项目——母乳喂养现状问卷调查，组织相关医院参加了卫生部母乳喂养临床干预培训班。

产前筛查与产前诊断管理。完成全市婚前保健上岗人员复训考核 120 余人。组织专家对 15 家婚检机构进行现场审核。编发了《婚前医学检查咨询手册》。规范化管理产前筛查与产前诊断，完成产前筛查与产前诊断专业技术培训 4 期，总计培训 600 余人次。完成产前超声筛查 150 余人的现场操作考核，安排 29 人进修。协助市卫生局组织专家对本市产前诊断机构专业技术人员进行现场考核 35 人。撰写了《北京市产前筛查与产前诊断转会诊制度》。完善北京市遗传咨询考核题库及超声考核图片库，修改完成产前超声筛查及诊断工作规范。对 5 家产前诊断机构及 18 家产前筛查机构上报的数据进行质量控制。制订本市出生缺陷监测评估督导方案，并开展培训，完成对国家级监测区县的督导。完成 19 家出生缺陷监测机构上报数据的质控。

计划生育与预防艾滋病母婴传播管理。召开全市计划生育专家研讨会，讨论修改相关医疗文书，发放到各区县妇幼保健院。组织市级专家对抽查的 18 家医疗机构进行督导。对全市 182 人进行口服避孕药临床应用的继续教育培训；举办全市新上岗人员计划生育技术岗前培训班 2 期，共培训 367 人。开展了预防艾滋病母婴传播工作督导。举办预防艾滋病母婴传播培训班，培训 158 人。

儿童保健　本市 7 岁以下儿童保健覆盖率 98.2%，系统管理率 92.2%，定期体检率 94.2%，听力筛查覆盖率 87.9%。新生儿听力筛查覆盖率 91.99%，新生儿疾病筛查率 99.48%，可疑患儿复诊率 91.04%。婴儿及 5 岁以下儿童前三位死因为早产低体重、先天性心脏病及出生窒息。5 岁以下儿童低体重患病率 0.19%、发育迟缓患病率 0.16%、消瘦患病率 0.13%。3～6 岁儿童肥胖患病率 4.77%。0～2 岁儿童佝偻病患病率 0.07%。0～6 岁儿童贫血患病率 3.58%。

儿童保健管理。年内，免费开展了新生儿先天性疾病筛查、0～6 岁学前儿童健康检查。开展适宜技术培训，发放《北京市儿童保健记录》10 万册，为儿童建立了健康档案。撰写政府实事绩效评估报告，对 6 个区县进行绩效评估实施情况的抽查。

婴幼儿保健。完成《北京市妇幼卫生监测工作手册》《北京市妇幼卫生监测工作监督指导与评估手册》。完成对 7 个区县共 7 家医院 5 岁以下儿童生命监测工作，对 4 个全国监测点区县（原东城区、原西城区、原崇文区、怀柔区）和 1 个非全国监测点区县（海淀区）进行地段儿童生命监测质控督导。完成 2009 年监测数据分析报告与 2010 年生命监测医院质控总结。出台《北京市 5 岁以下儿童死亡评审规范》，对可能发生儿童死亡的医疗保健机构相关人员进行了培训。在西城区、昌平区分别举办了以“提高儿童保健系统管理质量，规范社区儿保门诊工作”为主题的市级观摩活动。

学龄前儿童保健。完成市级示范幼儿园验收 19 所、早教示范基地验收 23 所、分级分类验收 35 所和阳光体育活动验收 6 所。完成 2010 年国民体质监测北京市 3～6 岁儿童体质监测工作，完成对 16 个区县儿童体质现场测试的质量控制，收集、审查 16 个区县测试队近 6000 份监测数据。

儿童常见疾病管理。为全市社区配发经皮血氧仪进行青紫型先心病辅助筛查，完成社区人员仪器操作的培训。完成髋关节脱位筛查、先天性心脏病筛查听诊实习、听力筛查新技术等培训。将北京市新生儿听力筛查运作模式推向全国。完成散居儿童保健常规中听力筛查、先心病筛查、髋脱位筛查及口腔、眼保健等内容的修订。

儿童精神心理发育管理。召开残疾儿童服务座谈会，提出了残疾儿童预防与干预康复工作的建议。继续加强社区监测网络干预管理试点工作，开展全市发育迟缓儿童发育监测质控，对昌平、丰台、通州、门头沟、顺义、密云等 6 个区县妇幼保健院及相关社区进行了工作指导及质控指导。完成 DDST 筛查技术的培训及资格考试、发育监测质控观摩培训、儿童早期发展与发育偏离干预知识讲座及全国 GESELL 诊断技术的培训。完善门诊 DDST 软件与 GESELL 软件，在 20 个社区卫生服务中心试用。

新生儿疾病筛查管理。在完成采血登记终端建设的基础上，重点进行了区县妇幼保健院的质控管理系统和北京市筛查中心综合管理系统的建设。对采血登记终端程序进行了修改和更新，系统二期程序包括实验室检验结果的实时发布、数据管理及质控信息、区县追访数据管理及质控管理信息，已投入使用。电子病历及短信通知的平台建设正在进行中。年内，实现全部足跟血检查结果的网上查询。完成卫生部《新生儿遗传代谢性疾病筛查诊疗常规》的修订。协助完成世界城市及儿童健康计划“十二五”规划中有关新生儿疾病筛查的部分工作。完成全市166856份标本的检测。新生儿筛查门诊3500人次，咨询电话1500余次。

妇幼保健群体信息工作。完成卫生部“妇幼保健机构资源与运营专项调查”的全市培训、数据审核及分析报告。完成市统计局“妇幼保健宏观指标库”的建设及2005~2008年相关数据的收集、整理。负责北京市妇幼保健网络信息系统和保健部局域网的运行维护等。

培训宣教工作。7名妇保医师和5名儿保医师承担本市社区预防保健医师、社区防保人员上岗的培训、授课、考核任务；举办大型筛查技术培训班15期，1643名儿童保健人员获得证书。举办各类妇幼保健培训班及讲座131期，培训11647人次。

门诊工作。亚健康门诊15862人次，健康体检4000人，儿童保健门诊4922人次，静脉取血2485份。

学术交流与合作 接待美、英、加、法、德、柬、土等多国官员和专家11批54人次来访。派出14批15人次赴美、英、德、日等国家和港、澳地区访问、考察、培训，参加国际学术会议。9月21日，英国牛津大学授予医院“21世纪胎儿与新生儿发育标准研究项目”中国地区优秀中心证书。

信息化建设 完成东、西两院HIS新、旧系统的切换，实现并网运行，东、西两院间患者可以自由转科，自由选择挂号、缴费、处置的院区。推广HIS功能，完成病理图文系统、合理用药系统与库房管理系统的上线。完成HIS系统客户化需求改造600余项，确保医保卡结算的顺利进行。完成HIS磁盘阵列扩容与磁盘阵列级容灾备份以及HIS系统的中期验收。

推动门诊预约挂号服务，调整门诊预约政策并进行多次程序改造，优化完善12580预约挂号系统，并获得无线信息产业界北京地区金奖。产科复诊患者预约率由不足40%升至90%，术后复诊预约率与全院复诊预约率达90%与50%以上。

基本建设 完成西院区主楼的装修改造，妇科微创中心、妇科肿瘤科和计划生育科迁回西院区。

其他工作 全年出版院报《妇幼之声》6期。4月，全院职工为青海省玉树地震灾区捐款79960元，共产党员献爱心捐款30865元；11月，“善行天下，温暖患儿”慈善捐款23270元。

（撰稿：于　延　李一辰　审核：曹连元）

领导名单

党委书记 曹连元（至12月）　滕红红（自12月）
副 书 记 贾王彦
院　　长 曹连元
副 院 长 滕红红　李　坚　张为远　苏　跃　田宝朋　赵　娟

首都医科大学附属北京儿童医院

（西城区南礼士路56号）
邮编：100045　电话：59616161
网址：www.bch.com.cn

基本情况 职工2120人（含合同制），其中卫生技术人员1806人，包括正高级职称106人、副高级职称148人、中级职称476人、初级师657人、初级士419人。

医疗设备总值53625万元。本年度购置医疗设备总值7400万元，其中10万元以上设备182台、100万元以上设备10台、1000万元以上设备1台。

获奖情况。被评为全国医药卫生系统先进集体、首都文明单位、新中国企业精神60佳、首都平安示范医院、北京十佳医院等。急救中心被市妇联、市总工会、市人保局授予北京市“三八”红旗集体。以李仲智教授为带头人的儿科学教学团队被教育部评为国家级优秀教学团队。宋庆龄基金会授予胡亚美、张金哲医学成就奖。张金哲被国际小儿外科学会授予终生成就奖。杨永弘被俄罗斯医学科学院儿童中心授予名誉教授称号，被俄罗斯医学科学院实验医学研究所授予荣誉博士称号。贾立群被评为全国医药卫生系统先进个人、北京市先进工作者、北京市“群众心目中的好党员”。云桂芳被评为北京市先进工作者，获北京市“三八”红旗奖章。张克玲被评为北京市优秀护士。

机构设置 成立了医患关系协调办公室。新住院处正式启用。市中医局批准医院成为首批中医药“十病十药”临床研究基地。

改革与管理 试行医师立体化管理，将门诊管理模式由松散式、平面管理改为专业组长负责、门诊公共平台支撑、专业及门诊共同发展互相保障的立体化管理模式。规范进药程序，定期进行处方点评和住院医嘱审核，成立医院合理用药管理组织，利用信息系统对用药情况进行动态监测及超常预警，定期对门诊、住院病人抗菌药物使用情况进行动态监测与分析。对医师进行了《侵权责任法》培训。

创建人民满意医院。召开行风办工作会，研讨医疗服务、院务公开等工作，不定期进行抽查；举办法律法规和职业道德培训、知识答卷、专题讲座。聘请社会监督员6人、党风监察员19人。发放门诊、住院病人问卷570余份，整理意见和建议172条，综合满意度97%以上。

反商业贿赂。年内，职工参观了预防职务犯罪法制宣传展览；邀请张金哲院士讲医学专业精神培养，局纪检领导进行法律知识辅导等；组织党员干部观看反腐倡廉警示教育片《以案说纪》；组织法规知识答卷，职工受教育覆盖面和政策宣传知晓率100%。

医疗工作 门诊2236689人次，急诊174099人次，急诊危重症抢救71975人次，抢救成功率99.9%。床位1073张。入院42349人次，出院42380人次，床位周转40次，床位使用率93.4%，平均住院日8.5天，七日确诊率100%，出入院诊断符合率99.8%，治愈率41.6%，好转率53.1%，死亡率0.3%。住院手术15992例。

新技术、新疗法。全国首例石骨症单倍体造血干细胞移植成功，首例同一供者外周血干细胞捐献给2个地中海贫血患儿移植成功。外科开展了免疫靶向治疗在复杂难治小儿恶性肿瘤的应用和微波消融技术治疗小儿实体肿瘤。眼科开展泪囊鼻腔吻合术，眼底激光手术，泪道激光、造影，泪道内窥镜治疗复杂泪道疾病；鼻窥镜下DCR手术；眼底病的筛查；视觉敏感度检查；先天性青光眼手术治疗。牙科开展了全身麻醉下的儿童牙科治疗、唇腭裂婴儿的术前正畸治疗。血检室开展了加入氟达拉滨进入预处理方案进行单倍体造血干细胞移植、CD55+/CD59+细胞的流式细胞仪检测、凝血因子项目。血液中心与泌尿外科合作进行难治复发横纹肌肉瘤和肾母细胞瘤的联合诊治，与神经外科合作开展中枢神经系统肿瘤患儿的术后化疗，与中医科合作开展中药辅助治疗实体瘤患儿化疗后骨髓抑制以及食欲不振、呕吐等症状。

病案管理。出院病历42380份，应质控38053份，实际质控26374份，质量控制率69.3%；甲级病历率99.3%。

医院感染管理。医院感染率1.65%。制订了《重点感染部位的医院感染预防与控制》。发放医院感染管理工作手册200余套。进行医院感染现患率调查，现患率0.93%。开展了呼吸机相关性肺炎、中心静脉导管相关性血流感染、多重耐药菌感染等目标性监测。实施6种Ⅰ类手术切口围手术期预防性应用抗菌药物方案，在用药规格、用药时间等方面有了很大改观。

医保工作。全年医保出院4770人次，总费用4525.70万元，人均费用9487.84元。制订了《门急诊持卡实时结算前期准备工作制度》《医保实时上传对帐工作管理制度》《门诊持卡就医实时结算操作员工作管理制度》。完成门诊患者持卡结算工作，在门诊摆放了《医保患者就诊流程图》《持卡患者就诊须知》等。

医疗支援。卫生支农22人，讲课22次，来院进修1人。支援社区80人，讲课15次，来院进修1人。省际对口支援28人，讲课59次，带教61人次，来院进修8人。接收国内进修医师280余人，对优秀进修医师进行了奖励。疑难病会诊90例，外出会诊418例。定期组织专家赴长春市儿童医院出诊。签署了支援怀柔区第一人民医院等协议，定期派专家出门诊、查房，接收受援单位医师来院进修，建立了就医绿色通道。扶植满洲里市妇幼保健院、山西省大同市第一人民医院，临床专家指导临床工作，并接收进修医师。谢向辉参加市卫生局第六批援藏医疗队，开始为期3年的援藏工作。

护理工作 4月，新生儿内科病房成为第一批优质护理服务试点病房；7月，医院被市卫生局确定为优质护理服务示范工程市级重点联系医院；8月，确定8个病房为第二批试点病房。所有试点病房床护比均达到1:0.5，提出“只陪不护”、“塑造具有专科特色的优质护理”的理念。试点病房通过多项措施，将病人的基础护理与专科护理紧密融合。简化护理书写，采取实时表格式护理记录。制订了《护士规范化培训制度》《护士规范化培训细则》《小组制责任制护理实施方案》《责任护士工作职责》；修订了《护理人员执业资质准入及管理制度》《危重患儿抢救制度》等24项制度。护理文件书写合格率98.2%，基础护理合格率97.84%，特级护理合格率98.84%，一级护理合格率97.86%，技术操作合格率100%，安全护理合格率99.99%，急救物品完好率99.99%。

年内，参与了中华护理学会《儿科护士手册》的编写及《护理实训教材——儿科护理分册》的修订。在各类期刊上发表论文69篇，其中统计源期刊34篇。

全年接收实习护士189人、见习82人、专科护士实习和见习70人。

年内，举办国家级护理继续教育项目2项：国际护理管理培训班、儿科急诊及危重症抢救技术培训班。申报并完成区县级认可项目50项。作为北京护理学会继续教育分会场，承担继续教育课程10次。申报完成国家级继续教育课程2项："新生儿常用护理技术及管理"和"小儿心脏病护理及进展"。有79名护士参加了各类培训班和学术交流会。

加强低年资护士的培养，制订《护士规范化培训总则、细则》和《各科护士规范化培训细则》，并编写了《护士规范化培训手册》。安排工作满3年、已转正护士轮转急救室或ICU病房2个月，共计25人。有404名护士利用业余时间参加各类成人大专、本科的护理学历教育。选派8名护士参加了ICU、急诊、内分泌、手术室、静脉输液等5个项目的专科培训。护理操作督导延伸到临床一线全体人员，抽考556人，平均优秀率94%，比上年提高了6%。邀请友谊医院李惠娥对全院带教老师进行护理病历书写的辅导；举办第四届临床带教老师讲课比赛，15名老师参加；输液小组培训3次；护理操作督导专项培训6次。

创刊《护理简报》，每季度1期，每期4版，500份，全年出版5期。

科研工作　申报课题108项，中标38项，其中国家自然科学基金6项，资助经费177万元；卫生部课题及科技部重大新药创制等国家级资助项目6项，共1929万元；市自然科学基金、市科委首都特色学科、市教委科技平台建设等资助项目23项，经费745万元；其他项目3项，经费13万元。在研课题92项，结题43项。

全年发表科技论文494篇，其中SCI收录36篇，中国科技论文统计源核心期刊458篇，平均影响因子3.369。出版专著7部。

举办和承办了第四届全国儿童皮肤病会、国际儿童血液肿瘤大会、小儿神经系统疾病新进展及遗传代谢病学习班等学术活动。

医学教育　毕业后教育189人。住院医师第一阶段考核：儿内科61人、儿外科9人；第二阶段考核：儿内科26人、儿外科7人。20余家医院的30名住院医师到儿科专科医师培训基地培训。社会化培训学员53人，有9人完成培训。非基地科室住院医师全部参加了基地培训，毕业住院医师6人，涉及耳鼻喉、眼科、影像、药剂、检验等专业。

组织了毕业生及社会化学员100余人次的岗前教育。加大对住院医师论坛、夜巡诊等教学活动的管理。开设社会化学员临床病例讨论的教学活动，由学员进行病例报告，聘请专业教师进行指导和点评。

参加继续教育1341人。专业技术人员继续教育学分达标率100%，通过了市卫生局继续教育学分登记审验。申报国家级继续教育项目11项，新申报7项、备案4项；申报区级继续教育项目10项。为湖北省巴东地区培养学科带头人2人、北京市及河北省石家庄地区培养骨干5人。举办临床教学大查房50期。

承担首都医科大学教学任务，03级毕业23人，04、05级儿科方向学生共47人，06级临床医学、儿科方向七年制学生60人，06级临床医学五年制学生40人。北京护校教学06级毕业47人，07级40人进入生产实习，接收08级新生49人。录取研究生58人，其中博士研究生7人、硕士研究生51人。

举办短期学习班11次，1061人次参加。为本院职工举办学习班11次，162人次参加。

国际交流与合作　接待美国、英国、加拿大、俄罗斯、意大利、法国、丹麦、澳大利亚等国家外宾29批89人次，其中参观访问12批49人、合作项目及学术交流17批40人。外宾完成手术50余例；讲座11次，听课800余人次。出国46批71人次，其中参加国际会议49人、培训2人、进修学习6人、访问考察14人。与外方合作及交流项目14项。

信息化建设　对核心机房进行了整体改造。为二级机房增加了温湿度监控系统与门禁系统，为收费处等重要部门的应用系统配备了单独的UPS机房。参与市卫生系统网站评比，调整了站内部分架构设计。HIS系统的门诊一卡通系统、门诊预约挂号系统成功上线，完成门诊医保实时结算和大通合理用药系统软件接口的改造。完成LIS系统各科新设备的连接、全院病房条码打印接口程序的更新。

基本建设 更换了电话交换总机。更新了暖气管道、暖气干管总阀门。完成技能中心、煎药室、内综二临时病房、老楼门诊配电间等装修改造工程40余项。对门诊楼和病房楼的消防报警设备进行了全面维保。 （撰稿：刘京艳 审核：李仲智）

领导名单

党委书记 沈 颖
副 书 记 蔡 红
院　　长 李仲智
副 院 长 申昆玲 张 建 罗 毅 谢向辉

首都医科大学附属北京安定医院
首都医科大学精神卫生学院

（西城区德外大街安康胡同5号）
邮编：100088 电话：58303078（院办）
网址：www.bjad.com.cn

基本情况 职工855人，其中卫生技术人员667人，包括主任医师20人、副主任医师34人、主治医师73人、医师56人、未定级13人，护士365人（副高级职称6人、中级职称77人、初级师167人、初级士100人、未定级15人），医技人员67人（正高级职称3人、副高级职称3人、中级职称31人、初级师21人、初级士1人、未定级8人），药剂39人（副高级职称3人、中级职称12人、初级师11人、未定级13人）；行政人员18人；后勤人员86人；相关技术人员84人（副高级职称2人、中级职称12人、初级师37人、初级士3人、未定级30人）。

医疗设备总值4098万元。本年度购置医疗设备总值1226万元，其中10万元以上设备13台、100万元以上设备3台。

获奖情况。医院被卫生部评为全国医药卫生系统先进集体，被市卫生局评为首都平安示范医院，党委书记任玉良被评为北京市优秀思想政治工作者、"讲党性、重品行、做表率"创先争优先进个人，院长马辛被中央保健委员会评为中央保健工作先进个人，海慧芝获健康时报特别荣誉奖，崔永华被评为卫生系统全国青年岗位能手。

改革与管理 重新审视医院的定位和将来的发展方向，提出了"跨越式发展"的战略思路。继续强化三级甲等医院职能，以急、重、疑难为临床诊疗定位，发挥重点学科、教学、科研优势，将医院的特色专业做强做大。完成《安定医院"十二五"发展规划》的编制。

创建人民满意医院。按照医院管理年考核评价标准，将加强法制教育、依法执业、规范医疗行为、完善规章制度和医疗质量管理体系、提高临床服务质量并持续改进、提高应急能力和现代化管理水平作为各项工作的重中之重。同时，进行法律、法规培训96次，13185人次参加。本年度患者满意度99%。

反商业贿赂。制订了《2010年度廉政风险防范管理重点工作实施方案》《招标采购管理办法》《内部招标采购流程（试行）》《经济合同管理制度（试行）》《药品遴选制度（试行）》等，进一步规范医疗行为。全年主动退还红包34人次，包括38920元的现金及近4000元的购物卡，主动上交红包6人次2000元。收到表扬信35封、锦旗14面。

医疗工作 门诊255871人次，急诊4546人次，急诊危重症抢救26人次，抢救成功率96.15%。床位800张。入院4229人次，出院4239人次，床位周转5.30人次，床位使用率103.9%，平均住院日101.11天。七日确诊率92.07%，出入院诊断符合率96.96%，治愈率15.27%，好转率81.08%，死亡率0.12%。

病案管理。加强环节病案的质控，严格落实医疗核心制度；加强医生对病历书写规范的正确认识，特别是3天记录一病程的要求，确保记录的准确性、及时性及完整性。制订了电子病历相关制度。全年甲级病历率95%。

医院感染管理。根据院内感染工作特点，加强季节性传染病的防控。做好卫生宣教，加强手部卫生，做好工作人员的自我防护，防止交叉感染。本年度医院感染率1%。

医保工作。全年医保出院1913人次，总费用4160.56万元，次均费用21748.88元。对门诊处方及住院病历实行常态管理机制。进一步严格管理手册，维护网络安全，及时调整数据，确保信息无误。重新制订了医保公章使用制度、各岗位工作记录制度、目录库升级流程、接待程序及要求、社保卡外借医保流程等，修订了医保管理三级网络、门诊实时划卡结算流程和应急预案等。

医疗支援。全年派7人到密云、顺义、大兴、怀柔、昌平等区县，讲课21次59学时，门诊1200人次，查房690人次。接收进修56人。派出专家15人次支援监狱系统精神卫生，讲课9次27学时，查房102人次，免费提供教学课件3讲6学时。与海南省精神卫生中心（海南省安宁医院）签订了支援协议，讲课6次12学时，查房7次，诊治疑难病例20人次，工作288小时。

护理工作 落实优质护理服务示范工程活动，通过2个护理服务示范病房的建设，完善护理服务模式，夯实基础护理服务。以抑郁症病房为试点开展分级开放管理模式，进一步更新精神科护理管理的服务理念，使“以病人为中心”真正落在实处。对住院精神病人风险评估进一步细化和规范化，做到关口前移，加强护理风险管理。继续完善护理制度，改进护理质控督导方式。护理文件书写合格率97.92%，护理病历书写合格率97.92%，基础护理合格率98.10%，特级护理合格率97.77%，一级护理合格率98.10%，技术操作合格率100%，安全护理合格率99.36%，急救物品完好率100%。

获批与首都医科大学合作的基础临床项目1项，资助1.6万元。在护理管理杂志上发表论文7篇，其中SCI收录1篇。

年内，对临床带教人员进行了培训，规范新护士带教工作，加强护理人员学习、业务查房、业务知识的培训考核。全年完成护士理论考试5次，785人次参加。以病区为单位的业务学习600余次，护理操作考核2121人次。新护士综合考评1次。全年组织市级继续教育项目11次、区级项目14次、自管项目17次，平均每次180人参加。3月、9月，举办全国护士长进修班2期，共招收学员17人。完成全国专科护士认证班共51人的临床带教。派2名护士参加ICU护士的取证学习，2名急诊护士的取证学习，5名护士在综合医院急诊科进修，2名护士参加专科护士认证班学习，7名护士参加市内培训班的学习。27名护士参加护理学会组织的急诊护士注册、再注册考试，26人通过考试取得注册资格。

科研工作 全年申报各级课题63项，其中卫生部卫生行业专项1项、国家自然科学基金课题9项、市级课题27项。中标课题25项，其中国家级课题4项、市级课题7项、局级12项、国际合作项目2项，共获经费1240.8万元。在研课题65项，结题5项。

全年发表论文70篇，其中SCI论文18篇，最高影响因子30.758，平均影响因子2.73。著作12部。

医学教育 完成首都医科大学06级医学、07级预防、08级康复12个班的常规教学，共计501人次，理论授课324学时，课间见习288学时。接待协和医学院、北京师范大学、北京体育大学、首都师范大学、北京理工大学、北京大学心理系、宣武夜大等院校324人次，安排理论授课20学时，见习7周31学时。培养本市全科医师71人次，理论授课84学时，实习15周。全年教学共计896人次，理论授课428学时，实习1248学时。

年内，招收7名硕士生、3名博士生，在院研究生42人，其中硕士生25人、博士生14人、在职硕士3人，另有7年制学生1人。举办全国精神科医师进修班2期，招生56人，来自全国22个省市，理论授课198学时，讲授内容以精神科新知识、新进展为主，并进行9个月的临床实践。举办了北京市公卫人才管理干部培训班和技术骨干培训班。

加强在职职工培训，共组织业务学习或学术活动35次。外出学习、参会255人次，接受学历教育17人。进行传染病培训、考核4次。邀请外宾英语专业讲座10次。

学术交流与合作 全年接待美国、德国、英国、加拿大、泰国等国家和香港地区的专家、学者300余人次。聘请多个国家和地区的精神病学和心理学教授21人次，开展理论与技能培训16期。派出9人次分别赴美国、英国、荷兰、摩纳哥、巴西、奥地利、加拿大、泰国等国家学习或参加国际会议，进行学术交流、研讨、考察和培训。

举办了第十九届世界儿童青少年精神医学及相关学科学术会、世界精神病学协会国际大会以及IPA首届亚洲精神分析大会等，并邀请到全国人大常委会副委员长顾秀莲，原政协副主席王文元、政协常委张文康，卫生部部长陈竺、副部长尹力等出席开幕仪式。9月1～5日，召开世界精神病学协会国际大会暨中华医学会精神病学分会学术会，来自世界60个国家和地区的精神科医师、心理学工作者、公共卫生从业者、卫生部门官员、新闻记者等近2200人参会，其中境外代表700余人。

信息化建设 完成门诊、住院系统升级，预约挂号，医保住院持卡结算，门急诊信息上传，合理用药检测，医联码上传，新门诊病房楼信息化改造项目，市精神卫生信息管理系统。正在实施门诊电子病历系统、完善升级办公自动化系统，其中医保住院持卡结算、门急诊信息上传系统于2011年1月1日投入使用。

基本建设 新门诊楼工程进入施工阶段。启动了锣鼓巷分部心理咨询与心理治疗中心改造工程的申报。

精神疾病预防控制工作 年内，协助市卫生局起草了《北京市社区精防人员工作手册》《北京市社区精神卫生绩效考核标准》《北京市实施〈重性精神疾病管理治疗工作规范〉指导意见》《北京市区县精神病院设置和人员编制标准》等，协助修订了北京市一系列心理卫生服务与管理文件，完成《北京市精神疾病信息报告管理办法》的修订。年底，启动了由安定医院立项、精保所承办、市卫生局组织的各区县精神卫生机构开展的北京市精神疾病流行病学综合调查。完成“686”项目西城、朝阳、东城和大兴4个全国示范区的相关工作，以及市科委关于“精神分裂症和抑郁症适宜技术研究”课题的开展和相关区县的组织、协调工作。协助市卫生局开展了全市肇事肇祸精神病人排查行动。

中国心理卫生协会工作 与医院共同承办了IPA首届亚洲精神分析大会。成立了精神分析专业委员会和职业心理健康促进专业委员会。组织科普讲师团，举办科普讲师培训班，开展了专家义诊、心理咨询、有奖问答等科普宣传活动。

（撰稿：蔡　笑　审稿：马　辛）

领导名单

党委书记　任玉良

副 书 记　陈兴德

院　　长　马　辛

副 院 长　李占江　郑　毅　田志国

首都医科大学附属北京佑安医院
北京市肝病研究所

（丰台区右安门外西头条8号）
邮编：100069　电话：83997599（总机）
网址：www.bjyah.com.cn

基本情况 职工1442人，其中卫生技术人员1161人，包括正高级职称67人、副高级职称75人、中级职称261人、初级师408人、初级士350人。

经市编办和市科委批准，隶属佑安医院的北京市卫生局肝炎研究所更名为北京市肝病研究所，升级为市属研究机构。

获奖情况。被评为首都精神文明单位、信息化创新服务模式十佳医院，获全国医院文化建设优秀成果奖。李宁当选北京市先进工作者、“先声杯”优秀院长、“华仁杯”最具领导力院长和中国医院协会第七届中国医师奖，孟庆华当选为群众健康服务之星和首都健康卫士，福燕获英国贝利·马丁奖。

机构设置 年内，设置了眼科。北京医院协会药事管理专业委员会日常办事机构设在佑安医院。

改革与管理 确立研究创新型、资源节约型和人文和谐型医院作为发展方向，将发展战略定位整合为：佑安医院是一家以感染、传染及慢性相关性疾病群体为服务对象，集预防、医疗、保健、康复为一体的大型综合性医学中心；国际化高新医药科技临床与转化医学研究高端平台；服务范围由单纯传染病向感染、传染及慢性相关性疾病转化；服务对象由个体/疾病向疾病群体转化；经营运作由偏重追求经济效益向为社会和病人提供优质服务转化；服务方式由偏重诊疗向防、治、保、康一体化转化；发展模式由单一医院向大型医疗联盟转化；服务能力由单一偏科型向提高个人综合能力和医院整体实力转化；搭建规模化发展、集群化病源、现代化设备、信息化网络、素质化人才、科学化管理平台；确立病毒性肝炎与肝癌、艾滋病与新发传染病、感染免疫与生物医学为重点发展学科。

与首都医科大学和国内外高端研究机构合作，建设国家级药物临床试验机构和现代化医院信息系统，组织全员GCP与临床研究培训，整体通过了AAHRPP认证。

反商业贿赂。医院与各科室负责人签订《党风廉政建设责任制责任书》。成立了以党委书记、院长为组长，纪委书记为副组长，其他领导班子成员和医院相关职能科室负责人组成的医德考评领导小组，加强医德医风检查考核。全年收到表扬信153封、锦旗61面、牌匾24面，退还红包和垫付住院费7万余元。

10月29日，医院在市卫生局、市红十字会、市红十字基金会开展的“善行天下，温暖患儿——首都医务工作者慈善捐款月”活动中募捐17535元。

医疗工作 门诊282946人次，急诊12447人次，急诊危重症抢救28人次，抢救成功率82.14%。床位718张。入院13930人次，出院13873人次，床位周转20.66次，床位使用率99.27%，平均住院日17.33天，七日确诊率100%，出入院诊断符合率99.97%，治愈率56.70%，好转率35.85%，死亡率3.45%。住院手术1867例。无孕产妇和新生儿死亡，围产儿死亡率3.18‰。

12月，成功实施医院首例肝癌微波消融治疗手术，历时约90分钟完成肝右叶9cm大小的巨块型肝癌微波消融治疗，术后即刻CT扫描显示肿瘤完全消融，实现了不开刀微创手术“切除”肿瘤的效果。

医疗质量管理。年内，制订医政管理文件及规范30余项。成立考核小组，对临床科室主任进行查房观摩测评。开展教学查房11次。与人民卫生出版社合作，制作了《临床病例讨论》电子音像出版物。规范新项目、新技术准入管理，全年新增项目6个——眼科、耳科、鼻科、新生儿科、精神科、核医学科。开展住院医师规范化培训，将临床、医技3年主治医师及以下人员均纳入培训体系。

病历质控。自行开发、设计并推广使用了标准化、规范化电子病历系统，制订了《电子病历书写规范》，加强病历质量监管，对终末病历集中检查，检查结果及时反馈并督促改进。甲级病历率98.9%。

公共卫生应急管理。不断完善突发急性传染病和生物恐怖事件应急救治体系和应急预案，成立多学科急救小组，确保紧急、高效的医疗救治。在全国两会医疗保障、手足口病和麻疹病人救治工作中，出色完成任务。选派专业人员参加市卫生局应急办、区卫生局组织的突发公共卫生事件应急模拟演练，受到领导及专家的好评。

医院感染管理。全院共监测12507人，发生医院感染160人，感染率1.28%。利用网络系统开展医院感染目标性监测，将医院局域网与市医院感染质量控制与改进中心监测网进行端口连接，实行实时监测、报送。与北京急救中心合作，完成“120污染车辆消毒方法的研究”专项调查。多次举办医院感染控制技术培训班，近400人受益。在医疗质量万里行检查工作中，医院感染管理工作再获好评。

医保工作。年内，重在完善相关政策，制订文件规范；每月对医保情况进行动态分析，设置医保咨询台及咨询、投诉电话；公开收费标准，接受患者监督；参与“十一五”重大课题朝阳区示范项目经济学评价，配合做好国家基金监督司组织的督导检查。全年医保出院3531人次，比上年增加726人次；医保总费用14067.20万元，比上年增长37.46%；人均住院费用25926元，比上年增长6.9%；全年医保门诊48888人次，比上年增长89.66%。

医疗支援。派出专家20人次赴受援单位开展查房、会诊、科研及管理等工作；外派专家讲授健康教育30人次；优先、减免费用接收受援医院进修103人次；协助受援医院开展胃镜、人工肝支持治疗及母婴阻断等技术；派专家参与山西运城二院“肝病春风行动”，3天的坐诊、交流，共接诊91人，疑难会诊27例次；不断拓宽与全国各地传染病专科医院的支援与协作范围，形成以佑安医院为核心、辐射全国、共同发展的学术及管理网络。

护理工作 进一步修订完善护理工作制度，全面提高临床护理质量。基础护理合格率99.13%，一级护理合格率99.70%，护理技术操作合格率100%，护理文件书写合格率99.44%，抢救物品管理合格率100%，消毒隔离合格率99.1%。全年组织基地讲课15次、院内讲课16次，接收院外培训280人次，完成508人次的学分登记，达标率100%。发表护理论文59篇，其中核心期刊46篇。完成院内基金支持项目3项。选派10余名护士长赴中国台湾慈济医院接受专项护理培训。落实卫生部优质护理示范病房工程，促进护理事业健康发展。

科研工作 中标各类科研项目11项，其中国家自然科学基金1项，“十二五”重大新药创制专项计划课题1项，市卫生局、市中医局青年科学研究资助项目2项，首都中医药与护理学研究专项1项，丰台区卫生系统科研项目2项，首都医科大学基础与临床结合项目4项。

完成市科委重大项目“艾滋病防治策略及综合防治研究”的结题验收，启动“十一五”专项课题“中医药治疗慢性乙型肝炎临床科研基地建设”开题报告，验收2007年度首都科学发展基金结题，举办了“原发性肝癌肝移植手术联合重组腺病毒—胸腺激酶基因制剂治疗的临床新策略研究”专家论证会。

获科研成果奖2项，“尸体肝移植和活体肝移植治疗重型肝炎肝功能衰竭的临床研究”获2009年度丰台区科学技术一等奖，“难治性丙型病毒性肝炎发病机制和治疗方案优化临床研究”获三等奖。

全年发表论文304篇，其中核心期刊227篇，SCI收录14篇，总影响因子23.235。全年到位科研经费2228万元。

医学教育 参加继续医学教育983人；举办院内外短期学习班10项，培训2691人；参加首都医科大学校级继续教育1项40人；院内培训44次，8800人次参加；脱产学习7人，到外院进修50人；承担06级七年制5个班、五年制7个班共482名临床医学专业、预防专业、基础医学专业本科生传染病学教学任务和08级30名卫生管理专业本科生临床医学概论的教学工作。

全年招收研究生26人，其中博士生5人、硕士生15人、七年制6人。接收进修培训206人，其中全国传染病医师进修班学员及医技科室进修74人、实习生37人，北京市全科医师培训班39人，公安医院医护人员38人，艾滋病培训班18人。

国际交流与合作 全年出访13批30人次。接待外宾来访25批92人次，组织国际会议1次，与英国牛津大学、美国匹兹堡大学、华盛顿大学等国外医疗教育机构建立了多项国际科研合作项目，邀请16名外国专家来院进行专业讲座及科研合作交流。由市卫生局和英国驻华大使馆主办、北京佑安医院承办了本年度贝利·马丁奖的颁奖典礼。该奖项授予佑安医院“爱心家园”护士长福燕。

信息化建设 完成除放射科以外的所有影像检查科室的图像传输系统；新增系统或新增功能模块14个；完善6个运行系统；优化了运行中数据库和存储设备；铺设内、外网线178条，新增信息点178个；为4栋学生宿舍楼连接外网网络，配备了网络设备。进一步完善网络安全建设，设立了计算机漏洞扫描系统和终端安全管理系统。

9月2日，举行佑安医疗联盟与中国卫生与健康网络合作签约仪式。该网站包含管理系统、服务系统、教学系统、科研体系、康乐家园、爱心家园、公共卫生宣传教育七大信息模块，实现网上会诊、查房、诊疗、教育等功能。

基本建设 编制完成“十二五”医院基建规划，总体规划在市卫生局办公会上通过并经市规委审批；改扩建一期工程决算报告上报市发改委审核；二期工程规划方案获得批复；儿科门诊和传染病筛查中心楼取得建设项目规划条件批复，编制项目建议书上报市发改委。

肝病研究所 完成市属科研院所“十二五”公益性科研发展规划肝病任务和研究项目的修改；引进具有国际领先水平的全病毒载量分析系统，新开检测项目2项，累计检测项目11项，检测标本57764人份；承担科研课题10项，完成课题3项，申报课题4项，院内外合作课题5项，发表论文18篇。

宣传工作 围绕“爱首都，讲文明，树新风——我参与，我奉献，我快乐”的主题，编辑出版《佑安采风》132期约300万字。医院网站上传稿件2300余篇，总浏览量80余万人次，日平均访问量700～800人次，日平均浏览量5000页。被评为丰台区宣传工作先进单位。电视片《留住生命》获全市第九届党员教育电视片观摩评比二等奖，《爱心妈妈》获第十四届中国行业电视节目展评三等奖，《天使的微笑》获“杏林杯”三等奖，2篇新闻作品分别获市卫生系统好新闻三等奖、科普好新闻优秀奖，《优护病房的微笑》系列摄影作品获市卫生系统“健康北京人”摄影比赛优秀作品奖。

（撰稿：顾艺星　审核：谢建华）

领导名单

党委书记　李玉梅
副 书 记　向海平
院　　长　李　宁
副 院 长　李国庆　段钟平　金荣华

首都医科大学附属北京口腔医院

（天坛部：东城区天坛西里4号）　（王府井部：东城区锡拉胡同11号）
邮编：100050　电话：67099114　邮编：100006　电话：67099688
网址：www.dentist.org.cn

基本情况 职工1074人（含合同制436人），其中卫生技术人员876人，包括正高级职称35人、副高级职称100人、中级职称221人、初级师281人、初级士239人。

医疗设备总价值12924.63万元。本年度购置医疗设备总值1317.77万元，其中10万元以上设备42台、100万元以上设备1台。

获奖情况。年内，通过了全国百姓放心示范医院动态管理，被评为首都卫生系统文明单位、市口腔公共卫生服务项目先进集体、市社会保障卡工程建设定点医疗机构优秀奖、市节水先进单位。孙正当选中国医院协会“先声杯”优秀院长。

改革与管理　年内，成立药品质量控制小组，加强毒麻药品管理；定期召开医疗质量委员会及药事、放射管理委员会会议。制订了《医师定期考核工作制度》及《医师定期考核工作方案》，完成院科两级考核任务；改进临床医技科室绩效考核方案，将科研任务纳入到科室综合目标管理中，制订了《医疗医技科室科研绩效考核方案》《医疗医技科主任绩效方案》。调整了双休日值班绩效奖励制度；完善病房急救、抢救制度；制订了《电话预约挂号管理规定》《专家电话预约工作的补充规定》；加强专家出诊管理；启动医德考评工作，730名医护技人员参加了医德考评。建立了“全国百姓放心示范医院大讲堂”管理制度和组织机构。加强总值班人员的培训。

召开第四次医院管理年会，印制了论文集，收录论文39篇。召开职工代表大会4次，就院务公开、职工代表提案、院领导述职、医院年度总结等进行了审议和通报。

继续推出便民措施。外科门诊取消限号；正畸科无限号，寒暑假增加挂牌专家人数；口腔黏膜病专业不限号，制订了简易门诊的管理制度以及工作流程；种植中心术前及复查前提醒患者，术后回访；导医咨询中心为排队患者提供爱心凳；在洗手间放置洗手液及卫生纸；王府井部开设院内患者停车场等。患者满意度99%。

治理商业贿赂和廉政风险防范。在医院领导班子以及医务处、设备处、药剂科、财务处等10个相关部门进行了权力清理和确认，对廉政风险防范措施的执行情况进行常态性的检查督促。接受了市卫生局治理小金库督导组的检查指导。

医疗工作　门诊616193人次，急诊3701人次。口腔综合治疗椅298台，床位71张。入院1680人次，出院1660人次，住院手术1807例。床位周转24.41次，床位使用率77.48%，平均住院日11.45天，七日确诊率99.44%，出入院诊断符合率99.37%，治愈率95.51%，好转率4.35%，死亡率0.14%。派出口腔医师会诊155人次。

年内，放射科引入牙科CT，牙周科引进水激光治疗仪开展脱敏治疗、辅助牙周袋内刮治、辅助止血治疗、牙龈切除及成形术治疗。

病案管理。实施新的《病历书写基本规范》，加强培训和落实，病案质控实现了工作制度化、普及化、标准化。甲级病历率98.5%。

医院感染管理。修订感染控制工作手册，更新了相关制度和评价考核内容。对住院患者病历进行前瞻性和回顾性检查526例，Ⅰ类伤口感染率0，院内感染发生率低于1%，未发现漏报。全年各种环境卫生学监测160次，各科室各种监测逾8000件次。开展传染病知识和院感知识培训15次，10000人次参加。传染病网上直报39例。

医保工作。全年医保门急诊213135人次，占门急诊总人次的34.38%；医保出院484人次，占总出院人次的29.16%。出院医保总费用291.08万元，次均费用6014元。编写《持卡就医实时结算工作手册》，并进行了全员培训。

医疗支援。全年安排168人次到蒲黄榆、卢沟桥、马家堡等社区卫生服务中心出诊，社区讲座30人次。接待社区转诊病人2人次，纠纷病人会诊1人次。安排5名医师到怀柔牙防所、大兴西红门卫生院工作。培训基层医院骨干4人。12月，选派急诊科医师张昕支援新疆自治区的医疗工作。为承担口腔公共卫生服务项目的社区口腔医生免费培训70人次。

护理工作　完善口腔专科护理操作标准、专科疾病护理常规和临床护理服务规范标准等。开展护理岗位练兵及技能竞赛和争创护理服务示范科室、护理服务标兵活动。护理文件书写合格率98%，基础护理合格率99%，特级护理合格率100%，一级护理合格率100%，技术操作合格率98%，安全护理合格率100%，急救物品完好率100%。

16名护士参加了在杭州举办的中华护理学会全国口腔护理新进展研讨会，8名护士参加了中华护理学会举办的临床护理科研课题设计与实施专题培训，6名护士参加了首届全球华人口腔医学大会。在核心期刊发表护理论文4篇。

全年完成4名护生、3名进修护士的实习带教，2名北京大学医学网络教育学院口腔专科护士的实习带教，35名新进院的合同护士、14名高年资合同护士的轮科带教工作。

完成继续教育市级项目8项、区级项目8项，

298 名护士完成 25 学分 72 学时的继续教育，达标率 100%。急诊科 10 名护士参加了北京护理学会的首都急诊急救护理专项技能培训，2 名护士长参加了北京护理学会护士长培训班，1 名消毒供应中心的护士参加了压力容器作业人员培训班，1 名监护室护士参加了 ICU 专科护士认证的培训，对新护士进行了为期两周的岗前培训。

科研工作 申报各类课题 130 项，获资助 37 项，经费 612 万元。其中国家级 8 项，经费 223 万元；省部级 15 项，经费 299 万元；局级 14 项，经费 90 万元。在研课题 96 项，结题 15 项。

王松灵课题组的“口腔颌面组织修复及功能重建技术的研究及应用”获国家科技进步二等奖。获实用新型专利授权 1 项。

全年发表科技论文 152 篇，其中 SCI 收录 22 篇，最高影响因子 7.747，平均影响因子 2.739，总影响因子 60.26。参编著作 5 部、译著 3 部。

医学教育 整合学科资源，利用首都医科大学临床资源优势，将本科阶段的临床实习基地扩大到附属临床医院，尝试“特色培养”模式。4 月 5 日～6 月 4 日，2005 级口腔医学专业 22 名本科生分组到友谊医院、同仁医院、安贞医院、朝阳医院进行为期 9 周的口腔综合实习。口腔黏膜获批校级精品课程立项，口腔正畸获校级优秀教学团队。

毕业后教育 90 人。作为北京地区住院医师规范化培训基地，接收 65 人，其中外院住院医师 6 人。参加继续教育 474 人，全院医师继续医学教育合格率 100%。

承担首都医科大学口腔医学专业五年制、七年制、成人大专、成人专升本、口腔修复工艺技术高职班共 11 个班级的教学、实习以及研究生的考核与培训。本专科生就业率 100%，研究生就业率 95%，被评为 2010 届首都医科大学毕业生就业工作先进集体。

录取修复工艺 17 人、本科 21 人、七年制 18 人，研究生 47 人，其中硕士生 34 人、博士生 12 人、博士后 1 人。接收进修医师 112 人，骨干培养 4 人，进修护士 3 人。

组织国家级、市级继续医学教育学习班 11 个，外院 2000 余人次参加；为本院职工举办学习班 30 余次，5000 余人次参加；脱产学习 13 人次，到院外进修 2 人次。

年内，组织 237 名口腔执业医师和 132 名口腔执业助理医师资格的实践技能考试。受 7 个区县卫生局的委托，完成 1329 名来自本市不符合考核机构条件的医疗、预防、保健机构中的口腔执业医师年度考核工作。

国际交流与合作 全年接待外宾来访 35 批 68 人次，派往国外 18 批 56 人次，其中进修 8 人次、出国考察 3 人次、参加国际会议 45 人次。医院与日本国立大学法人高知大学续签了合作协议。6 月 11～13 日，派出 3 人参加在意大利举行的第十六届世界牙外伤大会，这是中国医生第一次参加。

获得外国专家局引进国外人才项目 2 项：口腔修复新技术临床应用的合作研究，资助 8 万元；口腔前牙瓷贴面美学修复学习班，资助 5 万元。

信息化建设 完成门诊就医划卡实时结算及医院信息网络的升级；增添了网络监控管理系统，实时监控网络设备的运行情况；更换了巡路免疫网关 IWG—1800；重新安装了智能网全产品服务端软件产品；牙周黏膜科及外科门诊医生工作站上线运行。

后勤与基建 完成教学楼及王府井部的节能改造；口腔颌面外科门诊、病房楼地下室的装修改造，为研究所新增面积近 200 平方米；完成花房的改造装修；新建了车库；完成配电室及南里宿舍锅炉房的内部装修改造；完成王府井部门诊楼一层、地下一层的装修改造；完成王府井二期的设计招标。王府井部屋顶绿化 400 平方米，对物业公司施行全方位监管。

其他工作 继续组织全市为适龄儿童免费窝沟封闭预防龋齿项目，完成 159425 人次，封闭恒磨牙 246232 颗。编写并发放《北京市口腔疾病防治就医指南》6720 本、《社区居民口腔保健手册》6400 本、《口腔健康科普手册》6400 本。口腔科普讲座 180 场，听课 1 万余人次。

为参加“重生行动”、“微笑列车”公益慈善项目的 300 余名贫困家庭的唇腭裂患儿进行手术治疗；免费救助藏族妇女斯求卓玛，为其切除了巨大颌下腺混合瘤。 （撰稿：郑晓雁 审核：孙 正）

领导名单

党委书记 张振庭
副 书 记 张翠英
院　　长 孙 正
副 院 长 张振庭 郑东翔 白玉兴 赵广鸣

首都医科大学附属北京胸科医院
北京市结核病胸部肿瘤研究所

（通州区马厂97号）
邮编：101149　电话：89509000
网址：www.bjxkyy.cn

基本情况　职工902人，其中卫生技术人员625人，包括正高级职称34人、副高级职称64人、中级职称263人、初级师154人、初级士102人、未定级8人；管理人员69人；工勤人员105人；其他技术人员103人。

医疗设备总价值16994万元。本年度购置医疗设备总价值2888万元，其中10万元以上设备19台、100万元以上设备3台。

获奖情况。周新华被卫生部、国家食品药品监督管理局、国家中医药管理局评为全国卫生系统先进个人；马玙被中国科学技术协会评为全国优秀科技工作者，获北京医学会医学成就奖；许绍发获通州杰出人才奖；保卫处获市公安局集体三等功，季晓明获个人嘉奖；医院获北京市社会保障卡工程建设定点医疗机构优秀奖，陈希深获优秀个人奖；医院获市卫生局优秀网站奖，日常报表先进单位，财务决算二等奖；创作的电视片《战痨人生——马玙》、《"港湾"里的故事》分别获北京市卫生系统第十九届"杏林杯"电视片汇映（短片类）三等奖、"杏林杯"电视片汇映暨"聚焦医患情"异地采访活动三等奖；市卫生局授予冯月亮"为群众健康服务的党员之星"称号；中共和田地委、和田地区行政公署授予孟弃逸优秀援疆干部称号。

机构设置　年内，根据卫生部疾控司的统一部署，国家结核病参比实验室迁移至国家疾病预防控制中心，在研究所建立国家结核病临床实验室；成立了医院文化研究室和宣传办公室；市科委、市卫生局授予医院"首都十大危险疾病科技支撑体系——结核病领域"成员单位。

改革与管理　继续加强对管理干部的培训和管理力度。完成第三批中层干部竞聘上岗，举办了新任中层干部培训班。打破传统培训模式，组织管理干部有主题、有目标地外出学习和交流，分两批前往浙江大学附属邵逸夫医院参观学习医疗管理模式、人事管理经验、绩效管理方法。组织管理干部到山西振东药业学习、考察和交流。

推行奖金方案改革。2010年是所院实行绩效管理的第一年，根据所院发展战略和年度计划，制订了业务科室绩效计划，设定考核目标，每月组织绩效考核，将绩效考核的结果应用于奖金分配。在临床科室试运营后，新的奖金方案逐步在全院范围内展开，将绩效考核与医疗质量考核挂钩。召开医院运营与绩效管理会议，通报医院运营状况，提出改进意见，推动奖金改革方案科学、合理地运行。

创建人民满意医院。在继续加强门诊预约挂号管理工作的同时，增加电话预约挂号方式和预约号源，与中国移动12580预约挂号专线合作，方便患者挂号；尝试开展门诊导医导诊服务，在门诊大厅成立综合服务台，集各项服务于一处，节约患者时间和精力；落实无假日门诊服务，确保节假日和双休日门诊的正常开展；推进持卡就医实时结算，于7月1日正式启动刷卡结算。每个季度在全院范围内做一次患者满意度调查，调查结果显示，医院患者满意度始终保持较高水平。

继续坚持按责任分工分解党风廉政建设工作任务，明确责任主体、分管领导、牵头部门和协办部门。加强对党风廉政的宣传，开展每月一次的医德医风调查采集工作，进行行业作风教育，组织党员参观北京市反腐倡廉警示教育基地、举办专题讲座、开展"共产党员献爱心"捐款活动以及党风廉政知识答卷活动。落实领导干部、中层干部党风廉政建设责任制。鼓励群众举报党风廉政不良现象，加大对群众举报案件的查处力度。加强内部动态监管机制管理，监测大处方和药品用量异常增长现象。

医疗工作　门诊132776人次，急诊4213人次，急诊抢救危重患者113人次，抢救成功率88.50%。床位533张。入院8062人次，出院7994人次，病床周转15.0次，病床使用率96.63%，平均住院日

23.54 天，七日确诊率 70.03%，出入院诊断符合率 99.84%，治愈率 13.84%，好转率 61.48%，死亡率 3.27%。住院手术 1161 例。

充分发挥科主任在医疗质量与安全管理工作中的作用，每年召开医政工作会，每季度召开科会，每周召开护士长会，每周进行全院病历讨论，总结经验，查找不足，及时改进。规范医师诊疗行为，尝试开展临床路径管理；规范手术安全管理和临床合理用药，加强药品引进管理。

病案管理。全院实行电子病历管理，草拟了《电子病历书写规范》。加强病历质量管理，举办医院首届优秀病历评比活动，提高了医院病案质量管理水平。甲级病历率 99.40%。

医院感染管理。医院感染率 1.26%。年内，通过空气采样、物体表面采样、手培养采样、高压灭菌采样、消毒用品采样、使用中消毒液采样、紫外线灯采样、消毒洗涤被服采样、消毒后医疗污物采样等，加强对院区环境的监测，对监测数据进行关联性、回归分析，加大对医院结核菌传播途径及传染性的监控，为阻断结核菌的传播途径提供数据和理论支持，降低结核病及其他传染性疾病的院内感染率。推广由医院自主设计的倒置紫外线灯消毒法，并对其消毒效果进行追踪调查。加强临床医务人员自我防范的培训，组织结核病区、ICU 及院感等部门参加了院内外的传染病自我防护培训、学习班。

医保工作。全年医保患者出院 2395 人次，总费用 6673.10 万元，次均费用 27863 元，比上年上升 10.19%。

医疗支援。孟弃逸完成 1 年半的援疆任务返回医院。韩鸣主动承担了 1 年的援疆工作。继续对怀北镇、井庄镇和马驹桥 3 个社区卫生服务中心进行技术帮扶。医院与新疆自治区胸科医院、贵州省贵阳市肺科医院、黑龙江省佳木斯肿瘤结核医院及辽宁省朝阳市第四医院建立了协作关系，派出专家进行技术指导。举办了协作医院及对口支援医院领导干部培训班，推广医院管理经验。

护理工作 年内，修订并完善《护士长管理手册》《护理质量评价标准》《技术操作规范》，其中包括 42 项护理技术操作步骤和考核评分标准。护理质量管理采取医院质控组 + 病区质控组双重质控方式，确保护理质量不断提高。护理文件书写合格率 96.67%，护理病历书写合格率 96.69%，基础护理合格率 97.41%，特级、一级护理合格率 97.41%，技术操作合格率 100%，安全护理合格率 99.42%，急救物品合格率 99.96%。

年内，参加所级科研课题答辩 3 项，其中 1 项得到资助。8 月底，完成“乒乓贴临床试验”，分析实验统计数据，撰写了实验报告。在核心期刊上发表护理论文 9 篇。举办了第三届护理论文报告会，收集护理论文 103 篇，其中 79 篇进入论文汇编。

承担北京护士学校中专护士班 55 名学生的临床课教学及毕业实习，北京中医学校、北京卫生学校 13 名学生的毕业实习任务。

作为北京肿瘤专科护士认证基地，全年培养 2 批 5 名肿瘤专科护士。共完成继续教育培训 40 次，包括每月护士长业务学习、每季度护理业务查房、护士长授课、护理操作培训等。加强“三基三严”的学习，全院护士护理技术操作考核和护理理论知识考试各 2 次。完成 2009 年毕业护士半年及一年的理论考试及操作考核、2010 年新毕业护士岗前培训及半年考核，完成 12 名护士的 ICU 轮转。3 人完成肿瘤专科护士认证，1 人完成手术室专科护士认证，1 人完成静脉输液治疗的专科护士认证，1 人完成乳腺专科护士认证。

科研工作 申请科研课题 56 项，中标 13 项，获经费资助 204 万元。其中国家自然科学基金 1 项，经费 30 万元；首都医学发展基金 3 项，经费 42 万元；北京市科技计划课题 2 项，经费 65 万元；市科委市属公益院所改革与发展专项经费 1 项，经费 50 万元；市卫生局青年基金 2 项，经费 4 万元；北京市“十百千”人才项目“百”层次 2 项，经费 6 万元；市委组织部 2 项，经费 7 万元。获所内资助课题 19 项，资助 49 万元。博士后科研启动基金 4 项，资助 20 万元。签订技术合同 21 项，为“十一五”重大专项合作单位、世界卫生组织、中国疾控中心、国际结核病联盟、盖茨基金会以及中国科学院生物物理研究所、北京结核病控制研究所、北京肿瘤医院、医科院肿瘤医院、温州医学院等机构提供技术咨询。在各级各类杂志发表论文 174 篇，其中 SCI 收录 9 篇，影响因子总计 17.70 分（最高影响因子 4.13，平均影响因子 1.50）。著作 5 部。

医学教育 招收硕士研究生 6 人、博士研究生 6 人，7 名硕士和 7 名博士通过毕业答辩，在读研究生 34 人。毕业后教育 55 人，参加继续教育 397 人。接收进修 54 人，派出院外进修 35 人。医院有完整的教育领导、组织机构、毕业后培训领导小组和院考评小组、科考评小组，教育处负责具体管理工作，院考评小组和科考评小组负责医院考核和综合考评工作。

年内，举办国家级继续教育认可项目学习班 1 个，44 人参加；举办短期学习班 6 个，693 人次参加；为职工举办学术讲座 36 次，6816 人次参加。

国际交流与合作 接待澳大利亚、韩国、柬埔寨3批15名外宾来访交流。出国17人次，其中进修学习2人次、考察4人次、参加国际会议11人次。聘请3位美籍华人为客座教授。

年内，与世界卫生组织签订“Prevention of MDR – TB: Development and Promotion of ‘Tuberculosis Treatment Manual’ for public health physicians and clinicians”（耐药结核病的预防、为结核病公共卫生及临床医师撰写结核病治疗手册）项目，经费6万美元；承担世界医学会耐药结核病相关项目，包括举办耐多药结核病治疗培训班和翻译《A Tuberculosis Refresher Course for Physicians》（耐药结核病临床医生指南）一书，经费59488美元。

年内，中国疾控中心结核病防治临床中心与国际防痨和肺部疾病会联合举办了国际结核病合并糖尿病研讨会，国内外糖尿病和结核病领域的30余位专家参加了会议。

信息化建设 完成HIS系统整体更新换代，预约挂号、流行病学报卡监察、住院护士工作站操作系统平稳过渡、门诊建卡中心的建立、医保持卡就医实时结算、住院登记、医联码项目实现了流程再造。通过政府采购，实施了全院电子病历。实现OA网络办公自动化。推进医联码项目及多耐药基地的信息建设工程。全年网站访问量超过12万人次，比上年增加4万余人次。完成医院网站改版招标工作。

基本建设 完成五病区、六病区、住院处等装修、改造项目10个，面积4600余平方米；完成对原参比实验楼的改造，扩建实验室600余平方米；改造停车场8处近3000平方米；完成核磁机房改造，对原CT室进行了装修；为方便患者就医，在门诊与住院部楼之间接建了连廊。医院基本建设总体规划项目建议书通过了局长办公会并上报市发改委。

其他工作 8月21日，举办首都医科大学附属北京胸科医院、首都医科大学第十临床医学院挂牌暨建院55周年庆典。卫生部疾控局副局长郝阳、中国疾病预防控制中心主任王宇、市卫生局局长方来英，首都医科大学党委书记李明、校长吕兆丰，市教委副主任付志峰以及全国多家医疗机构的领导参加了庆典活动。

举办了世界防治结核病日和全国肿瘤宣传周大型义诊活动，为400多名患者及家属提供免费诊断、咨询。（撰稿：周运翱　审核：谭红莲）

领导名单

党委书记　李燕申
院（所）长　许绍发
副院（所）长　李　琦　张静波　张宗德

首都医科大学附属复兴医院

（西城区复兴门外大街甲20号）
邮编：100038　电话：88062035
网址：bj – fxh. com

基本情况 职工1796人（含合同制），其中专业技术人员1644人，包括正高级职称66人、副高级职称132人、中级职称443人、初级师479人、初级士416人、其他专业技术人员108人；工勤人员152人。

医疗设备总价值18205万元。本年度新购医疗设备总价值953万元，其中10万元以上医疗设备28件。

获奖情况。被市人力和社保局授予社会保障卡工程建设定点医疗机构服务保障奖，被市卫生局评为北京市医院感染管理监测工作先进单位，被中国控制吸烟协会、中国医院协会评为全国无烟医院，被北京护理学会评为优秀团体会员单位，膳食科在北京市职工职业技能大赛卫生系统营养治疗技能比赛中获团体第五名。杜雪平被世界卫生组织授予笹川卫生奖，被北京市评为劳动模范、先进工作者；席修明被卫生部、国家食品药品监督管理局、国家中医药管理局评为全国医药卫生系统先进个人。

历史沿革 复兴医院前身为公安部直属医院，创建于1950年，原址在东城区大方家胡同，1954年迁至复兴门外大街甲20号。1958年归属地方管理，并与国家计委三里河门诊部合并成为北京市复兴医院。1979年起承担北京第二医学院（首都医科大学前身）教学任务。1993年，被世界卫生组织审定为爱婴医院。1996年，被卫生部医院评审委员会审定为二级甲等医院。1997年，被市卫生局、市教委审定为高等医学院校合格临床教学医院。1998年，更名为首都医科大学附属复兴医院。2000年1月，成为首都医科大学第八临床医学院。2000年7月，与西城区月坛医院合并后成立了社区卫生服务中心。2000年9月，被卫生部医院评审委员会审定为三级医院。2001年6月，西城区卫生学校并入后成立了复兴医院科教中心。2003年，通过ISO 9001:2000版国际质量管理认证。

机构设置 医院由住院部、门诊部、社区卫生服务中心、科教中心、银龄老年公寓5部分组成（1院5址）。设有一级临床科室14个、二级临床科室34个、医技科室9个、职能科室24个。

改革与管理 年内，完成质量手册、程序文件、作业文件3层体系文件的修订，并对全院医疗质量进行内审2次；强化各科室的医疗质量管理，完成院长质量查房6次，主管院长质量查房20次，整改不合格项10项。进一步加强医疗安全管理，完善338种知情同意书，于3月正式运行手术安全核查表。4月，试行无惩罚不良事件报告制度，对患者安全风险管理进行了初步探索。

重点发展重症医学科，撤销创伤科、综合科、ICU科，合并成立重症医学科。加强心脏中心建设，引进DSA设备，进一步提高心血管介入治疗的水平。在医生工作站加设初、复诊统计，完善复诊预约挂号方案。开展双休日全天门诊，方便患者就医。

打造以复兴医院为依托的月坛社区卫生服务模式，实施社区卫生服务中心与医院双向转诊服务，开展责任制家庭医生和社区健康团队服务模式，实施12小时服务制度。

修订《综合绩效考评标准》，尝试引入新的综合绩效考评方法，合理有效地对科室工作进行评价。编制完成“十二五”发展规划纲要。创建人民满意医院，全年发放满意度调查表3620份，患者平均满意度91.7%。

反商业贿赂。修订和完善相关制度、规定和工作方案，责任到科室，建立健全长效机制。对信息系统中有关药品、高值耗材使用等信息实行专人负责、加密管理，严格统方权限和审批程序，未经批准不得统方，严禁商业目的统方。重点岗位（信息中心、药剂科）的职工与医院签订保密协议，保证不向其他机构和个人提供医院处方、常用药品名录。以临床科室主任陈述及药事会委员遴选的方式，采取记名投票方式，对未中标药品做出替换决定并公示，纪检监察管理部门全程进行监控。加强对处方的检查力度，严查大处方，对存在不合格处方的科室进行通报及处罚。每月将各科室住院病人药费比例、门诊药费比例进行全院通报，每月对门诊处方进行抽查并进行点评。

医疗工作 门诊802807人次，急诊68703人次，急诊危重症抢救2312人次，抢救成功率98.62%。实有床位816张，开放床位794张。入院14178人次，出院14089人次，床位周转17.82次，床位使用率79.67%，平均住院日16.38天，七日确诊率96.32%，出入院诊断符合率99.18%，治愈率45.76%，好转率48.11%，死亡率4.25%。住院手术5546例。孕产妇死亡率0，新生儿死亡率5.6‰，围产儿死亡率3.9‰。

全年开展新技术（包含检验项目）13项。9月，向上级行政部门申报了肿瘤内科氩氦刀治疗项目，经市卫生局指示、区卫生局批复，准予该项目在项目准入申报期间在临床应用。

病案管理。科室病历质控实行主治医师责任制，主治医师对运行病历、终末病历进行质控，医务处定期抽查各科室运行病历质量，病案室病历主检师对出院病历进行质控。全年完成出院病历14086份，甲级病历率97.7%。

医院感染管理。抓好重点科室、重点环节的管理。加强对医疗废物的分类管理，强化消毒灭菌效果、手卫生的监测，规范透析管理工作。开展院感现患率（横断面）调查，回顾性病例监测1218例。对全院职工进行12次院感知识培训并对新入职医护人员进行了培训考核。医院感染率3.2%。

医保工作。全年医保出院6952人次，总费用12062.04万元，次均费用17350.46元。完善医保结算实时监控管理方案，严格监督管理社保卡在门急诊的平稳运行；配合医保机构进行住院大病最高支付限额的惠民政策；进一步加强医保单病种付费管理，执行病例586份，符合率84%。

医疗支援。全年向内蒙古自治区兴安盟科右前旗医院派出医务人员6批29人，完成各种手术196例，疑难病例会诊及抢救405例，开展新技术15项，专题讲座96次，教学查房70次，业务培训1248人次，健康讲课10次，义诊2182人次。选派外科副主任医师1人作为本市第七批援疆干部赴疆工作1年。接收进修57人，其中内蒙古自治区兴安盟科右前旗医院进修7批51人，并免费提供住宿；门头沟区斋堂医院、雁翅卫生院3人；重庆江北地区院长3人。捐赠图书、原值71万元的仪器设备。4月15日，院长席修明和重症监护病房护士王瑜、康彬赶赴青海省玉树藏族自治州玉树县地震灾区，开展伤员救治工作。

护理工作 年内，修订、新增相关制度、预案、规范43项，新增流程12项，制订护理质量控制评价标准28项，主责护士竞聘上岗及考核评价标准2项，统一全院护理技术操作标准、规范护理记录共10项。护理文件书写合格率95.72%，基础护理合格率95.37%，特级护理合格率100%、一级护理合格率94.53%，技术操作合格率97.62%，急救物品完好率99.62%。

全年在核心期刊发表护理论文23篇，比上年增加3篇。

完成护理学专业大专班2个班223人、进修人员39人、成人教育8人、带教68人、见习80人的教学任务。参加各种学术交流、培训55人次。根据主责护士的竞聘使用，逐步建立护理人员培训体系和考评标准。以各病区为单元，有重点地对护理人员进行不同的专科知识和专业技能培训。

科研工作 申报各级科研立项62项，中标课题34项。在研课题78项，结题23项，延期课题20项。

全年发表论文185篇，其中核心期刊173篇；SCI收录4篇，影响因子累计8.288，平均影响因子2.072；MEDLINE收录4篇；国际引文10篇次；中国科技论文与引文数据库引文475篇次。出版主编著作1部、主译译著1部、副主译译著1部、参编著作8部。

医学教育 1687名职工参加继续医学教育，参与率100%，学分达标率100%。传染病防治知识培训考核合格率100%。职工教育经费总投入102.55万元。

完成首都医科大学临床医学、中医学专业本科生教学4个班161人的教学任务。医院现有研究生培养点（专业）14个，其中博士培养点1个（神经外科学）、硕士培养点13个。录取统招博士研究生5人、统招硕士研究生15人、七年制研究生3人、同等学力研究生13人。

年内，实施国家级继续医学教育项目4项，1300余人次参加。其中短期学习班5次（宫腹腔镜手术技术培训班），参加培训208人，中级及以上职称学员占94%。为本院职工举办讲座42次，20702人次参加。职工外出进修5人，学位进修14人，其中攻读博士学位5人，参加各种学术交流、培训106人次。培训外院进修人员133人。全科医师规范化培训基地培训住院医师17人，其中本院学员7人、外院学员10人。西城区卫生局中医全科医师培训项目培训住院医师11人。

国际交流与合作 参加国际学术交流8人，宣读论文18篇，特邀报告4次。

信息化建设 完成门诊初诊、复诊在医生工作站录入界面的开发，干部保健病人信息上报统计报表的开发；完成市卫生局统计上报系统升级与医院HIS系统接口程序修改测试以及病案首页改版；完善电子病历系统功能；完成本院信息系统与实名就诊卡的接口改造；完成门急诊信息系统接口的开发。

进一步完善和提升医院信息系统的功能，全院电子病历上线；病理系统上线，并实现报告单回传至医生工作站；全院护理电子首页上线；开发完成LIS系统检验科统一标本接收功能；实现手术预约电子化；提升了病房管理系统功能。在进一步完善HIS系统基础上，逐步建立院感管理系统、医政管理系统、护理质控系统、医疗设备管理系统、后勤物资管理系统、医用耗材管理、财务综合查询系统等。

在建立住院部、月坛门诊及社区中心网络共享平台的基础上，逐步扩大医院与社区信息共享业务，特别是为双向转诊业务的推广提供技术支持。

进行无线网络规划，为未来的手术麻醉系统、ICU系统、移动医疗系统、移动护理系统等的实现进行准备。

基本建设 完成各项维护维修21699次，中型维修130次；启动供应室的改造工程，并完成对药库、采购中心、图书馆、科教中心的调整及装修改造；为保证南配楼安全用电，完成新旧配电室的切换。

建院60周年庆典 1月22日，召开了复兴医院建院60周年庆典大会。编辑出版了院庆系列画册《凝聚复兴远见未来》、《复兴医院建院60周年宣传画册》，拍摄了医院形象宣传片《前进中的复兴医院》。评选出钱之达、李德祥、杜雪平、薛来凤、史斌、张丹、夏恩兰、骆成玉、王泳、刘玉兰10位感动复兴人物。（撰稿：张　岩　审核：刘　静　王丽虹）

领导名单

党委副书记　张燕丽　惠春霞

院　　　长　席修明

副　院　长　张进生　罗　雯　刘　静　杨　明

北京积水潭医院
北京大学第四临床医学院
北京市创伤骨科研究所

（西城区新街口东街31号）
邮编：100035　电话：58516688
网址：www. jst－hosp. com. cn

基本情况　职工2581人（含合同制职工201人），其中卫生技术人员2010人，包括正高级职称78人、副高级职称155人、中级职称504人、初级师728人、初级士545人。

医疗设备总值52313万元。本年度购置医疗设备总值4430万元，其中10万元以上设备53台，价值2180万元；100万元以上设备8台，价值1518万元。

获奖情况。年内，被评为首都公共卫生文明单位、北京市人口和计划生育工作先进集体、北京市卫生行业信息安全工作先进单位。手术室被评为北京市“三八”红旗集体。田伟被评为北京市先进工作者，蒋协远被评为全国抗震救灾模范，张国安当选“为群众健康服务的党员之星”。

改革与管理　首次申报卫生管理研究职称晋升系列，使在管理岗位上工作的员工有了晋升机会。针对编制外职工，制订和实施了《派遣合同制职工推优入编工作的暂行规定》，经多方考核和评价，允许符合条件表现优秀的编外人员入编。增设了周末全天门诊与周末手术。检验、放射、B超等医技科室增加了检查项目。修订医院感染制度29项。骨科通过了卫生部临床重点学科的评估，成为卫生部临床重点专科。

医疗工作　门诊909799人次，急诊156944人次，急诊危重症抢救1307人次，抢救成功率90.8%。入院29136人次，出院29094人次，床位周转27.73次，床位使用率98.54%，平均住院日12.98天，七日确诊率91.92%，出入院诊断符合率99.92%，治愈率70.24%，好转率26.43%，死亡率0.85%。住院手术22797例。

5月，推行双休日全天门诊和节假日门诊，成为全市首批开展无假日门诊的医院。5～12月，出诊医师3303人次、护士1740人次，门诊64666人次。7～8月，继续开设夏时制门诊。

全年参与应急医疗救治12次：2月26日，江苏省阜宁淀粉厂爆炸；4月14日，青海省玉树地震；5月23日，江西省火车翻车；6月7日，河南省平顶山矿难；7月19日，辽阳石化石油反应罐在清理过程中爆炸；7月28日，南京市乙烯气管道爆炸，新疆自治区库尔勒网罩厂煤气爆炸；8月7日，甘肃省舟曲泥石流；8月16日，伊春爆竹厂爆炸；8月24日，伊春空难；9月18日，北京游客在新疆自治区发生车祸；12月4日，贵州省网吧爆炸。

医疗支援。年内，与三大社区签署了转诊协议：新街口社区、回龙观社区和阳坊社区卫生服务中心。全年社区预约转诊166人次，加大社区转诊工作，保证病人上转无障碍，随时就医。举办医务人员专业讲座8次；义诊2次；预约转诊31人次；派出19个科室出诊医师1774人次，其中副主任医师以上占28%、主治医师占30%、住院医师占42%，接诊7098人次；接收进修2人；帮助开设了康复病房及胃镜室。支援延庆县第二医院和延庆县旧县镇医院81人次，健康教育讲课50余次，义诊2次。支援内蒙古自治区旗县医院88人次，手术20余例，查房50余次，接收进修11人。8月，鄂尔多斯市承办首届国际那达慕大会，本院派医生赴伊金霍洛旗医院参与医疗保障。6月，在门头沟区召开了首届积水潭—京郊骨科高层论坛。9月，支持博士服务团西部行，本院4名骨科专家及在银川市卫生局和市第一医院挂职的黄德勇博士主持并参加了宁夏医学会骨科分会第三季度学术会议，开展大型义诊和专家讲座，向患者提供了400个免费号，18名副主任医师以上的专家接诊。10月，北京积水潭中山骨科医院在广东中山市南区马岭社区举行奠基典礼，本院提供技术、服务品牌和日常管理，将建成一家以骨科专科为主的三级甲等医院，编制床位500张。11月，普通外科医师吴全参加了中国第二十七次南极科考任务。12月，神经外科副主任医师苏亦兵、泌尿外科副主任医师黄广林赴新疆自治区和田地区执行为期一年的援疆任务。

医患关系。全年接待各类医疗纠纷828例，其中门急诊703例、病房125例，包括医疗质量投诉305例、服务态度投诉328例、管理流程投诉142例、其他问题53例。医患办定期去门诊、急诊调查，针对可能发生医疗纠纷的环节总结归纳，告知相关部门及时改进。

病历管理。重新修订了《病历书写规范实施细则》及《电子病历管理规定（暂行）》，并对全院医师483人进行了新版《病历书写基本规范》的培训。全院所有临床科室副高级职称以下（含副高）的医师分批参加了比赛。全年检查终末病历28348份，发放返修单2689份，占9.5%。手术室运行病历每月检查1次，全年检查312份；检查门急诊处方12次；抽查门急诊处方28601份，其中合格处方28302份、不合格处方299份，合格率98.95%；对87人次进行了相应的扣罚。门急诊病历检查6630份，医务处抽查病历3560份，抽查病历合格率97.5%。

医保工作。全年医保出院6967人次，总费用15898万元，次均费用22820元。

医院感染管理。继续开展目标监测、环境卫生监测、医院感染暴发的应急处理、多重耐药菌医院感染控制、重点科室的感染控制、传染病防控和健康教育等工作。出院29094人，院内感染204例，医院感染发病率0.70%。I类切口15819例，切口感染26例，感染率0.16%。

护理工作 完善多项护理制度：分级护理制度、查对制度、交接班制度、病历书写基本规范与管理制度、危重患者抢救制度、护士长考核制度、急诊患者入出院流程、护理人员绩效考核制度、护理员管理制度等。

全年培训护士长22次，召开全院护士长会议20次、科护士长会议10次、护理部办公会46次，护士长夜间查房43次，理论考核及操作考核各2次。有13人在北京护理学会及中华护理学会兼职。完成给对口支援的伊金霍洛旗医院的护士讲课、操作考核等。接受北京市及西城区卫生局的检查，市、区卫生监督局及疾控中心的检查12次。

基础护理到位率99.24%，危重病人护理到位率99.93%，急救物品完好率99.88%，消毒物品合格率99.84%，护理文件合格率98.6%，护理服务问卷调查满意率99.85%。

全年发表护理论文161篇，比上年增长51%。

科研工作 获省部级以上科研经费543万元，其中北京市自然科学基金3项，经费33万元；首都发展基金7项，经费100万元，国家自然科学基金6项，经费190万元；市科委“十大疾病”项目“骨科常见疾病诊疗规范及康复技术研究”获立项，经费220万元。小儿骨科进入市科委“首都临床特色”项目，获追加资助29万元。全年发表论文472篇，SCI收录17篇。获专利3项：冯华、张辉、洪雷等的“一种外科关节镜下半月板移植测量器”，冯华、张晋、洪雷等的“一种膝关节外旋角度测量器”，张晋、姜春岩、鲁谊等的“一种外科关节镜下肩盂测量器”。

医学教育 院内举办医技学术活动64次，举办国家级继续教育项目10次、市级项目11次、区县级项目53次。

招收北医硕士生8人、博士生1人。毕业硕士生8人、博士生2人。在读博士、硕士研究生共24人。新招在职硕士生2人、在职博士生11人。毕业在职硕士生8人、在职博士生1人。在读在职研究生32人。

承担北京护士学校教学任务3个年级共142人。有9名专家被聘为清华大学教授、副教授。

全年接收进修350人。组织骨科、放射、烧伤、护理240余名进修学员全程参加了第三届积水潭骨科论坛的学术活动。

5月，刘波、韩巍通过了由香港骨科医学院及英国爱丁堡皇家外科学院联合组织的骨科专科医师结业考试，成为这两个机构认可的骨科专科医师，并获得这两家学院的院士资格。

学术交流与合作 3月，举行清华大学与北京积水潭医院合作签约暨揭牌仪式。双方通过在人才培养、临床教学、科学研究、技术开发和国际交流等方面的合作，培养高素质、高水平的骨科医学人才，并进一步开展生命科学及医学科学领域的研究。

4月，举办积水潭论坛。参加本届论坛的有中国工程院院士，中华医学会、中国医药生物技术协会、中华医学会烧伤外科分会及国际骨骼学会候任主席，清华大学副秘书长、生命科学与医学研究院副院长，还邀请了美国、日本、香港和台湾地区等国内外200余名专家，通过专题演讲、病例讨论和分析、卫星会等形式展示了最新的科研成果。论坛内容包括脊柱、关节、创伤、手外、小儿骨肿瘤、运动医学等骨科的各个领域，还增加了涉及烧伤、影像、基础护理、计算机辅助外科等相关学科。

10月，接待西安市红十字会医院共114人组成的访问团，涉及医院学术及管理等多方面、深层次、广泛的立体交流。

11月，医院150多人参加第十二届骨科学术会议暨第五届国际学术大会。院长田伟当选为中华医学会骨科学会候任主任委员。

宣传工作 全年制作电视专题片28部，播出94次。制作《积医新闻》17期、《热点访谈》5期。参加市卫生局第三届首都十大健康卫士专题片比赛，《妙手仁心》获二等奖；参加市卫生局第十九届“杏林杯”电视片比赛，《急诊室的故事》获一等奖。《积水潭》院刊12期，增刊4期。中央电视台《健康之路》3次，中央人民广播电台5次，北京人民广播电台60次。《健康报》10篇，图片新闻3张。《北京日报》14篇，《人民日报》1篇，《北京青年报》9篇，《北京晚报》8篇，组织媒体招待会1次。

后勤与基建 积水潭医院回龙观院区正在建设中。门诊楼扩建及地下车库工程，建筑面积7663平方米，其中地上三层为门诊用房，地下四层为仓储式停车库，设有176个车位，有一设备夹层。核定工程概算总投资5820万元。

对医院采暖系统进行了分控改造，在建筑物热力入口处增加电动调节阀门，利用时间控制器控制各楼阀门开关的时间，节能减排。

安全保卫工作 全年接报、受理各类治安事件并调处1216件；调处各类纠纷123起，其中参与医患纠纷调解77起；制止酗酒闹事22起；抓获、处理号贩子113人次；抓获、处理医托48人次；抓获粘贴涂写小广告89人次；抓获盗窃、诈骗等嫌疑人7人次；报送公安机关治安拘留32人次。

（撰稿：陈春玉　审核：任　轶）

领导名单

党委书记　辛有清
副 书 记　田　伟　那　佳
院　　长　田　伟
副 院 长　贺　良　蒋协远　赵晓兰

北京地坛医院
北京市病毒传染病防治研究中心
北京市艾滋病临床研究中心

（朝阳区京顺东街8号）
邮编：100015　电话：84322000
网址：www. bjdth. com

基本情况 职工952人，其中卫生技术人员786人，包括正高级职称42人、副高级职称66人、中级职称224人、初级职称454人。

医疗设备总价值3.57亿元。新购医疗设备总值26.6万元，其中10万元以上2台。

获奖情况。医院获首都文明单位标兵五连冠。王克荣被评为全国先进工作者、十大百姓爱心明星，李兴旺被评为卫生系统服务之星、首都十大健康卫士，张红宇被评为北京市优秀护士。

改革与管理 成立人才工作领导机构，制订了《医院人才队伍建设发展规划》，新增和修订了《引进人才管理、考核、激励、实施办法》《学科带头人、学科骨干和学科新星遴选办法》《高级专家延长退休年龄管理办法》《人员返聘暂行办法》《青年科研基金管理办法》《院内科研基金管理办法》和《科技奖励办法》，为人才培养创造良好的制度环境。

医疗工作 3月以来，手足口和麻疹患者陡增，医院紧急开放一个病房收治杂病，增设急诊留观病床15张，全年接诊患儿5423人。同时，医院牵头制订了北京市中医药防治手足口病临床技术方案。不断完善各项应急预案，组织突发事件应对法的培训、危重孕产妇救治演练、急性心肌梗死绿色通道救治演练，获朝阳区卫生应急工作特殊贡献奖。

门急诊225415人次，其中急诊22059人次，危重症抢救533人次，抢救成功率79.74%。床位597张。出院12842人次，床位周转23.65次，床位使用率89.1%，平均住院日13.66天，七日确诊率99.46%，出入院诊断符合率99.75%，治愈好转率87.42%，病死率2.75%。手术2365例。未发生高危孕产妇、新生儿、围产儿不良事件。

评审准入新技术39项，其中Ⅰ类技术26项、Ⅱ类技术4项，尚有4项在审批中，Ⅲ类技术——达芬奇手术机器人系统通过了审核。

年内，开设了神经内科、心脏监护病房（CCU）、骨科。从开科至今，妇产科、儿科母婴阻断超过10000例。实施了危重症救治中心（ICU）、急诊相关医生紧急替代制度、借床管理制度、危重病人评分。整合了简易门诊和专科门诊。实施诊间预约、电话预约、窗口预约。建立了120分站。

病案质量管理。成立了处方点评专家小组。组织全院死亡讨论、疑难病例讨论、危重病例讨论、院内外专家会诊，以及病历书写规范竞赛、基本技能操作比赛。重视医疗流程安全管理，坚持每月对重点环节质量实施绩效考核。坚持做好病案管理和疫情管理工作，被评为传染病疫情报告市级先进单位。甲级病历率99.70%。

医院感染管理。完善了院感管理三级网络体系，并定期召开医院感染质量控制会。成立了抗生素管理小组，指导临床合理用药。补充感染控制制度和标准操作程序7项。完善目标性监测，规范了医疗器械集中供应室清洗消毒灭菌。坚持出版《感染管理通讯》，分层进行了技能培训。医院感染率2%。

医保工作。全年收治医保患者2991人次、大病医疗保险385人次、生育保险266人次，金额6613.98万元。医保患者人均费用18160.3元。

医疗支援。医院主动与农村和社区建立对口支援关系，多次赴密云县石城镇、崔各庄乡等地开展义诊、免费体检及下乡支援活动。同时，与多家社区卫生服务中心建立支援关系，支援和平社区医院，为社区送技术、送服务、送管理。

护理工作　加强护理关键环节的质量管理。坚持每季度护理安全检查，定期开展护理质量安全讨论。编写并落实护士应知应会、56项护理技术操作考核标准，制订护理表格20余种。开展护理岗位练兵，组织了操作技术比赛。开展优质护理服务试点，基础护理落实到位，陪护率由75%降到25%。选送30人次护士长及护理骨干外出培训。组织了全国传染病护理专业学术交流和讲座，承办了全国传染科护士长新进展管理培训。成为中华护理学会传染病护理专业主委单位、朝阳区护理质量控制与改进中心主委单位。

科研工作　全年获批科研立项20项，在研项目121项，科研经费总计7143.56万元。全年在核心期刊发表论文132篇，其中SCI论文12篇，论著5本。成立重大项目办公室，正式启动重大专项和各分组长、各分中心交流的通讯平台，建立检测样本标本库，为课题顺利开展提供了组织协调服务。

赵红心入选北京市“十百千”人才工程的“百”层次人才，曾辉入选新世纪“百千万”人才工程市级人选，阎杰获优秀人才专项经费资助。成立了重大专项办公室。共申报课题61项，中标课题20项，其中国家自然科学基金项目4项。医院承办的《中华实验和临床感染病杂志（电子版）》被中国科技论文统计源期刊（中国科技核心期刊）收录。

医学教育　获批博士后科研工作站。北京市社区医师传染病培训基地在医院挂牌。

医院承担首都医科大学、北京大学医学部、北京中医药大学及大连医科大学研究生的培养，设博士点1个、硕士点3个，博士生导师5人、硕士生导师13人。年内，招收博士研究生3人、硕士研究生21人。完成国家级继续教育认可项目3项，带教实习生280人，接收进修医生62人。2人获北京大学医学部优秀教师奖，2人获北京大学医学部传染病系赵树馨奖励基金、2人获教学管理优秀奖。

学术交流与合作　年内，组织亚太肝病年会先锋项目，35位欧洲肝病专家来院交流。组织菲律宾儿科专家团与本院专家的双边交流3轮。组织首届京港澳台艾滋病交流论坛、艾滋病治疗与关怀综合管理国际学术交流研讨会。全年接待40个国家的60名卫生官员和艾滋病防治工作人员，以及欧洲、美洲等其他国际机构友人共16批173人次。

7月15～18日，召开地坛医院主办、中华医学会协办的第四届地坛国际感染病会议，国际感染病学会、欧洲感染病学会、欧洲肝病学会、亚太肝病学会以及其他学术团体的感染病、肝病学界专家进行讲座，世界各地的千余名学者参会。

信息化建设　完成对网站、医院业务系统、办公系统、通讯及音视频系统的进一步集成。完成门诊医保实时结算、诊间预约、医联码实施和临床路径试点的信息化建设。完成科研信息系统上线、北京重大疾病临床数据和样本资源库建设管理的信息化准备。完成医疗协同与应急指挥平台系统的审批并进入实施阶段。改版了医院网站。完成10家合作医院远程会诊的安装、实施与培训，新开科室的系统软、硬件准备和人员培训。

后勤与基建　完成院内再造工程的平面流程设计及可行性研究。完成锅炉房部分设备改造。对库房供应实施网上申请和下送服务。组织了停电应急演练。全面推行保洁标准化服务。组织了全员安全技能培训、自然灾害应急预案演练和消防应急演练，编发了安全常识手册。

文化建设 编写了《北京地坛医院管理文集》。定期评选服务之星和优质服务班组，对301名30岁以下青年职工进行了阳光心态主题培训。制作了院史展览，《王姐的故事》、《足迹》、《排雷专家》、《美丽天使》专题片4部，其中《王姐的故事》获市卫生局自拍类专题片二等奖。

（撰稿：王　蕾　审核：张永利）

领导名单

党委书记　滕秀琴
副 书 记　张建利
院　　长　张永利
副 院 长　成　军　李秀兰　辛衍涛

首都儿科研究所附属儿童医院

（朝阳区雅宝路2号）
邮编：100020　电话：85695555
网址：www.shouer.com.cn

基本情况 职工1236人，其中在编职工968人、合同制员工268人。在编职工中科研、卫生技术人员765人，包括正高级职称51人、副高级职称69人、中级职称245人、初级职称376人、未定级24人；其他技术人员33人；行政管理人员93人；工勤人员77人。

医疗设备总价值：其中医院13451.64万元、研究所2137.89万元。新购置医疗设备总值3678.29万元，其中10万元以上设备55台，1664.88万元；100万元以上设备4台，1751.8万元。

获奖情况。“以党代表任期制为抓手，创先争优求实效”获全国医药卫生系统创先争优“金点子”评选活动二等奖，被评为首都卫生系统文明单位、北京市无偿献血先进单位。范茂槐参与课题作为主要完成人获教育部自然科学二等奖，凌科被评为北京市消防安全工作先进个人，梁芳被评为北京市无偿献血先进个人。

机构设置 经市机构编制委员会办公室及市卫生局批准，加挂“北京市儿童成人慢性病防治中心”牌子。

改革与管理 完成“十二五”规划初稿。首儿所本部扩建获得市卫生局及朝阳区同意，进入选址阶段。论证月坛专家门诊部拆迁新址的基本建设规划。新增规章制度67项、修订258项、废除5项。制订了《首都儿科研究所工作规则》。7月，病区按专业分为单独核算单位。开展双休日门诊，完善免费电话预约挂号，筹备与12580声讯台合作事宜。

首次进行学科带头人遴选工作，选出学科带头人2名：米杰、李龙。推荐李龙参加北京市领军人才评选。第二次组织学科骨干和新星遴选。进入学会、协会及杂志任职16人。新增《高级职称晋升量化评价标准及实施方法》，修订《公开招聘工作人员实施办法》和《派遣人员纳入编制内管理的规定》等制度。选拔5名拟转正的编外人员。首次将心理测试方法纳入招聘编制内新员工的参考标准，招收编制内管理的应届毕业生28人，接收派遣制职工37人。

财务总收入54922万元，比上年增长26.55%；总支出52654万元，比上年增长10%。修订完善多项财务管理制度，建立了查验假发票制度。修订了《基建维修工程管理办法》《中层干部离任审计制度》等，审减金额40.6万元，审减比例15.2%。

反商业贿赂。启动廉政风险防范管理，开展“小金库”治理，组织参观警示教育基地和全员教育，在所报、网站开设警钟长鸣教育专栏。全所职工拒收红包179066元，收到锦旗171面、表扬信53封。出院患者满意度98.24%，门诊患者满意度92.76%。

医疗工作 门急诊176.3万人次，最高日门急诊5869人次，急诊危重症抢救1992人次，抢救成功率85.55%。床位414张。出院14366人次，病床周转37.81次，病床使用率101.95%，平均住院日9.8天，七日确诊率98.63%，出入院诊断符合率98.65%，治愈好转率96.8%，死亡率0.32%。住院手术3807例。

年内，通过了医疗质量万里行及平安示范医院的复审等检查。5个专业（急救、呼吸、血液、风湿、消化）通过了北京市初评，急救专业被评为卫生部重点学科；检验科获得国家级实验室ISO 15189标准认可；医院取得药品临床试验质量管理规范（GCP）的资格。

新业务、新项目、新技术。内科消化专业开展肝活检；外科开展巨大肝肿瘤切除术、腹腔镜治疗新生儿胆总管囊肿、短空肠—肝管吻合术、胆囊—结肠胆汁分流术治疗家族性胆汁淤积症；保健科开展新生儿经皮测胆红素；皮科开展半导体激光照射技术；眼科开展显微手术及AB超检查、泪道探通联合留置探针治疗复杂性先天性泪道阻塞、上眼睑下垂及多种复杂性斜视矫正术、眼睑整形手术、眼球及眼睑肿物摘除术；口腔科新增牙片拍片检查；检验科开展血清特异性抗体检测，新增外检项目（白血病基因）；病理科开展儿童肾脏疾病肾穿组织免疫组化病理诊断、淋巴造血系统免疫组化耐药基因的检测。

病案管理。定期组织抽查、集中检查病历质量，开展病历质控员培训，组织优秀病历评比，增设优秀病历书写集体奖。甲级病历率99.6%。

医院感染管理。修订原有55个院感管理制度，升级北京市医院感染报告系统，组织院感控制培训2次。开展以“感染控制，从我做起”为主题的首届医院感染控制宣传周。医院感染率3.68%。加强传染病防治管理与重点疾病的主动监测，严格疫情上报，组织传染病防治知识集中培训4次。

医保工作。办理医保住院患儿3163人次，总费用520万元，审核医保病历达到100%。落实北京市学生儿童大病医疗保险实时刷卡结算工作。

医疗支援。选派外科马强开始为期1年的援疆工作。继续开展“人才京郊行”活动，完成第二批支援服务和第三批人员的选派。第三次组织“情系青海西部行活动”，在西宁市妇幼保健中心、西宁市第一人民医院及湟中县第一人民医院开展疑难病例会诊、病房查房、义诊等活动，并开展学术讲座8场。启动“山区儿童健康行动”，与密云县卫生局签订医疗、科研长期合作协议。组织医疗队赴密云县冯家峪镇卫生院及平谷区妇幼保健院开展体检、义诊咨询活动。与内蒙古自治区乌拉特前旗医院、五原县医院开展对口支援活动。

护理工作　开展优质护理服务示范工程，在7个专业病区试点。试行护理工作移动站。落实护士长管理培训及护理人员分层培训计划。召开护理缺陷分析会。护理质量服务满意度98.3%。

护理质量控制检查84次。护理文件书写合格率94.4%，基础护理合格率93.5%，特级、一级护理合格率93.9%，技术操作合格率91.5%，急救物品完好率100%。

开展所级科研课题2项，在统计源期刊发表护理论文8篇。

全年临床实习带教227人次，接收进修护士26人。组织护士继续教育63次，5336人次参加；专项培训18次，120人次参加；在职教育396人；规范化培训46次，154人次参加。

科研工作　获批各类课题33项，其中国家自然科学基金4项、市自然科学基金4项、国际合作课题2项、部级课题7项、留学回国基金1项、首发基金6项、市科技计划1项、首都临床特色项目2项、市委组织部优秀人才1项、市卫生局青年基金2项、横向课题3项。在研课题115项，经费5388万元。结题17项。李龙的“微创治疗先天畸形的基础和临床研究”获科技部恩德斯医学科学技术一等奖，其主持的“先天性胆道畸形的病因和治疗方法改进的研究”获北京市科学技术进步奖，本人获恩德斯中国杰出内镜领袖奖。作为第二完成单位的“中国人口重大出生缺陷干预的可控性及其干预应用”获教育部国家科学技术奖一等奖。李会莉入选北京市科技新星。

重新修订了《科研奖励基金管理规定》，共奖励临床和科研人员113人次，约60万元。开展科研诚信系列宣教活动。正式启用研究所中心仪器室。第四次修订了《生物安全管理条例》。首次成立青年读书沙龙，全年举办15期。

参加第十五届全国儿科学术大会，投稿92篇，甘小庄和李辉的大会交流论文获本专业组一等奖。承办第五届宋庆龄儿科医学奖颁奖仪式暨2010宋庆龄儿科医学论坛，由北京大学人口研究所和首儿所共同完成的“中国高发区胎儿至婴幼儿期出生缺陷流行病学特征研究”等5个项目获宋庆龄儿科医学奖。

病毒研究室继续进行甲型H1N1流感病毒的监测及上报工作，并开展临床疑似麻疹病例及风疹病毒的检测。儿童早期综合发展研究室承担的儿童疾病综合管理项目向全国推广，重新修订并出版了新版教材，开展了IMCI全国省级师资培训。儿童卫生和发展研究室承担的“十一五”科技攻关课题“重点开展适合我国社区卫生服务机构使用的社区卫生服务技术规范研究”，已进入结题阶段；陈博文被聘为卫生部深化医药卫生体制改革专家咨询组专家。受卫生部妇社司委托，以戴耀华、朱宗涵、宋国维为核心的专家组承担了四川重灾市州儿科师资培训班的培训任务。

国内核心期刊发表学术论文134篇，发表SCI论文35篇。最高影响因子8.505，张霆作为第二作者的论文发表在影响因子为50.017的《新英格兰医学杂志》上。作为主编或副主编出版专著5部。

医学教育　投入教育经费48万元，加强对科研、临床、管理、后勤骨干人才的培养。参加继续教育682人。

完成北京大学医学部、首都医科大学、北京卫生学校等985名在校生的儿科教学任务。接收医护人员进修37人。

在读研究生100人，其中在职26人、统招74人；攻读硕士学位77人、博士学位23人。24人通过研究生毕业答辩，其中博士毕业生4人、硕士毕业生20人。

承办国家级继续教育项目4个、市级继续教育项目1个，组织学术活动（讲座）45次，坚持每月2次的系列学术讲座，共6513人次参加。将医疗安全教育纳入职工继续教育范畴。修订继续医学教育学分授予办法补充规定，进行了年度中期检查。卫技人员继续教育学分达标率99.3%。选派22名中青年医师参加中法急救医学培训，2人参加市灾害医疗救援培训。组织2期临床医师医学英语口语班。代培外院住院医师23人，送出培训住院医师7人。脱产学习329人次，到院外专业进修培训146人次。

国际交流与合作 接待外宾9批18人次，科技合作项目8项。公派出国、考察、进修36批59人次，派出3人赴国外长期进修，学成归国10人。

信息化建设 完成信息系统基础设施改造、床旁移动护理系统、信息运维管理系统等工作，完成医保门诊持卡实时结算、住院医保持卡结算、医联码接口系统、统计上报系统及其与HIS系统接口、院感上报及传染病监测系统。进一步推广门诊LIS系统及住院机打医嘱。

后勤与基建 全年安全生产检查50余次。明确各层各级领导的一岗双责责任制，层层签订安全责任书。在医院内建立警务工作站，朝外派出所派驻民警1人。分别在本部及月坛专家门诊部组织防暴演练，配合市公安局、市卫生局举办“晨锋”行动。组织4起消防应急演练。进行了门诊楼配电室增容、发电机带负荷试验。

完成大院道路、绿化专项工程，宿舍楼消防改造工程，新生儿病房改造前期准备及门诊楼更换地砖施工准备工作。重新审核无房老职工的住房补贴，解决了部分职工遗留10余年的房产证问题。继续完善基建电子档案库。

首儿药厂 坚持科技创新，以增收节支为中心，实行GMP动态标准化管理，不断完善经营与管理模式。经营总收入1.32亿元，上缴各种税金380万元。治疗儿童流行性感冒药——清热散瘟口服液入选北京市“十病十药”研发项目，并获政府奖励；肤乐霜和双金利咽颗粒入选市中医局小膏药重现工程。

控烟工作 制订建立无烟医院工作方案，成立了控烟领导小组，在世界无烟日和“六一”儿童节进行科普宣传，组织控烟小创意作品征集活动。获得世界卫生组织的控烟项目认定，通过了北京市和朝阳区的验收。

文化建设 在北京各大媒体刊出宣传稿件184篇；出版所报23期，180版面，刊出文章479篇；上报卫生信息164篇，卫生信息网刊登111篇；在北京卫生信息刊稿16篇。完善中英文网站，全年回复留言板2008条，共有91个国家和地区39万人次点击。

（撰稿：高　洋　审核：范茂槐）

领导名单

党委书记 卢　平
副书记 滕红红(至12月)　杨　健
所（院）长 范茂槐
副所(院)长 张　霆　凌　科　王天有

北京回龙观医院
北京心理危机研究与干预中心

（昌平区回龙观）
邮编：100096　电话：62715511
网址：www.bhlgh.com

基本情况 职工1241人，其中卫生技术人员886人，包括正高级职称25人、副高级职称63人、中级职称262人、初级职称497人、未定级39人；其他专业技术人员122人；行政人员78人；工勤人员

155 人。

医疗设备总值 3353.61 万元。年内购置医疗设备总值 207 万元，其中 10 万元以上 7 台。

获奖情况。年内，被评为首都文明单位、首都公共卫生文明单位、首都平安示范医院。获北京青年健康使者火炬行动优秀志愿服务项目、服务集体、组织贡献奖。电视短片《心灵天使——王翠玲》获市卫生系统第十九届“杏林杯”电视短片一等奖，《心灵的舞者——田松》获得自创类三等奖。

机构设置 撤销康复科的行为治疗区；成立艺术行为治疗中心，隶属康复科。医患关系协调办公室划归为医务科所辖的二级科室。

改革与管理 进一步完善各系列、各岗位的设置。加强预算管理和成本管理，执行财务内部会计控制制度。加大财务稽核、审核力度，对门诊和住院收费实行三级审核。强化医院内部审计制度，重点做好领导干部经济责任审计、基建工程项目审计、经济合同审计。对医院重要部门、重要岗位进行小金库专项治理工作检查。审计部门参与医院大型医疗设备和基础建设工程的政府采购招投标工作。

创建人民满意医院。医院聘请社会监督员 13 人。坚持每季度进行一次患者问卷调查，住院患者满意度 99.66%，门诊患者满意度 96.33%。医务人员谢绝患者馈赠现金 13.17 万元，收到锦旗 9 面、表扬信 17 封。

反商业贿赂。全院 60 名中层干部与院长、党委书记分别签订了《中层干部党风廉政建设责任书》，1200 余名职工分别与科室负责人签订《廉洁行医、抵制商业贿赂》承诺书。开展了各种形式的预防职务犯罪专题讲座。

医疗工作 门诊 79731 人次。入院 2393 人次，出院 2378 人次，床位周转 1.84 次，床位使用率 105.49%，七日确诊率 99.02%，出入院诊断符合率 97.70%，治愈率 11.45%，好转率 85.96%，死亡率 0.76%。精神医学司法鉴定 205 例。创建精神科团队诊疗模式，临床医生、护士、心理技师、康复人员、药师和社会工作者共同参与对精神病人病情的评估，提出诊疗方案。

病案管理。修订门诊病历借阅制度和查询管理制度。11 月 1 日开始实施办理医联码信息采集。住院病案首页扫描成电子文本，用于医生网上查询下载使用。出院病历 2378 份，甲级病历率 100%。

医院感染管理。重点对甲型 H1N1 流感、禽流感、手足口病及艾滋病进行防控。感控办对临床科室的院感病例进行监控。对全院医务人员进行院内感染、传染病防治知识、各种报告要求、医疗废物管理、针刺伤防护及高温中暑报告的培训，对新员工进行传染病知识、肺结核防治、医疗废物管理等院感综合知识培训，对配餐员进行消毒知识培训。对病人的餐具清洗、消毒进行了监督。全院性灭蟑布药 2 次。院内感染 239 例，医院感染率 1.59%。

医保工作。全年医保出院 1169 人次，占出院患者 49.16%。市医保中心对本院继续实行定额付费试点，核定医保住院患者最高收费标准为 126 元/日，医保患者实际住院每张床日均费用为 202 元/日，超出部分由医院垫付，报市医保中心补偿。5 月 10 日，门诊医保就诊病人实时划卡结算系统正式运行。

对口支援。接收医护人员进修培训 99 人，开展讲座 82 场，下乡医疗队 10 支，诊治 2862 人。

护理工作 进一步规范精神科护理操作规程，制订精神病患者身份识别制度、医疗过失行为及事故防范、医疗行为过失或事故报告及处理制度、坠床与跌倒报告与伤情认定制度。修改了精神科给药核对制度、医嘱核对流程。对新病人、特殊病人进行风险评估。强化“三基三严”培训制度的落实，重点是精神科专业知识及突发事件急救演练。精神康复护理重点是从慢性疾病病人的饮食与运动管理方面进行康复训练。4 个病区申报了创建优质服务规范护理单元。8 月 9 日，正式启动护理首发基金课题“非典型抗精神病药所致代谢综合征护理干预策略研究”，并在 1～10 病区开展。开展“生命热线”品牌项目及“住院患者‘逛京城’”和精品活动。护理质量 10 项标准达标率 99.86%。开展了医护联合英语查房。举办中华护理学会首届精神科专科护士培训班和 3 次全国性精神科护理培训班。

科研工作 完成科研课题 10 项，在研课题 51 项。新开科研课题 16 项，其中市科委项目 1 项、国家自然科学基金 3 项、市自然科学项目 1 项、市科技计划首都特色临床医学项目 1 项、首都医学发展基金 5 项，共获经费 62 万元。市优秀人才基金 2 项，市卫生局青年基金 2 项。获各类基金资助 1038.78 万元。

全年完成国家药物临床试验机构开展的项目 5 项，其中Ⅰ期 1 项、Ⅱ期 1 项、Ⅳ期 3 项；在研项目 8 项，其中有 5 项病例纳入超过 50%，另外 3 项已经通过伦理审批，全部为Ⅱ、Ⅲ期新药临床注册试验。

与北京大学第六医院、中科院心理所、安定医院、牛津大学 CONVERGE 等项目进行合作。由本院牵头与其他 3 家单位共同参与“十二五”新药创制平台的研究，获得经费 1650 万元；精神疾病诊疗规范，获研究经费 100 万元。与美国国立卫生研究院（NIH）合作项目，获资助 13 万美元。

全年发表论文 123 篇，其中核心或核心（遴选）

期刊103篇，包括SCI期刊收录26篇，最高影响因子7.467，平均影响因子3.831。发表科普类文章98篇。主编或参编著作4部，其中专业书籍2部。

医学教育 正式启动研究生教育。继续承担北京大学医学部、河北联合大学、山西长治医学院、北京农学院等医学院校的教学任务。北京大学医学部、河北联合大学在本院设立了精神卫生专业研究生培养点。中国政法大学、河北联合大学和齐齐哈尔医学院将本院设为精神卫生专业学生临床实习基地。全年接收实习学生255人。接收北京大学心理系、中科院心理所、北京林业大学心理系、华夏心理网、北京尚德机构等研究生、本科生及心理咨询师临床见习500余人。举办国家级、市级继续医学教育项目14项，院内继续医学教育项目29次，申报2011年国家级、市级继续医学教育项目20项。全年共培训2813人次，卫生专业技术人员继续医学教育达标率100%。派出职工参加短期培训173人次，派出8名精神科住院医师到综合医院轮转。接收进修91人次。完成北京高等院校、北京卫生学校、北京护士学校等12所护理职业学校的精神科护理教学授课2000学时。

心理危机干预 继续开展自杀成功和未遂相关的研究以及预防自杀干预效果的研究。建立全国范围的、多学科参与的自杀研究人员网络，开展高质量、跨学科的自杀研究项目，并为全国及地方制订、实施和监测自杀预防策略提供科学依据。举办国家级继续教育项目——心理危机热线干预技巧培训班、DSM－Ⅳ－TR轴Ⅰ障碍定式临床检查（SCID）培训班，第六期中美首届认知行为治疗督导师培训班。为住院患者提供每次30分钟的一对一心理治疗。开展了社区和特殊人群心理咨询服务。定期为西城区月坛社区提供心理护理服务和康复指导，为本市十几所高校提供心理危机干预和学生心理咨询服务，到市监狱、市金钟监狱为服刑人员进行心理健康、心理危机干预专题讲座和现场心理咨询。

6月18日，医院心理危机干预热线被批准成为北京市心理援助热线，同时成立了专家组，向群众提供心理健康教育服务，为处于心理危机状态的个体提供心理支持、咨询和干预服务，降低来电者的自杀风险。全年共接热线电话28111个，接听17022个，接听率约60%。

组建心理危机援助小分队，参与国内重大事故、灾害现场心理危机援助。1月19日，对在海地大地震中遇难的8位维和烈士家属进行现场24小时的心理援助与干预，对遇难者家属进行心理疏导与精神抚慰；3月1日，神华集团内蒙古自治区乌海市骆驼山基本建设煤矿发生透水事故，对因事故住院的7名病人进行了21人次的心理辅导；4月14日，赴青海省玉树地震灾区提供心理援助服务；8月8日，舟曲发生特大泥石流灾害，为现场受灾群众提供心理援助服务，同时，对当地医护人员进行灾后人群心理危机干预培训。

国际交流 全年接待外宾来访11批53人次，出国6批13人次。申请外国专家来华项目3件11人次。2月底，加拿大籍医学专家费立鹏先生和夫人毕曼丽女士聘用合同到期。6月19日，与法国百瑞－弗律克思医院续签中法友好合作协议。6月22日，主办中法精神卫生高峰论坛。10月11日，主办中、日、韩和挪威参加的国际临床美术治疗研讨会。

信息化建设 完成信息系统安全等级保护重新备案工作，重新梳理和完善医院信息安全管理制度和策略，对重点部门和重点岗位的信息设备进行登记造册，对涉密人员进行安全保密知识培训，设置了信息安全员岗位。对网站页面进行10次较大的改动，涉及30多个模块。新增英文版网站、网上信息查询、网上调查、医生护士资格查询、预约挂号、院领导信箱等新功能、新模块。

完成医保病人持卡就医实时结算HIS系统的改造，医嘱单、摆药单、领药单等的网络传送，检查、检验申请单可供医生网上浏览和共享；重新规划、部署网络服务器，进一步整合计算机及网络应用系统；更新了门诊医生的掌上电脑；2个门诊部与院区局域网实现点对点实时连接和一体化管理；LIS与HIS实现接口。完成病案数字化及信息系统平台改造项目的招投标。9月底，对门急诊信息系统HIS接口进行二期改造；11月1日，启用了医联码系统。进一步完善医院网络办公系统（OA）和即时通讯平台AM，该系统覆盖班组长以上人员。

后勤与基建 加强医院安全生产，对全员进行安全教育，与施工单位签订安全责任书，各类专业人员持证上岗。各种设备定期检查维护，电梯、压力容器和锅炉等特殊设备进行建档、注册、注销、定期年检，保障设备安全使用。规范膳食管理，严把食品进货渠道。对医院部分建筑进行了节能改造。门急诊楼工程正在筹备和前期准备中。

（撰稿：彭守文　审核：杨甫德）

领导名单

党委书记　张文中
副 书 记　刘　静
院　　长　杨甫德
副 院 长　张文中　王绍礼　刘克林

北京老年医院

（海淀区温泉路118号）
邮编：100095　电话：62456644
网址：www.lnyy.com.cn

基本情况　职工882人（含合同制），其中卫生技术人员696人，包括正高级职称13人、副高级职称45人、中级职称210人、初级职称382人、未定级46人；行政、后勤人员186人。

招聘毕业生40人，其中硕士生以上15人。

医疗设备总价值13694.53万元。本年度购置万元以上医疗设备81台，总值2673.27万元，其中10万元以上45台、100万元以上4台。

获奖情况。医院被评为北京市敬老、爱老、为老服务先进单位。院长陈峥被评为北京市先进工作者，被卫生部、国家食品药品监督管理局、国家中医药管理局评为全国医药卫生系统先进个人，被国家老龄委评为全国老龄工作先进个人；郭建春被评为北京市优秀护士。

机构设置　成立康复病房、关怀病房、卒中重症监护病房，开设了咳嗽门诊、肝炎门诊、多学科门诊、老年综合评估室。

改革与管理　制订了《医疗质量检查标准》《医师信息权限管理规定》《突发公共卫生事件应急预案》等。成立绩效考核工作小组和办公室，完成绩效考核实施方案。继续开展多学科查房。

以创建人民满意医院为宗旨，在门诊开展规范化优质服务活动。建立门诊主任值班制度、门诊护士首问负责制，开展了预约门诊、双休日门诊和节假日门诊，接待医疗服务投诉79起。对门急诊病人和出院病人进行随访，患者满意度97.60%。

加强党风廉政建设，探索长效机制。修订《院级领导干部党风廉政建设责任分工一览表》《廉政风险防范管理工作实施方案》《廉政风险防控工作流程图》等。全年收到锦旗24面、表扬信29封，拒收礼金38200元。

医疗工作　门诊174137人次，急诊23849人次，住院5815人次，出院5763人次，平均住院日22.48天，床位周转13.40次，治愈率18.90%，好转率76.80%，死亡率4.37%，出入院诊断符合率100%。住院手术1087例，门急诊手术4119例。院内外会诊107人次，其中来院会诊40人次、派出专家会诊67人次。

新技术、新疗法。体检中心的个人健康体检基础产品及自选产品开发、妇女生殖保健专项体检产品开发、老年专项体检产品开发、功能专项体检、中医体质辨识整体体检，妇科的宫腔镜检查治疗术、LEEP刀宫颈病变治疗术、超声引导下可视人工流产术、情志配合中药等综合疗法治疗围绝经期综合征。

病案管理。实行“三级质控”，即对一线医师反复培训，开展病历点评，充分发挥质控员作用，最后由病案科对病历检查把关，医务处抽查。甲级病历率99.43%。

医院感染管理。院感人员外出培训学习11次，院内举办各类人员感染控制知识培训7次，发放资料300份。查阅病历3796份，感染196例，感染率5.16%。加强医疗废物管理，巡视督查13次。

医保工作。医保出院2634人次，比上年增加665人次，增幅33.77%；平均住院日24.1天，比上年减少1.2天；出院医保总费用4811.71万元，次均费用18268元。对医保病人住院费用实行量化指标管理，重新核定各病区费用控制指标，完善管理考核办法。

医疗支援。派出16名专家赴内蒙古自治区乌海市海南区人民医院对口支援，对其管理进行总体评估并提出整改意见，开展手术30例，疑难病例会诊及抢救32人次，开展新技术11项。对本市的上庄、苏家坨社区卫生服务中心，密云县冯家峪乡卫生院的医师进行业务培训、教学查房、手术示教等。

护理工作　建立健全护理规章制度，完善临床护理质量管理，推出《优质护理服务示范工程活动方案》。护理文件书写合格率97.89%，护理病历书写合格率97.83%，基础护理合格率98.34%，特级、一级护理合格率98.67%，技术操作合格率99.43%，安全护理合格率100%，急救物品完好率99.97%。

科研工作 在研课题36项，其中院内科研基金资助项目14项，首发基金8项，市卫生局和中医局青年科学基金3项，北京市优秀人才资助项目2项、合作研究项目6项，民政部课题3项。全年发表科研论文42篇，其中SCI收录6篇。

教学工作 全年完成首都医科大学、首都体育学院、天津高等医专等33人次的临床实习，接收临床及康复专业进修51人次。完成北京护士学校等85名学生的生产实习和临床教学工作。

举办业务讲座、培训35场，4356人次参加。组织全院卫生技术人员急诊急救知识培训4次，1837人次参加，其中551人次参加理论考试，合格率100%。学分制培训达标率92.70%。完成35名临床住院医师规范化培训，以及11名住院医师进入基地培训的申报、前期培训、院内教育等。1月、6月，老研所与市社管中心共同举办北京市社区老年保健适宜技术培训班2期。11月12日，医院被评为北京市高等学校市级校外人才培养基地，并举行了揭牌仪式。

学术交流与合作 全年接待美国、澳大利亚、日本等国专家学者来访交流3批26人次。选派业务骨干、护理人员7批16人次前往美国、日本、马耳他、德国、意大利、葡萄牙和中国台湾、香港参加国际会议，进行学术交流、培训、进修和考察等。

信息化建设 年内，实施了门诊收费实时上传，完成体检软件接口改造调试、硬件安装调试、人员技术培训、运行维护等工作。新增各类HIS工作站314台、光缆2条，新增和更新交换机15台、打印机46台。完成门诊、住院医生站操作员、体检软件操作员培训87人次。通过OA发布新闻129条，外发宣传信息72条，发布文章115篇，点击率25139人次。

后勤工作 总务处、营养科开展了ISO 9001—2008质量管理体系认证工作。投入10多万元为手术室配备不间断电源设备。投资275万元为全院科室配置物资。

基础建设 完成七、八、九病区的外墙保温工程，建筑面积9000平方米；原门诊楼、美容中心、车库的采暖、供冷系统末端及室外管线的改造工程，建筑面积2500平方米；七区采光井局部封顶和地面工程，建筑面积160平方米；美容中心装修改造工程，建筑面积256平方米。完成二期病房科教综合楼项目建议书的批复、设计、招投标工作。

其他工作 6月，完成《北京老年医疗卫生服务网络建设“十二五”发展规划（草案)》的编写。7~12月，完成“十二五”规划方案的编制。

11月，编辑出版《老年综合征管理指南》，共12章，近30万字。12月，编制《十大老年综合征简介》宣传折页。进行“北京市老年病常见综合征和问题的调查研究”，发放问卷4000余份。

（撰稿：李保英　审核：杨爱民）

领导名单

党委书记 张洪林
副书记 陈　峥　朱江华
院　长 陈　峥
副院长 张洪林　杨　兵　王玉波　刘运湖

北京小汤山医院
北京小汤山疗养院

（昌平区小汤山镇）
邮编：102211　电话：61789012
网址：www.xtshos.com.cn

基本情况 职工636人（含合同制334人），其中卫生技术人员207人，包括正高级职称3人、副高级职称23人、中级职称74人、初级师50人、初级士57人。

医疗设备总价值5662.06万元。本年度购置医疗设备总值1787.59万元，其中10万元以上设备6台、100万元以上设备3台。

确定了医院未来发展方向，即以健康管理为核心的集健康管理、健康保健疗养、综合医疗康复、高品质会议服务的四位一体发展格局。积极恢复医院康复疗养事业，开设了康复病房。

获奖情况。医院被评为首都文明单位。刘雅平在北京市职工职业技能大赛卫生系统营养治疗技能比赛中获营养师组第四名，韩萍获中华中医药学会全国中医药科学普及金话筒奖。

机构设置 成立健康管理中心，下设健康管理中心办公室、健康体检部、健康管理部、传统医学部（下设中医评估室、中医干预室）、健康教育部（下设健康风险评估室、亚健康干预室、慢病干预室、运动医学干预室、健康咨询室、数据管理室、膳食指导室、社区管理室）；成立事业发展部，下设客户接待部、市场开发部、客户服务部；成立科教科、园林绿化科、医疗保险办公室、宣传中心、信息中心、审计科、保健办。取消体检中心、接待部、公费医疗办公室、宣传信息中心、审计物价科（物价科职能并入财务科）。

改革与管理 深入开展医院管理年活动，以创建人民满意医院为契机，做好医疗质量的监督检查，加强病案质量监督检查及管理，规范医疗行为，改善就医及体检环境，加强医疗卫生法律法规知识的培训，加强基础医疗质量管理，强化“三基三严”训练，加强体检质量控制，加强干部保健工作。实行周末全天候体检，延长体检时间。

加强党风廉政建设，制订《关于行政监察工作的实施意见》《2010年党风廉政建设和反腐败工作任务分工方案》《关于推进2010年廉政风险防范管理重点工作的实施方案》等，组织了党风廉政建设和反腐败工作责任书签字仪式，并开展廉政建设知识学习教育活动以及小金库、假发票专项治理。

医疗工作 门诊26086人次，急诊2953人次，急诊危重症抢救2人次，抢救成功率50%。床位597张。入院249人次，出院231人次，床位周转0.4次，床位使用率10.03%，平均住院日116.08天，七日确诊率100%，出入院诊断符合率100%，治愈率9.17%，好转率85.32%，死亡率4.13%。

加强病案质量的监督检查及管理，提高病历书写水平。甲级病历率97%。

医院感染发生率3.47%。加大院感培训力度，对临床医生进行传染病报告填写要求的培训，对全院医技人员进行AFP防治知识、结核病预防、禽流感临床诊疗知识等培训和考核。传染病报告率100%，没有迟报、漏报。对供应室灭菌效果进行132化学指示卡监测、生物学监测及B－D试验监测，合格率100%。加强职业防护，为医疗废弃物回收专职人员进行体检，并为检验科、口腔科、医疗废弃物管理人员免费注射乙肝疫苗。

全年医保出院83人次，总费用134.15万元，次均费用1.6万元。成立持卡结算工作领导小组，制订了相应流程、配套管理措施以及突发问题应急预案。完善工伤保险管理，避免挂名住院、长时间离院、空床现象的发生。

护理工作 制订了《护士教育培训制度》《护士考核制度》，加强“三基”及专科技能培训，组织岗位练兵，加强护士在职教育。护理文件书写合格率98%，基础护理合格率100%，特级、一级护理合格率100%，技术操作合格率100%，安全护理合格率100%，急救物品完好率100%。全年发表护理论文2篇。

注册护士72人，其中护师1人未完成继续教育学分要求。参加护士长培训班13人次。加强护理安全管理和质量控制，建立护理质量检查与考核制度，不定期进行检查、督导与考评，健全护理质控体系网，注重发挥科室质控小组的质管作用。进一步规范护理文书书写，每月组织护理记录讲评，确保不合格病历不归档。继续抓好基础护理、等级护理和健康教育，实行责任护士全面负责制。

科研工作 完成市卫生局、市中医局青年科学研究资助项目2项的审查填报和推荐。完成2009年市卫生局保健办科研课题的中期评估汇报。完成1项北京市局级青年科学研究专项资金科研课题的结题上报，1项北京市优秀人才培养资助个人项目的结题上报，2008年市卫生局青年科学研究项目“我国疗养院发展现状及对策研究”的延期结题工作。

发表专著1部、论文6篇，被全国学术会议全文收录论文1篇并获一等奖。

医学教育 医技人员继续医学教育参与率100%，达标率99.51%。安排医师短期培训班及学术会议7批次11人次。完成继续医学教育院内讲课30次。4名医师到院外进修学习，7名医师参加住院医师规范化培训。参加市卫生局举办的首都急诊、急救医疗相关知识培训共2批次7人次。完成北京市医师定期考核机构的申报，并获批准。

国际交流与合作 接待美国、加拿大、俄罗斯等10余个国家共43人次来院疗养。出国考察1人次。

信息化建设 对医院网络进行VLAN划分。研发了医院健康管理软件。对医院信息系统、体检系统、检验系统进行了等级保护定级。对医院互联网上网行为进行管理，阻塞视频、游戏、大型下载等不合理的带宽，提高网络运行速度。建立《信息系统的安全策略》《信息安全预警》《计算机网络系统维护制度》等10余项规章制度，明确了数据库管理、网络管理、应用系统管理、信息安全管理等岗位的分工和岗位职责。完成信息安全自查及等级保护的备案工作。

后勤与基建 完成锅炉房改造、供应室装修改造及非典二部拆除项目工程，完成B区509、516房间的装修改造，进行有氧运动中心地面修缮。

其他工作 完成市委老领导每年3次的避寒、避暑休养接待任务。全年接待体检24715人次，比上年下降8.2%。完成局级干部体检3336人，比上年增长7.4%。接待疗养10945人，比上年下降1.4%。接待会议7439人，比上年下降30%。全年共接待疗养、会议、体检68000余人次。

总结“十一五”规划，并完成“十二五”规划的编写。

4月，医院承办首都卫生系统劳模春季植树活动，组织了劳模林揭牌仪式。

9月，在第七届中国健康产业论坛暨中华医学会健康管理学分会第四届年会上，被评选为全国首批20家健康管理示范基地之一。

（撰稿：闫博敏 审核：王立明）

领导名单

党委书记 李汝斌
副 书 记 张翠香
院　　长 平 昭
副 院 长 韩 萍 孙增艳 梁 英

北京市宣武区中医医院

（西城区万明路甲8号）
邮编：100050 电话：63038881
网址：www.xwzy.com.cn

基本情况 职工491人，其中卫生技术人员412人，包括正高级职称9人、副高级职称30人、中级职称127人、初级师163人、初级士83人；其他专业技术及工勤人员79人。

医疗设备1398台（套），总价值4315.5万元。年内新购设备价值72.58万元，其中10万元以上设备3台。

获奖情况。医院被评为首都文明单位，在北京地区中医医院医疗质量监测工作中被市中医局、北京中医协会评为二等奖，获北京市社会保障卡工程建设定点医疗机构优秀奖。团总支被团市委、市卫生局党组评为北京青年健康使者火炬行动优秀志愿服务集体。李辛生获市公安局嘉奖，谢冰被评为北京市社会保障卡工程建设定点医疗机构优秀个人奖，赵立军获第三届北京中医药青年优秀科技论文评选三等奖，在第二届“上工杯”学术演讲比赛中滑宬、张莲分获雏鹰组第二、三名。

全年收到锦旗23面、表扬信33封。

历史沿革 医院前身是建于清朝光绪年间（1906年）的内城关医院、外城关医院两处。建国后为北京市立第一医院，以后多次易名（工农兵门诊部、万明医院等），1972年3月27日，更名为宣武区中医医院。

医院隶属西城区卫生局，是一家集医疗、科研、教学、预防、保健、康复为一体的综合性三级乙等中医医院，被国家中医药管理局评为全国示范中医医院，是北京中医药大学和首都医科大学中医药学院的临床教学医院。占地面积7557平方米，总建筑面积15437平方米，其中医疗用房12956平方米，分别建有门诊楼、病房楼、感染性疾病楼、制剂楼、教学楼、行政办公楼、职工和营养食堂、多功能厅等。

医疗专科特色。2007 年，脾胃病科被评为国家中医药管理局“十一五”重点专科建设单位；2008 年，脾胃病科被列为国家中医药管理局“十一五”重点专科脾胃病协作组肠易激综合征协作分组组长单位，主攻“肠易激综合征、功能性消化不良、溃疡性结肠炎”等脾胃病；2009 年，脾胃病科列入国家中医药管理局重点研究室第一批建设项目，研究项目为“肠胃病辛开苦降法”。2006 年至今，老年病科与中国中医科学院西苑医院协作，经市中医局批准在本院建立了北京市中医老年病特色诊疗中心；2008 年，老年病科入选国家中医药管理局“十一五”老年病重点专科协作组（中风病组）项目，与山东中医药大学附属医院及中国中医科学院西苑医院主攻老年高血压、老年痴呆、老年骨质疏松等。2000 年，周围血管科经市中医局验收批准为北京市中医重点专科（专病）单位，并确定为北京市脉管炎中医专病医疗中心；2007 年至今，周围血管科与北京中医药大学东直门医院血管外科协作，经市中医局批准在两医院共同建立了北京市中医周围血管病诊疗中心。2006 年至今，呼吸科与北京中医药大学东方医院协作，经市中医局批准在本院建立了北京市呼吸病中医特色诊疗中心。2010 年，儿科研制的消滞糖浆和烧伤科研制的珍珠烫伤膏制剂入选北京市中医药传统小膏药首批名录。

机构设置 职能科室：院长办公室、党委办公室、工会、医务科、门诊办公室、护理部、科研教育科、疾病预防控制科、医院感染管理办公室、医保办公室、物价办公室、宣传科、人事科、保卫科、财务科、信息科、器械科、总务科。医疗科室：急诊科、中医预防保健科、周围血管病科、心血管内科、脾胃病科、呼吸内科、老年病科、外科、针灸科、骨伤科、妇科、口腔科、儿科、推拿康复科、感染性疾病科、耳鼻喉科、眼科、皮肤性病科、病理科、透析室、综合门诊、洋桥门诊部、社区中心、药剂科、功能检查科、放射科、检验科、内窥镜室、手术室、供应室。

4 月，成立了基建科。

改革与管理 1 月，以争创平安医院为切入点，推进医院管理工作。制订医疗救治应急预案，成立医疗救治小分队，配备了相应的医疗救治器械。

3 月，召开卫生工作会，提出“遵循中医药自身发展规律，坚持传承与创新，以提高中医药临床疗效为核心，以突出中医特色和优势为主线，不断满足人民群众对中医药的服务需求”的工作思路。

6 月，由市中医局组成的专家考察团对医院绩效考核工作进行了检查及验收。绩效考核内容分为基本建设、内涵建设、财务管理、医院管理、中医药文化建设等，验收工作圆满完成。

每季度在门诊、病区发放满意度调查问卷，全年患者总满意度 96.7%。

医疗工作 门诊 319274 人次，急诊 6285 人次，急诊危重抢救 32 例，抢救成功率 87.5%。床位 238 张。入院 1960 人次，出院 1963 人次，床位周转 9.01 次，平均住院日 26.03 天，七日确诊率 99.57%，出入院诊断符合率 99.68%，治愈率 14.25%，好转率 72.08%，死亡率 7.8%。手术 128 例。完成院外医疗保障 14 次。派出医疗支农 8 人。高考体检 3320 人次。

首次启动医师定期考核工作，完成西城区南区 281 名中医师的定期考核。强化临床科室及医务人员依法执业的管理和教育，聘请专业律师进行法律法规培训 2 次。加强医疗质量和安全工作，对新调入的医务人员和新取得医师资格证书的人员，要求上岗前必须完成执业医师地点的变更和注册。对新上岗申请处方权的医生要经过科主任、门诊办公室、医务科批准才可以获得处方权和病历书写权。

医院感染管理。修订部分制度和考核标准，定期对临床科室的医院感染指标进行检查考核，每季度反馈临床和医院感染管理委员会。加强医院装修改造期间的感染控制，修订重点部门装修改造期间的感染控制制度和流程。完成全员培训 3 次，培训 170 人次。进行各类监测培养 547 例，合格率 99.63%。开展 I 类手术切口和留置导尿的目标性监测。完成北京市医院感染现患率调查，住院患者调查率 100%。调查出院病例 1802 例，医院感染率 3.55%。

病案管理。各科主治医师定时定量完成病历自查，科主任每月检查一次，医务科不定期检查运行病历，建立了病历点评制度，每月将点评结果下发科室。重点检查抢救病历和输血病历，由两名高年资医师任终末病历质控医师，检查所有的出院病历。全年完成 1992 份病历的整理、归档。甲级病历率 96%。

8 月，透析室通过市卫生局对医疗机构血透资质的验收，各项指标现场检测合格，新改建的血透室正式开诊。

4 月，医院与内蒙古自治区通辽市蒙医研究所及巴彦淖尔市中医医院签订了对口支援协议，并派出医务人员共 11 人支援两单位。

医保工作。11 月，通过了市医保联审互查。全年接待医疗保险、公费医疗的政策咨询和查询 1032 人次；接待市区医保中心病历检查44人次；审核转诊1700人次；审核特殊群体医疗救助330人次，单据1800份，费用190余万元。全年抽查出院病历400余份、处方2000张。

护理工作 年内，进行全院护理质量控制检查23次。护理部夜查房45次，督促检查护理人员在岗及岗位职责履行情况。加强护理安全管理，护理部在急诊和各病区推行腕带管理，即对意识不清、抢救、输血、手术、语言交流障碍的患者佩戴一次性腕带，腕带上注明患者基本信息。护士在工作中对腕带信息进行查对，保证护理安全。进一步完善护理查对制度，在诊疗护理工作中严格执行查对制度。根据卫生部新颁布的《病历书写基本规范》要求，规范护理文件书写，统一格式。设计制订了一级护理记录单，护士记录更简便。消毒隔离合格率100%，急救车急救物品合格率100%，药品管理合格率98%，基础护理合格率91.5%，一级护理合格率94.1%，护理文件书写合格率94.6%。

在核心期刊发表论文2篇。参加专业培训5人次，外派进修3人次。21名护士参加北京护理学会组织的急诊急救专项护理技能考试，并全部取得急诊急救专项护理技能操作证书。作为市卫生局护士重新申请执业注册指定的临床护理培训医院，完成护士重新注册临床实习1人次，考核合格。

科研与教学 年内，申报课题16项，中标课题9项，获经费资助103万元。其中获中医药行业科研专项立项1项、国家自然科学基金1项、北京市中医药科技基金2项、首发基金2项、北京市社区中医药服务科技支撑示范项目1项、区科技项目2项。在研的市级、区级科研项目共13项。申报“125”人才23人。

获中华中医药学会科学技术奖1项。发表科技论文29篇，其中国家级期刊23篇。编写科普读物3部。完成北京中医药大学06级34名中国学生、30名留学生7门临床课的教学，完成07级33名中国学生、34名留学生7门临床课的教学。组织青年教师参加试讲。

医学教育 参加继续教育249人，达标率100%。10人次外出参加各种学习班和学术交流。2人取得大专证书，3人获得本科证书，医院奖励每人1000元。

承办北京中西医结合学会的市级认可项目8次，全员传染病培训3次，邀请全国著名教授进行全区范围中医经典伤寒论系列讲座4次。开展名医大讲堂经典学习活动，共举办伤寒论名医大讲堂讲座13次、温病学名医大讲堂讲座10次。邀请国家自然科学基金委员会王昌恩教授对科研工作者如何申报国家自然科学基金进行了培训。

信息化建设 年内，医保门诊患者正式持卡就医实时结算。完成新门诊场地的网络综合布线，新铺设光纤1条，迁移光纤2条，新建信息点34个，搬迁IT设备126台（套）。11月12日，完成虎坊路、仁民路和东经路社区卫生服务站的信息系统更换。

后勤与基建 制订年度安全生产工作方案，全年安全大检查9次、应急抢修3次、电梯大检修2次。1月，与北京金州安洁废物处理有限公司签订了医疗废物清运处置合同。9月，与北京金隅红树林环保技术有限责任公司签订了危险废物无害化处置技术服务合同。

门诊楼和病房楼专修改造工程动工，工程为区政府的折子工程。门诊由东院搬至西院。

社区卫生工作 医院下设天桥社区卫生服务中心及3个社区卫生服务站，管辖人口5.38万人。全年门诊23440人次，较上年增长52.4%，业务收入220万元。组建社区卫生服务团队8支，成功申报了中医类别全科医师社区实践基地及北京市社区治未病预防保健指导室，申报并获批区级公共卫生服务项目科研课题2项，完成宣武区功能社区项目的试点工作。

社区卫生服务中心全科诊疗15978人次，中医诊疗6660人次，为60岁以上老人提供免挂号费服务17639人次，为无社会养老保障老年人免费体检84人次。专家下社区服务183人次，双向转诊上转124人次。开展社区健康教育讲座76次，居民参加3458人次；开展健康促进活动141次，居民6743人次参加；健康咨询10651人次。管理慢病患者3447人，定期随访、评估，予以疾病、用药、健康等指导。

社区卫生服务中心全年访视传染病273人次，访视精神病患者1000余人次，免疫接种13726人次，孕产妇保健365人次，儿童保健2156人次，发放健康处方12440份。

（撰稿：高建超　审核：李宏燕）

领导名单

党委书记 王连勇
副 书 记 田大政　田燕洁
院　　长 田大政
副 院 长 李淑兰　魏　玮　万　斌

北京华信医院
清华大学第一附属医院

（朝阳区酒仙桥一街坊6号）
邮编：100016　电话：64361322
网址：www. tufh. com. cn

基本情况　职工1278人，其中卫生技术人员1076人，包括执业医师352人、执业助理医师2人、注册护士509人、药剂42人、检验33人、放射影像35人，其他卫生技术人员103人；其他专业技术人员31人，管理、工勤人员171人。卫技人员中，正高级职称21人、副高级职称114人、中级职称337人、初级职称572人。

全院在用医疗设备6422台，价值23200万元。本年度购置医疗设备总值2628万元，其中10万元以上设备32台、100万元以上设备3台。

获奖情况。被评为首都公共卫生文明单位、北京市社会保障卡工程建设定点医疗机构服务保障奖、北京市医保管理工作二等奖、政府为百姓办实事先进集体、北京市无偿献血工作先进单位。

机构设置　急诊科增设病房，设置床位10张。

改革与管理　量化临床科室考核标准，从医疗指标、效益指标、患者服务、医患关系等方面对临床科室进行考核。依据医疗质量万里行活动标准采取自查与检查相结合，院长查房与重点科室质控检查相结合的方式，对各科室工作进行检查督导。进行了全院“三基三严”培训考核，组织医务人员医患沟通培训。重点改善医院环境，对急诊科进行重新规划，规范流程，确保安全。完成感染科整体改造，平时满足门诊、留观、病房功能，应急状态时可封闭管理。完成旧病房楼改造，消化内分泌科、神经内科、呼吸内科、血液肿瘤科、妇科、产科病房调整到位，各病区面积扩大，增加了储物柜，住院环境得到改善。对检验科、门诊注射室、干部门诊进行装修和改造。体检中心搬入新址。对应急小分队进行基础灾害救援培训及演练，组织突发墙体倒塌事件急救演练及危重孕产妇抢救演练。配合朝阳区三级急救网络建设，开通了危重新生儿、高危孕产妇抢救、心血管、脑血管、创伤、中毒类等6条绿色通道。重新修订死亡证明书办理流程、门诊预约挂号流程、出院流程。

完成全院381名医师的定期考核，为每名医师建立个人档案。完成产前咨询、产前健康教育、产前超声筛查和产前血清学筛查的资质备案。为新调入的41人变更执业地点，为11名医师办理婚前医学检查资格证书。

门诊新增咨询台，配备导医人员提供就医导诊服务。延长门诊挂号时间至晚5点，诊疗时间至晚6点。挂号至二级科室，减少了二次分诊。门诊大厅二楼设立专门退费窗口，挂号收费各窗口加设语音对讲器。住院处取消住院、出院窗口的划分，实行通柜服务及无假日结算。启动医联卡建卡工作。落实《医疗卫生服务单位信息公开管理办法（试行）》，制订了《信息公开制度》和《信息公开指南》，编制了《信息公开目录》。拓宽信访渠道，公示信访及投诉流程，及时化解矛盾。发放住院患者满意度调查表1200余份，满意度99.5%；门诊调查400人次，满意度97.96%。

临床科室根据床位数及工作量，职能科室依据岗位说明书，重新核定岗位编制。坚持人才引进，引进正、副高级专家各1人，招收新员工（含合同制）87人，有8名工作表现好的合同制临床业务骨干转为事业编制。

在后勤内部推行一站式维修服务，全年安排维修任务5009项。

医疗工作　门诊679950人次，急诊83027人次，急诊危重症抢救1164人次，抢救成功率92.70%。床位638张。入院15704人次，出院15650人次，床位周转25.47次，床位使用率87.68%，平均住院日12.39天，七日确诊率99.07%，出入院诊断符合率99.88%，治愈率44.54%，好转率49.84%，死亡率3.19%。住院手术 5631 例。产科成为市级宫内转诊救治中心，主要承担通州、怀柔等区县医疗机构的高危孕产妇及高危围产儿的宫内转诊，完成宫内转诊 59 例。孕产妇死亡率 0.67‰，新生儿死亡率 1.35‰，围产儿死亡率 9.5‰。完成健康体检 60041 人次。

心脏中心实行内、外科联合管理，病区主管负责制，联合三级查房、交班和质量控制。与日本大阪国立循环器病中心、美国明尼苏达大学医学院、美国斯坦福儿童医院进行了临床交流。全年门诊 43336 例，病房收治患者 2987 例，完成心外科手术 560 例，心导管室完成介入检查治疗 3082 人次，其中小儿心脏介入检查、治疗 345 人次，血管介入 404 人次。

泌尿医学中心外科完成前列腺癌根治术、膀胱癌根治术和肾部分切除（特别是肾实质内小肿瘤）的微创治疗，应邀在首都国际癌症论坛上进行经验介绍。肾内科透析室全年完成血液透析 18351 人次，较上年增长 8%。

消化医学中心普外科开展了腹腔镜近端胃癌根治术、肝癌切除术、胃间质瘤切除术，甲状旁腺功能亢进合并长期肾功不全病人的甲状旁腺切除、自体移植术，填补了医院空白。消化内科全年收治 1275 人次，床位使用率 112.39%，胃肠镜检查 3920 例，镜下治疗 1500 例，与超声室合作开展肝穿刺活检技术，与病理科合作开展甲状腺囊腺瘤的针吸治疗技术，成功抢救消化道大出血 50 余例。

骨科开展了外伤性颈椎骨折脱位合并脊髓损伤的急诊切开复位内固定术及腰椎后路椎间植骨融合固定术。儿科作为朝阳区高危围产儿救治转运中心，全年收治患儿 897 人，其中 430 人为周边各医院转运至儿科救治的患儿，早产儿占 30%。妇科开展了四级宫、腹腔镜手术及宫、腹腔镜联合微创手术。皮肤科医学美容室引进超脉冲二氧化碳激光治疗仪，解决了病人各种皮肤缺损及深部皱纹的修复问题。检验科开展了纤维蛋白降解产物（FDP）、有核红细胞、幼稚粒细胞等报告项目。

病案管理。新增电子病案评分系统。检查出院病历 15434 份，甲级病历率 99.90%。

医院感染管理。开展全院院感知识培训 4 次，并进行了职业防护考试。对一类手术预防使用抗生素的相关科室运行病历进行检查。开展血流导管的相关感染、一类手术切口的目标性监测。医院感染率 2.03%。

医保工作。全年医保出院 6069 人次，次均费用 18511 元。审核医保病历 6408 份，金额约 1.12 亿元。3 月，实现医保患者门诊持卡实时结算。

医疗支援。继续选派 20 名中级职称以上医技人员到平谷区东高村镇和峪口镇社区卫生服务中心开展对口支援工作，免费接收受援单位进修学习 13 人。分 3 批派出 13 名医生赴内蒙古自治区科左后旗人民医院服务和义诊，诊治患者 475 人次。与内蒙古自治区巴彦淖尔市医院和贵州省息烽县人民医院建立对口帮扶关系，签订了支援协议。心外科血管病房王阳作为中央国家机关第六批援藏干部赴拉萨西藏大学进行为期 3 年的援藏工作。

健康教育。全年开展院内健康大讲堂 30 次，高家园开展站内健康知识课堂 32 次，深入社区开展卫生知识讲座和健康咨询 14 次，妇幼保健专题讲座 124 期，各种卫生宣传日宣教义诊活动 15 次，开展院外义诊活动 7 次。

预防保健。完成儿童健康体检 9157 人次；管理孕产妇 340 人，完成围产访视 829 人次；收到各类传染病报卡 1439 张，访视传染病人 162 例；处理学校集体发热疫情 4 起；完成各类疫苗接种 34693 人次。管理辖区精残、智残病人 482 人。

护理工作 开展优质护理服务示范工程，骨科、神经内科、儿科、综合 ICU、CCU 为试点病房。取消一般护理记录，制订了《关于规范护士交接班报告书写的规定（试行）》。制订《关于临床取送血的通知》《护理文件检查标准》《优质护理服务示范病房检查标准》，修改《心肺复苏流程》《陪护制度》。护理文件书写合格率 97.00%，护理病历书写合格率 96.8%，基础护理合格率 96.10%，特级护理合格率 96.51%，一级护理合格率 96.58%，技术操作合格率 97.00%，急救物品完好率 100%。全年在统计源期刊发表护理论文 12 篇。

接收大中专学生实习 79 人，进修护士 11 人，岗前培训 4 次，临床讲课 5 次。

护理部主办区县级继续教育项目 9 项，1084 人次参加。外送进修和参加培训班 20 余人次。全年组织护士业务学习 15 次、理论考试 7 次，650 余人次参加；580 人次参加操作考试。护士继续教育达标 444 人，达标率 95.69%。全体护士参加法律法规和传染病知识培训及护士礼仪培训，80 余名护士参加护患沟通培训。

科研工作 申报各类基金 11 项，其中获国家自然科学基金 3 项，资助 75 万元；首都医学发展科研基金 5 项，资助 60 万元。申请清华—裕元医学科学研究基金立项 1 项。清华—裕元医学科学研究基金项目结题 10 项，完成 1 项国家自然科学基金项目的结题报告。

全年发表学术论文 111 篇，其中中文 105 篇、外文6篇。SCI收录论文4篇，最高影响因子3.877，平均影响因子2.02。出版科技著作2部。

医学教育 组织全院1000余名医务人员参加突发事件应对法与实施办法的培训和考试。举办甲型H1N1重症、手足口病、艾滋病、麻疹和流感等防治的培训和考试。全年培训、讲课约50次，继续教育达标率98%以上。

制订《教学科研促进办法（试行）》，选举确定科教总干事4人、科教干事33人。接收医疗、医技专业实习、进修70人，组织教学查房28次。申报了住院医师规范化培训基地。

国际交流与合作 接待美国、日本、蒙古、以色列、泰国等国家来访65人。参加各类国际国内学术交流会44次，其中吴清玉教授的“冠状动脉肌桥的外科治疗”、“完全性心内膜垫缺损合并其他心内畸形的外科治疗”和“应用自体瓣膜组织解剖矫治Ebstein畸形”在第十八届亚洲心胸外科年会上作了专题报告。

与蒙古国第二总医院签署合作协议，在医疗转诊、培训教育、科研、信息交流和医院管理等方面进行协作，并接收该院2名医生短期学习。接收加拿大13名医生学习中医针灸。

信息化建设 全院网络进行整合，院区网络主干和旧楼网络线路进行了改造。门诊HIS系统通过了北京市医保中心现场认证，实现了医保患者门诊持卡实时结算。新增电子病案评分系统。物资和卫生材料管理系统运行，实现办公用品和卫生耗材实时库存管理。进行住院医生工作站上线前的培训和试点运行。完成人事管理信息系统开发，计划调配、招聘、考勤、综合查询等模块上线运行。

基本建设 完成旧病房楼分段改造及加固工程，面积10000余平方米，加装全套消防报警及自动灭火系统，更换医用电梯2部。完成手术室空调水系统改造。导管室、CCU、供应室通过验收并投入使用。完成急诊科、感染科、检验科、超声科、预防保健科、体检中心、原供应室等的装修改造，面积3000余平方米。安装500千瓦应急发电机1台，新病房楼各病房安装智能卡热水控制系统。启动污水处理站改造工程。新装监控摄像头130多个，新建旧病房楼中央监控室，扩充新病房楼中央监控室监控台位。

其他工作 与28家慈善机构保持合作关系，全年救助孤、贫先心病患儿150人，成功率98%。与中华民族团结进步协会开展了“关爱健康边疆行”——中西部地区先天性心脏病义诊筛查活动，到贵州省、内蒙古自治区等贫困地区进行健康义诊普查。参与由影星范冰冰出资的“爱里的心”救助西藏自治区阿里先天性心脏病患儿活动，完成2批20名先心病患儿的救治。与北京市慈善协会、顺义区慈善协会、顺义区京顺医院联合举办了“为生命续航”——儿童先心病慈善义诊活动。参与朝阳区残联扶贫助残工作，为6名贫困白内障患者免费手术。1名医师参与清华大学对青海大学的地震灾后支援工作，全院职工向玉树灾区捐款119970元。

（撰稿：蒋立红　审核：关兆东）

领导名单

党委书记　关兆东
副 书 记　吴清玉
院　　长　吴清玉
副 院 长　关兆东　朱栓立　张宗明

煤炭总医院

（朝阳区西坝河南里29号）
邮编：100028　电话：64667755
网址：www.mtzyy.com.cn

基本情况 职工854人，其中卫生技术人员555人，包括正高级职称57人、副高级职称135人、中级职称224人、初级师132人、初级士7人。

医疗设备总价值13142.6万元。本年度购置医疗设备总值604万元，其中10万元以上设备10套、100万元以上设备1套。

获奖情况。被国家安全生产监督管理总局评为社会治安综合治理先进集体，2010年及“十一五”期间财务工作先进单位，中央国家机关平安单位。中医科晋志高获中国针灸协会科学技术奖。

改革与管理 进一步完善医患沟通制度、投诉处理制度和病人满意度问卷调查制度，落实院内、外监督机制，在院内设意见箱、投诉电话，每月进行门诊患者和住院患者随机满意度调查，在院外聘请社会监督员，征求群众意见和建议，全年平均满意度95.52%，收到表扬信225封、锦旗114面。

加强医院党风廉政建设和队伍建设，探索和建立反腐倡廉长效机制。7月5～11日，开展反腐倡廉警示教育周活动。由院党委、纪委组成检查小组，对部分部门、科室进行了廉政谈话。

医疗工作 门急诊563962人次，比上年增长9.02%；入院8937人次，出院8977人次；手术4291例，比上年增长11.92%；床位使用率94.10%，床位周转20.93次。

各医疗科室积极开展新项目及疑难危重病人的抢救治疗：支气管镜下放射性粒子置入术，食管气管支架置入术，前列腺穿刺术，前列腺癌粒子植入术，人工颈椎间盘非融合术，全膝、全髋关节置换术，动力髋手术，Ⅰ型主动脉夹层手术，换瓣联合房颤治疗手术，完全电视胸腔镜下射频消融术，脊髓前联合毁损除痛手术，三叉神经半月节射频毁损术，CIK治疗，基因治疗，吸附干扰电治疗，中频热电同步治疗，OCT眼前后节检查，人工泪管手术，二氧化碳点阵激光治疗等。

每月开展医疗质量与合理用药讲评，编制《医师病案书写手册》，对6名出现单项否决病历的医生进行了诫勉谈话，对1名在医疗工作中发生严重差错的医生给予离岗培训3个月的处理。返聘3名退休专家，加强病历质量检查，重点加强门诊病历质量、终末病历质量和门诊处方医生漏签字项目的管理，针对检查结果下发反馈单限期整改。全年甲级病历率99.10%。

在疾病控制与医院感染管理中，完成肠道门诊开诊、肠道感染病原检测取样、艾滋病检测、结核病防治、网络直报、医疗废弃物三级医院互查、手卫生宣传周等工作。编写院内感染预防与控制标准操作规程，并以此为教材开展院感知识培训。做好各项院内感染指标的监测与控制，加强对一次性使用物品及消毒药械的管理。全年医院感染率1.28%。

作为区医保信息系统改造试点单位，完成改造任务，被评为市医保信息系统优秀单位。深入科室宣传医保、物价管理政策，分析解决医保、物价问题。通过了市人力资源和社会保障局专家组对医院门诊持卡就医实时结算工作的现场验收，获门诊持卡结算医保服务保障奖。全年医保出院3695人次，总费用7658.86万元，人均费用20728元。

开展支援社区卫生、农村卫生工作，派出普通外科、整形外科、眼科、口腔科、护理部、院感办的专家共51人次，赴怀柔区妇幼保健院开展对口支援；派出外科专家团队赴山西省阳高县、广灵县医院帮扶指导，开展腹腔镜手术22例；深入东风社区、常营社区卫生服务中心调研社区居民的医疗需求，派出内分泌科、心内科、中医科、针灸科、妇产科专家支援社区卫生工作。组织专家为社区卫生服务中心医务人员授课，免费接收来院进修，指导开展岗位练兵活动；减免费用为河北省宁晋县康华医院培训40人。

承担全国和北京市两会医疗保健任务，完成总局等单位举办各种会议的医疗保障9次。全院职工为舟曲灾区捐款10万元；继续开展金秋助学爱心活动，将25000元助学款送到四川省安监、煤监系统地震遇难职工子女手中。

在“3·28”山西华晋焦煤公司王家岭矿透水事故救援工作中，医院成立由王明晓院长任组长的医疗专家组奔赴现场，同时协调晋城分中心、汾西企业分中心第一时间到达井口待命，救治被困矿工115人。

护理工作 为防范医院实施病床统一调配、弹性管理所引发的护理风险，着重从4个方面加强护理管理：一是明确管理责任，理顺病床安排流程；二是从护理对象的特点出发，不断改进服务措施，严格落实护理核心制度；三是充分发挥专科护士的专业优势，对疑难和复杂护理问题实行护理会诊；四是建立护理安全管理预警制度，对高危患者、高危操作实行专项管理和控制，有效防范了重大护理差错的发生。启动优质护理示范工程试点，提高护理质量和服务水平。严格执行分级护理制度和护理质量检查、考评、反馈制度，落实三级护理岗位管理责任制，简化护理记录，将护士工作重心转移到整体化护理的各项工作中，实现整体化护理目标。重视专科护士的培养，选送优秀护士到院外、院内进修学习，进行护士长轮训，开展专科护理技术培训，提高护理人员的技术水平和实力。严格落实护理不良事件分级管理制度，定期对护理缺陷、护理投诉进行归因分析，吸取教训，提出防范和整改措施。护理文件书写合格率100%，护理病历书写合格率95%，基础护理合格率95%，特级、一级护理合格率90%，技术操作合格率98%，急救物品完好率100%。

科研工作 全年投入科研经费187万元，扶持以临床研究为主、具有明显开发潜力的科研项目。召开临床科研奖励大会，对2008～2009年度表现突出的科研团队及个人予以表彰，奖励总金额42万元。“开通玄府法治疗老年性痴呆的作用机制研究”获国家自然科学基金资助，“梅毒螺旋体DNA在不同病程中载量变化的研究”、“穴位感受器量化检测及临床应用研究”获首都医学发展基金资助，“煤工尘肺合并慢性阻塞性肺疾病的流行病学调查”被总局批准立项为本年度安全生产重大事故防治关键技术重点科技项目，“矿山医疗救护体系建设系列研究”作为上报科技部储备计划课题通过了总局规划科技司的审核；完成首发基金资助课题中期审核2项、结题1项，20项科研课题获医院立项及经费资助。全年发表论文195篇，其中SCI引用源期刊论文3篇、科技部核心期刊论文157篇，全国排序大幅度上升，连年排在中央工业部委医院第一位。出版专著、译著4部。科研成果获中国煤炭工业协会科学技术奖4项，其中二等奖1项、三等奖3项。《中国心血管病研究》杂志被美国、乌克兰等国家的情报机构收录，申报科技部核心期刊的工作也取得进展。

医学教育 举办国家级继续教育项目1项、市级10项。获批2011年国家级继续教育项目1项、市级30项。安排全院性讲课79次，以日历形式下发院内继续教育项目课程表，方便医护人员选择课程，继教覆盖率100%，学分合格率100%，传染病培训合格率100%。加大研究生培养力度，接收河北联合大学研究生7人，在院就读研究生29人。医院拥有博士64人、硕士94人。坚持报销在职学历和学位教育费用的优惠政策，鼓励职工接受在职教育，1人获得博士学位，3人获得硕士学位，12人获得护理本科文凭，还有60余人正在学习。

学术交流与合作 继续坚持“送出去、请进来”的人才培养模式，选送业务骨干赴国内、外进修学习或参加专业培训及学术交流，多方位、多途径提高专业水平和能力。本年度选送学习进修18人。

信息化建设 加强网络安全管理，制订信息化应急预案，开展了应急演练。开通物流管理系统，控制物品流转，降低运营成本。推行电子病历系统，规范病历书写，实现运行病历实时监控管理，减少差错率，提高病历质量。实施LIS条形码系统，实现检验标本全流程管理，并通过触摸屏、短信平台等多种形式，为患者提供便捷的检验结果查询服务。探索预付金制就诊流程，减少患者交费排队次数，缩短就医时间。在内科门诊试点建立叫号系统，逐渐推广到门诊各科室，将候诊由无序变为有序。实施信息系统改造，强化医保物价管理。开发药品使用检测系统，及时提示重复用药、不合理用药和超时间限制用药，防范处方差错。建立医院网络及核心设备监控系统，将信息管理工作点前移，保证网络安全。

基本建设 一是重新规划布局，搬迁行政楼，缩小办公用房面积，增加医疗用房面积；二是拟扩建血液透析中心，扩大业务领域；三是增加实验室服务内容，创造良好科研条件；四是制订体检中心外迁扩建方案；五是通过新建、改建和扩建，不断改善硬件环境，提升服务品质。

其他工作 与各科室签订防火、安全、保卫综合治理责任书，完善消防、治安应急预案，医护人员安全职责，疏散应急预案等相关制度。强化成本核算，搞好增收节支，开拓医疗市场，扩大收治病人量。完成《国家矿山医疗救护“十二五”建设项目建议书》和《矿山医疗救护建设项目专题研究报告》，编写《矿山救护队员医学技能培训教材》和《矿山工人自救互救培训教材》，举办第四期煤矿创伤现场急救培训班和紧急救援技术现场培训班。

（撰稿：李　鹏　审核：张　楠）

领导名单

党委书记 李德清
院　　长 王明晓
副 院 长 张　斌　曾庆玉　周　正

民航总医院

（朝阳区朝外高井甲1号）
邮编：100123　电话：85762244
网址：www. mhzyy. cn

基本情况 职工1001人（含合同制），其中卫生技术人员815人，包括正高级职称22人、副高级职称59人、中级职称186人、初级师238人、初级士310人；行政后勤148人；其他专业38人。

万元以上设备800台（件），总价值17441.39万元。新购置设备116台（件），价值3969.10万元，其中10万元以上36台（件）、50万元以上10台（件）、100万元以上5台（件）。

机构设置 2月21日，原民用航空医学卫生中心与原民航总医院合并运行，实行一个机构两块牌子。合并后机构名称为中国民用航空局民用航空医学中心（民航总医院），为正司局级，下设临床医学部、民用航空人员体检鉴定所、民用航空医学研究室、教学培训部。8月2日，内镜室划归消化内科。

改革与管理 完善各项制度，加强安全培训和安全监管，坚持每月院长行政查房不少于2次。完善对临床科室的考核制度，量化考核指标。加强航空医学体系建设，把航空医学与普通医学紧密结合。

开展预约挂号和夏季提前开诊服务，妇产科、皮肤科、眼科、耳鼻喉科开设夜间门诊，空干科实行VIP交接班制度和预约辅助检查交班制度，妇产科门诊启用电子叫号系统，感染疾病科坚持为呼吸道疾病患者发放口罩。全年收到表扬信167封、锦旗200面，退红包128600元。获市级以上荣誉12项，其中有中央国家机关平安单位、北京市社会保障卡工程建设医院信息系统对接成果奖、首都精神文明创建工作先进单位、首都文明单位、为百姓办实事先进单位。聘请3名社区医院院长为行风监督员，用内行对医疗服务行为进行监督。

加强党风廉政建设。规范药品、设备、基建工程的招投标和采购程序，对医用耗材和物资进行分类招标和价格谈判，进一步规范进货渠道。加强纪委对"三重一大"的监督力度，增设专业审计人员，对即将开工的航空医学综合大楼进行跟踪审计；规范原医学中心的财务流程。邀请朝阳检察院反贪局局长进行预防职务犯罪专题讲座。

医疗工作 门诊661266人次，急诊167285人次，急诊危重症抢救3312例，抢救成功率92.10%。床位448张。住院11899人次，出院11661人次，床位周转26.1次，床位使用率86.01%，平均住院日11.30天，七日确诊率98.30%，出入院诊断符合率98.32%，治愈好转率94.10%，死亡率3.03%。住院手术4088例。围产儿死亡率0.87%，无孕产妇死亡。健康体检49736人次，其中空勤人员体检3041人次。

医院始终把医疗安全放在首位，推行以加强医疗质量为核心、以控制医疗单元质量为重点、以终末质量信息反馈为导向的全程医疗质量管理；落实处方点评制度，加强临床药师对临床用药的指导、监督、评价；完善门诊—病房以专业为基础的一体化管理。

开展微生物感染的诊断与治疗、骨密度检测仪临床应用、临床合理用血、核磁技术临床应用等7个专题的培训，收到良好效果。

派出高级职称3人赴内蒙古自治区土默特右旗医院指导工作，完成开颅手术10例，协助完成其他手术2例，开展学科教学2次，培养医生2人。

协助民政局救助站为患病救助人员提供医疗服务，救治120送来的危重症"三无"患者近百人次；完成适龄妇女两癌筛查292人次。

3月8日，对13个专业科室、21个病种进行临床路径试点。7月22日，通过市疾控中心和市卫生局对PCR流感实验室验收，正式使用。8月16日，通过朝阳区卫生局对唐氏筛查注册登记验收，正式启动。9月1日，通过北京市三级助产机构资质的验收。

航空医学。航空医学体检鉴定所体检13758人次、招飞体检1023人、招乘体检1247人、军转民体检112人、招收外籍及台湾飞行员体检452人、招飞复查1201人、延飞体检鉴定147人次、专项监督检查2284人、特许鉴定119人。航研所航空毒理药理实验室完成毒品确认检测17例；心理实验室完成60岁以上飞行人员延长飞行年限认知功能检测225人次，完成特许飞行员心理鉴定5人。航卫办组织民用航空专家委员会各种鉴定49人次，其中疑难鉴定2例、飞行不安全事件医学调查1例、特许鉴定46例。受民航局飞标司委托，参与修订《中国民用航空人员医学标准和体检合格证管理规则》《大型飞机公共航空运输承运人机载应急医疗设备配备和训练》。编写完成《机上食物中毒应急处置办法》《民用航空器运行阶段机上突发传染病应急处置规范》等。参与编撰《中国大百科全书》航空医学分卷的民航医学部分。

新技术项目。心内科开展血栓弹力图检查、主动脉球囊反搏泵在心脏介入中的应用；消化内科开展无痛胃镜检查；骨科开展胸腰椎椎体成形—球囊扩张技术、椎弓根螺丝钉漏斗技术和椎间盘镜手术；普外科、胸外科、泌尿外科扩大腹腔镜、胆道镜、胸腔镜、输尿管镜等微创手术的应用范围；神经外科开展面神经抽动、三叉神经痛的显微血管减压术、神经内窥镜技术；妇产科开展妇科癌症腹腔镜辅助下阴式子宫全切术；耳鼻咽喉头颈外科完成首例鼓室成形+人工听骨植入听骨链重建术和上颌骨侧颅底鼻咽口咽肿瘤联合切除、胸大肌肌皮瓣修复术，开展耳显微外科手术、CO_2激光手术、颅底和侧颅底肿瘤手术；眼科开展眼底激光治疗技术；麻醉科开展喉罩及下肢手术神经穿刺针的临床应用；康复理疗科开展颈腰椎和关节急慢性损伤、粘连的中频药物导入治疗。

病案管理。明确三级医师管理责任，加强对住院医师病历规范书写的岗前培训，强调病案书写零缺陷管理理念和工作标准，下发《最新病历书写基本规范解读》。设运行病历质控员，每周监察病区运行病历。甲级病历率99.8%。调整病案库布局，将10余万份病历重新划分，重新编号排序，使病案的存放和提取更加方便快捷。

医院感染管理。制订新制度17个、新规范7个，修订原有制度及流程10个。参加市、区卫生局院内感染控制培训25次37人次，组织院内培训、考核12次3787人次；接受市、区卫生局检查18次；采集物体表面标本399份，无菌物品合格率100%；坚持每月监测45台透析机进出水样，达标率100%；开展传染病自查12次，上报法定传染病1394例，报告率100%，无漏报、迟报、误报。Ⅰ类切口甲级愈合率98.24%，医疗器械消毒灭菌合格率100%，医院感染现患率2.93%，清洁手术切口感染率0.07%，医院感染现患调查实查率100%。

医保工作。完成北京市医保刷卡实时结算试点工作，被评为社保卡工程建设先进集体，优秀个人3人。医保出院4388人次，次均费用14786.77元，平均住院日13.35天；门急诊151367人次，次均费用284.8元。

护理工作　3月，启动“规范护理服务，争创优质护理服务示范标兵”活动。心内科、骨科、神经生理科把22名护士长分成6个专项管理组，加强基础护理工作。建立护理不良事件主动上报制度，启用腕带识别系统，减少和避免护理差错的发生。

修订制度11项，包括《分级护理指导原则》和《夜间标本送检相关规定》等。心内科编写《CCU护士工作手册》，成为临床护理指导用书。全年院长查房14次，各专项检查和抽查52次，安全检查4次。

全年“三基”培训2310人次；268名护士理论考核，一次合格率81%；新护士岗前培训462人次；操作考核2734人次，合格率96.7%。一级护理合格率94.8%，一级护理文书书写合格率94.3%，皮肤压伤发生率0.47%（全部是院前发生）。护理质控检查52次；完成实习教学31人；护士首次注册30人、变更8人；外出培训27人次，接收进修16人次；专科护士取证培训14人次，其中9人完成ICU专科取证；派出进修10人次。参加护士长管理培训11人次、专科护理管理培训3人次。

编辑护理信息4期，外派支援社区和突发应急事件24人次，完成护理论文14篇。

医学教育　制订教师量化考核表，对教师的授课学时、学生评分、发表教学论文等进行量化评分。实行实习阶段一对一导师制，坚持标准化病人应用于见习，根据留学生多的特点，加强双语教学，增加英文病例讨论。完成医学教育平台的建设，选派2名医师参加北京大学医学部医学课程中心平台的培训。北京大学医学部下拨15万元进行临床技能实验室建设，医院给予1:1匹配，购置了解剖教具、操作模拟人教具及考试系统等。完成05级35名学生的带教，其中考取研究生15人、就业2人、回国1人、进修17人。

评选北京大学医学部优秀教师5人、优秀管理教师2人，院级优秀教师8人。1人获北京大学第十届青年教师讲课比赛二等奖，1人获优秀班主任二等奖。

全年组织学术讲座6次，180人次参加；参加院外学术活动66人次。外出进修21人。继续教育学分达标率96.6%。举办航空医师培训班2期，对南方航空公司、民航上海医院、民航西北管理局等22个民航单位的45名航空医师和体检医师进行了培训。与民航管理干部学院共同举办了第二期民用航空医学基础知识培训班，142人参加。41人通过北京市住院医师规范化培训第一阶段考试，3人通过北京大学医学部住院医师规范化培训第二阶段考试。

全年接收本科以上毕业生43人，其中博士生3人、硕士生24人、本科生16人；招聘合同制技术人员42人；参加毕业后再教育27人，其中本科16人、大专11人；聘任专业技术人员154人，其中高级职称9人、中级职称32人、初级职称113人；聘任高级技工6人。

科研工作　北京大学医学部教学课题1项，民航局立项课题3项，行业标准项目5项，院级科研课题14项。全年发表学术论文96篇，其中国家级刊物9篇、地方级刊物37篇、民航医学杂志45篇、国外期刊（SCI）收录5篇。机载防疫包项目申请了国家专利。

国际交流　10月10日，院长李松林率中国民航代表团赴新加坡参加第五十八届国际航空航天医学会暨第七届亚太航空航天医学会。11月30日，李松林率团参加第九次全国航空航天医学学术会，李松林连任中华医学会航空航天医学分会副主任委员。派1人赴美国参加航空医学培训，1人参加防止传染病经航空运输传播（CAPSCA）第一次全球航空医学专家组会议。5月，心血管内科医师樊泽元赴法国巴黎参加经皮冠状动脉介入治疗（PCI）国际学术会。7月，神经内科主任王辰龙赴尼泊尔参加由中华医学会、中华医学继续教育视听杂志编辑部组织的靶向药物临床应用学术研讨会。9月，皮肤科医师王婷琳应邀赴日本福冈参加第一届东亚皮肤科会议。10月，放射科副主任吴卫平赴西班牙参加欧洲放射学年会；药剂科副主任孙瑞芳应邀赴日本千叶参加日中药师国际论坛。11月，放射科副主任朱海峰应邀赴美国芝加哥参加北美放射学（RSNA）年会。

信息化建设　门诊分诊系统正式投入使用，完成住院实时结算的改造、电子病历二期软件改造。

后勤工作　加强服务的常态化监督检查和落实，一是通过院长行政查房和后勤处长查房，对照操作规程及相关质量监督考核标准细则，对发现的问题及时纠正。二是在服务质量上，引入服务对象参与对社会化服务的监督考核，如护士长每日要对保洁质量进行评分等。三是通过服务工作例会制度，听取意见，督促整改。四是开展后勤社会化服务标兵评选表彰活动，为医院提供更加规范和优质的后勤保障。五是利用一个月的时间，在300名后勤社会化员工中，举办安全知识、岗位职责、消毒知识和实操技能培训，提高社会化员工的服务技能和知识水平。

结合航空医学综合大楼的建设，对全院除空干楼和外围以外配电系统进行改造，重新调整用电负荷；改造了供应室、空干楼和家属楼地下室；在各病区安装门禁系统，使病区秩序得到了改善；在门急诊门口和主要通道安装了自动门。

基本建设　完成临建工程1656平方米、改造工程1591平方米、强弱电改造4630米，其中临建办公楼1164平方米、发热门诊492平方米，门诊A楼新增电梯改造工程220平方米，急诊改造1046平方米，门诊放射科改造325平方米，弱电管线改造3330米，新增电缆管线1300米，新增动力柜1台、壁柜箱3台。总投资1300余万元。

（撰稿：茅砚云　审核：马秀利）

领导名单

党委书记　杨开源
副 书 记　韩增民
院　　长　李松林
副 院 长　王树明　段凤英　彭定琼

航天中心医院

（海淀区玉泉路15号）
邮编：100049　电话：68386421
网址：www. asch. net. cn

基本情况　职工1657人，其中卫生技术人员1365人，包括正高级职称49人、副高级职称114人、中级职称268人、初级职称934人。

医疗设备总价值19469万元。本年度购置设备1399.78万元，其中10万元以上设备24台（件）、100万元以上设备1台。

获奖情况。被评为北京市优质护理服务先进单位，连续7年被评为首都文明单位、首都公共卫生文明单位。

机构设置　4月24日，成立纪检审计法制处；12月1日，设置第二门诊部，主要承担向航天机关大院干部职工、离退休人员和社区居民提供医疗卫生保健服务；12月8日，设置大外科普外五组，专业方向以微创胃肠外科为主。

改革与管理 在卫生部优质护理服务示范工程活动中成为市级重点联系单位。坚持住院病人和门诊病人满意度问卷调查及月报制度，定期在医院周会上公布，对患者的投诉和举报及时反馈，奖励受表扬的医务人员。全年患者平均满意度98.24%，接到患者表扬信214封、锦旗88面。

围绕促进优质、高效、低耗的技术服务开展工作；坚持公开采购工作会议制度，坚持经济合同会签制度；成立医院风险管理职能部门，对医院风险点进行梳理；加大财务管理和预算管理的执行力度，实现了医院国有资产的保值增值；完善科室效益考核管理机制；应用成本核算方法，对大型设备和重点科室进行投入产出效益评价；建立医院小金库专项治理长效机制，强化审计监督，完善各类资金管理，明确资金管理责任，建立责任追究制度，全年工程预决算审计11项、其他审计4项，审减金额94万元。

反商业贿赂。将党风廉政建设纳入医院管理目标；对“三重一大”、招标采购、安全生产进行效能监察；坚持与基层科室签订反腐倡廉责任书，强化领导干部“一岗双责”的责任意识，为中层干部建立了廉政档案；认真开展治理商业贿赂专项工作；坚持做好信访接待、协查违纪违法案件等。

医疗工作 门诊618584人次，急诊50429人次，急诊危重症抢救1917人次，抢救成功率99.63%。床位700张。入院17473人次，出院17522人次，床位周转25.03次，床位使用率102.26%，平均住院日15.12天，七日确诊率98.36%，出入院诊断符合率99.80%，治愈好转率93.06%，死亡率3.24%。住院手术4339例。无孕产妇死亡，新生儿死亡率2.83‰，围产儿死亡率15.60‰。

派遣2人完成赴西藏自治区50余天的医疗保障任务，参加了广州亚运会医疗保障，全年为航天二院及相关单位试验基地提供医疗保障46批次48人次。

病案管理。医疗病案初检13344份、复检6045份，初检甲级率99%；医疗护理病案初检13344份、复检8870份，初检甲级率98%；归档病案13344份，甲级率99.9%。病历甲级合格率100%。

医院感染管理。医院感染率2.09%。年内，组织院内培训8次；加强医院感染专项监测、环境监测和手卫生工作，无重大感染不良事件发生。

医保工作。医保出院4997人次，总费用9822.36万元，次均费用1.97万元。通过开发医保指标统计系统和病历审核信息管理系统，监控诊疗行为；加强医保回款管理，减少医院垫付资金；建立医保激励机制，强化对临床科室的检查考核，有效降低诊疗费用；坚持“四个合理”，从源头控制不合理费用；严格执行上级医保诊疗项目和医保考核政策，规范医保管理。

医疗支援。与7家基层医院建立卫生支农关系，全年参加卫生支农的专家17批次82人次，开展手术85例，门急诊1594人次，疑难疾病会诊及抢救128人次，新技术应用14个，专题讲座32次，教学查房43次，手术示教35次。

护理工作 改革护理模式，实行护士责任包干制；加强基础护理，创新绩效考核机制；改善病房环境，促进护患和谐，提高患者满意度；充分发挥护理管理委员会作用。实行全程护理监控，加强环节质量和终末质量控制，修订和完善护理质量考核标准，建立护理不良事件内网上报体系，排除重大护理安全隐患。护理文件书写合格率97.6%，护理病历书写合格率97.6%，基础护理合格率96.8%，特级、一级护理合格率98.6%，技术操作合格率95%，安全护理合格率98%，急救物品完好率100%。

举办护理论文交流会，收到护理论文121篇，大会交流11篇，发表于核心期刊2篇。

全年接收实习生249人，其中本科生57人、大专生156人、中专生36人。组织实习生集中授课5次。接收进修生5人。组织北京大学医学部网络教育学院护理专科生毕业综合能力测评和护理病历评判120人，考核通过率100%。

全年参加卫生部护理工作研讨会、全国护理大会、护理科研培训班、临床护理服务质量培训班等市级以上培训班24次；组织院内业务培训9期120学时，1650人次参加。

科研工作 在研课题135项，其中首都医学发展基金4项、首都特色临床医学应用发展项目1项、集团公司课题8项、二院青年创新基金2项、北京大学医学部大学生创新实验项目4项、院级课题116项。全年在正式期刊发表论文109篇，其中SCI收录2篇、核心期刊发表84篇。

荣获国家级成果1项、省部级2项、市级1项，“以患者满意为导向的医疗质量管理”获中国国防科技工业企业管理创新成果一等奖。临床药理室申报发明专利5项，已获受理通知书。

医学教育 完成北京大学医学部三届77名本科学生3284学时的教学任务，其中理论教学622学时，评估成绩99.12分；实践教学834学时，评估成绩96.51分。生产实习教学24周，评估成绩96分。毕业31人。接收统招研究生48人，其中北京大学医学部23人、辽宁医学院25人。有硕士生导师22人。

医院职工在职攻读北医硕士学位10人、毕业5人，辽宁医学院研究生课程进修班结业合格率100%。组织业务学习45次，参加培训8000余人次，专业技术人员25学分达标率99%。举办各类继续教育项目3项，1063人次参加。医院启动全科医师规范化培养工作，检验技师规范化培训基地通过了审核。

举办医疗质量管理研讨班、全科医师心血管疾病基础培训班、心血管医师规范化培训班市级以上学术活动共3项，累计参加学员1063人次。

国际交流与合作 邀请美国程杰教授、荷兰史密斯教授及新加坡陈淮沁教授来院进行心血管学术交流和手术演示，邀请美国神经内科专家卡梅尔·阿蒙来院进行学术交流。

信息化建设 完成麻醉信息系统、病历审核信息子系统、"一卡通"系统和智能语音平台项目的实施，启动了OA办公自动化系统建设，完成门诊医保病人持卡实时结算、社区HIS系统的分级和切换、门诊非医保病人就诊医联码等工作。完成医院本部与社区及各站、第二门诊部之间的光纤通讯，扩大了医院局域网络范围，实现业务数据直传。

后勤与基建 投入300余万元进行院容院貌整治，对院内道路和停车位进行了规划，采取降噪降尘措施，确保患者就医安全。将洗衣房迁出居民区。重点做好门急诊综合楼施工现场的安全管理。努力降低医院运行成本，比上年下降5.9%。通过了职业健康安全管理体系和环境体系的认证，完成集团能源中心对医院的能源审计。

（撰稿：甄　静　审核：魏晓莹）

领导名单

党委书记 赵新国
副 书 记 张向群
院　　长 金永成
副 院 长 李晓宇　赵新国　张向群　杜继臣

华北电网有限公司北京电力医院

（丰台区太平桥西里甲1号）
邮编：100073　电话：63465865
网址：hospital. nc. sgcc. com. cn

基本情况 职工1019人，其中卫生技术人员580人，包括高级职称140人、中级职称275人、初级职称165人。博士14人、硕士66人、本科187人、专科及以下271人。

医疗设备总价值1.6亿元。新购置医疗设备总价值349万元，其中10万元以上设备16台（件）、100万元以上设备5台（件），包括3.0 T核磁共振成像诊断系统、彩色超声诊断系统等。

年内，通过了中国医院协会"全国百姓放心示范医院"的复审，继续被评为首都精神文明单位，获中华国际医学交流基金会关注职工健康特别贡献奖和健康管理示范基地。

改革与管理 以医院管理年为契机，按照创建人民满意医院的标准，制订、完善并督促各项规章制度的落实，优化管理工作流程。

加强对中层干部的培训，加快干部管理能力的提高和科室管理水平的提升。重视人才引进和培养相结合。新引进博士2人、硕士2人。30余人任本市各临床专业委员会委员和首都医科大学各临床学系委员，其中主任、副主任委员3人。建立了150名专家组成的专家会诊库，为医院医疗质量、特需服务提供保障。

加大绩效考核力度，进行绩效考核体系执行和薪酬管理改革试点，调整奖金分配方案。

加强党风廉政建设。修订《党风廉政建设责任制考核评分标准》，开展"学制度、促廉洁、保发展"主题教育活动；制订《履行工程项目、经济合同廉政纪律责任状考核、责任追究的规定》，加强对物资、医疗器械、药品购销等的专项管理。

医疗工作 门诊380827人次，急诊53142人次，急诊危重症抢救648人次，抢救成功率95.83%。入院8866人次，出院8963人次，床位周转17.3次，床位使用率72.3%，平均住院日15.6天，治愈率55.25%，好转率38.84%，死亡率2.9%。住院手术2267例。无孕产妇和新生儿死亡。

新技术、新疗法。康复中心开展了经颅磁刺激脑卒中后认知功能障碍的治疗；心脏中心成功完成同期颈动脉内膜剥脱和冠脉搭桥手术等多项危重症手术；乳腺中心采用双模式超声光反射（乳腺血氧成像仪），提高了乳腺癌的早诊率，并开通远程专家会诊功能，与台北医学大学乳腺中心开展合作；血液内分泌科开展了胰岛素泵围手术期的应用；消化内科开展了内镜的介入性治疗、胃镜引导下空肠营养管置放术；普外科开展了肿瘤患者化疗药物敏感性检测，对患者提供更加科学合理的化疗方案；骨科开展了全膝关节置换、椎体压缩骨折微创经皮椎体成形等手术。

年内，在创建百姓放心示范医院及医院管理年和医疗质量万里行活动中，完善各项规章制度，规范操作规程和突发公共事件的应急预案。加强医师执业资格管理，办理医师聘用手续7人次、医师注册和变更注册35人次、处方权登记审批手续16人次，填写知情承诺登记手续16人次。

加强医疗安全管理，规范临床医疗行为。利用院内信息网络和质控员对病历质量进行监控。召开病历质控例会11次，发放病历质量反馈单420余科次。检查门诊病历7221份，甲级率99%；检查住院终末病历7757份，甲级率97.33%。对医院的放射装置做了状态检测，并完成放射诊疗许可证的校对。

医院感染管理。修订、制订相关规章制度10项，加强医院感染预防控制制度执行情况的督查；加强院内感染的宣传、教育，强化院内感染监控网络，上报监测资料1236份，被市卫生局评为医院感染监测先进单位；加强抗菌药物合理使用及多重耐药菌监测的管理，共监控使用抗菌药物住院病例6206例、多重耐药菌病例225例；贯彻落实《医院消毒供应中心3项规范》，加强重点科室的院内感染监控，加大手术室手术器械清洁的督查力度，确保手术使用器械安全。院内感染率2.97%。

医保工作。做好“持卡就医，实时结算”工作，对医保外挂核心组件升级13次。加强住院、门诊特殊病及日常管理工作，通过多种方式对医保新政策、新规定进行宣传。全年医保出院4061人次，总费用6443.47万元，次均费用15867元。

医疗支援和医疗保障工作。继续开展对内蒙古自治区苏尼特左旗医院的对口支援工作，帮助进行两癌普查1097人次。对韩村河及河北镇社区卫生服务中心、北京六一八厂医院进行对口支援。向帮扶对象玉树藏族自治州结古镇藏医孤儿学校捐款52875元。承担中国反兴奋剂中心的志愿者工作，全年派出志愿者149人次。完成各级各类医疗保障19次。

护理工作　以“患者安全目标”为护理安全重点，严格执行《北京地区医院管理考核评价标准》，优化护理质控制度和计划。强化护理质量安全管理，开展了以“提高护理质量，杜绝不良事件，保障护理安全”为主题的护理管理沙龙活动。加强护理人员培训，依照“三基三严”原则定期进行分层次护理理论知识考试。提升医院临床护理工作水平，创建骨科、神经内科护理单元为优质护理服务示范病区。加大消毒工作的监督、检查和考核力度。召开第十二届护理论文交流会，征文72篇。护理文件（病历）书写合格率97.5%，基础护理合格率96.5%，特级、一级护理合格率分别为98.4%、99.4%，技术操作合格率99.5%，急救物品完好率100%。

科研和教学工作　新立省部级、区级基金项目6项，院级科研项目23项。全院医技人员继续教育学分达标率100%，护理人员继续教育合格率100%。全年发表论文74篇，其中核心期刊52篇。完成首都医科大学本科生的临床实习任务。

信息化建设　坚持信息系统24小时维护制度，保证HIS系统在医院搬迁运营过程中的稳定畅通。配合完成医保系统的改造，做好与卫生局信息统计上报和医联码的接口工作，开展智能化医院电子病历的课题研究。

后勤与基建　开展安全大检查，全面梳理和排查各类安全隐患，为医疗、建设、消防、交通、稳定等方面的安全运行创造良好环境。

医院全面推进改扩建工程。10月17日，完成过渡搬迁工作，过渡医院正式启动，运营面积缩减为近3万平方米，床位调整为370张。11月30日，国家电网党组通过了医院改扩建二期工程。12月2日，举行改扩建一期工程奠基仪式，副市长丁向阳、国家电网公司领导、华北电网有限公司领导出席。改扩建一期工程总投资9.5亿元，建成后，从5.98万平方米扩建成13.7万平方米，达到三级甲等医院水平，成为面向社会的国家电网公司医疗中心和健康管理中心。

（撰稿：汪　洁　审核：朵皓英）

领导名单

党委书记　姜　梅
副 书 记　赵　鸿
院　　长　林方才
副 院 长　赵　鸿　李玉萍　温智勇

中国康复研究中心
北京博爱医院

（丰台区角门北路10号）
邮编：100068　电话：67563322（总机）
网址：www.crrc.com.cn

基本情况　职工1486人（含合同制），其中卫生技术人员1095人，包括正高级职称37人、副高级职称88人、中级职称270人、初级师407人、初级士293人；其他专业技术人员104人；行政管理人员72人；工勤人员215人。

医疗设备总价值15821万元。本年度购置医疗设备总值3945万元，其中10万元以上设备70台、100万元以上设备6台。

获奖情况。被评为全国抗震救灾英雄集体、市残疾人就业保障金审核征缴诚信单位、市爱国卫生红旗单位、市消防先进单位、市交通安全先进单位、北京市医院感染管理监测工作先进单位，获市卫生系统第十九届“杏林杯”电视片汇映三等奖。保卫处刘志鹏、钟贵友被评为市消防先进个人和北京交通安全先进个人，保卫处刘智、钟贵友、秦广利获市单位内部安全保卫工作个人嘉奖。

机构设置　建立4个专业治疗中心：口腔、乳腺康复、透析、中西医康复结合治疗中心。

改革与管理　补充完善52个部门的岗位说明书。根据科室床位设置变化，重新核实科室岗位职数，草拟了各科人员编制数及岗位设置管理实施细则。加强管理干部选拔、培训和考核，完成38名新任医疗科室主任和护士长的试用期考核。开展10个管理岗位的竞争上岗工作。

创建人民满意医院。编发《工作人员服务行为规范》。每月对住院患者、门急诊科室、医技科室和营养食堂进行问卷调查。全年收到表扬信260封、锦旗119面，受理患者及家属投诉25起。

医疗工作　门诊182490人次，急诊48534人次，急诊危重症抢救592人次，抢救成功率99.2%。手术4279例，其中手术室手术2595例、门诊手术1684例。床位1010张。入院6417人次，出院6292人次，床位周转6.24次，床位使用率117.96%，平均住院日60.62天，七日确诊率98.92%，出入院诊断符合率99.97%，治愈率17.1%，好转率77.75%，死亡率3.02%。康复治疗总有效率93.71%，康复评定率93.59%。

病案管理。甲级病历达标率93.99%。

医院感染管理。定期检查各部门医疗废物管理执行情况，与市卫生局指定的非医疗废物输液袋（瓶）回收单位签订合同，并制订了收集、运送及交接管理制度。对环境卫生学和消毒卫生学共监测7311次，合格率98.32%，供应室、手术室、口腔科牙钻等灭菌物品合格率100%。检查出院病历4473份，医院感染率1.63%，手术科室Ⅰ类切口甲级愈合率99.51%。检查病历2193份，抗生素使用率21.84%。每月上报卫生部和北京市院感管理质控中心的病历信息资料完整，合格率100%。

医保工作。开设急诊留观窗口。更新医院信息系统，对新旧系统进行切换，建立了门诊医生工作站。全年医保出院2276人次，总费用5814.93万元，次均费用2.55万元，平均住院日30天。

医疗支援。为周口店中心卫生院提供义诊、健康宣教、入户体检、专家查房等医疗服务。全年卫生支农7次，派出主治医师及以上职称专业技术人员70人次，结对村镇受益130人次，捐赠图书300册，器械、药品共计10840元。选派1名假肢技术人员赴西藏自治区康复中心进行为期3年的技术援助，指导帮助开展辅助肢具的装配、制作工作。4月14日，组建国家康复医疗队奔赴青海省玉树灾区。20名专家参与了地震伤员的转运、手术、病情处理以及早期康复训练等医疗救助工作，救治伤员300余人次；开展各类培训5次，培训康复技术人员300余人次；发放《地震伤员早期康复》手册1000余本。

护理工作 进一步细化分级护理标准；制订各班工作标准7项：护士长、主班护士、药疗班护士、治疗班护士、大小夜班护士工作标准，补充工作制度5项：口头医嘱执行制度、护士绩效考核制度、患者身份识别制度、围手术期患者安全管理制度、危急值接报登记制度；完善护理工作流程4项：留置套管针操作流程、小壶加药操作流程、口头医嘱执行流程、PICC操作流程；修订护理操作考核标准7项和护理质量检查标准2项。

护理质量管理。全年完成7078份出院病历的终末质量检查、135人次的皮肤压疮访视，对433名重症患者的护理质量检查1104人次。护理文件书写合格率97%，基础护理合格率97.4%，特级护理合格率100%，一级护理合格率97.7%，护理技术操作合格率97%，安全护理合格率100%，急救物品完好率99.7%，消毒隔离合格率98.69%。

召开护理科研开题报告会。在核心杂志上发表论文11篇。

接收5个地区5所院校的44名护校学生进行为期10个月的临床护理实习。承担协和医科大学护理学院和首都医科大学燕京医学院的康复护理授课任务，完成四川省八一康复中心康复护理培训计划。

全年组织护理继续教育讲座26次，3382人次参加。继续教育合格率100%。派出31名护士长及护理骨干外出参加各类培训班、进修、资格培训认证班，其中4名护士到外院进修学习、2名护士参加ICU认证资格培训、1名护士参加糖尿病健康教育护理师培训资格认证。组织工作满一年的护士进行理论考试和护理操作技能考核，护理理论考试合格率98.5%。

科研工作 年内，新立课题73项，获经费501万元，其中国家级、省部级课题3项，经费95万元；市级课题2项，经费36万元；局级课题68项，经费370万元。结题52项。在研课题175项，其中国家和省部级课题31项、市级课题23项、局级课题121项。在国家级杂志上发表论文140篇，SCI收录论文7篇，论著4部。召开了第五届北京国际康复论坛。

《中国康复理论与实践》入选中国期刊源杂志。全年收到来稿1624篇，刊发500篇。组织专题16个，刊发12个。完成第五届北京康复论坛论文集的编辑和加工。

康复信息研究所承担了ICF发展和应用国际与国内课题，参与WHO世界残疾和健康报告项目，完成相关研究。组织WHO—FIC合作中心有关ICF的研究与推广应用。

医学教育 在校博士研究生17人，其中新录取3人、毕业4人；硕士研究生39人，其中新录取12人、毕业12人；七年制学生14人，其中新录取4人、毕业8人；四年制康复治疗学专业本科生136人，其中毕业38人，就业率100%；承担假肢矫形专业教学任务，在校生58人。完成临床课和专业课授课2830学时和生产实习带教44周。获批校级精品课程1项、校长基金2项。

全年举办国家级继续医学教育9项404学时，培训638人；市级继续医学教育2项12学时，培训544人次；区级继续医学教育16项48学时，培训2094人次；自管继续医学教育5项15学时，培训1115人次；举办康复学习班4期982学时，培训146人；区级护理教育26项78学时，培训3382人次。完成继续医学教育注册与学分审核统计276人，合格率99.62%。在院职工参加学历教育64人，其中博士4人、硕士6人、本科39人、大专15人。住院医师参加规范化培训44人，脱产培训86人，其中到院外进修8人。

学术交流与合作 全年接待15个国家及中国香港和台湾地区的81个团组454人次的访问，其中朝鲜、日本、挪威等国家实习学生76人。与挪威红绳子有限公司、赛诺迪克公司合作，建立了国内第一个中国悬吊训练治疗/神经激活技术培训基地。搭建国际合作平台，开展国际合作课题10余项；搭建国际学术交流平台，组织国际康复论坛等学术交流20余次；完成国际合作项目20余项。

信息化建设 成立信息建设专项工作领导小组及办公室，正式启动医院现代化信息系统建设。重点开展了HIS、PACS、OA、门禁一卡通四大系统的建设。完成机房改造、网络建设、门急诊新信息系统更新。建立了基于小型机和ORACLE数据为核心技术的新一代HIS系统，并与旧HIS系统进行了切换，门诊系统正式上线运行。新医院信息系统通过了市卫生局和医保中心检查。新系统上线门诊医生站150余台，门诊量1100余人次；录入基础数据3万余条，确定功能模块66项，维护常用医嘱项目8000余条，编辑制作电子化康复评定表格34种，完成专业人员岗前培训1500余人次。通过康复人才远程教育平台为中西部学员直播远程课程147次，上传290余课时。

基建与后勤 对理疗科、透析室、康评科和新楼水疗室、更衣室、地下药库进行了改造。完成病房楼入口处门斗、自闭症中心动感训练室、医疗垃圾转运间的建设，增加业务用房3100平方米。

其他工作 完成《中国康复研究中心“十二五”发展规划》的编写。编发《知我中心，爱我中心》114期；加大中心重大活动、典型病例、新技术、新项目的宣传力度，组织14个科室参加了《健康第一线》专题节目的摄制；在《健康报》网站设立北京博爱医院专栏，全年登载各类信息621条。创建保卫处与公安部门以及与内部科室之间的安全防范应急联动机制，推进三级安全保卫责任制，签订责任书181份。建立安保人员月考核机制，强化安保人员职责。加强职工安全知识培训，进行消防演练，完善安全措施。（撰稿：杨秀丽 审核：密忠祥）

领导名单

党委书记 李建军
副书记 时海峰
主　任 李建军
副主任 时海峰　董　浩　张　通　孔德明

北京京煤集团总医院

（门头沟区黑山大街18号）
邮编：102300　电话：69842525

基本情况 职工905人，其中卫生技术人员829人，包括主任医师8人、副主任医师46人、主治医师127人、医师93人、医士27人、见习医士15人，主任药师1人、副主任药师1人、主管药师24人、药师16人、药士10人、见习药士2人，主管技师29人、技师19人、技士8人、见习技士6人，主管护师246人、护师118人、护士28人、见习护士5人；行政人员76人。

医疗设备总值10241万元。本年度购置医疗设备总值1995.36万元，其中10万元以上设备23台、100万元以上设备1台。

改革与管理 加强经营管理，制订《财务报销规定及流程》，实现分级负责制。聘请专业评估公司对上年度会计账目、会计报表例行审计和资产评估。进一步完善药品出入库管理、物价管理和所属分院的财务管理，确保资金的集中管理、合理调配和使用。

完成科室定员定编，进一步降低人工成本。加强和完善科主任任期目标管理、分院院长分包经营管理机制及科室内部奖金的二次分配，提高了医疗质量和工作效率。

创建人民满意医院。增设门诊意见本、门诊病房意见箱、医德医风意见箱，公布投诉电话，多种渠道进行行风监督，并注重规范化服务检查长效机制的建设，每季度检查全院各科室的规范化服务情况，同时聘请社会监督员以暗访的形式对门诊、病房进行检查，定期向区属12家单位发放社会满意度调查问卷，接受社会监督，并实行检查结果在科主任晨会和院周会通报制度，依据经济责任制进行考核和奖惩。在局域网开设医德医风和“患者赞语”专栏，宣传医务人员关爱患者、救死扶伤的先进事迹，及时记录，为年终职工道德考评打好基础。全年收到表扬信44封、锦旗90面，拒收人民币25660元。

反商业贿赂。制订了《内部审计管理办法》《经济合同管理（暂行）制度》《招投标管理（暂行）办法》《工程建设项目审计办法》和《医院经济合同审批表》，按规定流程层层把关，监审科与相关部门共同参与医疗设备、建设工程项目等的招标、议标（议价）、论证会议及医疗设备的开箱验收、工程验收，确保做到从采购到验收的全程监督。

医疗工作 门诊345597人次，急诊45938人次，急诊危重症抢救4908人次，抢救成功率98.25%。床位583张。入院9439人次，出院9431人次，床位周转16.18次，床位使用率108.07%，平均住院日18.67天，七日确诊率98.46%，出入院诊断符合率99.76%，治愈率43.45%，好转率49.22%，死亡率4.3%。住院手术2208例，其中大手术385例。无孕产妇、新生儿死亡，围产儿死亡率6.9‰。

审批备案临床科室开展的新技术、新业务5项：食物不耐受检测、牙周基础治疗、自锁扩糟矫正技术、泌尿系复杂结石经尿道输尿管镜、经皮肾镜钬激光碎石取石术。

加强医疗质量管理，继续加大三级医师查房的检查力度，明确管理权限，规范查房制度，提高了各级医师的查房质量和病历书写质量。全年院长参加科主任查房10次，与药剂科、医保办联合检查临床合理用药6次，抽查终末住院病历423份，检查环节病历588份，病历甲级率98.02%；检查门诊病历452份，合格率96%；门诊处方2万张，合格率98%以上。

加强医疗安全，定期组织职能部门到各临床科室进行医疗安全综合大检查。坚持召开医疗安全会，总结前一月医疗安全工作，对发现的问题提出改进措施，并落实整改。进一步加强节日期间医疗安全工作，要求各科室逐日上报节假日值班人员名单，留存备案。

成立临床路径技术管理委员会和临床路径指导评价小组，制订了《临床路径管理制度（试行）》《医师版临床路径表》《临床路径实施流程图》等。确定急性单纯性阑尾炎、结节性甲状腺肿、乳腺癌、急性ST段抬高心肌梗死、股骨干骨折、子宫平滑肌瘤、计划性剖宫产、老年性白内障等8种疾病作为开展临床路径的病种和试点。

加强门急诊工作，修订了专家、专业门诊出诊、替诊、补诊等制度，完善专家、专业门诊的奖惩制度。调整了3个科室的专家门诊时间，增设6个专家门诊、2个专业门诊，按照患者就诊人数，机动安排内科门诊值班人员。修订《工伤抢救预案》，重新拟订《工伤救治流程（院内处置）》，全年组织工伤抢救7次，协调组织大抢救4次，院内病例大讨论4次。

医疗支援。派出8名医师支援永定、军庄卫生院。加强支援工作的管理，通过多种形式和模式创新，努力提高当地受援卫生院的医疗技术水平，同时以义诊、会诊、技术讲座等形式支援社区卫生工作。接收内蒙古自治区阿拉善盟中心医院进修医师2人、护理人员11人。2次向阿拉善盟中心医院派出医疗队15人次，共计义诊、接诊230人次，门诊470人次，教学查房11次，专题讲座10次，疑难病例会诊及抢救13次，手术5例。为辖区925名患者建立了高血压、糖尿病随访表，管理率60%，控制率50%；一类疫苗接种率100%，为居民和学生接种麻疹和流感疫苗6000余人次，为189名精神病患者启动电子档案管理，完成3000人左右的适龄妇女两癌筛查。

医院感染管理。进一步建立健全院感三级网络，坚持日查、月总、季度例会制度；深入落实检查、反馈、整改、评价、培训五循环的工作方法；着力强化流程管理和环节控制，并不断改进和提高。继续做好住院病人院感前瞻性和回顾性监测，减少院感病例的漏报。Ⅰ类手术切口感染率0，灭菌物品合格率100%，医院感染率1.80%，无漏报。在北京市和门头沟区卫生行政、监督等部门的15次各项检查中均达标，被评为北京市医院感染管理监测工作先进单位和传染病疫情报告先进单位。

医保工作。全面推行社保卡，开展门诊持卡就医、实时结算业务，升级软硬件设备，获得北京市社保卡工程建设医院系统对接成果奖、定点医疗机构优秀个人奖。全年医保出院3785人次，总费用5806.59万元，次均费用1.5万元。

护理工作　开展优质护理服务示范工程，为试点病房增加会阴冲洗壶、洗头机，增配护理员，派护理部、试点病房护士长参加优质护理服务专项工作学习班，简化护理文书，规范一般和重症病人护理记录单，并设置专人负责试点病房工作的检查、指导和反馈，通过了卫生局的3次督导检查。加强安全管理，制订了《住院病人腕带佩戴制度》，用不同颜色标明和区分不同患者的信息内容、性别等。配合北京护理学会开展传递“星语心愿卡”工作，全年发放、收集“星语心愿卡”843张，满意度调查达100%。

护理质量管理。坚持定期检查和日常抽查相结合，将每季度1次的护理质量持续改进分析会改为每月1次，并将检查结果在局域网上公布，督促整改。全年共抽查基础护理、一级护理病人104人次，特级护理合格率97.0%，一级护理合格率99.13%，基础护理合格率98.73%，安全护理合格率100%，抽查急救物品54次、消毒隔离128次，合格率均为100%；抽查护理技术操作605人次，合格率99.18%；检查护理病历9349份，合格率99.18%；抽查护理文书书写136份，合格率99.17%。

加强护士长综合素质管理，坚持每年举办1次护士长学习班，聘请院内外高级管理人才授课，派15名护士长外出学习先进的管理方法。加强专科护士技能培养，年内5名护士取得了专科护士资格证书，累计有12名护士分别取得了急诊、ICU、糖尿病、肿瘤的专科护士资格证书；27名护士通过了北京护理学会举办的急诊急救专项技能操作考核；9名护士通过了助产评估专家组的理论与实际操作考试，累计13人获得助产资格证书；新增3名PICC

置管资质护士，累计6名置管资质护士。加强基础护理知识、操作技术培训，年内基础理论考试779人，合格率99.45%；徒手心肺复苏操作技术考试345人，合格率100%。护士继续教育合格率100%。开展护理科研专业小组活动，在继静脉输液小组成功开展PICC穿刺技术后，高血压和糖尿病专业小组、护理科研专业小组也相继成立并开展活动。全年有7篇论文在统计源期刊上发表，1篇论文在全国煤炭创伤学会论文交流会上发言。加强护理临床教学工作，坚持每月1次护士生实习座谈会，每季度1次带教老师例会。加强新护士和护士生实习入科前的岗前教育培训，考试合格后上岗。全年培训新护士66人、实习护生64人。

科研工作 全年申报科研项目15项，其中“一种UPS后备电池自动维护装置”获国家专利，“应用螺旋CT三维重建技术对正畸牙根吸收的研究”获首都发展科研基金。全年在各类正式期刊发表论文96篇。

医学教育 制订《专业技术人员继续教育实施办法》，加强管理，严格考核，并建立登记制度，将考核结果记入个人专业技术档案作为晋升和评聘依据。全年组织和派出专业技术人员参加全国或本市短期培训、学术会议等141人次，工人岗位培训32人次。自办学术讲座、学术会议等42场次，其中传染病培训、法律知识等培训14场次，累计培训14031人次。参加继续教育686人，达标679人，达标率98.98%。

全年接收华北煤炭医学院等院校临床实习生48人，组织临床讲座和实践课30余场次，安排阶段考核、考试3次。加强临床住院医师培训，严格落实住院医师基地培训制度，进一步完善临床住院医师定期汇报制度，全年接收临床住院医师8人，参加临床住院医师规范化培训11人。接收大中专毕业生13人，其中研究生4人。

信息化建设 完成医保门诊持卡实时结算，院本部与各分院、非医保定点社区的虚拟专用网连接，门诊医生工作站的培训与实施，尘肺结核科软件升级及与总院的并网，分院HIS升级改造，健康体检软件调试及安装等。完成传染病、死亡病例、矽肺等网络直报及统计直报以及预约挂号和两癌筛查信息上报工作。理顺统计信息上报程序，加强医疗统计资料的对比分析和利用。

后勤与基建 加强安全生产管理，建立全覆盖的后勤与基建工作安全标准化体系，完善各种安全资料的记录，定期自查，加强有限空间、特殊工种人员的学习、培训和资格认证。结合属地集中供暖改造工程，由专业消防电检资质机构对全院的供电系统进行电气检测。投资96.74万元，完成门诊、病房空调系统、插座照明供电系统的改造；投资113.33万元，完成锅炉集中供暖改造，安装了电茶炉、太阳能供电等设施；投资252.2万元，完成急诊科装修改造工程，并扩建急诊科输液室、观察室130平方米；投资71.51万元，完成儿科装修改造，并扩建儿科病房300平方米。

（撰稿：王文菊　审核：梁建业）

领导名单

党委书记　梁建业
副 书 记　李永泽
院　　长　梁建业
副 院 长　韩书立　毛经民

北京燕化医院

（房山区燕山迎风街15号）
邮编：102500　电话：69342517

基本情况 职工1008人，其中卫生技术人员707人，包括主任医师（含相应职称）33人、副主任医师67人、主治医师246人、医师228人、护士133人；行政及工勤人员301人。

设备总价值8270万元。其中10万元以上设备140台、100万元以上设备10台。本年度购置设备73台，总价值597万元。

获奖情况。年内，被评为首都卫生系统统计工作先进单位、房山区卫生系统先进单位。

机构设置 建立营养科；医院感染管理办公室

（疾控办）由质管部分出，独立建制；膳食科归属物业部管理。

改革与管理　美国国际联合委员会的3名专家来医院进行国际医疗卫生机构认证（JCI）评审。通过了JCI评审。

医院重视医疗、后勤安全管理工作，对每个节假日前的各项准备工作尤其是抢救药品、设施、值班岗位、消防通道等重点岗位进行检查，确保医院安全平稳运行。每月坚持对医护质量、医保、院感、服务等15项进行检查考核；对门诊、住院患者进行满意度调查并将调查结果及时进行反馈，督促整改。完善各项管理制度，认真执行财务制度，加强成本控制，严格预算管理。准确核实医院固定资产，保证固定资产账物一致。

卫生部党组书记张茅到房山区调研时专程查看本院，并给予了肯定。首钢集团和首钢医院领导来院参观考察。门头沟区卫生局、发改委、财政局、区医院领导和区医院中层干部来院参观考察、座谈。市卫生局医疗改革办公室主任等领导来院调研和参观。燕化公司副总经理、中国职业安全健康协会副理事长和办公室主任等来院对安全社区工作进行了实地检查，燕山区工委副书记带队来院召开现场民主生活会。

医疗工作　门诊488586人次，急诊126241人次，急诊危重抢救105人次，成功84人次，抢救成功率80.00%，门诊手术9725例。入院12383人次，出院12418人次，床位使用率85.29%，床位周转18.73次，住院手术2631例，平均住院日16.76天，七日确诊率99.33%，出入院诊断符合率99.99%，治愈好转率95.35%，死亡率2.44%。无孕产妇、新生儿死亡，围产儿死亡率1.6‰。

结合质量考核方案和JCI要求，对科室的质量医师和质控医师的工作质量标准有针对性、有重点地进行了检查。运行病历质控检查合格率92.56%。

确立医疗责任保险规定，完善落实医疗质量责任追究记录。加入并实施了医责险工作。

增加2个挂号窗口，开展预约挂号服务，缓解患者就医难问题。

医院在北京市民政局主导下参与政府购买民生服务和燕山安全社区创建中获得政府和企业的好评。

派2名医务人员赴四川省什邡市参加援建医疗队工作，参加房山区派驻内蒙古自治区为期3个月的对口支援。

完成健康体检17826人次、妇科体检6403人次。

新技术、新业务：开展DSA下行肝动脉导管化疗栓塞治疗肝癌、胰腺癌等，胰腺假性囊肿—空肠Roux－en－Y吻合术，颈椎前、后路联合手术（颈椎后路全椎板切除减压，颈椎侧块钢板及上胸椎椎弓根顶内固定术，颈椎前路椎间盘摘除检验、CAGE融合术）等高难度手术44项。

医保工作。完成总院、10个社区卫生服务站和门诊部的医保门诊实时刷卡结算工作，并在总院门诊大厅安装了北京市社会保障卡自助终端查询机，方便医保病人查询社会保障卡内个人信息。为5个社区卫生服务站办理了医疗机构执业许可证的效验和换证工作，为东风社区卫生服务中心和向阳社区卫生服务站办理了医保变更名称和地址工作。重新制作相关专业科室医疗收费价格公示栏，并对物价收费触摸屏中的项目进行了检查和核对。完成部分科室新增收费项目和医用材料的申报备案。全年检查医保处方29811张，合格率98.61%。

医院感染管理。院内感染率1.52%。制订有害物质安全计划，并对计划的实施进行监督和检查。改造医疗废物贮存处，对医院感染质量控制相关数据进行统计分析和反馈。完善清洁切口围手术期抗菌药物应用的调查和管理，对围手术期抗菌药物的使用进行统计分析，合格率89.3%。加强多重耐药菌监测和隔离，实施双重报告制度。建立并完善感染办工作手册，对71项与感染有关的制度进行了修订和完善。

对13台放射设备进行了状态检测。对58名放射工作人员进行放射剂量监测检查，结果合格。

加强医务人员职业暴露防护的培训与教育，报告锐器损伤例数较上年明显减少。

加强医疗废物的收集管理。按照医疗废物分类收集要求，设置不同的收集容器，并标有明显的警示标志。

完成计划免疫4103针次，完成麻疹疫苗、流感疫苗的接种任务。全年参加院外传染病防治培训16次56人次。

医院免费就诊班车接送星城、窦店患者来院就诊，为患者提供方便。导诊、电梯实行标准化服务。病区坚持管理员制度，为患者提供陪检等服务。

护理工作　医院确定了优质服务试点病房实行责任小组包干制，责任到人，患者对护理服务的满意度由95%提高到100%。

护理部实行PDCA（计划、实施、检查、总结）和持续改进的质量管理，保证了护理目标的完成。改变门诊工作流程和分诊管理，落实门诊病人一对一服务，对门诊病人实施首次评估，评估率达90%以上。加强对护理不良事件根本原因的分析，提出改进措施，密切了护患关系，减少了病人的投诉。

护理部狠抓病人安全管理和护理质量的提高及护士的在职培训。加强“三基”及专科技能培训，加强护士在职教育，护理人员的业务能力有了很大提高。

全年接收护理实习生140人。接收内蒙古自治区对口支援医院2名护士长和门头沟区医院70余名护士来院进修学习。完成43名护士的首次注册。

信息化建设 改造HIS系统和社区工作站系统，医院及社区通过了医保实时结算的验收检查。完成住院医生站、医院固定资产和全院综合查询系统的实施等多项工作。

科研与教育 申报首都医学发展基金课题1项、房山区人才培养资助项目4项，立项区办科研课题4项。李钢的“Scd4OL水平对直接pcl预后的预测价值和与使用GPⅡb/Ⅲa受体拮抗剂治疗的相关性研究”课题获北京市优秀人才培养专项经费资助，周昊嵬、王莹、崔立的“颈椎管狭窄性疾病手术入路的选择及其疗效分析”、“围麻醉期尿动力学研究”、“中西医结合治疗慢性浅表性胃炎”获房山区优秀人才培养专项经费资助。

全年举办继续医学教育讲座28场次，约5000人次参加。参加院外传染病防治等培训23次150余人次，外出学习和参加学术会议42人次。发表学术论文30篇，其中核心期刊13篇。

组织住院医师参加市卫生局统一考试62次；组织院内全体医务人员业务培训考核4次；传染病防治知识培训8次，考试5次；社区人员参加各种培训4次；完成4个院校214人次的医护实习带教任务。

健康教育 各科室每季度更新健康教育宣传板，并主动与患者进行沟通、指导，传授预防疾病的知识，特别是内分泌科开展的“看图对话”糖尿病教育，深受患者的欢迎。

建立社区健康大课堂，为社区居民讲课2次，参加居民200余人。参加社区健康知识咨询活动3次，发放健康知识读物近万份。

建设文明医院 员工共拣到现金1900元，并交还给患者，受到患者的好评。红十字会募捐，911人捐款19400.63元；“贫困母亲”捐款2774元；什邡对口支援，捐款5302元。年内，13名员工献血。

后勤与基建 加强设备维护，将612件在用医疗设备按使用风险分为高、中、低3个档次，进行周期不同的安全巡检、维护保养。建立了设备固定资产管理数据库。

进行消防监控主机更换、健康管理中心、办公楼、老住院楼烟感探头的增加以及住院楼烟感探头的更换工程，治安监控由原15个点增加到近80个点。

完成十三层病区粉刷改造、卫校楼装修、供应室改造、医疗垃圾处理站改造、配液中心建造、医院花园整体规划等32项工程。

社区工作 完成甲流社区监控28人196人次，免疫门诊接诊10259人次，其中注射季节性流感疫苗2636人次、甲流疫苗2241人次。

参加市社区协会举办的社区管理干部培训，以及北京市和房山区卫生局和燕化医院举办的各项业务培训和考试。

完成精神病调查工作。建立社区精神病人电子档案，进入居民家中采集信息60余人次。

配合“安全社区”工作，为星城健德三里社区卫生服务站修建了无障碍通道。派社区医务人员到燕山公安分局看守所值班，为在押人员提供医疗服务。

（撰稿：申仕莲　审核：张远春）

领导名单

党委书记 李清华
副 书 记 时红霞
总经理兼执行院长 成立兵
副 院 长 赵　杰　周昊嵬　鲍正社　李　华

医学科研与教育机构工作

中国医学科学院
北京协和医学院

（东城区东单三条9号）
邮编：100730　电话：65135844
网址：www. pumc. edu. cn

基本情况　中国医学科学院与协和医学院实行院校合一的管理体制，医科院为协和医学院提供师资和技术力量，协和医学院为医科院培养高层次人才，相互依托，优势互补，教研相长。院校设有18个研究所（含5个分所）、7家临床医院（含与北京市共建的天坛医院）、5所学院、1个研究生院和5所分院。现有中国科学院和中国工程院两院院士24人，教育部“长江学者奖励计划”特聘教授15人，长江学者讲座教授2人，杰出青年基金获得者32人，国家级和部委级有突出贡献的中青年专家89人，国务院学位委员会委员1人、学科评议组成员9人（其中3人为学科评议组组长），在岗博士生导师398人、硕士生导师665人。

协和医学院坚持小规模招生、高层次培养、高质量输出的办学宗旨，凝练出“坚持医学精英教育、实行高进优教严出、注重能力素质培养、强调三高三基三严、开放办学博采众长、传扬优良文化传统”的办学特色。现有一级学科博士授权专业点7个、一级学科硕士授权专业点3个，是国务院学位委员会自行审核博士学位授权一级学科点和硕士学位授权一级学科点的委托学位授予单位，现有一级学科国家重点学科2个、二级学科国家重点学科8个、三级学科国家重点学科2个、国家重点培育学科1个，可分别授予医学博士、理学博士（哲学博士）、医理双博士、工学博士、医学硕士、理学硕士、工学硕士和管理学硕士等学位，每年授予博士学位人数位居全国医学院校首位。现有各类在校生4075人，其中研究生2969人，占73%；本科生869人，占21%；专科生237人，占6%，呈“倒金字塔”结构。

医学科研包括基础医学、临床医学、预防医学、药物以及与医药学有关的生物、物理、化学等相关学科。拥有6个国家级重点实验室、10个部门开放实验室、2个国家级工业试验基地、17个国家级中心、6个博士后科研流动站以及10个世界卫生组织合作中心。“十一五”期间，承担各类科研项目6367项，获科研资助22.1亿元，其中国家级资助占61%；获各类科技奖励成果199项，其中国家科学技术奖24项；获准专利215项，新药证书7项；发表SCI论文3877篇。

院校拥有6家直属医院（北京协和医院、阜外心血管病医院、肿瘤医院、整形外科医院、血液病医院和皮肤病医院）和1家共建医院（北京天坛医院），床位5188张，集综合性医院和专科医院于一体，在心血管疾病、恶性肿瘤、血液病、疑难皮肤病、遗传性疾病、器官再造、自身免疫性疾病、内分泌疾病等重大疑难疾病的诊治方面达到较高水平。

院校图书馆历史悠久、藏书丰富，被誉为“协和三宝”之一。2000年被指定为国家科技图书文献中心医学分中心，也是联合国世界卫生组织卫生与生物医学信息合作中心。藏书以生物医学书刊为主，总量超过50万册，其中外文医学期刊较为丰富，许多重要期刊都是从创刊号成套入藏，目前外文医学期刊收订达5000余种。此外，还藏有千余部中医古籍。所拥有的中国医学文献分析和检索系统面向全国开放。

院校重视开展国际学术交流与科技合作，与数十个国家或地区的医学院校和科研机构建立了科研、教育、医疗领域的合作关系，有200余名国外专家学者被授予名誉教授或客座教授，其中包括数位诺贝尔奖获得者。

在2002年教育部、卫生部签署共建协议的基础上，2006年9月，院校与清华大学实行紧密合作办学，可同时使用“北京协和医学院——清华大学医学部”作为第二名称，学校仍为独立法人单位，并进入“211”和“985”工程建设行列。

获奖情况。年内，院校被中共中央、国务院评为国家西部大开发突出贡献集体；协和出版社被科技部、中宣部和中国科协评为全国科普工作先进集体。10月4日，整形外科医院院长、“973”首席科学院曹谊林教授荣获Maliniac Lecture Excellent Honor Esteem这一整形外科学界的最高荣誉奖。

历史沿革 中国医学科学院（下称院）成立于1956年，是我国唯一的国家级医学科学学术中心和综合性医学科学研究机构。北京协和医学院（下称校）由美国洛克菲勒基金会于1917年创办，是我国最早设有八年制临床医学专业和护理本科教育的重点医学院校。

机构设置 综合管理部门：党政办公室、宣传部、人力资源处、组织部、国际合作处、条件财务处、行政基建处、科技产业处、审计处、保卫处（部）、统战部、纪检监察室、机关党委办公室、工会、离退休工作处；业务管理部门：科技管理处、医院管理处、教务处、学生处（学工部）——团委、研究生院、继续教育处；非管理机构：信息中心、医学教育研究发展中心、教学服务中心、后勤服务中心、医务室、《中国医学科学院学报》编辑部、继续教育学院培训中心；院校直属其他机构：护理学院、出版社、协和医药总公司、北京协和医学院教育基金会。

科研工作 2010年，院校申报省部级以上科研课题244项，到位科研经费（不包括中央公益性科研院所基本科研业务费）6825.2万元，其中国家自然科学基金项目190项（2009年141项），资助经费6044万元（2009年3713万元）；“973”项目获批立项5项，是历年来获得首席科学家项目最多的一年。获国家科技进步二等奖1项、教育部高校科研优秀成果奖3项（均为自然科学类一等奖）、中华医学奖7项。申报专利178项，其中国际专利43项；授权专利36项，其中国际专利7项。2009年度发表科技论文4309篇，其中SCI收录1111篇，比2008年（721篇）增长54.09%，其中影响因子在3.0以上308篇，10.0以上27篇，平均影响因子2.792，包括《自然遗传学》（Nature Genetics）1篇和《新英格兰医学杂志》（The New England Journal of Medicine）3篇。

年内，院校面向国家重大医药科技战略需求，积极开展医学科研创新体系建设。组建功能性药物研究院，确定药物研究院的定位、功能和目标，制订管理章程和管理机构，确定药研院的运作机制，7月，实施方案在院校党政联席会议获批准。院校积极发展转化医学，打破基础医学与药物研发、临床医学之间的屏障，以北京协和医院为基础，整合、共享医科院多家院所的优势资源，成立中国医学科学院转化医学中心，共同建设国家级、国际化、高水平的转化医学研究合作战略性高端平台。3月，完成第一版《中国医学科技战略发展报告》。完成中草药物质基础与资源利用实验室和心血管病相关基因与临床研究实验室2个教育部重点实验室的评估，中草药物质基础与资源利用教育部重点实验室被评为优秀，并完成这2个实验室参加国家重点实验室的申报。完成与国家疾控中心共建病毒基因工程国家重点实验室的模式和工作机制的研究和建立。年内，举办了第十届医药卫生青年科技论坛、中科院—医科院第二届联合学术论坛等一系列学术交流活动。

年内，完成《中国医学科技发展报告2010》的编写和出版，对新中国成立60年我国医学科技发展进行了全面、系统的回顾，并选择重点主题进行评述；同时，结合国情和医学科技发展趋势，对我国医学科技发展进行了展望。

教育工作 年内，院校获国家级“质量工程”4项：放射诊断学被评为国家级精品课程、药理学被评为国家级双语教学示范课程、护理学专业被评为国家级第六批高等学校特色专业建设点、八年制临床医学专业学生获大学生竞赛活动奖项1项。本校的“医学专业人才培养模式改革”被确定为国家教育体制改革试点，该试点项目将致力于创新人才培养模式，探索开展“卓越医师教育培训计划”。

2010年，录取硕士生570人，其中推荐免试入学者占30%，来自全国“211”大学的学生占54%；录取博士生500人，其中来自全国“211”大学的学生占62%。实施研究生培养创新计划，设立创新研究基金，评出研究生创新研究基金项目44项，资助88万元。设立优秀博士学位论文奖励基金，选出校级优秀博士论文10篇，推荐6篇参加北京市优秀博士论文评比，其中1篇被评为北京市优秀博士论文，推荐8

篇论文参加了全国优秀博士论文评选。推进研究生课程建设，设立协和讲堂，开展了人文社会科学讲座；重新规划研究生课程体系，修订了研究生课程教学大纲，设立研究生新开课程基金，支持组织编写研究生教材。2010 年，通过的博士一级学科授权点 3 个、硕士一级学科授权点 5 个；经国务院学位委员会审批，新增口腔医学硕士、公共卫生硕士、护理硕士、药学硕士专业学位授权点；新增 2 个北京市重点学科，分别是神经病学二级学科和转化医学交叉学科。

4 月，卫生部明确了学校教育实化工作及与清华合作的原则："实化不分家，合作要紧密"；提出加强与有关部委合作，为北京协和医学院发展营造更有利的条件；进一步明确北京协和医院是北京协和医学院的主体教学医院；要求充分发挥北京协和医学院老专家的作用；明确了同步研究加强中国医学科学院建设问题。11 月，卫生部、教育部成立由两部部长任组长的促进北京协和医学院改革发展领导小组，进一步推进教学实体化建设。12 月，召开协和—清华教育研讨会，标志着八年制临床医学专业医预课程改革的正式启动。

医疗工作 年内，瞄准"做优做特国家级研究型医院群"的目标，在公立医院的体制和机制、管理和服务改革两个方面进行了探索和实践。院校所属各家医院分别设立"病人安全"专门管理机构；注重核心环节管理和重点领域防控，引导医务人员严格按照程序、流程办事，以制度流程保障医疗质量和安全；将不良事件的防范从与病人关系最密切的临床一线延展到为一线服务的医技科室与职能部门，从医院作为药品和器械等的服务链终端追溯到上游的生产厂家，进而推动建立全社会的病人安全文化网；在外科电子病历系统中嵌入国际通用的外科手术术前评分系统等，抓医院质量和医疗安全，医院管理和内涵建设跨上新台阶。

年内，国家心血管病中心、国家癌症中心获批。国家心血管中心将依托阜外心血管病医院，开展心血管病基础、临床、预防及管理培训等，推动学术交流，开展国际合作。国家癌症中心将依托肿瘤医院，建立国家重大癌症疾病防治体系，支撑国家在重大疾病诊治和防治领域资源管理平台。

成立有 54 名院士加盟的北京首个转化医学中心，转化医学中心以北京协和医院为基础，整合医科院其他所院的优势资源，既推动医学相关领域的基础科研向临床诊疗应用转化，又将临床中遇到的问题带回实验室进行研究后，回到临床，服务病人，最终实现基础和临床双向互促，双方共赢。

2007 ~ 2009 年，院校 6 家医院申报 13 个临床学科重点项目，12 项通过了终期评审，1 项申请延期评审。2010 ~ 2012 年，院校所属医院共申报 20 个项目，其中 14 项中标，获得 2740 万元财政支持；年底，所属各医院又有 10 个临床重点专科申报成功，每个专科将平均得到财政 400 万元的经费支持。

年内，召开首次院校医疗工作会，探讨改善服务、提高绩效，迎接公立医院改革。在临床路径的编写、试点及推广工作中，组织院校临床和医疗管理专家共同承担了内分泌科 5 个病种、消化内科 9 个病种、心血管内科 9 个病种和心血管外科 11 个病种临床路径规范的编写工作。在优化就医流程、解决群众看病难的工作中，院校所属各医院坚持增加出诊次数、时段、形式和增设综合会诊中心结合，整合业务节点与优化业务流程结合，完善工作机制与开展专项行动结合，"堵""疏"结合，多管齐下，在重点领域、关键环节采取多种措施：①挂号环节。通过严格执行实名制、推行电子预约取代传统纸质预约、开展网上预约、部分科室主治医师不限号等措施，使患者方便挂号、挂得上号。②门诊环节。通过增加门诊次数、时段、形式，增设便民门诊和开药门诊，新开多个特色专科、专病门诊和会诊中心等措施，使患者看得上门诊、看得好门诊。③检查环节。超声科、放射科经过流程改造、人员科学安排和最大限度利用设备等措施，大幅减少患者预约等待天数和取报告时间。④住院环节。通过优化围手术期流程，缩短病床周转时间；简化了就诊步骤，缩短检查预约等候时间。

年内，院校与西藏自治区人民医院签订了"十二五"对口援助协议书，在"十一五"协议的基础上新增：成立中国医学科学院高原病医学研究中心（功能性）；设立高原医学硕士点，培养定向临床研究生，共同申请重大专项支持等；每年支援西藏自治区人民医院的专项资金由 80 万元提高到 120 万元；输血研究所与西藏自治区血液中心共建高原输血医学研究室。此外，院校还承办四川地震重灾区卫生局长培训班，派出医疗队对口支援西藏和重庆万州三峡中心医院，接收 27 名四川地震灾区重点学科医护团队进修生、11 名西藏自治区人民医院进修生和 4 名西部地区进修生。

3 月 5 日，协和医院召开"争创优质护理服务示范医院"启动大会。卫生部副部长马晓伟出席会议并讲话。护理部主任吴欣娟宣读了《北京协和医院争创"优质护理服务示范医院"实施方案》和《争创优质护理服务试点病房倡议书》。会议为协和医院首批 10 个"优质护理服务试点病房"举行了授牌仪式。

基本建设 年内，启动了空间发展项目，完成院校在药用植物研究所基本建设的规划，规划总用地

37.90 公顷，分为药用植物观赏及种植区和科研办公及科技产业区，缓解药植所、国家医学图书馆、国家医学中心实验室、国家医学信息中心空间紧张的问题。批复皮肤病医院总体规划 1 项；批复工程立项和可行性研究报告 3 项，包括病原所办公综合楼新建工程、阜外医院心血管病研究中心建设工程和动物所办公综合楼加层项目，总建筑面积 7.36 万平方米，总投资 4.8 亿元；上报卫生部可行性研究报告待批复项目 2 个，包括协和医院大兴过敏原项目、整形医院改扩建工程项目，总建筑面积 11.53 万平方米，总投资 8.42 亿元。上报卫生部阜外医院心血管病研究中心建设工程初步设计方案，建筑面积 31300 平方米，总投资 1.91 亿元。目前，所院在建工程分布在 6 个院所 7 个项目，总建筑面积 40.89 万平方米，总投资 43.67 亿元；竣工工程 2 个，包括协和医院干保基地和药植所职工住宅项目，总建筑面积 12.37 万平方米，总投资 10.58 亿元；新开工工程 1 项，建筑面积 8.9 万平方米，投资 10.18 亿元。推进昆明生物所国家高等级生物安全灵长类动物实验中心项目的调整概算工作，纳入发改委工作程序。

国际交流与合作　与美国国立卫生研究院（NIH）及全球医生组织（GlobalMD）合作，举办首届中美转化医学国际论坛；举办中美医学（心血管）合作 30 年学术活动；承办全球慢病联盟北京高血压论坛和董事会；与荷兰伊拉斯姆斯大学代表团共同举办了中荷公卫论坛。

年内，组织院校有关人员参加美国国际科技数据委员会（CODATA）举办的第四届国际科技数据合作中美圆桌会议、亚太区国际教育协会大会、M8 联盟举办的世界卫生峰会等国际医学研究与教育学术会议。

继续推进与中华医学基金会（CMB）、美国国立卫生研究院（NIH）和亚联董基金（United Board）的合作。2010 年，获得 CMB 资助 4 项，当年得到资助 140 万美元；获得 CMB 杰出教授 2 名；推荐师资培训计划 3 人。推进与 NIH 的合作，就建立全面合作关系进行了初次会谈，双方同意首先探讨在医科院建立遴选委员会，协助初期评审申请赴 NIH 的博士后留学生申请资料以及建立中国 NIH 校友会等领域开展合作。初步建立院校与 NIH 的官方沟通渠道，双方将通过起草和签订合作备忘录，加强联系和合作。获得美国亚联董基金（United Board）资助 52980 美元。同时，院校进一步加强与国际知名制药企业的合作，推进与丹麦诺和诺德公司的合作，成立诺和诺德－协和糖尿病研究英才基金以及双方合作委员会，并确立了双方合作开展的项目。

（撰稿：马天龙　审核：张　勤）

领导名单

党委书记　李立明

党委副书记　林长胜　李国勤

院（校）长　刘德培

副院（校）长　李立明　曹雪涛　曾益新　徐德成　詹启敏　赵玉沛

中国中医科学院

（东城区东直门内南小街 16 号）
邮编：100700　电话：64014356
网址：www.cacms.ac.cn

基本情况　有从业人员 4910 人，其中正式职工 3622 人，专业技术人员 3041 人，包括正高级职称 263 人、副高级职称 487 人、中级职称 1288 人、初级职称 902 人、其他 101 人。

机构设置　年内，依托医史文献研究所成立了中国中医科学院中医药文化研究中心，依托广安门医院成立了中国中医科学院肿瘤研究所。

科研工作　全年申报课题 656 项，中标课题 170 项，其中国家级 107 项、省部级 31 项、北京市 32 项，获资助 18397 万元；启动第三、四批自主选题 156 项，经费 2923 万元。结题验收课题 233 项，其中国家级 86 项、省部级 18 项、北京市 27 项、院自主选题102项。在研课题889项，总经费7.58亿元。本年度获省部级奖励21项，其中中华中医药学会科学技术一等奖2项、二等奖4项、三等奖6项，中国中西医结合学会科学技术一等奖2项、三等奖2项，中国针灸学会科学技术二等奖2项、三等奖1项，中华医学会科技奖二等奖1项。首席研究员陈可冀、朱兵、黄璐琦、朱立国、仝小林被评为全国优秀科技工作者。获中华中医药学会学术著作奖9项。“道地药材研究模式及模型构建”、“基于住院病例证据与数据挖掘方法的2型糖尿病证治规律”、“中医古籍抢救、发掘与利用”、“脾瘅相关理论研究及其应用”、“冠心病心绞痛病证结合疗效评价体系及量表研究”、“针刺不同穴位对内脏感觉—运动的调控机制和规律研究”等科研成果达到了较高水平。

学科建设取得成效。在对学科门类全面梳理的基础上，遴选出63名学科带头人。12个临床学科和9个基础学科通过了国家中医药管理局重点学科建设规划的答辩。10个局重点研究室建设取得进展。“中药药理学”、“肿瘤细胞分子生物学”和“道地药材可持续利用”申请纳入国家重点实验室建设。“首都科技条件平台基地建设”对社会开放设备543台，经费2.36亿元，签订技术服务合同130份，金额2400余万元。

全年召开各类学术会议269次，其中在行业内已形成影响的中医药发展讲坛5期，全国多学科专家演讲了人口健康与医学发展、艾滋病治疗性疫苗与中医药治疗研究、中医药教育与人才培养、中药现代化与国际化发展趋势、中西医学的发展历程与前景等。启动了《中华医学百科全书》中医药类各分卷的编撰工作。成立医学伦理工作委员会、院科学研究道德委员会，发布了科学院科研道德规范。全年发表学术论文1695篇，其中SCI论文84篇（含EI 2篇）。出版专著117部。申请专利32项，获发明专利6项、软件著作权4项。在中国科协组织的精品科技期刊示范项目评审中，《中国中药杂志》与《中国中西医结合杂志》分别荣获B类、C类资助，并连年入选百种中国杰出学术期刊。《针刺研究》杂志影响因子列中医药类期刊第一。《中医杂志》英文版成为我国第二种进入SCI—E的中医药类期刊。

医疗工作 门急诊467万人次，较上年增加12.80%。出院4.29万人次，比上年增加7.25%。医疗总收入19.5亿元，比上年增加24.5%。广安门医院门急诊总量、出院人数在北京地区中医医院中排名第一。在医疗管理年活动中，各医疗机构中药饮片比例、中药处方比例、病房中治率均较上年有所提高，取得了“以病人为中心，发挥中医药特色优势”的实效。在国家中医药管理局组织的省际专家轮查中，西苑医院、广安门医院、望京医院参加了检查，均取得较好成绩。眼科医院、针灸医院、中医门诊部在常见病、多发病治疗方面的特色优势更加明显。加强护理队伍的建设与管理，中医药特色护理已初显成效。

近年来开展的中医优势病种临床研究，促进了专科专病门诊的建设，带动了服务水平和能力的提高。西苑医院、广安门医院、望京医院、眼科医院在总结103个中医优势病种临床研究成果的基础上，筛选出冠心病、血液病、脾胃病、恶性肿瘤、糖尿病、痹证、骨伤疾病、致盲性眼底病8个病种作为中医临床研究基地建设的重点病种，整合全院临床、科研、评价、信息、人才等优势资源，制订医院的中医临床研究基地建设方案，通过发挥整体科研优势，提升临床与科研相结合的能力与水平，建设综合临床研究平台，推进国家中医临床研究基地的建设。举办医院管理沙龙3次，研讨了医疗管理中存在的共性问题。

“治未病”工作取得新进展。推进以中医药知识普及为重点内容的养生保健工程，积极拓宽“治未病”服务领域。西苑医院举办了西苑膏方论坛、首届膏方养生文化节，免费进行健康评估及膏方咨询200余人次。广安门医院的“消喘膏”走出医院，深入社区。全年冬病夏治穴位贴敷28807人份。眼科医院的北京市青少年健康管理平台在东城区启动并试运行半年，取得很好的社会效益。举办了“中健行松文化与健康”大型公益活动启动仪式，宣传提高公民的“养生保健，预防为先”意识。承担中医药防治甲流、手足口病、乙脑等科研专项，全国有60多家传染病医院和单位参加。望京医院在青海省玉树地震医疗救援、北京郁金香度假村餐后突发群发性腹泻事件中反应迅速，中医药疗效突出。

在对口支援工作中发挥辐射作用，被评为全国卫生援藏工作先进集体。与新疆维吾尔自治区维吾尔医医院签订了对口支援合作协议。广安门医院免费为北京、河北、内蒙古等中医医院培养中医骨干人才90人次、中医优秀临床人才16人。望京医院在赤峰克什克腾旗中蒙医院、鄂尔多斯中医医院开展义诊、会诊、讲座、带教查房等，并为本市昌平、朝阳等区的48名社区医务人员进行为期80天的全科医师岗位培训，并通过了考核。

教育与人才培养 招收研究生162人，毕业153人。授予医学博士学位50人、医学硕士学位122人、管理学硕士学位2人、临床医学博士专业学位8人、临床医学硕士专业学位8人。博士后进站67人、出站34人、在站237人。获中国博士后科学基金资助课题34项，其中特别资助7项。在优秀博士学位论文评选中，获全国及北京市各1篇。获批图书馆学、情报学和档案管理一级学科硕士点，申报成功情报信息学科博士后科研工作站。中西医结合学科博士后科研流动站通过了评估，中国中医科学院博士后流动站被人力资源和社会保障部评为全国优秀博士后科研流动站。

积极探索中医药传承人才培养新机制。第一批传承博士后有9人完成出站报告。完成全国第四批师承工作的中期考核，被评为优秀。马继兴、王永炎、李经纬、陆广莘、陈可冀、路志正、薛清录获岐黄中医药基金会传承发展奖。西苑医院继续推行“新星”、“育才”计划。广安门医院评选第二届十佳中青年临床医师，选派7名医生赴美国梅奥医学中心进行一年的进修交流。望京医院遴选15名临床中青年骨干。眼科医院制订了人才高地建设规划。中药研究所举办青年讲习班等，进一步加强了人才队伍建设。

国际交流与合作　全年接待国外、境外来访1000余人次，其中部长级以上代表团7批次。培训国外学员1100余人次，涉及30多个国家和地区。与美国、俄罗斯、南非、日本、奥地利、澳大利亚、挪威等十几个国家开展20余项国际科技合作项目，并与以色列、匈牙利等国家签订了8项新的合作协议。中药研究所、西苑医院、广安门医院、医学实验中心与捷克、匈牙利、奥地利、英国、日本合作的8个项目得到科技部的立项支持。有6个研究项目列入《中奥卫生健康领域联合研究项目》。

年内，召开国际中医药发展论坛暨中医药国际联盟成立大会，承办了中国—东盟中医优势与传统医学发展研讨会、ISO/TC 249第一次全体会议、发展中国家药用植物研修班、发展中国家中医药技术研修班、中韩传统医学基础理论学术大会、中韩国际针灸论坛等。在法国与巴黎中国文化中心联合主办了中医文化与养生展。中医针灸进入《人类非物质文化遗产代表作名录》，《本草纲目》和《黄帝内经》入选《世界记忆亚太地区名录》。

产业及基本建设　年内，制订了《关于加强院属产业单位对外宣传活动管理的规定（暂行）》。实验药厂通过了北京市药监局GMP认证跟踪检查，更新配置仪器设备。推进中医古籍出版社的转制工作，完成中医古籍出版社清产核资并得到财政部确认。与中央电视台二套节目合作开办了养生保健专题栏目。

中医药科学研究基地科研综合楼项目建设规模34218平方米。西苑医院在整体改扩建工程中完成第一期医疗综合周转楼工程，并投入使用，第二期门诊医技楼开始奠基启动。广安门医院门诊楼工程建设规模45825平方米。

精神文明建设　着力创建学习型组织、服务型单位、和谐团队，召开了“三项建设”工作交流会。加强党建研究，2篇研究成果在全国党建研究会科研院所专委会获奖。组织了“我向大师学什么”的讨论和征文。加强学生科学精神和职业素养教育，举办了研究生成长成才系列讲座。全院干部职工向青海省玉树地震灾区和甘肃省舟曲泥石流灾区共捐款110万元。不断深入精神文明创建活动，广安门医院被评为首都和中央国家机关文明单位标兵，西苑医院、望京医院、眼科医院被评为首都和中央国家机关文明单位。为东城区“国家中医药发展综合改革试验区”建设献计献策，起草建设方案，制订了试验区“十二五”与中长期发展规划。负责地坛中医药文化养生园的设计工作。参加了地坛中医药健康文化节。筹备建立中医药健康网。探索共建和平里中西医结合医院。通过举办中医药信息管理专业硕士研究生课程学位班、“西学中”高级研究班，为实验区培养高层次中医药人才。

“十一五”回顾　一是“民主办院、科学办院、依法办院”的管理体制基本形成。通过科技体制改革，优化学科设置和结构，推行全员聘用制，完善院所长负责制、议事和决策制度，建立职工代表大会监督制和科技委员会咨询制度，形成了“开放、流动、竞争、协作”的管理和运行机制。二是科技创新能力显著增强，科研成果丰硕。在整合申报及承担国家科技部、国家自然科学基金、国家中医药管理局等各种科研基金项目的基础上，以4批自主选题（402项）和中医优势病种临床研究（103项）为优先实施项目，全面推进“岐黄、仲景、时珍”三大工程的实施。5年共中标课题1064项，经费7.94亿元，获各种科技奖励154项，其中国家科学技术奖8项、省部级奖励146项，已成为中医药行业的研究中心和科研的组织中心。《中西医结合医学杂志》、《中医杂志》英文版率先进入SCI－E期刊源。三是医疗服务水平不断提高，综合服务功能显著增强。门急诊人次和出院人数逐年递增，2010年分别达到467万人次和4.29万人，较“十五”最后一年分别增长105%和64%。在抗震救灾、应对禽流感、手足口病、甲型

H1N1 流感、服务奥运等突发公共卫生事件及重大活动中发挥了示范带头作用。四是研究生培养质量不断提高。在国务院学位委员会学科评估中，中西医结合、中药学、中医学整体水平分别排名第一、第二和第三；共授予博士学位 273 人、硕士学位 582 人，已培养博士后 294 人。4 人被授予首届国医大师称号，1 人被评为非物质文化遗产保护工作先进个人，1 人获何梁何利科学与技术进步奖，1 人获吴阶平医学奖。拥有院士 4 人，国家传统医药非物质文化遗产项目代表性传承人 6 人，国家中医药管理局重点学科带头人 21 人，中国中医科学院首席研究员 25 人，国家“973”首席科学家 3 人，“973”专项课题负责人 8 人。五是国际交流与合作呈现高层次、宽领域、多途径的格局。5 年来，接待近百次部长级以上代表团，为 20 多个国家元首和政府首脑提供高水平的医疗保健服务，接收学历教育和培养短期留学生 5000 余人次。与世界卫生组织的合作、针灸穴位与主治标准化、中医名词标准化以及中医、针灸循证临床实践指南的研究与编写，促进了中医药学的标准化进程和国际发展。与 16 个国家的科研机构、大学、企业签订了新的合作协议，与 13 个国家开展科技合作 30 项，并探索出国际科技合作的成功经验和模式。构建中医药国际联盟等中医药国际合作平台，成为国家科技部中医药国际合作基地。六是支撑条件不断改善。全院竣工、在建、计划开工的基本建设项目建筑面积累计 206671 平方米，总投资 15.09 亿元，是建院以来历史性的突破。　（撰稿：李爱军　审核：李宗友）

领导名单

党委书记　李怀荣
副 书 记　仇芙林　麻　颖
院　　长　曹洪欣
副 院 长　刘保延　刘伯尧　黄璐琦　范吉平

北京市中医研究所

（东城区美术馆后街 23 号）
邮编：100010　电话：52176951

基本情况　职工 32 人，其中正高级职称（研究员、主任药师、主任医师）4 人、副高级职称（副研究员、副主任技师）5 人、中级职称 8 人、初级职称 11 人。

本年度购置科研设备总值 40 余万元。

机构设置　病理生理研究室，下设细胞病理实验室、形态学实验室、细胞生物学实验室、微生物实验室；生物化学研究室，下设分子生物学实验室；中药研究室，下设药化实验室、药理实验室、职级实验室；中医临床流行病学研究室。

科研工作　全年申报课题 16 项，新立科研课题 4 项，其中国家自然科学基金 1 项、市中医局基金 1 项、市中医局青年基金 2 项，获资助经费 28.2 万元。在研课题 8 项，结题 5 项。完成北京中医医院内部制剂 20 个品种质量提高的重新制订。

“回阳生肌外治法对慢性皮肤溃疡愈合及局部微环境作用的研究”获北京市科技进步三等奖。“疮疡生肌理论及应用”重点研究室通过了国家中医药管理局的检查。

参加第六届国际病理生理理大会 2 人次，参加各种学术会议 19 人次；在核心期刊发表论文 13 篇，会议论文 7 篇。

公益活动　市科委资助的“基于冬病夏治理论的贴敷法防治小儿反复呼吸道感染的疗效评价”项目开展第三年，在东城区、朝阳区、平谷区对筛选出符合条件的患儿进行免费贴敷，使 1000 余名患儿受益。

开展中医药文化进校园活动，为府学小学师生介绍中医药文化，获得好评。

人才培养　招收硕士研究生 2 人；毕业硕士研究生（包括在职硕士）3 人；在读硕士研究生 4 人，与法国国家科研中心、北京中医药大学联合培养博士 1 人；与山西医科大学联合培养博士生 1 人。

教育工作　为首都医科大学中医药学院、湖北中医药学院、北京中医药大学本科及硕士研究生、博士研究生提供基础实验研究平台，有 3 名学生在本所完成毕业专题实习及论文答辩。市教委翱翔计划实验室基地培养翱翔计划学员2人。

继续教育 全员参加北京中医药学会、中西医结合学会组织的继续教育学习，以及传染病预防知识的培训并考核合格。参加北京市执业药师继续教育2人，第一届生物统计国际研讨会3人次，参加中华中医药学会中医外治新技术与外用制剂研究交流研讨会1人次，中药新型给药系统专业委员会第六届外用制剂行业年会2人次，中华中医药学会第十一次中医诊断会议3人次，系统综述/Meta分析培训课程以及中国病理生理学会第九届全国会员代表大会6人次，第一届肿瘤基础和转化医学国际研讨会2人次，第二届微循环理论和技术新进展研讨会3人次，第八届新药创制关键技术研讨会3人次，首届中国北京国际纳米医药大会3人次，第六届国际病理生理大会2人次。

研究所与北京中医药学会外科专业委员会联合举办了中医外科年会。

国际交流与合作 受商业部委托举办了发展中国家针灸、推拿、中医保健及康复技术培训班5期，来自40多个国家的180名学员学习中医药理论及中医护理知识，并参与了临床实践。

（撰稿：何 薇 审核：李 萍）

领导名单

所 长 王莒生
副所长 李 萍

北京市儿科研究所

（西城区南礼士路56号）
邮编：100045 电话：59718655

基本情况 职工51人，其中科研人员43人，包括正高级职称7人（研究员4人、主任医师3人）、副高级职称8人（副研究员4人、副主任医师4人）、中级职称18人（博士后1人、助理研究员3人、主管技师14人）、初级职称10人（实习研究员4人、技师6人）；其他人员8人（主管护师4人、护师1人、馆员1人、中级消毒工2人）。有博士生导师3人、硕士生导师3人。

获奖情况。微生物室研究员杨永弘被俄罗斯医学科学院实验医学研究所授予荣誉博士称号。

科研设备总价值3289.92万元，其中本所经费1005.00万元、儿童医院经费2284.92万元。医疗设备共计503台，其中10万元以上55台、100万元以上4台。本年度购置医疗设备总值327.63万元，其中10万元以上设备2台、100万元以上设备1台。

改革与管理 加强日常实验室安全规范制度。强化消防安全意识、值班巡视制度，定期检查消防设施、安全通道及仪器设备电源插座，培训职工正确使用灭火器和消火栓。同时，继续完善各项实验室生物安全和生物恐怖防范管理制度，完成规章制度的更新。加强对研究生的管理，对于进入研究所进行实验的研究生，进行实验室基本技能和安全知识的测试和培训。进一步规范研究所科研平台及重点实验室的建设和管理。年内，建立了仪器档案，加强科研过程中的质量控制、实验数据、资料管理等科研过程规范管理，强化了实验室包括仪器档案在内的各项档案的管理。制订5年规划，扶持重点研究发展方向，加强学科专业发展与人才梯队建设。重点发展专业——“儿童感染性疾病（细菌、病毒）流行病学监测与防治”进入实质性建设发展阶段，并首批进入市科委和市卫生局重点支持项目。引进应届博士毕业生1人。

科研工作 申报各类科研课题23项，获批7项，其中国家自然科学基金2项、北京市教委科技计划重点项目1项、市卫生局青年科研项目2项、科学技术部合作项目1项、荷兰营养研究基金—青年学者培训基金1项。在研项目21项，其中国家自然科学基金4项、市科委重大项目1项、市新星计划3项、北京市高层次卫生人才培养计划——学科骨干2项；其中结题3项。

在国内外核心期刊发表科研论文43篇，其中国内33篇、国外SCI期刊收录10篇，最高影响因子8.195。撰写医学专著1部：《实用儿科呼吸病学》。

4月，微生物室研究员杨永弘主持并参加了海峡两岸三地儿科呼吸研讨会；病毒室研究员谢正德参加在台北召开的第六届亚洲儿科研究会，并在大会发言；何晓琥教授参加了在台北召开的亚洲儿科研究大会。6月，纤维支气管镜室主任医师焦安夏参加在广州召开的全国儿科支气管镜应用研讨会，并作主题发言。7月，何小琥教授主持并参加香港第十四届亚太风湿病会。9月，微生物室研究员杨永弘参加在台湾召开的亚洲儿科感染疾病会以及海峡两岸儿科疫苗研讨会；中心实验室研究员申阿东、实习研究员孙琳参加在上海举办的中华医学会结核病学分会年会，孙琳的报告题目是"IFN－γ释放试验和结核菌素皮试在儿童结核感染及结核病诊断中应用"；何小琥主持了在成都召开的第十五届全国儿科大会。10月，微生物室研究员杨永弘主持了在天津召开的第十二届全国儿科呼吸学术会，报告题目是"171株儿童侵袭性肺炎链球菌的血清分型和多位点序列分型研究"；营养室研究员齐可民参加在香港召开的第十二届京港医学交流会，报告题目是"n－3脂肪酸与儿童生长发育和健康"；营养室实习研究员樊超男参加中华医学会北京分会肠外内营养大会，报告题目为"饲料鱼油n－3多不饱和脂肪酸对小鼠血浆LPL单体及二聚体表达的影响"；呼吸功能室副研究员向莉参加在天津召开的第十二届全国儿科呼吸学术会，报告题目是"屋尘螨特异性免疫治疗对哮喘患儿免疫反应的影响及其临床效应"；何小琥教授主持了在广州中山召开的第六届全国免疫研讨会；中心实验室实习研究员苗青参加了中华医学会第四次全国儿童皮肤病学术会。

教学工作　本所仪器设备等硬件设施快速发展，为医院各专业临床医师及研究生提供了良好的科研平台。年内，在研究所进行论文科研工作的医院各临床专业研究生22人、本所研究生19人。研究所培养毕业研究生6人，其中博士生2人、硕士生4人。

国际交流与合作　4月，邀请俄罗斯圣彼得堡试验医学研究所专家莎莎来研究所指导链球菌感染的研究工作；5月，邀请俄罗斯圣彼得堡巴斯德研究所微生物及分子生物学实验室高级研究员伊戈尔·莫克罗索夫、助理研究员安娜来所进行结核分枝杆菌与宿主易感性方面的研究；6～8月，邀请俄罗斯圣彼得堡试验医学研究所助理研究员卡佳继续进行链球菌感染的合作研究。1～11月，派遣中心实验室助理研究员焦伟伟前往美国斯坦福大学进行儿童感染性疾病及肿瘤相关的表观遗传学等方面的研究；微生物室副研究员姚开虎赴丹麦奥胡斯大学医学微生物实验室进行博士后研究工作；9～10月，呼吸功能室副研究员向莉前往美国密歇根大学进行学术交流；10月，申阿东等3人访问俄罗斯圣彼得堡巴斯德研究所、俄罗斯圣彼得堡试验医学研究所及莫斯科儿童医院。

5月，微生物室研究员杨永弘参加在法国召开的欧洲儿科感染疾病会议；8月，参加在巴西召开的全球消灭天花研讨会。8月，何晓琥教授主持了在南非召开的第二十六届国际儿科大会。4月28日～5月4日，申阿东参加了在加拿大举办的国际儿科大会。

公共卫生工作　儿科研究所是隶属于市卫生局及市科委的公益性科研院所，承担着北京市传染病网络实验室的公共卫生工作。坚持开展了H1N1、超级细菌等实验室监测诊断工作。

（撰稿：申阿东　审核：张　建）

领导名单

所　　长　李仲智

北京市耳鼻咽喉科研究所

（东城区崇文门内大街后沟胡同17号）
邮编：100005　电话：65288432

基本情况　职工64人，其中高级职称16人、中级职称21人、初级职称22人；行政人员5人。

获奖情况。张罗获十佳全国优秀科技工作者提名奖，被评为全国优秀科技工作者；韩德民获市级教学名师奖、北京医学会工作贡献奖。

文化建设 年内，制订《文化建设规划》，并举办一系列活动，如中青年职工座谈会、“我和咖啡有个约会”活动、广播体操比赛等。在完成耳鼻咽喉头颈科学教育部重点实验室验收工作中，研究所参与实验室文化建设，制作了实验室及研究所宣传展板。

科研工作 7月，市科委会同市财政局、市卫生局等对市属公益院所改革和发展进行评价。耳研所着重在机构发展方向、功能定位、学科领域设置、科研基础条件、公益科研能力水平、提供公共服务情况、运行机制建立健全情况、3年（2008~2010年）改革与发展规划落实情况、财务管理制度等10个方面进行汇报。经过专业评估，本所获综合评优一档。

12月30日，耳鼻咽喉头颈科学教育部省部共建重点实验室通过专家验收，成为教育部重点实验室。

1月，耳鼻咽喉头颈生物工程研究中心通过专家评审，列入北京市工程研究中心建设计划，建设期为3年。8月，召开了启动大会。

6月，北京市自然科学基金委员会办公室对所有资助项目进行了调研。耳研所作为项目承担单位，完成依托单位、优秀成果、优秀研究团队和优秀项目负责人的推荐申报，并组织项目负责人完成项目成果的调查申报。

全年申请各类科研基金37项，获资助10项，其中国家级课题3项、省部级4项、局级3项，共资助433万元。国家自然科学基金杰出青年基金（课题负责人张罗）是耳研所首次获得的该项基金资助。

全年发表论文153篇，其中核心期刊60篇、SCI收录11篇，最高影响因子4.5。出版了译著《内镜鼻窦外科学——解剖学基础、CT三维重建和手术技术》（第二版）、专著《2010耳鼻咽喉头颈外科学新进展》、《2010鼻科学新进展》光盘（国家级继续医学教育项目教材）。

人才培养 10月29日，召开由同仁医院、耳研所、首都医科大学耳鼻喉科学院、世界卫生组织防聋合作中心联合主办的北京听力学教育研讨会。会议以“肩负历史重任，开启崭新历程”为主题，就听力学教育模式进行探讨。

出站博士后1人，在站博士后2人。毕业研究生27人，其中统招博士生5人，硕士生8人，七年制硕士生12人，在职博士生、硕士生各1人；毕业生物医学工程学院听力学专业方向本科生7人。接收长期进修35人、短期进修86人。举办国家级继续教育学习班14项次，培训1700余人次。2人出国学习进修。

国际交流与合作 10月14~16日，举办国际鼻科学论坛，邀请国际学者8人、国内学者26人作专题报告，国内239名耳鼻喉科医生及部分呼吸科、儿科、变态反应科医生共300余人参加。

10月15~17日，举办国际眩晕论坛，以“多学科合作，规范眩晕疾病诊治，改善眩晕预后”为主题，以专题报告、青年论坛和圆桌会议互动等形式开展活动，还开展了首届中青年眩晕病例临床思辨赛。

11月4~7日，举办第三届国际睡眠呼吸障碍论坛，主题为“探求最新技术及理论，解决临床困惑及难题”。邀请了美国威斯康星医学院的B. 塔克·伍德森教授、美国斯坦福大学的C. 吉耶米诺特教授、韩国睡眠医学会会长李哲熙教授、香港中文大学荣润国教授、香港威尔斯亲王医院的维克托·阿布杜拉教授以及中国台湾长庚医院的李学禹、林新景教授等专家作专题讲座，国内专家教授30余人也进行了演讲。

科普宣传 3月3日，第十一个全国爱耳日，围绕“人工耳蜗——重建听的希望”主题开展活动：世界卫生组织防聋合作中心《耳与听力初级保健手册》发行和赠书仪式；中国红十字基金会天使回声基金项目3周年回顾，资助30名失聪儿童，其中10名来自地震灾区；科普讲座及人工耳蜗术后儿童节目表演，约150人参加活动。爱耳日期间，共发表科普文章24篇、录制电视节目5次。

年内，完成市科委科普项目“耳鼻咽喉卫生保健宣传的开放式展厅建设”。在崇文区职业介绍中心为下岗职工讲解了耳病防治，在媒体宣传过敏性鼻炎的防治系列讲座、眩晕症也和耳科疾病相关、耳鸣的诊疗与预防、基层网络教学、耳科常见疾病的防治，央视网科普讲座等。

“十一五”回顾 “十一五”期间，耳研所科技平台获得大量财政性经费资助，科研硬件设施及工作环境彻底改善，科技成果转化到位，科技创收业绩突出，科研创新力增强，SCI论文发表数量攀升，科研课题数量和资助经费大幅度提高，培养科技拔尖人才，获得国家级人才项目，并于2010年在市属公益院所改革发展评价工作中被评为优等一档。

耳鼻咽喉头颈科学省部共建重点实验室经过3年的建设，于2010年12月通过了验收，成为教育部重点实验室。在此基础上，研究所作为重要科研基地申报了科技部国家重点实验室。

2006年和2009年，作为第一、第二完成单位获得国家科技进步二等奖（2006年：“人工耳蜗技术的临床应用及研究”，2009年：“阻塞性睡眠呼吸暂停低通气综合征研究和诊治”）；2007年，韩德民获何梁何利基金科学与技术进步奖，2009年获中国医师奖，2010年，获北京市教学名师奖并入选首都十大教育新闻人物候选名单；2009年，张罗获中国青年科技奖，2010 年，获全国优秀科技工作者称号、十佳全国优秀科技工作者提名奖。

经世界卫生组织多次考察，耳研所和同仁医院于 2008 年被指定为 WHO 防聋合作中心，是 WHO 在我国成立的第一家防聋合作中心。

经过一系列改造整合，扩大实验室用房面积，优化办公室结构，改善了办公环境。至 2008 年年底，解剖、病理、细胞免疫、细胞生理、分子生物学和药理研究 6 个基础实验平台亮相。

（撰稿：李晓檬　审核：刘　莎）

领导名单

党支部书记　赵小燕
所　　　长　韩德民
副　所　长　张　罗

北京市眼科研究所

（东城区崇内大街后沟胡同 17 号）
邮编：100005　电话：65226496
网址：www.bjio.org

基本情况　职工 50 人，其中科研人员及医师系列 25 人，包括正高级职称 5 人、副高级职称 13 人、中级职称 4 人、初级职称 3 人；其他系列 25 人，包括技术员 23 人及行政人员 2 人。

科研工作　新增课题 6 项。其中国家自然科学基金课题 1 项——李毅斌，32 万元，“增殖性糖尿病视网膜病变非血糖—病程相关遗传易感性机制研究”；北京市自然科学基金课题 1 项——孙旭光，11 万元，“紫外线—核黄素交联治疗真菌性角膜感染的实验研究”；市卫生局课题 2 项——首都医学发展科研基金，徐亮，50 万元，“基于社区卫生的防盲防慢病模式探索”，青年基金，梁庆丰，2 万元，“光动力学疗法治疗真菌性角膜炎的研究”；市科委课题 2 项——徐亮，45 万元，“市眼科研究所自主创新能力培育试点”，邱学军、徐亮，90.1 万元，“立体显示技术的舒适度与健康评价研究”。另有多项眼科及相关学科的横向课题。

全年发表科技论文 53 篇，其中中文核心期刊 31 篇、英文期刊 22 篇，收录期刊中最高影响因子 5.491。主编眼科著作 1 部。出版《眼科》杂志、《国际眼科纵览》杂志各 6 期。

医学教育　毕业博士生 3 人、硕士生 5 人，在读博士生 6 人、硕士生 9 人。

防盲与眼病筛查　除了完成同仁眼科中心的部分临床检查工作外，全年完成本市城区老年人眼病筛查及慢病患者眼底检查 52631 人，其中查出青光眼 1578 人（3.0%）、糖尿病视网膜病变 526 人（1.0%）、白内障 14894 人（28.3%）、白内障需手术者 316 人（0.6%）。在城八区举办了多种形式的眼病筛查交流会，现场指导与远程会诊相结合，从基层人员到社区骨干，共培训 100 余人。同时，针对外地合作单位开展了眼病筛查培训，受训人员来自山东、西藏、湖南等地区。开发流动式科普筛查车 3 辆，在东城区科技周和爱眼日等活动中宣传“防盲防慢病，健康随车行”。在密云县太师屯镇、怀柔区汤河口镇建立了首批远程眼科门诊，通过专家远程视频会诊，“面对面”回答患者咨询，提出诊疗意见，探索新型的山区居民看眼病的模式。

由防盲办组织、多部门配合在贫困地区开展了多次“光明行”行动。选派眼科医疗队赴新疆维吾尔自治区喀什、吉林省白山和洮南、青海省西宁、甘肃省夏和县、青海省贵德县和互助县等贫困地区免费实施白内障复明手术。在孟加拉首都达卡的伊斯兰眼科医院开展“中孟友好光明行”，为 100 名白内障患者实施了复明手术。11 月，中非合作论坛成立 10 周年，同仁眼科医疗队前往马拉维和津巴布韦共和国，使 612 名白内障患者重见光明。

学术交流与合作　年内，5 次邀请德国海德堡大学约斯特 · B. 乔纳斯教授来所讲学并进行科研合作。聘请大恒公司邱学军研究员兼任研究所数字医疗实验室主任，成为继乔纳斯、卢士江之后的第三位外聘专家。科研人员出国进修深造 3 人次，参加国际性学术会议进行大会发言或壁报交流20余人次，参加国内学术会议30余人次。

信息化建设 年内，眼科电子病历影像数据库已收集患者资料104万例，通过研究所网站可链接该数据库“眼科影像数据”，患者可通过网站的“个人健康档案”模块查看并下载眼底照片等。

基本建设 投资50余万元，建立屏障级动物实验室，获市科委颁发的使用许可证。

“十一五”回顾 从2001年至今，眼科电子病历影像数据库已收集患者资料104万例，并在病例模板、图像处理等方面积累了经验。建设“数字眼科门诊”，实现门诊检查一体化服务，短时间内完成常见病的诊治，提高了专家门诊的工作效率和质量，同时，通过预约检查、预约复诊、预约专家、慢病防治以及建立健康档案五大便捷服务，节省了患者排队等候时间，缓解了“看眼科专家病难”的问题。

建立以三级医院为技术核心、区县医院为中心、乡镇卫生院为枢纽、村卫生站为网底的农村医疗卫生服务体系；通过在本市13个区县198个乡镇的示范应用，使56.3万农村人口得到眼病筛查；并将此模式推广到河南、河北、山西、浙江和辽宁五省，外省市已有20.18万农民获益。

研究所开发出远程眼科相关软件、硬件，进行了远程眼病筛查模式的推广。在北京地区建立了18个远程眼科区域中心、30个远程眼科基地和261个远程眼科服务站。在密云县太师屯镇、怀柔区汤河口镇建立了首批远程眼科门诊，使山区居民看眼病时间由原来的半天减少至半小时。

遵循“筛查在社区、影像到中心、诊断返社区、转诊到医院”模式，每年完成城市眼病筛查万人以上，对病人影像资料实时进行远程会诊，并结合社区卫生工作，兼顾慢病管理；通过同仁眼科转诊卡、复诊卡、远程专家门诊等多种形式，为眼病患者提供良好的后续治疗服务。通过“多层面眼卫生保健与防病科普知识展厅”项目，在社区卫生服务中心、中小学、同仁医院门诊建立了互动式多媒体“眼卫生保健与防病科普知识”查询系统，开发健康教育处方以及放置眼球模型、眼病图片等多种形式，针对不同人群进行特色科普宣传活动。

2001年开展“北京眼病研究”，2004年起逐渐将研究结果带给国际眼科界，已有90余篇文章发表或被接受。

注重基础科研投入，发表英文论文128篇，年人均发表0.51篇；中标课题52项，获科研经费1930万元，年人均经费7万元，其中获科技部科技支撑计划500万课题1项、国家自然科学基金课题3项；获国家发明专利授权3项，其中2种药物已作为医院制剂用于临床，1种药物获得医院制剂临床批件；申请国家发明专利1项：眼底图像处理方法；主编眼科专著3部：《眼科肿瘤临床与组织病理诊断》、《青光眼视神经诊断图谱》、《低视力患者的康复与生存质量》。提高科技创新能力，开展眼科应用基础及交叉学科研究：①通过对遗传性视神经萎缩多个家系和散发病例进行致病基因分析，建立Leber视神经萎缩分子遗传学诊断方法，发现遗传性视神经萎缩的多种新突变，并进行了功能分析；②通过从体外、体内多层面研究骨髓间充质干细胞向RPE分化、保护视网膜的潜能，发现大鼠的BMC能移行到RPE细胞层，对视网膜功能有一定保护作用；③通过对眼部200株病原体进行基因分型，获得眼部病原体的基因型，建立了眼部病原体数据库，构建了眼微生物基础平台；④开展基于眼科的3D立体显示技术的立体视觉舒适度与健康标准研究，建立关于3D立体显示技术的立体视觉舒适度与健康评价标准和实验检测平台。

与佑安医院合作，通过远程眼科系统，纳入100余例HIV感染者进行眼底病变分析。与同仁医院内分泌科合作，对本市15个社区的糖尿病患者进行糖尿病视网膜病变筛查，筛查糖尿病患者2600余人，其中糖尿病视网膜病变或可疑者约占25%。与同仁医院心血管中心合作，分别在临床心脑血管疾病人群以及社区老年人人群中进行眼底相关性研究。2010年，参与本市55个社区开展脑卒中防治工作，眼底血管改变监测纳入此项工作中。

聘请前欧洲眼科研究协会秘书长、德国海德堡大学眼科Jost B. Jonas教授为名誉所长，Jonas教授每年来所讲学、指导工作5次以上，乔纳斯教授2008年获第五届中华眼科国际金奖；聘请美国生物科技集团先进细胞科技公司卢士江教授为客座教授；聘请中科院北京大恒医疗设备公司邱学军研究员兼任数字医疗实验室主任；选派科技人员出国深造（1~3年）6人次；每年参加国际会议10余人次，参加国内会议30余人次；培养博士研究生16人、硕士研究生34人；现有博士生导师3人、硕士生导师3人。开展临床病例讨论、研究所论坛等学术活动，邀请院内外专家讲课等，提高研究所年轻人学术水平。

（撰稿：马　奕　审核：崔彤彤　李建军）

领导名单

党支部副书记 崔彤彤
所　　　　长 徐　亮

北京市神经外科研究所

（东城区天坛西里6号）
邮编：100050 电话：67096713
网址：www. bjni. org. cn

基本情况 职工166人，其中高级职称54人、中级职称50人、初级职称43人、其他19人。

医疗仪器设备1227台，总价值6000万元。完成政府采购27项，同时报废仪器设备13台，价值29.2万元。

获奖情况。被市科委评为“十一五”科研医疗工作优秀一档，党支部撰写的《腾飞30年》获市科委首都思想政治工作研讨会一等奖，功能神经研究室张建国当选卫生部高层次人才科技骨干。

改革与管理 年内，审计部门对全所21个部门进行了小金库自查，未发现小金库及假发票。审计项目10项，审计金额74.81万元，审减金额9.32万元，审减率12.46%。会计室与上级财政部门沟通追加资金1000余万元。

医疗工作 神经影像中心全年检查患者12.1万人次，伽玛刀治疗室诊疗990余例，复诊5000余例。电生理完成视频脑电监测970人次，术中脑电监测340人次，诱发电位术中监测1749例。神经介入室住院1187人次，手术709例，其中动脉瘤320例，绿色通道急诊手术109例。胶质瘤治疗中心完成手术360例，化疗297人。功能神经室手术373例。神经病理室发出诊断报告约7000例，免疫组织化学染色15000余片，冰冻快速诊断报告约1200例，分子病理报告200余例，会诊疑难病例400余例。超微病理室发出诊断报告1584例，制作半薄及超薄切片3168张，照相15000张。

科研工作 中标课题16项，其中国家自然科学基金课题7项、局青年基金2项、市卫生系统高层次人才学科骨干3项、世界卫生组织1项、国际合作1项、北京市自然科学基金1项、卫生部基金1项。国际合作1项，获资助经费112万元；卫生部基金1项，获资助1120万元。到位所外课题经费906万元，所内匹配科研经费346万元。全年发表论文80篇，其中在国外杂志发表37篇；论著70篇，在SCI（第一作者）上收录文献5篇、论文5篇。主编著作1部，参编著作2部，参编健康指南3部。获科研成果奖2项，神经功能室张建国的“脑深部电刺激治疗运动障碍疾病及相关研究”获中华医学科技奖三等奖、“脑深部电刺激作用机制研究及其在椎体外系疾病中的应用”获教育部科技成果二等奖。

超微病理室配合兄弟单位完成超微病理研究课题75项。生物细胞研究室培养细胞500瓶，做实验动物120只，内镜手术650余例。神经干细胞室进行动物实验100余次，做实验动物200只；进行细胞实验150余次，培养细胞1200余瓶。损伤修复室做实验动物152只，成功为法国巴斯德研究所刘松博士申报了北京市高层人才项目。病理生理研究室实验用新生大鼠（用于星形胶质细胞培养）200只、成年大鼠50只，完成渗透压检测27次。神经介质研究室完成530只大鼠的动物实验。功能神经室开展了国产脑深部电刺激PINS系统临床实验，完成30例帕金森患者植入，效果较好。动物实验室完成《实验动物使用许可证》的年检，对外开放，资源共享，全年共做实验动物1849只。

医学教育 本年度招研究生21人，其中博士生9人、硕士生12人。毕业研究生14人，其中博士生3人、硕士生11人。在读研究生55人，在站博士后1人。神经外科学院录取一年制学员18人、五年制学员5人。一年制毕业8人、五年制毕业7人。

全年举办一类继续教育项目8项，其中国家级6项、市级2项，培训学员超过3500人次；举办二类继续教育讲座16次。本所有专业技术人员137人，继续医学教育达标率100%。

学术交流与合作 出国学术交流23人次；邀请外宾来所讲课15人次，其中损伤修复室4次邀请法国巴斯德研究所刘松博士来所学术交流。副所长张亚卓于4月、8月、10月、11月分别赴美国费城参加第七十八届神经外科医师协会年会、赴台湾参加国际神经外科学术论坛新展望研究会、赴澳门参加第二届世界内镜医师大会暨第二届港澳外科学术交流会、赴印度尼西亚巴厘岛参加第十届亚太颅底神经外科国际会议，并在大会发言；6月，副所长吴中学等5人赴日本参加东亚会议脑介入2010，并在大会发言；全国脑病防治办公室主任王文志于5月、10月分别赴荷兰国家癫痫研究所进行学术交流与研讨、赴澳大利亚墨尔本参加第八届亚太地区癫痫学术交流讨论会；9月，病理生理室主任袁芳赴加拿大参加魁北克蒙特利尔举办的第六届国际病理生理及第十四届SHR 2010年主题学术交流讨论会。

举办国际会议2次。6月，中国医师协会神经外科医师分会在成都召开第五届全国神经外科医师代表大会（与第四届世界华人神经外科学会联合召开年会），1500余名医师出席，会议专题发言397篇，评出本年度王忠诚中国神经外科医师年度奖：终身成就奖——杨树源，成就奖——李安民、张建宁，青年奖——赵曜、李向东、鲁晓杰、欧绍武、张黎；分会还与北京市王忠诚医学基金会合作，全额资助西部和东北地区70名基层医师及研究生参加第五届中国神经外科医师年会。10月，举办北京神经内镜国际研讨会，300多人参会。

成功引进了美国（杨少华教授）、法国（刘松教授）2名海外人才，借助其在国外基础研究的先进技术，推进院所临床及应用基础的发展。

全国脑防办、北京市脑防办、神经介入室、神经病理、细胞生物室、神经功能室、神经放射、神经解剖室分别举办学术交流及培训班共19次，2040余人次参加。

《中华神经外科杂志》从96页增加到108页，发行8万余册，各项学术指标连续3年递增，在10余种神经外科专业杂志中排名第一，在百余种中华系列杂志中排名第12位，在全国1900余种科技期刊排名第110位。

所庆 3月19日，纪念建所50周年。半个世纪以来，尤其是改革开放30年，取得了令世人瞩目的业绩。为此，举办现代神经外科新进展研讨会，参会约500人，同时以笔会形式留下了全国神经外科专家50米的丹青长卷。

脑血管病防治 继续开展卫生部疾控局项目“社区脑卒中预防与控制适宜技术研究”，全国脑防办与流行病室合作完成北京地区1200余人脑血管功能检测复查工作。继续促进康复课题制作卒中康复DVD光盘的进程。卫生部“中国农村地区癫痫防治管理示范项目”办公室设在全国脑防办，目前管理参加的项目省18个，项目县132个，覆盖农村人口7000万。开展的重点工作主要有：举办癫痫项目省级培训班，来自18个项目省、自治区的省癫痫项目办负责人、项目技术负责人及数据管理员200余人参加，并要求各省根据培训内容做好本省的逐级培训工作。8～10月，国家癫痫项目办公室与卫生部疾控局共同组织督导组对江苏、陕西、黑龙江、河南等省进行了项目年度督导检查；年内，18个项目省共完成培训17215人次，筛查癫痫患者81202人，治疗管理病人近7万。6月28日，第四个国际癫痫日，主题是“关注癫痫儿童健康与成长”，组织各项目省开展了主题宣传活动。举办癫痫项目国家级培训班3期，600人参加；召开全国学术会议1次，神经内科、神经外科医生400余人参会；举办全国颅内血肿清除技术培训班1期，邀请国内知名颅内血肿微创清除技术专家授课，采用讲座和现场模拟以及VCD音像等形式相结合，130余人参加。

市脑血管病防治办公室建立16个区试点，5月，组织全市社区医生进行脑血管病防治培训，参训300余人；6月，在国际脑血管病会议上组织社区论坛，参会医生200余人；组织专家深入农村义诊200人次，免费为农民发放社区居民口袋书近400册，进入社区发放社区居民口袋书近3万册，开展了4场健康大课堂讲座。利用世界卒中日，在天坛医院组织全市大型健康教育及义诊活动，为到场居民进行义诊、咨询及现场体检，并发放脑卒中防治宣传材料，市民100余人参加。

（撰稿：韩鸿敏　审核：焦健生）

领导名单

党支部书记　焦健生
副　书　记　孙异临
所　　　长　王忠诚
副　所　长　张亚卓　吴中学

北京热带医学研究所

（西城区永安路95号）

邮编：100050　电话：63138552

基本情况　职工32人，其中科研人员30人，包括正高级职称3人、副高级职称5人、中级职称11人、初级职称11人；行政人员1人；其他1人。

获奖情况。6月，麻风病专家李桓英教授获首都杰出人才奖。8月，召开李桓英研究员学术思想研讨暨90寿辰座谈会，全国人大原副委员长、全国政协副主席何鲁丽，马海德夫人苏菲女士，中国麻风防治协会秘书长潘春芝，马海德基金会秘书长申鹏章，首都医科大学党委书记李明，市卫生局党组副书记张秀芳，市委宣传部宣传处处长吕钦等参加会议，卫生部党组书记、副部长张茅，全国人大常委、中国工程院院士、中华预防医学会会长、北京大学公共卫生学院院长王陇德，市总工会时纯利分别发来贺信。

改革与管理　加快引进人才，并形成以下优势：集聚大量科技人才，主要是年轻人，增加了整个研究所的活力；形成比较丰富的技术沉淀，特别是在麻风病研究领域，不断加强与国外的技术合作；具备从事研发和技术推广的经验。

科研工作　申报课题5项，中标课题3项，其中国家自然科学基金1项、市卫生局青年科学研究资助项目2项。在研课题中，包括NIH、WHO、国家自然科学基金、市卫生局—中医局青年基金、首都医科大学基础临床合作、李桓英基金会等资助的“麻风分子流行病学研究”、“在中国西部囊虫病高发地区进行综合干预的研究”、“麻风菌基因分型传染源和传播链研究”、“IL－10启动因子的多态性与麻风病易感基因研究”等。市科委资助的科普专项课题“吃出来的寄生虫病”、市自然科学基金资助课题“肺孢子菌肺炎基因载量的研究”结题。

全年在核心期刊发表论文47篇，其中SCI收录论文1篇。

医学教育　5月，举办国家级继续教育项目——第二届全国热带医学论坛，100余人参加。11月，举办了市级继续教育项目——第三届麻风病防治及诊断技术培训班，90人参加。

学术交流与合作　8月23～25日，召开了第六次IDEAL麻风病国际学术会议。来自巴西、哥伦比亚、埃塞俄比亚、印度、菲律宾、泰国、印度尼西亚、尼泊尔、英国、美国、日本、韩国、荷兰等13个国家的24名国际麻风病专家参会。全年参加国际学术会议5人次，国内学术会议30余人次、短期培训5人次。

医疗工作　热带病专家门诊全年诊治2150人次，收治患者56人次。热带病上报的1例（重症疟疾）获得大抢救成功奖。院内会诊112次，院外会诊20人次。诊治麻风患者99人次，其中麻风患者45人次、可疑者筛查8人；院内外会诊2次，确诊4例；赴台体检42人次。

完成寄生虫病原学检测863例、寄生虫免疫学检测3051例、肺炎衣原体IgM抗体检测2424例、疟疾检测326例。开展新检测项目6项。

肠道门诊共诊治急性腹泻5804人次，大便常规及悬滴6282人份，大便细菌培养6225人份，其中痢疾阳性32例。

热带病急诊工作中，检测丝虫65例、黑热病32例、钩体病55例、登革热17例、疟疾178例。接受上级检查多次，均得到好评。

实验室完成HIV抗体初筛24151件，阳性待查18人次，送市疾控中心确认18人次，其中HIV阳性6例、可疑阳性8例、阴性4例。妇科抗体定量检测：弓形虫（TOX）、风疹病毒（RBV）、巨细胞病毒（CMV）、单纯疱疹病毒Ⅰ型（HSV－Ⅰ）、单纯疱疹病毒Ⅱ型（HSV－Ⅱ）共3310例。完成卡氏肺孢子菌检测642人次。

完成市疾控中心关于HIV室间质评的考评和国家临检中心TORCH系列的室间考评。

年内，热研所现场开展科研及临床诊疗、科普教研工作10余次。　（撰稿：张素辉　审核：谷俊朝）

领导名单

党支部书记　谷俊朝

所　　　长　刘　建

北京市卫生局临床药学研究所
北京市中药研究所

（西城区新街口水车胡同13号）
邮编：100035　电话：83229447

基本情况　职工33人，其中专业技术人员29人，包括高级职称10人、中级职称10人、初级职称9人；其他人员4人。

机构设置　10月11日，受市中医局委托，挂牌成立“十病十药”项目征集办公室。

科研工作　新签科研协作和技术服务合同44项，总收入278万元，中试基地医院制剂及横向协作总收入202万元。截至年底，在研课题37项。

年内，承担市中医局“金花清感颗粒”新药研发的协调与注册，召开工作协调会10余次，并将会议纪要报市中医局和市药监局。6月，完成新药临床前申报；12月，获得临床试验批件，并承担新药临床科研的牵头工作。完成“金花清感颗粒”制剂与新药并轨试验工作，中试生产部加工“金花清感颗粒”医院制剂245万袋。

1月，召开北京市名医名方研发中心启动现场办公会，就拟在药研所中试基地建立首都名医名方研发中心进行了论证。建立首都名医名方研发中心，打造“十病十药”品牌，在攻克十项重大疾病中充分发挥传统中医药的作用。5月，市中医局拨“十病十药”项目启动专项经费，科研项目部承担具体落实工作。7月，召开专家论证会，对第一批征集的“十病十药”申报项目进行了评审。

6月，接受市中医局紧急任务，生产了防暑茶、预防手足口病口服液以及预防流感的防疫香囊。

市中医局科研课题“北虫草作为新药材资源的研究与开发”得到立项批复。“地黄、苏合香的作用部位及机理”结题，并通过了评审验收。“中药治疗轻微型肝性脑病（MHE）的研究”、“一种治疗儿童性早熟的中药制剂——儿舒平颗粒的研究”申报市中医局科研基金。在核心期刊发表论文7篇。

学术交流与合作　5月，所长王大仟赴香港参加植物药在防治甲型流感方面的研究和应用研讨会。

教育与培训　举办内部学术活动和科研培训3次，36人次参加。参加各类业务、岗位培训及继续教育共928学时。代培高校毕业生9人。购置卫生专业技术人员继续医学教育管理设备，制订了继续教育管理办法。

基本建设　中试基地完成综合车间的净化工程、生产线的设备安装验收、配电系统的改造增容及厂区蒸气管道的安装。10月，中试基地开始建设产品质量检验实验室、办公区及员工集体宿舍。

其他工作　法人签订安全协议书6份，参加各类安全会议20余次，节假日、重大活动前组织安全、消防检查。与中层干部签订了一岗双责安全协议。

（撰稿：姜雷鸣　审核：张健琨）

领导名单

所长兼党支部副书记　王大仟

首都医科大学北京神经科学研究所

（丰台区右安门外西头条10号）
邮编：100069　电话：83911463

基本情况　职工23人，其中教授（研究员）5人、副教授（高级实验师）3人、讲师（实验师）9

人、助教（实验员）6人。科技人员学位分布：博士13人、硕士6人、学士1人、大专2人、其他1人。雇用临时工2人。

根据市机构编制委员会指示，将该所的上级单位由市卫生局更改为市教育委员会下属的首都医科大学。

科研工作　年内，继续承担和参与国家“973”、“863”计划6项，国家自然科学基金重点课题及面上项目和青年基金6项，人事部留学人员科技活动择优资助项目（重点类）1项，教育部博士点基金1项，北京市自然科学基金重点项目及面上项目5项，北京市科技新星计划（B类）1项，北京市新世纪百千万人才工程培养经费资助项目1项，北京市优秀人才培养资助个人项目2项，北京市组织部资助项目1项，市属高等学校学术创新团队及“学术创新人才”建设计划项目2项，市教委重点项目及面上项目、高等学校教育教学改革立项项目、优秀博士学位论文指导教师科技项目、高层次人才计划项目5项，首都医科大学科研基金、教学质量提高专项基金及基础临床合作课题10项，共计课题41项。

本年度获资助课题12项，包括国家重点基础研究发展计划（973）1项——“神经元—胶质细胞相互作用在帕金森病发生发展中的作用及机制研究”，国家自然科学基金面上及青年科学基金4项——“cPKCbetaII－CRMP2信号通路在脑缺血/低氧性损伤和适应中作用”、“促血管神经发生水凝胶载体于神经干细胞联合移植治疗小鼠脑梗塞模型的实验研究”、“用透明质酸水凝胶微载体携带永生化神经干细胞移植治疗缺血性脑损伤大鼠的实验研究”、“雷公藤单体T10在胶质源因子介导的帕金森病基因治疗中的辅助作用及其机制探讨”，北京市自然科学基金面上项目2项——“应用光遗传学与电生理技术在体区分纹状体的直接与间接通路”、“多巴胺寡聚体受体参与大脑神经元功能调控的机制研究”，市教委中青年骨干人才培养计划1项——“中青年骨干人才培养计划”，市教委面上项目1项——“应用光遗传学与电生理在体区分纹状体的直接与间接通路”，市教委科研基地—科技创新平台1项——“神经科学基础临床研究平台建设”，首都医科大学校长基金1项——“基于BB平台的神经生物学网络课程建设”，首都医科大学科研基金1项，共12项，获资助204.90万元。

结题：国家重点基础研究发展计划（973）1项、科技部—中国高科技发展计划（863）1项、国家自然科学基金项目3项、北京市自然科学基金项目2项、市科委重大课题1项、市教委基金项目2项、市优秀人才培养资助个人项目1项、首都医科大学基金7项，共18项通过各级专家组织的鉴定、验收（获得资助共544.00万元）。

其他课题按各部门要求完成中期汇报。

全年发表学术论文44篇，其中英文17篇、中文27篇；发表会议论文25篇，其中英文14篇、中文11篇。坚持每周二中午的学术讲座和读书报告活动。

校内、外科研服务约455小时/5人/3单位。

专利申请　发明和参与发明专利6项：帕金森治疗仪（专利号：ZL.200510132719.1），永生化大鼠骨髓基质细胞系及其制备方法（专利号：ZL.200810057663.1），人脐血干细胞培养及定向分化为多巴胺能神经细胞的方法及得到的多巴胺能神经细胞的应用（专利号：ZL.200710090928.3），雷公藤单体化合物在提高腺相关病毒载体介导的基因表达效率及其对神经退行性疾病的辅助治疗中的用途（专利号：ZL 200810104210.X），来自荜茇的提取物及其制备方法与应用（专利号：ZL 201010144471.1），一种多肽生长因子共聚物及其制备方法与应用（专利号：ZL 200510056451.8）。

教学工作　有26名博士研究生（联合培养及代培5人、在职3人）、31名硕士研究生在读，24名五年制及七年制本科生进行基础科目培养，1名博士后进站学习工作。7名博士研究生（联合培养及代培3人）、12名硕士研究生毕业并获得学位，1名硕士研究生休学；25名五年制及七年制本科生完成培养计划。承担首都医科大学的教学：2010级研究生高级神经科学技术—分子生物学技术进阶（49人/28学时），理论课20学时、实验课4学时，其中选修13人、必修36人；2010级研究生高级神经生物学理论课（24人/54学时），其中选修10人、必修14人；2010级研究生神经科学进展（136人/18学时），其中选修10人、必修126人；2008级本科生神经生物学，理论课36学时、实习课9学时，其中七年制医疗系215人/45学时、五年制医疗系160人/45学时；3名年轻教员担任本科生班主任工作；举办神经科学研究专题讲座12次。

继续教育　3名科研人员在职攻读博士学位，2名教师参加第五十九期高校教师岗前培训，1名科研人员参加国际脑研究组织研讨班（IBRO Associate School）在香港举办的为期两周的神经科学家讲座及电生理技术学习培训班。

获奖情况　“低氧预适应对小鼠脑缺血损伤的影响及蛋白激酶C亚型特意性激活”课题获首届全国大学生基础医学创新论坛暨实验设计大赛二等奖。

学术交流　全年接待加拿大、朝鲜、韩国、挪威、瑞典、日本及中国港台地区同行学术交流10次

22 人。1 名教授、1 名讲师（博士）在美国康奈尔等大学进修学习。

年内，参加国际、国内学术会议 6 次：2 人参加美国神经科学学会学术年会并有 1 幅学术海报展示；2 人参加日本神经科学学会学术年会并有 1 幅学术海报展示；1 人参加青岛中国生理学会；1 人参加神经生物学教材定稿会（成都）；14 人参加中国解剖学会第十二届全国会员代表大会、中国解剖学会成立 90 周年庆典暨学术年会，发表会议论文 4 篇、1 幅学术海报展示；22 人参加中国生理学会第二十三届全国会员代表大会（西安），发表会议论文 15 篇，其中 2 人专题发言，3 人口头发言，10 幅学术海报展示。

1 月，该所全体人员参加了首都医科大学神经生物系年会。（撰稿：刘玉军　审核：徐群渊）

领导名单

党支部书记　段德义
所　　　长　徐群渊
副　所　长　李晓光　徐志卿

北京大学医学部

（海淀区学院路 38 号）
邮编：100191　电话：82802203
网址：www. bjmu. edu. cn

基本情况　教职工 10580 人，其中医学部本部 1730 人、附属医院 8850 人。有专任教师 3571 人，其中本部 647 人、附属医院 2924 人。专任教师中，有教授 793 人（本部 159 人），副教授 1081 人（本部 207 人），讲师 1229 人（本部 245 人），助教 264 人（本部 12 人），无职称 204 人（本部 24 人）。中国科学院、中国工程院院士 12 人（其中 1 人为两院院士），“长江学者奖励计划”特聘教授、讲座教授 13 人，第三世界科学院院士 2 人，海外高层次人才引进计划（“千人计划”）1 人。

获奖情况。年内，卫生部追授马庆军“人民健康好卫士”荣誉称号，并在全国卫生系统深入开展向马庆军学习的活动。王克威、叶新山带领的团队入选 2009 年教育部创新团队发展计划，9 名专家入选新世纪优秀人才支持计划，尚永丰和乔杰入选 2009 年新世纪百千万人才工程国家级人选，乔杰当选长江特聘教授，郭应禄和武阳丰获第十一届“吴杨奖”，陈仲强获中国医院协会医院管理突出贡献奖，刘玉村和王杉被中国医院协会评为优秀院长，严仁英、张丽珠获首届中国女医师终生成就奖，王海燕、吴希如、陶其敏、魏丽惠获首届中国女医师杰出贡献奖，王洁获中国青年女科学家奖，李洁获 RSNA 研究与教育学者基金奖，陈红被评为北京市级教学名师，吴逊荣获亚洲大洋洲癫痫杰出贡献奖，胡大一荣获世界华人控烟突出贡献奖和中华医学会优秀医学科普工作者称号。《北京大学学报（医学版）》荣获第三届中国高校精品科技期刊奖。

机构设置　4 月 13 日，成立北京大学医学信息学中心；4 月 20 日，成立北京大学卫生应急管理中心；4 月 27 日，成立北京大学中国卫生发展研究中心；6 月 17 日，成立北京大学系统生物医学研究所；6 月 28 日，成立北京大学肥胖及代谢病研究中心；10 月 18 日，成立北京大学受试者保护工作体系；11 月 2 日，成立北京大学医药研究发展中心（虚体）。7 月 19 日，成立北京大学医学部普通外科学系；9 月 19 日，成立北京大学中西医结合学系；9 月 26 日，成立北京大学医学部心血管外科学系；12 月 15 日，成立北京大学医学部心血管内科学系。

教学改革　年内，正式实施医学部教学改革。以临床医学、基础医学八年制为先导，逐步辐射到其他专业。在基础医学理论课程整体优化的同时，探索实施以器官系统为中心的小组讨论式学习，并全程关注和加强学生综合素质能力的培养。召开教学改革阶段汇报会、“新途径”教学改革方案论证会，在全面论证的基础上为教改的开展做好准备。7 月，启动各专业基础医学阶段实验改革，逐步减少验证性实验的比重。10～12 月，各学院启动了专业教学计划修订工作。医学部各学院根据自身的专业特点，不断探索教学方法的改革，基础医学院启动了“新途径”教学改革；第一医院坚持以器官系统为主线的教学模式，探索递进式 PBL 教学方法，同时加强以“综合临床技能”为主要内容的医生素质教育体系，探索科学合理的职业精神培养模式；人民医院通过“医务志愿服务进千所医院万家社区”工作进一步提高了医学生人文素质；公共卫生学院逐步形成具有预防医学专业特点的教学模式和考核模式，同时进一步完善临床医学专业预防医学、流行病学与社会医学等课程的建设。

年内，医学部稳步推进研究生培养机制改革，加强课程建设，不断改进吸引优秀生源的措施，促进和提高研究生创新能力，探索学科建设与研究生教育发展的新思路，加大对外交流协作的力度，扩大研究生教育的影响力，取得了预期成果。启动研究生课程改革二期建设及研究生政治理论课程的改革；启动4年一度的研究生课程教学大纲的修订，各学院（部）就专业课程做出了相应调整；开设了医学部研究生的首个网络教学课程《生物医学安全与法规》；重点开设了《科研诚信与学术规范》课程。

为加强医学及其相关应用型人才的培养，在已有临床、口腔及公共卫生专业学位培养的基础上，新增药学、中西医结合临床及应用心理学等硕士专业学位。

教学工作 医学部现有 12 个直属院系及 15 个临床学系，在校生 41146 人。全日制学生 7382 人，其中博士生 1997 人、硕士生 1891 人、本科生 2890 人、专科生 604 人，留学生 502 人；非全日制学生 33764 人，其中成人教育 3193 人、网络教育 14123 人、继续教育 16448 人。医学部设 10 个本科专业：基础医学、临床医学、口腔医学、药学、预防医学、护理学、生物医学英语、医学检验、医学实验学、应用药学；设 2 个专科专业：护理学、口腔修复学。

本专科教育教学。招收本、专科学生 817 人，其中本科生 617 人、专科生 200 人。八年制 263 人（毕业获博士学位）、本硕连读长学制 208 人（毕业获硕士学位）、五年制本科 38 人、四年制本科 108 人。本、专科毕业 425 人，其中本科毕业 230 人、专科毕业 195 人，毕业生就业率 98.1%。临床医学、口腔医学八年制毕业生 241 人，其中临床医学毕业 198 人、口腔医学毕业 43 人，毕业生就业率 100%。授予全日制本科学士学位 687 人（含长学制本科学位）、专科升本科学士学位 495 人。医学部组织临床教学专家启动了《临床医学专业八年制二级学科临床实践要求》的修订。组织临床专业 2004 级八年制进入二级学科资格考试和 2005 级五年制毕业考试，涵盖临床能力考核（OSCE）、专业理论和英语考核，并对各临床学院进行了多站考核组织管理的培训，在考核过程中设计使用了《专家督考表》、《考官反馈表》。医学部制订了《大学生创新实验项目管理办法（试行）》，并于 4 月启动第一届大学生创新实验活动的申报，举办了第二届临床能力大赛。在临床医学的教学中，将辽阳市第二人民医院纳入基层卫生实践基地；组织专家对北京市红十字血液中心、航天总医院进行了教学基地评审；组织 2004 级临床专业八年制学生到密云县医院、延庆县医院、北京大学仁和医院、昌平区医院进行了基层卫生实践活动。继续加强精品课程的建设，“儿童口腔医学”被评为国家精品课程，“护理学基础”被评为北京市精品课程；逐步推进课程中心建设工作。完成 PBL 专用教室设备建设项目、校内各学院教学资源建设项目、4 家本科临床学院临床技能实验室建设项目，基本教学条件不断改善。

研究生教育教学。硕士生报考 2790 人，录取 458 人，录取率 16.4%；接收推荐免试硕士生 168 人；录取港澳台学生 14 人、留学生 14 人。硕士新生共计 654 人，其中医学科学学位研究生 391 人、临床/口腔医学专业学位研究生 263 人，学术型研究生与专业学位研究生之比为 1.5∶1。博士生报考 1094 人，录取 204 人，录取率 18.6%。接收推荐免试直博生 72 人，校内研究生转博 114 人（硕博连读转博 37 人）。博士新生共计 390 人，其中医学科学学位研究生 311 人、临床/口腔医学专业学位研究生 79 人，学术型研究生与专业学位研究生之比为 3.9∶1。毕业研究生 774 人，其中博士生 348 人、硕士生 426 人，总就业率 98.3%。授予研究生学位 616 人，其中博士学位 296 人、硕士学位 320 人；向 211 名在职人员授予了学位，其中博士学位 43 人、硕士学位 168 人。另外，授予公共卫生七年制医学硕士学位 39 人、六年制药学理学硕士学位 83 人、八年制临床医学专业学位 194 人、八年制口腔医学专业学位 43 人、八年制基础医学科学学位 16 人。博士后进站 30 人，在站 78 人，待就业 21 人。生源质量稳中有升，招生类型扩展，结构优化。首次举办了全国优秀大学生暑期夏令营，来自 38 所全国重点高校不同专业的 268 人参加，最终 156 人被提前录取为北京大学医学部 2011 年研究生。年内，经推荐免试招收的研究生比例明显增高（其中推免直博生增加 5 个百分点、硕士生增加 11 个百分点）。推荐免试生、全国统招硕士生和公开招考博士生中来自“211”工程以上院校的生源均高于上年。博士研究生教育以学术型为主，硕士研究生教育以培养多种类型的应用型人才为重点，博士生和硕士生中学术型研究生与专业学位研究生之比分别为 4∶1

和1.5∶1。不断提升研究生教育国际化水平。全年有44名研究生获得国家留学基金管理委员会建设高水平大学公派研究生项目资助（其中攻读博士学位22人、联合培养博士研究生22人）。另外，91名学生参加了短期交流、培训和国际会议。8名学生获教育部博士研究生学术新人奖。进一步强化导师教书育人的职责，首次开展由研究生投票选举辛勤育人、为人师表、受人尊重和值得信赖的优秀导师代表——良师益友，有30名导师获此殊荣。对新上岗研究生导师160余人进行了培训。通过及早制订就业工作计划，加强就业指导和推荐力度，与多家用人单位建立合作关系并接待近百家用人单位，为毕业生提供就业帮助；加强与院系研究生管理部门的联系，关注毕业生就业进展；每月汇总就业数据，分析毕业生在不同就业阶段遇到的问题并召开毕业生会议（座谈）进行政策讲解、心理疏导等；引导和鼓励毕业生到京外、西部地区和基层岗位就业。修订了《学位与研究生教育工作手册》（第二版）。完成一级学科专家组的评议。

继续教育。全年举办各类培训班518项，培训516307人次。其中国家级继续医学教育项目504项，培训515443人次；市级继续医学教育项目12项，培训783人次；校级培训班2项，培训81人。医学部除完成高等学校青年教师骨干访问学者项目、为有关省市卫生厅和兄弟院校培养学科骨干外，还组织了2期市卫生局对口支援什邡市卫生人才培训班的公共课程讲座。

图书馆建设。6月，正式启用自助借还书机，截至12月31日，读者通过自助借还书机完成借还图书35790册。10月，开展读者满意度调查，并新推出借阅排行榜服务。电子阅览室有机位105个，其中读者可用的机位81个。全年接待读者6780人次，累计使用机时13300.77小时。组织数据库用户培训3次，60多人次参加。开展各学院和机关职能部处的学科化信息服务工作，升级电子资源远程访问服务系统。医学图书馆一般图书藏书42.44万册，电子图书589GB。

学生工作 年内，以青海省玉树地震、“一二·九”运动75周年等为着力点，培养团员青年爱国主义情感和社会责任感。进一步构建和完善第二课堂育人体系，推进医学部“爱·责任·成长”主题教育活动，培育大学生“廉洁·修身·成才”的理念，如组织“爱北医母校，迎百年庆典，创一流大学”祝福母校主题签名及给母校未来的一封信等系列活动。引导团员青年深入基层，在实践中“受教育，长才干，作贡献”，医学部2名研究生赴青海、云南等省支教。拓展一系列新的志愿服务项目，特别是在“走入肿瘤医院——为癌症患者送温暖”志愿行动中，医学部青年志愿者协会获中国癌症基金会优秀组织奖。指导学生会、研究生会、学生社团工作不断推陈出新，大力开展“有特色，高品质”的校园文化活动，如主办第十一届北京大学生物医学论坛，以“交融·砥砺·创新·责任——世界一流大学征程上的医学发展”为主题，共同探讨医学发展中的热点问题。首次举办院士谈治学与人生系列讲座、八年制医学生论坛等活动，继续办好“新生月”系列活动、十佳歌手大赛、“北医杯”体育联赛、北京大学生物医学论坛、学术之星、社团文化节、圣诞音乐会等，促进校园文化建设。

建立家庭经济困难学生档案库并使之网络化。经医学部认定的家庭经济困难学生共924人，其中一般困难167人、困难394人、特殊困难363人。共发放各种奖助学金及专项补贴等280万元近3000人次，各种困难补助及送温暖活动20万余元近2000人次，为13名家庭经济困难学生减免学费共6万元。各学院（部）自愿申请国家助学贷款学生共107人64.2万元（其中研究生1人）；接受中国银行下发续放国家助学贷款525人315万元；为年内毕业的205名学生办理毕业确认手续，并与银行签订还款协议。安排勤工助学岗位4000余人次，从事打扫教室、治安巡逻、图书整理、网站建设、文献翻译、数据录入等工作，发放工资145万元。

全年组织暑期社会实践团队80余支，近800名学生参与，选派30余名学生参加赴韩国、日本、泰国、香港、挪威以及两岸三地夏令营、阳光训练营等对外交流活动。组织各学院开展“心中的旗帜，坚强的堡垒”等学生党团日联合主题教育活动和“我的班级我的家”优秀班集体创建活动。组织2009级792名学生进行军事理论课学习、政治训练和军事体能训练。全年有348人无偿献血348.5单位。

科研工作 “985工程”第三期正式启动。医学部利用中央高校基本科研业务费加强国家和省部级重点实验室建设，针对重大疾病，完善科学研究平台体系布局，成为国家创新体系的重要组成部分，同时设立青年教师科研启动基金。启动北京大学临床研究项目，收到8家附属医院申请103份，最终5份方案通过了立项审查。交叉学科工作不断深化，组织申报、评审医学部与工学院生物医学工程联合研究基金项目23项，批准7项；组织多场多学科交叉研讨会；组织北京大学前沿交叉学科研究院、生物医学跨学科研究中心学术交流讲座20讲。

加强重点实验室申报工作，完成重点实验室验收及评估。年内，慢性肾脏病防治、辅助生殖被批准为教育部重点实验室。申报国家级重点实验室2个、北京市重点实验室12个。视觉损伤与修复教育部重点实验室通过了专家论证建设立项；恶性肿瘤发病机制及转化研究教育部重点实验室建设通过了验收；在教育部组织的2006～2010年度全国生命科学领域重点实验室评估中，分子心血管学教育部重点实验室再次被评为优秀。

年内，获批各类科研项目398项，经费17762.69万元。其中国家自然科学基金233项，经费8644万元。第一医院赵明辉教授领衔的研究团队获得创新研究群体项目，医学部创新研究群体项目增至3个。肿瘤医院王洁教授获国家杰出青年科学基金，医学部国家杰出青年科学基金获得者增至24人。获批科技部项目21项，经费6653.69万元。由尚永丰、张毓、乔杰、黎晓新任首席科学家的4个项目成为“973”计划和重大科学研究计划项目。获批“973”重大科学研究计划课题12项，前两年预算经费3544.24万元；“863”计划课题1项，批准经费2000万元；科技支撑计划课题2项，经费457万元；国际科技合作计划项目6项，经费1036万元。同时，2009年5项“973”重大科学研究计划课题通过了科技部的中期评估，获批后3年滚动经费1358.1万元。获批北京市自然科学基金项目50项，经费516万元；教育部项目72项，经费371万元；卫生部项目4项，经费1513万元；中华医学会—薇姿研究项目1项，经费30万元；教育部人文社科项目6项，经费35万元。

年内，获中华医学科技奖4项，中西医结合学会科技进步奖1项，中国针灸学会科学技术奖1项，中国女医师协会女医师终生成就奖2项、女医师杰出贡献奖4项、五洲女子科技奖4项，中国青年女科学家奖1项，药明康德生命化学研究奖2项。医学部（含附属医院）共申报专利64项（发明专利63项、实用新型1项），比上年有较大增长。签订技术合同456项，签约资金9115万元，合同到款4524万元。其中科技开发签约资金超过100万元的合同13项，总资金4482万元。全年发表论文2707篇，其中以医学部为主要作者SCI收录论文631篇。基础医学院朱卫国课题组在《自然细胞生物学》杂志撰文揭示了抑癌因子抗肿瘤的新机制。药物依赖性研究所贾忠伟及其合作团队在《公共科学图书馆·医学》上发表文章，对我国2001～2008年结核病防治情况进行了系统的分析，并对全新的结核病防治模式进行了评估。公共卫生学院郭岩与英国爱丁堡大学合作的《中国2008年5岁以下儿童死因研究》发表在《柳叶刀》杂志上。第一医院朱平等人的《大剂量输注母亲淋巴细胞有效治疗EBV相关淋巴瘤》的报道入选2010年国内医学十大新闻。

年内，医学部聘请8名国内外学者为客座教授。

学术交流与合作　全年接待美国、泰国、德国等20多个国家和中国台湾、澳门地区近700人次的访问交流，包括第一届海峡两岸医学生交流活动——台湾五校北京行、瑞典卡罗琳斯卡大学代表团访问医学部、泰国公主玛哈扎克里·诗琳通访问北京大学第三医院等重大外事活动。医学部领导多次率团赴境外知名大学访问，包括美国密歇根大学医学院、瑞典卡罗琳斯卡大学、挪威奥斯陆大学等。

签署合作交流协议11项，包括日本富山大学、琦玉、熊本大学，中国台湾阳明大学，澳大利亚阿德莱德大学、拉筹伯大学，美国杜克大学、密歇根大学，韩国三星医疗中心，挪威奥斯陆大学等。成立了北京大学医学部—密歇根大学医学院转化医学与临床研究联合研究所。

年内，主办或承办了北京大学医学部—美国中华医学会—《柳叶刀》—北京大学中国卫生发展研究中心2010北京系列活动等国际和地区间学术会议，举办或协调组织学术报告会、演讲会18次，建立和申请国际奖学金项目、校际学生交流项目10余项。

2009～2010学年度，医学部招收留学生151人；在校海外学生共607人，其中留学生506人、台港澳侨学生101人。

信息化建设　在新建城内学生宿舍应用校园一卡通，使门禁、餐饮、水控一卡通；校园网主交换机进行系统升级，全网支持IPv6的运行；首次成功在网上全程直播学生毕业典礼；开通校园卡在圈存机自助缴网费功能；制作各种杀病毒课件挂在网上供用户学习；继续推广医学部新生迎新系统；进行网上经费查询系统和精品课程及视频新闻的上传维护工作；开展了数字化校园建设的调研。

后勤与基建　年内，医学部本部及附属医院竣工和在建的各类大小工程共84项，正在进行前期筹备的工程共20项。4月，改建后的草岚子学生宿舍投入使用；12月底，运动场看台改造工程竣工；新增和装修实验室建筑面积7911平方米，包括创新药物大平台及国家重点实验室改造装修工程、心血管重点实验室改建工程、老公卫楼改建外围工程，大部分改造正在进行收尾及验收工作；学生综合服务大楼进行内部精装修及下沉式广场的开挖，已经启动楼内餐饮经营单位及商业服务单位的招标；西北区（医药科技园区综合楼项目）建设项目进入正式评审阶段，完成该项目环境评价报告和节能专篇的编制及审批，并对项目法律咨询单位进行了确定；家属区改造项目已上报国管局。

抗震救灾　青海省玉树发生地震后，医学部第一时间抽调45名骨干医护人员，在最短时间筹备了38箱价值7万余元的药品和医疗卫生必需品，赴抗震救灾第一线，医学部师生员工向玉树灾区捐款140余万元。

“十一五”回顾 5年来，北京大学医学部在本、专科生、研究生和继续教育等多层次教学改革方面进行了探索。学生本、专科阶段秉承“全人教育”的理念，不断推进教学改革，努力探索教育教学一体化，推进学生教育的专业化与精致化。2008年，正式启动本专科“新途径”教学改革；2008年起，先后建立基层卫生实践基地6个，在原有21个临床学院和教学医院的基础上，又建设了教学基地2个，社区卫生与全科医学基地1个；自2005年起，不同专业学系相继成立，现已成立15个学系；2006年起，实行素质教育学分制度。研究生培养阶段，全面启动研究生教育教学改革，并遵循层次分明、循序渐进、相互关联和避免重复的原则分阶段进行；将在校的全部研究生纳入培养机制改革体系，提高研究生待遇；2008年，开展护理硕士专业学位研究生的培养，2010年，新增药学、中西医结合临床及应用心理学硕士专业学位；开设了医学部研究生的首个网络化教学课程——生物医学安全与法规。在继续教育方面，2009年完成住院医师规范化培训（一阶段）与北京市并轨，实现住院医师规范化培训属地化管理。以举办国家级和市级继续医学教育项目为重点，面向校内外开展高水平的继续医学教育活动，5年来举办各类国家级、市级继续医学教育项目3275个，参加培训近36万人次。积极探索利用现代远程教育技术开展网络培训的形式与途径，培养创新型医学人才。注重规范管理，将先进的管理手段运用到继续医学教育项目以及住院医师规范化培训管理工作中，大大提高了管理层次和水平。

5年来，医学部承担国家和省部级科研项目1686项，获得经费近11.1亿元。共获国家级奖励2项、省部级奖励105项，其中“雌激素和三苯氧胺诱发妇科肿瘤的分子机制”获国家自然科学二等奖，“人工膝关节置换术的临床应用及相关基础研究”获国家科技进步二等奖。共发表SCI收录论文3783篇，一批重要研究成果在《新英格兰医学杂志》（The New England Journal of Medicine）、《自然癌症综述》（Nature Reviews Cancer）、《细胞》（Cell）等国际医学顶尖学术期刊上发表。2009年，基础医学院尚永丰教授当选中国科学院院士、公共卫生学院王陇德教授当选中国工程院院士。完成国家“十一五”规划项目及“985工程”二期建设，重点建设了一批以功能基因组学技术平台、蛋白质组学技术平台、免疫学研究技术平台为代表的公用技术支撑与研究平台及重大疾病与重要生命现象研究平台。通过建设，学科整体实力和国际影响力显著提高，已经成为我国最重要的医学创新研究基地和高级医药卫生人才的培养基地之一。医学部现有国家级重点学科24个，涉及21个二级重点学科、1个国家重点培育重点学科。药学、口腔医学和生物学被认定为一级学科国家重点学科。根据国际基本科学指标（ESI）公布的数据，医学部共有生物化学与分子生物学、临床医学、药理学与毒物学、精神病学与心理学4个学科进入ESI学科排行，进入全球大学和科研机构的前1%。

5年来，医学部在努力创建人民满意医院，为社会提供高水平、高质量的医疗服务方面取得成绩。在建立和完善各项医疗管理体制方面，组建了北京大学医学部医疗质量管理委员会，下设8个专业委员会；成立了北京大学医学部－美国医疗机构评审联合委员会医疗质量与患者安全研究所。在医院医疗工作总体发展方面，2008年年底，与天津市塘沽区政府签署协议，共建天津市第五中心医院。在配合医疗改革开展研究与试点工作方面，各医院积极开展优质护理服务示范工程，同时从医学信息管理、标准临床路径及医疗评价标准制订等方面入手，积极参与到各项改革工作中。在医疗服务社会方面，根据卫生部关于支援西部地区农村卫生项目的部署和要求，医学部每年组织医疗队以及西部专家讲师团奔赴新疆、云南、陕西等偏远地区进行卫生支援。同时，在2008年汶川地震、2009年H1N1甲流防控、2010年玉树地震期间，医学部及其附属医院均在第一时间前往一线。在北京奥运会及各类重大保障任务中，医学部及时合理调配资源，积极做好服务保障工作。

（撰稿：张雪原　审核：肖　渊）

领导名单

党委书记　敖英芳
副 书 记　李文胜　顾　芸　孔凡红
主　　任　韩启德
副 主 任　柯　杨　李　鹰　闫　敏　方伟岗
　　　　姜保国　王　宪

北京中医药大学

（朝阳区和平街北口 11 号）
邮编：100029　电话：64213841
网址：www. bucm. edu. cn

基本情况　职工 3084 人（包括 3 家附属医院），其中专任教师 2210 人，包括教授 278 人、副教授 489 人、讲师 1064 人、助教 363 人、其他 16 人；科研人员 18 人；教辅 219 人；行政人员 313 人；工勤人员 259 人；校办企业职工 7 人；其他岗位 58 人。外籍教师 3 人。有国医大师 2 人，国家重点基础研究发展计划（“973”计划）项目首席科学家 3 人，教育部“长江学者奖励计划”特聘教授 2 人，国家级有突出贡献中青年专家 7 人，国家自然科学杰出青年科学基金获得者 1 人，人事部百千万人才工程一、二层次入选者 2 人，人事部新世纪百千万人才工程国家级人选 4 人，教育部高校青年教师奖获得者 2 人，全国优秀教师 1 人，北京市教学名师奖获得者 8 人，北京市优秀教师 7 人。北京市优秀教育工作者 2 人。全国中青年医学之星 4 人，首届中国中医药十大杰出青年 2 人，北京市科技新星 16 人，新世纪优秀人才计划 16 人，中华中医药学会科技之星 7 人。享受政府特殊津贴专家 92 人。国家级优秀教学团队 3 个，北京市优秀教学团队 8 个。

学校有 2 个校区（西校区、东校区），直属临床医学院 3 家、非直属附属医院及临床教学医院 29 家。全年教育经费总投入 45717 万元，其中国家拨款 30547 万元、自筹经费 15170 万元。

5 月，召开“十二五”规划编制工作部署会；6 月，面向全校开展第一轮建言献策活动；7 月，开展兄弟院校实地调研；8 月，初步形成“十二五”规划文本草案；9～11 月，召开 8 次专题研讨会；11～12 月，举办师生共话“十二五”主题辩论；12 月下旬，征求规划文本的意见。

获奖情况。1 月，东方医院教授周平安，东直门医院教授姜良铎、刘清泉获首都中医药防治甲型 H1N1 流感科技攻关贡献奖，每人奖金 10 万元。3 月，校长高思华主持的项目“肝脾肾同治法辨证治疗 2 型糖尿病的研究”获 2009 年度中华中医药学会科学技术奖一等奖，唐启盛主持的“抑郁症——中西医基础与临床”获三等奖。第三附属医院唐启盛主持的抑郁症中医症候学规律的研究获 2009 年度教育部科学技术进步奖一等奖，杨晋翔主持的“基于益气活血清热法则的方药防治胃癌前期病变的研究”获二等奖。陈家旭、李澎涛入选 2009 年新世纪百千万人才工程国家级人选。4 月，东直门医院的“中医儿科学”课程被批准为市级精品课程，中药学院的“中药药理学”教学团队被评为北京市优秀教学团队。10 月，《北京中医药大学学报》连续 3 次获中国高校精品科技期刊称号。

机构设置　1 月，针灸学院更名为针灸推拿学院。4 月 28 日，完成药厂改制，亚宝北中大（北京）制药有限公司取得企业法人营业执照。6 月，北京中医儿科诊疗中心在东方医院挂牌。儿科诊疗中心将根据儿童特点调整科室设置，周六、日均有专家出诊。重点开展 6 种以上的中医特色非药物疗法，包括拔罐、中药离子导入、针灸、贴敷、捏积、推拿按摩。7 月，市中医局批准第三附属医院为三级中西医结合医院，编制床位 520 张。9 月，教育部批准北京中医药大学良乡新校区的建设。12 月，与房山区政府签署了合作协议。新校区占地面积 1433 亩，计划总建筑面积 42 万平方米。12 月，成立北京中医药大学研究生院。

教学改革　年内，启动了教学工作形成性评定方案的制订与实施，推行形成性考核方式，完成各课程的形成性考核方案的汇编，并组织了各教学单位的自查。

中医人文学成为北京市重点建设学科，研究方向有 4 个：中医药文化（含养生文化）的整理、探究与传播，中医药英语研究与国际传播，中医药法律体系研究，中医医院与医药企业文化管理研究。

首次对台开放招收应届顶标免试生。赴澳门招生宣传取得较好效果，首次在澳门招收免试生（优秀高中毕业生）4 人。

远程教育学院重新调整了护理学专业课程。升级改版9门课程，新增护理学专业8门课程。

4月，2009级中医教改实验班开班。该班探索融院校教育—师承教育—家传教育为一体的新型中医药人才培养模式，以中医学专业五年制自主招生的中医名家子弟为基础，增加文、史、哲知识及中医经典著作的传授，配备国学导师组和经典导师组，增加学生课内外中医临床跟诊实习、实训等实践环节，加强中医辨证思维和临床能力的培养。该实验班自2007年招生以来已招收3届。

11月，与宏志中学签约首创中医药杏林高中实验班。从2011年开始，宏志中学将在高中举办中医药实验班，40人。对具有本市户口、对中医药文化有浓厚兴趣的初中毕业生进行联合面试，依据中考成绩，择优录取。学生除了完成普通高中阶段全部课程外，还要完成中国传统文化和中医基础知识等课程的学习。成绩合格的实验班学生推荐参加北京中医药大学的自主招生选拔测试，测试合格者给予该校自主招生认定资格，并按照当年自主招生政策录取。

教学工作 毕业6941人，其中全日制研究生525人（博士生136人、硕士生402人、中医七年制387人），普通本专科生1243人（本科生761人、专科生482人），成人教育本专科生1224人（本科生532人，专科生692人），远程教育本专科生3122人（本科生2418人、专科生704人），在职申请博士、硕士学位70人（博士生6人、硕士生64人），台港澳学生120人（本科生51人、博士生43人、硕士生26人），留学生237人（本科生191人、博士生17人、硕士生29人）。

招生7887人，其中全日制研究生867人（博士生182人、硕士生536人、中医七年制149人），普通本专科生685人（本科生543人、专科生142人），成人教育本专科生1215人（本科生553人、专科生662人），远程教育本专科生4686人（本科生2537人、专科生2149人），非计划招生高等教育学生中在职人员攻读博士、硕士学位88人（博士生12人、硕士生76人），台港澳学生104人（本科生60人、博士生24人、硕士生20人），留学生242人（本科生203人、博士生5人、硕士生34人）。

在校生27158人，其中全日制研究生4069人（博士生538人、硕士生1523人、中医七年制2008人），普通本专科生4097人（本科生3269人、专科生828人），成人教育本专科生3395人（本科生1492人、专科生1903人），远程教育本专科生13309人（本科生8288人、专科生5021人），非计划招生高等教育学生中在职人员攻读博士硕士学位619人（博士生30人、硕士生589人），台港澳学生423人（本科生266人、博士生68人、硕士生89人），留学生1246人（本科生1077人、博士生47人、硕士生122人）。

有博士学位授权点21个、硕士学位授权点26个、专业学位授权点11个（本科9个、专科2个）。博士后科研工作流动站3个，本年度出站3人、进站7人、在站28人。

有一级学科国家重点学科2个、二级学科国家重点学科15个、部局级重点学科21个、北京市重点学科6个，科技部国际科技合作基地1个、教育部重点实验室2个、教育部工程研究中心2个、国家中医药管理局三级实验室14个、北京市重点实验室2个、市教委工程研究中心1个。

有双语教学示范课程2门、国家级精品课程6门、市级精品课程11门，教育部优势特色专业4个、北京市优势特色专业4个，国家级实验教学示范中心1个、北京市实验教学示范中心3个。

完成教务管理网络系统中实践教学工作的流程设计，不断完善综合教务管理系统子模块的功能，增添实践教学管理、毕业设计（论文）管理功能。梳理现行的教学质量监控体系，初步拟订教学质量监控修订方案，进一步拓展监控途径，加强过程监控，使教学质量评价更加全面、合理。随着新的教务管理系统全面启用，着重修改完善教学监控模块，使其功能更全面，操作更便捷，实现教学质量评价的信息化管理。

开展新题库系统的设计与开发，题库系统试运行，并不断修改、完善，完成部分系统软件的建设；完成参加题库建设的命题教师模板出题工作，或根据课程特色编制套题，并组织了验收。

年内，发布校级教育教学研究课题44项，其中重点课题5项。同时，从学校层面主要在中医学专业人才培养的新途径方面进行了尝试。进行中医药长学制改革研究，探索卓越医师教育新模式。

图书馆建筑面积15750平方米，藏书刊80万册，电子书38万册，中医古籍线装书3900种，8200函，4万册。

学生工作 毕业生就业率96.79%，其中升学360人，占16.7%；未就业69人，占3.21%；到医疗卫生单位就业1344人，占62.51%。以毕业生情系母校座谈会、《致全体毕业生的一封信》、《致毕业生家长的一封信》等形式，在毕业教育中不断提高实效性。

在新生入学教育中，积极开拓新形式，编印了贴近学生生活成长的《学生手册》，并组织新生参观人民大会堂、军事博物馆及观看《皇甫谧》等活动，以及校史参观、专题报告、学生座谈会等，使之尽快适应大学生活。

实施2010年学生教育活动项目化管理，制作了《2010年学生教育活动项目汇编》。举办了市教委第五届大学生创意文化节摄影、动漫作品征集，大篷车进校园活动。制订《班级建设管理办法（草拟）》，明确规定了班级的定位、工作内容和表现形式，按照“分类建设、分层管理、整体推进”的原则，塑造学习型班级建设模式。

继续推进学生心理健康教育，以心理文化月为载体开展各项宣传教育活动。6月及11月，分别对全体在校生和新生进行心理普查，并与测评结果显示异常的同学心理约谈，有效预防了心理危机事件的发生。

在贫困生中成立了新长城北京中医药大学自强社，为全校家庭经济困难的学生群体搭建一个自助互助、素质拓展与创业就业的平台，实行困难学生自我教育、自我管理和自我服务的机制，学生资助中心被评为全国资助中心先进单位。

在新入职辅导员岗前培训中加入了岗前实习环节，在工作中锻炼事务处理能力，在实践中学习系统理论知识，

筹办编印专刊《北中医青年研究》，并在辅导员、班主任中征集论文，为辅导员交流经验、深入研究、展示成果提供平台。

科研工作　在研科研课题923项，其中国家级234项、省部级130项、市级44项。科研经费14339万元，到位经费15335万元。获国家科技进步奖二等奖2项；教育部成果奖2项，其中一等奖1项、二等奖1项；中华中医药学会科技成果二等奖2项；专利管理授权1项；SCI收录论文34篇；国际科技会议索引4篇；EI 3篇，核心期刊989篇。制订了《科研管理办法》、《科技保密工作管理办法》。建立科技处网站，及时反馈科技信息，做到信息公开。

医疗工作　东直门医院门诊1179545人次，急诊39875人次，年收入约5.7亿元；东方医院在医院管理年活动中评估优秀，门诊1016381人次，急诊51326人次，年收入5.2亿元；第三附属医院通过三级中西医结合医院终审验收，床位由320张发展到520张，门诊282024人次，急诊7821人次，年收入约1.36亿元。

完成国家中医药管理局第四批全国老中医药专家学术经验继承人中期评估检查。学校及3个附属医院23名继承人全部通过了评估检查。

学术交流与合作　年内，与新加坡南洋理工大学合作开设的中医—生物双学士学位本科项目首届59名学生毕业，其中58人参加新加坡中医师资格考试，高分通过率96.6%；另外，还有7人经过选拔成为本校第一批以培养外语授专业课师资为目的的政府奖学金研究生培养项目学员。这是新加坡中医史上第一批经过正规中医高等教育的本科毕业生。

10月，针灸推拿学院承办北京中医药国际论坛针灸论坛，主题为“针灸国际临床研究的现状与挑战”。来自澳大利亚、塞尔维亚、罗马尼亚、伊朗等国专家近100人出席。

举办第二届全球传统医学大学联盟会议（GUNTM），主题是“传统医药高等教育的发展与未来”。北京中医药大学、台湾中国医药大学、广州中医药大学、香港浸会大学、韩国庆熙大学、日本明治国际医疗大学和澳大利亚墨尔本皇家理工大学共同签署了学生交换项目的《北京协议》。

境外学生管理工作更注重规范化、信息化、具体化。完成外籍学生五大数据网络的维护和数据的审核、订正、汇总、上报，境外学生的招生、毕业和签证；政府奖学金生的年度评审，各类奖学金（包括中国政府优秀外国留学生奖学金、北京市外国留学生奖学金、教育部港澳台侨学生奖学金、祈福奖励基金等）的评定及申报，优秀留学生管理干部的评审。同时，加强了境外短期培训班的质量控制和规范化管理。

全年接待来访外宾400余人次，包括政府官员、国外高校教授、研究员及对中国传统医学感兴趣的社会人士。为校领导、教师办理出国（境）手续146人次，分赴21个国家和地区进行学术交流。

与澳大利亚皇家墨尔本理工大学、新西兰怀阿里奇理工学院、意大利锡耶纳大学、马来西亚国际医科大学、泰国呵叻皇家大学、全球传统医学大学联盟、台湾义守大学、奥地利因斯布鲁克医科大学、南非祖鲁大学、南非医学研究理事会等签署了合作协议或合作备忘录，完成与英国密德萨斯大学、奥地利格拉茨医科大学合作协议的续签。

完成新加坡中药学院、新加坡中医学研究院、奥地利数所医科大学、韩国庆熙大学、美国尼亚加拉大学、香港3所大学等170多名交流学生的接待任务。

做好国家汉语国际推广中医药基地的全部筹备工作；考察了意大利托斯卡纳大区中医和中国文化孔子学院的选址，其申办工作尚在进行。

信息化建设　9月，完成“校园一卡通”项目的建设，全面启用。校园卡在东、西两个校区通用，食堂、图书馆、超市、洗浴、上网、机房等交费均由一张校园卡完成。进一步完成数字化校园二期工程建设，建设了“校友之家”、“自主招生”网站。完成新闻网、争优创先活动专题网站、党建与思想政治工作网、英文版主页等专题网站的建设。基本完成下一

代互联网 IPv 6 建设项目工作。完成校内各楼宇的 IPv 6 网络改造，校园网 IPv 6 建设全面普及，实现了东、西校区所有接入点的 IPv 6 全网覆盖，提高了教育网内资源的利用效率。

基建与后勤 西校区新学生公寓项目是改善办学条件的重点工程，完成教育部审批立项、人防设计审批、市园林局审批、锅炉房拆除、旧锅炉报废及解体处理、煤气管线切线工程、电话线移位和旧学生公寓拆除等各项前期工作。协助中药学院完成中试车间地下实验室的装修改造和实验室通风改造工程。

东方医院临床教学楼建设工程基本完工，第三附属医院门诊教学楼建设工程完成结构封顶，东直门医院总体建设规划获得审批。

后勤处从学工部接手的人防工作继续得到规范，建立人防数据库；完成教室服务中心的建设，从教育技术中心接手多媒体设备管理，正式交接教室资产；从实验室与设备处接手物资供应工作；与国际学院正式完成留学生公寓资产的交接；配合“校园一卡通”建设，调整人员，成立卡务中心；新增质量监控办公室，独立设置了节能办公室。

其他工作 2 月，国际学院与北京语言大学出版社签署了共同成立中医汉语教学与教材研发基地战略合作的协议，双方将在中医汉语教学、教材资源研发出版、中医汉语教师培训等项目上展开合作。基地还将致力于中医文化读物的研发编写，共同推动中国文化尤其是中医文化走向世界。

6 月，卫生部人才交流服务中心北京中医药大学工作站揭牌，双方法人代表签订了工作站《人事代理合同书》。

6 月，中医药培训项目启动大会暨和平里医院西学中培训班开班。该项目是东城区“国家中医药发展综合改革试验区”内涵建设的重点工作之一，有学员 150 人，学制半年。将开设中医基础理论、中医诊断学、中药学、方剂学、中成药等课程。课程结束考试合格者将获得由本校和中医局联合颁发的结业证书，并享有国家承认的继续教育学分。

7 月，分别举办全国高等中医药院校中药化学教学研讨会、全国高等中医药院校中药学教学团队建设经验交流与研讨会、全国第十一次中医诊断学术年会、中国科协第 212 次青年科学家论坛——中医诊法的研究前沿、热点和关键问题。

9 月，召开中医药博物馆建馆 20 周年座谈会，以及馆庆学术讲座、“猜方认药”等系列文化活动。

12 月，图书馆申报成功 2 部古籍，分别为明刻本《医要集览》9 种 9 卷、《摄生众妙方十一卷、急救良方二卷》（明·张时彻辑），获《第三批国家珍贵古籍名录》入选证书。

12 月，与新疆医科大学签署对口支援合作协议，在学科建设、科研课题申报、博士生培养等方面对新疆医科大学给予支持，并进一步加强在民族医药领域的研究与合作。

“十一五”回顾 办学规模适度扩大，教育结构逐步优化。调整教育结构，进一步完善以培养高层次人才为主体，多种层次类型并存、结构合理的人才培养体系。全日制在校生由 2005 年的 9158 人增至 2010 年的 9862 人，其中硕士研究生、博士研究生分别由 1217 人和 468 人增至 2416 人和 653 人，本专科生由 7473 人减至 6793 人，境外学生从 1322 人增至 1669 人。研究生占全日制在校生比例由 18.4% 增加到 31.1%，境外学生占全日制在校生比例由 14.0% 增加到 16.9%。非全日制在校生由 8353 人增加到 13753 人。在校学生总数由 17511 人增加到 23615 人。

深化教育教学改革，人才培养成效显著。构建了“通识教育课 + 专业主干课 + 全校选修课”的新型课程体系，实施按类招生和自主招生，探索形成了“院校教育 + 师承 + 家传”相结合的中医人才培养新模式。本科教学评估成绩优秀。2010 年，正式组建了研究生院。与伊朗马什哈德医科大学、新加坡南洋理工大学、意大利佛罗伦萨大学、英国密德萨斯大学等国外著名高校合作，开办了中医本科及研究生教育。

师资队伍建设稳步推进，整体结构进一步优化。实施人事分配制度改革，校内特聘教授岗位制度初见成效。实行人事代理制度，促进人才资源的合理流动和有效配置。逐步下放专业技术岗位聘用权限，试行院系绩效考核。采取国家留学基金项目资助和学校配套资金资助的方式，扩大教师赴国外研修的力度。加大高层次人才引进、培养力度，入选“973”首席科学家 3 人、教育部长江学者特聘教授 2 人、首届国医大师 3 人、教育部创新团队发展计划 1 个、国家自然科学杰出青年基金获得者 1 人、国家百千万人才工程国家级人选 4 人、教育部新世纪优秀人才 16 人。现有专任教师 878 人（包括附属医院），具有硕士学位以上教师比例由 2005 年的 60.6% 增加到 2010 年的 80.8%，具有博士学位教师由 2005 年的 23.3% 增加到 2010 年的 44.0%。在校外完成学位（学历）教育的专任教师由 2005 年的 58% 增长至 2010 年的 61.8%。

重点学科建设成效显著，基地建设快速发展。中医学、中药学学科被批准为国家一级重点学科，二级国家重点学科由“十五”末的 6 个增加到 15 个；国家中医药管理局重点学科由“十五”末的 10 个增加到 21 个；北京市重点学科由“十五”末的 3 个增加到 6 个。获批科技部国际科技合作基地 1 个、教育部国家外专局学科创新引智基地项目2项，新增教育部工程研究中心1个、教育部重点实验室1个，获国家中医药管理局重点研究室9个，新增国家中医药管理局三级实验室7个，获批市教委工程中心1个。

科研项目和经费显著增长，科研成果水平不断提高。国家级项目中标253项，较“十五”期间增长82.01%；省部级项目中标310项，较“十五”期间增长32.48%。其中获科技部“973”首席专家项目3项、课题18项；自然科学基金项目160项，中标项目数连续7年居全国中医院校榜首；科技部国际科技合作项目11项，中标项目数连续5年居全国中医院校首位。中标总经费49416万元，到位经费37159万元，较“十五”期间增长123.24%。科研成果获国家科技进步奖4项、省部级奖67项，申报专利54项，授权专利18项。在核心期刊发表论文3026篇，被SCI收录论文110篇。新增省部级以上科研基地32个，新增各类科技人才与团队27个。

医疗服务能力稳步提升，重点专科专病建设成效显著。理顺了东直门医院和东方医院的管理体制，第三附属医院成为北京地区首家三级中西医结合医院。各附属医院注重加强内涵建设，加大医疗资源投入，切实提高综合服务能力，医疗水平、服务质量和业务收入稳步提升，共有15个国家级专科专病、5个北京市中医特色诊疗中心，装备有核磁共振、DSA血管造影机、螺旋CT机、ECT、大型成套数字化X线机组等大型医疗设备。2010年，3家附属医院门急诊总量253.78万人次，出院病人2.9万人次，住院手术9890例，业务总收入超过12.3亿元，4项指标较“十五”末分别增长了150万人次、1.7万人次、5285人次和7.94亿元。

不断深入国际合作与交流。“十一五”期间，举办国际学术会议13次，新建境外办学办医项目6项，实施学生交换与互访项目25项。与美国哈佛大学医学院建立科技合作项目，引入经费1300万元。教师出境参加国际学术会议96人次，累计因公派出国（境）414人次。接待境外重要团组81个1517人次。至“十一五”末，与21个国家和地区共55所境外大学建立了校际合作关系，29个教育教学合作项目正在运行。

拓展办学空间，改善办学条件。完成西校区逸夫科研楼建设，学生食堂、图书馆改扩建。东方医院临床教学楼竣工，第三附属医院门诊教学楼结构封顶。2010年，在房山区良乡高教园区征地1433亩。新增仪器设备7655台（件），其中10万元以上仪器设备95台（件）。新增馆藏纸质书刊24万册、电子图书22万册。校园网出口带宽由85兆增加到600兆，信息点由1028个增加到5854个。完成西校区无线网络建设和数字化校园一期工程。“校园一卡通”项目全面投入使用。

党建和思想政治工作成效显著。贯彻党委领导下的校长负责制，进一步完善党委领导、校长治校、专家治学的良性工作机制。规范干部选拔、任用、管理和监督机制。在京郊、河北等地建立8个党员教育基地，开展送医支教活动。发挥纪检监察作用，深入开展党风廉政建设和反腐败斗争，取得了较好成效。

持续推进管理体制改革，不断提高综合服务水平。推进机构改革和人事分配制度改革，实行专业技术人员岗位聘任。进行了中层干部换届及竞聘上岗，干部队伍的年龄结构、学历层次、知识结构和管理水平逐步改善。坚持教代会制度，推进校务公开，做到科学决策和民主决策。坚持现场办公会制度，开展“调查研究月”活动，促进领导干部深入基层、联系群众，转变工作作风。推进了“小机关、多实体、大服务”的后勤社会化改革。组建资产经营公司，完成药厂改制，国有资产管理机制逐步完善。组建新闻中心，更新校园网主页并新建校内网。

稳步推进学生工作。打造学术节、艺术节、体育节和文化节等活动品牌，推进学校文化建设。从政治思想教育、素质教育、社会实践、心理健康教育、职业生涯教育和贫困生资助等环节入手，促进大学生健康成长和全面发展。形成了以“红白”双色主题教育为载体的思想政治与医德医风教育体系。正式实施第二课堂实践学分制。有专兼职辅导员157人。加强建设心理健康教育与咨询中心。“十一五”期间，学校共发放各类“奖、助、贷、勤、补”金额5635万元，近3万人次学生获得奖励资助。千方百计开拓就业市场，毕业生就业率保持较高水平。

大力开展社会服务工作。充分发挥专业特色优势，致力于弘扬中医药文化，通过多种传播媒介，推出一批深受百姓喜爱的专家学者，普及健康医学知识，倡导健康生活方式，为传播中医药传统文化、提高公众健康意识和水平做出积极贡献。与西藏藏医学院、新疆医科大学以及北京市部分区县中医院建立了对口支援关系。

（撰稿：杨　苏　审核：乔延江）

领导名单

党委书记　吴建伟
副 书 记　常　江　谷晓红
校　　长　高思华
副 校 长　王庆国　徐　孝　靳　琦　乔延江

首都医科大学

（丰台区右安门外西头条10号）
邮编：100069　电话：63291983
网址：www.ccmu.edu.cn

基本情况　学校和附属医院共有教职员工和医务人员25927人，其中校本部1533人、附属医院24394人；有院士6人、特聘顾问9人；正高级职称1411人，其中校本部100人、附属医院1311人；副高级职称2647人，其中校本部213人、附属医院2434人；有专任教师1438人，专任教师中教授417人，其中校本部92人、附属医院325人，副教授690人，其中校本部166人、附属医院524人，讲师299人（均为校本部人员），助教14人（均为校本部人员），无职称18人（均为校本部人员）；有博士生导师299人、硕士生导师689人；有“长江学者奖励计划”特聘教授1人；校本部和直属附属医院有国家突出贡献专家2人、省部级突出贡献专家20人、享受政府特殊津贴专家105人；有外籍教师6人。

获奖情况。被评为北京市敬老爱老为老服务先进单位、北京市内部审计先进单位、首都国家安全工作先进集体、首都高校社会实践先进单位、北京市实验动物工作先进集体。工会被评为北京市工会工作先进单位，“在冲锋中建先锋”获北京市组织工作创新项目奖，“打造推动学校事业发展的‘动车组’——学院领导班子体系建设实践探索”获2008~2009年北京高等学校党的建设和思想政治工作优秀成果一等奖，《首都医科大学学报》获中国科技论文在线优秀期刊二等奖，右安门校区绿化工程获北京市园林绿化局颁发的优质工程奖，卫生管理与教育学院学生党支部获北京高校红色“1+1”示范活动三等奖。获北京高校育人标兵2人、北京高校成才表率1人，当选北京市先进工作者1人。

机构设置　年内，进行了学院内部机构和职能管理及公共服务部门机构调整。调整后，设有10个学院，19个党政职能管理部门，4个业务管理部门，2个群团组织，12个公共服务平台，17家临床医学院（其中15家为附属医院）以及1个预防医学教学基地，设有3个专科学院和30个专科学系。新增1家附属医院、2个临床医学院：北京世纪坛医院成为首都医科大学附属北京世纪坛医院（首都医科大学肿瘤医学院），北京三博脑科医院成为首都医科大学第十一临床医学院。

教学改革　继续推进学校第三轮教育教学改革。批准立项校长基金教改项目143项，获批全国及北京市教育科学研究“十一五”规划课题、中华医学会医学教育研究课题等13项。持续进行“以学生为主体、教师为主导，师生互动”的教学方法改革。依托3个国家级人才培养模式创新实验区，努力探索和实践复合型医学拔尖人才、创新型药学人才及农村基层卫生人才的培养模式，形成本校3个层次人才培养模式探索创新的格局。开展临床阶段教学方法改革，推动PBL教学方法（即以问题为中心的教学方法）在临床主干课程见习、实习教学环节中的应用。深化成人学历教育办学模式改革，确立以学校农村医学人才培养基地为依托的郊区成人学历教育办学模式。推进成人学历教育教学模式改革，建立适合成人教育特点的“面授为主、视频网络教学为辅，集中实验、适时辅导”的教学模式和课程体系。

完成学院和职能管理部门内设机构的调整设置，研讨建立学校机构设置管理办法，实现学校机构设立及调整的规范运行。进行基础各学系学科方向、学科队伍建设的汇报，制订适合“十二五”发展的人员编制和岗位调整以及相关岗位政策的细节规定。制订《教师岗位聘任实施细则的补充规定》及《关于教师岗位聘任个性化条件的意见》，完成全员岗位聘任工作。

加强后勤服务保障，保障师生员工正常的学习、工作、生活和校庆等重大任务的完成。落实节能减排措施，强化节约型校园建设。推进后勤服务信息化建设和管理的制度化、规范化建设。

教学工作 开设本科专业16个，七年制专业2个；一级学科博士学位授权点7个、一级学科硕士学位授权点10个，按照三级学科统计，有59个博士学位授权点和78个硕士学位授权点。年内，新增1个本科专业（医学检验）、4个一级博士学位授予学科。在校生13805人，其中学历教育学生中全日制研究生2746人（博士生658人、硕士生2088人），普通本专科生6167人（本科生4019人、专科生2148人），成人教育本专科生4892人（本科生1870人、专科生3022人）。留学生毕业3人，招生75人，在校315人。招生4117人，其中学历教育学生中全日制研究生846人（博士生223人、硕士生623人），普通本专科生1651人（本科生891人、专科生760人），成人教育本专科生1234人（本科生674人、专科生560人）；以同等学力申请博士硕士学位386人（博士生109人、硕士生277人）。毕业4689人，其中学历教育学生中全日制研究生839人（博士生169人、硕士生670人），普通本专科生1568人（本科生846人、专科生722人），成人教育2003人（本科756人、专科生1247人）；以同等学力申请博士硕士学位279人（博士生60人、硕士生219人）。全年完成教学261883学时。

完善制度建设，规范教学管理。完成数字化校园教学管理系统的建设，对基础和临床各学院教师、教学管理人员进行4次教务平台使用的培训。完善各项制度建设，按照学校管理平台封顶要求对教学管理制度进行了分级，并进行制度的新增及修订工作。教学管理方面，继续进行新一轮学院教学管理工作的检查，形成各学院之间互相学习交流的机制。强化学籍与成绩管理，完成学校、北京市、教育部3个平台学籍信息的维护；完成教育部学籍平台新生注册及在校生学年注册；对2010届应届毕业生进行毕业资格审核，并完成学历电子注册工作以及学士学位授予信息年报工作。规范教学过程及教学管理，各学院形成各门必修课程教学过程优化和规范的基本要求，对临床医学院及教学医院的临床实践教学环节“临床课间实习教学”进行系统地观摩检查。发挥联合教研室的功能，在教学研讨、师资培训、教材编写及选用等方面发挥作用，使临床各科教学更协调一致，稳步提高教学质量。加强师资队伍建设及培训，依托人才强教项目，侧重培养教师的教学能力、教学技能，注重教学意识的培训，继续临床教师的岗前培训并规范相关培训内容。

加强“质量工程”各项教学建设，获批国家级特色专业2个、精品课程2门、双语示范课程1门、优秀教学团队2个，获批市级精品课程3门、实验教学示范中心1个、优秀教学团队2个、教学名师3人。获批北京市校外人才培养基地1个。获批首批北京市大学生素质教育基地。全面开展学校全套英文教材第一批47部教材的编写。

不断提高对内继续教育项目的实际效果，完成《北京市属市管高等学校人才强教计划项目7——教师教学实践技能培训》的执行。拓展对外继续教育的有效渠道，获批国家级继续医学教育项目2项、市级4项；接收2010～2011学年国内访问学者11人；加强非学历教育办班的规范管理，严格审批制度与备案制度，规范审核手续，全年举办培训班21个，培训1559人次；住院医师规范化培训课程培训班共培训3069人。

学校和附属医院图书馆建筑面积23931平方米，藏书112.4万册，其中学校图书馆藏书73.45万册。学校图书馆建筑面积17901平方米。

学生工作 年内，推荐国家奖学金14人、国家励志奖学金202人；评出校内奖学金1750人；首次设立农村卫生人才专项奖学金，60人获奖；为1119人发放困难补助117.8万元；为2338人发放国家助学金734.43万元；继续开拓社会资助渠道，有154名学生接受社会资助48.3万元。1417名学生参加勤工助学，共发放补助金108.41万元。

推动“学生更可爱”目标的深化落实。继续组织名师讲坛系列讲座。实施“敬畏生命、珍重健康”大型主题教育活动第二阶段的方案，举办培养医学生的信息素养和批判性思维能力和关于朱德元帅的专家讲座。开展学生学风建设活动，引导教育学生按“早到五分钟，给老师一份尊重；早到五分钟，助自己一份成长”的要求，做到“律己修身助成长，爱校尊师迎校庆”。加强学生工作队伍建设，加快辅导员职业化专家化建设的进程，举办学生典型个案工作坊5次。5人被评为北京市优秀辅导员，其中1人当选北京市十佳辅导员。推进德育教学工作，制订《关于加强临床学生德育课程建设的意见》，加强临床学生党建与德育工作。加强国防生教育管理，召开临床医学院国防生教育管理座谈会，加强总后国防生选培办、校武装部和各临床医学院的工作联系；配合国防生选培办进行国防生骨干的选举；开展了宿舍安全倡议和文体活动日活动。

加强研究生党建和学生工作。建立研究生党支部干部培训制度，明确研究生党支部干部培训周期、培训内容和培训方式。探讨研究生会工作新机制，初步确立主席团工作机制及活动项目化管理方式，举办研究生会干部培训与研讨班，召开学生骨干总结交流会。为学校50年校庆开展了多种形式的活动。

科研工作 获批科研项目389项，总经费30692万元。国家科技部项目15项，其中获批“973”重大项目1项、“973”项目课题5项、“973”计划前期研究专项1项、科技重大专项课题6项、国际合作项目2项，总经费10643.8万元；国家自然科学基金资助项目188项，经费6415万元；各部委资助项目29项，经费7193.1万元。获批省部共建国家重点实验室培育基地1个、省部共建教育部重点实验室1个、北京市重点实验室1个。首次获得国家软科学项目立项支持，由校长吕兆丰教授主持的“新医改背景下乡村卫生队伍建设与发展研究”获国家软科学研究计划项目立项。年内，国家自然科学基金资助项目在研374项，结题86项。

获国家科学技术进步奖二等奖2项，获高等学校科学技术奖一等奖2项、二等奖3项，获高等学校科学技术奖（推广类）一等奖1项，获北京市第十一届哲学社会科学优秀成果奖一等奖1项，获何梁何利科学技术成就奖1项、茅以升科学技术奖1项、世界卫生组织笹川卫生奖1项。申请专利61项，授权27项；10项设计获得计算机软件著作权证书。2009年度被CSTPCD统计源期刊收录国内论文5614篇，比上年增长22.42%，在全国高等院校排名中列第二位。国内期刊论文被引用15747次，比上年增长31.56%，列全国高等院校第九位。SCIE源期刊收录论文562篇，比上年增长36.74。SCI收录论文639篇。论文最高影响因子47.05。出版专著127部。

在首届全国大学生基础医学创新论坛暨实验设计大赛上，本校参赛的7个项目中，由姜鸾、邵蕾、胡旸设计的“应用改良PCR法构建高GC含量启动子多位点定点突变载体”荣获一等奖，由刘水乔、李筠、雷亚楠、卢迪、封素娟设计的“低氧预适应对小鼠脑缺血性损伤的影响及蛋白激酶C亚型特异性激活”获二等奖，其余5个项目获优秀奖。

国际交流与合作 年内，主办国际学术会议28个。接待16个国家或地区外宾52批321人次，其中合作项目交流师生11批106人次、学术交流访问26批175人次、洽谈合作事宜15批40人次。组团访问美国匹茨堡大学、迈阿密大学和加拿大卡尔加里大学，首次开辟了本科临床医学生与国外交流、互访和研究生联合培养的校际渠道。与澳大利亚昆士兰大学医学院达成共识，开展本科医学生交换实习项目；与多伦多大学开展了长学制研究生阶段交换学习项目。与国外大学或有关单位签署交流合作协议5项。完成11个海外教育规章制度的研讨、起草、修改、制订。

信息化建设 完成数字校园建设工程，不断完善各系统数据库建设，完成学校新的组织管理机构系统在统一身份认证平台中搭建的确认。完成网络设备升级改造和光缆电话电缆改造的后期工作。完成全校共享的网络存储系统建设、数据中心存储备份工作的部署和培训。完成网站内容管理系统升级，校庆前完成学校网络页面的更换和更新。中国教育和科研计算机网、华北地区网络中心授予学校高校招生网络安全畅通工程先进单位。

基本建设 推进右安门校区北校园的建设工程，为50年校庆创造优美环境。完成基础科研大楼主体工程和后期建设。组织各楼功能调整和搬迁，进行教学综合楼的方案设计，完成部分楼宇的维修改造和抗震加固工程。完成西校园绿地认养拆迁的前期方案，做好国际学院搬迁至江山怡园大酒店的准备工作。推进学校顺义校区教学楼、宿舍楼和餐厅的基本建设和房山教学基地二期改造工程。

校庆 首都医科大学围绕“学术校庆、教育校庆、文化校庆”三大主题，从校庆年、校庆月、校庆日顺次推进，组织4项庆典活动，即迎接领导视察、吴阶平塑像揭幕、校庆文艺晚会、庆祝大会。9月27日，国务委员刘延东来校视察并发表讲话。各临床医学院、临床专科院系共组织138场学术活动。

其他工作 获批国内首份《转化医学杂志》（CN11－9304），搭建转化医学研究的交流平台。组建了首都医科大学期刊交流与合作平台（首医期刊联盟）。编撰出版《首都医科大学学报创刊30年》纪念特刊。全年出版《首医报》14期。

“十一五”回顾 以学科建设为基础的各项事业快速发展。①学科整体水平明显提高。新增国家重点学科5个、国家重点培育学科2个、北京市重点学科7个、北京市重点建设学科12个、北京市学科群1个、教育部以及教育部省部共建重点实验室4个、北京市重点实验室2个、省部共建国家重点实验室培育基地1个。新增一级学科博士学位授权学科5个、一级学科硕士学位授权学科7个，二级学科博士学位授权学科22个、二级学科硕士学位授权学科21个，博士后科研流动站3个。2010年，临床医学博士后科研流动站被评为北京市优秀博士后科研流动站。新增省部级工程研究中心2个：内源式预防药物教育部工程研究中心、耳鼻咽喉头颈科学工程研究中心。2008年12月，《首都医科大学学报》被北京大学图书馆《中文核心期刊要目总览》（第五版）收录，成为中文核心期刊。2009年12月，《学报》编辑部联合附属医院20多家杂志编辑部成立首都医科大学期刊联盟。2010年，成功申请到《转化医学研究》（电子版）杂志正式刊号（CN11－9304）。②人才队伍建设成效显著。引进优秀学科学术人才30人。获批长江学者特聘教授1人、北京市有突出贡献的科学技术管理专家2人、政府特殊津贴专家1人、北京市优秀青年知识分子1人。入选北京市海外高层次人才5人、新世纪百千万人才工程13人。当选全国优秀教师2人、北京市优秀教师10人、北京市优秀工作者2人。获批北京市优秀人才培养资助项目71项、北京市科技新星计划项目14项、北京市留学人员科技活动择优资助项目17项。入选北京市人才强教深化计划特聘教授8人，高层次人才4人，拔尖、创新人才12人，创新团队12个，中青年骨干教师86人。③人才培养质量不断提高。学历教育共有19906名毕业生走向医药卫生事业建设一线，非学历教育培训2.5万余人。授予博士学位研究生814人、硕士学位研究生3357人。4篇论文入选全国和6篇论文入选北京市优秀博士学位论文。研究生教育获得6项教学成果奖，其中《临床医学研究生综合能力培养模式的改革与实践》获国家教育教学成果二等奖。学校组织申报卫生部"十一五"规划教材（研究生部分），中标主编教材10部、副主编教材3部。8人当选高等学校医学研究生教学资源建设各层次副主任委员或委员。中标高等教育出版社组织编写的"全国医学研究生教学用书"27部。2部研究生教材获得"北京高等教育精品教材建设"立项。建成四大体系：各专业比较完善的新的课程结构体系、系统的实验实践教学体系、有效的教育教学运转体系、完善的教育教学质量监控体系。完成第二轮教育教学改革，启动第三轮教育教学改革。获国家级和北京市级教育质量工程项目83个，获国家级教学成果奖3项、北京市级教学成果奖15项，其中"首都农村医学人才培养体系建设与农村医学人才培养的研究与实践"获第六届高等教育国家级教学成果特等奖。获得市级及以上教改立项49项。入选"十一五"国家级规划教材66部、北京市精品教材10部。新建本科专业4个，获批国家级特色专业7个、北京市特色专业10个。获批国家级精品课程6门、北京市级精品课程15门、国家级双语教学示范课程2门。建成国家级实验教学中心2个、市级实验教学中心5个。获批国家级优秀教学建设团队7个、市级优秀教学建设团队11个。获批国家级教学名师1人、市级教学名师9人。获批国家级人才培养模式创新实验区3个、市级人才培养模式创新实验区1个。获批北京市校外人才培养基地3个、北京市大学生素质教育基地1个。初步搭建由青年教师规范化培训和继续职业教育培训构成的继续教育体系，搭建以继续教育项目为支撑的"新知识、新理论、新技术、新方法"学习平台。获批国家级继续医学教育项目26项、市级继续医学教育项目13项、教育部高校教师高级研修班项目3个、教育部高等学校继续教育示范基地1个。接收国内访问学者50人。建立符合成人教育特点的新的教学计划方案，确立城区教学在校本部集中、郊区教学以学校建设的农村医学人才培养基地医院为依托的成人学历教育办学新模式。学校与密云、大兴、平谷、通州、房山等区县政府签署合作协议，建立了京北、京南、京东、京西的农村医药卫生人才培养辐射基地。学校一志愿生源充足，生源质量不断提高。2006～2010年，本科批次学校一志愿满足率分别为92.7%、92.2%、95.6%、96.0%、98.5%，专科批次一志愿满足率均为100%。2010年，在招生的15个省份中录取平均分第一次全部高出重点线40分以上。学校本专科毕业生就业呈良好态势，就业质量较好。2006～2010年，本专科毕业生就业率分别为95.11%、95.44%、96.07%、97.05%、97.42%；签约率分别为85.71%、84.66%、89.29%、84.64%、88.73%。2008年，首批获评北京地区高校示范性就业中心。④科研业绩实现历史性跃升。学校获批市级以上科研项目1387项，资助经费9.3亿元。其中承担国家科技部高技术研究发展计划（"863"）18项、国家重点基础研究发展计划（"973"）22项、科技部"十一五"支撑项目22项、国家自然科学基金项目539项。同时，社科研究获批市级以上项目63项，其中国家社科基金项目和教育部人文社会科学项目为首次获得资助。获得市级以上成果奖81项，其中王忠诚院士获2008年度国家最高科学技术奖。获专利授权97项。学校的SCI医学论文收录数、MEDLINE论文收录数、国内论文数以及国内论文被引次数等排名连续进入全国高校20强，并呈逐年上升趋势。⑤对外交流合作和海外教育形成规模。学校与30多个国家和地区签订了交流与合作协议，接待美国、加拿大、英国等50多个国家和地区的专家学者和学生数百人来校进行学术交流和参观访问。聘请长期外籍专家32人、客座教授41人。2006年，学校成立国际学院，教育部批准招收本科临床医学专业（英语授课）留学生。5年共招收37个国家和地区的378名学历教育留学生，短期交流留学生470人。2007年，与宣武医院合作开展了海外毕业生临床培训项目。2007年，学校进入世界卫生组织医学院校名录；2008年，完成在美国外国医学毕业生教育委员会（ECFMG）的认证和备案，使学校的学历教育在北美地区得到认可。⑥临床团队优势进一步增强。胸科医院、世纪坛医院、地坛医院正式成为附属医院，三博脑科医院成为临床医学院，使学校附属医院和临床医学院达到18家。以国家生命科学与技术人才培养基地为基础，新组建15个临床专科学院和专科学系。目前，34个临床专科院系已有33个完成基础性建设并挂牌成立。

基本建成支撑发展的管理与资源服务平台。推进15个方面的改革和建设，涉及的17个管理、资源、支持、保障平台的搭建已经基本完成。①管理与资源服务平台建设。图书馆：馆藏纸质文献资源增加139615册，增长27.25%；馆藏电子文献资源增加150612册，增长126.95%。文献资源建设经费投入大幅增加，由2006年文献总价值24686589.83元增加到43157533.46元，增长68.48%。档案馆：完成档案管理制度平台的封顶，完善档案信息化基础设施，加快了档案数字化资源建设，加强学校重大活动和重点项目的预立卷及归档工作。信息与通讯中心：2006年，启动数字校园建设工程，制订《校务管理信息标准》，搭建统一数据交换平台、统一身份认证平台和统一门户平台，研发建设人事管理、科技管理、学工管理、教务管理等18个应用系统。实验动物部：保持实验动物质量控制无重大事故发生，实验动物资源供应60000只/年，开展实验动物学专业技术人员培训超过3700人次，医学实验学获市教委品牌专业认定，动物学科被批准为北京市重点建设学科。2008年7月3日，校医院正式成立。2010年12月底，学校科技园被市科委、市教委、中关村科技园管委会认定为北京市大学科技园。②校园环境建设。完成顺义校区教学楼扩建工程3998平方米，投资807万元；右安门校区科研楼新建工程42129平方米，投资2.356亿元；校园改扩建5200平方米，校舍抗震加固及维修总面积约35000平方米。完成地下管线改造工程，地下专业管线铺设112461米。校园绿化改造面积32000平方米。

学生德育工作取得硕果。1人入选北京市哲学与社会科学百人工程。2010年5月，中央电视台新闻联播栏目报道本校学生工作坊取得的成绩和效果。1人当选北京高校十佳辅导员。“首都大学生生命观状况调查研究”首次中标首都大学生思想政治教育研究中心重点课题。

以“首医精神”为核心的文化认同不断深入。确定了首都医科大学的校训、校风、学风，决定《首医之歌》为首都医科大学校歌，确立新的校徽设计方案。完善首医精神体系建设，充实“求实求精求发展，敢想敢拼敢争先”的党建迎评精神，“民族至上，责任至重，奉献为荣，志愿为乐”的奥运精神，“祖国荣誉高于一切，全力以赴自觉担当”的国庆60周年活动精神，“知天命，承天职，同传薪火；重教科，蕴文化，再创辉煌”的50周年校庆精神。形成一楼（阶平楼）、一像（吴阶平塑像）、一石（校训石）、一屏（学风和郭沫若先生题词屏风）、一墙（校训墙）的文化教育园区。

（撰稿：王于英　审核：赵学智）

领导名单

党委书记　李　明
副 书 记　马谊平　刘　芳
校　　长　吕兆丰
副 校 长　王晓民　王玉慧　管仲军　齐　昉
　　　　　线福华　王松灵

北京卫生学校

（西城区南横西街94号）
邮编：100053　电话：63209001
网址：www.bjwsxx.com

基本情况　教职工287人，其中专任教师125人，包括高级讲师47人、讲师47人、助理讲师25人、无职称6人；行政人员68人；教辅人员16人；培训中心16人；工勤人员39人；校办企业23人。

3～7月，实施第三轮教学人员专业技术评聘分开，39人高聘，68人平聘，4人低聘。

获奖情况。被评为首都文明单位、职业学校德育先进单位、中小学教师教育能力——英特尔教育成果展活动优秀奖、职教系统学生体质健康达标测试第六名、市卫生系统网站评议考核优秀网站奖等。5月7～9日，选派6名选手参加全国医药职业院校技能大赛（中职组）中3个工种（医药商品购销员、压片工和中药调剂）的比赛，获6个一等奖和团体二等奖。10月，药剂学科主任武昕、教学研究督导室主任韩悦被评为市级学科教学带头人，检验学科主任李晖、影像学科主任李迅茹被评为市级骨干教师。

机构设置 3月19日，与顺义区农业机械化学校签订联合办学协议，命名为北京卫生学校顺义分校。

5月13日，学校与北京爱普益医学检验中心有限公司举行医学检验和医学生物技术专业实习实训基地挂牌仪式。

7月，药剂专业与金象连锁大药房签署共建实训基地的合作协议，在校内首次建立以企业独立自主的校内仿真模拟实训基地——北京卫生学校金象大药房。

12月10日，与北京大学医学网络教育学院签订合作办学协议，成为北京大学医学网络教育北卫学区。从2011年春季开始招生，开办护理学、药学和卫生信息管理专业专、本科2个层次的成人网络学历教育。

教学工作 有全日制普通中专班89个3914人，其中药剂专业14个班626人，医学检验专业7个班330人，医学影像技术专业4个班176人，医药装备专业（医用电子仪器）4个班154人，卫生信息管理专业4个班151人，中药专业8个班321人，口腔修复技术专业4个班164人，医学生物技术专业3个班115人，护理专业24个班1107人，涉外护理专业17个班770人。与中国医科大学联办高职班4个155人，与首都医科大学联办高职班4个141人，共计8个班296人。全年完成教学64512学时。3月，学校被市人保局、劳动局、卫生局确定为北京市护理员岗前培训机构之一。5月4日正式开班，截至年底，开班20期，培训并获得结业证2102人。

坚持“以制度管理为基础、以过程管理为重点、以评价管理为导向”的管理理念，加强内涵性建设，制订了《常规教学管理规定》，对校内整个教学环节提出了明确的工作规范。坚持以检查教学运行为主的日查、周查、月查制度和以全过程质量控制为主的期初、期中、期末阶段性教学检查制度，通过教学检查与抽查，及时发现问题，采取有力措施，保证工作目标的实现。年内，围绕教学改革重点，组织学生技能大赛，与工会联合开展了德育特色教案评比、教学大纲评比、多媒体课件评选、精品课程建设评比、教师基本功竞赛、教研组工作水平评估等活动。

药剂专业深化校企合作，首次建立了以企业独立自主的校内仿真模拟实训基地——金象大药房；检验专业优化专业核心课程，探索基于工作过程的课程教学情境的建构；医用电子仪器专业改革专业核心课程考核方法，以实践技能操作考核评价学生专业实际操作能力；涉外口腔修复技术专业在推进中外合作办学上实现了3个“零”的突破，即中专生参加雅思英语考试取得好成绩，中专生取得国外职业培训证书，中专生在校期间即将赴国外大学学习；中药专业深化人才培养模式改革，完善传统中药人才培养方案。实验中心通过资产核算、档案清查、实践教书论坛、集体备课等活动，规范实验室的管理。

年内，派出4名教师赴新西兰参加“友善用脑”教学理念的培训学习，派出多人参加国内课程开发、实训建设等各种培训班学习，并对全体教学人员进行了电子白板使用技术的培训，组织140名教师参加了市教委英特尔信息技术培训。通过教学设计评比、课件评比等活动，不断提升教师的专业化能力。年内，学校教师参加全国涉外护理专业教师（英语）教学比武获一等奖；在全国“创新杯”说课大赛活动中，护理学科老师贾小莹获一等奖、王萍获二等奖，基础临床学科的白蓉获二等奖。

11月，与英国爱丁堡特尔福德学院合作办学的口腔工艺技术专业第一期NC项目班结业。8人通过特尔福德学院口腔工艺技术专业大专一年级课程考核，取得由特尔福德学院颁发的NC证书。其中5人赴英国爱丁堡特尔福德学院学习HND课程，完成大专学业。

德育工作 以“树立好校风，建设好班风，培育好学风”为主线，开展贯穿全年的“知荣辱，守法纪；讲文明，重践行”主题教育活动，“摒弃吸烟陋习，培养健康习惯”专项教育，以及主题教育知识竞赛、法制讲座、文明班级评比等系列活动，学生遵纪守法意识不断加强，不良行为习惯逐步矫正，优良校风、学风、班风建设进一步深化，文明和谐校园氛围日渐浓厚。

以体验教育为特色，提升素质教育效果。开展学生课外活动，引导学生健康的兴趣发展；开展社会实践活动，提高学生适应社会和实践创新能力。学校获全国中职学生“文明风采”大赛优秀组织奖，学生合唱团获北京市学生艺术节合唱比赛二等奖，“节约一桶水一起去世博”绿色环保节能活动获最佳方案奖。

以《学生一日行为规范》为基准，狠抓养成教育，矫正学生不良行为习惯，组织了学生德育达标考核。加强对问题生的行为监控，及时进行帮助、指导和干预，预防问题发生。加强整顿重点班级，扭转重点班级的落后局面，实现了短期内班级明显进步的效果。

坚持班主任岗前培训和班主任例会制度，开展班主任工作总结交流会，提升班主任能力水平。坚持班级月考核和班主任月考核制度，规范考核管理办法。孟昭华老师获北京市“紫禁杯”中小学优秀班主任二等奖。

学校参加第八届全国中小学和中职学校思想道德建设优秀成果展评活动，被评为本年度深入学习实践科学发展观、推动学校德育工作创新先进学校，并获集体一等奖。同时，还有28项德育成果获奖，其中学校一等奖2项，个人一等奖12项、二等奖14项。

科研工作 加强对课题的前期指导与过程监控。全年组织课题中期检查10项、结题鉴定44项。获批市、局级课题立项8项，教师获奖和发表论文90余篇。

不断完善指标体系，加强教学质量监控。全年组织对40名外聘教师、29名新教师、校内81名教师的听评课；开展校级评优课活动，评出校级示范课1门、优秀课4门。

信息化建设 全年围绕学校的“信息化建设提高工程”，开展信息化软硬件建设。投资205万元完成信息化建设三期工程，实现实践教学的多媒体化，同时学校网络中心机房实现了自动化安全管理和手机短信管理员远程检测报警。

信息中心在强化服务意识、提高服务效率理念的引导下，主动推送服务，开通“中邮阅读网”为教职工提供更多的阅览资源；建立“校园读秀”为学生提供更多的课外电子学习资源。

基本建设 完成校园道路改造、实训教学楼地面改造、食堂改造、学生宿舍楼改造、学生宿舍楼空调安装、校园环境整治、医务室改造、口腔实验室改造等工程。

学校评估 5～10月，接受市教委专家评估组进行国家级重点中等职业学校的评估，得到市教委评估专家组的好评。

（撰稿：董艳丽　审核：兰文恒）

领导名单

党委书记　顾　平
副 书 记　兰文恒　马　英
校　　长　兰文恒
副 校 长　顾　平　江　红　郭积燕

北京护士学校

（通州区玉带河大街70号）
邮编：101149　电话：69548394
网址：www.bjns.cn

基本情况 教职工157人，其中专任教师69人，包括高级讲师20人、讲师35人、助理讲师14人；教学辅助人员27人；行政和其他专业技术人员27人；工勤人员34人。

本校承担中专护理、助产专业的教学任务并与首都医科大学和北京城市学院联合举办护理专业高职班。上半年，完成中专2个年级和高职班共27个班的教学任务；下半年，完成中专2个年级、中专三年级临床课和高职班共31个班的教学任务。招生527人（助产专业未招生），毕业578人。护理专业高职班录取新生222人。

教学工作 任课教师结合专业和学科特点，充分利用好课堂教学平台和优质教育资源，向课堂教学要效益，加强教学反馈，严格管理，进一步提高教学质量。完成中专班和高职班教学24530学时。

努力提高办学层次，扩大招生规模。在完成与首医合办高职班招生计划的基础上，首次与北京城市学院联合举办护理高职班，招生102人。

进一步拓宽就业渠道，积极开展多种非学历培训。举办护士执业资格考试辅导班，培训483人，通过率91.24%；8期护理员培训班，培训570人；开办高职辅导班和文化课提高班，并承办了全国医师资格考试和全国成人高考的考务工作。为毕业生就业搭建平台，并进行就业指导，召开毕业生就业工作会，请医院护理部主任开展就业指导讲座；开设10学时的就业指导课；召开有26家单位参加的毕业生与用人单位供需见面会。首次对毕业生基本情况进行跟踪调查，随机抽选52人，了解她们成长的情况及用人单位的意见反馈。

进一步深入课程改革，鼓励教师更新知识和理念，积极钻研教材，撰写论文，参加教材编写。学校学术年会收集论文47篇，其中15篇获奖或公开发表；收到教学成果10份；17人次参与教材的编写，其中主编2人、副主编1人。

学生工作 坚持以学生为本，改进和创新学生管理方式。年内，学校有中专、高职、临床教学3个层次，是在校生人数最多的一年。进一步严格学生管理，抓好入学教育、军训和开学典礼暨授帽仪式等大型活动；重视学生的职业意识、职业理想和职业道德教育；加强对学生审美能力的培养，严格规范学生仪表着装；注重对学生心理健康的教育，促进学生全面和谐发展。

强化全员管理，加强班主任队伍建设和班主任培训；建立学校、班主任、家长联系制；建设网络信息平台，形成了学校、家长、社会共同教育管理学生的良好机制；召开家长会4次。做好学生进入临床学习和实习阶段的交接工作，进一步加强和规范了对高职学生和分校学生的管理。

开展丰富多彩的第二课堂活动。以学生社团为龙头促管理，发挥学生编辑部、学生电视台的宣传教育作用。继续开设民族舞蹈队、现代舞蹈队、模特队、礼仪队、合唱队及桥牌、摄影、诗社等社团，开展了大量适合专业特色和女生特点的活动，以及优秀歌手大赛、护生风采大赛、学生艺术节及各种体育、创意比赛等。学校合唱队在北京市第十三届学生艺术节合唱比赛中获二等奖。

行政工作 年内，组织迎接35年校庆系列活动；召开庆祝大会；首次评选爱岗敬业十佳职工10人；安排职工旅游休养；举办职工摄影展。成立创先争优活动领导小组，制订《创先争优活动实施方案》，把创先争优活动与学校稳步发展、改革创新、目标任务紧密结合在一起，成立了4个规划制订小组，科学规划学校中长期发展目标，制订“十二五”期间《校园文化建设规划》、《人才队伍建设规划》、《课程体系建设发展规划》和《基本建设规划》。

继续加强教师队伍建设，抓骨干教师培养，立足于教师素质和能力的提高，开展一系列师德教育和培训活动。选派1名护理教师参加教育部组织的全国骨干教师培训，70名教师参加了教育学院组织的英特尔培训班。

组织业余党校、团校学习。学生志愿者积极参加各种社会服务，坚持开办爱心超市，开展勤工助学，慰问贫困学生。

信息化建设 进一步加强信息化建设力度，启动局域网升级改造项目、网络教育教学系统项目，年内信息化建设总投入超过过去10年投入之和。加强信息上传和网站管理，增加信息容量，严把信息质量关，及时更新内容，扩大宣传实效。

后勤与基建 新建实训楼723平方米，改建高职学生宿舍18间587平方米，修缮平房教室4间，新建学生形体房1间，对东西教学楼教室进行粉刷，整修了路面。做好后勤保障，努力为教学一线服务，新购置实验模型、教学设备323件（套）。多次召开安全工作会，层层签订安全责任书，强化安全责任的落实。结合“防火墙”工程和“四个能力”建设，编辑了《校园安全知识手册》和《“四个能力”知识手册》、“四个能力”知识卡片，人手一册一卡，认知熟知，并结合各岗位进行考核，确保学校的安全稳定。将学校家属区与教学区分开管理，并制订相应措施，保证学校正常的教学秩序。

（撰稿：初冬岩　审核：黄惟清）

领导名单

党委书记　王　庆
校　　长　黄惟清
副 校 长　郝士军　王　梅

北京市中医学校

（通州区九棵树东路128号）
邮编：101101　电话：60527431
网址：www. bjzyxx. bjedu. gov. cn

基本情况　教职工127人，其中专任教师54人，包括高级讲师12人、讲师22人、助理讲师20人；教辅人员18人；行政人员44人；后勤人员11人。

获奖情况。获北京市医疗卫生行业网站考核评议信息公开奖，保卫工作获市公安局集体嘉奖。

教学改革　制订专业建设发展规划，成立并召开专业建设指导委员会会议，听取专家的意见和建议，依据行业需求，参照行业岗位能力要求及行业用人标准强化各专业建设。确立中药专业为骨干专业、护理专业为重点专业、康复保健专业和中医护理专业为特色专业，着力打造。

继续深化教学改革，提高课堂教学效果和教学质量。引导教师结合本校教育教学改革实践，进行教学研究、课题研究。突出教研组在竞赛、辅导、科研等方面的作用，提高教研工作水平，集体备课，开展说课活动，组织教学观摩课活动，完成编印《中医养生康复学》、《临床常见病中医分册》、《临床护理药物学》3本校本教材，并投入使用。

教学工作　招生5个专业549人，其中统招生481人、成招生68人。护理专业161人，中医护理专业48人，中药专业222人（包括成招54人），药剂专业60人，康复保健专业58人（包括成招14人）。在校生1902人，其中护理专业709人、中医护理专业131人、中药专业713人、药剂专业214人、中医康复保健113人、医药卫生类22人，包括成人中专165人。

完成教学29390学时。试行专任教师量化考核管理办法，加强教学资料检查力度，强化课堂教学管理，加强教学巡回检查力度，提高学生综合考评成绩，提高教学质量。

加强教学检查，检查重点包括授课计划、教案、课堂授课情况等。完善专任教师考核办法，将教师工作进行量化考核。组织35岁以下青年教师第二届教学基本功比赛，举办教师教育讲座、英特尔未来教育等活动。

开展第二课堂活动，完成各项技能大赛。开展了书法比赛、计算机操作技能比赛、护理操作技能大赛、中药知识竞赛、中药技能识别大赛。

完成每位任课老师学期授课计划的审查，组织相关人员完成全校教学秩序的检查，包括教师教学纪律、教师仪表行为、课堂纪律。完成对部分教师的检查性听课，及时与老师沟通，提出教学反馈意见。

学校与北京大学医学网络教育学院合作办学，年内招生197人，其中护理专科93人、专升本67人，应用药学专科25人、专升本12人。学校被评为通州区高招工作目标管理优秀集体。

完成2009届护士资格考试的报名及考前培训，完成中药调剂员、药剂员培训取证工作，246人获得中级证书；完成全国计算机等级考试的组织，257人参加了考试；完成282人参加的医护英语考试；举办高职考前辅导班，98名同学参加学习。

学生工作　逐步形成了德育工作委员会牵头，党、政、工、团齐抓共管，主阵地主渠道和社会渠道“三位一体”的德育工作体系。从优化德育环境、德育内容和德育途径着手，构建以“成长成才”教育为核心、理想信念教育为基础、学科德育渗透为主渠道、心理健康教育为重要组成部分、文化艺术教育为引导、主题教育活动为载体、规范德育管理为保证的点面结合的德育工作模式。学校根据不同年级、不同年龄段学生的身心特点，构建以理想教育、职业道德教育为目标，有重点、分层次、系统化的德育体系。一年级以行为养成教育为主，主抓文明礼貌和遵规守纪教育；二、三年级以职业能力教育为主，主抓职业知识和职业技能教育；三、四年级以职业理想教育为主，主抓就业教育和职业道德教育。制订了《德育大纲实施细则》，将分层教育模式加以细化，确定活动内容，明确活动目的，落实活动时间，纳入常规管理范畴，使分层教育模式得到有效落实。

进一步加强学生心理健康教育，利用暑期建立了心理咨询室，购置软、硬件设备，组织心理健康咨询活动。开展学雷锋、护士节授帽仪式、重阳节慰问、消防疏散演练等活动，加强学生思想教育、传统教育；通过入学教育、新生军训、做文明有礼的北京人等活动对学生进行行为养成教育；通过助老服务、为灾区捐款、欢送毕业生等活动对学生进行感恩教育；开展体育文化节、民族艺术进校园、主题班会等活动对学生进行集体主义教育；通过青年文明监督岗、青年志愿者、太极拳社、太极扇社、爱心社等活动加强学生的自我管理；开展技能大赛、第二课堂、培训取证等活动加强学生职业技能的培养；通过组织社会实践、优秀实习生报告会等加强学生的职业道德教育。

加强班主任工作的日常管理，严格执行班级考核制度。对班主任和各班级进行量化评分，保障学生各项管理制度的有效落实。充分发挥班主任在学生德育工作中的中坚作用，提高管理育人的效果。

关注“问题”学生，采取与家长沟通、同学互帮、教师关爱、党员帮带等多种形式对在学习、生活、纪律方面存在问题的学生给予更多的关注。

科研工作 国家级课题“以校园文化建设为引领全面推进学校各项工作”结题，市卫生局、市中医局青年科学研究资助项目“中等职业教育药物学课程改革的探索”结题。“学校文化建设与策划”获国家科研成果一等奖；国家级课题“中等职业学校课程结构和教材改革的研究与实践”获中国教育学会教育机制研究分会二等奖；市级课题“北京市中医学校护理专业课程结构改革的研究”获北京市职业技术教育学会课题研究成果一等奖，“北京市中医学校学生心理健康教育的研究”获二等奖。

召开第十届学术年会，收集论文109篇，出版校本教材3本。筛选出9篇论文参加中国职业技术教育学会、教育部职业技术教育中心研究所、《中国职业技术教育》编辑部联合举办的第十二届全国职业教育优秀论文评选活动，《结合专业的任务驱动教学法在中职EXCEL教学中的应用》获二等奖，获优秀奖6篇，学校荣获组织奖。

信息化建设 完成网络线路系统改造，实现千兆网络交换到桌面。完成学校门户网络虚拟空间的租用，并基本完成新的门户网站的改版。完成演播室非线性编辑系统及高性摄像机的设备采购。完成实验楼及校园门前监控系统的改造，增加了实验室和阅览室的监控，目前学校的监控点数150个。完成实验室多媒体设备的改造，改造和新增多媒体设备15套。完成宿舍楼内消防报警系统的改造，新增男生宿舍内的消防报警探头。更新电子阅览室的网络系统，配备了55台高性能计算机。完成电子图书的购置，新的电子图书系统拥有各类图书10万余册，网络中心通过网络下载补充医学图书3000余册。

基本建设 投入500余万元，加大专业实验室和教学设备的建设力度。按照专业分区建成了护理实训中心、中药实训中心、康复保健实训中心和基础实验中心，添置解剖、护理、康复推拿等实验实训教学设备模型，更新实验室多媒体教学设备，中药标本馆建成并投入使用。完成职工健身中心的改造和后勤用房的建设等。

宣传工作 学校电视台加强了典型人物的宣传。学校网站重新改版，更具中医文化特色。学校信息、校园广播、电子显示屏、橱窗、班报等各种宣传阵地发挥了重要作用。中国教育电视台第一套以《走进中药标本馆，感受中医药文化》为题对中药标本馆开馆仪式进行了新闻报道；通州电视台《通州新闻》栏目、《京华时报》、《中国中医药报》、《通州时讯》、部分网站等媒体对本校的护士节授帽仪式等也进行了报道。

安全工作 完善各项规章制度和预案，制订考核办法及标准。在人防、技防方面加大力度，对原有安全设备设施进行改造、更新、维护，达到全方位、无死角。成立了突发事件应急处理小分队，加强师生安全教育，组织消防法及交通安全法律法规的培训及知识答卷，组织安全知识图片展，进行了突发事件应急疏散演练。组织男教职工参与学生敏感时段的安全管理，聘用专业保安加强巡视检查。

其他工作 完成素质教育综合督导评估。11月29～30日，由市政府教育督导室组织的专家组通过听汇报、查看资料、听课、参观校园、召开座谈会等形式对学校进行了考评，并给予高度评价。学校在全市职业学校综合评估排名中名列第二，评估材料准备位列第一。 （撰稿：李　江　审核：董维春）

领导名单

党委书记 董维春
副 书 记 尹福祥
校　　长 董维春
副 校 长 郑春启

公共卫生及其他卫生机构工作

北京市卫生监督所

（朝阳区中纺街甲1号）
邮编：100020　电话：65003237
网址：www.bjhi.gov.cn

基本情况　职工152人，其中正处级2人、副处级15人、正科级58人、副科级49人、科员23人、工勤人员5人。

固定资产总价值5467.34万元。本年度新购资产总值387万元。

获奖情况。获北京首届世界武博运动会贡献奖、中国网球公开赛突出贡献奖，被中国卫生监督协会评为全国第一届健康卫士杯先进集体，被市委、市政府评为北京市对口支援什邡恢复重建先进集体。

改革与管理　编制本市卫生监督"十二五"发展规划，施行了《北京市卫生监督机构档案管理规范》和《北京市卫生监督机构卫生监督稽查信息和档案工作管理制度》。起草、审核公文176份，印发工作信息95期，办理各类公文1020份。完成2009年度区县工作考核、全市抽检工作的日常管理、新监督员资格的办理。

专项监督检查　1月11日起，在全市范围内开展了春节餐饮服务食品安全专项监督检查。共出动监督人员6605人次，监督车辆2045车次，监督检查餐饮服务单位15490户次。行政处罚24户次，其中警告5户次、取缔1户次、罚款16户次42900元，销毁变质过期食品75公斤。年内，开展餐饮服务单位专项整治。共对842户餐饮服务单位提出了责令整改要求，对1062户进行了行政处罚，其中警告285起、罚款750起、没收违法所得291起，罚没金额222.5万元。在全市开展餐饮服务环节一次性筷子、餐盒和食用油采购、使用情况的专项监督检查和监督抽检，对59户索证不全的餐馆给予警告，对抽检不合格的单位进行了查处。5月，本市以中小学校周边200米范围内的餐饮单位和小型餐馆为重点，开展了辖区中小学校周边餐饮服务食品安全的专项整治，落实食品安全管理责任，规范加工制作行为，防范集体性食物中毒的发生，消除学校食品安全隐患。9月中旬，全市开展无证餐饮服务单位的摸排，共有无证餐饮服务单位3707户，其中无证无照3558户、无证有照149户，卫生监督机构根据摸排情况开展了清理整治工作。5～10月，全市开展学校生活饮用水专项检查，共检查大、中、小各类学校1654所，对682所使用市政供水学校的末梢水进行现场或实验室水质检测，对239所学校采用直饮水供水的环境进行了卫生监督检查。绝大多数学校饮用水卫生管理和设施设备符合卫生要求，对发现的违法行为做出相应的行政处罚并责令改正。全市共监督检查存在粉尘与有毒有害化学品企业2702家，其中作为重点监督企业796家，对238家存在违法行为的企业给予行政警告处罚，对19家违法企业罚款25.9万元。全市卫生监督机构共出动卫生监督员3634人次，执法车辆1321车次，进行违法发布医疗广告专项整治。对医疗机构实施警告39户次，累计不良执业行为积分达156分。集中向社会曝光违规发布医疗广告的医疗机构名单及违规广告内容24期。抽查市售主流报刊、杂志20余份16380个版面，发现涉嫌违规医疗广告218条，其中抽查监测发现163条、国家中医药管理局监测转办39条、投诉举报16条，全部进行了查处。1月，对中国医学科学院实验动物研究所等8家单位进行专项监督检查，包括实验室生物安全制度建设、日常管理及两节期间实验室生物安全保障等。针对发现的问题，要求立即整改。2月，全市卫生监督机构开展医疗机构血液透析活动专项检查，并委托市疾控中心对医务人员手和物体表面涂抹样品进行了抽检。共出动卫生监督人员237人次，检查医疗机构113户次，下达《卫生监督意见书》53份，查看病历565份，现场医务人员手涂抹样品抽检25份。针对发现的问题要求立即整改，并由属地卫生监督机构进行复查。3~9月，对270家医疗机构进行医疗废物专项检查，重点是医疗废物和非医疗废物一次性输液瓶（袋）转交处置情况，医疗废物专用包装、容器、设备、设施质量，病区临时存放点和医疗机构固定暂存处的情况，医疗废物收集管理、人员防护和容器、设备、设施的清洁消毒情况，农村地区医疗废物自行处置规范情况。4月，对18个区县疾控中心及部分医院的传染病防控、疫苗接种、医疗废物管理情况进行监督检查，共检查36家单位，制作监督笔录和意见书72份，并对检查中发现问题的单位要求整改。5月，区县卫生监督所对存在问题的单位进行复查，大部分整改到位。5月，对协和医院、阜外医院、中日友好医院、朝阳医院、佑安医院、安贞医院、北京大学第一医院、友谊医院、北京大学人民医院和北京大学第三医院等10家医疗机构开展人体器官移植的情况进行监督检查，检查结果显示，整体情况良好。5月，对9家开展人类辅助生殖技术诊疗活动的医疗机构和1家人类精子库开展专项执法检查，未发现明显违法行为。6~11月，开展消毒产品生产企业专项监督检查，共监督253户次，覆盖率100%，下达责令改正通知书7份，并对整改落实情况进行了复查。市卫生监督所对9家消毒产品生产企业进行了抽查，针对发现的问题，要求其立即整改。

卫生监督抽检　全市共抽检食品样品14大类3876件，合格3634件，合格率93.76%，总体合格率较上年（95.5%）有所下降。其中熟肉制品、鲜榨果蔬汁、月饼、银耳合格率100%，蔬菜合格率98.67%，餐饮具合格率94.97%，盒饭合格率87.5%，沙拉合格率86%，生食水产品合格率88.13%，淡水（海水）鱼虾合格率76.67%，大米合格率95.71%，非发酵性豆制品及凉拌菜合格率分别为79.01%和75%。

抽检市政供水末梢水190件，合格183件，合格率96.3%；二次供水抽检194户（采样送检208件），合格193户，合格率99.5%；市政供水出厂水抽检28件，合格率100%；抽检涉水产品管材样品6件，水质处理器5件，2件不合格。自备供水企事业单位抽检67家，合格61家，合格率91.04%。农村地区自备井供水单位抽检628户，合格398件，合格率63.38%。

全市共抽检洗浴场所77家，合格71家，合格率92.21%。抽检住宿场所113家，其中B级57家，合格53家，合格率92.98%；C级56家，合格54家，合格率96.43%。抽检游泳场所606户，合格348户，合格率57.43%。抽检集中空调通风系统卫生状况160户，合格117户，合格率73.13%；抽检大型商场超市室内空气质量70户，合格55户，合格率78.57%。

共抽检10种消毒剂产品，其中1种产品标签说明书标注的内容不符合要求；抽检20个品牌的20种湿巾产品，全部合格；抽检17个品牌的20种纸巾、纸质餐饮具产品，全部合格；抽检血液300份，全部合格；抽检卫生巾、卫生护垫15种，全部合格；医护人员手消毒抽检45件，全部合格。

监督稽查　全市开展现场稽查201次，出动稽查人员738人次，对697个部门（科室）开展稽查，制订稽查工作方案74个，制作卫生监督稽查文书102份。开展书面稽查210次。对1033个部门的13813份行政执法文书或处罚案卷进行稽查，针对发现的问题，制发91份稽查文书督促整改。开展着装风纪稽查111次，共对520个部门3591名卫生监督员进行稽查，合格率99%。全市共接到对卫生监督机构及其卫生监督员的举报投诉3起，涉及卫生监督员7人，均按规定进行了调查核实。

重大活动卫生保障　完成60项重大活动卫生监督保障，包括北京两会、全国两会、北京首届世界武搏运动会、暑期北戴河保障、第二十九届世界音乐教育大会、政协第十一届全国委员会常委会第十次会议等。

行政审批　卫生许可受理审核中心目前共承担的工作事项共计17类123项，包括医疗卫生7类48项、公共卫生8类68项、中医2类7项、全程办事代理（非许可类事项）20项。全年中环大厅咨询受理52167件，其中咨询31503件、受理20664件，许可及发证18890件。

突发公共卫生事件　全年接到56起疑似食物中毒报告，与上年相比，食物中毒发生起数下降46.7%，发病人数降低31.1%。接报生活饮用水污染事件4起，比上年减少12起，影响人数少20700余人，发病人数少409人。

投诉举报 全年投诉举报中心直接受理投诉举报9284件，办结8917件，结案率96.05%；咨询服务2292件；接待来访82人次；处理来信176件次。

对外宣传 为93家医院安装了“北京市卫生监督宣传栏”。开展了全市性的《职业病防治法》、《食品安全法》知识竞赛，我最喜爱的A级餐厅活动；召开遵守《食品安全法》、保障人民群众饮食安全百家餐饮企业承诺大会。设计制作预防食物中毒宣传画10000张、《食品安全法》宣传卡包16000个、环保布袋15500个。组织策划北京市“促科学发展，保人民健康”卫生监督新闻摄影比赛，并制作了比赛画册，发放至16个区县卫生监督所。

信息化建设 卫生监督执法综合管理信息系统完善项目（平台二期建设）通过了最终验收。制订《北京市卫生监督信息化建设“十二五”（2011—2015）规划》和2011年信息化建设方案。完成《食品安全法》检查标准的调整、实施条例和监督管理办法的法条拆分和梳理，以及《餐饮服务单位量化分级管理办法》的修订。完成公共场所量化分级管理的系统改造。制订《北京卫生监督工作平台管理规定》和《北京卫生监督工作平台考核评估办法》。

培训工作 年内，卫生监督员资格培训91人，并全部取得了卫生监督员资格；举办全市卫生监督机构《餐饮服务许可管理办法》和《餐饮服务食品安全监督管理办法》培训班、消毒产品卫生监督员执法培训、食品安全事故应急处置培训班、行政管理能力培训班等。（撰稿：刘宗美　审核：王本进）

领导名单

党委书记　贺继民
副 书 记　李亚京　曲新丽
所　　长　李亚京
副 所 长　贺继民　李　扬　赵新生　田建新

北京结核病控制研究所

（西城区新街口东光胡同5号）
邮编：100035　电话：62276766
网址：www.bjjks.org

基本情况 职工86人，其中卫生技术人员53人，包括正高级职称1人、副高级职称5人、中级职称24人、初级职称23人；其他专业技术人员11人；行政、后勤人员22人。

医疗设备总价值1331万元。年内购置医疗设备总值297万元。

获奖情况。获得卫生部全国结核病实验室知识技能大赛优秀组织奖，被评为首都精神文明单位。

结核病控制 全年户籍新涂阳结核病（新发肺结核痰涂片阳性）患者发现率94.7%。新登记活动性肺结核患者治疗成功率89.2%，新涂阳患者治疗成功率86.9%；初治肺结核病人查痰率99.2%；本市户籍人口活动性肺结核患者新登记率22.1/10万；痰涂片阳性肺结核新登记率6.74/10万；非结防机构报告疑似肺结核11373人，转诊到位率43.5%，转诊未到位患者的追踪率99.3%，追踪到位率40.0%，非结防机构报告肺结核患者的总体到位率77.2%；活动性肺结核患者的家庭密切接触者筛查率94.6%。以区县为单位的现代结核病控制策略覆盖率100%，继续实施活动性肺结核患者免费检查治疗政策。

对全市大学新生16.8万人实施免费结核菌素（PPD）监测，并对PPD强反应者做进一步免费检查和预防性抗结核化疗，对筛查出肺结核的学生全部给予免费药物治疗。10月，市卫生局和市教委联合组织了对全市中等专科学校及中小学结核病防治工作规范的培训。

继续实施北京市耐多药结核病控制项目。为疑似耐多药肺结核患者提供免费的药敏试验，为确诊耐多药肺结核患者提供免费的抗结核治疗及一定的生活、交通补助等。

9～10月，市卫生局开展2001～2010年北京市结核病防治规划10年终期评估，对过去10年北京市结核病防治工作进行全面总结，结合2次全市结核病防治工作督导的结果，本市结核病控制达到世界卫生组织“三大指标”和卫生部“五率”目标的要求。

各区县结防机构通过对辖区综合医院的技术督导，以及对医院管理和医务人员开展培训，增强了医务人员的结核病防治意识，提高了综合医院肺结核诊断、报告及转诊的技术水平。

第五次结核病流行病学抽样调查 3月25日，市卫生局召开了全国第五次结核病流行病学抽样调查（北京地区）启动暨培训会。5月11日，本市完成全国第五次结核病流行病学抽样调查现场工作。5月28日，召开了北京市流调工作总结交流会。6月13日，通过了国家验收。

科研工作 全年发表学术论文4篇，参加全国学术交流3篇。著书1部。

医学教育 组织本所继续教育26次，专家讲座24次，全市培训7次，发放一类学分20分、二类学分8分。完成全所医务人员传染病防治知识培训和考试7次，参加医学继续教育51人，卫生专业技术人员一类学分合格率100%，二类学分合格率100%；参加各级各类业务培训班31人次。

国际交流 全年办理因公出国（境）团组4批6人次，其中参加国际会议3人次、考察访问3人次，共出访了5个国家。接待外宾参观访问2批8人次。派出专业技术人员参加了第四十一届世界肺部健康大会、第二十届国际健康促进与健康教育联盟大会及国际防痨和肺部疾病联合会在新加坡举办的健康传播与大众媒体培训班。5月31日~6月5日，派出3人参加日本结核病防治工作考察团，对日本北海道、日本防痨协会、结核研究所及红十字医院、结核预防会京都府支部以及京都市北区保健中心进行了考察。接待了全球基金组织执行官及韩国防痨协会代表团。

信息化建设 完成HIS系统、OA办公系统及网站系统正式运行和部署，其中OA办公系统经过4次集中培训，取得很好的实际应用作用；HIS系统经过半年的正式运行和维护，达到设计要求和用户需求；网站系统经过业务科室人员的界面优化反馈和调整，现已正式开通。诊断系统、治疗跟踪系统、督导系统、患者管理系统不断优化应用成果，其中最主要的诊断系统于5月由护士录入病历信息，为其他子系统进行患者信息基础数据的建立做好了保障。11月30日，全部使用电子处方，实现了系统全线试运行。

基本建设 11月，基本完成门诊楼、办公楼、报告厅、综合楼的改造。经公开招投标，新建污水处理设施站2处，于10月通过环保验收，正式投入使用。

其他工作 编辑《北京结控》12期，印发3200余份。 （撰稿：刘培虎　审核：洪　峰）

领导名单

党总支书记 王星火
所　　　长 洪　峰
副　所　长 武文清　贺晓新

北京市疾病预防控制中心

（东城区和平里中街16号）
邮编：100013　电话：64407018　64407014
网址：www.bjcdc.org

基本情况 职工628人，其中专业技术人员567人，包括正高级职称41人、副高级职称82人、中级职称242人、初级职称202人；行政管理和工勤人员61人。中级职称以上人员占专业技术人员总数的64.37%。博士49人、硕士134人。

中心下设17个专业科室、15个职能科室。

获奖情况。荣获由市委、市政府颁发的对口支援什邡灾后恢复重建先进集体奖，电视片《蟑螂博士——曾晓芃》获市卫生系统第十九届“杏林杯”电视片汇映三等奖，邓瑛被评为北京市先进工作者、北京市劳动模范、全国优秀科技工作者、公共卫生与预防医学发展贡献奖，庞星火获卫生部有突出贡献中青年专家称号，张永被卫生部评为全国卫生援藏先进个人，吴疆被评为“为群众健康服务的党员之星”，曾晓芃当选首都健康卫士。

改革与管理 党委、纪委、工会、党支部、团支部进行了换届选举。4月，在全体党员中开展创先争优活动。成立组织机构，制订活动方案，并召开动员大会；开展“创先争优，从我做起”主题实践活动；全体党员做出承诺，接受群众监督，党员相互评议，领导进行点评；宣传先进典型，参加卫生系统各项评比活动；完善支部考核评价标准，召开党支部工作考核暨“创先争优”点评会，对支部党建工作进行考核。

完善中层干部考核标准，对58名中层干部进行考核测评；完成优秀人才培养资助工作；申报卫生系统高层次人才3人，对高层次人才（学科骨干）1人进行日常管理；1名援疆、1名援藏及3批赴什邡援建、2批什邡来京进修人员的组织管理。

传染病防治 全市报告法定传染病3类26种145393例，报告发病率828.45/10万；报告死亡256人，报告死亡率1.46/10万；总病死率0.18%。其中甲乙类传染病19种47208例，报告发病率268.99/10万；报告死亡237例，报告死亡率1.35/10万；病死率0.50%。鼠疫、传染性非典型肺炎、脊髓灰质炎、人禽流感、乙脑、炭疽、白喉、新生儿破伤风和钩体病无发病及死亡病例报告。报告发病数居前十位的病种依次为：痢疾、肺结核、肝炎、梅毒、麻疹、猩红热、淋病、甲型H1N1流感、艾滋病和疟疾，占甲乙类总发病数的99.76%；报告死亡病种8种，报告死亡数从高至低依次为：肝炎、肺结核、艾滋病、甲型H1N1流感、狂犬病、麻疹、流脑和痢疾。

完成各种传染病的预防控制，主要工作为手足口病和流感样病例的监测。在疫情高发期连续20周进行疫情分析，对下一阶段疫情的发展作预测预警。全年报告手足口病45409例，发病率258.74/10万，其中重症610例，死亡18例。发生聚集性病例1350起，涉及病例5931例。全市共检测4174名手足口病患者的标本，其中2285名患者为肠道病毒核酸阳性，阳性检测出率54.74%。经分型检验，肠道病毒71型（EV 71）950份，占41.58%；柯萨奇病毒A组16型（CA 16）716份，占31.33%；混合感染17份，占0.74%；其他肠道病毒602件，占26.35%。监测结果显示，肠道病毒71型和其他肠道病毒的比例有所上升，柯萨奇病毒A组16型的比例明显下降。对384份手足口病患者咽拭子标本进行病毒分离培养，已经有99份标本分离到病毒，阳性分离率25.8%。其中EV 71毒株77株、CA 16毒株13株、肠道病毒未分型的毒株9株。对检测到的14份EV 71阳性样本进行VP 1基因序列分析，结果为：2010年北京流行的EV 71病毒仍为C 4基因型，与2008～2009年北京分离株序列同源性很高，核苷酸序列同源性为97.3%～99.2%，氨基酸序列同源性为98.3%～100%。市疾控中心利用电视、广播、报纸等开展手足口病宣传工作，并针对手足口病相对高发的10个乡镇进行了现场宣传，传授手足口病防控知识，讲解病例表现及就医注意事项、家庭消毒知识等。

年内，在全市421家一级以上医院开展流感样病例监测，其中二级以上医院144家、一级医院277家。全市二级以上医院累计监测门急诊就诊27379543人次，其中流感样病例639055人，占2.33%；15岁以下年龄组占81.37%。共采集流感样病例标本9884件，分离到流感病毒2189株，阳性率22.15%。其中甲1亚型6株、甲3亚型700株、甲型H1N1流感198株、乙型139株、未分型1146株。

性病、艾滋病防治 全年新发现感染者和病人1408例。市级艾滋病监测哨点共监测42248人，发现阳性感染者210例，占0.50%。社区药物维持治疗门诊累计治疗2504人，目前在治1147人。全市清洁针具交换点14个，月均覆盖吸毒人员702人，月均招募同伴志愿者73人。接待艾滋病自愿咨询检测16317人，检出感染者641人。免费抗病毒治疗定点医院累计治疗1232人，其中外地户籍650人。

免疫规划 本市常住儿童建卡100%，建证率99.97%。五苗（卡介苗、乙肝、脊髓灰质炎、百白破和麻疹疫苗）基础免疫全程合格率96.67%，流脑基础免疫合格接种率99.07%，乙脑基础免疫接种率99.74%。四苗（卡介苗、脊髓灰质炎、百白破和麻疹疫苗）全程及时率87.12%，乙肝首针及时率97.78%。北京市免疫规划信息管理共有预防接种个案4181510人。系统开展了全市集中用工单位外来务工人员流脑、麻疹疫苗接种和学龄前流动儿童强化查漏补种，共接种麻疹疫苗14.96万人次、流脑疫苗14.83万人次，调查外来儿童38.7万人，补种脊髓灰质炎疫苗5515人次，麻疹、麻风腮、百白破、乙肝、乙脑、流脑等疫苗零剂次儿童17481人次。全年确诊急性迟缓性麻痹（AFP）289例，无死亡病例，比上年上升32.57%；本市15岁以下AFP报告发病率1.75/10万。麻疹2488例，比上年上升124.35%；风疹1099例，比上年上升107.36%；流腮2935例，比上年下降0.94%；流脑11例，比上年下降31.25%，死亡2例；百日咳15例，较上年上升114.29%；无乙脑、白喉、新生儿破伤风病例；

狂犬病9例，全市接种狂犬病疫苗190960人次，比上年下降6.61%。截至12月31日，建成规范化门诊569家，其中AAA级门诊20家、AA级门诊108家、A级门诊292家、基本达标门诊149家，门诊达标率100%。开展预防接种异常反应（AEFI）的监测及处置，全年报告975例，启动市级、区县级调查诊断专家组对147例需要调查诊断的病例进行了调查诊断。制订全市麻疹疫苗强化免疫实施、信息报送、不良反应监测等9个工作方案和流程，并开展了培训，截至强免工作全部结束，全市累计接种麻疹疫苗1624998人。

地方病防治 碘盐监测。检测居民户食盐样品5232件，合格碘盐食用率93.80%。开展重点人群碘营养状况调查，全市完成育龄妇女碘营养状况调查3367人，尿碘中位数为211.5微克/升；妊娠妇女调查4383人，尿碘中位数188.7微克/升；8～10岁学生调查3617人，尿碘中位数223.7微克/升；调查结果显示孕妇碘营养状况偏低。各区县疾控中心对辖区内5个宾馆饭店、10个饭馆及部分寄宿制小学校和幼儿园的食堂用盐情况进行现场半定量检测，并检查食盐包装类型，同时询问其进货来源。共检查盐样824件，其中碘盐814件，碘盐覆盖率98.79%。

地方性饮水型氟中毒共监测672井次件，符合饮用水标准（1.0mg/L）的水井占99.40%；氟斑牙病情调查2902人，患病150人，患病率5.17%。大骨节病调查235名学龄儿童，发现单纯指末节粗大6人，临床检出率2.55%；专家对235张手片进行阅读，未检出X线阳性者。

鼠疫监测。年内野外鼠密度2.74%，鼠种为大林姬鼠、社鼠、棕背平、岩松鼠、黑线姬鼠、仓鼠和川西长尾鼩等。居民区、养殖场等人类聚居地捕获鼠种为褐家鼠和小小家鼠，鼠密度0.22%。全年捕获鼠类469只，其中286只成功取血并进行鼠疫耶尔森氏菌血清学检测，采用间接血凝法，结果均为阴性。

突发公共卫生事件及大型活动保障 全市突发公共卫生事件报告14起，发病215人，死亡1人。与上年相比，报告事件减少22.22%，发病人数下降19.78%，死亡人数下降75%。

完成市科委“甲型流感物资储备模式研究”及“北京市突发新发传染病健康传播策略研究”2项课题；完成全国两会、武博会、上海世博会等大型活动应急保障工作；完成海地、玉树地震灾区卫生救援的准备工作；组织全市疾控系统做好防范洪涝灾害的准备工作；组织全市卫生局、疾控中心、卫生监督所开展突发公共卫生事件处置实景演练，并对参演队伍进行了考核。

消毒、杀虫、灭鼠 完成全市医疗单位、托幼机构及学校消毒灭菌监测和检查，监测医疗机构1722家，监测样品31437件，合格率96.07%，比上年提高2.09%；监测托幼机构830家，监测样品9925件，合格率92.48%，比上年下降1.62%；监测学校170所，监测样品417件，合格率96.40%，比上年下降0.10%。完成18个区县90家社区卫生服务中心消毒灭菌调查，采样监测920件；完成18个区县36家托幼机构传染性腹泻消毒工作专项调查，开展预防性消毒效果监测710件，感染性腹泻疫源地消毒调查1次。对全市30起肠道传染病疫情进行现场消毒处理和消毒效果评价，现场采样366件，基本建立起疫源地消毒与病家消毒评价体系。对全市13个医疗单位血液透析室工作人员手采样26件；对18家医疗机构进行牙科手机抽查，共采样98件。对市信访办久敬庄接济服务中心艾滋病上访人员集中点进行现场消毒，消毒面积近1000平方米。

在全市18个区县不同行业和环境共设置病媒生物密度监测点482个，其中鼠类72个、蚊虫170个、蝇类116个、蟑螂124个。在日常监测的基础上，开展了旅游景点成蚊密度监测、白蚊伊蚊密度专项监测和居民家庭蟑螂危害情况监测。全年开展鼠密度监测12月次，总计布鼠夹16800夹次，捕鼠117只，平均阳性率0.70%，比上年增加14.75%，不同环境和行业中畜牧场平均阳性率最高。监测蚊密度18旬次，总计捕获成蚊13399只，年平均蚊密度为1.18只/灯·小时，比上年下降7.81%，不同环境和行业中公园绿地成蚊密度最高。监测蝇密度21旬次，总计捕蝇42356只，年平均蝇密度6.75只/笼·天，比上年下降3.57%，不同环境和行业中公园绿地成蚊密度最高。监测蟑螂密度12月次，共捕获蟑螂7822只，平均密度0.12只/张·夜，比上年下降29.41%，不同环境和行业中农贸市场蟑螂密度最高。配合市爱卫办完成2008～2010年“健康北京灭蟑行动”的总结。居民家庭蟑螂侵害率16.84%，比上年下降34.75%。承担中央首长工作区和生活区的病媒生物控制，完成对中直机关苗圃的蚊密度监测和现场灭蚊工作。

慢性病预防控制 规范化管理高血压及高危人群8524人；在15个区县的33个社区开展超重肥胖干预，管理1704人；糖尿病及高危人群随访共管理5741人。在14个区县继续使用“健康体重健康血压”管理软件，13个生活社区和18个功能社区的10302人被纳入管理。参与国家疾控中心全国伤害监测项目，完成9718人次医院伤害病例信息的收集。在宣武区和门头沟区试点的基础上，全市开展“高血压自我管理”小组，共试点8个小组96名组员的活动，以及18个区县36名组长的培训。在全市疾控系统和基层医疗卫生机构开展慢病防控能力调查，获得市、区县级疾控中心调查问卷19份，每份问卷910个参数；基层医疗机构调查问卷1773份，每份问卷183个参数。在16个区县56个筛查点开展社区脑卒中筛查与防控项目，完成20284名调查对象问卷调查、体格检查和颈动脉筛查，发现脑卒中高危人群15513人，颈动脉狭窄者1882人。在东城区和通州区进行中国成人慢性病及危险因素监测，共完成1219人的问卷调查、体格检查和血生化检测。带领各区县开展了全民健康生活方式日、全国高血压日和联合国糖尿病日宣传活动。全年印制海报、折页、分装药盒和方便购物袋等宣传品共26种12万余份。创建《慢病工作通讯》，共印发4期，每期150份。

营养与食品卫生 完成常规食品理化检验27294件项，食品微生物检验21846件项；出具北京市食品、食品用产品卫生检测评价报告（报告书）582份。受市药监局委托，完成448件保健食品的功效成分、违禁药物和防腐剂抽检检验；受市卫生局委托，完成餐饮服务食品安全抽检1040件；受市药监局、国家药监局委托，完成291件保健食品的复核检验；完成卫生部卫生监督局紫砂食、饮具容器卫生质量监测92件、乳及乳制品中三聚氰胺监测180件，中国疾控中心生鲜乳中β-内酰胺酶本底值调查和液体奶监测150件，市卫生局乳及乳制品中三聚氰胺和蛋白质专项检测30件。完成16件可疑食源性疾患样品的检验。

承担国家食品安全风险监测任务，结合本市历年监测结果和食品安全需求，开展了食品安全风险的监测。首先，将食源性致病菌监测的二级监测站扩大到全市18个区县疾控中心，监测样品2269件，其中生食蔬菜192件、中式凉拌菜292件、沙拉176件、生食水产品239件、鲜榨果蔬汁90件、生畜禽肉359件、鲜冻水产品182件、速冻熟制米面制品101件、熟肉制品270件、即食非发酵豆制品160件、婴儿配方粉118件、现制散装冰激凌90件，监测指标为8种食源性致病菌、大肠菌群和3种致病菌定量监测。共检出各种致病菌165株，对44株沙门氏菌、金黄色葡萄球菌进行了菌株耐药性监测，对64株沙门菌、副溶血性弧菌进行了PFGE分子分型和溯源分析。其次，继续在以市疾控为中心、10个区县疾控二级监测站为依托的监测体系中，开展食品化学污染物及有害因素监测，包括蔬菜、粮食、乳及乳制品、蛋类、酒类、菌藻类、茶叶等初级农产品和加工食品样品3000余件，监测指标为元素（铅、镉、汞、甲基汞、铝、铜、稀土元素）、真菌毒素、农药残留、食品添加剂、食品生产过程中产生的有害物质（丙烯酰胺、氨基甲酸乙酯和氯丙醇）、非法添加物（三聚氰胺、工业染料、甲醛）等125项，获得42996个监测数据。

在西城区、崇文区、海淀区、丰台区开展北京城区居民营养与健康监测，完成社区人群和补充人群问卷调查5156人，血糖、血脂和血红蛋白检测3649人。

环境卫生 监测市政自来水厂14个28户次，检测2072项次，出厂水合格率100%。健康相关产品中涉水产品行政许可检测129个产品，合格124个，合格率96.12%。其中水质处理器30个，合格率93.33%；电水壶和饮水机5个，合格率100%；输配水设备65个，合格率98.46%；饮用水消毒设备10个，合格率90%；化学水质处理剂19个，合格率94.74%。水箱维护单位水质卫生监测18户，合格率88.89%。

监测游泳场所33个，抽检游泳池水80件，合格45件，合格率56.25%。受理居住环境空气质量委托检测10户，检测78项次，合格率74.36%。公共场所集中空调通风系统卫生检测，积尘量抽检339户3912件，合格率98.72%；积尘中细菌和真菌总数164件，合格率分别是86.60%和90.24%。公共场所军团菌检测175户345件，合格率82.03%。监测大型商场超市室内空气质量70户，检测420项次，样品合格率分别为一氧化碳95.48%、二氧化碳100%、可吸入颗粒物100%、甲醛90.48%。

放射卫生 各类放射设备、设施、场所检测2410台（个）次，样品3209件；职业病危害因素（放射防护）评价报告507份；对4.51万人次进行个人剂量监测，对400人次进行大剂量核查；配合市卫生局资质办完成乙级、丙级职业卫生（放射防护）技术服务机构年度监督检查、业务人员资质考试的出题阅卷等；全球大气放射性核素监测台站、惰性气体监测台站正常运行，按合同及时向CTBTO提供了检测数据；承担2项国家标准的研制任务，完成1项。

健康教育 健康教育重点宣传活动包括：预防手足口病、麻疹强化免疫、流感疫苗接种、防控冬季呼吸道传染病、防控乙肝、外来打工子弟学生健康教育等，共完成各类传播工作及活动21项。与《北京晚报》《法制晚报》、北京人民广播电台、北京电视台等合作近百次，开展各类现场咨询活动8600余场，覆盖人群超过60万人。制作发放海报、折页、招贴画等宣传品340余种约480万份，制作宣传板、橱窗7500余块。

年内，全市新创健康促进示范村111个，完成5142场健康大课堂讲座，并开展了第四届北京市健康大课堂优秀教师选评活动。创建无烟医院85家，并开展了医务人员百日戒烟大赛；开展争做健康北京人——全市健康知识健康技能大赛；通过“北京市疾控中心主任博客”开展无烟日主题宣传，与爱卫会配合在鸟巢举办了世界卫生日活动；开展了首届北京市职工健身健康博览会健康咨询；参与了全市手足口病宣传活动、麻疹疫苗强化免疫接种督导、三下乡送温暖等。

完成8675人的麻疹强化免疫宣传效果评价调查，5310名农村居民健康教育需求调查，2100余名北京市民吸烟状况调查，约5000名小学生的吸烟行为现状调查，健康北京人、健康知识和行为评价体系的预试验调查，8000余名60岁以上老年人和中小学生流感健康教育效果评价，约15000名医务人员健康状况调查。

组织区县参加中国健康教育中心举办的学校健康教育与健康促进适宜技术培训班，承办卫生部健康管理师国家职业技能培训，联合举办了北京地区健康管理师国家职业资格培训班、医疗卫生机构戒烟服务培训班和青少年单纯性肥胖干预培训班。

学校卫生 在全市开展学校卫生视导工作，涵盖学生常见病防治、教学环境卫生、食品卫生、传染病防控等，覆盖率100%。全面推行北京市学生健康信息管理系统，对全市112万名中小学生进行体质健康监测，并建立了健康档案；研发学生持卡体检系统，并在2个区县试运行，取得良好效果。对全市884所中小学校的2244间教室开展教学环境卫生监测，覆盖率50%，开展了教室照明标准模板研究。对全市170所学校33829名学生开展了第三次青少年健康危险行为监测；完成全国学生体质健康调研北京地区工作，覆盖东城、西城、海淀、通州、怀柔、顺义6个区和首都师范大学、北京工业大学共10000余名学生。在全市200余所小学12万名学生中进行《我的爱眼日记》试点工作；制作了以“远离肥胖、预防慢性病”为主题的健康教育课件，组织全市1000余名中小学校健康教育教师和相关社区卫生服务中心的社区医生推广营养知识和肥胖控制技能。进一步规范学校传染病防控工作，在全市161所大、中、小学开展第二次传染病管理现状摸底调查，并对其中6所中小学近6000名学生进行了抽样调查。开展了“我爱无烟环境，我要健康成长”系列控烟活动。年底，完成“十一五”期间学校卫生防病工作规划终期考评，受到国务院教育督导团的肯定。

职业卫生 对216个单位进行卫生评价，其中日常检测单位171个、建设项目检测45个。检验化学毒物104个品种15310件样品、生产性粉尘样品1718件、噪声等物理因素样品13326件。完成246个企业15309人次职业病危害因素作业人员职业健康的监护，做心电图15124人次，血、尿常规、生化等检查34108人次，肺功能检查5462人，胸片10989人，尿锰245人，尿铅436人，尿汞189人，尿砷360人，尿氟462人，听力5869人，B超检查10802人。职业病门诊复查1023人次，诊断职业病43例，其中粉尘33例、噪声10例。

完成市安监局、卫生局、社保局、工会联合开展的北京市粉尘与高毒物品专项治理，开展了印刷、家具、电子等相关重点行业、重点地区、重点企业专项监督检查和指导，对有关重点企业进行了职业病危害因素检测与评价。

完成北京市以铅、汞、镉、铬、砷为重点的重金属污染监测工作方案、健康监护网络体系、健康风险评估方案、应急预案、重金属污染监测工作规范等文件资料的起草编制，协助市卫生局召开北京市重金属污染监测启动工作会，海淀区等13个重点区县完成重金属污染监测的摸底工作。在房山区等8个区县开展了以石棉尘、锰和有机溶剂（苯系物、正己烷、三氯乙烯等）中毒等为重点的职业病哨点监测。

全年举办4个市级Ⅰ类继续医学教育项目以及全市重金属污染监测与重点职业病哨点监测工作技术专题培训，900余名专业人员参加了学习。

实验室管理 通过了国家认监委、国家食品药品监督管理局等部门组织的实验室国家认可暨国家级资质认定复评审、化妆品检验机构资质认定等。全年出具检测报告6000余份，现存与实验室检验相关的技术档案和质量档案55058份。传染病地方病控制所、免疫预防所、营养与食品卫生所、环境卫生所、消毒与有害生物控制所、职业卫生所、中心实验室、预防保健中心、放射卫生防护所等9个业务科所参加能力验证和实验室比对活动共31项。分别进行了业务受理大厅、防病业务楼和化学实验室的安全演练。

科研与教学 全年新增各类科研项目27项，经费6052.71万元。其中中心牵头开展的科技部“十一五”传染病防控重大科研项目“北京市朝阳区艾滋病和病毒性肝炎等重大传染病综合防治示范区建设研究项目”到位科技部研究经费4300万元，市科委配套经费1000万元。此外，获批市自然科学基金1项、市科委项目4项、国际合作项目2项、市卫生局青年科学研究基金2项、合作/合同项目16项。对在研课题进行了清理，结题24项。

全年投稿195篇，发表论文153篇。奖励本年度SCI收录论文26篇，影响因子共计132分。其中《Safety and Effectiveness of a 2009 H1N1 vacine in Beijing》在《新英格兰医学杂志》（The New England Journal of Medicine）上发表，影响因子47.05分。

申报北京市科学技术奖2项；推荐北京市职工技协优秀技术成果奖4项，获奖3项；推荐国家技协优秀技术成果奖参评4项。申报北京市重点实验室1项。

举办了“北京市自然科学基金申报书撰写技巧及注意事项”讲座、科研技能培养与提高报告交流会、科研技能与管理实务培训班等。推动北京市公共卫生医师规范化培训试点工作，组织专家对培训相关文件讨论、修改3次。举办北京市疾控系统管理人员项目管理能力高级研修班2期、北京市疾控系统继续医学教育管理人员培训班、免疫预防管理与技术培训班，共培训230余人次。完成继续教育项目39项，其中国家级9项、市级30项，完成率100%。中心在岗专业技术人员继续教育学分达标率99.1%。完成继续教育申报38项，其中国家级9项、市级29项。接收进修51人次。完成全国公共卫生医师资格考试实践技能考试首席考官与总考务的培训。

组织科研伦理评审4项。续聘外聘专家3人，与外聘专家开展技术交流5人次。组建和完善中心技术支持专家库。

完成2005级本科生专题实习18人、毕业论文答辩43人和2006级、2007级预防医学理论课教学、现场实习的教学任务。参加首都医科大学第五届青年教师教学基本功比赛，获得英语授课教学基本功比赛三等奖。在读研究生19人，研究生导师6人。举办了“教书育人，风雨兼程”教师节联谊会。加强学生安全教育和管理。完成北京大学医学部公共卫生学院和四川大学华西公共卫生学院学生的实习和管理。

国际交流与合作 接待来自非洲英语国家、法国、美国等外宾团组共6批70人次。出国培训、进修2批3人次，短期出国考察、访问、参会、学习8批17人次。

基本建设 组织代建单位完成中心北院防病业务楼市政配套工程的施工和工程竣工的验收，完成综合业务楼工程立项及新址选定，完成部分房屋屋面的防水施工，完成办公室及实验室的改造。

（撰稿：王　瑜　审核：邓　瑛）

领导名单

党委书记　马　彦
副 书 记　邓　瑛　姜东兰
主　　任　邓　瑛
副 主 任　马　彦　贺　雄　庞星火　曾晓芃

北京急救中心
北京紧急医疗救援中心

（西城区前门西大街103号）
邮编：100031　电话：66098114
网址：www.beijing120.com

基本情况 职工（含派遣制人员）722人，其中卫生技术人员373人，包括正高级职称6人、副高级职称16人、中级职称122人、初级师162人、初级士及以下人员67人；其他人员349人。

医疗设备总价值7601万元。本年度购置医疗设备总值270万元。

获奖情况。年内，被评为全国医药卫生系统先进集体，获市卫生局在线服务奖，被评为市级爱国卫生先进单位，市卫生局人口和计划生育工作先进集体，获北京市首届世界武搏运动会贡献奖，在市卫生局

“健康北京人，健康北京城”卫生摄影大赛中获优秀组织奖。

管理工作　反商业贿赂。起草了《2010年党风廉政建设和反腐败工作任务分工方案》《关于进一步强化北京120网络行风建设的实施意见》等，调整行风建设领导小组及办公室成员，拓宽监督渠道，聘请社会行风监督员对120行风建设和急救服务质量进行监督。

患者满意度调查。针对120电话受理和急救车出车速度、医疗救治、收费等进行患者满意度回访，全年拨打回访电话15687个，其中不满意95个，满意率99.4%。

医疗工作　全年120电话呼入2085777个，120受理呼救电话339954个，较上年提高15.16%；出车287668次，较上年提高5.12%，日均出车788次；处置突发灾害事故救援425件，救治和转运伤员2034人次。

年内，急救中心接管急救站5个、新建急救站1个，中心直属急救站达到29个，全年出车101334次，占120出车总量的35.23%，平均救治率26.88%。全年行驶2646516公里，耗油525695升。长途转运危重病人307人，行驶558430公里，其中使用呼吸机95人次。

组织120系统内演练6次，动用急救车辆46部，参演460人；配合市应急办、市卫生局应急办开展各种突发事件紧急医疗救援演练19次，出动急救车130车次，参演453人；安排应急队伍备班急救车189车次，参加备班522人。

承担世界自盟场地自行车赛、世界首届武搏运动会等大型体育赛事，人民大会堂春节联欢晚会，五一、十一天安门广场升旗等重要会议、重大社会活动和维护稳定等医疗保健任务217次，共派出急救车573车次，医疗保障人员1719人次，救治伤员1020人次。

抗震救灾。北京急救中心连夜选派104人组成抗震救援医疗队赴青海玉树，紧急调集急救车26辆，完成车载设备装备，配备急救药品72种、应急保障物资47种及人员供给。在灾区救援期间，共救治转运地震伤员200余人，诊疗灾民2000余人。被中华总工会授予“工人先锋号”，国务院副总理回良玉、卫生部副部长刘谦分别到医疗队驻地慰问急救人员，对中心的抗震救灾工作给予了高度评价。

病案管理。修订院前急救医疗管理制度11大类169项。全年检查病历3600份，甲级率99.8%；检查急诊处方6273张，处方合格率98.4%；检查急诊专用处方247张，合格率96%；检查死亡医疗证明书3302张，完整率99.9%，项目合格率98.1%，诊断合格率98.9%；检查死亡证与病历的符合性600张，死亡证Ⅰ类部分致死疾病诊断与病历诊断符合性98.2%，Ⅰ类部分致死疾病与病历记录符合性95%；检查死亡医学证明书3021件，网络直报3018件，无网络漏报，其中项目完整率99.9%、项目合格率98.9%、诊断合格率98.9%，被评为北京市信息报告先进医疗单位。

医院感染管理。在玉树抗震救灾中组织高原培训96人；传染病法律法规培训2次260人；传染病知识培训10次2560人；传染病宣教2次；传染病院感培训考核1次，340人；组织环境卫生学监测116份。

护理工作　年内，修订工作标准3项、护理制度2项，新增工作标准3项、护理制度4项。修改护士长手册书写内容，加强护理质量环节控制及在职继续教育的管理。全年召开护士长电话会议52次，完成护理部综合检查、分项检查及操作考核57次。护理技术操作合格率100%，安全护理合格率100%，急救物品完好率100%。

全年撰写护理论文91篇，在统计源期刊发表论文6篇，1篇论文获得西城区医学会护理组优秀论文评选三等奖。

教学工作。全年接收进修护士7人，并设有专人带教。教学课件“院前急救仪器使用介绍”在第二届全国临床护理教学评选中荣获多媒体教学课件奖三等奖。

加强护理人员学分的审核及管理，在西城区卫生局护理人员学分审验及北京市继续医学教育委员会学分抽查审验中，通过率100%。申报成功24学分的区级项目，完成区级继续医学教育项目的授课。完成护理人员2009年、2010年传染病培训证书的登记和审核。加强无执业证书护理人员的管理，每月进行理论考试及操作培训，全年培训60人次。加强护理理论、抢救技能、操作技能的培训及考核，全年急救仪器操作考核44人次，106人参加“三基三严”理论考试，23人接受院前急救强化培训。外送参加护理管理、急诊与危重症护理、护理教学师资培训班9人次。

科研工作　获卫生部行业基金合作项目1项。结题验收首都医学发展基金课题2项：“多媒体无线移动系统在急救医学中的应用研究”和“120急救服务质量持续改进模式的研究”；中期检查课题2项：“医疗救护员在北京市院前急救中的使用和配置研究”、

“院外室颤性心脏骤停复苏中低能量与高能量双相波除颤的比较研究”。在统计源期刊发表学术论文13篇，其中SCI收录1篇、中华系列1篇。

医学教育 申报北京市继续教育项目1项、国家级继续教育项目1项。完成市继续教育学会本年度继续教育学分的检查，参加继续教育学习175人，参与率100%，达标率99.43%。

开展院外病历、处方、死亡医学证明书书写规范的培训，94名急救医生接受基础医疗质量培训，住院医师规范化培训理论和技能考试7人次。组织新入职医务人员岗前培训、120网络应急医疗救援培训、专业技术骨干培训等13批次1379人次，其中中心直属站330人次、网络成员单位1049人次。承担本市首次120网络医师定期考核，共考核120网络急救医师244人，其中北京急救中心184人、120网络站60人，合格率100%。34人参加执业（助理）医师考试，其中执业医师考试15人、执业助理医师考试19人，为45人办理了执业医师注册或变更。

接收进修医生31人，全科医师实习47人，到院外进修3人，送往专科基地培训2人，12人参加省级以上学术会议，110人参加北京地区的学术交流活动，为全科医师授课6次。

急救网络管理 加强北京市急救网络的管理，坚持定期网络例会制度，通过对急救站点运行、工作量、信访投诉、更改GPS显示状态、平均派车时间等对区县急救站的工作进行点评。开展北京市急救网络调查研究，推进城四区急救站垂直管理，实施通州急救网络布局调整和大兴院前急救资源调研。完善郊区县急救分中心管理系统，安装指挥调度平台管理系统，配备800兆对讲机，下发急救摩托车33辆及车载急救箱。组织郊区县分中心急救摩托车驾驶员、调度员和统计人员相关培训54人次。本年度，北京120急救网络运行急救站达到130个，包括城区运行67个急救站、郊区县运行63个急救站；其中新建急救站2个、恢复运行急救站6个、接收急救站2个。

社会培训 全年培训21593人，培训范围遍及全国12个省23个城市，其中专业课程培训1293人、专业交流培训3800人、急救知识技能宣传普及16500人。3794人参加了非医务人员急救知识培训。出版《家庭急救手册》《现场急救课程》等科普书，在国家安全总局设立了“现代职业安全”培训专栏。

9月21日，全国首家急救科技馆在北京急救中心落成，市民可通过互动式体验、实操模拟等方式增强急救意识，提高自救互救能力。急救科技馆被指定为北京市急救科普培训基地和北京市急救科普教育基地，并入选市旅游局、市科委首届北京科技旅游月健康旅游线路。将每月12日设为“急救开放日”，截至年底，共接待中外参观者3000余人次。

7月2日，举办120系统急救技能大赛，全市120网络的11支代表队36名急救医生参加。比赛项目包括理论答题、成人心肺复苏与除颤、成人机械通气、急救止血技术和坐位颈椎损伤患者固定与搬运等项目，北京急救中心中心站、海淀分中心和南站代表队分获团体前三名。

9月25日，由卫生部医政司和中国医院协会主办的第三届“挪度杯”全国急救中心急救技能大赛在山东举行，全国20多个省、市、自治区共32个代表队的96名急救医生参加比赛。北京急救中心指派3名选手参加了成人气管插管操作、基础生命支持操作、急救止血技术操作、颈椎损伤的固定与搬运和医疗急救理论知识等项目的比赛，获得团体二等奖。

国际交流与合作 接待国外来访5批次37人，出国考察3批次6人。

后勤与基建 加强应急储备物资实时动态管理，引入固定资产计算机条码管理系统。改造急救车供氧系统，对急救车担架椅挂板设计和医疗物资保障车进行了改装。升级消防报警控制系统，全面检测消防安全设备，检测中心主楼用电设施。完成急救中心东站室内装修及扩廊加建工程，增加扩廊50余平方米。完成中心主楼消防通道及墙垛修缮工程。开始洗消中心的建设工程。

信息化建设 完成急救中心网站的改版，在保留原有内容的基础上，以“120为生命赢取每一秒”为主旨，对现有栏目进行细致划分，增加急救动态、党建工作、公告栏等栏目，提高网站更新频率，可以使市民更加便捷、详细地了解北京急救中心的日常工作。内部刊物《急救信息》改为月刊，全年编辑出版12期。 （撰稿：王　鑫　审核：王　韧）

领导名单

党委书记 李　巍
副 书 记 王克英
主　　任 李　巍
副 主 任 朱亚斌　万立东　杨建国　范　达

北京市红十字会紧急救援中心

（朝阳区德外清河东路）
邮编：100192　电话：62939999
网址：www.beijing999.com.cn

基本情况　有急救站点110个，各类急救车202辆。院前急救人员671人，其中医生243人、护士70人、司机358人。指挥调度中心73人，其中管理人员5人、技术人员12人、调度员56人。

固定资产总值9449.88万元。本年度购置医疗设备总价值4137.3万元。

获奖情况。4月，999派遣救援队参加青海省玉树地震灾区的抗震救灾，第二次荣获中共中央、国务院、中央军委颁发的全国抗震救灾英雄集体称号。

历史沿革　1997年，邮电部电信总局批准“999”作为红十字会开展救护、救助、救灾专用急救电话号码。中国红十字会总会批准将这一号码率先在北京使用。1997年，经市编办批准成立北京市红十字会紧急救援中心（简称999），具有医疗救护、应急救援、社会救助的职能。2001年，正式开通运行。10年来，999不断发展壮大，先后在抗震救灾，北京奥运会、残奥会医疗服务保障，国庆60周年庆典活动医疗服务保障及城市医疗救护工作中发挥了重要作用。999第一任法人为张熙增（1997～2004），第二任法人为张进存（2004～　）。

机构设置　下设医管中心、指挥中心、办公室、医疗急救部、医疗保障部、车辆管理部、财务部。医管中心下设服务质量回访部。指挥中心包括调度科、技术部、发展部、宣传部、司机科。办公室包括人事部、器械科、采购部、后勤办公室、党支部办公室。

改革与管理　2006年1月，设立医管中心，承担监督检查职能，工作涉及院前调度及车辆、后勤等各个工作环节的督查。医管中心按照百分制制度每月对院内在编科室进行绩效考核，奖金直接与考核结果挂钩。医管中心下设服务质量回访部，负责用户满意度调查，本年度回访42760次，其中满意41888次，满意率98%。

院前制度改革。结合院前急救工作特点先后出台《院前急救工作制度与急救工作流程》及各项管理制度等，制订了各种应急预案。

院前急救　本年度接到各类表扬电话800余次、信件35封、锦旗12面。质控病历237117份，准确入机235381份，甲级病历率95.7%，处方合格率93%。年内，增设急救站15个。加强“三基三严”的培训，急救理论讲课28次，技能培训12次，院前急救人员分6批培训并全部取得国际急救员证。

指挥调度中心全年电话呼入2209345个，受理呼救电话287214个，出车254235次，抢救危重症患者23524人。日均出车696次，单日出车最高786次。承担各种大型活动医疗保障2106次。

重大医疗救援。4月14日上午，青海省玉树藏族自治州玉树县发生7.1级地震，999于中午召开紧急救援动员大会，组建起由50名医护人员和12辆车组成的医疗救援队，编为4个组，于晚7时启程，驱车3600千米，历时48个小时，抵达玉树灾区。在玉树累计救治伤员216人。

空中急救转运。自9月19日开通以来至年底，累计执行转运任务20次，首例转运病人为伊春空难烧伤患者。累计航程约73913千米，飞行344.5小时。其中最远航程是由广东省广州市至四川省广元市，约为5797千米。

科研工作　智能医疗急救专用手机呼救系统经2年研发，以专用手机终端和用户数据库为核心，实现一键式呼救和即时显示用户数据，进而简化呼救和接警的程序，提高院前急救效率。同时，该终端针对中老年人的使用习惯还设计了12项“一键式”服务功能，包括一键拨打亲人电话、定位、读短信、报时、助听、吃药提醒等。

紧急医学救援无线移动信息平台是市科委重点项目之一，于年内结题。该平台以信息技术为纽带，通过信息共享集成“院前—院内一体化”的急救模式，实现“患者未到信息先行”，在急救转运的过程中实时监控患者病情，加强提前诊断能力，简化患者交接过程，缩短救治时间，提高急救质量和抢救成功率。

年内，申报市科委“第二代3G智能医疗急救手机研发及应用”项目获得批准。该项目旨在发挥3G终端和网络的作用与优势，通过第二代3G智能医疗急救手机以及建立起的健康保障应急医疗信息平台实现远程问诊、健康跟踪、日常检测、健康状态分析和预警、便捷转诊、急救信息前置、日常生活服务等多种功能。

信息化建设 院前202辆急救车上全部装有GPS卫星定位系统、800兆数字集群对讲系统、车载电话通讯系统、车载电脑系统和紧急医学救援无线移动信息系统。

2009年，999启动新指挥调度大厅，于2010年初正式投入使用。硬件上，新大厅分上下两层，约2000平方米，壁式控制屏约60平方米，设有103个指挥、调度坐席，2000条接警线路，常态下24小时可受理呼叫20万次。软件上，新大厅在原大厅的基础上升级100余项功能，建成了全国首个获得微软公司全球认证的全智能数字化医疗指挥调度平台，该平台拥有三大数字化后台支撑，一是全景化数字卫星地图系统，二是实时电子交通路况系统，三是全天候站点、急救车辆定位显示系统。该平台能自动分析选择最近车辆、最佳行驶路线，并在2秒钟内派出急救车，对突发事件现场与多点事故现场也能在2秒钟内选派多辆或数十辆就近急救车。同时，系统建立了掌上移动指挥终端，必要时各级领导和指挥调度人员可实时、准确地掌控应急任务过程中的各种信息，实现无线移动指挥、动态调度。

对外交流 全年接待国内来访133次、国外来访22次。3月14日，接待红十字东亚地区医疗卫生会议代表参观并进行了座谈。9月27日，红十字会与红新月会国际联合会主席近卫忠辉先生一行5人在中国红十字会常务副会长王伟等领导的陪同下参观并座谈。10月20日，韩国首尔红十字会副会长金泰俊先生等一行6人在市红十字会副会长吕士杰等领导的陪同下参观999。10月22日，红十字国际委员会代表参观访问了999。

4月，应以色列红色大卫盾邀请，999派出3人参加以色列第三届国际医疗急救锦标赛。

后勤与基建 经市疾控中心验收合格，食堂成为市卫生局颁发的A级挂牌单位。

（撰稿：陈　波　王　颖　审核：张进存　李立兵）

领导名单

党支部书记 刘秀华
主　　任 张进存
副 主 任 陈　波
中心院长 李立兵
副 院 长 霍明立　田振彪　安　英　崔京美

北京市红十字血液中心

（海淀区北三环中路37号）
邮编：100088　电话：62019573
网址：www.brcbc.org

基本情况 职工587人（含派遣制职工99人、退休返聘10人），其中卫生技术人员343人，包括正高级职称14人、副高级职称20人、中级职称78人、初级职称209人、见习22人；其他专业技术人员72人；行政、工勤人员172人。

固定资产总值20942.63万元。本年度新购资产总值1184.29万元。

获奖情况。连续第十年被评为首都卫生系统文明单位，被评为北京市交通安全先进单位、日常报表工作先进单位、会计知识竞赛突出奖。保卫科科长迟权获市公安局嘉奖和海淀区消防先进个人，献血服务一科陈霄和血源管理科王明慧被市卫生局评为“为群众健康服务的党员之星”，献血服务一科于森在“让青春在卫生改革与发展中闪光”首都卫生青年原创博文大赛中荣获三等奖。武术表演《十三节鞭》荣获市卫生系统“健身心，乐晚年”文化节优秀节目奖，离退休办公室荣获优秀组织奖。《血脉相连》——血液工作者之歌荣获第十四届中国行业电视节目展评文艺类二等奖和最佳编导奖。纪录片《红色生命线》荣获市卫生局“杏林杯”三等奖。

机构设置 撤销质控科，相关工作并入研究所和质监办，质监办下设资料与留样管理组。新增核酸检测试验室，于9月28日通过了市卫生局专家组验收，具备开展核酸检测的资格。

改革与管理 制订、修订各类规章制度10余个，包括《公开招聘实施细则》《大病职工生活困难补助试行办法》《科技奖励办法》《办公耗材及低值易耗品管理办法》《采购招投标管理办法》等。开展公共卫生事业单位绩效工资改革，协助市卫生局完成《血液中心绩效工资项目调研报告》的撰写，进行血液中心一级绩效考核指标库的建库工作。

质量管理。组织内部质量体系审核和管理评审各1次。质量体系文件现行有效率100%。参加卫生部医疗质量万里行——血液安全督导检查，评价良好。全年参加实验室外部质量评价5次、卫生部临检中心室间质评3次，均合格。参加市、区级卫生监督所联合检查2次，总体反馈良好，抽检400份阴性标本，结果符合率100%。参加澳大利亚国家血清学参比实验室间质评2次，均合格。无偿献血率、在用及备用仪器设备完好率、职业暴露发生登记报告率、乙肝表面抗原复检淘汰率、乳糜血率等均达到质量目标。献血者满意率98%，献血者回访告知率100%。送血率86%，未发生发血差错，临床供血服务满意率95%以上。

献血服务。组织全血理论和操作技术专业分类比赛，推出了世界杯足球、亚运会金牌竞猜活动和“成分献血，知恩答礼”感恩节特别行动。组织“温暖冬季”、“红色盛夏”等固定献血者关爱活动21次，覆盖献血者167451人次。组织1000余名献血者观看话剧，500余名献血者观看电影，组织献血者、志愿者、稀有血型献血者开展央视网视频录制活动，参加北京人民广播电台城市服务管理广播关于《无偿献血无损健康》节目的录制等。

采血点设置。新建本市首个献血屋——西单献血屋，新建昌平区回龙观华联商厦、海淀区田村、海淀区五道口华联商厦、房山区良乡华冠购物中心5个采血点，恢复崇文区百荣世贸商城、东城区东直门交通枢纽、海淀区海龙大厦、丰台区分钟寺4个采血点。

用血服务。成立临床输血专家委员会，为临床用血提供咨询指导。与118家医疗机构签署《临床供血服务协议》，实现全市医院网上订血。为医院提供24小时疑难配血、急诊服务、成分洗血、免费送血服务。协助市卫生局召开北京市临床科学合理用血工作会，与临床医院建立了信息沟通机制，及时掌握医院血液需求与服务需求。

人才队伍建设。年内，2人走上领导岗位，其中1人为引进人才；引进主任技师1人，博士研究生4人、硕士研究生2人。

廉政建设。开展廉政风险防范管理工作的考核评估，对岗位工作制度、工作流程和防控措施进行了补充、修改和完善。制订《党风廉政建设和反腐败工作任务分工方案》。开展了医德医风、医学人文、廉洁从业及廉洁文化教育。6月24～26日，在井冈山举办了“廉政风险防范管理在现代化采供血机构建设中的应用”继续教育培训班。职工撰写心得体会536篇。

爱心捐助和志愿服务。全年在职和离退休党员、职工1546人次参与志愿服务6438小时。向北京护士学校“爱心超市”捐衣物2次共2476件，参与“共产党员献爱心”活动捐款12905元，向玉树灾区捐款48182元，“善行天下，温暖患儿”活动捐款7195元。职工有125人次参加无偿献血，其中97人次捐献全血、28人次捐献成分血。

采供血工作 全年采集全血468963单位，其中RH阴性血2558单位，比上年增长12.89%；机采血小板42144单位（含RH阴性血小板157单位），比上年下降2.46%；浓缩血小板28218单位，比上年增长101.93%；机采血浆5608单位，比上年增长49%。采血量占全市总采血量的73%。

全年供应临床全血310单位。红细胞457754单位，其中悬浮红细胞264989单位，比上年下降8.74%；洗涤红细胞12839单位，比上年增长10.5%；去白红细胞179616单位，比上年增长24.28%。血小板76787单位，其中机采血小板52199单位，比上年下降2.40%；浓缩血小板24588单位，比上年增长123.65%。白细胞449单位，比上年下降49.04%。血浆454843单位，与上年持平。辐照血40675单位，比上年增长24.47%。

HLA化验完成26617例临床样本检测，比上年增长40%。血清血型化验完成临床样本量为31744，比上年增长12%。中华造血干细胞捐献者资料库北京分库收集提取骨髓造血干细胞供者DNA样品6637份，完成供者分型7496份，累计库存12.3万份，移植112例。

青海省玉树藏族自治州发生地震后，中心迅速将1000单位血液运往地震灾区。

招募献血者 连续5年实现自愿无偿献血率100%。稀有血型爱心之家注册成员898人，比上年增加25.59%。全年捐献2次以上机采血小板献血者5197人，占成分献血总人数的17.6%。

年内，通过媒体系统地介绍了采供血工作情况和流程，通过街头宣传咨询、发放宣传材料、知识讲座、征文、悬挂横幅、张贴宣传画，开展形式新颖、主题鲜明的无偿献血宣传活动近百次。

组织全国无偿献血招募及志愿服务工作培训，在企事业单位、高校、社会团体共宣讲献血知识20余次，累计受众2000余人。完成602批次36461人次的全血捐献及成分献血的招募调度，献血服务热线呼出献血咨询和检验结果通知电话34057个，短信平台发送献血服务短信230余万条。

信息化建设 10月12日，首都献血服务网重装上线，新版服务网提供了献血预约、献血地点查询、在线健康咨询与在线献血结果查询服务。另外，网站还提供在线书城、在线就医挂号、健康指导以及就业指南等服务，受到广大献血者的欢迎。完成首都献血远程视频指挥系统的建设，实现实时监控各采血点情况，为及时处理突发事件、调度指挥与监督管理提供技术支持。首都献血服务网（www.brcbc.org）、远程视频指挥系统、首都献血服务热线（400－60－12320）以及短信平台共同组成了献血招募、宣传与管理信息化综合系统。

学术交流与合作 接待国外同行5批17人，包括美国、日本、白俄罗斯，同时密切与中国香港、台湾地区输血机构和输血专家的联系。因公出国（境）4批10人次，其中6人赴日本参加第二十届国际输血协会（ISBT）亚洲地区会议，1人出访津巴布韦、毛里求斯开展第二轮艾滋病宣教活动，2人赴德国参加国际输血协会第三十一届国际大会，1人赴美国阿尔伯特爱因斯坦医学院进修。

科教工作 申报2011年国家级、市级Ⅰ类继续医学教育培训项目8项。申报2011年国家自然科学基金2项；卫生部行业专项课题1项；北京市自然科学基金课题2项，已立项1项；市卫生局青年科学研究项目2项，已立项1项。科技“十一五”重大专项3项，卫生公益性行业科研专项合作课题1项，中心级课题18项。全年在核心期刊发表论文26篇，现有专利项目7项。（撰稿：濮亚平 审核：刘 江）

领导名单

党委书记 戴苏娜
副书记 刘 江 田喜慧
主 任 刘 江
副主任 戴苏娜 高东英 高 岩 王鸿捷

北京市体检中心

（丰台区南三环西路3号）
邮编：100077 电话：87298452
网址：www.bjtjzx.com

基本情况 职工189人（含合同职工160人），其中卫生技术人员155人，包括正高级职称7人、副高级职称41人、中级职称52人、初级职称55人；其他专业技术人员27人；行政、后勤人员7人。

医疗设备总价值4416万元。本年度新购资产总值523.70万元。

获奖情况。连续第三年被评为首都文明单位，被评为北京市医疗卫生行业优秀网站奖，卫生行业信息安全工作先进单位，“关爱打工子弟，争当健康天使”活动被市卫生局党组评为基层党组织服务群众“最佳品牌活动”，财务工作获市卫生局决算一等奖、日常报表先进单位。

改革与管理 制订了《半日制员工绩效奖金管理办法》，从劳动纪律、服务水平、体检质量3个方面进行考核，考核成绩作为绩效工资发放的依据。

加强民主管理，推行院务公开制度，完善《采购管理制度》，坚持干部任免、聘任、重要项目安排、大额资金使用的“三重一大”制度。干部通过竞聘上岗，实行管理目标责任制。

重新修订《健康体检管理制度及各岗位职责》，制订了《健康体检报告工作流程与职责》《收体检指引单岗位工作流程》《高危异常检查结果登记通知随访细则》等，以进一步规范体检操作程序，加强各环节的衔接，减少或杜绝差错事故的发生。

专项体检 完成本市高考招生体检9.96万人、中考招生体检10.22万人、征兵体检0.93万人及研究生、公务员、教师、机动车驾驶员等体检的组织管理工作，同时，完成专项体检19899人次。

征兵体检。严格执行四级体检把关制度，负责编写《北京市征兵体检工作手册》，确保体检质量。其中全市16个区县的521名应征女青年首次集中在市体检中心参加体检。

招生体检。完成全市招生体检的业务培训与指导、会诊补检、政策咨询等工作，完成全市20余万名考生体检电子数据的采集、保存、筛查、修改、网上查询等工作。

健康体检 完成健康体检84010人次，检后咨询2.65万人次，解答网上咨询341人次，为单位做团检分析报告70份次，上门为体检单位进行健康讲座及咨询21次。追踪随访重要体征2065人次，确诊为癌症84例。

培训工作 选派钱文红到市卫生局医政处交流学习半年，同时接收佑安医院孙桂珍来中心挂职锻炼。为党员、干部、职工购买了学习资料和光盘，选送年轻医师外出进修学习12人次。编内职工在核心期刊发表论文7篇。

信息化建设 北京市体检信息平台建设和试运行是本年度信息工作的重点。在完成北京体检网、统计系统开发以及平台硬件系统集成工作的基础上，围绕体检信息平台的需求、开发、验收、试运行等完成大量的工作，该项目分别在世界工程大会、北京健康管理协会年会、提高健康体检质量业务培训会上进行推介和展示。

加强征兵体检信息化建设，将征兵体检抽复查报表纳入信息化系统查询统计范围。在全国征兵心理检测培训会上，代表北京进行介绍，并演示了由中心自主研发的征兵心理访谈系统。

研发"平台专项体检业务系统"并试运行。配合全国助残日，开发北京市农村低保残疾人健康体检信息上报系统，对各指定体检医院进行了技术培训。

体检质量控制 继续负责北京市体检和改进中心的工作。年初，重新聘任体检质控专家44人，依靠专家团队开展北京市体检质量控制工作。

年内，组织起草《北京市健康体检管理办法》《北京市医疗机构体检质量考核评价标准实施细则》、机动车驾驶员体检、体检统计等专项体检管理文件13份。

受市卫生局委托，体检质控中心组织专家对全市近200家申请开展健康体检的医疗机构进行现场审核，涉及医政管理、体检质量、院感管理、检验、影像质控等多项内容。对递交申请的体检机构进行了"北京市机动车驾驶员体检管理信息系统"现场验收。对征兵、招生体检定点医院的体检质量进行飞行检查。

年内，举办了北京市健康体检质量培训班，主检医师培训班，高、中招体检标准化培训班，征兵体检业务培训等全市各类业务培训和专项体检工作布置会12次，2460余人次参加。编印培训教材、文件汇编和简报7份，发放1700余册/份。

对外交流 参与组织北京健康管理协会第二届年会，并在大会上解读了《北京市健康体检管理办法》。配合协会组团参加全国首届体检中心主任高峰论坛、第七届中国健康产业论坛、首届全国心理健康论坛、第二届中国企业员工健康管理高峰论坛，并在论坛上作主题发言。配合协会组织了第二届健康体检宣传周活动。 （撰稿：樊志学　审核：孙力光）

领导名单

党支部书记 孙力光
副　书　记 王书林
主　　　任 孙力光
副　主　任 王书林

北京市公共卫生信息中心
北京市医院管理研究所

（西城区北纬路59号）
邮编：100050　电话：63020041
网址：www.phic.org.cn

基本情况 职工41人，其中专业技术人员32人，包括高级职称8人、中级职称10人、初级职称12人、见习期人员2人；管理人员5人；工勤人员4人。

信息化建设 年内，成立远程影像会诊和病理会诊2个首都医学发展基金课题组。9月19日，向50家三级医院及11家远郊区县中心医院下发《关于建立北京地区医疗机构门急诊信息报告制度的通知》《北京地区医院门急诊信息系统基本功能规范和数据采集规范（试行稿）》以及《关于做好门急诊信息系统接口改造工作的通知》，门急诊信息系统在全市三级医院及远郊区县中心医院中推广。10月初，北京市新社区卫生服务综合管理信息系统通过了验收；截至12月，在西城、顺义、朝阳、海淀、原崇文、原宣武、石景山、昌平等区46个社区卫生服务中心、172个社区卫生服务站实施和使用，可以支持健康档案的信息化管理，同时，市级健康档案中心已经部署应用，可支持没有应用新社区卫生信息系统的社区卫生机构开展健康档案电子化管理。

完成“十二五”卫生信息化规划的初稿编制。

3月初，启动人力资源项目，经过几轮的需求调研，召开需求和设计评审会，初步完成多点执业、定期考核、退休人员工资管理三大模块的开发和用户测试。同时，硬件设备全部到货验收，系统运行环境搭建完成。

年内，调整网上审批系统的内容，及时清理数据，保持与北京市卫生局监察系统的一致，协调解决市级审批系统数据与监督系统的共享问题。

血液项目重点推动系统在医院中的应用，包括督促18家接口医院的改造、管理全市血液信息上报平台的开发。同时，加紧推进部队医院用血信息的上传工作。

年内，随着新农合业务的更新，完成农村儿童学生重大疾病保障相关的需求调研等。同时，配合市卫生局医改办进行新农合系统相关情况的调研，提供2007～2009年全市新农合住院收费分析数据上万条。

完成市卫生局办公自动化系统的前期准备工作，梳理系统使用过程中的新需求，召开需求调研会5次，能使系统运行符合工作流程；向市卫生局办公室、医政处、法监处等重点处室演示系统原型，并开展处室信息化系统使用骨干培训；建立意见反馈表登记制度，确保系统建立有据可依，建立新用户及修改用户权限11次，系统栏目修改3次，问题修改及故障排查15次。

支援青海省乡镇卫生院信息管理系统建设，完成项目方案和项目立项，配合财政评审中心完成资金评审。

完成《北京市卫生局政务地理空间信息资源现状调研表》的目录梳理、数据整理、填写及报送。完成市经信委《关于北京市政务地理空间信息资源共享管理办法》征求意见表的反馈。完成市卫生局GIS地图的数据收集及整理并报送市资源管理中心。

年初，提出共享社保卡基础信息。参与经信委组织的市民卡相关工作，提供在卫生领域的需求，包括业务应用需求、卡内信息存储内容、有关卫生信息系统建设现状等资料，并形成市民卡在计划免疫中的应用建设方案，上报经信委。

全年收到各单位上报项目76项，涉及资金3亿元。其中医院信息化项目36项，经市卫生局信息化领导小组审核，通过22项，包括公共卫生项目17项、医院项目5项。完成项目评审18项。此外，完成4项追加项目的前置审核及报送，涉及资金600余万元，并得到市经信委的同意批复。

年内，多次召开系统内信息安全保障工作部署会和培训会，与市公安局文保处联合对本市部分医疗卫生单位的信息安全责任、信息系统等级保护工作和信息系统安全保障工作的落实情况进行综合检查。尝试在行业内探索信息安全人员准入制度，4～6月，举办第一期市卫生局直属医疗卫生机构信息安全员培训班，对40余人进行7次集中培训，结业考试后，合格人员发放北京市卫生行业信息安全员培训证书。截至12月31日，北京卫生信息网、北京中医药信息网共发布信息3717条，市卫生局政府信息公开发布信息304条，通过网上受理信息公开申请175件。网站提供网上服务、健康专题60余项。3月，启动北京市公共卫生综合服务平台的建设。该项目是将市卫生局门户网站建设成北京市公共卫生信息发布的第一媒体、政务公开和行政管理的权威平台，与公众互动的桥梁，为公众提供公共卫生服务信息的首选门户；通过市卫生局移动官方网站建设，丰富公共卫生信息展示和对公众的信息服务手段。制订北京卫生系统网站建设及管理规范和标准。

卫生统计工作 年内，继续做好3个方面的统计服务工作，一是为政府提供科学管理的决策依据；二是为卫生医疗机构提供统计服务，促进卫生事业的发展；三是为社会的卫生医疗需求提供信息服务。全年对外提供数据164份，涉及数据1100余万条。

上半年，完成1949～2009年历史数据的整理，并将市卫生局指标体系和历史数据维护入北京市统计局宏观库内部系统，共维护涉及1179项指标的180张报表。配合市统计局，检查了卫生统计年报、月报、财务统计、病案填报及存档等情况，并将检查结果向全市医疗机构公示。全年信息中心调配26家三级医院的60名统计、病案编目、医疗保险等工作人员组成专家检查团，对全市二级及以上医疗机构进行了《北京市出院病人调查表》和《北京市卫生人力资源调查表》的专项督导检查，并将督导检查结果在全系统通报。

科研工作 负责市科委“健康教育从娃娃做起”科普项目，出版其科普健康教育漫画丛书《娃娃健康》1套10册。参与的心血管疾病监测科研项目已结题，并完成《2005—2009年北京市卫生资源及医疗服务数据集》的编写共计40万字。“区域卫生信息化评价指标体系”项目正在进行中。“北京市脑血管医疗资源调查”项目与首都医科大学合作申请到市科委科研经费30万元。

编辑工作 组织并参与编纂了2010卷《北京卫生年鉴》、《北京年鉴（医药卫生）》、《中国卫生年鉴（北京卫生工作）》；全年编辑出版《医院管理信息（文摘）》12期，在卫生系统内部发行。经《北京卫生志》编委会讨论，确定由北京市卫生局原副巡视员朱小皖担任志书主编，并拟定了卫生系统第二轮修志工作方案及收集资料篇目。

联合办学 2009年5月，信息中心与首都医科大学卫生管理与教育学院合作成立公共卫生与医学信息管理学系，中心成为首医卫生信息学科研与教学基地。2010年9月，第一届卫生信息管理研究生入学。（撰稿：刘润国　审稿：谷　水）

领导名单

党支部书记 刘　伟
主　　任 谷　水
副 主 任 刘　伟　纪京平（至5月）　王　晖　谢学勤

北京市卫生会计核算服务中心

（丰台区右外玉林里45号）
邮编：100069　电话：63291296
网址：www.wsjhszx.org.cn

基本情况 职工15人，其中高级职称1人、中级职称3人、初级职称11人。

改革与管理 8月，新成立党支部，深入开展创先争优活动，以“提高服务能力，争创一流业绩”为主题，以打造“政治素质强、业务素质精、工作作风细”的会计专业服务队伍、提高服务质量为目标，明确了活动的指导思想和工作要求。完成对石景山、门头沟、东城、西城、海淀、朝阳等8个区所属的4家社区卫生服务管理中心和83家社区卫生服务中心的专项业务调研，了解社区财务核算与管理现状以及现行社区财务软件的问题。年底，召开由全体党员参加的民主生活会，就世界城市理念、人才战略及医药卫生体制改革方案等进行了探讨与交流。

财务管理 3月，在市卫生局直属4家医疗机构进行绩效管理及奖金分配系统的试点；8月底，结项验收。

完成市卫生局直属20家医疗机构预算系统管理的推广。年内，向各实施医院发放《北京市医疗机构预算管理系统院长培训手册》《北京市医疗机构预算管理系统财务人员培训手册》《北京市医疗机构预算管理系统科室预算员操作指南》和《北京市医疗机构预算管理系统财务人员操作指南》等。在完成基层端实施工作的基础上，结合市卫生局宏观预算管理需求，完成局端预算管理系统的完善，使预算管理系统基层端与局端数据交互平衡验证、功能上下联动提升预算的管理水平。

中心完成8家综合医院及3家专科医院的医疗项目成本核算及优化工作，11家实施医院医疗项目成本核算正在稳步推进项目成本核算数据的完善。7月，召开医疗项目成本核算培训会，对11家实施医院的财务处（科）长、项目成本核算员集中培训并对核算员进行了考核。10月底，11家医院陆续产出医疗项目成本数据。中心将医疗项目成本数据分综合医院组和专科医院组分别进行成本分析，并为政府财政补偿政策提出了建议。同时，市卫生局端

“医疗收费分析与支持系统”制订了医疗收费项目统一的名称、编码和项目分类规则，基层单位根据确定后的标准规范完成医疗项目成本与物价收费项目的对照，并将对照完成的数据上报市卫生局。年底，中心完成局端软件的开发和试运行。

中心撰写《2009年度成本数据分析报告》和《2009年度成本数据公示报告》。11月19日，召开成本数据分析会，对直属医院成本数据进行了分析。市卫生局直属单位财务科（处）长约60人参加会议。

日常核算 在2009年市卫生局系统决算工作中，完成局直属单位财政部决算、全市卫生部决算和局直属企业财政部、国资委决算，共召开培训会4场，集中会审3次，收集各类报表247份，相关补充资料千余份。

中心完成4家单位2011年预算的编制上报和全系统61家单位的预算审核会审，共收集预算报表项目书700余份，相关资料近500份，集中修改基层单位预算报表5次，涉及全系统61家单位800多个项目，完成预算的人大汇报稿、卫生局长汇报稿和财政局长汇报稿等材料的编写。

代管户账务核算是中心的日常重要工作，季末为代管户提供详细的资金使用情况说明，并对一些工作进行提示和建议。年底，召开代管户交流沟通会，向市医药集中采购服务中心、市卫生宣传中心等8家单位就新政策、新文件等对代管户的主要领导和财务联系人进行业务知识普及，同时听取被服务对象对中心业务人员服务态度、沟通能力、提供政策咨询服务能力、业务熟悉程度、提供财务分析能力、提供的工作帮助程度等6个方面评价意见，总体满意度100%。

中心担负着市卫生局直属医疗卫生事业单位、区县卫生局日常报表以及临时性报表的收集、汇总、分析工作。全年收集各类报表950余份，配合领导完成各类调研5项，提取相关数据3000余条。

加强资产管理和物资管理，完成财政动态资产库的实时升级上报，及时对更新的固定资产进行入库登记，检查损坏和需要保养的固定资产并及时进行维修保养。规范固定资产的领用手续，明确使用人和保管人的责任。中心制订低值易耗品管理和领用的相关流程，自制相关领用程序，并将其共享在核算中心内网办公平台，设定专人管理和维护。

其他工作 为配合医改，加强对专项资金的管理，中心对公共卫生专项资金执行情况进行了统计，并定期上报卫生部。完成报表收集2次400余份。

本年度，中心提出创新培训形式，开展网络培训继续教育工作。除了继续保留传统面授的职称特色培训班、财务处（科）长培训班以外，其余持证会计人员均采取网络在线学习的培训形式，通过“北京市卫生局财务人员队伍建设培训管理信息系统”完成。中心研发了该系统，组织部分单位用户进行了测试，录制完成28课时电子课件，题库近1500道。9月20日，该系统正式上线开通，至年底，完成近1600人的继续教育。

中心配合中医药大学科研小组，做好卫生总费用的测算工作，及时提供所需数据信息。召开座谈会3次，实地调研8次，完成基本的测算工作，并向市卫生局进行了第一次汇报。

11月12日，市卫生局举办会计知识竞赛，1600余人参加。经初赛，回龙观医院、儿童医院等8家单位进入决赛。60余家直属单位参与决赛，共212人。

行政管理 内部制度建设。修订和细化《经济合同管理实施细则》《物资管理暂行管理办法》《中心章程》《计算机设备及网络安全管理制度》《库房物资管理办法》。同时，规范《安全工作制度》中安全检查相关配套表格、中心内部设备维修管理流程。

安全管理。加强信息安全保障，加大安全检查力度，将安全隐患消灭在萌芽状态，确保安全管理工作万无一失。定期进行抽检，保证各项安全工作落实到位。另外，安排3次关于防灾减灾学习以及紧急应对法的培训、演练等。

网络建设。拓展中心机房接入带宽，引入10兆光纤。完成网络和信息系统安全自查和抽查。下半年，召开了信息安全工作汇报会。重视中心机房日常维护，聘请专业技术人员定期上门巡检，并做详细的信息记录，严格按照机房各种设备开关机流程定期进行实际操作，保证设备的安全和工作的正常开展。 （撰稿：潘　萌　审核：王　成）

领导名单

副主任 许　涛　王　成

北京市社区卫生服务管理中心

（西城区广安门内大街315号信息大厦A座305室）
邮编：100053　电话：63691120
邮箱：bjsgzx@126. com

基本情况　职工16人，其中主任1人、副主任1人、办公室3人、质量管理科4人、经济运行管理科4人、信息科3人。其中管理岗位11人、专业技术岗位5人。

固定资产总价值108万元。

获奖情况。被市卫生局评为2009年度部门决算工作二等奖。

历史沿革　2006年，经市编办批准，成立北京市社区卫生服务管理中心，是市卫生局所属相当正处级全额拨款事业单位。

机构设置　设办公室、质量管理科、经济运行管理科、信息管理科。具体职责：参与制订社区卫生的发展规划、政策措施，研究拟订社区卫生服务机构的管理规范、标准和管理方式、运行机制以及考核评价办法，并组织实施；组织社区卫生服务机构从业人员培训工作，指导区县社区卫生服务管理中心开展工作。

实施放心工程　岗位练兵见成效。为全面提升社区卫生机构服务能力，制订《北京市社区医务人员岗位练兵大赛活动方案》，全市组织各类练兵活动200余场1.6万人次。主要开展以《病历书写规范》为主的法律法规培训，以高血压、糖尿病、脑卒中、冠心病为主的慢病管理知识培训，以外科换药术、静脉输液、CPR急诊急救技能为主的“三基三严”练兵，以计划生育、母婴健康、口腔疾病防治、心理健康为主的防保知识培训。全市岗位练兵还结合了全国高血压防治知识大赛和全国糖尿病防治知识大赛。各区县也举行了各具特色的岗位练兵活动。市社管中心获全国糖尿病防治知识大赛最佳组织奖，朝阳区代表队获全国高血压防治知识总决赛冠军，海淀区代表队获全国糖尿病防治知识总决赛亚军，朝阳区、海淀区、西城区、东城区、丰台区、房山区社管中心获北京市社区医务人员岗位练兵活动优秀组织奖。

培养家庭保健员。全年共培养家庭保健员27360人，完成市政府折子工程要求的培养2.5万人的目标。向全市居民免费发放新修订的《北京市居民家庭保健手册》95万册。4月，举办了北京市家庭保健员健康欢乐赛。

返聘医学专家。年内，开展返聘专家专项督导评估检查，走访18个区县社管中心和36家社区卫生服务机构（每个区县1个中心、1个站），与90余名社区卫生服务管理人员和返聘医学专家进行座谈，取得较好效果。

实施强心工程　建立每月全市社管中心核心组学习机制，同清华大学继续教育学院开展了社区卫生高层管理者能力提升研修班，60余名市区两级社管中心主任参加培训，共授课6次。开展了健康管理社区行——全科医生公益性培训。在成都召开的全国健康管理社区行工作总结会上，北京市社管中心获优秀组织奖。

年内，对全市3年社区卫生绩效考核结果进行分析和研究，撰写了《2007—2009年北京市区县政府社区卫生服务绩效考核结果分析》报告，并召开区县反馈会，将分析结果转化为指导区县社区卫生工作。

年内，制订《北京市健康档案调查评价方案》，完成2009年健康档案调查评价工作，撰写了《2009年健康档案评价调研报告》。截止到年底，全市居民家庭健康档案4654870份，电子化率76%；居民个人健康档案12073470份，电子化率68%；使用过的档案占17.6%。

社区卫生信息统计工作逐步规范。一是以加强培训为规范基础；二是以数据核查为规范手段；三是以统计资料分析为规范目的，完成卫生部全国重点联系城市常规监测及北京市社区卫生统计信息工作需求，撰写《北京市社区卫生服务体系建设常规监测报告》，对2008、2009年度社区卫生统计数据进行了分析。

实施舒心工程 年内，在全市开展社区卫生工作一日体验活动，有近200名居民体验者分别到10个区县的41个社区卫生服务机构体验71个社区卫生服务岗位，进行总计约1250小时的体验活动。此次活动历时近3个月，各级社区卫生机构收到体验感想、表扬信等200余篇，收集到各级各类报刊媒体报道60余篇、电视台报道9次，网络媒体报道100余条。

加强社区卫生宣传，树立社区卫生品牌。《北京社区卫生信息》全年编辑出版21期，对外投稿85篇，在国家级报纸杂志发表约20篇，在市卫生局网站和《京华卫生》上发表41篇，更新网站新闻及健康知识约400条。制作《“相亲相爱的一家人”——北京市社区卫生3年文化建设》的宣传片，组织数十家新闻媒体对6家有特色社区卫生服务机构进行了采访。

加强监督管理，改善社区卫生服务环境。由市卫生局基层卫生处、市社管中心、市级有关专家组成8个检查组，暗访检查社区卫生服务机构的服务环境和设施、医务人员的服务态度和形象、机构与街乡政府的工作沟通机制、居民的满意度等，落实舒心工程各项工作。暗访后及时将结果反馈至各区县，并督促区县整改落实，进一步改善服务环境。

实施安心工程 一是编制《2010年北京市社区卫生经济运行工作材料汇编》，内容包括收支两条线、基本药物、返聘医学专家、转诊预约等分析报告；二是完成社区卫生服务机构不同运行机制情况对比研究课题，形成《政府办与非政府办社区卫生服务机构基本情况对比分析》调研报告；三是制订“十二五”社区卫生发展规划；四是参与社区卫生立法多项研究报告的拟订，整理社区卫生立法有关政策文件100余件40多万字。

信息化建设 继续推进北京市新社区卫生服务综合管理信息系统建设，本市社区卫生管理信息平台收集居民个人电子健康档案500余万份。同时，建立北京市社区卫生转诊预约平台，为社区卫生服务机构与大医院之间转诊预约提供信息化支撑。建立了北京市社区卫生电子地图信息系统。

统计工作 北京市社区卫生统计报表申请了市统计局统计文号。完成本市社区卫生工作月报、季报及社区卫生服务机构人员基本情况调查表、社区卫生服务机构基本情况、机构设备、房屋、床位情况调查表，机构政策执行情况调查表。根据社区卫生服务机构人员承担甲型H1N1流感预防接种工作，制订了专项报表。完成北京市社区卫生统计资料汇编及统计分析报告。

交流与合作 年内，中心接待天津、吉林等省市同行进行了工作交流。出国交流、考察2批26人次。英国全科医学专家考察了大兴区和西城区共2家社区卫生服务机构，并对本市各区县240余名全科医生进行了为期2天的培训。

其他工作 编辑《北京社区卫生信息》21期，平均每期53版以上，编辑文章3230篇，其中刊用170余篇，145万字。

（撰稿：张　莉　审核：刘　钢）

领导名单

党支部书记兼主任 刘　钢
副　　主　　任 张向东

北京市新型农村合作医疗服务管理中心

（西城区槐柏树街2号院3号楼323房间）
邮编：100053　电话：88011220

基本情况 本中心9个编制全部为管理岗位，其中中心领导岗位2个，1正1副；内设机构领导岗位3个，2正1副；其余为普通管理岗。职工9人，其中正、副主任各1人，公开招聘人员6人，合同制人员1人。

固定资产总价值58.23万元。

历史沿革 本中心是2007年1月经市编办批准成立的北京市卫生局直属的正处级全额拨款事业单

位。主要职能是承担农村合作医疗方案的指导、评估；收集整理和分析农村合作医疗相关信息；开展农村合作医疗调研、咨询服务及经办人员的培训工作；对农村合作医疗资金的安全使用进行监督，总结和推广农村合作医疗经验。

中心第一届领导是杜连顺。2010 年，市卫生局党组免去杜连顺的职务，由张毅任中心主任，调纪京平任副主任。

机构设置 设置 2 个科室，办公室和管理督导科。

日常工作 年内，开展了新农合信息统计工作。一方面，完成卫生部季度和年度新农合统计调查表；另一方面，协助有关部门完成与新农合有关的数据统计工作。

为加强本市新型农村合作医疗基金管理，提高新型农村合作医疗定点医疗机构的管理水平，规范和加强新型农村合作医疗综合管理工作，确保新型农村合作医疗制度规范、高效、有序运行，根据市卫生局《关于开展新型农村合作医疗基金稽查和对定点医疗机构相关管理工作检查的通知》要求，11 月 23 日 ~12 月 16 日，对全市新农合基金管理工作进行了督导检查。本次督导检查的主要内容包括新农合基金财务管理制度建设、基金筹集、支出管理以及辖区定点医疗机构相关管理工作等。在新农合基金稽查方面，工作组检查了新农合基金的相关管理制度，基金筹集、支出经办工作记录，基金账目、审计报告，对补偿受益面和基金风险的控制，经办人员的相关资质，三级公示制度的落实情况等；在辖区定点医疗机构相关管理方面，随机抽取辖区二级医院 1 ~ 10 月期间中西成药处方 200 张、辖区一级医院处方 100 张，辖区二级医院 1 ~ 10 月期间病历 10 份（高额 6 份、中额 2 份、小额 2 份），一级医院病历 5 份（高额 2 份、中额 1 份、小额 2 份），分别就合理、规范诊疗、用药以及与相关物价政策的符合性方面进行了检查。通过检查，各区县结合本地实际贯彻落实北京市新农合财务制度，加强基金监管初见成效：各区县新农合基金管理制度建设基本到位，新农合基金财务管理和会计核算工作比较规范，新农合基金足额到位，对新农合定点医疗机构的监管意识进一步加强。同时，由于多方面因素的影响，各郊区县在新农合基金管理方面还存在一些问题：部分区县审计制度落实不完整，部分区县新农合基金会计核算及会计基础工作有待完善，个别区县新农合基金未按照文件规定时限及时纳入财政专户管理，新农合基金产生的利息收入归集不完整，个别区县动用新农合风险基金未履行审批手续，个别区县新农合基金未全部划入财政专户，定点医疗机构医疗服务行为欠规范。

为提高本市新农合经办机构的管理能力和业务素质，中心不定期地采取集中培训与现场指导相结合的方式，对 13 个郊区县开展新农合基金监管、新农合财务会计制度等培训。全年培训 22 场次，涉及区县、乡镇新农合经办机构人员和定点医疗机构人员 800 余人次。

开展新农合咨询业务。中心常年接受电话咨询业务，包括单据审核业务咨询、政策咨询等，全年接受咨询百余次。

信息化建设 2005 年 11 月，本市新型农村合作医疗信息管理系统正式立项，经市政府统一招标采购，中国软件技术与服务股份有限公司中标，并于 2006 年 3 月签订合同；同月，监理公司朗佳科技公司中标并签署监理合同。2006 年 4 月，项目正式启动。2 个多月后，中软公司完成 13 个郊区县新型农村合作医疗需求调研，掌握了各区县新农合的基本情况和政策原则。2006 年 7 月，系统开发完成，并启动密云、大兴两个区县试点工作。在试点基础上，2007 年 7 月，该系统在全市 13 个区县推广应用。

随着新农合制度的发展，业务规模不断扩大，同时群众对费用补偿流程的要求越来越高，实时结算的开展提到议事日程。2007 年 3 月，房山区率先推出"出院即报"，极大地方便了农民报销。2008 年 6 月，顺义区空港医院正式采用"出院即报"模式开展补偿结算。之后，延庆、大兴、平谷、通州、密云等区县先后开展"出院即报"试点，主要涉及二级以下定点医疗机构。2009 年，提出全市推行"出院即报"和"随诊随报"补偿模式。

（撰稿：俞金枝　审核：纪京平）

领导名单

主　任　张　毅
副主任　纪京平

北京市卫生宣传中心

（西城区北纬路59号）
邮编：100050　电话：63184247

基本情况　职工8人，其中副高级职称1人、中级职称2人、初级职称2人；管理人员2人；工勤人员1人。

年内，被评为北京市科学技术普及工作先进集体。宣传中心拍摄的电视专题片《为了祖国的荣誉——国庆群众游行“人口卫生”方阵演练纪实》获首都文明办“迎国庆，讲文明，树新风”电视专题片征集活动二类作品奖。在中国行业电视协会举办的第九届行业电视片评比中，宣传中心拍摄的电视专题片《生命的托付》获一等奖、《爱在非洲》获二等奖。

历史沿革　1997年，经市编办批准成立北京市卫生宣传中心，为正处级全额拨款事业单位，编制8人。主要职责：承担本市卫生新闻与宣传工作，宣传卫生科普知识，宣传卫生系统的先进人物及先进事迹，宣传卫生系统的动态、政策等。

新闻工作　全年配合市卫生局机关各处室组织各类会议、大型活动新闻采访报道203次，召开各类新闻发布会31次，组织两会卫生成就、援非医疗队、医改一线行、第五批援藏干部、北京卫生系统医院营养治疗技能大赛、北京医疗队在什邡、社区卫生服务改革与管理成就、麻疹和流感疫苗接种等系列采访活动9次，处理中外新闻媒体记者采访函件42件，在北京卫生信息网上发布信息243条，参加每日卫生防病会商252次。坚持每日卫生舆情监测工作，在对主流平面媒体监测的基础上，对互联网包括WEB 2.0区域进行了全面的舆情监测，舆情监测报告的发送对象从过去市卫生局机关扩大到卫生系统各单位负责人，全年发布每日卫生舆情监测332期。根据重点舆情，撰写分析报告4篇：《儿童就医难舆情分析》、《北京医改方案征求意见期间舆情分析》、《北京市2009年度卫生与人群健康状况报告发布舆情分析》和《医改一线行系列采访报道舆情分析》。完成年度“卫生好新闻”的评选，收到作品155篇，其中新闻类65篇、科普类90篇，参赛作品总量比上年增长70%，是“卫生好新闻”评比活动开展以来征集作品最多的一年。

宣传工作　编辑出版《京华卫生》18期。制作播出《健康播报》节目47期，全年平均收视率1.84，比上年的1.24上升0.6个百分点。制作了电视专题片《生命的托付》、《我们准备好了》、《北美医院建设考察纪实》、《爱在非洲》、《北京“门巴”在西藏》、《什邡历练，浴火重生》。举办以“聚焦医患情”为主题的北京市卫生系统第十九届“杏林杯”电视片汇映，共有自创、合作、短篇3个类别的101部电视作品参加，是历届“杏林杯”汇映活动中作品最多的一届。举办“健康北京人，健康北京城”卫生摄影比赛，收到摄影作品650件，其中单幅作品509件、组照作品141件，参赛作品比上年增长24%，是历届卫生摄影比赛参赛作品最多的一届。宣传干部培训6次，分别邀请中国纪录片委员会副会长冷冶夫、中国传媒大学电视学院院长高晓虹、人民大学新闻学院张征教授和彭兰教授、《健康报》摄影记者王燕松等讲授电视片创作艺术、新闻写作、微博的应用、新闻摄影与实践等。编辑制作了《2010年4月—6月医改舆情汇编》、反映北京卫生系统医院营养治疗技能大赛的画册《精准膳食，呵护健康》、卫生系统首部摄影画册《白衣天使·真情记录》。为市卫生局制作日常工作展板和专题展板20块。制作会议背景板12块。

其他工作　制作录像成片36部、光盘300余张，为局系统会议及活动录像182次。拍摄各种活动照片14844张，照片资料数据达23.5千兆。为卫生部、市委宣传部、首都文明办、局机关各处室、卫生画报社、前线杂志社等单位提供图片420余张。

（撰稿：项春梅　审核：琚文胜）

领导名单

主　　任　琚文胜
副 主 任　马彦明

北京市公共卫生热线（12320）服务中心

（朝阳区静安里26号楼通成达大厦7层）
邮编：100028　电话：64468526
网址：www. bj12320. org

基本情况　职工52人，其中在编9人（正处级1人、副处级1人、副科级2人、科员5人）、退休3人、劳务派遣37人、聘用专家3人。

人工服务时间为早8：00～18：00，18：00～次日8：00为语音服务时间。

固定资产总值75113元。

历史沿革　“12320”的发展经历了3个阶段：

第一阶段是2004年11月～2006年10月。2004年11月，北京市疾病预防控制中心开通了北京市卫生防病咨询热线64287788，建有3个座席，其建设规模、服务管理模式和咨询热线呼叫系统的功能为“12320”的建设打下了基础。

第二阶段是2006年11月～2007年10月。2006年11月30日，北京市卫生防病咨询热线与市卫生局便民电话83970909、市公共卫生举报投诉电话65066969整合，在全国率先开通了北京市公共卫生公益电话12320，为隶属于市疾控中心的北京市12320公共卫生公益电话管理中心，确立了公共、公益、便利、信息、疏导、监督、应急的服务定位，建有11个座席、10个应急坐席端口，增开了短信咨询服务。2007年5月，被确定为北京市非紧急救助服务中心卫生局分中心，承办市非紧急救助服务中心（12345）转办的事项。2007年6月，开始承办市政府督查室转办的事项。

第三阶段是2007年11月至今。2007年11月，经市编办批准，北京市公共卫生热线服务中心（12320）成立，为市卫生局直属的全额拨款正处级事业单位，编制15人。2010年4月，编制内人员纳入规范工资管理，解决了机构的保障机制。同时，12320从市疾控中心迁出，独立办公。办公新址建有28个座席、18个应急座席端口。5月起，12320将原设置在市卫生监督所的远端座席与12320近端座席合并，统一受理卫生监督举报投诉，并负责相关数据的汇总、分析及督办。

机构设置　下设3个科室，分别为中心办公室、业务办公室、网络管理科，业务办公室包括2个接话班组。

改革与管理　不断强化服务能力，提供优质咨询服务。制订坐席员职责、班长职责、专家职责等8项岗位职责与工作职责，规范了公共卫生投诉举报、医疗投诉与建议、卫生监督类电话受理等9项工作流程，制订服务规范用语、接话大厅工作制度、办公设备使用规定等18项服务标准。狠抓学习型队伍建设，坚持每日班会制度、依托专题培训制度、创立小教员授课制度、英语口语培训制度。10～11月，承担了全国12320管理及座席人员的业务培训。建立长效工作机制，努力在提高沟通协调能力上下功夫：首先是密切与上级主管部门和业务相关部门的工作联系，其次是承担专项咨询服务时关口前移，再次是针对常规工作顺畅信息渠道。编辑出版《健康生活一拨通》系列书籍1～6册，免费向群众发放；每年进行社会需求调查，根据群众需求不断调整优化服务内容；通过网站主动收集各医院服务信息，方便群众就医。

创立并完善网络工作机制，不断提高投诉受理工作水平。市卫生局各处室和各直属单位、全市三级医院、18个区县卫生局都成为12320工作的网络单位，制订网络单位工作职责和联络员工作标准，建立了投诉回访制度，对网络单位工作实施考核，并将考核结果作为卫生系统精神文明单位评比的参考依据。

做好矛盾排查和协调稳控。12320完成全国两会和国庆60周年等重大活动的服务保障工作，手足口病、甲流疫情等突发公共卫生事件相关问题的咨询、投诉服务。

12320发挥政府与群众沟通桥梁的作用，日常工作中以简报、舆情专报等多种形式向市卫生局、市非紧急救助服务中心、全国12320工作领导小组办公室等上级部门报送工作信息，及时反映社情民意。在新医改方案的宣传工作中，12320作为市卫生局收集市民对医改进展和配套措施意见建议、解答相关问题的平台，在倾听民意、解答咨询的同时，收集整理群众关心的医疗问题98个、医保问题313个，为政府落实医改工作方案提供了重要的依据。

日常工作 受理情况。全年受理百姓各类服务请求299774件次，其中呼入人工服务252950件次（人工接起电话206423件次，接起率81.61%，比上年增加5个百分点）、自动语音咨询41968件次、自动索取传真资料1583件次、语音留言2228件次、邮件咨询820件次、短信咨询79件次、网站留言咨询146件次。全年受理市非紧急救助服务中心转办事项1872件，比上年减少20.95%，办理率100%。其中电话转办1454件次，已全部办结；电子工单转办418件次，办结率99.52%。全年接到市政府办公厅督察室交办城市管理广播《市民热线》转来的督办件36件，办理率100%。年内，12320网站总访问量1841425次，是上年的12.5倍，其中访问量排前三位的栏目是就医查询1095900次、咨询热点827436次、知识天地706944次。

服务类别。在本年度人工接起的206423件中，咨询电话197765件、投诉6328件、建议2253件、突发公共卫生事件举报6件、表扬71件。

咨询。群众咨询最多的是寻医问药问题，共计55881件次，占咨询问题总数的27.63%；其次是麻疹疫苗强化免疫政策相关问题咨询25074件次，占咨询问题总数的12.4%；第三是预防接种问题21471件次，占咨询问题总数的10.62%。另外，接到有关医改问题建议1003件次、医改问题咨询330件次、医改问题反映309件次、医改问题转有关单位690件次、群众表扬7件。

投诉。年内，受理医疗卫生投诉3163件、卫生监督类投诉3165件，经坐席员解答处理1612件，受理并转市卫生监督系统办理1553件，办理率100%。

信息化建设 12320使用AVAYA数字语音交换机为核心的呼叫中心系统，提供人工、自助语音、传真、留言等服务功能，系统拥有录音、质检、监控、知识库、数据统计、流程管理等功能。12320网站有新闻、知识天地、就医查询、在线服务、办事指南、在线视频、电子书刊、在线调查等栏目。经过近5年的发展，中心逐步提高信息化建设水平和完善信息化管理制度。目前，机房备有气体灭火、机房空调、防雷、温度监控报警等基础安全装置，并逐步增加网络安全设备及软件。编写了机房管理制度、信息安全管理制度、系统应急预案、故障类别、操作流程、更新维护流程等规章制度和操作规范。

其他工作 6月18日，市卫生局局长方来英来到12320热线，现场接听并解答了群众对北京医改进展和配套措施的咨询。

9月11日，卫生部部长陈竺、副市长丁向阳等领导来到12320，接听并解答群众有关麻疹疫苗强化免疫的咨询电话。

受卫生部全国12320管理中心委托，对本市的甲流患者和密切接触者进行了电话调查，为今后政府部门通过12320热线开展公众对卫生工作的测评进行了尝试和探索。

受市疾控中心委托，分别于麻疹疫苗强化免疫接种工作开展的前、中、末期进行了3次电话调查。调查结果显示，此次本市开展的麻疹疫苗强化免疫活动的全方面覆盖宣传策略效果显著，提高了市民对麻疹疫苗强化免疫政策的知晓率，促进了健康行为的形成。

组织开展2010年度热线知晓率调查，本次调查共收回有效问卷2116份，群众对北京市12320热线的知晓率47.07%，比2009年上升0.42%，群众知晓率已连续4年呈现上升趋势。

年内，获北京市医疗卫生行业网站考核评议优秀网站奖，被评为北京市信访排查调处工作2006～2010年先进集体。

（撰稿：韩银平　审核：段　杰　刘　辉）

领导名单

党支部书记兼主任 段　杰
副　　主　　任 刘　辉

北京市卫生人才交流服务中心

（西城区槐柏树街2号院3号楼419室）
邮编：100053　电话：63016389
网址：www. bjwsrc. org

基本情况　职工14人，其中副高级职称2人、中级职称5人。固定资产总价值1027.4万元。

历史沿革　1992年6月，成立北京市卫生人员考评中心；1993年7月，加挂北京市卫生人才服务中心牌子；2000年9月，更名为北京市卫生人才交流服务中心，并加挂北京市卫生人员考评中心牌子。隶属于市卫生局，是正处级差额拨款事业单位。主要职能：负责卫生专业技术人员职称的评审以及考务等具体工作，负责医师资格考试和护士执业资格考试的考务工作，负责社区卫生人员岗位培训考核考务工作，开展卫生事业单位的人事代理工作，卫生人才的登记、推荐，组织人才培训，负责卫生人才供求信息的收集和咨询服务，举办卫生人才招聘洽谈会，负责对卫生事业单位未聘人员实行托管，负责卫生人事、人才网络的建设和维护，负责卫生相关职业技能鉴定。

机构设置　设综合科、考试评审科、人才交流与开发科、信息科、财务室。

改革与管理　着眼于卫生事业的长远发展和人才的总体需求，树立发展新理念，实施“大卫生、大人才、促健康”战略，开发利用国际国内两个人才市场、两种人才资源，紧紧抓住培养人才、吸引人才、用好人才3个环节，着力培育和塑造能满足卫生事业发展和人民健康需求的卫生专业技术与管理人才队伍。着力搞好6项服务：一是搞好政策指导服务。运用好国家各级卫生人事人才政策，积极探索研究卫生人事人才建设的政策、措施和办法，为市卫生局和基层单位提供卫生人才建设与管理的政策和指导依据。二是搞好卫生人员考评服务。进一步搭建好卫生人员考评工作优质服务平台，通过考评，实现促能力、促水平、促健康。为提高基层卫生人员考评通过率，在考评的基础上针对性地开展基层医务人员和全科医师的考前培训工作。三是搞好卫生人才市场服务。进一步建设卫生人才市场平台，创造性地做好人才交流、人事代理等人才服务工作。四是搞好人才技术评价服务。科学制订卫生人才技术档案规划与管理，建立科学、规范的卫生人才评价管理体系。积极推动卫生人才技术评价的准入关，发挥卫生人才评价在医政管理、科研、教育培训、专家队伍建设等方面的科学服务。五是搞好协调管理与咨询服务。一方面加强中心内部的人才事务管理和项目的跟踪管理，向上级纵向协调，同级兄弟部门横向协调，本单位内部协调，大力推进政务公开，健全项目信息发布制度，完善各类公开办事制度，提高工作透明度；另一方面凡涉及群众切身利益、需要群众广泛知晓的人才服务项目事项，依法、及时、准确地向社会公开，并提供相关咨询服务。六是搞好卫生人事改革服务。做好全市卫生人事人才改革，带头执行有关卫生人事人才改革工作，指导探索建立可持续发展体制和机制。

日常工作　年内，参加全国卫生专业初、中级技术资格考试的专业技术人员28680人，比上年增加1820人，增长6.8%；参加初、中级非统考考试109人，比上年增加24人，增长28.2%。参加医师资格实践技能考试8869人，其中非中医类考生6970人，比上年增加853人，增长13.9%；参加综合笔试5656人，比上年增加979人，增长20.9%。参加采供血人员上岗考核137人，比上年增加42人，增长44.2%。参加社区卫生岗位培训考试4377人，其中参加技能考试3168人。参加卫生管理研究系列初、中、高级职称考试482人。参加主系列高级职称答辩评审1617人，比上年增加102人，增长6.7%；参加新设的卫生管理研究系列的答辩评审170人，其中36人参加了高级评审答辩。

人才工作。在本中心存档的有54个单位，共存档案7600余份。年内，接收人事档案1290份，整理档案900余份。接收、加工、归档档案材料15000余份。转出人事档案135份，借阅档案150人。网上查阅2400余人次。为80多人提供了相关咨询、档案复印、开具各类证明等服务。在原人事代理系统的基础上进行升级改造，完成代理用户的开户、档案数据的录入，进行了档案材料的扫描、加工、整理、上传。档案数据录入619份，共110800个信息点。电子档案整本扫描2000余份，散材料扫描30000余份，共计10万余面。

人才交流与开发工作。年内，协助市高校毕业生就业指导中心召开了医药行业人才双选会。受理4家事业单位招聘工作，并协助药采中心进行考试合格人员的人事外调工作。代理了6个中心的人事工作。网上发布招聘信息260条。

协助市卫生局完成卫生系统高层次卫生技术人才评选，接收审理27家单位264份候选人材料，其中领军44人（合格29人）、学科带头人42人（合格26人）、学科骨干178人（合格110人）。完成学科骨干复核，领军、学科带头人核分、申报材料的电子化等函审工作。完成函审汇总、中医类材料申报及审核。

职业技能鉴定。全年鉴定病案员、药剂员、医用污水处理工、医用气体工、实验动物饲养工、中药调剂员共1177人。

信息化建设 基本搭建起中心的信息网络系统，从共享上网的简单办公应用发展到三大业务应用系统（卫生高评申报评审系统、人事人才代理信息系统、北京卫生人才网）的部署和运行，按功能区域和行政科室划分了子网，使得在核心交换机层面上进行集中安全控制成为可能。在网络边界部署高性能集成安全设备，集防火墙、入侵检测、VPN远程访问功能于一身，业务应用服务器和IT基础服务器初步实现分离，并且在服务器和客户端点都部署了中小企业网络防病毒产品。作为上述系统的物理平台，对中心机房进行改造，更换机房布线系统，消除物理接口方面的隐患，扩容供电容量，为配备初级的灾难恢复系统做好电力准备。

（撰稿：杨让利　审核：吴永浩）

领导名单

党支部书记兼主任 吴永浩
副　　主　　任 吴正刚　刘淑敏

北京市医药集中采购服务中心

（西城区槐柏树街2号）
邮编：100053　电话：63010062
网址：www.bjmbc.org.cn

基本情况 职工18人，其中正处级1人、管理干部14人（包括2人兼任技术岗位）；专业技术干部5人，其中副高级职称2人、中级职称2人、初级职称1人。

固定资产总值125万元。

历史沿革 2001年10月，成立了北京市医药集中采购服务中心，其前身为北京市医疗机构药品集中招标采购中心，是市卫生局直属事业单位。其职责是拟定药品、医疗器械集中采购目录；承担北京地区医疗机构药品、医用耗材及医疗器械集中采购的实施；承担国家基本药物集中采购的实施；管理、维护医药集中采购信息系统，对网上采购及供货等情况进行动态监控，定期发布药品和医疗器械集中采购的有关指标和相关信息等。

机构设置 办公室：负责人事、财务、文件、档案、信息、统计、后勤等日常管理工作，并承担会议的组织、对外联络接待等工作。药品招标采购科：负责全市非营利性医疗机构和社区卫生医疗机构药品的集中采购工作。器械招标采购科：负责全市非营利性医疗机构和社区卫生医疗机构医用耗材、体外诊断试剂及医用设备的集中采购工作。信息科：负责管理、维护医药集中采购信息系统及中心网站，对网上采购及供货等情况进行动态监控，在网上发布药品和医疗器械集中采购的相关信息。

药品招标工作 2009年11月，向社会发布了药品招标工作公告，宣布药品采购工作正式启动。

2010年9月，对外公布集中议价中标候选品种目录，历时10个月，完成本年度北京市医疗机构药品集中采购的前期工作。全市二级及以上非营利性、医保定点医疗机构全部参加本次药品集中采购工作，并实行网上集中采购。在此期间，本中心参与研究制订药品采购工作方案；制订采购工作实施细则、评标议价细则、集中议价细则、投标报价上限原则等集中采购制度；完成对3000余家投标企业40000余条产品资质证明文件的审核；开展数据采集工作，整理天津、浙江等15个省市26个近期项目的中标价，共计80余万条信息；针对采购过程中遇到的新情况、新问题，及时组织管理小组、专家小组专题研究，并对企业质疑进行逐一回复；组织专家评标委员会、专家议价委员会对药品分类进行评审议价；协调和组织全市医疗机构开展网上采购工作。

本次药品集中采购共资审合格药品40000余个，其中直接挂网成交药品2000余个；参加公开招标和集中议价的药品近40000个，通过竞争20000余个药品中标成交，中标成交率59%。规模大、质控好的企业中标率明显高于上一次公开招标（2006年）的水平，销售规模在10亿元以上的企业品种中标率80.28%，销售规模在1亿元以上的企业品种中标率62.31%。药品中标价格也有大幅下降，相同药品较现行市场平均价格下降16%，全年可为百姓让利35.76亿元。

药品采购信息化　年内，中心完成“北京市医药集中采购综合信息系统”的开发。中心指导软件公司将11万多条药品信息、2万多条卖方机构信息、600多家北京市医院信息导入基础数据库之中，充实了与药品采购相关的基础信息。该系统包括资质审核、投标报价、评标议价、网上交易、网上监管和基础数据库等子系统，可全面覆盖本市医疗机构药品集中采购的各个环节。同时，中心还搭建以基础数据库为核心的集中采购功能体系，首次建立了政府所有的药品资质信息库，完成数据的标准化处理。该系统投入使用后，共审核整理药品投标数据4万多条，至年底，使用该系统参与药品采购的医疗机构近170家、各级配送商80多家，平均每个工作日订购金额近1亿元。

廉政工作　年内，中心制订《党风廉政建设责任制实施办法》《安全工作责任制》《保密工作规定》《借调人员暂行管理办法》《资质证明文件审核项目要求》等。为体现集中采购公开、公平、公正，凡涉及药品采购的问题均通过管理小组专家小组讨论研究、领导小组审定后处理，并由监督小组全程监督项目实施，对每个重要时间节点的文件和数据实行签字封存备查，确保药品集中采购工作规范有序、公平公正地进行；所有相关评标议价细则、基本规格、制订的投标报价上限原则、产品资质审核结果、评标前产品质疑回复均在网上予以公示。

中心通过实施3项举措整体推进风险防范工作。一是注重事前警示、全程监管，在项目开展前及实施中、重要节假日前，开展警示教育，通过强化廉政风险教育，提高本中心人员的防范风险意识。二是结合药品集中采购的需要，完善细化规章制度和操作流程，加强内部控制，突出各个环节和岗位的监督。三是中心全体人员及借调人员签订《履职责任书》，请市卫生局纪检书记进行廉政风险教育。四是依托现代化设备和技术，通过安检系统、屏蔽措施、系统防护、加密隔离、通讯监控等手段，确保招标工作的顺利开展。

（撰稿：王　健　审核：梁　丹）

领导名单

主　任　梁　丹

医学学术团体和群众团体工作

北京市卫生系统思想政治工作研究会

（宣武区北纬路59号）
邮编：100050 电话：63188325
网址：bwzyh@ sina. com

基本情况 有会员单位53个。召开常务理事会，增补调整常务理事和理事。年内，本会领导多次参加全国卫生政促会的大型活动和市社科联、市社团办、市政研会的活动。邀请全国卫生政促会和市政研会领导来本会参会并指导工作2次，邀请市政研会专家对本会重点研究课题进行了指导。

学术活动 一是深入基层调查研究，召开专题研讨会。11月、12月，在朝阳医院和市疾控中心召开政工队伍建设专题研讨会，朝阳医院、积水潭医院、首都儿科研究所、妇产医院、安定医院、血液中心、北京卫校、市疾控中心、安贞医院、世纪坛医院、中医医院、回龙观医院、市急救中心、小汤山医院共14家单位的党委书记或副书记参加了研讨。会后，政研会秘书处对研讨情况进行汇总分析，并撰写调研报告上报市卫生局党组。

二是结合卫生系统开展的创先争优活动，进行专题研讨。8月，研究会召开区县卫生系统创先争优专题研讨会，常务理事和各区县卫生局主管思想政治工作的领导参加。

课题研究 朝阳医院的“北京朝阳医院员工职业倦怠及干预矫正的对策研究”、世纪坛医院的“患者满意度实时监测与持续医疗服务质量改进的研究”、北京中医医院的“医务人员职业倦怠干预措施的应用研究”、北京儿童医院的“以人为本，加强医院人文环境建设”、地坛医院的“关于加强传染病医院人文关怀能力的实证研究——以北京地坛医院为例”、回龙观医院的“提升心理资质探索人文导向管理模式，促进卫生事业和谐发展”等课题获准立项并得到资助。5项市级课题和2项本会课题结题。

年初，本会向市思政研推荐优秀论文21篇参加“丹柯杯”优秀研究成果奖的评选，其中获一等奖1人、二等奖3人、三等奖4人。

培训工作 组织政工干部职称晋升前的论文撰写、论文答辩培训班，有50余位晋升中高级职称的政工干部参加了培训。协助市卫生局党组办好党委书记培训班。协助市卫生局组织处办好入党积极分子培训班，局直属单位80余人参加培训。

编辑出版 全年收到论文582篇，评审出优秀论文108篇，编辑出版《创新基层党建，提高科学化水平》论文集，并发放到上级思想政治工作研究会和本市卫生系统各理事单位。

其他工作 参与公开选拔领导干部、试用期领导干部考察及政工干部职称晋升的论文评审、论文答辩和职称评审推荐等工作。继续发行会刊《政工通讯》，搭好交流平台。继续加强秘书处自身建设，建设学习型科学化秘书处。

（撰稿：阎 玮 审核：齐敬宁）

领导名单

会　　长 齐敬宁
副 会 长 林培基 连金萍
秘 书 长 闫 玮

中华医学会北京分会

（东单三条甲7号）
邮编：100005　电话：65134368

基本情况　全年发展会员1300人，会员总数27127人，团体会员单位174个。年内，成立过敏（变态）反应学、医疗事故技术鉴定专业委员会，专业委员会总数82个。成立预防接种异常反应鉴定工作委员会。完成消化内镜学、放射学、内科学、呼吸病学、男科学、医学美学与美容学等分会的换届改选。制订完善《专科分会管理规定》《专科分会委员会换届改选程序》《专科分会委员推荐办法》，进一步理清了专科分会管理制度。

改革与管理　年内，制订了《公文处理实施办法》《发文办理流程》《资金往来结算票据的领购程序》《干部轮岗制度》《干部聘任制度》《岗位聘用制度》《学术会议管理办法》《优秀专科分会委员会评选条件》《优秀主任委员评选标准》等，进一步规范了业务行为。

2月25日~3月20日，对学会2009年预算执行情况进行自查，向市卫生局审计处报送自查报告并分析了学会预算执行当中存在做问题及改进措施。

学会对“小金库”、假发票进行自查清理，并接受了市财政局的检查。

继续教育与学术活动　申报本年度市级认可项目300项，完成学术讲座206项、学术会议12项。申报国家级认可项目22项，完成9项。55个专科分会组织学术讲座239场，到会23422人次。其中病理、心血管、呼吸、消化内镜、消化系病、血液、肾病、内分泌、糖尿病、神经内科、精神、高压氧、骨质疏松、肠内外营养、心电图、风湿、结核病、胸外血管、烧伤、神经外科、泌尿外科、骨科、创伤、肿瘤、整形外科、麻醉、皮科、妇产、儿科、围产、耳鼻喉、眼科、口腔、放射、超声、放射肿瘤、放射技术、急诊、危重症、检验、临床营养、病案管理、物理康复等专业委员会全年学术活动都在4次以上。病理分会坚持病理读片会已30余年，到会多为病理学界专家、会员、医师，每次读片研讨会各单位均轮流提供临床病理资料，供参会医务人员探讨分析，深受病理专业人士的欢迎。

学术活动　年内，有39个专科分会举办学术年会，包括神经内科、肝病、感染、皮科、妇产、肿瘤、物理康复、计划生育、麻醉、风湿、急诊、围产、放射、心身医学、放射技术、放射肿瘤、病案管理、超声、消化内镜、消化系病、检验、病理、内分泌、糖尿病、眼科、耳鼻咽喉、骨质疏松、呼吸、医学美容、整形外科、烧伤、胸外科、肠内外营养、创伤、泌尿外科、神经外科、骨科等专业学术年会，近年形成品牌年会的有骨科、胸外科、泌尿外科、麻醉、风湿、呼吸、放射、妇产科、糖尿病、消化系病等。共收到年会论文3197篇，大会交流992篇。突出本专科特点的有：麻醉学术年会，本市100余家医疗单位的1500余人参加，并增加了区县麻醉科现场答疑等专场；放射学分会学术年会举办专题学术讲座，分别设置神经系统、头颈及五官、呼吸、心脏大血管、腹部及盆腔、乳腺、骨骼肌肉、小儿/分子影像、介入治疗等分会场，以及CT、MR、PACS高峰论坛、中青年双语、护理、技术论坛和疑难病例讨论；耳鼻咽喉头颈外科年会暨华北地区耳鼻咽喉头颈外科学术会议，收到华北五省市论文120篇，会议专题发表20篇，600余人参会；呼吸年会暨首届京津冀呼吸年会，吸引了800余名北京、天津、河北、内蒙古等省市自治区的呼吸内科及相关科室医生参会，收到稿件200余篇，大会交流19篇，专题报告6个，并安排了疑难临床病例讨论及5场卫星会；肠内外营养学术研讨会约400人参会，收录论文82篇，其中专题报告34篇、优秀报告6篇、大会交流42篇。

6月24日，召开以“风雨同舟不辱使命，继往开来再谱新篇”为主题的北京医学大会。市卫生局局长方来英、中华医学会副会长柯杨、中国卫生法学会会长孙隆椿等出席并讲话。会长金大鹏作主题报告，从学术交流水平、人才队伍建设、科普宣传教育等多个角度概述学会所取得的成绩。陈德昌等49人获北京医学会医学成就奖，白耀等54人获北京医学会工作贡献奖。会上，宣读了《行动起来，积极投身医改》倡议书。

年内，学会召开美国血液传达报告会，350余人参会。肾脏病学专业委员会召开华北肾脏病学会议，400余人参会，上报论文267篇，大会交流12篇。神内专业委员会举办神经放射学术会，300余人参会，大会讨论专题20篇。放射技术专业委员会举办放射技术中青年会，300余人参会，大会讨论专题20篇。小儿外科专业委员会举办儿科呼吸高峰论坛，300余人参会。麻醉科专业委员举办麻醉中青年论文大赛，400余人参会，上报论文44篇，大会交流论文30篇。妇产科专业委员会召开华北地区妇产科学术会，290余人参会，上报论文45篇，大会讨论专题20篇。放射专业委员会举办二级医院放射会，300余人参会，大会讨论专题6篇。检验学专业委员会召开华北地区检验会，610余人参会，上报论文450篇，大会交流论文60篇。全国神经病学研讨会，310余人参会，大会讨论专题14篇。消化科专业委员会召开儿科消化新进展研讨会，150余人参会。风湿病学专业委员会举办风湿病少见病论文大赛，100余人参会，上报论文65篇，大会交流论文40篇。第五届全国HP临床论坛学术会，600余人参会，征集稿件55篇，评出一等奖1人、二等奖2人、三等奖3人、优秀论文奖30人。

年内，举办国家级认可项目的全国神经病学研讨会、活检病理诊断提高班、消化系病新进展提高班、检验新进展学习班、全国胸外科诊疗新技术新进展研讨会、骨科学术论坛、全国泌尿青年医师论坛、泌尿肾移植全国研讨会、全国骨质疏松提高学习班等共计9个，2376人次参加。

科普咨询 年内，重点开展了北京人十大健康行动系列活动。以权威专家健康教育大讲堂、青年医生健康指导进社区及编写医学科普读物的形式，指导首都市民掌握健康知识，树立良好健康观念，达到预防疾病、促进健康、改变不良生活方式、全面提升健康素质的目的。权威专家健康教育大讲堂举办了“平衡营养，远离疾病”、“糖尿病病人必须掌握的几个要点”、“癌症病人术后怎么办”、“脑血管病患者的家庭康复”、“呼吸道传染病的防治”、“糖尿病的诊治”、“失眠的原因和治疗”、“老年人如何预防心梗发生”、“干眼的预防和治疗”、“糖尿病监测的重要性”、“乙型肝炎的治疗要点”、“压力调节和心理健康”、“心血管病及相关危险因素的防治进展”、“糖尿病病人必须掌握的几个要点”、“妇科肿瘤的早发现、早诊断”、“肿瘤局部治疗手段的科学选择”、“不同年龄爱牙护齿有重点”、“肿瘤患者的肝脏保护癌症与疼痛 ”、“如何远离头晕与眩晕”、“正确认识头痛”、“糖尿病防治并重”、“冬季脑血管病预防”、“运动与骨关节病”、“腰痛怎么办”、“慢性肝病防治、营养与保健”、“老年人的冬季营养保健”等33讲，受益百姓5000余人次。编辑《北京人健康十大行动——健康手册》2期，免费向首都市民发放。

开展“健康北京人，健康北京城”名医进社区活动，学会联合朝阳、海淀、石景山、延庆等6个区县医学会和医疗机构，由北京协和医院、解放军总医院、同仁医院、北京大学人民医院、佑安医院等20余家会员单位派出专家，开展义诊、医疗咨询和医学科普宣传活动。共组织专家义诊、医疗咨询和科普宣传活动569场次，为社区医疗机构举办继续医学教育17场次，短期带教式培养基层医师280余人，专家参与1325人次，工作人员参与536人次，受益百姓56766人次。学会还策划了“十万农民大体检”活动，组织专家为市民免费做内科、超声、妇科方面的体检，惠及市民万余名。

开展西部行暨“重走红军路”送医送药活动。组织北京地区神经内科学科带头人赴龙岩为福建地区的300余名神经内科医生讲学、带教查房、疑难病例会诊、培训。培训内容为：“急性缺血性脑血管病的治疗策略”、“小血管病”、“神经系统疾病定性诊断”、“血压与脑血管病的关系”、“脑血管病指南”、“炎性脱髓鞘疾病”、“神经影像学讨论”、“神经康复进展”、“脑血管病防治新进展”、“运动神经元病”、“头晕的诊疗策略”、“癫痫临床进展”，深受西部医生及患者的欢迎。

在全国首届中华医学会科学普及学术大会上，北京医学会被评为优秀医学科普单位。

编辑出版 学会主办和承办的3种杂志质量和声誉不断提高，均为统计源期刊和核心期刊。全年共收稿件3620余篇，刊出1133篇，发行近25万册。

《中华医院管理》的期刊编排规范化程度进一步提高，增加发稿率，缩短压稿时间，在杂志来稿数量较往年下降的情况下，从每期72页增至80页。全年12期，总印数142060册。

《中华泌尿外科》杂志进一步严格编、审、修稿的学术技术规范和操作流程。在修改文稿时，注重文稿数据性资料的收集及科学逻辑概念方面的整理加工，刊出文章的整体质量及严谨性较往年稳步提高。全年接收稿件851篇，发表288篇，刊出率33.8%；退稿302篇；组稿10篇；刊出重点号4个；发表评论性文章4篇。在中华医学会第二十三届常务理事会上被评为优秀期刊。

《北京医学》全年收稿740篇，刊出495篇，发行26400册。该杂志与佑安医院合作创办了4期《北京医学（感染与传染研究）》专刊，与北京医学会神经外科、麻醉专业委员会合作出版了神经外科、麻醉专刊。

医疗事故技术鉴定工作　全年完成各类鉴定76例、专家质询21例。完成预防接种异常反应损害程度分级评定6例；协助市卫生局和市政府制订了《北京市预防接种异常反应补偿办法（试行）》；按照《医疗事故处理条例》《医疗事故技术鉴定暂行办法》《预防接种异常反应鉴定办法》的要求，对学会专家库成员进行了培训，专家500余人；完成预防接种异常反应专家库的聘任工作。

政府委托的工作　受市卫生局委托，完成医疗准入的评审。部级、市属、区县、厂矿、民营等36家医疗机构申报共计628项，符合受理条件535项，其中技术382项、诊疗科目144项，医疗机构准入审核9家，校验医疗机构10家。

受卫生部委托，承担神经外科16个、神经内科8个、眼科13个病种临床路径编写的组织工作。组织北京地区15家三级医疗机构专家40余人完成二类技术管理规范的编写，向医疗机构下发21个专业266个病种临床路径、5个专科医院标准、4个诊疗规范和指南、5个其他专科标准的征求意见。

全国24个省市的232名医用氧舱维护作业人员参加培训考核，全部合格，取得国家质检总局颁发的特种设备作业人员上岗证书。

举办市卫生局《医用高压氧舱从业人员上岗资格证书》培训班、特殊药品管理和临床合理应用培训班和抗菌药物临床合理使用师资培训班，3个专题共举办培训班10期，18个区县卫生局和全市一级以上医疗机构医务处、高压氧科、药剂科、肿瘤、麻醉、疼痛科、外科、呼吸科、ICU、儿科共计2496人次参加培训。

配合市卫生局，共同举办北京市卫生系统医院营养治疗技能大赛。组织临床营养学分会专家编写近20万字的培训教材，并对39家三级医院的营养师及营养厨师进行32学时的脱产培训。

完成中华医学科技奖的推荐评选工作，10个单位递交10个推荐项目的书面材料。在中华医学会公布的初审项目中，本会推荐的4个项目通过了初审。

其他工作　及时做好网络维护及信息的编写、修改、上传工作，对网站“资讯与动态”、“医学园地”、“学术交流”进行了日常更新。报道医学大会专题之“88年回顾”、北京人十大健康行动系列活动专题之权威专家健康教育大讲堂、名医进社区等学会活动75篇，转载北京地区热点公共卫生新闻101篇。向市卫生局办公室、信息中心、市科协报送学会新闻稿件近50篇。被市科协评为信息先进单位。

（撰稿：李　银　审核：项晓培）

领导名单

会　长　金大鹏

副会长　李清杰　梁万年　刘玉村　田　伟　项晓培　殷　菁　于小千　张兆光　赵玉沛　绕绍亮　白　宏　高宜秦

秘书长　项晓培

中华护理学会北京分会

（东城区东单三条甲7号）
邮编：100005　电话：65256418
网址：www. bjhlxh. com

基本情况　注册会员26747人、会员单位191个。发展新会员单位17个、新会员3722人。会费收缴率95%。全年向中华护理学会报送资深会员261人、普通会员6219人。

年内，学术工作委员组织会员单位青年科研人才参加北京青年学术演讲比赛，为会员举办青年学术演讲比赛获奖者展示会；继续教育工作委员会不断扩大继续护理教育分会场的覆盖范围，分会场增至16个，为郊区县听课会员提供了便捷条件；组织工作委员会共评选、表彰优秀团体会员单位30个。

学会办公室为会员单位和会员提供学分录入、上传、查询、补录等服务；为会员数量少的单位免费提供培训资料、继续护理教育项目手册，发放各类科技图书近2000册、光盘近3000张。

3月，向市民政局申报“社会组织服务民生行动”项目4项，并在7月12日举办的市政府购买社会组织公益服务项目推介展示暨资源配置大会上推荐。

4月，完成《北京卫生年鉴》和《北京市科协年鉴》的撰写。

5月，完成市科协北京高级专家数据库的填报工作，通过了学会年检。全年向首都科技网、北京卫生信息网等多个媒体报送通讯报道13篇28条次。

学术活动 年内，采用学术沙龙、专题研讨、参观交流、护理查房等多种形式开展本专业、院际、学科间的护理学术交流活动共65次。接待湖北省宜昌市护理学会、三峡大学护理学院护理专业委员会参观考察。

7月30日，学术工作委员会举办市科协第十一届北京青年学术演讲比赛初赛，有12篇演讲稿件入围。经评审，选拔出解放军总医院、协和医院、回龙观医院的3名选手代表学会参加市科协的决赛。回龙观医院吴艳的“探索抑郁症患者护理的新模式”获优秀奖，解放军总医院卢梅的“科学步态训练预防老年跌倒”获鼓励奖。

12月23日，举办青年学术演讲比赛获奖者展示会。市科协副主席田文、学会部副部长王辉、市科协联办副主任张鸿博，学会副会长吴欣娟和秘书长应岚出席。会上，清华规划院、地坛医院、宣武医院、北医三院的获奖者进行了演讲展示。学会二、三级医院共320名会员参加了观摩学习。

科普宣传 5月19日，第二十个全国助残日，康复专业委员会与大兴区人民医院在大兴区礼贤镇开展助残康复义诊活动。来自老年医院、宣武医院、儿童医院、海淀医院、广安门医院及大兴区人民医院的15名专家为140余名残疾人进行康复知识授课和肢体康复指导，并为他们测量血压、血糖，受到群众的好评。

5月28日，妇产科专业委员会的20名专家到昌平区医院举办“关爱女性健康、围绝经期妇女保健”学术研讨活动。

6月4日，眼耳鼻喉专业委员会眼科学组在海淀区金沟河解放军总医院干休所举办“爱眼日”健康用眼咨询活动。同仁医院、解放军总医院、协和医院、北大医院等12名眼科护理专家为60余名离退休老干部就如何健康用眼、爱护自己眼睛进行咨询、解答。

3月28日、5月19日、9月15日、12月16日，内科专业委员会内分泌学组分别举办糖尿病护理师学术沙龙。邀请多名资深医疗、护理专家，围绕北京地区开展糖尿病健康教育的热点、难点问题进行学术交流。

科技周期间，举办了科普知识大讲堂活动，分别在北京财贸管理干部学院、丰台医院、老年医院、良乡医院、通州区潞河医院共5个继续护理教育分会场举行，重点介绍女性四季养生、老年人走失的原因分析与预防、意识障碍病人的护理等科普知识与护理技巧，听课1500人次。

政府委托的工作 在国际护士节庆祝大会上，学会率先启动优质护理服务示范工程——传递“星语·心愿”卡活动，希望通过一张小小卡片，让护士真正了解病人的心声，让病人真正感受到护士精心、细心、耐心的护理，从而达到让“患者满意、社会满意、政府满意”的目标。5月，首先将活动的开展确定在37家三级医院的98个病区；7月，逐步扩大到二级医院各试点病区。截至10月底，共收回卡片15869张，总体满意率100%，受到患者表扬的护士8738人次，意见建议1352条次。至年底，此项活动已基本覆盖北京地区二、三级医院。

2月，急诊专业委员会规范9项专科操作并录制成光盘，发至二级以上医院急诊科共2000张，要求各单位自行组织训练后由学会统一考核。11月，对126家医院的3116人进行操作考核，合格3060人，合格率98.2%。56名未合格人员由基地教学老师辅导后补考，确保每位学员均达标。

全年学会举办专科认证培训班6期，培训学员437人，取得资格证书419人，总体合格率90%以上。ICU专业委员会对培训教材修订4次，2011年将完成第二版教材的出版发行，并对ICU专业认证10年历程进行回顾与总结。糖尿病健康教育护理师资格认证工作采用模拟教学方法和灵活的培训形式，统一护理教育模式和操作规范，各项培训效果评价均名列前茅。急诊、肿瘤、手术室、静脉输液治疗专科护士认证培训工作制订专科操作标准，具有很强的针对性和实用性，学员综合满意度均达到93%以上。年内，精神卫生专业委员会进行精神科专科护士认证的前期筹备。全年完成28家各级各类专科精神病保健所（院）、综合医院精神科护士情况的摸底调查。

继续教育 全年举办国家级、市级继续护理教育培训班18期，培训学员1235人次。其中专业化护士认证培训班6期437人，各专业委员会举办的培训班12期798人。共设继续护理教育主会场1个、分会场16个，举办市级专题讲座87项182场次，听课49200人次。

申报2011年国家级继续护理教育项目10项、市级专题学术讲座84项，完成5项国家级项目和3项市级项目的备案。11月，学会召开2011年继续护理教育市级认可项目分会场负责人会议，对分会场的组织管理、课程设置、时间安排等进行了布置。

编辑出版　全年编写、出版科技图书6本：骨科专业委员会的《骨折与损伤》、《腰腿痛》，呼吸专业委员会的《呼吸系统疾病知识和技能问答》，静脉专业委员会的《静脉输液知识问答》，伤口专业委员会的《伤口护理知识问答》，口腔专业委员会的《口腔科护士必读》；制作光盘1张：门急诊专业委员会的《首都急诊急救专项技能培训》。学会办公室参与撰写了《北京市继续教育申报指南》。编写地方标准3项：内科专业委员会内分泌专业学组的《糖尿病健康护理教育规范》，老年专业委员会的《老年人护理安全技术规范》，儿科专业委员会的《北京地区儿科护理工作评价标准》。

国际交流与合作　年内，学会组织中美骨髓瘤中心患者安全管理研讨会、中美护理专业国际研讨会、中德护理学术交流会。

其他工作　在国际护士节庆祝大会上，正式启动唱响“中国护士之歌”活动，历时4个月。向本会会员单位发放《中国护士之歌》光盘近百张。9月，共收到14家医院参与活动的照片、光盘及总结。经评选，推荐北京大学第一医院参加中华护理学会组织的全国评选，并获得优秀护士演唱团体奖，北京护理学会获优秀组织奖。

4～10月，启动学会门户网站的筹备工作。以招投标方式确定网站设计公司，并通过了网站一期建设方案。截至年底，完成网站域名注册、首页设计等，并制订《北京护理学会门户网站管理办法》，全部资料提交市卫生局办理互联网医疗保健信息服务前置审批。

学会秘书长应岚、专职秘书参与市卫生局社区卫生管理服务中心对社区卫生服务机构的暗访。学会秘书长应岚参与“医疗质量万里行”各项护理工作检查标准的制订及医院实地检查。

（撰稿：贾飞嵋　审核：应　岚）

领导名单

会　　长　孙　红
副 会 长　张黎明　吴欣娟　郑一宁　呼　滨
秘 书 长　应　岚

北京中医药学会

（东城区东单三条甲7号）
邮编：100005　电话：65223477

基本情况　年内，入会300人，会员总数4932人。成立中医检验专业委员会，东方医院检验科主任寿好长教授任主任委员。

年内，举办成立60周年系列庆典活动：撰写《北京中医药学会会史》；表彰对北京中医药工作做出突出贡献的先进个人和集体，马在山等36名中医药老专家获“同仁堂杯”中医药工作特殊贡献奖，北京中医医院等20个单位当选先进团体会员单位，肛肠等10个专业委员会为优秀专业委员会，外科、科普等12个专业委员会获最佳活动奖，肿瘤、风湿等12个专业委员会获组织奖；开展北京中医药学会学术月活动，21个专业委员会举办25场次学术活动，受益千人以上；召开“回顾、总结、展望”——庆祝北京中医药学会成立60周年大会。

学术交流　学会参与主办、协办的国际和全国性学术会议有：①8月14日，举办由中医药高等教育学会临床教育研究会主办、本会协办的北京国际肛肠大会暨第二届世纪坛国际结直肠肛门病论坛，主题是：肛肠疾病的预防与新技术的应用。280名代表参会，收到论文400余篇。来自韩国、日本、以色列和中国香港的专家出席会议，48名代表发言。②10月17日，召开由首都医科大学和市中医局主办、本会协办、北京友谊医院承办的首届北京中西医结合国际研讨会，主题是：融会贯通、开拓发展。150名专家参会，院士陈可冀、李连达、陈香美、孙燕到会。③9月25日，由本会推拿专业委员会主办的首届中外脊柱手法医学北京论坛，主题是：科学、实用、实效。大会由中国、美国、德国脊柱手法医学业内顶级教授及学者主讲，200名中外骨按专家参会。④9月10日，召开第十四届亚洲心身医学大会，主题是：东西方心身医学研究新进展。大会由亚洲心身医学会及中国中医科学院广安门医院主办，广安门医院、本会、北京医学会等承办，是亚洲及太平洋地区心身医学的高峰论坛。⑤9月24~26日，由本会和世纪坛医院制剂室共同举办医院制剂论坛学术会议暨第三届医院制剂配制技术与质量管理经验交流会。⑥由中华中医药学会内科分会、本会肺系病专业委员会主办全国中医内科肺系病第十四次学术研讨会；由中华中医药学会糖尿病分会主办、本会糖尿病专业委员会协办中华中医药学会糖尿病分会学术年会；本会主办、协办名老中医学术研讨会、庆祝会、纪念会4个，分别是：宋祚民学术经验研讨会、金世元从事中医药工作70周年庆祝会、陈彤云教授行医60周年庆祝会、纪念国医大师方和谦逝世一周年暨铜像揭幕仪式；本会联合北京中西医结合学会和北京针灸学会举办第二届“上工杯”学术演讲比赛，以“传承、发展、创新”为主题，鲲鹏组第一名是空军总医院郭伟，雏鹰组第一名是护国寺中医医院孟笑男。

政府交办的工作 本会协助市中医局举办第三届北京中医文化宣传周活动；开展中医住院医师规范化培训和考核；中医类别社区全科医师的培训，报名640人，分别在首都医科大学、北京中医药大学、中国中医科学院进行专业授课、培训，12月12日考核，560人参加了考试。

继续教育及科普咨询 全年完成继续教育项目和学术讲座50场次，中医基础录像播放33场，5000人次听课。同时，15个专业委员会利用学术会举办各种学术讲座23场次。妇科、感染、糖尿病等专业委员会举办学习班5个。

科普咨询有了新进展，配合市中医局在房山区、平谷区开展了“三下乡”义诊、慰问贫困户、基层中医和中医科普大讲堂活动。利用肾病日、糖尿病日、儿童节等开展科普义诊、宣教活动5场次。韩平、吴大真、张培彤、孔令谦、王盟分别在北京卫视台“养生堂”、北京体育台“健康一箩筐”、河南卫视“国医养生堂”等节目宣讲中医科普知识。在国家中医药管理局评选的36名中医科普巡讲团中，本会科普中医委员会主委韩平、副主委王国玮通过考核和答辩入选。

（撰稿：高丹枫　审核：赵　静）

领导名单

会　长	赵　静			
副会长	边宝生	许树强	齐　昉	李俊德
	杨明会	陈　誩	周德安	姜在旸
	高思华	曹洪欣	梅　群	谢阳谷
秘书长	高丹枫			

北京中西医结合学会

（东城区东单三条甲7号）

邮编：100005　电话：65250460

网址：www. bjatw. com

基本情况 会员5426人，团体会员单位77个。已成立专业委员会35个、工作委员会4个，待成立2个。

第一届检验专业委员会，中国中医科学院检验科主任刘贵建为主任委员，主持第一届检验专业委员会工作。全体委员52人。

成立第一届泌尿科专业委员会，中国中医科学院泌尿科主任张亚强为主任委员，主持第一届泌尿科专业委员会工作。全体委员22人。

3月18日，第六届肿瘤专业委员会换届改选，中日友好医院贾立群为主任委员，副主任委员4人，委员46人。

学术活动 年内，学会把重点工作放在“以创先争优为动力，开展多样化学术活动”上，集中精力创建一定规模的品牌性专题交流、论坛、学术研讨会等，努力提升学术活动的质量与水平。全年举办继续医学教育学术讲座24次、学术论坛4次、学术研讨会33次、国家级学习班4个、市级学习班2个，编辑学术论文集15种，共4950人次参加。

1月22日，呼吸专业委员会召开中西医结合防治甲型H1N1流感学术论坛，周平安、武维萍，王书臣、俞森杨、王琦等教授参会。会议由副主任委员王琦教授主持，与会代表68人。

1月31日，肝病专业委员会、传染病专业委员会举行北京地区感染病学术年会。大会由李秀会教授主持，市中医局副局长屠志涛出席并讲话。大会交流文章12篇，重点是中西医结合防治甲型H1N1流感的经验与体会，与会代表96人。

3月23日，儿科专业委员会召开学术会议暨名医工作室经验交流会。专家教授用案例的形式对小儿汗证、反复呼吸道感染、哮喘恢复期、慢性咽炎、过敏性紫癜的治疗，及用疏肝理气解郁治疗青春期月经不调，凉肝熄风止惊治疗儿童抽动症、高热惊风、脑炎，清心热、降肝火治疗小儿热性病、反复上感等进行了讲解。

4月10日，大肠肛门病专业委员会召开工作会及学术座谈会，主任委员李东冰及京津地区委员42人和学会秘书长井宏伟出席。本次学术论坛议题为脱细胞异体真皮在肛肠科的应用。李东冰、张燕生、王长顺等专家在大会上发言，到会专家进行了讨论。

6月2日，妇产科专业委员会召开中医、中西医结合妇产科年会。年会收到各委员单位论文40余篇，大会宣读论文11篇，特约专题讲座4个。本市数十家医院的中医、西医、中西医妇产科医师，以及全国各地在京进修的医师参会。

7月9日，肾病专业委员会召开中西医结合肾脏病临床论坛。会议主要以典型病例的诊断和临床中西医结合治疗为主，除涉及急性肾损伤、膜性肾病、局灶节段性肾小球硬化、糖尿病肾脏病等常见病外，还涉及抗磷脂综合征、结节病肾损伤等少见病例。刘云海、李平、谢院生、聂莉芳、占永立等教授及专业委员会30余名委员和本市数十家医院的肾内科300名医生参会。

7月30~31日，第二届医学影像专业委员会召开学术研讨会，来自城区及各郊区县的128名超声同仁参会。主任委员李建国教授作了“从社区基层医学建设谈规范化的重要性”的专题报告，解放军总医院李越主任主讲“感染性心内膜炎的超声诊断”，北京大学第一医院山刚志主任主讲前列腺疾病超声诊断及超声引导下穿刺活检，安贞医院勇强主任主讲血管超声检查思路。

9月11日，耳鼻咽喉专业委员会召开以慢性咽喉炎为主题的学术会议。单希征教授主持会议，同仁医院徐文教授、西苑医院刘静教授、刘树春主任、刘大新主任委员从不同方面讲解了咽喉部疾病的诊疗知识，近100人参会。

10月13日，糖尿病专业委员会举办糖尿病科技成果交流及EASD最新研究进展报告会，大会由名誉主任委员郭赛珊、主任委员冯兴中主持。会议邀请5名中医、西医专门从事糖尿病临床及科研工作的专家在大会发言，参会110余人。

10月15~17日，肿瘤专业委员会召开全国中西医结合肿瘤学科建设暨学术交流大会，以李佩文教授为首的专家、学者宣读学术论文20余篇，重点围绕肿瘤专病诊疗特色、肿瘤中西医最新进展、中医治疗肿瘤并发症的技术与应用等专题展开学术交流，并对中医肿瘤学的传承与创新以及如何结合现代医学技术和理论等问题进行了探讨。参会400余人。

11月20日，肝病专业委员会与肾病专业委员会共同举办肝肾疾病国际论坛。论坛邀请美国北卡罗来纳大学医学研究中心副院长赫伯特·邦科夫斯基教授、加拿大卡尔加里大学国际著名肝脏病杂志主编山姆·李教授及其他资深教授和科研工作者共7人，分别介绍肝移植的相关问题、肝脏疾病中心血管系统的神经调控、应用大规模中心数据库开展肝脏科研及病毒性肝炎的非侵入性标志物检测、肝纤维化的发病机制及其治疗、骨形成蛋白在肝肾纤维化中的作用、肝脂肪酸结合蛋白在肝肾氧化应激中的作用以及从基础研究到临床探讨肝肾疾病的关系。参会100余人。

12月5日，临床营养治疗专业委员会举办京津地区中西医结合临床营养学术研讨会。来自天津、北京、江西、江苏等地的专家学者进行了学术交流。本次会议收到学术论文42篇，17名学者在大会上发言。天津、北京、江西南昌、江苏无锡等地的代表及委员200余人参加了会议。

12月18日，风湿病专业委员会举办炎性肌病、强直性脊柱炎专题研讨会，介绍炎性肌病的诊治进展、炎性肌病的肺部表现、炎性肌病相关的肾损害等。参会300余人。

科普工作 1月23日，由市中医局、市科协联合主办，北京中西医结合学会、北京中医药学会承办的“送健康、促科技、传文化——2010年北京市中医药三下乡活动”在平谷区和房山区同时展开。开展中医健康大讲堂、名医乡医共义诊、针灸诊箱送村医、中西专家解疑难、优秀读物进乡村、实用针法送基层、领导关爱慰乡医等一系列中医药下乡帮扶活动。

3月3日，耳鼻喉专业委员会组织专家在延庆中医医院举办国际爱耳日科普教育及咨询活动，刘大新、单希征、韩仲明、刘树春、王嘉玺等委员参加并进行了义诊，受众100余人次，发放宣传资料150余册。

3月7日，肾病专业委员会与平谷区医院共同举办“关爱健康、关爱肾脏”义诊活动，进行肾脏病科普宣传，针对广大群众最关心的肾脏病问题，为当地群众带去健康和关爱。共接待义诊300余人次，免费发放肾脏病科普宣传品400余份。

5月19日，皮肤性病专业委员会举办银屑病患者关爱活动暨银屑病疗效提升系统项目推广活动，采取专题讲座、现场互动及发放科普资料相结合的方式，邀请三甲医院60余名皮肤科专家、相关骨干以及部分患者和家属参与。发放各大医院提供的银屑病宣传资料近200份。

配合政府工作 7月15日，学会受市中医局委托，根据《北京市中医药人才培养计划（第二期）实施方案》的要求，对各类培养人员进行不同形式的培养及考核，84人成绩全部合格准予结业，并颁发了结业证书和论文汇编。

11月26日，举办由市中医局主办，北京中医药学会、北京中西医结合学会和北京针灸学会承办的第二届“上工杯”学术演讲比赛决赛。本届比赛以“传承、发展、创新”为主题，评出一、二、三等奖，为选手颁发了奖杯及奖品，并为积极参与比赛的19家医院颁发了组织奖。近300名观众到场观摩。（撰稿：董彦菊　审核：刘　刚）

领导名单

会　　长　王苣生

副 会 长　王　阶　王　辰　王笑民　王晓民　吴红金　张澍田　李　林　杨明会　杨晋翔　赵　静　赵锡银　唐旭东　史载祥

常务副秘书长　刘　刚

北京预防医学会

（东城区和平里中街16号）
邮编：100013　电话：64407288

基本情况 年内，召开五届二次、三次常务理事会和团体会员单位联络秘书等工作会议。5月，完成市社团管理办公室年审和学会代码证的注册年检。年初，医院感染控制专业委员会换届选举并制订了年度工作计划，选举王力红任主任委员，魏华、邓小虹任副主任委员，伍冀湘、钟秀玲、李素英任学术顾问。2月5日，营养与食品卫生专业委员会换届，马彦为主任委员，肖蓉、郭子侠和滕仁明为副主任委员。2月10日，召开第五届消毒与有害生物防制专业委员会换届大会，马彦继续任主任委员，佟颖、曾晓芃、赵彤言为副主任委员，张文福、李新武、刘虹、邓小虹、董言德、于传江、徐艳明、孙振宝、陈兵任委员，张勇任秘书，沈德林、王传法、汪诚信、叶宗茂任顾问。3月5日，卫生毒理专业委员会换届，新一届委员由11个单位的13名委员组成。3月21日，儿少卫生专业委员会换届，选举马军为主任委员。3月28日，劳动卫生职业病专业委员会换届，高星任主任委员，马骏、徐希娴、郝凤桐、张星为副主任委员。11月23日，公共卫生专业委员会完成换届改选，彭智会当选主任委员，潘京海、高丹丹、李印东当选副主任委员。流行病学、卫生检验与实验医学、儿童保健、妇女保健专业委员会也分别召开换届改选会议。本会会员3192人。

1月11日，召开期刊工作座谈会。会长孙贤理和中心副主任贺雄出席，会议原则确定调整三刊编委会。12 月，中心办公会决定将三刊的人员、财务等与学会剥离，分别由中心办公室和传染病地方病控制所管理。

学术交流与培训 1 月 21 日，特邀原全国人大副委员长何鲁丽出席老卫生防疫工作者座谈会。原市卫生局副局长吕德仁及代科、徐建约、唐耀武、王传法、冯蔼兰、陶永娴、郭尽武、孙贤理、张立兴、王义、刘泽军等参加了会议。

1 月 26 ~ 27 日，学会与市疾控中心举办第八届北京公共卫生国际论坛。世界卫生组织、美国、加拿大、澳大利亚等国家和组织的公共卫生专家，以及北京和国内各省市的专业人员共 280 余人出席。论坛涉及了甲型 H1N1 流感流行病学特点及防控策略、疫苗接种经验和效果评价、临床医疗救治情况以及突发公共卫生事件的公众健康教育等。

3 月 12 日，召开北京市学校卫生学术年会，全市各区县中小学卫生保健所、疾控中心、大中小学的校医 100 余人参加。会议邀请北京大学儿少所所长马军、北医林琬生教授、市疾控中心唐耀武主任、王绍丽主任医师、东城区中小学保健所曹丕军主任医师为点评专家，市教委宋玉珍老师出席会议并讲话。

5 月 13 日，本会与市疾控中心联合举办北京市手足口病和麻疹防治知识师资培训班，全市二、三级医院，部分疾控机构和公共卫生监督人员共 179 名师资参加了培训。北京地坛医院博士生导师李兴旺、市疾控中心黎新宇和免疫规划所副所长卢莉分别就手足口病、麻疹病原学、临床诊断与治疗，特别是重症病例的识别与处理和预防控制、疫情监测与病例报告等进行了培训。为参训人员发放《手足口病和麻疹培训资料》、光盘，还为相关区县加发了 800 份培训资料。

6 月 21 ~ 26 日，儿少卫生专业委员会面向学校卫生工作者，举办“论文撰写”、“学校卫生发展趋势”、“中医保健与视力保护”、“学生营养”、“循证医学与新发传染病防控”等专题讲座，539 人次参加培训。

自 4 月 15 日开始，连续举办 8 讲 48 学时的预防保健医师培训班，172 人取得合格证。6 月 12 ~ 27 日，举办防保人员岗位培训班，304 人参加培训，全部合格并颁发了合格证。

7 月 26 ~ 27 日，召开防保医师、防保人员技术操作指南编写工作会，邀请流行病、计划免疫、消毒、妇幼保健等 15 名专家参加。10 月，完成《预防保健医师技能操作指南》《预防保健人员技能操作指南》的编写和印刷。

8 月 2 日，举办第三届社区预防保健医师骨干培训班。35 名学员经过 1 个月的理论学习和 1 个月的教学基地轮转及 4 个月的社区实践，完成理论课自学科目、撰写创新点设计和实践总结，经理论知识笔试和专家考核，均合格并获得防保医师骨干培训结业证。

10 月 11 日，举办防保医师、防保人员技能操作考试考官考务人员培训。10 月 16 日，防保医师技能操作考试，209 人参加，通过率 98%。10 月 17 日，对 231 名防保人员进行技能操作考试，通过率 94%。

年内，开展“健康北京人——母婴健康行动”项目。通过运用生物—心理—社会医学模式，使相关人员掌握疾病预防知识和基本技能，熟练掌握社区常见健康问题和疾病的防治能力，向个人、家庭、社区提供公共卫生和基本医疗服务。该项目在城八区有序开展并于 12 月中旬结束。

11 月 29 日，召开社区防保医师、防保人员岗位培训与考核研讨会。总结 10 年来本市社区防保医师、防保人员岗位培训考核情况，研讨社区防保医师、防保人员岗位培训考核理论和技能考试的命题原则和要求。

11 月 24 日，分别召开预防保健医师、预防保健人员考核研讨会和社区预防保健医师、预防保健人员岗位培训研讨会，就社区卫生服务人员岗位培训及考核进行研讨。

12 月 22 日，召开北京市重点传染病培训工作研讨会，20 余名专家出席。专家就 2011 年重点传染病培训工作提出了建议。

期刊与出版工作 《首都公共卫生》《毒理学杂志》和《国际病毒学杂志》按时出刊，《国际病毒学杂志》被收录为中国科技核心期刊。10 月 26 日，启动《新时期北京市公共卫生光辉历程（二）》的编写工作。（撰稿：裴绍民　审核：孙贤理）

领导名单

会　　长　孙贤理

副 会 长　毛　羽　王　义　王　嵬　邓　瑛　伍冀湘　刘泽军　李　峰　郑志伟　姜国栋　禹　震　贺　雄　赵　涛　唐耀武　彭智会

秘 书 长　裴绍民

北京中医协会

（朝阳区小关北里218号）
邮编：100029　电话：64007339
网址：www.bjtcm.gov.cn/bjtcma

基本情况　有单位会员85个。3月18日，召开第一届第四次理事扩大会，发展会员单位1个，增补北京中医药大学东方医院张允岭、北京市鼓楼中医医院康佳、房山区中医医院徐希胜、宣武中医医院田大政、北京中医药大学东直门医院职业技能培训学校刘毅为理事。全年召开常务理事会3次。

学术活动　5月在延庆县、9月在通州区分别举办北京地区基层中医医院院长论坛。各区县中医医院院长参会，论坛以基层中医医院创新发展为宗旨进行了研讨。

10月，组织北京地区中医医院院长、管理干部一行35人赴甘肃省参加全国中医医院医疗卫生体制改革、中医医院管理年经验交流工作会，并在额济纳旗中蒙民族医院进行了参观考察，会议成员对贫困地区民族医院的发展建设进行了个人捐助。

科普宣传　7月12日，参加市民政局召开的社会组织服务民生行动项目推介展示暨资源配置大会，制作治未病宣传板2块，发放《治未病丛书》千余套。

培训工作　9月20～21日，配合市中医局举办中医医疗单位财务、物价管理干部培训班，就首都经济发展形势、医疗改革现状与发展进行了培训。中国中医科学院附属医院、北京中医药大学附属医院、北京中医院、中医学校、中药研究所、各区县中医院主管财务的院（所、校）领导、财务处（科）长、主管会计、中医医院的物价员90余人参加了培训。

10月29～30日，配合市中医局开展中医医院管理干部培训，北京地区中医医院院长、副院长、办公室主任、医务处长、护理部主任、门诊办主任及主要职能、业务科室负责人共220人参加。国家中医药管理局医政司司长许志仁讲授中医医院评审思路、市中医局副局长屠志涛通报了北京地区医院管理年活动总结。

11月8～10日，本会与北京针灸学会联合举办社区全科医师针灸适宜技术师资培训班。培训班就灸法、穴位贴敷的临床应用，痛症、失眠临床治疗进行了培训。各区县社区卫生服务机构具有主治医师以上职称的有一定针灸基础的中医执业医师80余人参加。

继续教育　9月20～21日，配合市中医局举办中医中青年科技管理干部培训班，各中医医院主管科研的院长、科研负责人以及科研项目负责人70余人参加。培训内容包括中医科技发展计划管理与项目评审机制、抓好中医科研工作促进医院发展等。

3月下旬～4月上旬，协会受市中医局委托，组织中医适宜技术培训2批，朝阳、海淀和丰台等区180人参加。培训方式为全脱产集中培训，小班教学、集中面授、现场操作演示与医院实习相结合的培训模式。临床实习在东直门医院针灸科，北京中医医院骨按科、针灸科和护国寺中医医院针灸科等。培训内容为铍针治疗颈腰部疾病、薄氏腹针疗法治疗颈肩腰腿疼、针灸治疗睡眠障碍、耳尖放血疗法治疗高血压肝阳上亢证、针灸治疗膝关节炎和冬病夏治哮喘膏疗法。

编辑出版　全年编写中医药科普健康宣教丛书《中医万问》5册，200多万字，万余条问答题，以万问的形式介绍了中医天人合一、阴阳平衡的思想理念和中医保健、防病养生的内涵和方法。该丛书免费赠送给16个区县社区、农村。

科研管理　完成市中医局委托的青年科学研究资助项目的评审。9月1日，对市属中医医院、综合医院申报的26个项目进行了评审。评委根据汇报和答辩情况对每个项目进行打分、讨论，排序后上报市中医局，最后确定15项为本年度资助项目。

11月24～25日，召开会议，对2008年度北京市中医青年科研资助项目15项进行结题验收，并对2009年度的16个项目进行了中期评估。

考试工作　年内，对市中医局备案的78名传统医学师承人员进行继承学习过程的管理。各区县卫生局审核通过的报考确有专长人员105人，考试实到考生99人，合格69人，考试通过率69.7%；为考试合格人员颁发了《传统医学医术确有专长证书》。

执业医师考生人数较上年增加10%，网报2425人，考点审核通过1956人，考区审核通过1899人，其中韩国考生64人。实际参加考试1790人，缺考109人。考试及格1250人，通过率69.83%。

医疗质量监测 全年完成中医医院病案数据114568条、人力资源数据11579条的收集统计和录入。配合市中医局协调东城、海淀、怀柔等6个区县重新确认农村、社区72个监测点名单，并于12月31日前上报了农村、社区监测数据。6月和10月，召开2次北京地区中医医院医疗质量监测工作总结及培训会，二、三级中医医院各监测网点负责人200余人参加。会议表彰了北京地区中医医疗监测工作优秀的单位，并邀请全国中医医疗质量监测中心专家就新的监测系统的使用方法进行了培训。

网上查询 至年底，中医信息网收录北京地区各级卫生行政部门、中医行政管理部门审核批准注册的中央、市属、区县属的非营利性、营利性中医医疗机构共722个，注册执业医师数据库项目7963条。协会设专人实时访问，及时发现各区未录入的情况，定期逐条反馈给各区县，督促各区县及时修改。年内，信息网运行统计，新增中医医疗机构38个，维护113次；新增医师730人，维护802次；对中医医疗机构信息修改237次，医师信息修改1572次。

医院管理年检查和绩效考核 6月，受市中医局委托，完成对本市9家三级中医医院及19家二级以上综合性、专科中医医院、中西医结合医院的医院管理年和绩效考核的检查评估，并对市、区县属19家中医医院的绩效考核结果进行了网上公示。

制订国家标准 协助国家中医管理局修订《全国基层（农村）中医药工作先进单位标准》《全国基层（社区）中医药工作先进单位标准》《全国中医医院医院管理年检查标准》和《全国综合医院示范中医药工作评价标准》，制订相应的检查评估手册，并参与了部分现场验收工作。

中医医师注册 全年为143家医疗机构中医、中西医结合、民族医医师执业注册420人次。11月，召开北京市中医类别医师执业注册工作会，就注册工作常见的问题进行了培训和交流。

北京市社会组织服务民生行动 年内，协会参与市民政局开展的北京市社会组织服务民生行动，申报的“中医药健康保健知识万问网上查询”项目，经市民政局论证和评估，作为政府购买社会组织公益服务项目通过了验收。

（撰稿：程治馨　审核：朱桂荣）

领导名单

会　　长　谢阳谷
副 会 长　曹洪欣　郑守曾　李俊德　杨明会
　　　　　　许树强　陈　誩
秘 书 长　朱桂荣

北京防痨协会

（西城区新街口东光胡同5号）
邮编：100035　电话：62252649
网址：www.bast.net.cn/bjkx/xstt/ykl/bjflxh

基本情况 2月25日，召开协会理事会全体会议，理事长洪峰作上年度工作总结和本年度工作思路的报告。5月13日，召开理事长工作会议及常务理事电话会议，审议并通过第十届理事会北京地区的理事推荐工作。全年召开协会秘书处会议2次，完成协会年检、会费收缴及机构代码年审等工作。

学术活动 全年完成系列专题学术讲座6次，包括：胸部CT的结核病诊断与鉴别诊断、北京市结核病控制面临的挑战、结核病诊断与鉴别诊断、结核病微生物学研究最新进展、结核病外科介入疗法新进展、结核病化疗的生物学机理，400余人次参加。

10月，5人参加在上海举办的中国防痨协会基础和临床委员会学术年会，3篇论文在大会上进行了交流。

科普宣传 3月24日，第十五个世界防治结核病日，我国确定的宣传主题是“遏制结核，健康和谐”。3月20日，市卫生局、北京结核病控制研究所、北京防痨协会举行世界防治结核病日宣传活动校园启动仪式。同时，全市各理事单位、结防所开展了结核病防治知识宣传活动。

10月15～18日，在地坛公园举办由市总工会、市体育局、市卫生局主办的首届北京市职工健身健康博览会，结控所、防痨协会参加了活动。在为期4天的活动中，通过“一大亮点、四大体验”等活动营造出全民防治结核病的氛围，受到群众的欢迎。

培训工作 1月12～15日，举办结核病控制工作培训班，培训对象以新入职防痨工作者为主，共46人参加。聘请国内防痨界资深专家就现代结核病控制策略与实施、结核病的免疫学基础、结核病“三新”进展概述及感染控制、肺结核的诊断与鉴别诊断、结核病影像学检查基础、肺结核疫情的监测与处置、耐药结核病的诊断与治疗、医学科研论文的撰写、结核病细菌学诊断基础以及结核病化学疗法的生物学基础等进行了培训。

7月25～28日，在秦皇岛市举办全国诊疗新技术培训班，来自全国防痨系统的102名医务人员参加了培训。邀请道格·劳里博士、端木宏谨、屠德华、张立兴、马玙、洪峰等国内外专家分别就结核病流行状况及面临的挑战、结核病诊断与鉴别诊断、结核病细菌学诊断、结核病免疫学研究进展、结核分枝杆菌分子生物学研究进展以及抗结核新药研究进展等进行了讲授。

继续教育 全年完成继续医学教育项目26项，其中市级8项，授予Ⅰ类学分20分，763人次；自管项目18项，授予Ⅱ类学分8分，945人次。完成2011年继续医学教育项目申报3项。

国际交流与合作 5月，组织部分区县结防所所长赴日本防痨协会考察交流。7月，协会常务理事王星火参加在瑞士举办的国际健康促进与健康教育联盟第二十届大会，并进行了论文交流。11月，协会一行5人参加在德国柏林举办的国际结核病、肺部疾病联合会学术年会（IUATLD），介绍北京市结核病疫情现状及对策并参加了学术交流。11月24日，韩国防痨协会代表团一行4人到北京结控所、北京防痨协会进行业务交流和考察。

其他工作 11月22日，参加在北京举办的中国防痨协会第十次全国代表大会，洪峰当选为新一届理事会副理事长，安燕生秘书长（第九届副理事长）被聘为顾问，王甦民等5人当选新一届理事。完成《中国防痨史》中北京防痨史的撰写。

完成2011年市科协专项经费预算申报（2项），完成协会本年度工作报告书的网上申报并通过了审核，完成中国科学技术协会综合统计年度调查报表工作，按时填写报送了各种总结、计划、统计材料等。

（撰稿：倪新兰　审核：安燕生）

领导名单

理 事 长　洪　峰

副理事长　安燕生　张广宇　李　琦

秘 书 长　安燕生

北京性病艾滋病防治协会

（东城区和平里中街16号）
邮编：100013　电话：84241190

基本情况 6月，召开五届二次常务理事会，进行上年度工作总结及介绍2010年工作要点。

8月，咨询专业委员会换届选举。高明任热线咨询委员会主任委员，栗晓红任副主任委员。

8月，临床专业委会委员换届选举。推荐连石、郑和义分别担任主任委员、副主任委员，张海平任秘书。

11月，完成预防专业委员会和学校专业委员会改选。预防专业委员会由贺雄、卢红艳分别任主任委员、副主任委员，徐敏任秘书。学校专业委员会由市教委宋玉珍、清华大学医院郭建丽分别担任主任委员及副主任委员，交通大学医院李海红任秘书。

宣传教育 年内，协会作为协办单位，参加由100多名来自艾滋病防治领域的社区工作者、基金会、政府和相关机构代表和感染者代表开展的感染者反歧视——烛光纪念活动。艾滋病宣传大使濮存昕作为嘉宾出席。

世界艾滋病日期间，协会支持大学生开展宣传活动。11月25日，北京大学公共卫生学院学生举办宣传周启动仪式。11月27日，在前门步行街开展艾滋病主题宣传活动，共发出艾滋病普及知识宣传册约600份、小礼品1300份、红丝带1000余条。12月1日，北京大学公共卫生学院、北京大学、清华大学、中国地质大学等5所大学的校园里举办校园主题签名活动。此外，还举办了艾滋病知识竞答。在宣传周活动中，学生足迹遍布街头、高中、大学、社区，向各界群众发放艾滋病知识手册。

受市卫生局的委托，协会承办本市三大工程之一的免费安全套推广项目。完成免费安全套在宾馆饭店、娱乐场所、高危人群中的推广使用。与市人口计划生育宣传教育中心合作，编制艾滋病防治知识普及教育宣传小册子，针对吸毒人群编制了毒品危害及为什么要开展美沙酮门诊维持治疗的宣传小册子。

编辑出版了《北京性病艾滋病防治通讯》（内部刊物）。

全年人工热线共接待咨询3508人次（男3301人、女207人），语音咨询30665人次。

国际合作 继续履行北京地区民间组织中盖艾滋病项目管理职责，实施北京地区中盖艾滋病项目。协会作为北京地区民间组织项目管理机构，对申报的33份项目申请书进行了专家评审，有22家实施机构27项申请书获得通过。其中动员性工作者检测与行为干预5项；动员男男性行为者（MSM）人群检测与行为干预9项，共计11950人；动员吸毒人群检测与行为干预5项，共计2050人；申请对感染者病人随访关怀8项，共计2160人。年内，完善“三位一体”模式，分别召开中盖艾滋病项目非政府组织（NGO）实施机构讨论会、中盖艾滋病项目工作协调会、中盖艾滋病项目工作会、中盖艾滋病关怀项目实施机构负责人会、项目管理研讨会、“三位一体”经验交流会等。全年完成3类人群干预男男性行为者（MSM）57132人、女性性工作者（CSW）1048人、注射吸毒者（IDU）1947人；动员检测MSM 11835人，其中阳性654人（含上年52人）；IDU 855人，其中阳性19人，随访关怀2468人。

学术交流 3月，协会与中国艾协共同举办了艾滋病热线咨询员培训。中国性艾中心治疗与关怀室王亚秋博士主讲了《艾滋病及反转录病毒治疗》，石景山医院皮肤性病科主任刘大华讲了常见皮肤性病临床症状及治疗，培训50人。

9月，协会委托北京佑安医院爱心家园与恬园工作室共同举办抗病毒治疗药物依从性及自我管理培训，MSM社区小组HIV新发感染者、志愿者骨干190人参加了培训。

10月，协会委托北京阳光健康社区举办新发感染者培训班。回龙观医院心理学医师庞宇，地坛医院皮肤性病科专家闫会文、护士长吴冬玲进行了心理危机干预、机会性感染知识讲座。

5月，会长郑志伟代表协会参加第五届全国性传播疾病学术研讨会暨第四届全国性病艾滋病防治协会联盟工作会，50多名艾协联盟代表参加。

7月，会长郑志伟代表协会参加首届中国红丝带北京论坛大会。卫生部副部长尹力，中国性病艾滋病协会会长张文康，全国人大常委、中华预防医学会会长王陇德，联合国艾滋病规划署亚太地区主任史蒂夫·克劳斯先生，联合国艾滋病规划署驻华办事处代表马克·斯特林先生，卫生部疾控局副局长郝阳、国际合作司处长冯勇，中国性病艾滋病防治协会名誉会长戴志澄教授以及全国政协、有关部委、社会团体、社区小组、新闻媒体记者、国内外的专家、学者等共计160余人参会。会议的主题是“艾滋病防治与权益”。国内外专家作了专题报告。

10月，会长郑志伟代表协会参加北京工业职业技术学院、红十字会学生分会与京京同心工作组共同举办的“同心同情、为爱防艾”北京市防艾优秀志愿者表彰大会。

11月，会长郑志伟代表协会参加由北京地坛医院主办、北京红丝带之家承办的首届京港澳台四地艾滋病关怀与反歧视论坛。

11月，会长郑志伟参加联合国开发计划署驻华代表处、中国国际经济技术交流中心、玛丽斯特普国际组织中国代表处和国际治疗倡导联盟中国区共同举办的慈善——从名词到动词当代艺术启动仪式暨精忠奖、先锋奖颁奖典礼。

12月，协会参加由新探健康发展研究中心召开的降低毒品危害预防艾滋病研讨会。研讨了NGO在降低毒品危害预防HIV/AIDS工作中的经验；NGO在政府部门主导下相互配合工作的经验；NGO在降低毒品危害预防HIV/AIDS政策推动中的问题和经验；分析当前我国预防IDU感染HIV/AIDS的形势，交流NGO和民间社区组织在政府部门支持下的工作经验等。

5月，协会派人参加中盖艾滋病项目组织的赴泰国考察和学习。

其他工作 协会受中国性病艾滋病防治协会委托，针对艾滋病病毒感染者的实际需求，支持和改善艾滋病病毒感染者小组的关怀工作，提高艾滋病病人的服药依从性。设计、制作和分发艾滋病病毒感染者适用的药盒10000个，发放到中盖项目覆盖的省、市。

完成市卫生局疾控处交办的开展艾滋病病毒感染者和艾滋病病人信息的核对工作。

（撰稿：周　莉　审核：郑志伟）

领导名单

名誉会长　吕德仁

会　　长　郑志伟

副 会 长　马纯钢　邓　瑛　车志军　甘北林　刘　娜　刘　江　刘宝成　孙贤理　孙　正　师　伟　关宝英　李　宁　连　石　武玉华　赵　涛　赵文忠　钱　进　袁　林　唐耀武　郭建丽　潘京海

秘 书 长　唐耀武

北京医院协会

（西城区长椿街45号）
邮编：100054　电话：63158655

基本情况　设名誉会长2人、顾问1人、会长1人、常务副会长1人、副会长17人，常务理事51人、理事144人，监事会监事长1人、监事2人，秘书长1人、副秘书长4人。团体会员单位174个，其中中央在京单位13个、部队在京单位12个、市属单位26个、城区单位29个、厂矿企业单位12个、区县单位54个（含卫生院18个）、民营医院28个。

协会下设8个分支机构：城市医院、农村医院、民营医院以及医政管理、药事管理、医院行政管理、维护医院权益与卫生法律咨询、门急诊管理等专业委员会（分会）。

召开学术年会暨双优表彰大会　1月，召开2009年度学术年会，并表彰在医院管理方面做出突出贡献的先进管理者和科研论文。北京地区110余家医疗机构的260余名医院管理工作者出席。原全国人大常委会副委员长何鲁丽亲临会议表示祝贺，中国医院协会会长曹荣桂、卫生部医政司司长王羽、市卫生局党组副书记张秀芳到会并讲话。领导们为荣获医院管理突出贡献奖的协和医院赵玉沛等8名院长及优秀医院管理干部奖的第二炮兵总医院院长姜合作等35人颁发了奖杯和荣誉证书。北京口腔医院院长孙正和首都儿科研究所党委书记卢平等22人分别获优秀医院管理科研成果奖和优秀论文奖，北京妇产医院等9家医院荣获学术年会最佳组织奖。

京津沪渝四市医院管理高级论坛　10月20～21日，在北京举办京津沪渝四市医院管理高级论坛，来自京津沪渝医院协会的会长、副会长、常务理事、会员单位的院长等医院管理工作者150余人参加，中国医院协会会长曹荣桂到会并讲话。本次论坛征集论文234篇，编辑了《论文汇编》，全文或摘要刊登。代表北京地区在大会上交流的有：北京医院协会副会长、北京大学人民医院院长王杉“新医改形势下医院工作之挑战与对策”的演讲，中国医学科学院整形外科医院院长助理何晓明“改革创新推进医院实现跨越式发展”的演讲。论坛还增加了演讲者和与会者的交流互动时间。

医院管理学术研究　5月，门急诊管理专业委员会召开北京地区预约诊疗工作研讨会，三级、二级医院200余人参加，并参观了全国门诊预约服务中心密云服务基地。解放军总医院、协和医院门诊部等5家三级甲等医院在会上作专题报告，介绍预约诊疗服务的经验及模式，从不同的方面对开展预约诊疗所取得的成绩和遇到的困难及问题进行了研讨。

药事管理专业委员会针对城区和远郊区县医院的特点，分别举办4次药事管理学术研讨会。以当前大家十分关注的临床药学问题为主题，如抗菌药物的规范化管理、药师在处方审核中的作用、医院药学科学管理、临床处方点评、临床药师的培养等，组织专题研讨，并邀请多位临床药学专家进行了指导。

民营医院委员会召开北京首届民营医院发展论坛暨表彰大会，100多名民营医院院长参加。会上，表彰了先进单位和先进个人，评选出17篇优秀论文。会议内容涉及民营医院的社会责任、质量管理、办医方向、资金筹集和经营管理等方面。

医政管理专业委员会开展药物的合理使用、和谐医患关系的建立、医疗质量信息化管理等方面的研讨。如以人民医院医院缺陷管理为主要内容的学术研讨，经过从理论到实践、再从实践到理论的多次研讨，集思广益，逐渐成熟，已被多家医院采纳实施，收到良好效果。

调研工作 农村医院专业委员会组织本市13个涉农区县及有关专家开展“农村基本医疗卫生工作的综合评估”专题调研。按照全国初级卫生保健标准，从重点传染病的防控、妇幼保健水平、新农合医疗保障水平、国家基本药物制度的实施、农村卫生服务体系建设、农村改水改厕工作等7个方面对本市农村基本医疗卫生工作进行调研，提出了存在的问题及改进意见，于11月完成《关于北京市实施农村基本医疗卫生工作综合评估报告》。

维护医院权益与卫生法律咨询专业委员会对北京地区及30家各级医院进行医院自律与权益维护现状调查，包括医院基本情况、行政侵权、患者侵权、知识产权管理、财产所有权以及相关的财务数据等6个方面。根据统计结果和反馈意见，维权委员会正在撰写以维护医院权益为主题的调研报告。

医院行政管理专业委员会对二、三级医院办公室的状况和需求进行调研，撰写了《北京市三级医院办公室管理现状调查及分析》。报告中指出医院办公室工作中存在的管理人员无专业职称系列、工作职责范围有待规范、工作内容缺乏统一等薄弱环节，提出加强办公室管理人才培养、推进管理职称评定、制订人才建设规划的意见。

培训工作 年内，医院行政管理专业委员会举办突发事件媒体应对能力、北京市卫生管理研究专业技术职称讲解、国家安全教育等专题讲座。维护医院权益与卫生法律咨询专业委员会举办专题培训班，从医疗纠纷处理的主要法律问题、现代侵权责任法的发展趋势、侵权责任法有关问题等并结合现实中的具体案例进行了讲解。城市医院管理委员会和农村医院管理委员会以专题讲座、沙龙、论坛等形式为近百名院长开展了培训。协助市卫生局开展新任院处级干部的培训。

对外交流 年内，组织中德医院质量管理论坛。德国专家解读了具有40年实践的“德国医院透明管理制度”，北医三院作“医院绩效考核管理”的专题报告。各专业委员会分别组织管理干部赴中国香港、台湾及日本、新加坡、泰国进行医院管理专题考察。

服务民生工作 农村医院管理委员会组织远郊区县二级综合医院、中医医院的118名专家赴内蒙古自治区乌兰察布市四子王旗送医送药，义诊近3000人，送药品近20万元，并为当地医务人员讲课，深受欢迎。

推优工作 年内，向中国医院协会推荐医院管理突出贡献奖、全国优秀院长人选和医院科技创新奖评审专家人选及医院科技创新奖项目，向中国医院协会放射、医院文化、门急诊管理、药事管理等专业委员会换届及表彰先进推荐人选，向上海医院协会推荐上海市三级医院评审专家人选。

（撰稿：刘亚平　审核：高宜秦　罗玉英）

领导名单

名誉会长　刘俊田　金大鹏

会　　长　张　建

副 会 长　朱士俊　王　杉　王　炜　王　晨　王云亭　王建国　刘　建　刘玉村　林嘉滨　李清杰　英立平　陈晓红　陈仲强　赵玉沛　郑静晨　周保利　张兆光　高宜秦

秘 书 长　罗玉英

北京医师协会

（东城区安定门东大街28号雍和大厦A座510室）
邮编：100007　电话：64097256

基本情况 9月8日，成立乳腺疾病专家委员会，中国医学科学院肿瘤医院张保宁教授任主任委员。北京市114家医疗机构成为北京医师协会单位会员。

学术活动与继续教育 年内，各专家委员会针对本专科特点举办新知识、新技术学术研讨会30余场，1000余人次参加，尤其提高了郊区县专科医师的诊疗技术水平。全年开展市级认可继续医学教育项目33项，7000余人次参加。

医师多点执业 协会受市卫生局委托，参与制订《北京市医师多点执业暂行管理办法》，在拟写过程中，协会分别组织临床医师，社区、民营医疗机构，三甲医院医政、人事、院领导，区县卫生行政部门、卫生监督部门的座谈会，听取对开展医师多点执业试点工作的意见，并经协会专家委员会反复讨论最终成稿报送市卫生局。市卫生局经过修改与局长办公会讨论后，正式颁布《北京市医师多点执业暂行管理办法》，并委托协会负责医师多点执业的需求推荐、信息档案与效果评估工作。

医师定期考核 3月，市卫生局第二次局长办公会审议通过《北京市医师定期考核管理暂行办法》，并成立北京医师定期考核领导小组办公室，办公室设在北京医师协会，委托协会具体组织实施。6月，召开全市医师定期考核启动工作大会，并制订全年工作计划。全市7万余名医师通过了本年度医德医风、工作业绩、业务测评的医师定期考核，个别未能通过考核的医师将参加培训进行再考核。

培训工作 受市卫生局委托，承担重新申请医师执业注册的培训工作。全年举办培训3期，125人通过培训取得医师执业证书，并重新走上工作岗位。

其他工作 中国日报继续免费向协会全体专家委员会成员赠送全年的中国日报，总价值约30余万元。

推荐第七届中国医师奖候选人。经评选，垂杨柳医院何兴图、北京医院林嘉滨、同仁医院王宁利、佑安医院李宁获第七届中国医师奖。

（撰稿：许　朔　审核：吕　鹏）

领导名单

会　　长	邓开叔			
副 会 长	吕　鹏	支修益	毛　羽	王　杉
	邓　瑛	刘　建	许树强	张兆光
	李书章	邱大龙	陈　訁吉	林永宁
	赵玉沛	赵艳华	项晓培	席修明
	蔡忠军	颜晓文		
秘 书 长	许　朔			

北京医学教育协会

（西城区北纬路59号）
邮编：100050　电话：63170028
网址：www. bame. org. cn

基本情况 职能部门7个，工作人员22人。继续推行ISO质量管理体系建设，规范各项工作管理，修订三级文件，规范档案资料管理，对5个部门8项工作40个工作内容进行了抽查。完善人事管理，修订《劳动合同和劳务合同》，制订《项目人员聘用劳务合同》，实行全员绩效考核。

继续坚持每周学习制度，学习公文写作、多媒体制作、沟通科学、消防知识、摄影技术、合理用药、手足口病防治、赢在执行力、易经、职场礼仪等16个内容的35次讲座。参观上海世界博览会和中国共产党一大会址、吴阶平泌尿外科医疗中心、观复博物馆。

协助市卫生局完成卫生部专家组对本市农村人才岗位培训的评估检查。配合会计事务所完成财务审计2次。接受市财政局治理小金库、假发票的专项检查和卫生部对住院医师培训专项经费使用情况的审计。

编辑出版 对《北京医学教育信息》的封面、封二、封三和内容进行改版，改版后出版12期3600余本，增加了吴阶平医学教育思想专栏，刊登反映协会工作的信息31篇、照片120幅。

网站管理 完成网站域名注册、备案和扩容，更新网站协会简介、组织机构等信息，网上发布协会信息37条。

医疗纠纷协调工作 完成与西城区法院共同建立医疗纠纷非诉讼法调节与法院相衔接的调节制度的试点。组织专家到宣武医院宣教讲课10余次，受众1100余人次。专家鉴定医疗纠纷案例270例，分析原因并向医院反馈。

吴阶平医学教育思想研究 在《北京医学教育信息》开辟吴阶平医学教育思想专栏，连续10期登载吴阶平关于医学与成才的论述。在全科医师、住院医师的培训中将吴阶平医学教育思想、弘扬人文精神作为必修课内容，讲课4次，听课420余人。在首都医科大学开设18学时的学习吴阶平医学教育思想选修课。吴阶平医学教育思想研究课题结题，编辑出版《好医生之路》，韩启德院士为本书作序。

培训工作 以协会自己办班、与其他单位合作组织培训等形式共开办培训班70个，培训5597人次。比上年增加5个培训班，其中全国培训班4个，培训522人。开办政府项目培训班30个，延续培训班14个，新开发培训班26个。继续开展护理自学考试的咨询、审核、注册工作，全年注册623人。

协会培训中心校长贾明艳被宣武区教委评为优秀校长，当选为西城区民办教育协会常务理事。

政府委托的工作 住院医师、专科医师培训。加强考试考核管理，规范考试考核流程，健全相关制度，改革和更新临床技能考核方案，与华医网科技有限公司合作开发住院医师、专科医师规范化培训考试考核网上报名系统。年内，参加考试考核的单位覆盖市、区县、中央、部队、北大系统近100家医疗机构，涉及21个普通专科、37个亚专科，还有医学英语考试，参加考试4266人次，发放合格证书1664人。协助市卫生局完成2009年21家14个专业69个基本合格培训基地复审反馈意见的整理上报。组织对协和医院儿内科、心胸外科培训基地的评审。下半年，组织118名专家对34家医院16个专业71个申报学科开展实地评审。制订《主治医师临床教学查房规范》和《体格检查培训规范》，31个全科住院医师培训基地64名骨干教师参加了临床教学查房和体格检查培训。北京大学第一医院、人民医院、宣武医院和友谊医院等帮带医院对16个二级医院的指导教师进行查房、查体和授课3项带教基本功的培训，培训500人次，并进行了带教基本功考核评比。举办全科医师培训基地管理干部和骨干教师培训班，155人参加。

社区卫生技术人员培训。完成全科医师、社区护士、防保人员4个专业的《岗位培训技能操作考试指南》的修订和《心电图图谱》编写的前期准备。完成2009年全科医师等11个专业人员岗位培训考试4509名考生的成绩录入和3237名考生合格证书的发放。完成2010年社区卫生人员岗位培训考试工作向北京市卫生人员考评中心的移交，并协助理论考试的命题、组卷、阅卷和技能考试方案的制订与实施。组织社区卫生10个专业4550人次的岗位培训。社区卫生人员继续医学教育必修课程培训，年内又设计护理社区技术、中医、口腔专业培训模块，报名近5000人次。完成2009年社区卫生服务超声、口腔、X线、康复4个专业48名学员骨干培训和考核结业发证。开展社区卫生服务康复等7个专业骨干的培训工作，确定培训大纲和实施方案，采取脱产、半脱产、脱产和半脱产相结合3种培训方式，共招收学员121人，由三级、二级以及不同级别的13家医疗机构承担培训任务。

乡村医生岗位培训。出版第五册《乡村医生岗位培训学员手册》。完成“乡村医生在岗管理系统”新功能培训344人。完成60学时的理论和4项技能的培训与考试考核（理论考试2921人、技能考核4655人）。举办肢体康复操作技术、计算机操作技能、心电图操作技术与基本图像识别、护理技术和10项村卫生室技术支持急救技术应用项目师资培训424人。核实4920名乡村医生49200条信息。开展乡镇卫生院人员现状、需求调研，发放《北京市乡镇级医疗卫生机构（乡镇建制）调查表》9000余份。举办房山、门头沟、大兴、顺义、怀柔和密云6个区县乡镇卫生院卫生人员的急诊急救培训班，共培训600余人。

继续医学教育管理。公布本年度国家级继续医学教育项目874项、市级576项。获批的国家级项目占全国批准项目的13.5%，居全国之首。完成2011年继续医学教育项目的申报、评审。对100家医疗卫生机构的Ⅰ、Ⅱ类学分进行集中审验，抽审5134人（医师3118人，占抽查人数的60.73%），比上年增加27%，整体学分达标率95.66%。完成继续医学教育项目督查118项，占全部批准项目（1135项）的10.4%，不合格项目7项，占督查总数的5.9%。升级“继续医学教育管理、申报系统”。完成北医系统与北京市CME管理系统的融合。进行了ICME、CME系统功能升级（政府版、单位版），完成继续医学教育管理系统的更新换代，IC

卡由接触式升级为非接触式。举办继续教育管理干部培训3次，培训403人。

科研评审与管理。协助市卫生局完成2009年度首都医学科研发展基金项目的评审立项，确定447个项目立项。完成2007年度333个首都医学发展基金项目的中期检查。完成2005年度242个首都医学发展基金项目的结题验收。协助市卫生局完成2010年度市卫生局青年科研资助项目的申报、评审立项，共批准立项28家单位47项。完成北京临床重点学科建设项目的申报及形式审查。完成市卫生局直属单位2010年申报北京市科学技术奖23项的网上审核推荐及21项书面材料的上报。

（撰稿：闻胜芝　审核：贾明艳）

领导名单

会　　长　金大鹏

副 会 长　贾明艳　刘德培　柯　杨　线福华

李云波　陈晓红　赵同刚　周东海

陈　嫱　贾建国　刘华平　黄惟清

秘 书 长　贾明艳

北京健康教育协会

（东城区和平里中街16号）
邮编：100013　电话：64407387
网址：www.bjhealth.org

基本情况　11月25日，第二届理事会第二会议审议决定增设7个专业委员会、2名副会长。同意李小鹰担任抗衰老专业委员会主任委员、马彦担任科学膳食与健康营养专业委员会主任委员、马辛担任心理健康专业委员会主任委员、周琴璐担任科学健身专业委员会主任委员、韩萍担任健康管理专业委员会主任委员、葛立宏担任口腔健康教育专业委员会主任委员、曾晓芃担任消毒与病媒生物控制专业委员会主任委员，增选纪涛、赵达生为副会长。现有专业委员会13个。

学术活动　1月20日~2月26日，与市爱卫会联合召开3次控烟会议，主题是：履行烟草框架公约刻不容缓。会长金大鹏主持完成《关于履行〈烟草控制框架公约〉刻不容缓的提案》和《关于推荐新探健康发展研究中心专家建议的提案》《把全国政协第十一届三次会议开成一次无烟会议的倡议》等3个提案。

2月2日，与市疾控中心性病艾滋病防治所召开加强流动人口艾滋病防控措施研讨会。

8月13日、9月15日，会长金大鹏受中国医药卫生基金会理事长王彦峰委托在市疾控中心召开健康城市研讨会2次，邀请世界卫生组织驻中国代表处建设健康社区与人口组负责人裴雷博士作“北京健康城市项目”报告，给市委、市政府作“北京建设健康城市若干问题的请示”报告。

培训工作　6月26日~8月8日，举办健康管理师国家职业技能培训班，来自全市各级医院、疾控系统、医药机构和体检公司等单位共70人参加培训。

7月26日~8月1日，与市疾控中心健康教育所举办医疗卫生机构戒烟服务培训班，各区县卫生局、爱卫会、疾控中心及各级医院主管控烟工作的领导和专业人员近60人参加。

科研工作　完成市卫生局“健康食堂”创建项目申报1项，科研经费19.6万元。

科普宣传　6月5~6日，本会协助在地坛公园举行的由中国医药卫生事业发展基金会、市委宣传部、首都精神文明建设委员会、市卫生局等单位共同主办的“健康北京人——全民健康促进十年行动”大型公益活动，来自京城数十家知名医院的近百名专家、医生开展了咨询义诊。

与市疾控中心营养与食品卫生所共同制作2011年营养与食品卫生台历2000册。

编辑出版　研究开发、制作《有益孩子一生健康的书》1套3册，包括《伸出小手看一看》《宝贝你的牙》和《晚安宝贝》。

国际交流 接待美国健康教育协会代表团5人。

其他工作 完成中国健康教育协会委托的工作——承担北京地区推荐《全国健康促进与教育示范基地标准（试行)》的活动，全国共评出5个健康促进与教育示范基地，北京市健康教育科普宣传车获此荣誉。

承担中国健康教育协会在北京地区《关于开展第二批“健康教育30年工作者表彰活动”的通知》的任务，有4名健康教育工作者荣获中国健康教育30年金牛奖。

年初，海地发生大地震，协会为市疾控中心准备赴海地的卫生防疫救援队赠送《医疗卫生服务外语常用手册》8套64本。

（撰稿：宋明学　审核：邓　瑛）

领导名单

会　长　金大鹏

副会长　胡大一　邓　瑛　支修益　王星火　刘泽军　黄建始　洪昭光　向红丁　关春芳　刘红晖　杜建军　张勤奕

秘书长　邓　瑛

卫生工作纪事

2010 年大事记

1 月

1 日

大兴区 7 家二级医院（含 1 家民营）开始实施电话预约挂号。

4 日

正式实行医保“持卡就医，实时结算”。全市医保患者持“社保卡”在医院就医实现实时结算。

5 ~ 20 日

市卫生局组织首都新闻媒体集中采访报道“2009 年市卫生局承担市政府折子工程和拟为市民办实事项目”的完成情况。组织记者到平谷区医院、积水潭医院、朝阳区常营社区卫生服务中心等，向记者介绍了本市开展新农合、预约挂号、老年人优待以及城市医院支援远郊区县区域医疗中心的情况。

7 ~ 14 日

市卫生局与市政务网站——首都之窗联合推出 5 期“首都市民健康同行”系列直播访谈节目。北京急救中心、北京市红十字血液中心、北京市疾病预防控制中心、北京市卫生监督所、北京市体检中心等 5 个单位的领导分别介绍了越野救护车、无偿献血的用血费用报销、健康北京人十年规划、餐饮量化分级管理、健康档案建立等，并回答了网友提出的问题。

8 日

市卫生局在北京语言大学举行第二十二批援几内亚医疗队法语培训班开班仪式。

12 日

市卫生局召开 2009 年党建工作责任制落实情况集中考评工作会。

市防治艾滋病工作委员会、市卫生局召开“遏制艾滋，我们都是志愿者”——首都预防艾滋病宣传志愿者“1 + 1”十进行动总结表彰会。

13 日

市中医局召开“金花清感颗粒”医疗机构制剂启用工作部署会，全市 26 家中医医院和 23 家综合医院示范中医科建设单位的主管院长、药房主任和相关人员 60 余人参加。

由中国科学院和北京积水潭医院联合共建的“中国科学院积水潭骨科研究中心”在中国科学院深圳先进技术研究院正式挂牌成立。

14 日

第七批北京医疗队 25 人赴什邡开展援助。

15 日

市卫生局、法国驻华使馆、法国道达尔集团召开北京中法急救医学培训中心管理委员会会议。中法双方通过了北京中法急救医学培训中心 2009 年工作报告及预算执行情况，并对 2010 年中心管理工作进行规划。

召开由北大医学部基础医学院院长尹玉新教授任首席科学家的国家重大科学研究计划“基因组稳定性和细胞周期调控相关白质群的功能及作用机制研究”项目启动会和以北京大学人民医院为依托单位、风湿免疫科栗占国教授任首席科学家的国家“973”计划“类风湿关节炎发病的免疫学机制及其干预策略的研究”项目启动会。

16 日

市中医局组织 2009 年度首发基金（中医药类）项目评审答辩会，邀请 28 位专家对全市 47 家中央、地方、军队医疗机构申报的 155 项课题进行答辩。

首都医科大学泌尿外科学系正式成立。

北京首台具有飞行时间技术的 PET/CT 在北京肿

瘤医院投入使用。

18～23 日

市卫生局组织由相关专家、区县卫生局及卫生监督人员组成的督查组，对 8 家重点单位的实验室生物安全管理及样本保存管理进行专项督查。

21 日

市突发公共卫生事件应急指挥部、市卫生局、市中医局联合召开首都中医药防治甲型 H1N1 流感科技攻关奖励大会，表彰在首都防治甲流工作中作出突出贡献的 6 名中医专家，并给予每名专家 10 万元奖励。同时宣布“金花清感颗粒”以 1 亿元的价格实现成果转让。

22 日

市卫生局党组、团市委举办北京青年健康使者火炬行动志愿服务表彰暨启动大会。

23 日

市中医局、市科协在平谷区和房山区同时开展“送健康、促科技、传文化——2010 年北京市中医药三下乡活动”。

26～27 日

市卫生局安保处、宣传处、疾控处，市卫生监督所联合首都综治办、市公安局文保处共同组成创建“平安医院”检查验收工作组，对 2009 年“平安医院”创建工作进行检查验收。

27 日

由市社区卫生服务管理中心与北京老年医院合办的老年保健适宜技术培训班开班，来自西城区、朝阳区、石景山区的 100 余名社区医生参加培训。

市防治艾滋病工作委员会办公室召开滥用阿片类物质成瘾者社区药物维持治疗工作会。市卫生局、公安局、药监局、疾控中心，东城、西城等 8 个开展滥用阿片类物质成瘾者社区药物维持治疗工作的区级工作组、秘书处，全市 10 家美沙酮门诊的有关领导和负责人 60 余人参加会议。

29 日

驻市卫生局纪检组监察处组成检查小组，到北京市医疗机构药品集中招标采购中心对药品集中采购工作实施效能监察。

1 月

驻市卫生局纪检组对新任处级干部进行廉洁从政教育。

市卫生局、市社区卫生服务管理中心共同组织专家编写了《北京市居民家庭保健手册》，并通过邮政系统免费发放到居民家庭，共发放近 100 万册。

市卫生局基层卫生处委托首都医科大学开展“北京市农村乡镇级卫生机构的功能定位研究”。

2 月

2 日

市卫生局举办首都卫生系统国际科技合作项目培训班，直属单位和 18 个区县卫生局主管外事工作的领导和负责人等 70 余人参加培训。

4～5 日

市卫生局召开全市疾病预防控制工作会。各区县卫生局、疾控中心、结核病防治所，全市三级医院，各慢性病防治机构、北京预防医学会、北京性病艾滋病防治协会，市疾控中心、市结控所科（所）领导 180 余人参加。

10 日

市卫生局召开本市全科医师规范化培训基地“手拉手”帮带活动总结交流会，18 个区县卫生局和 31 个全科医师规范化培训基地的管理干部和带教师资代表 200 余人参加。

20 日

市卫生局召开共享北京市社保卡基本信息协调会。

市卫生局印发《关于开展护理质量督导检查的通知》，全面部署 2010 年护理质量督导检查工作。

21 日

原民用航空医学卫生中心与原民航总医院合并运行，实行一个机构两块牌子。

22～23 日

卫生部副部长刘谦一行到本市调研基层卫生工作，着重研究完善推进新医改中加强三基（基层、基础、基本）建设及新型农村合作医疗等方面的政策措施。

24 日

市卫生局医政处召集本市体检质控中心专家、北京健康管理协会理事单位负责人和部分医疗机构体检中心负责人 60 余人研讨落实卫生部取消乙肝项目检测有关问题。

28 日

通过网上报价、远程开标、专家评审等程序，形成本市国家基本药物中标结果并向社会公布，中标结果实行一品规一企业。

为进一步完善和加强国家级妇幼卫生监测工作，减少出生缺陷与残疾，加强三网监测项目管理，提高资金使用效率，市卫生局印发了《北京市国家级三网监测项目工作管理方案》。

2 月

市卫生局推荐北京协和医院、北京医院、中日友好医院、北京大学第一医院、北京大学第三医院、北京大学人民医院、北京友谊医院、北京宣武医院、北京朝阳医院、北京天坛医院、北京肿瘤医院等11家医院为卫生部“优质护理服务示范工程”重点联系医院。

2月22日~3月19日

按照市卫生局统一部署，各区县卫生监督所对辖区开展血液透析诊疗活动的医疗机构进行拉网式执法检查。

3月

1日

由卫生部副部长兼国家中医药管理局局长王国强带队，在市中医局局长赵静、副局长屠志涛陪同下，到北京医院第二病区视察中医科建设。

2日

国家人力资源和社会保障部事业单位管理司司长魏卓一行赴北京肿瘤医院调研非在编人员管理情况。

4日

市卫生局召开肿瘤病例核查总结表彰暨培训会，全市近130家二三级医院的病案和肿瘤登记报告工作人员240人参加。

由北大人民医院整理修订的《医疗知情同意书》着重体现“以病人为中心”理念，重点强调医患沟通，对常见疾病诊疗（手术、操作）知情同意进行规范，使患方能对所患疾病有较全面的科学认识。卫生部医政司下发《卫生部医政司关于推荐使用〈医疗知情同意书〉的函》。

5~31日

对全市建筑工地、生产企业、建材市场、批发市场、集贸市场、宾馆、商场、娱乐场所、家政服务、餐饮企业、医疗机构、交通运输等单位的来京务工人员开展甲流疫苗接种工作。

10日

市卫生局召开18个区县卫生行政管理部门主管领导会议，全面部署贯彻落实国家基本药物制度工作。

11~12日

北京市防治艾滋病委员会各成员单位对全市18个区县防艾委工作进行督导检查。

15日

市卫生局召开北京市临床路径管理试点医院主管院长联席会。

16日

市卫生局召开全市卫生信息化工作会。

市卫生局召开全市医疗责任保险工作会。

17日

召开北京市护理质量工作会。总结本市2009年护理工作，传达2010年全国护理工作会议及创建“优质护理服务示范工程”活动精神。

市卫生局召开孕产妇死亡病例评审会。

17~19日

市卫生局联合相关委办局对区县政府2009年度社区卫生工作进行现场绩效考核。

卫生部科教司副司长孟群组织农村卫生人员培训工作评估组对本市农村卫生人员培训工作进行检查评估。

19~20日

在北京召开中华口腔医学会口腔生物医学专业委员会成立大会，首都医科大学口腔医学院王松灵教授当选主任委员。

20日

市卫生局在北京大学百年讲堂举行“2010年世界防治结核病日”宣传活动校园启动仪式。

22日

市卫生局副局长于鲁明会见新西兰保健公司总裁彼得·霍斯曼一行，并就医疗卫生体制改革和老年人慢性病在社区和家庭康复的有关问题进行会谈。

22~23日

市卫生局分别组织市、区县妇幼保健机构及全市助产机构279人参加出生医学证明规范化管理专题工作培训会。

23日

召开首都综治委卫生行业综治工作协调委员会成立暨第一次全体（扩大）会议。

24日

市卫生局、市爱卫会和市疾控中心召开北京市创建无烟医疗卫生系统指导基地项目启动及培训会。

市卫生局召开全市产科主任工作会，对2009年19例危重孕产妇抢救成功病例进行总结分析，对2010年本市加强孕产妇系统保健管理中的建册和高危孕产妇管理工作提出具体要求。

25日

市卫生局召开全国第五次结核病流行病学抽样调查（北京地区）启动暨培训会。

由北京大学口腔医院牵头的科技部“863”重点项目“颅颌面外科精确治疗机器人系统”项目正式启动。

清华大学与北京积水潭医院合作签约暨清华大学积水潭骨科学院揭牌仪式在清华大学中央主楼举行。

26日

召开北京中医药工作会。国家中医药局副局长吴刚、市人大科教文卫体委主任梁平、市政府副秘书长马林、市卫生局副局长郭积勇等出席。

31日

市卫生局、市保监局联合市政协教文卫体委“建设和谐医疗秩序”调研组赴天津进行学习考察。

3月

为探索建立适合本市公立医院绩效考核机制，市卫生局财务处研发了医院绩效考核及奖金分配系统，并启动了试点工作。

市卫生局应急办重新核定组建本市医疗卫生应急救援队伍，包括医疗救援队伍、传染病控制队伍、核辐射处置队伍、心理干预处置队、中毒与化学污染处置队、水及食源性污染处置队6类共176人。人员主要来自本市医疗卫生机构，也包括在京国家级和军队医疗机构人员。

为进一步强化医疗项目成本阶段性应用成果，奠定公立医院补偿机制改革基础，市卫生局正式启动11家市直属试点医院的项目成本数据优化和产出工作。

丰台区正式被国家中医药管理局命名为全国中医药特色社区卫生服务示范区。

3~5月

市卫生局安保处对直属单位流动人口和出租房屋开展基础调查。

3~11月

对昌平区12个建筑工地的4011名外来务工人员进行胸部X片筛查，检出活动性肺结核41人，活动性肺结核患病率1022/10万。完成建筑工地外来务工人员结核病筛查评估工作。

4月

1日

首届海峡两岸医学生交流活动在北大医学部举办，北京大学与台湾阳明大学签署了校际交流合作协议。

2日

在市卫生局党校为北京市第十一批爱国主义教育基地“救死扶伤纪念坛”举行揭牌仪式。

北京大学第一医院、北京大学人民医院、北京大学第三医院各组织1支医疗志愿服务队参加由卫生部发起，中宣部、教育部、民政部、中华全国总工会、共青团中央、中华全国妇女联合会和中国红十字会总会7个部门支持，以“爱心灌溉，健康有我”为主题的抗旱救灾志愿行动。

7日

市卫生局召开北京卫生应急工作会。会议宣布成立市级突发公共卫生事件及卫生应急专家咨询委员会，组建六大类市级医疗卫生应急救援队伍。

7~9日、14日

市卫生局召开首都医学发展基金2009年项目评审会。

7~11日

市中医局局长赵静率领西城、昌平、大兴和朝阳等部分区县卫生局和区县中医医院的领导赴广东、海南考察学习。

8~9日

由卫生部医政司医疗处胡瑞荣带队，卫生部临床路径管理试点督导专家组、卫生部医院管理研究所所长梁铭会等一行8人，对本市开展临床路径管理试点工作的11家医院进行督导检查。

9日

召开“艾滋病和病毒性肝炎等重大传染病防治”国家“十一五”科技重大专项“北京市朝阳区艾滋病和病毒性肝炎等重大传染病综合防治示范区建设研究”项目启动推进会。

中国医药卫生事业发展基金会理事长王彦峰、市卫生局工会主席白宏在小汤山医院为北京市卫生系统劳模林纪念牌揭幕，并与卫生系统劳模代表一起植树。

举办由北京大学护理学院、北京大学第三医院、新西兰怀卡托理工学院联合主办的中国高级助产教育联盟成立大会暨第二届国际助产学教育与实践论坛。

10日

市卫生局举办北京市家庭保健员健康欢乐赛。

12日

首批来京考察学习的什邡卫生管理干部完成学习任务，返回什邡。来自什邡市卫生局机关中层以上干部以及11家医疗卫生单位的院长或副院长20人参加了此次考察学习。

13日

以侯云德院士为组长的卫生部专家组一行5人对北京地区“艾滋病和病毒性肝炎等重大传染病防治”科技重大专项相关承担单位进行督察调研。

14日

上午7时49分，青海省玉树县发生7.1级地震。市卫生局组建抗震救灾医疗队紧急赶赴玉树灾区。

14~16日

市中医局科教处组织专家对本市8家第四批全国老中医药专家学术经验继承工作管理单位进行实地检查，重点检查各管理单位的管理办法、资金使用及资金匹配情况，指导老师待遇的落实及日常考核管理情况，继承人平时考核、阶段考核、年度考核的情况等。

15日

北大医学部抽调45名骨干医护人员，筹备了38箱价值7万余元的药品和医疗卫生必需品，投身抗震救灾第一线。医学部师生员工向玉树灾区捐赠善款

140 余万元。

16 日

举行北京市与内蒙古中医药对口支援工作签约仪式。本市 12 家拥有国家中医药管理局和北京市重点专科（专病）的中医医疗机构对口支援内蒙古 56 家医院的 60 个学科。

17～18 日

召开首届全国大学生基础医学创新论坛暨实验设计大赛。

20 日

市卫生局召开北京卫生系统人事工作会。

成立北京大学卫生应急管理中心。

21 日

市卫生局下发《北京市医疗机构审批管理暂行办法》，自 6 月 1 日起执行。

21～23 日

市卫生局举办医改专题培训班，50 余家三级医院的领导和市卫生局处以上干部 280 人参加。

21～28 日

市卫生局 4 个局内正处级职位公开选拔报名，有 148 人报名，70 人通过资格初审。

22 日

市卫生局召开北京全球基金艾滋病项目启动会。

23 日

市卫生局接到怀柔区卫生局关于怀柔区北京水岸山吧餐饮有限责任公司发生一起疑似急性中毒事件的报告。局领导带领相关工作人员赶赴现场，协助配合怀柔区政府指挥医疗救治和调查。

市卫生局召开北京市医政暨物价工作会。

北京地区住院医师专业理论和英语考试。包括专业理论和英语在内的 24 个学科，80 余家单位的 2400 余名考生参加考试。

市卫生局授牌北大医学部“北京市外国医师在京短期行医资格考试中心”，并建立考评专家组。

23～24 日

市中医药对外交流与技术合作中心举办北京中医药机构外事管理干部培训班。

24～25 日

由教育部高等学校临床医学专业教学指导委员会主办、北京大学医学部承办了第一届全国高等医学院校大学生临床技能竞赛。全国 19 个医学院校的 76 名医学生参加。

25 日

举办首届北京大学交通医学论坛。

26～29 日

卫生部结核病规划督导组对本市结核病防控工作进行督导，重点检查本市结核病防治规划各项任务指标实施进展情况、中央补助地方结核病防治经费使用情况、结核病实验室网络建设及工作开展情况、全国第五次结核病流行病学抽样调查工作开展情况，以及全球基金项目执行情况。

27 日

成立北京大学中国卫生发展研究中心。

德国巴伐利亚州政府代表团一行 35 人访问北京肿瘤医院，州国务秘书 Katja Hessel 女士、州议会副议长罗德博士、德国驻华大使馆公使卡斯滕博士、科技参赞哈克博士、德国慕尼黑工业大学校长赫尔曼博士等一同来访。

27～28 日

市卫生局组织专家对中国药品生物制品检定所和中国疾控中心传染病所进行实验室生物安全管理工作专项督查。

28 日

市委组织部副部长张志伟一行 5 人到市卫生局进行海外高层次人才引进工作调研。

蒙古国总统夫人包勒尔玛一行 8 人到北京肿瘤医院参观访问。

在北京安贞医院召开吴英恺院士诞辰 100 周年纪念大会。北京各大医院专家教授近 300 人到会。原全国人大副委员长何鲁丽和张兆光院长共同为吴英恺院士铜像揭幕。

29 日

成立工作领导小组，启动北京地区卫生总费用测算工作。

市突发公共卫生事件应急指挥部办公室（市卫生局应急办）会同市药监局相关部门召开突发公共卫生事件医药物资储备专家论证会，对现行 43 种实物储备药品的数量规模进行逐一论证调整，最后确定了 33 种储备品种的数量规模。

30 日

市中医局和市科委、市发改委、市经信委、市财政局、市人力社保局、市知识产权局、市卫生局、市药监局联合召开首都中医药“十病十药”名医名院名企献方大会。

市卫生局召开重性精神疾病患者合并传染病转、会诊工作协调会。

市卫生监督所对市级挂账的丰台区花乡 8 条街道的无证行医情况进行巡查。

4 月

市卫生局聘请护理督导员，采取不定期抽查的方式对本市部分二三级医院，特别是申报优质护理服务示范标兵的医院和病区进行督导检查。30 日，结束本轮检查，进入总结反馈阶段。

市社区卫生协会对未取得上岗培训证书和需要进行继续教育提高的管理干部分5批进行培训。各区县社区卫生服务管理中心管理人员、社区卫生服务中心主任（书记）、副主任、职能科室负责人及社区卫生服务站站长1596人参加培训。

5月

1~3日

由市中医局、东城区政府主办，中国医药卫生事业发展基金会协办的第三届北京中医药文化宣传周暨第二届地坛中医药健康文化节在地坛公园举行。

5月1日~7月31日

市卫生局组织18个区县卫生局、全市三级医疗机构和区县卫生局所属医疗机构开展卫生系统医药价格管理互查工作。

4日

北京卫生学校第一期护理员培训班正式开班，培训学员93人。

5日

市卫生局副局长赵春惠主持召开手足口病和麻疹疫情分析会。

7日

卫生部医政司召开手足口病诊疗工作视频会议。本市18个区县卫生局医政科科长，全市二三级医院医务处长、儿科主任以及市级手足口病专家组成员200余人参会。

8日

历经6年建设，整体占地280亩、一期建筑面积7.9万平方米的昆明同仁医院落成庆典仪式举行。

9日

北京中法急救医学培训中心揭牌仪式在安贞医院举行。

9~12日

市卫生局党组书记、局长方来英率团赴香港参加香港医院管理局研讨大会，并发表《北京社区卫生策略》专题演讲。

11日

市卫生局组织市商务委、计生委、工商局、广电局、市盐业公司等召开工作会议，商讨《全国重点地方病防治规划（2004—2010年）》碘缺乏病防治项目终期评估工作方案以及第十七届防治碘缺乏病日宣传活动。

12日

市卫生局在北京卫生信息网和卫生人才网发布“北京市卫生局系统2010年引进海外高层次人才计划”，18家医院、研究所和公共卫生机构共有岗位31个。

启动中英（北京）社区卫生合作交流项目。英国政府对华专务组成员、伯明翰大学教授郑家强一行3人，英国驻华大使馆，市卫生局、市社管中心，西城区卫生局、区社管中心等的官员、专家对大兴区亦庄社区卫生服务中心、西城区月坛社区卫生服务中心和西城区德胜社区卫生服务中心进行了现场调研。

全国第二个防灾减灾日。市卫生局开展了一次全市性“突发不明原因的群体性食物中毒”卫生应急实战演练。

13日

由市卫生局、英国卫生部国际司主办，西城区卫生局、英国伯明翰大学承办，中英（北京）社区卫生合作交流项目启动仪式暨讲习班在北京金台饭店举行。

市中医局召开《北京市发展中医条例》修订调研工作组第一次会议。

市卫生局举办北京市手足口病和麻疹防治知识师资培训班。全市二三级医院、疾病预防控制机构和公共卫生监督人员179人参加培训。

北京大学医学部举行城内草岚子学生公寓落成典礼。新落成的学生公寓总建筑面积10521平方米，比建设之前翻了一番。有学生宿舍152间，可容纳670人入住。

14日

市卫生局召开北京市卫生人力资源现状调研课题启动会。

市政府召开首届北京健康促进大会，共同商议如何解决北京市民面临的重大健康问题和首都健康促进事业可持续发展问题。

14~16日

市卫生局会同北京健康管理协会、北京市体检质量控制和改进中心共同举办北京市医疗机构健康体检主检医师培训班（第一期），全市一、二、三级医院108家医疗机构的200名主检医师参加了培训和考核，考核通过率98%。

17日

北京安定医院门诊病房楼及附属用房工程破土动工。

18日

市卫生局、市总工会举办“健康你我同行”健康传播科普活动，此次活动是北京科技周系列活动的一部分。

5月18日~6月3日

市卫生局开展全市院前急救服务机构质量考核评价工作。这是市卫生局首次对全市急救网络进行综合评价，考核评价范围包括北京急救中心、北京红十字紧急救援中心及所有急救站。

19日

智能医疗急救专用手机呼救系统启动，该系统的手机终端不仅具有呼叫急救的功能，还具有定位、读短信、报时、助听、吃药提醒等功能。目前，中科院、工程院两院院士已经在使用该系统。

市卫生局举办病历书写基本规范专题培训班。各区县卫生局医政科病案管理分管人员、各二三级医院病案质控医师和2009年病历质量评比获奖个人等294人参加培训。

20日

中国学生营养日，主题是“全面、均衡、适量——远离肥胖、慢性病”。

市卫生局召开北京市疾病预防控制工作会。市卫生局局长方来英、卫生部疾控局副局长孔灵芝、中国疾病预防控制中心副主任刘剑君，各区县卫生局主要领导，全市二三级医院、部队医院主管院长及有关医疗机构负责人共400人参加会议。

市卫生局在原有市突发公共卫生事件应急指挥部专家咨询委员会和医疗卫生专家库的基础上，成立北京市突发公共卫生及卫生应急专家咨询委员会。

20～24日

市中医局组织中国中医科学院、北京中医药大学、北京中医院、首都医科大学的相关专家前往四川调研，向四川省中医药管理局学习该省修订中医药条例工作的经验。

22～23日、29～30日

全国统一进行卫生专业技术资格考试。北京考区考生33776人，涉及116个专业，是近10年来参加考试人数最多的一年。

24日

市卫生局召开第六批卫生援藏干部选派工作协调会。根据市委组织部要求，市卫生局将选派14名援藏干部，比往年增加55.6%，其中行政干部1人、专业技术干部13人。

市突发公共卫生事件应急指挥部召开由47家成员单位有关负责人参加的防控手足口病、麻疹工作会。

北京积水潭医院刘波、韩巍两位医师在香港顺利通过由香港骨科医学院及英国爱丁堡皇家外科学院联合组织的骨科专科医师结业考试，成为这两个机构认可的骨科专科医师，同时获得这两家学院的院士资格。这是内地首次获此殊荣的专科医师。

25～28日

市卫生局副局长赵春惠一行6人对新疆生产建设兵团“健康教育与健康促进规划纲要”工作的落实情况进行督导评估。

26日

举行北京大学医学部与全球最大的医学科技信息出版商爱思唯尔战略合作协议签字仪式。

26～29日

本市援建青海玉树地震灾区先遣组一行19人，对北京援建的玉树县结古镇、隆宝镇进行建设前的考查研究，市卫生局医政处派员随行。

5月26日～6月1日

实验室生物安全市级师资培训班由市卫生局委托市疾控中心举办，全市各三级医院（部队系统除外）、各区县卫生局、各实验室生物安全管理重点单位及部分二级医院的实验室生物安全管理骨干近200人参加培训。

27日

市中医局召开北京市中医医政工作暨医院管理年检查培训会。

市卫生局、市体育局联合召开幼儿体质监测启动暨测试培训会。北京妇幼保健院、市体科所群众体育研究室有关负责人及各区县卫生局主管科长、妇幼保健机构主管院（所）长、幼儿体质监测负责人、测试队全体成员300余人参加培训。

28日

第二十三个世界无烟日前夕，市爱卫会与西城区爱卫会联合在北京图书大厦门前举行“性别与烟草——抵制针对女性的市场营销”主题宣传活动启动仪式。

29日

召开北京医药卫生文化协会成立大会暨第一届会员大会。

30日

市卫生局参加本市公开选拔正处级职位领导干部的面试工作在中环广场进行，有18名应试者参加了3个职位的面试。

市中医局在北京中医药大学东方医院举行“北京中医儿科诊疗中心”的揭牌仪式。

5月

北京安贞医院被确定为卫生部首批“卫生部脑卒中筛查及干预基地”。同时，首届“脑卒中学术论坛”在该院召开。

5～8月

市卫生局开展了局青年科研项目的申报、评审与立项。对市卫生局直属的39家单位96人申报的96个项目按照学科分组聘请专家进行会议评审，最后立项47项。

6月

1日

“健康北京人——保护牙齿行动”暨口腔流动科普展厅启动仪式在奥运村举行。

3日

市中医局开展中医医院、中西医结合医院管理年检查评估，同时会同市财政局开展绩效考核工作。

市卫生局召开鼠疫防控工作会，北京出入境检验检疫局、北京铁路局、华北民航管理局，市卫生局疾控处、应急办，市疾控中心以及延庆、密云、怀柔、顺义、门头沟5个鼠疫监测区县卫生局有关领导和负责人参加。

3～4日

卫生部“万名医师支援农村卫生工程”项目督查组一行4人对本市的对口支援情况进行督查。

4日

市卫生局、市中医局召开北京地区中医基本现状调查工作启动会，18个区县卫生局、三级以上医院的领导及调查人员参加了大会。

5～6日

中国医药卫生事业发展基金会、市委宣传部、首都文明办、市卫生局和北京日报报业集团在地坛公园联合举办“健康北京，健康生活，健康北京人”——全民健康促进10年行动大型公益宣传咨询活动。

6日

第十五个全国爱眼日，主题是“关注贫困人口眼健康，百万工程送光明”。市卫生局联合市防盲办公室在房山区北潞河小区开展大型眼健康现场咨询活动。北京同仁医院将验光车和眼病筛查车开到现场，为60岁以上老年人提供免费视力检查、眼病筛查。

8日

市中医局召开本市社区中医药人才培养“回归扎根”工程工作会。

市卫生局副局长邓小虹带队赴天津市就妇幼卫生工作进行交流考察。

市卫生局召开北京市结核病防治工作会。

10日

市卫生局副巡视员赵涛带领应急办工作人员，到河北省卫生厅进行卫生应急工作的调研和交流。

首都医学发展基金管委会召开会议，对2009年度首都医学发展基金拟立项项目进行评估论证，其中85项中医药类项目通过了专家评审。

市卫生局开发了“北京卫生规划建设管理信息网——卫生资源规划工作系统”，并举办卫生资源规划工作系统使用培训会。18个区县卫生局负责规划的专职工作人员30余人参加。

11日

市中医局制订了《首都十大危险疾病科技攻关与管理中医药“十病十药”研发项目工作方案（征求意见稿）》，并致函13个相关委办局和区政府征求意见。

11～13日

第十六届世界牙外伤大会在意大利举行，首都医科大学附属北京口腔医院派出3人参加。这是世界牙外伤大会举办以来，第一次有中国医生参加。

由中国康复医学会主办，北京老年医院承办的中国康复医学会第六次老年康复学术大会在北京召开。

12～14日

市卫生局组成由邓小虹任组长的循环督查组，对福建省卫生支农工作进行督查，并将督查情况报告卫生部。

12～27日

本市中医类别全科医师岗位培训有408人报名参加。

13日

市卫生局召开北京市卫生人才工作会。宣布“215”高层次卫生技术人才队伍建设工程培养计划第一批入选者名单，举行首批入选高层次人才《北京市卫生系统高层次卫生技术人才培养计划任务书》的签字仪式。

市卫生监督所获悉顺义区南法信镇北法信村发生因手足口病死亡儿童，立即赶赴现场，并对顺义区疾控中心和南法信卫生院的疫情处理工作进行监督检查。

由游伟程教授负责的科技部中德国际合作项目“根除幽门螺杆菌感染预防胃癌大规模人群干预项目”正式启动。该项目是北京肿瘤医院与国际消化道肿瘤联盟（IDCA）/德国慕尼黑工业大学（TUM）共同合作项目。

14日

市卫生局组织开展“医改一线行”系列集体采访活动。

第七个世界献血者日，主题是“向世界提供新鲜血液”。市卫生局团委会同市红十字血液中心组织开展了“人文北京、科技北京、绿色北京”卫生青年先锋无偿献血志愿服务活动。

15日

设在西单文化广场西北角的本市首个街头固定献血屋正式启用。献血屋可容纳7人同时献血，其中3个采血位还可以采集血小板成分。

16日

市卫生局在顺义区南法信镇举办“预防手足口、

保护婴幼儿”大型健康咨询活动。

17 日

召开北京大学系统生物医学研究所成立大会暨学术报告会。

17～23 日

由市卫生局副巡视员赵涛等 7 人组成考察组，对新疆和田地区的卫生人才培训对口支援工作进行现场调研考察。

18 日

启动第二批北京市对口支援什邡市卫生人才培训。

市中医研究所承办了几内亚医院管理和医护人员培训班。

北京市心理援助热线（800－810－1117）在北京回龙观医院开通。

21 日

市卫生局在平谷区医院举办“医改一线行”平谷行活动，14 家新闻媒体参加采访。

21～22 日

市卫生局举办建设工程全过程跟踪审计培训班，各直属单位审计部门负责人或专职审计员 40 余人参加培训。

21～27 日

市卫生局、医院协会举办局系统新任干部和后备干部培训班，市卫生局机关及直属单位新任干部、后备干部共 70 余人参加培训。

22 日

市卫生局召开北京市艾滋病防控工作会。

市卫生局召开手足口病防控重点工作会，针对近期手足口病防控工作重点，对重点部位、重点地区专门进行部署。

22～25 日

市卫生局组织 9 名麻醉及管理专家对申报北京市临床麻醉质控中心的北京医院、北京大学人民医院、北京大学第三医院、北京天坛医院、北京友谊医院、北京朝阳医院等 6 家医院的申报材料进行了审阅，对麻醉科室建设情况进行现场检查，并听取拟承担质控中心主任的综合陈述。

23 日

中央组织部组织二局局务会成员、副巡视员李志宏，卫生部直属机关党委常务副书记姚晓曦等一行 7 人到本市卫生系统进行创先争优活动的专题调研。

市卫生局召开北京市医师定期考核启动工作会。医师定期考核工作自 7 月 1 日起正式启动。

25 日

市中医局、市科委召开协调会，确定了“十病十药”研发项目筛选工作的目标、方法和任务。由市中医局制订实施方案，申请市科委绿色通道经费用于“十病十药”的筛选研究项目。

市卫生局在丰台区花乡新发地农贸市场开展“预防手足口病、送健康知识下乡”的大型健康宣传活动。

市卫生局向卫生部报送了《北京市四级妇科内镜技术准入医疗机构名单（11 家）》和 11 家医院开展四级腔镜的医师名单。推荐北京协和医院、北京大学第三医院、北京妇产医院为卫生部四级妇科内镜手术培训基地。

28 日

召开北京大学肥胖及代谢病研究中心成立大会暨代谢病基础研究新进展研讨会。

29 日

全球艾滋病、结核病和疟疾基金执行主任米歇尔·卡察契金一行在京就艾滋病、结核病和疟疾防控工作到地坛医院进行考察。

市卫生局举行纪念建党 89 周年暨“为群众健康服务的党员之星”事迹报告会。

30 日

市中医局召开“手足口病合并神经系统感染的中医药证治研究”项目专家论证会。

市中医局召开“北京市社区中医药服务科技支撑示范项目”专家评审会，确定了 7 个重点课题和 6 个一般课题的立项。

市卫生局、市中医局完成北京地区中医基本现状调查数据的收集。

北京协和医院与内蒙古和林格尔县医院、托克托县医院对口支援工作的启动仪式在呼市举行。

6 月

市健康促进工作委员会办公室与崇文区卫生局联合开展“体重及腰围超标者综合干预”和“健康膳食推广试点”项目。

7 月

1 日

本市在城八区社区卫生服务中心开展 24 小时服务试点。

市中医局举办中医类别全科医师岗位培训师资培训，中国中医科学院、北京中医药大学、首都医科大学 3 个培训基地的近 150 名中医全科医师岗位培训带教老师参加培训。

2 日

市卫生局与北京银行签署全面合作协议。根据协议，北京银行将为市卫生局及其所辖市属医院提供全方位金融服务，同时，为北京市《健康北京人——全民健康促进十年计划》的实施提供支持。

2~4日

本市完成中医类别医师资格实践技能考试。

5日

市政府投入1000万元的甲型H1N1流感中医药防治科技攻关成果“金花清感颗粒”，通过市药监局初审，向国家食品药品监督管理局提交新药临床许可申请。

6~8日

市卫生局、团京委、首都高校青春红丝带社团工作领导小组办公室联合举办“我们都是志愿者”——首都高校青春红丝带社团艾滋病防治宣传主题夏令营活动。

12日

北京市中医类别全科医师岗位培训开班，全市300余名在社区卫生服务岗位工作的中医执业医师，分别到中国中医科学院、北京中医药大学、首都医科大学3个培训基地，开始接受为期3个月的全脱产培训。

第五批卫生援藏干部完成援藏任务返京。

市中医局下达2009年度首都医学科技发展基金（中医药类）项目立项课题任务，全市34家医院承担85项课题，研究经费870万元。

12~14日

市卫生局举办医院营养治疗技能比赛培训班，全市各三级医院的150余名营养医师和营养厨师进行为期3天的培训。

12~16日

市卫生局审计处组织审计人员组成2个审计组，分别对友谊医院、佑安医院、肿瘤医院、宣武医院、积水潭医院、儿童医院等6家直属单位2009年审计报告所披露问题的整改情况进行后续审计。

13日

召开北京市贫困白内障患者复明工程项目启动会，各区县卫生局、残联及定点医院的主管领导及手术医生百余人参加会议。

14日

市政府督查室和绩效管理联席会议成员单位领导对上半年市中医局的市政府重大决策和重要工作任务落实暨绩效管理情况进行督导检查。

15~16日

国家食品药品监督管理局、卫生部组成联合专项督导检查组对北京疫苗类生物制品监管工作进行督导检查。

19日

国家甲流应对联防联控工作机制（指挥部）委托清华大学公共管理学院组织清华大学、中国疾控中心和山东大学的专家对我国内地的甲流防控工作进行阶段性独立评估。专家组在北京调研，主要通过听取联防联控相关单位的工作汇报、问卷调查、现场调查与访谈等形式。

召开北京大学医学部普通外科学系成立大会。

19~20日

市卫生局组织专家对北京大学人民医院、北京大学第一医院、北京协和医院和大兴区仁和医院的临床路径管理实施情况进行督导。

19~21日

由市卫生局副局长赵春惠带队，与北方八省鼠疫联防办有关人员一行17人，赴青海省考察鼠疫防控工作。

19~23日

市中医局完成2010年度中医住院医师规范化培训临床考核工作。

19~26日

市卫生局在全市开展“社区卫生工作一日体验”活动。诚邀200名居民代表到市城八区和房山区、延庆县等10个区县41个社区卫生服务中心的71个岗位进行一天的工作体验。

20日

市卫生局召开北京市大型医院与基层医疗卫生机构实施预约转诊试点工作启动会。率先在宣武区启动试点工作。

北京市对口支援四川省什邡市第九批医疗卫生队启程，赴什邡执行医疗卫生支援任务。

市卫生局召开北京市院前急救工作会。各区县卫生局主管局长、医政科长、北京急救中心、北京红十字紧急救援中心主任及指挥调度、质量管理、网络建设相关负责人、各区县急救分中心主任等60余人参加会议。

7月20日~8月31日

由市区两级卫生行政部门相关负责人带队，市体检质控中心、市医学检验质控中心、市医学影像质控中心以及市医院感染质控中心专家委员组成9个专家组开展健康体检现场审核工作。共完成全市申报健康体检的182家医疗机构的185个体检中心（科）的初步现场审核。

21日

由市卫生局副局长邓小虹和内蒙古自治区卫生厅副厅长白宝玉带队，率督导调研工作组赴内蒙古自治区兴安盟和通辽市对京蒙对口支援项目开展情况进行实地督导和调研。

22日

智能3G紧急视频呼叫系统启动，这是我国首次将3G视频技术应用在急救行业。

28日

市中医局和市药监局联合召开恢复中医医院传统制剂专题会议。

市卫生局召开公开选拔领导干部新任干部任职宣布会。此次选拔有60人参加笔试，18人进入面试，9人进入考察，最终录用3人。

市中医局召开首都中医药“十二五”规划专题工作会，正式启动规划编写工作。

市中医局在开展“三伏贴”工作期间组织全市“冬病夏治”社区统一行动。在全市25家中医医院和113个具有中医药服务能力的社区卫生服务站开展“冬病夏治”，统一价格、统一病种、统一穴位、统一培训。

7月28日~8月13日

市中医局对全市中医医院已停用但目前临床仍有需求的传统小品种制剂进行调研。全市有17家中医医院共上报321个制剂品种，涉及临床21个专科，制剂类型28种。

29日

全国卫生系统对口支援新疆工作座谈会在新疆维吾尔自治区乌鲁木齐市召开。会上中国中医科学院与维吾尔医医院签订了对口支援合作协议。

北京肿瘤医院地下车库及放射用房工程破土动工。

7月30日~8月1日

由中华医学会和中华医学会泌尿外科学分会、中华医学会北京分会、中国泌尿外科学院（CSU）、首都医科大学泌尿外科学系和北京友谊医院泌尿外科共同主办的“2010年中华医学会泌尿外科学分会肾移植全国高峰论坛暨全国移植免疫高级研讨班”在北京国际饭店举行。国内外泌尿外科领域专家及泌尿外科医师近300人参加会议。

7月

启动北京地区2011年继续医学教育项目申报工作。

7~8月

市卫生局再次委托检验质控中心对限期整改的16家实验室和2家新申报开展血铅检测的实验室进行现场审核评估，有13家实验室合格并向社会公布。截至目前，累计有21家医疗机构具有血铅检测能力。

8月

1日

市中医局与解放军总后勤部卫生部医疗管理局联合开展的首都军地共建综合医院中医药工作示范单位创建活动在京启动。解放军总医院、空军总医院、第三〇二医院和武警总医院成为首批首都军地共建综合医院中医药工作示范单位。北京军区总医院、261医院、海军总医院、空军载人离心机医学训练基地（466医院）、第二炮兵总医院、305医院、309医院、306医院为首都军地共建综合医院中医药工作示范建设单位。

1~8日

世界母乳喂养周，市卫生局对北京世纪坛医院等11家医院进行爱婴医院抽查。

2日

召开启动“2010年北京市居民营养与健康监测”工作会暨技术培训会。此次居民营养与健康状况入户抽样调查监测工作由市卫生局统一领导，市疾控中心具体组织实施，在西城区、崇文区、海淀区、丰台区开展。

6日

市中医局召开北京中医药薪火传承“3+3”工程“名医大讲堂”工作布置会，来自7家单位的12个“3+3”工程传承工作室站的负责人参加。

市卫生局召开贯彻落实国家2012年消除麻疹工作会议，对本市2010年消除麻疹工作进行安排。

8日

甘肃舟曲发生特大泥石流后，市卫生局组织协和医院、积水潭医院、胸科医院、朝阳医院的专家一行5人前往舟曲县开展工作。

上午11时10分，北京同仁医院东区食堂发生火灾，过火面积约10平方米，无人员伤亡。市消防局对同仁医院及服务公司作出罚款5万元的行政处罚。

9日

21:00在中国医学科学院肿瘤医院举行“晨锋行动”启动仪式，旨在严厉打击处罚号贩子等违法犯罪人员。“晨锋”行动将在中日友好医院、协和医院、阜外医院、肿瘤医院、广安门医院、空军总医院、北京大学第一医院、北京大学第三医院、同仁医院、积水潭医院、宣武医院、天坛医院、北京中医医院、北京儿童医院、儿研所、安贞医院、北京妇产医院等重点开展。

10日

由市总工会、市体育局、市卫生局、北京奥运城市发展促进会主办的2010首都职工示范推广工间操宣传周启动仪式暨工间操大型展演活动在劳动人民文化宫太庙前广场举行。

市中医局召开规范中药泡洗、足底反射疗法等中医药传统疗法工作会。

10~16日

市卫生局牵头，成立由市区两级卫生局、人保局及定点培训学校组成的督导组，对西城区、宣武区、丰台区3个试点区内重点医院进行护理员持证上岗情况专项督导。

11日

由市卫生局应急办牵头，市疾控中心、市卫生监督所承办，组织了全市突发公共卫生事件应急处置演练。

14日

本市派出由北京中医医院院长王莒生带队，皮肤科、针灸科专家组成救灾医疗指导小组，携带14箱灾区急需的中药制剂，奔赴甘肃舟曲，开展中医药诊治和指导工作。

17日

法国驻华使馆社会事务参赞罗妮卡女士一行到访北京市卫生局，双方就中法急救医学培训中心及中法急救医学合作有关事宜进行洽谈。

日本佐贺县知事古川康、日本重粒子线治疗推进协会会长平尾泰南、日中医学交流中心会长大坪修及日本驻华使馆官员等一行13人访问中日友好医院，交流肿瘤防治工作，商谈日本九州国际重粒子线癌治疗中心与中日友好医院进行医疗合作事宜。

召开市卫生系统第七批援疆干部选派工作暨“人才京郊行”工作部署会。第七批援疆干部53人，其中行政干部6人、专业技术干部47人，对口援助新疆和田地区的一市三县（和田市、洛浦县、墨玉县、和田县）和农十四师。第三批“人才京郊行”卫生系统14人，分别到通州、顺义等8个郊区县服务锻炼。

17～19日

由市卫生局副局长赵春惠带队，本市鼠防专家以及北方八省鼠疫联防办有关人员一行14人赴内蒙古自治区二连浩特市考察鼠疫防控工作。

18日

北京中医药大学第三医院新门诊教学楼主体结构封顶。门诊教学楼总建筑面积11113.66平方米。

18～19日

国家中医药管理局专家组对本市第四批全国老中医药专家学术经验继承工作进行中期检查督导。

18～20日

市中医局组织专家对中日友好医院、北京医院、地坛医院、佑安医院、回民医院进行全国综合医院中医药工作示范单位评估。

19日

由北京天坛医院主派的第二十二批援几内亚医疗队从北京启程，开始执行为期2年的援外医疗任务。

北京大学第一医院定点支援内蒙古自治区乌兰浩特市人民医院挂牌赠书仪式在乌市人民医院举行。

20日

由市中医局局长赵静带队，携带北京中医医院、广安门医院、东直门医院、御生堂等单位捐赠的“复方黄连膏”、“复方化毒膏”、“湿疹膏”、“除湿丸”、“健脾舒肝丸”以及新药“金花清感冲剂”等药品1500余盒，前往甘肃舟曲灾区慰问救援。

召开丰台区民营医疗机构工会联合会成立大会，选举产生联合会第一届委员会。

21～22日

由中国中医科学院广安门医院、北京市丰台区社区卫生服务管理中心、中国全科医学杂志社共同主办的首届全国社区心理健康促进工作高峰论坛在京举办。

23日

市政府副秘书长马林召开2010年北京市麻疹疫苗强化免疫工作动员部署会。

24日

世界卫生组织专家在卫生部统计信息中心副主任王才有、电子政务处副处长郝惠英等陪同下，对本市社区卫生信息化建设情况进行考察，并赴西城区大栅栏社区卫生服务中心进行调研。

21时36分，鲲鹏航空有限公司一架飞往伊春的飞机失事。25日凌晨，市卫生局组织胸外、普外、重症、烧伤、骨科等5个专业的专家于8时55分赴伊春协助医疗救治工作。

25日

日本新任驻华大使丹羽宇一郎在大使馆首席公使横井裕、公使山崎和之、总领事中原邦之、日本国际协力机构（JICA）中国事务所所长山浦信幸的陪同下访问中日友好医院。

市卫生局、市疾控中心举办霍乱防控演练，9个区县疾控中心和卫生监督单位参加了演练。

北京市职工职业技能大赛卫生系统营养治疗技能比赛决赛在华北厨艺楼举行。北京协和医院刘鹏举，中日友好医院武体旺、范自珍分获营养师、厨师红案、厨师白案组第一名，北京大学人民医院获团体总分第一名。

26～27日

由中国社区卫生协会和市卫生局共同主办、市社区卫生协会和市社区卫生服务管理中心承办的第三届全国社区卫生服务经验交流会在北京召开。卫生部妇社司副司长秦耕与市卫生局副局长郭积勇参加会议。

27日

由市科委、发改委、经信委、财政局、人力社保局、工商局、金融局、知识产权局、市政府新闻办、卫生局、药监局、中医局等12个相关委办局联合制定的《首都十大危险疾病科技攻关与管理中医药“十病十药”研发项目工作方案》正式印发。

市中医局与内蒙古蒙中医药管理局共同召开京蒙中医药对口支援工作会。

29日

由北京世纪坛医院主派的第二十一批援几内亚医疗队15名队员在完成2年的援外医疗任务后返回北京。

31日

首都医科大学“北京市脑重大疾病重点实验室”获科技部批准，正式成为省部共建国家重点实验室培育基地，由科技部和北京市共同建设。

北京大学第一医院肾内科赵明辉领衔申报的国家自然基金委创新研究群体获得批准，成为医学部临床学科首个创新研究群体。

大兴区医疗机构与北京大学人民医院区域医疗卫生服务共同体项目正式启动。

8月

市卫生局印发了《国家重大公共卫生服务项目妇幼卫生项目北京市督导评估方案》。

2010年8月～2011年3月

市卫生局在全市范围内开展口腔健康流行病学调查。调查面对城乡常住人口，约11万人参加抽样调查，调查内容包括口腔健康检查和问卷调查。

9月

1日

市中医局组织专家对平谷区创建北京市农村中医工作先进单位进行验收检查。经专家评议，认为平谷区已达到北京市农村中医工作先进单位标准。

“让青春在卫生改革与发展中闪光”——首都卫生青年原创博文大赛官方指定博客在搜狐网正式开通。

2日

副市长丁向阳带领市卫生局、市人力社保局、市财政局、西城和海淀区政府人员到翠微西里、南沙沟等社区卫生服务站进行调研。

北京中医药大学第三医院与内蒙古鄂尔多斯市蒙医医院举行医疗卫生对口支援挂牌仪式。

由中国医师协会全科医师分会和西城区卫生局主办，首都医科大学附属复兴医院月坛社区卫生服务中心和中国社区健康网承办，中国全科医学杂志社协办的“2010北京第七届全科医学与社区卫生服务高峰论坛暨中国医师协会全科医师分会年会”在融金国际酒店召开。

3日

卫生部全国重点联系城市技术指导组专家一行7人在本市进行社区卫生服务工作调研。

市卫生局召开优质护理服务示范工程重点联系医院试点病区工作交流会，将第二轮护理质量督导与第三方评价结果反馈至各医院。

6日

墨西哥墨西哥城卫生局局长阿尔曼多·阿乌艾德一行到访北京市卫生局，双方就公共卫生体系建设、疾病预防方案、健康教育和健康促进以及传统医学等领域进行了交流。

法国急救医学专家龚倍和杜福到北京市红十字会999急诊抢救中心进行考察。

首都医科大学卫生与医学信息管理学系2010级研究生迎新会在北京急救中心召开。入学的7名卫生信息专业方向研究生是建系以来招收的首批硕士研究生，市卫生局副局长邓小虹任导师。

6～7日

举办口腔健康流行病学调查技术培训班，对各区县卫生局约160名项目负责人、牙防所负责人、口腔医生和调查员进行技术培训。

7日

市卫生局组成6个督导组对麻疹疫苗强化免疫接种工作进行全程督导。市卫生局副局长赵春惠带队对朝阳区、海淀区和顺义区接种点麻疹疫苗强化免疫接种工作进行督导检查。

几内亚卫生部秘书长巴洛先生、几内亚驻华大使马马迪先生以及几内亚科纳克里药品局局长一行，与市卫生局就援外医疗领域的合作进行会谈。

市政府副秘书长周正宇率市应急办、市应急管理物联网应用建设领导小组办公室一行13人到市卫生局，就公共卫生应急管理和物联网在卫生应急领域应用建设工作进行调研。

9日

由市卫生局和中国广播电视协会纪录片工作委员会联合主办的北京市卫生系统“聚焦医患情”异地采访活动开机仪式在京举行。

10日

应卫生部邀请，加拿大公共卫生署首席卫生官戴维·巴特勒·琼斯一行4人访问西城区德胜社区卫生服务中心。

由市卫生局主办的“健康北京人，健康北京城”卫生摄影作品大赛终评举行。

11日

著名慈善家李春平先生向999捐赠20辆急救车。

11～12日

全国医师资格考试医学综合笔试。北京考区5656人参加考试，其中执业医师4288人、助理医师1368人。

12日

中国预防出生缺陷日。中国少年儿童慈善救助基金会“天使妈妈基金”爱耳义动——先天小耳畸形治疗慈善项目在中国医学科学院整形外科医院启动。这是我国首个先天小耳畸形治疗慈善项目。

12～15日

市卫生局由医政处副处长段杰带队，医院管理专家、质控中心专家、行政管理人员等10人组成考察组，对上海市卫生局在开展大型医院巡查、医疗质量万里行、医院评审以及质控中心管理等方面的工作进行考察。

13日

市卫生局副局长郭积勇会见美国商务部健康与消费品办公室主任杰佛里·格林一行，就医疗卫生体制改革相关问题进行会谈。

13日、18日

全市98名基层彩超医生分2组参加由天坛医院超声科主任何文和宣武医院超声科主任华扬主持的为期3～4天的社区脑卒中筛查和防控项目培训。

14日

中纪委常委、监察部副部长、国务院纠风办副主任屈万祥率中纪委纠风室、驻卫生部监察局有关领导到本市就药品集中采购工作进行调研。

密克罗尼西亚卫生部长维塔·富塔琳娜·斯基林一行5人访问朝阳区来广营社区卫生服务中心。

15日

市中医局组织开展2005～2007年立项的北京市中医药科技项目的结题验收。对本市47家高等院校、科研院所、临床医院的148项课题进行结题验收。

15～18日

市中医局组织7家三级中医医院及部分综合医院物价负责人赴上海曙光医院和广东省中医医院，就中医医疗服务项目收费工作进行调研。

16日

来自西藏阿里的7位先心病患儿及家属抵达北京华信医院接受治疗。此次活动由北京麦特文化有限公司牵头促成，由影星范冰冰资助西藏阿里地区的先天性心脏病患儿来北京接受手术治疗。

17日

市中医局召开北京市中医护理工作会，本市二级以上中医医疗机构主管护理工作的院长、护理部主任和部分护士长约130人参加。

18日

由中国健康教育中心、中国医药卫生事业发展基金会、河北省唐山市人民政府等单位共同主办的第三届中国健康教育与健康促进大会在河北省唐山市举行。大会主题是“城市化与健康”。

19日

北京市红十字会999急诊抢救中心与救护飞机运营公司签订合作协议，为各类医疗患者的救护和救援提供全天候、全方位的24小时空中转运医疗服务。标志着999构建起全方位、立体化的急救体系。首例转运病人为伊春空难烧伤患者。

市卫生局召开北京市门急诊信息采集工作会。16个区县卫生局、50家三级医院以及11家远郊区县中心医院的主管医疗、信息化和统计的领导及相关人员参加。

中医中药中国行·文化科普宣传周开幕式暨大型展览剪彩仪式在朝阳公园举行。

成立北京大学医学部中西医结合学系。

20日

第二十二个全国爱牙日，主题是“窝沟封闭，保护牙齿”。卫生部联合北京市健康促进工作委员会举办了主题宣传活动。

市爱卫会举办北京市第二届社区健康风采大赛暨居民健康素养知识竞赛决赛。门头沟区代表队获一等奖，昌平区和石景山区获二等奖，朝阳区、海淀区和延庆县获三等奖。

卫生部卫生应急办公室主任梁万年一行10余人到门头沟区调研基层卫生应急工作，并考察乡村卫生院的卫生应急设施设备。

21日

全国首家急救科技馆在北京急救中心落成，并将每月12日设为“急救开放日”。

市卫生局召开直属公共卫生单位绩效考核办法制订工作启动会。

25日

市卫生局召开基于产科医生、社区医生、孕产妇家庭的产后抑郁实用管理指南项目研讨会，卫生部妇社司、世界卫生组织有关负责人和相关专家代表参加了会议。

市卫生局举行北京市社区转诊与预约挂号工作会，启动第二批大型医院与基层医疗卫生机构转诊预约试点工作。

25～26日

市中医局召开中医药“十病十药”专家评审会，对12个单位的21个项目进行评审。

26日

成立北京大学医学部心血管外科学系。

“关注儿童健康 从口腔做起”暨为玉树孤儿及在京贫困儿童大型口腔义诊活动在北京口腔医院举行。

27 日

中组部部务委员兼组织二局局长、基层办主任陈向群一行到北京天坛医院，对北京市卫生系统基层党建工作进行调研指导。

中共中央政治局委员、国务委员刘延东在教育部部长袁贵仁，北京市委副书记王安顺、副市长黄卫等陪同下到首都医科大学视察。

27～30 日

市卫生局副局长于鲁明一行 4 人参加在拉萨市召开的第五次全国卫生援藏工作座谈会。市卫生局就“十二五”期间北京市卫生系统援藏有关事宜与拉萨市卫生局达成意向协议。

28 日

第九批援什邡医疗卫生服务队完成援助任务返回北京。

召开由市委宣传部、市卫生局、北京大学医学部、首都卫生系统精神文明建设协调委员会共同主办的马庆军先进事迹报告会。

举行北京市重大灾害事故应急救援综合演练，由市突发公共卫生事件应急指挥部办公室、市卫生局卫生应急办公室统一协调指挥。来自 120 和 999 共 44 名医疗队员和 8 辆新型医疗救援车辆参演。

北京市发展和改革委员会同意北京天坛医院迁建工程建设，拟迁建新址位于丰台区花乡，拟建设 1650 床位三级甲等综合医院。

29 日

市卫生局召开市卫生系统贯彻全市人才工作会议精神暨 2010 年高层次卫生人才遴选工作部署会。

怀柔区编办批准成立怀柔区中医药管理工作办公室，核定编制 3 人，正科级职数 1 人。

9 月

完成适龄儿童麻疹疫苗强化免疫。

10 月

4 日

中国医学科学院整形外科医院院长曹谊林教授荣获 2010 年 Maliniac Lecture Excellent Honor Esteem 国际整形外科学界最高荣誉奖。

8 日

举行中信医药倾情参与“健康北京人——全民健康促进十年规划”捐赠仪式，中信医药实业有限公司向市卫生局捐赠 500 万元。

通州区启动潞河医院与基层医疗卫生机构转诊预约试点工作；海淀区卫生局、海淀区公共委联合召开海淀区大型医院与基层医疗卫生服务机构转诊预约工作会议，16 家试点社区卫生服务中心与 4 家二三级医院现场签订转诊预约工作协议书。

9 日

市卫生局召开市医疗卫生行业网站考核评议工作部署会。

10 日

第十九个世界精神卫生日，我国的活动主题是“沟通理解关爱，心理和谐健康”。本次宣传活动由卫生部主办，市卫生局、西城区人民政府承办，精神卫生工作部级联席单位及相关委办局共同参与。

10～14 日

北方八省鼠疫联防办委托黑龙江省卫生厅在黑龙江省牡丹江市召开北方八省（区、市）鼠疫防治培训班。

11 日

卫生部党组书记张茅、副部长刘谦在副市长丁向阳、市卫生局局长方来英陪同下，视察本市社区卫生工作。

11～14 日

北京大学常务副校长、医学部常务副主任柯杨率代表团访问美国密歇根大学医学院，两校正式成立北京大学医学部—密歇根大学医学院转化医学与临床研究联合研究所。

12 日

卫生部妇社司副司长秦怀金、秦耕到本市调研社区卫生工作。

副市长丁向阳在市卫生局局长方来英，市发改委、市财政局、市人保局等有关领导陪同下调研协和医院、友谊医院试点病房的护理工作。

市卫生局召开各区县疾控绩效考核工作启动会，16 个区县卫生局相关领导出席会议。

13 日

市卫生局召开本市节育手术并发症市级评审会，对 2009 年发生的 8 例具有代表性的节育手术并发症进行评审。

14 日

由欧美同学会和中国留学人才发展基金会，针对青海玉树地区患儿发起的“海归服务中国，情系玉树”先心病患儿治疗及康复公益活动所资助的首批来自玉树的 15 名患儿到北京同仁医院接受免费治疗。

10 月 14 日～11 月 3 日

市社区卫生服务管理中心组织专家对全市 16 个区县的返聘退休医学专家工作进行专项督导。

15 日

第十一届贝利·马丁奖颁奖典礼在京举行。本年度贝利·马丁奖授予了北京佑安医院感染一科护士长福燕。

15～18日

由市总工会、市卫生局、市体育局主办的首届北京市职工健身健康博览会在地坛公园举办。

16日

召开以“开放的北京，发展的中医”为主题的首届北京中医药国际论坛。

16～17日

由中国中医科学院广安门医院及河南中医学院第一附院共同主办的国际中医药防治艾滋病大会在北京国际饭店召开。会议主题是“中医药防治艾滋 促进免疫重建”。会议邀请200余名国内外艾滋病研究领域的专家、医师参会，共同就基础研究和实验研究、思路方法学研究、临床研究及经验总结、防治艾滋病的国内外最新药物研究及治疗方法等进行研讨。

18日

成立北京大学受试者保护工作体系。包括生物医学伦理审查委员会、质量保证办公室、科研伦理培训与研究中心、数据安全监测委员会、生物安全委员会、学术委员会、利益冲突与科研诚信办公室。

19日

市卫生局委托北京妇幼保健院进行北京地区重大公共卫生项目网络直报系统应用培训，全市13个涉农区县妇幼保健机构均派员参加了培训，并设专人负责网络直报工作。

市卫生局召开北京市医疗机构药品集中采购启动大会。

市卫生局、中医局、药监局、科委、经信委联合召开新闻发布会，公布《首都十大危险疾病科技攻关与管理中医药“十病十药”研发项目工作方案》和第一批入选品种12项。

北京市政府市长办公会审议通过《北京市集中空调通风系统卫生管理办法》。

20日

卫生部追授北京大学第三医院骨科副主任、主任医师、教授、博士生导师马庆军“人民健康好卫士”荣誉称号，并在全国卫生系统开展向马庆军同志学习的活动。

20～22日

市卫生局与市侨办、市农委联合举办“侨爱工程——送温暖送健康”活动。朝阳医院的专家到密云县太师屯镇社区卫生服务中心进行义诊、咨询，市侨办拨付太师屯镇社区卫生服务中心药费资助1.5万元。

10月20日～11月30日

本市开展流感疫苗预防接种工作，本市户籍60周岁以上老年人和在校中小学生、中等专业学校学生继续享受免费接种政策。

10月中旬～12月底

完成全市精神疾病流行病学综合调查。

21日

市卫生局召开全市医疗质量万里行活动和大型医院巡查工作会。16个区县卫生局主管局长和医政科科长、14个局处室负责人和工作联络员、42家三级医院主管院长、检查专家组成员270余人参加会议。副局长邓小虹出席会议并讲话。

22日、29日

举办2期学校结核病控制工作培训班。全市中专及中小学校相关人员、区县结防所防治业务骨干120余人参加培训。

23日

首都医科大学召开建校50周年庆祝大会。

24日

国家863计划消化道早癌筛查项目启动，“‘友谊’消化直通车万里行”暨北京市消化疾病中心冀中能源峰峰基地揭牌仪式在河北省邯郸地区峰峰矿区冀中能源总医院举行。

25日

市卫生局举办第四期全科医生骨干暨全科医生转岗培训。参加培训的学员将接受14个月的全脱产培训。

26日

由市社区卫生服务管理中心、社区健康网共同举办的全国社区医务人员岗位练兵——糖尿病防治知识决赛在京举行，近200名社区医务人员参加比赛。海淀区代表队获一等奖，将代表本市参加全国总决赛。

27日

市人力社保局副局长宋丰景一行3人到北京天坛医院调研职称工作以及事业单位人事制度改革情况。

市中医局在继伤寒论后启动新一轮北京中医药“薪火传承3+3工程”温病学名医大讲堂。

28日

副市长丁向阳到石景山区调研社区卫生工作。

28～29日

由市卫生局疾控处、应急办、法监处、市疾控中心、市卫生监督所以及市教委中小学卫生保健所等有关部门人员组成8个检查组，对学校传染病制度的建立与执行情况、免疫预防工作、晨午检、缺勤登记、食品饮用水卫生、消毒设备、洗手设施配备情况以及突发公共卫生事件应急处理等进行现场检查。

29日

卫生部部长陈竺、党组书记张茅、副部长尹力参加无偿献血。

市中医局与总后卫生部医疗管理局联合召开首都军地共建综合医院示范中医药工作联席会。

市卫生局组织市脑防办联合天坛医院开展世界卒中日大型健康教育及义诊活动。

30～31 日

中国康复研究中心与欧洲康复大会共同举办第五届北京国际康复论坛。有 13 个国家和地区的 1300 余人参加，开设论坛 20 个。

31 日

市中医局、东城区政府（国家中医药发展综合改革试验区）在地坛公园中医文化养生园举办北京首届中医药养生膏方节活动。

10 月底

全市共发现耐多药患者 110 人，其中非户籍常住人口 8 人。对上述患者结防机构均给予了标准化治疗方案，并进行严格督导服药管理。耐多药结核病控制工作覆盖本市常住人口。

10 月

市卫生局组织医疗（门诊、急诊、临床）、医技（药学、检验、输血）、护理、院感、院务公开、安全生产等 10 个专业组的专家，对 5 家三级综合医院、5 家专科医院、5 家民营医院和 16 个区县直属的 1 家公立医院、市血液中心和 3 个中心血站进行医疗质量万里行活动督查。

中国中医科学院肿瘤研究所在北京成立。该研究所设在广安门医院肿瘤科。

11 月

1 日

市卫生局召开第二轮艾滋病综合防治示范区工作会，市卫生局副局长赵春惠，市疾控中心副主任贺雄、有关科所负责人，西城、海淀、丰台、大兴 4 个示范区的卫生局主管局长、疾控中心主任等参加会议。

市卫生局组织市疾控中心、市脑防办和天坛医院的专家对本市社区脑卒中筛查和防控项目的实施情况进行督导检查。

市卫生局召开由涉农区县卫生局新农合主管局长和新农合服务管理中心（办公室）主任参加的北京市新农合工作会。

北京安贞医院"院士专家工作站"正式启动，成为北京市医疗系统第一家成立院士专家工作站的医院。

2～4 日

市卫生局组织市防盲办和同仁医院专家对怀柔、海淀、昌平、顺义、西城等区进行贫困白内障患者复明工程项目督导检查。

市卫生局和市纠风办结合全市预约挂号信息指标分析情况和预约挂号社会监督员反馈情况，在全市开展集中检查。

3 日

市卫生局局长方来英会见法国生物梅里埃集团总裁阿兰·梅里埃一行。

市卫生局"医疗质量万里行"医院实地督查工作正式实施。督查组从加强宣传教育、不断提高医疗服务能力和服务水平、医疗质量管理与控制、规范科室建设等 12 个方面进行督查。

4 日

召开北京卫生系统全国和首都精神文明创建工作先进单位复查会。

5 日

由市卫生局和中国广播电视协会纪录片工作委员会联合主办的北京市卫生系统"聚焦医患情"异地采访活动优秀电视片评比揭晓。北京肿瘤医院和北京电视台拍摄的《决战生死线》、北京积水潭医院和上海电视台拍摄的《急诊室的故事》、北京儿童医院和沈阳电视台拍摄的《童叟之间》获一等奖，北京急救中心和上海电视台拍摄的《情系玉树——北京"120"急救中心玉树救援纪实》、北京朝阳医院和湖北电视台拍摄的《妙手仁心大师魂——国医大师方和谦》、北京中医医院和天津电视台拍摄的《国医大师贺普仁和他的针灸团队》、北京天坛医院和中央电视台拍摄的《给乳癌患者造个"家"》等 9 部作品分获二、三等奖。

5～12 日

市卫生局抽调医院管理专家、试点医院主管院长、医务处长等 12 人组成 2 个评估组，对 11 家临床路径试点医院进行中期评估。

6 日

门头沟区卫生局办公地址由石龙北路 10 号迁至新桥南大街 9 号。

9 日

首都卫生系统精神文明建设协调委员会、市卫生局联合举办第三届首都十大健康卫士评选会。

10～11 日

市卫生局、市残联及市防盲办公室对贫困白内障复明工程项目进展缓慢的密云、顺义、海淀、延庆 4 个区县再次进行联合督导检查。

11 日

本市启动涉农区县农村基本医疗卫生工作综合评估即农村初级卫生保健终末期评估工作。

12 日

召开首都中医药"十病十药"项目交易暨科技成

果现场推介会。此次交易会共对7个“十病十药”项目和30个中医医疗机构的数百个院内制剂以及100多项科研成果进行推介，来自全国各地的100多家企业参会，最终达成33项合作意向。

12～14日

由北京大学、复旦大学、浙江大学、中华医学会、中国继续医学教育杂志社共同主办的第一届中国国际继续医学教育大会在京召开。

14日

第四个联合国糖尿病日，主题是“糖尿病教育与预防”，口号是“控制糖尿病，刻不容缓”。由市卫生局主办，市疾控中心承办，市糖尿病防治办公室、怀柔区卫生局协办的糖尿病大型宣传和义诊咨询活动在怀柔区滨湖万米健身公园举行。

15日

市卫生局、市公安局、市民政局、市社会建设工作办公室、市残联会同全市精神卫生专业机构开展精神疾病流行病学综合调查。

16日

联合国教科文组织保护非物质文化遗产政府间委员会第五次会议审议通过，将“中医针灸”正式列入“人类非物质文化遗产代表作名录”。

临床药学文化建设机遇与挑战论坛演讲比赛。天坛医院刘腾获一等奖，解放军261医院项露、北京大学人民医院谭昀杜熙获二等奖，世纪坛医院谢铮铮、解放军261医院曹文强、北京大学第三医院应颖秋获三等奖，优秀奖6人。

17日

卫生部党组书记张茅、副部长马晓伟到西城区广内社区卫生服务中心调研。

副市长丁向阳到顺义区调研社区卫生服务工作。

美国疾病预防控制中心主任 Thomas R. Frieden 一行8人到西城区展览路社区卫生服务中心参观访问。

18～24日

“2010年中非光明行”医疗代表团首次进入非洲内陆国家津巴布韦和马拉维，为612名白内障患者免费实施复明手术。

19日

由中国中医科学院主办的“2010国际中医药发展论坛暨中医药国际联盟成立大会”在京召开。会议以“发挥优势 和合共进 促进健康”为主题，探讨国际中医药应用和发展的最新动态与先进理念。

20日

在全市25家三级医院推广开展双休日全天门诊。

20～21日

市卫生局组织各区县卫生局及相关医疗机构主管卫生应急工作的负责人70余人参加中国·国际第八届现代救援医学论坛暨突发事件医学救援实践与理论国家级继续教育研讨会。

23日

卫生部办公厅副主任杨建立、统计信息中心主任孟群、医院管理研究所所长梁铭会等到北京考察卫生统计与信息化工作。

市卫生局系统的第六批援疆干部完成援疆任务返回北京。

11月23日～12月16日

市卫生局对2009、2010年各郊区县新农合基金管理进行稽查，同时对2010年各郊区县新农合定点医疗机构相关管理工作进行检查。

24日

市卫生局和香港特别行政区政府卫生署共同主办的北京、香港经济合作研讨会——京港卫生专场活动在香港举行。

北京大学第一医院朱平等人的“大剂量输注母亲淋巴细胞有效治疗 EBV 相关淋巴瘤”研究报道入选“2010年国内医学十大新闻”。

卫生部启动首批11支国家卫生应急队伍建设，其中2支队伍落户北京。

25日

市人大教科文卫体委员会召开第十三次会议，通报了市人大对本市农村医疗卫生工作跟踪检查情况。

市卫生局委托北京热带医学研究所举办第三期北京市麻风病诊断技术培训班，全市各医院的120名皮肤科医生参加培训。

27日

市中医局和市药监局共同启动北京中医药传统小膏药重现工程，公布首批30种将重回本市医院的小膏药名单。

29日

由世界卫生组织和卫生部主办、北京大学中国卫生发展研究中心承办的《世界卫生报告2010》发布及卫生筹资政策研讨会在京举行。

11月

市卫生局、市红十字会、市红十字基金会开展“善行天下，温暖患儿——首都医务工作者慈善捐款月”活动。共收到487家首都卫生机构133096名医务人员的捐款2093475.8元。本次捐款将补充到北京市红十字基金会设立的“北京市少儿大病救助基金”和“先天性心脏病儿童救助基金”。

市中医局组织专家对10家第三批综合医院示范中医工作建设单位进行验收。

教育部与卫生部联合印发文件共建10所高校医

学院（部、中心）。北京大学医学部名列其中。

北京卫生学校与英国特尔福德学院合作办学口腔工艺技术专业第一期NC项目班结业。有8位学生通过特尔福德学院口腔工艺技术专业大专一年级课程考核，取得由特尔福德学院颁发的NC证书。

12月

1日

全市在统一的时间实行全品种的网上采购，保证同一药品同城同价。本次药品采购周期为2年。除国家实行特殊管理的麻醉药品、第一类精神药品、放射性药品以及生物制品类别中疫苗等药品外，全市医疗机构在用的所有品种全部纳入集中采购范围。

宁夏卫生厅党组书记、厅长刘天锡，自治区纪委常委、监察厅副厅长、政府纠风办副主任魏赤英率自治区卫生厅及监察厅有关人员，到北京市就药品集中采购工作进行考察学习。

北京中医药大学研究生院成立。

怀柔区被国家中医药管理局批准为全国“农村中医工作先进区”创建单位。

2日

北京电力医院举行改扩建一期工程奠基仪式。一期工程总投资9.5亿元，将于2013年6月完工，新建门诊医技病房楼。建成后，建筑规模将从5.98万平方米扩建成13.7万平方米。

4日

副市长丁向阳到儿童医院和积水潭医院调研双休日全天门诊工作。

贵州凯里一网吧发生爆炸，导致7人死亡、39人受伤，其中10人伤势严重。市卫生局从积水潭医院、朝阳医院分别抽调烧伤科及呼吸科专家各1人赶赴凯里指导救治工作。

5日

市科委、市卫生局共同主办首都重大疾病防治科技创新高峰论坛。论坛以“融合、创新——科技打造健康城市”为主题，邀请上海、浙江等地及本市400余位专家学者，为首都医学科技发展献计献策。同时，由10余家北京地区医院、G20企业、CRO企业共同组成的“北京国际医药临床研究联盟”正式揭牌。

7日

市卫生局召开院前急救与院内救治衔接工作培训工作会，各三级医院、区县区域医疗中心、120、999的200余人参加培训。

8～10日

市卫生局疾控处组织6个考核组对全市16个区县18个疾控中心进行绩效考核现场审核评估，并对新修区县指标体系进行调研。

10日

市委常委、市委组织部部长吕锡文，副市长丁向阳到西城区、海淀区视察社区卫生服务工作。

市卫生局举办2010年北京市健康科普能力建设与科普实践工作研讨会暨2011年健康科普写作、创作、创意大赛启动仪式。

市卫生局举办以“聚焦医患情”为主题的本市卫生系统第十九届“杏林杯”电视片汇映。北京大学第三医院的《大爱人生无终点》、北京儿童医院的《为祖国放歌》获一等奖，北京天坛医院的《生命的托付》、北京口腔医院的《让无牙老人绽开笑容》、北京大学第一医院的《善医若水》、北京回龙观医院的《舞者之心》等12部作品获二、三等奖。

12日

召开首都高校青春红丝带社团工作会。本市78所高校建立了青春红丝带社团组织，有会员18558人。

13日

市卫生局召开区县绩效考核现场考评及调研情况总结研讨会。

市卫生局召开卫生系统医师多点执业启动工作会。

14日

市卫生局召开“志愿服务在医院”先进单位评比交流会，对本市三级医院“志愿服务在医院”工作进行考核。

14～16日

市公安局禁毒总队、市卫生局、市文化执法总队共同举办娱乐场所管理人员禁毒教育培训班，对400余名娱乐场所法人、经理进行艾滋病防治知识专项培训。

15日

市卫生局副局长邓小虹主持召开专题会议，研究妇幼保健机构实施绩效工资问题。

召开北京大学医学部心血管内科学系成立大会。

17日

中国中医科学院广安门医院扩建门诊楼工程奠基。

17～18日

由北京药学会、北京药师协会联合召开北京药学年会，主题是“以创新文化激励药学进步”。

18日

由北京中医药学会、赵炳南皮肤病医疗研究中心主办，北京中医医院皮肤科、陈彤云名老中医工作室承办的陈彤云教授行医60周年庆祝大会举行。

19 日

由市中医局主办、中国中医科学院研究生院承办的以培养北京西学中未来的领军人才为目标的首届西学中高级研究班举行开学典礼。

召开庆祝北京中医药学会成立60周年大会。

21 日

北京中医药大学与房山区政府签署（良乡）新校区建设合作协议。

在石景山医院建设工地，市防艾委与国务院防治艾滋病工作委员会办公室、卫生部、全国工商联共同举办了全国农民工预防艾滋病宣传教育“进工厂，进工地”活动的启动仪式。

21～22 日

卫生部科教司组织基层社区卫生人员培训工作督查组来本市对社区卫生人员培训工作进行督查。

23 日

市政府召开北京市社区卫生改革与管理工作会。

首都中医药各界人士200余人在朝阳医院举行纪念国医大师方和谦逝世一周年活动。卫生部副部长、国家中医药管理局局长王国强，市政府副秘书长马林，市卫生局党组副书记张秀芳，市中医局局长赵静为方和谦铜像揭幕。

北京友谊医院干部保健楼工程项目获国家优质工程奖。

举行怀柔医院新院址奠基典礼仪式。总规划用地面积208966.13平方米，其中建设用地面积99334.03平方米，总建筑面积81215平方米；设置病床650张，预留150张床位发展空间；总投资71277万元，其中工程建设投资46277万元由市政府固定资产投资全额安排。

24 日

市卫生局召开“无烟社区，健康北京”项目总结会。

市政府新闻办公室主办了“辉煌十一五，展望十二五”——北京市卫生事业改革与发展成就新闻发布会。

25 日

市卫生局会同市司法局、市财政局、市公安局、市高级人民法院、市保监局共同印发《关于加强医疗纠纷人民调解工作的意见》。市卫生局将会同市司法局组建市医疗纠纷人民调解委员会。

27～28 日

市卫生局疾控处召开北京市基层医生高血压综合防治培训会，对通州等10个郊区县社区卫生服务中心的200余名基层医师和市疾控中心慢性病预防控制的专业人员进行培训。

28 日

举行首都中医药“十病十药”首批入选项目转让签约仪式。有4个项目进行了现场签约，分别为扬子江药业集团与国医大师颜正华、扬子江药业集团与北京中医药大学东方医院、北京因科瑞斯医药科技有限公司与北京同仁堂健康药业、北京创立科创医药技术公司与中国中医科学院眼科医院，签约总价700万元。

市卫生局召开北京市幼儿体质监测工作总结会。

市卫生局召开直属卫生事业单位实施绩效工资及增加离退休补贴工作布置会。

由北京市红十字血液中心主办的首都无偿献血志愿者协会第一届一次会员代表大会在中华全国新闻工作者协会新闻发布厅举行。

29～31 日

由市卫生局疾控处、市疾控中心负责人和有关专家组成的市级考评组赴门头沟区、怀柔区和房山区的乡镇，对区县取消大骨节病和燃煤污染型地方性氟中毒的自查评估进行复核。

30 日

市卫生局局长方来英与首都国际机场股份有限公司总经理张光辉共同签署了《北京首都国际机场突发公共事件紧急医疗卫生救援联防联动合作协议》。

卫生部、市卫生局联合召开会议，启动功能社区卫生服务试点工作。确定8个功能社区作为试点先期开展社区卫生服务工作。

市卫生局召开北京市血液工作会。

12 月

经评审论证，市中医局对申请北京中医药薪火传承“3+3”工程立项的7个室站建设项目正式立项。

在西城、丰台、朝阳及通州等区开展的护理员培训试点工作，年内共免费培训在岗护理员（护工）3025人。

本年度，北京市实施贫困白内障患者复明工程项目，各区县共为1526名贫困白内障患者实施免费复明手术，超额完成任务。

完成2010年北京市社区脑卒中筛查和防控项目。全市筛查20279人，彩超检查发现颈动脉狭窄1881人，检出率9.3%。

（北京市公共卫生信息中心整理）

卫 生 统 计

全市卫生机构、床位、人员数

总计

机构分类	机构数（个）	编制床位（张）	实有床位（张）	人员数(人)												
				合计	卫生技术人员									其他技术人员	管理人员	工勤技能人员
					小计	执业（助理）医师	执业医师	注册护士	药师（士）	技师（士）	检验师（士）	卫生监督员	其他			
总　计	**6539**	**94581**	**92871**	**219762**	**171093**	**65954**	**61736**	**67308**	**10250**	**9507**	**6478**	**1535**	**16539**	**11713**	**14629**	**22327**
一、医院	550	85396	85935	155172	121424	43248	41842	54133	6919	6584	4229		10540	7464	10307	15977
综合医院	323	55808	55917	107798	85285	30312	29349	38630	4450	4732	2982		7161	4499	6851	11163
中医医院	90	9424	9888	17280	13733	5685	5505	4762	1428	725	496		1133	777	1248	1522
中西医结合医院	6	885	954	1472	1208	519	495	505	77	58	41		49	56	91	117
民族医院	3	174	103	248	214	99	96	75	20	15	10		5	11	11	12
专科医院	125	19085	19053	28348	20972	6629	6395	10155	943	1053	699		2192	2118	2105	3153
口腔医院	9	275	248	3079	2270	952	928	938	30	53	15		297	221	103	485
眼科医院	10	380	458	573	352	110	102	175	19	19	14		29	23	43	155
肿瘤医院	6	2654	2446	3536	2565	954	935	1083	132	158	86		238	452	296	223
心血管病医院	2	958	1010	2437	1952	552	549	1033	53	57	35		257	154	164	167
胸科医院	1	900	533	772	586	154	154	337	29	42	21		24	73	10	103
血液病医院	1	150	104	278	215	37	37	108	6	31	31		33	8	40	15
妇产(科)医院	7	892	716	1755	1287	459	437	582	53	62	55		131	158	167	143
儿童医院	5	1520	1603	3536	2823	804	800	1346	190	200	138		283	169	225	319
精神病医院	22	6393	7011	4834	3485	848	792	1898	153	119	91		467	324	414	611
传染病医院	3	1380	1345	2449	1953	590	589	998	92	125	90		148	167	124	205
皮肤病医院	1	100	100	157	117	40	37	56	10	8	7		3		25	15
骨科医院	8	560	495	534	397	123	108	210	18	21	10		25	39	55	43
康复医院	4	185	192	289	203	60	53	80	11	7	4		45	40	18	28
整形外科医院	1	328	328	540	392	122	122	214	7	12	6		37	41	47	60
美容医院	10	190	190	611	316	120	105	153	16	18	13		9	36	74	185
其他专科医院	35	2220	2274	2968	2059	704	647	944	124	121	83		166	213	300	396
护理院	3	20	20	26	12	4	2	6	1	1	1			3	1	10
二、疗养院	2	928	508	482	333	87	84	132	20	12	7		82	12	48	89
三、社区卫生服务中心(站)	1587	5831	4238	24912	20518	9016	7367	5460	2007	1017	720		3018	1182	1171	2041
社区卫生服务中心	310	5831	4238	22689	18710	8204	6681	4931	1811	943	665		2821	1063	1032	1884
社区卫生服务站	1277			2223	1808	812	686	529	196	74	55		197	119	139	157
四、门诊部	794			11845	8970	4544	4129	2887	595	636	448		308	611	1317	947

续表

机构分类	机构数（个）	编制床位（张）	实有床位（张）	人员数（人）												
				合计	卫生技术人员									其他技术人员	管理人员	工勤技能人员
					小计	执业（助理）医师	执业医师	注册护士	药师（士）	技师（士）	检验师（士）	卫生监督员	其他			
综合门诊部	301			6167	4656	2250	2085	1491	335	420	290		160	320	631	560
中医门诊部	166			2331	1783	1016	948	344	216	110	92		97	91	265	192
中西医结合门诊部	4			59	48	24	22	11	5	5	3		3		4	7
专科门诊部	323			3288	2483	1254	1074	1041	39	101	63		48	200	417	188
五、诊所、卫生所、医务室	3390			10638	9023	5647	5077	2330	436	191	135		419			1615
诊所	1689			6363	5350	3267	2960	1441	284	112	71		246			1013
卫生所、医务室	1701			4275	3673	2380	2117	889	152	79	64		173			602
六、急救中心（站）	7			798	474	218	194	191	5	11	5		49	46	80	198
七、采供血机构	7			829	498	55	47	255	9	88	88		91	94	50	187
八、妇幼保健院（站、所）	19	2048	1622	4772	3861	1518	1468	1538	190	292	213		323	195	297	419
省辖市（地区）属	16	1908	1482	4343	3508	1358	1312	1409	168	266	194		307	178	281	376
县属	2	140	140	429	353	160	156	129	22	26	19		16	17	16	43
其他	1															
妇幼保健院	18	2048	1622	4772	3861	1518	1468	1538	190	292	213		323	195	297	419
妇幼保健所	1															
九、专科疾病防治院（所、站）	28	378	568	743	482	192	186	156	34	64	44		36	95	67	99
专科疾病防治院	2	142	346	269	132	41	41	57	10	15	10		9	46	29	62
职业病防治院	1	66	66	205	78	28	28	28	7	12	8		3	42	27	58
其他	1	76	280	64	54	13	13	29	3	3	2		6	4	2	4
专科疾病防治所（站、中心）	26	236	222	474	350	151	145	99	24	49	34		27	49	38	37
口腔病防治所（站、中心）	1			35	28	20	20	5					3	2	3	2
精神病防治所（站、中心）	5	70	116	68	54	20	17	24	2				8	4	5	5
皮肤病与性病防治所（中心）	2															
结核病防治所（站、中心）	16	166	106	332	242	96	94	70	21	42	28		13	32	28	30
职业病防治所（站、中心）	1			33	21	13	12			5	4		3	11	1	
其他	1			6	5	2	2		1	2	2				1	
十、疾病预防控制中心	31			3755	2838	1179	1095	109	11	570	549	38	931	286	350	281
省属	1			418	316	138	131	7	1	134	134		36	50	12	40
省辖市（地区）属	18			2068	1587	904	847	96	9	386	367		192	155	156	170
县属	2			149	118	71	68	4	1	31	30		11	1	14	16
其他	10			1120	817	66	49	2		19	18	38	692	80	168	55
十一、卫生监督所（中心）	20			1755	1506							1497	9	38	150	61
省属	1			152	147							147				5
省辖市（地区）属	17			1483	1252							1243	9	38	144	49
县属	2			120	107							107			6	7
十二、医学科学研究机构	28			2969	807	89	89	11					707	1401	467	294
十三、医学在职培训机构	8			224	17	6	5	11						91	68	48
十四、健康教育所（站、中心）	1															
十五、其他卫生机构	67			868	342	155	153	95	24	42	40		26	198	257	71
卫生监督检验（检测）机构	2			22											22	
临床检验中心（所、站）	5			55	29	5	5	3		15	15		6	11	11	4
其他	60			791	313	150	148	92	24	27	25		20	187	224	67

全市卫生机构、床位、人员数

国有

机构分类	机构数（个）	编制床位（张）	实有床位（张）	人员数（人）												
				合计	卫生技术人员									其他技术人员	管理人员	工勤技能人员
					小计	执业（助理）医师	执业医师	注册护士	药师（士）	技师（士）	检验师（士）	卫生监督员	其他			
总　计	**3095**	**78271**	**75017**	**170275**	**133290**	**48844**	**46675**	**54254**	**7709**	**7466**	**5103**	**1535**	**13482**	**9460**	**10774**	**16751**
一、医院	229	70218	68966	127878	101379	35432	34770	46138	5594	5371	3432		8844	6040	7848	12611
综合医院	160	47860	46567	91961	73492	25663	25134	33923	3757	4005	2512		6144	3783	5486	9200
中医医院	23	6886	6805	13286	10719	4247	4196	3892	1115	554	389		911	565	832	1170
中西医结合医院	3	686	629	1202	983	412	401	422	59	44	32		46	42	74	103
民族医院	1	74	63	190	170	81	80	63	12	12	8		2	7	4	9
专科医院	39	14692	14882	21213	16003	5025	4957	7832	650	755	490		1741	1640	1451	2119
口腔医院	3	215	188	2839	2066	858	853	856	27	51	15		274	215	86	472
肿瘤医院	2	1988	2040	2816	1967	747	747	800	87	122	63		211	439	258	152
心血管病医院	1	898	950	2400	1925	542	540	1025	50	53	33		255	148	161	166
胸科医院	1	900	533	772	586	154	154	337	29	42	21		24	73	10	103
妇产（科）医院	1	660	504	1160	899	322	322	399	34	41	38		103	72	110	79
儿童医院	2	1370	1453	2978	2433	712	712	1168	157	172	121		224	139	194	212
精神病医院	19	6243	6831	4695	3399	818	766	1867	148	117	90		449	322	403	571
传染病医院	3	1380	1345	2449	1953	590	589	998	92	125	90		148	167	124	205
骨科医院	1															
整形外科医院	1	328	328	540	392	122	122	214	7	12	6		37	41	47	60
其他专科医院	5	710	710	564	383	160	152	168	19	20	13		16	24	58	99
护理院	3	20	20	26	12	4	2	6	1	1	1			3	1	10
二、疗养院	2	928	508	482	333	87	84	132	20	12	7		82	12	48	89
三、社区卫生服务中心（站）	1119	4699	3353	19014	15815	7005	5921	4333	1522	794	560		2161	864	812	1523
社区卫生服务中心	235	4699	3353	17826	14790	6524	5475	4003	1410	752	528		2101	811	761	1464
社区卫生服务站	884			1188	1025	481	446	330	112	42	32		60	53	51	59
四、门诊部	137			2458	1768	837	801	543	159	153	113		76	111	291	288
综合门诊部	110			2025	1451	699	671	471	124	127	95		30	91	253	230
中医门诊部	8			294	197	85	83	24	32	14	9		42	17	24	56
专科门诊部	19			139	120	53	47	48	3	12	9		4	3	14	2
五、诊所、卫生所、医务室	1398			3785	3199	2076	1867	745	141	84	67		153			586
诊所	34			147	131	80	76	27	10	9	6		5			16
卫生所、医务室	1364			3638	3068	1996	1791	718	131	75	61		148			570
六、急救中心（站）	7			798	474	218	194	191	5	11	5		49	46	80	198
七、采供血机构	7			829	498	55	47	255	9	88	88		91	94	50	187
八、妇幼保健院（站、所）	19	2048	1622	4772	3861	1518	1468	1538	190	292	213		323	195	297	419
省辖市（地区）属	16	1908	1482	4343	3508	1358	1312	1409	168	266	194		307	178	281	376
县属	2	140	140	429	353	160	156	129	22	26	19		16	17	16	43
其他	1															
妇幼保健院	18	2048	1622	4772	3861	1518	1468	1538	190	292	213		323	195	297	419
妇幼保健所	1															
九、专科疾病防治院（所、站）	27	378	568	743	482	192	186	156	34	64	44		36	95	67	99
专科疾病防治院	2	142	346	269	132	41	41	57	10	15	10		9	46	29	62
职业病防治院	1	66	66	205	78	28	28	28	7	12	8		3	42	27	58

续表

机构分类	机构数(个)	编制床位(张)	实有床位(张)	人员数(人)												
				合计	卫生技术人员									其他技术人员	管理人员	工勤技能人员
					小计	执业(助理)医师	执业医师	注册护士	药师(士)	技师(士)	检验师(士)	卫生监督员	其他			
其他	1	76	280	64	54	13	13	29	3	3	2		6	4	2	4
专科疾病防治所(站、中心)	25	236	222	474	350	151	145	99	24	49	34		27	49	38	37
口腔病防治所(站、中心)	1			35	28	20	20	5					3	2	3	2
精神病防治所(站、中心)	5	70	116	68	54	20	17	24	2				8	4	5	5
皮肤病与性病防治所(中心)	1															
结核病防治所(站、中心)	16	166	106	332	242	96	94	70	21	42	28		13	32	28	30
职业病防治所(站、中心)	1			33	21	13	12			5	4		3	11	1	
其他	1			6	5	2	2		1	2	2				1	
十、疾病预防控制中心	31			3755	2838	1179	1095	109	11	570	549	38	931	286	350	281
省属	1			418	316	138	131	7	1	134	134		36	50	12	40
省辖市(地区)属	18			2068	1587	904	847	96	9	386	367		192	155	156	170
县属	2			149	118	71	68	4	1	31	30		11	1	14	16
其他	10			1120	817	66	49	2		19	18	38	692	80	168	55
十一、卫生监督所(中心)	20			1755	1506							1497	9	38	150	61
省属	1			152	147							147				5
省辖市(地区)属	17			1483	1252							1243	9	38	144	49
县属	2			120	107							107			6	7
十二、医学科学研究机构	28			2969	807	89	89	11					707	1401	467	294
十三、医学在职培训机构	8			224	17	6	5	11						91	68	48
十四、健康教育所(站、中心)	1															
十五、其他卫生机构	62			813	313	150	148	92	24	27	25		20	187	246	67
卫生监督检验(检测)机构	2			22											22	
临床检验中心(所、站)	1															
其他	59			791	313	150	148	92	24	27	25		20	187	224	67

全市卫生机构、床位、人员数

集体

机构分类	机构数(个)	编制床位(张)	实有床位(张)	人员数(人)												
				合计	卫生技术人员									其他技术人员	管理人员	工勤技能人员
					小计	执业(助理)医师	执业医师	注册护士	药师(士)	技师(士)	检验师(士)	卫生监督员	其他			
总　计	**688**	**4997**	**6542**	**13433**	**10305**	**4255**	**3353**	**3219**	**800**	**492**	**337**		**1539**	**663**	**858**	**1607**
一、医院	50	3865	5657	6990	5156	1967	1678	1960	294	259	171		676	329	451	1054
综合医院	30	2354	3630	4886	3505	1235	1004	1398	165	172	113		535	233	297	851
中医医院	13	861	1466	1379	1080	517	473	332	85	61	40		85	48	109	142
专科医院	7	650	561	725	571	215	201	230	44	26	18		56	48	45	61
口腔医院	1			75	61	37	32	13	1	1			9	4	5	5
精神病医院	1	90	70	32	24	11	11	10	3						2	6
康复医院	1	110	110	142	102	25	24	49	3	3	1		22	25	11	4
其他专科医院	4	450	381	476	384	142	134	158	37	22	17		25	19	27	46
二、社区卫生服务中心(站)	443	1132	885	5644	4498	1912	1356	1075	460	211	151		840	308	337	501

续表

机构分类	机构数（个）	编制床位（张）	实有床位（张）	人员数（人）												
				合计	卫生技术人员									其他技术人员	管理人员	工勤技能人员
					小计	执业（助理）医师	执业医师	注册护士	药师（士）	技师（士）	检验师（士）	卫生监督员	其他			
社区卫生服务中心	75	1132	885	4863	3920	1680	1206	928	401	191	137		720	252	271	420
社区卫生服务站	368			781	578	232	150	147	59	20	14		120	56	66	81
三、门诊部	40			489	370	195	173	108	36	22	15		9	26	70	23
综合门诊部	19			272	202	101	92	61	19	14	9		7	18	37	15
中医门诊部	9			127	103	64	58	17	15	6	5		1	5	16	3
专科门诊部	12			90	65	30	23	30	2	2	1		1	3	17	5
四、诊所、卫生所、医务室	153			310	281	181	146	76	10				14			29
诊所	22			77	62	39	34	17	4				2			15
卫生所、医务室	131			233	219	142	112	59	6				12			14
五、专科疾病防治院（所、站）	1															
专科疾病防治所（站、中心）	1															
皮肤病与性病防治所（中心）	1															
六、其他卫生机构	1															
其他	1															

全市卫生机构、床位、人员数

联营

机构分类	机构数（个）	编制床位（张）	实有床位（张）	人员数（人）												
				合计	卫生技术人员									其他技术人员	管理人员	工勤技能人员
					小计	执业（助理）医师	执业医师	注册护士	药师（士）	技师（士）	检验师（士）	卫生监督员	其他			
总　计	**16**	**932**	**757**	**1204**	**948**	**346**	**331**	**408**	**48**	**59**	**35**		**87**	**57**	**97**	**102**
一、医院	8	932	757	1178	925	330	316	402	48	59	35		86	57	94	102
综合医院	7	782	607	1076	846	306	292	373	44	57	34		66	54	92	84
中医医院	1	150	150	102	79	24	24	29	4	2	1		20	3	2	18
二、门诊部	1			9	6	5	5	1							3	
中医门诊部	1			9	6	5	5	1							3	
三、诊所、卫生所、医务室	7			17	17	11	10	5					1			
诊所	4			14	14	9	8	4					1			
卫生所、医务室	3			3	3	2	2	1								

全市卫生机构、床位、人员数

私营

机构分类	机构数（个）	编制床位（张）	实有床位（张）	人员数（人）												
				合计	卫生技术人员									其他技术人员	管理人员	工勤技能人员
					小计	执业（助理）医师	执业医师	注册护士	药师（士）	技师（士）	检验师（士）	卫生监督员	其他			
总　计	**1561**	**2855**	**2735**	**9741**	**7945**	**4246**	**3735**	**2425**	**567**	**373**	**232**		**334**	**344**	**665**	**787**
一、医院	82	2855	2735	3888	2900	1212	1071	1081	244	196	117		167	261	401	326
综合医院	50	1528	1457	2299	1723	740	651	657	127	120	72		79	127	233	216
中医医院	10	354	301	578	432	193	177	106	59	36	21		38	47	79	20

续表

机构分类	机构数（个）	编制床位（张）	实有床位（张）	人员数（人）												
				合计	卫生技术人员									其他技术人员	管理人员	工勤技能人员
					小计	执业（助理）医师	执业医师	注册护士	药师（士）	技师（士）	检验师（士）	卫生监督员	其他			
中西医结合医院	2	100	226	140	127	61	59	48	11	4	4		3	2	7	4
民族医院	2	100	40	58	44	18	16	12	8	3	2		3	4	7	3
专科医院	18	773	711	813	574	200	168	258	39	33	18		44	81	75	83
眼科医院	2	40	35	25	20	8	7	10	2						3	2
肿瘤医院	1	50	50	23	16	6	6	4	4	2	1			2	1	4
心血管病医院	1	60	60	37	27	10	9	8	3	4	2		2	6	3	1
妇产（科）医院	1	20	20	86	42	14	10	20	3	3	2		2	25	8	11
骨科医院	4	240	175	225	166	50	43	86	7	10	4		13	12	30	17
美容医院	1	20	20	55	43	16	14	23	2	2	2				6	6
其他专科医院	8	343	351	362	260	96	79	107	18	12	7		27	36	24	42
三、社区卫生服务中心（站）	15			209	166	81	73	39	21	9	7		16	10	20	13
社区卫生服务站	15			209	166	81	73	39	21	9	7		16	10	20	13
二、门诊部	178			2269	1831	940	783	579	142	129	85		41	69	240	129
综合门诊部	74			1243	1012	490	423	326	89	91	58		16	49	112	70
中医门诊部	39			490	388	223	197	81	43	24	20		17	8	62	32
中西医结合门诊部	2			27	24	10	8	6	3	2	1		3		2	1
专科门诊部	63			509	407	217	155	166	7	12	6		5	12	64	26
三、诊所、卫生所、医务室	1284			3354	3037	2012	1807	725	160	30	14		110			317
诊所	1243			3264	2950	1954	1755	702	155	30	14		109			314
卫生所、医务室	41			90	87	58	52	23	5				1			3
四、其他卫生机构	2			21	11	1	1	1		9	9			4	4	2
临床检验中心（所、站）	2			21	11	1	1	1		9	9			4	4	2

全市卫生机构、床位、人员数

其他

机构分类	机构数（个）	编制床位（张）	实有床位（张）	人员数（人）												
				合计	卫生技术人员									其他技术人员	管理人员	工勤技能人员
					小计	执业（助理）医师	执业医师	注册护士	药师（士）	技师（士）	检验师（士）	卫生监督员	其他			
总　计	**1179**	**7526**	**7820**	**25109**	**18605**	**8263**	**7642**	**7002**	**1126**	**1117**	**771**		**1097**	**1189**	**2235**	**3080**
一、医院	181	7526	7820	15238	11064	4307	4007	4552	739	699	474		767	777	1513	1884
综合医院	76	3284	3656	7576	5719	2368	2268	2279	357	378	251		337	302	743	812
中医医院	43	1173	1166	1935	1423	704	635	403	165	72	45		79	114	226	172
中西医结合医院	1	99	99	130	98	46	35	35	7	10	5			12	10	10
专科医院	61	2970	2899	5597	3824	1189	1069	1835	210	239	173		351	349	534	890
口腔医院	5	60	60	165	143	57	43	69	2	1			14	2	12	8
眼科医院	8	340	423	548	332	102	95	165	17	19	14		29	23	40	153
肿瘤医院	3	616	356	697	582	201	182	279	41	34	22		27	11	37	67
血液病医院	1	150	104	278	215	37	37	108	6	31	31		33	8	40	15
妇产（科）医院	5	212	192	509	346	123	105	163	16	18	15		26	61	49	53
儿童医院	3	150	150	558	390	92	88	178	33	28	17		59	30	31	107

续表

机构分类	机构数（个）	编制床位（张）	实有床位（张）	人员数(人)												
				合计	卫生技术人员									其他技术人员	管理人员	工勤技能人员
					小计	执业（助理）医师	执业医师	注册护士	药师（士）	技师（士）	检验师（士）	卫生监督员	其他			
精神病医院	2	60	110	107	62	19	15	21	2	2	1		18	2	9	34
皮肤病医院	1	100	100	157	117	40	37	56	10	8	7		3		25	15
骨科医院	3	320	320	309	231	73	65	124	11	11	6		12	27	25	26
康复医院	3	75	82	147	101	35	29	31	8	4	3		23	15	7	24
美容医院	9	170	170	556	273	104	91	130	14	16	11		9	36	68	179
其他专科医院	18	717	832	1566	1032	306	282	511	50	67	46		98	134	191	209
二、社区卫生服务中心(站)	10			45	39	18	17	13	4	3	2		1		2	4
社区卫生服务站	10			45	39	18	17	13	4	3	2		1		2	4
三、门诊部	438			6620	4995	2567	2367	1656	258	332	235		182	405	713	507
综合门诊部	98			2627	1991	960	899	633	103	188	128		107	162	229	245
中医门诊部	109			1411	1089	639	605	221	126	66	58		37	61	160	101
中西医结合门诊部	2			32	24	14	14	5	2	3	2				2	6
专科门诊部	229			2550	1891	954	849	797	27	75	47		38	182	322	155
四、诊所、卫生所、医务室	548			3172	2489	1367	1247	779	125	77	54		141			683
诊所	386			2861	2193	1185	1087	691	115	73	51		129			668
卫生所、医务室	162			311	296	182	160	88	10	4	3		12			15
五、其他卫生机构	2			34	18	4	4	2		6	6		6	7	7	2
临床检验中心(所、站)	2			34	18	4	4	2		6	6		6	7	7	2

全市卫生机构、床位、人员数

政府办

机构分类	机构数（个）	编制床位（张）	实有床位（张）	人员数(人)												
				合计	卫生技术人员									其他技术人员	管理人员	工勤技能人员
					小计	执业（助理）医师	执业医师	注册护士	药师（士）	技师（士）	检验师（士）	卫生监督员	其他			
总　计	**1930**	**69777**	**69237**	**156162**	**123253**	**44477**	**42079**	**49750**	**7348**	**6890**	**4738**	**1497**	**13291**	**8277**	**9411**	**15221**
一、医院	165	61506	62795	116718	92540	32137	31534	42028	5112	4844	3116		8419	5628	6862	11688
综合医院	95	38603	39283	80195	64191	22188	21752	29675	3232	3461	2179		5635	3357	4463	8184
中医医院	27	7566	8110	14339	11547	4634	4546	4169	1170	597	419		977	607	899	1286
中西医结合医院	1	350	294	615	501	187	184	227	33	19	16		35	14	36	64
专科医院	40	14987	15108	21569	16301	5128	5052	7957	677	767	502		1772	1650	1464	2154
口腔医院	4	215	188	2914	2127	895	885	869	28	52	15		283	219	91	477
肿瘤医院	2	1988	2040	2816	1967	747	747	800	87	122	63		211	439	258	152
心血管病医院	1	898	950	2400	1925	542	540	1025	50	53	33		255	148	161	166
胸科医院	1	900	533	772	586	154	154	337	29	42	21		24	73	10	103
妇产(科)医院	1	660	504	1160	899	322	322	399	34	41	38		103	72	110	79
儿童医院	2	1370	1453	2978	2433	712	712	1168	157	172	121		224	139	194	212
精神病医院	19	6243	6831	4695	3399	818	766	1867	148	117	90		449	322	403	571
传染病医院	3	1380	1345	2449	1953	590	589	998	92	125	90		148	167	124	205
骨科医院	1															
整形外科医院	1	328	328	540	392	122	122	214	7	12	6		37	41	47	60
其他专科医院	5	1005	936	845	620	226	215	280	45	31	25		38	30	66	129

续表

机构分类	机构数（个）	编制床位（张）	实有床位（张）	人员数(人)												
				合计	卫生技术人员									其他技术人员	管理人员	工勤技能人员
					小计	执业（助理）医师	执业医师	注册护士	药师（士）	技师（士）	检验师（士）	卫生监督员	其他			
护理院	2															
二、疗养院	1	80	80	21	8	2	2	4	1				1	3	6	4
三、社区卫生服务中心(站)	1498	5831	4238	24333	20056	8811	7190	5339	1956	989	698		2961	1143	1127	2007
社区卫生服务中心	310	5831	4238	22689	18710	8204	6681	4931	1811	943	665		2821	1063	1032	1884
社区卫生服务站	1188			1644	1346	607	509	408	145	46	33		140	80	95	123
四、门诊部	12			250	193	101	98	51	12	25	20		4	12	20	25
综合门诊部	9			204	157	82	82	39	10	22	18		4	9	15	23
中医门诊部	1			32	24	16	13	5	2	1	1			3	3	2
专科门诊部	2			14	12	3	3	7		2	1				2	
五、诊所、卫生所、医务室	86			331	289	213	195	44	5	13	8		14			42
卫生所、医务室	86			331	289	213	195	44	5	13	8		14			42
六、急救中心(站)	5			680	404	189	169	150	5	11	5		49	35	75	166
七、采供血机构	7			829	498	55	47	255	9	88	88		91	94	50	187
八、妇幼保健院(站、所)	18	2048	1622	4772	3861	1518	1468	1538	190	292	213		323	195	297	419
省辖市(地区)属	16	1908	1482	4343	3508	1358	1312	1409	168	266	194		307	178	281	376
县属	2	140	140	429	353	160	156	129	22	26	19		16	17	16	43
妇幼保健院	17	2048	1622	4772	3861	1518	1468	1538	190	292	213		323	195	297	419
妇幼保健所	1															
九、专科疾病防治院(所、站)	22	312	502	499	378	149	144	128	26	45	30		30	42	38	41
专科疾病防治院	1	76	280	64	54	13	13	29	3	3	2		6	4	2	4
其他	1	76	280	64	54	13	13	29	3	3	2		6	4	2	4
专科疾病防治所(站、中心)	21	236	222	435	324	136	131	99	23	42	28		24	38	36	37
口腔病防治所(站、中心)	1			35	28	20	20	5					3	2	3	2
精神病防治所(站、中心)	3	70	116	68	54	20	17	24	2				8	4	5	5
皮肤病与性病防治所(中心)	2															
结核病防治所(站、中心)	15	166	106	332	242	96	94	70	21	42	28		13	32	28	30
十、疾病预防控制中心	24			3290	2512	1121	1054	109	11	557	536		714	251	260	267
省属	1			418	316	138	131	7	1	134	134		36	50	12	40
省辖市(地区)属	18			2068	1587	904	847	96	9	386	367		192	155	156	170
县属	2			149	118	71	68	4	1	31	30		11	1	14	16
其他	3			655	491	8	8	2		6	5		475	45	78	41
十一、卫生监督所(中心)	20			1755	1506							1497	9	38	150	61
省属	1			152	147							147				5
省辖市(地区)属	17			1483	1252							1243	9	38	144	49
县属	2			120	107							107			6	7
十二、医学科学研究机构	15			1752	707	39	39	11					657	599	237	209
十三、医学在职培训机构	5			177	17	6	5	11						64	55	41
十四、其他卫生机构	52			755	284	136	134	82	21	26	24		19	173	234	64
卫生监督检验(检测)机构	2			22											22	
其他	50			733	284	136	134	82	21	26	24		19	173	212	64

全市卫生机构、床位、人员数

社会办

机构分类	机构数（个）	编制床位（张）	实有床位（张）	人员数（人）												
				合计	卫生技术人员									其他技术人员	管理人员	工勤技能人员
					小计	执业（助理）医师	执业医师	注册护士	药师（士）	技师（士）	检验师（士）	卫生监督员	其他			
总　计	**1648**	**10571**	**9949**	**25159**	**18290**	**7786**	**7178**	**6807**	**1078**	**978**	**672**		**1641**	**1691**	**2091**	**3087**
一、医院	115	9723	9521	15521	11797	4357	4065	5062	705	688	462		985	580	1300	1844
综合医院	70	7739	7485	12382	9359	3365	3159	4158	525	524	349		787	446	1027	1550
中医医院	19	599	599	877	692	336	302	189	70	44	25		53	15	84	86
中西医结合医院	2	336	335	587	482	225	217	195	26	25	16		11	28	38	39
民族医院	1	74	63	190	170	81	80	63	12	12	8		2	7	4	9
专科医院	22	955	1019	1459	1082	346	305	451	71	82	63		132	81	146	150
口腔医院	1	15	15	38	30	10		6					14		8	
眼科医院	2	35	135	79	56	16	15	23	1	5	3		11	1	11	11
肿瘤医院	1	150	90	122	103	25	23	52	10	8	4		8	8	8	3
血液病医院	1	150	104	278	215	37	37	108	6	31	31		33	8	40	15
妇产（科）医院	3	112	112	205	149	50	48	77	9	10	8		3	14	18	24
儿童医院	1	26	26	210	164	46	42	53	18	6	5		41	11	7	28
精神病医院	1	90	70	32	24	11	11	10	3						2	6
骨科医院	1															
康复医院	1	20	20	29	18	7	4	5	3	1	1		2	5	4	2
其他专科医院	10	357	447	466	323	144	125	117	21	21	11		20	34	48	61
护理院	1	20	20	26	12	4	2	6	1	1	1			3	1	10
二、疗养院	1	848	428	461	325	85	82	128	19	12	7		81	9	42	85
三、社区卫生服务中心（站）	23			161	109	36	19	23	12	6	5		32	23	16	13
社区卫生服务站	23			161	109	36	19	23	12	6	5		32	23	16	13
四、门诊部	211			3576	2606	1292	1216	791	223	189	133		111	197	402	371
综合门诊部	121			2304	1639	762	721	559	137	140	97		41	134	276	255
中医门诊部	32			728	539	316	307	66	74	28	22		55	36	62	91
中西医结合门诊部	1			23	16	11	11	2	1	2	1				1	6
专科门诊部	57			521	412	203	177	164	11	19	13		15	27	63	19
五、诊所、卫生所、医务室	1259			3649	3012	1894	1683	752	115	79	61		172			637
诊所	112			816	627	363	343	159	35	30	19		40			189
卫生所、医务室	1147			2833	2385	1531	1340	593	80	49	42		132			448
六、急救中心（站）	2			118	70	29	25	41						11	5	32
七、妇幼保健院（站、所）	1															
其他	1															
妇幼保健院	1															
八、专科疾病防治院（所、站）	4			6	5	2	2		1	2	2				1	
专科疾病防治所（站、中心）	4			6	5	2	2		1	2	2				1	
精神病防治所（站、中心）	2															
结核病防治所（站、中心）	1															
其他	1			6	5	2	2		1	2	2				1	
九、疾病预防控制中心	5			345	237	27	22			1	1		209	28	70	10
其他	5			345	237	27	22			1	1		209	28	70	10
十、医学科学研究机构	13			1217	100	50	50						50	802	230	85
十一、医学在职培训机构	3			47										27	13	7
十二、健康教育所（站、中心）	1															
十三、其他卫生机构	10			58	29	14	14	10	3	1	1		1	14	12	3
其他	10			58	29	14	14	10	3	1	1		1	14	12	3

全市卫生机构、床位、人员数

私人办

机构分类	机构数（个）	编制床位（张）	实有床位（张）	人员数（人）												
				合计	卫生技术人员									其他技术人员	管理人员	工勤技能人员
					小计	执业（助理）医师	执业医师	注册护士	药师（士）	技师（士）	检验师（士）	卫生监督员	其他			
总　计	**2010**	**5553**	**5563**	**19726**	**15178**	**7567**	**6755**	**5063**	**1004**	**815**	**554**		**729**	**1068**	**1605**	**1875**
一、医院	169	5553	5563	9712	7053	2957	2667	2670	503	461	305		462	731	951	977
综合医院	83	2491	2447	4889	3634	1668	1526	1270	242	268	170		186	320	476	459
中医医院	33	1005	925	1379	995	442	402	316	111	58	36		68	94	191	99
中西医结合医院	3	199	325	270	225	107	94	83	18	14	9		3	14	17	14
民族医院	2	100	40	58	44	18	16	12	8	3	2		3	4	7	3
专科医院	48	1758	1826	3116	2155	722	629	989	124	118	88		202	299	260	402
口腔医院	4	45	45	127	113	47	43	63	2	1				2	4	8
眼科医院	6	245	268	348	235	77	70	118	15	12	9		13	22	23	68
肿瘤医院	2	210	210	232	196	75	67	84	16	18	14		3	3	10	23
心血管病医院	1	60	60	37	27	10	9	8	3	4	2		2	6	3	1
妇产（科）医院	3	120	100	390	239	87	67	106	10	11	9		25	72	39	40
儿童医院	1	20	20	50	32	12	12	11	3	2	2		4	5	7	6
精神病医院	2	60	110	107	62	19	15	21	2	2	1		18	2	9	34
皮肤病医院	1	100	100	157	117	40	37	56	10	8	7		3		25	15
骨科医院	4	90	90	126	85	35	26	37	5	4	2		4	10	15	16
康复医院	2	135	142	209	152	44	40	66	6	4	2		32	31	12	14
美容医院	6	110	110	291	174	65	56	86	8	10	8		5	11	34	72
其他专科医院	16	563	571	1042	723	211	187	333	44	42	32		93	135	79	105
二、社区卫生服务中心（站）	18			189	151	74	67	37	22	8	6		10	7	19	12
社区卫生服务站	18			189	151	74	67	37	22	8	6		10	7	19	12
三、门诊部	425			5764	4413	2271	1993	1467	284	292	208		99	326	631	394
综合门诊部	115			2287	1775	878	783	562	138	156	105		41	132	200	180
中医门诊部	119			1371	1054	583	536	245	122	76	64		28	47	180	90
中西医结合门诊部	3			36	32	13	11	9	4	3	2		3		3	1
专科门诊部	188			2070	1552	797	663	651	20	57	37		27	147	248	123
四、诊所、卫生所、医务室	1396			4040	3550	2264	2027	888	195	45	26		158			490
诊所	1364			3973	3486	2224	1990	870	191	45	26		156			487
卫生所、医务室	32			67	64	40	37	18	4				2			3
五、其他卫生机构	2			21	11	1	1	1		9	9			4	4	2
临床检验中心（所、站）	2			21	11	1	1	1		9	9			4	4	2

全市卫生机构、床位、人员数

企业办

机构分类	机构数（个）	编制床位（张）	实有床位（张）	人员数（人）												
				合计	卫生技术人员									其他技术人员	管理人员	工勤技能人员
					小计	执业（助理）医师	执业医师	注册护士	药师（士）	技师（士）	检验师（士）	卫生监督员	其他			
总　计	**951**	**8680**	**8122**	**18715**	**14372**	**6124**	**5724**	**5688**	**820**	**824**	**514**	**38**	**878**	**677**	**1522**	**2144**
一、医院	101	8614	8056	13221	10034	3797	3576	4373	599	591	346		674	525	1194	1468
综合医院	75	6975	6702	10332	8101	3091	2912	3527	451	479	284		553	376	885	970
中医医院	11	254	254	685	499	273	255	88	77	26	16		35	61	74	51

续表

机构分类	机构数（个）	编制床位（张）	实有床位（张）	人员数（人）												
				合计	卫生技术人员									其他技术人员	管理人员	工勤技能人员
					小计	执业（助理）医师	执业医师	注册护士	药师（士）	技师（士）	检验师（士）	卫生监督员	其他			
专科医院	15	1385	1100	2204	1434	433	409	758	71	86	46		86	88	235	447
眼科医院	2	100	55	146	61	17	17	34	3	2	2		5		9	76
肿瘤医院	1	306	106	366	299	107	98	147	19	10	5		16	2	20	45
儿童医院	1	104	104	298	194	34	34	114	12	20	10		14	14	17	73
骨科医院	2	470	405	408	312	88	82	173	13	17	8		21	29	40	27
康复医院	1	30	30	51	33	9	9	9	2	2	1		11	4	2	12
美容医院	4	80	80	320	142	55	49	67	8	8	5		4	25	40	113
其他专科医院	4	295	320	615	393	123	120	214	14	27	15		15	14	107	101
二、社区卫生服务中心（站）	48			229	202	95	91	61	17	14	11		15	9	9	9
社区卫生服务站	48			229	202	95	91	61	17	14	11		15	9	9	9
三、门诊部	146			2255	1758	880	822	578	76	130	87		94	76	264	157
综合门诊部	56			1372	1085	528	499	331	50	102	70		74	45	140	102
中医门诊部	14			200	166	101	92	28	18	5	5		14	5	20	9
专科门诊部	76			683	507	251	231	219	8	23	12		6	26	104	46
四、诊所、卫生所、医务室	649			2618	2172	1276	1172	646	121	54	40		75			446
诊所	213			1574	1237	680	627	412	58	37	26		50			337
卫生所、医务室	436			1044	935	596	545	234	63	17	14		25			109
五、专科疾病防治院（所、站）	2	66	66	238	99	41	40	28	7	17	12		6	53	28	58
专科疾病防治院	1	66	66	205	78	28	28	28	7	12	8		3	42	27	58
职业病防治院	1	66	66	205	78	28	28	28	7	12	8		3	42	27	58
专科疾病防治所（站、中心）	1			33	21	13	12			5	4		3	11	1	
职业病防治所（站、中心）	1			33	21	13	12			5	4		3	11	1	
六、疾病预防控制中心	2			120	89	31	19			12	12	38	8	7	20	4
其他	2			120	89	31	19			12	12	38	8	7	20	4
七、其他卫生机构	3			34	18	4	4	2		6	6		6	7	7	2
临床检验中心（所、站）	3			34	18	4	4	2		6	6		6	7	7	2

全市卫生机构、床位、人员数

卫生部门

机构分类	机构数（个）	编制床位（张）	实有床位（张）	人员数（人）												
				合计	卫生技术人员									其他技术人员	管理人员	工勤技能人员
					小计	执业（助理）医师	执业医师	注册护士	药师（士）	技师（士）	检验师（士）	卫生监督员	其他			
总　计	**1744**	**62148**	**61970**	**143764**	**113790**	**40877**	**38656**	**46033**	**6614**	**6345**	**4390**	**1497**	**12424**	**7689**	**8351**	**13934**
一、医院	132	53877	55528	105143	83715	28881	28402	38437	4415	4342	2798		7640	5077	5846	10505
综合医院	73	35431	36402	74678	60022	20664	20339	27931	3013	3180	2002		5234	3101	3987	7568
中医医院	21	4910	5479	9074	7449	3035	2951	2697	709	395	288		613	328	529	768
中西医结合医院	1	350	294	615	501	187	184	227	33	19	16		35	14	36	64
专科医院	35	13186	13353	20776	15743	4995	4928	7582	660	748	492		1758	1634	1294	2105
口腔医院	4	215	188	2914	2127	895	885	869	28	52	15		283	219	91	477
肿瘤医院	2	1988	2040	2816	1967	747	747	800	87	122	63		211	439	258	152

续表

机构分类	机构数(个)	编制床位(张)	实有床位(张)	人员数(人)												
				合计	卫生技术人员									其他技术人员	管理人员	工勤技能人员
					小计	执业(助理)医师	执业医师	注册护士	药师(士)	技师(士)	检验师(士)	卫生监督员	其他			
心血管病医院	1	898	950	2400	1925	542	540	1025	50	53	33		255	148	161	166
胸科医院	1	900	533	772	586	154	154	337	29	42	21		24	73	10	103
妇产(科)医院	1	660	504	1160	899	322	322	399	34	41	38		103	72	110	79
儿童医院	2	1370	1453	2978	2433	712	712	1168	157	172	121		224	139	194	212
精神病医院	15	4474	5108	3967	2882	709	661	1505	133	99	80		436	316	238	531
传染病医院	3	1380	1345	2449	1953	590	589	998	92	125	90		148	167	124	205
骨科医院	1															
整形外科医院	1	328	328	540	392	122	122	214	7	12	6		37	41	47	60
其他专科医院	4	973	904	780	579	202	196	267	43	30	25		37	20	61	120
护理院	2															
二、疗养院	1	80	80	21	8	2	2	4	1				1	3	6	4
三、社区卫生服务中心(站)	1434	5831	4238	23960	19794	8708	7123	5286	1929	978	690		2893	1114	1092	1960
社区卫生服务中心	310	5831	4238	22689	18710	8204	6681	4931	1811	943	665		2821	1063	1032	1884
社区卫生服务站	1124			1271	1084	504	442	355	118	35	25		72	51	60	76
四、门诊部	8			151	118	74	71	23	6	13	12		2	6	14	13
综合门诊部	6			119	94	58	58	18	4	12	11		2	3	11	11
中医门诊部	1			32	24	16	13	5	2	1	1			3	3	2
专科门诊部	1															
五、诊所、卫生所、医务室	5			12	12	9	8	2	1							
卫生所、医务室	5			12	12	9	8	2	1							
六、急救中心(站)	5			680	404	189	169	150	5	11	5		49	35	75	166
七、采供血机构	7			829	498	55	47	255	9	88	88		91	94	50	187
八、妇幼保健院(站、所)	18	2048	1622	4772	3861	1518	1468	1538	190	292	213		323	195	297	419
省辖市(地区)属	16	1908	1482	4343	3508	1358	1312	1409	168	266	194		307	178	281	376
县属	2	140	140	429	353	160	156	129	22	26	19		16	17	16	43
妇幼保健院	17	2048	1622	4772	3861	1518	1468	1538	190	292	213		323	195	297	419
妇幼保健所	1															
九、专科疾病防治院(所、站)	22	312	502	499	378	149	144	128	26	45	30		30	42	38	41
专科疾病防治院	1	76	280	64	54	13	13	29	3	3	2		6	4	2	4
其他	1	76	280	64	54	13	13	29	3	3	2		6	4	2	4
专科疾病防治所(站、中心)	21	236	222	435	324	136	131	99	23	42	28		24	38	36	37
口腔病防治所(站、中心)	1			35	28	20	20	5					3	2	3	2
精神病防治所(站、中心)	3	70	116	68	54	20	17	24	2				8	4	5	5
皮肤病与性病防治所(中心)	2															
结核病防治所(站、中心)	15	166	106	332	242	96	94	70	21	42	28		13	32	28	30
十、疾病预防控制中心	22			3264	2492	1113	1046	107	11	551	531		710	249	258	265
省属	1			418	316	138	131	7	1	134	134		36	50	12	40
省辖市(地区)属	17			2068	1587	904	847	96	9	386	367		192	155	156	170
县属	2			149	118	71	68	4	1	31	30		11	1	14	16
其他	2			629	471								471	43	76	39
十一、卫生监督所(中心)	20			1755	1506							1497	9	38	150	61
省属	1			152	147							147				5

续表

机构分类	机构数(个)	编制床位(张)	实有床位(张)	人员数(人)												
				合计	卫生技术人员									其他技术人员	管理人员	工勤技能人员
					小计	执业(助理)医师	执业医师	注册护士	药师(士)	技师(士)	检验师(士)	卫生监督员	其他			
省辖市(地区)属	17			1483	1252							1243	9	38	144	49
县属	2			120	107							107			6	7
十二、医学科学研究机构	14			1752	707	39	39	11					657	599	237	209
十三、医学在职培训机构	5			177	17	6	5	11						64	55	41
十四、其他卫生机构	51			749	280	134	132	81	21	25	23		19	173	233	63
卫生监督检验(检测)机构	2			22											22	
其他	49			727	280	134	132	81	21	25	23		19	173	211	63

全市卫生机构、床位、人员数

直属单位

机构分类	机构数(个)	编制床位(张)	实有床位(张)	人员数(人)												
				合计	卫生技术人员									其他技术人员	管理人员	工勤技能人员
					小计	执业(助理)医师	执业医师	注册护士	药师(士)	技师(士)	检验师(士)	卫生监督员	其他			
总　计	**43**	**18520**	**17890**	**38395**	**30209**	**9881**	**9836**	**13738**	**1482**	**1794**	**1141**	**147**	**3167**	**2480**	**1950**	**3756**
一、医院	22	18520	17890	36134	28707	9441	9424	13360	1462	1562	922		2882	2221	1780	3426
综合医院	10	10616	10601	23398	18687	6289	6273	8638	902	997	545		1861	1391	1063	2257
中医医院	1	565	612	1265	1105	379	379	375	137	78	38		136	16	55	89
专科医院	11	7339	6677	11471	8915	2773	2772	4347	423	487	339		885	814	662	1080
口腔医院	1	100	68	1061	831	368	368	322	10	24	7		107	33	20	177
肿瘤医院	1	790	709	990	717	307	307	273	42	41	21		54	147	74	52
胸科医院	1	900	533	772	586	154	154	337	29	42	21		24	73	10	103
妇产(科)医院	1	660	504	1160	899	322	322	399	34	41	38		103	72	110	79
儿童医院	2	1370	1453	2978	2433	712	712	1168	157	172	121		224	139	194	212
精神病医院	2	2169	2095	2089	1516	325	324	858	63	45	43		225	186	133	254
传染病医院	2	1350	1315	2421	1933	585	585	990	88	122	88		148	164	121	203
骨科医院	1															
二、急救中心(站)	1			522	307	142	124	112	4	11	5		38	31	66	118
三、采供血机构	1			587	339	25	24	179	7	49	49		79	78	27	143
四、专科疾病防治院(所、站)	1			86	55	17	17	16	4	16	11		2	10	10	11
专科疾病防治所(站、中心)	1			86	55	17	17	16	4	16	11		2	10	10	11
结核病防治所(站、中心)	1			86	55	17	17	16	4	16	11		2	10	10	11
五、疾病预防控制中心	1			418	316	138	131	7	1	134	134		36	50	12	40
省属	1			418	316	138	131	7	1	134	134		36	50	12	40
六、卫生监督所(中心)	1			152	147							147				5
省属	1			152	147							147				5
七、医学科学研究机构	8			194	169	35	35	9					125	14	7	4
八、其他卫生机构	8			302	169	83	81	55	4	22	20		5	76	48	9
其他	8			302	169	83	81	55	4	22	20		5	76	48	9

全市卫生机构、床位、人员数

机构分类	机构数（个）	编制床位（张）	实有床位（张）	人员数（人）												
				合计	卫生技术人员									其他技术人员	管理人员	工勤技能人员
					小计	执业（助理）医师	执业医师	注册护士	药师（士）	技师（士）	检验师（士）	卫生监督员	其他			
总　计	**6245**	**92281**	**90524**	**213760**	**166066**	**63849**	**59863**	**65735**	**9823**	**9203**	**6262**	**1428**	**16028**	**11482**	**14426**	**21786**
一、医院	537	83681	84147	152099	118787	42183	40830	53078	6697	6417	4122		10412	7362	10234	15716
综合医院	315	54577	54695	105547	83332	29538	28615	37805	4310	4608	2906		7071	4433	6800	10982
中医医院	88	9130	9528	16543	13117	5412	5244	4560	1354	689	469		1102	749	1230	1447
中西医结合医院	6	885	954	1472	1208	519	495	505	77	58	41		49	56	91	117
民族医院	3	174	103	248	214	99	96	75	20	15	10		5	11	11	12
专科医院	122	18895	18847	28263	20904	6611	6378	10127	935	1046	695		2185	2110	2101	3148
口腔医院	9	275	248	3079	2270	952	928	938	30	53	15		297	221	103	485
眼科医院	10	380	458	573	352	110	102	175	19	19	14		29	23	43	155
肿瘤医院	5	2604	2396	3513	2549	948	929	1079	128	156	85		238	450	295	219
心血管病医院	1	898	950	2400	1925	542	540	1025	50	53	33		255	148	161	166
胸科医院	1	900	533	772	586	154	154	337	29	42	21		24	73	10	103
血液病医院	1	150	104	278	215	37	37	108	6	31	31		33	8	40	15
妇产（科）医院	7	892	716	1755	1287	459	437	582	53	62	55		131	158	167	143
儿童医院	5	1520	1603	3536	2823	804	800	1346	190	200	138		283	169	225	319
精神病医院	21	6313	6915	4809	3460	846	790	1882	152	118	90		462	324	414	611
传染病医院	3	1380	1345	2449	1953	590	589	998	92	125	90		148	167	124	205
皮肤病医院	1	100	100	157	117	40	37	56	10	8	7		3		25	15
骨科医院	8	560	495	534	397	123	108	210	18	21	10		25	39	55	43
康复医院	4	185	192	289	203	60	53	80	11	7	4		45	40	18	28
整形外科医院	1	328	328	540	392	122	122	214	7	12	6		37	41	47	60
美容医院	10	190	190	611	316	120	105	153	16	18	13		9	36	74	185
其他专科医院	35	2220	2274	2968	2059	704	647	944	124	121	83		166	213	300	396
护理院	3	20	20	26	12	4	2	6	1	1	1			3	1	10
二、疗养院	2	928	508	482	333	87	84	132	20	12	7		82	12	48	89
三、社区卫生服务中心（站）	1518	5476	3935	23264	19213	8546	7008	5142	1839	958	674		2728	1110	1097	1844
社区卫生服务中心	278	5476	3935	21050	17412	7738	6325	4615	1643	884	619		2532	992	959	1687
社区卫生服务站	1240			2214	1801	808	683	527	196	74	55		196	118	138	157
四、门诊部	794			11845	8970	4544	4129	2887	595	636	448		308	611	1317	947
综合门诊部	301			6167	4656	2250	2085	1491	335	420	290		160	320	631	560
中医门诊部	166			2331	1783	1016	948	344	216	110	92		97	91	265	192
中西医结合门诊部	4			59	48	24	22	11	5	5	3		3		4	7
专科门诊部	323			3288	2483	1254	1074	1041	39	101	63		48	200	417	188
五、诊所、卫生所、医务室	3196			10234	8622	5344	4831	2305	429	182	132		362			1612
诊所	1555			6055	5045	3023	2753	1422	277	107	70		216			1010
卫生所、医务室	1641			4179	3577	2321	2078	883	152	75	62		146			602
六、急救中心（站）	7			798	474	218	194	191	5	11	5		49	46	80	198
七、采供血机构	5			788	470	49	42	242	9	79	79		91	86	47	185
八、妇幼保健院（站、所）	17	1908	1482	4343	3508	1358	1312	1409	168	266	194		307	178	281	376
省辖市（地区）属	16	1908	1482	4343	3508	1358	1312	1409	168	266	194		307	178	281	376
其他	1															

续表

机构分类	机构数（个）	编制床位（张）	实有床位（张）	人员数（人）												
				合计	卫生技术人员									其他技术人员	管理人员	工勤技能人员
					小计	执业（助理）医师	执业医师	注册护士	药师（士）	技师（士）	检验师（士）	卫生监督员	其他			
妇幼保健院	16	1908	1482	4343	3508	1358	1312	1409	168	266	194		307	178	281	376
妇幼保健所	1															
九、专科疾病防治院（所、站）	25	288	452	664	425	172	169	133	30	62	43		28	87	61	91
专科疾病防治院	2	142	346	269	132	41	41	57	10	15	10		9	46	29	62
职业病防治院	1	66	66	205	78	28	28	28	7	12	8		3	42	27	58
其他	1	76	280	64	54	13	13	29	3	3	2		6	4	2	4
专科疾病防治所（站、中心）	23	146	106	395	293	131	128	76	20	47	33		19	41	32	29
口腔病防治所（站、中心）	1			35	28	20	20	5					3	2	3	2
精神病防治所（站、中心）	4			19	16	11	10	5							1	2
皮肤病与性病防治所（中心）	2															
结核病防治所（站、中心）	14	146	106	302	223	85	84	66	19	40	27		13	28	26	25
职业病防治所（站、中心）	1			33	21	13	12			5	4		3	11	1	
其他	1			6	5	2	2		1	2	2				1	
十、疾病预防控制中心	29			3606	2720	1108	1027	105	10	539	519	38	920	285	336	265
省属	1			418	316	138	131	7	1	134	134		36	50	12	40
省辖市（地区）属	18			2068	1587	904	847	96	9	386	367		192	155	156	170
其他	10			1120	817	66	49	2		19	18	38	692	80	168	55
十一、卫生监督所（中心）	18			1635	1399							1390	9	38	144	54
省属	1			152	147							147				5
省辖市（地区）属	17			1483	1252							1243	9	38	144	49
十二、医学科学研究机构	28			2969	807	89	89	11					707	1401	467	294
十三、医学在职培训机构	8			224	17	6	5	11						91	68	48
十四、健康教育所（站、中心）	1															
十五、其他卫生机构	60			809	321	145	143	89	21	41	39		25	175	246	67
卫生监督检验（检测）机构	2			22											22	
临床检验中心（所、站）	5			55	29	5	5	3		15	15		6	11	11	4
其他	53			732	292	140	138	86	21	26	24		19	164	213	63

全市卫生机构、床位、人员数

县

机构分类	机构数（个）	编制床位（张）	实有床位（张）	人员数（人）												
				合计	卫生技术人员									其他技术人员	管理人员	工勤技能人员
					小计	执业（助理）医师	执业医师	注册护士	药师（士）	技师（士）	检验师（士）	卫生监督员	其他			
总　计	**294**	**2300**	**2347**	**6002**	**5027**	**2105**	**1873**	**1573**	**427**	**304**	**216**	**107**	**511**	**231**	**203**	**541**
一、医院	13	1715	1788	3073	2637	1065	1012	1055	222	167	107		128	102	73	261
综合医院	8	1231	1222	2251	1953	774	734	825	140	124	76		90	66	51	181
中医医院	2	294	360	737	616	273	261	202	74	36	27		31	28	18	75
专科医院	3	190	206	85	68	18	17	28	8	7	4		7	8	4	5
肿瘤医院	1	50	50	23	16	6	6	4	4	2	1			2	1	4
心血管病医院	1	60	60	37	27	10	9	8	3	4	2		2	6	3	1
精神病医院	1	80	96	25	25	2	2	16	1	1	1		5			
二、社区卫生服务中心（站）	69	355	303	1648	1305	470	359	318	168	59	46		290	72	74	197

续表

机构分类	机构数（个）	编制床位（张）	实有床位（张）	人员数（人）												
				合计	卫生技术人员									其他技术人员	管理人员	工勤技能人员
					小计	执业（助理）医师	执业医师	注册护士	药师（士）	技师（士）	检验师（士）	卫生监督员	其他			
社区卫生服务中心	32	355	303	1639	1298	466	356	316	168	59	46		289	71	73	197
社区卫生服务站	37			9	7	4	3	2					1	1	1	
三、诊所、卫生所、医务室	194			404	401	303	246	25	7	9	3		57			3
诊所	134			308	305	244	207	19	7	5	1		30			3
卫生所、医务室	60			96	96	59	39	6		4	2		27			
四、采供血机构	2			41	28	6	5	13		9	9			8	3	2
五、妇幼保健院（站、所）	2	140	140	429	353	160	156	129	22	26	19		16	17	16	43
县属	2	140	140	429	353	160	156	129	22	26	19		16	17	16	43
妇幼保健院	2	140	140	429	353	160	156	129	22	26	19		16	17	16	43
六、专科疾病防治院（所、站）	3	90	116	79	57	20	17	23	4	2	1		8	8	6	8
专科疾病防治所（站、中心）	3	90	116	79	57	20	17	23	4	2	1		8	8	6	8
精神病防治所（站、中心）	1	70	116	49	38	9	7	19	2				8	4	4	3
结核病防治所（站、中心）	2	20		30	19	11	10	4	2	2	1			4	2	5
七、疾病预防控制中心	2			149	118	71	68	4	1	31	30		11	1	14	16
县属	2			149	118	71	68	4	1	31	30		11	1	14	16
八、卫生监督所（中心）	2			120	107							107			6	7
县属	2			120	107							107			6	7
九、其他卫生机构	7			59	21	10	10	6	3	1	1		1	23	11	4
其他	7			59	21	10	10	6	3	1	1		1	23	11	4

全市部分三级医疗机构运营情况（1）

分组名称	机构数（个）	诊疗人次数（人次）					观察室（人次）		健康检查人数（人次）	门急诊诊次占总诊次的（%）	急诊死亡率（%）	观察室死亡率（%）
		总计	其中：门、急诊人次数				收容人数	其中：死亡				
			合计	门诊人次	急诊人次							
					小计	内：死亡人数						
总　计	**51**	**49461069**	**49402434**	**45550152**	**3852282**	**5280**	**762971**	**1197**	**1036775**	**99.88**	**0.14**	**0.16**
综合医院	26	31257067	31226770	28183324	3043446	4650	355148	850	938347	99.90	0.15	0.24
中医医院	9	9001749	8974156	8650579	323577	283	17211	182	77815	99.69	0.09	1.06
专科医院	16	9202253	9201508	8716249	485259	347	390612	165	20613	99.99	0.07	0.04

注：统计范围不包括急救中心。

全市部分三级医疗机构运营情况（2）

分组名称	入院人数（人次）	出院人数（人次）						住院病人手术人次数（人次）	住院危重病人抢救人次数（人次）		治愈率（%）	好转率（%）	病死率（%）	住院危重病人抢救成功率（%）	每百门急诊的入院人数（人次）
		总计	治愈	好转	未愈	死亡	其它			抢救成功人次					
总　计	**1023357**	**1021279**	**371825**	**390515**	**27106**	**15004**	**216829**	**479350**	**28144**	**21561**	**57.64**	**38.24**	**1.47**	**76.61**	**2.10**
综合医院	698254	696710	277212	255408	18045	10860	135185	356986	14807	10212	59.19	36.66	1.56	68.97	2.20
中医医院	86003	85886	20141	52183	1656	2487	9419	27756	3347	2046	34.42	60.76	2.90	61.13	1.00
专科医院	239100	238683	74472	82924	7405	1657	72225	94608	9990	9303	61.46	34.74	0.69	93.12	2.60

全市部分三级医疗机构运营情况(3)

分组名称	编制床位(张)	实有床位(张)	实际开放总床日数(床日)	平均开放病床数(张)	实际占用总床日数(床日)	出院者占用总床日数(床日)	病床周转次数(次)	病床工作日(日)	病床使用率(%)	出院者平均住院日(日)	每床与每日门急诊诊次之比
总　计	**41028**	**40128**	**14362762**	**39350.0**	**13482808**	**16739017**	**26.0**	**342.6**	**93.87**	**16.4**	**4.88**
综合医院	25576	25596	9200764	25207.6	8475620	8509509	27.6	336.2	92.12	12.2	4.79
中医医院	4374	4391	1583583	43386	1510234	1507273	19.8	348.1	95.37	17.5	8.15
专科医院	11078	10141	3578415	9803.9	3496954	6722235	24.3	356.7	97.72	28.2	3.68

全市部分二级医疗机构运营情况(1)

分组名称	机构数(个)	诊疗人次数(人次)					观察室(人次)		健康检查人数(人次)	门急诊诊次占总诊次的(%)	急诊死亡率(%)	观察室死亡率(%)
		总计	其中:门、急诊人次数				收容人数	其中:死亡				
			合计	门诊人次	急诊人次							
					小计	内:死亡人数						
总　计	**114**	**37516477**	**37076185**	**33101786**	**3974399**	**2055**	**293285**	**407**	**2462808**	**98.83**	**0.05**	**0.14**
综合医院	57	26411657	25989475	22925139	3064336	1934	183386	373	1498393	98.40	0.06	0.20
中医医院	19	7033467	7023494	6567908	455586	115	73527	34	279418	99.86	0.03	0.05
民族医院	1	23404	23404	23404						100.00		
专科医院	15	470650	470239	459543	10696	1	12		7144	99.91	0.01	
疗养院	1	66509	66509	59167	7342	5			12393	100.00	0.07	
妇幼保健院	18	3480511	3472785	3036347	436438		36360		641830	99.78		
专科疾病防治院	2	30279	30279	30278	1				23630	100.00		

全市部分二级医疗机构运营情况(2)

分组名称	入院人数(人次)	出院人数(人次)						住院病人手术人次数(人次)	住院危重病人抢救人次数(人次)	抢救成功人次	治愈率(%)	好转率(%)	病死率(%)	住院危重病人抢救成功率(%)	每百门急诊的入院人数(人次)
		总计	治愈	好转	未愈	死亡	其它								
总　计	**634935**	**635600**	**244609**	**276563**	**17455**	**12531**	**84442**	**217094**	**19102**	**14469**	**51.77**	**43.51**	**1.97**	**75.75**	**1.70**
综合医院	460853	461175	172381	208003	12704	10767	57320	159958	15940	12274	49.81	45.10	2.33	77.00	1.80
中医医院	83993	83827	20108	54441	3076	1328	4874	18711	2188	1435	29.80	64.94	1.58	65.59	1.2
民族医院	579	502	18	443	15	12	14		10	3	6.37	88.25	2.39	30.00	2.50
专科医院	12028	12376	5057	4085	402	342	2490	4786	514	325	60.98	33.01	2.76	63.23	2.60
疗养院	1899	1840	188	1374	50	47	181	130	15	4	20.05	74.67	2.55	26.67	2.90
妇幼保健院	75266	75298	46848	7647	1206	35	19562	33508	435	428	88.2	10.16	0.05	98.39	2.20
专科疾病防治院	317	582	9	570	2		1	1			1.72	97.94			1.00

全市部分二级医疗机构运营情况(3)

分组名称	编制床位(张)	实有床位(张)	实际开放总床日数(床日)	平均开放病床数(张)	实际占用总床日数(床日)	出院者占用总床日数(床日)	病床周转次数(次)	病床工作日(日)	病床使用率(%)	出院者平均住院日(日)	每床与每日门急诊诊次之比
总 计	**30097**	**31062**	**11161396**	**30579.2**	**9530045**	**9442393**	**20.8**	**311.7**	**85.38**	**14.9**	**4.67**
综合医院	19771	20676	7457999	20432.9	6244020	6418468	22.6	305.6	83.72	13.9	4.88
中医医院	3935	4376	1551303	4250.1	1252648	1255706	19.7	294.7	80.75	15.0	6.45
民族医院	74	63	22715	62.2	16315	14860	8.1	262.2	71.82	29.6	1.50
专科医院	3279	3551	1291427	3538.2	1336851	1136350	3.5	377.8	103.52	91.8	0.53
疗养院	848	428	129508	354.8	107546	138184	5.2	303.1	83.04	75.1	0.72
妇幼保健院	2048	1622	582154	1594.9	464236	445956	47.2	291.1	79.74	5.9	8.33
专科疾病防治院	142	346	126290	346.0	108429	32869	1.7	313.4	85.86	56.5	0.35

全市部分一级医疗机构运营情况(1)

分组名称	机构数(个)	诊疗人次数(人次)					观察室(人次)		健康检查人数(人次)	门急诊诊次占总诊次的(%)	急诊死亡率(%)	观察室死亡率(%)
		总计	其中:门、急诊人次数				收容人数	其中:死亡				
			合计	门诊人次	急诊人次							
					小计	内:死亡人数						
总 计	**346**	**8855167**	**8754092**	**8246850**	**507242**	**227**	**229686**	**15**	**530666**	**98.86**	**0.04**	**0.01**
综合医院	206	6216759	6117374	5642764	474610	192	218822	15	439096	98.40	0.04	0.01
中医医院	59	1588553	1587307	1577813	9494	31	8695		9186	99.92	0.33	
民族医院	2	5191	5191	5191					10	100.00		
专科医院	69	955897	955845	932718	23127	4	2141		3204	99.99	0.02	
疗养院	1	3766	3766	3766						100.00		
专科疾病防治院	8	85001	84609	84598	11		28		79170	99.54		

注:此表统计范围为医院、疗养院、专科疾病防治院,不含社区卫生服务中心和卫生院。

全市部分一级医疗机构运营情况(2)

分组名称	入院人数(人次)	出院人数(人次)						住院病人手术人次数(人次)	住院危重病人抢救人次数(人次)	抢救成功人次	治愈率(%)	好转率(%)	病死率(%)	住院危重病人抢救成功率(%)	每百门急诊的入院人数(人次)
		总计	治愈	好转	未愈	死亡	其它								
总 计	**109251**	**106805**	**54962**	**41082**	**3480**	**1505**	**5776**	**38918**	**1789**	**1131**	**56.87**	**38.46**	**1.41**	**63.22**	**1.20**
综合医院	59885	58918	31388	21121	1820	948	3641	22292	1498	913	59.45	35.85	1.61	60.95	1.00
中医医院	8949	13727	2485	4287	1275	64	35	682	134	101	18.10	31.23	0.47	75.37	0.56
民族医院	13	13		12	1				1	1		92.31		100.00	0.30
专科医院	35804	35215	20989	11505	165	484	2072	15944	155	115	65.49	32.67	1.37	74.19	3.70
疗养院	3766	3689		3689								100.00			100.00
专科疾病防治院	834	824	100	468	219	9	28		1	1	15.53	56.80	1.09	100.00	1.00

全市部分一级医疗机构运营情况(3)

分组名称	编制床位(张)	实有床位(张)	实际开放总床日数(床日)	平均开放病床数(张)	实际占用总床日数(床日)	出院者占用总床日数(床日)	病床周转次数(次)	病床工作日(日)	病床使用率(%)	出院者平均住院日(日)	每床与每日门急诊诊次之比
总　计	**14937**	**15004**	**4884733**	**13382.8**	**2890931**	**1842439**	**8.0**	**216.0**	**59.18**	**17.3**	**2.56**
综合医院	9179	8508	2691667	7374.4	1563202	1112191	8.0	212.0	58.08	18.9	3.22
中医医院	1685	1802	576315	1579.0	207865	145920	12.0	287.0	36.07	10.63	4.00
民族医院	100	40	32	0.1	13	195	148.3	148.3	40.63	15.0	235.90
专科医院	3657	4352	1508127	4131.9	1058607	538148	8.5	256.2	70.19	15.3	0.91
疗养院	80	80	28600	78.4	12790	12790	47.1	163.2	44.72	3.5	0.19
专科疾病防治院	236	222	79992	219.2	48454	33195	3.8	221.1	60.57	40.3	1.54

全市卫生资源状况

项　目	2010
卫生人员总数(人)	219762
卫生技术人员总数(人)	171093
卫生技术人员占总人数比重(%)	77.85
执业(助理)医师占卫生技术人员比重(%)	38.55
注册护士占卫生技术人员比重(%)	39.34
*每千常住人口编制床位数(张)	4.82
其中:户籍人口	7.52
*每千常住人口实有床位数(张)	4.74
其中:户籍人口	7.38
*每千常住人口卫生人员数(人)	11.21
其中:户籍人口	17.47
*每千常住人口卫技人员数(人)	8.72
其中:户籍人口	13.6
*每千常住人口执业(助理)医师数(人)	3.36
其中:户籍人口	5.24
*每千常住人口注册护士数(人)	3.43
其中:户籍人口	5.35

注:常住人口数为市统计局根据2010年第六次全国人口普查结果发布的1961.2万人,户籍人口数为2010年底市公安局提供的1257.8万人。

全市产科工作情况

区县	分娩总数	出生性比(男:女)	剖宫产率(%)	新筛率(%)	产妇并发症(%)							围产儿死亡率(‰)	新生儿出生窒息发生率(%)
					妊娠高血压疾病患病率(%)	先兆子痫患病率(%)	院内子痫患病率(%)	院外子痫患病率(%)	产后出血发生率(%)	中重度贫血患病率(%)	肝病(非肝炎)患病率(%)		
合　计	**174528**	**112.5**	**51.84**	**98.95**	**5.62**	**3.32**	**0.01**	**0.03**	**4.40**	**3.16**	**0.89**	**5.55**	**1.21**
东城区	9437	106.7	60.90	98.08	3.64	2.99	0.01	0.05	3.62	1.64	0.18	6.36	1.50
西城区	15250	108.7	58.41	98.81	5.54	3.58	0.01	0.03	4.69	2.71	0.37	5.90	0.97
朝阳区	37268	113.1	49.54	98.49	9.64	4.84	0.02	0.03	5.76	2.26	1.71	6.12	1.43

续表

区县	分娩总数	出生性比(男:女)	剖宫产率(%)	新筛率(%)	产妇并发症(%)							围产儿死亡率(‰)	新生儿出生窒息发生率(%)
					妊娠高血压疾病患病率(%)	先兆子痫患病率(%)	院内子痫患病率(%)	院外子痫患病率(%)	产后出血发生率(%)	中重度贫血患病率(%)	肝病(非肝炎)患病率(%)		
丰台区	12013	118.7	49.35	99.37	2.95	2.55	0.00	0.03	2.61	2.39	1.82	5.24	1.41
石景山区	4411	113.0	54.73	99.39	4.36	3.72	0.02	0.02	4.11	9.39	0.71	3.85	1.16
海淀区	35294	113.7	44.81	99.80	6.95	3.09	0.01	0.01	4.41	3.86	0.55	5.61	0.82
门头沟区	2285	103.7	54.22	98.24	4.99	3.53	0.00	0.04	3.84	6.09	0.57	5.69	1.45
房山区	6279	106.0	71.08	96.14	4.37	3.00	0.02	0.00	2.01	3.07	0.71	3.19	1.18
通州区	13520	113.8	46.86	97.80	3.63	2.96	0.01	0.03	6.58	5.55	0.25	4.14	0.81
顺义区	7174	113.7	55.72	100.57	3.42	3.07	0.01	0.00	3.01	5.15	0.25	6.27	1.14
昌平区	6121	112.4	61.22	99.15	2.94	2.57	0.02	0.03	3.48	1.96	0.61	3.76	2.11
大兴区	14862	117.6	50.94	99.49	2.01	1.66	0.02	0.03	2.71	0.90	1.31	5.11	1.89
怀柔区	2842	111.0	62.70	101.81	4.72	4.65	0.00	0.00	2.34	4.19	0.46	11.61	1.14
平谷区	3013	104.9	53.50	95.80	3.55	2.71	0.07	0.03	5.12	1.04	0.84	10.29	0.47
密云县	2942	109.6	53.23	100.72	4.15	2.19	0.00	0.07	4.08	5.73	0.27	3.40	0.68
延庆县	1817	104.6	49.20	99.67	4.38	1.94	0.00	0.11	8.87	0.61	0.22	2.75	0.72

全市妇女病查治情况

区县	实查人数	查出妇科病数	阴道炎	宫颈炎	尖锐湿疣	宫颈癌	乳腺癌	卵巢癌
			例数	例数	例数	例数	例数	例数
合　计	**950094**	**361627**	**57951**	**83118**	**195**	**26**	**156**	**6**
东城区	86606	47583	5778	12333	7	1	5	0
西城区	96555	61776	3502	5187	6	2	6	1
朝阳区	17292	8150	1627	2478	2	1	1	0
丰台区	21017	7963	625	1304	16	1	0	0
石景山区	22076	5899	1094	1657	3	1	6	1
海淀区	171847	55256	14550	6717	30	5	55	3
门头沟区	25169	9103	970	4258	2	0	1	0
房山区	77666	23389	2863	7384	56	1	13	0
通州区	71869	28958	3987	13140	5	2	9	0
顺义区	72400	14291	5405	2472	34	2	14	1
昌平区	58917	26352	2992	10920	4	2	2	0
大兴区	42188	12119	2874	4073	16	2	6	0
怀柔区	29510	21990	6586	6334	3	3	4	0
平谷区	42376	10449	1063	3899	1	0	9	0
密云县	90998	25087	2716	443	10	3	13	0
延庆县	23608	3262	1319	519	0	0	12	0

全市婚前医学检查情况(1)

区县	对影响婚育疾病的医学指导意见															婚检率(%)	疾病检出率(%)
	合计			暂缓结婚			建议采取医学措施,尊重受检者意愿			不宜生育			采取结扎人数				
	男	女	合计	男	女	合计	男	女	合计	男	女	合计	男	女	合计		
合 计	**172**	**76**	**248**	**22**	**15**	**37**	**146**	**52**	**198**	**3**	**9**	**12**	**0**	**0**	**0**	**9.19**	**17.38**
东城区	12	0	12	0	0	0	12	0	12	0	0	0	0	0	0	6.56	14.01
西城区	5	7	12	1	4	5	4	3	7	0	0	0	0	0	0	8.80	22.55
朝阳区	0	0	0	0	0	0	0	0	0	0	0	0	0	0	0	7.12	5.55
丰台区	85	14	99	0	0	0	84	13	97	1	1	2	0	0	0	20.64	17.10
石景山区	2	0	2	2	0	2	0	0	0	0	0	0	0	0	0	8.65	9.31
海淀区	21	13	34	10	8	18	11	5	16	0	0	0	0	0	0	10.22	16.54
门头沟区	3	3	6	0	0	0	2	2	4	1	1	2	0	0	0	8.88	9.26
房山区	21	10	31	4	0	4	16	8	24	1	2	3	0	0	0	3.47	21.88
通州区	2	2	4	0	1	1	2	0	2	0	1	1	0	0	0	4.49	28.72
顺义区	2	1	3	0	0	0	1	0	1	0	1	1	0	0	0	14.61	30.02
昌平区	13	14	27	1	1	2	12	13	25	0	0	0	0	0	0	9.26	9.90
大兴区	0	0	0	0	0	0	0	0	0	0	0	0	0	0	0	4.19	15.94
怀柔区	3	8	11	2	0	2	1	6	7	0	2	2	0	0	0	17.27	27.05
平谷区	3	4	7	2	1	3	1	2	3	0	1	1	0	0	0	16.25	27.14
密云县	0	0	0	0	0	0	0	0	0	0	0	0	0	0	0	3.08	13.36
延庆县	0	0	0	0	0	0	0	0	0	0	0	0	0	0	0	4.16	5.51

全市0~6岁儿童系统管理情况

区县	0-6岁儿童				0-2岁		3-6岁
	总计	系统管理人数	体检人数	系统管理率(%)	佝偻病患病率(%)	贫血患病率(%)	贫血患病率(%)
合 计	**698613**	**644380**	**686031**	**92.24**	**0.07**	**6.11**	**1.13**
东城区	26312	25364	26191	96.40	0.00	6.11	0.50
西城区	37477	35840	37354	95.63	0.00	6.41	0.53
朝阳区	140222	130208	138093	92.86	0.04	4.10	1.06
丰台区	78044	73978	78044	94.79	0.17	6.36	0.39
石景山区	21492	20619	21143	95.94	0.00	3.53	0.52
海淀区	123107	113861	120957	92.49	0.06	8.35	0.82
门头沟区	10904	10579	10826	97.02	0.15	7.39	0.92
房山区	40462	33938	39531	83.88	0.19	6.41	2.02
通州区	39775	37860	39132	95.19	0.09	5.68	2.54
顺义区	25768	24479	25457	95.00	0.00	6.63	1.19
昌平区	53185	40618	48935	76.37	0.03	9.62	1.91
大兴区	37234	35626	36850	95.68	0.00	2.42	0.69
怀柔区	14885	13848	14619	93.03	0.00	7.35	2.22
平谷区	16887	16154	16601	95.66	0.00	6.07	1.56
密云县	19772	18627	19286	94.21	0.43	8.99	1.65
延庆县	13087	12781	13012	97.66	0.00	4.68	0.83

全市婚前医学检查情况(2)

区域	婚登人数			实检人数			疾病检出人数			指定传染病			性病人数			严重遗传病			有关精神病			生殖系统疾病			内科系统病		
	男	女	合计	男	女	合计	男	女	合计	男	女	合计	男	女	合计	男	女	合计	男	女	合计	男	女	合计	男	女	合计
合　计	**146958**	**146958**	**293916**	**13763**	**13241**	**27004**	**1940**	**2754**	**4694**	**58**	**30**	**88**	**6**	**9**	**15**	**591**	**642**	**1233**	**5**	**7**	**12**	**553**	**1536**	**2089**	**636**	**396**	**1032**
东城区	12187	12187	24374	798	801	1599	93	131	224	11	5	16	0	0	0	36	40	76	1	0	1	31	74	105	7	10	17
西城区	16732	16732	33464	1493	1452	2945	314	350	664	2	4	6	1	1	2	132	119	251	3	1	4	46	150	196	117	47	164
朝阳区	20737	20737	41474	1499	1454	2953	56	108	164	0	0	0	0	0	0	43	32	75	0	0	0	6	65	71	4	9	13
丰台区	11674	11674	23348	2438	2382	4820	335	489	824	7	1	8	0	0	0	115	126	241	1	2	3	53	181	234	124	139	263
石景山区	5092	5092	10184	459	422	881	19	63	82	2	0	2	0	0	0	2	3	5	0	1	1	4	43	47	8	9	17
海淀区	26914	26914	53828	2828	2674	5502	422	488	910	22	14	36	3	5	8	154	209	363	0	0	0	200	174	374	30	74	104
门头沟区	2433	2433	4866	228	204	432	18	22	40	0	1	1	0	0	0	3	1	4	0	0	0	3	16	19	11	3	14
房山区	8879	8879	17758	341	276	617	71	64	135	4	1	5	1	1	2	1	7	8	0	0	0	22	48	70	42	5	47
通州区	7331	7331	14662	331	327	658	113	76	189	2	1	3	0	1	1	15	11	26	0	0	0	88	50	138	8	12	20
顺义区	5857	5857	11714	859	853	1712	96	418	514	1	0	1	0	0	0	43	29	72	0	0	0	4	357	361	47	19	66
昌平区	6703	6703	13406	700	542	1242	49	74	123	1	1	2	0	1	1	18	29	47	0	0	0	12	36	48	17	4	21
大兴区	8242	8242	16484	350	340	690	37	73	110	0	0	0	0	0	0	6	12	18	0	2	2	13	39	52	14	8	22
怀柔区	3016	3016	6032	478	502	980	103	163	266	4	2	6	1	0	1	11	8	19	0	1	1	68	144	212	16	4	20
平谷区	4313	4313	8626	699	791	1490	205	198	403	2	0	2	0	0	0	11	12	23	0	0	0	3	134	137	184	49	233
密云县	4010	4010	8020	122	125	247	2	31	33	0	0	0	0	0	0	1	3	4	0	0	0	0	22	22	0	2	2
延庆县	2838	2838	5676	140	96	236	7	6	13	0	0	0	0	0	0	0	1	1	0	0	0	0	3	3	7	2	9

全市各区县户籍肺结核患者新登记率(1/10万)

区县	活动性肺结核		涂阳肺结核		新涂阳肺结核	
	患者数(人)	新登记率	患者数(人)	新登记率	患者数(人)	新登记率
合　计	**2755**	**22.11**	**841**	**6.75**	**731**	**5.87**
东城区	113	11.82	50	5.23	46	4.81
西城区	389	29.23	127	9.54	109	8.19
朝阳区	115	6.21	43	2.32	40	2.16
丰台区	112	10.65	37	3.52	32	3.04
石景山区	19	5.28	14	3.89	10	2.78
海淀区	443	20.52	71	3.29	64	2.97
门头沟区	118	48.27	41	16.77	36	14.73
房山区	278	36.23	104	13.55	88	11.47
通州区	180	27.46	58	8.85	44	6.71
顺义区	195	33.74	65	11.25	53	9.17
昌平区	287	54.84	42	8.03	40	7.64
大兴区	118	19.91	35	5.91	28	4.72
怀柔区	82	29.48	31	11.15	27	9.71
平谷区	91	22.89	43	10.82	41	10.31
密云县	144	33.38	51	11.82	46	10.66
延庆县	71	25.30	29	10.33	27	9.62

全市甲乙类传染病发病与死亡情况

疾病病种	本年					上年					与上年同期比较		
	发病数（人）	死亡数（人）	发病率（1/10万）	死亡率（1/10万）	病死率（%）	发病数（人）	死亡数（人）	发病率（1/10万）	死亡率（1/10万）	病死率（%）	发病率增减（%）	死亡率增减（%）	病死率增减（%）
合　计	**47208**	**237**	**268.99**	**1.35**	**0.50**	**57606**	**260**	**339.86**	**1.53**	**0.45**	**-20.85**	**-11.96**	**11.23**
鼠疫	-	-	-	-	*	-	-	-	-	*	*	*	*
霍乱	5	-	0.03	-	-	5	-	0.03	-	-	-3.39	*	*
传染性非典	-	-	-	-	*	-	-	-	-	*	*	*	*
艾滋病	176	25	1.00	0.14	14.20	101	18	0.60	0.11	17.82	68.28	34.18	-20.30
HIV *	950	15	5.41	0.09	1.58	895	5	5.28	0.03	0.56	2.52	189.83	182.60
肝炎	5376	149	30.63	0.85	2.77	6052	145	35.71	0.86	2.40	-14.21	-0.76	15.68
甲肝	127	-	0.72	-	-	156	-	0.92	-	-	-21.38	*	*
乙肝	3172	119	18.07	0.68	3.75	3821	132	22.54	0.78	3.45	-19.82	-12.93	8.60
丙肝	1514	23	8.63	0.13	1.52	1495	11	8.83	0.06	0.74	-2.26	102.00	106.61
戊肝	437	4	2.49	0.02	0.92	393	2	2.32	0.01	0.51	7.39	93.22	79.86
肝炎(未分型)	126	3	0.72	0.02	2.38	186	-	1.10	-	-	-34.58	*	*
人禽流感	-	-	-	-	*	-	-	-	-	*	*	*	*
甲型 H1N1 流感	288	12	1.64	0.07	4.17	10838	67	63.94	0.40	0.62	-97.43	-82.70	574.01
麻疹	2480	5	14.13	0.03	0.20	1105	-	6.52	-	-	116.76	*	*
出血热	15	-	0.09	-	-	12	-	0.07	-	-	20.76	*	*
狂犬病	9	9	0.05	0.05	100.00	3	3	0.02	0.02	100.00	189.83	189.83	0.00

续表

疾病病种	本年					上年					与上年同期比较		
	发病数（人）	死亡数（人）	发病率（1/10万）	死亡率（1/10万）	病死率（%）	发病数（人）	死亡数（人）	发病率（1/10万）	死亡率（1/10万）	病死率（%）	发病率增减（%）	死亡率增减（%）	病死率增减（%）
登革热	10	–	0.06	–	–	4	–	0.02	–	–	141.53	*	*
痢疾	23231	1	132.37	0.01	0.00	24240	2	143.01	0.01	0.01	–7.43	–51.69	–48.19
细菌性痢疾	23198	1	132.18	0.01	0.00	24202	2	142.78	0.01	0.01	–7.43	–51.69	–48.19
阿米巴性痢疾	33	–	0.19	–	–	38	–	0.22	–	–	–16.15	*	*
肺结核	8021	34	45.70	0.19	0.42	8029	21	47.37	0.12	0.26	–3.52	56.34	62.04
涂（+）	2127	24	12.12	0.14	1.13	2065	18	12.18	0.11	0.87	–0.52	28.81	29.44
菌（–）	3337	6	19.01	0.03	0.18	3395	1	20.03	0.01	0.03	–5.07	479.66	509.49
未痰检	2439	4	13.90	0.02	0.16	2493	2	14.71	0.01	0.08	–5.51	93.22	104.49
仅培阳	118	–	0.67	–	–	76	–	0.45	–	–	49.96	*	*
伤寒+副伤寒	21	–	0.12	–	–	18	–	0.11	–	–	12.71	*	*
流脑	11	2	0.06	0.01	18.18	16	2	0.09	0.01	12.50	–33.58	–3.39	45.45
百日咳	14	–	0.08	–	–	6	–	0.04	–	–	125.42	*	*
猩红热	1553	–	8.85	–	–	1193	–	7.04	–	–	25.72	*	*
布病	29	–	0.17	–	–	17	–	0.10	–	–	64.71	*	*
淋病	1550	–	8.83	–	–	1932	–	11.40	–	–	–22.52	*	*
梅毒	4382	–	24.97	–	–	4002	2	23.61	0.01	0.05	5.75	–100.00	–100.00
钩体病	–	–	–	–	*	–	–	–	–	*	*	*	*
血吸虫病	1	–	0.01	–	–	5	–	0.03	–	–	–80.68	*	*
疟疾	36	–	0.21	–	–	28	–	0.17	–	–	24.15	*	*

注：本年是指2010年，上年是指2009年。

全市丙类传染病发病与死亡情况

疾病病种	本年					上年					与上年同期比较		
	发病数（人）	死亡数（人）	发病率（1/10万）	死亡率（1/10万）	病死率（%）	发病数（人）	死亡数（人）	发病率（1/10万）	死亡率（1/10万）	病死率（%）	发病率增减（%）	死亡率增减（%）	病死率增减（%）
合　计	98185	19	559.46	0.11	0.02	80311	9	473.81	0.05	0.01	18.08	103.95	73.21
流行性感冒	830	–	4.73	–	–	5147	5	30.37	0.03	0.10	–84.43	–100	–100
流行性腮腺炎	2906	–	16.56	–	–	3002	–	17.71	–	–	–6.51	*	*
风疹	1089	–	6.21	–	–	551	–	3.52	–	–	90.89	*	*
急性出血性结膜炎	288	–	1.64	–	–	422	–	2.49	–	–	–34.09	*	*
麻风病	–	–	–	–	*	–	–	–	–	*	*	*	*
斑疹伤寒	–	–	–	–	*	3	–	0.02	–	–	–100	*	*
黑热病	–	–	–	–	*	–	–	–	–	*	*	*	*
包虫病	2	–	0.01	–	–	2	–	0.01	–	–	–3.39	*	*
丝虫病	–	–	–	–	*	–	–	–	–	*	*	*	*
其它感染性腹泻病	47661	1	271.57	0.01	0.00	46701	–	275.52	–	–	–1.43	*	*
手足口病	45409	18	258.74	0.10	0.04	24483	4	144.44	0.02	0.02	79.13	334.75	142.94

注：本年是指2010年，上年是指2009年。

全市院前急救分月工作量

	合计	1月	2月	3月	4月	5月	6月	7月	8月	9月	10月	11月	12月
接听电话	4295122	368531	310733	359858	356939	377922	366260	379528	362476	364489	345383	348484	354519
受理电话	627168	52194	46310	49183	52748	55473	53381	54545	50115	52234	51733	54181	55071
出车次数	541903	43196	38885	41984	46513	49652	46404	46117	44049	44648	45693	47173	47589
其中:抢救车	366480	30829	27159	29696	29296	30749	30117	32219	30897	29951	30918	31988	32661
就诊人次	509817	42134	38201	38958	44800	47158	43915	43248	41449	41937	40353	44767	42897
其中:危重病人	65889	5629	5011	5771	6041	5895	5403	5768	4947	4901	5212	5759	5552
行驶千米	10123418	1001022	780797	812365	884811	843813	832060	832082	780791	789203	844262	872388	849824

注:本表统计范围包括北京市120网络、北京市红十字会急诊抢救中心。

全市院前急救病人疾病分类及构成

序号	疾病名称	构成	顺位
1	循环系统疾病	29.77%	2
	其中:缺血性心脏病	4.24%	
	内:急性心肌梗死	2.65%	
	脑血管病	8.01%	
	高血压病	5.11%	
2	呼吸系统疾病	8.86%	4
3	消化系统疾病	4.42%	6
4	神经系统疾病	4.92%	5
5	泌尿生殖系统疾病	1.35%	10
6	妊娠、分娩及产褥期疾病	1.46%	8
7	内分泌、营养和代谢	1.46%	9
8	肿瘤	2.02%	7
	其中:恶性肿瘤	1.09%	
	良性肿瘤	0.04%	
9	损伤和中毒	30.79%	1
	其中:骨折	2.93%	
	车祸	4.78%	
	各种外伤	17.91%	
	中毒	4.44%	
10	其他	14.95%	3
	合计	100%	

注:此表统计数据来源于北京市急救中心和北京市红十字会急诊抢救中心。

全市院前急救病人情况

月份	就诊人次(次)	普通病人		危重病人	
		计(人)	救治人次(次)	计(人)	其中:死亡(人)
合 计	**509817**	**443928**	**276458**	**65889**	**2952**
1	42134	36505	21509	5629	279
2	38201	33190	19463	5011	266
3	38958	33187	21221	5771	269

续表

月份	就诊人次（次）	普通病人		危重病人	
		计(人)	救治人次(次)	计(人)	其中:死亡(人)
4	44800	38759	23321	6041	262
5	47158	41263	25870	5895	221
6	43915	38512	24822	5403	205
7	43248	37480	23848	5768	214
8	41449	36502	23889	4947	214
9	41937	37036	23877	4901	231
10	40353	35141	20828	5212	260
11	44767	39008	24467	5759	281
12	42897	37345	23343	5552	250

注:本表统计范围包括北京市120网络、北京市红十字会急诊抢救中心。

全市各区县急救站接诊病人情况

地区	出车次数(次)	接诊病人数(人次)		行驶公里(万)
		计	其中:危重病人	
合　计	**541903**	**509817**	**65889**	**1012.34**
东城区	36754	36473	3055	29.07
西城区	35354	35998	3278	30.39
朝阳区	71594	67675	5719	91.50
丰台区	42385	39545	3293	45.96
石景山区	19128	17852	2695	26.67
海淀区	46579	42770	5861	58.86
门头沟区	8484	8614	1544	18.51
房山区	24334	23361	6490	61.49
通州区	31158	28074	6457	79.28
顺义区	23780	23819	1616	63.30
昌平区	31509	31860	4826	57.59
大兴区	24879	25242	6057	65.10
怀柔区	5609	5406	1852	32.07
平谷区	24894	24692	861	60.03
密云县	7789	6664	1760	40.61
延庆县	6339	6229	1799	37.18
北京急救中心	101334	85543	8726	214.76

注:本表统计范围包括北京急救中心、北京市红十字会急诊抢救中心。

农村改水情况

单位	农村总人口（万人）	农村改水类型（受益人口单位：万人）																	当年用于农村改水投资（万元）				
		合计			自来水				手压机井				雨水收集				其他			金额合计	资金来源			
		累计受益	%	当年受益	厂站个数	累计受益	%	当年受益	台（万）	累计受益	%	当年受益	水窖（个）	累计受益	%	当年受益	累计受益	%			国家	集体	个人	其他
朝阳区	15.5	15.5	100		157	15.5	100																	
丰台区	13.2	13.2	100		37	13.2	100																	
海淀区	11.1	11.1	100		161	11.1	100																	
门头沟区	6.7	6.7	100		172	6.7	100													2293.76	360.00	1933.76		
房山区	40.7	40.7	100		375	40.5	99.41	0.16	0.06	0.2	0.49	-0.2	133	0.04	0.10					8627.00	1500.00	7127.00		
通州区	36.0	36.0	100		400	36.0	100													1341.06	244.00	1097.06		
顺义区	35.2	35.2	100		399	35.2	100													1360.81	371.00	989.81		
昌平区	22.5	22.5	100		240	22.5	100													1445.13	360.00	1085.13		
大兴区	33.9	33.9	100		240	33.9	100													3134.65	520.00	2614.65		
怀柔区	16.6	16.6	100		277	16.3	98.43		0.10	0.26	1.57									1554.91	245.00	809.91		500.00
平谷区	23.8	23.8	100		273	23.8	100													1739.63	300.00	1439.63		
密云县	27.4	27.4	100		275	26.3	95.88		0.35	1.02	3.74						0.1	0.38		2287.98	400.00	1887.98		
延庆县	17.9	17.9	100		320	17.9	100													2013.80	375.00	1638.80		
合　计	300.5	300.5	100		3315	298.7	99.46	0.16	0.51	1.48	0.50	-0.2	133	0.04	0.01		0.1	0.03		25798.73	4675.00	20623.73		500.00

全市各区县无偿献血情况

项目	献血人次	献血量(袋)
合　计	**407235**	**709738**
东城区	82743	150451
西城区	95341	170646
朝阳区	53187	93866
丰台区	30878	54858
石景山区	3674	5333
海淀区	74730	124501
门头沟区	734	935
房山区	2316	3346
通州区	21083	35654
顺义区	11669	21507
昌平区	6131	6425
大兴区	13714	25125
怀柔区	1038	1200
平谷区	902	1278
密云县	6863	11387
延庆县	2232	3226

注:每袋=200毫升

全市153家医院出院病人前十位疾病顺位及构成

顺位	城市		顺位	农村	
	疾病名称	构成%		疾病名称	构成%
1	循环系统疾病	17.47	1	循环系统疾病	22.01
2	妊娠、分娩和产褥期	13.14	2	呼吸系统疾病	15.96
3	呼吸系统疾病	8.87	3	妊娠、分娩和产褥期	15.68
4	消化系统疾病	7.23	4	损伤、中毒和外因的某些其他后果	9.96
5	恶性肿瘤	5.93	5	消化系统疾病	9.45
6	泌尿生殖系统疾病	5.3	6	泌尿生殖系统疾病	5.43
7	损伤、中毒和外因的某些其他后果	5.27	7	神经系统疾病	3.11
8	肌肉骨骼系统和结缔组织疾病	3.93	8	内分泌、营养和代谢疾病	2.14
9	神经系统疾病	3.72	9	恶性肿瘤	1.81
10	内分泌、营养和代谢疾病	3.19	10	眼和附器疾病	1.68
	十种疾病合计	74.05		十种疾病合计	87.23

全市居民出生、死亡及自然增长情况

地区	出生数(人)	出生率(‰)	死亡数(人)	死亡率(‰)	自然增长数(人)	自然增长率(‰)
全市	90583	7.24	77738	6.21	12845	1.03

注:本表统计口径为全市户籍人口。

全市婴儿、新生儿、孕产妇死亡情况

地区	婴儿死亡率(‰)	新生儿死亡率(‰)	孕产妇死亡率(1/10万)	
			计	其中:产后出血
全市	3.29	2.06	12.14	0.00
城市	2.95	1.94	8.95	0.00
远县	4.25	2.42	21.23	0.00

注:此表统计口径为户籍人口。

全市人口平均期望寿命

单位:岁

项　目	全　市
合　计	80.81
男	79.09
女	82.60

注:本表统计口径为全市户籍人口。

全市居民前十位死因顺位、死亡率及百分比构成

顺位	全　市			男　性			女　性		
	死因名称	死亡率(1/10万)	构成(%)	死因名称	死亡率(1/10万)	构成(%)	死因名称	死亡率(1/10万)	构成(%)
1	恶性肿瘤	158.73	25.56	恶性肿瘤	187.24	27.12	心脏病	147.62	26.81
2	心脏病	156.97	25.28	心脏病	166.20	24.07	恶性肿瘤	129.83	23.58
3	脑血管病	142.29	22.91	脑血管病	158.13	22.90	脑血管病	126.23	22.93
4	呼吸系统疾病	60.92	9.81	呼吸系统疾病	67.19	9.73	呼吸系统疾病	54.56	9.91
5	损伤和中毒	22.95	3.70	损伤和中毒	28.79	4.17	内、营、代、免*	18.68	3.39
6	内、营、代、免*	17.07	2.75	消化系统疾病	28.79	4.17	损伤和中毒	17.04	3.09
7	消化系统疾病	15.39	2.48	内、营、代、免*	15.49	2.24	消化系统疾病	12.39	2.25
8	神经系统疾病	6.61	1.07	传染病	7.52	1.09	神经系统疾病	5.87	1.07
9	传染病	5.35	0.86	神经系统	7.35	1.06	泌尿、生殖系统疾病	5.36	0.97
10	泌尿、生殖系统疾病	5.24	0.84	泌尿、生殖系统疾病	5.13	0.74	传染病	3.15	0.57
	十种死因合计	591.53	95.25	十种死因合计	671.81	97.30	十种死因合计	520.72	94.58

注:1. 居民指北京市户籍居民。
2. 内、营、代、免为内分泌、营养和代谢及免疫疾病。

全市婴儿主要死因顺位、死亡率及百分比构成

顺位	全　市			城　郊			县		
	死因名称	死亡率(1/10万)	构成(%)	死因名称	死亡率(1/10万)	构成(%)	死因名称	死亡率(1/10万)	构成(%)
1	早产低体重	61.82	18.79	早产低体重	55.20	18.69	早产低体重	80.67	19.00
2	先天心脏病	51.89	15.77	先天心脏病	44.76	15.15	先天心脏病	72.18	17.00
3	出生窒息	38.64	11.74	出生窒息	40.28	13.64	肺炎	46.70	11.00
4	肺炎	27.60	8.39	肺炎	20.89	7.07	出生窒息	33.97	8.00
5	意外窒息	14.35	4.36	颅内出血	11.93	4.04	意外窒息	21.23	5.00
	主要死因合计	194.30	59.05	主要死因合计	173.06	58.59	主要死因合计	254.75	60.00

注:内、营、代、免为内分泌、营养和代谢及免疫疾病。

全市新生儿主要死因顺位、死亡率及百分比构成

顺位	全　市			城　郊			县		
	死因名称	死亡率(1/10万)	构成(%)	死因名称	死亡率(1/10万)	构成(%)	死因名称	死亡率(1/10万)	构成(%)
1	早产低体重	57.41	27.81	早产低体重	49.23	25.38	早产低体重	80.67	33.33
2	出生窒息	38.64	18.72	出生窒息	40.28	20.77	出生窒息	33.97	14.04
3	先天心脏病	20.98	10.16	先天心脏病	22.38	11.54	肺炎	21.23	8.77
4	肺炎	14.35	6.95	肺炎	11.93	6.15	先天心脏病	16.98	7.02
5	颅内出血	6.62	3.21	败血症	5.97	3.08	神经管畸形	12.74	5.26
	主要死因合计	138.00	66.85	主要死因合计	129.79	66.92	主要死因合计	165.59	68.42

全市鼠密度监测情况

地区	调查内容	一季度	二季度	三季度	四季度	全年
城区	捕鼠夹数(把)	720	720	720	720	2880
	捕鼠数(只)	8	4	6	1	19
	捕获率(%)	1.11	0.56	0.83	0.14	0.66
近郊区	捕鼠夹数(把)	1020	1020	1020	1020	4080
	捕鼠数(只)	5	11	10	2	28
	捕获率(%)	0.49	1.08	0.98	0.2	0.69
远郊区(县)	捕鼠夹数(把)	2460	2460	2460	2460	9840
	捕鼠数(只)	17	18	20	15	70
	捕获率(%)	0.69	0.73	0.81	0.61	0.71
全市	捕鼠夹数(把)	4200	4200	4200	4200	16800
	捕鼠数(只)	30	33	36	18	117
	捕获率(%)	0.71	0.79	0.86	0.43	0.7

全市蚊蝇指数季节消长情况

月份	蚊			蝇		
	上旬	中旬	下旬	上旬	中旬	下旬
4月				0.48	0.60	0.76
5月	0.02	0.08	0.27	2.17	3.66	6.21
6月	0.74	0.73	1.47	8.46	8.69	12.16
7月	2.01	1.85	2.43	12.27	10.61	13.65
8月	2.27	2.63	1.93	11.79	11.33	9.31
9月	1.71	1.21	0.9	8.91	8.09	5.82
10月	0.56	0.27	0.09	4.03	2.49	0.33
年平均指数	1.18			6.75		

附　　录

北京卫生系统挂靠研究、学术管理机构

机构名称	负责人	职务	挂靠单位	成立时间
世界中医药学会联合会艾滋病专业委员会	王　阶	主任委员	中国中医科学院广安门医院	2010
北京中医药学会心病专业委员会	王　阶	主任委员	中国中医科学院广安门医院	2008
北京中医药学会皮肤病专业委员会	刘瓦利	主任委员	中国中医科学院广安门医院	2007
世界中医药学会联合会临床疗效评价专业委员会	刘保延	主任委员	中国中医科学院广安门医院	2006.4
世界中医药学会联合会中医心理学专业委员会	汪卫东	主任委员	中国中医科学院广安门医院	2006.6
中国中西医结合学会青年工作委员会（第六届）	花宝金	主任委员	中国中医科学院广安门医院	2006.6
中国中西医结合学会内分泌专业委员会	林　兰	主任委员	中国中医科学院广安门医院	2006.8
世界中医药学会联合会肿瘤专业委员会	朴炳奎	主任委员	中国中医科学院广安门医院	2006.8
中华中医药学会心病分会	王　阶	主任委员	中国中医科学院广安门医院	2006
北京市红十字会紧急救援中心培训部	崔京美	部长	北京市红十字会应急救护工作指导中心	2010

北京卫生系统聘任外籍名誉与客座教授

国籍	姓名	性别	国外工作单位与职务	聘任职务	聘任单位	授予年份
英国	董涛	女	英国牛津大学人类遗传与分子医学研究所教授	生物医学信息中心名誉主任	首都医科大学附属北京佑安医院	2010.3
美国	田鹏	男	美国农业部肠道病毒研究所教授	客座教授	首都医科大学附属北京佑安医院	2010
美国	高峰	男	美国杜克大学医学院教授	客座教授	首都医科大学附属北京佑安医院	2010
美国	丹尼尔 (Daniel Douek)	男	美国匹兹堡大学公共卫生学院教授	客座教授	首都医科大学附属北京佑安医院	2010
英国	大卫(David)	男	英国牛津大学热带病所教授	客座教授	首都医科大学附属北京佑安医院	2010
英国	安德鲁(Andrew)	男	英国牛津大学人类遗传与分子医学研究所所长	客座教授	首都医科大学附属北京佑安医院	2010
澳大利亚	徐小宁	男	英国牛津大学人类遗传与分子医学研究所教授	肝病与免疫中心名誉主任	首都医科大学附属北京佑安医院	2009.1
美国	朱托夫	男	美国华盛顿大学传染病研究所教授	临床研究中心主任	首都医科大学附属北京佑安医院	2009.10
美国	温菘	女	耶鲁大学医学院内科教授	客座教授	首都医科大学附属北京佑安医院	2008.10
美国	朱岳	男	美国匹兹堡大学医学院器官移植研究所教授	肝胆外科主任	首都医科大学附属北京佑安医院	2008
英国	马筠	女	伦敦大学国王学院医学院肝病中心教授	客座教授	首都医科大学附属北京佑安医院	2008
日本	樱川	男	日本北理大学教授	客座教授	首都医科大学附属北京佑安医院	2007
日本	加茂	男	日本北理大学教授	客座教授	首都医科大学附属北京佑安医院	2007
美国	赵乐平	男	美国福莱德哈奇逊癌症研究中心研究员 美国华盛顿大学兼职教授	北京大学医学信息学中心主任	北京大学医学信息学中心	2010.9
美国	薛笑男 (Xiaonan Xue)	女	美国爱因斯坦医学院流行病系统计教研组教授	客座教授	北京大学公共卫生学院	2010.5
日本	柳川洋 (Yanagawa Hiroshi)	男	日本琦玉县立大学教授	客座教授	北京大学公共卫生学院	2010.5
法国	让·保罗·拉吉 (Jean－Paul Latgé)	男	法国巴斯德研究院曲霉部寄生虫及真菌学部门主任、研究员	客座教授	北京大学第一医院	2010.7
美国	内森·莱文 (Nathan Levin)	男	美国爱因斯坦医学院临床教授 贝斯·以色列医学中心肾病及高血压科主任	客座教授	北京大学第一医院	2010

续表

国籍	姓名	性别	国外工作单位与职务	聘任职务	聘任单位	授予年份
韩国	金成宰 (Sung – Jae Kim)	男	韩国延世大学附属医院骨科主任、教授	客座教授	北京大学第三医院	2010. 8
美国	任今	女	美澳医学中心教授	客座教授	北京胸科医院	2010
德国	沃纳·霍恩伯格尔 (Werner Hohenberger)	男	德国埃尔兰根纽伦堡大学外科学系教授	普外二科名誉教授	卫生部中日友好医院	2010. 2
美国	巴里·M·波普金 (Barry M. Popkin)	男	美国北卡罗来纳大学公共卫生和医学院营养系教授	检验科名誉教授	卫生部中日友好医院	2010. 2
美国	罗伯特·巴克霍尔兹 (Robert Buchholz)	男	美国德州大学西南医学中心骨科教授	骨科名誉教授	卫生部中日友好医院	2010. 4
瑞士	Urs E. Studer	男	瑞士伯尔尼大学医学院教授	泌尿外科名誉教授	卫生部中日友好医院	2010. 4
日本	桥本信夫	男	日本国立循环器病中心总长	名誉教授	卫生部中日友好医院	2010. 6
德国	Ralf Kolvenbach	男	德国奥古斯塔综合医院外科主任	全国中西医结合心血管病中心名誉教授	卫生部中日友好医院	2010. 7
美国	Bo Yang	男	美国斯坦福大学医学中心胸心外科医师	肺癌中心客座副教授	卫生部中日友好医院	2010. 8
美国	理查德·I·怀特 (Richard I. Whyte)	男	美国斯坦福大学医学中心胸心外科副主任	肺癌中心名誉教授	卫生部中日友好医院	2010. 8
美国	托马斯·A·达米科 (Thomas A. D'Amico)	男	美国杜克大学医学中心胸外科主任	肺癌中心名誉教授	卫生部中日友好医院	2010. 8
日本	木下顺久	男	日本丰桥心脏病中心循环器内科主任	全国中西医结合心血管病中心名誉教授	卫生部中日友好医院	2010. 12
日本	土金悦夫	男	日本丰桥心脏病中心循环器内科主任	全国中西医结合心血管病中心名誉教授	卫生部中日友好医院	2010. 12

2010年北京市二级及以上医疗机构名录（不含军队医疗机构）

机构名称	等级	地址	邮编	编制床位（张）	年门急诊人次（人次）	职工总数（人）
卫生部北京医院	三级	东城区东单大华路1号	100730	852	1344535	2650
中国医学科学院北京协和医院	三级	东城区帅府园1号	100730	1800	2264733	4028
北京中医药大学东直门医院	三级	东城区海运仓5号	100700	574	1179545	1123
首都医科大学附属北京同仁医院	三级	东城区东交民巷1号	100730	1759	2196985	3263
首都医科大学附属北京天坛医院	三级	东城区天坛西里6号	100050	950	1147688	2124
首都医科大学附属北京中医医院	三级	东城区美术馆后街23号	100010	565	1561640	1265
首都医科大学附属北京口腔医院	三级	东城区天坛西里4号	100050	100	619894	1061
中国医学科学院阜外心血管病医院	三级	西城区北礼士路167号	100037	898	459664	2400
中国中医科学院广安门医院	三级	西城区北线阁5号	100053	609	2104102	1290
北京大学第一医院	三级	西城区西什库大街8号	100034	1368	1765811	3016
北京大学人民医院	三级	西城区西直门南大街11号	100044	1448	1918486	3207
首都医科大学宣武医院	三级	西城区长椿街45号	100053	981	1891566	2880
首都医科大学附属北京友谊医院	三级	西城区永安路95号	100050	956	1957712	2927
首都医科大学附属北京安定医院	三级	西城区德胜门外安康胡同5号	100088	800	260417	855
首都医科大学附属北京儿童医院	三级	西城区南礼士路56号	100045	970	2410788	2135
首都医科大学附属复兴医院	三级	西城区复兴门外大街甲20号	100038	816	871510	1558
北京积水潭医院	三级	西城区新街口东街31号	100035	1003	1066743	2581
北京急救中心	三级	西城区前门西大街103号	100031	0	0	522
北京市宣武区中医医院	三级	西城区万明路甲8号	100050	282	325559	504
卫生部中日友好医院	三级	朝阳区和平里樱花园东街2号	100029	1300	1880538	3160
中国医学科学院肿瘤医院肿瘤研究所	三级	朝阳区潘家园南里17号	100021	1198	531958	1826
中国中医科学院望京医院	三级	朝阳区望京中环南路6号	100102	700	976140	1021
北京中医药大学第三附属医院	三级	朝阳区安定门外小关街51号	100029	315	289845	521
首都医科大学附属北京朝阳医院	三级	朝阳区工体南路8号	100020	1880	2815422	3667
首都医科大学附属北京安贞医院	三级	朝阳区安贞路2号	100029	1062	1101674	2858
首都医科大学附属北京妇产医院	三级	朝阳区姚家园路251号	100026	660	898479	1160
首都儿科研究所附属儿童医院	三级	朝阳区雅宝路2号	100020	400	1762794	843
北京地坛医院	三级	朝阳区京顺路东街8号	100015	600	225415	952
北京华信医院	三级	朝阳区酒仙桥一街坊6号	100016	500	762977	1235
煤炭总医院	三级	朝阳区西坝河南里29号	100028	515	536014	641
民航总医院	三级	朝外高井甲一号	100025	500	868253	997
中国中医科学院西苑医院	三级	海淀区西苑操场一号	100091	525	1323838	1310
北京大学第三医院	三级	海淀区花园北路49号	100191	1300	2668147	2891
北京大学第六医院	三级	海淀区花园北路51号	100191	200	172978	356
北京大学口腔医院	三级	海淀区中关村南大街22号	100081	115	985452	1766
北京肿瘤医院	三级	海淀区阜成路52号	100142	790	286879	990
首都医科大学附属北京世纪坛医院	三级	海淀区羊坊店铁医路10号	100038	848	1008447	2072
北京老年医院	三级	海淀区温泉路118号	100095	600	197986	724
航天中心医院	三级	海淀区玉泉路15号	100049	700	669013	1628
北京中医药大学东方医院	三级	丰台区方庄小区芳星园一区六号	100078	600	1067707	1107

续表

机构名称	等级	地址	邮编	编制床位（张）	年门急诊人次（人次）	职工总数（人）
首都医科大学附属北京佑安医院	三级	丰台区右外西头条8号	100069	750	295393	1469
中国康复研究中心（北京博爱医院）	三级	丰台区角门北路10号	100068	1100	231024	1020
北京电力医院	三级	丰台区太平桥西里甲1号	100073	518	433969	632
中国医学科学院整形外科医院	三级	石景山区八大处路33号	100144	328	74677	540
中国中医科学院眼科医院	三级	石景山区鲁谷路33号	100040	204	145780	291
北京大学首钢医院	三级	石景山区西黄村	100144	1006	592136	1470
北京京煤集团总医院	三级	门头沟区黑山大街18号	102300	736	391535	1035
北京燕化医院	三级	房山区迎风街15号	102500	501	614827	1005
北京胸科医院	三级	通州区马厂97号	101149	900	136989	772
北京回龙观医院	三级	昌平区回龙观镇	100096	1369	79731	1234
北京小汤山医院	三级	昌平区小汤山镇	102211	577	29039	302
北京市公安局强制治疗管理处（北京市安康医院）	三级	顺义区南彩镇滨河路俸伯段4号	101300	1000		436
北京市隆福医院（北京市东城区老年病医院）	二级	东城区美术馆东街18号	100010	251	322216	598
北京市第六医院	二级	东城区交道口北二条36号	100007	632	434349	923
北京市和平里医院	二级	东城区和平里北街18号	100013	302	399778	664
北京市鼓楼中医医院	二级	东城区豆腐池胡同13号	100009	201	187662	322
北京市东城区妇幼保健院	二级	东城区交道口南大街136号	100007	88	0	197
北京市东城区精神卫生保健院	二级	东城区东直门外察慈小区7号	100027	129	32028	92
北京市崇文区第一人民医院	二级	东城区永外大街130号	100075	150	217079	313
北京市普仁医院	二级	东城区崇外大街100号	100062	400	475991	740
崇文区妇幼保健院	二级	东城区法华南里25号楼东侧	100061	60	60279	125
北京市崇文区精神病防治院	二级	东城区驹章胡同43号	100062	40	4694	8
北京中医药大学附属护国寺医院	二级	西城区棉花胡同83号	100035	390	632176	596
北京市第二医院	二级	西城区宣内大街油坊胡同36号	100031	286	141305	398
北京市西城区平安医院	二级	西城区赵登禹路169号	100035	150	126840	250
北京市西城区妇幼保健所	二级	西城区德胜门外大街38号	100011			
北京市肛肠医院（北京市二龙路医院）	二级	西城区下岗胡同1号	100032	355	162554	390
北京市丰盛中医骨伤专科医院	二级	西城区阜内大街306号	100034	98	413371	219
北京市西城区展览路医院	二级	西城区西直门外桃柳园西巷16号	100044	185	189889	238
北京按摩医院	二级	西城区宝产胡同7号	100035	44	550336	230
北京市回民医院	二级	西城区右安门内大街11号	100054	267	168555	437
北京市宣武区广外医院	二级	西城区广外三义里甲2号	100055	180	199968	378
北京市宣武区妇幼保健院	二级	西城区平原里19号	100054	40	57559	118
北京市宣武区精神病医院	二级	西城区樱桃园新安北里二巷20号	100054	140	10841	72
北京市健宫医院	二级	西城区儒福里6号	100054	457	383932	642
北京市监狱管理局中心医院	二级	西城区右安门东街9号	100054	200	78225	287
北京市垂杨柳医院	二级	朝阳区垂杨柳南街2号	100022	401	775015	1012
北京市朝阳区第二医院	二级	朝阳区金台路13号内2号	100026	200	403512	419

续表

机构名称	等级	地址	邮编	编制床位（张）	年门急诊人次（人次）	职工总数（人）
北京市朝阳区第三医院	二级	朝阳区双桥南路甲8号，朝阳区延静西里12号楼，朝阳区金盏乡金盏大街2号	100024	260	17721	69
北京市朝阳区中医医院	二级	朝阳区工体南路6号	100020	150	270915	219
北京市朝阳区妇儿医院	二级	朝阳区潘家园华威里25号	100021	100	239158	368
北京市老年病医院	二级	朝阳区华严北里甲2号	100029	510	15105	188
航空工业中心医院	二级	朝阳区安外北苑3号院	100012	600	602421	1151
中国藏学研究中心北京藏医院	二级	朝阳区小关北里218号	100029	74	23404	190
北京首都机场医院	二级	朝阳区首都机场南路东里17号楼	100621	182	314903	422
北京市红十字会急诊抢救中心	二级	朝阳区德外清河南镇	100192	311	16757	1239
北京市海淀医院	二级	海淀区中关村大街29号	100080	900	1119946	1486
北京市中西医结合医院	二级	海淀区永定路东街3号	100039	350	408221	615
北京市中关村医院	二级	海淀区中关村南路12号	100190	228	416418	715
北京市海淀区妇幼保健院（北京市海淀区海淀社区卫生服务中心）	二级	海淀区海淀南路33号	100080	460	646314	739
北京市海淀区精神卫生防治院	二级	海淀区苏家坨镇	100194	76	13100	64
北京市羊坊店医院	二级	海淀区羊坊店双贝子坟路1号	100038	110	147804	264
北京市上地医院	二级	海淀区农大南路树村西街甲6号	100084	158	228830	365
北京大学医院	二级	海淀区颐和园路5号北京大学医院	100871	125	330042	280
清华大学医院	二级	海淀区清华大学医院	100084	130	427850	198
北京水利医院	二级	海淀区玉渊潭南路19号	100036	300	160830	296
北京市化工职业病防治院	二级	海淀区香山一棵松50号	100093	66	17179	205
北京市社会福利医院	二级	海淀区清河三街52号	100085	150	91891	133
北京市道培医院	二级	海淀区玉泉路15号	100049	150	22024	278
北京丰台医院	二级	丰台区丰台镇西安街1号；丰台区丰台南路99号	100071	1100	962242	1669
北京市丰台区妇幼保健院	二级	丰台区马家堡嘉园二里14号/丰台区丰台镇东幸福街2号	100067	60	225510	205
北京市丰台区长辛店医院	二级	丰台区长辛店东山坡三里甲60号	100072	135	254598	479
北京市丰台区南苑医院	二级	丰台区南苑东路5号院西门	100076	195	252859	369
北京市丰台区铁营医院	二级	丰台区永外横七条一号	100079	148	283027	371
北京航天总医院	二级	丰台区万源北路七号	100076	500	723182	1177
中国航天科工集团七三一医院	二级	丰台区云岗镇岗南里3号	100074	400	444124	881
北京国济中医医院	二级	丰台区莲花池东路132号	100055	158	27305	144
北京市石景山医院	二级	石景山区石景山路24号	100043	600	1058003	1333
北京市石景山区中医医院	二级	石景山区八角北路	100043	120	149695	126
北京市石景山区妇幼保健院	二级	石景山区依翠园5号	100040	30	11127	46
清华大学玉泉医院	二级	石景山区石景山路5号	100049	500	169107	693
北京工人疗养院	二级	石景山区八大处西下庄	100144	848	66509	461
北京市门头沟区医院	二级	门头沟区河滩桥东街10号	102300	300	337101	703
北京市门头沟区中医医院	二级	门头沟区新桥南大街3号	102300	123	271456	200

续表

机构名称	等级	地址	邮编	编制床位（张）	年门急诊人次（人次）	职工总数（人）
北京市门头沟区妇幼保健院	二级	门头沟区妇幼保健院	102300	30	93552	161
北京市门头沟区龙泉医院	二级	门头沟区门头沟路 42 号	102300	180	11562	147
北京市门头沟区斋堂医院	二级	门头沟区斋堂镇东斋堂村 33 号	102309	100	40241	90
北京市房山区第一医院	二级	房山区南沿里 1 号	102400	530	1128870	1493
北京市房山区中医医院	二级	房山区城关南大街 151 号	102400	400	696240	545
北京市房山区妇幼保健院	二级	房山区良乡镇苏庄东街 5 号	102488	130	108182	308
北京市房山区良乡医院	二级	房山区良乡医院	102401	430	1692126	1095
中国核工业北京四〇一医院	二级	房山区新镇	102413	164	127240	286
北京市大兴区人民医院	二级	大兴区黄村西大街 26 号	102600	918	1497336	1678
北京市大兴区中医医院	二级	大兴区黄村镇兴丰大街（二段）138 号	102618	300	681717	532
北京市大兴区妇幼保健院	二级	大兴区兴丰大街（三段）203 号	102600	100	224272	350
北京市大兴区精神病医院	二级	大兴区黄村镇黄良路东口北侧	102600	560	37023	473
北京市大兴区红星医院	二级	大兴区瀛海镇忠兴南路 3 号	100076	300	199831	372
北京市仁和医院	二级	大兴区兴丰大街 1 号	102600	406	819332	943
北京市大兴区普祥中医肿瘤医院	二级	大兴区亦庄镇成寿寺路 2 号	100176	150	13283	122
北京市通州区潞河医院	二级	通州区新华南路 82 号，通州区翠屏西路 43－45 号	101149	731	1330229	1903
北京市通州区中医医院	二级	通州区翠屏西路 116 号	101100	225	344516	382
北京市通州区妇幼保健院	二级	通州区玉桥中路 124 号	101100	200	474781	415
北京市通州区老年病医院	二级	通州区永顺东街 152 号	101100			
北京市通州区新华医院	二级	通州区新华大街 47 号	101100	150	531884	461
北京市通州区中西医结合骨伤医院	二级	通州区车站路 89 号	101100	80	159805	205
北京市昌平区医院	二级	昌平区鼓楼北街 9 号	102200	503	756525	1019
北京市昌平区中医医院	二级	昌平区东环路南段	102200	282	600154	592
北京市昌平区妇幼保健院	二级	昌平区北环路 1 号	102200	120	342717	406
北京市昌平区精神卫生保健院	二级	昌平区沙河镇豆各庄 1 号	102206	85	1643	107
北京市昌平区华一医院	二级	昌平区东小口镇霍营	102208	550	887666	1001
北京民康医院	二级	昌平区沙河镇	102206	500	6863	208
北京市昌平区南口医院	二级	昌平区南口镇南辛路 2 号	102202	120	118106	178
北京市昌平区南口铁路医院	二级	昌平区南口镇新兴路 8 号	102202	120	45109	154
北京市昌平区沙河医院	二级	昌平区巩华镇扶京街 22 号	102206	150	117596	250
北京市顺义区医院	二级	顺义区光明南街 3 号	101300	704	1096244	1634
北京市顺义区中医医院	二级	顺义区站前东街 5 号	101300	260	478873	437
北京市顺义区妇幼保健院	二级	顺义区顺康路 1 号	101300	300	588004	466
北京市顺义区空港医院	二级	顺义区后沙峪地区双裕街 49 号	101318	100	207401	270
北京市潮白河骨伤科医院	二级	顺义县李遂镇	101313			
北京市平谷区医院	二级	平谷区新平北路 59 号	101200	960	731563	1479

续表

机构名称	等级	地址	邮编	编制床位（张）	年门急诊人次（人次）	职工总数（人）
北京市平谷区中医医院	二级	平谷区平翔东路6号	101200	240	349293	497
北京市平谷区妇幼保健院	二级	平谷区南岔子街49号	101200	110	90046	219
北京市平谷区精神病医院	二级	平谷区韩庄镇滑子村南	101201	70	8058	17
北京市怀柔区第一医院	二级	怀柔区青春路1号	101400	538	615127	932
北京市怀柔区第二医院	二级	怀柔区汤河口镇汤河口村5号	101411	100	13494	61
北京市怀柔区中医医院	二级	怀柔区后横街1号	101400	220	216623	451
北京市怀柔区妇幼保健院	二级	怀柔区迎宾北路38号	101400	80	137379	220
北京市密云县医院	二级	密云县鼓楼北大街3号	101500	450	746298	944
北京市密云县第二人民医院	二级	密云县太师屯镇永安街76号	101500	20	90379	181
北京市密云县中医医院	二级	密云镇新中街39号	101500	194	360699	456
北京市密云县妇幼保健院	二级	密云县新东路56号	101500	100	117271	300
北京市延庆县医院	二级	延庆县东顺城街28号	102100	540	498389	741
北京市延庆县第二医院	二级	延庆县永宁镇永宁东街	102104	99	85185	148
北京市延庆县中医医院	二级	延庆县新城街11号	102100	100	224437	281
北京市延庆县妇幼保健院	二级	延庆县延庆镇庆园街8号	102100	40	56634	129
北京市监狱管理局清河分局医院	二级	京山线茶淀站清河农场五科西街	300481	105	81555	228

数据来源：2010年卫生统计年报表。

2009年北京市科学技术奖获奖项目名录（医药卫生）

等级	获奖编号	项目名称	完成单位	主要完成人
一等奖	2009医－1－001	细胞、器官衰老的分子机制研究与个体化衰老评价的建立及应用	中国人民解放军总医院 北京大学基础医学院 中国科学院动物研究所 中国医学科学院基础医学研究所 中国医科大学 北京师范大学	陈香美 蔡广研 童坦君 谭 铮 左萍萍 白小涓 张宗玉 丛羽生 冯 哲 王文恭 白雪源 王建中 孙雪峰 张雪光 丁 瑞
	2009医－1－002	全机器人远程遥控微创心血管手术的应用研究	中国人民解放军总医院	高长青 杨 明 王 刚 王加利 肖苍松 吴 扬 李丽霞 赵 悦 李伯君
	2009医－1－003	心房颤动导管消融的临床研究与推广应用	首都医科大学附属北京安贞医院 中国医学科学院阜外心血管病医院 大连医科大学附属第一医院 上海交通大学附属胸科医院	马长生 张 澍 杨延宗 刘 旭 董建增 马 坚 高连君 王新华 方丕华 刘兴鹏 张树龙 施海峰
	2009医－1－004	口腔颌面组织再生及功能重建临床与基础研究	首都医科大学附属北京口腔医院 四川大学华西口腔医院 武汉大学口腔医学院 中山大学光华口腔医学院 上海交通大学医学院附属第九人民医院	王松灵 胡 静 龙 星 廖贵清 俞创奇 刘 怡 王大章 程 勇 苏宇雄 范志朋 邹淑娟 祁森荣 胡 冰 邓末宏 张春梅
	2009中－1－001	复方丹参方活血化瘀作用的分子机制研究	中国人民解放军军事医学科学院放射与辐射医学研究所	王升启 周 喆 张红胜 高 月 田琳琳 邢雅玲 马增春 伯晓晨 张敏丽 李 鲁

续表

等级	获奖编号	项目名称	完成单位	主要完成人
	2009 中－1－002	抑郁症中医证候学规律的研究	北京中医药大学 北京大学精神卫生研究所 中国中医科学院广安门医院 北京大学第一医院	唐启盛 曲森 朱跃兰 周东丰 赵志付 冼慧 包祖晓 裴清华
	2009 药－1－001	失重的生物学效应研究与应用	中国人民解放军总医院 中国人民解放军军事医学科学院基础医学研究所 北京航空航天大学	刘长庭 王常勇 王俊锋 樊尚春 吕双红 李天志 郭占社 段翠密 章烨 郝彤 郝从均 王滟濛 李旭 邱丽媛 王德龙
二等奖	2009 医－2－001	PPARs 与衰老相关心血管疾病的关系及应用研究	中国人民解放军总医院 中国人民解放军军事医学科学院放射与辐射医学研究所	叶平 刘永学 盛莉 骆雷鸣 武彩娥 张秀锦 韩磊 王浩 韩春光 尚延忠
	2009 医－2－002	听觉传导的神经生物学机制研究	中国人民解放军总医院	杨仕明 苏振伦 于宁 孙建和 陈雷 武文明 韩东一 杨伟炎 顾瑞 姜泗长
	2009 医－2－003	以微创及伤害控制理念为指导的四肢创伤救治技术	中国人民解放军北京军区总医院	孙天胜 刘智 刘树清 胥少汀 李建民 李绍光 李亚非 任继鑫 张建政 郭永智
	2009 医－2－004	缺血性脑血管病规范化外科综合治疗模式研究	首都医科大学宣武医院	凌锋 缪中荣 吉训明 华扬 焦力群 李慎茂 李萌 方向华 马欣 罗玉敏
	2009 医－2－005	轻度认知障碍和痴呆的发病机制与临床研究	首都医科大学宣武医院	贾建平 贾龙飞 魏翠柏 左秀美 王芬 周爱红 秦伟 刘峥 许二赫 薛素芳
	2009 医－2－006	糖尿病下肢缺血外科治疗的临床研究	首都医科大学宣武医院 中国医学科学院血液学研究所	谷涌泉 韩忠朝 张建 汪忠镐 黄平平 张磊 吴英锋 郭连瑞 齐立行 马凤霞
	2009 医－2－007	艾滋病免疫重建及适合中国国情的艾滋病抗病毒治疗研究	中国医学科学院北京协和医院	李太生 王爱霞 邱志峰 韩扬 谢静 焦洋 刘正印 马小军 左玲燕 李雁凌
	2009 医－2－008	基因组稳定性在恶性肿瘤发生发展中的作用机制研究	中国医学科学院肿瘤研究所	詹启敏 童彤 宋咏梅 姬峻芳 高华 汪洋 付明 董立佳
	2009 医－2－009	“一站式”复合技术在心血管病治疗中的应用研究	中国医学科学院阜外心血管病医院	胡盛寿 高润霖 李守军 李立环 郑哲 熊辉 徐波 蒋世良 杨跃进 张浩

续表

等级	获奖编号	项目名称	完成单位	主要完成人
	2009 中 - 2 - 001	治疗骨坏死病——健骨生丸的研制与临床应用	北京匡达制药厂 北京朕荣国际生物科技有限公司 北京荣医药研究院	王璐林 王和鸣 张 军 陶天遵 陈燕平 陶树清 沈 霖 石关桐 葛继荣 肖 宏
	2009 中 - 2 - 002	药品违禁物质检测平台的建设及在中药打假中的应用	北京市药品检验所	王志斌 张 喆 高 青 车宝泉 郭洪祝 王铁松 夏 瑞 戴 红 黄晓君 赵 明
	2009 中 - 2 - 003	人参皂苷 Rg1 的多靶点作用和机制分析	中国医学科学院药物研究所	张均田 申丽红 刘 忞 王晓英 屈志炜 胡金凤 楚世峰 王玉珠 李君庆 陈 霁
	2009 药 - 2 - 001	新型高通量药物筛选用蛋白质芯片技术的研究与应用	中国医学科学院药物研究所	杜冠华 周 勇 张天泰 高 峰 刘艾林 方莲花 张 莉 胡娟娟 王月华 何国荣
	2009 药 - 2 - 002	中草药中低聚芪类成分的化学和药理研究	中国医学科学院药物研究所	林 茂 程桂芳 姚春所 朱秀媛 王 琳 侯 琦 黄开胜 李小妹 李怡棠 白金叶
	2009 药 - 2 - 003	化学发光免疫分析系统的建立及其应用	北京源德生物医学工程有限公司 北京大学人民医院	杨晓林 孙旭东 吴晓东 吴旭东 于晋生 刘 红 唐 磊 朱琳琳 吴丽金 鲍云罗
三等奖	2009 医 - 3 - 001	食管胃静脉曲张出血救治临床与基础系列研究	中国人民解放军总医院	程留芳 李长政 王志强 令狐恩强 蔡逢春 黎 力
	2009 医 - 3 - 002	乙型肝炎疫苗免疫策略和免疫效果评价研究	中国药品生物制品检定所 北京大学医学部 北京市疾病预防控制中心 广西壮族自治区疾病预防控制中心 江苏省疾病预防控制中心 开封市疾病预防控制中心	梁争论 庄 辉 吴 疆 李 杰 张 卫 何 鹏
	2009 医 - 3 - 003	免疫活性细胞清除肿瘤的效应机理	中国科学院生物物理研究所	范祖森 张红莲 赵同标 吕红霞 杜 颖 华国强
	2009 医 - 3 - 004	蛆虫生物清创的临床与实验研究	北京市通州区潞河医院	王江宁 张立彬 王寿宇 童致虹 赵贵庆 王 娜
	2009 医 - 3 - 005	先天性胆道畸形的病因和治疗方法改进的研究	首都儿科研究所 北京大学第一医院 北京儿童医院 北京军区总医院附属八一儿童医院	李 龙 黄柳明 张金哲 吴建新 叶 辉 刘树立
	2009 医 - 3 - 006	医学影像存储与传输系统技术开发、临床验证及推广应用	首都医科大学宣武医院 上海岱嘉医学信息系统有限公司	李坤成 翁思跃 梁志刚 赵 欣 杜祥颖 张阅红
	2009 医 - 3 - 007	奥运会病媒生物控制技术与策略的研究	北京市疾病预防控制中心 北京市爱国卫生运动委员会 中国人民解放军军事医学科学院微生物流行病研究所 中国农业大学	曾晓芃 马 彦 刘泽军 邓 瑛 佟 颖 于传江

续表

等级	获奖编号	项目名称	完成单位	主要完成人
	2009 医 -3 -008	发现59个HLA新等位基因	北京市红十字血液中心	张志欣 单小燕 李 伟 刘 娜 王丽君 何晓玫
	2009 医 -3 -009	心力衰竭与相关疾病的心脏受体分子机制研究	首都医科大学附属北京朝阳医院 北京诺赛基因组研究中心有限公司 北京大学人民医院	张 麟 沈 岩 胡大一 缪国斌 袁海昕 杨新春
	2009 医 -3 -010	降低肝硬化上消化道出血病死率临床与基础系列研究	首都医科大学附属北京友谊医院 首都医科大学附属北京佑安医院 中国人民解放军三〇二医院	张澍田 杨永平 丁惠国 于中麟 冀 明 吴咏冬
	2009 医 -3 -011	儿科临床病理解剖在出生缺陷监测及其诊治中作用的应用基础研究	北京大学 首都儿科研究所	郑晓瑛 邹继珍 裴丽君 吴 莎 蔡玲玲 宋新明
	2009 医 -3 -012	中国学龄儿童青少年体成分研究及肥胖筛查标准的建立	北京大学	季成叶 陈天娇 国晓燕 徐轶群 王海俊 何忠虎
	2009 医 -3 -013	乳恒牙牙髓干细胞的分化及儿童牙齿异常松动早失类疾病的基础研究	北京大学口腔医学院	葛立宏 刘 鹤 赵玉鸣 刘宏胜 杨 媛 杨 杰
	2009 医 -3 -014	子宫内膜癌发病分子机制研究及其初步临床应用	北京大学人民医院	王建六 魏丽惠 李小平 张丽丽 赵丽君 孙秀丽
	2009 医 -3 -015	双生子人群流行病学研究	北京大学 青岛市疾病预防控制中心 丽水市疾病预防控制中心	李立明 胡永华 曹卫华 詹思延 逄增昌 陈卫建
	2009 医 -3 -016	膝关节半月板损伤的微创手术治疗及相关研究	北京大学第三医院	余家阔 曲绵域 田得祥 敖英芳 于长隆 崔国庆
	2009 医 -3 -017	心房颤动的外科治疗研究	首都医科大学附属北京安贞医院	孟 旭 崔永强 李 岩 韩 杰 张海波 曾亚平
	2009 医 -3 -018	冠心病介入治疗技术与国产雷帕霉素洗脱支架的研发与推广	首都医科大学附属北京安贞医院 中国医学科学院阜外心血管病医院 中国人民解放军总医院	吕树铮 杨跃进 徐 波 陈韵岱 乔树宾 宋现涛
	2009 医 -3 -019	脑梗死前期和超急性期脑梗死影像新技术平台的建立和应用	首都医科大学附属北京天坛医院	高培毅 林 燕 隋滨滨 薛蕴菁 薛 静 王效春
	2009 医 -3 -020	人红细胞降压物质及其结构鉴定	中国医学科学院基础医学研究所	文允镒 胡玉芳 再帕尔·阿不力孜 张晓春 庞 焕 王玉堂
	2009 医 -3 -021	建立创新药物临床试验平台的质量管理体系	中国医学科学院阜外心血管病医院	李一石 田 蕾 赵 韡 华 潞 谢 爽 刘玉清
	2009 医 -3 -022	系统性红斑狼疮发病机制及诊断方法学研究	中国医学科学院北京协和医院	张奉春 张 烜 曾小峰 赵 岩 唐福林 李永哲
	2009 医 -3 -023	国人心肌疾病基因突变谱及发病机制研究与治疗	中国医学科学院阜外心血管病医院	惠汝太 宋 雷 王 虎 邹玉宝 孙 凯 王继征
	2009 中 -3 -001	凉血化瘀方抑制老年性黄斑变性新生血管生长及分子机理研究	中国中医科学院眼科医院	唐由之 冯 俊 张 励 王慧娟 于 静 李学晶
	2009 中 -3 -002	基于证据的冠心病心绞痛中医诊疗指南研究	中国中医科学院广安门医院 中国中医科学院西苑医院	王 阶 姚魁武 何庆勇 杨 戈 卢笑晖 王师菡

续表

等级	获奖编号	项目名称	完成单位	主要完成人
	2009 中－3－003	路志正学术思想及临证经验研究	中国中医科学院广安门医院	高荣林　李　平　朱建贵 边永君　王秋风　路　洁
	2009 中－3－004	何首乌炮制科学原理研究	中国中医科学院中医基础理论研究所 中国中医科学院中医临床基础医学研究所 中国中医科学院医学实验中心	刘振丽　宋志前　吕爱平 张　玲　孙明杰　王　淳
	2009 中－3－005	密蒙花川芎对糖尿病视网膜病变血管内皮细胞增殖与凋亡的影响	中国中医科学院眼科医院	高健生　接传红　吴正正 巢国俊　张淑春　李　静
	2009 中－3－006	风哮、风咳理论及其临床应用	卫生部中日友好医院	晁恩祥　张洪春　杨道文 罗社文　陈　燕　吴继全
	2009 中－3－007	多器官功能障碍综合征中西医结合诊治，降低病死率研究	首都医科大学附属北京友谊医院 中国人民解放军总医院第一附属医院 首都医科大学附属复兴医院	王宝恩　张淑文　王　红 林洪远　席修明　阴赪宏
	2009 中－3－008	回阳生肌外治法对慢性皮肤溃疡愈合及局部微环境作用的研究	北京市中医研究所 首都医科大学附属北京中医医院	李　萍　吕培文　何秀娟 李光善　赵京霞　岳晓莉
	2009 中－3－009	酒精性肝纤维化中医证候表达的临床及生物学基础研究	北京中医药大学	杨晋翔　李志钢　张　伟 张学智　邱　岳
	2009 中－3－010	中国冠心病二级预防研究——血脂康调整血脂对冠心病二级预防的研究	中国医学科学院阜外心血管病医院 北京大学首钢医院 伊春林业管理局中心医院 首都医科大学附属北京朝阳医院 辽宁省人民医院 中国医科大学附属第一医院	陆宗良　寇文镕　武阳丰 杜保民　李　莹　于学海
	2009 中－3－011	名医祝谌予治疗糖尿病的学术经验及其传承发展	中国医学科学院北京协和医院	梁晓春　郭赛珊　董振华 潘明政　田国庆　张孟仁
	2009 中－3－012	以 α 葡萄糖苷酶为靶点发现和诠释中草药治疗糖尿病作用及其机理	中国医学科学院药物研究所	申竹芳　陈若芸　刘玉玲 刘　泉　夏学军　谢明智
	2009 药－3－001	红豆杉细胞培养生产紫杉醇	中国人民解放军军事医学科学院毒物药物研究所 华中科技大学	梅兴国　龚　伟　鲁明波 李志强　胡道伟　刘　凌
	2009 药－3－002	获得高效重组蛋白衍生物的方法和生产工艺	北京诺思兰德生物技术股份有限公司 北京英莱特生物技术开发有限公司	聂李亚　马素永　许松山
	2009 药－3－003	新药注射用尼莫地平的研究与应用	北京四环科宝制药有限公司	曹相林　张建立　王立芹 邓　洁　张　洋　张　钧
	2009 药－3－004	快速全血酮体检测系统	北京怡成生物电子技术有限公司	孙晓亮　李元光　夏桂芳 陈大刚　杨　彬　付铁英
	2009 药－3－005	国家 I 类新药——阿德福韦酯	北京双鹭药业股份有限公司	陈　遥　赵紫岭　邵　兵 李学海　张　敬　刘成东
	2009 药－3－006	A8 全自动生化分析仪	北京松上技术有限公司	傅宇光　陆宇清　宋昌亮 张淑英　王小龙　聂乾利

索　　引

索　引

C

D

E

F

G

T

W

X

Y

Z